中国哲学社会科学学科年鉴

CHINESE ACADEMIC ALMANAC

ALMANAC OF ANCIENT CHINESE HISTORY

中国社会科学院古代史研究所 编

中国古代史年鉴

2021

中国社会科学出版社

中国哲学社会科学学科年鉴
CHINESE ACADEMIC ALMANAC

ALMANAC OF ANCIENT CHINESE HISTORY

中国社会科学院古代史研究所 编

中国古代史年鉴

2021

中国社会科学出版社

图书在版编目（CIP）数据

中国古代史年鉴．2021／中国社会科学院古代史研究所编．—北京：中国社会科学出版社，2022.12
ISBN 978－7－5227－0062－5

Ⅰ．①中…　Ⅱ．①中…　Ⅲ．①中国历史—古代史—2021—年鉴　Ⅳ．①K22－54

中国版本图书馆 CIP 数据核字（2022）第 242972 号

出 版 人　赵剑英
责任编辑　王鸣迪
责任校对　高　俐
责任印制　张雪娇

出　　版　中国社会科学出版社
社　　址　北京鼓楼西大街甲 158 号
邮　　编　100720
网　　址　http://www.csspw.cn
发 行 部　010－84083685
门 市 部　010－84029450
经　　销　新华书店及其他书店

印刷装订　北京君升印刷有限公司
版　　次　2022 年 12 月第 1 版
印　　次　2022 年 12 月第 1 次印刷

开　　本　787×1092　1/16
印　　张　43.5
插　　页　2
字　　数　889 千字
定　　价　368.00 元

目　录

特　稿

2021 年古代史研究综述

学术动态

中国古代史重大学术工程及重大课题

著作选介

论文观点摘编

新出考古材料与文献整理

学　人

序 言

为中国特色哲学社会科学事业立传

——写在《中国哲学社会科学学科年鉴》系列出版之际

（一）

2016年5月17日，习近平总书记《在哲学社会科学工作座谈会上的讲话》中正式作出了加快构建中国特色哲学社会科学的重大战略部署。自此，中国特色哲学社会科学学科体系、学术体系、话语体系的构建进入攻坚期。

2022年4月25日，习近平总书记在中国人民大学考察时强调指出，“加快构建中国特色哲学社会科学，归根结底是建构中国自主的知识体系”。这为我们加快构建中国特色哲学社会科学进一步指明了方向。

2022年4月，中共中央办公厅正式印发《国家哲学社会科学“十四五”规划》。作为第一部国家层面的哲学社会科学发展规划，其中的一项重要内容，就是以加快中国特色哲学社会科学为主题，将“中国哲学社会科学学科年鉴编纂”定位为“哲学社会科学学科基础建设”，从而赋予了哲学社会科学学科年鉴编纂工作新的内涵、新的要求。

从加快构建中国特色哲学社会科学到归根结底是建构中国自主的知识体系，再到制定第一部国家层面的哲学社会科学发展规划，至少向我们清晰揭示了这样一个基本事实：中国特色社会主义事业离不开中国特色哲学社会科学的支撑，必须加快构建中国特色哲学社会科学、建构中国自主的知识体系。加快构建中国特色哲学社会科学、建构中国自主的知识体系是一个长期的历史任务，必须持之以恒，实打实地把一件件事情办好。

作为其间的一项十分重要且异常关键的基础建设，就是编纂好哲学社会科学学科年鉴，将中国特色哲学社会科学事业的发展动态、变化历程记录下来，呈现出来。以接续奋斗的精神，年复一年，一茬接着一茬干，一棒接着一棒跑。就此而论，编纂哲学社会科学学科年鉴，其最基本、最核心、最重要的意义，就在于为中国特色哲学社会科学事业立传。

呈现在读者面前的这一《中国哲学社会科学学科年鉴》系列，就是在这样的背景之下，由中国社会科学院集全院之力、组织精锐力量编纂而成的。

（二）

作为年鉴的一个重要类型，学科年鉴是以全面、系统、准确地记述上一年度特定学科或学科分支发展变化为主要内容的资料性工具书。编纂学科年鉴，是哲学社会科学发展到一定阶段的产物。

追溯起来，我国最早的哲学社会科学年鉴——《中国文艺年鉴》，诞生于上个世纪 30 年代。党的十一届三中全会之后，伴随着改革开放的进程，我国哲学社会科学年鉴不断发展壮大。40 多年来，哲学社会科学年鉴在展示研究成果、积累学术资料、加强学科建设、开展学术评价、凝聚学术共同体等方面，发挥着不可替代的作用，为繁荣发展中国特色哲学社会科学作出了重要贡献。

1. 为学科和学者立传的重要载体

学科年鉴汇集某一学科领域的专业学科信息，是服务于学术研究的资料性工具书。不论是学科建设、学术研究，还是学术评价、对外交流等，都离不开学科知识的积累、学术方向的辨析、学术共同体的凝聚。

要回答学术往何处去的问题，首先要了解学术从哪里来，以及学科领域的现状，这就离不开学科年鉴提供的信息。学科年鉴记录与反映年度内哲学社会科学某个学科领域的研究进展、学术成果、重大事件等，既为学科和学者立传，也为学术共同体的研究提供知识基础和方向指引，为学术创新、学派形成、学科巩固创造条件、奠定基础。学科年鉴编纂的历史越悠久，学术积淀就越厚重，其学术价值就越突出。

通过编纂学科年鉴，将中国哲学社会科学界推进学科体系、学术体系、话语体系建设以及建构中国自主知识体系的历史进程准确、生动地记录下来，并且，立此存照，是一件非常有意义的事情。可以说，学科年鉴如同学术研究的白皮书，承载着记录、反映学术研究进程的历史任务。

2. 掌握学术评价权的有力抓手

为学界提供一个学科领域的专业信息、权威信息，这是学科年鉴的基本功能。一个学科领域年度的信息十分庞杂，浩如烟海，不可能全部收入学科年鉴。学科年鉴所收录的，只能是重要的、有价值的学术信息。这就要经历一个提炼和总结的过程。学科年鉴的栏目，如重要文献（特载）、学科述评、学术成果、学术动态、统计资料与数据、人物、大事记等，所收录的信息和资料都是进行筛选和加工的基础上形成的。

进一步说，什么样的学术信息是重要的、有价值的，是由学科年鉴的编纂机构来决定。这就赋予了学科年鉴学术评价的功能，所谓“入鉴即评价”，指的就是这个逻辑。特别是学科综述，要对年度研究进展、重要成果、学术观点等作出评析，是学科年鉴学术评价功能的集中体现。

学科年鉴蕴含的学术评价权，既是一种权力，更是一种责任。只有将学科、学术的评价权用好，把有代表性的优秀成果和学术观点评选出来，分析各学科发展面临的形势和任务、成绩和短板、重点和难点，才能更好引导中国特色哲学社会科学的健康发展。

3. 提升学术影响力的交流平台

学科年鉴按照学科领域编纂，既是该领域所有学者共同的精神家园，也是该学科领域最权威的交流平台。目前公认的世界上首部学术年鉴，是由吕西安·费弗尔和马克·布洛赫在1929年初创办的《经济社会史年鉴》。由一群有着共同学术信仰和学术观点的历史学家主持编纂的这部年鉴，把年鉴作为宣传新理念和新方法的学术阵地，在年鉴中刊发多篇重要的理论成果，催发了史学研究范式的演化，形成了法国“年鉴学派”，对整个西方现代史学的创新发展产生了深远影响。

随着学科年鉴的发展和演化，其功能也在不断深化。除了记载学术共同体的研究进展，还提供了学术研究的基本参考、学术成果发表的重要渠道，充当了链接学术网络的重要载体。特别是学科年鉴刊载的综述性、评论性和展望性的文章，除了为同一范式下的学者提供知识积累或索引外，还能够对学科发展趋势动向作出总结，乃至为学科未来发展指明方向。

4. 中国学术走向世界的重要舞台

在世界范围内，学科年鉴都是作为权威学术出版物而被广泛接受的。高质量的学科年鉴，不仅能够成为国内学界重要的学术资源、引领学术方向的标识，而且也会产生十分显著的国际影响。

中国每年产出的哲学社会科学研究成果数量极其庞大，如何向国际学术界系统介绍中国哲学社会科学研究成果，做到既全面准确，又重点突出？这几乎是不可能完成的任务。学科年鉴的出现，则使不可能变成了可能。高质量的学科年鉴，汇总一个学科全年最重要、最有代表性的研究成果、资料和信息，既是展示中国哲学社会科学研究成果与现状的最佳舞台，也为中外学术交流搭建了最好平台。

事实上，国内编纂的学科年鉴一直受到国外学术机构的重视，也是各类学术图书馆收藏的重点。如果能够站在通观学术界全貌之高度，编纂好哲学社会科学各学科年鉴，以学科年鉴为载体向世界讲好中国学术故事，当然有助于让世界知道“学术中的中国”、“理论中的中国”、“哲学社会科学中的中国”，也就能够相应提升中国哲学社会科学的国际影响力和话语权。

（三）

作为中国哲学社会科学研究的“国家队”，早在上世纪70年代末，中国社会科学院就启动了学科年鉴编纂工作。诸如《世界经济年鉴》《中国历史学年鉴》《中国哲学年鉴》《中国文学年鉴》等读者广为传阅的学科年鉴，迄今已有40多年的历史。

2013年，以国家哲学社会科学创新工程为依托，中国社会科学院实施了“中国社会科学年鉴工程”，学科年鉴编纂工作由此驶入快车道。至2021下半年，全院组织编纂的学科年鉴达到26部。

进入2022年以来，在加快构建中国特色哲学社会科学、贯彻落实《国家哲学社会科学“十四五”规划》的背景下，立足于更高站位、更广视野、更大格局，中国社会科学院进一步加大了学科年鉴编纂的工作力度，学科年鉴编纂工作迈上了一个大台阶，呈现出一幅全新的学科年鉴事业发展格局。

1. 哲学社会科学学科年鉴群

截至2023年5月，中国社会科学院组织编纂的哲学社会科学学科年鉴系列已有36部之多，覆盖了15个一级学科、13个二三级学科以及4个有重要影响力的学术领域，形成了国内规模最大、覆盖学科最多、也是唯一成体系的哲学社会科学学科年鉴群。

其中，《中国语言学年鉴》《中国金融学年鉴》《当代中国史研究年鉴》等10部，系2022年新启动编纂。目前还有将近10部学科年鉴在编纂或酝酿之中。到“十四五”末期，中国社会科学院组织编纂的学科年鉴总规模，有望超越50部。

2. 学科年鉴的高质量编纂

从总体上看，在坚持正确的政治方向、学术导向和价值取向方面，各部学科年鉴都有明显提高，体现了立场坚定、内容客观、思想厚重的导向作用。围绕学科建设、话语权建设等设置栏目，各部学科年鉴都较好地反映了本学科领域的发展建设情况，发挥了学术存史、服务科研的独特作用。文字质量较好，文风端正，装帧精美，体现了学科年鉴的严肃性和权威性。

与此同时，为提高年鉴编纂质量，围绕学科年鉴编纂的规范性，印发了《中国哲学社会科学学科年鉴编纂出版规定》，专门举办了年鉴编纂人员培训班。

3. 学科年鉴品牌

经过多年努力，无论在学术界还是年鉴出版界，中国社会科学院组织编纂的哲学社会科学学科年鉴系列得到了广泛认可，学术年鉴品牌已经形成。不仅成功主办了学术年鉴主编论坛和多场年鉴出版发布会，许多年鉴也在各类评奖中获得重要奖项。在数字化方面，学科年鉴数据库已经建成并投入使用，目前试用单位二百多家，学科年鉴编纂平台在继续推进中。

4. 学科年鉴工作机制

中国社会科学院科研局负责学科年鉴管理，制定发展规划，提供经费资助；院属研究单位负责年鉴编纂；中国社会科学出版社负责出版。通过调整创新工程科研评价考核指标体系，赋予年鉴编纂及优秀学科综述相应的分值，调动院属单位参与年鉴编纂的积极性。

学科年鉴是哲学社会科学界的学术公共产品。作为哲学社会科学研究的“国家队”，编纂、提供学科年鉴这一学术公共产品，无疑是中国社会科学院的职责所在、使命所系。中国社会科学院具备编纂好学科年鉴的有利条件：一是学科较为齐全；二是研究力量较为雄厚；三是具有“国家队”的权威性；四是与学界联系广泛，主管120家全国学会，便于组织全国学界力量共同参与年鉴编纂。

（四）

当然，在肯定成绩的同时，还要看到，当前哲学社会科学学科年鉴编纂工作仍有较大的提升空间，我们还有很长的路要走。

1. 逐步扩大学科年鉴编纂规模

经过40多年的发展，特别是“中国社会科学年鉴工程”实施10年来的努力，哲学社会科学系列学科年鉴已经形成了一定的规模，覆盖了90%的一级学科和部分重点的二三级学科。但是，也不容忽视，目前还存在一些学科年鉴空白之地。如法学、政治学、国际政治、区域国别研究等重要的一级学科，目前还没有学科年鉴。

中国自主知识体系的基础是学科体系，完整的学科年鉴体系有助于完善的学科体系和知识体系的形成。尽快启动相关领域的学科年鉴编纂，抓紧填补相关领域的学科年鉴空白，使哲学社会科学年鉴覆盖所有一级学科以及重要的二三级学科，显然是当下哲学社会科学界应当着力推进的一项重要工作。

2. 持续提高学科年鉴编纂质量

在扩张规模、填补空白的同时，还应当以加快构建中国特色哲学社会科学、建构中国自主的知识体系为目标，下大力气提高学科年鉴编纂质量，实现高质量发展。

一是统一学科年鉴的体例规范。学科年鉴必须是成体系的，而不是凌乱的；是规范的，而不是随意的。大型丛书的编纂靠的是组织严密，条例清楚，文字谨严。学科年鉴的体例要更加侧重于存史内容的发掘，对关乎学术成果、学术人物、重要数据、学术机构评价的内容，要通过体例加以强调和规范。哲学社会科学所有学科年鉴，应当做到“四个基本统一”：名称基本统一，体例基本统一，篇幅基本统一，出版时间、发布时间基本统一。

二是增强学科年鉴的权威性。年鉴的权威性，说到底取决于内容的权威性。学科年鉴是在对大量原始信息、文献进行筛选、整理、分析、加工的基础上，以高密度的方式将各类学术信息、情报传递给读者的权威工具书。权威的内容需要权威的机构来编纂，来撰写，来审定。学科综述是学科年鉴的灵魂，也是年鉴学术评价功能的集中体现，必须由权威学者来撰写学科综述。

三是要提高学科年鉴的时效性。学科年鉴虽然有存史功能，但更多学者希望将其作为学术工具书，从中获取对当下研究有价值的资料。这就需要增强年鉴的时效性，前一年的年鉴内容，第二年上半年要完成编纂，下半年完成出版。除了加快编纂和出版进度，年鉴的时效性还体现在编写的频度上。一级学科的年鉴，原则上都应当一年一鉴。

3. 不断扩大学科年鉴影响力

学科年鉴的价值在于应用，应用的前提是具有影响力。要通过各种途径，让学界了解学科年鉴，接受学科年鉴，使用学科年鉴，使学科年鉴真正成为学术研究的好帮手。

一是加强对学科年鉴的宣传。“酒香也怕巷子深”。每部学科年鉴出版之后，要及时举行发布会，正式向学界介绍和推出，提高学科年鉴的知名度。编纂单位也要加大对学科年鉴的宣传，结合学会年会、学术会议、年度优秀成果评选等活动，既加强对学科年鉴的宣传，又发挥学科年鉴的学术评价作用。

二要在使用中提高学科年鉴的影响力。要让学界使用学科年鉴，必须让学科年鉴贴近学界的需求，真正做到有用、能用、管用。因此，不能关起门来编学科年鉴，而是要根据学界的需求来编纂，为他们了解学术动态、掌握学科前沿、开展学术研究提供便利。要确保学科年鉴内容的原创性、独特性，提供其他渠道提供不了的学术信息。实现这个目标，就需要在学科年鉴内容创新上下功夫，不仅是筛选和转载，更多的内容需要用心策划、加工和提炼。实际上，编纂学科年鉴不仅是整理、汇编资料，更是一项学术研究工作。

三是提高学科年鉴使用的便捷性。当今网络时代，要让学科年鉴走进千万学者中间，必须重视学科年鉴的网络传播，提高学科年鉴阅读与获取的便捷性。出版社要重视学科年鉴数据库产品的开发。同时，要注重同知识资源平台的合作，利用一切途径扩大学科年鉴的传播力、影响力。在做好国内出版的同时，还要做好学科年鉴的海外发行，向国际学术界推广我国的学科年鉴。

4. 注重完善学科年鉴编纂工作机制

实现学科年鉴的高质量发展，是一项系统工程，需要哲学社会科学界的集思广益，共同努力，形成推动学科年鉴工作高质量发展的工作机制。哲学社会科学学科年鉴编纂，中国社会科学院当然要当主力军，但并不能包打天下，应当充分调动哲学社会科学界的力量，开展协调创新，与广大同仁一道，共同编纂好学科年鉴。

学科年鉴管理部门和编纂单位不仅要逐渐加大对学科年鉴的经费投入，而且要创新学科年鉴出版形式，探索纸本与网络相结合的新型出版模式，适当压缩纸本内容，增加网络传播内容。这样做，一方面可提高经费使用效益，另一方面，也有利于提升学科年鉴的传播力，进一步调动相关单位、科研人员参与学科年鉴编纂的积极性。

随着学科年鉴规模的扩大和质量的提升，可适时启动优秀学科年鉴的评奖活动，加强对优秀年鉴和优秀年鉴编辑人员的激励，形成学科年鉴工作良性发展的机制。要加强年鉴工作机制和编辑队伍建设，有条件的要成立专门的学科年鉴编辑部，或者由相对固定人员负责学科年鉴编纂，确保学科年鉴工作的连续性和编纂质量。

出版社要做好学科年鉴出版的服务工作，协调好学科年鉴编纂中的技术问题，提高学科年鉴质量和工作效率。除此之外，还要下大力气做好学科年鉴的市场推广和数字产品发行。

说到这里，可将本文的结论做如下归结：学科年鉴在加快构建中国特色哲学社会科学、建构中国自主知识体系中的地位和作用既十分重要，又异常关键，我们必须高度重视学科年鉴的编纂出版工作，奋力谱写哲学社会科学学科年鉴编纂工作新篇章。

特　稿

守正创新 开拓进取：
2019—2021年的中国古代史研究

中国社会科学院古代史研究所动态写作小组

2019—2022年，中国古代史研究取得了巨大进展，出版了大批学术资料，刊发了大量学术论著，在各个领域都取得了巨大进步。

一、新资料的出版和修订

近三年来，学术资料整理取得很大成绩。

甲骨资料方面，有宋镇豪主编、马季凡编纂《绘园所藏甲骨》（上海古籍出版社，2019）、《殷虚书契四编》（上海古籍出版社，2019）和吕静主编、葛亮编著《复旦大学藏甲骨集》（上海古籍出版社，2019），宋镇豪主编、孙亚冰编纂《中国社会科学院古代史研究所藏甲骨文拓》（上海古籍出版社，2020）出版。

青铜器和金文方面，2019年有李伯谦主编《中国出土青铜器全集》（科学出版社）、山西博物院编《山西博物院藏品概览·青铜器卷》（文物出版社）等著作出版；2020年有朱凤瀚主编、中国国家博物馆编“中国国家博物馆馆藏文物研究丛书·青铜器卷”（上海古籍出版社），吴镇烽编著《商周青铜器铭文暨图像集成三编》（上海古籍出版社），王长丰编著《殷周金文族徽集成》（黄山书社）等著作出版。

简帛依然是学术资料出版的大宗，有黄德宽主编《清华大学藏战国竹简》第九、十、十一辑（中西书局，2019—2021），陈松长主编《岳麓书院藏秦简（陆）》（上海辞书出版社，2020），甘肃简牍博物馆和甘肃省文物考古研究所等编《悬泉汉简》第一、二辑，张德芳和石明秀主编《玉门关汉简》，长沙市文物考古研究所等编著《长沙五一广场东汉简牍》第三至第六辑（中西书局，2019、2020）以及《长沙走马楼三国吴简·竹简（玖）》（文物出版社，2019）等著作出版。

碑刻资料方面，有陕西省考古研究院编《陕西省考古研究院新入藏墓志》（上海古籍出版社，2019），《新出宋代墓志碑刻辑录（北宋卷）》（文物出版社，2019），张永华等主编

《秦晋豫新出墓志蒐佚三编》（国家图书馆出版社，2020），朱明岐、戴建国主编《明止堂藏宋代碑刻辑释》（中西书局，2020），周峰编《贞珉千秋——散佚辽宋金元墓志辑录》（甘肃教育出版社，2020）以及《新中国出土墓志·陕西（肆）》（文物出版社，2021），陈朝云《河南散存散见及新获汉唐碑志整理》（科学出版社，2021），胡可先、杨王京编著《唐代诗人墓志汇编》（上海古籍出版社，2021）等书出版。

其他出版的考古资料的成果，还有成颖春编著《齐陶文集成》（齐鲁书社，2019）；严志斌等编著《巴蜀符号集成》（科学出版社、龙门出局，2019）；中国社会科学院考古研究所编著、刘庆柱主编《汉长安城未央宫骨签》（中华书局，2020）；王振芬、孟宪实、荣新江主编《旅顺博物馆藏新疆出土汉文文献》（中华书局，2021）；赵莉、荣新江主编《龟兹石窟题记》（中西书局，2020）等。

在传世文献整理方面，中华书局二十四史修订工程取得很大进展，有孟彦弘、吴玉贵修订的《隋书》，景蜀慧修订的《梁书》等出版（中华书局，2019）。另外，顾宏义《宋代笔记录考》（中华书局，2021）、蒋媛媛点校《宋代寺院碑文集成》（天津古籍出版社，2021）和王殿明点校《唐宋厅壁记集成》（天津古籍出版社，2021）等出版。另有陈维昭和侯荣川主编《日本所藏稀见明清科举文献汇刊》（广西师范大学出版社，2020），国家图书馆编《清代乡试文献集成》（国家图书馆出版社，2020），孟凡松编著《明代卫所选簿校注（云南卷、贵州卷）》（广西师范大学出版社，2020），冷东、梁承邺和潘剑芬主编《广州十三行天宝行海外珍稀文献汇编》（广东人民出版社，2019），王晓欣等编著的《元代湖州路户籍文书——元公文纸印本〈增修互注礼部韵略〉纸背公文资料》（中华书局，2021）等文献出版。

史料整理和出版中值得注意的方面，是古典文献的整理与数字化取得了巨大成绩，例如中国第一历史档案馆数字化档案开放数量到 2019 年底已经突破 417 万件。关于史料数字化建设和利用问题也得到探讨，例如莫伯峰等《AI 缀合中的人机耦》（《出土文献》2021 年第 1 期）结合计算机缀合实践，探讨了利用计算机结合专家知识推动古文字研究发展的经验；李邦、刘永革《文献数字化技术在甲骨文数据库建设中的应用与展望》（《殷都学刊》2020 年第 3 期）介绍文档分析技术与字符识别技术在文献数字化过程中的应用及运用前景。

二、研究的热点与新进展

三年来，中国古代史研究在各个领域都有所前进，今选研究热点和进步较明显的领域作简要叙述。

文明和国家起源深受学界重视，有数量众多的论著刊发。裴安平《中国的家庭、私有制、文明、国家和城市起源》（上海古籍出版社，2019）以考古发现为基础和线索，讨论了中国早期家庭、私有制、文明、国家和城市等的起源和发展。韩建业《中华文明的起源》（中国社会科学出版社，2021）提出中华文明起源于8000年前，形成于5000年前，分为北方、中原和东方三种模式，三种模式共同作用形成中华文明的文化基因。许宏《东亚青铜潮：前甲骨文时代的千年变局》（生活·读书·新知三联书店，2021）梳理了“青铜”器时代中国中心地区的人群、社会组织等在商代以前的演化过程。张海《中原核心区文明起源研究》（上海古籍出版社，2021）通过聚落形态与文化谱系研究，展示了多源一体在中国文明起源过程中的重要作用。秦小丽《中原国家形成进程中的南方文化因素》（《考古与文物》2020年第5期）提出龙山文化晚期到二里头、二里岗这一段时间内，漆器、象牙制品、海贝、原始瓷和硬陶等南方产物，融入中原国家并纳入上层社会的礼仪系统之中。戴向明《中国史前社会的阶段性变化及早期国家的形成》（《考古学报》2020年第3期）梳理了中国石器时代社会发展演变的历程，指出中国境内史前社会亦呈明显的阶段性变化，并表现“进化”的特征。

夏文化和夏史深受学界关注，学者从历史和方法等方面进行了讨论。许宏《二里头与中原中心的形成》（《历史研究》2020年第5期）、董琦《夏文化探索与夏代信史说》（《南方文物》2019年第2期）、戴向明《夏文化、夏王朝及相关问题》（《江汉考古》2021年第6期）根据考古、文献资料对夏文化的界定、夏史的内涵等做了探讨。刘宗迪《三星在天：夏墟地理与传说考辨》（《文史哲》2020年第6期）提出康叔受封的“唐”及“夏墟”在鲁西，支持“夏在河济之间”的观点。关于夏文化的研究方法，朱凤瀚《夏文化考古学探索六十年的启示》（《历史研究》2019年第1期）、夏含夷和程羽黑《〈竹书纪年〉和夏代编年：我对历史方法的反思》（《文史哲》2019年第2期）等文章对于夏史研究的方法进行了总结和反思。

国家与社会的组织形式是传统的研究主题，成果依然很多。有具体的制度、事件研究，如陈松长等著《秦代官制考论》（中西书局，2019）利用出土资料对部分秦代职官，以及秦代守官和假官制度、都官制度、乡里职官制度、官吏法等展开研究；权家玉《魏晋政治与皇权传递》（社会科学文献出版社，2019）讨论魏晋两代中枢权力，认为魏明帝与晋武帝对顾命大臣的选择奠定了此后的政治格局，分别导致了司马氏代魏与八王之乱；刘啸《隋代三省制及相关问题研究》（中华书局，2021）以隋代作为切入点，勾勒出隋唐百余年间所谓“标准”三省制的演化定型；黄楼《神策军与中晚唐宦官政治》（中华书局，2019）以神策军为研究主题，提出中晚唐宦官政治是皇权政治的一种变态形式，对五代及宋初政治制度产生了重大影响。也有宏观视角的研究，鲁西奇《齐国的乡里控制体系及其变化》（《文史哲》

2020 年第 1 期）认为齐国以国、野二元体制作为基本统治制度；李治安主编《元明江南政治生态与社会发展》（中国社会科学出版社，2019）聚焦于元明江南政治与社会的重要问题，考察了 13 世纪后期至 16 世纪的江南，从整体上把握长时段内社会的发展进程。另外，从基层视角考察社会组织的论著增多，如杜志明《明代地方武力与基层社会治安研究》（人民出版社，2021）聚焦明代民壮、乡兵等地方军事组织，指出明代卫所制度与地方兵员制度相辅相成，基层社会秩序的维系依赖于地方有司掌控的各种基层武装；邱源媛《清代旗民分治下的民众应对》（《历史研究》2020 年第 6 期）深入考察了错综复杂的清代旗民籍属的社会关系；冯贤亮《近世江南的城乡社会》（复旦大学出版社，2021）一书的相关章节对晚明苏南、浙江等地的特殊风俗、乡镇秩序变迁、人文景观构建等问题进行了细致研究。

经济与社会方面，成果颇多。晋文《秦汉土地制度研究》（社会科学文献出版社，2021）对战国秦汉时期的授田制、赐田制、公田制、亩制与田制，以及户籍制度、赋税制度与土地制度的关系等问题进行了全面探讨。谢坤《秦简牍所见仓储制度研究》（上海古籍出版社，2021），探讨了秦仓设置、禀食管理、安全管理、人员管理、考课管理等制度及其相关问题。耿元骊《唐宋乡村社会与国家经济关系研究》（中国社会科学出版社，2021）部分章节讨论了唐代乡村社会权力结构及其运行机制以及唐五代乡村百姓的契约关系，并指出赋役征派影响经济发展和民众生活，国家尽力保持平衡，基本维持了社会稳定运行。朱浒《百年清史研究史：经济史卷》（中国人民大学出版社，2020）先是讨论了研究范式问题，然后按照时间线，讨论不同历史时期的经济史研究。

思想与文化研究方面，学界多有建树。杨小召《两周金文中效法祖先之德的观念及其演变》（《史学月刊》2019 年第 12 期）提出效法祖先之德的观念是先秦政治史、思想史的重要内容。李若晖《不丧斯文：周秦之变德性政治论微》（上海人民出版社，2019）讨论了周秦之变背景下的德性政治。彭磊《唐前谏议思想及其文化研究》（世界图书出版社，2019）探讨了先秦至魏晋的谏议思想与文化。史党社《秦祭祀研究》（西北大学出版社，2021）利用考古材料，考察春秋战国时代，秦人祭祀上帝、祖先、山川之礼及秦巫问题。王子今《“一天下”与“天下一”：秦汉社会正统政治意识》（《贵州社会科学》2020 年第 4 期）指出，秦汉时期“天下一统”“天下一致”“天下一家”的政治意识得以普遍宣传，执政集团推行的具体实践往往取强力政策。曾磊《门阙、轴线与道路：秦汉政治理想的空间表达》（广西师范大学出版社，2020）利用历史地理学研究方法探讨了秦汉王朝国家如何通过人为规划设计，将自然地理空间塑造为政治空间、文化空间。黄源盛《汉唐法制与儒家传统》（广西师范大学出版社，2020）立足儒家传统，考察汉唐两朝法制。朱昌荣《清初程朱理学研究》（中国社会科学出版社，2019）、马子木《十八世纪理学官僚的论学与事功》(《历史研究》2019 年第 3 期)等，对程朱理学在清初国家主流意识形态中的地位和作用、理学官僚的政治与学术活动有所揭示。

历史地理研究是值得关注的领域，成绩显著。陈絜《商周东土夏遗与夏史探索》(《历史研究》2020 年第 1 期)利用古文字和文献中夏遗民与夏王朝的史地关系，主张夏早期政治中心在山东及河南东部一带。周代历史地理研究方面，徐少华《周代南土与历史地理与文化》(中西书局，2021)将历史地理研究与政治史、民族史、文化史进行融合，研究了南阳盆地与淮河中上游地区在周代历史演变情况。赵庆淼《先秦“异地同名”现象与地名流动的初步考察》(《史学月刊》2020 年第 10 期)对“异地同名”现象进行分类归纳，并探讨了其背后“地随族迁”“张大一统”等形成原因。孙景超《宋代以来江南的水利、环境与社会》(齐鲁书社，2020)，从水利、环境与社会三个角度出发，透过探讨江南地区的区域水利环境变化以及由此引发的社会问题，为讨论宋代以来江南历史的发展提供了新的视角与论证。此外，关于历史地理的专栏专题讨论也不断展开，如《苏州大学学报（哲学社会科学版)》组织的“历史灾害地理研究”专题讨论、《云南大学学报（社会科学版)》组织的“黄河保护与治理的历史经验与启示”“文明的图籍表达”“17、18 世纪中西地图对海洋的表现”以及《首都师范大学学报（社会科学版)》组织的“中国历史上的水域空间”等专题研究。

与构建中国特色的学科体系、学术体系、话语体系相契合，历史研究在国家治理、民族认同等领域也取得了成绩。

在国家治理方面，学界从不同角度进行了分析，成果不少。张利军《西周五服制的国家形态与国家治理》(《古代文明》2021 年第 2 期)认为周王朝通过册命礼仪赐朝臣采邑，册封诸侯封地，纳方国于要服、荒服体系的方式，实现了王畿、地方诸侯和边疆方国的治理。夏世华《周秦之际的月令政治模式及其政治理想——以〈吕氏春秋〉和〈周礼〉为例》(人民出版社，2021)探讨了周秦之际的月令政治模式及其理想政治模式建构问题。杜文玉《唐宋时期职官管理制度研究》(科学出版社，2020)从制度层面探讨了唐宋时期的官吏选任、考课、监察、审计、勾检等，并对以法治吏、职官管理制度的优缺点进行了分析，得出若干可资借鉴的历史经验。方志远《明前期国家治理中的民生关怀》(《历史研究》2020 年第 3 期)对明代政治制度与社会文化运行进行了讨论。苟德仪《清代基层组织与乡村社会管理——以四川南部县为个案的考察》(中华书局，2020)从家训乡约和保甲团练等方面讨论了地方宗族及组织的自治价值。吴四伍《清代捐纳与国家治理》(社会科学文献出版社，2021)以政治生态与制度实践为路径，聚焦清代捐纳与国家治理之复杂关系，探析了清代满汉对抗最终走向“制度性溶解”的内在理路和深层机制，总结清代国家治理中技术、制度和文化的多重经验。

在族群认同方面，成果不少。颜世安《春秋战国时代的“诸夏”融合与地域族群》（《民族研究》2020年第2期）考察了“华夏”形成过程中“地域化群体”的影响，跨越血缘的地域性“列国”既是抟成“华夏”的基础，又是“一统”的阻碍，由于存在更广泛的横向文化联系，“华夏”民族意识还是顺利成长起来。张佳《元代的夷夏观念潜流》（中国台湾《中央研究院历史语言研究所集刊》第92本第1分）考察了夷夏观念的显隐变化历程，认为在盛元时代迫于环境压力，汉族人中的族群意识与夷夏观念只是一种思想潜流并没有完全消亡，到元末蒙元政府权威失坠之时，民间蛰伏的夷夏观念再度凸显，成为元明易代的重要思想基调。任建敏《族类标签的产生与形塑：以宋末至明初广西的“撞”与“獞”为例》（《民族研究》2021年第3期）以宋末至明初广西的“撞”与“獞”二字为中心，考察了其作为身份标签与族类标签的产生、形塑与变迁过程。张帆《元朝的多民族统一与国家认同》（《中央社会主义学院学报》2020年第1期）认为元朝的军事优势、统治过程和制度创新，促成了对中原的认同、版图的巩固，并较好地处理了大一统与因俗而治的张力。陈文祥《元明时期河湟地区新诸族族体形成共性问题研究》（《中国边疆史地研究》2020年第3期）认为元代的民族融会、军事屯戍和文化兼容推动了河湟地区新诸族的形成。

近三年来，历史书写及其范式与机制成为学界关注的热点。杨博《战国楚竹书史学价值探研》（上海古籍出版社，2019）分析了楚竹书所反映的战国时期史学编撰体例与观念，对战国楚竹书的史学价值做了探讨。程浩《有为言之：先秦“书”类文献的源与流》（中华书局，2021）提出先秦史官撰写的书类文献与后世儒家选编本并不相同，清华简的“书”可能受墨家传书影响。夏含夷、孙夏夏《出土文献与〈诗经〉口头和书写性质问题的争议》（《文史哲》2020年第2期）论述了《诗经》形成过程中“写本”所发挥的关键作用。张弛《唐国史对肃宗北上灵武事的历史书写》（《史林》2021年第2期）认为肃宗北上灵武本是承玄宗的命令，但是史官为塑造肃宗的形象而掩盖了这一史实。何玉红《汉唐故事与五代十国政治》（《中国社会科学》2021年第4期）揭示了五代十国诸政权利用“汉唐故事”塑造政权合法性、重建制度以及形塑与效法统治典范。罗亮《草妖或祥瑞：“枯树再生”与前蜀建国》（《中国史研究》2021年第1期）讨论了中古时期“枯树再生”的政治寓意，并为前蜀建国披上神圣外衣。仇鹿鸣《“伪梁”与“后唐”：五代时期的正统之争》（《历史研究》2021年第5期）检视了五代墓志中“伪梁”与“后唐”的书写和五代政权的正统性的关系。苗润博《契丹建国前史发覆——政治体视野下北族王朝的历史记忆》（《历史研究》2020年第3期）探讨了契丹王朝官方叙述中的建国前史与历代中原文献的相关记载在空间、时间方面存在巨大偏差的历史本相。彭勇《明代卫所制度设计与军户家族记忆的历史书写——以湖南新田骆氏家族为中心的考察》（《史学集刊》2020年第6期）梳理了明代卫所制度对高级军户家族宗族传统与家族记忆的影响。陈生玺《再论李岩其人——顾诚〈李岩质疑〉辨误》（《文史哲》2020 年第 5 期）通过新发现河南博爱县《李氏族谱》中的记载，重新探析明末农民起义领袖李岩是否真实存在的问题，并对 20 世纪五六十年代盛行的阶级史观进行了反思。鱼宏亮《发式的政治史——清代剃发易服政策新考》（《清华大学学报（哲学社会科学版）》2020 年第 1 期）利用清宫档案和宫廷画像、中外史料，对清代剃发易服政策做了全面讨论，对关于剃发易服的传统记述提出了质疑。

与当前疫情等主题相关的研究也成为热点。龚胜生编著《中国三千年疫灾史料汇编》（齐鲁书社，2019）以编年体的方式，分年度、地域辑录了西周末至中华人民共和国成立前 2700 余年的疫灾史料，是一部较为完备的大型疫灾史料汇编。宋镇豪《商代的疫病认知与防控》（《历史研究》2020 年第 2 期）、杨勇《简牍所见战国秦汉时期的自疗传统》（《社会科学战线》2020 年第 6 期）、余新忠《明清以来的疫病应对与历史省思》（《史学理论研究》2020 年第 2 期）、韩毅《南宋初年瘟疫的流行与防治措施》（《暨南学报（哲学社会科学版）》2020 年第 9 期）、赵现海《瘟疫史研究的科学、区域与观念视角——以明末鼠疫为例》（《中国史研究动态》2020 年第 5 期）对古代个人保健和环境清洁的方式、传统医学中的巫术方技进行了评析。

三、总结与反思

三年来的中国古代史研究，呈现一些特点。

总结性的、研究方法领域的研究增多。卜宪群《新中国七十年的史学发展道路》（《中国史研究》2019 年第 3 期）对 70 年来的中国古代史研究进行了总结。葛剑雄《新科技与历史研究》（《华中国学》2019 年・春之卷）认为人文学科有自身特点，现代科技对人文学科的研究有一定帮助，但不能代替长期形成的研究范式。陈爽《垒壁与交集：中古士族研究中的历史人类学借鉴》（《史学月刊》2019 年第 3 期）总结了既往中古士族研究的不足，展望了历史人类学应用于中古士族研究的可能性。

宏观性的、理论性的研究成果增多。晁福林《先秦国家制度建构的理念与实践》（《历史研究》2020 年第 3 期）指出国家的发轫和奠基期，尤其是商周时期国家制度建构的理念及实践，深刻影响了此后中国历史的发展走向。徐义华《中国古史分期问题析论》（《中国史研究》2020 年第 3 期）通过考察政治与血缘以及国家与宗族的关系，从宗族的视角将中国古代分为氏族社会、贵族社会、豪族社会、宗族社会四个时期，每两个时期之间有过渡期，并提出在不同的历史时段，国家维护统治所倚重的社会中坚力量不同。

考察中国古代国家和社会治理的成果大量涌现。《历史研究》2019 年第 1 期组织“新时代中国历史研究”笔谈，发表了卜宪群《从历史中汲取智慧》等系列文章，多维度探讨历史学科的建设与使命问题。吕全义《两周基层地域性居民组织研究》（上海古籍出版社，2021）系统考察西周、春秋的里、乡、州、书社，以及战国居民组织加强的情况。张荣强《简纸更替与中国古代基层统治重心的上移》（《中国社会科学》2019 年第 9 期）考察了简纸更替对中国古代地方的行政管理与权力运作模式产生的影响。韩昇《盛唐格局：唐太宗的国家治理》（中国方正出版社，2020）剖析了唐太宗的三大谋划，即实现治国理念的重大转变、出台国民双赢的政治制度、建立开放自信的核心价值观，为当代国家治理提供历史经验。杜文玉《唐宋时期职官管理制度研究》（科学出版社，2020）从制度层面探讨了唐宋时期的官吏选任、考课、监察、审计、勾检等，并对以法治吏、职官管理制度的优缺点进行了分析，总结了可资借鉴的历史经验。

在研究方式上，聚焦前沿。学者的讨论聚焦于前沿性、经典性课题，成为推动研究的重要方式。《中国史研究》2019 年第 2 期推出“唯物史观视野下的清史研究”专题，赫治清、倪玉平、徐毅、于沛等集中总结清代国家治理经验，分析了国家权力与地方秩序之间的良性互动与紧张冲突。《中国社会科学》2020 年第 1 期推出《唯物史观视阈下的中国古代土地制度变迁》笔谈文章，探讨战国至明清时期与土地制度变迁密切相关的重要问题，反映了新时代以来以唯物史观为指导的中国古代土地制度研究的前沿水平。《文献》2020 年第 3 期开设了“史源学与历史书写”专题，以史料的文本辨析为手段，从不同侧面展现了历史文献研究的新取向。《历史研究》2020 年第 5 期发表了“二里头考古与中国早期文明”笔谈，从中原中心的形成、青铜文明的诞生等不同角度，论证了二里头遗址在中华文明肇始阶段的重要地位。《史学理论研究》2020 年第 6 期推出一组“圆桌会议”文章，就如何以唯物史观为指导评价近代历史人物展开讨论。此外，《中国社会科学》推出“敦煌学视阈中的中古历史”专题，《历史研究》专门组稿探讨了中国史学中的“经世致用”问题，《中国史研究动态》聚焦“灾疫视角下的古代国家治理与应对”专题，等等。

中国古代史研究呈现学术专业团队建设加强、大型项目增多、基础理论探讨加强的特点。中国历史研究院于 2019 年成立，将考古、中国古代史、近现代史、世界史、边疆史、史学理论等多个领域和研究单位整合在一起，形成强大的史学研究力量；出土文献与中国古代文明研究协同创新中心完成改组，整合北大、清华、中国社科院等十二所学术单位，创建了协同攻关创新平台。与大型研究团队的建设相适应，《（新编）中国通史》、“古文字与中华文明传承发展工程”等大型学术项目得以设立和开展，极大地促进了中国古代史研究的前进。在大型团队和大型项目的推动下，关于中国历史分期、土地制度等基础性的和理论性的议题再次引起讨论，并发布了一批成果。

研究中也存在一些问题。首先是跨学科研究不足。近年来跨学科研究一直是学者努力的方向，但由于学科分科很细，加之学科知识结构相差很大，需要投入大量精力，真正跨学科研究的成果和具备跨学科研究能力的学者都明显不足，例如关于中国早期文明、国家起源的研究，大多以考古学为中心进行，对历史学角度的考察、理论性的探讨，依然不足。

其次是比较和全球史角度的研究不足。对早期文明之间的比较研究以及中国文明在不同时期在全球史上所处的地位和作用的考察，依然不足，无法充分认识到文明的共性与差异，未能构建出全球视角下的中国古代史。

新冠肺炎疫情之下历史学的学术反应

陈时龙

2020年年初，新冠肺炎疫情在全球暴发。在此后两年多的时间里，新冠病毒与疫情一直使人类的生产、生活受到严重干扰，至今未得到根本性解决。疫情带来的不只是病毒以及医学相关的问题，还有严峻的社会问题。毫无疑问，将来在书写这一段历史的时候，新冠肺炎疫情是一个重要的话题。今天的历史学工作者不可能跨越时空从未来的视角描述与评价这段历史，作为历史的见证人，他们更多地希望以自己的历史知识为现实提供解决问题的方案。既然以问题为导向是哲学社会科学的重要努力方向，追问历史上的疫情如何开始、因何形成、如何控制、如何结束、有什么样的社会影响，就是历史学工作者的责任。这项工作当然不是全新的。在社会史领域，疾病史是重要的研究对象；在环境史领域中，疾疫的产生、发展也往往是重要的课题。只不过在2020—2021年，过往的研究被赋予了新的现实价值，而新的回答问题的需要也催生了更多的关于历史上的疾疫问题的研究。据粗略统计，2020—2021年的两年，发表在各类刊物上涉及历史上的疫情的研究性文章为91篇，其中2020年31篇，2021年60篇。从历史分布时间来看，通论性的19篇，先秦3篇，秦汉7篇，魏晋南北朝4篇，隋唐1篇，宋元7篇，明清29篇，近代11篇，中国共产党在历史时期的抗疫4篇，另外还有涉及国外历史上的疫情与防疫的论文6篇。从内容上来看，在2020年的31篇论文之中，讨论历史上的疫情应对的论文15篇，占到近一半，讨论历史上的疫情7篇；相对来说，2021年的60篇论文中，关涉历史上疫情案例的13篇，疫情应对13篇，疫的概念7篇，与疫情相关文献7篇，疾疫发生的时空特征7篇，防疫思想5篇，疫情的社会及文化影响4篇。这表明，从2020年急就章式地匆匆寻求疫情应对的历史经验，到2021年全方位地探究疫情发生的规律特征、防疫思想、应对方案，甚至对疫情可能存在的社会影响、文化影响都开始研究和分析，历史学在应对疫情方面做出了更深入、深刻的探索。以下就这两年的关于历史上的疫情的研究作一介绍，以展现历史学界在疫情之下所做的学术反应。

一、中国历史上的疫情

当疫情来临时，人们不可避免地要回望历史，看看在历史上究竟是否曾经发生过类似的事情。纵观人类历史，瘟疫的历史很久远，人类发展史也是与瘟疫不断斗争的历史。张大庆《人类与瘟疫的不懈斗争》（《求是》2020 年第 6 期）追溯了人类历史上瘟疫从古希腊到今天为止对人类的冲击、人类对瘟疫的认知从早期传染病的认知到细菌理论的建立再到病毒性疾病的发现的历程，以及人类对瘟疫所采取的隔离、检疫、化学疗法、抗生素的使用、疫苗的发明等努力。郑洪《中国历史上的防疫斗争》（《求是》2020 年第 4 期）指出，中华民族繁衍数千年的历史，也是与疾病抗争的历史；中国历代不断加强对防疫的探索与认识，积累了许多经验与教训，而古代医家在大疫中也做出了许多贡献，进入近代之后中国防疫则往往是中西医并重。

从先秦时期起，人类对疾疫就有了认识。唐元《先秦时期文献记载的瘟疫认知与管理应对举措》（《防灾科技学院学报》2021 年第 2 期）指出，先秦时期先民已经总结出时序失调容易暴发传染病，出现了怪兽现身带来疫情的神话之说，并相应兴起了驱逐疫鬼的仪式，还认识到社会卫生条件恶化时容易暴发瘟疫。桑东辉《“生物战”抑或“诅军术”——匈奴与汉王朝的“疾疫”纠葛》（《阴山学刊》2021 年第 1 期）认为，汉朝与匈奴之间曾经出现的匈奴将缚住前后足的马扔到汉军城下、在汉军必经之路埋牛羊等做法，并不是将动物尸体的瘟疫传播给汉军的“生物战”，而是一种原始的盟诅巫术，将建安十三年（208）至建安二十五年（220）频发“大疫”归于匈奴的“生物战”并不合理；但客观上匈奴部落区域是一个疾疫频发的民族地区，随着汉人与匈奴人的不断交流与融合，这种疾疫传播到汉地是有可能的；文章还指出从张仲景、华佗等医者在汉末的行医轨迹和时疫的流行病学特征分析，建安大疫中的疫病最有可能是伤寒。袁延胜《东汉“大疫”与人口》（《青海民族研究》2020 年第 3 期）考察东汉“大疫”主要发生在光武帝、安帝时期以及东汉后期的桓帝、灵帝、献帝时期，指出东汉早期人口增长缓慢、安帝时期人口数量下降和东汉末年的人口数量锐减，传染性疫病是一个不容忽视的因素。袁祖亮《1—4 世纪我国“疫”灾概况考论》（《许昌学院学报》2021 年第 1 期）指出，1—4 世纪，瘟疫旷日持久地在中国大流行，疫灾的时空、区域分布广，危害程度深，时人也认识到从发病到“疫势歇”要一百多天时间、染疫者有的会自愈、留在疫区者也并非都会染疫、“疫”是由气传播的，等等。许秀文、汪建欣《东晋时期的疫病与民间救助》（《石家庄学院学报》2021 年第 1 期）考察了东晋时期的疾疫，指出其与水旱等自然灾害频仍和战乱等恶劣的社会政治环境密切相关，东晋处于中国历史上的灾害高发期，104 年间见于记载的疫灾 25 次，平均每 4. 16 年一次。东晋政府虽然采取了一些救助措施，但相比其他朝代已明显弱化，而相应的民间救助则发展起来，作用凸显，世俗力量的宗族互助、民间医疗发挥了一定的作用，以僧医、道医为首的宗教组织救助成为这一时期疫病救助的特色，对疫病研究与治疗做出了重大贡献。何茂峰、卜风贤

《魏晋南北朝时期的疫灾峰值与气候变化》（《农业考古》2021 年第 3 期）指出，魏晋南北朝时期是历史时期疫灾出现的首个高峰时期，气候的寒冷导致的气温、降水异常是促使该时期疫灾发生呈现峰值变化的导向原因，疫灾应对措施是影响疫灾广度与深度的另一个重要原因，而借疾疫充当完成政治目的的手段，加剧了疫灾流行的广度与深度。

宋代以后由于史料逐渐丰富，相关研究也更有条件。胡玉《宋代疾疫暴发情况及防疫措施》（《兰台世界》2021 年第 3 期）指出宋代疾疫暴发具有地域性、季节性和继发性的特点。为应对疾疫，宋代开展了积极的疾疫救治工作，包括采取了遣医施药、隔离治疗、集中埋瘗等医疗救治措施，并设置了居养院、安济坊、漏泽园等救治机构，对疫情防治进行了有效的尝试。韩毅《南宋孝宗、光宗时期瘟疫的流行与防治》（《求索》2021 年第 2 期）探讨了南宋孝宗、光宗时期（1162—1194 年）国家、地方官吏和社会民众防治瘟疫的主要措施。国家与地方官吏主要致力于施药医治、建立机构安置病人、经济赈济以及社会管控，积极发挥各级官府和医学机构在疫病防治体系中的作用，重视医药学知识在疫病防治中发挥的作用。当时的医学家像陈言、郭雍、杨倓、洪遵等人也对瘟疫、伤寒病、痢疾病、麻风病等传染性疾病的病因、病症进行积极探索，提出了许多有效的防疫思想和治疗方剂。张建国《明崇祯十三、十四年庐州府疫灾及社会救治》（《阜阳师范大学学报》2021 年第 2 期）认为，庐州的疫灾是整个当时中国疾疫流行大环境下的一个缩影，而流民起义、巢湖的水旱灾害以及饥荒是加剧庐州疫情的主要原因。鉴于当时国力衰微、政治和经济动荡，疫灾发生的 1640—1641 年，来自国家的防疫力量较为薄弱，防疫的主要力量来自地方政府、士绅，赈济、医药、施棺掩骼是主要的救济措施。赵现海《瘟疫史研究的科学、区域与观念视角——以明末鼠疫为例》（《中国史研究动态》2020 年第 5 期）通过对明末流行的瘟疫——鼠疫的考察，提出瘟疫史研究应结合现代医学，对不同区域的瘟疫种类、发生机制、社会应对展开综合考察，最好能综合科学史、区域史、观念史三种研究范式，实现对瘟疫的种类判定、起源探讨与观念分析，描绘中国古代瘟疫史的完整图景。

二、中国古代的防疫思想与应对措施

在中国历史上，面对疫情，人们是怎么思考的，又是怎么应对的，这是我们在总结历史经验时迫切想要掌握的信息。这两年中，最初是历史学工作者，然后更多的是医学史的工作者们，希望从历史知识或传统中医学知识中获得答案。

在防疫思想上，研究发现在科学知识尚处萌芽时期，人们更多地将希望寄托在鬼神的身上，即便在科学不断进步之后，寄情于鬼神仍然是防疫的手段之一。宋镇豪在《商代的疫病认知与防控》（《历史研究》2020 年第 2 期）一文中指出，据甲骨卜辞判断，殷商时期人们对于突发性疠疫瘟疾已有一定认知，并积累了许多抵御疾病传染、防控疫情蔓延的应对办法和社会俗尚；甲骨文中记载有以巫术殴驱疫鬼行事；隔离与药物防疫在商代以前已然。张剑光《祈哀鬼神：中国古代疫病应对措施失范探析》（《兰州大学学报（社会科学版）》2021年第4期）指出，中国古代抗击疫病的过程中因应对失误，应对有效性不强，在疫病面前往往显出无能为力，从而使相信巫觋和祈哀鬼神成了重要的抗疫手段。刘怀堂《“戴胡公头以逐疫”新考》（《文学遗产》2020年第5期）指出南朝宗懔《荆楚岁时记》所记载的“戴胡公头以逐疫”，源自魏晋南北朝时期的佛教之行像，行像目的之一为消灾解厄、祈福纳祥，而所行之像为释迦摩尼佛，胡公头则为释迦摩尼佛头像之头套面具，以“胡”“佛”音近。檀新建《池州傩逐疫事象研究》（《贵州大学学报（艺术版）》2020年第5期）梳理了“池州傩”庞杂祭仪中“关公斩妖”“钟馗捉鬼”等逐疫事象，指出安徽池州傩中的“驱鬼逐疫”是傩事活动的核心仪式（戏、舞），是充满象征与隐喻的意义聚合体的一部分，展现了乡民由事傩而生发、积聚健康能量所形成的身心防御机制，以及人们在借助傩神驱逐疫魔的表象下消灾解厄、祝祷康宁的心理动机与趋利避害、祈福纳祥的精神诉求。李明月《论苏轼“防疫”“治疫”思想》（《惠州学院学报》2021年第1期）则探讨了宋代文学家苏轼的防疫思想，指出苏轼几次被贬南方期间多遇时疫，有着丰富的防疫经验和有效的治疫措施：疫前积极推广药方，注重卫生饮水，防患于未然；疫时将亲历所见如实上报，请求朝廷援助，同时设置病坊开展自救，并借助僧人力量筹集募捐协助抗疫；疫后恳请朝廷蠲免赋税进行赈恤，恢复民生，并要求问责治疫不力者，整肃官风。袁田田、罗春洪《从鬼神司疫到祛除疫鬼：王阳明庐陵抗疫思想的四个维度》（《南昌师范学院学报》2021年第1期）分析了正德五年（1510）明代著名思想家王阳明在任江西庐陵知县时面对疫病流行所采取的多种举措，从调息静坐、未病先防的身体向度，万物一体、疾病相扶的道德教化，酌补固虚、疏民逐秽的医疗救治，疫后蠲免、恒产恒心的社会治理四个视域，总结了其抗疫思想，并指出王阳明创造性地提出要从恒产恒心的角度来营建防疫信心，注意抗疫标本兼治，是可以加强社会抵御疫情之抗压性的。江毅等撰《李时珍抗疫思想对新冠肺炎防护康复的启示》（《时珍国医国药》2021年第1期）一文分析了李时珍对疫的认识，以及疾疫防治、治疗的方法及思想。作者指出，各种不科学的抗疫思想，在当时有其合理性。赵李娜《多学科视野下民间防疫认知体系与行为实践文献综述》（《中国非物质文化遗产》2021年第6期）一文指出，自古以来与防疫有关的民间知识，以生活经验、集体无意识、社会心理、民间响应等方式存在于生活与记忆之中；一些民间防疫知识虽然在现代医学和科学眼光下具有许多“非科学”经验成分，渐为现代生活所淘汰，但同时许多有益的认知与行为实践也渐趋消亡，而这些恰是应该再次审视并审慎对待的生活经验与文化智慧，如果挖掘整理中国民间传统防疫观念与行为经验习俗，抽取其中的有益经验与合理成分，可为疫病防治等科普宣导提供生活经验与文本支撑，并为疫情下社会心态调节提供疏导管理依据。

当然，如何进行疫情防治，以及如何建设相关的制度与法规才是当时要积极寻求的答案。中国社会科学院古代史研究所《中国史研究动态》编辑部在2020年第3期组织了一期访谈，并发表了《中国古代的瘟疫和灾害治理——相关学者访谈录》（《武陵学刊》2020年第6期），回顾了中国古代的瘟疫与灾害治理情况，探讨中国古代国家治理体系如何应对疫情。桑东辉《古代“抗疫”措施及伦理困境——以汉晋时期“时疫”为例》指出，在疾疫频发的汉晋时期，面对疾疫的冲击和挑战，统治者采取禳灾、罪己、问责、赈济、救治等多种措施试图阻止瘟疫蔓延，儒家伦理作为国家意识形态在“抗疫”方面也充分展现其重人伦、强调仁爱道义、鼓励宗族互助的积极一面，但儒家伦理也产生了一些不利的消极影响，如聚族而居的生活方式不利于防疫隔离，孝子的极端非理性行为不利于疫情防治，等等。付鹏等《中古时期的疫病冲击与防疫对策》（《中医药文化》2021年第1期）指出，中古时期防疫对策可分为社会响应和医学应对两方面，其中罪己诏、隔离、公派医官、恤葬、减赋、禁寒食、宗教祈福、迁都等社会防疫措施，为医药防治疫病提供了较为稳定的社会环境，医学上对疫病分类、病因病理、证治大法、防疫草药、预防养生等方面认识的深化与应对措施的制定，在一定程度上消减着疫病造成的社会损失。郑言午《唐代政府对疫疾的应对举措》（《中国医学人文》2021年第2期）将唐代政府治疫的措施分为政治性的与医学性的。政治性的措施包括建立建灾制度、下诏赈恤灾民、举行傩礼禳灾、地方自行救灾，医学应对措施主要有遣医赍药诊治、设置“病坊”避疫、收埋暴露骸骨、颁示天下药方。何欣峰《明代疫灾应对机制研究》（《中州学刊》2020年第12期）指出明代是中国历史上疫灾最为严重的时期之一，为应对疫灾，明代完备了上报机制、祈禳机制、救治机制、赈恤机制、生产机制和监察机制。张艳丽《历史上北京抗“疫”的经典之策》（《前线》2020年第4期）探讨了元明清时期北京疾疫流行时政府所采取的对策，包括隔离、避痘、防疫、救治等各种措施。

在寻求答案的同时，适当的反思是必要的。余新忠《中国传统疫病应对成效探略》（《中国史研究动态》2020年第5期）在历叙了中国古代疫病的应对措施后，认为古代社会积累了比较丰富的疫病应对经验，确实起到了一些积极的作用，但真正对瘟疫产生控制性成效必须至少具备三个条件，即发明并生产出足够多的有效疫苗、发现或研制出特效药，以及调动社会有效资源实行严格而精准的现代卫生防疫机制，而这些在古代社会从未出现。余新忠《中国历代疫病应对的特征与内在逻辑探略》（《华中师范大学学报（人文社会科学版）》2020年第3期）重申了相似的观点，认为中国历代虽然在疫病应对上积累了丰富而值得重视的经验，但并没有形成系统性的认识，官方对疫病救疗有相对积极的姿态，但缺乏制度性的建设，在关键性的控制和切断疫病传播方面少有建树，历代王朝开展疫病防控的出发点更多是展现其仁政和德治，受统治理念和历史条件等因素的限制，对于实效的考量有限，也相对缺少对个人生命及其价值的真正重视。

三、近代以来的科学防疫及制度建设

有效的、科学的防疫机制，是近代建立起来的。因此，近代以来的疫情及科学防疫，是对历史上疫情开展研究的重要方向。近代以来的防疫成就体现在两个方面，一是医学上的发展，二是机制上的建设。郑洪《晚清岭南鼠疫流行下的中医知识生产与变革》［《复旦学报（社会科学版）》2021 年第 1 期］指出，1894 年前后流行的鼠疫，是最后一次以传统中医为主应对的大疫，治疗过程反映了传统医学知识学派各异、理论多元化的特点，传统医者又往往将新疾病纳入传统理论进行思考和应对，一些新方在治疗过程中不断释疑和递验，使中医的鼠疫治法逐渐形成了共识，但当时社会对中医治疗的评价不一，促成了医界的一些仿西法的改良措施。

1910—1911 年东北的鼠疫，则是中国近代防疫体制建立的起点。焦润明《庚戌鼠疫应对与中国近代防疫体系初建》（《历史研究》2020 年第 2 期）指出庚戌鼠疫的防控治理经验弥足珍贵，对鼠疫的防控治理促进了中国近代防疫体系的初步形成。毕学进《“封城”：庚辛东省鼠疫发端延扩下的地方因应》（《太原理工大学学报（社会科学版）》2021 年第 4 期）讨论了 1910—1911 年岁末年初之际东北鼠疫突发时地方采取的“封城”之策。疫情据称始于满洲里，由打猎旱獭之人带来。疫情发生后，地方政府采取封城之策，一方面对“封城”后的疫染者采取严厉的隔离之策，将其收入隔离所内；另一方面关闭各重要城镇城门，在重要交通要道设卡查验，防止疫情外扩至京津要地，同时遮断铁路，如京奉铁路就曾经一度全线停运，恢复后各铁路线在各站口设置防疫检验所查验过往旅客，疑有染疾者即行隔离，无疫症者留观七日无恙方可放行。“封城”措置之策有力地阻止了庚辛东省鼠疫的外扩内延，体现了近现代疫情防控的意识与作为。侯杰、张鑫雅《媒介视域中的疫情防控——以 1910—1911 年东北鼠疫为例》（《安徽史学》2021 年第 4 期）则以日本人所办的《盛京时报》为主要研究资料，结合《奉天疫事报告书》等史料揭示清末东北鼠疫的发生、蔓延，审视清廷与中国民间团体、日本和俄国殖民当局采取的防疫措施及其效果等。政府在应对时，除实行严格隔离、妥善处置疫死者尸体之外，还奖励捕鼠，以断疫源，清洁环境，改善卫生；商会等各类民间团队采取多种防疫措施。尽管有一定的防疫科学知识的积累，但全社会在现实处理疫情时还是有一定的反复。冯翔《1917—1918 年北方鼠疫回顾与讨论》（《自然科学史研究》2021 年第 1 期）指出，1917 年年末在绥远暴发的鼠疫，历时数月，传播多省，到 1918 年 5 月中旬才被完全扑灭，是 20 世纪初期中国第二次鼠疫大暴发。之前本已积累的防疫经验却在 1917—1918 年北方鼠疫暴发时运用得不尽如人意。这也说明，在疫情流行之时，医护工作者、中央政府、地方政府、职业媒体四方面的协作对于防控疫情都极为重要。王肇磊《民国时期湖北城市疾疫灾害与社会应对》（《湖北社会科学》2020 年第 1 期）指出湖北自古以来便是一个多疫灾的地区，疾疫在社会失序的民国时期尤为严重，表现出类型多、频率高、影响范围广、危害程度大、多种疾疫并发以及与城市发展关联度强的特征，而为保障城市发展与稳定，民国时期的湖北社会各界根据疾疫流行原因和特点有针对性地采取了诸多应对措施进行防控，如颁行防疫章程，成立应急机构，实施应急预防接种，清洁消毒、灭虫，管制交通，隔离患者，进行卫生宣传等，虽然也有成功的案例但成效并不十分显著。翁有为在《1928—1929 年绥远省鼠疫疫情及其治理》（《北京师范大学学报（社会科学版）》2021 年第 2 期）一文对 1928 年秋冬之际绥远的鼠疫疫情及防治进行了梳理，指出这次疫情初期虽有所蔓延，但由特别区域改制为省的省政机构成立后，即在卫生部支持下开始了有效治理，针对疫情建立了省及县级专门防疫网络，省防疫主要领导人员亲临防疫前线调研、指导，省当局依靠并利用卫生部援派防疫专家的技术、建议和药品等重要资源，采取了科学严格有效的禁掘鼠粮、消毒、施医、隔离、宣传等防疫治疫措施，科学防治，又积极使用宣传手段，对民众进行防疫心理动员，最终使疫情控制在“点”，未普遍蔓延，以至在 1929 年 3 月初消失。

在近代与疫情的反复斗争中，人们越发关注制度与法规建设的重要性，也越发强调疫情暴发时社会的协同性。张亦斌《传统防疫法规到近代防疫法规的历史转型——以清末东北鼠疫为切入视角》（《人民论坛·学术前沿》2021 年第 11 期）梳理了从清代前中期到近代涉疫法规的建设。近代以前，清代防疫法规的内容以消灭传染源的预防与出现瘟疫后的隔离措施为主。近代以来，公共卫生事业进步明显，推动了防疫法规的演变，如《大清新刑律》即设置“妨害饮料水罪”“妨害卫生罪”专章。1911 年东北鼠疫对传统防疫法规提出了新挑战，防治中出台了大量防疫法规，如长春防疫会《禁令八条》、防疫院《防疫所病院规则》，加上鼠疫过后作为总结性防疫法律文件的《防疫章程》，从制度上奠定了中国防疫现代化的基础。谢红星《危机、契机与转机——传统国家的防疫法制视角》（《湖北社会科学》2020 年第 5 期）指出，疫灾暴发的急骤性与传染性会大量损耗人口，破坏经济与民生，造成社会失序，构成传统国家治理的危机。传统国家在应对疫灾方面建立起了一套从预防到补救、从隔离到医治、从物质到精神的经验做法，但不足以覆盖全体民众，也很少能将其作为进一步完善治理体系和提升治理水准的契机。但在高度流动的现代社会，疫灾既是国家治理的重大危机，也是国家治理体系和治理能力建设的重要契机，通过严格执行公共卫生体系和突发公共事件应急机制，可以使国家治理更为现代化。董强、吴磊《近代疫灾危机下的政社协同治理研究——以 1932 年长三角口岸城市霍乱疫灾为中心》（《中国第三部门研究》第 21 卷）指出，1932 年暴发的霍乱疫灾波及面广，侵袭全国 23 个省，波及城市多达 312 个，持续周期长，政府在组织指导抗疫、推广疫苗接种、加强海港和铁路卫生检疫、整治城市环境卫生方面起了重要作用，但抗疫能力显著不足，而社会组织快速响应、广泛动员，通过捐资助赈、开展防疫宣传等方式深度参与危机治理，构筑起多元治理主体下的政社协同应对机制。

四、探寻疾疫暴发的时空规律

社会史的兴起，使包括区域疫病史在内的疾病史研究得到发展，这种区域疫病史充分关注疾病的时空分布，对于历史上疾疫发生的频率与分布能得出一些或大或小的结论，给人以启示。这两年，历史学工作者探索疾疫暴发的时空特征的积极性无疑更高。与直接探寻疾疫的成因不同，其更多地是通过长时段的观察，利用其与时间、空间的相关性分析，来探寻疾疫暴发是否存在一定的规律，如果有，规律的特点是什么？

一些分析是长时段的基于全国范围的分析。借助于团队之前对近 3000 年疫灾数据的积累，龚胜生团队的《中国 3000 年疫灾流行的时空特征及其影响因素》（《地理学报》2021 年第 8 期）一文，利用历史疫灾史料对中国过去 2720 年疫灾流行的时空特征及其影响因素进行研究，得出以下结论。一，中国疫灾流行的频度和强度有长期上升趋势，温暖期形成疫灾低谷，寒冷期形成疫灾高峰。二，中国疫灾流行总体以夏、秋季为主，但有阶段性差异，15 世纪 50 年代以后，由于疫病种类增多，疫灾频度提高，疫灾的季节性差异逐渐不显著。三，中国疫灾波动周期都接近于太阳黑子活动周期（11. 2a）的倍数，从千年尺度来看，中国疫灾流行的周期性主要受太阳黑子活动周期的制约。四，过去近 3000 年里，中国累积的疫灾广泛度为 93. 51%，疫灾厚度达 16. 86 层，东南半壁的疫灾比西北半壁的频繁得多、严重得多。五，中国疫灾区域拓展与土地开发同步，疫灾重心变迁受经济重心的牵引，南宋以前由北向南迁移，南宋以后由东向西迁移；外来疫病输入对疫灾分布格局产生重大影响。六，疫灾流行既是自然生态现象，也是社会文化现象，疫灾时空分布变迁反映人地关系变迁，人口稠密区、交通沿线区、都城周边区、自然疫源区、灾害频发区都是疫灾多发区。七，地理环境分异奠定疫灾空间分异，高温、高湿、低海拔地区疫灾易于流行；自然灾害对疫灾具有诱发作用，灾害频繁区也是疫灾频发区，灾害频繁期也是疫灾频繁期；气候变迁影响疫灾波动，寒冷期疫灾多发，温暖期疫灾少发；人口增加带来的土地开发和人地关系紧张，加剧疫灾的流行；疫灾与战争如影随形，战乱频繁期也是疫灾频繁期。王晓伟《宋元时期中国疫灾空间格局与环境耦合研究》（《干旱区资源与环境》2021 年第 1 期）基于疫灾史料和环境资料，运用数理分析法和计量史学法对 960—1368 年的疫灾地理格局与环境机理进行分析，初步得出以下结论。（Ⅰ）宋元疫灾区域差异显著，疫灾严重程度呈现由东南向西北递减的格局，南方地区疫灾重于北方地区，疫灾重心位于长江水系的庐江县与巢湖市交界，形成了以杭州、开封、北京 3 个京都所在地为核心的三大疫灾城市群。（Ⅱ）疫灾的地理格局是自然因素和社会因素共同作用的结果。宋元疫灾具有平原指向性、亲水性、距离衰减性，地理条件为病原体的生长、繁殖提供了适宜的环境，自然灾害是催化剂，为疫灾发生和传播提供了条件；人口密度越大、人口流动性越强、交通可达性越高，越易诱发疫灾，人口作为传染源和易感人群是根本所在，交通条件是疫灾流行的加速器。宋元对疫灾流行作用强度最大的是灾害类因子（震灾、战争、旱灾、饥荒、水灾）。

此外，更多的是对某一时段、某些地区疾疫暴发规律的总结。陈武强、高君智《明代甘肃瘟疫的流行与防治》（《天水师范学院学报》2021 年第 2 期）指出明代甘肃地区有 19 个年份发生过瘟疫，主要分布在景泰、正德、万历、崇祯四朝，以县为单位统计共发生过 52 次，平均 14. 58 年发生一次，以晚明的万历、崇祯时期最为严重，从空间上看，平凉县、镇原县、清水县、合水县等地的瘟疫较为严重，暴发瘟疫的主要原因是干旱等自然灾害以及由灾害引起的大饥荒，而应对的措施除常见的开仓救济、免租抚恤、施药医治外，还包括迷信性质的祈神驱疫。杨帆、陈恩虎《明清时期巢湖流域疫病流行影响因子述论》（《巢湖学院学报》2021 年第 6 期）指出，明清巢湖流域共在 36 个年份暴发过疫情，疫病流行往往是多种影响因子交互作用，在自然灾害因子上，巢湖流域水灾对疫病流行的影响最大，其次为旱灾、蝗灾，地震也会在某些情况下引发疫病；从社会因子看，疫病流行反映国家防疫力度、人口变迁、经济发展、战争和灾荒等自然与社会生态诸因素综合作用所产生的效应。李玥《清代四川疫灾的时空分布与社会应对》（《长江文明》2021 年第 2 辑）指出，清代四川的中部、东南部是疫灾多发区，尤其是綦江、永川、合州地区，发生疫灾次数较多，从季节时间上看多集中在夏季，从时间上看，清末的同治、光绪年间疫灾频度最高。谢仁典《明代至民国时期贵州疫灾的时空分布研究》（《六盘水师范学院学报》2021 年第 2 期）在《贵州历代自然灾害年表》统计的基础上，结合 GIS 空间分析，对明代至民国时期贵州疫灾的时空分布特征及其成因进行研究，指出疫情多发生于各种自然灾害频发与社会动乱时期，在季节上多发生于夏季，在空间分布上，明代主要集中分布于由荆楚通往云南的交通要道沿线各卫所，以及黔北开发较早的播州地区和黔东靠近湖南的黎平、天柱、铜仁和思南地区，黔西北及整个贵州南部基本没有疫灾，到清代，疫灾空间分布范围扩大至全省各地，民国时期贵阳和遵义成为疫灾暴发频次最高的地区。张沁平《民国时期山西省疫灾及社会应对》（《防灾科技学院学报》2021 年第 4 期）通过对民国时期山西省疫灾史料的整理和分析发现，民国时期山西省疫灾时空分布不均衡，时间上以 1917—1918 年和 1932 年的疫灾波及县数最多；空间上以晋中地区疫灾次数最多，晋北次之，晋南和晋东南地区最少。李并成《民国甘肃疫灾与畜疫灾研究》（《甘肃社会科学》2020 年第 5 期）对民国时期甘肃发生的疫灾与畜疫灾害进行了系统揭示与研究，就疫情而言，民国时期甘肃主要的疫灾有鼠疫、霍乱、天花、白喉、麻疹、百日咳、猩红热等，1917—1918 年、1928—1932 年两个时段为疫灾高发期，河东地区疫灾发生频度较高，河西走廊人口少且分布稀疏，疫灾相对较少，导致疫灾的主要原因有自然灾害（尤其是旱灾）、饥荒、战乱、卫生状况恶劣、病原体宿主动物感染等。王娟《何来“呻吟之苦”：近代北京的疾疫灾害及其致疫因素探析》（《北京史学》2021 年春季刊）对近代北京疾疫灾害的种类及其时空分布进行特征性说明，并尝试全面考察导致疾疫暴发的多重因素，指出民国时期北京地区的疫种按照暴发频次高低依次为伤寒、天花、痢疾、霍乱、斑疹伤寒、白喉、麻疹、猩红热等，此外还有鼠疫、麻风、疟疾、赤痢、回归热、脊髓灰质炎、脑膜炎等，年均暴发次数约为 3.3，在战争期间或战争结束后因人员伤亡以及自然环境变异时，疾疫流行的概率较平常年份大为提高。

五、厘清“疫”的概念并发掘新史料

随着研究的不断深入，学界对于中国古代“疫”的概念的厘清越发重视。在古代以“疫”为名的究竟指哪些传染性疾病？除了疫之外，哪些词汇与“疫”相近？姜德友、温馨《疫病源流考》（《辽宁中医药大学学报》2021 第 2 期）梳理了中国古代对疫病的名称、成因、治疗的不同认识，认为在名称上有以五行、发病特点、病性分类、病因分类和病征分类而不同的命名，在疾疫的成因上有运气致疫、正虚致疫、非时致疫、乖候致疫、疠气致疫、邪毒致疫等数种，在治疗上有运气求之、养扶正气、清解疫毒等类。朱磨虎、曹祝兵《上古｛疫病｝概念域探析》（《阜阳师范大学学报（社会科学版）》2021 年第 1 期）使用概念域的术语来归纳上古不同时期的疾疫概念，认为上古前期｛疫病｝概念域的成员主要有“疫”“疠”“瘥”等，上古中期｛疫病｝概念域的成员主要有“疫”“疠”“札”“瘥”等，上古后期｛疫病｝概念域的成员主要有“疫”“疠”“札”“瘥”“渍”“温”等。李曌华《“疫”“疠”词源词义探求与古代传染病再认识》（《中华中医药杂志》2021 年第 8 期）指出，“疫”“疠（厉）”二字最初并无传染性疾病的内涵，“疫”的本义指多人同时患病，“疠”是“厉”的后起分化字，本义指以皮肤恶疮为主要表现的疠风病，又引申指代恶疾。由于“疫”“疠”词源相近，皆是一种有别于普通疾病的特殊疾病，故二者经常并称，“疫”

的“多人同时患病”之意因此渗透给了“疠（厉）”。到东汉中后期，“疠（厉）”便具有多人同时患病的含义，但这类疾病不一定是传染性疾病。大约到唐代，“疫”“疠（厉）”二字开始发展出传染性疾病的含义，并逐渐成为传染性疾病的代名词。汤旻雨、陈明《寒疫辨析》（《安徽中医药大学》2021年第3期）辨析了寒疫的概念，指出寒疫最早见于《伤寒论·伤寒例》中，当时依据发病的时令与气候因素将其称为“时行寒疫”，后来因寒疫概念与时行病逐渐分离开来。寒疫为感受寒性疫疠之气而发病，四季皆可发病，并与“暴寒”有一定关系，属广义伤寒范畴，与狭义伤寒不同的是具有强烈的传染性。单丽《清嘉道以降的霍乱病症与异名——以地方文化为中心的考察》（《地方文化研究》2021年第4期）对清代霍乱的异名进行考察，指出清代霍乱有转筋霍乱（或称霍乱转筋、抽筋病等）、吊脚痧、麻脚瘟、瘪螺痧、蛣蛛瘟、蜘蛛瘟、鬼偷肉、缩症等异名，且体现明显的地方特色，另有蛇儿症、子午病、乌鸦翻、翻症、黑痧、黑水泻、痢疾、红痧等体现暴亡、吐泻等典型特征的异名，到民国时期过往繁复的霍乱异名渐趋消弭，霍乱成为古典霍乱的主流称谓，体现了中医对外来文化不动声色的内化。

历史研究需要发掘更多的相关涉疫文献。尽管大量的研究都依托龚胜生团队的《中国三千年疫灾史料汇编》（齐鲁书社，2019）来进行，也有相当多的研究者进一步爬梳古代文献中的史料。文学性的史料进入研究者的视野。陈纪然、王敬敏《古代诗歌的疾疫书写及其史料价值》（《学术交流》2021年第12期）指出，自先秦至明清有不少诗歌书写疾疫，或反映疾疫的发生及其严重危害，或分析疾疫发生的自然原因、社会原因等，或记录针对疾疫的医药治疗、社会治理，为人们更加详细地了解历史上的疾疫危害及人们对疾疫的认识与防治，提供了颇具价值的独特的文学类史料。刘伟楠《元代疾疫诗的书写特征与现实意义》（《内蒙古民族大学学报（社会科学版）》2021年第3期）指出元代疫灾频发，大量疾疫诗作成为这一时期灾害文学的重要组成部分，抒写着一代的灾难记忆，其在场书写和事件呈现，展现出鲜明的在场性与纪实性书写特征。马志英《清代少数民族诗人的灾疫书写》（《民族文学研究》2021年第3期）引用了少数民族诗人师范所作《鼠死行》，反映了嘉庆元年（1796）云南弥渡鼠疫的惨状：“鼠死不几日，人死如坼堵。昼死人，莫问数，日色惨淡愁云护。三人行未十步多，忽死两人横截路……人死满地人烟倒，人骨渐被风吹老。田禾无人收，官租向谁讨？”小说的史料也被关注。杨雨秋《明清小说中抗疫故事的类型与文化背景分析》（《名作欣赏》2021年第24期）通过分析明清小说中的涉疫故事，指出其中多有“偶遇奇方”“道法显灵”“祛除瘟鬼”“福报阻疫”等类型的成功案例，反映了明清时期道教医学文化、因果报应思想的流行，以及普通民众对疾疫较低的认知水平。图像材料也进入研究者视野。桑东辉《灾难印记 心理投影 消灾祈愿——从汉代画像石、壁画、铜镜等镜像看“疾疫”的影响》（《咸阳师范学院学报》2021 年第 1 期）指出，两汉时期频发疾疫，其印记广泛出现在两汉画像石、壁画和铜镜等镜像资料中，例如生动的傩戏驱鬼逐疫场面和对死后升仙之路的向往，反映出“大疫”威胁下人们渴望健康长寿、子孙绵延、家庭兴旺的祈愿。刘克《疫灾的宗教解释与禳解——出土大傩仪式汉画的宗教认知人类学考察》（《宗教学研究》2021 年第 4 期）也指出，汉人在大疫面前，将消除厉疫的希望寄托在大傩仪式的举办上，汉画所表现的疫灾应对手段在当时一定程度上缓解了民众的恐惧和焦虑。

地方史志文献中的疾疫资料，往往也受到关注。张晗等《明清北京疫情流行研究——以北京地方志为中心》（《医学与哲学》2021 年第 2 期）利用地方志材料，探讨明清北京疫情流行情况，发现地方志中记载的一些疫病的名字，如疙疸病、大头瘟，染病原因除“水旱灾－饥荒－战争－瘟疫”模式外，地理环境、环境污染、诸如停葬等社会习俗，均与疫病流行有一定关系，而瘟疫流行往往给民众带来巨大的心理阴影，地方志中留下咒符、祭祀和割肉疗亲等无奈之举的记载，政府、医家、士绅在防治上也做了许多努力。徐满成等所撰《上海府县旧志视野下的疫情认知与应对》（《中华中医药杂志》2021 年第 3 期）一文，则对明清上海的地方志中的涉疫材料进行了发掘，来考察时人对于疾疫的认识、对疫情的治理，以及有哪些著名的治疫名家、治疫的论著等。马国云《乾隆朝如皋饥疫和〈亥子饥疫纪略〉》（《江苏地方志》2020 年第 5 期）利用清代如皋士子冒国柱的《亥子饥疫纪略》探讨了乾隆二十一年（1756）江苏如皋饥疫，描述了饥疫造成百姓大量死亡、物价腾涌、社会混乱的历史现场，并考察了乾隆朝荒政在基层的展开。之外，正史、档案，都有大量的疾疫资料。李成、崔为《〈清史稿〉中涉疫文献研究》（《吉林中医药》2021 年第 3 期）对《清史稿》中的涉疫文献作了介绍。中国第一历史档案馆发表了《清末防治瘟疫中外交涉档案（上、下）》（《历史档案》2020 年第 3～4 期）。

当然，作为疾病史的分支，古代医籍是疾疫研究史料的大宗之一。李文静等《〈神农本草经〉“控疫”药物研究》（《中国中医药杂志》2021 年第 6 期）指出在中国现存最早的药学专著《神农本草经》收载的 365 味药物中，包括主治“毒疫”“疫疾”“温疾”“伤寒”“中风”的药物 10 余味，可“控疫”的药物 260 味。张文风、马源《明清疫病源流探析》（《长春中医药大学学报》2021 年第 6 期）梳理了明清医书中有关疫病的理论脉络，指出生于明万历年间的张凤逵所著《伤暑全书》开温热病类专书之先河，明末清初吴又可所著《温疫论》是中国第一部疫病学专书。《瘟疫论》因此也成为疾疫研究者关注最多的医籍。卜风贤《中国传统医学典籍中的疫灾书写——基于吴有性〈温疫论〉的初步考察》（《青海民族研究》2020 年第 3 期）考察了明末吴有性《温疫论》，认为其不但对传染病的病因、症状、病理及诊治办法进行了论述解说，也对温疫类传染病的传染源、传播路径及防治策略进行了探索，提出了戾气病因说、时疫危害说和杂气治疫说等传染病解释体系，并据此对传染病的流行危害进行知识建构，区别于过往《五行志》之类的疫灾书写。之外，周云逸《〈续名医类案〉疫病医案分类探析》（《中医文献杂志》2021 年第 3 期）研究了清代魏之琇的《续名医类案》“疫”门下辑录的金元明清时期 53 则疫病医案，按即寒疫、温疫、杂疫三类对《续名医类案》中所载疫病进行探讨，指出从医案透露出来的疫病诊疗经验对当下中医治疗疫病仍然具有一定的参考价值。张田生《乾隆朝京师、桐城的暑热疫与温疫知识的重构——以余霖〈疫疹一得〉为中心》（《青海民族研究》2020 年第 3 期）对《疫疹一得》提出的以重用石膏为核心的治疫新法予以关注。郑秀丽《刘民叔〈时疫解惑论〉学术思想探析》（《中国中医药杂志》2021 年第 6 期）通过探讨 1920 年出版的《时疫解惑论》一书介绍清末民初医家刘民叔对疾疫的认识。

六、重视疾疫的社会影响

历史学工作者通过对历史上的防疫治疫的案例的分析，认识到防疫不仅仅是医学问题，还是社会问题，人们在任何时候都要充分重视疫情带来的社会影响。胡岳峰《灾疫与钱价——货币史视角下的清代灾疫救助》（《历史教学问题》2021 年第 1 期）探讨了清代疫灾地区的钱银比价问题，认为清代灾疫发生时，正常的货币流通秩序被打乱，灾民对小额日用制钱需求加增，使疫地制钱短缺，往往出现钱价上涨、银价下跌的现象，而政府救助时白银的投入相反会加剧这种情况，因此政府在疫情发生时须提升其社会治理能力，货币供给措施必须合理。借助近代国外的例子来看，疫情管理不只是医学问题，而与国家治理能力息息相关。向荣《第二次鼠疫大流行与意大利和英国的社会应对》（《世界历史评论》2021 年第 3 期）分别论述意大利和英国在 17 世纪疫情灾难面前的不同表现，认为意大利和英国在 17 世纪危机中的不同表现，在很大程度上反映了欧洲政治环境的变化，应对重大疫情不是单纯的医学问题，也不是单纯的公共卫生问题，而涉及社会的方方面面，尤其与国家治理能力密切相关。有些时候，疫情的影响不止在社会层面，还会扩散到政治层面。成思佳《疫疠流行与政治改革——越南阮朝明命初年庚辰大疫初探》（《世界历史》2020 年第 5 期）指出，越南阮朝明命元年（1820）发生的全国性霍乱疫情，源于海外的“小西洋”，是越南日益参与地区乃至全球交往和贸易的结果。面对疫情，新君展现了他的政治智慧，在积极救抚百姓、主动担责罪己的同时，亦巧妙利用儒家传统的天人交感、天人感应理论，鼓励甚至授意臣子上疏直言，并借此绕开了原本阻挠改革的武人功臣势力集团，推动了一些在非疫情时期难以迅速实现的改革举措，并得到上至越南儒家士大夫阶层，下至普通百姓的广泛支持，迅速扩大了统治基础和政治势力，从而为日后进行更大规模的政治改革奠定了良好的基础。

疫情对社会的文化、伦理方面的影响也是深远的。谢元鲁《汉末大疫与建安时期人文精神的兴起》（《文史杂志》2021 年第 3 期）认为，文学上的“建安风骨”，乃是在战乱与瘟疫的双重打击下，当时文人的人生短暂、壮志难酬的悲凉忧怨与建功立业的理想和积极进取的精神同时融合于文学之中的反映。程国斌《中国古代医者应对瘟疫的职业行动与道德叙事》（《东南大学学报（哲学社会科学版）》2020 年第 5 期）通过研究清代江南瘟疫流行期间医者的职业活动后指出，医者在中国古代社会中并不存在必须去承担致命风险救治传染病人的伦理责任，而是拥有选择病人和回避风险的基本自由，但中国古代医者群体中长期存在的对士人君子之道德人格的自我期许，激励他们不计风险、酬劳地积极救治病人，并在社会慈善救助和立言垂教等方面做出更大贡献。余新忠《中国传统瘟疫叙事中的灾疫文化初探》（《史学集刊》2021 年第 2 期）通过探讨历史上疾疫叙事中的各种模式，尤其是疾疫应对的叙事模式后指出，希望通过钩沉历史的经验来寻找今日防疫具体的技术是几乎不可能的，但传统叙事中展现的灾疫文化深刻地反映了中华民族自强不息的进取精神和重视家庭、孝道人伦等中国传统文化的特色与智慧，中国传统时期的具体防疫举措，起到了消解灾疫对社会秩序和道德价值体系冲击的作用，在缓和瘟疫对政治、经济、社会和文化等的冲击方面对今人仍有参考价值。卜凤贤《疫灾治理的历史使命与家国情怀：以国家史为视角》（《中国史研究动态》2020 年第 5 期）指出，考察疫灾历史，可以看到的不只是一个个孤立的病患与一次次反复发作的疾疫事件，还应看到疫灾流行而呈现面对疫情时为培固国脉而全力以赴抗疫的历史使命，以及疫灾治理中所见丰富多彩的家国情怀。

2021年古代史研究综述

先秦史研究综述

郅晓娜

2021 年，在举国抗击新冠疫情大环境下，先秦史学科利用视频会议新形式，广泛开展各类学术会议、学术讲座，线上交流出现前所未有之繁荣。考古新发现与甲骨、金文、简帛等古文字资料的发布与研究，仍是主要学术生长点。整体上看，有关重大制度、历史事件的研究成果相对较少，而结合具体材料、侧重史料解读的论文数量较多，主要发表在《甲骨文与殷商史》《青铜器与金文》《出土文献》《出土文献综合研究集刊》《战国文字研究》《简帛研究》《简帛》等专门性刊物上。史料解读是历史阐释的基础，此类成果的不断积累，无疑将促进先秦历史的深入研究。清华简研究仍是学界热点，中国知网检索显示题目含有“清华简”的论文就有 150 多篇，且以文字释读和思想史研究为主。2021 年度先秦史研究的专著数量颇丰，主要集中在以下方面：结合考古发现进行历史阐释，针对出土文献的专门研究，结合出土文献研究殷周史、战国思想、古书源流等。此外，年度还有一些大部头学者论文集，如《蔡哲茂学术文集》《徐旭生文集》等出版。以下分别从史料、政治、军事、经济、社会、思想、地理、专著八个方面分类概述。限于篇幅，各项成果不能遍举，祈请诸位学者谅解。

一、史料

先秦史领域，史料主要分为考古资料、古文字资料、传世文献三大类。考古资料，包括城址、墓葬、聚落、灰坑等遗址及各种材质的出土文物，其中就有带古文字的器物，如青铜器。古文字资料，如殷周甲骨文、殷周金文、战国简牍帛书等，近年学界重视的清华简、安大简虽不是考古发掘所得，但保存大量战国诗书类文献，备受关注。传世文献主要是《诗》《书》《礼》《易》《春秋》等经书，也包括《史记》《竹书纪年》等史籍。

考古资料的发布与研究方面，山西垣曲北白鹅墓地是 2021 年度考古热点，湖北叶家山墓地、山西闻喜墓地、山东大韩墓地等都有重要资料发现。杨及耘等《山西垣曲北白鹅墓地 M5 出土有铭铜器》（《考古与文物》第 3 期）对北白鹅 M5 出土燕仲鼎、燕仲鬲、燕太子簋、燕仲盨、燕仲匜、燕仲盘、琱射壶等有铭铜器进行介绍，判定 M5 出土铜器及墓葬时期为春秋早期，墓主是邵原采邑主太保燕仲。杨及耘、曹俊《垣曲北白鹅墓地 M3 出土的两件有铭铜器》（《文物世界》第 1 期）对北白鹅 M3 出土有铭铜器匽姬甗和夺簋进行介绍，认为 M3 墓地时期应为春秋早期，墓主属于燕族的可能性大，匽姬甗为春秋早期器，夺簋则属西周晚期早段器。杨及耘、曹俊《山西垣曲北白鹅墓地出土铜盒》（《江汉考古》第 2 期）对北白鹅 M4、M6、M9 出土铜盒进行介绍，认为这三座墓葬皆为两周之际高等级女性贵族墓。牛世山《垣曲北白鹅周代墓地的若干问题》（《南方文物》第 5 期）认为夺簋、虢季方甗和太保燕仲鼎均为西周晚期器，北白鹅墓地是一处周代墓地，已发掘的 9 座墓葬除 M5 和 M9 外，其他都有腰坑，其墓主是商人后裔，与姬姓召公家族无关。吴镇烽《浅议北白鹅虢季甗中的"匽姬"》（《出土文献综合研究集刊》第 14 辑）认为虢季甗之"燕"是太保召公所建姬姓北燕，此甗是虢季为同姓燕国出嫁之女所作媵器，与姞姓南燕无关。谢博霖《山西垣曲北白鹅墓地夺簋相关问题探讨》（《出土文献综合研究集刊》第 14 辑）指出夺簋铭是典型的西周册命金文，器主"夺"受命"司成周讼事"与"殷八师事"，其身份可能与琱生三器中被召伯询问案情进度的"有司"接近。

湖北省文物考古研究所、随州市博物馆《湖北随州叶家山西周墓地 126 号墓的发掘》（《考古学报》第 4 期）对 M126 的墓葬概况、随葬器物进行介绍，推定其年代为康王后期。该墓区与西侧曾侯墓区有一定差异，随葬青铜器多与中原、关中地区西周早期青铜器存在高度相似性，在个别器类或纹饰上则有南方文化因素。黄凤春、蒋斌《谈随州叶家山曾侯墓地出土的晚商组青铜器》（《青铜器与金文》第 6 辑）根据墓葬规模和出土青铜器铭文，判定叶家山墓地是西周早期姬姓曾侯墓地。张天宇《叶家山墓地曾侯墓排序新论》（《江汉考古》第 5 期）指出叶家山曾侯墓排序 M65→M28→M111 不能成立，仅有 M111（曾侯犺）和 M28（曾侯谏）两座是曾侯墓，M111 早于 M28。陈海波等《山西闻喜邱家庄墓地战国墓（M5001）发掘简报》（《文物》第 6 期）对邱家庄墓地北部大型墓葬 M5001 发掘情况进行汇报。此墓为大型竖穴土圹墓，出土器物共 1700 余件（组），是目前山西发掘规模最大的东周墓葬，年代为战国早期，墓主应为晋国高级贵族夫人。胡玉君等《河南安阳辛店商代晚期铸铜遗址 2016 年发掘简报》（《文物》2021 年第 4 期）公布了安阳辛店一处商代晚期铸铜遗址发掘资料，该遗址出土大量商代铸铜使用的陶范、陶工具及青铜礼器、兵器、青铜工具、漆器、玉石器、陶器等，是近年安阳商代晚期考古的重要发现之一，为研究殷墟的整体布局和中国古代冶铸史提供了重要资料。郝导华等《山东滕州市大韩东周墓地第一次发掘简报》（《考古》第 2 期）公布了大韩东周墓地第一次的发掘情况，其中 M22 为战国末期的小型土坑竖穴墓，M43、M39 皆为带一条墓道的中型土坑竖穴木椁墓，时代分别为春秋晚期和战国早期，为研究苏鲁豫皖交界地区东周时期文化谱系、墓葬制度、泗上十二诸侯国及与周边古国的关系等提供了重要资料。

考古资料的整理与研究方面成果颇丰。山西两周墓地的铜器资料最丰富，亦不乏重要的铭文资料。王京燕、崔俊俊主编《山右吉金：襄汾陶寺北两周墓地出土青铜器精粹》（山西人民出版社）收录陶寺北14座两周墓地的青铜器100余件，反映晋国历史、文化及两周青铜器制造业的发展状况和水平，具有较高学术价值和资料价值。狄跟飞、王进、王晓毅主编《山右吉金：隰县瓦窑坡东周墓地出土青铜器精粹》（山西人民出版社）精选隰县瓦窑坡东周墓地的一批重要青铜器，对于认识当时青铜器的生产和流通以及铜器风格从西周向春秋的演变有重要意义。谢尧亭主编《倗金集萃：山西绛县横水西周墓地出土青铜器》（上海古籍出版社）著录横水西周墓葬出土倗国青铜器146件，谢尧亭主编《霸金集萃：山西翼城大河口西周墓地出土青铜器》（上海古籍出版社）著录大河口西周墓葬出土霸国青铜器146件，两书公布大量珍贵的西周青铜器形和铭文资料，且对目前研究现状进行评述，有助于推进西周墓地相关习俗、制度、社会和历史问题等研究。南京市高淳区博物馆编著《高淳出土青铜器》（科学出版社）收录各类青铜器物200余件，以两周时期吴国青铜器为代表，展现出高淳周代青铜艺术的独特魅力。湖北省文物考古研究所等编著《曾侯乙墓陪葬坑》（科学出版社）公布了曾侯乙墓西侧5个陪葬坑的发掘材料，复原一座用青铜构件连接木质杆件组成的可拆装帷帐，是研究曾国及东周社会、生产的重要材料。鄂尔多斯青铜器博物馆编著《马背上的青铜帝国》（科学出版社）以鄂尔多斯及周边地区发现的戎狄—匈奴游牧民族物质遗存为主要内容，展现鄂尔多斯青铜器与北方系青铜器的关系、北方系青铜器的兴起与壮大、草原马背帝国的兴衰等内容。王辉、赵化成主编《秦与戎：秦文化与西戎文化十年考古成果展》（文物出版社）以秦人及秦文化发展时代为序，重点公布一批来自不同遗址、不同时代的陶器、铜器、玉器、瓦当、金银铜绿松石等重要文物，基本厘清秦人和秦文化的发展脉络及其与周围西戎文化的关系。陕西省考古研究院等编《戎与狄：陕北史家河与辛庄战国墓地考古报告》（文物出版社）收录史家河墓地发掘材料和辛庄遗址调查材料，填补了陕北地区考古学文化谱系中的重要一环，同时也为辨识该区域戎、狄文化系统中的两类遗存的年代及性质提供了较为可靠的标尺。

古文字资料的整理与研究，2021年度有一些重要成果。甲骨文方面，宋镇豪《“绝学”传承正当其时——关于全国甲骨文全息性整理与研究的思考》（《中国社会科学报》6月4日）指出要从国家层面启动全国甲骨文全息性整理与研究，落实甲骨文遗产抢救性保护措施，全面推动甲骨文的科学研究、文化传播、历史教育，为甲骨整理与研究提出了理论性指导。李运富总主编、曾广庆本卷主编、张新俊本卷编纂《河南藏甲骨集成·开封博物馆卷》

（河南美术出版社）著录开封博物馆藏甲骨69版，吴振武主编、张文立副主编《吉林大学藏甲骨集》（上海古籍出版社）著录吉林大学藏甲骨493片，两书均采用彩照、拓片、摹本对照的著录方法，为甲骨学与殷商史研究提供一批新资料。金文方面，郑伯象整理《歙县程氏钟鼎彝器款识》（国家图书馆出版社）收录商周至春秋战国铭文拓本，另附秦权拓本二器，共计213器。此拓本系在日本访得，以彩色原大影印，具有重要史料价值。刘宁主编《辽宁省博物馆藏金石文字集萃》（文物出版社）收录辽宁省博物馆藏各种金石文字，藏品以先秦时期有铭青铜器最为重要，蕴含丰富历史信息。简帛方面，清华大学出土文献研究与保护中心编《清华大学藏战国竹简（拾壹）》（中西书局）公布长篇先秦佚籍《五纪》篇，凡130简，近4500字，是新发现的一篇关于先秦思想史的重要文献。《五纪》篇借托后帝之口，以五纪、五算为中心，确立天地万物的常规、法度。始论历数，终归人事，其对于古代天文历数、国家治理研究具有重要意义。刘国忠《清华简与西周史研究》（《中国社会科学》第1期）总结了十多年来清华简整理成果对西周史研究的重要推进。

传世文献的整理与研究，包括传世文献校订和史料精加工两个方面。窦秀艳、孙连营汇校《郑玄〈春秋〉类辑佚书汇校》（中国社会科学出版社）以光绪戊子夏浙江书局刊袁钧《郑氏佚书》为底本，对宋至清以来郑玄《春秋》类3种辑佚书《箴膏肓》《发墨守》《起废疾》进行汇辑整理，为全面了解郑玄《春秋》类成果的存佚情况和开展学术研究提供便利。李铁映、王伟光总主编，中国社会科学出版社出版的“中外哲学典籍大全·中国哲学典籍卷”2021年度出版几种《春秋》经相关著作，如杜预著、徐渊整理《春秋释例》，张洽著、蒋军志点校《春秋集注》，张洽著、陈岘点校《春秋集传》，赵汸著、张立恩整理《春秋属辞》，郑玉著、张立恩校《春秋阙疑》。陈曦集释《吴子集释》（中华书局）以涵芬楼影印宋刊《武经七书》本为底本，并参考宋元以来施子美本、刘寅本、朱墉本等16个版本，注释方面征引了十余种古今研究成果；书末附录《史记·吴起列传》《吴子评述资料》《吴子师承问题考辨》等，对了解吴子其人其书均有帮助。张衍田辑校《史记正义佚文辑校（增订本）》（中华书局）从不同角度展示了中日学者对于《史记正义》佚文所做整理和研究工作，为《史记》学研究提供更多角度的研究成果。之外，还有一些对史料做分门别类“精加工”的论著，如王贵民编著《西周会要》（社会科学文献出版社）将传世西周文献和西周考古资料，按照会要这种史志体例进行编排，分为疆理天下、方域、古城址、都邑都城建置、宫室建设、社会制度、政治体制、食货、地理等纲目，弥补了会要体中西周时期的缺环。

二、政治

2021年度的先秦史研究在政治领域主要涉及宗法制度、分封制度、册命制度、国家治理、世系与王年等方面，现分类择要介绍。

宗法制度。罗新慧《周代宗法家族支庶祭祀再认识》（《历史研究》第2期）指出“支子不祭”确为两周社会通常情况下的祭祀原则，但在社会流动加大、宗法家族既衍生又分化、支庶实力超越嫡长等情况下，支子完全可以独立祭祀。陈絜《“宗子维城”与善鼎“宗子”解诂》（《中国史研究》第1期）指出先秦两汉文献“宗子”一词的意涵早晚有别，在《诗经》中，“宗子维城”之“宗子”是指宗族内部子嗣，并非指宗族首领。贾海生《作册嗌卣铭文所见祔祭典礼》（《考古与文物》第3期）揭示作册嗌卣铭文所反映的大宗无嗣则取小宗支子继大宗为后的现象，认为这是西周初期祔祭典礼的情形，此卣是为举行祔祭典礼制作的礼器。金方廷《从西周同姓诸侯国看周王室的宗族分化》（《管子学刊》第1期）指出西周时期同姓诸侯国往往源于从王室分立出来的分支宗族，同姓诸侯国在政治和礼仪等级上通常逊于王畿地区的世家大族的现象，或许正和这些诸侯国在姬姓王室宗族中的地位有关。贾海生《铜器铭文所见大宗干预小宗立嗣的现象》（《中国典籍与文化》第4期）指出叔安父簋和孝簋两器中叔安父与君室父是同一人，其身份是大宗宗主，宗人与孝亦是同一人，其身份是继祢宗主，反映了大宗干预小宗立嗣的历史事实。张路遥《从曲沃代翼看春秋时期的“宗君”之别》（《品位·经典》第13期）以“曲沃代翼”为切入点讨论春秋时期天子、诸侯是否为大宗的问题，认为春秋时期天子与诸侯、诸侯与卿大夫之间并不是大小宗的关系。

分封制度。王晖、姜春萌《周原出土昔鸡铜器与昔氏分封诸问题考证》（《宁夏社会科学》第1期）指出昔鸡铭可证周大夫受封采邑而有氏的事实确实存在，是西周早中期之际周大夫初有受封有土获氏的重要证据。杨永生《沬司徒疑簋与卫国封建的再讨论——兼说西周诸侯身份的双重性》（《古代文明》第2期）指出沬司徒疑为周王臣属而非康叔之臣。铭文记载了成王伐武庚时康叔受命进行的一次重要军事行动。叶先闯《从大保氏的建立探析西周早期采邑封授》（《管子学刊》第2期）推测西周大保氏的建立过程，指出大保氏并非畿内召氏的另一别名，其在畿外受封，可以为镇抚东土局势，融聚当地族群贡献力量，似也体现采邑屏藩周室的作用。丁进《岐阳四铭所记岐阳之盟史实辨析》（《学术月刊》第7期）对“岐阳四铭”进行考辨，揭示周成王分封召公的相关史事。王凯《曾公畎编钟铭文“慎庢京社”补释》指出“誓应京社”应释“慎庢京社”，指曾公回忆“皇祖”受封南土后，修建城市、营造宗庙之事，有助于梳理曾、蔡、应诸国关系以及西周时期南土的封建格局。陈民镇《新出铜器与伯括、南公及曾国始封试探》（《西部史学》第7辑）指出曾公编钟铭中的“高祖”和“皇祖南公”均指南公伯括，通过对南公伯括、曾侯谏以及叶家山M11墓主的分析，重构曾国先祖以及曾国受封的历史脉络。杨坤《从亳鼎铭文看西周早期鲁国的经略》(《青铜器与金文》第6辑)指出亳鼎是西周早期鲁器,“公侯、公仲”指鲁炀公。鲁炀公赐给亳四地禾稼,实为分封授土之举,是西周时代逐层分封的明证。晁福林《北京师范大学藏瞉甗试释——兼论彝铭“有粦”“取遄”和“用事”》(《青铜器与金文》第6辑)指出瞉甗是西周晚期器,“瞉”族屡见于彝铭,可以推测从西周初期开始瞉族就一直在发展,虽非王朝权贵,但也是周王朝的中层贵族。苏浩浩《出土文献与蒋国历史考论》(《史学史研究》第1期)指出甲骨文中“丬”是“将”字初文,是方国名,西周蒋国始封于成王中期前后,在今晋东南一带,西周晚期,蒋国迁封至今固始一带的期思古城,春秋早期偏晚时为楚所灭。

册命制度。杨理胜《曾公求编钟铭文所见春秋周王赐命制度补论》(《江汉考古》第2期)指出曾公求是东周时期册命制度仍然延续的证据,将曾公爵位升级为“公”的周王乃是周襄王,时间为公元前651—前646年。陈民镇《试论册命之“书”的体例及〈摄命〉的性质》(《出土文献综合研究集刊》第13辑)指出西周中晚期的命书具有程序化的特点,系预先写就,并在册命仪式上供史官宣读。《摄命》前半部分更接近于“诰”,结尾则是册命仪式的记录以及仅存感叹词“嗟”的命书。黄锦前《新见毛卣及其价值》(《文博》第2期)指出毛卣与何尊、周甲戌方鼎、德方鼎等皆为成王五年所作,其铭文可互相印证,构成完整史料链。韦心滢《嫚鼎相关问题试析》(《故宫博物院院刊》第3期)指出西周早中期器嫚鼎铭中首见“退事”“内宫”等用辞,内容亦为首例女性册命任职记录,反映西周贵族家族家内制度、女性受赏任职、性别地位意识等历史问题。代国玺《西周册命制度补论》(《孔子研究》第1期)指出西周任命官员在册命之前还有面命程序,认识到这点才能理顺命书与“王若曰”所引领文字之关系,准确理解册命的功能和意义。陈小龙、邹芙都《士山盘铭考辨及史料价值发微》(《历史教学(下半月刊)》第4期)指出“士山”以士的身份接受册命,当与他出身于“虎贲”系统有关;盘铭所见特殊册命形式揭示了“临时册命”制度的存在。李明阳《西周册命铭文的文体生成》(《长江学术》第4期)指出册命铭文在西周中期形成四要素具备的典范书写风格,至西周晚期归于简洁。册命文体是国家意志与贵族愿望的综合体现,也是史官与工匠共同参与礼乐文明建构的结果。

国家治理。张利军《西周五服制的国家形态与国家治理》(《古代文明》第2期)认为周王朝通过册命礼仪赐朝臣采邑,册封诸侯土地,纳方国于要服、荒服体系的方式,实现对宗周、成周及地方诸侯和边疆方国的治理。宁镇疆《由清华简〈摄命〉的三例“闻知”说西周君臣的权责关系及行政伦理》(《出土文献综合研究集刊》第13辑)对西周群臣权责关系及行政伦理进行探讨,指出《摄命》三例“闻知”均指周王对政事的“闻知”或了解,臣工的直接责任与周王的间接或总的责任并不矛盾。李炜光、张晓凯《“量入以为出”:世界上最古老的国家理财原则》(《学术界》第4期)指出“量入以为出”是“商周之变”中制度革新的产物，具有重要的治国理财实践意义和思想价值。周博《西周金文“五邑”及其相关问题》(《中国史研究》第4期)认为西周中晚期金文中的“五邑”当指岐周东边鄙野上的五个邑，其设置有保卫岐周之目的，其职官如守堰、走马、驭人之设置基本符合岐周东鄙实际。董珊《据金文重释〈小雅·巷伯〉——兼谈早期的流放刑与西周四至》(《出土文献综合研究集刊》第13辑)指出《巷伯》之“投畀”是流放行为，“豺”“虎”与高本汉所揭示的“有北”“有昊”都是流放地点，“不食”“不受”反映了流放刑中的地域间政治关系。

世系与王年。腾兴建《花东“子”家族世系新研》(《出土文献》第3期)指出花东卜辞中的祖甲、祖乙、妣庚应为“子”的直系祖先，花东卜辞主人“子”并非武丁亲子，并将花东“子”家族世系进行重新排列。王占奎《西周列王纪年的构拟——宣王元年即BC826年方案》(《考古与文物》第3期)以西周金文和少量文献记载的历日为资料，以青铜器类型学成果为基础构拟周代武王到平王的纪年，将公元前826年定为宣王元年。黄尚明、关晓武《试论曾国铜器铭文的纪年法》(《江汉考古》第2期)指出曾国纪年法始终尊奉周正，春秋晚期出现少量以曾国纪年的历法，战国早期受楚文化影响，偶尔采用大事纪年法。王学森《嬭加编钟与相关曾楚世系》(《青铜器与金文》第6辑)构建了曾楚世系表，认为嬭加编钟铭文的叙述者是嬭加本人，所表现的世系并非周王世系，而是楚王世系。南宫氏并非周文王之后，南宫氏由南宫盂继承，犺接替原来的曾侯家族就封于曾国。张建宇《由清华简〈系年〉订正赵国早期世系》(《出土文献》第4期)认为《史记》所载赵桓子在位一年的说法是可信的。献侯初即位时治中牟，桓子则自立于代，桓子卒后，其子即位。17年后，献侯在国人拥护下重新夺回君位。薛铭博《芮国铜器与芮国世系探微》(《中原文物》第3期)认为芮国自西周初年到灭亡为止，可能经历13代国君，历时近400年。芮国晚期迁到今韩城梁带村、澄城刘家洼地区，在春秋早期由畿内贵族转变为独立封国，最终为秦国所灭。张弛、郑伊凡《清华简〈系年〉第二十三章与〈史记·六国年表〉对读——战国早中期相关史事、年代与地理问题刍议》(《出土文献》第1期)将《系年》第二十三章与《史记·六国年表》对读，对楚声王四年至楚悼王六年的史事进行探讨，调整了《六国年表》的年代记载。

三、军事

2021年度先秦军事研究主要集中在中央与地方的军事对峙、军政态势演变，以及战争中的战场、地形地貌、军旗、情报等具体要素的研究。

田伟《商代晚期的东西对峙》（《中国国家博物馆馆刊》第2期）指出殷墟一期后商王朝在晋南与晋东南设置两条南北向防御线，形成东西对峙局面。至商代末期，以姬姓周人为首的西土集团不断向东扩张，周人攻灭大邑商后，东西对峙局面不复存在。江俊伟《殷商“伯”的分类与意义考》（《南方文物》第5期）对殷墟卜辞中的三种“伯”进行分析，认为“伯”当指殷商境内与境外非殷商宗室的地方族群首领。张海《西周时期西土边域的军政态势》（《青铜器与金文》第6辑）指出周王朝在西土边域初未建“侯”，宣王晚期才有建“侯”迹象。西周中晚期王朝呈衰落趋势，曾一度启用世族族兵抗击猃狁等族，因而周王不得不采用西土建侯来加强西北方向的防御。曹斌《胶东铜器与西周纪莱》（《考古》第1期）指出胶东铜器中的“己”“曩”实为一国。纪、莱两国的发展与考古学文化分析结论一致，即西周前半段莱国强盛，西周后半段纪国获得显著发展，周王衰微后，纪、莱均被齐国所灭。孔凡彬《西周时期秦与西戎政治关系探究》（《文物鉴定与鉴赏》第15期）从秦人族源问题出发探讨西周时期秦人与西戎部族间的政治关系，认为周平王东迁洛邑非为避秦人，实为避西戎部族。

赵丛苍、梁硕《从战场到边疆：西周中期战争的军事考古学观察》（《华夏考古》第2期）指出战场是战争在地域上的具体表现，西周中期战场遗存的历时性变化清晰地反映出周王朝外部边疆地带的动态变化，同时边疆地带的变迁又深刻影响这一时期的民族关系。刘旭峰《战国时期秦攻魏河西之地探析——基于地形地貌的考察》（《军事史林》第3期）对战国时期秦、魏河西地之争，以及该地地形地貌条件对于河西争夺的影响等相关问题进行分析。洪德荣《〈清华简（七）·晋文公入于晋〉中的军旗考论》（《殷都学刊》第1期）梳理了《清华简（七）·晋文公入于晋》中有关军旗的记载，指出军旗的形制及图像具有时代及地域的特殊性，对于研究古代旗帜及军事制度有重要意义。黄朴民、刘进有《远古至春秋时期的情报问题探析》（《广西社会科学》第7期）通过解读《逸周书》《司马法》《孙子兵法》探究远古至春秋时期的情报思维与情报理论，指出早期的情报理论由简单逐渐走向多样化，并最终形成一套成熟完整的情报理论体系。

四、经济

2021年度先秦时期经济领域的研究，主要集中在农业、制陶业、城市手工业、铜矿业等几个方面，择要介绍如下。

农业。王建军、戚耀斐《卜辞所见“刍”“牧”及相关问题研究》（《殷都学刊》第2期）通过对殷墟宾组卜辞中有关“刍”“牧”及相关材料的分类系联，指出殷商晚期有发达的畜牧业，且其具有一定的社会分工和专业化特征。吴文婉、原丰、田二卫《商周时期徐海地区多品种农作物种植制度初探——以徐州庙台子遗址植物遗存分析为例》（《中国农史》第6期）对徐州庙台子商周遗址的农作物遗存进行量化研究，结果表明以粟、黍和小麦为代表的旱地作物是庙台子聚落农业种植中最重要的部分，为探讨徐海地区商周时期的农业发展和农作物结构提供重要证据。席乐《战国时期出土凹柄铁镰初探》（《考古与文物》第2期）对战国时期出土凹柄铁镰及镰范的形制演变、源流、绑系及制作工艺等问题进行研究，指出凹柄铁镰的设计主要是为使用方便，其消亡原因是冶铁工艺进步和简化“锻錾技法”的出现，凹柄铁镰传入东北平原及周边地区体现燕国对于当地农业生产的影响。陶雅等《先秦时期的牧草栽培利用考述》（《草业学报》第5期）对先秦时期的牧草栽培利用进行了详细考述。陈雪香、郭林、郝颖《东周秦汉时期齐都临淄的环境、农业与工匠生活——以阚家寨遗址动植物遗存为核心》（《南方文物》第2期）利用临淄齐故城阚家寨遗址考古发掘所得动植物遗存资料，对东周秦汉齐故城的气候与环境、农作物与家养动物、阚家寨冶铸遗址手工业者生活等问题进行探索。

制陶业。彭小军《史前陶器成型技术类型的分布和演变》（《江汉考古》第1期）指出陶器成形技术类型在新石器时代中期形成有规律的空间分布，随后经历连续调整和变动，至新石器末期形成东西并立格局。苏明辰、宋海超、董祖权、樊温泉《庙底沟遗址陶器制作研究》（《华夏考古》第5期）认为庙底沟文化、西王村文化及庙底沟二期文化三个时期陶器在制作技术上基本一脉相承，但各个时期也有其时代特点。庙底沟文化存在集中作坊与家庭手工业两种生产组织，西王村文化存在集中作坊、个体手工业两种生产组织，庙底沟二期文化仅有个体作坊手工业生产组织一种。王迪《从陶窑看西周时期丰镐的陶器生产》（《南方文物》第5期）总结了丰镐的陶器生产特点，认为小规模制陶家族依附于若干大小不一的贵族家族，在各自的贵族领地范围内从事生产应是丰镐陶器生产的基本组织方式。

城市手工业。《南方文物》第2期开设“城市手工业考古”专栏，对先秦时期的城市手工业进行多角度探讨。赵海涛、张飞《二里头都邑的手工业考古》系统梳理60年来二里头遗址发现的与手工业相关的考古遗存，对二里头都邑遗址的手工业布局、生产技术以及生产组织的已有研究成果进行概析，并对研究不足、研究思路与方法进行总结与展望。何毓灵《论殷墟手工业作坊遗址考古的相关问题》对殷墟手工业作坊遗址考古发掘与研究工作中存在的各种问题，比如遗址辨识标准不一，作坊种类有限，作坊产品、规模与发掘出土遗物不相称，作坊发掘理念与方法需要进一步明晰，作坊间关系尚待研究等进行探讨。徐良高《丰镐手工业作坊遗址的考古发现与研究》全面梳理丰镐遗址铸铜、制陶、制骨等西周手工业作坊遗址的重要考古发现与研究成果，初步探讨了丰镐手工业生产组织、管理方式，并提出由考古现象探讨古人行为与社会组织等史学目标。郭士嘉、雷兴山、种建荣《周原遗址西周“手工业园区”初探》对周原遗址西周时期聚落内的61处手工业遗存进行分类研究，这些手工业遗存按生产规模被分为大型作坊、小型作坊和家庭手工业三类，并从供应链形态、社会形态等角度进行分析。杨勇《临淄齐故城冶铸业考古的收获与进展》汇报了临淄齐故城冶铸业考古项目的新发现，揭示了东周秦汉时期齐都临淄冶铁、铸镜和铸钱等手工业的工艺技术发展水平，推进了东周秦汉时期金属冶铸业的研究。

铜矿业。陈树祥、王定兴《西周时期鄂东南铜矿业初步观察》（《南方文物》第3期）指出西周时期鄂东南铜矿业极有可能为周王室与诸侯共管，冶炼作坊地点由聚落址向铜矿山或五里界城附近迁移，各种铜制随葬品成为身份和等级的标志。陈树祥、陈晨、陈一鸣《鄂东南铜矿采冶与早期国家演变问题初析》（《湖北理工学院学报（人文社会科学版）》第4期）对鄂东南地区上古时期考古学文化发展脉络、铜矿冶萌兴与早期古国和方国演变问题进行探析，提出三苗族团是鄂东南铜矿采冶的开拓者，古扬越族团在禹征三苗及樊国后进入鄂东南建立鄂国，向夏商王朝贡赋铜料，在商代形成大路铺文化，这种文化于春秋时期融入楚文化；鄂东南铜矿冶文化既是鄂文化形成的重要内涵和源头之一，又是早期中国文明的重要组成部分。

五、社会

2021年度先秦时期社会领域的研究，主要集中于讨论国家起源与社会性质、族群迁徙与文化交流、人口管理与社会生活等几个方面，择要介绍如下。

国家起源与社会性质。王震中《夏商时期的夷夏融合与王朝国家形成》（《齐鲁文化与中华文明十六讲》山东人民出版社2020年）从“夷夏东西说”的提出与影响、“夷”“夏”的概念、夏代之前的“夷夏”互动互化、夏王朝多元一体的复合制国家结构与夷夏融合、商王朝的夷夏融合与多元一体的复合制结构等方面，综合阐述夏商时期夷夏融合与王朝国家形成之过程。罗诗谦《夏商奴隶社会说》（《中国史研究动态》第3期）认为夏商国家利用农村公社组织形式及“贡”“助”的经济剥削形式，使公社成员贡纳一定数量的产品并负担各种徭役，公社集体沦为专制政府的贡纳对象，因而夏商社会性质是亚细亚生产方式类型的奴隶制。而徐义华《从奴隶社会的运行机制看中国奴隶社会问题》（《中国史研究动态》第3期）则持相反意见，认为中国古代缺乏稳定的奴隶来源，没有适合使用奴隶的产业结构，以血缘组织为基本单位的社会组织模式也无法为奴隶提供足够的空间，奴隶只是整个社会运行的功能性甚至只是补充性存在，因而无法形成奴隶制社会。岳占伟《从殷墟墓葬看商代的社会构成和性质》（《南方文物》第5期）从考古学角度讨论商代社会性质，指出殷墟墓葬群统计数据显示，殷墟都邑社会是以平民为主体，商王、贵族和奴隶占比皆小，故而商代社会不是奴隶社会，而是在商王统领下，诸侯、族尹等贵族直接管辖下，以平民为主体的社会结构。任会斌《殷商社会性质问题讨论的回顾与反思》（《史学理论研究》第2期）回顾了20世纪以来中国社会性质问题的研究过程。

族群迁徙与文化交流。孔德铭、孔维鹏《殷墟出土的“戈”铭青铜器研究》（《南方文物》第5期）对殷墟出土的大量带有“戈”铭的青铜器进行综合研究，指出戈族源于夏代，至少在洹北商城时期就迁到安阳一带生产生活，在商代晚期得到较大发展，戈族青铜器为研究戈族的地望、职业、地位、文化、发展、迁徙等提供了丰富的史料。刘卓异《〈乖伯簋〉补论》（《史学月刊》第11期）指出《乖伯簋》与《九年卫鼎》所见“眉敖”非一人，“归刍”应是“者膚卓”的后代。乖国是边地异族“眉”族之邦国，被周人从东迁至今甘肃境内，“乖”是迁封后的新国名。《乖伯簋》呈现诸夏与异族文化杂糅的现象，是研究周代族群交流融合的重要史料。王泽文《海昏侯刘贺墓所出西周早期提梁卣纹饰补说》（《殷都学刊》第4期）讨论海昏侯刘贺墓所出西周早期“子畯父乙”提梁卣的纹饰，辨析某些特定时间出现的特殊纹饰是否具有地域特征。赵慧群《滁河流域周代文化遗存分期初探》（《文博》第3期）将安徽滁河流域吴大墩、蒋城子两个典型周代遗址分为五期两段，通过对各期文化特征的梳理和分析，为探讨该地区文化因素构成、属性及族属活动范围奠定基础。张瑞强《春秋时期姜戎、陆浑戎融入华夏考》（《中央民族大学学报（哲学社会科学版）》第6期）指出徐阳春秋墓地属于允姓陆浑戎遗存，姜戎、陆浑戎等是畜牧部族而非游牧部族，并认为姜戎、陆浑戎逐渐融入晋国，体现了春秋时期华戎之间的互动以及部分戎人的华夏化。

人口管理与社会生活。谢能宗《虘簋与西周“田（佃）人”的身份》（《史学月刊》第2期）指出金文中的“田人”“佃人”并非传世文献中“甸师”“甸人”之类的农官，而是在王家与王臣家都普遍存在的、可以被登录进簿籍且有专人管理的普通农业耕作者，“嗣田人”是专门管理这些耕作者的农官，但“嗣田人”只是此类农官的职司说明，未固化为职官名。王祁《邢侯簋“州人、重人、庸人”新释》（《中国史研究》第1期）认为邢侯簋之州人、重人、庸人很可能代表三种奴仆身份。王青《试论先秦时期的“游民”及其社会影响——清华简〈越公其事〉补释》（《中国史研究》第1期）指出先秦时期的“游民”是脱离氏族（宗族）的不事农作之民。清华简《越公其事》所载勾践“思邦游民”作“五政”，是关于“游民”的较早记载。越王勾践抓住改造“游民”问题的契机，积极变革，使“游民”成为越国复兴的重要力量。郭明《老牛坡遗址商代建筑试析》（《考古与文物》第3期）指出老牛坡遗址商代建筑与中原地区商代建筑存在很大区别，却与西周时期陕西地区的许多建筑相似。由此可知，商、周时期建筑风格分属两大系统，即西土集团与东土集团，二者一度同时平行发展。苗霞《夏、商和西周时期“东厨制度”探研》（《南方文物》第5期）指出夏、商和西周时期大型宫殿建筑群中已有专门的庖厨类设施，且均位于主体建筑的东侧或东南侧，故称“东房”或“东厨”，可知三代时期已经形成“东厨制度”。陈美勋《东周楚人服上佩剑用俗考》（《南方文物》第4期）指出东周楚墓的内棺中常有墓主随葬佩剑的现象，传世文献中也有楚人佩剑的描述，可见东周时楚人已有服上佩剑的风俗。

六、思想

2021年度先秦时期思想领域的研究，主要集中于王权与礼制、宗教与术数以及传统哲学思想问题的研究，涉及创世理论、天命观、中的观念、礼乐思想、天人合一、以人为本、祖先崇拜、鬼神观念、占卜与术数、人性论、法制思想等，现择要介绍如下。

王权与礼制。何驽《良渚文化玉琮所蕴含的宇宙观与创世观念——国家社会象征图形符号系统考古研究之二》（《南方文物》第4期）在国家社会象征图形符号系统理论框架下阐释良渚玉琮文化，指出良渚玉琮不仅是良渚文化的宗教法器，更是良渚国家政体推行的“国家认同”的象征图形符号。程晓峰、罗媛《政治哲学视域中殷周天命观念嬗变的内在逻辑分析》（《西部史学》第7辑）指出殷周之际天命观念的嬗变不是简单的神权政治向世俗政治、人神之制向人伦之制的转型，而是在原始宗教信仰形态下对神秘主义和德性信仰的辩证统一式诠释，是西周王权为建构“普天之下”的一统政治秩序而进行的文化努力。潘明娟《地中、土中、天下之中概念的演变与认同：基于西周洛邑都城选址实践的考察》（《中国史研究》第1期）指出西周初期围绕新都洛邑的选址，是努力实践“居中”这一中国传统权力表达的关键性空间方式。刘源《新见义器、韦卣及毳器铭文反映的周承殷制现象》（《青铜器与金文》第6辑）探讨殷周之际文化传承及演进问题，指出西周早期铭文绝大多数都有殷代制度的烙印，周初主流文化带有强烈的殷制特征。许建英《试论中国先秦时期的边疆观》（《云南师范大学学报（哲学社会科学版）》第1期）阐述先秦边疆观的思想基础、边疆之辨、边疆治理与边疆管理机构雏形，分析先秦中国边疆观的哲学内涵、礼法制的秩序追求、宗法制的本质和拟宗法化的建构等基本特点，探讨先秦边疆观对中国边疆治理思想和政策的深远影响。韩雪《西周王盉新解》（《文博》第1期）指出西周铜器王盉乃周王为“蒡京中寝”所作“馈盉”，认为此篇铭文的重新解读，对探索西周王后之职以及相关礼制研究具有重要意义。杨博《周人墓葬青铜兵器器用的礼制涵义》（《殷都学刊》第3期）指出西周墓葬随葬兵器因身份等级不同，存在铜戈、盾锡组合与“朱干玉戚”之别，其器用的礼制涵义不仅在于揭示墓主性别、身份，而且对于周人礼制乃至族群文化认同的确立均具有重要价值。刘光胜《清华简〈命训〉的成书时代及思想史意义》（《出土文献综合研究集刊》第13辑）指出《命训》将天命分为大命、小命，充分肯定个人主观能动性，为儒家人性论的出场做好了铺垫；《命训》或许是春秋时期学者尊崇文王、阐发其思想理念的产物。

宗教与术数。龙啸《后石家河文化“抱鱼人偶”与祭山活动》（《江汉考古》第5期）指出后石家河文化遗址出土的“抱鱼人偶”应称为抱璋人偶，表现的是巫师手持牙璋祭山以致雨的活动场景，这样的祭山求雨活动与后石家河文化时期江汉平原整体干冷的环境背景相符合。刘源《谈殷墟花东卜辞中湏字反映的禳祓之祭》（《中国史研究》第2期）指出花东卜辞中的、均应释为湏（沬），其义训与禳祓灾祸有关，祭祀对象是女性祖先妣庚。西周金文嘏辞中“湏寿”之“湏”蕴含有平安、无祸之意，“湏寿”即无灾且长寿。张卉、蔡方鹿《政治视域下的先秦儒家鬼神观》（《文史哲》第6期）指出政治是先秦儒家“鬼神”观的重要视域。先秦儒家论证了“鬼神”与政治结合的合理性，重点诠释士以上阶层尤其是天子、诸侯的祭祀，并对后世儒家诠释“鬼神”形成影响。程浩《清华简〈五纪〉思想观念发微》（《出土文献》第4期）指出“五纪”理论的产生源于古人对天文历数的观察。李进宁《出土文物文献中神话图像对楚辞神话的印证及补充》（《中华文化论坛》第6期）指出早期出土文物、文献资料中保留的神话图像，可以有效地印证楚辞神话材料，对探究楚辞诗化语言背后的神话原型具有重要作用。马明宗《清华简〈筮法〉与“爻”的本义——兼论〈周易〉的“彖”和〈筮法〉的“乇”》（《出土文献》第2期）指出《筮法》中的“肴”本义是“混淆”，《周易》中的“爻”也是强调“道之变动”，“爻”是对筮数“六”“九”两个变爻的特指。李均明《清华简〈算表〉运算过程解析——阴阳开合说》（《出土文献》第2期）指出《算表》里的引线在运算过程中起着联系各种要素的作用，其变化规律与中国古代阴阳转化的理念吻合，其运算过程可称为阴阳开合。葛志毅《黄老学三才思想考论》（《古代文明》第1期）对阴阳五行思想的形成过程进行辨析，并通过对三才模式被五行体系吸纳整合的分析考求，认为《黄老帛书》成书年代不会晚于战国末以迄秦汉之际。

哲学思想。吕怡维《先秦时期“以民为本”思想的源起和嬗变》（《中南民族大学学报（人文社会科学版）》第9期）指出“以民为本”肇源于原始社会，进入“国家”阶段后，保障民众基本生存权和发展权成为治理国家的重要原则。随着阶级冲突发展，统治集团不断削弱“以民为本”的社会影响力，促使其向着治理之“术”的方向转化，但“以民为本”思想在汉兴以后复苏并在中国历史发展中一直具有积极影响。李友广《先秦儒家政治哲学的整体性思维架构及其理论特征》（《中原文化研究》第6期）指出儒家学派在先秦时期的诞生，既植根于深厚的历史土壤之中，又受至上神崇拜、祖先崇拜、巫史传统以及宇宙四时转换等因素影响，因而兼具伦理性与形上性两种性质。林春香、王莹《先秦儒家乐论的演进及路径——以〈荀子·乐论〉〈礼记·乐记〉为中心》（《东北师范大学学报（哲学社会科学版）》第2期）指出《荀子·乐论》与《礼记·乐记》在“乐”的性质与功能、“乐”与情感的关系、“乐”对君子人格的教化以及“礼”“乐”关系等基本问题上存在微妙差异，体现出上古儒家乐论的演进及其路径。陈纪然《韩非子人性论及其法律思想体系建构》（《北方论丛》第6期）指出韩非子以人性好利论为基础，形成以法制欲、以法导利、法禁明著的主张，构建了一套法律思想体系，但他主张轻罪重罚，与当代法律思想相比有较大历史局限性。曲柄睿《天命、天道与道论：先秦天人关系理论的形成与发展》（《史学理论研究》第4期）指出天人关系是先秦史论的基础，随着人们抽象思维的发展，天人关系又演化出阴阳五行说，由此分别形成了解说天人关系的天命观、天道观和道论观，三者互相影响、互相羼杂，共同存在于先秦的社会意识中。

七、地理

2021年度先秦时期地理方面的研究，主要集中地望考辨、族群分布、方国疆域、地理地貌等具体问题，现择要介绍如下。

陈康《论晋国早期都城与疆域》（《中国史研究》第4期）指出周人封晋是为了统治唐人旧地、监视异姓国族与安抚戎狄、控制铜矿与盐业等资源及扼守交通要道。陈絜《“伯或征卲”与晚商沚族——兼论卜辞地名地理研究在古文字考释中的辅助作用》（《故宫博物院院刊》第4期）将卲定于莱芜，将沚考证为泰安、新泰与莱芜交界地带，并认为工、土二方之所在地亦可重新考虑。孙亚冰《卜辞中的“盟”地》（《中原文物》第6期）认为卜辞中的“盟”地即为古孟津，在今河南省孟州市以南黄河两岸，补充了两条新证据，并考察甲骨文中“義”地。刘新民《甲骨刻辞“大方”“小方”地望之探讨》（《殷都学刊》第4期）探讨甲骨文中“大方”“小方”的情况和地望，推测“大方”可能在今陕西省渭南市大荔县一带，“小方”可能在大荔县北，合阳县、韩城一带。王旭东《殷墟“戎”族铜器与安阳“族墓地”辨析》（《故宫博物院院刊》第4期）认为戎族在今山东蒙山西侧，殷墟有其少数内迁成员。王先福《考古学视域下的邓国地望新探》（《江汉考古》第2期）指出西周晚期至春秋早期邓国都城在襄阳邓城城址东南侧的周家岗遗址。西周早、中期的邓国中心区缺乏实证，境土大致在南阳盆地中南部。胡子尧、井中伟《周代申国考辨及其相关问题》（《考古》第3期）指出西周时期在泾河上游地区就存在一个申国，直到宣王时西申的一支才被迁封于南阳，建立南申国。此举乃是宣王为应对当时周王朝地缘政治格局变化而做出的主动性调整，一方面可以削弱西申的势力，另一方面也可巩固周王在南土取得的战果。张金桥、燕生东《“丰丘造”戈与周初丰伯居地问题》（《中国历史地理论丛》第3期）指出“丰丘造”铜戈之“丰丘”应与《左传》记载的丰丘是同一地，在临淄西南方、莱芜西北部丘陵一带。该地曾是周初“丰伯”居地。周公东征时，丰伯被灭，原丰伯故地被称为“丰丘”。周通、李雅楠《河南正阳两处遗址的调查分析与周代江国的地望》（《华夏考古》第5期）考察春秋时期小国古江国的地望，认为临淮城遗址更符合文献记载的江国故城面貌。周公东征之后，江、黄等国南迁至淮河流域，西周晚期成为周王室承认的封土，后被楚国所灭。彭华《四方之民与四至之境——清华简〈越公其事〉研究之一》（《出土文献》第1期）指出“古（姑）蔑”“句吴”“东夷”“西夷”均为地名，“东夷”（东海）与“西夷”（西海）指今杭州湾东部和西部，是吴、越两国的天然分界。越国灭吴之前，其疆域大体不出今天浙江省境。张兴照《卜辞中的“丘”与商人“居丘”》（《殷都学刊》第2期）指出甲骨文中有不少反映高地貌的专名及相关地名，以“丘”为代表，联系古文献中的“丘”及考古发掘材料，可证商代有居址选择高地的“居丘”特征，黄河下游地区受泥沙堆积影响，商代的“丘”存少废多。王晖、张巧巧《清华简〈说命〉“员（圜）土”当今无定河流域考——兼论傅说之都“说邑”》（《中国历史地理论丛》第4期）指出北海之州位于北方的荒晦之域，傅岩是傅说及其部族为失仲服劳役之地，亦为北海之州的一具体地名。“圜土”并非监狱名，而是北海之州的一个都邑之名，与古圜水有关。袁广阔《考古学视野下的黄河改道与文明变迁》（《中国社会科学》第2期）指出先秦时期黄河并无大规模改道，而是始终走《汉志》河道。黄河大规模改道从汉代开始，后经2000多年频繁的改道、迁徙，最终形成一望无际的平原地貌。黄河下游地区数千年来生态、生存环境的变化，表面上与黄河泛滥、改道、迁徙有关，但实质上是人类对自然资源的过度利用所致。

八、专著

2021年度，先秦史方面的研究专著数量较多，主要集中在以下几个方面。

考古发现与历史阐释。韩建业《中华文明的起源》（中国社会科学出版社）提出中华文明起源于8000年前，形成于5000年前，分为北方、中原和东方三种模式，共享形成中华文明的独特文化基因。许宏《东亚青铜潮：前甲骨文时代的千年变局》（读书·生活·新知三联书店）梳理了中国距今6000多年至3000多年从原始铜合金到红铜、青铜的考古发现，捋清在甲骨文之前1000多年青铜技艺发展脉络，追溯“青铜中国”肇始。张海《中原核心区文明起源研究》（上海古籍出版社）通过聚落形态与文化谱系研究，强调多元一体在中国文明起源过程中的重要作用。李伯谦《从古国到王国：中国早期文明历程散论》（上海古籍出版社）把中国早期文明演进分为古国—王国—帝国三个阶段，并对每个阶段的单个遗址进行分析，探讨这些遗址在中国早期文明演进中的地位。刘绪《夏商周考古》（山西人民出版社）结合文献资料和考古新发现探讨三代文化内涵与文化边界问题，提出夏文化研究新动向，指出学界认定的商文化范围受到材料局限，西周王朝统治疆域有待再发现，等等。饭岛武次《中国殷王朝考古学研究》（东京：同成社）全面考察殷代前、中、后期的遗址及出土陶器、青铜器、玉器等特点，对殷代考古和殷文明进行系统的概括。徐坚《时惟礼崇：东周之前青铜兵器的物质文化研究（修订本）》（上海古籍出版社）以考古学文化系统理论为主要框架，从技术与经济、社会与精神多层次阐释东周之前的青铜兵器，指出青铜兵器就是青铜礼器，单纯依靠唯一材质甚至唯一器类复原早期中国礼制制度是危险的。徐少华《周代南土与历史地理与文化》（中西书局）研究南阳盆地与淮河中上游地区在周代历史演变情况，涉及族属分布、政治制度、文化特色等多个层次，将历史地理研究与政治史、民族史、文化史进行很好的融合。上海博物馆编《噩国六谈：一个神秘古国的文化面孔》（上海书画出版社）收录六位学者有关噩国的文章，从其名称、历史、地理变迁，谈到考古故事、器物解读、哲学思考，全方位呈现这个神秘古国的文化面孔。

出土文献研究。甲骨学方面，郭旭东、张源心、张坚主编《殷墟甲骨学大辞典》（中国社会科学出版社）是一部辞书性质的专著，共收录 1899—2020 年殷墟甲骨文研究相关词条 3584 个，是对甲骨学 120 多年发展历史的全面总结。方稚松《殷墟甲骨文五种外记事刻辞研究》（上海古籍出版社）对殷墟甲骨文中五种记事刻辞之外的祭祀类记事刻辞、铭功旌纪类记事刻辞以及表谱刻辞进行研究。陈年福编著《殷墟甲骨文辞类编》（四川辞书出版社）是一部会集并释读全部已著录殷墟甲骨文辞，按字头编排，以原文与释文对照的方式编纂的大型引得类工具书。王宇信《中国甲骨学（增订本）》（上海书店）是在 2009 年首版基础上大力修订而成，是一部总结中国甲骨学 120 多年成就的学术史研究专著。刘钊主编、陈剑副主编《传承中华基因：甲骨文发现一百二十年来甲骨学论文精选及提要》（商务印书馆）录排整理甲骨文发现 120 年来的研究论文 120 篇，并撰写提要，直观反映了 120 年来甲骨学研究的发展历程。郭旭东主编《甲骨学初阶》（中国社会科学出版社）是一部了解与学习甲骨学的普及型著作，基本涵盖了甲骨学的基础知识和学科系统，在介绍甲骨学知识的同时，力求做到基础性、趣味性和专业性、科学性相结合。金文学方面，刘正《中国彝铭学》（上海书店出版社）是对 2000 余年殷周彝铭研究史的总结，包括彝铭学术概论、彝铭学术发展史、彝铭学著作解题等内容。王晓鹏《西周金文词义组合类聚研究》（人民出版社）通过研究西周器铭词义组合类聚现象，来探究其词义关系的系统性问题。黄鹤《西周有铭铜器断代研究综览》（上海古籍出版社）总结了 1911—2010 年西周有铭铜器的断代状况，共收有乐器和容器 26 类 5000 余件器，每件器下按照时间顺序介绍各家的断代观点、观点出处、断代依据等。卢忠敏《战国青铜器上的采桑画像研究》（武汉大学出版社）通过对战国时代铸有桑林图像的青铜器及相关模范的分析，指出以往常被解释为“会男女”或高禖祭祀等情爱主题的桑林图像，实为男女以农具为媒介分工合作的采桑图像，其哲学意涵值得重新探讨。曹锦炎撰《上海博物馆藏战国竹书楚辞笺注》（上海古籍出版社）将上海博物馆藏战国楚竹书中的五篇不见于今本《楚辞》的楚辞类作品《凡物流形》《李赋》《兰赋》《有皇将起》《鹠鷅》集中在一起，对释文与注释做了最新修订与增补。白于蓝主编《先秦玺印陶文货币石玉文字彙纂》（福建人民出版社）对先秦时代的玺印、陶文、货币和石玉这四种古文字材料及相关研究成果进行整理，按照《说文》体例进行文字编撰，是一部依据古文字资料的内在规律编纂的大型古文字工具书。

先秦历史问题研究。利用出土文献研究殷周史，如美国学者吉德炜著、陈嘉礼译《祖先的风景：商代晚期的时间、空间和社会（公元前1200—前1045年）》（上海古籍出版社）以甲骨文材料为基础，旁及考古学、人类学、语言学、社会学、植物学、动物学、气象学、天文学等相关学科的成果，对晚商历史做了紧凑而令人信服的描绘。程浩《出土文献与郑国史新探》（上海古籍出版社）采用出土文献与传世文献并重的原则，在有限的篇幅中择取了郑国发展的重要阶段、重要转折事件、重要人物以开展论述，对郑国历史发展的特点，从内部的君臣关系和外部的外交政策两大角度均有细致的梳理。在两周国家治理方面，吕全力《两周基层地域性居民组织研究》（上海古籍出版社）系统考察西周和春秋的里、乡、州、书社，及战国居民组织加强的情况。杨坤《两周宗法制度的演变》（上海古籍出版社）总结殷周各阶段宗法制度的特点，着重分析周代宗法与政治的互动关系，是一部力作。晁天义《先秦历史与文化的多维度思考》（中国社会科学出版社）力图打破人文学科与社会科学之畛域，从多个维度分析和阐释先秦时期中国的历史道路、文化特质。

利用出土文献研究战国思想。裘锡圭《老子今研》（中西书局）利用马王堆帛书、郭店楚简、北大简等出土《老子》文本，对传世与出土各本《老子》展开多角度研究与考证，内容不仅涉及《老子》文本的探讨，也深入研究《老子》的思想价值。杨博《凯俤君子 民之父母：战国楚竹书中的君子与社会》（九州出版社）以楚简为中心，研究战国社会风气、学术发展、学派判定、君子修身与治世等问题。贾连翔《出土数字卦文献辑释》（中西书局）广泛收集先秦数字卦材料，与清华简《筮法》相参照，探讨楚地筮法与风俗。何益鑫《〈周易〉卦爻辞历史叙事研究》（上海人民出版社）考察《周易》关于“帝乙归妹”“受命称王”“晚年征伐”“武王克商”等商周之际重大历史事件及太姒、周公等人物的叙事，并从叙事角度对六十四卦卦爻辞作注释和解说。

利用出土文献研究古书源流。程浩《有为言之：先秦“书”类文献的源与流》（中华书局）提出先秦史官撰写的书类文献与后世儒家选编本并不相同，清华简的“书”可能受墨家传书影响。英国学者麦笛（Dirk Meyer）著、刘倩译《竹上之思：早期中国的文本及其意义生成》（香港：香港中华书局）也表述了类似观点，即战国时各学派对“书”的编纂与利用，有推广其学派观点的用意。张怀通《〈尚书〉新研》（中华书局）结合金文与楚简来重新分析与认识《康诰》《多方》《召诰》等篇。胡宁《楚简诗类文献与诗经学要论丛考》（中华书局）通过辨析五篇楚简诗类文献并多层面多角度地运用这些文献材料，探讨诗经学重要理论问题，认为诗的传承有仪式乐舞的途径。

学者论文集。蔡哲茂《蔡哲茂学术文集（全十册）》（台北：花木兰文化出版社）收录作者甲骨缀合之外的学术论文与杂著144篇，分为“甲骨文卷”“殷商史卷”“金文卷”“简帛与文献卷”“书评、序文与杂著卷”等。徐旭生《徐旭生文集》（中华书局）是作者一生著作之总汇，包括古史研究、时评、译著、日记等。王恩田《先秦制度考论》（商务印书馆）收录作者先秦制度研究论文42篇，分为婚姻、土地、继承、建筑、昭穆、客馆与戍守、丧葬及其他8个方面。美国学者倪德卫著、程羽黑译《天文、断代与历史——倪德卫早期中国自选集》（香港：香港中华书局）是作者商周历史研究论文集结，涵盖天文、历法、甲骨卜辞、古代历史文献等方面。王进锋《为山覆篑：古文字、古文献与先秦史论集》（巴蜀书社）是作者先秦历史研究论文集结，分为古文字与商周史、古文献释证、先秦礼仪与交通等。杨华《古礼再研》（商务印书馆）是作者中国古代礼制研究的论文集结，包括古代礼学研究的理论问题、出土文献与古礼问题、礼法关系问题、礼制流变问题等。

秦汉史研究综述

杨　博

2021年度秦汉史学科十分活跃，研究成果丰硕，出版专著近60部、发表论文500余篇，举办“新文科视域下简牍学学科建设与内涵发展”“五一简与东汉历史文化”等线上、线下多场学术会议，发现汉文帝霸陵（江村大墓）、咸阳成任鎏金铜佛像、云梦郑家湖“战国策”木觚等多批新资料。“历史学与考古学研究的融合发展”等重要理论问题的讨论指引学科良性发展；新考古资料、出土文献的整理公布与既往传世典籍、出土文献的汇释校注交相辉映，带来更多接近历史现场的契机。学科重要刊物如《出土文献》《出土文献研究》《出土文献综合研究集刊》《简帛研究》《简帛》《简牍学研究》《中国简帛学刊》等常规出版，刊载的研究成果已成为本学科必须关注的参考文献。2021年度的秦汉史研究，总体上延续了结合出土资料与传世文献的研究理路，传统的政治制度史、法制史等重点领域仍然备受关注，并形成了诸如基层行政、政治文化、民族互动等新热点；同时在经边战略、历史地理、生态环境、宗教文化、社会生活等领域也有较为突出的成果，尤其是战国史和秦汉社会经济史研究，一改往年较为沉寂的局面，成果倍出。

一、学科理论问题的新探讨

习近平总书记强调：“认识历史离不开考古学。”历史学与考古学研究的融合发展是2021年度备受关注的重要理论问题，《历史研究》《中国史研究》《考古》《考古学报》均辟有专栏发表相关论文。卜宪群《建设中国特色的历史学离不开考古学的支撑》（《光明日报》10月29日）、《推进历史学与考古学融合发展》（《人民日报》11月7日）讨论了历史学与考古学的关系，指出建设中国特色、中国风格、中国气派的历史学离不开考古学的坚强支撑。考古学极大地拓展了历史学的史料范围、开阔了历史学的视野、推动了历史学研究方法的更新。历史学要充分学习借鉴考古学的成果，运用丰富的考古材料，在阐释中国特色历史发展道路、回答时代提出的重大问题上发挥作用。刘瑞《从汉唐昆明池考古看历史考古学的文献自觉》（《中国史研究》第3期）主张考古调查、考古勘探和发掘都要广泛查阅历史文献，对考古学的局限性和考古资料的局限性应有足够认知。

简帛学学科理论建构问题亦备受学界关注。法国学者风仪诚（Olivier Venture）《近出甲骨文、金文、简帛资料（2008—2018年）》［“Recently Excavated Inscriptions and Manuscripts (2008－2018)”］（*Early China* 44）对近十余年新出简帛资料和研究方法作了整体回顾。赵平安《谈谈简帛整理过程中的“依样隶定”》（《出土文献研究》第19辑）指出，战国简帛整理隶定是为读者提供阅读文本，应力求忠实于原著，不宜引申发挥，更不能故弄玄虚。李洪财《谈谈汉简草字的考释方法》（《文献》第1期）通过归纳汉简草字的误释情况，总结了考释汉简草字的六种方法。郭伟涛《论古井简的弃置与性质》（《文史》第2辑）指出要结合层位、伴出物、简牍状态、简牍内容来综合研究古井简的弃置过程与性质，对于揭剥图的有效性与适用性需保持清醒而全面的认识。蔡万进、邬文玲主编《简帛学理论与实践（第1辑）》（广西师范大学出版社）刊载了多篇中外学者探讨简帛学理论建构的重要论文。

二、出土新资料的集中公布与既刊资料的再整理研究

2021年度在出土简牍、考古文物新资料的整理公布和既刊资料的再整理方面，皆取得丰硕的成果。出土简牍方面，有五批新资料公布。一是清华简。清华大学出土文献研究保护中心编《清华大学藏战国竹简（拾壹）》（中西书局）公布了长篇先秦佚籍《五纪》篇，130枚简，借托后帝之口，以五纪（日、月、星、辰、岁）与五算为中心，确立天地万物的常规、法度。其将礼、义、爱、仁、忠五德，与星辰历象、神祇司掌、人事行用等相配，构建出严整宏大的天人体系。二是荆州胡家草场西汉简牍。荆州博物馆、武汉大学简帛研究中心编著《荆州胡家草场西汉简牍选粹》（文物出版社）公布简牍192枚，涉及岁记、律令、历日、日书、医杂方、簿籍等内容，对秦汉政治、法律、数术、医药等方面的研究均具有极高的资料价值。三是银雀山汉简。山东博物馆、中国文化遗产研究院编《银雀山汉墓简牍集成（贰）（叁）》（文物出版社）对1972年出土的银雀山汉简包括已刊、未刊部分进行了全面的再整理。其中《银雀山汉墓简牍集成（贰）》收录《孙膑兵法》，包括《禽庞涓》《见威王》《威王问》《陈忌问垒》《篡卒》《月战》《八阵》《地葆》《执备》《病情》《行篡》《杀士》《延气》《官一》《五教法》《强兵》十六篇，均为佚文，共计223个简号；《银雀山汉墓简牍集成（叁）》收录《尉缭子》，包括《治谈》《守权》《将理》《原官》《兵劝》五篇，经编联缀合，共计竹简60枚。四是悬泉汉简。甘肃简牍博物馆等编《悬泉汉简（贰）》（中西书局）公布简牍2212枚，涉及武帝元鼎六年（前111）到安帝永初元年（107）的政治、经济、军事、文化、民族、社会以及邮驿交通、中西文化交流等内容，也为两汉丝绸之路繁荣提供了历史见证。五是长沙五一广场东汉简牍。长沙市文物考古研究所

等编《长沙五一广场东汉简牍（伍）（陆）》（中西书局）公布简牍900余枚，多为官文书，内容丰富，涉及东汉晚期的政治、经济、法律、军事诸多领域，所见官职名目众多，是研究东汉官僚体系的一手资料。

出土考古文物资料方面，刘瑞编著《秦封泥集释》（上海古籍出版社）对百余年来出土秦封泥资料及研究成果进展进行了全面的收集、整理和汇释。全书分为“中央职官”“地方职官”“私名吉语”三部分，收录包括部分战国秦在内的秦官印、私印封泥1800余种（其中官印1400余种，私印吉语400余种），精选封泥图版2000余幅，书后附秦封泥索引以便检索，为秦封泥研究、秦职官郡县构成研究以及秦汉史的研究提供了极大的资料便利。陕西省考古研究院等编著《宝鸡郭家崖考古发掘报告》（科学出版社）公布了战国早期至秦代的115座秦墓的考古资料，为研究秦人社会聚落形态、秦戎关系、墓葬习俗、历史沿革以及古代秦岭南北文化交流与传播提供了重要信息。山东省文物考古研究院等编著《昌邑辛置——2010—2013年墓葬发掘报告》（文物出版社）集中刊布了辛置墓地791座汉代墓葬的资料，为研究汉代墓葬制度、社会习俗等提供了宝贵的实物资料。甘肃省文物考古研究所编著《张掖甘州黑水国汉代墓葬发掘报告（续）》（甘肃教育出版社）公布了2018年11月至2019年6月完成的张掖黑水国第119号至第188号墓葬的全部发掘资料，内容包括墓葬形制、器物分型定式、器物照片、墓主人信息等。郑曙斌《马王堆汉墓帛画研究》（中华书局）将帛画作为墓葬的组成部分放到墓葬整体中来理解与分析，按照帛画出土位置的特殊性将其分成“内棺覆盖帛画”“棺室悬挂帛画”，探寻其存在形式、特殊位置和丧葬意义。曾昭燏等著、王培永等增补《沂南古画像石墓发掘报告（增补本）》（文物出版社）增加了“研究综述”等内容。王莉娜、邓攀编著《汉画像石（砖）与汉代河南社会》（郑州大学出版社）对河南汉画像石（砖）做了系统全面的调查研究。宫德杰、耿涛《山东沂水大官庄发现汉画像石》（《文物》第10期）公布了新发现的保存较好的11件汉画像石。唐淼主编、李春桃副主编《吉林大学考古与艺术博物馆馆藏文物丛书·玺印卷》（上海古籍出版社）收录吉林大学考古与艺术博物馆藏战国古玺印200余方。石继承《汉印文字研究》（上海古籍出版社）在全面收集、整理秦汉印章资料的基础上，结合简牍、帛书、铜器、石刻等篆隶文字资料，对汉印文字中的讹变、混同等变化现象做了系统深入的研究。沈浩注、马孟龙《甘肃环县发现的东汉纪年记事瓦当铭文考释》（《文物》第4期）介绍了新发现的永建五年（130）铭文瓦当。

既刊资料的再整理，专书成果丰硕。雷黎明《战国楚简字义通释》（上海古籍出版社）在充分吸收既有文字考释等相关研究成果的基础上，系统梳理、通释《郭店楚墓竹简》、《上海博物馆藏战国楚竹书》（一—九）和《清华大学藏战国竹简》（壹—伍）中的楚文字字义。徐富昌《睡虎地秦简文字辞例新编》（万卷楼）重新整理了睡虎地秦简文字和辞例。陶安《岳麓秦简〈为狱等状四种〉释文注释（修订本）》（上海古籍出版社）、朱红林《〈岳麓书院藏秦简（肆）〉疏证》（上海古籍出版社）分别对《岳麓书院藏秦简》叁、肆的释文和注释做了较为全面的考订校正。朱凤瀚《北京大学藏西汉竹书（壹）》（上海古籍出版社）、何晋《北京大学藏西汉竹书（肆）》（上海古籍出版社）分别对北大汉简《苍颉篇》《妄稽》做了新修订。陈松长《马王堆帛书研究》（商务印书馆）对马王堆帛书的形制、性质、分类、帛图、书法艺术等做了深入的释读、考证。吴文文《北大汉简老子译注》（中华书局）从文字、音韵、训诂等传统语文学角度，对北大藏汉简《老子》中的关键字、词、句做了校勘、考证和注释，在此基础上探讨了汉简《老子》的义理，概括了各章的主题。何茂活《河西汉简考论》（中西书局）内容涉及河西汉简的释文校订、词义考释、散简缀合、历谱考释、名物考证等方面。姚磊《肩水金关汉简释文合校》（中国社会科学出版社）对《肩水金关汉简》的疑难字词进行了细致的校订、考释和注解。周艳涛《汉代居延及肩水两都尉辖境出土简牍疑难文字考与相关专题研究》（西南师范大学出版社）对出土于两汉时期张掖居延都尉和肩水都尉辖境内的居延汉简、居延新简、额济纳汉简、肩水金关汉简等四批西北屯戍汉简中的部分存疑字、误释字、漏释字等进行了考补。何有祖《新出秦汉简帛丛考》（科学出版社）对多批秦汉简牍的文字、词例、文例等做了辨析和考证。

单篇专论方面，刘丽《也论清华简〈摄命〉体例》（《简帛研究》2020秋冬卷）认为《摄命》简文不是周王册命“摄”之命辞，而是周王针对摄之“命”而发布的“诰”。邬文玲《江陵凤凰山十号汉墓木牍〈中舨共侍约〉试析》（《出土文献研究》第19辑）赞成“舨”读作“般”，意思与秦汉时期王室食官、考工属下“般”的组织机构相类，指出该“中般”很可能是临江王国王室机构之下属，或者是为王室提供服务的团体。杨小亮《长沙尚德街084号东汉“诏书”木牍补征》（《文物》第3期）认为该牍内容应是前朝诏书辑录。庄小霞《长沙东牌楼东汉简〈朝东谷〉诗考释》（《湖南省博物馆馆刊》第16辑）指出“朝东谷”等习字简应定名为《朝东谷》诗简，其内容可能涉及东汉时人的太阳信仰、蜡祭和诗人感怀等。

三、新发现、新材料的局部披露与初步研究

2021年度有多项重要新发现与新材料得到局部披露和初步研究，引起学界广泛关注。考古资料方面，有两批新材料值得关注。一是秦汉帝陵考古资料的披露。《考古与文物》第1期、第5期刊载系列文章，对宝鸡太公墓秦公大墓、咸阳严家沟秦陵、秦东陵、长安神禾原秦陵园大墓，汉文帝霸陵、景帝阳陵东区外藏坑、宣帝杜陵等秦汉帝王陵的考古新发现展

开系列讨论与研究。特别是位于西安白鹿原的江村大墓被确认为汉文帝刘恒的霸陵，使西汉所有帝陵的名位问题得以解决，也为中国古代帝陵制度的研究提供了新的资料。二是“洪渎原”墓地的发掘。陕西省考古研究院在汉、唐长安城北的“洪渎原”墓地展开系列工作，共发现战国晚期王陵（王后陵）及其陪葬墓地 1 处、西汉早期墓地 1 处、东汉家族墓地 12 处。埋葬的墓主多数系皇亲国戚、高官显贵，并见诸史籍。已发掘的中大型墓葬占比大，纪年墓葬数量多，出土文物丰富。特别是咸阳成任村 M3015 号东汉晚期墓，出土目前所见中国最早的本土制作的具有犍陀罗风格的鎏金铜佛像，对于研究佛教文化的传入及其中国化具有重要价值。

出土文献方面，有六批正在整理的新材料及相关研究进展见诸报道。一是秦家嘴楚简。朱晓雪《秦家嘴楚简释文校理》（《出土文献研究》第 19 辑）对未正式发表的秦家嘴简文重新做了整理释读。二是云梦郑家湖木觚，1 枚，出土于湖北云梦郑家湖 274 号墓，时代为战国晚期，全文约 700 字，用秦隶书写，记载了谋士筡游说秦王寝兵立义的故事，展现了战国后期东方诸国与秦国的争斗、斡旋画面。三是荆州夏家台楚简《日书》。田勇等《荆州夏家台 M106 出土战国楚简〈日书〉概述》《荆州夏家台 106 号楚墓出土战国简〈日书〉》（《出土文献研究》第 19 辑、《简帛》第 22 辑）推测原简约有 40 支，内容叙述一年十二个月的“吉日辰”所利之事和“凶日辰”所不利之事以及“制裳”的日干支禁忌等。四是益阳兔子山遗址七号井出土简牍。张春龙、张忠炜《湖南益阳兔子山遗址七号井出土简牍述略》（《文物》第 6 期）介绍了该批简牍的情况，共 2392 枚，其中有字简 2302 枚、无字简 90 枚。内容以簿籍类为主，主要是汉初吴姓长沙国益阳县的资料，以县署经办的各类文书为主体。五是长沙走马楼西汉古井出土简牍。宋少华《长沙市走马楼西汉古井及简牍发掘简报》、陈松长《长沙走马楼西汉古井出土简牍概述》（均载《考古》第 3 期）指出 8 号井中出土的 2191 枚竹木简牍，应为武帝时期长沙康王刘庸在位时的官方行政文书。六是海昏简牍。朱凤瀚主编、柯中华副主编《海昏简牍初论》（北京大学出版社）为学界提供了海昏侯刘贺墓所出西汉简本《诗》《春秋》《论语》，及《礼记》类、《孝经》类文献的初步整理及研究成果。杨博《西汉海昏侯刘贺墓出土〈海昏侯国除诏书〉》（《文物》第 12 期）复原了刘贺墓主椁室所出《海昏侯国除诏书》的结构和内容，指出该诏书的发现对研究刘贺家族与海昏侯国的历史、汉代官文书制度与汉代诸王列侯制度等具有重要价值。《江西社会科学》第 3 期、《秦汉史论丛》第 15 辑、《秦汉研究》第 15 辑也继续刊载海昏侯研究的系列论文。

四、战国史、秦史研究：断代史撰写的新尝试

近年来战国史、秦史研究呈现采用丛书方式撰写断代史的特点。李学功、宫长为主编

《战国史（十卷本）》2020 年由黑龙江人民出版社出版，对战国时期的历史与文化进行了全新的考释与论述。晁福林《战国：大转折时代的辉煌篇章》、葛志毅《战国改制思潮影响中国历史的走向》、李学功《转捩：革故鼎新的战国制度》、朱彦民《有关战国文化艺术研究的几点认识》（均载《中国史研究动态》第 5 期）在《战国史（十卷本）》的基础上多角度、多层次地对战国历史文化及其研究路径提出了新的认识。

王子今主编《秦史与秦文化研究丛书（十四种）》（西北大学出版社）倡导跨学科的研究，重视历史学、考古学、民族学与文化人类学等研究方法的交叉采用，通过秦政治文化、秦君主集权、秦疆域变迁、秦思想与政治、秦法律文化、秦祭祀、秦礼仪、秦战争史、秦农业史、秦都邑宫苑、秦文字、秦官吏法、秦交通史十三种专题著作，并附有秦史与秦文化研究论著一种，全方位、多视角探讨秦代历史文化。该丛书以打通中国历史传承内在逻辑和中华文化血脉的关键点为学术目标，系统研究和深度解析秦人五百余年崛兴历程中，在物质、精神、制度等不同层面文化发生和文明形成的机理，探讨秦文化特质与文明特征，追溯秦崛起与统一的历史必然，以及秦帝国崩溃的历史教训。

庞任隆主编《秦封泥与秦文化研究书系（四种）》（陕西师范大学出版社）出版。其中庞任隆《秦封泥概论》从整体角度阐述了秦封泥对秦文化研究的各个维度；徐卫民《秦封泥与宫室苑囿研究》从宫室苑囿角度，研究秦封泥所载历史信息；李超《秦封泥与官制研究》从官制角度，系统阐释了秦代官制；周世闻、高华强编著《秦封泥与中国书法艺术研究》从书法艺术角度，图文并茂，展现了秦封泥文字的优美。

五、政治史研究：统治秩序、基层政务与官僚制度

2021 年度秦汉王朝统治秩序的建立及延续，秦汉统治机制尤其是地方行政机制和基层政务运作机制的研究备受关注。一些学者对秦王朝的灭亡作出了新阐释，部分学者利用秦简资料丰富了对秦朝统治结构的认知，还有学者继续利用传世文献探讨两汉政治、官僚制度史研究，取得扎实推进。

秦统一及其统治秩序的构建。王子今《秦强国扩张的重要政策：“收周余民而有之”》（《人文杂志》第 4 期）指出秦“收周余民而有之”是向东方进取的历程中具有重要意义的步骤。熊永《排外抑或招徕：秦国惠昭之世的移民政策转向新探》（《史学月刊》第 7 期）认为移民政策能否被秦王廷全盘实践，与惠昭时代迅速兴壮的庶籍军功集团有密切的关系。沈刚《制造权威——从秦简看秦代国家对中央威权的塑造》（《古代文明》第 2 期）认为秦代国家采取了一些相应措施，甚至还着力塑造基层社会的面貌，以塑造中央权威。孙家洲《史籍失载的秦始皇荆楚故地的一次出巡及其诏书析证——岳麓书院藏秦简〈秦始皇禁伐湘

山树木诏〉新解》（《中国史研究》第4期）认为新发现的岳麓简所载《秦始皇禁伐湘山树木诏》颁布于秦始皇廿六年（前221），进而确认秦始皇完成统一的当年有出巡荆楚故地的重要政治举措。在秦短祚而亡原因探讨方面，孙家洲《汉人“土崩瓦解”论秦亡的内涵解析》（《贵州社会科学》第2期）、邹芙都与孔德超《制度变迁视角下的秦亡原因再考察》（《中州学刊》第10期）从不同视角进一步反思秦短祚而亡的原因。宋艳萍《“荧惑守心”与秦始皇之死——从马王堆汉墓帛书〈五星占〉说起》（《简帛研究》2021春夏卷）探讨了先秦秦汉时期人们对荧惑失行特别是“荧惑守心”现象的认识和价值判断，以及“荧惑守心”与“秦始皇之死”的关系。

地方行政机制和基层政务运作。鲁西奇《秦代的县廷》（《史学月刊》第9期）探究秦代县级行政机构的总体图景及其运行机制，指出县廷分设令、吏、户、金布、司空、仓六曹，作为县廷的政务机构，各以令史主持；分设少内、司空、田官、仓、库、畜官等具有管理与经营双重职能的诸官，作为县廷直属机构，以“守”（啬夫）为长官。孙闻博《从乡啬夫到劝农掾：秦汉乡制的历史变迁》（《历史研究》第2期）从秦汉乡制变迁的视角观察国家对基层社会治理的变化，指出秦及汉初，乡是县下诸“官”之一，县廷与乡之间的政务运行可称作“廷—官”模式。西汉前期乡有秩啬夫演变为乡有秩、乡啬夫二分格局，武帝时掾史出现，乡务处理渐由“官”向“掾”演变。徐畅《出土简牍与汉代乡吏性质再思——兼谈汉代乡级治理的两种模式》（《中国史研究动态》第2期）指出乡级基层吏员中出现的乡部属吏和分部吏两种吏职名目类型，实际上代表了汉代国家开展乡级治理的两种不同模式。齐继伟《秦代官徒调配问题初探》（《古代文明》第1期）、《秦代县行政文书运作研究——以“徒作簿”为例》（《档案学研究》第3期），小林文治《从劳动看秦的律令与基层社会的关系》（《文史》第1辑），蒋晓亮《汉代郡县官吏的关系网络与政务运作——从成阳三碑谈起》（《文史》第1辑）等皆关注秦汉时期的基层政务处理。杨振红《从新出简牍看二十等爵制的起源、分层发展及其原理——中国古代官僚政治社会构造研究之三》（《史学月刊》第1期）推测二十等爵制是与公卿大夫士内爵系统挂钩建立起来的，随着赐爵的扩大，统治者为了保证足够的服役人口，不断调整民爵上限。

权力结构与官僚制度研究。陈昆、李禹阶《西汉诸侯国相的“郡守化”趋势及其历史意义》（《中国史研究》第1期）指出诸侯国相职能演变经历了四个阶段，宣帝及以后与汉郡太守职能渐趋一致。其过程实际上是汉中央政府对诸侯王国的逐步控制过程，控制的基本方法是国相的“替代效应”，它对于西汉前、中期中央对诸侯国王的权力调控有重要意义。袁宝龙《西汉中后期中央权力结构的调整及政治形势的演进》（《社会科学动态》第2期）认为汉武帝在“独尊儒术”的同时创建内朝，在儒术的“缘饰”下完成了新时期中央权力的重新分配与总体布局，以君主集权的方式结束了此前的“君相之争”。汪海《扬雄〈官箴〉所见西汉末年的中央官制》（《历史教学问题》第3期）指出扬雄的《官箴》是西汉末年“三公制”变革和“九卿制”形成的重要见证，亦是新莽官制改革的基点。楼劲《从“以官存司”到“以司存官”——〈百官志〉体例与汉唐行政体制变迁研究》（《历史研究》第1期）指出汉、唐正史《百官志》官制记载体例呈现“以官存司”和“以司存官”的显著不同，其根本原因在于规范官制的法令及行政体制的演化。

六、法制史研究：律令体系与执法实态

秦汉律令体系，仍然是法制史领域的研究热点。依托近年公布的大量简牍新资料，尤其是多批律典材料的相继公布，使得秦汉律典二分结构体系的探讨取得突破。学界在基层执法实态与律令适用情况研究等方面，也获得了较此前更为深刻、细腻的认识。陈伟《秦汉简牍所见的律典体系》（《中国社会科学》第1期）探讨了秦汉律典二分结构体系的演变过程及其与九章律的关系，指出睡虎地和胡家草场新近出土的汉简显示，西汉文帝时期的律典呈现结构性的分类、分层。齐继伟《秦〈发征律〉蠡测——兼论秦汉“律篇二级分类说”》（《中国史研究》第1期）指出秦汉时期“集类为篇，结事为章”的法律编纂手段，从技术层面构建了律令篇章的“二级分类”。宋洁《〈九章律〉形成考》（《中国史研究》第2期）认为《九章律》是在融合《二年律令》部分篇章的基础上形成的，时间在《礼经》立为官学的汉武帝时期之后。王捷《何为“汉承楚制”——从司法资料出发的新认识》（《华东政法大学学报》第4期）认为从法律继承的视角来看，汉初在司法上有“汉承楚制”的另一面。

基层执法实态与律令适用情况方面，徐世虹《决事比、廷行事、比行事》（《出土文献与法律史研究》第10辑）系统分析了秦汉时期决事比、廷行事、比行事的内涵、范畴、渊源及其与律令、判例之间的关系。刘自稳《逻书新论——基于湖南益阳兔子山遗址，7⑥：6木牍的考察》（《文物》第6期）指出秦、汉初和西汉中后期的逻书文书形态在文书内部结构和书写载体两方面存在差异。逻书的核心功能在于申请遣送。当申请遣送的涉案对象是具体人员时，逻书中会根据诸如涉案人员身份不同等原因要求主管机构以征召或抓捕两种不同方式将其控制并传送，逻书因而具备传唤状或逮捕令的作用。张琮军《秦汉辞证制度探析——以出土简牍文献为中心》（《当代法学》第5期）指出秦汉时期，供辞在刑事案件的审断过程中扮演着重要的角色，案审也是围绕供辞展开的。

七、社会经济史研究：土地赋役、物资管理与户籍人口

社会经济史研究，呈现积极的态势。得益于大量简牍新资料的公布，研究在土地和赋役制度、物资管理、货币借贷、户籍人口等方面均有推进，提供了观察国家如何规制经济秩序，民众如何生产生活的新视角。

土地制度方面，晋文《秦汉魏晋南北朝土地制度的嬗变》（《中国农史》第3期）指出在民田占有制度上，秦汉魏晋南北朝时期是沿着土地国有变成土地以私有为主、再从土地私有又变成土地以国有为主的轨迹运行的；晋文《秦简与传世文献中的赐田制问题》（《文史哲》第5期）认为赐田的性质是完全私有的。杨振红《“名”“占”释义与战国秦汉的“名田”》（《中国社会科学报》8月27日）则认为国家对田宅进行严格掌控，以爵位名田宅，实行授田。“名”的含义，即确定田宅的归属。“名”是有条件、有限制的，不能视为所有，而是占有。赋役制度方面，晋文《张家山汉简中的〈田命籍〉与〈田租籍〉》（《中州学刊》第3期）指出，《田命籍》是对某些特殊人群豁免田租进行登记的籍簿，《田租籍》的主要功能是分户统计耕种田亩总数和缴纳田租总数。陈星宇《秦与西汉刍稿、田租征收方式新证——以新出简牍为中心》（《中国农史》第2期）认为秦田租是按照亩数租率和产量租率结合进行计算的一种浮动税制，西汉田租逐渐演变为浮动税制基础上的定额税。王彦辉《从〈堂邑元寿二年要具簿〉解析秦汉徭役制度的几个概念——事、算与事算》（《古代文明》第1期）认为算作为计征赋税的一个计算单位，可以算人，也可以算物，依算征收的人头税称赋钱、算钱，民间或称“算赋”。《堂邑元寿二年要具簿》是为上计准备的各种统计数据的底本或草案。

物资管理方面，李均明《汉简所见木楬与封检在物资管理中的作用》（《出土文献研究》第19辑）探究木楬与封检在文书与物资管理中的作用。邬文玲《简牍所见汉代的财政调度及大司农属官》（《贵州社会科学》第2期）全面校订了以往学界向有争议的居延汉简214.33号文书残件的释文与读法，揭示了该文书及相关简牍资料所反映的汉代财政调度制度和大司农属官设置情况。刘鹏《简牍所见秦的粮价与百姓生活》（《中国社会经济史研究》第2期）对秦的粮食价格再作探讨。

货币借贷方面，石洋《“貣”“贷”别义的形成——秦时期借贷关系之一页》（《出土文献研究》第20辑）指出秦统一后将兼表求借、借出的“貣”字拆分成用“貣”单表求借、新造“贷”单表借出，其主要使用场合在官署—吏民间的经济往来。刘鹏《秦简牍所见居赀赎债问题再探》（《北京社会科学》第8期）认为，秦居赀赎债的赎免方式包括以他人自替、捐除自身已有爵位、放弃应当继承之爵位等，无力赔偿而居作者是居债的重要来源，私

人奴婢居作与秦百姓居赀赎债息息相关。周卫荣、孟祥伟《中国古代早期黄金与黄金货币问题研究》（《中国国家博物馆馆刊》第3期）认为，西汉史料中记载的黄金，大部分是使用黄金衡量的价值尺度，实际支付时可以是铜钱或爵位等，当时并不存在巨量黄金。

户籍人口方面，刘尊志《从考古资料谈秦汉家庭的分类》（《中原文化研究》第2期）依照等级属性、职业属性和规模属性三方面可将秦汉家庭划分为多种类型。鲁西奇《秦统治下人民的身份与社会结构》（《中华文史论丛》第1期）指出在秦统治的十余年中，迁陵县吏卒、黔首与徒隶三种人分别占比37.5%、50.6%和11.9%，在一定程度上反映出秦统治下社会结构的部分特征。此外凌文超《秦汉王朝对乡里族姓的规划与管理》（《中国人民大学学报》第6期）、《长沙尚德街东汉户口简考释》（《文物》第3期），林炳德《秦、汉律中的庶人——对庶人泛称说的驳议》（《简帛》第22辑），祁萌《西北汉简家属出入符所见姓的著录——兼论汉代与户籍相关事务中姓的使用》（《出土文献》第1期）、《从“族某氏”到“姓某氏”：秦汉时期氏、姓演变的一个侧面》（《中山大学学报（社会科学版）》第1期），孙玉荣《秦及汉初简牍中的“同产”》（《管子学刊》第1期）等也分别从家庭分类、庶人身份、姓氏使用等层面，对秦汉时期家庭、户籍、人口管理等问题展开讨论。

八、思想文化研究：政治文化、宗教思想、名物制度

思想文化领域，政治文化研究备受关注。喻中《依经治国：董仲舒开创的法理命题》（《清华大学学报（哲学社会科学版）》第3期）认为董仲舒开创的“依经治国”法理命题，也是汉至清两千年间中国固有的法理学主题。李若晖《〈诗·商颂·那〉礼制与郑玄更礼》（《北京师范大学学报（社会科学版）》第1期）指出郑玄以本朝的秦汉之制再次改造《商颂》的周礼阐释，使秦汉制度成为先圣所行、孔子所传的神圣制度。郭津嵩《公孙卿述黄帝故事与汉武帝封禅改制》（《历史研究》第2期）阐释了齐地方士公孙卿为汉武帝讲述黄帝故事的政治意图、历史观念及其与汉武帝封禅改制的密切关系。王尔《“汉当自制礼”：东汉前期“制汉礼”的逻辑理路及失败原因》（《中国文化研究》第3期）指出东汉前期出现“汉当自制礼”的呼吁和实践背后的逻辑理路，是认定西汉乘秦礼阙，没能接续中断的先王之道，唯有制作“汉”礼，方能验证儒学意义上的王朝受命。王尔《〈汉书·五行志〉“傅〈春秋〉”的逻辑结构与灾异家谱系构建》（《中南大学学报（社会科学版）》第3期）认为《五行志》建构起汉代典范灾异家的谱系，暗示汉君对灾异言论的虚心接纳或置之不理的态度将会影响朝廷的命运，希冀对东汉王朝起到政治上的警示作用。解远文《〈后汉书〉帝纪中祥瑞、星象、灾异的“微言大义”》（《史学月刊》第9期）探讨了范晔在《后汉书》帝纪中记载祥瑞、星象、灾异的文化内涵与其撰史意图之间的关系。吴晓丰《星象

中的官制史：执法、上相与汉唐间的宰相制度变迁》（《文史》第3辑）探讨星象与现实政治之间的联系，认为汉唐间执法、上相等的星象意义及事应对象的变化，揭示了星官理论与职官制度之间的互动关系。孙闻博《度量衡制颁行与秦汉国家权力》（《中国人民大学学报》第6期）阐述了秦汉早期帝国国家权力在度量衡制度层面的建立和展示。

宗教思想方面，安子毓《从五方五色到五德终始——论五行说核心之变迁》（《南京大学学报（哲学·人文科学·社会科学）》第4期）讨论了五行说、五方五色说与五德终始说之间的关系。姜生《"秦人不得真道"考》（《文史哲》第1期）指出，从西汉到东汉，儒生完成了从道德批判向宗教神学批判的转变。魏斌《东汉地方神祠的信仰形态——重读六通元氏碑刻》（《中华文史论丛》第1期）指出集体性的民众祭祀与早期道教组织和佛教邑义有内在共通性。

名物制度方面，服饰名物和装具颇受关注。王方《"偏衣"的考古学识读》（《江汉考古》第3期）、王欣亚和曹龙《秦人服饰浅析——从泾渭秦墓出土的陶俑出发》（《考古与文物》第4期）依据墓中出土人俑，研究战国秦汉人的服饰。柴秋霞、叶丹妮《新密打虎亭汉墓壁画中的服饰探析》（《中原文物》第2期）关注壁画中的人物服饰。汪桂海《考古资料所见简帛时代书籍装具》（《文献》第1期），按照竹笥、漆奁和帙三类分别探讨简帛时代书籍装具的特点及其对书籍保护的意义。杨勇《汉代出土医药文献中的"分"》（《文献》第1期），认为作为单味药物计量单位的"分"，表示的是重量而不是等份之意，出土病方中"两""钱""分"等衡重单位与汉代通行的衡制一致。

九、区域民族研究：民族互动、族群认同与经边战略

区域与民族研究领域，尤其重视周边民族互动、族群人群认同以及西域经营与经边战略等问题。周边民族互动方面，崔建华《越人之争与汉武帝对匈奴政策的转变——以君主的执政体验为中心》（《社会科学》第12期），李何春《汉晋时期西南地区以盐为载体的民族互动及其社会整合意义》（《盐业史研究》第2期），颜全己《考古视角下的古夜郎族群生活习俗探论》（《农业考古》第1期）分别对东南、西南和西北的民族互动展开讨论。

族群人群认同方面，刘志平《先秦秦汉的"秦人"称谓与认同》（《清华大学学报（哲学社会科学版）》第6期）、《先秦秦汉时期陇右地区的族群互动与认同》（《西北大学学报（哲学社会科学版）》第5期）指出自战国至秦代，"秦人"和"非秦人"的族群区分得到凸显，原来以姬周华夏为核心展开的"夷夏之辨"的多层次族群认同格局，被以"秦人"为核心展开的"秦人非秦人之辨"的多层次族群认同格局取代。陈鹏《战国秦汉的国人意识与族群认同》（《西南大学学报（社会科学版）》第1期）、《"汉人"与"海人"：秦汉时

期滨海人群的身份认同》（《人文杂志》第8期）关注秦汉帝国重塑“华夏”进程中，“秦人”“汉人”认同的建立与维系，指出秦汉之际，列国“国人”意识复生，“汉人”作为政治人群出现。至汉武帝朝，诸侯国渐与汉郡相差几无，“诸侯国人”转变为汉朝编户，接受了“汉人”身份。

西域经营与经边战略方面，王子今《汉简与河西社会交往史新识》、张德芳《从出土汉简看汉王朝对丝绸之路的开拓与经营》（均载《中国社会科学》第1期）皆基于简牍资料考察汉代的丝绸之路。前者认为出土资料显示汉代河西地区民族交往、城乡交往、军民交往、区域交往以及社会上下不同层次的交往空前活跃；后者认为汉简中关于汉王朝同中亚、西亚以及南亚各国直接通使的材料，证明丝绸之路从一开始就是中华文明同西方世界（中亚的希腊化世界）直接对接的结果。孙闻博《轮台诏与武帝的西域经营》、王海与续楠《“断匈奴右臂”战略与汉朝西域经营》、李斯《立高怀远：汉代西域使者与边疆经略》、王子今《论“西北一候”：汉王朝西域决策的战略思考》（均载《西域研究》第1期）等对汉王朝的西域经营作了多角度的探讨。黎镜明《汉初经边战略的调整与边郡战略地位的凸显》（《中国边疆史地研究》第1期）指出汉初逐渐将前沿防御确定为经边的主导战略，其本质是由边郡承担战争风险，内地承担经边成本，由此凸显了边郡的战略地位。相关论文还有张瀚墨《延长中心，羁縻边疆：早期政治地理模式影响下汉帝国对西域的经营与书写》（《中国人民大学学报》第6期）等。

十、历史地理研究：州郡辖域、海陆交通与环境水利

历史地理研究重点在州郡辖域、海陆交通领域有所推进，环境水利等生态环境领域的研究蔚然兴起。州郡辖域方面，郭涛《秦代洞庭郡治辨正》（《考古》第2期）指出秦代洞庭郡治所并未经过频繁迁移而是采取长官分驻的模式，首县为临沅，郡守和郡监开府于此，郡尉驻地在新武陵县。马孟龙《东郡之置与汉初关东控御政策》（《历史研究》第4期）认为利用东郡控御王国和改组封建体系的做法被文帝继承，成为吕后留下的重要政治遗产。于天宇《从地缘政治看秦分巴蜀置汉中郡》（《四川大学学报（哲学社会科学版）》第2期）认为秦灭巴蜀后，实施了分巴蜀设汉中郡的政策，包含通过加强对新领地的控制，以防范巴蜀分裂、瓦解反对势力、促进两地社会发展和布局对楚战争的政治考量。此外马孟龙《张家山汉简〈秩律〉与吕后元年汉朝政区复原》（《出土文献》第3期）、《西汉初年陇西、北地、上郡治所考——以张家山汉简〈秩律〉所见各县等第为中心》（《历史地理研究》第2期），潘国立《西汉淮阳国（郡）辖域的变迁》（《中国历史地理论丛》第1辑），白晓纬、薛瑞泽《两汉时期雁门郡的变迁及原因》（《山西大同大学学报（社会科学版）》第4期），

李晓杰等《〈水经·洛水注〉校笺及水道与政区复原》(《历史地理研究》第1期、第3期),新津健一郎《益州刘二牧政权看汉末州牧的地方统治》(『益州刘二牧政权からみる汉末州牧の地方统治』)(《东洋史研究》80卷1号)等认识到州郡辖域的变迁作为政策手段,是巩固统治、完善社会治理的有益尝试。

海陆交通方面,王博凯《秦代道路安全问题及其治理》(《中州学刊》第7期)指出道路安全问题是秦交通行政的重要内容,官府通过强力执法、完善制度等举措对此予以管控,民间百姓出行择吉信仰背后的安全防护观念及协助捕盗活动展现了官民的协同治理。吴小平、魏然《考古发现与汉代长江下游的海上之路》(《厦门大学学报(哲学社会科学版)》第1期)指出两汉时期中国沿海有三条海上航线:岭南地区至长江下游、长江下游至山东半岛,以及长江下游至辽东、朝鲜半岛,表明当时已具备东亚海域贸易的网络雏形。

环境水利方面,袁广阔《考古学视野下的黄河改道与文明变迁》(《中国社会科学》第2期)指出黄河大规模改道始于汉代,黄河下游地区生态、生存环境的变化,表面上与黄河的泛滥、改道、迁徙有关,但实质上是人类对自然资源的过度利用所致。王勇《对里耶秦简中捕猿进献的探讨》(《中国农史》第4期),指出迁陵所在的洞庭郡是猿分布最为密集、猿名气最大的地区之一,捕猿进献因此成为迁陵每年都进行的常规活动。尚群昌《秦汉关中地区水井及相关问题研究》(《江汉论坛》第7期)指出水井主要分布在西安、咸阳和宝鸡等地区的宫殿区、离宫别馆以及冶铁、制陶、铸币等手工业作坊区,由于秦汉时期关中水利工程发达,农业灌溉主要依靠地表水,故暂没有发现用于灌溉的水井。相关论文还有江志《新出简牍所见"治渠卒"与汉代张掖地区水利建设》(《西安文理学院学报(社会科学版)》第3期)等。

十一、社会史研究:童蒙教育、孝亲养老与时日宜忌

社会史研究借助对简牍、墓葬出土物、祠堂、画像石的细读,在童蒙教育、孝亲养老和时日宜忌观念等领域皆有颇多创获。童蒙教育方面,金滢坤、常荩心《汉魏两晋南北朝儒家经典与童蒙教育》(《学术月刊》第2期)探讨了该时期经学发展与童蒙教育的关系。曾磊《儿童史研究中的图像使用问题——由王子今新著〈插图秦汉儿童史〉展开的思考》(《中国史研究动态》第2期)指出汉画像等图像是对儿童史研究资料的有益补充。王子今《汉代女童教育的形式和影响》(《中华文化论坛》第1期)认为汉代女童教育既影响妇女生活的品质,也因知识女性对子女的教育实现了文化的世代传递,从而显著改变了社会精神生活。

孝亲养老方面,袁延胜《悬泉汉简养老简与汉代养老问题》(《史学月刊》第11期)指

出悬泉汉简养老简明确记载了各年龄段老人享受的不同优待，反映了汉代养老制度中的年龄分层。张楠《岳麓秦简所见秦代孝道伦理问题——以社会风俗、不孝犯罪和官民使役为中心》（《青海社会科学》第1期）认为孝道伦理是秦代制定法律与政策的重要依据之一，也是考察秦代社会的重要视角。马智全《王杖制度与汉代养老的多样化政策》（《简牍学研究》第10辑）认为汉代对年老者还有法律与经济方面的优待，体现因人而异的多样化政策。朱雨薇《中国北方地区出土汉晋时期鸠杖研究》（《草原文物》第1期）通过鸠杖出土位置与考古学信息探讨了鸠杖使用者的社会地位等问题。

时日宜忌方面，历法和时间的研究继续受到关注。刘爱敏《从五行历到四时历——三十时的形成、发展和消亡》（《文史哲》第5期）认为在战国四时原则被普遍遵循的背景下，三十时呈现由五行历向四时历转变的发展趋势。在汉初太初历颁布后，三十时最终被二十四节气所取代。董涛《漏刻与汉代时间观念》（《史学月刊》第2期）指出汉代是铜壶滴漏技术的进步和昼夜百刻制度定型的关键时期。时间精确到“刻”对汉代人的日常生活和思想观念都产生了重要影响。李均明《清华简〈算表〉运算过程解析——阴阳开合说》（《出土文献》第2期）指出清华简《算表》里的引线在运算过程中起着联系各种要素的作用，通过相关数码的覆盖、开启与交汇的变化，达到运算的目的，其变化规律与中国古代阴阳转化的理论吻合。杨继承《汉人对时日禁忌的反思与批判》（《中山大学学报（社会科学版）》第5期）认为时日禁忌术不是一种完全的命定论。从人可以“选择”的角度来看，这一文化仍旧在强调“人”的自主性。

十二、史学史研究：传世史籍“活化”与学术史回顾

重视传世史籍的研究性整理、“活化”利用与普及推广，以及历史书写、学术史回顾，是近年史学史研究的重要趋势，取得了令人注目的成绩。

传世史籍的整理方面，孙晓总编纂《今注本二十四史》经过多年耕耘，2021年度推出吴树平主持校注《今注本史记》、孙晓主持校注《今注本汉书》等，由中国社会科学出版社出版，充分利用当代史学研究成果、近现代考古成果以及金石碑刻等资料，对《史记》《汉书》做了审当的校勘、全面的注释和准确的标点，既为研究者提供了精良史料，也为大众提供了可读的典籍。汪启明等《〈华阳国志〉系年考校》（中国社会科学出版社）采用编年体，将全书按时代先后重新考订，对所记人物、事迹、地理、史实，逐年排比，务使历史进程脉络清楚，条理井然。李晓杰主编《水经注校笺图释：洛水流域诸篇》（科学出版社）对洛水流域大小水道的分布与改道情况，以及涉及的城邑地望，逐一与今日河流、今地分别做了对照、比定。

历史书写及体例探究方面，王天然《〈古逸丛书〉本〈穀梁〉的存真与失真》（《中国出版史研究》第3期）通过间接校勘之法，将古逸本与余仁仲初刊残本之间的异文归为三类，回答了古逸本存真与失真这一认识、利用该本的基本问题。陈正宏《血缘：〈史记〉的世家》（中华书局）对“三十世家”进行了既概要精练又细致入微的导览。徐建委《文献考古：关于〈左传〉〈史记〉关系的研究》（商务印书馆）利用《史记》去发现司马迁时代的古本《左传》，并尝试解决《春秋》学史中的几个关键问题。陈金星《神话思维与中古历史书写：以通行本〈后汉书〉为中心》（上海交通大学出版社）以《后汉书》《续汉书》为研究对象，揭示历史书写的意识形态主旨，从而为深入思考中古历史乃至中国文化特质提供一个新视角。

学术回顾与展望的研究方面，高海云《2020年秦汉史研究述评》（《中国史研究动态》第6期）、蔡莹莹等《2016—2019年台湾地区简帛研究概况》（《简帛》第22辑）、鲁家亮《2019年中国大陆秦汉魏晋简牍研究概述》（《简帛》第22辑）、何有祖等《2020年中国大陆战国出土文献研究概述》（《简帛》第23辑）等有助于理解学术史发展脉络，整体把握学科最新动态。王朔《近40年秦县制研究的回顾与展望》（《中国史研究动态》第5期）、熊益亮《简帛医学研究述评》（《中华中医药杂志》第3期）、李官丽《里耶秦简缀合概览》（《简帛》第23辑）等回顾性论文，有助于了解相关领域的前沿以及有待深掘的问题。

十三、深耕厚植：专著与论文集

专著多系作者常年耕耘的集结，故此处与前述当年发表的论文分开，独立介绍。诸书探讨的对象，大体涵盖政治制度、律令体系、社会经济、思想文化、民族与军事、历史地理、社会生活等诸多领域，既有名家累年撰述的结集，也有青年学者的力作，政治制度和思想文化等传统领域的研究成果引人注目。

《熊铁基文集》（华中师范大学出版社）已出九卷，分别为《秦汉新道家》《秦汉文化史》《汉唐文化史》《汉代学术史论》《秦汉军事制度史》《秦汉官制史》《中国老庄学史》《中国古代史论集》《序跋·随笔·回忆录》，主要涉及熊铁基先生在秦汉史和道家道教文化两个研究领域的专题研究以及重要学术论文。此外，收录多位学者著作的专题论文集，也在一定程度上反映出前沿的思考动向，除前述蔡万进、邬文玲主编《简帛学理论与实践》（第1辑）外，张忠炜主编《里耶秦简研究论文选集》（中西书局）为近二十年来海内外学者对里耶秦简及秦汉史研究的回顾与总结，内容涉及里耶秦简的文本与形制，简文所见秦代政治、经济、法律、社会、文化等诸多方面。

政治方面，任仲爀《古代中国统治机制及其设计者》（〈고대중국의 통치메커니즘과그설

계자들〉)（首尔：京仁文化社）从商鞅、秦始皇、汉高祖等重要历史人物入手探究秦汉国家的统治机制。李开元《汉兴：从吕后到汉文帝》（读书·生活·新知三联书店）重点讲述汉帝国建立前后政治体系的构架。阎步克《秩级与服等》（陕西人民出版社）基于官阶制度、服饰等级与官僚等级的关系问题的论述，探究中国古代的政治体制。张向荣《祥瑞：王莽和他的时代》（上海人民出版社）从“祥瑞”视角切入，剖析王莽的个人、家族和政权相关的人物事件。历史人物研究还有李峰、闫喜琴《汉宣帝传》（人民出版社），东晋次著、李天蛟和臧鲁宁译《王莽：儒家理想的信徒》（四川人民出版社），方诗铭《曹操·袁绍·黄巾（增订本）》（上海辞书出版社）等。游逸飞《制造“地方政府”——战国至汉初郡制新考》（台北：台大出版中心）以战国秦汉中央政府与地方政府之间的榫接点“郡”为主轴，揭示从秦式郡县制向汉式郡县制的演变过程，探索古代中国地方与中央之间的关系、地方政府的治理体系。沈刚《秦简所见地方行政制度研究》（中国社会科学出版社）以县一级行政制度作为讨论重心，复原出秦代地方行政制度的基本面貌。吴方基《新出秦简与秦代县级政务运行机制研究》（中华书局）侧重日常县级政务运行，思考秦代“以法治国”理念下地方治理背后的制度性理论问题。宫宅洁《某地地方官吏的生涯——木简讲述的中国古代人的日常生活》（『ある地方官吏の生涯——木简が语る中国古代人の日常生活』）（京都：临川书店）、马硕（Maxim Korolkov）《古代中国的帝国网络》（*The Imperial Network in Ancient China*）（伦敦：劳特利有出版社）等亦关注秦汉时期的基层政务处理。

法律方面，冨谷至著，柴生芳、朱恒晔译《秦汉刑罚制度研究》（商务印书馆）运用出土资料探讨秦代和汉代刑罚制度的不同之处。张忠炜《秦汉律令法系研究续编》（中西书局）对出土法律文献的性质、汉律体系及律学的相关论题做了深入研究，认为九章律的诞生与汉代律学关系密切。吴志辉《汉代比研究》（中国建材工业出版社）全面探讨了汉比的概念、属性、成因、运用与功能等问题。

经济方面，晋文《秦汉土地制度研究》（社会科学文献出版社）对战国秦汉时期的授田制、赐田制、公田制、亩制与田制，以及户籍制度、赋税制度与土地制度的关系等问题进行了全面探讨。朱德贵《新出简牍与秦汉赋役制度研究》（中国人民大学出版社）利用新出简牍重新审视秦汉时期的土地制度、土地税、商业税、财产税、人头税以及徭役制度等问题。谢坤《秦简牍所见仓储制度研究》（上海古籍出版社）探讨了秦仓设置、禀食管理、安全管理、人员管理、考课管理等制度及其相关问题。

思想文化方面，浅野裕一著、韩文译《黄老道的形成与发展》（凤凰出版社）考察了黄老道的思想特色及其形成发展轨迹。高新华《战国至汉初的黄老思想研究》（中华书局）探讨了黄老思想的内涵、源流及其与老庄、道教、诸子学派和汉初政治的关系等问题。佐藤将之《后周鲁时代的天下秩序：〈荀子〉和〈吕氏春秋〉政治哲学之比较研究》（台北：台大出版中心）阐述《荀子》《吕氏春秋》两书在思维上、概念上、论述内容上等多层次的思想特质及其历史角色。袁宝龙《秦汉时期政治文化体系的整合与建构》（社会科学文献出版社）基于秦汉政治文明整合与创构，以政治与学术的演进为主线，考察秦汉时期政治文化在不同阶段的存在形态及其与学术思潮的互动与交融。李振宏《中国思想文化史论集》（中国社会科学出版社）涉及“先秦学术体系的汉代生成”说、先秦圣王治国论的理论盲点、秦始皇统治思想属性的判断、秦至清皇权专制社会说的思想史论证等诸多重要问题。李峰《〈制造汉武帝〉的历史公案》（河南人民出版社）梳理汉武帝晚年政治取向发生转变说的学术史，从史学理论层面入手，对诸如选题的发现、学术史的梳理、史料的考订、史事的论析、理论的借鉴、方法的引入等问题作了深入探讨。夏世华《周秦之际的月令政治模式及其政治理想——以〈吕氏春秋〉和〈周礼〉为例》（人民出版社）根据《吕氏春秋》和《周礼》，探讨周秦之际的月令政治模式及其理想政治模式建构问题。管宗昌《秦汉杂家研究：以〈吕氏春秋〉〈淮南子〉为中心》（人民出版社）以《吕氏春秋》和《淮南子》为文本基础，探讨秦汉杂家的内涵。杨勇《历史多元视野中的盐铁会议与〈盐铁论〉》（社会科学文献出版社）从经学史和思想史等视角，考察盐铁会议的召开、《盐铁论》成书、盐铁会议与西汉后期及新莽政治之关系问题。王葆玹《西汉经学源流》（四川人民出版社）兼用考据与西方现代哲学的研究方法，探讨西汉经学的来源、流派、著述形式、分期、思想及衰变过程。林素娟《象征与体物：先秦两汉礼仪中的修身与教化观》（台北：台大出版中心）在自然与身体感受性的脉络下，思考礼仪中的象征在修身及教化中所处的关键地位。孙功进《汉末道教的“真道”观及其展开——基于〈太平经〉〈老子想尔注〉〈周易参同契〉的研究》（巴蜀书社）以《太平经》《老子想尔注》《周易参同契》为中心，系统探讨汉末道教的“真道”观。

周边民族与军事方面，安梅梅《秦汉统一多民族国家形成过程中的民族管理体制研究——以“属国”和“道”为中心》（中国社会科学出版社）探讨秦汉时期属国制和道制的具体内涵。孙俊《战国秦汉西南民族地理的格局与观念研究》（中国社会科学出版社），探讨战国秦汉西南族群演进的特征、民族地理观的建构及其与族群空间的关系等问题。王绍东《农牧交辉——多维视角下的战国秦汉时期北方长城》（中华书局）、籾山明《汉帝国和边疆社会》（『漢帝国と辺境社会：長城の風景』）（市川：志学社）等则是研究秦汉时期的边政与经边战略的专书。

历史地理方面，徐卫民、余熠《秦长城研究》（上海古籍出版社）综合利用文献记载、考古发现与调查，力图恢复秦长城的历史原貌，并对长城文化予以探讨。崔建华《天下之中：秦汉三河区域研究》（上海古籍出版社）通过梳理三“河”及“三河”区域称谓的形成过程，揭示秦统一进程对区域融合的深远影响。苏海洋《丝绸之路秦陇南道历史地理考察》（中国社会科学出版社）考察了丝绸之路秦陇南道形成的自然地理基础、演变的时间过程、线路走向及沿线所经，从气候变化与地缘政治角度分析了秦陇南道演变的原因及区域文化效应。王子今《秦汉海洋文化研究》（北京师范大学出版社）有助于理解秦汉社会对于海洋的认识层次、开发程度和利用方式。此外王子今《上林繁叶：秦汉生态史丛说》（上海人民出版社）、李文涛《秦汉环境变迁史》（中州古籍出版社）对秦汉时期的生态环境有系统讨论。

社会生活方面，王子今《长安碎影：秦汉文化史札记》（上海人民出版社）描画了咸阳—西安地方在秦汉时期的社会文化面貌。柿沼阳平《中国古代24小时：从秦汉时代的衣食住行到性爱》（『古代中国の24时间：秦汉时代の衣食住から性爱まで』）（东京：中央公论新社）综合考古和传世资料探究秦汉时期的日常生活。王凯旋《秦汉社会日常生活》（中国工人出版社）较为翔实地勾画出了秦汉社会日常生活的基本情况。张俊民《悬泉汉简：社会与制度》（甘肃文化出版社）依据出土的悬泉汉简文献，梳理敦煌地区乡里分布及人物姓名、身份。吴小平《岭南地区出土汉代铜器的考古学探索》（浙江大学出版社）系统考察了岭南地区所出日用铜器的分布、器类、装饰、题铭、构成来源、对外输出、使用情况等问题。刘芳芳《战国秦汉髹漆妆奁研究》（文物出版社）利用考古发掘资料，对妆奁的形制、纹样、装饰工艺等方面的演变做了细致梳理。熊益亮编著《先秦两汉简帛医方研究》（广东科技出版社）将目前所见战国至东汉简帛医方中较为完整的方剂分内科、外科、养生、房中、祝由五类进行研究。

十四、结语

2021年度，秦汉史研究，总体上延续了综合利用出土资料与传世文献的研究理路，资料整理与问题研究并驾齐驱。新资料的整理公布和既刊资料的再整理研究皆取得丰硕成果，基于新材料推进疑难问题解决、提出不少值得关注的新论新识，也进一步彰显了出土资料的史料价值。传统的政治史、制度史、法制史等重点领域仍然备受关注，并形成了一些新的热点，诸如基层行政、地方秩序、政治文化、民族互动等。战国史、秦汉社会经济史研究，较往年活跃，成绩斐然。

不过总体来看，2021年度秦汉史研究依然存在一些不足之处：一是理论研究创新尚嫌不够，少有系统性的、综合性的学科理论成果发表，对于国家形态、社会结构、社会转型等重大问题关注不多，研究具体化、实证化的倾向依然明显，宏观的、长时段的考察仍需加强；二是研究时段依然不平衡，东汉史的研究仍嫌相对薄弱；三是过度依赖和偏重新出土资料而忽视对传世文献的解读阐释，在研究范式上仍未能突破出土资料与传世文献“互证”有无的路径，如何看待和利用出土资料，如何实现考古学与历史学的交叉融合，皆需继续作方法论上的探讨。期待来年有新的突破。

魏晋南北朝史研究综述

刘　凯

2021年，魏晋南北朝史研究在宏观理论探讨和具体问题考证方面都有较多突破，取得了丰硕的成果。多学科交叉方法的使用、史料的刊布与整理等都为学科发展提供了新的动力。以下分重要会议，史料整理与刊布，政治，制度，经济，社会，民族，天文、地理，都城、军事、法律，思想文化，中外交流和考古共十二个部分，分别进行介绍，并做出观察与展望。

一、重要会议

2021年度重要会议可分作三类，分别是纪念会议、学术会议与学会会议。囿于篇幅，仅列举代表性会议。首先是纪念会议。2021年度适逢唐长孺先生110周年诞辰，武汉大学召开纪念唐长孺先生诞辰110周年学术座谈会，追思先生学术精神，展望中古史发展。其次是学术会议。由中国魏晋南北朝史学会主办，山东大学历史文化学院与中国历史研究院古代史研究所魏晋南北朝史研究室承办的“史料、视角与方法：魏晋南北朝史专题研讨会”于4月在青岛举办，议题包括对20世纪以来魏晋南北朝史研究的回顾与展望、传统史料研究、出土资料的整理、研究理论与方法的反思。由中国社会科学院学部主席团主办，中国社会科学院古代史研究所承办的中国社会科学论坛（2021·史学）于8月在北京召开，论坛主题为“中古中国制度·礼仪与精神生活”，对魏晋南北朝时期的“编户齐民与国家治理”“考古与都城”“礼制史”“政治制度”“宗教信仰”和“物质文化·知识史”六个议题进行了讨论。学会会议方面，中国魏晋南北朝史学会会员大会于11月以线上方式召开，选举产生了第13届学会理事会，理事会选举产生了新一届会长、副会长和秘书长。

二、史料整理与刊布

史料整理与刊布主要体现在史籍、墓志碑刻与考古简报三方面。

史籍方面。作为中华书局二十四史修订工程的成果之一，景蜀慧主持修订的《陈书》

（中华书局）面世。旧版“南朝五史”由王仲荦先生总负责，《陈书》由张维华点校，宋云彬编辑整理，1972年出版。本次修订，改以上海图书馆藏1933年上海涵芬楼影印中华学艺社辑印古书之九《陈书》为底本，充分运用本校、他校，审慎使用理校，充分参考学界校勘与研究成果，对原点校本做适当修订和完善，纠正错讹，如卷二七《江总传》末尾处有“江总持清标简贵”，原点校本专名线标“江总”二字，将“持”作动词解，而修订组注意到“总持”是江总的字，《陈书》各卷末的“史臣曰”于传主通常称名不称字，改作“江总持”三字连标专名线。本书在此基础上统一体例，弥补不足，形成了一个文本准确、校勘精良、标点合理的修订本。《陈书》点校本校勘记原有534条，修订本增加到960条。其中，修订本新增校勘记542条，删除原校勘记约110条，改写原校勘记约160条，修改补充原校勘记185条，沿用原校勘记73条。佛教经典方面，苏小华校注《续高僧传校注》（上海古籍出版社）以再雕高丽藏本为底本，以碛砂藏本为主要对校本，以日本藏天平年间写本残卷等为次要对校本，以日本宫内省图书寮藏宋崇宁藏本等为参校本，并参考与《续高僧传》有关的其他材料。

墓志碑刻方面。赵超《汉魏南北朝墓志汇编》（中华书局）修订再版。王连龙编撰《南北朝墓志集成》（上海人民出版社）由“凡例”“释文编”“索引编”“参考文献”四部分组成，共计150余万字。其中释文编为主体，对2018年前国内外刊行出版的金石志书、学术文集及著作论文中公开发表的1468种南北朝墓志进行系统整理，可称作南北朝墓志文献集成。梁春胜《六朝石刻丛考》（中华书局）主要从释录校正、字词考释、石刻辨伪等方面展开工作，共考释疑难字700余个、疑难和典故词语100余条，校正释录2000余条，鉴别伪刻70余方。

孙正军《近十年来中古碑志研究的新动向》（《史学月刊》第4期）综括近十年来中古碑志研究的四个新动向：祖先谱系的发现及建构过程的探讨、“异刻”即非正常刻写的确认、历史书写研究以及考察碑志的政治景观效应。新动向类研究推动碑志研究从单一的史料考证转向细腻周全的史学分析，但其施展场合受限且自身亦存隐忧，不能取代传统研究。二者互为补充，方可将中古碑志研究推向更高层次。

考古简报方面。涉及孙吴的简报有王策《浙江绍兴江桃村孙吴“嘉禾三年”墓发掘简报》（《东南文化》第4期）、杨金东等《浙江杭州萧山老虎洞遗址东吴、南朝墓发掘简报》（《文物》第7期）。关涉西晋的有李继鹏等《河南洛阳市东花坛西晋墓葬发掘简报》（《考古》第3期）。研究东晋方面的有孙明等《湖南长沙连山东晋墓发掘简报》（《文物》第5期）。涉及南朝的有李西东等《江苏句容宝华牡丹西路六朝墓发掘简报》（《东南文化》第2期）、周婷《湖北襄阳市贾巷墓地两座南朝墓葬的发掘》（《考古》第5期）。

北朝发掘的相关报告主要集中于北魏与西魏、北周。前者有侯晓刚、张海蛟《山西大同北魏贾宝墓发掘简报》（《文物》第 6 期），古顺芳等《山西大同御东新区御昌佳园北魏墓 M113 发掘简报》（《考古与文物》第 4 期），段双龙等《山西侯马虒祁北魏墓（M1007）发掘简报》（《文物》第 2 期）；后者有许卫红、张杨力铮《陕西西咸新区摆旗寨西魏陆丑墓发掘简报》（《文物》第 11 期），李明等《陕西西咸新区朱家寨北周墓发掘简报》（《文物》第 11 期），樊军等《固原南郊发现的两座北朝墓》（《中国国家博物馆馆刊》第 10 期）。

赵郡李氏是北朝晚期鼎盛一时的大姓高门，北京大学考古文博学院等编著《赞皇西高北朝赵郡李氏家族墓地——2009—2010 年北区发掘报告》（科学出版社）是河北石家庄赞皇县西高北朝墓群Ⅰ区墓葬的考古发掘报告。正文系统地介绍了Ⅰ区 M1、M2、M7、M84 四座北朝墓葬，附录收录了 6 篇相关研究文章，汇编了目前所见的北朝赵郡李氏墓志。

三、政治

2021 年度政治史研究热点并不在魏晋，也不在南北朝，而是集中于五胡十六国，确切而言聚焦于汉赵开国皇帝刘渊。侯旭东《天下秩序、八王之乱与刘渊起兵：一个“边缘人”的成长史》（《史学月刊》第 8 期）试图跳脱学界长期关注的族属与血统问题，沉潜至历史现场，为刘渊起兵提出新见：南迁塞内的匈奴诸部成为西晋营造的天下秩序的一部分，留居洛阳的刘渊亦是其中一员。若无八王之乱导致的西晋崩亡的契机以及匈奴贵族刘宣等的启发劝说，刘渊不会走上起兵反晋的道路；刘宣等推举刘渊，主要看重的是他统领匈奴诸部显示的才干与积累的声望，而非其血统与出身，这是对匈奴旧有的推举首领传统的回归。李磊《刘渊的顾命大臣与河瑞、嘉平之际汉国的皇权重构》（《学术月刊》第 9 期）对刘渊顾命大臣在河瑞、嘉平之际政局中的作用进行探究，尝试阐释汉国皇权性格由刘渊时代的宗室共有权向刘聪时代的皇帝专制权的转化：河瑞二年（310）刘渊安排的辅政格局是元熙元年（304）以来汉国权力结构演化的结果，旨在维系五部屠各、六夷等诸种势力以及勋贵间的权力制衡。刘聪延续此政策，并将皇权从屠各刘氏的宗室权力中凸显出来，初步建构起具有专制性的汉国皇权。李磊《屠各汉国多族群政治体的瓦解及其原因探析——十六国建构多民族国家的首次尝试及其结果》（《东岳论丛》第 5 期）分析汉国的权力结构及其运行机制、社会经济对国政的耐受程度，由此解释汉国走向衰亡的体制性原因：平阳政权的覆灭是经济、社会、政治问题，并非族群政治所致。囿于现存十六国史料，对此时期谶纬公案的专门性考察有助于研究进一步细化。董刚《释汉赵刘曜光初四年（321）玉石谶——兼论刘、石之争》（《学术月刊》第 8 期）重点关注汉赵光初四年在终南山崩处发现的刻有谶言的白玉，指出中书监刘均对玉石谶所作的灾异型解读客观上成为此后刘曜、石勒二赵间交争的重要引线。同时，文章通过稽考刘均解谶的知识基础以还原出当时主流的祥瑞型解读，从中揭示汉赵政权在立国前史、符命继承、国号变更及战略方向上的自我申说及其理论建构的实态。

羯族建立的后赵同样受到关注。李磊《中华制度认同与后赵天王体制的演变》（《西南民族大学学报（人文社会科学版）》第6期）对后赵的天王王权结构及其运作方式进行探讨，澄清天王号的政治内涵与历史意义：在后赵的政治实践中，吏兵配属、宗室出镇存在着反噬王权的发展面相，这一矛盾既根源于视宗室为一体的天王体制，也根源于自我矛盾的魏晋旧制。李圳《羯族与后赵史研究》（人民出版社）指出后赵学习汉魏职官制度的同时，也保留了以“胡汉分治”为统治方针的单于台制度，其文化特点是在儒家同佛教的文化冲突中，交流共生。

热点的转移让本时段研究更为均衡，而传统热点时段——魏晋——依然有极具分量的论著面世。方诗铭《曹操·袁绍·黄巾（增订本）》（上海辞书出版社）出版，新增四章，涉及刘备与五虎上将及诸葛亮的关系等内容。单敏捷《汉末刘焉父子时期巴蜀主要政治关系新探》（《北京社会科学》第11期）区分刘璋集团中巴蜀士人与外来士人在刘备进攻刘璋时的政治态度，有助于深化对刘璋时期主要政治关系的认识。付开镜、乔泽胤《三国人物政治心理与政治选择研究》（人民出版社）分“重要人物”“其他人物”与“基层小民和士兵”三部分进行例证分析，考察心理因素对政治选择的重要作用。福原启郎著、陆帅等译《魏晋政治社会史研究》（江苏人民出版社）从政治史（第一至第六章）与社会史（第七至第十一章）两个维度对曹魏、西晋历史展开研究，涉及的论题包括复肉刑争议、魏明帝曹叡、西晋国子学、《晋辟雍碑》、八王之乱、“二十四友”、奢侈风气、西晋墓志等。作者试图通过考察这些具体问题，揭示曹魏、西晋时期的政治、社会特征，探寻魏晋国家体制崩溃的深层次原因，而其目的，依然是延续并深化老一辈日本学者的研究：进一步认识六朝贵族制社会的本质。王永平《晋宋社会政治史论》（中国社会科学出版社）围绕东晋、刘宋时期，特别是两晋之际与晋宋之际社会政治局势演变及其重要政治事件、现象、思潮、重要军政家族和其代表人物的表现与影响等进行专题性考论，主要涉及东晋门阀政治格局下皇权之表现，晋宋变革与皇权政治回归等议题。

南北朝方面，《文馆词林》收录的高允《南巡颂（并序）》为考证和平二年（461）北魏文成帝南巡的历史细节提供了重要线索。刘莹《文成帝和平二年南巡史事再考——以〈南巡颂（并序）〉为中心》（《历史研究》第3期）以《南巡颂（并序）》为中心，指出该文对衡水之宴的记载披露了有关北魏巡幸宴会筹备、参与人员、活动内容等重要信息，可推测出北魏前期交聘宴会的仪式场景；此次南巡既是北魏对其自身游牧传统的传承和发展，也吸收了华夏政治传统元素，呈现游牧文化与华夏文化汇通交融的历史内涵。李宗俊《论北朝鲜卑姓氏的三次改易——从〈拓跋昇墓志〉谈起》（《中国边疆史地研究》第3期）在考释《拓跋昇墓志》的基础上，指出其为北魏皇族在北周恢复“拓跋”旧姓史事又添一实物证据。权家玉《地域性与南朝政局：围绕政权基础与军镇的考察》（社会科学文献出版社）围绕南朝政权的建康化和南朝军镇的独立化展开，从政治、经济等领域考察作为政治中心的建康与军事区域的都督区在实力上的此消彼长；书稿上编集中探讨南朝政权的建康化，下编主要论述南朝军镇的独立化，从宏观和微观两个层面对变动缘由进行了深入探讨。会田大輔《南北朝：从五胡十六国到隋朝的大一统》（『南北朝時代：五胡十六国から隋の統一まで』）（东京：中央公论新社）正文分六章，依次考察了北魏统一华北、刘宋建立、孝文改制、东西魏斗争、侯景之乱与“另一个三国时期”（北齐、北周与陈），终章论述南北朝时代的活力，指出动荡时代也是汉族和游牧文化融合的转折点。

四、制度

制度史研究成果主要集中于官制与士族研究的传统领域，但“新路径”与“不均衡”成为年度关键词，昭示出未来研究亟须完善与提升的方向。

官制方面。楼劲《从“以官存司”到“以司存官”——〈百官志〉体例与汉唐行政体制变迁研究》（《历史研究》第1期）是长时段研究的典范，作者关注到汉、唐正史《百官志》官制记载体例有显著不同：《汉书·百官公卿表》《续汉书·百官志》记官而不及机构，以长官、佐贰、属官代表各自府署，可称作“以官存司”；两唐书《百官志》则皆“以司存官”，即在各机构名下记其长官、佐贰及所属官吏，将之一概视为机构成员。作者考察后认为记载体例变迁的根本原因在于规范官制的法令及行政体制的演变：汉代官制记载依据以官员管理为中心而不及机构状态的官簿、秩律等文档、法令，唐代官制记载主要取本规范各机构官吏设置的职员令；汉唐官制记载体例及其来源的不同，体现了魏晋以来官制和对应法令形态的变迁。这一变化的转折点约在南北朝后期，由此达成的机构行政一体化，是汉唐间强化集权秩序和防止长官大权独揽的结果。阎步克《秩级与服等》（陕西人民出版社）收录了作者在“秩级”与“服等”两大问题上的经典论文9篇，介绍了官阶制度以及服饰等级与官僚等级的关系问题，从常被忽略的细节方面论述政治体制。正如作者在序言中所说，两组文章都体现其“从结构、功能视角解析研究对象，发掘、揭示各种类型的‘原理’”的努力。佐藤达郎『汉六朝时代の制度と文化・社会』（京都：京都大学学术出版社）第一部分主要从官制与礼、历史意识的视角考察官制叙事的形成与发展，细分为九章，其中涉及本时段的有第七至第九章共三章，分别考察摯虞《决疑要注》《续汉书·百官志》和晋官品令、王珪之《齐职仪》；第二部分主要考察法律、文化、社会，共七章，与本时段相关的是第十五章，分魏晋、东晋南朝、北朝与隋三时段考察魏晋南北朝时代的教令。

观察古人建构、描述制度的知识史与仪式，可为官制史研究另辟新路径。吴晓丰《星象中的官制史：执法、上相与汉唐间的宰相制度变迁》（《文史》第3辑）的研究可作示范。该文尝试从梳理汉唐间正史《天文志》占例入手，通过星占实践的投射，观看中古宰相制度的变迁，以检讨星官理论与职官制度间的互动关系，指出执法、上相与房、斗二宿是汉唐星占实践中常用来标识宰相身份的星象符号：汉代三公作为宰相，成为执法、上相等星变的事应对象；以尚书取代三公，重新界定星官理论中宰相的事应对象的更新进程完成于东晋南朝；北魏前期的占测，常采指涉模糊的占辞，事应对象多为宗王、代人贵族，迁洛后则将权力中枢边缘的人物排除在事应范围之外。吴杨《两汉三国章表制度新探》（《文史》第2辑）系统考察了两汉三国中央行政文书中使用范围最广的“章”与“表”，尝试揭示仪式对制度研究的意义，指出三国以降，“章”的主要功能被“表”替代；“章”与“表”具有建立与维系君臣关系的功能，这种政治象征意义来源于伴随上“章/表”的仪式性动作，该动作与文书格式有着高度同一性。

“不均衡”也在官制研究中展露苗头，表现之一即在研究成果数量方面：涉及北朝的明显多于南朝。陈鹏《北朝碑石所见“民望”“平望”考》（《文史》第3辑）指出北朝碑石题名中存在“民望”“平望”等头衔，且至少存在郡、县二级，可能还有“州平望”一级；“民望”“平望”是北朝地方中正评定乡里大姓的结果，其评定是北朝对中正举士的创新。姚立伟《宗主督护别解——以北朝墓志、碑记、造像记为中心》（《中国典籍与文化》第4期）指出北魏沿用宗主督护，是朝廷与地方势力博弈的结果；三长制的推行是匡正宗主督护所造成的统治难以深入乡里的弊端。张鹤泉《东魏北齐特进考》（《河北学刊》第2期）对东魏北齐特进的性质与品级、除授与转任以及受任群体诸问题作了系统探讨。姚乐《试析萧梁官班制度下的诸县分等》（《历史地理研究》第2期）分析萧梁县官选任和调动案例，指出“县制七班”“大县六班”在实际运行过程中，会出现超班用人现象。

士族研究依然是2021年度的热门领域。范兆飞《中古早期谱系、谱牒与墓志关系辨证》（《中国史研究》第2期）考证中古谱牒所应包括的基本要素，讨论它们在中古墓志等石刻资料中出现的位置、渊源及意义，指出一个相对完整的中古谱牒，应该包括近世祖先的婚娶职状，这些分布于墓志的首叙、志尾或志阴等特殊位置，还包括姓氏起源、房支分化等内容，其分布于墓志的铭序和志铭等正文部分，近世祖先的官职也经常出现在墓志正文。中古墓志在抄录并改写谱牒时，呈现“功能分区”的特点。近世祖先的婚宦出现在首叙，还是志尾等特殊位置，与不同地域、等级的家族呈现对应关系。中古谱牒内容具有“公”和

“私”的属性分野。墓志所载姓氏起源、房支分化等内容，史源驳杂，包括汉代碑刻、前朝姓氏书，抑或先秦两汉的典籍等内容。当然，也有大量墓志没有首叙和志尾，但相当一部分墓志正文都记载家族谱系。中古墓志记载谱系的形式与内容，与前朝相比，既有因袭，又有变化。

张梅《儒家文化传承视野下的西晋士人研究》（中国社会科学出版社）指出衰世中士人的文化自觉是儒家文化得以代代相传的内在动因。王心扬《东晋士族的双重政治性格》（中华书局）论证东晋当权士族既有限制皇权、维护士族统治的倾向，又有加强皇权、削弱士族的倾向。美国学者戚安道著、毕云译《中古中国的荫护与社群：公元400—600年的襄阳城》（南京大学出版社）考察了东晋至隋湖北地区的门荫制，认为荫护机制更侧重于荫客而不是护主，是“以地方州郡寒门视角纵观南朝历史”。

夏炎《〈朱岱林墓志〉与魏晋南北朝青齐家族再认识》（《南开学报（哲学社会科学版）》第3期）结合《朱岱林墓志》中的若干线索，还原作为青齐移民的乐陵朱氏家族的发展脉络，着重探讨乐陵朱氏迁居青齐的原因以及乐陵朱氏在青齐的居地位置，并通过分析乐陵朱氏的交友圈，揭示北魏后期青齐地区仕宦家族之间的交往特征。陈鹏《北朝顿丘李氏郡望形成考》（《中国史研究》第2期）考察顿丘李氏郡望历经北魏、东魏、北齐的形成过程。李傲寒、陈引驰《都城社会与南朝吴姓士人的转型》（《学术月刊》第5期）指出进入南朝后，吴姓士人普遍把家族重心转移到建康，在迁徙转变中，吴姓士人的地方性趋于模糊，其逐渐融入都城社会之中。

五、经济

经济史研究年度关键词是“回温”与“通贯”。作为传统版块分区中的重要组成部分，经济史研究在新世纪之后不复往昔繁荣，但2021年度研究成果较为丰硕，回温趋势明显。而在研究成果中，贯通性的长时段研究与解决宏观问题的研究涌现，为传统研究注入活力。

土地制度是通贯研究的主战场。晋文《秦汉魏晋南北朝土地制度的嬗变》（《中国农史》第3期）对土地制度进行长时段考察，指出在民田占有制度上，秦汉魏晋南北朝时期是沿着土地国有变成土地私有为主、再从土地私有又变成土地国有为主的轨迹运行的。秦汉土地私有制导致的土地兼并是最终导致土地制度被完全破坏的主因。魏晋南北朝土地国有制的发展最终要让位于效率更高的土地私有制，这是历史和社会发展的大势。北朝隋唐土地制度是社会经济史研究的重要内容，20世纪初，随着敦煌户籍资料的面世，中日学者对该问题产生极大兴趣，逐渐掀起研究北朝隋唐所谓“均田制”的热潮，其中研究重点是北朝隋唐《地令》或《田令》实施状况，争论焦点是规定的土地还受是否切实实行。杨际平《论北朝隋唐的土地法规与土地制度》（《中国社会科学》第 2 期）对此问题提出看法，认为《地令》或《田令》只是土地法规，属于上层建筑的范畴，并不决定土地所有制的性质。北朝《地令》既有授田与土地还受条款，又有不触动各户原有土地，进行户内调整，实际上无还无受条款。这是执政者土地国有理想与土地私有现实矛盾冲突的结果。在实施《地令》时，北魏、北齐都是双轨制：对代北拓跋族聚居区来说是普遍授田制；对以汉族为主的聚居区则只是限田制，同时也是户籍登记制度。隋唐对鲜卑族不再实行特殊土地政策。隋唐未见按《田令》规定给吏民实际授田与土地还受的实例。相反，直接反映未曾实际授田与土地还受的实例却很多。唐《田令》废止于唐宋之际，而不是建中元年。

财政方面，中国古代财政体制既有赓续不替的基本原理，也有因时更革的阶段性变化，变与不变的基点皆是如何保障国家治理。关于财政体制如何影响国家治理能力，王万盈《财政体制转型与北魏国家治理》（《史学集刊》第 5 期）选择从财政体制与税收嬗变视角下考究北魏国家治理问题，论述了北魏财政体制三次重要变化与国家治理能力相应提升的关系。刘驰《魏晋南北朝社会与经济探究》（社会科学文献出版社）内容主要包括魏晋南北朝的社会阶级结构、工商业、历史人物研究等，其中四篇十六国经济（官营手工业、金属货币、物资流通与丝织业）的考察文章对廓清十六国经济有积极意义。

户籍方面。张荣强《〈西凉建初籍〉与魏晋时期的职役户籍》（《中华文史论丛》第 2 期）认为对照新近公布的《前秦建元二十年籍》，明确《西凉建初籍》绝非民籍；隶属于民政系统的吏户户籍与隶属于军事系统的兵户户籍也不可能混编在一起。《西凉建初籍》中的“大府吏”实际上是凉州都督府的军事人员，“散”户当是因不符合征发条件而被免除现役的兵户。魏晋除了集中居住的在营兵户外，还有一部分兵户与民户杂居，隶属郡县管理。《西凉建初籍》作为专门的职役户籍，应该是敦煌行政机构编造的郡县兵户户籍。

六、社会

家庭与性别史。南恺时著、戴卫红译《中古中国的孝子和社会秩序》（中国社会科学出版社）是作者博士学位论文与近年研究综合改写的成果，该书广泛利用孝子故事来讨论中古精英阶层家庭伦理，除序章与结语外，共分七章。第一章揭示促成孝子故事流行于中古前期的两大历史脉动——扩展家庭与儒家的胜利。第二章讨论孝子故事的起源及用途。第三章重点考察此时期的《孝子传》。第四到第六章针对《孝子传》内容进行专题分析，其中第四章研究孝感奇迹、第五章讨论供养、第六章考察服丧与丧仪过礼问题。第七章则分析孝德与性别的关系。郑雅如《情感与制度：魏晋时代的母子关系》（凤凰出版社）从东晋于氏据“礼”抗争、上表争子的史例出发，指出于氏最终的失败表明，母子关系对父系制度的挑战，只是架构内的修正。陈娟《两晋南北朝隋唐婚姻制度研究》（安徽师范大学出版社）以古代婚姻制度的发展变化为研究对象，分七章详细研究两晋至唐朝婚姻方面的继承与变化，特别梳理了“士庶不婚”“门第婚姻”“财婚”等特定婚姻的来龙去脉。王云菲《汉唐官文书中的妇女姓名书写》（《历史教学（下半月刊）》第3期）对汉唐官文书上的妇女冠姓书写问题及其成因加以考察，指出由“书名”到“书姓”的变化，反映了文书制度相对滞后与从俗调节的两面。

环境史研究是近年来顺应时代发展而兴起的热门话题。李文涛《魏晋南北朝环境变迁史》（中州出版社）从魏晋南北朝时期的气候、水环境、植被、野生动物环境、矿产分布与利用、自然灾害类型与分布、地貌与土壤、环境意识与环境保护等多角度研究此时期的环境变迁。

医疗史研究。郭晓涛《北周拓跋迪墓志所见消渴症发微》（《考古与文物》第2期）从北周拓跋迪墓志记载的消渴症出发，认为至少在战国此症就已被关注，到两汉产生了大量医方；从中古消渴症症状来看，其发生的原因或与服用寒食散的社会风气相关。拓跋迪墓志中透露的治疗理念说明对该疾病认知误区的存在及因应之策的错误，使得该病症在中古时期持续蔓延。文章呼吁疾病考古学应该在考古发掘中提高参与度和研究深度。王政《历代禳疫祷疾史料辑笺》（科学出版社）第三章涉及魏晋南北朝禳疫祷疾史料，辑录范围主要是史籍、子书医籍佛典、诗文小说及其他。

饮食是社会史关注的传统领域，伴随科技的提升与介入，研究视角与成果多有转变与创获。张国文《多学科视野下的中国古食谱研究》（《南开学报（哲学社会科学版）》第3期）系统梳理多种自然科学方法在中国古食谱研究中的应用，如骨骼或牙齿的稳定同位素分析、植物微体化石分析、考古残留物分析等，古食谱研究的深度和广度得以提升。这对本时段饮食研究很有启示。范常喜《洛阳西朱村曹魏墓石牌“肉兜”“饼咸笼”考》（《中国农史》第2期）对M1号曹魏大墓与饮食器具有关的石牌铭文训释作了补充，指出143号石牌所记“肉兜”是指盛肉的篓兜；317号石牌所记“饼咸笼”“茅笼”都是指蒸饼用的笼屉，“兜自副”之“兜”疑指蒸笼顶部所配兜鍪、斗笠形的盖子。

博物学方面。石声汉《汜胜之书今释辑徐衷〈南方草物状〉》（中华书局）辑徐衷《南方草物状》一卷。作为中国古代一部重要的博物学著作，该书堪称中古时代岭南植物手册。原作者为东晋、刘宋之交的徐衷。石声汉辑草木类50种、鸟兽鱼蚌类17种，物产2种，并间有注释。郁冲聪《中古物产专志的产生与流变》（《中国历史地理论丛》第3辑）考察中古物产专志的产生原因及其早期撰述形态、重要特征及发展流变问题：汉唐间“异物志”勃兴，成为物产专志的主要撰述形式，具有地域明确、内容专门、命名方式统一等特点。这类著作适应了汉唐间知识学科和著述门类不断细化的趋势。

七、民族

民族史研究的年度关键词是“大部头”、理论反思与拥抱前沿科技。

张久和、刘国祥主编“中国古代北方民族史”（十卷）（科学出版社）是2021年度民族史研究的“大部头”，丛书对以蒙古高原及周边地区为主要活动地域、以游牧业为主要生产生活方式、持阿尔泰语系诸语言的草原游牧民族进行分卷专题考察，与本时段密切相关的有《匈奴卷》（胡玉春）、《乌桓卷》（何天明）、《拓跋鲜卑卷》（梁云、白劲松）与《柔然卷》（袁刚），其中关系最紧密者为后两者。两卷分别对北魏建立之前的拓跋鲜卑历史与柔然的名称、来源、历史变迁问题做了较为全面的研究。于子轩《柔然文小考》（《中华文史论丛》第2期）关注两种突厥第一汗国时代新释碑铭即布古特碑婆罗米字母部分和回斯·陶勒盖Ⅰ碑的语言，认为其是柔然文，是柔然汗国内部的双语群体在5世纪汗国控制南疆北部绿洲之际，以绿洲中流行的梵文和吐火罗文B所使用的婆罗米字母为基础创制的。柔然文的发现有望成为早期内亚史研究的新起点。

理论反思。苏航《从价值同构看北朝的文化变迁和民族凝聚》（《历史研究》第4期）从“民族文化决定论”范式的内在矛盾入手，尝试以价值结构理论揭示文化变迁的结构性与方向性特征。作者指出北朝文化与民族的互动过程显示，民族与文化并不存在一一对应关系，中古史研究中长期盛行的“民族文化决定论”并无事实与理论依据。在多元文化互动的网络中，所谓“汉化主流”，是指中原“大传统”的高价值项以制度为媒介，被植入进入中原的非汉人群权威价值结构中，进而通过“典范化”方式，推动社会各方面不断接近中原文化主流形态的过程。其最终结果并不总是文化和民族的同化，而往往是多样化人群和文化在高阶价值形态趋同基础上的凝聚。中华民族多元一体格局和共同体意识的形成，正是建立在价值结构多元一体化的基础上。

自20世纪末以来，部分国外学者提出一种唐朝属于“拓跋国家论”的观点。这种理论背后蕴含的理念直接指涉唐朝的“内亚性”命题。作为隋唐制度渊源的魏晋南北朝时代，同样需对此问题给予重视。钟焓《“唐朝系拓跋国家论”命题辨析——以中古民族史上“阴山贵种”问题的检讨为切入点》（《史学月刊》第7期）通过对中古时期胡汉融合的贵族社会下“阴山贵种”和“陇西李氏”各自兴起背景的考察，确定这种观点是一种经不起实证推敲的杜撰性假说。文章通过捕捉“阴山贵种”在中古贵族社会盛衰变迁、起伏显隐的历史线索，继而展开破中有立的论证，可以对前述“唐朝拓跋国家论”命题的谬误性和非历史性有更为深刻的认识。

拥抱前沿科技。最具代表性的是以复旦大学韩昇教授担任首席专家的国家社科基金重大项目“三到九世纪北方民族谱系研究”。“民族谱系研究”是根据古代民族的某一较为稳定的要素，在相关人群中进行比较、分析，进而追踪一个民族的形成、演变与发展。该项目的最突出之处，是组织了包含历史学、考古学、遗传学、民族学、语言学等不同学科背景的研究团队。其在充分辨析与北方民族相关资料、扎实的考古学研究的基础上，结合分子人类学证据探索北方民族在历史上的活动、进而探索其相互间的关系。该项目组于12月组织召开“多元文明与中华民族研讨会”，参会论文中与本时段相关联的有韩昇《北周武帝之死与北周的文化政策》、王辉《考古资料中所见汉晋时期河西走廊的文化交融和民族融合》、蒙海亮《蒙古高原人群互动与匈奴兴起——早期匈奴的谱系》、刘琪《建制与化民：关于民族问题的一个思考框架》、韦兰海《北族祖源叙事文本的历史人类学解读——以北魏拓跋力微的年表为例》、董刚《魏晋南北朝史籍所见稀引语音史资料及其音韵特征》、秦琼《文化交融视野下的中古汉地肉身葬》、文少卿《古丝路沿线人群的融合史研究》、生膨菲《农牧交融——北朝晚期关中地区贵族群体的食谱研究》。

此外，北魏对北疆各族早期历史记忆的整合是文化整合措施的一部分，为建构北魏的国家认同、巩固北魏统治奠定了重要的社会基础。彭丰文《北魏的历史记忆整合与国家认同建构——铸牢中华民族共同体意识的历史经验探究》（《西南民族大学学报（人文社会科学版）》第6期）从总结历史经验的视角，依次考察了拓跋鲜卑族源记忆的整合、“代”“魏”新旧国号的整合、以北魏国家祭祀体系为中心的北土旧俗与中原礼制的整合、北魏国家认同建构的历史经验。李贺文《北朝至隋唐陇右少数民族历史与文化：碑铭视角下的考察》（中国社会科学出版社）在对陇右出土的30余通碑铭材料分析的基础上，从碑铭姓名体现的族属和文化价值、碑铭所见陇右胡族的汉化等方面进行了相关探讨。发型是族群的辨识标志，葛承雍《胡人发型：中古“剪头胡雏”艺术形象试解》（《故宫博物院院刊》第2期）认为“剪头胡雏”的胡人形象是剪发而非束发，此发型是有关底层胡人的直观艺术产物，说明当时入华胡人还未彻底“汉化”。

八、天文、地理

天文学方面，钮卫星《沿丝路跨文明传播的天文学及其在华影响之研究——相关研究综述暨本组专题论文导读》申述在《中国科技史杂志》第2期组织“中古时期中外天文学交流与传播”专题的缘由：中国天文学在吸收域外天文学的过程中也沿着丝绸之路向日、韩、中亚和东南亚等地传播，传播的内容中有本土原生的，也有吸收域外天文学后融合产生的。在探索中国文化输入传播的基础上，对这一文化输出性质的传播内容、动机、途径和影响进行考察，将进一步扩展和深化对丝绸之路上天文学传播机制的探讨，进一步阐发和揭示丝绸之路所承载的中外科学文化交流方面的重要意义。专栏所收四篇专题论文与本时段相关者有：宋神秘《中古时期黄道十二宫在中国的传播和汉化》对中古黄道十二宫的名称、图像、顺序、分类和配属等进行分析：黄道十二宫在中古中国广泛传播，它的功能包括用作坐标体系、推算吉凶祸福、供人祈祷攘灾、代表天象，而计量天象详细位置或历法的功能被二十八宿代替。西方黄道十二宫的特征在中国有一定程度的保留，并与中国地支、星次、地域分野、方位等进行多样化的嫁接。刘次沅、马莉萍《中国古代天象记录：文献、统计与校勘》（三秦出版社）系统整理了自上古至元末天象记录。涉及本时段的有四《两汉魏晋天象记录统计分析》、五《南北朝日月食记录》、六《南北朝天象记录统计分析》、十一《二十五史天象记录校勘举隅》、十二《魏晋天象记录校勘》、十三《北魏太安至皇兴时期天象记录的年代问题》、十四《二十四史天象记录与陈垣历表的朔闰差异》。

地理学方面，柴芃《“中州名汉”考——中古时期的地域问题》（《中国史研究》第1期）指出魏晋南北朝族群与地域名称有相互混用的现象，可分两种情况：将当地的特色族群名号施诸整个地域，如关中人称“羌”；以其原生区域名称命名族群，如河东及关中地区“蜀”人之得名。“中州名汉”的性质属于前一种情况。至于生长在中原的鲜卑及其他少数族被称为“汉”，则带有明显的地域歧视色彩，与其“汉化”程度并无直接关系。张仲胤《“皇居南迁”与东晋永和三年梁、益、荆三州政区边界调整》（《中国历史地理论丛》第4辑）通过考察三郡所处地理位置，试图复原东晋系统调整西部政区边界的过程。在《水经注》研究方面，李晓杰主编《水经注校笺图释·洛水流域诸篇》（科学出版社）对水经注洛水流域诸篇，包括卷十五的洛、伊、瀍、涧水篇，卷十六的谷、甘水篇等文本重作系统校勘，对所涉的水道及城邑地望，逐一与今地比照，堪称迄今为止最为全面、系统、准确的水经注洛水流域的复原研究工作。编绘大比例尺水经注洛水流域图组，为深入研读《水经注》及探究中古历史地理提供极大便利。李晓杰等《古本与今本：现存〈水经注〉版本汇考》（复旦大学出版社）提出“古本系统”与“今本系统”的观点，择取二十九种有代表性的《水经注》版本，逐一进行探究，并加以比较，厘清各自流变。在巴蜀地区研究方面，汪启明等《〈华阳国志〉系年考校》（中国社会科学出版社）采用编年体，将《华阳国志》全书打散，按时代先后排序，结合出土文献对政治、边疆等进行考证。王炎等《蜀志类纂考释》（中华书局）上编将历代蜀中古志列举为十六类目，按类梳理，以概括蜀志流变；下编辑佚、考释三十余种蜀志史籍，尤以扬雄《蜀王本纪》、谯周《三巴记》、陈寿《益部耆旧传》、李膺《益州记》等为重点。

九、都城、军事、法律

都城与城市研究涉及考古、地理、文化等多要素，单列于此。魏晋洛阳宫是在东汉北宫的废墟上重建的，目前对其整体认识仍较模糊。陈苏镇《魏晋洛阳宫的形制与格局》（《考古学报》第 3 期）对魏晋洛阳宫的形成过程，宫门、殿门、中华门、上■等门禁设施的位置及其所构成的宫内格局，皇帝办公和居住的场所及其变迁等问题提出新看法。陈苏镇《魏晋洛阳宫禁军制度的变迁》（《中国史研究》第 3 期）基于对魏晋洛阳宫内部格局的研究，尝试对宫内禁军制度及其变迁做出更具体的描述。

关于东汉、魏晋洛阳城宫城的沿革脉络，有必要结合考古资料及文献资料重新审视。赵永磊《晋宋时期的洛阳城与魏晋太极殿所在基址辨析》（《考古》第 10 期）认为在汉魏洛阳城遗址研究中，魏晋洛阳城太极殿所在东汉旧址为关键性问题，而解决此问题的核心在于探明裴松之《三国志》注的史料来源。裴注所言魏晋太极殿位于东汉南宫崇德殿乃据戴延之等撰述为说。戴延之等所言乃就魏晋洛阳南宫而言，裴松之误会原作者本意，以所见“南宫崇德殿”视为东汉南宫正殿。魏晋太极殿、宫门、殿门的位置关系与东汉北宫德阳殿、崇德殿、宫门、殿门的排列顺序极为相近，充分说明魏晋洛阳城宫城当在东汉北宫旧基。若崇德殿在德阳殿西五十步的推论成立，魏晋太极殿较有可能在崇德殿旧址，也不能完全排除占压德阳殿故基的可能性。刘兵《再造洛阳城——匈奴汉国平阳城概貌初探》（《魏晋南北朝隋唐史资料》第 43 辑）认为汉国平阳城的总体规划和基本形制完全取则于魏晋洛阳城，表明匈奴汉国有意将平阳城建造成为另一座“洛阳城”以取而代之。然而不论是局部城市景观，还是汉化外衣下的相关制度，仍反映出五胡政权的特点及部族传统的遗留。

刘淑芬《六朝的城市与社会（增订本）》（南京大学出版社）考察六朝建康城的经济、社会、城市空间、居民、寺院等，并将其与洛阳城对比，以此论述六朝时期的社会经济、中古都城坊制。张学锋主编《“都城圈”与“都城圈社会”研究文集——以六朝建康为中心》（南京大学出版社）借助考古学界首倡的“都城圈”概念，提出“都城圈社会”概念，将之视为魏晋南北朝都城研究的“另一种可能”。魏斌《城楼、沙洲与寺院：南朝夏口的城市风景》（《唐研究》第 26 卷）探讨以夏口为代表的江南城市风景的形成原因，指出城内、城外两个区域分别形成了黄鹤楼、鹦鹉洲、头陀寺三处名胜，人们从其背后分别可看到军事、行政和经济、宗教等不同力量的存在，但最终的名胜化还是与城内知识官僚有关。庞博《建筑、空间与制度：两晋南朝的“斋”》（《魏晋南北朝隋唐史资料》第 43 辑）对两晋南朝的“斋”的名称、功能及对制度的影响进行了系统考察。洪斌《东晋南朝东官郡名辨》（《历史地理研究》第 1 期）指出东晋咸和六年（332）分南海郡立东官郡，郡名与所设盐官有关。魏建钢《谢灵运始宁山居地位置新考》（《中国历史地理论丛》第2辑）认为其地位于今上虞区河浮村、章镇镇与冯家浦村之间。

刘壮壮《游牧行国到农耕邑居转型中的城市形态——迁都平城前拓跋政权的都城问题》（《中国农史》第1期）指出拓跋代政权时期多都并立、都城地位极不稳定的现象是拓跋鲜卑政权从游牧迁徙的行国体制向城郭而居的居国体制转型中特殊城市功能利用的体现。山西中部汾水上游的孝文山周边、宁武天池和滹沱河上游的五台山等地，有不少关于北魏皇帝避暑、巡幸的传说和相关祭祀、信仰遗迹，但不见载于北朝文献。魏斌《传说与历史：并肆地区的北魏皇帝遗迹》（《文史》第2辑）尝试分析传说和遗迹背后的区域历史脉络和历史情境，发现相关地点往往与牧场有关。孝文山东北侧至汾水两岸的牧场，迁洛之后可能是承接河西牧场的中转地，后成为唐代楼烦监牧所在。宁武天池北朝至辽宋延续为重要的祭祀地点，其神圣性可能源于牧民在夏季牧场的祭祀活动，最终演变为天池神祠的信仰面貌。五台山周边原本是内迁北部匈奴的生活之地，在佛教、族群和政权力量的共同作用下，逐渐演变为唐代佛教圣山。这些鲜卑皇帝遗迹和传说背后，隐含着内迁部族和农牧交错地带的生计和文化习惯，提醒人们重新审视这类地方记忆和掌故的史料意义。牛润珍《东魏北齐邺京部行里坊与网格化管理》（《历史教学（下半月刊）》第6期）认为东魏北齐邺京的网格化管理与其城制高度契合、统一，并影响东亚各国都城。段彬《东魏北齐时代的并邺道》（《中国历史地理论丛》第1辑）比较两道三线的关系，并基于后世的道路走向、当时的城址位置及佛教遗迹的分布，力图重建东魏北齐并邺道交通体系的全貌。

军事方面，平田阳一郎『隋唐帝国形成期における軍事と外交』（东京：汲古书院）系统考察了北朝隋唐帝国形成期的军事与外交。全书分四部分。第一部分考察华北王朝交替和北方形势的三章涉及本时段，首章关注突厥他钵可汗的即位和高绍义流亡政权，第二章以北周千金公主的嫁女为中心考察周隋革命和突厥局势，第三章则以郁久闾可婆头的事迹为中心探讨柔然、突厥的交替，此中涉及北朝所见与“真”相关的官职，如大贤真、库真等。第二部分考察北朝末年军事制度的发展和士兵的实际状况，其中第一、第二章与本时段相关：前者关注北朝末期的部曲，后者考察西魏北周时代的镇戍。第三部分关注作为游牧军事系统的府兵系统的发展，其中第二、三章涉及本时段：前者考察西魏北周的二十四军与府兵制，后者以《于宽墓志》为切入点探讨北朝末期的亲信。另有结合考古学的研究成果，如刘德凯《汉晋时期马蹄形带具的考古学研究》（《东南文化》第2期）系统梳理马蹄形带具的纹样和形态等特征，揭示汉晋马蹄形带具的制作、流通、使用和埋葬这一动态过程。

法律方面，周东平、薛夷风《北朝胡汉融合视域下中古“五刑”刑罚体系形成史新论——兼评冨谷至〈汉唐法制史研究〉》（《学术月刊》第3期）指出在迟至秦汉时期律令尚未法典化的背景下，难以确认先秦乃至秦、汉初存在着规范的五刑刑罚体系；曹魏《新律》“更依古义制为五刑”的实践探索具有划时代的意义；北朝少数民族王朝对中古法律史影响的一个亮点，是胡汉融合对中古五刑刑罚体系的形成具有重要作用，举凡刑的意涵演变、北魏绞刑入律、流刑在北朝渐次进入正刑体系、鞭杖刑的转化、宫刑的一度死灰复燃等，无不与之相关。

十、思想文化

思想文化涵括众多，主要分作礼学与礼制、佛教、道教、儒家典籍与玄学、史学五方面。

礼学与礼制。礼学方面，吴丽娱《〈礼论〉的兴起与经学变异——关于中古前期经学发展的思考》（《文史》第1辑）认为《礼论》类著作开辟了经学诠释学的另一种路径和方式，其大量吸收魏晋故事和当世之儒的论议，带有变通性强的时代色彩，同时能够在经学理论与现实礼制的体用之间取得折中与协调，故影响和导致了南朝义疏学在诠释方法上的变化。特别是孔颖达《五经正义》采取兼用原则，融合南北学术，奠定了隋唐经学的统一之路，不仅促成了唐前中期改撰经典的风潮，也促成了中唐乃至宋代经学的变古与“新儒学”的诞生。杨华等《中国礼学研究概览》（武汉大学出版社）是一部内容博赡的学术综述著作，其第三章“魏晋隋唐时期礼学研究”由范云飞执笔，分别介绍了三礼文献、礼制、礼俗、礼法、礼典研究，综述翔实、系统，是难得一见的详略得当、博赡完备的礼学研究综述。王启发《中国礼学思想发展史研究——从中古到近世》（中国社会科学出版社）选取魏晋南北朝至宋明重要礼学人物，对礼学及其思想的历史发展进行系统考察，涉及本时段的是首章“魏晋南北朝到唐的礼记学”，其分别考察了王肃、熊安生和皇侃的《礼记》学，以及唐孔颖达的引述和评议。

礼制是处于直接的政治权力之外，但处处体现权力层级且覆盖全社会的制度设计，2021年度成果涉及吉礼、凶礼、军礼、杂祀与礼乐。吉礼的关注点主要在郊祀与明堂。曹魏至西晋的郊礼重构是中古礼制一系列变革中的重要环节，杨英《曹魏、西晋郊礼重构及其对郑玄、王肃说之择从》（《史学集刊》第5期）对曹魏郊礼、西晋《新礼》中郊礼的重构及它们对郑、王之说的择从进行了考察，指出曹魏郊礼由魏明帝下诏制定，西晋郊礼则是世家大族统治者为了再造理想社会所撰《新礼》的组成部分。曹魏依郑说，《新礼》从王说；曹魏为施行“先祖配天”还进行了祖先系谱的重构。曹魏、西晋郊礼对郑玄、王肃说的择从以及西晋雅乐的重构，说明中古早期的国家礼制在整体重构过程中，各组成部分之间在不断调适。赵永磊《神圣与世俗：北魏平城明堂礼仪发覆》（《学术月刊》第1期）聚焦于平城明堂形制与明堂礼仪，切近审视礼仪与权力的互动关系，以太和十六年（492）孝文帝所行平城明堂礼仪为核心，通过平城明堂礼仪的神圣性与世俗性的两个面相，揭示孝文帝以孝治天下、以礼化民的政治理念。凶礼的重头戏依然是丧葬。李梅田《葬之以礼：魏晋南北朝丧葬礼俗与文化变迁》（上海古籍出版社）通过分析魏晋北朝墓葬材料的类型和文化因素，将墓葬分为12个区域，分别讨论了各区域墓葬文化的形成与互动，在此基础上讨论汉唐之间墓葬的礼仪空间、丧葬模式和丧葬观念的转变，并对墓室图像、碑铭和器物所反映的南北朝文化交流进行了个案研究。军礼中的射礼有了长时段研究成果。辛康《从“亲万民”到“同邦国”——汉唐间射礼的变迁》（《魏晋南北朝隋唐史资料》第43辑）指出从郑玄“射礼入嘉礼”到杜佑“射礼入军礼”，汉唐间射礼发生了显著变化。北魏草原风俗马射的加入使传统射礼被改造，也使射礼的阐释语境发生变化：大射出现歧义，并与马射产生概念和知识上的联系。这种联系体现在北齐“二次射礼”“季秋大射”和北周“正月大射”“冬季大射”的射礼仪式中。隋唐对于北齐、北周射礼的继承分为现实和知识文本两个层面。汉唐间射礼归类变化的根源，并非单纯在于射礼程式中的“军事性”因素，更在于汉唐间射礼经学“知识总集”与现实制度实践互动关系的变化。

王朝祭礼之外有杂祀。刘凯《清整与转化：北魏杂祀简考》（《东岳论丛》第4期）将杂祀界定为不被中央政府实际掌控的祭祀，既涵盖“其神不在祀典”的“淫祀”概念，也包括地方政府承认的祀典之外的“地方祠祀”。杂祀与正祀虽有碰撞、冲突，却也可在一定条件下交融乃至转化。北魏杂祀是伴随着王朝正统祭祀的发展而变动的，可关注情形有三：以西郊为核心的原始祭典，从王朝正统祭祀转变成杂祀；嘎仙洞石室从游离于中央政权之外的杂祀，被收纳入王朝正统祭祀；与淫祀概念相类的杂祀，被政府清整的同时亦因政治实用主义而被纳入王朝祭祀范畴。北魏杂祀政策背后是潜隐的皇权及其壮大自身的政治意图，有意识也有能力完成杂祀的清整及其与正祀的相互转化，而东晋皇权在门阀政治中自顾不暇，甚至需要借助杂祀，以求取政治抗争上的有利形势。

五礼用乐研究有了系统论著。李敦庆《仪式理论视域下的魏晋南北朝五礼用乐研究》（中国社会科学出版社）运用仪式理论，对魏晋南北朝五礼用乐进行系统考察，考察的角度有三：礼仪用乐的功能角度、礼仪与音乐互动的角度、歌乐一体的角度。此外，尚有储晓军《魏晋南北朝民间信仰研究》（四川大学出版社）考察了此时期的民间信仰状况，试图最大可能地勾勒出魏晋南北朝民众的精神生活面貌。

佛教。佛教研究涉及经典与人物考察、碑铭与敦煌文书的利用、与皇权的互动、图像、佛像、瘗埋六方面。经典与人物考察。李灿《鸠摩罗什失传〈贤劫经〉译本的新发现——比定自日本书道博物馆和中国国家图书馆藏吐鲁番写经》（《文献》第1期）通过藏汉平行文本、语言等内外部证据，从国图和日本书道博物馆藏吐鲁番早期写经中比定出两件残片，推定其当是早佚的鸠摩罗什本《贤劫经》遗存，为研究5世纪佛教史和翻译史提供了重要的资料。阳清、刘静《晋唐佛教行记考论》（中华书局）上编对晋唐佛教行记佚著及其撰者进行考说；下编则以现存文献为主，从文体、特征等方面进行文学阐释。陈志远《傅大士弟子慧和小考》（《中山大学学报（社会科学版）》第1期）指出存在一个活跃于南方的和阇梨，此人是傅大士的弟子慧和，他早年在建康求法，后来到广陵等地讲法。其北上邺城的经历，在《续高僧传》有所暗示，或许出于道宣误判，又据北宋初年刊刻的《善慧大士小录》，可以断言《语录》相关记述为后世杜撰。蔡彦峰《中古早期士僧交往与文学》（中国社会科学出版社）从玄佛思想合流、早期佛教中心的形成、士僧群体的文学创作三方面，探讨早期士僧交往的形态。姜虎愚《〈玄极寺碑〉与白鹿山的佛图澄传说——兼论中古早期的山林佛教问题》（《唐研究》第26卷）以《玄极寺碑》为中心，聚焦佛圆澄时代从邺城到洛阳之间的太行山东南麓地区，考察佛图澄的山林活动。北朝石刻碑铭里出现的大量由俗人担任的维那是佛教东传后组织形态发生的诸多变化之一。严耀中《北朝碑铭里的俗人维那》（《文史》第3辑）认为俗人维那显现与当时律学滞后、僧官制度、社会观念、基层信众普遍自行组织的邑义，以及二次灭佛事件有关联。武绍卫《无名僧人的名山事业：中古时期僧人的日常抄经与校勘活动》（《中国史研究》第2期）讨论英国国图藏敦煌遗书S. 102，试图进一步将考察视野由敦煌个案扩展到整个中古时期僧人日常的抄写、校勘等活动：敦煌藏经洞文献绝大部分都是当时寺院僧人日常所用之物，站在他们日常生活的角度来处理敦煌文献，则可以对数量庞大的佛教文献所具有的史料价值进行深层次发掘。

佛教传入中国后，与王权产生了错综复杂的关系，二者的互动与交涉成为重要主题。刘威《中古王权与佛教》（商务印书馆）从佛教适应王权、王权影响佛教两维度出发，选取东晋至隋唐具有代表性的王权与佛教人物，总结王权与佛教关系的类型、模式及其特点和发展变化规律。兰陵萧氏作为齐梁皇室，在南朝政治史、佛教史以及文学史上有独特的位置。李猛《齐梁皇室的佛教信仰与撰述》（中华书局）以齐梁皇室的佛教活动与相关撰述为主要线索，深入讨论了齐梁佛教、佛教影响下的士人思想变迁与诗文创作，以及内外典籍编撰等诸多领域的问题。

在图像研究方面，赵昆雨《云冈石窟维摩诘图像研究》（《故宫博物院院刊》第7期）旨在调查云冈中、晚期洞窟维摩诘图像表现样式、题材内容。颜娟英《涅盘变图像的发展——从西魏麦积山石窟到初唐敦煌莫高窟》（2分《中央研究院历史语言研究所集刊》第92本）就现存北朝末期以来的石窟壁画，讨论从最初西魏麦积山至初唐敦煌，涅槃变图像的快速变化与发展，指出有关涅槃主题的教义在推广演绎过程中，也随着政治社会环境变迁而不断地改变，其表现内容与手法既有传承延续，也会随着时代的巨变而产生质变。何利群《邺城遗址出土北齐石塔及相关图像的探讨》（《考古》第5期）指出北吴庄出土石塔为北朝晚期邺下流行的单层覆钵式塔，时代应属北齐较早阶段，是北齐与西域佛教文化交流的重要实例。吴虹《汉地二至六世纪佛像神圣观念新探》（《复旦学报（社会科学版）》第5期）认为5世纪是佛像从世俗转为神圣的关键时期，原因是5世纪法身观讨论将丈六佛像等同于幽玄法身，赋予了佛像神圣属性，促使造像和佛像崇拜广泛流行。此观点有助于重新考虑汉地偶像崇拜传统的确立。祁海宁《东晋阿育王像研究——以长干寺阿育王像为主》（《东南文化》第2期）发现三尊东晋阿育王像皆为托名伪作。美国学者常青《成都万佛寺药师佛像与南北朝药师佛信仰》（《故宫博物院院刊》第7期）指出成都万佛寺遗址出土的梁朝神像，可确定为药师佛并十二神王像，这是迄今发现的年代最早的药师佛并十二神王像。李裕群《浙江新昌千佛岩南朝龛像——南朝忏法流行的实物例证》（《文物》第2期）指出千佛岩大小岩洞龛像雕造于南朝齐永明年间，题材与忏法有关，是南朝江南地区忏法流行的唯一实物例证。于春、郭峰《陕西泾阳太壶寺藏北周如来立像调查与研究》（《考古与文物》第4期）运用光栅扫描方法，对北周保定二年（562）如来立像进行三维建模、测量，并绘制考古线图，在此基础上对题记内容及相关问题进行讨论。

瘗埋有舍利与佛像两种。邺城遗址两座东魏北齐皇家佛寺塔基的发掘为舍利瘗埋研究提供了崭新材料。沈丽华《中国早期舍利瘗埋方式再思》（《南方文物》第3期）基于对瘗埋活动的考古学分析，尝试对早期舍利瘗埋方式进行再探讨，指出舍利瘗埋与表基立刹关系密切，瘗埋思想、表现形式乃至容器组合反映出西来传统与本土文化的不断磨合过程。黄盼《中国中古时期佛像埋藏的考古学研究》（《华夏考古》第5期）将佛像埋藏分为A、B、C三类：A类埋藏以破坏佛像或是将寺院土地改作他用为目的；B类埋藏是为避免灾难，僧侣或佛教徒为保护佛像而进行埋藏的行为；C类埋藏则是为处理不再使用的佛像，由寺院或是佛教信者主导实施的佛像瘗埋，与舍利瘗埋是两种不同的宗教活动。费泳《六朝佛教造像对朝鲜半岛及日本的影响》（中华书局）勾勒了8世纪以前佛教造像在汉传佛教文化圈内的传播格局。

道教。道教研究相对沉寂。美国汉学家柯睿是中古道教研究领域的代表人物之一。柯睿著、贾晋华等译《舞马与驯鸾：柯睿自选集》（南京大学出版社）精选作者汉学研究论文12篇，涉及中古中国的文学、宗教和文化史研究，与本时段相关者主要有《道教诗歌与追求神灵》《放逐边海，寄身蛮荒：江淹在闽南》等篇。成汉巴蜀墓葬中出现了一批一手执蛇、一手执物，口吐长舌的物质文化遗存。张媛《巴蜀墓葬中的“操蛇神怪”与早期道教》（《华夏考古》第3期）探讨这类考古材料与早期道教之关系，认为操蛇神怪的集中出现是早期道教信仰在巴蜀地区墓葬文化中视觉的、物质的、观念的显现。于赓哲、杨会宾《从三官书到投龙：祛病及长生行为的阶层变迁》（《南开学报（哲学社会科学版）》第4期）以三官书和投龙仪式为视角观察疾病对道教发展的影响，指出东汉后期持续的疫情在太平道和五斗米道的崛起中产生了不可忽视的影响，魏晋道教改革后丹药与投龙术逐渐成为道教上层路线的突出体现，河南嵩山峻极峰发现的武则天除罪金简和西安何家村发现的金走龙是自东汉末五斗米道三官书发展而来的投龙仪式的组成部分。

儒家典籍与玄学。儒家典籍涉及注疏写本、《论语》与《文章流别集》。古勝隆一《中国中古的学术与社会》（『中国中古の学術と社会』，日本：法藏馆）着眼于儒佛道、目录学、注释学、国家权力、地域性，论述中古时期的思想、学术诸问题，分析复杂多样的知识动态。全书分上、下两篇十三章。上篇论儒道注释与学术史，下篇论儒佛道与中古社会。古勝隆一《汉唐注疏写本研究》（社会科学文献出版社）分为考证篇和思想篇，上篇是音韵学、文献考证等领域的成果；下篇是对汉唐经学注疏深入开拓的文章。运用大量中日第一手资料"写本"作为研究的素材，是该书的一大亮点。丁红旗《汉唐论语学史》（上海古籍出版社）从汉唐《论语》注释的学术背景、各种《论语》注释对前代《论语学》的继承与更易、各种注释特色及影响等方面入手，展现了汉唐《论语学》发展的各种面向，对此前较少涉及的话题做出了深入研究，如东汉时期经学化的发展历程、魏晋对孔子及儒学的尊崇、西晋十六国时期政局与郑玄《论语注》在北方的传衍、北朝读习论语的情况、唐代论语读习的历史进程、晚唐科举主导下的经学改编等。戴卫红《吐鲁番文书中〈论语〉白文本——兼论汉末魏晋南北朝时期〈论语〉的研究及流传》（韩国《木简与文字》第26辑）对吐鲁番出土《论语》白文本的习书和抄写，尤其是对关注很少的新获吐鲁番2006TSYIM4：5－1背面、2006TSYIM4：5－2背面古写本《论语·公冶长》《雍也篇》内容、书写特点进行总结，梳理汉末至魏晋南北朝隋唐学者《论语》注、疏以及研究的脉络，并探讨汉末至魏晋南北朝《论语》注、疏向西北、百济、倭国的流传。挚虞《文章流别集》成书于西晋，与魏晋之际的学术新变有密切联系。徐昌盛《〈文章流别集〉与魏晋学术新变》（上海交通大学出版社）指出《文章流别论》体现了鲜明的宗经意识，而总集的形式也可追溯到经学的集解注书方式。《文章流别集》融文论、文选、文集为一体，标志着总集体例的成熟。

玄学方面，首先是记录魏晋风度轶事的《世说新语》研究。陈威（Jack W. Chen）《轶事、网络、流言、表演——〈世说新语〉随笔》（哈佛大学亚洲中心）借鉴社会网络分析、表演研究、仪式和悼念理论以及流言蜚语和声誉的概念，说明该系列的轶事是如何想象和代表政治、文化精英的。张伯伟《日本世说学文献序录》（凤凰出版社）考订日本相关注释《世说新语》、仿《世说新语》著作的版本、特点、存世、价值等，较全面呈现了日本在《世说新语》研究上的成就和面貌。魏晋玄学方面，王晓毅《〈周易〉与魏晋玄学》（人民出版社）探讨了魏晋玄学五个时期（汉魏之际、正始、竹林、元康、东晋）《周易》与玄学思潮的关系。

史学。史学研究涉及官修史体制、《后汉书》、《晋书》与《汉书叙例》研究。聂溦萌《中古官修史体制的运作与演进》（上海古籍出版社）提出“官修史体制”概念，指一套由制度保障的资料收集、整理、编纂机制及相关职官设置。在汉魏南北朝时期，中央机构的官修史体制逐渐将政务运作、文书与历史编纂的关联性变得制度化、惯常化。作者从两个角度对此进行考察。一是在纪传史的横截面中探讨体裁模板与史源如何相互适应，围绕四夷列国传、孝义类传、一般臣僚传记与相关政务运作的联动进行了讨论；二是考察纵向的史料加工编纂过程的发展，讨论了东晋与刘宋、十六国与北魏的修史，观察编年、纪传共同参与的史书编纂过程。陈金星《神话思维与中古历史书写：以通行本〈后汉书〉为中心》（上海交通大学出版社）以《后汉书》《续汉书》及《宋书》等中古史书为研究对象，重点考察具有神话思维性质的历史文本。解远文《〈后汉书〉帝纪中祥瑞、星象、灾异的“微言大义”》（《史学月刊》第9期）探讨范晔《后汉书》帝纪中记载的祥瑞、星象和灾异的文化内涵与该书帝纪中序、论、赞等所表达的撰史意图之间的关系。范晔书中对光武、明帝执政风格苛刻的批评，反映了其对刘宋政权下的现实苛政的不满，这都可以看作通过《后汉书》的历史书写加上帝纪中论赞的评价以影射现实的微言大义式的批评。陈铮《〈历代名画记〉引〈晋书〉考》（《魏晋南北朝隋唐史资料》第43辑）指出张彦远《历代名画记》中至少有9位画家传记引用了《晋书》，张彦远使用较早的《晋书》版本，主要是因为诸家晋史旧本与唐修本之间存在着一定差别，如臧荣绪《晋书》与何法盛《晋中兴书》中保留了一些名人参与画事的信息，而这些被唐修本删节的内容对于张彦远的画史书写工作有利。沈相辉《历史书写中前朝年号后置现象谫论——以〈汉书叙例〉“魏建安中”为切入点》（《史林》第5期）指出颜师古《汉书叙例》中“魏建安”之类的“错误”表述并不罕见，皆是将旧王朝年号系于新王朝下。后世国史书写中的起元前移，与前朝年号的后置，实则恰恰反映了古人对新旧王朝权力转移的认识。

十一、中外交流

中外交流研究涉及《梁四公记》、东亚与海上丝绸之路。

《梁四公记》是唐代的一篇传奇小说。其看似荒诞不经的内容背后，却包含南朝梁武帝时期欧亚大陆各地交通往来的众多信息和历史记忆。吕博《〈梁四公记〉与梁武帝时代的文化交流图景》（《历史研究》第1期）探讨《梁四公记》反映的梁武帝时代欧亚大陆文化交流的历史情境。《梁四公记》广泛涉及扶南、高句丽、扶桑、波斯等地的情况。结合梁《职贡图》等史料，可以勾勒出一幅宏阔的欧亚大陆文化交流、贸易往来的历史图景。在《梁四公记》故事细节、历史记忆的背后，是6世纪以萧梁建康为中心的欧亚大陆物质与精神文化交流史。

东亚方面。門田誠一《〈三国志·魏志·倭人传〉与东亚考古学》（『魏志倭人伝と東アジア考古学』，日本：吉川弘文馆）旨在超越过去对《三国志·魏书·倭人传》不加批判和简单化的研究方法，从中国王朝与周边国家的国际关系、编纂的历史环境以及描绘的物质和文化历史的角度进行考察。安岳3号墓和德兴里壁画墓墨书铭文的发现，对于研究中古时期朝鲜半岛及汉人移民皆具有重要意义。杨军《安岳3号墓和德兴里壁画墓铭文新说——兼论4世纪朝鲜半岛的汉人遗民与移民》（《史学集刊》第5期）指出墓志铭所见冬寿和镇的官衔皆为高句丽所授。两墓铭文对照，既反映出高句丽管理中原移民方式的变化，也反映出中原移民对高句丽政权认同心理的变化。李大龙《试析高句丽建构建国神话的时代背景与目的》（《史学集刊》第5期）认为移植改造神话大致始于朱蒙被诱杀之后，而其完整和完善则是在《好太王碑》撰写成文和《魏书·高句丽传》成书之前。

伴随海上丝绸之路的研究，全球史视角也开始展现。李伯重、董经胜主编《海上丝绸之路：全球史视野下的考察》（社会科学文献出版社）是关于海上丝绸之路的论文集，展现了一种全球史的视角，与本时段相关的有王小甫《阿曼与中国的早期交流》、王铿《六朝时期会稽郡的海外贸易——以古代中日之间的一条海上航道为中心》。

十二、考古

考古除简报外，还有墓葬、碑刻、吴简等方面的研究。

墓葬研究涉及曹魏墓葬、北朝陵寝、墓室壁画与墓葬观念等方面。曹操高陵出土石牌可见“渠枕一”文字。王子今《曹操高陵“渠枕”考》（《文物》第10期）推想此“渠枕”即来自“渠国”的玉料或次玉石料所制的“枕”。王咸秋《洛阳西朱村曹魏一号墓墓主考》（《华夏考古》第3期）推断西朱村M1为曹魏平原懿公主曹淑和甄黄的合葬墓。付龙腾《略论北朝陵寝制度的发展阶段》（《考古与文物》第1期）对北朝陵寝制度发展阶段进行初步概括。李梅田《北魏宁懋石室再检讨》（《故宫博物院院刊》第9期）认为宁懋石室开创了丧葬艺术的先例——以“主仆图”来表现内宅生活的场景，指出其可谓北魏迁洛前后丧葬艺术变迁、文化转型、匠作体制综合影响下的产物。李梅田《“过渡礼仪”——解读墓室壁画的一个视角》（《南方文物》第4期）以法国学者范热内普提出的过渡礼仪理论解读汉唐时期的墓室壁画，认为墓室壁画是丧葬礼仪的结果，具有明确的叙事特征，不同时期的图式皆围绕生死过渡这一主题展开。当墓室被封闭后，以生死过渡为目的的仪式被“定格”为一个包含了画像和各类陈设物品的静止空间，空间内的各类遗存因生死过渡这一目的而彼此联系。用过渡礼仪理论来解读墓室壁画，可以发现画像隐含的特定叙事主题与逻辑，避免得出“事死如生”之类似是而非的结论。张金龙《忻州九原岗北朝壁画墓墓主人蠡测》（《文史哲》第2期）认为该墓墓主人最有可能的人选是高欢的妹夫厍狄干，下葬应在北齐文宣帝天保四年（553）秋。许飞《慎终追远：汉魏晋南北朝墓葬观念研究》（上海交通大学出版社）通过出土的告地策、买地券、镇墓文等与丧葬相关的文书，总结了从先秦到魏晋南北朝时期的有关冥界的思想体系。

吴简方面，徐畅《长沙走马楼三国孙吴简牍官文书整理与研究》（中国社会科学出版社）探讨孙吴县级机构的公文样态与文书行政，对竹简、竹木牍官文书进行复原与集成，并结合官文书与簿书，提出吴简为临湘侯国档案群，由此解析县级公文的类型与运转机制，复原政务办理程序。《长沙走马楼三国吴简·竹简［伍］》中聚集出现数量较多的中乡故户型和模乡新户型户品出钱简。凌文超《孙吴临湘侯国中乡、模乡户品出钱簿综合整理与研究》（《简帛研究》2021）对中乡故户型、模乡新户型户品出钱簿进行全面整理，综合考察在J22中遗存关系紧密的三乡五件户品出钱簿，认为户品出钱簿中的“故户”民不少担任吏卒，而“新户”可能无此任职资格；其“故户”民多见于嘉禾吏民田家莂，而嘉禾四年（235）田家莂未见记录“新户”民的明确简例，“新户”要取得合法“佃田”的资格需要缴纳比“故户”更多的户品出钱；户品出钱簿中的“故户”即户口簿籍中的“黄簿民”，而“新户”即“新占民”。连先用《吴简所见临湘模乡辖里与“同名里”现象考论》（《出土文献》第2期）在确认模乡辖里的基础上，探究吴简“同名里”现象的特点，尝试推求孙吴初期长沙郡临湘侯国各乡间存在大量“同名里”的现象的成因，认为由五一广场简看，东汉时期临湘境内并不存在“同名里”，并且诸乡所辖里名与吴初全然不同，这很可能是吴初临湘侯国推行户籍整顿的结果。

十三、观察与展望

2021年度魏晋南北朝史研究呈现以下特点。第一，“版块”壁垒消融，传统领域的研究继续深化。传统研究大致分政治制度、经济军事、社会思想等几大类议题进行，有明显的条块分割。虽然研究面临选题殆尽、方法出新难等困境，但伴随研究的深化、方法的反思、学科壁垒的打破，传统“版块”领域的研究依然在数量与质量上保持稳步增长和提高。这具体表现在政治研究热点转移，整体更为均衡；经济研究回温并有宏观问题的突破；制度研究找寻新路径；等等。第二，学科交叉，“细小深”的研究为宏观研究丰满血肉。交叉学科的研究顺应了时代潮流的发展，有如火如荼之势。在此趋势下，古老的历史学科拥抱崭新前沿的科技成为可能，也必然会成为未来学科发展的主要出口，天文学的融入、民族学拥抱新科技都是此中典型，而这只是学科研究诸多尝试中的一种。目前的大趋势是20世纪80年代以来的“细小深”的研究已有聚沙成塔之势，加之检索技术的进步，学者的意识进一步解放，方法更加发散，以史料批判研究为代表的新方法成为潮流，吸引年轻学者投身其中，环境史应时发展，医疗史、性别史等“边缘二代”学科进一步崛起。“十年生聚，十年教训。”这些都为此后的宏观研究搭起框架并丰满血肉，奠定好了基础。第三，注重理论反思，坚持本位中心，微观与宏观结合。2021年度研究成果并非仅关注魏晋南北朝史问题，而是在考辨史实的基础上，以史为鉴，发挥史学观照古今的功能，对关系民族、国家发展的重大理论问题进行反思。比如直探汉化问题的本质，就不能只停留在外在的宏观现象上，而要深入文化自身的微观结构中，用更为系统的概念和理论工具，对文化变迁过程和机制进行更为精确的分析，苏航的研究是为典范。

隋唐五代十国史研究综述

沈国光

隋唐五代十国一直是中国古代史研究的重点时段。2021 年，在全国抗击新冠疫情的背景下，隋唐五代十国史学界的研究成果依然相当突出，采取线上、线下结合的方式，举办了多次全国性的、重要的学术会议，交流频繁，共同促进了学术共同体的发展。整体而言，2021 年度在政治史、经济史、边疆史、民族史等多个研究方面都有重要的学术成果，深化了本时段研究的精度、拓展了本时段研究的广度。石刻文献的整理及敦煌学领域内的研究，更是本时段研究独具特色之处，也是 2021 年度最重要的学术增长点。现将 2021 年有关重要成果分为以下几个方面进行综述。

一、文献整理与研究

2021 年隋唐五代十国的历史文献整理大体可以分为传世文献、石刻文献以及敦煌吐鲁番文献三大内容。

传世文献的整理与研究。在史部文献方面，《隋经籍志考证》（中华书局）是清人章宗源历时十余年对《隋书·经籍志》系统考补的著作，现仅存史部。王颂蔚批校章书，更正了原书的疏漏，也补充了大量史料。黄寿成以王颂蔚批校崇文书局刻本为底本进行点校，对于中古目录学以及学术史的研究有重要意义。由曾贻芬校注出版的《隋书经籍志校注》（商务印书馆）对《隋书·经籍志》中作品的流传，作者生平、籍贯、主要经历进行了补充。聂清风以《津逮秘书》本为底本，参校汲古阁抄本、《四库全书》本等，点校出版了《唐国史补校注》（中华书局）。陶绍清以雅雨堂刻后印本为底本，参校明、清抄本与刻本，并综合其余传世文献，点校出版了《唐摭言校证》（中华书局）。就史部文献辑佚的工作而言，陈智超撰《辑补旧五代史》（巴蜀书社）以清辑本为基础，对此进行全面彻底清理，吸收大量前人研究成果，通过辑、补、校、证，力图复原一个更接近《旧五代史》原本的辑本。霍志军辑校《〈御史台记〉辑注》（人民出版社）从文渊阁四库本《太平广记》等笔记小说辑录出了唐韩琬《御史台记》共 50 条，并标示笺注、按语、汇评，对于唐代监察制度的研究具有重要的价值。在子部文献方面，李剑国辑证《纂异记辑证》（中华书局）从《太平广记》等书中辑出唐人李玫所撰《纂异记》14 篇。许逸民校笺《历代名画记校笺》（中华书局）以《津逮秘书》本为底本，参校其他版本及相关类书，并对书中涉及的典故进行笺释。王菡薇、刘品《历代名画记注译与评介》（中华书局）同样以《津逮秘书》本为底本，参校嘉靖本、王氏画苑本、学津讨源本等，对《历代名画记》作了注释与今译。释氏文献方面，苏小华校注《续高僧传校注》（上海古籍出版社）以再雕高丽藏为底本，以碛砂藏、日本天平年间写本残卷，日本藏兴圣寺写本，初雕高丽藏残卷以及赵城金藏为对校本，又以日本宫内省图书寮藏宋崇宁藏本等 6 种版本为参校本，在点校全书的同时对其中的史实、名相、制度等进行了考索与说明。吕建福编《不空全集》（中华书局）以《中华大藏经》为底本，加以《大正藏》、《卍续藏》、敦煌写本、房山石经本配补，汇编点校了不空以及托名不空的全部译经与撰述。在集部文献方面的工作主要是对唐人诗文集的笺注。郝润华、杜学林校注《李翱文集校注》（中华书局）以明成化十一年（1475）冯孜刻本、嘉靖四年（1525）舒瑞重修本《李文公集》为底本，以汲古阁本、和刻本以及光绪本为校本，并参《文苑英华》《八琼室金石补正》等文献对全书进行笺注，并补遗文 8 篇、诗 6 首。刘朝飞点校了宋人吴正子笺注、刘辰翁评点的《李贺歌诗笺注》（中华书局）。袁津琥笺释《唐彦谦诗笺释》（巴蜀书社）分内、外、补 3 编，共辑补收录唐彦谦诗共计 149 首，并详加笺释。

近年来，出土文献成为了隋唐五代史研究的重要推力，衍生出了不少新的议题。2021 年，在墓志公布方面最重要的成果是由故宫博物院、陕西省考古研究院编著的《新中国出土墓志·陕西（肆）》（文物出版社）。该书收录 2012 年前陕西省考古研究院在田野工地发掘出土与采集所得的墓志，共计 330 种，其中隋代墓志 22 种，唐代墓志 213 种，隋代有 10 方、唐代有 132 方墓志为新发表。该书不仅提供了较为精确的录文，还提供了清晰的图版。胡可先、杨琼编著《唐代诗人墓志汇编（出土文献卷）》（上海古籍出版社）分初唐、盛唐、中唐、晚唐、五代 5 卷，总计墓志 259 方，其中诗人墓志 194 方，诗人配偶等墓志 65 方，并附编年简表，推动了唐代文化、诗人事迹及其家族的研究。戴应新编著《长安凤栖原韦氏家族墓地墓志辑考》（三秦出版社）收录唐代韦氏墓志 63 方，并对每方墓志的来历、出土状况作出简要说明，其中有 50 余方的志主或志中有关人物在传世文献中有传。韩国学者权德永（권 덕 영）《在唐韩人墓志铭研究·资料篇》（『재당한인묘지명연구·자료편』）（韩国：京畿道韩国学中央研究院出版部）疏证了 32 方唐高句丽、新罗、百济遗民墓志。墓志辨伪方面，赵超《试论〈程袭墓志〉》（《中原文物》第 2 期）对《西安新获墓志集萃》中的《程袭墓志》从文字形体书法、文体、用词方面指出该墓志为伪刻。除了墓志之外，

还有不少石刻材料得以重新整理。徐晓鸿编著《唐代景教文献与碑铭释义》（宗教文化出版社）对传世相关碑铭进行了考释与研究。李文才疏证《隋唐五代扬州地区石刻文献集成》（凤凰出版社）全面整理了扬州地区传世以及出土的200余方隋唐五代石刻，并对录文进行了简要的校订、疏证与考释。吴梦麟、张永强编著《房山石经题记整理与研究》（文物出版社）根据清晰图版与拓片，对房山石经的题记进行重新校对、录文与句读。该书共分“题记卷”“研究卷”与“图录卷”。“题记卷”依房山石经出土发掘时的最初状态，按考古编号顺序进行录文；“研究卷”收录了先贤与当代学者对于房山石经的重要性研究；“图录卷”附高清碑铭和石经拓片图版，并首次标注了尺寸大小。

与石刻史料的整理与研究相同，敦煌吐鲁番文献的整理与研究同样是隋唐五代史研究密切关注的热点。2021年度敦煌吐鲁番研究有重要进展，主要是荣新江、史睿主编《吐鲁番出土文献散录》（中华书局）的出版。该书收录了零散收藏于世界各地公私机构的吐鲁番出土文献残卷，包括德国国家图书馆、德国东亚艺术馆，俄罗斯科学院东方文献研究所，美国普林斯顿大学葛思德图书馆，日本东京书道博物馆、东京国立博物馆、大阪四天王寺出口常顺氏，中国国家博物馆、中国国家图书馆、北京大学图书馆、中国科学院图书馆、上海博物馆、辽宁省档案馆等机构散藏的非佛教文献，同时收录可与此书所收文书可直接缀合的大谷文书，共372件文书，分为“典籍”“文书”上下两编。每件文书的整理均参考前人成果拟题，并做解题、校录、标点等工作，为读者的进一步研究提供可靠的文本。由郝春文、游自勇、石冬梅等编著的《英藏教性社会历史文献释录（第十七卷）》（社会科学文献出版社）作为此套丛书的阶段性成果亦在2021年度顺利出版。国家图书馆主编、刘毅超编《汉文敦煌遗书题名索引》（学苑出版社）会集英、法、中、俄及海内外散藏敦煌遗书共五万七千件，抽取题名与编号，以汉语拼音顺序排列，编制索引。《中国社会科学》2021年第8期推出“敦煌学视域中的中古历史”专题，荣新江、刘进宝、郝春文、项楚、赵声良诸先生从敦煌学的发展对丝绸之路、宗教史、语言文字、艺术史研究的推进进行介绍。

二、政治史与制度史

政治制度史一向是隋唐五代十国史研究的大端，也是积累最为深厚的研究方向。虽然其近年来受到不少挑战与冲击，但依然不能撼动此项研究的重要性，尤其是晚唐五代十国的相关研究在2021年度受到了重视。

包括政治事件、政治人物研究在内的传统政治史研究一直是中国史研究的重要内容。任兆杰《幽州刘氏与河朔藩镇内部的权力结构困局——以刘濉、刘源为例》（《中国边疆史地研究》第1期）通过对刘氏石刻碑志的研究，讨论了刘濉与刘源的世系、才学、历官与作为，并指出家族力量与姻亲势力在河朔藩镇是双刃剑，它们既可以保障藩镇最高权力的平稳过渡和稳定发展，但也存在打破权力结构平稳态势的可能，从而产生源源不断的军乱。李军、何静苗《唐大中年间宣宗经略党项政策之演进——以石刻资料为中心的考察》（《西北大学学报（哲学社会科学版）》第 4 期）指出大中二年（848）宣宗对党项作战失败的原因在于征伐重点不明、唐军间缺乏协调以及运输线路被党项切断。大中四年（850）重启经略党项后，宣宗令王宰为招讨党项使，实现了指挥权的统一。唐廷最终对党项的政策也由征讨转变为以安抚为主、以招讨为辅。岳思彤《晚唐五代宋初定难军政权的形成》（《文史》第 3 辑）考察了唐末拓跋思恭自藩镇内部夺权开启夏绥藩镇脱胎为定难军政权的进程。孟宪实《武则天研究》（四川人民出版社）试图摒弃传统史学基于借鉴和道德评价的武则天研究，而是采取新史学的研究方法，主张实事求是与客观评述，通过对学术史的反思、历史文献的考辨以及出土墓志材料与传世文献对比分析的方法讨论武则天以及与之相关的政治人物，如吴王恪、李义府、"北门学士"等。朱祎《前蜀王宗侃夫妇墓志校读及相关问题探讨》（《魏晋南北朝隋唐史资料》第 43 辑）除对王宗侃夫妇墓志进行仔细校读外，指出赐姓、收假子对王建据蜀影响深远，标志着入蜀集团的成形。王建入蜀集团通过联姻拉拢、吸收蜀地本土势力的手段，成为据蜀巨枭。同时，从王宗侃的经历来看，藩镇使职与朝廷官制的背离，进一步割裂了藩属武将对唐廷的依赖性。

近年来关于政治文化研究的兴起在 2021 年度隋唐五代十国史的研究领域也有反映，以史料批判为基础的历史书写为其中代表。何静苗《前朝"故事"与李唐开国史之建构》（《唐史论丛》第 33 辑）指出李渊集团在兴兵宣传、制造符瑞、入关即位等政治事件上均比附前朝"故事"，温大雅将之内化在李唐的开国撰述之中。李渊集团的这种策略，一是出于政权合法性的需要，二也是受到"崇古"政治理念与"崇汉"社会氛围的影响。何玉红《汉唐故事与五代十国政治》（《中国社会科学》第 4 期）揭示了五代十国诸政权利用"汉唐故事"塑造政权合法性、重建制度以及形塑与效法统治典范。罗亮《草妖或祥瑞："枯树再生"与前蜀建国》（《中国史研究》第 1 期）讨论了中古时期"枯树再生"这一异象的政治寓意。仇鹿鸣《"伪梁"与"后唐"：五代时期的正统之争》（《历史研究》第 5 期）检视了五代墓志中"伪梁"与"后唐"的书写与五代政权正统性的关系。张弛《唐国史对肃宗北上灵武事的历史书写》（《史林》第 2 期）认为肃宗北上灵武本是承玄宗的命令，但是史官为塑造肃宗的形象而掩盖了这一史实。刘琴丽《德政碑所见唐代颂政歌谣考论》（《隋唐辽宋金元史论丛》第 11 辑）指出唐代颂政歌谣主要由民间群体以及士人参与创作，直接功能是给地方官传播政治声誉，间接功用是助力官员考课与升迁。

制度史方面，刘啸《隋代三省制及相关问题研究》（中华书局）以隋代为切入点，勾勒出隋唐百余年间所谓“标准”三省制的演变定型。孟宪实的两篇文章分别考察了唐代的皇帝制度以及与之相关的尊号制度。《皇帝制度的另一面——以高宗龙朔二年的两道制敕为中心》（《北京大学学报（哲学社会科学版）》第1期）以高宗龙朔二年（662）的两道关于沙门拜君制敕的形成过程为例，说明唐代皇帝与皇权存在非全等关系，皇帝的意志受到了集议制度的限制，皇权也需要民意的支持。《唐代尊号制度研究》（《唐宋历史评论》第8辑）一文指出尊号属于皇帝制度，以皇帝为对象，但不包括“皇帝”这个基本尊号。武则天发明尊号制度，丰富了皇帝制度。尊号不仅仅是一个重要的政治概念，也形成了一套完整的程序性规则。作者进一步认为唐代的尊号制度虽然只涉及皇帝，但事关政治理念和统治政策。黄承炳《文柄自决：唐宋间“赐进士”考论》（《中国史研究》第1期）指出唐后期出现皇帝在科举考试之外特赐进士及第的现象，但其只是一种偶见性举措。经过五代宋初的发展，特赐进士及第逐渐普遍化与制度化，这标志着所有科举出身者都成为皇帝“文柄自决”的产物。杜文玉《论唐代内诸司使的定义及其影响》（《唐史论丛》第32辑）给出了唐代内诸司使的基本定义，即管理机构设在内廷、使职须由宦官充任，并且为常设之职。其创始时间最早不会超过武则天统治时期，至开元、天宝年间使职数量大大增加。此外，唐代的内诸司使系统在五代、两宋时期有所继承。牛来颖《芮城广仁王庙〈龙泉记〉考释》（《中国国家博物馆馆刊》第10期）对山西芮城县广仁王庙中两方《龙泉记》进行了校录，同时指出碑石中“陕虢群牧使”的出现在制度层面引发了人们对于唐代宦官操控马政与两京之间马牧的关注。赵洋《碑志所见唐代帝陵奉守制度》（《首都师范大学学报（社会科学版）》第5期）指出唐代帝陵奉守制度由陵令、留守和陵使构成。留守为护卫帝陵的武官使职，与陵令形成文武相守局势。至中晚唐，陵使取代了留守的地位，成为宦官使职，并侵夺了部分陵令的职能。方诚峰《从唐宋宰相概念论君主支配模式》（《史学月刊》第3期）检讨了《通典》与《册府元龟》中的宰相概念，并提炼出此概念的两个要素是“枢机”“总统”，又以前者为基础。作者指出，唐与北宋君主的枢机包括宰相、学士、宦官、佞幸等，它们共同构成了君主支配天下的关键设置。罗彤华《唐代宫廷的门禁制度》（《唐研究》第26卷）探讨了唐政府处理官吏、庶民出入宫的检查机制。其中，官吏按门籍验证之法出入宫门为常制，临时性被召入宫则需要鱼符或有司准核墨敕；唐前期居于宫中的皇亲出入禁宫需要验证门籍，应征召则给鱼符；宦官出入宫禁同样需要门籍，同时于禁中佩戴符印出入；庶民出入宫禁则需将领人录名申请文牒。雒晓辉《唐“待制”考释》（《唐研究》第26卷）考察了“待制”的起源以及在唐中后期的发展。张照阳《论贞元初年的禁军改革》（《中华文史论丛》第1期）指出此次军事制度的改革与当时政局变动关系密切，唐廷大范围蒐集藩镇将领进入禁军，扫清了贞元时代转向“文治”的政治障碍。赵耀文《何以“制度”：晚唐五代的延英议政及其“制度化”研究》（《历史教学（下半月刊）》第7期）将延英议政放置在“过程视域”中加以考量，将其分为群臣奏请与开延英两个环节，动议流程有赖于“牓子”与“宣头”两种政务文书。但是“制度”的规范性与约束性常因“人”而大打折扣，在中晚唐延英议政的过程中宦官与皇帝成为干扰延英议政制度性的双重障碍。

关于府兵制的研究。平田陽一郎『隋唐帝国形成期における軍事と外交』（东京都：汲古書院）利用出土墓志与石刻材料重新检讨了府兵制以及唐初的对外战争。孟彦弘《唐代府兵“六驮马”“八驮马”“十驮马”释义》（《北京大学学报（哲学社会科学版）》第4期）否定了学界一直认为“六驮”“八驮”指六匹、八匹马，并通过吐鲁番文书中的记载指出“六驮”“八驮”“十驮”是指承载重量。黄楼《唐代“十驮马”制度新探》（《西域研究》第4期）则认为“十驮”是西州地区因传送马驴不足，由征行士兵向官府提供驮运马匹的驮马制度。“十驮”相当于“助军”驮马，具有明显的官马性质，而“六驮”则始终属于府兵所有的私马。

三、边疆史与民族史

边疆史研究。在东北边疆方面，拜根兴、阳运驰《论唐与新罗的相互认识及其特征》（《韩国研究论丛》第41辑）指出在宗藩关系框架下唐人眼中的新罗与新罗对唐人的认知在双方频繁的人文交流中呈现不同的特征。新罗的神秘与唐朝的发达、先进文化的向心力与探索神秘的驱动力推动了双方之间的交往与认知。杨军《安东都护府别议》（《陕西师范大学学报（哲学社会科学版）》第6期）将安东都护府从设置到废止分成了四个阶段。第一阶段自总章元年（668）到仪凤元年（676），是为唐朝在东北边疆的最高军政机构，施行都护领兵镇守下的羁縻都督府州体制，但因战乱而并未完全贯彻。第二阶段自仪凤元年至圣历元年（698），战乱后内迁的安东都护府辖区与辽东州都督府重合，施行直属城傍羁縻州并监辽东州都督府的局面。第三阶段是圣历元年至神龙元年（705），安东都护府改为安东都督府，由高句丽王室后裔主政，降格为普通羁縻都督府。第四阶段自神龙元年至至德三年（758），恢复了都护府体制，并迁至平州、营州境内。张晓东《隋唐海上力量与东亚周边关系》（台北：花木兰文化事业有限公司）探讨了隋唐与高句丽战争中海上力量的形成、发展，并认为海上力量不仅仅在战争中起着重要作用，更是成为维护东方海上丝绸之路和平繁荣的重要因素。在西北边疆方面，张安福《天山廊道军镇遗存与唐代西域边防》（社会科学文献出版社）以地理环境为切入点，以军镇烽戍遗存调查整理为线索，考察了天山廊道军防体系在唐朝经略西域进程中的具体战略作用。在西南边疆方面，杜晓峰（Brandon Dotson）著，张旭、杨铭译《敦煌本古藏文〈大事纪年〉记载的吐蕃社会阶层及其地位》（《魏晋南北朝隋唐史资料》第43辑）讨论了吐蕃贵族与臣属的位阶体系，并揭示出因裙带文化盛行，吐蕃社会存在高度宗族化，至少是宗亲团结，这也导致连坐的惩罚方式会殃及大范围的贵族家庭，甚至是他的奴户。陈飞飞《〈破吐蕃露布〉与其所反映的唐蕃关系研究》（《西藏大学学报（社会科学版）》第3期）指出《全唐文》收《破吐蕃露布》并非韦皋所作，其中载贞元十七年至十八年（801—802）的维州之战是安史之乱以来双方规模最大的战争，反映出在此战中唐廷积极改变策略，面对不断侵扰边境的吐蕃由被动防御转向主动出击，并大获全胜。新津健一郎《从西南蛮封爵看8世纪云南地区：以〈爨公墓志〉为线索》（《唐研究》第26卷）通过对《大唐故河东爨府君墓志》的梳理与考证指出志主原为滇东大族。作者注意到志主家族被封"南宁郡王"是在唐与吐蕃关系高度紧张的情况下，唐帝国优待附唐部族，支持其打压周边附吐蕃部族的一种策略。志主爨子华迁居四川，面对破坏唐帝国秩序并支配云南一带的南诏，被寄予了恢复秩序的期许。而韦皋赴任剑南西川节度使则重建了包括南诏册封在内的西南边界统治秩序。陈玮《唐罗何含墓志所见安史之乱后入唐吐火罗人动向》（《中国边疆史地研究》第2期）根据对新出吐火罗人罗何含墓志的分析阐述了其祖父祈斯在安史之乱爆发后随吐火罗叶护入华援唐的史实，其父罗殷在朔方军中担任武将，罗何含本人则在河中成长，其后转往延州安塞军发展，参与了防御吐蕃和调节党项部落矛盾，见证了唐廷对朔方军的肢解、吸纳和当时西北边境的局势。

民族史方面，孙炜冉《唐代渤海国王族族属抉微》（《唐史论丛》第32辑）指出渤海王姓"大氏"为当时契丹贵族"大贺氏"的简化，日本史料《类聚国史》中"土人"是指契丹为主的东奔建国集团组成者"营州人"，《新唐书》中记载渤海国俗略等"契丹"正是因为其王室贵族为契丹人的缘故。朱悦海、康维《吐谷浑政权交通地理研究》（中国社会科学出版社）从交通格局变迁的视角考察了吐谷浑与周边关系的发展。钟焓《"唐朝系拓跋国家论"命题辨析——以中古民族史上"阴山贵种"问题的检讨为切入点》（《史学月刊》第7期）通过对"阴山贵种""陇西李氏"兴起背景的考察否定了国外学者提出的唐朝属于"拓跋国家论"的观点。徐承炎《唐回关系视角下的〈九姓回鹘可汗碑〉立碑原因探析》（《唐史论丛》第32辑）讨论了保义可汗时期回鹘与唐廷的交往，其中回鹘的请婚是这一时期交往的主要内容。作者进一步指出石碑汉文碑文一面追述回鹘先世可汗保义于唐廷之"功勋"，另一面又彰显其武功和回鹘的强势借以威胁唐廷。裴艾琳《唐宋之际南方边地的华夏进程与族群融合》（《社会科学》第11期）认为唐代长江流域及以南地区被纳入华夏网络的程度存在差异，突出体现在以湘水为界的东、西两区域中羁縻州县的设置情况。西南地区的族群随着华夏网络的延伸而成为粘附其中的游移者，曾以不同形态被纳入华夏体系，并且展现多元性。尹波涛《唐代粟特康氏的祖先记忆与族群认同——以出土墓志为中心》

（《唐史论丛》第33辑）通过对康氏墓志的分期认为随着某具体家族来华时间的日益增长，其关于粟特祖源的记忆日益式微并最终消失，转而开始攀附华夏祖源。刘子凡《“天可汗”称号与唐代国家建构》（《历史研究》第6期）分析认为，虽然唐朝逐步征服薛延陀等草原势力，“天可汗”的号令范围也随之扩大，但是唐初“天可汗”称号依附于“皇帝”称号而存在。这体现的是胡汉背景下统一皇权的扩展，而太宗以后的“天可汗”仅具尊号性质。从“皇帝”及“天可汗”称号所反映的国家结构看，唐代行用的仍然是融合了北方草原因素的中原体制，这也是中古时代历史发展的大趋势。

四、礼制史与法制史

礼制史方面，吴丽娱《东向西向的困惑：从祭祀的站位看礼秩的尊卑（续）——〈大唐开元礼〉札记之五》（《隋唐辽宋金元史论丛》第11辑）对《大唐开元礼》吉礼部分记载的祭五帝、朝日夕月、禬祭百神、方丘神州、太社太庙、先农先蚕诸仪中皇帝与祭祀官员的站位问题展开了讨论。吴丽娱《〈礼论〉的兴起与经学变异——关于中古前期经学发展的思考》（《文史》第1辑）追溯了《礼记》类著作的发展，并指出孔颖达《五经正义》吸收了南北义疏，融合南北学术，奠定了隋唐经学的统一，促成了唐贞观、开元改撰经典的风潮，开启了中古时代追求新义的思想变革。同时，吴丽娱《〈垂拱格〉与武则天礼法》（《唐研究》第26卷）从新订礼法方面讨论了武周之际格敕可能的内容，并指出礼法是武周时期格敕的灵魂和主线。孟宪实《唐代册礼及其改革》（《历史研究》第3期）讨论了册书的适用范围，并指出册书是册礼的一部分，从高宗开始，唐朝对册礼进行多次改革，最终使册礼主要适用对象限定于皇室成员。范云飞《唐代东都庙议的经义逻辑》（《文史》第1辑）排比了35条经史证据，推定时人所谓“三论六故”中的“三论”指王彦威“存庙藏主”、郑遂“存庙瘗主”、顾德章“毁庙瘗主”，“六故”指作栗瘗桑、庙无二主、筑郿凡例、宗庙为先、庙无虚主、周两都庙。王彦威之议为东都庙议奠定基础，郑遂强调“正经正史”的效力，顾德章则明确构建了以“正经”观念为核心的礼仪方法论，完成了“尊无二上”论的经义建构。辛康《从“亲万民”到“同邦国”——汉唐间射礼的变迁》（《魏晋南北朝隋唐史资料》第43辑）指出自汉至唐，射礼从“亲万民”的“嘉礼”转变成为“同邦国”的“军礼”，推测这种变化始于北魏时期。初唐时人对于射礼的理解受到了南北朝以来北方射礼军事化阐释的影响，由于北魏现实中“典范”大射长期缺失，七月、九月马射作为一种射礼出现后，便利用射礼经学的“知识总集”对此给予经学阐释，并与经典中“典范”大射联系起来。尹承《〈大唐开元礼·宾礼〉新注》（《魏晋南北朝隋唐与史资料》第43辑）以《影印文渊阁四库全书》《大唐开元礼》为底本，参校长春市图书馆藏

《天禄琳琅后编》之清朝本、光绪公善堂刻本以及《通典》卷九一《开元礼纂类·宾礼》，对其中的宾礼部分进行随文校识与考释。陈飞飞《戎祀之间：唐代军礼研究》（中国社会科学出版社）上编以《大唐开元礼》为中心，讨论了唐代的出征礼仪、宣露布与劳军将礼以及皇帝讲武、田狩礼仪、射礼、祭马以及合朔伐鼓与大傩礼仪；下编则考证了唐代军礼诸问题。

法制史方面，吴丽娱《后武则天时代的礼法制作——以神龙格与太极格为中心》（《魏晋南北朝隋唐史资料》第43辑）研究了中宗《神龙格》与睿宗《太极格》的修撰，认为这个时期的制敕法令在整体方向上体现了力图复原唐朝制度、重建唐朝政治格局的特征，但从其制作和内容上发现其中有不彻底性，甚至前后矛盾、废而复兴的特征。作者进一步指出格的制作一方面在内容上有因袭性、相似性，另一方面格又是变化最及时有效、最具有政治敏感度的政策法规。牛来颖《〈天圣令〉法律用词与时代性比较——以〈杂令〉为中心》（《隋唐辽宋金元史论丛》第11辑）以僧尼籍送有司、公私出举与政府干预为例，强调了利用《天圣令》复原唐令时要注意令文的时代性。郑显文、张媛媛《唐式东传及日本古代法典的影响》（《社会科学战线》第5期）根据现存文献和敦煌出土唐式残卷与日本《延喜式》进行比较，发现唐代律、令与日本古代律、令差别较小，而唐式与《延喜式》差别较大。唐式的某些条文为日本《养老令》吸纳，有些则为《延喜式》收容。王燕芳《唐代司法集体决断制度探析》（《中北大学学报（社会科学版）》第3期）指出唐代司法集体决断制度是在唐初统治者慎用刑罚、严于治律、理性司法的理念下形成的，包括意见联署制、三司官员的联合推事制、都堂决议制三种形式。赵晶《敦煌吐鲁番文献与仁井田陞的中国法制史研究（上）》（《文津学志》第15辑）将日本法制史学者仁井田陞运用吐鲁番文书从事法制史研究的重要成果分为“内史”与“外史”两部分进行总结。

五、宗教史与思想史

2021年度宗教史研究成果颇丰，除了历史学之外，不少宗教学的研究者也撰写了不少宗教史论文。这些论文除了涉及宗教思想的演变外，更多的是利用石刻史料或者敦煌文献讨论佛教与社会的互动以及文献学的相关知识。

在佛教思想方面，洪燕妮《牛头禅“自然”观念与老庄玄学的关联考察》（《宗教学研究》第3期）指出牛头禅法既主动吸收老庄玄学思想，又以佛教基本理论为基础、原则，在融合老庄的过程中保持独立的佛教精神品格。作者将牛头禅与老庄思想的关联分为前后两期，前期对玄学的态度倾向于对话、融合，后期则开始试图脱离。杨健《隋唐时期弥陀净土的报、化之争》（《世界宗教研究》第6期）分别阐释了净土宗人中以净影慧远为代表的僧人所持化土说、以道绰等为核心的主报土说。两者虽各有经典依据，但均存在明显缺陷。怀感、迦才则提出兼土说，契合佛身思想，解决了报、化之争。龚隽《中国禅的通经与解义：从初期禅到洪州宗》（《中国哲学史》第2期）从“藉教悟宗”“方便通经”“观心释”及“语录”等议题说明禅门对于经教的态度是在心悟与教义、实践与文字之间的张力所展开的，从慧能的曹溪法流到洪州一系逐渐由尊心慢教走向了以“语录”来代替经教，倡导教外别行的作风。刘宁《韩愈的夷夏观及其对古文思想的形塑》（《文史哲》第2期）一文涉及佛教与古文运动的交涉，指出韩愈夷夏思想的核心是排斥作为“外国之法”的佛教，树立“中国之法”，具有浓厚的国家意识。所谓的“中国之法”并非单纯儒道，而是包含以儒为本的中国道统以及兼容百家的中国文统。中唐王权重振的呼声、边患压力加大，增强了时人的国家意识，构成了韩愈夷夏思考的时代背景，这也令韩愈走出唐代古文前辈宗经复古的传统格局，形成文道并重、“三代”与“两汉”兼取的独特古文思想。

在佛教与社会的互动研究方面，刘屹《末法与灭法：房山石经的信仰背景与历史变迁》（《历史研究》第3期）指出虽然房山石经是在隋末唐初已入“末法”的前提下开凿的，主要目的是留存经本给“末法万年”结束以后的人们，但“末法”意识对房山石经刊刻的作用逐渐下降，参与其中的人士主要是为求得个人功德果报。刘林魁《唐五代皇帝诞节的三教讲论——基于皇权与佛教关系的考察》（《中国史研究》第3期）指出诞节讲论是儒释道三教讲论与皇帝诞节庆贺融合产生的新的三教讲论模式，并发展成为皇权与佛教合作完成的一种热烈喜庆的国家仪式。冯金忠、张伟娜《平山县博物馆所藏〈大唐西临山石龛佛记〉初探》（《中国国家博物馆馆刊》第2期）公布了刻立于大历四年（769）的《大唐西临山石龛像记》，展现了李宝臣主持下大规模开凿石窟的史实，认为西林山石窟始凿于安史之乱期间，大规模开凿则是大历三年（768）唐廷对幽州用兵之后。对于敦煌佛教，武绍卫《无名僧人的名山事业：中古时期僧人的日常抄经与校勘活动》（《中国史研究》第2期）通过对S. 102《梵网经》等写本揭示了敦煌僧人抄经、校经、读经等一整套日常修行活动。武绍卫《敦煌本P. 3618V〈秋吟〉初探》（《西华师范大学学报（哲学社会科学版）》第6期）在敦煌文献中新发现两本僧人化缘所用唱本《秋吟》，并指出其使用者是离开本居寺院而在丝路上行走的游方僧人。这两本《秋吟》保存了与此前诸本不同的表演环节，可以增加对丝路上游方僧人境遇的理解。刘林魁《韩愈排佛与三教论衡思潮》（《宝鸡文理学院学报（社会科学版）》第4期）推测韩愈的排佛思想可能形成于早年读书期间，因此影响了此后对于佛教思想的了解，其排佛是受到了中唐诞节三教论衡的刺激。作者同时以傅奕为比较对象，指出韩愈排斥佛老而张扬儒教，傅奕则是排佛而张扬道教。

在佛教文献研究方面，富世平《敦煌遗书P. 2049等写卷〈维摩经疏〉研究》（《文史》

第4辑）将写卷与《宗镜录》等传世文献对比，确定了此写卷的作者是唐代武周时期的崇福寺僧神楷。神楷《维摩经疏》是以鸠摩罗什本为对象，引玄奘译本以助理解，具有鲜明的唯识学色彩，在唐五代宋初流传广泛，在敦煌遗书中既有较为完整的抄本，也有节略本。金延林《敦煌本〈律杂抄〉初探》（《敦煌吐鲁番研究》第20卷）以新发现的中国社会科学院世界宗教研究所文博馆藏CWC01《律杂抄》为底本，结合上海图书馆藏、俄藏文本，整理出敦煌本《律杂抄》全貌，指出其与《略抄》《小抄》是敦煌律抄的入门级，三者篇幅序次各有变化，可能是为了适应不同层次的需求。定源（王招国）《日本现存〈唐禅智寺故大德法师崇俊塔铭〉考释》（《唐研究》第26卷）在日本奈良寺发现了《崇俊塔铭》，并对其生平、行历以及作品进行了梳理与考释。

在道教方面的研究，雷闻《唐东都福唐观略考》（《隋唐辽宋金元史论丛》第11期）指出长安并不存在福唐观，新都公主在长安延福坊的宅第约在中宗时被舍为新都寺，洛阳的福唐观是新都公主于景云元年（710）舍宅所建。雷闻《帝乡灵宇：唐两京开元观略考》（《首都师范大学学报（社会科学版）》第5期）研究了长安开元观的发展，同时利用新见墓志讨论了洛阳的开元观。唐普《晚唐龙虎山的道教活动——以康周行都功版为中心》（《唐史论丛》第32辑）指出该都功版虽然强调了“领户治民”“三官手书”等权力，但实际上在晚唐并未恢复三张旧法，康周行被张天师后裔授予的都功是南朝隋唐法位制度。拜根兴《唐朝与新罗道教文化交流的再探索》（《唐史论丛》第33辑）分析了学界有关朝鲜半岛道教输入说、自创说、吸收发展说等问题，并认为《海东传道录》《青鹤集》所涉及的道教内容是当时朝鲜知识人自主独立意识的几种反映。同时，作者考察了金庾信、金仁问、金志诚、刑璹、崔志远、金可记等人的道教活动以及唐与新罗的道教交流。于赓哲、杨会宾《从三官书到投龙：祛病及长生行为的阶层变迁》（《南开学报（哲学社会科学版）》第4期）指出魏晋道教改革后丹药与投龙术成为道教上层路线的体现，武则天的除罪金简以及金走龙是自东汉末五斗米道三官书发展而来的投龙仪式的组成部分，并摆脱了三官书的平民色彩。

道教思想方面，柳东华、李大华《论唐玄宗〈道德真经〉注疏中的“妙本”即道及其生成论诸要素之关系》（《宗教学研究》第1期）反驳了麦谷邦夫认定“妙本”是《道德真经》注疏中表达世界根源性的终极存在的唯一概念，此书中具有终极性存在意义的是道。作者进一步指出，在唐玄宗的语言逻辑中，“一生二”和“二生三”的施动者都是“冲和之气”。张鹏《从敦煌道教斋文看仪式实践中的佛道交流——以P. 3562V为中心的考察》（《世界宗教研究》第5期）推测P. 3562V写卷是白鹤观道士在不同时间所抄写的草稿性质道教斋文类抄，用以应对社会对于宗教服务的需求。作者同时发现该写卷深受佛教影响，与佛教斋文有很大的雷同性。孙伟杰《唐宋道教与中外星宿学说关系再探——以〈太上洞神五星赞〉等道经为中心》（《宗教学研究》第3期）通过对《太上洞神五星赞》《太上洞神五星诸宿日月混常经》《洞渊集》《太上洞真五星秘授经》的考察，认为唐宋道教一方面传承、改造北斗、二十八宿、分野等中国传统星学思想，另一方面通过中外禳星方法的拼接等方式塑造了道教本位的星宿理论与禳星之法。

关于道教文献学方面，韩吉绍《〈云笈七签〉版本源流考》（《文史》第4辑）考察了《政和万寿道藏》本与《琼章宝藏》的关系，认为后者抄录自前者。在继续考察宋明时期诸本的渊源后，作者进一步认为元《玄都宝藏》本源自《万寿道藏》，价值最高。

除了佛道之外，王启涛《吐鲁番文献所见粟特人的宗教信仰》（《宗教学研究》第1期）深入考察了粟特人的祆教、佛教与道教信仰，并指出粟特人来到吐鲁番后信仰的佛教是儒家化的佛教。

六、社会史与经济史

2021年度社会史研究主要集中在社会流动、地方政治与治理、社会生活层面的讨论。孙俊《唐代特权阶层仕宦与社会流动研究》（人民出版社）对唐代社会阶层进行划分，并阐释了各个阶层的社会功能及其对唐代历史发展的意义。周鼎《乡里与两京之间：唐前期江南士人家族》（《唐研究》第26卷）考察了江南社会中士族结构的变动以及与中央的关系。张天虹《中晚唐五代的河朔藩镇与社会流动》（社会科学文献出版社）将传世文献与石刻文献有机地结合起来，勾勒这一时期河朔区域社会、经济与文化的面貌及其变迁。

在地方政治与治理研究上，冯昊《唐代恐慌谣言与社会危机——开元年间明堂“埋小儿”谣言考释》（《唐史论丛》第32辑）指出开元二十三年（735）玄宗在洛水之滨举行的厌胜禳灾仪式以及祷祠活动扰乱了地方秩序，塑造了一般民众对于官方营造活动的巫术化想象，从而激活了民众对武则天重建明堂以厌胜的集体记忆。施工人员聚集明堂、民众对于明堂政治属性的陌生、施工队伍造成的地方社会紧张与冲突以及巫风盛行是促使谣言爆发的重要因素。同时，唐廷遣人复建明堂的时节正是古人感知厉鬼出没的仲秋八月，谣言在民众的推理下建构起了完整自洽的叙事情结。谣言的爆发，深刻反映出了官民之间的隔阂与社会信任危机。张越祺《唐天宝时期东京留守及河南尹考——以〈大唐嵩阳观纪圣德感应之颂〉为线索》（《唐研究》第26卷）通过对《嵩阳观记》中裴敦复、裴迥、徐浩、李林甫任职时间的考订，认为此碑撰写的时间在天宝九载（750）八月癸亥至天宝十载（751）正月丁未以前。此文还考订了天宝时期的河南尹与东都（京）留守。蔡帆《朝廷 藩镇 土豪：唐后期江淮地域政治与社会秩序》（浙江大学出版社）以藩镇和土豪两条脉络为中心，以唐廷与二者的关系为重点，分析了唐后期江淮地域政治和社会秩序的变迁。徐畅《何以善治：唐代京畿县乡的权力结构与社会治理》（《文史哲》第4期）以长安所在京畿地区为例，讨论了唐代在县以下的行政统治与社会治理。作者指出，国家通过垂直行政实现了皇权下乡与下情上达的同时，也存在越级沟通。京畿县乡内除了各级行政官僚，还存在乡里强干者与外来强干者等互相牵制的势力，皇帝则与行政理性共生，关注京畿地方事务的发展。但由于行政成本巨大，统治者推行简约化分级，在基层更多依赖县级僚佐与地方力量治理地方。而其著作《长安未远：唐代京畿的乡村社会》（生活·读书·新知三联出版社）分聚落地理、户口居民、基层控制、生活世界4编，对唐代京畿的乡村社会进行全面考察。巨虹《敦煌文书中的“乡法”呈现的社会治理》（《兰州大学学报（社会科学版）》第6期）指出“乡法”是经过长期演变而自发形成的，包括家族的、民族的、宗教的以及“社”的地方习惯与传统，呈现了社会意志与民间精神，且与民众社会生活相互依存，包含了民众的价值观念、积极入世的儒家思想观念以及佛教思想对于民众心态文化的约束力。夏炎通过水旱祈祷考察了唐代的地方社会，其《唐代石刻水旱祈祷祝文的反传统表达及其在地方治理中的功用》（《史学月刊》第5期）一文指出石刻所载唐代水旱祈祷祝文片段与成篇祝文，后者延续祝文“敬神”的传统，前者的特征则为“毁庙”“责神”的反传统表达。这些反传统表达是地方治理焦虑心态的一种极端表现形式，而祝文的受众所体会到的则是地方官的“德政”。地方官将祝文镌刻在石碑上就是为了引起读者对地方德政的关注，从而达到地方治理的目的；其《唐代地方官府水旱祈祷与水利资源控制——以泉神祠庙石刻为中心》（《史学集刊》第6期）一文通过对共城县白门陂、鹿泉县白鹿泉以及芮城县龙泉树立的三通碑铭的考察，指出其立石旨趣有高度的相似性，均是利用民间具有悠久传统的泉神信仰对具有重要水利资源价值的设施实施保护，进而实现对自然资源的保护。张葳《由隋唐潞州申屠氏所见中古的移民与聚落变迁》（《魏晋南北朝隋唐史资料》第43辑）在统计了74方涉及申屠氏墓志的基础上，指出潞州申屠氏与申氏实为同姓，其祖先大约于两汉之际定居于河西地区，可能因为北魏对于北凉的征伐，申屠氏作为平凉户被迁至代京，又逐渐扩散至雁门、并州、汾州等地。同时，申屠氏在地方社会中相对活跃，积极参与乡里事务。武周以后，金城郡望得到潞州申屠氏的广泛认同和接受，申屠氏亦曾有意建构和塑造其祖先记忆。此外，宁欣《唐五代宋初都市社会中下阶层研究》（人民出版社）立足于城市史研究，讨论了“市民”的概念、城市社会阶层的划分，并对城市中的工匠、“小儿”、“趋吏”、禁军、商人等进行了专题研究。韩建华《中晚唐洛阳士人与园林——以白居易履道坊宅园为中心》（《唐研究》第26卷）指出中晚唐居于两京士人官僚群体将洛阳作为“中隐”之地，并修建了宅园以达到追求个人闲适与快乐的终极目的。作者更以洛阳履道坊的考古材料为线索，复原了白居易在洛阳的园林生活。

经济史方面，主要集中于对土地制度、国家经济、对外贸易、人口管理以及律令体制下经济活动的研究。耿元骊《唐宋乡村社会与国家经济关系研究》（中国社会科学出版社）部分章节讨论了唐代乡村社会权力结构及其运行机制以及唐五代乡村百姓的契约关系，并指出赋役征派直接或间接影响经济发展和民众生活，国家尽力保持平衡，基本维持了社会稳定运行。陈明光、靳小龙、毛蕾《唐宋国家治理盗耕种自然资源土地资产述论》（《厦门大学学报（哲学社会科学版）》第 3 期）指出唐朝国家对自然资源土地产权具有普遍性的管辖权与优先处理权，宋代则进一步扩大了这种权力。陈明光又在《唐代前期“统收统支”财政体制与国家治理》（《史学集刊》第 5 期）中认为唐代“统收统支”是中国古代第一个法制规范齐备的高度中央集权的国家财政体制。杨际平《论北朝隋唐的土地法规与土地制度》（《中国社会科学》第 2 期）指出北朝隋唐《地令》或《田令》只是土地法规，并不决定土地所有制的性质。隋唐时期改变了北朝对鲜卑族施行特殊土地政策的特点。同时，史上也未见隋唐按《田令》规定给吏民实际授田与土地还受的实例，反而有更多反例。作者也指出唐代的《田令》并不废止于建中元年（780），而应该是唐宋之际。顾成瑞《韩国国博藏〈唐仪凤四年金部旨符〉残卷释录与研究》（《唐宋历史评论》第 8 辑）指出韩国国立中央博物馆藏 NMK1、NMK2 两件大谷文书与《仪凤三年度支奏抄、四年金部符旨》文书属于同一案卷，并将该残片与以往公布残片缀合，讨论了唐前期财赋管理制度以及庸调等物的征收与配送。陈丽萍《再议唐代户绝家庭财产的处理——以 BD09352 号为中心》（《魏晋南北朝隋唐史资料》第 43 辑）结合多件敦煌文书，讨论了多种“户绝”的类型，同时认为户绝家庭财产的处理有多种变数，但唐代律令精神在唐后期的敦煌归义军政府中大体得以延续。付婷、霍斌《〈天圣令·田令〉所见“杂子”考》（《唐史论丛》第 32 辑）通过考证认为唐代“杂子”的概念与粮粟、稻、麦等对应，并将杂子细分为谷子类、菜子类、草子类。关于中外贸易的研究，刘子凡《何以商胡不入蕃？——从〈唐开元户部格残卷〉看唐代的商胡贸易法令》（《中国边疆史地研究》第 1 期）认为唐代律、令、格、敕反复阻断商旅，以及唐代与外蕃存在着大量的私人贸易的事实，体现了唐朝对外贸易的开放态度和临时性边境管制之间的矛盾与调和。姚潇鸫《唐宋商人：9 世纪中叶后中日佛教交流不可或缺的新助力》（《宗教学研究》第 1 期）通过研究发现，9 世纪中叶以后，中日佛教交流并未因遣唐使的废止而停止，商人不仅为僧人的往来，还为经书、法物的流通，通信的传递提供支持，并且在日僧巡礼求法过程中充当通事。对于人口管理研究，赵贞《从敦煌吐鲁番文书谈唐代的“身死”》（《中国史研究》第 4 期）通过对吐鲁番文书中“身死”的记载指出普通民户、奴婢贱民，或者府兵卫士及其父母，甚至寺院人口，他们身亡后，其家属、主人或寺院都要上呈牒状，县司勘验后颁示“公验”或“死牒”，作为注销死者户籍的凭证。这一方面是为了防止诈称疾病以逃避赋役，另一方面是对于死者户籍的注销、课役的剔除、已授田的退还以及替人代役的管理与安排，从而最大限度地维护社会秩序的稳定，确保赋役差科的顺利推行。

七、文献学与文书学

文献学方面，除了在宗教史研究专题中已经论述的佛道文献研究外，2021 年度主要研究集中于文献辨误、版本的考订与流传等。冯雷《〈唐大诏令集〉新补》（《唐史论丛》第 33 辑）运用 2005 年 9 月后新见碑志材料对《唐大诏令集》进行补充。亢巧霞、吴在庆《〈唐大诏令集〉所署时间纠误（一）》（《江海学刊》第 2 期）、《〈唐大诏令集〉所署时间纠误（二）》（《江海学刊》第 3 期）分别纠正了卷六《大中三年答宰臣上尊号》、卷一〇中的《疾愈德音》的时间当为大中三年（849）闰十一月丁酉与长庆三年（823）三月丁巳。马俊杰《国家图书馆藏明抄本〈唐大诏令集〉版本考辨》（《中国典籍与文化》第 4 期）指出铁琴铜剑楼本《唐大诏令集》为涵芬楼本之影抄本，二者书手有重合，即有可能抄于同时。与此同时，作者亦指出涵芬楼本祖本成于南宋，与潜牧堂本南宋祖本同源，而涵芬楼本的流行产生了错简的明清诸本。张雯《明抄本系统〈唐大诏令集〉考——兼论此书阙卷缘由及通行本之失》（《文史》第 2 辑）认为存世《唐大诏令集》诸本之阙卷疑因谦牧堂本阙册导致。同时，中山大学图书馆藏朴学斋本亦是源出于宋本的明抄本。作者同样认为铁琴铜剑楼本、涵芬楼本与潜牧堂本抄写时间相近，高度同源，且与中山大学图书馆藏朴学斋本渊源甚深。张雯《白居易〈白氏六帖事类集〉纂集考》（《文献》第 3 期）指出《白氏六帖事类集》在白居易生前就已经广为流传，此书实际上是白居易早年准备科目选和制举所整理的资料集，但被误解为帖经考释的工具书。孙利政《〈新唐书〉人名疑误考辨六则》（《唐史论丛》第 32 辑）对中华书局点校本所记向善思、韩纪孝、熊士赡、雍仙高、源行恭、王伉 6 个人名进行讨论、考订讹误。刘思怡《〈新唐书·宗室世系表〉新补续》（《唐史论丛》第 32 辑）利用唐代宗室墓志，补充了蔡王房、大郑王房、虢王房、泽王房、许王房 5 房 9 条阙载宗室世系。李振中《〈唐会要〉所载官职辨误》（《唐史论丛》第 33 辑）纠正了上海古籍出版社点校本《唐会要》中 29 条职官信息的错讹。在《〈唐会要〉所载人名辨误》（《古籍整理研究学刊》第 4 期）中，李振中又纠正了 16 条人名信息的错讹。任雅芳《中唐范传正再编李白集及其流传推考》（《复旦学报（社会科学版）》第 4 期）分析《唐左拾遗翰林学士李公新墓碑并序》认为范传正得以再编李白集得益于幕僚宾客之助，范编本可能有多种流传轨迹，其即入藏秘府，又在以当涂为主的地区有所流传与增改。刘琴丽《〈全唐文〉所收〈昭庆令王璠清德颂碑〉订补》（《魏晋南北朝隋唐史资料》第43辑）通过公布的拓片对《全唐文》以及明清方志中所收录的李大亮《昭庆令王璠清德颂碑》进行了精细的订补，提供了一个较为准确的文本。关于唐代文献的研究，还有不少是针对敦煌遗书所展开的。张涌泉《缀合与敦煌残卷的定名——敦煌残卷缀合的意义之一》（《文献》第1期）从确定残卷的篇名、文本系统、卷数、纠正前人定名失误、补充残卷定名5个方面讨论了缀合对敦煌文献定名的作用。陈丽萍《国图藏敦煌文书研究札记之一》（《文津学志》第15辑）将国家图书馆藏敦煌文书BD06437v2、BD16552缀合为《悟邈真赞》，并推测是以P. 4660为底本的抄本。国图藏另一件文书BD11391原定名为《失名类书》，作者考订其为《搜神记》抄本，且其当衔接于BD14685后。朱瑜章《敦煌写本P. 2555卷"马云奇诗"考辨》（《敦煌学辑刊》第2期）再次论证确认了敦煌写本P. 2555唐人诗集残卷背面《怀素师草书歌》后属12首的作者为马云奇，并指出7首"落蕃诗"陆续写作于从张掖经大斗拔谷到青海蕃地之间，其他5首作于陷蕃前的张掖或其他地方。

在文书学研究方面，黄正建《唐代制敕文书起草者署名等问题浅析》（《隋唐辽宋金元史论丛》第11辑）指出其所研究问题实际上关涉制敕文书形成和实际效用的重要细节。作者认为，唐代制敕文书的起草者可能会在草稿上署名，一方面是对"著作权"的确认，另一方面是一种"文责自负"精神。正是由于制敕起草署名，人们便可从起草者身份、地位、交友等背景出发识别制敕中的"私货"。刘安志《唐代解文续探——以折冲府申州解为中心》（《西域研究》第4期）指出《吐鲁番出土文献散录》收录的《唐开元二十一年（733）九月某折冲府申西州都督府解》和《唐天宝间节度使随军某解》两份文书是新见研究唐代解文的重要资料，前者更是迄今所知吐鲁番出土的第二件唐代折冲府申州解文，是西州某折冲府于开元二十一年九月某日发出的公文，与县申州解文有着诸多相同之处，属于同类性质文书。包晓悦《唐代使牒考》（《敦煌吐鲁番研究》第20卷）根据敦煌与吐鲁番出土文书复原了唐代使牒的基本形态，并根据文书形态、行用场合、钤印与否、收件官府处理程序等几个要素将唐前期的牒文分为4种类型加以探讨。同时，作者指出牒式补任文书与普通使牒在文体、格式、钤印方式的差别以及与告身的类似之处。李兆宇《吐鲁番所出〈唐果毅高运达等请过所（？）残文书〉初探》（《西域研究》第4期）考证了阿斯坦那二九号墓所出《唐果毅高运达等请过所（？）残文书》中的几种笔记的先后顺序，指出该文书有可能是康纥槎与笃潘等人分离前往官府申请过所文书的残片。王祥伟《敦煌"傃状"文书再探》（《敦煌研究》第4期）指出P. 2250V与傃状关系密切，但并非傃状文书，而P. 3600中的诸寺状应为傃状文书。刘子凡《黄文弼所获〈唐神龙元年历日序〉研究》（《文津学志》第15辑）通过文书中关于年神方位等信息，对黄文弼《吐鲁番考古记》中的刊布的H4va文书进行了定名研究，并确认了吐鲁番出土的两种唐代历日文书与同是依据《麟德历》编造的日本《天平胜宝八岁历日》之间存在密切关联。田可《吐鲁番洋海 1 号墓阚氏高昌永康历日再探》（《西域研究》第 4 期）从二十四节气的角度补充了该历日的信息，并初步复原了永康历日的日干支、建除及二十四节气，也补充了前人关于阚氏高昌时代历法与中原历法差异性的观点。

八、历史地理学

历史地理学的讨论，主要集中于对不同层级政区建置、兴废的考订以及基于此展开政治地理研究。谢宇荣《唐宋之际湖南地区州级政治演变》（《中国历史地理论丛》第 4 辑）指出唐末湖南各地方势力以州为单位自立，或以观察治所州为核心，本地势力与外地势力先后掌控地方并开始扩展或以所在州为基础自我防卫。马楚政权渐次吞并各州，且以子弟掌控治所州，亲信分领治下州的模式控制湖南。朗州政权同样采取以亲信将领统治各州，并派兵更戍以削弱地方势力。北宋利用这一现象，在征服湖南后将北方的知州制迅速移植至此。李培生、郭声波《唐定襄、云中二都督府设置时间新考》（《中国历史地理论丛》第 2 辑）否定了学界认为贞观四年（630）以颉利之地六州置定襄、云中二都督府的观点，而提出具体时间应在唐灭薛延陀汗国后的贞观二十一年（647）。濮仲远《唐前期凉州境内羁縻府州的兴废》（《中国边疆史地研究》第 3 期）讨论了吐谷浑、铁勒和西突厥诸部落在凉州境内侨置阁门州、皋兰州、贺兰州、兴昔都督府、卢山府、金水州、蹛林州，并指出他们是以部落为单位，以部落首领充任羁縻府州长官。关于县级政区的研究，罗凯《从官品到俸秩：关于唐五代县之等第的考察》（《历史地理研究》第 2 期）指出唐代县等从前期的 6 等逐渐发展为后期的 10 等，其中望、紧、次赤、次畿的出现更多地体现“资地美恶”的特征而非户口多寡。代宗末年至德宗前期形成的俸秩对唐后期与五代县等有新的影响。五代则皆以户口多少定县的等第。通观唐五代县之等第，其总体上呈现从官本位到以俸秩为准的演变路径。曹雨琪《唐代八等州县等第形成探微》（《唐宋历史评论》第 8 辑）考证了唐代州县等第分为 8 等的时间是在开元时期而非以往认为的总章二年（669），作者同时指出辅、雄、望、紧州与望、紧县等并不作用于官品，也不作用于官司规模，主要运用于官员的资序与铨选的场合。刘子凡《唐代轮台建制考》（《西域研究》第 1 期）考证了唐代轮台县在今乌鲁木齐市附近。长安二年（702）轮台县建立，唐朝逐渐加强了对天山北的直接控制，轮台守捉等天山北麓诸守捉的建立也标志着唐代加强了这一区域的军事实力。邹国尉、张剑光《唐五代江南东北部沿海地区的开发——以华亭县的设立为例》（《江汉论坛》第 11 期）指出华亭县的设立与沿海地区陆路的生成关系密切。唐代在华亭地区建立起了县、乡、里的行政管理体系，也聚集了不少从北方迁来的望族。五代时期，吴越国在华亭地区兴修水利、建设圩田，发展农业，为宋以后的发展奠定了基础。此外，更基层的研究，则是关于里制。李亮《唐代里制的特点——以里、村关系为中心》（《唐史论丛》第33辑）重新肯定了学界关于唐代里村“二重构造”的观点，指出里、村本质的差异在于管理范围和侧重不同，里正兼管户口与土地，村正侧重治安工作且仅限于本村。作者认为里户口与土地并重是隋唐两代里制的新特点，突出了里制在基层控制中的重要地位。杨长玉《建中会盟所定唐蕃疆界考》（《中国边疆史地研究》第2期）考证出唐蕃会盟后在黄河以北、剑南及其以南区域，唐蕃疆界以自然山川为限隔，呈线性；黄河以南、剑南以北则有“唐方守界—闲天—蕃方守界”组成疆界，为带状。

在城市地理方面，贾鸿源《敦煌本〈刺史书仪〉“俵钱去处”所涉后唐宫城诸门位置商榷》（《华夏考古》第2期）重新考订了《刺史书仪》“俵钱去处”所记后唐洛阳宫城诸门的位置，指出这些宫门的空间布局与后唐相应制度实施刺史的活动路线高度吻合。刘振刚《隋代汾州北四十里的临汾宫考论》（《中国地方志》第5期）指出隋临汾宫在静乐县而非隋隰城县（北宋西河县），后者是《太平寰宇记》抄录旧文时推衍得出的错误。宋婷《新出碑志所见唐长安城周边小原及相关问题考述》（《中国历史地理论丛》第4辑）在史念海工作的基础上利用碑志材料考察了唐长安城周边小原27处，在倡导利用碑志材料的同时强调要注意地名景观与地理实体的对应、小原位置与基层单位的对应以及异名问题。

在交通史方面，妥超群《唐蕃古道新探——〈新唐书·地理志〉所载入蕃大道康藏段地名与路线考》（《西藏大学学报（社会科学版）》第1期）结合清末美国藏学家柔克义考察文献中新见康藏地名资料以及对清代康藏地理文献的最新研究成果，复原了《新唐书·地理志》中黄河源至拉萨方向的根本走向，从而发现唐代青藏高原上的多弥国国都就在甘孜，唐蕃古道上的苏毗国与白兰国的位置可以定为今理塘与阿坝马尔康。王玉平《天宝十三载封常清在交河郡的行程》（《中国历史地理论丛》第1辑）利用吐鲁番阿斯塔那506号墓中出土的关于柳谷馆、石舍馆、礌石馆、银山馆的马料文卷，复原了封常清在天宝十三载（754）往返北庭、安西，四次途径交河郡的路线。

此外，在经济地理方面，王昊《论唐前期华北平原蚕桑丝织业与生态环境的关系》（《唐史论丛》第32辑）指出唐前期温暖湿润的气候条件以及丰富的植被与水资源促进了蚕桑丝织业的发展，而桑树种植业同时也促进了华北水环境的保持以及起到了改良土壤、保持地力的作用。在地志编撰方面，郁冲聪《中古物产专志的产生与流变》（《中国历史地理论丛》第3辑）梳理了物产专志发展的脉络，作者指出这类专志以中古“异物志”为源头，汉唐间在中国南部边地勃兴，唐后期撰述形式走向多元，撰述范围开始扩散，最终流变成物产地理杂记、各地《物产志》及物产图谱，最终随着物产知识的积累，地方志《物产志》成为最重要的记述渠道。李昊林《重建大一统：隋至唐初地理学风气再研究》（《唐史论丛》第 33 辑）研究了唐代地理学术的发展，通过论述隋至唐前期地理学术的批评意见与著述活动，发掘其中的北朝地理学术渊源，发现唐前期无论是官方、学者的观点还是实践行为都体现了在官方主导下重建大一统的地理学术风气。

九、其他

除上述几个专题外，还有一些涉及文学史、史学史的论文。

在文学史研究上，历史学者的贡献主要集中于诗人生平的研究与考订。刘莹、王素《李商隐撰书〈王翊元与夫人李氏合祔墓志铭〉新论》（《故宫博物院院刊》第 7 期）在唐长孺《论南朝文学的北传》一文基础上，以墓志用纯粹散文写成为切入点研究了唐代古文运动的发展与影响。杜镇、苗轶飞、刘皓妍《新出唐建中元年〈张参夫妇墓志〉与唐代经史问题》（《中国国家博物馆馆刊》第 10 期）考订了《五经文字》的作者张参的家族世系、婚姻状况、仕宦以及学术成就。王素《敦煌 S. 76 号文书所见刘廷坚其人其诗》（《敦煌吐鲁番研究》第 20 卷）推测刘廷坚为五代吉州人，其诗文所写的是庐山。赵贞《敦煌写本〈百鸟名〉“吉祥鸟”探微》（《文津学志》第 15 辑）指出曹氏归义军时期流行的通俗文学作品《百鸟名》中“以鸟名官”以及对多种吉祥鸟意义的描述折射出抄者对于太平盛世的美好期盼以及曹氏归义军经营沙洲和交通中原的政治理想。于文哲《新出墓志所见初唐诗人李浑金及其诗作考索》（《唐史论丛》第 32 辑）通过对《李浑金墓志》的考订复原了志主的生平，并认为李浑金的诗作《春江眺望》创作于开耀元年，具有承上启下的文学史意义。

在史学史方面亦有一些佳作。段锐超《新见隋〈长孙懿墓志〉考释——兼以铭文作者沈警行迹看唐人小说的“史补”性》（《中国国家博物馆馆刊》第 7 期）在复原了志主的生平、仕宦外，又研究了志文作者的另一部作品《感异记》的史料价值。瞿林东《〈新唐书〉怎样评价唐代史学》（《河北学刊》第 1 期）认为《新唐书》的编纂者对于唐代史学评价多有失实与错误之处。作者指出《新唐书》卷一三二的后论认为唐代史学无可取之处，并且曲解了刘知幾《史通》与韩愈《顺宗实录》以抹杀唐代史学的价值。马强《从出土唐代墓志看唐人的史学修养及其著史活动》（《河南大学学报（社会科学版）》第 2 期）从唐人墓志中阐述了唐人史学修养、国史与私史的编修、家庭史学教育以及史著的流传。赵洋《中古时期孝子形象的历史书写与传播——从正史到敦煌写本》（《中国典籍与文化》第 4 期）梳理了正史“孝子传”的成立、唐代当朝以及敦煌等地方社会对于杂传《孝子传》的接受与改写。作者指出唐初对于孝子形成的书写倾向于儒家孝道与“移孝为忠”的政治伦理，敦煌地区出现的变文等则用于塑造与宣传社会的孝子形象。

十、结语

2021 年，隋唐五代十国史研究如同往年一样，论著数量巨大，但是质量参差不齐。就研究专题而言，政治史依然是本时段研究的主流。在传统政治史研究之外，近年来一直作为研究热点、新方法的“历史书写”依然保持着生命力。除此之外，宗教史研究亦成为 2021 年度的热点之一。包括历史学学者在内，宗教学学者、文献学学者都在宗教史研究上作出了重要的贡献与突破。经济史与社会史研究虽然数量并不占优，但与往年的研究相比，2021 年有所起色。尤其是在经济史中占有重要分量的土地制度、国家经济等问题再次引起了学界的关注。但 2021 年的研究也表现了隋唐五代史研究的一些困境。其一是同质性研究泛滥，这主要表现在墓志研究方面。毫无疑问，新出墓志为本时段研究大大拓宽了史料，但是大多数关于墓志的研究依然停留在仅对志主生平的基本考释，而未能将志主的事迹放在整个历史环境中加以考量。其二是理论研究的不足，缺乏对本时段历史的整体把握。如何走出困境是急需学界同仁反思与努力之处。

宋辽西夏金史研究综述

雷 博 关树东 余 辉

2021年国内宋辽西夏金史研究领域延续了近年来的发展势头和主要研究理路，并在诸多方面有所推进。以下分别从政治制度、财政经济、思想文化、法律社会、文献考古和通俗著作6个方面分类概述。限于篇幅，尚有诸多丰富的研究成果难以遍举，祈请诸位学者谅解。

一、政治制度

在两宋政治制度史方面，有多篇重要论文，涉及政治、文官制度与科举等领域。闫建飞《宋初“制其钱谷”之背景及措施》（《史学月刊》第11期）认为宋初在制其钱谷的过程中，设置监当官以加强对赋税征收的监管，并强化对系省钱物的管理，将州郡财政纳入三司国计体系之中，使州郡财政成为中央财政的一部分，是宋初强化其中央集权的一部分。林炫羽《宋高宗立储及其背后的政治文化与权力关系》（《史林》第5期）讨论高宗立储与秦桧、赵鼎之间政治斗争，最后秦桧病死，为赵瑗继位创造了条件。方诚峰《从唐宋宰相概念论君主支配模式》（《史学月刊》第3期）认为枢机制与委托制，是中国古代君主支配天下的两种基本模式。杨光《六察法的推行与宋神宗时期监察制度的转变》（《中国史研究》第3期）认为六察制度的出台及其监察机制的形成，既是对宋神宗种种期望的回应，又蕴含着御史台官员对自身利益的考虑，是双方互动博弈的结果。诸葛忆兵《论北宋初期科举制度之演变》（《中国人民大学学报》第3期）、《论真宗朝科举制度之演变》（《北京大学学报（哲学社会科学版）》第2期）对北宋初年科举制度进行了概括性研究；黄承炳《文柄自决：唐宋间“赐进士”考论》（《中国史研究》第1期）考证唐宋时代“赐进士”制度化与渊源。

2021年是王安石诞辰一千周年，关于这位北宋政治改革家有多篇论文发表，主要有：李华瑞《近二十年对王安石及其变法的重新认识——为王安石诞辰一千周年而作》（《史学月刊》第11期）、朱汉民《荆公新学〈三经新义〉的内圣外王之道》（《北京大学学报（哲学社会科学版)》第4期)、张呈忠《论司马光时代的新法改废与新旧党争——兼与赵冬梅教授商榷》(《清华大学学报(哲学社会科学版)》第3期)、李全德《释苏轼〈王安石赠太傅制〉中的"微意"》(《北京大学学报(哲学社会科学版)》第5期)、刘成国《王安石文集在宋代的编撰、刊刻及流传再探——以"临川本"与"杭州本"关系为核心的考察》(《文史》第3辑)、林鹄《王安石罢相之谜》(《隋唐辽宋金元史论丛》第11辑)、雷博《"失败"与"探路":王安石变法的历史政治学分析》(《文化纵横》第1期)等,全方位讨论王安石变法及其学术意义的历史影响。《东华理工大学学报(社会科学版)》2021年第5期有王安石研究专号,凸显此年度为王安石一千周年诞辰的重要性。相关的王安石研究著作则有:日本学者三浦国雄著,李若愚、张博译《王安石——立于浊流之人》(上海人民出版社)叙述王安石生平政绩和学术思想,揭示其在"经世致用"与"归隐山林"之间的挣扎,也梳理了后世对王安石的不同评价;王书华《荆公新学及其兴替》(中华书局)研究王安石新学的演变过程、学术主旨与特色,论述了新学在儒学史上的地位及新学与新法的关系;崔铭《王安石传》(天津人民出版社)通过梳理分析王安石不同时期的作品,勾勒其生平、交游和变法改革的历程;徐涛《王安石诗歌研究史稿(两宋时期)》(中华书局)对两宋时期王安石诗歌的传播与研究进行了梳理辨析,包括刊刻流传、解读批评和传承影响等方面。

2021年,宋代政治制度史领域出版多部重要著作。阎步克、邢义田、邓小南等著《多面的制度——跨学科视野下的制度研究》(生活·读书·新知三联书店)对聚焦于"制度"这一极富内在张力的对象,从历史学、政治学、社会学、经济学等不同学科的视角,讨论古今中外的制度及制度研究的理论方法,拓宽制度研究的视野。邓小南《宋代文官选任制度诸层面》(中华书局)是旧著新刊,2021年重版,探讨宋代任官制度的主要特点,例如有关选任的部门与条例,考课法在宋代的施行,铨选中"资"与"资序"系统的并立,铨选中占特殊重要地位的荐举制度,以课绩、资考为依据的磨勘制度,宋代文官差遣除授制度,以及宋代铨选中的诸多矛盾及应对方式等,并试图通过对这些问题的研究,追踪当年的选任逻辑,厘清错综表象背后的因由。邓小南《宋代文官制度六题》(香港:生活·读书·新知三联书店香港有限公司)具体论述北宋前期任官制度的形成、北宋的循资原则及其普遍作用、宋代资序体制的形成及其运作、北宋文官磨勘制度、宋代文官差遣除授制度、宋代地方官员政绩考察机制的形成。此外,该书也收录了作者对历史研究中的材料与议题的认识。黄纯怡《皇权、近习与权臣:南宋的外戚与政治》(万卷楼)讨论南宋初年外戚与政治之间的关系。美国学者马克梦(Keith McMahon)《天女临凡——从宋到清的后宫生活与帝国政事》(九州出版社)书写北宋至清朝后宫社会生活史。胡文宁《伪齐政权研究》(上海古籍出版社）是一部整体研究伪齐政权的著作，特别提出伪齐在激化金内斗的同时，却强化了南宋内部的凝聚力，不但促进了宋、金并立于淮河南北格局的形成，还对随后金人对中原的统治乃至中原地区民族融合都产生了深远的影响。日本学者平田茂树著、吴志宏译《科举与官僚制》（中西书局）叙述宋代科举与官僚之间的关系。陶晋生《宋代外交史》（重庆出版社）为全景式介绍宋代外交的巨著。张邦炜《宋代皇亲与政治》（郑州大学出版社）、《两宋王朝史》（郑州大学出版社）均为旧著新刊，《宋代皇亲与政治》研究宋代皇亲与外戚政治，《两宋王朝史》则用流畅的笔墨，言简意赅地梳理两宋王朝的历史。郭艳艳《宋代赦书研究》（人民出版社）主要研究两宋赦书制度，认为这是法治的调节机制，赦宥制度固然有其弊端，但它在某些特殊时期也发挥了重要的调节作用。

辽金西夏政治制度方面，比较重要的论文有：杨逍《辽代提辖司探讨》（《中央民族大学学报》第1期）考察了辽代的宫分提辖司和头下军州提辖司。孙大坤《辽代斡鲁朵官制考》（《宋史研究论丛》第28辑）认为斡鲁朵官制中弥合农耕区和游牧区的努力，证明了斡鲁朵乃是辽朝将草原区与农耕区维系在同一政权之内的重要纽带。卢修龙《辽代宣徽使考述》（《内蒙古社会科学》第5期）则对辽代宣徽使提出新的观点。孙伯君《西夏职官与封号的翻译原则》（《西南民族大学学报（人文社会科学版）》第3期）讨论了西夏人对职官和封号的翻译原则，并进行了重译。郝振宇《世禄之家的兴替与西夏政治生态演变》（《宁夏大学学报（人文社会科学版）》第1期）指出，西夏的后族、武将世家和文官世家是主要的世禄群体，其形成、发展过程与西夏社会和政治生态演变相联系。关于辽朝的部落制度，张宏利《辽代部族居住地与镇戍地的演变态势》（《渤海大学学报》第1期）认为，作为辽朝立国根本的部族，以辽圣宗统和二十二年为界，其居住地与镇戍地发生明显变化。关树东《辽朝乌隗乌古部与倒塌岭统军司考述》（《中国边疆史地研究》第4期）认为被列为属国属部的乌隗乌古部实为辽初组建的新八部之一，并考证了负责辽代阴山以北防务的西南路副部署司、倒塌岭统军司的沿革。辽代五京，是近年研究的一个热点，康鹏《辽朝“五京道”存否之争》（《中国社会科学报》7月14日）一文评述了学界关于辽代五京道的争议。关于辽金地方行政制度，2021年出版一些著作。陈俊达《辽朝节镇体制研究》（生活·读书·新知三联书店）考察了辽朝节镇体制的渊源、发展历程、体系、类型、职能、使府僚佐及其体制运作。王旭东《辽代五京地方政务运行研究》（知识产权出版社）通过研究辽代五京建置、留守司执掌、留守任选等问题，讨论五京政务与辽代政局之间的关系。孙文政《金代上京路研究》（中国社会科学出版社）考察金上京路的建置沿革及政治、经济、军事、文化等方面内容，探讨金上京路在金朝的历史地位及其在政治文化上的意义。

二、财政经济

在财政史和经济史方面，2021年有多篇重要论文，推进了宋代财政与货币体系的研究。包伟民《近古乡村基层催税单位演变的历史逻辑》（《北京大学学报（哲学社会科学版）》第1期）总结了唐宋以来乡村征收税赋两种制度——乡都制与结甲制，而它们在明初最终演变成重组的里甲制。黄纯艳《北宋财政能力与国家治理》（《史学集刊》第5期）指出北宋财政体制的基本特点是高度中央集权，制定设计的前提是保障中央财政支出，地方财权因此受到大的打击，国家治理模式也随之改变。张亦冰《北宋前期三司国计体系的演进》（《历史研究》第5期）、《论北宋财政管理中三司、中书门下的分工模式与权能关系》（《清华大学学报（哲学社会科学版）》第4期）指出北宋前期三司国计机制的演进，不仅为应对财政集权管理模式中的权能落差问题，更是两税税制特点与实物财政共同作用的产物。只要这一历史条件存在，征调分离的计度格局就会长期持续。王申《淮南交子与南宋两淮地区的财政运作——兼与东南会子比较》（《安徽史学》第1期）认为以往的研究多按纸币流通范围将南宋划分为不同的货币区，却忽视了每一货币区之内财政运作的区别，忽视了不同纸币因参与不同财政运作而产生的性质、功能差异，实则各种交子货币性质不同。此外，也有多篇论文涉及宋代消费与社会经济，如张金花、王茂华、王虹《宋代夜市规模、形态与消费主体分析》（《首都师范大学学报（社会科学版）》第2期），夏时华、王春《宋代政府的香料消费》（《安徽史学》第4期）认为宋代夜市第一次以官方认可的身份跻身于市场行列。

经济史方面的主要著作有：李埏、龙登高主编《中国市场通史（第1卷 先秦至宋元）》（三卷本，东方出版中心）采用宽阔视域、长期角度和崭新方法，对中国城乡市场在过去2500年中的发展变化进行全面的研究，较为系统、完整、立体地展现中国市场自先秦至民国时期的活动及其规律，探讨中国市场长期变动规律及其与社会、文化、经济等主要因素的相互关联，勾画出中国历史上城乡市场长期发展的真实面貌。刘力舸、刘梦晰、杨扬、李欣欣《〈宋会要辑稿·食货〉赋税词语研究》（四川大学出版社）以《宋会要辑稿·食货》词语为研究对象。程民生《宋代物价研究》（江西人民出版社）全面搜罗了宋代物价资料，并在旧版基础上整合材料，提出对宋代物价的流动趋势的新看法。日本学者斯波义信著、庄景辉译《宋代商业史研究》（浙江大学出版社），梁庚尧《南宋的农村经济》（台北：联经出版公司）皆为经典旧著新刊，在原著基础上修订一些史料错讹。

西夏经济史方面，郝振宇《西夏晚期社会流通货币的类型、范围及特点分析》（《西夏研究》第2期）认为西夏晚期社会的流通货币主要包括铜钱、铁钱等金属货币和粮食充当的实物货币。张映晖《西夏社会的借贷自由与债务负担——〈天盛律令〉“催索债利门”的制度透视》（《西夏研究》第 3 期）分析了西夏催索债利机制中强调“个体责任”和推行“出工抵债”的特色。此外有骆详译《西夏仓库簿册管理及宋夏仓库簿册管理的比较》（《西夏研究》第 2 期）。

三、思想文化

思想文化史方面，思想、礼仪、宗教与政治史、社会史的结合一直是学界热点，2021 年度也有若干篇论文涉及这一主题。刘晓《宋金之际中国北方云门宗的传承——以佛觉法琼、慧空普融法脉为中心》（《中国史研究》第 2 期）考订云门宗为禅宗五家七宗之一，北宋曾盛极一时。北宋灭亡后，云门宗传承依政权疆界（南宋、金元）大致可分南北两大系统，其中北方系统多出自真定洪济禅院（大洪济寺）慈觉宗赜法脉，目前可考者主要有佛觉法琼、慧空普融两支。朱汉民《〈四书〉学的忧乐情怀与宋儒的内圣之道》（《清华大学学报（哲学社会科学版）》第 1 期）认为宋儒通过挖掘《四书》中的忧乐情怀，找到了儒学及中国哲学的深层精神。他们还进一步对《四书》作出创造性的诠释，将《周易》的宇宙哲学与《四书》人格哲学结合起来，建构出一种超越精神的内圣之道和天人一体的性理之学。田志光、岳童瑶《论两宋帝王历史观的时代特征及其成因》（《史学史研究》第 3 期）以两宋帝王的历史观来析论。曹杰《试释大观改元——从宋代历史语境中的〈易·观〉谈起》（《唐宋历史评论》第 8 辑）认为联系北宋中期以降宋人有关《易·观》的经解与政治，就能够对大观改元在政治上所宣示的意味有一定新的认知。陆敏珍《宋代家礼的书写者》（《史学理论研究》第 4 期）认为宋代家礼书写者积极置身于意义系统与各种象征的制造时，在亲属关系与性别等问题上提出了许多思考。

思想文化领域的主要著作有：张晓宇《威兮其祖：宋代太庙礼仪之争》［*Empowered by Ancestors: Controversy over the Imperial Temple in Song China (960 – 1279)*］（Hong Kong University Press）探讨北宋太庙礼仪之争的背后皇帝牌位坐次礼仪及其政治文化意蕴。吾妻重二著、吴震等译《爱敬与仪章：东亚视域中的〈朱子家礼〉》（上海古籍出版社）对东亚研究视域下的《朱子家礼》进行了概括性研究，涉及《家礼》版本、木主、深衣、日本《家礼》接受史等议题，全面揭示《家礼》在东亚社会产生的深远影响。杨逸《宋代四礼研究》（浙江大学出版社）以冠、婚、丧、祭为主要内容，梳理宋代四礼的文献及其对士人生活世界的渗透影响。侯步云《宋代〈春秋〉学与理学研究》（中国社会科学出版社）对两宋《春秋》学进行学术史梳理，探究其义理特征及与理学的关系，以及理学与史学交融中两宋《春秋》学的展开。朱仙林《罗泌〈路史〉文献学及神话学研究》（中国社会科学出版社）考察罗泌的家世和《路史》的文献学及神话学价值，梳理《路史》文献来源及其在辑佚方面的价值。姜海军《宋代经学思想发展史》（人民出版社）对两宋各家经学的渊源、传承、诠释方法及其思想建构、历史影响等问题进行系统梳理总结。黄宽重《孙应时的学宦生涯：道学追随者对南宋中期政局变动的因应》（中国友谊出版公司）通过孙应时的个案研究，勾勒南宋学术与政治之间的关系，从小人物的视角展现南宋中期政治的全景。

辽金礼制与思想史研究方面，孔维京《辽代“七庙”与皇家宗庙祭祀考论》（《史学月刊》第6期）指出《辽史》中出现的两处关于“七庙”的记载，均非中原王朝太庙体系下的“天子七庙”。辽代皇家宗庙祭祀中的“汉契杂糅”特点，反映了农牧文化之间的互动与交融。汤勤福《再论金朝五礼制度》（《甘肃社会科学》第2期）通过对《大金集礼》和《金史·礼志》具体仪制反映出的金朝礼制的分析，以及两书礼目、礼文与《宋史·礼志》的高度一致性，确认金朝实行的就是仿照唐宋的五礼制度。他在《金朝“民族”礼仪与“汉化亡国说”辨误》（《中原文化研究》第1期）一文中指出，少数民族礼制与汉族礼制交融、分合，是中华传统礼制发展过程中的正常现象，金朝灭亡与“厌弃本俗，积极汉化”毫无关系。聂鸿音《再论西夏“蕃礼汉礼之争”》（《北方民族大学学报》第4期）指出，所谓西夏历史上存在“蕃礼汉礼之争”，是受了《西夏书事》里几条伪史料的误导。西夏自建国以后始终如一地推行“汉化”政策，王族和后族的权力斗争并非发端于不同的政治主张。

四、法律社会

法律史与社会史领域，有多篇论文涉及基层组织、民间信仰和法律风俗方面的研究。廖寅、杜洋洋《走向细化：宋代的乡村组织与乡村治理》（《清华大学学报（哲学社会科学版）》第3期）以为宋朝原来适合分散型社会的大幅员乡里制不再为国家所需，幅员更小的乡村组织——都保制于是应运而生，在宋朝收乡权于政府的同时，新的更多体现国家意志的乡村权威体制取代了传统的乡村权威体制，是中国历史上独一无二的存在。来亚文《宋朝腹地“郡县无城”与“小城大市”现象研究》（《史林》第4期）认为宋朝以南方为主的腹地州县，虽大多不建外城，但普遍建有子城，街区在子城之外。这一现象由南方土质决定，修建砖城的耗费之大决定了南方“小城大市”的形态在宋代乃至整个中古时期都是一种常见的城市景观。韩冠群《感戴报德与循吏象征：宋代生祠的盛行与地方社会》（《史学集刊》第6期）研究宋代生祠立碑作为表达民情民意的一种方式，其效果是因地、因时而异的，我们看到了统一国家之下的地方社会的面相，也是官员、士民、官府三个互动的产物。蔡蓁《宋代儒家视野下的堕胎问题》（《文史哲》第6期）以宋代法律条文记载辅助社会兴起的儒医实践考察堕胎问题，对堕胎问题的伦理考量不能仅仅局限于西方传统视角中对人格属性的形而上学分析和权利界定的概念之争，而是应该将视野延伸至堕胎所发生的现实生活之中，将其与更为广阔的社会条件下的多种价值考量联系在一起思考。

法律史与社会史领域的主要著作有：曹大明《边界流动与族群变迁：宋元以来武陵地区的土客关系》（社会科学文献出版社）深入探讨了宋元至民国九百余年武陵地区的土客关系以及与之同步发生的区域社会转型，较系统地展示了武陵地区的移民史以及各民族的交往交流交融进程。吴铮强《士绅阶层前传：两宋的游民与土豪、科举与理学》（中西书局）以科举制为中心，探讨了宋、明两代之间社会中间阶层的差异与联系，对明代士绅阶层的出现提出了新的解释，认为从现象上看，士绅阶层依赖科举制度而产生，而科举制度在宋明之间发生了重大的变化，即科举理学化的过程。在此背景下，社会阶层发生了变化，南宋“地方化”了的“精英”逐渐演变成为明代士绅。贾文龙《宋代地方法治问题研究》（人民出版社）认为，宋代地方行政与司法中“非完整的统治单元与完整的治理单元”并存矛盾，使宋代出现了“短安与长治”并存的社会治理局面。韩国学者姜吉仲《宋代吏治法研究》（台北：文津出版社）以纵贯三百年宋史之文臣官僚体系为对象，以官员之养成、选拔、任免、管理、磨勘、奖惩、致仕等与人事行政相关之诸方面为展开，重点考察有宋代特色之学术文化与科举制度对宋代吏治法的影响，讨论三者间相互之关系，并稍作扩展，以古论今，类比引申，试图展望宋代吏治法之精神对当今社会的价值与意义。钟文荣《宋代文书违法及防治研究》（上海古籍出版社）以皇权与文书的互动关系为主线，以法律为基础，以揭示防治经验为目标，从宋代文书立法的基本情况入手，分析了宋代常见的文书伪造，文书稽程，文书泄密，文书不实，文书亡失、盗窃、非法买卖、非法雕印等问题，结合宋代社会历史，从不同角度梳理了宋代文书违法产生的原因、危害和防治的多重举措和对当代的借鉴价值。麻庭光《气候与社会：〈清明上河图〉中的社会危机与社会应对》（上海科学技术文献出版社）通过解读环境危机来认识导致每一场社会变革的外部原因，分析宋代的9种气候危机和9种社会革命来认识气候与社会的互动；通过解读经典古画，来认识古人的生活水平；通过深入讨论工业革命的先决条件，解释为何宋代科技发达却未能产生工业革命的原因；通过气候变化和不同文明的响应办法，认识货币原理、长城功能、农业改革、经济改革等背后的气候背景，认识改革的必然性。刁培俊《两宋国家与地方社会研究》（中国社会科学出版社）、高柯立《宋代地方的官民信息沟通与治理秩序》（国家图书馆出版社）利用文集政书等材料分析宋代官民信息沟通交流、渠道、冲击回应等问题。王章伟《村巫社觋——宋代巫觋信仰研究》（中西书局）合理运用人类学的观念和理论，将史料和理论有机结合起来，以解读为何当时民间巫觋信仰之普遍。耿元骊《唐宋乡村社会与国家经济关系研究》（中国社会科学出版社）通过观察乡村权力结构，探索中国古代乡村社会的经济结构、权力结构与运行机制，从乡村居民的角度理解乡村社会、州县权力、朝廷国家等多方面的关系。

王善军《辽宋西夏金时期族际饮食文化交流略论》（《河北大学学报（哲学社会科学版）》第5期）考察了农耕民族与游牧民族饮食文化的交流交融。高福顺《辽宋夏金时期内聚性不断增强》（《历史评论》第3期）指出在辽宋夏金近400年的对峙格局中，诸政权之间的战和关系始终处于“一个中华”的政治和文化语境之中。关树东《辽金元国家建构中的民族认同与国家认同——以渤海人、契丹人为例》（《隋唐辽宋金元史论丛》第11辑）认为各民族在辽金元国家建构中的民族认同和国家认同，凸显了民族问题的复杂性。吴翔宇《双重语境下的辽代契丹姓氏研究》（《史学月刊》第1期）指出汉文语境中的耶律与萧氏，在产生时间、得姓方式上存在差异，导致两种姓氏在契丹人中的被接受程度存在明显差异。刘晓飞《地缘与社会认同：金朝汉族同乡里姓氏分布考论》（《内蒙古社会科学》第1期）认为金朝同宗虽“阡陌连接”，但“散居诸村”，“同乡里”的地缘意识并不很强。张景明、张杰《饮食人类学视域下的辽代饮食文化研究》（科学出版社）讨论了北方草原饮食文化与生态观对辽代饮食文化的多方面影响。崔红芬、文志勇《文化认同视域下的西夏藏传佛教研究》（中国社会科学出版社）论述了藏传佛教各宗派在党项和西夏的传播及其世俗化。日本学者饭山知保著、邹笛译《另一种士人：金元时代的华北社会与科举制度》（浙江大学出版社）重点论述了金代科举与学校政策的变迁及士人阶层的形成、发展，女真人在金代华北社会中的定位与女真儒士的作用。苗霖霖《贞铭金石：墓志中的金代社会》（中华书局）论述了金代墓志所见婚姻、家庭形态、家族互助及社会伦理。

五、文献考古

文献考订方面也有多篇论文，它们考辨相关史料并对政治史问题进行辨析，如姜锡东《南宋续臀及其〈王彦四厢行状〉考论》（《中国史研究》第1期），李全德《〈轩驭贴〉与北宋元祐更化前夜司马光、范纯仁的出处问题》（《史学月刊》第7期），陈文龙、许柳明《论〈宋史·职官志八〉“建隆以后合班之制”史料的形成》（《文史》第1辑），张良《南宋官藏本〈续资治通鉴长编〉传续考》（《文史》第2辑），顾宏义《李焘〈续资治通鉴长编〉南宋抄刊本考述》（《文史》第3辑）等。陈晓伟近年专注于《金史》文本文献学的研究，发表了多篇论文，如《〈金史·宗室表〉再探》（《民族研究》第1期）、《〈金史〉本纪与〈国史〉关系再探——苏天爵“金亦尝为国史”辨说》（《内蒙古师范大学学报（哲学社会科学版）》第4期）等，都有新的认识和反思。

相关著作有顾宏义《宋代笔记录考》（中华书局）搜罗考辨1100余种宋代笔记，大体按照著者的活动年月先后进行排序，考察每种笔记的作者、著录、存佚、版本、内容特点和相关问题。蒋媛媛《宋代寺院碑文集成》（天津古籍出版社）辑录梳理两宋时期1000多篇寺院碑文文献，涉及两宋政治、经济、文化、思想、社会生活等诸方面。王殿明点校《唐宋厅壁记集成》（天津古籍出版社）全书收录唐宋厅壁记五百余篇，依人系文，并加以点校，辑录资料并填补这一学术领域的空白。党斌《民族·盟约·边界·战争：陕西出土宋代墓志辑释》（社会科学文献出版社）收录今陕西境内出土宋代墓志近150种，是关于陕西出土宋代墓志的系统性文献整理成果。

考古发掘方面，主要有中国社会科学院考古研究所、福建省文物局、泉州市“泉州：宋元中国的世界海洋商贸中心”系列遗产申报世界文化遗产工作领导小组办公室编《泉州城考古学术研讨会论文集》（科学出版社）收录了“泉州城考古学术研讨会”参会学者论文32篇，内容包括泉州城遗址考古发掘研究、泉州历史文化和政治经济相关研究、泉州城遗址出土陶瓷器研究、城市建设与规划历史的相关研究等方面。北京大学考古文博学院、泉州市文化广电和旅游局、安溪县人民政府、北京大学考古文博学院（安溪）研究中心编《安溪下草埔遗址2019—2020年度考古发掘报告》（文物出版社）对安溪下草埔遗址空间上的多个台地、揭露的多属性遗迹、出土的多类型遗物之间关系进行梳理、分述，为研究早期海边定居先民之科技史、城市史、手工业经济史、社会史提供了一些新材料。正定开元南寺遗址、金上京遗址入选2021年度全国十大考古发现初评。

2021年度重要古籍点校有陈智超撰《辑补旧五代史》（巴蜀书社）以清辑本为基础，充分吸收前人研究成果，运用科学的方法重新加以辑、补、校、证，以期作成一个更接近《旧五代史》原本、更能体现其正史地位的新辑本。（宋）吴潜撰、汤华泉编校《吴潜全集》（安徽大学出版社）对吴潜文集及作品流传情况、前人整理情况进行深入调查，将吴潜诗词文合为1集，诗4卷，词3卷，文8卷，共15卷。并对其进行广泛搜补，其中诗比《全宋诗》所录多出8首，文比《全宋文》所录多出19篇，推进了吴潜的研究。（宋）周邦彦撰，（清）郑文焯批校，张如意、李俊勇校注《清真集（批注本）》（商务印书馆）的整理独具特色，为河北大学图书馆藏珍本郑文焯批校《清真集》首次整理出版，涉及校勘、词论、交游等珍贵史料，具有极高的研究价值。（宋）杜范撰、胡正武点校《杜清献公集》（上海古籍出版社）以同治间刊本为底本，以《四库全书》本、清钞本为校本。（宋）黄庭坚著，刘琳、李勇先、王蓉贵点校《黄庭坚全集》（中华书局）包括《正集》32卷，《外集》24卷，《别集》19卷，《续集》10卷，《补遗》10卷，附录7种和人名索引，底本为光绪义宁州署刻本《黄文节公全集》，参校了12种版本。（宋）钱时著、张高博点校《钱时著作三种》（中国社会科学出版社）是南宋中后期学者钱时著作的合集，包括经学著作《融堂书解》《融堂四书管见》和文集《蜀阜存稿》3 卷，是明代工部尚书徐贯后人徐楚等编纂的《蜀阜徐氏家集十一种》中收录的版本。（宋）陈振孙《直斋书录解题》（浙江古籍出版社）为浙江古籍出版社重新点校。（宋）文天祥撰、吴海发注《指南录详注》（上海古籍出版社）是指南录第一个注释本，详细注解文天祥写出的人名地名以及所用典故。（宋）张洽撰、陈岘点校《春秋集注》（中华书局）选取宋宝祐三年（1255）临江军庠刻本为底本，以宋德祐元年（1275）卫宗武华亭义塾刻本和《通志堂经解》本作校本，并酌情收录一部分与该书以及作者密切相关的资料作为附录，是很值得研究者注意的古籍点校。（宋）张载撰、刘泉校注《横渠易说校注》（中华书局）对《易说》中的疑难字词、概念范畴、名物典故等作了简要的注释、分析和按断，在前言部分还对《横渠易说》的成书、历代著录情况、版本、思想和学术史意义等均作了详尽的论述，学术价值较大。（宋）真德秀撰、陈静点校《四书集编》（四书注疏丛刊，福建人民出版社）以通志堂经解康熙初刻本为底本，以通志堂经解乾隆补刊本、同治重刊本，摛藻堂四库全书荟要本，文渊阁四库全书本为校本。（宋）王安石撰、刘成国点校《王安石文集》（中华书局）是刘成国教授在重新梳理王安石文集版本系统的基础上，以台北"国家图书馆"所藏明嘉靖三十九年（1560）何迁刻《临川先生文集》为底本，以南宋绍兴年间龙舒本《王文公文集》为主校本，在通校以台北"国家图书馆"所藏南宋绍兴二十一年（1151）王珏刻元明递修本《临川先生文集》、朝鲜活字本《王荆文公诗李壁注》，并全面利用了清代学者黄廷鉴根据宋本《临川先生文集》所作的批校，参校以北京大学图书馆所藏残宋本《临川先生文集》等善本基础上，对王安石文章进行全面整理的古籍整理的佳作。（宋）薛尚功《宋刻宋拓〈历代钟鼎彝器款识法贴〉辑存》（中华书局）20 卷是宋代所作收录彝器款识最丰富的书，共收录了 511 件器物的款识，其上所著录器物现多已不存，款识独见于此书中。该书纂辑了中国社会科学院考古研究所（卷十八）、上海图书馆（残叶集一部）、台湾史语所（卷十七及残叶集一部）以及私人所藏（卷七至卷十六、卷十九、卷二十，为黄丕烈旧藏）宋本《款识》，共 14 卷整卷以及残叶集两种，将现存宋本搜罗殆尽，最大限度还原《款识》旧貌，是研究《历代钟鼎彝器款识法帖》不可或缺之书。

六、通俗著作

随着宋代历史受到公众广泛关切，诸多学者参与面向大众的通识写作，极大提高了相关领域的传播质量，2021 年度通俗著作主要有数种。邓小南、杨立华、王连起等《宋：风雅美学的十个侧面》（生活·读书·新知三联书店）是邓小南、杨立华、王连起、朱青生、康震、廖宝秀、扬之水、郑培凯、叶放、余辉等十位专家学者，分别从国势、理学、书法、宋画、宋词、宋瓷、名物、茶事、雅集10个侧面，编织宋代文人的生活美学介绍，立体呈现宋人丰富的精神世界。吴铮强《北宋的十一张面孔》（浙江大学出版社）选取了11个人物，作为认识北宋的切入点，从而串联起一个重视文化、优雅繁华的北宋。游彪《追宋：细说古典中国的黄金时代》（天地出版社）从历史学的角度，从国家顶层制度设计和宋代文明成就两个维度入手，包括两宋文学的大放异彩，高度发达的科学技术和宋代史学，成就灿烂辉煌的高度文明。游彪《问宋：赵宋王朝内政外交的得与失》（天地出版社）、赵冬梅《法度与人心——帝制时期人与制度的互动》（中信出版社）采用点面结合的方式，从宋初“祖宗家法”的确立，到崖山之战南宋灭亡，精心选取最能反映各个时期政治特点的人物和事件，寓论断于叙事，由表及里地勾勒宋朝各时期的时代大势、权力结构和政治主题。赵冬梅《人间烟火——掩埋在历史里的日常与人生》（中信出版集团）是一本深入浅出地解读中国古代日常生活史的通俗历史作品，从古人的衣食住行、行走坐卧等微观视角，对古代历史中个体命运的境况进行了透彻解读与深切观照，体现了作者对制度中特定人群的生存状态、制度与人群的互动关系的关注。虞云国《从中州到钱塘：虞云国说宋朝》（中华书局）分大势追踪、人物留真、文化掠影、朝代纵论四辑勾勒两宋大势，细致摹写人物影像，深入解读文化现象，纵论通贯宋代的大论题，深入浅出论宋朝。这些论著代表宋代历史通俗读物的最高水平，也是近年来宋史读书在公共史学的冲击下的作品。

元史研究综述

舒　健　张晓慧

2021年，元史研究领域取得成果较为丰硕，出版专著20余本，各类编著、译著和资料集累计亦达20多种，发表学术论文300余篇。其中，发表元史论文较为集中的辑刊有《元史及民族与边疆研究集刊》第39辑、《隋唐辽宋金元史论丛》第11辑和《朔方论丛》第8辑。2021年度还召开了7次与元史研究有关的会议。元史研究在延续重视实证传统的同时，不断探索跨断代、跨学科、跨国界的新文科发展方向。下面将2021年度的元史研究成果，分为论著和论文两个部分，进行分类综述。其中代表性著作、论文、会议将在本卷年鉴"学术动态""著作选介""论文观点摘编""新出考古材料与文献整理"栏目进行专门介绍，为避免重复，下文不再详述。

一、论著

文献、典籍与考古。近年来各类"文献研究"和"文献整理"的课题层出不穷，2021年度元史研究在文献典籍、诗词歌赋与金石碑刻方面的成果都体现了这一特点，这些极具研究价值的文献资料扩展了元史研究。

首先来看新的文书史料刊布和文集、史籍整理方面的成果。王晓欣、郑旭东、魏亦乐编著《元代湖州路户籍文书》出版。周斌主编《宋元版佛教史籍丛刊》（线装书局、长春出版社）会集了宋元版佛教史籍。吴澄文集是元人文集中的大部头著作，方旭东点校《吴澄集》出版。若干元代文献的点校整理本再版、重印。中华书局版的《国初群雄事略》（韩志远、张德信点校）和《湛然居士文集》（谢方点校）都得到重版。杨自平的《元代〈易〉学类型研究》（台北：台湾大学出版中心）将元代《易》学归成7类，分别探讨了许衡、吴澄、胡炳文等16家的《易》学。元代文书具有碎片化的特点，随着近年对文书整理、校订的不断推进，大量新史料日渐呈现，通过文书资料对传统议题进行补充和修正是元史研究的一个趋势。储小旵、张丽《宋元以来契约文书俗字研究》（人民出版社）和蒋旅佳《宋元文章总集分体与分类研究》（中华书局）分别对宋元契约文书和文章总集进行了整理、叙录。

在元诗、元曲的整理方面，中华书局重印了清人顾嗣立编，席世臣、钱熙彦补的《元诗选》五个部分，合并成《元诗选（全九册）》出版。明人臧晋叔的《元曲选》和今人隋树森的《元曲选外编》也由中华书局合编成《元曲选（附外编·全7册）》出版。《录鬼簿》的研究是2021年的一个热点。王钢《录鬼簿校订》（中华书局）、孙楷第批校《元曲家考略录鬼簿（批校本）》（中华书局）及袁世硕、张倩倩、都刘平校订笺释《录鬼簿及续编校订笺释》（齐鲁书社）等都得到出版。这些成果辑补了散佚文献，为元史研究提供了新的维度。日本学者平田茂树和余蔚主编《史料与场域：辽宋金元史的文献拓展与空间体验》（上海人民出版社）收录了8篇有关元代的论文，是中国和日本宋辽金元史界青年学者关于新史料、地域空间与历史书写等多个问题密切交流的成果。日本学者志茂硕敏、志茂智子《蒙古帝国史研究 完篇 中央欧亚游牧诸政权的国家构造》（『モンゴル帝国史研究 完篇 中央ユーラシア遊牧諸政権の国家構造』）（东京：东京大学出版会）是对波斯文《史集》成书史的专门研究。

金石碑刻的整理方面，黄阿明《元明清松江碑刻资料选编》（上海辞书出版社）收录了松江34方有关元代政治、宗教、人物的碑刻，对研究元代松江和江南有重要参考价值。周峰《散见宋金元墓志地券辑录》（台北：花木兰文化事业有限公司）收录元代墓志地券若干。范雪琳《元代墓碑文研究》（台北：花木兰文化事业有限公司）对元代墓碑文进行了综合研究和个案研究，探讨了碑文的文献价值、文学价值及其蕴含的思想观念。泉州市政协文化文史和学习委员会编《海丝泉州：宋元中国的世界海洋商贸中心史迹剪影》（中国文史出版社）以摄影集的形式介绍了泉州代表性的史迹。此外还有鄂尔多斯青铜器博物馆《回望元朝：内蒙古元代丝绸之路文物图珍》（故宫出版社）。

政治与法律。政治史依然是元史研究的热点。陈佳臻《元代刑部研究》（中国社会科学出版社）是对元代刑部渊源、建制、官吏和职能的专门研究。杜立晖《元代地方行政运作研究——以黑水城文献为中心》（上海古籍出版社）是利用黑水城文献对元代地方行政运作进行系统性研究的成果。马光《断裂、演进与延续：元—明交界东亚海洋史中的山东半岛》（*Rupture, Evolution, and Continuity: The Shandong Peninsula in East Asian Maritime History During the Yuan-Ming Transition*）（Harrassowitz Verlag）以英文著作形式出版，该书突破了传统以东南沿海为主的研究框架，聚焦于元明之际的山东半岛，认为元明嬗代之际海洋政策和海上贸易出现显著的断裂，但其他部分则延续不断。史卫民《元代政治思想史》（中国社会科学出版社）展示了元代政治思想的发展。吴松弟主编《温州通史·宋元卷》（人民出版社）全面展示了宋元时代温州的自然、经济、文化等各个方面。政治人物研究有杜改俊《忽必烈潜邸幕僚形成研究》（商务印书馆）。法制史方面，李鸣《从习惯断事到以法判案——辽西夏金元司法文明的历史考察》（民族出版社）探讨了辽、西夏、金、元四朝司法文明的个性特点和独特经验。张笑峰《黑水城出土元代律令与词讼文书整理研究》（中国社会科学出版社）对黑水城出土元代律令与词讼文书进行录文校勘，在此基础上讨论了元代基层法律制度。日本学者樱井智美、饭山知保、森田宪司、渡边健哉《元朝的历史：蒙古帝国时期的东亚》（『元朝の歴史：モンゴル帝国期の東ユーラシア』）（东京：勉诚出版社）在政治制度、社会宗教、国际关系等议题中选取不同侧面勾勒元代的面貌。

儒学、宗教与社会文化。文人、文学方面，［日］饭山知保著、邹迪译《另一种士人：金元时代的华北社会与科举制度》（浙江大学出版社）对金元北方士人的仕途做出了总结。胡传志《元好问传论》（中华书局）和庄郁麟《存史与失节：危素历史评价探析》（台北：秀威资讯）围绕元好问和危素的生平和作品，探讨了文人在易代时期的特殊历史贡献和历史书写的形成。邱江宁的《元代文人群体的地理研究分布与文学格局》（中华书局）一书以元代文人群体的分布与文学格局研究为核心，从整体上讨论元代文人群体的地理分布与文学格局演变。日本学者高桥文治《元好问及其时代》（『元好問とその時代』）（大阪：大阪大学出版会）是元好问的专门研究，探讨了元好问在金末的出仕、战乱后的经历、《中州集》的编纂等。宗教方面，陈高华《元代佛教史论》（上海古籍出版社）收录了 20 余篇关于元代佛教研究的文章。社会文化方面，陈高华《元代妇女史》（中国社会科学出版社）从阶层、婚姻、日常生活、宗教信仰等方面，全方位介绍了元代妇女生活。翟墨《追谥杜甫与元明时代政治文化研究》（中国社会科学出版社）指出元末追谥杜甫一事在明代被长期无视，直到晚明被重新发现，探讨了多民族文化互动与交融对文学史的塑造。医疗史方面有李成文、李东阳主编《两宋金元中医药文化研究》（中国医药科技出版社）收载了金元两宋时期的中医药文化发展和中医药文化思潮的重要学术史料。于业礼、张如青《黑水城出土汉文医学文献研究》（上海交通大学出版社）收录了 36 件医学文献，为宋金元及西夏的医学研究提供了资料。

族群、边疆与中外交流。2021 年度值得特别关注的一本论著，是张佳的《图像、观念与仪俗：元明时代的族群文化变迁》（商务印书馆）。书中挖掘多种史料，探讨元明时代国家、族群认同问题。葛兆光的书评《从细微处看大关节》高度评价了此书的学术价值。刘迎胜《多民族中国与古代世界》（中华书局）收录元史与丝绸之路研究论文 16 篇。白玉冬译《胡风西来：西域史语译文集》（上海古籍出版社）翻译了西域历史语言学者关于黑水城及吐鲁番出土蒙古语契约文书等方面的若干论文。此外还有周爽《元代辽阳行省女真人研究》（上海交通大学出版社），张久和、刘国祥主编《中国古代北方民族史》（十卷）之《室韦卷》（科学出版社）。余大钧译《金帐汗国兴衰史》（商务印书馆）长期以来一直是研究金帐汗国历史的重要著作，2021 年度重版。美国学者艾骛德等（Timothy May, Bayarsaikhan Dashdondog, Christopher P. Atwood）主编《伊利汗国史新研》（*New Approaches to Ilkhanid History*）（Brill）是伊利汗国史研究的论文集。

马可·波罗始终是元史和中外关系史研究的关注点。荣新江、党宝海编《马可·波罗研究论文选粹（中文编）》（中西书局）收录了 35 篇国内学者极具典型性、代表性的马可·波罗及其《行纪》的研究成果，从历史学、语言学等多种学科的角度出发，全方位解析马可·波罗及其《行纪》的历史与意义。

本年度的对外交流研究中，东亚地区处于热点地位，有关元丽关系、元日关系的研究是其重点。屈广燕《元明嬗代之际中朝政治关系变迁研究》（中国人民大学出版社）从五个阶段展示了元明嬗代之际中朝政治关系的变迁过程。日本学者李康汉著，秦菲、李彬彬译《13—14 世纪高丽和元朝的贸易史》（上海交通大学出版社）突破传统高丽后期为“元干涉期”的刻板印象，挖掘了朝鲜半岛在元丽贸易中地位的变化，强调了不同时期在位的高丽王为贸易所做的尝试。关于中日关系，有日本学者荒野泰典、石井正敏、村井章介《倭寇与“日本国王”》（『倭寇と「日本国王」』，东京：吉川弘文馆），村冈伦《阅读最古老的世界地图：混一疆理历代国都之图所见大陆与海》（『最古の世界地図を読む：混一疆理歴代国都之図から見る陸と海』，京都：法藏馆），康昊《中世的禅宗与元日交流》（『中世の禅宗と元日交流』，东京：吉川弘文馆）等著作。

二、论文

文献与考古。文献方面，新史料运用和史源讨论的研究成果丰富。

首先是对《元史》的研究。于月《〈元史·明安答儿传〉勘误一则》（《中国史研究》第 1 期）认为明安答儿“死于钧州”的“钧州”当为“均州”之误。修晓波《〈元史·哈剌觧传〉献疑及其史源探讨》（《广东社会科学》第 1 期）认为《元史·哈剌觧传》的史源可能来自现已失传的元代《后妃功臣列传》而非《巩国公谥武惠合鲁公家传》或《巩国武惠公神道碑铭》。还有尹珑《〈元史·选举志〉校勘札记一则》（《中国史研究》第 4 期）、撒海涛《〈元史〉点校拾遗五则》（《元史及民族与边疆研究集刊》第 39 辑）、蔡晶晶《〈元史〉中的几个朵儿只》（《暨南史学》第 22 辑）。

对《全元文》《全元诗》进行勘误、补遗的，有邹虎《〈全元文〉所录碑刻资料勘误举例》（《古籍整理研究学刊》第 1 期），邵丽光《〈全元文〉补遗勘误四篇》（《古籍整理研究学刊》第 2 期），侯赛华、张金铣《〈全元文〉补遗九则》（《古籍整理研究学刊》第 1 期），侯赛华、张金铣《〈全元文〉所涉山西文献补遗六则》（《古籍整理研究学刊》第 4

期)，陈谙哲、李静《〈全元诗〉补遗33首——从〈鹤亭倡和〉的发现谈起》(《山西大同大学学报（社会科学版)》第4期)。

关于元代其他文献，邱轶皓《帖卜·腾格里所传神谕考》(《世界历史评论》第4期)考察了《史集》等波斯文文献中的帖卜·腾格里神谕。邱靖嘉《王大观〈行程录〉真伪暨金熙宗朝征蒙史事考》(《文献》第6期）通过辑录考证今存《行程录》佚文及所见金朝征蒙及议和史事，探讨了王大观《行程录》的可信度和版本问题。罗鹭《〈道园类稿〉版本新考》(《古典文献研究》第24辑）指出元抚州路儒学刻本的文献价值。罗鹭《元刻孤本〈秋堂邵先生文集〉作者考》(《文献》第2期）考证《秋堂邵先生文集》作者是元人王旭的友人，名不详，字伯诚，号秋堂，山西泽州人，任职中书省兵刑部长达10余年。黄云生《论〈岛夷志〉与〈岛夷志略〉之关系》(《中国史研究》第3期）探讨了两者的区别与联系。杨晓春《杨维桢撰〈张氏通波阡表〉不同文本的差异及其成因探析——兼论正德〈松江府志〉在保存元代石刻文献方面的贡献》(《暨南学报（哲学社会科学版)》第9期）和李庆《一部充满传奇的古籍——顾千里校〈元朝秘史〉及有关文献问题的札记》(《国际汉学研究通讯》第22期）分别对相关史料的版本进行了比较和探讨。佟建荣《黑水城汉文文献补考》(《敦煌研究》第2期）对黑水城文献中TK296、TK296V等未考订或考订不准的残页重新进行了判断。此外，还有张欣《胡安国〈春秋传〉在元代北方的接受》(《中国传统文化研究》第3辑)、刘砚月《钱大昕〈元史氏族表〉校勘释例》(《古籍整理研究学刊》第5期)、时培磊《传承与创新：近百年来〈元典章〉的整理与研究》(《河南师范大学学报（哲学社会科学版)》第2期)、罗玮《元明善〈寿国董忠烈公传〉考——兼论董文用对元朝〈太祖实录〉纂修的影响》(《首届中国文化研究国际论坛文集》，厦门大学出版社）等。

一些未见著录的金石碑刻史料得到刊布、研究。周峰《金代繁塔赵秉文墨书补考》(《文物》第3期）考证了题记中3人的名字、生平。高元杰《宁阳新见元马之贞〈改修堽城坝闸记〉残碑考释》(《中国国家博物馆馆刊》第7期）对2007年出土《改修堽城坝闸记》进行录文、研究，并附拓片。常莹《元河东廉访转运司奏差王进墓志考略》(《中国国家博物馆馆刊》第1期）对2012年采集、现存陕西省考古研究院的《王进墓志》进行录文、研究，并附拓片、照片。陈朝云《元代长社县尹袁英记功碑研究》(《史学史研究》第1期）对现藏于许昌市长葛县春秋楼的《袁英记功碑》进行录文、研究。李昭梅《浅析元代〈沙阳邓氏时思堂记〉〈重建三教堂记〉碑记》(《福建文博》第3期）对现藏于三明市博物馆的《重建三教堂记》等碑刻进行录文、研究。孙力楠等《元代一方买地券考略》(《北方文物》第5期）对东北师范大学藏的一方元代买地券进行录文、研究。马垒《房山灵岩禅寺元至大元年圣旨白话碑释证》（《文物春秋》第4期）对2014年出土的《宣赐果园圣旨之碑》和碑阴《谷积灵岩禅寺地土园林之记》进行录文、研究，并附拓片。

近年来宋元考古成果不断涌现，愈发引起关注。田广林、梁景欣《元朝帝陵葬地探索的回顾与思考》（《内蒙古社会科学》第2期）系统梳理了宋元以来有关元朝帝陵的历史学、考古学材料，认为起辇谷的大体地望应位于克鲁伦河流域。林梅村《日月光天德 山河壮帝居——元大都中轴线古迹调查》（《文物》第5期）调查考证了元大都中轴线应在紫禁城中轴线西约67米处。刘未《实物、图像与文本：宋元时期的墓葬神煞》（《故宫博物院院刊》第11期）从观念、媒介与人之间的关系出发，重新思考墓葬神煞的问题，指出相同、相似的神煞可能分属不同的观念系统而被赋予不同的含义。熊文彬《西藏札达县洛当寺新现元代内地佛幡——兼论元代阿里与内地的文化交流》（《中国藏学》第1期）探讨并考释了佛幡和愿文的相关问题。邓文韬《莫高窟北区B53窟出土元代呈状成文年代再考——兼商榷B53窟的使用年代下限》（《敦煌研究》第1期）认为B53：16呈状文书的年代应在大德六年到大德十一年（1302—1307）。王光尧《故宫浴德堂浴室建筑文化源头考察——海外考古调查札记（六）》（《故宫博物院院刊》第11期）肯定故宫浴德堂浴室的始建时代为元代。就目前的考古成果在元史研究的应用而言，其还是侧重在北方，南方的如青龙镇发掘、太仓樊村泾遗址发现等地的资料运用还有进一步提升的空间。

政治、法律、经济与地理。政治、法律、经济以及地理方面的研究依然是元史研究领域中重点关注的议题。经济领域也有新发展，新史料的运用对元代经济史研究有很大的助力，天文学等有难度的冷门绝学也取得了喜人的成果。

首先是政治史。政治人物方面，党宝海《元朝初年的蒙古宗王合必赤》（《西部蒙古论坛》第3期）通过分析汉文、波斯文史料的记载，认为合必赤很可能是拙赤合撒儿之子移相哥。关于马可波罗的研究，还有党宝海《马可·波罗所述Achbaluch与忽必烈的禁猎区》（《国际汉学研究通讯》第21期）。许正弘《元成宗继位问题探析》（中国台湾《清华学报》新51卷第3期）分析了元成宗即位所暗藏的政治危机。美国学者艾骛德著、马晓林译《亦列、合答、豁孛格秃儿：蒙古史书中的三位金朝将领》（《中山大学学报（社会科学版）》第4期）讨论了三位将领的事迹及其姓名的文本与写形，并认为第三人当为纥石烈牙吾塔。之外，还有罗玮《元代藁城董氏家族第四代成员仕宦生涯考述》（《中国与域外》第4辑）、《元明善〈寿国董忠烈公传〉考——兼论董文用对元朝〈太祖实录〉纂修的影响》（《首届中国文化研究国际论坛文集》），翟禹《耶律楚材的治国理政思想和实践》（《朔方论丛》第8辑）等。

政治事件方面，温海清《成吉思汗灭金“遗言”问题及相关史事新论——文献、文本与历史》（《史林》第3期）探讨了《元史·太祖本纪》最末两年纪事内容的文本来源与生成逻辑，认为窝阔台灭金的志业与武功被有意遮蔽了。余蔚《武仙与金末蒙初华北形势》（《中华文史论丛》第3期）以金末名将武仙为切入点，审视了金亡前10年金蒙宋诸方的战略实施、军事形势。申万里、岑宇凡《宋蒙鄂州之役期间的“议和”问题新探》（《安徽史学》第3期）认为贾似道确曾派人与蒙古进行秘密议和活动，但其目的不在于求和而在于打探军事情报，判断蒙古军的主力位置和主攻方向。关于宋蒙关系，还有温海清《文天祥殉节与宋亡历史观》（《复旦学报（社会科学版）》第5期）。周思成《究竟是 yārghū 还是“钩考”？——阿蓝答儿钩考的制度渊源探微》（《北京师范大学学报（社会科学版）》第1期）从制度史的角度重新审视了阿蓝答儿钩考事件。陈希《〈马可·波罗行纪〉所见海都战乱时间考》（《国际汉学研究通讯》第22期）指出1266年或1276年均非马可·波罗所述海都与忽必烈交战的真实时间，马可·波罗记述的实际是1286年前后发生的事。向珊《元末河南范孟杀省臣案探微》（《暨南史学》第22辑）分析了案情背后的民族因素和政治斗争。上述研究从新的角度对传统议题进行了重新审视。

政治制度与政权构建是政治史研究的另一个重点。曹金成《元朝德运问题发微：以水德说为中心的考察》（《中国史研究》第3期）认为元朝水德说来源于元代汉人的蒙元承金朝的看法。相关论文还有乔志勇《元刊〈事林广记〉中的元朝“火德”说》（《语文学刊》第2期）。李治安《试论元明户役当差与吏民依附奴化的回潮》（《史学集刊》第6期）对元诸色户计当差制、明划一“配户当差”和元明吏民依附奴化做了新的探研。张国旺《从宣命到付身：元代官吏除授文书体系的建立》（《中国社会科学报》12月8日）从散见的史料中还原了元代“宣命—敕牒—劄付—付身”的官吏除授文书体系。申万里《中国古代民间舆论的生成与表达——以元代为例》（《人民论坛》第21期）考察了元代民间舆论与社会治理间的关系。陈新元《元代怯薛执事杂考》（《西域文史》第15辑）、郑叶凡《元代卤簿制度初探——以元英宗行卤簿为中心》（《隋唐辽宋金元史论丛》第11辑）、展可鑫《元代巡按御史权力——以纠察官吏、上书言事为中心的考察》（《隋唐辽宋金元史论丛》第11辑）、贾建增《元代元日朝会考》（《中国史研究》第4期）、曹喆等《元代舆服制度的建立过程与冕服制度的实施状况》（《东华大学学报（社会科学版）》第2期），分别探讨了怯薛执事、元中期卤簿制度、巡按御史职权、元日朝会和舆服冕服制度等政治问题。

关于元代的地方管理，刘晓《元镇守武昌“保定万户府”考——以万户张氏为中心》（《安徽史学》第3期）指出汉人世侯顺天张氏出镇亳州，元灭南宋后张氏嫡系部队定名为“保定万户府”，由张弘范及其后人世袭万户，先是驻守建康、太平，后移驻武昌，成为湖广行省的镇戍军主力之一。修晓波《元廷治理西部行省的新尝试：陕西行台再探讨》（《甘肃社会科学》第3期）认为陕西行台的前身应追溯到至元二十年（1283）以前设置的河西行台，其初衷是为了实施对西部地区的有效控制、巩固皇权统治。屈文军《元太宗时期大蒙古国对汉地治理中的“画境”制度》（《暨南学报（哲学社会科学版）》第8期）认为画境之制始于金朝灭亡的甲午年，随着路府州县临民体制的推行和定制，十道之制逐渐消失。

法律研究方面，刘晓《元代法律对后世的影响——以盗罪与奸罪为例》（《江西社会科学》第11期）从掏摸、白昼抢夺、刁奸及欺奸诸新罪名入手，认为将元明清三代作为古代法律发展的一个阶段更为合理。杜立晖《关于元代罪囚管理中的几个问题——以国图藏〈魏书〉纸背文献为中心》（《中央民族大学学报（哲学社会科学版）》第1期）探讨了元代罪囚的“起数”、监禁方式以及罪囚的收押方式、收押机构问题。陈佳臻《元代〈市舶则法〉的演变及其“官法同构”现象》（《江西社会科学》第5期）探讨了元代海外贸易法律文本《市舶则法》在元代中后期的演变及行用情况，以及在“官法同构”视域下规范官民关系的意义。宋国华《名废实存：元代格例法体系与中华法系之真实关系》（《华东政法大学学报》第4期）认为在中华法系从“律令法体系”到“律例法体系”的转变中，元代以“条格”和“断例”为主体的“格例法体系”发挥了承前启后的作用。

经济史研究的新发展主要表现在新史料的出现及其运用。近年来，经济研究在元史研究中呈现活力，利用文书、实物等新史料进行跨断代的实证研究是元代经济研究取得新发展的重要推动力。

利用文书进行研究的有杜立晖、黄忠鑫和森安孝夫等。杜立晖通过分析国家图书馆藏的《魏书》纸背文献发表了数篇有关元代经济的研究论文，包括《元代灾伤申检体覆制度再议——以国图藏〈魏书〉纸背文献为中心》（《中国史研究》第2期）和《元代的平准行用库与行用库——以国图藏〈魏书〉纸背文献为中心》（《南都学坛》第2期）。黄忠鑫《寄庄户的成长与长期延续——徽州富溪程氏家族宋元明文书考析》（《中国经济史研究》第6期）根据徽州富溪程氏家族有关宋元明土地交易、纳税丈量、主仆关系等方面文书，考察了寄庄户在宋元明赋役制度演变下长期延续的机制。日本学者森安孝夫著，冯家兴、白玉冬译《敦煌出土元代回鹘文书中的行在缎子》（《中山大学学报（社会科学版）》第4期）根据敦煌文书指出由于回鹘人的存在，杭州产缎子在元代已流通于西北地区的敦煌等地。

经济制度与宏观调控方面，李鸣飞《元中后期纸币控制政策及其影响》（《历史研究》第5期）探讨了元中后期金银本位制崩溃后控制纸币数量的政策与其运行情况，及其对至正钞法改革产生的影响。张国旺《元代国家资产管理述论》（《隋唐辽宋金元史论丛》第11辑）对元代国家资产的五大组成部分及其管理机构进行了综述，总结了元代国家资产管理的经验教训和启示。陈彩云《元初族群政治与帝国漕粮海运体制》（《中国史研究》第1期）从元初族群政治形势分析了元帝国漕运体制，探讨了元初各族群在漕粮海运开通过程中的矛盾和纷争，利益分配和权力博弈过程。乌云高娃《元朝与高丽粮食赈济及元代赈灾特点》（《江海学刊》第1期）讨论了元朝的赈灾制度、常平义仓、蠲免制度等与前朝的传承关系及元朝在赈灾政策中所体现的游牧特性。孙朋朋《元代中央与地方的财政关系——以“羡余”为中心的考察》（《求索》第4期）通过考察地方政府进奉“羡余”的行为探讨了元代中央与地方的财政关系。

经济贸易与市场调节方面，李春圆《元代粮食价格研究》（《中国经济史研究》第3期）根据现存可发掘元代粮价数据，考察了有元一代的粮价和通胀问题。丁雨《南宋至元代中国青白瓷外销情况管窥》（《古代文明》第15卷）根据海外各地出土的陶瓷探讨了青白瓷在12—14世纪海外贸易中的地位和作用。马晴晴、吕变庭《〈算学启蒙〉中的香料经济新探》（《中国社会经济史研究》第1期）利用《算学启蒙》讨论了元代市舶司的“双抽”和“单抽”、纸钞与铜银钱并用，以及各种香料的价格等问题。

地理方面，元朝大一统的环境和广袤的地域为天文历法的测定和更新提供了有利条件。郭津嵩在此方面有重要成果，如《撒马尔干的中国历法：耶律楚材的“西征庚午元历”及其“里差”法考辨》（《中华文史论丛》第1期），还有《元初“四海测验”地点与意图辨证——兼及唐开元测影》（《文史》第2辑），澄清了前人研究对测验史事的误解，认为实测地点可考者为23处，研究的对象不仅是南北方数据的变化，而且是东西向的地方时差异，郭守敬等对地方时的认识很可能受到了伊斯兰天文学的影响。李韶东《宋元明时期雅州碉门新证》（《中国历史地理论丛》第1期）则考证了宋元明时期的碉门（寨）应该位于雅安市区近郊的对岩镇，而古碉门是指濆江流经的对崖山口。人文地理方面主要聚焦于西北地区的行政区划。张晓非《元代西夏中兴行省初设时间考》（《中国史研究》第2期）、《元代河西地区行政建置的变迁》（《中国历史地理论丛》第3辑）和修晓波《元廷治理西部行省的新尝试：陕西行台再探讨》（《甘肃社会科学》第3期）分别探讨了甘肃行省和陕西行省的设立与变迁问题。曲强《元明之际吐鲁番政治变迁考》（《中国边疆史地研究》第4期）则探讨了元明之际吐鲁番逐渐成为东察合台汗国东部政治中心的过程。

社会文化。元代社会、士人、宗教、科技、艺术等社会文化史方面的研究，呈现与政治史、思想史、观念史相融合的特点。

思想文化方面，张佳《元代的夷夏观念潜流》（《中央研究院历史语言研究所集刊》第92本第2分）考察了夷夏观念的显隐变化历程，认为在盛元时代迫于环境压力，汉族人中的族群意识与夷夏观念只是一种思想潜流并没有完全消亡。到元末蒙元政府权威失坠之时，民间蛰伏的夷夏观念再度凸显，成为元明易代的重要思想基调。高寿仙《唐至明数目字人名的兴衰及其原因》（《北京联合大学学报（人文社会科学版）》第3期）认为从宋代到元代以行第相称的风气逐渐消退，但随着宗族意识和宗族组织的进一步扩展，行第所用数字较唐代却明显增大，同时以数目字为名也变得日益普遍。明朝建立后，或许受到清除“胡俗”政策的影响，数目字人名明显减少。

江南研究一直是学界的热点，但是由于蒙元起源于朔漠，元代的江南研究较其他断代史而言成果相对较少。随着资料的涌现和研究的拓宽，元代的江南研究有着后来居上的架势。除了前文提及江南方面的文书、碑刻资料的不断发掘外，关于江南的研究越发侧重于元代士人和家族，不仅兼具群体与个案，还表现了明显的跨代特点。

赵世瑜《东山赘婿：元明时期江南的合伙制社会与明清宗族》（《北京大学学报（哲学社会科学版）》第5期）以水上人社会中的赘婿现象及以此为代表的合伙制关系的形成为切入点讨论了元明清时期江南商业发展和宗族构建的内在机制。陈彩云、郑凯伦《元代漕粮海运与江南滨海地区的空间开发》（《浙江师范大学学报（社会科学版）》第3期）认为元代实施中国史上“旷古未有”的大规模漕粮海运重塑了江南地区的空间发展格局，促进了滨海地区的社会经济转型。陈高华《王逢〈梧溪集〉所见元代浙西人物》（《文史知识》第1期）对《梧溪集》中的浙西文人、书画家、日本僧人等进行了叙述。王瑞来《宋元变革视域下的江南儒学》（《国际儒学》第1期）以宋元变革的视角考察了江南儒学从南宋至元朝的发展。章毅《在朝或居乡：元末明初师儒汪叡的出处选择》（《安徽史学》第6期）以汪叡为例探讨了元明易代时期徽州儒士所面临的政治困境与出处选择。胡丽娜《元明之际金华士人的身份认同与文章观——以危素〈金华柳先生文集序〉为中心》（《安徽大学学报（哲学社会科学版）》第4期）分析了元明之际金华士人积极入世的儒者担当。陈波《赵孟頫与钱塘崔氏的交游——从〈杭州福神观记〉说起》（《元史及民族与边疆研究集刊》第39辑）利用赵孟頫《杭州福神观记》和其他赵氏传世书札等材料厘清了钱塘崔氏和吴兴赵氏的交游及缔姻。陈彩云《墓祭抑或祠祭：元代两浙地区士人家族祭祖方式的转变》（《安徽史学》第4期）从家族史的角度探讨了元代两浙地区的祭祖方式。熊海英《女性、市民与晚唐体：元代江南诗人社会之新变——以郑允瑞〈肃雝集〉为中心》（《江汉论坛》第11期）聚焦女性诗人郑允端《肃雝集》，揭示了她对诗名的独立追求和市民趣味，认为元代诗坛对女性诗人较为包容。此外杨维桢的研究、南人北游也一直是涉及元代江南研究的重点，限于篇幅不再赘言。随着江南方志、文集和考古材料的不断发掘，元代江南的研究在元史研究中的地位会越来越彰显。

2021年度宗教方面的研究较为侧重佛教和道教。佛教方面，陈豪《宋金元时代的泽州佛教：佛寺后殿遗存所见》（《故宫博物院院刊》第10期）根据物质遗存讨论了宋金元时期泽州佛寺建筑的性质功能与宗教背景。张春晓《元明清三代对帝师祭祀的多元接受与消解》（《宗教学研究》第3期）从地方执行、社会层面和中上层知识分子等角度探讨了元明清不同时期对帝师祭祀的接受情况。张天骐《元僧楚石梵琦研究的新材料与新视野——以日藏文献为中心》（《元史及民族与边疆研究集刊》第39辑）分享一批日藏的关于楚石梵琦的文献，并以此探讨了梵琦的儒家思想及其在东亚的影响。关于中峰明本的研究有邵建春《佛门龙象：元代普应国师中峰明本考略》。道教方面，宋学立《金元全真教授箓史论略》（《世界宗教研究》第1期）在系统梳理金元全真教授箓史的基础上，探讨了金元时期全真教授箓的渊源、特点及作用。赵艽、苏华《金元时期全真女冠及在鲁西南地区的传承》（《宗教学研究》第3期）探讨了金元时期全真女冠的产生和道教在鲁西南地区的传承。

儒学方面，许家星《“此心此理”——以陈栎、胡炳文为中心重思元儒“心”“理”观及元代朱陆合流》（《孔子研究》第2期）认为元代“朱陆合流”并非朱学向陆学靠拢、吸收其精华以补不足，而是朱子学系统主动自我调适纠正的变化。周春健《论朱子学视域下元儒许衡的孟子研究》（《安徽大学学报（哲学社会科学版）》第6期）探讨了孟子学对许衡的影响。蔡春娟《程端礼经世致用思想探析》（《隋唐辽宋金元史论丛》第11辑）探讨了程端礼经世致用思想的形成和体现。张勇耀《金元之际〈诗经〉学价值考论》（《中州学刊》第6期）和《金元之际的曲阜朝圣与儒学复兴》（《学术界》第10期）探讨了金元时期的诗经学和儒学。蔡春娟《元代的宫学教育》（《殷都学刊》第4期）和《元代近侍子弟的儒学教育》（《童蒙文化研究》第6卷）讨论了元代宫廷和贵族教育。

受到疫情的影响，医疗史的研究成为一大热点。范家伟《元代地方官、医官、医者与三皇庙》（《中华文史论丛》第3期）从元代地方、医学、财政制度等角度，探讨了地方各人士在兴修三皇庙时担当的不同角色。宫海峰《〈饮膳正要〉非汉语名物考释》（《元史及民族与边疆研究集刊》第39辑）对《饮膳正要》中的“沙乞某儿”“米哈讷关列孙”等食疗词汇进行了细微考证。吴雅婷《道听途说之后——宋元类书和医书中旅行实用知识的探索》［中国台湾《清华学报》第1期］一文涉及了《居家必用事类全集》对于择吉的帮助。

科学技术方面，王东、陈玲《宋元棉花东进的技术社会形成理论研究》（《科学哲学技术研究》第1期）、温睿等《元上都与元中都遗址出土琉璃瓦胎体的检测分析》（《故宫博物院院刊》第4期）和徐建新《宋金元时期冷兵器的技术管控及其对战争的影响》（《中州学刊》第11期）的研究则从不同角度讨论了元代在技术上的发展。艺术方面，刘晓《金末画家马天章杂考——以〈送马云汉还燕〉诗与〈维摩不二图〉题跋为中心》（《故宫博物院院刊》第8期）考证了金末画家马天章的事迹与《维摩不二图》的流传。

族群、边疆与对外交流。多民族与多元政治文化的特点，使得关于元代族群与边疆的研究令人注目。这些研究以多种语言材料的运用为基础，并呈现跨断代的贯通性态势。

由于多民族特色，一些词语的释音释义成为元史研究的一大特色，这类研究充分体现了元史研究以多语种文献的利用为基础的特点。曹金成《元代“黄金家族”称号新考》（《历史研究》第4期）重新梳理和考辨史料，认为元代“黄金家族”一称主要指忽必烈家族，而非学界熟知的成吉思汗家族，最早出现在成宗时期的回鹘文文献中，在文献层面上可以视作回鹘文译经的直接产物。特木勒《释“肚皮”》（《中国史研究》第1期）认为蒙古语词“肚皮”并非指人的肚皮，而是指母马腹中胎儿，引申为财富中的增值部分，被用作赃、贿之意。温海清《再论数字7在蒙元时代的呈现及其象征意义》（《学术月刊》第2期）认为数字7在元代用于记录当时政治和社会生活中诸多现实事项时其实指意义明显，而在其他场合使用到该类数字时虚指意义较重。

族群与边疆方面，西南族群与边疆治理是近年来的研究热点。任建敏《族类标签的产生与形塑：以宋末至明初广西的“撞”与“獞”为例》（《民族研究》第3期）以族类标签的视角，考察了壮族词源“撞”与“獞”在宋至明的形成。李心宇《蒙元时期云南蒙古语地名“哈剌章”“察罕章”释义》（《学术探索》第9期）认为哈剌章、察罕章与乌蛮、白蛮无论在分布区域还是相互关系上均无法对应，哈剌章的确切含义，应当是《史集》中的解释“大国”，亦可理解为“大的地区”，指代丽江的“察罕章”，其含义极有可能与江水、雪山等具有白色意象的自然地理事物相关。孙俊《多重镜像：元明时期云南游历资料中的边地形象及其知识生产》（《中国历史地理论丛》第4辑）以元明时期游历资料为中心，在梳理游历资料呈现的“多重镜像”边地形象基础上，从边地形象呈现和知识生产两个层面揭示游历资料在大一统多民族国家边地认知和空间建构上的意蕴。陆韧、林晓雁《元代西南民族地区的户籍、族群管理与特殊政区》（《南京大学学报（哲学·人文科学·社会科学）》第3期）探讨了湖广行省十五安抚司的“溪洞蛮夷”群落管理模式和云南行省“甸寨军民等府”的土著酋长管理模式。李超《从“身份离散”至“土民向心”：元代黎族国家认同的四维向度》（《广西民族大学学报（哲学社会科学版）》第4期）探讨了元代黎族国家认同与家国意识在身份、政治、经济与文化四个方面的构建。罗勇《延续与断裂：元明之际滇缅边境的土著身份——兼论明初土官、土军的来源》（《中南民族大学学报（人文社会科学版）》第5期）认为元代滇缅镇戍军由于明朝的土官政策变成了明初的土官和土军。此方面的论文还有蔡亚龙《元明边疆治理的传承与变迁——以明初军民府沿革为中心》（《中央民族大学学报（哲学社会科学版）》第3期）。

吐蕃研究方面，扎旺、孙鹏浩《圣旨的回响：元代公文体作品一例》（《西藏大学学报

(社会科学版)》第 3 期）探讨了元代西藏地区受到中央政府圣旨等公文书的影响而出现的公文体作品。徐百永、阳梦婷《元代西藏乌拉制度及其影响研究》（《中国藏学》第 3 期）指出乌拉制度对于元朝中央有效治理西藏发挥着上通下达的作用。胡小鹏、陈建军《元代后期吐蕃行宣政院研究》（《西北师大学报（社会科学版)》第 6 期）探讨了元代后期吐蕃行宣政院的设置与行省化倾向、治所与历任院使和体制与职能问题。

漠北与西北族群方面，刘迎胜《探寻 13 世纪以前的“蒙古”概念》（《黑河学院学报》第 1 期）讨论了“广义”和“狭义”两种蒙古史观，梳理了北方民族复杂的迁徙聚合的历史。张晓慧《元代蒙古人的祖源故事与“家史”书写》（《文史》第 1 辑）认为元代蒙古人祖先记忆，与广为流传的“国史”颇有差异，个体蒙古人的“家史”书写，受到权力话语与知识话语的双重影响，使得一些蒙古人的家族记忆，嫁接进蒙古开国历史，或嵌入汉籍所传边裔历史中。李鸣飞《元代叶尼塞河上游森林部落的内迁和演变——以憨哈纳思为例》（《史林》第 4 期）探讨了“憨哈纳思”这一部落名称逐渐演化成“狩猎者”职务名称的过程。陈春晓《伊利汗国法儿思总督万家奴史事探赜》（《民族研究》第 2 期）讨论了波斯语史料中的畏兀儿人万家奴。张子青、叶尔夏提·叶尔肯《元代阿儿浑人华化事迹补遗一则》（《史学史研究》第 2 期）讨论了阿儿浑人理熙的华化事迹。撒海涛《元明时期赛典赤家族成员补考》（《回族研究》第 3 期）和吴淑淏《元代回回人阿里仁甫事迹考论》（《中国穆斯林》第 2 期）分别增补了相关人物和事迹。马晓娟《蒙元时期哈剌鲁人研究综述》（《元史及民族与边疆研究集刊》第 39 辑）对 20 世纪初以来的蒙元时期哈剌鲁人研究进行了综述。唐兀人的研究有刘志月《元代唐兀人高昂吉墓志铭考释》（《西夏研究》第 1 期）。

中外交流方面，党宝海《八至十五世纪的中国与也门》（《北京大学学报（哲学社会科学版)》第 2 期）结合多语种文献，梳理了中古时期中国与也门的关系。加法尔·卡拉尔·艾哈迈德著、王光远编译《丝绸之路文化带：唐朝至元朝时期中阿文化交流与互鉴》（《西亚非洲》第 6 期）探讨了元代中国与阿拉伯世界的交往。温海清《臣服或毁灭：使臣见杀、遭囚视阈下的蒙元对外政策再检讨》（《文史》第 3 辑）分析了蒙古人臣服或毁灭的外交思维。元朝与高丽关系方面，乌云高娃《元代的鹰猎习俗与高丽鹰坊》（《西部蒙古论坛》第 2 期）考察了蒙古族的狩猎及飞放习俗与前朝的渊源，探讨了元代的鹰猎习俗及其制度对高丽和元丽关系产生的影响。张春海《高丽文献中的蒙、丽“兄弟之盟”——事实、认同与话语》（《安徽史学》第 5 期）分析了高丽文献中关于蒙丽关系“约和”“投拜”和“同盟”的不同话语体系及其产生原因。其他对东亚交往的研究论文还有乌云高娃《从〈蒙古袭来绘词〉看元朝征日本军士民族成分——兼论元朝东征回回军及回回炮》（《隋唐辽宋金元史论丛》第 11 辑）、《元朝在济州岛设牧马场及恭愍王对明初贡马要求的应对》（《西部蒙古论坛》第4期），于磊《元朝出使安南使臣补考》（《元史及民族与边疆研究集刊》第39辑）。郑伊看《杀戮还是皈依：14世纪锡耶纳圣方济各修道院议会厅壁画的中心与边缘》（《美术研究》第4期）讨论东方人形象如何进入意大利画家的视野，以此揭示蒙元与西欧传教士之间的宗教政治交流。

三、结语

2021年度，元史研究还有一些新动向值得注意。首先是学术交流的日益频繁。2021年学界召开了7次与元史研究相关的学术会议，如第三届元史研究青年论坛等。此频率超出了以往年度，会议议题无论是在广度上还是在深度上都有推进。其次，元史学界的学术交流形态和方式亦有变化。得益于发达的互联网，部分会议以线上线下互动的形式召开，大大方便了学界的交流与探讨。各类线上讲座也是层出不穷，使学术交流更为频繁。最后，元史研究学者逐渐“出圈”，步入公共领域。周思成《隳三都：蒙古灭金围城史》（山西人民出版社）和向珊《解元：他们的元朝》（华文出版社）是面向大众的元史作品。2021年年末，罗玮在音频App“云听”上主讲“大元气象”，普及元史。这些以不同形式展现的元史研究成果都获得了好评。专业学者们将元史研究从纯学术领域推向公共领域，预计将来元史研究会受到越来越多的关注。

总的看来，目前元史研究的学者日益增多，青年学者的研究成果越来越占重要位置。首先从国内地域和研究机构来看，全国主流高校基本都配备了元史研究方向，突破了之前局限于传统几家高校和学术机构的情形。元史研究开花散叶，老中新研究者更替的健康发展使元史研究的未来呈现良好态势。其次，多语种文献和新史料的发掘、整理和利用越来越娴熟。碑刻、文书、典籍各个方面都有著作整理出版，为元史研究提供了新的史料支撑和新的学术创新点。在研究方法上，研究者们重视实证研究的传统得到了很好的继承与发展，越来越多地将文本资料与图像资料、实物资料相结合，进行综合分析解读。在传统的政治史、经济史议题上，研究者突破传统视角和研究框架，对材料、史实进行重新解读是另一个创新点。但2021年度的蒙元史研究也有值得我们反思的地方。一是政治史依然是研究热点，经济史、法律史、社会文化史相对而言较为薄弱。二是与其他学科对话较少，缺乏长时段视野和跨学科议题。三是尽管开始涉及新文科的内容，但是元史研究中一直缺乏对数字人文的敏锐跟进。固然元史研究有其特殊的一面（如复杂的人名、烦琐的各类转写以及多语言的使用），但是在新文科的进程中，数字人文是绕不开的，具体表现就是对新工具、新技术的使用仍有待提升。

明史研究综述

甘子辉　陈时龙

2021 年度明史研究继续朝着细化和深化方向发展，在史料、方法和观点等诸方面皆有所推进。据笔者不完全统计，2021 年出版明史相关的研究著作 100 余种，发表期刊论文 600 多篇。限于篇幅，且学识有限，笔者对所述论文内容作一简要概括，敬请同仁指正。

一、专著

2021 年，通论明代史的著作，有赵轶峰《明清帝制农商社会研究（续编）》（科学出版社）、赵现海《十字路口的明朝》（天地出版社）。政治史方面的著作有朱鸿林《明太祖与经筵》（生活·读书·新知三联书店）、庄郁麟《存史与失节：危素历史评价探析》（台北：秀威资讯）、吕诗尧《方孝孺事件及其对明代士风的影响》（文化艺术出版社）、解扬《话语与制度——祖制与晚明政治思想》（生活·读书·新知三联书店、生活书店出版有限公司）、胡吉勋《威柄在御——明嘉靖初年的皇权、经世与政争》（中华书局）、焦堃《阳明心学与明代内阁政治》（中华书局）、何孝荣《明清宫廷宗教与政治活动研究》（故宫出版社）、吴滔《国史家事——〈致身录〉与吴江黄溪史氏的命运》（北京师范大学出版社）。法律史方面的著作有徐忠明《众声喧哗：明清法律文化的复调叙事》（商务印书馆）、孟烨《明代州县裁判与裁判文书研究》（知识产权出版社）。近些年来，明代军事史的研究越来越深入，从卫所到军政考选，到基层军事武力，各方面的著作较多，如张祥明《明代军政考选制度研究》（中华书局），宫凌海《控扼东南：明代浙江卫所与海洋管理研究》（上海人民出版社），杜洪涛《戍鼓烽烟——明代辽东的卫所体制与军事社会》（上海古籍出版社），吴才茂《明代卫所制度与贵州地域社会研究》（中国社会科学出版社），杜志明《明代地方武力与基层社会治安研究》（人民出版社），何毅、姚博《西北马政研究》（科学出版社），赵平略《明朝西南驿递制度研究》（人民出版社）。曾晓渝《明代南京官话军屯移民语言接触演变研究》（商务印书馆）讨论的是一个由明代军屯引开的社会史的话题。

经济史与社会史依旧是 2021 年明史研究的热点领域。明代赋役黄册研究今年有新的突破，有孙继民等《新发现古籍纸背明代黄册文献复原与研究》（中国社会科学出版社）。之外，代表性的著作有黄启臣《明清经济史论集》（中山大学出版社）、徐泓《圣明极盛之世?：明清社会史论集》（新北市：联经出版公司）、苏新红《太仓库与明代财政制度演变研究》（中国社会科学出版社）、刘利平《从马政到财政：明代中后期太仆寺的财政功能和影响》（中华书局）、许檀《明清华北商业城镇与市场层级》（科学出版社）、邱澎生《当经济遇上法律——明清中国的市场演化》（浙江大学出版社）、郑民德《明清运河漕运仓储与区域社会研究》（人民出版社），其中涉及明代财政的著作尤多。地域社会的研究仍然是社会史的重点，有蒋宏达《子母传沙：明清时期杭州湾南岸的盐场社会与地权格局》（上海社会科学院出版社），吴晓美《商镇兴衰：洪江的商业历史与地域社会建构》（科会科学文献出版社），罗一星《明清佛山经济与社会变迁（增订本）》（广东人民出版社），张崇旺、朱浒《江淮流域的灾害与民生》（科学出版社），冯贤亮《明清之际的江南社会与士人生活》（上海书店出版社）以及王胜鹏、杨琼《明清时期江南地区的戏曲消费与日常生活》（民族出版社）等作品。此外，今年的社会史著作仍较多地关注基层社会，如孔伟《明代皇权与基层社会控制研究》（郑州大学出版社）、刘志松《明清基层社会治理丛论》（中国政法大学出版社）、吕杨《晚明江南社会治安研究》（浙江大学出版社）、徐彬《明清乡村绅权建构与社会认同研究——以徽州士绅修谱为中心》（中国社会科学出版社）、赵红娟《晚明望族编刊活动研究——以湖州闵、凌、茅、臧四大望族为中心》（中国社会科学出版社）等作品。冯贤亮《印象·中国历史 明代卷：政治脉动中的绅士社会》（人民教育出版社）、冯保善《明清山人研究》（人民出版社）、韩淑举《明清女性阅读》（山东大学出版社）则关注了几类不同的社会群体。医疗史著作有余新忠、李海英主编《明清以来的医疗社会文化史研究》（上海科学技术出版社），杨奕望《明清江南儒医的守正与通变》（上海书店出版社），万四妹《明清新安医者群体研究》（中国科学技术大学出版社），王昱纬《救婴与济贫：乳妇与明清时代的育婴堂》（台北：秀威资讯）。

学术思想史方面的著作，有吴震主编《宋明理学新视野（全二册）》（商务印书馆）、赵中国《宋元明清易学史视野下的先天学研究》（中国社会科学出版社）、李洪卫《王阳明身心哲学研究——基于身心整合的生命养成》（生活·读书·新知三联书店）、杨朝亮《北方王门学案研究》（商务印书馆）、王东杰《乡里的圣人：颜元与明清思想转型》（南京大学出版社）。宗教史方面，有谭家齐、方金平《天道廷审：明清司法视野下天主教的传播与限制》（香港：香港城市大学出版社），赵殿红《教会与社会：明末清初江南地区耶稣会传教网络》（宗教文化出版社），王开队等《徽州佛教历史地理研究》（安徽大学出版社），吴疆、王啓元编《佛法与方法：明清佛教及周边》（复旦大学出版社），萧振豪《华严字母新探：明清宗教、语言与政治》（香港：中华书局有限公司）等作品。文化史方面，有张升《永乐大典的流传与辑佚研究》（北京师范大学出版社）、马学良《明代内府刻书考》（上海古籍出版社）、郑达威《晚明印刷传播》（社会科学文献出版社）、鹿憶鹿《异域、异人、异兽——〈山海经〉在明代》（台北：秀威资讯）等著作。在史学史方面，有李德锋《明中叶唐顺之的史学世界》（中华书局）。在文学艺术方面，有邬国平《明清文学论薮续编》（复旦大学出版社）、余明来《明代复古的众声与别调》（中华书局）、刘玲华《明代曲论叙事观研究》（中国社会科学出版社）、陈晓峰《明清通州范氏家族文学与文化研究》（中华书局）、张雪莉《汤显祖〈牡丹亭〉的前世今生——明清文人传奇文学戏剧批评》（上海古籍出版社）、郭健《明清时期的〈西游记〉"证道书"研究》（中国社会科学出版社）、谢君《明清书坊业与通俗小说研究》（中国社会科学出版社）以及尹翠琪、蒋方亭主编《浮世清音——晚明江南艺术与文化》（香港：香港中文大学文物馆、艺术系），颜彦《明清叙事文学插图的图像学研究》（浙江古籍出版社）。思想界与文化界的人物依然得到重视，2021 年出现了几部重要的传记，分别是李庆《王阳明传：十五、十六世纪中国政治史、思想史的聚焦点》（上海古籍出版社）、周道振先生遗著《文徵明传》（上海古籍出版社）。

边疆与民族近些年来一直是研究的重点，相关著作有李良品《元明清时期土司承袭制度研究》（光明日报出版社）、张佳《图像、观念与仪俗——元明时代的族群文化变迁》（商务印书馆）、李帅《以文治边：文物考古视瞰下明朝对西藏的经略》（社会科学文献出版社）、曹大明《边界流动与族群变迁——宋元以来武陵地区的土客关系》（社会科学文献出版社）。对外交流史的著作，有王振忠《从黄山白岳到东亚海域——明清江南文化与域外世界》（上海人民出版社）、刘晓峰《时间与东亚古代世界》（社会科学文献出版社）、李未醉《明清时期东亚华人通事研究》（人民出版社）、孙卫国《"再造藩邦"之师——万历抗倭援朝明军将士群体研究》（社会科学文献出版社）、屈广燕《元明嬗代之际中朝政治关系变迁研究》（中国人民大学出版社）、林梅村《观沧海：青花瓷、郑芝龙与大航海时代的文明交流》（新北市：联经出版事业股份有限公司）、王定安《祭如在：明清之际西学观照下的儒家丧葬礼》（复旦大学出版社）、张西平《中国和欧洲早期思想交流史》（北京大学出版社）、白婧宇《翻译与中国近代科学启蒙——传教士科技翻译研究（1582—1911 年）》（科学出版社）等。历史地理方面，有张晓纪《明清时期湖北人才地理分布研究》（人民出版社）、李智君《风海之下——明清中国闽南海洋地理研究》（商务印书馆）。文物考古方面，重要的著作有刘毅《明代藩王陵墓的考古学研究》（科学出版社），以及洛阳市文物考古研究院、吴业恒、史家珍、马占山等编纂《明沈应时家族墓地》（科学出版社）。

2021 年还有一些海外学者关于明代的外文研究著作相继译为中文，包括：［美］窦德士著、谢翼译《嘉靖帝的四季：皇帝与首辅》（九州出版社）；［日］新宫学著，贾临宇、董科译《明代迁都北京研究——近世中国的首都迁移》（外文出版社）；［加］宋怡明著、王果译《实践中的宗族》（北京师范大学出版社）；［美］费丝言著、王兴亮译《谈判中的城市空间：城市化与晚明南京》（浙江大学出版社）；周质平著、康凌译《晚明公安派及其现代回响》（中华书局）；［日］大木康《明清戏曲俗曲杂考》（复旦大学出版社）；［英］约翰·达尔文著、黄中宪译《帖木儿之后：1405 年以来的全球帝国史》（中信出版集团）；［加］卜正民等著，刘伊铭、王嘉禹、孟祥祺译《全球贸易冲突：16—20 世纪》（中国人民大学出版社）；王锦萍著，陆骐、刘云军译《蒙古征服之后：13—17 世纪华北地方社会秩序的变迁》（上海古籍出版社）。

二、政治

2021 年度政治史研究呈现以下几个特点：一是中央与地方制度研究没有偏废，均取得了一定进展；二是注重制度的发展演变探究；三是政治制度史与区域社会史研究紧密结合。下面分而述之。

政治人物与事件。展龙、李争杰《天人互动——明代天文星变与政治变动》（《古代文明》第 3 期）将明代天文星变与政局关系分成前中后三个时期进行考察，认为明初诸帝勤于星占，并经常借助天文星变调整军事部署，做出政治决策，有效掌控了天文星变的解释权。至中期，天文星变的政治影响更趋显著，君臣凡逢星变，即积极应对，“以回天意”，并使这种做法成为约规君权、矫正国策、整肃纲纪的工具。到晚明时，君臣对天文星变的认知有所变化，原本浓郁的“畏天”观念逐渐淡化，转而滥用天文星变的解释权，以致加剧了政局混乱，加速了明朝败亡。杜洪涛《朱元璋对儒学的认知与实践》（《内蒙古师范大学学报（哲学社会科学版）》第 1 期）认为朱元璋虽然推崇儒学，但其对儒家思想存在认知偏差，是个实用主义者。韩旭与晏选军合撰《洪武帝的窘境及其对统治合法性的捍卫》（“Predicament of the Hongwu Emperor and His Defense for the Regime’s Legitimacy”）（*Ming Studies*，Volume 2021，Issue 84，2021）分析了明太祖在明初所面临的政权合法性危机及其应对措施。王榕烽《明成祖的孝道观及其孝治实践》（《宁夏大学学报（人文社会科学版）》第 3 期）认为明成祖的孝道观具有等级性，受朱元璋影响巨大，但由于明成祖得位不正，其孝治实践具有一定局限性。杨永康《“清沙漠者，燕王也”说质疑——蜀献王朱椿〈与晋府书〉所见晋王朱棡北征事迹》（《南开学报（哲学社会科学版）》第 3 期）通过对《奉天靖难记》《明实录》和朱椿《献园睿制集》中的《与晋府书》的考察，认为朱棡在洪武二十三年（1390）北征胜利中发挥了主要作用，而前两书将胜利归功于朱棣，其目的在于塑造朱棣的完美形象，强化其继统的合法性。高明祥《李东阳历史形象塑造的考察》（《华南师范大学学报（社会科学版）》第2期）从时代变迁和文体学的视角对李东阳形象进行了考察。吴兆丰《树之风声：明正德年间镇守中官刘璟的德政塑造》（《史林》第2期）指出明代士人与宦官关系绝非截然分立，二者在政治文化中存在一定程度上的良性互动和沟通。万明《晚明政治生态与士大夫仕宦生涯——以万衣为例》（《古代文明》第4期）从秉公执法、治边御倭、救荒、罢官还乡等几个方面对明代江西九江士大夫万衣的仕宦生涯进行了考察，指出万衣的仕宦经历说明，明朝的政治生态环境并未在严嵩去任后从浊转清。肇雅琦《明末茅瑞徵行实与著作考略》（《古籍整理研究学刊》第3期）考察了茅瑞徵的家族背景、生平事迹和著作情况。颜广文《〈明史·陈璘传〉中陈璘"贪贿"四案考实》（《广东第二师范学院学报》第1期）认为《明史·陈璘传》把陈璘塑造成"贪黩将军"属恶意歪曲史实，其功名靠血战取得。夏斌、陈伟明《崇祯年间张国维与南直江防——以〈抚吴疏草〉为中心的考察》（《安徽史学》第2期）通过对《抚吴疏草》和当时时代背景的考察，认为张国维在担任应天巡抚期间重新构建了南直隶地区的江防体系，并推动了安庆巡抚的设立。宋华政《圣德与臣节：廷杖所见明代君臣之间的名誉博弈》（《齐鲁师范学院学报》第3期）认为廷杖背后隐藏的是君臣之间的名誉博弈。胡丽娜《元明之际金华士人的身份认同与文章观——以危素〈金华柳先生文集序〉为中心》（《安徽大学学报（哲学社会科学版）》第4期）认为在元明之际金华士人身份并未从理学家转变为文学家，他们虽然在方式上有所妥协，但积极行道用世的精神却从未动摇。吴佩林《明代衍圣公爵位承袭考》（《孔子研究》第6期）通过对十位孔子嫡裔承袭衍圣公的考察，对明代历任衍圣公的生卒时间、袭封时间、赐诰时间、生母与其父亲的婚姻关系等问题逐一作了考证，并探讨了政统与道统的关系，指出衍圣公的爵位承袭在诸多方面具有不确定性。谢宁静《明代辽藩内斗与辽王朱宪㸅被废案》（《长江大学学报（社会科学版）》第2期）从宗藩内部矛盾出发，重新探讨了辽王被废一案，认为辽藩内斗与辽王被废有直接关系。彭勇《家国一体：明末外戚刘氏家族的命运》（《史学月刊》第4期）通过对崇祯皇帝生母的娘家、外戚海州刘氏家族的探讨，分析了外戚家族与皇权、国家命运之间的内在关系。代维《明代边疆经略视域下回回通事群体研究》（《回族研究》第2期）从回回通事群体的构成、明朝对其的管理等多角度对其进行了考察，指出回回通事地位的兴衰起伏，反映了明朝对外交往态势的演变。在明清易代问题上，赵轶峰《重新思考明清鼎革——兼谈"十七世纪危机""大分流""新清史"》（《古代文明》第1期）对以往的观点作了新的检视，认为导致历代王朝覆灭的重要因素在明清鼎革仍起了较大作用，以"十七世纪危机""大分流"的全球视角和"新清史"族群差异视角丰富了对明清鼎革原因及影响的认识，但忽略了中华文明自身的发展演变脉络。

政治制度及其运行。内阁依旧是明代政治制度史的核心话题，官方的文书行政也逐渐受到关注。张艺萱《晚明内阁的权势再起——以分票制为中心》（《贵州文史丛刊》第3期）认为分票制虽然分割了原本由首辅独掌的票拟权，但加强了内阁与皇帝之间的紧密联系，使晚明内阁权势由衰再起。李小波《明代内阁密揭制度考析》（《历史研究》第6期）对明代内阁密揭制度的源流、性质、功能、“公”“私”等问题进行了探析，指出学界应充分考量阁臣兼具内外臣的身份及其沟通内外廷的作用。张鑫《传衣钵：明代中后期内阁辅臣新型关系考论》（《内蒙古大学学报（哲学社会科学版）》第1期）认为自申时行接任首辅后，明代内阁前后首辅之间出现了政治继承关系，但随着时局发展，这一关系从最初的起到稳定中枢的正面作用，发展到加剧党争的负面作用。郭培贵、郑欣《明代阁臣选拔方式的阶段特点及其成因与效果》（《文史》第2辑）通过对明代阁臣入阁方式的统计和分析，认为明代阁臣选拔经历了5个阶段，出现了15种选拔方式，并指出明代阁臣素质呈现总体日益下降的趋势，认为造成这一趋势的原因主要是皇帝群体以及官员队伍的素养、能力总体趋于低下以及明中后期官场风气日益污浊、党争日趋激烈等因素的叠加。杨柳《明代诏令文本的原貌与流变——以洪武朝为中心》（《文献》第6期）探析了洪武朝的诏令文本的流变。陈时龙《明代诏敕的赍送与传播》（《中国史研究》第3期）论述了明代诏敕从中央到地方基层的传播过程，并认为该过程体现了皇权对明代基层社会的不断渗透。马子木《明代手敕考》（《历史档案》第4期）对明代手敕的制作、用途与性质略作了考释。柏桦《明清时期府县官对上政务运作》（《安徽理工大学学报（社会科学版）》第1期）从文书、晋见、建言、条陈4个方面分析了明清时期府县官对上的政务运作。柏桦、李静《明清时期府县官对下政务运作》（《古代文明》第1期）从下行文书种类、接见下属礼数和催征科役3个方面探讨了明清时期府县官对下的政务运作，论证了地方政务运作的复杂性。毛亦可《明代文书行政中的地方社会意愿表达》（《历史研究》第5期）从文书行政程序的角度切入，探讨了明代地方社会群体呈递给官府、用于表达地方社会意愿的集体文书的发展演变过程及其影响。刘伟杰《明代帖文考释》（《档案学通讯》第6期）一文集中讨论了明代帖文的行文范围和款式。刘伟杰《“州县给帖”与“乞帖为照”：论明代帖文的双重属性——以徽州文书与石刻史料为中心》（《安徽大学学报（哲学社会科学版）》第6期）认为明代帖文兼具“州县给帖”与“乞帖为照”的双重属性。

之外，庶吉士、宦官、外戚与宗室、朝觐考察、监察、诏狱等政治制度均有新论。李思成《明代庶吉士留馆因素分析》（《文史》第3辑）认为影响明代庶吉士留馆的因素中，考试成绩居主导地位，地域、出身也需要兼顾，政治事态影响较小。吴兆丰《明代宦官历史教育论析》（《史学史研究》第1期）从明代宦官对帝王历史教育的影响、内书堂与宦官历史教育和史鉴书籍的编纂对宦官历史教育的影响3个方面系统考察了明代宦官的历史教育。吴德义、陈昊《明太祖对藩王的钳制措施及其成效探析》（《廊坊师范学院学报（社会科学版）》第2期）在分析了明太祖限制藩王的措施后，认为这些措施成效有限。仇王军《再论〈敕赐庆王牧地重建香山碑记〉》（《宁夏社会科学》第6期）在对该碑的流传、撰写者等问题做了考证后，还探讨了香山牧场及边缘地区各方势力之间的矛盾冲突。梁曼容《从辅弼、监察到尸位——明代王府文官制度的历史演变》（《古代文明》第3期）认为明代王府文官制度经历了从洪武时辅弼、到“靖难之役”后监察，再到明中后期尸位3个演变阶段。李凯玲《明代“王亲官”回避制度考析》（《湖北师范大学学报（哲学社会科学版）》第3期）认为明代出现了王府姻亲官不授京职的制度，并对其形成过程进行了分析。黄阿明《制外之例：明代免觐考察制度》（《史林》第4期）认为明朝进入中期以后，由于社会阶级矛盾与民族矛盾不断深化，国家对社会控制逐渐松懈，自然灾害不断发生等原因，明朝的免觐考察经历了从特例到普遍、从事实到惯例，并渐趋制度化的过程。吕成震《明代京畿道的设置与运作研究》（《古代文明》第1期）考证了明代京畿道设置的时间，分析了京畿道的职掌及刷卷流程，认为京畿道的设置一方面使明代刷卷制度及在京衙门的监督体系更为完善，但另一方面随着时间推移，其职能日益下降。魏天辉、毛佩琦《明代诏狱审判程序的构成及其运行》（《西南大学学报（社会科学版）》第1期）认为明英宗正统时期确立的诏狱审判程序，在法律性质上属于司法惯例，而非规范化的法律审判程序；在程序上，大致有程序启动、立案、案情核实、审讯、拟罪、定罪6步，但在实际运行过程中产生了异化，沦为皇权独裁的工具。巡检司作为基层的治安机构，一直苦于史料不足，研究难以深入。孙继民、宋坤、郭兴申《明代巡检司的新史料与新认识——上海图书馆藏〈酉阳杂俎〉纸背所见巡检司文书探析》（《军事历史研究》第3期）利用上海图书馆藏《酉阳杂俎》纸背文书进行探析，印证了明代巡检司统领武力为弓兵的记载无误，纠正了传世史籍所载“澜溪巡检司”为“烂溪巡检司”，且提供了明代巡检司存在“代办农民”和“代办吏”参与文书运作、不同巡检司之间官员相互兼职、巡检司具有巡逻会哨和传递巡牌的职责，以及跨区调动执行军事任务等传世史籍所不载的具体实例和确证。

法律。高扬《明代章奏类法律档案中的“前件”》（《历史档案》第4期）探讨了“前件”的制度化过程及含义，并透过其格式与行用审视了明代章奏类法律档案的形成。刘正刚、柳俊熙《新发现的明成化〈军政条例〉研究——以孤本弘治〈军政条例续集〉为例》（《华南师范大学学报》第3期）认为《军政条例续集》既有对前朝条例的继承，也有所创新，其反映出了条例因时因事而立的特点。

三、军事

卫所制度。对明代卫所制度的研究，不再局限于军事层面的探讨，而往往与法律、经济和地域社会史等研究相结合。郭红《军亦吾之民：明末判例判牍中的卫所司法地方化》（《中华文史论丛》第3期）一文以明代地方立法和判例判牍为中心，从督抚、巡按对卫所司法的影响，军民词讼截然界限的消失和司法地方化的区域差别3个层面对明末卫所司法地方化问题进行了探究，进一步深化了学界对卫所制度的认识。吴才茂《明代卫所军户原籍田产处置初探——以清水江文书“成化二年转批粟文海田地合同”考述为中心》（《中国史研究》第4期）考辨该文书所记之事发生在湖广会同县永安乡，所载田是民田，最后该田产经原籍州县介入而得到处置。唐佳红、周致元《明代卫所军妻相关问题探微》（《历史档案》第3期）从军妻来源、相关待遇及实际生存状态等方面对明代卫所军妻群体进行了考察。吕善长、孟凡松《赤水卫应袭舍人王钺袭职供状史料》（《贵州文史丛刊》第1期）对《赤水老谱》所载《王钺袭职供状》进行了梳理。崔继来《腹里卫所移民与地域社会演进——以明代赣州卫为个案》（《赣南师范大学学报》第4期）通过对明代赣州卫的考察，对腹里卫所移民如何在地化问题进行了阐释。彭恩《明代贵州实土卫屯制的实施及其成效》（《农业考古》第6期）认为明代贵州实土卫屯制的实施促进了贵州土司地区农业经济开发，推动了西南边疆和内地的一体化进程。蒋宏达《嘉靖倭乱前后的沿海卫所与海疆庇护网络——以杭州湾南岸地区为中心》（《史林》第3期）以杭州湾南岸地区为中心，探讨了倭乱和御倭战争对海疆社会结构、组织形态和人群关系的内在影响，认为在嘉靖倭乱后，江浙海疆庇护网络从向外游离转为向内聚敛，其主导力量也由具有离心倾向的卫所武官、窝家势要一变而为代表王朝国家的各级地方官府。任柳《“麓川战役”与云南卫所军功研究》（《云南民族大学学报》第1期）利用《武职选簿》档案，从阵亡功、头功、奇功等军功方面对麓川战役做了分析。

锦衣卫、武官选举、九边等问题。军事史研究在锦衣卫职权、武官选举、九边问题等方面取得了重要的进展。曹循《明代锦衣卫官制与职权新探》（《历史研究》第1期）以档案资料为主要线索，侧重考述了堂官、镇抚司官的设置、职掌、选任及其属员，认为明代锦衣卫有一个由近侍军事机构向文职治安司法机构演化的过程，进一步深化了学界对锦衣卫机构的认识。张金奎《明代锦衣校尉制度略论》（《史学月刊》第10期）从明代锦衣校尉成员的来源、基本职责、管理制度和发展演变的过程等方面对明代锦衣卫校尉制度进行了考察。张金奎《明朝立国前后的军中舍人与演武余丁》（《安徽史学》第5期）一文不同意大量佥充舍人和余丁用于战备执勤和卫所内的差役是明代中后期才有的现象，认为朱元璋建国前就开创了舍人、余丁提前入伍参战的制度，并由此诞生了演武余丁和操练舍人等名目。随着明朝建立后，宿卫舍人逐渐演化为散骑舍人和参侍舍人，其他名目的舍人也陆续退出历史舞台。李小波《明代武官会推制度的形成与演变》（《历史档案》第4期）认为明代高级武官选任经过了一个由特简到部推再到会推的过程，并且会推在弘治元年（1488）确立后仍在继续发展演变。曹循《明代武举与武官选任新探》（《中国史研究》第1期）从明代武举的开设、会试武举的授官与任用、乡试武举的录取与任用等方面对明代武举和武官选任作了考察，认为明代武举会试、乡试都始设于天顺八年（1464）。明后期对武举的过度重视、武举地位达到顶峰，是文官政治畸形发展、武人地位进一步低落的曲折反映。曹循《明代名色武官考论》（《史学月刊》第2期）以武官选拔机制为线索，认为嘉靖中叶以前，卫所军政管理和营兵训练、作战大抵都由高度固化的世袭武官阶层把持，嘉靖后期，督抚等委用的"编外人员"名色武官出现，成为军民进入武官队伍的重要途径，为明朝军事体制注入了诸多积极因素。但名色武官在明后期趋于冗滥，引发种种乱象，明廷应对举措不当，使军队在基层管理和人才选拔两方面均遭削弱，造成明末的军事失败。吴兆庆《明后期宣大山西三镇马市市本来源考述——兼述抚赏银在市本中的作用》（《中国经济史研究》第5期）梳理了三镇马市市本及抚赏银来源结构，认为从隆庆到崇祯年，三镇马市市本的构成经历了一个从多元化向一体化转变的过程，并指出其反映了明后期财政管理因为中央各部门财政分权而导致的权责不明、极为混乱的一面。崔继来《明代九边军兵的冬衣布花赏赐》（《安徽史学》第2期）在对明代九边冬衣布花的赏赐对象及标准、解运过程和发放的措施及其影响因素等作了考察后，认为明代九边军兵的冬衣布花制度在不断完善，但是由于缺乏有效整合及监督机制的多头财政体制和官员腐败导致该制度难以收到实效。

相关军事人物与战事分析。王荣湟《崇祯三年明金锦州之役考辨》（《军事历史研究》第3期）通过挖掘相关原始档案文献，认为锦州之役发生于崇祯三年（1630）八月，并对相关战事作了分析。莫昌龙《晚明陈璘军功考略》（《韶关学院学报》第1期）对陈璘军功进行了考察。万明《明代海疆治理与危机应对——以两部〈闽海纪事〉为线索》（《中央民族大学学报（哲学社会科学版）》第3期）利用两部《闽海纪事》考察了福建武将与地方官在嘉靖末年海疆治理与危机应对中的合作，强调了地方文官在应对危机中的作用。

四、经济

近年来明代经济史研究恢复了活力，不断取得新进展。2021年度的明代经济史研究在以往学术积累基础上继续推进。学者们试图在国家运作中理解经济运行，户籍、赋税与财政问题仍为2021年的研究热点。《中国经济史研究》第一、二期刊登了赵轶峰、倪玉平、和文凯、张泰苏、申斌、岸本美绪、彭慕兰、周琳、刘光临、关棨匀、温春来、周健、赵思渊、彭凯翔等学者关于“明清国家能力、国家治理与经济变迁”问题的两组笔谈，各位学者从不同角度对该议题进行了阐释。

土地与户籍。张恒、孙继民《古籍纸背文书所见明代眉批黄册的性质及其意义》（《中国史研究》第2期）认为纸背文献发现的五叶黄册文书则以实物的形式提供了弘治十二年（1499）以后由改造新本变为眉批原本的证据，印证了赋役黄册攒造解贮过程中驳查补造阶段工作方式和文本形式发生的重要变化。蒋宏达《“丁”的层累演进——以明清时期的两浙石堰场为例》（《文史》第2辑）认为明代中叶后，两浙石堰场的“丁”经历了从“以田准丁”到“摊丁入地”，再到“子母传沙”——即从较早成陆的老沙涂（母丁）添涨出来的新沙涂（子涂）归老沙涂的原主所有——的制度变迁。黄忠鑫《寄庄户的成立与长期延续——徽州富溪程氏家族宋元明文书考析》（《中国经济史研究》第6期）利用徽州富溪程氏家族宋元明文书对坟茔寄庄户、代理人等问题做了探析。马志超《明代的医户与医籍》（《历史档案》第2期）认为明代户籍中的医籍是一个双元概念，分指医户与太医院籍两种性质迥异的户籍。宋杰、刘道胜《洪武四年绩溪城市儒户葛善户帖探研》（《历史档案》第2期）对洪武四年（1371）七月颁发的儒户葛善户帖进行了考察。

赋税与财政。李治安《试论元明户役当差与吏民依附奴化的回潮》（《史学集刊》第6期）从多角度论述了元明吏民依附奴化的回潮。胡铁球《明清百姓避役避比的主要手段及其影响》（《华中师范大学学报（人文社会科学版）》第6期）总结了明清百姓逃避役避比的各种方式并分析了其影响。侯鹏《16世纪江南田赋征收机制的转变与地域社会关系的变动》（《中国经济史研究》第2期）认为尽管16世纪后官民田差别逐渐得到取消，江南田赋征收实现了摊派标准的简明划一，但在实际运行中并未形成一个统一的会计核算体系，整个征收活动始终分散在无数个私人关系交织成的牟利网络之中。丁亮《市场与徭役：明代地方政府的财政流通机制探论》（《中国经济史研究》第5期）认为徭役体系没有朝着渐次银纳化的方向演进，而是以“徭役+市场”的形式长期存在，并指出“徭役+市场”是考察明代市场流通机制时不能忽视的一种形式。刘志伟《从国家财政体制转型的视角看一条鞭法》（《史学集刊》第5期）论述了一条鞭法与明代国家财政之间的关系。黄阿明《明代朝觐经费地方财政化考察》（《中国史研究》第3期）认为朝觐经费地方财政化演变过程与明代赋役制度改革进程大体一致。罗冬阳《明前期盐粮开中与国债市场的运行》（《社会科学战线》第10期）以16世纪初期之前明代两淮运司为主讨论盐引作为国债运行的有关问题，认为明前期的国债市场经历了从洪武时期的一级市场到永乐以后的二级市场的演变过程。藩王体制与国家财政的关系，也受到重视。赵中男《明弘治时期的藩王赏赐与国家财政》

（《安徽师范大学学报（人文社会科学版）》第 2 期）指出明弘治时期的藩王赏赐加剧了国家财政危机，并认为“弘治中兴”的说法难以成立。吴滔、谢宁静《晚明新封藩王的财源与权势——以惠王为例》（《厦门大学学报（哲学社会科学版）》第 3 期）以惠王为例，在晚明财政危机的背景下探讨了新封藩王的财源和权势，认为晚明的王府并非简单站在社会经济对立面，而是有越过藩禁，介入地方政治、经济和军事的趋势，甚或有主导一方社会秩序的可能。

明代赋税体制运行在不同地区的差异与表现，是当下学者关注较多的热点问题。陈丽、贺军妙《明中后期财政困境与府县应对——以华北府县为考察中心》（《廊坊师范学院学报（社会科学版）》第 2 期）以华北府县为考察中心，探讨了在明中后期的财政困境以及府县应对的措施，指出，“革除弊政，禁绝包揽，倡行义举”是其应对财政困境的主要措施。李成《争折：明代湖广永折漕额的分派——以麻城为中心》（《中国经济史研究》第 4 期）以麻城为中心，考察了明代湖广漕额分派的问题，认为漕额经历了复杂的发展过程，就分派形式而言，从最初以偶折形式派分到最后派分至州县永折；就派分原则而言，也经历了从重视灾伤到关注运输条件的转变。刘文文《明初怀庆府“粮重”说考辨》（《史学月刊》第 3 期）认为怀庆的粮重叙述大体反映出明朝中后期怀庆府与河南其他府相比赋役承担悬殊的情形，而不是明初事实，既是一定真实情况的表达，也有自身特殊利益的诉求。苗书梅、刘文文《明代袁州府“粮重”说考论》（《中州学刊》第 4 期）认为袁州府粮重的现实与话语是确定赋税原额以来自身赋税承担环境的恶化、在江西区域开发过程中与他府实际承担对比愈相悬殊的巨大落差中生成、发展、定型的。青木夏香《重赋之下的“孝义”：明前期常熟赋役改革中的粮长集团》（《史林》第 3 期）以常熟为例重新审视了周忱改革之前江南地区的赋役结构与政治气氛，特别是粮长集团的政治处境。申斌《明代中叶赋役经制册籍纂修的扩展机制——财政管理技术传播之一例》（《史林》第 1 期）以浙江赋役册籍编纂经验的形成与传播为例，试图说明嘉靖时期各地赋役经制册籍的普遍编纂，不仅是缘于各地赋役改革的需要，同时也是新的财政管理技术知识的扩展及其对主政者产生影响的体现。刘道胜、宋杰《照丁粮朋贴、置产立会与明清徽州图甲职役的津贴》（《安徽史学》第 3 期）认为由明至清，图甲职役既有继承而来者，又有因时新增者，原本体面的富户里役，逐渐变成一种门户的实际负担。王雪莹《云南卫所赋税征收中的一条鞭法：15—17 世纪》（“The Single-Whip Method of Yunnan Garrison Taxation: Fifteenth - Seventeenth Centuries”, *Ming Studies*, Volume 2021, Issue 83, 2021）分析了云南军户和民户在赋役方面的差异性，并重点论述了卫所赋役制度一条鞭法的改革过程。

农业与手工业。伽红凯、卢勇、陈晖《环境适应与技术选择：明清以来长三角地区特色农业发展研究》(《中国农史》第4期)认为明清时期长三角地区基本形成了“三区一带”的特色农业区划与多种特色农业类型，其包括江淮地区的湖荡垛田型农业、江南地区的塘浦圩田型农业、河口海岸带的沙洲滩涂型农业、皖浙南地区的山林复合型农业等，这些特色农业类型构成了当代农业文化遗产的物质基础与独特性来源。王小丰、方志远、韩美君《明清时期西辽河地区农业开发的动力与制约因素》(《农业考古》第1期)认为国家政策、农作物的引进是辽西地区农业开发的主要动力，战争、瘟疫、自然灾害等是其农业生产的制约因素。袁越鸿《明清时期柞蚕业兴盛原因探析》(《农业考古》第1期)指出造成明清时期柞蚕业兴盛的原因有二：一是技术的应用与推广；二是对蚕丝及蚕丝制品的需求。李成昊《徐光启农书所载肥料与施肥技术研究》(《农业考古》第1期)对徐光启农书所载肥料和施肥技术进行探讨。关传友《明清时期皖西地区的农业经济结构》(《农业考古》第4期)认为明清时期皖西地区的农业产业结构是一个以粮食为主兼及林副业的自给自足的农业经济结构。王星光、李勇《明代河南“小麦居半”析论》(《中州学刊》第9期)从小麦的种植和税收、生态条件以及何以成为主要作物的原因几个方面对明代河南“小麦居半”的记录做了探析。杨成、周丕东《明清时期贵州传统农业与社会适应性研究》(《贵州文史丛刊》第1期)指出明清时期贵州传统农业的这种特征，与当时社会发展状况是相互适应的，认为这种适应，表现在农业资源的互补性、多民族的相互融洽性以及政治制度与经济体系的相互调协性上。朱泽坤、吴玲玲《明清时期贵州农田水利建设材料整理与研究》(《凯里学院学报》第1期)讨论了明清时期贵州的农田水利建设。杜新豪《课晴问雨：明代中后期日用类书中的农业占候研究》(《史林》第4期)认为明中后期小冰期是农业占候进入日用类书的契机，各种推算方法是类书中的农业占候的主要内容，而农民和商人是其主要阅读群体。张建民《茭簰考释——兼及江汉平原湖区人水关系》(《中国农史》第1期)认为明清时期长江中游地区地方文献记载的茭簰，并非漂浮种植性质的葑田，而是漂浮居住性质的水上居家设施，茭簰是湖区农家适应环境变化，根据生产生活需要而做出的相对选择，堪称湖区居民趋利避害、协调人水关系的代表性举措。手工业方面，刘佩《明代宁夏地区手工业军事化探究》(《宁夏大学学报(人文社会科学版)》第1期)认为宁夏作为九边重镇，战略地位突出，军事氛围浓厚，一切生产活动均以军事为中心，这在很大程度上影响着官府手工业的繁荣，以军事建设为中心的边防思想进一步促进了军事手工业的快速发展。

货币与商业。万明《全球视野下的明朝覆没——基于白银货币化的分析》(《河北学刊》第5期)认为，君主专制对晚明市场的破坏以及17世纪全球危机，白银供应链断裂，是促发明清鼎革诸多综合因素的关键因素。王昉、徐永辰《晚明白银货币化的制度变迁实现机制——基于交换媒介属性的思想史考察》(《江西社会科学》第2期)从货币思想的层面对晚明白银货币化的制度变迁机制作了考察，认为提升交换效率是货币制度变迁的思想诉求，而流通性与稳定性是货币思想的关注点。邱永志、张国坤《价值基准的深化与离散：再论明清以降的虚银两制度》（《江西师范大学学报（哲学社会科学版）》第1期）从价值基准的角度，解析了虚银两制度大量衍生的宏观基础，并基于比较的视角来分析其与西欧国家尤其是英国近代本位制度演化路径的差异。邱永志、张国坤《明清铜钱流通体制的式微与重整》（《重庆大学学报（社会科学版）》第1期）通过对明清铜钱流通体制的梳理，认为明清铜钱流通体制经历了一个从式微到重整的转变过程。商业方面，范金民、罗晓翔《明清苏州经济中心地位略论》（《史学集刊》第3期）从赋税钱粮重地、物资的流通转输中心、银钱金融中心几个角度论述了明清苏州经济的中心地位。许檀《明清时期的通州商业》（《中国社会经济史研究》第3期）认为在明清时期，通州的职能是多功能的，既是漕运码头、仓储重地，还是商货水陆转运码头。在市镇研究方面，郑星《明代河南农村集市的发展与地域分布考述》（《农业考古》第4期）认为，明代河南农村集市得到了进一步发展，这一时期农村集市约有1271个，并指出，豫东地区与豫南地区农村集市的数量和密度都要比其他地区高出许多。此外，不少论文讨论具体的商业活动与商人活动。张明富《明清商人的职业身份认同》（《古代文明》第3期）认为明清商人对自身的职业身份认同具有价值型与工具型双重特征，其中工具型认同远多于价值型认同。姚伟《明清徽商在皖江流域的商业经营与社会公益活动》（《淮北师范大学学报（哲学社会科学版）》第1期）分析明清徽商在皖江流域的商业经营和义行善举的活动及其影响。刘森林《明代江南硬木良材的来源和消费》（《安徽大学学报（哲学社会科学版）》第4期）认为浙徽赣闽、长江上中游地区、粤省、榷关、回空夹带、外域输入、贩海等是明中后期江南市场硬木和良材的获得渠道，其满足了船只、建筑、园林、工具田器、剞劂版刻、家具、器物等的需要。刘森林《论明代江南家具的延长型消费》（《安徽师范大学学报（人文社会科学版）》第4期）运用多种史料，力图清晰描述和阐释材料稀缺、髹漆工艺、制度典章、高昂价格等对家具生产、效率、价值、消费的影响和制约，以及硬木家具制作和延长型消费的实相及其征状。

盐政与漕运。尹巧瑞《明末清初京掣地点的迁移与南京八县食岸的形成》（《中国历史地理论丛》第4辑）不仅分析了明末清初京掣地点的迁移与南京八县食岸的形成过程，还探讨了它们之间的内在关系。尹巧瑞《明代王府食盐述论》（《史学月刊》第9期）认为王府食盐在发展上经历了设立、废止和再形成的过程，在额度上经历了膨胀、整顿和再膨胀的3个阶段，在影响上王府食盐加剧了国家财政危机，扰乱了基层社会市场秩序，危害了盐法平稳运行。叶锦花《在属地管理与垂直管理之间：明初到清前期福建盐场管理体制的演变》（《学术研究》第11期）以福建盐场为个案，从地方层面考察盐场管理者、盐课征收、场务等方面的安排、处理，认为盐场管理体制在属地管理、垂直管理两种体制之中转变。吕小琴《明清近场私盐治理的改革困境及制度移变》（《深圳大学学报》第1期）认为明清时期近场私盐问题本质是民生问题，在应对这一问题上，明清两朝始终未能找到彻底的解决办法。漕运方面，张程娟《长运之后：明代中后期漕运派兑改革与卫所分帮机制》（《学术研究》第9期）认为，从兑运到长运，既是解决江南地区的漕运问题，也是军民州县水次交兑的进一步推广，并指出从卫所到漕帮，既体现了长运之后漕法的具体运作，又反映了明清漕运卫所的转变态势。孟祥晓《“保漕”背景下明清卫河转漕吏民群体形象初探》（《青海社会科学》第4期）对明清时期漕运吏民群体的构成和实际运作状态做了考察，认为他们的角色是多样的。

五、社会

区域社会。社会史方面，区域社会研究、宗族研究热度依然不减。赵世瑜《东山赘婿：元明时期江南的合伙制社会与明清宗族》（《北京大学学报（哲学社会科学版）》第5期）考察了洞庭湖东山水上人社会中的赘婿现象和以此为代表的合伙制关系的形成，指出元明时期大量存在的赘婿现象，是介乎于姻亲关系和拟亲属关系之间的合伙关系。刘正刚、李东霖《明成化时期江西“好讼”现象与社会转型——基于条例的考察》（《学术研究》第7期）通过对成化时期江西人“好讼”现象的考察，认为这一现象恰巧是成化年间社会开始转型的反映。刘正刚《明成化时期江南“诈伪”现象探析——以条例为中心》（《江西社会科学》第11期）通过分析《条例全文》，揭示出成化时期江南存在私铸铜钱、诈称内使、伪造官府印信等“诈伪”现象，并认为这些现象反映了明代社会在成化年间开始转型。唐霞《明清以来豫西北地区“社”与“会”之异同——以碑刻资料为中心》（《中国社会经济史研究》第1期）通过对碑刻资料的分析，指出明清时期豫西北地区“社”具有基层社会组织的特点，而“会”则是一种基于共同信仰的民间组织。在“社”名和“会”名的区别上，其认为“社”名多由村名、方位名词、数词构成，“会”名则由主祀神灵构成；“社”名偏于地域性，“会”名偏于信仰性；从职能而言，“社”与“会”在建庙祀神方面有相同之处，但是“社”的职能还体现在息讼止戒、安民守业等方面。孙竞昊、佟远鹏《遏制地方：明清大运河体制下济宁社会的权力网络与机制》（《安徽史学》第2期）从设立在济宁的官僚机构入手，考察国家如何借助体制与官员个人两种途径在地方政治生活里施展权能，及其与以士绅精英为代表的地方势力相遇而出现的一些反应，指出运河的运转重塑了济宁的国家与社会关系。龙圣《明清时期京鲁运河的盗贼及其防治》（《民俗研究》第6期）从作案情形、生成原因、官府防治措施等方面对明清时期京鲁运河的盗贼作了探讨。张叶《“行夫”与“折夫”：明末清初淮安的牙行埠头和运河徭役》（《中国经济史研究》第3期）认为明末清初，在河役及其编审中，淮安牙行在其中发挥了重要作用。贺晏然《赐潭之争：明清时期南京灵应观公产的变迁》（《史林》第1期）通过对南京道教宫观产业的管理和运作状况的梳理，认为南京灵应观潭产争夺事件，体现了官方、道士和士绅、权宦在地方社会的互动过程，并指出其有利于把握明清时期城市道观经济在理解城市政治、宗教环境变迁中的意义。孟烨《明代地方纠纷解决模式的历史变迁——以徽州裁判文书为考察对象》（《复旦学报（社会科学版）》第5期）认为在多种因素影响下，纠纷的解决方式经历了一个以里老裁判为中心的乡治体系到以官僚为中心的州县裁判为纠纷解决的主要途径的过程。

宗族。宗族史研究一直是社会史研究的重点。祝虻《家史制作：明清徽州宗族祖先谱系的建构》（《安徽大学学报（哲学社会科学版）》第3期）认为徽州宗族祖先谱系是宗族在徽州社会情境下，为满足自身需要而进行建构的产物。虽然它们有着一定的史实基础，但相应的主观建构空间则决定了它们并非真实的过去。李秉星《明代苏州下塘徐氏家世艺文考》（《苏州科技大学学报（社会科学版）》第3期）一文整理和考辨徐氏在明中后期的家族世系与文化图景，并进一步考证其重要家族人员的家世传承、生卒年。李尚学、章辉《明清江安雷氏家族文化成就初探》（《古籍整理研究学刊》第5期）对明清江安雷氏中五世传人做了考察。常建华《明代苏州宗族形态探研》（《史学集刊》第1期）从祖先祭祀、族谱纂修、义田与义庄等角度对明代苏州宗族形态作了探析。任雅萱《大户与宗族：明清山东“门”型系谱流变与实践》（《史林》第1期）认为宗族分支的“门”型系谱，并非自然分化的结果，而是人群在不同历史阶段有目的地选择联合的结果。胡英泽、张文广《明清时期北方宗族与地方社会——以山西阳城白巷里望族为中心的考察》（《山西大学学报（哲学社会科学版）》第4期）通过对山西阳城白巷里王、曹、杨、李氏所进行的宗族建设和参与地方事务的考察，认为宗族在地方社会发挥着自身的作用。该研究深化了学界对北方宗族的认识。刘伯山、赵懿梅《从分家阄书看明清以来徽州乡村“孝”的伦理实践》（《江淮论坛》第1期）利用已发现的徽州分家阄书，从“事亲”“敬宗”“有后”等角度探讨了明清以来徽州乡村“孝”的伦理实践。李锦伟《明清梵净山民族地区族规家训的存在形态》（《贵州文史丛刊》第2期）认为明清梵净山民族地区族规家训有专著、散文、诗歌、遗嘱、对联和分关合同等不同表现形式。王润英《政治在场与话语转译：论明初士人的谱序书写》（《华南师范大学学报（社会科学版）》第6期）从叙史、论谱和建构三方面探析了明初士人的谱序书写问题。

社会群体与风气。陶小军《明代中后期“山人”文化与书画治生》（《江苏社会科学》第3期）描绘了明代中后期“山人”书画治生的文化景观，反映了这一历史时期商业社会环境对文人阶层生存理念和思想观念的冲击。陈宝良、张睿霖《明代士大夫快乐精神的内在转向》（《安徽史学》第5期）认为随着明代社会的变迁，儒家快乐精神开始发生了历史性的转向，既熔儒佛道于一炉，又日趋世俗化。廖丹《明代松江书家群体与文人结社交游研究》（《中国美术研究》第2期）认为明代松江文人既是松江文化生态的缩影，同时也构建了松江地域的文化认同和价值传承，并且在明代经济和思想解放的潮流中，发展出了独特的松江区域文化。杨金柱《晚明以降戏曲活动中士人与伶人角色的融合与转换》（《浙江师范大学学报（社会科学版）》第5期）探讨了晚明以降戏曲活动中士人与伶人相互融合与相互转换的关系。吴玢《晚明江南地区儒匠群体的技术科学化倾向》（《自然辩证法通讯》第5期）认为晚明江南地区出现了士人与工匠的互动现象。祁刚《明清鼎革之际的江南道士——以无锡〈泰伯道院道谱传芳录〉为中心》（《史林》第5期）通过对《泰伯道院道谱传芳录》的考察，探讨了明清鼎革之际无锡的道士群体的社会活动。周伟义《明清时期理学与纵欲风气的互动》（《安徽史学》第4期）以明清时期的男风现象为中心，探讨了理学在实践中与社会现实的互动关系。作为明代社会群体中最有特点的一种，商人被关注得比较多，尤其是徽商。谈群《明清徽商婚姻文化考察》（《黄山学院学报》第4期）通过对徽商婚姻的特点和礼俗的梳理，从资本、人际关系、家庭等多个方面探讨明清徽商独特的婚姻文化对徽商发展的积极影响。张浩《贾而任侠：明清徽商精神气质的另面》（《淮北师范大学学报（哲学社会科学版）》第2期）认为明清徽商不仅有“贾而好儒”的精神，也有“贾而好侠”的精神气质。戴昇《何以成商：明清以来徽商学徒的学艺历程与日常生活》（《安徽大学学报（哲学社会科学版）》第1期）从学艺的时间和内容两个维度对明清徽商的学艺历程做了探析。戴昇《学以成商：明清徽商学徒的贸易知识与生意学习》（《安徽史学》第6期）认为明清徽商学徒在学艺期间不仅需要掌握辨物、估价、识银、算术等贸易知识，还要学会书写记账、交际往来、辨别良莠、调整经营策略等本领。另外，基于理学贞烈思想而形成的烈女，可以说是明清时期最为独特的群体之一。白风、赵毅《明代山东烈女生存状态研究》（《辽宁师范大学学报（社会科学版）》第4期）从家庭生活和精神风貌两个方面对明代山东烈女的生存状态进行了探讨，指出她们并非所有人都受到封建思想的压迫，她们有着自己多彩的精神世界。孟凯《儒学与民族地区女性研究——以明代贵州地方志〈列女传〉为中心的考察》（《井冈山大学学报（社会科学版）》第1期）通过对《烈女传》的考察，认为从弘治到万历年间，贵州地方志收录的女性人数，以及获得各级政府旌表奖励的女性数量都在不断增加，并且儒家提倡的节、烈等女德也在这一过程中被逐渐强化，并日益被社会各阶层女性接受与践行。钱国旗、薛繁洪《明代中后期江南文人的饮茶生活及其文化意蕴》（《东方论坛》第3期）认为江南文人对茶性的体认，折射出当时文士群体的心性。

方冬《徐霞客与东林人士交往考述》（《河南理工大学学报（社会科学版）》第2期）指出徐霞客与东林人士之间的交往其实是江南大族之间社会交际的一个缩影。陈刚《晚明文人秦地旅游研究——以文人游记为中心》（《陕西师范大学学报（哲学社会科学版）》第5期）对晚明秦地旅游者生平、来陕旅游的时间、身份及原因进行了探讨。

灾荒、疾病与医疗。疾病史与自然灾害史等方面选题近年来不断增多。解扬《明代灾荒赈济中的“治法”》（《江海学刊》第1期）从反映明代赈灾的官箴书入手，指出明代人所言“有治人无治法”体现的是日益成熟的地方政府治理制度与晚明地方势力希望获得自主行政空间之间的矛盾。郭学勤《论明代救荒中的劝善思想》（《河南大学学报（社会科学版）》第4期）从士绅援引儒释道的因果报应思想、利用血缘、地缘关系和利害关系等角度分析明代救荒中的劝善思想。鞠明库、邵倩倩《灾训齐家：明清家训中的灾害教育》（《江西社会科学》第9期）指出明清家训客观上承担了部分灾害教育的功能。家训中的灾教内容，不仅能补救官方防灾减灾的不足、疏失和弊端，而且提高了家族子孙乃至乡约社众的灾害意识和防灾减灾素养，其意义和价值重大。丁柏峰、王耀科《明清时期河湟地区自然灾害与农业发展》（《农业考古》第4期）认为明清时期河湟地区自然灾害种类繁多且发生频率频繁，给区域社会造成了极大影响，对农业生产危害巨大。牛建强、姬明明《明代河南洪涝灾害的量化研究》（《西南大学学报（社会科学版）》第6期）通过等级量化的方法对明代河南洪涝灾害的时空分布进行了研究。吴朋飞《崇祯河决开封城的灾害环境复原》（《苏州大学学报（哲学社会科学版）》第2期）从灾前明末黄河与开封的地貌特征、灾中决口口门和流路的地理复原，以及灾后决口事件对人口、建筑物和城市衰落的影响等方面对崇祯时期黄河决开封事件作了深入探讨。胡火金、孟明娟、李兵兵《明清时期太湖流域水灾危害及灾害链——以江苏苏州为中心的考察》（《农业考古》第4期）指出明清时期太湖水灾及次生、衍生灾害形成的灾害链，严重破坏了人们的生活与社会的生产秩序，其造成的损失难以估计。刘鹏《儒学化与地域化：明清温病学说的建构》（《南开学报（哲学社会科学版）》第4期）通过对明清温病学说的建构过程分析，认为其存在儒学化和地域化。其中儒学化体现在其与儒家道统建构思维模式类似，地域化体现在其温病治疗存在南北之别。张建国《明崇祯十三、十四年庐州府疫灾及社会救治》（《阜阳师范大学学报》第2期）从灾疫发生的原因、影响与应对三个方面对明崇祯时期庐州府灾疫进行了分析。谢宏维、甘琪《明清时期江西的洪涝灾害与应对机制》（《江西师范大学学报（哲学社会科学版）》第4期）对明清时期江西水灾的时空分布特点、形成的原因及当时政府与地方社会对水灾的应对措施进行了分析。郭守运、苏晓虹《明清白话小说中的瘟疫灾害书写探析》（《韶关学院学报》第1期）从书写的类型、修辞、主题的美学内涵、哲学溯源角度探讨了明清白话小说中的瘟疫灾害书写。张玉漫、刘涛《明清时期儒、医融合的思想演变及其特征》（《社会科学战线》第12期）认为明清时期的医、儒关系以互融互显为主流，医学家们多将医学经典类比于儒家经典进行论述，其中又存在着先儒后医、儒优于医等思想特点。

基层社会治理。毛亦可《论明末乡绅地方公议的程序——以〈祁彪佳日记〉为中心的考察》（《史学月刊》第8期）通过对《祁彪佳日记》的考察，认为明末浙江地区乡绅参与地方公议存在召集、议事和决议3个环节，并指出公议中的官员与乡绅的关系是复杂的，不仅仅是主从关系。董乾坤、周晓光《制度与空间：明代“四乡”初探》（《史林》第1期）认为“四乡”是进入明代特别是嘉靖以后才逐渐形成的，并指出“四乡”虽与乡里制度中的“乡”同时并存，但有本质上的不同，其仅具有地域空间单元的性质。向静《义民义官与明代的乡村捐赈》（《古代文明》第3期）认为在社会变迁与民众需求变化的推动下，明代国家权力对于“义”观念的价值表达与道德阐释的权威逐渐减弱，从乡村社会中获取赈济资源的方式发生了从借助道德认同向强调利益分享的转变。王浩《明代徽州的乡约推行与县域治理》（《江西社会科学》第8期）认为明代徽州的各种乡约是在不同的时代背景下推出的，并指出反复推行的乡约，在一定程度上取得了整齐城乡礼俗教化、稳定地方社会秩序，从而助益县域治理的积极作用。黄志繁《明清乡村治理体系中的文化认同》（《中国史研究动态》第2期）着重从文化认同角度探讨了其对乡村治理的作用，认为文化的高度认同是地方社会治理中的重要因素，也是明清时期地方社会治理可以相对简要而有效的根本原因。张佩国《节省治理：傅岩在歙县的为政实践》（《史学集刊》第6期）指出傅岩在歙县实行的诸如教化儒生、加强保甲制度、修筑城堡、训诫土棍等一系列为政实践，反映了明王朝国家的节省治理逻辑，并指出其有效性在于实现帝国控制与民间社会的文化契合。杜正贞《明清时期东南山场的界址与山界争讼》（《史学月刊》第2期）认为“界”既是权利的分隔之处，也是权利的交接、重合之处。明清时期东南山区围绕界址而发生的冲突和激烈竞争是山场资源竞争加剧的表现。界址在争讼过程中逐渐清晰、明确下来，人们对山场的认知也在争讼过程中不断细化和书面化。袁钰《明清时期汾河流域基层社会治理模式探析——以习惯、习惯法、国家法为视角》（《太原师范学院学报（社会科学版）》第3期）在分析汾河流域的基层社会治理后，认为明清汾河流域存在习惯—习惯法—国家法自下而上的社会治理模式。

利用契约文书展开社会史研究，尤其是基层社会治理的研究，依然是一种强力有效的研究途径。郭敬一《明清契约文书篇末绝止符号研究——以“行”形为中心》（《文献》第1期）认为明清契约文书篇末的“行”字及“行”形符号与敦煌契约文书绝止号一脉相承，其来源可追溯至西周时期。徐嘉露《明代民间契约中的“闽契”》（《中州学刊》第6期）

在对明代福建地区土地文书进行梳理的基础上，对福建地区土地文书的格式、内容及其特征进行探讨。阿风《明末清初田宅交易税契制度的演变——以徽州文书为中心》（《江海学刊》第 4 期）以徽州文书为中心，分析了明末清初江南徽州地区田宅交易税契制度的演变过程，进而探析了清承明制与清代田宅税契制度的创新过程，指出明清两朝的税契制度存在着很多内在的联系。赵忠仲《明清徽州劝善书相关问题研究》（《宗教学研究》第 3 期）认为明清徽州本土劝善书类型相对较为传统，内容以劝孝、戒淫的安民思想为主，传播形态比较隐晦。

在基层社会治理中，礼的问题在 2021 年度特别凸显。关于礼生问题，《史林》第 2 期刊登了赵克生《何谓礼生？礼生何为？——明清礼生的分类考察与职能定位》和刘永华《礼生、田野与史家技艺》的两篇商榷文章。赵文在检讨刘永华对礼生研究的基础上，对明清礼生进行了分类考察和职能定位。其将明清礼生分为了作为差役的礼生、儒学生员充任的郡县礼生和私礼生 3 类，并认为职能主要是保证礼仪秩序井然、敬谨，充当礼仪传播的中介。刘文则从“礼生的内涵、角色与职能”和“田野调查与史学研究”两个方面对其进行了回应，认为赵文对其研究有“误读”，并指出从自下而上的角度考察礼仪下乡进程及其与区域社会文化转型之间的关系是其研究的重点。之外，相关的地方祭祀的问题也值得重视。宋暖《明清时期山东乡贤崇祀文化探析》（《济南大学学报（社会科学版）》第 5 期）认为在明清时期，山东各地乡贤崇祀经历了一个逐步普遍化和制度化的过程。赵树国《“先天之孔子”：明清山东文昌崇祀的建构与传播》（《民俗研究》第 1 期）一文考察了山东文昌崇祀从无到有并逐渐普遍化的历史，探讨山东地方官、文化精英如何通过将其建构为“先天之孔子”以推动其传播、进而加以利用的过程。

六、思想文化

学术思想研究在议题方面呈现“一中心多点”分布。“一中心”即王阳明及其后学的思想与活动为 2021 年度的中心研究议题，“多点”则表现为明初朱子学的发展、大学改本、晚明思想融合、学术转向和礼学兴起等议题也有所推进。在研究路径上，哲学概念辨析的研究方法运用远超于史学实证。宗教与民间信仰研究呈现与地域文化研究紧密结合的趋势，历史学、宗教学与民俗学研究呈现多学科交叉特征。

学术思想。高明《明初朱学之演变》（《湖北社会科学》第 2 期）认为明初朱学多从生成论的角度强调理气的统一性，重视“心”“性”的主体性，强调自身作为道德主体的担当，并指出主敬是明初朱学工夫论的主流，格物穷理被逐渐淡化。张昭炜《崇仁之学的主静转向与持敬回转》（《江西社会科学》第 5 期）认为崇仁之学的转向与回转表现为主静与持敬的更迭与相互扶正，孕育了白沙学与阳明学的主静，为之后江右王门收摄保聚的学风打下了基础。王光松《陈白沙“端倪”说考论》（《现代哲学》第1期）认为陈白沙“静中养出端倪”说的提出改变了明代儒学的工夫论格局，对明儒产生广泛而深远的影响。马寄、陆永胜《明代心学经学诠释观的两种图式——以王阳明、湛甘泉为中心》（《学术研究》第10期）通过对《稽山书院尊经阁记》《广德州儒学新建尊经阁记》的考察，认为王阳明和湛甘泉对经学诠释有着不同路径。吴祖松《论“甘泉四句”——湛甘泉对王阳明“四句教”的改造》（《哲学研究》第6期）不仅讨论了湛甘泉对王阳明的“四句教”进行了系统性改写问题，还辨析了湛、王学术倾向之差异。李格非《以湛甘泉为节点的“几”的先天转向问题》（《周易研究》第2期）通过考察“几”在儒学史上的意义演变过程以及湛甘泉对“几”的相关论述，指出正是湛甘泉对“几”的创造性诠释开启了明代“几”的先天转向，且对阳明后学如龙溪、塘南以及甘泉后学蕺山等产生了深远的影响。

对阳明学的研究是重中之重，主要集中在对“心”“良知”“致知”等概念探析上。吴震《王阳明的良知学系统建构》（《学术月刊》第1期）认为良知概念到了王阳明那里发生了深刻的转化和拓展，已发展出一套良知心学理论，并从良知自知、良知独知、良知自觉、良知无知等角度对良知学进行了阐释。许家星《阳明〈中庸〉首章诠释及其意义》（《复旦学报（社会科学版）》第1期）认为王阳明的《中庸》诠释不但改变了程朱所主张的《中庸》多言形上本体的明道性质，而且将其定性为与《大学》同一的修道工夫之作。李禹阶《论阳明心学的“心即理”与“心”非“理”——基于认识论的“心”“理”关系再思考》（《重庆师范大学学报（社会科学版）》第4期）指出阳明心学“心即理”及“心外无理”“心外无物”命题，并不是将“心”上升到与“理”为一的本体论高度，而仍是在认识论范围内探讨“心”“理”关系。李承贵《“心即理”的奥义》（《社会科学战线》第10期）认为“心即理”的过程本质上是人超越自我回归本我的过程，但这种超越与回归的实现全靠“心”的主宰和运行。李承贵《王阳明“知行合一”论五种旨趣》（《天津社会科学》第1期）从“外心求理”之“知行二分”、“沉湎经书”之“知行二分”、“言行不一”之“知行二分”、“轻忽念头”之“知行二分”、“冥行虚知”之“知行二分”探究了王阳明“知行合一”的五种旨趣。杨道宇《化知识为德性：阳明心学的德性知识观》（《中州学刊》第8期）从“心外无物”“理事心合一”“心事合一”三个方面探讨了阳明心学的德性知识观。李甦平《从〈大学问〉看阳明学的“仁本体”建构》（《中国哲学史》第6期）认为王阳明的“仁本体”哲学是通过对“明明德”“亲民”“止至善”的解释，再介入“气”的流行功能而建构成的。马寄《工夫论视域下王阳明“无善无恶心之体”的再审视》（《江南大学学报（人文社会科学版）》第6期）指出“心之体”不是“心体”之本然，而是心之“本来体段”。秦晋楠《再论阳明学中良知的道德自身意识问题——以耿宁对王阳明“三个良知概念”的划分为中心》（《道德与文明》第5期）认为汉学家耿宁的诠释与阳明的良知学说之间存在对自然、本体和本能3个概念的诠释差异。傅锡洪《王阳明晚年工夫论中的致知与诚意》（《现代哲学》第3期）讨论了阳明晚年工夫论中诚意与致知的地位及其关系。王凯、成积春《儒家的突围与失落：阳明心学之发生及其狂禅化问题探究——以制度与文化为视角》（《学术探索》第8期）从制度与文化视角切入，讨论了阳明学与阳明后学的发展演变。钟纯《王阳明“简易”工夫论发微》（《周易研究》第2期）认为王阳明的简易工夫论由“作功”“立教”“为学”三个面向构成。胡发贵《论王阳明“调摄为主”的柔性治理思想——以奏设崇义县为例》（《中原文化研究》第2期）通过对王阳明奏设崇义县探析了其“调摄为主”的思想。诸凤娟《王阳明的民族思想与阳明心学在少数民族地区的传播》（《浙江社会科学》第12期）认为在民族思想方面，王阳明具有民族平等观；在实践方面，王阳明在贵州、广西置学校书院以讲学，传播心学思想和儒家礼义文化，客观上对少数民族地区生产力的恢复和发展，以及少数民族接受先进的思想文化，都起了促进作用。贾庆军、时秀娟《王阳明“文以明道”与文学境界论再探》（《宁波大学学报（人文科学版）》第3期）认为可将王阳明的文学境界分为天人两分、天人合一和良知宇宙3个阶段。陈立胜《王阳明“四民异业而同道”新解——兼论〈节庵方公墓表〉问世的一段因缘》（《哲学研究》第3期）认为以“生人之道”规范工商文化是王阳明书写《节庵方公墓表》的目的。王学伟、杨德俊《王阳明〈卧马冢记〉“怀来王公”考》（《贵州文史丛刊》第1期）认为王阳明在贵阳所作的《卧马冢记》中所载的“都宪怀来王公”实是时任贵州巡抚王质。邓国元、王大印《王阳明“临终遗言”献疑与辨证——兼论〈阳明先生年谱〉嘉靖本与全书本的差异》（《现代哲学》第2期）通过对“此心光明”和“为可恨耳”的考察，认为“为可恨耳”是王阳明的临终遗言，而“此心光明”是钱德洪在编写《年谱》中杜撰出来的。方志远《盖棺未必论定：王阳明评价中的庙堂和舆论》（《清华大学学报（哲学社会科学版）》第2期）围绕明清时期对王阳明的评价过程的演变进行展开，认为整个过程既贯穿着庙堂和舆论之间、庙堂和舆论的各种力量之间的争议和博弈，也反映出不同时代的现实需要和价值取向。

阳明学的传播、同时代儒者的辩驳及其后学的思想，也一直受到关注。刘恒武、陈名扬《王阳明文明书院讲学史实考辨——以席书致王阳明系列书简为中心》（《浙江社会科学》第7期）从《元山文选》所收席书致王阳明系列书简和《送别阳明王先生序》出发，对王阳明两次执教于贵阳文明书院和其与席书的思想交流进行了探讨。张明《明代阳明心学在黔南地区的传播及其影响》（《赣南师范大学学报》第4期）通过对王阳明及其弟子在黔南地区活动的考察，探讨了阳明心学在黔南地区的传播和影响，指出以阳明心学为主流的儒家文化促进了黔南教育文化的发展。牛磊《归寂致知：聂豹的易学思想》（《宁波大学学报（人文科学版）》第2期）将聂豹易学思想归纳为“寂以通感”“复以改过”“止以论寂”。盛珂《“从无入有”：罗近溪“孝弟慈”说对阳明良知学的修正与发展》（《中国哲学史》第4期）认为“从无入有”“专以孝弟慈为本”是罗近溪对王阳明良知学说的修正。杨国荣《以事行道——基于泰州学派的考察》（《文史哲》第6期）认为注重“以事行道”是泰州学派的重要特点。童伟《任道与任情共生——审美现代性视域下泰州学派的“身”“道”两难》（《江苏社会科学》第1期）认为泰州学派对中国审美现代性的贡献或局限要从“任道”与“任情”两个维度考察。陈鹏、聂毅《许孚远心性论辨析》（《中国哲学史》第6期）指出许孚远心性论中修正王学的思想宗旨和庄敬严整的精神气象，对刘宗周产生了深远影响。朱嘉怡《从冯从吾和李颙对“无善无恶”的解读看关学经世精神》（《宁夏社会科学》第4期）在辨析冯从吾和李颙的思想后，指出关学经世精神具有真实、独立、包容的特征。张亦辰《顾宪成对阳明学良知当下论的改造——以〈当下绎〉为中心》（《中国哲学史》第4期）认为顾宪成重建了以性体为宗的“性宗”思想，为明清之际由王学向朱学复归的思想转向提供了依据。向仲敏《管志道〈大学〉改本研究》（《孔子研究》第1期）以日本内阁文库馆藏汉籍写本管志道《重订古本大学章句合释文》为研究文本，对管志道《大学》改本进行了探讨，指出其本意在调和朱子学说与阳明学说，反映了晚明儒学思想的新动向。扈继增《“对越”以见“独”：一个解读刘宗周“慎独”思想的新角度》（《中国哲学史》第4期）认为刘宗周“对越”即是解除习染之蔽，还原“独体”之“本来真面目”。冯前林《重本·崇礼·尚实：论刘宗周的讲学活动与教化特质》（《学术探索》第3期）在对刘宗周讲学活动梳理的基础上，指出刘宗周的讲学活动具有重本、崇礼、尚实的特点。

学者们对晚明各种思想融合进行了诸多研究。邱高兴、黄成蔚《晚明浙江阳明心学的儒佛会通》（《社会科学战线》第2期）对晚明浙江阳明心学的儒佛会通现象进行了考察。孙国柱《儒佛交融与明清之际知识社会的形成——以方以智“藏悟于学”为中心》（《西南民族大学学报（人文社会科学版）》第2期）从思想来源、内涵和意义等方面探析了方以智的“藏悟于学”思想。张天杰《晚明“三教合一”思潮与越中士人的静坐修习——以〈祁彪佳日记〉为中心的考察》（《浙江社会科学》第5期）通过《祁彪佳日记》考察了晚明越中士人静坐修习的具体情形，以及其中的“三教合一”等问题。在明清学风探讨方面，孙德仁《吕柟礼学的去实体化转向及其意义》（《人文杂志》第12期）认为吕柟礼学出现了去实体化转向，并指出其在形塑明代关学礼教性格的同时，也成为后来明清关学应对时代之弊、共同践行礼教的重要依据。魏宏远、过琪文《从王世贞知识讹误再谈明人“空疏不学"》(《首都师范大学学报(社会科学版)》第3期)以明人王世贞为切入点，认为明代存在知识激增及知识危机，并指出了明人在面对知识危机时呈现了"由博转专"和"空疏不学"的两种转向。潘斌《明清之际学风的嬗变——以礼学兴起为中心的探讨》(《史学月刊》第8期)认为礼学是一条贯穿明清之际学风嬗变的主线，其由晚明的不彰到清初的复兴，既是应当时世风转变需求的产物，也与当时心学、理学的消长密切相关，更与礼是中国古代社会的表征和中国传统文化的核心的本身特点有关。李质繁《明人对〈山海经〉的阅读接受与明代学术》(《北京社会科学》第5期)指出明人对《山海经》的阅读接受促生出了诸如"史部""子部"的属性转变等学术问题。

之外，台湾《明代研究》第36期刊载了讨论明代思想史的四篇文章，何威萱《宋元理学家从祀明代孔庙小考——兼论明代孔庙与理学道统的关系》通过对明代获祀的宋元理学家的考察，认为明代的孔庙自有一套抉择标准，其象征的圣道传承系谱存在自身的脉络，并未受到理学道统观念的影响而迅速产生变化，其对程朱理学的推尊仅限于作为科举官学的层面，并非没有上限地延伸到所有领域。杨正显《后死有责：从〈阳明先生文录〉到〈王文成公全书〉的师教衍变》探讨了王阳明文集的成书过程，认为王阳明生前的政治因素和门人在其死后对其思想定位不同是王阳明文集版本变迁和内容出现差异的重要原因，指出最终形成的《王文成公全书》蕴含的是钱德洪个人所认定的阳明精神。吴孟谦《晚明虞山书院的生死轮回之辨——兼论耿橘、张鼐的思想立场》通过对十五卷本《虞山书院志》及相关文献的梳理和义理的分析，详尽阐述了虞山书院二十位学者对生死轮回的问题意识及其思想源头；并对耿橘、张鼐的思想形态和虞山书院的讲学风格，进行了较为清楚的定位，认为耿橘对心性本体的诠释近于心学，但也同时有以性体规范心体的意味；张鼐的心学带有浓厚的禅宗气息，但不忘强调儒学本旨。刘勇《新见明儒湛若水〈格物之说〉手迹的文本问题与文献价值》在释读手迹的基础上，对其中涉及的人、事进行了考释，认为该手迹为重建手迹诗最初产生的情境和其在湛若水与王阳明的论学交涉脉络中所处位置提供了关键线索。

宗教与民间信仰。国家祭祀方面，李瑞祥、古屿鑫《明代圜丘祭礼雅乐考辨》(《世界宗教文化》第5期)在详细梳理并还原明代正史中记载的圜丘祭祀礼仪程序和雅乐编制的基础上，总结了明代圜丘祭礼雅乐对清代祭祀礼仪及用乐规范的影响及价值。张春晓《元明清三代对帝师祭祀的多元接受与消解》(《宗教学研究》第3期)从不同的角度探讨了元明清三代对帝师祭祀的接受与消解。张民服、李颖骅《明清时期中原地区的城隍文化建构》(《郑州大学学报(哲学社会科学版)》第2期)以明清时期中原地区与城隍相关的社学、乡约、救灾、赈灾、司法、诉讼、合祀、淫祀等现象为例，探讨明清时期中原地区官民对城隍文化的共同建构。

佛教方面，王春彦、仝晰纲《元明时期山东灵岩寺曹洞宗宗统字辈及法统之关系》（《宗教学研究》第2期）将元明时期灵岩寺曹洞宗宗统字辈排序分成了3系，即曹洞宗足庵净肃系、曹洞宗清安德方系和曹洞宗本空通悟系。周荣《财政与僧政：从民间赋役文书看明初佛教政策》（《清华大学学报（哲学社会科学版）》第5期）从顶层设计与基层运作、官方文献和民间文献相结合的视角探讨了明初的佛教政策和财政赋役政策在基层落实的情况。李东霖、刘正刚《明成化朝治理伪僧探析：基于条例考察》（《暨南史学》第1期）以条例为中心，从法律史的角度对成化时期治理伪僧及诈冒番僧进行了探讨，认为成化朝条例的目的在于通过打击伪僧来保护合法僧侣群体权益，进而稳定佛教秩序，巩固王朝统治。李禹阶、王超《明清士人对佛教轮回观的回应》（《西南民族大学学报（人文社会科学版）》第2期）从明清士人对佛教轮回说的态度、对轮回的社会功能的评价，以及对轮回现象的不同解释3个方面，考察明清士人对佛教轮回观的不同立场及相应的价值观念。韩传强《〈度门寺无迹禅师碑文〉：晚明北宗禅的缩影》（《西南民族大学学报（人文社会科学版）》第4期）在梳理、校释《度门寺无迹禅师碑文》的基础上，通过对碑文内容的分析，诠释了该碑文对“北宗禅的谱系构建”“唐以降北宗禅发展的图景”“北宗禅僧与士大夫的互动”“佛门僧众对南北两宗的立场”以及“北宗禅修行方式上的转变”等方面的影响。孙国柱《在君臣与师友之间——明清之际澹归今释的价值抉择》（《世界宗教研究》第4期）考察了澹归今释在明清之际“逃禅”风潮中有关君臣之道的诠释与表达，指出澹归今释认为师道超于君道，臣统高于君统。道教方面，盖建民、刘雪涛《明代土司罗谦端三元合修丹法思想形成考论》（《云南民族大学学报（哲学社会科学版）》第4期）探析了元明时期道教南宗丹道文化在西南少数民族地区的传承、发展与影响。谢世维《十四世纪的道教山水叙事：以宋濂、张宇初为中心》（中国台湾《中国学术年刊》第43期春季号）从朝廷文士和龙虎山张天师的角度，对14世纪山水在道教的文化脉络中呈现过程进行了审视。谢世维《十四世纪江南正一道教的隐逸与修练文化》（中国台湾《师大学报》第66卷第2期）认为14世纪江西、福建的正一道士的隐逸思想，以及他们的内丹修练具有独特意义。伊斯兰教方面，仇王军《明清回儒对经典神圣性与语言功用性关系的阐释》（《中国穆斯林》第5期）指出张中、王岱舆、马注等回儒在理论上阐述了用汉语言文字翻译和注解伊斯兰教思想的合理性，调适了宗教经典神圣性与语言文字功用性之间的矛盾，为伊斯兰教汉文译著活动的兴起和发展提供了理论前提。马珍、马晓琴《明清回儒心性论之学术史述评》（《回族研究》第2期）认为明清回儒心性论学术研究大致呈现“回儒心性论的哲学分析”“回儒心性论与儒学心性论之关系研究”“回儒心性论与伊斯兰教中国化研究”等几种进路。

2021年度民间信仰的研究成果较多。张玮、郝平《庙宇空间下的明清华北灾害信仰和乡村社会整合——以昭泽王信仰为例》（《云南社会科学》第2期）以盛行于华北浊漳河流域的昭泽王信仰为例，探讨明清华北灾害信仰发展的各个环节。郑炳林、赵世金《从叛将到神灵：明甘州地区武烈帝信仰研究——以〈武烈庙旧迹记〉为中心》（《青海民族研究》第1期）以《武烈庙旧迹记》为中心，探讨了明代甘州地区武烈帝信仰出现的背景以及河西地区相关的民间宗教。宿爱云《“国家在场”的展演：明清洮岷汉人“湫神”信仰记忆的重构》（《民族学刊》第4期）认为明清时期，国家力量在西北边地下沉和进入，导致了洮岷地区汉人“湫神”信仰记忆的重构。王华《明清时期太湖小船渔民信仰研究》（《北京社会科学》第6期）通过对明清时期太湖小船渔民宗教信仰的历史的考察，认为小船渔民信仰天主教既有世俗化的社会因素，也有长期处于社会边缘孤独心灵需要慰藉的精神因素。萧放、叶玮琪《蚕神献丝与三蚕圣姑：明清时期蚕神信仰文化中的“晋南故事情节”与习俗传统》（《中国农史》第3期）认为晋南地区的《嫘祖养蚕》故事脱胎于马头娘故事，又具体地指向黄帝元妃西陵氏嫘祖的蚕神身份认同，与晋南历史文化特色密切关联。黄瑜《“社祭”传统与“萨玛”坛祠——都柳江流域的村寨空间、生计变迁与国家制度》（《清华大学学报（哲学社会科学版）》第4期）将“社祭”传统与“萨玛”坛祠形制之间的关系，置于明清以来都柳江中下游地域社会历史的变迁过程进行考察，探讨了祭祀空间形制的“演变”与这一地区的生态环境变迁及王朝国家制度与礼仪推行之间的内在关联。张凯、成臻铭《明代土司社会宗教信仰研究——以永顺土司区为例》（《青海民族研究》第3期）认为明代永顺土司社会的宗教信仰是一个以国家公推的儒、释、道信仰为基础，以当地民间的鬼、灵、巫信仰为辅助的综合体系。

学校教育与科举。学校教育方面，王尊旺《明代阴阳学考论》（《安徽史学》第1期）从学官设置和职能对明代阴阳学进行了探究。书院史方面的研究相对较多一些。赵伟、邓洪波《明代提学官的书院建设与张居正的学政改革》（《学术研究》第5期）认为明正统年间提学官设立后得到迅速发展，在官学体系之外建立书院，开辟了新的教育空间，但由于其发展冲击和瓦解了官学体制，因而在张居正学政改革中受到打击，其职能也由“教士”向“校士”发生了转变。郭云鹏《明清时期邹鲁地区书院发展特质及成因探析——以方志资料为中心的考察》（《中国地方志》第5期）一文通过梳理邹鲁地区方志等资料，揭示了明清时期邹鲁地区书院发展“重圣迹”的分布格局、“重祭祀”的功能重心、“偏官属”的组织形式、“中正保守”的教化理念的发展特质，并认为造成这些特质的原因是该地长期历史发展中形成的人文纯粹、民风重礼的文化环境，以及四氏学、奎文阁等文教设施的兴盛也挤压了书院教育功能的发展空间。黄林燕《明代白鹿洞书院史料补遗》（《九江学院学报（社会科学版）》第1期）在《白鹿洞书院古志五种》及《新纂白鹿洞书院志》的基础上，进一步补充明代部分的书院史料。此外，对于明代的启蒙教育，戴元枝《论明清徽州闺塾师的教育活动》（《淮北师范大学学报（社会科学版）》第4期）探讨了明清时期徽州的闺塾师群体出现的原因、教育对象和教育内容，并指出这些闺塾师的教育活动在客观上推动了明清时期徽州教育尤其是启蒙教育的发展，有利于明清徽州社会整体文化素质的提高。温海波《杂字读物与明清识字问题研究》（《安徽史学》第4期）通过对杂字读物的考察，探究了明清时期杂字流传、“文字下乡”、杂字读写及民众识字能力等问题。

科举方面，黄谋军《明代锦衣卫进士群体的构成特点及其成因》（《中国文化研究》第4期）认为明代锦衣卫进士群体的发展历经空白期、产生与发展期、成熟与鼎盛期、衰落期4个阶段，其构成在户类和原籍地分布上呈现广泛性和不平衡性两个显著特点，并进一步剖析了造成上述特点的相关原因。丁修真《明初科举小史：洪武六年郑真赴试事迹发微》（《史林》第6期）通过对郑真学承、赴考、出仕等事迹的考察，探究了明初科举及相关制度的实践与影响。潘志刚、方正《明代殿试的角力：政治、标准与公平》（《江汉论坛》第9期）认为明代殿试中的冲突反映的是皇帝与读卷官以及读卷官们之间的权力角力，虽然殿试过程中常出现一些异常情况，但从二甲、三甲的阅卷情况来看，明代殿试并没有因为异常情况而影响其总体公平。郑欣《明代乡会试贡院研究述评》（《河南理工大学学报（社会科学版）》第6期）从明代乡会试贡院的修建历程、选址、建筑规制、经费、文化5个方面对乡会试贡院相关研究进行了评述，认为这些研究虽有所进步，但仍存在许多不足之处。李鹤丽《明清科举考试时间祛疑》（《中国典籍与文化》第4期）厘清了明清科举“连考三场，每场三天”的问题，认为明代科举考试仅限1天，清代科举虽有每场3天之名，但实际上只考两日，其余时间为准备时间。汪维真《明崇祯十五年直省乡试加额与录取事实》（《史学月刊》第11期）通过考察新发现的《崇祯壬午科乡试录》认为明崇祯十五年直省乡试确实存在加额，其中全国解额达1410名，题准录取人为1433名，较之前加了150人，此次解额数为清顺治朝继承。孙继民、耿洪利《新见明代科举宴席公文初探》（《河北师范大学学报（哲学社会科学版）》第2期）通过对沈阳师范大学图书馆所藏《文苑英华》裱纸公文的研究考察了福建地方县级官府举办科举宴席的具体流程，推进了学界对明代地方县级科举宴席的认识。孟义昭《明清科举风水说与南京城市水利》（《黑龙江社会科学》第4期）讨论了科举风水与城市水利之间的内在联系。科举研究与区域地方社会研究进一步紧密结合。丁修真《明代福建地区的科举竞争与地域专经》（《安徽师范大学学报（人文社会科学版）》第5期）一文以《闽省贤书》为基础，在统计明代福建90科乡试录取情况的基础上，得出了明代福建科举格局在不断变化、存在专经特征，地方专经受多方面因素影响等的认识。丁蓉《明代南直隶乡试试经流变考述》（《云南民族大学学报（哲学社会科学版）》第5期）在统计和分析南直隶举人的试经情况后，认为在南直隶试经中，五经分布不均，偏经现象严重，其中中式《诗》者最多，中式《春秋》《礼记》者最少。试经分布与流变受到习经人数、社会思潮、地域学风、上层的科试配额调适等因素的影响。朱端强《明清时期云贵乡试的地方史地考题举偶》（《云南民族大学学报（哲学社会科学版）》第 3 期）列举了若干明清时期云贵乡试的地方史考题，认为这些考题要求考生具有宽泛的知识，较之相对僵化的其他场考题和答卷，更能反映考生的实际水平。许继莹《明代贵州科举研究综述》（《宁夏师范学院学报》第 3 期）认为明代贵州科举研究总体较为薄弱，缺乏全面系统的探讨。李彩霞《乡族·科举·港口：明代琼州文人地理网络与地缘认同》（《中国历史地理论丛》第 3 辑）认为明代琼州乡族科举网络，以琼山家族友师关系为中心而展开，呈现数量大、地域分布广、内部联系紧密的特点，与琼州北部、东部贸易港的分布密切相关。此外，该文还揭示了琼州文人的地缘认同。

文学和艺术。诗文方面，文爽《论明代诗学的“声教”观念》（《安徽大学学报（哲学社会科学版）》第 1 期）认为明代诗学“声教”的主要内涵是“陶养性灵，风化邦国”。牛海蓉、秦亚坤《论明赋之演进历程》（《西南民族大学学报（人文社会科学版）》第 2 期）认为明赋显示了从“祖骚宗汉”到“祖骚宗汉”“不废六朝”的演进历程。魏青《明初苏伯衡〈空同子·瞽说〉发覆》（《江苏师范大学学报（哲学社会科学版）》第 6 期）认为明初苏伯衡《空同子·瞽说》不仅为明代子书开启新端，而且奏起明代前后七子复古派“文必秦汉”的先声。马昕《明前期台阁诗学与〈诗经〉传统》（《清华大学学报（哲学社会科学版）》第 4 期）探讨了明前期台阁诗学与《诗经》的关系。伍飘洋、孙学堂《明弘治诗倡和与“文学复古”新探》（《首都师范大学学报（社会科学版）》第 1 期）认为，明弘治时期“文学复古”的根本意图是兴复古学，在道德、政治、风俗等方面上追古代盛世，而并非单纯追求诗文复古或“文学振兴”。吴雨辰、朱惠国《词谱发端与明中叶学术——以周瑛〈词学筌蹄〉为中心》（《苏州大学学报（哲学社会科学版）》第 2 期）认为《词学筌蹄》的出现与作者的地域、身份乃至明代文体学有着密切关联。孙学堂《康海的文学态度与“复古俗”指向》（《苏州大学学报（哲学社会科学版）》第 3 期）认为康海在放废前后对待写作、修辞和文章著述的态度是前后一贯的，并无明显变化。许建平、许在元《王世贞在明末清初文学演变过程中的价值与地位重估》（《上海交通大学学报（哲学社会科学版）》第 5 期）认为王世贞的文学创作是明末清初文学由心学向实学、由义理向考据转变的催化剂。陈晨《王世贞与明代书牍总集》（《南昌大学学报（人文社会科学版）》第 4 期）考察了王世贞深入参与了明代文体学、文学史述、当代作家作品等领域的批评实践，认为其影响深远。郑利华《应合与变转：李维桢诗学旨义的二重面向》（《苏州大学学报（哲学社会科学版)》第5期）认为李维桢诗学旨义具有应合和转变的二重面向。范建明《论钱谦益诗学对江户时代诗风诗论的影响》（《苏州大学学报（哲学社会科学版)》第6期）从“钱谦益著述之东传”“荻生徂徕古文辞派对钱谦益及其诗学之批评”“钱谦益诗学与江户时代宋诗流行之关系”等角度对江户时代文士如何解读、批评、吸收或利用钱谦益诗学等问题进行了探讨。刘霞《程嘉燧的志趣和诗学对钱谦益的影响及其创作》（《中国文化研究》第3期）认为程嘉燧的古学志向和诗学思想深深影响了钱谦益的学术文学追求。薛泉《明文学权力“移于郎署”说考辨》（《湖南大学学报（社会科学版)》第6期）认为明文学权力“移于郎署”有一个渐进的过程，大致始于弘治时期，完成于正德、嘉靖间。兰石洪《论高攀龙水居诗的哲理意蕴及诗史意义》（《贵州文史丛刊》第1期）认为高攀龙水居诗体现了高氏潜心性理的思辨色彩和宁静心境，其代表了东林诗社诗歌创作的最高水平。渠嵩烽《晚明党争视阈下的高攀龙文学》（《湖南大学学报（社会科学版)》第6期）认为晚明党争视阈下的高攀龙文学呈现多面复杂的情形。张荣刚《晚明陈子龙与艾南英文学论争考论》（《中国典籍与文化》第1期）认为陈子龙与艾南英之间的文学论争及冲突所体现的是明代科举与文学之间的影响关系。苗怀明《繁华过眼 逝水流年——张岱和他的小品文》（《文史知识》第6期）认为张岱是晚明小品文的高峰，也是晚明小品文的集大成者。黄维敏《明代巴蜀文学家族地理分布、籍源与著作考察》（《四川师范大学学报（社会科学版)》第6期）一文梳理了明代巴蜀文学家族的地理分布、籍源和著作概貌。刘天振《明代通俗类书中诗词资料的性质及价值初探》（《中原文化研究》第4期）在辨析明代通俗类书中诗词资料的性质的基础上，强调了其价值。

戏曲小说方面，夏薇《男性的审美：明清小说中的四种理想女性》（《中国社会科学院研究生院学报》第3期）将明清小说中的女性分为“实用型”“灵魂型”“德情兼备型”和“缺憾美型”4种。邵晓林《明代小说叙事理论真实性观念内涵研究》（《安徽大学学报（哲学社会科学版)》第3期）探讨了明代小说叙事理论真实性观念的内涵。黄胜江《明清皖人曲家剧作稽考四题》（《中南民族大学学报（人文社会科学版)》第10期）对程仲权、张丙、孙清黼、孙佩琳4位明清皖人曲家生平及创作进行了考辨。徐子方《明代戏曲藏书考论》（《华南师范大学学报（社会科学版)》第5期）讨论了明代戏曲藏书的主体和分布。张文硕《晚明坊刻戏曲与市民文化取向的转变》（《中州学刊》第3期）探讨了晚明时期坊刻所产生的文化导向与市民文化取向之间的关系及其社会影响。李志远《晚明的戏曲串客》（《文史知识》第4期）总结了串客的4个特点。石松《略论明代小说“侠”意识的泛化——以〈水浒传〉与“三言二拍”为例》（《湖北师范大学学报（哲学社会科学版)》第1期）一文从侠、侠文化、侠的文学形象3个方面研究了明代小说中“侠”意识的泛化。龚霞《论明代小说中"原创词"探析》(《温州大学学报（社会科学版)》第6期）指出白话小说和文言小说中的"原创词"具有不同风貌和特点。梅东伟《论明代通俗小说的再嫁故事及其伦理价值构建》(《中州学刊》第2期）认为明代通俗小说的妇女再嫁故事书写折射出了晚明社会多元并存的伦理精神。吕靖波《唤醒与重构：徐渭〈女状元〉"代笔"关目中的游幕记忆》(《江苏师范大学学报（哲学社会科学版)》第6期）对徐渭《女状元》"代笔"关目作了探究，指出即兴代笔关目的呈现最终缓解了长期以来困扰着作者作为"代笔人"的身份焦虑，完成自我疗愈与自我认同。

书画及工艺美术方面，张媛颖、王天觉《论明代的题画唱和》(《大连大学学报》第1期）认为明代题画唱和存在3个发展阶段，并指出明代题画唱和具有群体性和地域性特征。董双叶、董家琪《众源合流：明代宣德画院中的闽浙画风》(《河北学刊》第3期）探讨了明代宣德画院中的闽浙画风的来源和影响。洪胜利《明清徽州古城岩图像研究》(《黄山学院学报》第4期）认为古城岩图像既是徽州地方文化、情感认同的载体，也是新安画派和徽州版画繁荣发展的一个凭证。姚远《文徵明赠礼画研究》(《美术研究》第5期）按照福柯"知识考古学"的思路对文徵明礼画进行了探究。姜永帅《明文徵明〈楷书太上老君说常清静经传〉册真伪考辨》(《美术研究》第1期）通过对天津和旅顺博物馆《楷书太上老君说常清静经传》的考察，认为天津博物馆藏本应为真迹，而旅顺博物馆藏本卷前《老子像》应为文徵明重绘，其册中小楷部分可能为文氏家族后人所作伪。胡霄睿、田广菓《明代洒线绣满地菱格纹制作工艺探析》(《装饰》第4期）探讨菱格纹的组织结构特点及工艺特征。宋春会《明代曳撒的形制考释》(《装饰》第4期）认为明代实际并存辫线袍、褶子衣及马面式曳撒3种形制，其中辫线袍及褶子衣是对元蒙服饰的继承，马面式曳撒则是对元蒙服饰的改造。杨君谊《正统、景泰时期景德镇民窑僭越纹饰现象出现原因探析》(《中国美术研究》第1期）从正统、景泰时期政权更迭的影响、政府对民窑的管理松动和民窑提高其产品竞争力3个方面分析了正统、景泰时期景德镇民窑僭越纹饰现象出现的原因。

史学。陈洁《〈明史〉传记与〈明实录〉史料源流考述》(《古籍整理研究学刊》第1期）考察了《明史》传记对《明实录》的采纳与修订情况。谢贵安《解缙二修〈明太祖实录〉相关问题研究》(《四川师范大学学报（社会科学版)》第1期）对解缙二修《明太祖实录》所处的政治环境及修纂过程进行了重新探讨。杨德会《"〈明英宗实录〉诽谤景帝说"考释——兼论明代史家史权意识的复苏》(《历史教学问题》第4期）认为"《明英宗实录》诽谤景帝说"有待商榷，指出《明英宗实录》史官在处理景帝书写问题上敢于直面皇权，引领了明代史家史权意识复苏的潮流。Throness Aaron《一个高度和谐的时代：景泰统治矛盾的历史记述之辨析》("An Age of Exalted Harmony? Deciphering the Contested Historiography of the Jingtai Reign," *Ming Studies*, Volume 2021, Issue 83, 2021）考察了明廷对记载景泰帝问题上出现的分歧，指出土木堡之变后出现了一个为景泰帝正名的趋势。杨永康、王晓敏《干犯帝统与万历官修正史之失败》（《学术研究》第5期）认为万历官修正史失败的根本原因是君臣修史意图的不一致。郑宁《明清官修史书对"正统北狩"的历史书写》（《中央民族大学学报（哲学社会科学版）》第2期）认为明清官修史书对"正统北狩"的历史书写具有一致性，其目的在于维护帝王形象与皇权尊严。李德锋《明唐顺之〈左氏始末〉刍议》（《南开学报（哲学社会科学版）》第2期）认为唐顺之所改编的《左氏始末》突出了纪事原则，但其标目也存在以人分类的现象，甚至是名实不符的情况。陈广宏《陈继儒〈建文史待〉之编纂及流传索隐》（《苏州大学学报（哲学社会科学版）》第1期）认为陈继儒《建文史待》的编纂体现了万历间士林对于建文革除之敦复和仗节诸臣昭雪、抚恤的关注及其忠义是非的倾向。石鹏《国家图书馆藏明代万历及崇祯缙绅录研究》（《文献》第6期）从版式与内容、成书时间、在后世的流存及其史料价值等方面对万历和崇祯《缙绅录》做了考察。秦桦林《美国国会图书馆藏晚明史籍〈壬午平海纪〉考略》（《图书馆杂志》第9期）认为美国国会图书馆藏晚明史籍《壬午平海纪》并非完帙，其不仅正文存在缺佚，而且还脱去了序言与所附《平海图》。关永利《崇文与尚质：明代两部〈朝邑县志〉的撰写体例与志学观念》（《中国地方志》第5期）从志书繁简体例、资料选取角度和语言特色上探讨了两部志书的撰写差异及其原因。张建民、冯慧鑫《嘉靖〈湖广图经志书〉编纂考略》（《史学史研究》第2期）在对多个版本的《湖广图经志书》考察后，认为嘉靖《湖广图经志书》已经突破了"姑仍旧志，附以新事"的既定体例，不过其也没有完全保留成化《湖广通志》的内容。范宜如《张鸣凤〈桂胜〉的纂辑历程与文化意蕴探析》[中国台湾《中国学术年刊》第43期（春季号）]考察了《桂胜》一书的成书过程，并对该书与桂林地方记忆的关系进行了审视。陈刚《论明万历笔记的材料取舍》（《北京社会科学》第5期）以明万历笔记为样本，从材料的真实性、材料的稀缺性、材料与作者关注点的相关性3个角度对笔记材料的取舍标准进行了探讨，此外还对笔记记录的主客观问题做了论析。李仁渊《元、明刊〈居家必用〉与家庭百科的诞生》（中国台湾《中央研究院历史语言研究所集刊》第92本第3分）对元、明时期刊刻的《居家必用》进行了考察，认为元刊《居家必用》与明刊《居家必用》在性质、组织架构上有所不同，指出跟元刊本相比，明刊本不仅分类较系统，同时理学的成分也更明显。李若晴《粤东平寇与明刊本〈三省备边图记〉》（《美术研究》第1期）在释读《图记》关于粤东平寇的图文内容的基础上，分析了《图记》所涉平寇的方略、战争场景及其刊刻的时间、地点以及苏愚编纂此书的意图。

七、民族与边疆治理

民族与边疆研究既有整体贯通式的考察，也有局部深研。龙晓燕、胡明《中华民族共同体意识视角下明至清前期民族思想的继承与发展》（《思想战线》第3期）认为明朝的民族思想延续了传统的二元特征，既有“华夷之辨”，也有“华夷一体”；清朝则超越了传统“内中华外夷狄”的传统民族思想，强调以统治疆域为基础的“中国一家”。武沐、杨博皓《明清两朝中国观对比研究》（《中国边疆史地研究》第1期）指出明清两朝中国观有很大不同，前者强调“中国”是王朝的中心，后者强调统治民族的独尊，但认为中国由各民族共有。蔡亚龙《元明边疆治理的传承与变迁——以明初军民府沿革为中心》（《中央民族大学学报（哲学社会科学版）》第3期）通过对元明两朝军民府的探析，认为明朝对元朝军民府既有继承又有变革，并指出其深刻反映了元明两朝边疆治理及其理念的传承和变迁。瞿州莲《“土司”名称由来研究》（《中国史研究》第4期）通过对辽宁省档案馆所藏《明太祖实录》、红格本《明实录》和《明史》等史料对比分析，认为“土司”名称在明洪武时期已出现，深化了学界对“土司”的认识。

北部。赵现海《中国古代长城的历史角色》（《史学集刊》第1期）以明长城为切入点，正反两方面论述了长城在中国古代历史中的地位，指出其是中国古代历史变迁的重要因素。李贤强《明代北部边疆兵变的发生与处置》（《湖北大学学报（社会科学版）》第4期）从兵变的类型和时空分布两方面阐释明代北部边疆兵变的发生，认为明廷对北部边疆兵变的处理经历了一个从抚剿不定到以抚为主的转变过程。赵淑清《瓦剌与明代大同贡市》（《中国历史地理论丛》第1期）以时间为线索，认为明朝与瓦剌贡市贸易经历了均势博弈下的约贡路市、瓦剌崛起下的通贡马市、明廷全面内守下的绝贡闭市和外羁内守下的封贡互市4个时期。希都日古《关于马可古儿吉思可汗时期明朝与蒙古的关系》（《中国边疆史地研究》第4期）探讨了北元蒙古大汗兀客克图可汗马可古儿吉思时期的明蒙关系，认为虽然这一时期明朝与北元之间发生了纠纷乃至小规模的军事冲突，但双方和平贸易关系的大局并未发生大的逆转。黄孝东、张继焦《明清时期蒙汉民族的交往交流与交融——基于蒙晋冀长城金三角区域文化遗产的调查研究》（《内蒙古社会科学》第4期）以蒙晋冀长城金三角区域的文化遗产为媒介，通过微观和中观的分析视角，探析了明清时期蒙汉民族的交往交流交融情况。王元禄《明代万历“松山新边”考略》（《丝绸之路》第1期）着重从边墙堡垒、火器配备、物质供应等角度对“松山新边”作了探究。郭海东、陈武强《奏报与应对：明嘉靖朝九边兵变中御史的作用》（《河南师范大学学报（哲学社会科学版）》第6期）从奏报和应对两个角度探析了御史在明嘉靖朝九边兵变中的作用，指出御史奏报对平定兵变发挥了重要作用，但由于受到边地军政利益干扰，其作用又有限。奇·斯钦《15世纪蒙古三部随阿台汗南下的时间和路线考述》（《北方民族大学学报》第6期）认为鄂尔多斯部、阿速部和哈喇嗔部3部是在15世纪30年代随阿台汗南下至宁甘边外的。

西北部。曲强《元明之际吐鲁番政治变迁考》（《中国边疆史地研究》第4期）探讨了元末明初西北地方政权吐鲁番的政治变迁。张中磊《明代西宁卫陈土司家族之始祖建构——以新见〈陈氏家谱〉为中心》（《青海师范大学学报》第3期）通过对明代西宁卫陈土司《陈氏家谱》的考察，认为陈子名丰富的历史活动乃是陈氏后人从梅思祖、李文忠等的历史演绎而来。陶鸿宇、贺卫光《连城鲁土司家族渊源考辩》（《社科纵横》第1期）以《鲁氏家谱》为中心，以魏文译红城《敕赐感恩寺（藏文）碑记》和比利时传教士路易斯·施拉姆《甘青边界的蒙古尔人》一书为主要佐证材料，通过与史书、方志、家谱的对照印证，推断：连城鲁氏是蒙古速勒都思部之苗裔；脱欢之长子应为把只罕，而非阿失都。陈跃、韩海梅《明代哈密危机与嘉峪关开闭之争》（《安徽史学》第2期）认为明政府对吐鲁番在开关与闭关问题上的反复不仅受西北边情变化影响，而且与内部朝政波动有关。常宏宇《明洮州茶马司的存续时间》（《中国历史地理论丛》第1期）推断洮州茶马司的设置时间应该在洪武十二年至洪武十四年（1379—1381）。宋立州《明清丝绸之路哈密—吐鲁番段“沙尔湖路”研究》（《历史地理研究》第1期）对明清丝绸之路哈密—吐鲁番段“沙尔湖路”进行了研究，并指出气候炎热、干旱缺水等不利条件使得其被放弃。

西南部。罗勇《延续与断裂：元明之际滇缅边境的土著身份——兼论明初土官、土军的来源》（《中南民族大学学报（人文社会科学版）》第5期）认为包括元代镇戍军和官员在内的土著是明初滇缅边境土官、土军和夷民的来源，土著身份变化对元明之际及此后的滇缅边境民族格局变化有重要影响。李斌、吴才茂《明清以来清水江流域民间移民的生存策略》（《凯里学院学报》第5期）认为清水江流域移民利用了改姓、变换身份等生存策略，逐渐与当地少数民族形成了一个相互融合的多民族聚居区。岳小国《明清时期武陵土司地区的社会治理研究》（《中国史研究》第1期）认为明清时期武陵地区土司社会治理的模式体现在两个方面：一是与王朝国家权力相关的制度体系；二是与土司地方文化、传统相关的社会组织系统。朱皓轩《明清西南土司承袭方式演变考论》（《云南民族大学学报（哲学社会科学版）》第4期）认为明清时期西南土司承袭方式有两种：一是赴京告袭，二是就彼冠带，并指出前者主要集中在明初，后者从明中期开始逐渐成为主要方式，但其间多有反复，直至清康熙时期就彼冠带才被正式确立为土司的承袭方式。杨洁、周润年《明中央与乌思藏迎接与宴请礼仪考述》（《中国藏学》第1期）通过汉、藏文献的考察，认为明中央和乌思藏在宴请礼仪上都非常重视对方的迎接及宴请规格和仪式。胡箫白《明朝政策与15世纪中期藏传佛教在汉藏走廊的传播机制述论》（《中国藏学》第3期）指出，15世纪藏传佛教在汉藏走廊的发展是明朝中央政策的在地衍生物。谢景连《府卫分制：明代行政设置中的一种特殊“插花地”——以明代贵州为研究个案》（《贵州民族研究》第2期）以明代贵州为例，探究了明代贵州境内府卫分制这种特殊“插花地”的形成原因及清理拨正的历史过程，指出“插花地”是伴随国家行政机构的设置或调整而出现的社会现象，是明廷经营西南的战略结果。孙俊《多重镜像：元明时期云南游历资料中的边地形象及其知识生产》（《中国历史地理论丛》第4辑）通过对云南游历资料中的边地形象的考察，总结了“相似”和“相反”两种镜像，并指出元明时期云南游历资料呈现的“多重镜像”边地形象及其知识生产，体现了游历资料的大一统多民族国家空间建构意蕴。龙小峰《明清时期边疆地区的族群治理与区域社会变迁——以永安州莫氏家族为中心的考察》（《安徽史学》第4期）从家族史视角出发，以莫氏家族为研究个案，试图揭示明清时期国家治理体系不断向边疆地区推进背景下永安区域社会的历史变迁过程。田敏、蒋满娟《汉族与少数民族文化“三交”及影响——以明代贵州思南府地区为例》（《中南民族大学学报（人文社会科学版）》第3期）通过对明代贵州思南府地区各种文化现象的考察，认为明代思南府地区汉族与少数民族间文化交往交流交融进一步深化。任建敏《明中前期两广瑶僮地区招主控制体系的形成与扩散》（《中央民族大学学报（哲学社会科学版）》第1期）认为明代两广地区瑶僮“作乱”所导致的编户流失，是招主控制体系得以确立以及从广西向广东扩散的重要契机，指出招主控制体系是理解明代以来两广边山地带族群关系与社会结构的一个核心因素。

八、对外交流

对外交流史研究继续推进，涵盖了政治、军事、经济、思想文化等诸多方面。其中万历朝鲜战争为2021年研究热点议题。在通论性的研究中，葛兆光《蒙古时代之后——东部亚洲海域的一个历史关键时期（1368—1420）》（《清华大学学报（哲学社会科学版）》第4期）从东亚乃至世界史角度重新审视了1368—1420年这段历史，指出经过这段时间调整，世界又重新回到“东是东，西是西”，而亚洲东部则形成了一个自我完足的历史世界和相对稳定的国际秩序。向勇《明清朝贡体制下的文化交流与实物往来》（《深圳大学学报（人文社会科学版）》第5期）认为明清朝贡体制下的文化交流和实物往来主要包括册封藩属国王和输出吏治的政治文化、推动儒学经典和汉字传播的文化教育、进行藩属国家“封山”和“奠域”的宗教礼仪、促进文人与工匠之间的文化交流与艺术创作、安排文化地标的参拜和艺术表演的欣赏、管控瓷器玉石和珠宝等艺术珍品的“文化贸易”等不同形式。伍跃《关于明代勘合形制的再探讨》（《史学集刊》第2期）利用新发现的成化年间的工部班匠勘合与万历年间的兵部驿递勘合文书，重新探讨了明代勘合形制。

东北亚。李蒙蒙《洪武时期明丽关系中的耽罗因素探析》（《暨南史学》第1期）认为明太祖对耽罗的关注和利用的根本目的是阻断高丽和北元的联合，消除北元对明朝国家安全以及明丽宗藩关系的影响。李佳《文庙祭礼变动与16至18世纪中朝关系的演进——以朝鲜王朝启圣祠为中心》（《古代文明》第2期）通过对朝鲜王朝启圣祠的考察，认为其反映了明朝礼制依然保有对朝鲜的主导性影响，清朝在儒家文化的象征场域——文庙，乃至更深层次的国家意识形态层面，对朝鲜的主导性影响转弱。丁晨楠《16世纪朝鲜对明朝情报的搜集与应对》（《古代文明》第1期）认为明朝朝报、题本等文书在以明朝为两国间构筑出了一个“共享”的信息世界，指出朝鲜君臣通过阅读这些文书，能够近距离地观察明朝政治动向，并通过事大礼仪介入明廷的政治博弈，强化了本国在以明朝为中心的东亚秩序中的地位。衣保中、郭思齐《明清时期中朝贸易的发展与演变》（《吉林大学社会科学学报》第2期）认为朝贡、使行、边市、海上四种贸易形态，构成了明清时期中朝贸易的基本结构。其中朝贡贸易是主导的贸易形态，边市贸易和海上民间贸易自由度较高，海上民间贸易在晚清时期取代朝贡贸易成为中朝贸易的主要形态。李宗勋、姚蘭《朝鲜朝光海君时期对明关系略析》（《社会科学战线》第12期）以朝鲜朝光海君为中心，对明朝与朝鲜关系作了探析。张弛《明清鼎革与朝鲜王朝对华观的嬗变》（《中州学刊》第10期）认为朝鲜对清朝的观念经历了一个从对清朝的鄙夷、仇视，寄希望于不切实际的“胡无百年之运”的传说，暗中策划“北伐”，到逐渐意识到清朝统治的巩固和制度文化上的优越，最后真正接纳清朝与朝鲜之间的宗藩关系，并对清朝采取务实的“北学”态度，积极从清朝吸纳先进的科学技术和制度文化的转变过程。马建春、李蒙蒙《明代居留李氏王朝西域人史事辑述》（《回族研究》第2期）通过对《朝鲜实录》等史料的考察，辑述了留居在李氏王朝西域人的史事。在明朝与琉球和日本的关系方面，娄婷婷、孙晓光《明代琉球中介贸易对东亚经贸活动的影响》（《渤海大学学报（哲学社会科学版）》第5期）认为明代琉球作为贸易活动的中介，对中日贸易，中国与东南亚国家的贸易，朝鲜与中国、日本、东南亚国家的贸易及日本与东南亚国家的贸易继续或发展发挥了积极作用，并指出琉球中介贸易在一定程度上是海禁政策的产物，它因海禁而兴起，也随着海禁结束而消亡。张沁兰、方宝川《明代洪武永乐年间中琉关系探微》（《东南学术》第4期）对明代洪武至永乐年间，中琉两国之间的一系列交往史事作了探析。王雅洁《久米村系家谱浅论》（《史学集刊》第4期）讨论了《久米村系家谱》的价值和缺陷，认为其为明清两代中琉交往状况提供了第一手资料。在中日关系方面，阎瑾《明朝前期中日关系浅析》（《历史档案》第2期）以明朝前期（洪武至宣德年间）的对日外交政策为研究内容，侧重分析了中日间的朝贡贸易情况。万映辰、毛曦

《明清时期的日本地理形象及其意蕴》(《天津师范大学学报(社会科学版)》第5期)对明清时期士人对于日本地理形象认知变化作了动态考察，认为认知变化折射的是士人关于日本地理认识的深化以及对日本态度的变化。许建业《题李攀龙〈唐诗选〉在晚明与江户时期的文本流衍》(《首都师范大学学报(社会科学版)》第4期)从书籍的外部出版环境到内部的文本操作等角度考察了《唐诗选》在中日的流传。

在东北亚对外关系上，壬辰倭乱仍是研究焦点。刘晓东《壬辰战争出兵与乞师言说中的政治伦理》(《古代文明》第2期)对明朝、朝鲜、日本3方对出兵、乞师的政治伦理做了分析，指出这些政治言说的叙述逻辑，未超出“事大交邻”的基本政治伦理范畴，不过其中所呈现的一些特殊现象，在一定程度上反映出这一体系的潜在裂隙，及其渐趋解构的趋向。王臻《东亚区域外交：壬辰战后朝鲜与日本之间的关系态势探析》(《安徽史学》第4期)通过对壬辰战争结束后朝鲜对日本讲和与遣使提议的警惕和防范，双方开展通商贸易中的摩擦，双方在外交人员往来方面的争端等方面的分析，认为朝鲜与日本开展关系的过程并不顺利。解祥伟《壬辰战争第一阶段宋应昌朝鲜善后经营及其影响》(《暨南史学》第1期)认为宋应昌在壬辰战争第一阶段的善后经营对壬辰战局和朝鲜内政产生了深远影响。郑洁西《万历朝鲜战争再战前夜日朝外交关系探微——以金应瑞与小西行长的外交活动为中心》(《古代文明》第2期)通过对金应瑞与小西行长外交活动的探析，揭露了当时一些复杂的日朝关系。刘喜涛、宋明哲《明朝东亚地缘政治思想及其在抗倭援朝战争中的体现》(《长春师范大学学报》第11期)将明朝东亚地缘政治思想概括为：在“守在四夷”的基础上“时谨备边”，保障边疆的安定，同时以军事力量为后盾，通过羁縻怀柔政策来维持东亚的封贡秩序，指出抗倭援朝战争是明朝在东亚地缘政治思想基础上的一次大规模军事实践，充分体现了明朝的东亚地缘政治思想的原则和运行机制。齐畅《万历朝鲜战争初期袁黄朝鲜行迹新考》(《外国问题研究》第2期)以朝鲜史料为线索，钩稽袁黄在朝鲜的基本行迹。

东南亚、中亚。张晓东《郑和下西洋的海权性质》(《史林》第4期)认为郑和下西洋活动具有为贸易护航的性质，也具有制海权性质，并具备了由海向陆的强大作战能力。邵毅平《罗懋登的西洋》(《中华文史论丛》第1期)通过对晚明小说家罗懋登《三宝太监西洋记通俗演义》的探析，认为其中许多内容具有贬低西洋，拔高自己的成分。曾玲、郭宗华《印尼井里汶传统手稿中“郑和记录”的发现与研究——兼与〈三宝垄与井里汶华人编年史〉及其他文献的比对》(《厦门大学学报(哲学社会科学版)》第1期)通过分析《三宝垄与井里汶华人编年史》和井里汶的两份传统手稿，认为井里汶传统手稿《那加拉·克列塔布米》中有关郑和的叙述可信度相当高，颇有史料价值。李庆《明万历初年中国与西属菲律宾首次交往考述》（《历史研究》第3期）以林必秀事迹为线索，结合多种中西史料，展现了中国与西属菲律宾首次交往的整体图景。冯小禄《南望眼：明人出使越南专集》（《北京社会科学》第11期）通过明人出使越南的系列专集探析了明朝与安南的关系。黄阿明《再论明嘉靖朝勘处安南之政策》（《清华大学学报（哲学社会科学版）》第6期）认为勘处安南的政策发生了一个从起初的"兴灭继绝"到震慑降服莫氏的转变，指出明朝降安南国为都统使司实质上是改变明朝与安南原本的宗藩关系为中央与土司的羁縻关系。黄粲茗《明清时期中越边境"四寨六团"行政建置变动始末》（《中国历史地理论丛》第4辑）考察了明清时期中越边境"四寨六团"行政建置的变动情况。一般认为，在海外贸易的问题上，沿海士民会持开放的态度。然而，刘涛《明万历间漳州李氏宗族反对参与对外贸易原因探析——来自福河李氏宗族大潭墘房头的案例》（《淮阴师范学院学报（哲学社会科学版）》第6期）却指出，该家谱材料的叙事态度反映了隆庆"开海"前后的漳州地方社会思潮，本质上与海洋文明与农耕文明的差异有关。在中亚方向，杨永康、王晓敏《洪武永乐时期明朝与帖木儿帝国外交关系新探——从大国争衡到平等合作》（《太原师范学院学报（社会科学版）》第3期）认为明朝与帖木儿帝国平等外交关系经历了一个长期博弈的过程。

欧洲。无疑，在明代中欧关系中，传教士是一个重点问题。高源《儒家典籍在欧洲首次译介考辨》（《历史研究》第1期）一文从西班牙多明我会传教士高母羡（Juan Cobo）与罗明坚的译稿着手，考察了儒家典籍在欧洲首次传译的脉络和诸译本的内在关联，认为罗明坚是东学西渐的先驱、儒学西译的奠基人与西方汉学的实际开拓者。纪建勋《明末儒耶天论发微——"译名之争难题"揭橥"两种哲学"与中西经典诠释传统》（《史林》第5期）认为"译名之争"爆发的原因不是表面上Deus（God）的翻译问题，隐匿在论争背后的"两种哲学"、中西经典诠释传统以及儒释耶3家天论之辩才是矛盾难以调和的根本原因。张凯作《明末清初天主教与阳明心学关于"灵魂"的论辩》（《北京行政学院学报》第2期）从多个角度阐释了明末清初天主教与阳明心学"灵魂"辩论的焦点，指出传教士对阳明心学持批判态度，阳明心学则是本土学者用以抵制天主教的武器。张允熠、张弛《〈灵魂道体说〉与中西哲学之辩——论第一篇中西哲学的比较论文》（《北京行政学院学报》第6期）从灵魂与道体的起源、同异、形而上学的误区及其矛头所向，揭示了传教士龙华民的《灵魂道体说》所凸显的中西哲学的根本不同和各自义理。张睿锜《基督宗教瓷与明清时期中西宗教文化交流》（《中国美术研究》第1期）从器物角度阐发了中西宗教文化交流。张玉来、尹瑀《明代来华欧洲传教士所记汉语官话——非明代汉语官话"南京标准音说"》（《东方论坛》第5期）对"明代官话以南京话为标准音"的观点做了辩驳，认为其具有很大的片面性，既跟明代大多数文献所记的史实相违背，也不符合汉语共同语历史发展的内在逻辑。周伟驰《明清之际天主教对自由意志的译解》（《世界宗教研究》第1期）考察了明清之际传教士和中国天主教学者在讨论人的libero arbitrio（自由意志）时，对libertas（liberty，freedom）的汉译和理解。陈慧宏《从耶稣会的罗马圣母圣像看中国圣母的特质及其世界史脉络》（《中央研究院近代史研究所集刊》第111期）以明末利玛窦（Matteo Ricci，1552—1610）时代与耶稣会士关系紧密的一幅圣母"圣像"（icon）为中心史料，对这幅圣像的特色和图像意义、耶稣会圣母信仰的特质，以及相关历史问题进行了深入的探索。谢盛、谢贵安《明清官史对西器东传的选择性记载》（《史学史研究》第4期）认为明清官方意识形态具有依国家利益需要而对西洋物质文明迎受或拒斥的本质特点。

九、历史地理

历史地理研究一方面继续保持传统研究理路，对时间、地点等各种信息进行了考证；另一方面也在不断吸取其他学科研究方法，拓展研究空间，与政治史、军事史和区域社会史研究紧密结合。

行政区划。任建敏《万历本〈苍梧总督军门志〉中的嘉靖史料考索——兼论明代两广总督地位的变迁与成书因由》（《文史》第1辑）在考定《苍梧总督军门志》的基础上，考察了自成化五年（1469）梧州总府创设到万历初年总督移驻广东肇庆的一百余年两广由总督体制向督抚体制转变的历史过程。刘永华《祀典仪式视野下的明清省制演进》（《历史研究》第4期）从祀典仪式角度对明清省制演进作了考察，认为与督抚地方行政化演进过程相伴，督抚在地方祭祀方面也经历了从不参与地方政府祭祀，到逐渐参与并主导地方常祀，再到其仪式地位得到确立的过程。此外，作者还强调行省与督抚在祭祀制度层面需要分开讨论，因为督抚仪式地位的确定并未从根本上改变三级行政组织的基本框架。李贤强《明代月港叛乱与海澄设县补论——对黄友泉先生回应之回应》（《中国地方志》第1期）对于与黄友泉先生关于朱纨推行保甲情况与设县目的进行了再商榷，指出朱纨在福建沿海地区实施的保甲不仅推行迅速，而且效果很不错，军事防御是设县治的主要目的。张怡雯《从港口到卫所——澉浦镇平面格局的变迁》（《中国历史地理论丛》第2辑）从城市历史形态学视角考察了澉浦镇从港口贸易市镇到守御千户所的变迁过程，认为明代对其的军事改造促成了其衰落，但经济形态单一是其衰落的结构性原因。宋可达《明代应天巡抚辖区考辨——兼论"飞地"承天府的归属》（《历史地理研究》第2期）认为明代应天巡抚在宣德五年（1430）至正统其辖区应为南直隶应天等十一府州，并指出湖广承天府在嘉靖十四年（1535）后一直属湖广巡抚辖区，从未隶应天巡抚管辖。许若冰、杜常顺《明代岷州地区的民政治理与行政制度变迁》（《中国历史地理论丛》第4辑）探究了明代对岷州的民政治理经历了岷卫兼管、岷州建州、巩昌分辖的数次争论与转变过程，并认为嘉靖年间形成了以抚民同知专管民政的治理格局。陈国飞《明清时期广东五邑地区政区变迁研究》（《历史地理研究》第1期）考察了明清时期广东五邑地区政区变迁过程，指出明清时期潭江流域的政区变迁体现了地理环境和地方政治局势在政区格局形成过程中的根本性作用。陈国飞《明清“治广以狭”思想在广东的形成与实践》（《中国边疆史地研究》第1期）以广东为个案，考察了明清增设政区，缩小原有政区的地域范围思想的形成与实践，指出“治广以狭”的政治地理思想深刻塑造了广东的政治地理格局，并且在其实践中也反映了国家与地方之间的复杂关系。

军事地理。冯晓多《明代宁夏镇历史地理研究二题》（《西夏研究》第1期）探讨了明代宁夏镇中卫枣园堡设置时间及其隶属、经济发展和宁夏河渠提举司置废问题，指出枣园堡设置时间应在正统四年（1439）。康煜婕《明代黄河与宁夏镇之关系研究》（《宁夏师范学院学报》第3期）认为明代宁夏镇一方面依托于黄河进行军事防御而设立，但另一方面其城镇发展又受黄河水运以及黄河水患的影响。刘正刚、高扬《明嘉靖朝依“例”经略河西走廊研究》（《中国边疆史地研究》第3期）从例的角度对明嘉靖时期治理河西走廊进行了研究。徐静《明代宁夏镇“水头”研究》（《中国农史》第5期）对宁夏镇的“水头”进行了考察，指出“水头”是农牧民族交流融合的媒介，是长城的延伸带，共同构建了以“边镇、长城、水头、民族”为要素的明代西北边防体系和民族融合体系。韩虎泰《明代环南海地区防御中参将的设置及辖区变动考》（《海南师范大学学报（社会科学版）》第3期）认为明代环南海地区军事防务格局的演变过程与参将的设置及其辖区的时空变动密切相关。

水利。谷玲玲《〈明史·地理志〉订误四则》（《古籍整理研究学刊》第4期）对《明史·地理志》中“山东东昌府濮州”“河南南阳府淅川县”“福建汀州府清流县”“浙江湖州府”4则条目进行了考疑正误。高移东《〈明史·地理志〉勘误一则》（《中国史研究》第1期）认为《明史·地理志》误将《山海经》中汾水流域的涝水、潏水相合的记载移接于鄠县、长安县的两条同名河流，造成了涝、潏两水相合入渭水之误。李旭东《论〈明史·河渠志〉对运河与沁河的记载》（《历史教学（下半月刊）》第2期）认为《明史·河渠志》一方面通过记载可以看出运河和沁河与其他水系的关系，但其也存在记载缺失等问题。孟祥晓《明清卫河流域城水空间差异与地方因应》（《南开学报（哲学社会科学版）》第6期）认为明清时期卫河与沿岸城的空间关系有近河型与远河型两种，其反映卫河沿河城镇独特地域景观的塑造与城水空间差异之间的密切关联。孟祥晓《区位特征与明清卫河流域区划变迁研究》（《复旦学报（社会科学版）》第5期）从区位特征对明清卫河流域区划变迁的影响进行了研究，认为战乱破坏、强化拱卫京师地位、便利卫河漕运、水灾多发等是导致其变动的主要原因。段伟《黄河水患对明清鲁西地区州县治所迁移的影响》（《中国社会科学院研究生院学报》第2期）对鲁西地区州县治所迁移问题进行了探究。陈涛《明代浦阳江改道与萧绍平原水利转型》（《历史地理研究》第1期）认为浦阳江改道对萧绍平原的水利发展产生了重大影响，使得萧绍水利系统日益完整与综合化。

城市。陈喜波《明北京城中轴线形成原因探析》（《中原文化研究》第1期）认为明北京城中轴线与紫禁城规划设计有着密切关系，受到古代堪舆方位定向理论的指导。万明《全球视野下的明代北京鼎建》（《史学集刊》第4期）认为明代定都北京是对中国古代大一统国家治理体系的继承与开新，复兴了传统首都国际大都会的地位，重构了丝路辉煌。陈新海《明清时期草原丝路沿线城市张家口的发展与职能演变研究》（《史学集刊》第3期）认为张家口城市职能的演变经历了张家口堡、张家口上下堡和张家口城市3个不同发展阶段。张献忠、李宗辑《国家－市场视域下的城市发展：以开埠前天津为中心》（《史学集刊》第4期）认为天津城市的形成是长期以来国家、市场与社会既互相博弈，又互相促进的结果。代剑磊《论明清时期榆林城市的空间形态演变——以方志城图为中心》（《中国地方志》第4期）将榆林的城市空间形态分为矩形、复合形、凸形3种，并认为这体现了榆城发展的3个阶段，同时指出风沙与军事的地理环境是榆林城市形态演变的两大驱动力。张萍《明清西北筑城碑记的形成、特征及历史地理学价值》（《历史地理研究》第1期）从明清西北筑城碑记的形成、特征及其历史地理意义3个方面对其进行了研究，并侧重阐发了碑记在城镇形态复原、经济发展和职能结构等方面研究可能起到的作用。黄忠鑫《明清时期太仓州城的“里铺”》（《中国历史地理论丛》第2辑）对太仓州的“里铺”作了详细考察，并指出“里铺”在明清时期经历了一个从军事系统到城市治安组织与区划的演变过程。

地图。王平《“经世”意识与明嘉靖、万历时期北方边防图籍——以记述蒙古史料为中心进行考察》（《青海师范大学学报（哲学社会科学版）》第2期）在梳理嘉靖、万历时期北部边防图籍文献具体情况的基础上，认为其具有强烈的经世思想，以及内容丰富、体例各异、重视地图的作用等史籍特点。刘玉堂、张钰晨《明清鄂东沿江县域方志舆图风景秩序及其空间意蕴》（《江汉论坛》第12期）认为由于受到不同环境因素影响，东沿江平原江南、江北诸县风景秩序呈现“和而不同”的空间意蕴：江南诸县江河横流、旷野无际，风景组织单元间互渗性强，其风景秩序通透空灵；江北诸县丘峦起伏、林木葱茏，风景组织单元间层次分明，其风景秩序丰满深邃。任昳霏《明代西湖全景图的谱系》（《云南大学学报（社会科学版）》第1期）通过对各个时代西湖全景图的考察，认为西湖全景图在继承中不断变化。田大刚《明代〈南京至甘肃驿铺图〉考释》（《历史档案》第3期）通过对《南京至甘肃驿铺图》的研究，认为其是研究和复原明前期驿传系统、制度及驿路沿线城市平面布局的重要史料。李祥东《林梅村〈蒙古山水地图〉商榷》（《古代文明》第2期）不同意林梅村对《蒙古山水地图》性质的基本判断，认为该图所示地理范围在明朝大致被统称为“西域”而非蒙古。李旭东《万恭著述及其价值》（《北京社会科学》第1期）考察了万恭现存著述及其价值。

其他。李韶东《宋元明时期雅州碉门新证》（《中国历史地理论丛》第1期）认为史籍中的“雅州碉门”和“天全碉门”的两个地名皆代表了不同的时代和不同的地址。存在于宋元明时期的可称为“雅州碉门”；清初以后，作为天全州治所，位于现全县城厢的，则可称为“天全碉门”。魏欣宝《明清陕西府县城墙的包砌》（《中国历史地理论丛》第2期）从包砌的情况、原因、施工管理、影响4个方面对明清陕西府县城墙包砌问题做了分析。路其首《明代“西北”的不同含义》（《中国历史地理论丛》第3期）认为明代“西北”一词有两种含义，一种是水利意义上的“西北”，包括今华北、晋陕、内蒙和西北部分地区，另一种为军事意义上的“西北”，包括今东北、华北、晋陕、内蒙和西北地区。并且文章推测这种差异性的描述是基于明代经济中心和政治中心的错位而形成的。孟祥晓《明清卫河流域州县城易土为砖现象探析》（《历史教学（下半月刊）》第7期）对明清时期卫河流域州县城易土为砖现象进行了探究，认为，卫河沿岸砖窑业的发展繁荣、交通便利、水灾多发、社会动荡等多种因素造成了这一现象的发生。

十、考古发现、文献考订

2021年度的考古发现所公布的成果不多，文献考订方面则既有对史料的考订纠误与整理，也有对史料流传、汇编的考察。

考古发现。郭正军《江苏地区明代浇浆墓出土女性服饰研究》（《中国国家博物馆馆刊》第5期）对江苏地区明代浇浆墓出土女性服饰的主要种类、名称、颜色和实际使用等进行了考证。赵文机《明代女子首服珠子箍叙考》（《装饰》第4期）对明代出土的五件珠子箍实物组合、位置及插戴情况进行了梳理、分析。利用墓志材料考释人物，则人物生平可信。刘利平、姚锦鸿《明代袁州府推官陈辂墓表墓志考释》（《历史档案》第2期）通过对陈辂墓表、墓志的考释，认为其对研究明中叶历史，特别是“宁王之乱”及陈氏家族史具有重要价值。李峰《明万历贵阳李达夫妇墓志铭考释》（《贵州文史丛刊》第1期）认为该墓志铭是明万历甲寅年（1614）由山西进士张庭和贵州进士马文卿、蒋杰分别撰文、书丹、篆盖所成，并指出其对研究明末贵阳李氏家族史及地方人文历史有较高的文物价值和史料价值。

文献考订。夏勇《明代地域总集编纂之特征与成就综论》（《新疆大学学报（哲学社会科学版)》第6期）从数量、区域分布范围、区域层级体系和类型构成讨论了明代地域总集编纂的特征。龚宗杰《集部视野下明代经义的文体建设及文章学意义》（《复旦学报（社会科学版)》第5期）通过考察明人文集、文评、选本等集部文献，指出明人对经义写作的研讨，既推动古代文章学的精细化发展，又对古典文学众体之间的沟通起到刺激作用。何诗海《明清别集的著述化》（《华南师范大学学报（社会科学版)》第2期）对明清时期别集打破只录单篇辞章和以诗赋为中心的编纂传统，在别集命名、内容收录和编次体例上所呈现的显著的著述化趋势进行了探讨。王浩淼、陈金凤、徐梓又《〈明史·诸王世表〉错漏缘由考析》（《宁夏大学学报（人文社会科学版)》第1期）将缺漏归纳为原始文献的缺漏、传抄的失真、定义的模糊、无意识的错漏与有意识的附会等共同作用下的结果。周中梁《今本宋濂〈洪武圣政记〉辨伪》（《史学史研究》第3期）认为南京图书馆藏《艺海汇函》本《洪武圣政记》是后人模拟宋濂等的口吻和意图重新编纂之作。马庆洲《明本〈澹轩文集〉研究三题》（《中国典籍与文化》第2期）就《澹轩文集》书名异名、刊刻过程、有关抄本等相关问题进行了考证。高虹飞《何景明〈学约〉原本与〈学约古文〉考》（《中国典籍与文化》第2期）认为《学约古文》与《古文集》为同书异名。张欢、冯小禄《明朱之臣手批〈储王合集〉的版本来源及价值考》（《聊城大学学报（社会科学版)》第4期）认为明朱之臣手批钞本《储王合集》的直接版本来源乃是明代吴琯等所编、万历十三年所刻的《唐诗纪》本，并指出其具有较高文献价值。颜庆余《汪道昆集的编纂问题》（《中国典籍与文化》第1期）讨论了五卷本的《副墨》、二十四卷的《汪南溟副墨》和一百二十卷的《太函集》与汪道昆的关系。马振颖、魏恒远《明嘉靖山西布政司参议王重光佚文》（《历史档案》第4期）对辑录的13篇王重光佚文内容进行了考察。司志武《明代海上交通史料〈海语〉及其作者黄衷生平事迹考辨》（《暨南史学》第1期）考订了黄衷的生平，分析了其撰写《海语》的目的和背景。刘利平《严嵩〈陈节推久在南昌寄赠〉笺证》（《贵州文史丛刊》第2期）对诗的对象“陈节推”的身份、严嵩与“陈节推”的交谊、诗的写作背景和意涵等问题做了探究。范丽琴《明清福建地方诗歌总集的文献考察》（《福州大学学报（哲学社会科学版)》第2期）对明清福建地方诗歌总集的版本、目录和时空分布做了探究。王光松《朱志先〈李承箕集〉点校本正补》（《广东第二师范学院学报》第1期）对朱志先《李承箕集》点校本正补了93处。

清前中期史研究综述

徐到稳

2021年（广义）清前中期史领域国内外新出版的专著超过200种，新出版的论文集、辑刊、普及读物，新整理的古籍、档案文书与再版的出版物（包括由外文翻译成中文的专著、再版的论文集等）等超过500种，文章（包括在期刊上发表的论文与在报纸上发表的普及文章等）超过6000篇。以数量论，这应当是中国古代史众多断代史研究领域中成果最丰硕的。2021年清前中期史领域国内外的研究新进展涉及方面非常广泛，以下扼要统合为“政治与法律”“内边关系与中外关系”“经济与社会”“文化”四大方面进行综述。

一、政治与法律

清前中期的政治制度依然受到人们重视。邹长清《清代翰林院庶吉士制度研究》（商务印书馆）运用传统考证方法，通过对庶吉士的量化分析来研究清代翰林院庶吉士制度的源流、演变以及推行的实际作用。刘小萌《包衣女子配婚制的瓦解与满洲领主制的衰亡——以内务府“三藩汉女”为中心的考察》（《清史研究》第3期）认为，三藩汉人女子身份复杂，而作为其配婚对象的，既有内三旗侍卫、旗员，也有包衣佐领、管领下穷丁，其中又以后者为主。此种配婚方式，完全无视女方意愿，集中体现了满洲领主制下皇权对包衣的支配。康乾之际，随着满洲领主制瓦解，对包衣的婚姻限制逐渐放开，强制性婚配亦告结束。马子木《清初的奏事体制与政务运作》（《清史研究》第2期）认为，奏事体制的产生，一方面整合了顺治年间内降谕旨的颁行渠道，突破了清初章奏进御与批答处理的固有模式，淡化中间机构，建立起君臣直接交通的政务运作模式；另一方面亦构成奏折广泛行用的制度基础，借助奏事体制，与密折迥异的京官奏折在康熙中后期成为京内衙署与皇帝沟通的重要载体。王日根、徐婧宜《清代封印制度的经与权》（《历史研究》第2期）认为，清代封印制度以经权智慧尽力协调国家与社会、皇帝与官员的不同需求，寓变于恒、寓权于经，坚持常制、事急从权，将权变稳定于常制之内，体现了中国传统政治体制的特殊智慧。张凌霄《军机处的满伴与清代中枢机构之变迁》（《清史研究》第4期）通过梳理大量军机处档案和其他满汉文文献，确定满伴即指满章京，认为满伴的出现和流行标志着军机处内部机制的成熟，君主亦透过多种手段和资源来平衡满、汉章京。19 世纪中期以后，满、汉章京渐行渐远，中枢机构的运转变得僵化，军机处的这种政治生态也走向覆灭。陈支平《清代政治体制与东南少数民族》（《清史研究》第 4 期）认为，清朝的政治体制内部存在一个能使各个民族和谐相处的机制，这种机制很难用“汉化”或是“满化”来解释，而是国家站在“裁判人”的角度帮助少数民族生存下来。李明《清代刑部司员的任用规则与权力分配》（《清史研究》第 4 期）认为，清代吏部要求对官员铨选进行统一管理，而刑部主张扩大用人权限。嘉庆朝开始后，伴随刑部捐班人员拥挤等问题，司员的任用规则进行了一系列的调整变动，刑部最终获得了更多的自主用人权。刘永华《祀典仪式视野下的明清省制演进》（《历史研究》第 4 期）指出，雍正四年至乾隆十六年（1726—1751）的一系列事例，确立了督抚在地方祭祀中的地位，体现了朝廷将督抚纳入祭祀制度的努力；督抚仪式地位的确立，并不意味着行省仪式地位的确立，因为行省迟至 20 世纪初仍仅具行政组织维度而无仪式维度，体现介于中央与地方之间的模糊地位。赵赟《清代两淮盐场的灶户保甲及其与州县保甲之别》（《安徽史学》第 1 期）重点考察两淮盐场保甲制的产生与实施、内容与特点，以及与州县民户保甲的区别，揭示灶户保甲在清代的适应性生成和演化的问题。孙竞昊、佟远鹏《遏制地方：明清大运河体制下济宁社会的权力网络与机制》（《安徽史学》第 2 期）认为，设置在济宁的运河官僚体制在地方政治格局中的地位举足轻重，卫所等建制也制约了州治的一般行政功能；国家的政治制度、结构在地方社会的存在，通过在地官僚机构及其官员的角色与地方经济、文化发生作用，从而深刻地影响了济宁城市社会的政治属性。钟焓《1635 年皇太极获取“制诰之宝”的政治意义试析——以传国玉玺与成吉思汗哈斯宝的性质比较为中心》（《清史研究》第 1 期）认为，皇太极对玉玺事件的操控与利用主要着眼于其处理内政的需要，即加速实现将原有汗权统治体制改造升级为中央集权化的帝制模式，从而满足自己对君权扩张的政治需求。它并不意味着皇太极由此拥有了统治蒙古或内地的君权合法性，且从实际效果来看对该玉玺的占有也未促使尚在后金控制区域之外的漠北蒙古和内地汉人前来归顺或大量投诚。王洪兵、张松梅《敬天勤民：耕耤典礼与十八世纪清王朝治国理念的建构》（《济南大学学报（社会科学版）》第 4 期）认为，清代重视发挥耕耤典礼的社会教化作用，在利用亲耕仪式塑造圣君形象、培养帝王德行的同时，将其推广至各省府州县各级衙门，耕耤典礼由此演变成为一场全民性的劳动教育仪式，从而为整个国家的发展提供了强大的精神动力、价值规范，并为中国文明的发展、延续烙下了深刻的时代印记。张一弛《清前期本章进呈与批答制度的演进》（《清史研究》第 5 期）认为，康熙帝出于“居园理政”和“巡游之治”的需要，将本章“先呈御览、下阁票拟”的流程改为“径交内阁，票拟进呈”，又设立批本处以减少君主批答章奏的工作量。这一改革看似怠政，实则是清朝皇帝发挥臣下处理日常事务的主动性，构筑内廷以强化皇权运使能力的有益尝试。

2021 年有不少研究是借鉴公共管理学的成果。吴四伍《清代捐纳与国家治理》（社会科学文献出版社）以政治生态与制度实践为路径，聚焦清代捐纳与国家治理之复杂关系，深描捐纳作为朝廷的钱袋子、士绅晋升的新梯子和满汉势力对抗的新场子，在特定的政局中千变万化、波谲云诡的诸种图景，进而勾勒在捐纳和科举等新场域中满汉双方“隐形对抗”的演变历程和内在逻辑，探析清代满汉对抗最终走向“制度性溶解”的内在理路和深层机制，总结清代国家治理中技术、制度和文化的多重经验。陈一容《清代州县问责制度与地方社会治理研究》（科学出版社）从国家顶层制度设计层面切入，聚焦清朝地方社会治理的根本杠杆——州县正印问责制度及其与辖境治理关系，展开全面、深入的研究，探寻清朝地方治理的制度秘诀，复原问责制度下州县正印行政的基本面貌。和卫国《道义与政治——乾隆朝常平积贮养民研究》（中国社会科学出版社）深入探究地方行政与皇权意志和国家政策之间多维度的政治张力及其对皇权意志和国家政策走向形成的直接冲击或隐性改造，勾勒出一条道义追求与政治实践共生、博弈的历史轨迹。周琼《清前期重大自然灾害与救灾机制研究》（科学出版社）系统梳理了清前期重大自然灾害及其灾赈机制的发展过程，深入论述了该机制的具体内容、实施效果及社会效应等方面的问题，对清代防灾救灾机制和社会抗灾能力进行了详细探究；提出了清代荒政制度研究的创新性观点，即入主中原的清王朝不仅通过恢复、重建中国赈灾机制稳定了社会经济秩序，而且通过救济灾民的种种措施获取了民心和统治中国的政权合法性。柯志明《熟番与奸民——清代台湾的治理部署与抗争政治》（台北：台大出版中心、“中央”研究院社会学研究所）以平埔族岸里社群作为主要案例，探讨清代台湾的治理部署与抗争政治。除说明三层式族群空间体制如何在国家权力策略性的治理部署与底层——“熟番”与“奸民”——的对应行动和反抗下生成与转化之外，该书试图同时阐明国家权力在十九世纪时于前述常态治理体制之外兼行运用权变部署，“兼用经权”，利用漳泉客社群分类矛盾分化汉人社会，终至以权害经，造成民间武力的坐大与失控，以致殃及前者。林上洪、刘海峰《寒门子弟何以考取科举功名——基于清代浙江科举人物朱卷履历的定量分析》（《北京大学教育评论》第 3 期）认为，考取科举功名的寒门子弟在教育条件上与生监家庭子弟没有显著差异，受业师是举人考取进士的重要影响因素，教育机会获得是寒门子弟考取科举功名的根本原因；家庭文化资本是教育条件的重要影响因素，而家族文化资本保障了天资聪颖寒门子弟的教育机会。钟灵娜、谢芳《清代省区分等与国家治理的逻辑——基于清中前期督抚数据的研究》（《公共行政评论》第 6 期）以总督和巡抚的来源职位品级作为参照，度量了清代中前期高层政区的实际地位，并考察了社会稳定风险与赋税多寡对省区地位的影响。实证研究发现，各省区之间地位确有落差，其地位落差主要与当地的经济、政治因素密切相关。其中社会稳定因素对总督地位有较为稳定的显著影响，而赋税对巡抚地位的影响更为明显，表明总督与巡抚职能有所分野。这种非正式的分层与分工的制度安排，强化了清代中央政权对地方的控制，提升了国家治理的效率。清代省区分等与督抚分工对理解当代人事制度与行政管理具有重要意义。姚沁、陈硕《明清政治精英治理：趋势、特征及决定因素（1368—1911）》［《经济学（季刊）》第5期］认为，中国是世界上最早建立文官制度的国家，其治理经验被众多国家借鉴。但当前针对中国官员治理的讨论主要集中在现当代，对其历史传统的研究依然缺乏系统数据及实证检验。该文试图从两方面弥补这一不足：首先，建立明清两代（1368—1911）10465位省部级以上官员任职信息并在此基础上构建治理稳定性指标，发现与明代相比，清代官员治理呈现稳定化趋势。其次，基于ARDL模型，文章发现对宦官制度依赖程度是解释两代治理差异的重要因素。温春来《事例原则：清代国家治理的一种模式》（《中国经济史研究》第2期）认为，清王朝地域辽阔，各地情形迥异，在传统时期的交通与信息手段制约下，中央很难了解地方实际情况，这就带来了集权的难题，导致决定大都不是根据各地实情实时作出。在不了解地方情形又无法信任当地官员的情况下，朝廷倾向于根据某个既定的事例来约束地方的行为，让此地遵彼地之例，此时遵彼时之例，以图在不用付出太多监管成本的前提下就能督促地方官员勉力尽责，此即“事例原则”。中央参照事例来作决定，地方选择有利于自己的事例来为自己辩护。因此，事例原则是清代中央集权的重要支柱，它体现在矿业管理中，也体现于清代社会经济中的诸多方面。孙明《“制度语境”何以统合“国家与社会”——以清代职役身分制度为例》（《探索与争鸣》第12期）认为，在梳理政治史、历史人类学对“制度”的主要研究范式的基础上，“制度语境”可以成为推进政治史和社会史的制度研究、反思“国家与社会”及“何为中国”的方法路径。以清代的职役身分制度为例，“制度语境”的内涵包括：在规范文本指导下，制度展开为一套政策、机构、组织、人员和职业安排的体系，从国家权力中生发出政治实践和社会实践；制度深植于社会之中并形成一种可以“氤氲”形容的“化合作用”，即制度不仅是相关事务讨论的出发点和对象，而且基于制度生成了一系列的思想观念、文化和行为模式等；制度与社会加总、“化合”，共同构成社会政治的“上下文”，形成国家政治和社会生活的基本逻辑和场域，影响着国家行政、社会构造和人的思想与生活。［日］岸本美绪《民间契约与国家干预——明清时代的“契约正义”问题》（《中国经济史研究》第2期）认为，明清国家未必强制买卖当事者绝对遵守契约，有时会干涉契约内容，允许立契人爽约。该文聚焦于“绝卖的土地可否回赎”这一问题，通过明清国家允许当事者回赎绝产的若干事例，发现当时国家有关民间土地契约的政策，既不是一贯的自由放任，也不是积极干涉，而其特征恰恰是于干涉与放任之间进行的实质论、结果论式的判断与选择。墨安劦（Emily Mokros）《晚期帝制中国的京报：国家新闻与政治权威》（*The Peking Gazette in Late Imperial China*：*State News and Political Authority*，University of Washington Press）全面展示了《北京公报》的历史，并将其作为清朝信息政策的基石；探讨了京报如何促成了清代中国政治文化的重大转变，并影响了清代在国内外的表现。

值得注意的是，有些研究关注治道关系。刘溪《道统、治统与科技——康熙皇帝与西方科学》（人民出版社）认为，在康熙帝身上一直存在着一个矛盾，即他一方面对西方科技苦心钻研、大加利用，另一方面又将宋明理学奉为圭臬，终生服膺。在康熙帝那里，科学与儒家理学、西方科技与儒家“道统”并不矛盾；恰恰相反，西方科技正是他维护道统、巩固皇权的一种有效工具。孟尧、杨念群《“治道关系”研究基本范式之反思——兼论清代政治文化探索的新方向》（《天津社会科学》第4期）认为，以截然对立的思维模式理解治道关系，乃源于研究者区分思想与现实的现代眼光。要真正理解“治道关系”的复杂内涵，则必须打破预设的二元界限，探索将“治”与“道”、思想与现实纳入整体政治文化场域的可能性，进而对治道关系的基本研究范式提出挑战。

法律制度颇受人们重视。胡祥雨《清承明制与清初三法司审判权格局的变迁》（《史林》第6期）证明“部权特重”在顺治时期就已经形成。在明朝三法司中，“部权特重”的现象就已出现。清朝在学习明制过程中，进一步加重了刑部权力。顺治十二年（1655），三法司核拟京师和直省死罪案件的程序基本确定。至此，在审判权上，清朝三法司中刑部“部权特重”的格局基本定型。三法司审判权的变化表明，清朝统治者在学习明制的过程中，充分发挥了他们的主体性。申巍《清代共同犯罪首从认定中的疑罪处理——以监候待质为中心》（《中国政法大学学报》第4期）认为，清代监候待质制度主要解决的是共同犯罪事发在逃后现获人犯的定罪量刑问题。该制度初创之后，受主流理念和治术权衡的转变的影响，从乾隆至嘉道经历了自删除到重建的立法调整。其过程包括“拟罪监禁”、分罪定限、整合条例与扩延主体四个阶段。调整后的监候待质制度为共同犯罪事发在逃后处理现获人犯的疑罪问题提供了系统规范的法律依据，但也存在难以根除的制度痼疾，呈现顾此失彼的局面。蒙古勒呼《蒙古〈喀尔喀济鲁姆〉乾隆十一年法研究》（《清史研究》第2期）认为，“喀尔喀四部副将军所定法规”与《喀尔喀济鲁姆》之乾隆十一年（1746）法性质迥异，二者并非同一法规。前者来源于喀尔喀习惯法，作为惩治牲畜偷盗犯的法规长期被喀尔喀王公私下采用。这两则法规分别代表喀尔喀王公出于自身利益与现实需求，以变通处理与因循旧习的方式应对清朝蒙古律。这两种方式既彰显了蒙古律在喀尔喀占据统治地位，同时反映出与蒙古律相抵触的喀尔喀习惯法仍以或明或暗的形式，在喀尔喀社会中发挥着作用。史志强

《冤案何以产生：清代的司法档案与审转制度》（《清史研究》第1期）利用新发现的史料，可以看出雍正年间各级官员的拟判中对于涂如松杀妻案的构建、修饰和完善的过程。究其原因，司法责任制度的存在使得基层官员倾向于维护自己的错误，上层官员为了规避责任也很少亲提亲审而是不断地指令再审。审转制度实际上存在各级官员的共谋，通过各种信息沟通机制，基层官员在做出拟判前就会征询上司意见，逐层审转难免流于形式。白莎莎、刘丽平、胡利利、易艳丽《清代四川州县生员涉讼问题研究》（西南交通大学出版社）以清代四川州县档案为基础，研究清代四川州县生员诉讼问题。文晖《清代蒙古罚牲刑研究》（中央民族大学出版社）对清代蒙古以及“罚牲刑”的立法规定进行系统梳理、分析和解读，同时结合清朝奏折、题本与满蒙文档案记载的大量案例，从“罚牲刑”的角度对清代蒙古法律的适用情况进行深入剖析。于帅《清朝官代书的戳记与写状职能再探——以浙南诉讼文书为中心》（《清史研究》第5期）以浙江师范大学典藏的松阳《惊天雷》案宗为例，结合浙南其他地区所藏的诉讼档案，从编号代书戳印以及诉状制作者的身份演变入手，在对地区诉讼规模预估的同时，提出状文“创作权”“誊录权”的概念，指出盖戳是清朝官代书存在的主要标志。包思勤《清朝中期蒙古地区的内地移民与蒙古例条文的修订——以嘉庆朝重印〈蒙古律例〉后附“增订条文”为中心》（《清史研究》第6期）认为，随着内地民人大量进入蒙地，“封禁”政策下蒙古人、民人相对隔离的生活状态逐渐被打破。在《理藩院则例》告成之前，为了解决基层司法审判的急需，清廷在嘉庆朝重印了《蒙古律例》，并在正文之后增入了部分乾隆五十四年（1789）以后制定的条文。在这些“增订条文”中，有数条的制定都与内地移民密切相关。通过对这些条文的制定过程进行研究，可以发现：在乾隆朝后期至嘉庆朝，进入蒙地的民人已经成为影响蒙古例修订的重要因素。徐忠明《清代法律体系的形成机制与动态结构——一个大问题，两个小例子》（《吉林大学社会科学学报》第2期）认为，清代中国法律体系的形成机制，可概括为一事一例；它的动态结构，包括情理→律例，这是立法环节；律例→待审案件→情理，此乃司法过程；成案→通行→定例，可谓准立法程序。这一法律体系的基本特点，乃情理与律例永远处在开放的循环过程之中。《红楼梦》所述“探春断事”虽属“家法”的运行，但与《康熙起居注》所载“康熙折狱”对比分析，可清楚地探知清代法律体系的形成机制、动态结构及其特点。杜正贞《明清时期东南山场的界址与山界争讼》（《史学月刊》第2期）认为，频繁发生的山界争讼是山场资源竞争加剧的表现，同时山场界址在此过程中也逐渐确定、清晰。争讼中形成新的界址表述，或者原有的界址表述被重新解释并为官方承认，人们对山场的认知也在这个过程中不断细化和书面化。

不少清前中期法律史研究受公共管理学影响很大。汪世荣《陕西紫阳诉讼档案中的清代土地交易规范及其私法理念》（《法学研究》第1期）认为，陕西紫阳诉讼档案反映的清朝土地交易规范中蕴含的私法理念包括：尊重卖主意愿，保障交易自由；便利产权转移，降低交易成本；预防减少纠纷，维护交易安定；促成守信践诺，优化交易环境。土地交易规范还体现了平衡双方利益的特点，表明中国私法文化具有源头上的内生性，需要高度重视其创造性转化和创新性发展。白京兰、彭立波《清代"保状"研究——以〈清代新疆档案选辑〉为资料基础》（《新疆大学学报（哲学·人文社会科学版）》第1期）较为全面地梳理该套档案中的千余份保状，对清末吐鲁番地区保状的格式、类型、主体、事由、责任、性质等进行了基于档案资料的初步研究，同时指出即便是清末边疆多民族地区，保状及其所承载的"诚信"等价值理念也同样构成该地社会关系的重要基础，在联接官与民、国家与社会、边疆与中原，保障与维护基层社会秩序方面发挥积极作用，国家大一统在清末新疆的推进和拓展也尽显其中。黄雄义《清代因案修例的动议权研究——兼论当代因案修法建议机制之建构》（《湖北社会科学》第5期）认为，清代因案修例动议权的根本属性是一种依托于司法权的特殊性立法建议权，实质上是允许特定的司法者在刑事案件审理过程中对固有条例提出修改建议。这一权力设计模式，对建构当代的因案修法建议机制有着文化传承性的直接启示，有利于解决当前立法建议机制存在的现实问题。赖骏楠《清代的典习俗、法律应对与裁判实践——以浙闽两省为考察中心》（《中外法学》第3期）认为，清代的典习俗是发达的土地金融市场的产物。理解该时期的典习俗实践，应主要从市场—产权逻辑出发，不宜过度依赖情感—伦理逻辑。出典、回赎、找价、绝卖等行为，均体现充分的市场理性和明确的产权边界。清代各级政权立法对典的规制，各地方（尤其浙、闽）官府对涉典纠纷的审断，也多符合市场—产权逻辑，从而有效地保护和促进了资源流通和经济效率。对清代典习俗、相应法律表达与实践的研究，有助于增进当代学界对传统经济与法律更清晰的认识，并为当代地权改革和国家治理体系的完善，提供有益的历史镜鉴。邓建鹏《清代"依法裁决"问题的再研究》（《四川大学学报（哲学社会科学版）》第2期）认为，关于清代甚至中国古代司法是否依法裁决，学界争议极大，相关研究多有进一步探讨的必要。清代州县官一旦有能力将案件在本层级结案，为平息争讼，他们倾向于脱离律例硬性规定，甚至可能从自由裁量滑向擅断。因此，在这个层级，依法裁决的空间有限。徒刑及其以上案件一旦进入审转覆核流程，州县官倾向于形式上依法拟判。在这一流程下，从各省督抚到刑部，大部分官员经手案件时尽可能依法裁决，以免被上级驳回或问责。对命盗重案，皇帝基本尊重刑部官员的专业意见，但是，涉及政治性的案件主要听由皇帝个人旨意，存在典型擅断特征。可见，清代司法体制的要求与日常实践存在较大差异；以现代西方法制标准评判清代中国司法乃是对古人的苛求。李栋《超越"依法裁判"的清代司法》（《中国法学》第4期）认为，清代司法无论是“命盗重案”，还是“州县自理案件”，都从事实层面表现为一种对“依法裁判”模式的超越，堪称是一种“权宜裁判”类型。这种裁判类型不仅关注个案本身的特殊性和裁判结果的妥当性，而且在客观上能够实现对于裁判决策的稳定性限制，因而，在“全球法律史”的视域下，构成了司法裁判的一种独特模式。由于“依法裁判”在诸多方面仍能满足当下中国人对于司法裁判的理解和需要，所以至今在中国司法实践中仍具生命力。魏文超、范忠信《官司讼累生态与徽州民间调处解纷偏好——依据明清徽州文书的解读》（《南大法学》第2期）认为，透过徽州文书可以看出，州县司法由于理讼效率低下、民刑程序不分、贪腐横行及交通困阻等因素，给民众造成了巨大的讼累。在官司讼累余悸之下，百姓自然形成了通过民间调处尽快了结纠纷的选择偏好，在州县司法的告诉前、审理中与判决后三个阶段，民间调解均发挥着全方位的重要作用。这一偏好的形成，与民间调处成本低、效率高，官府对民间调解的鼓励依赖，以及民间调处更有利于修复关系等原因有关。传统官僚政治体制的公共服务能力（特别是理讼能力）的严重缺陷，只能由民间社会的有限自治功能（特别是解纷自治功能）来加以弥补。夏扬《国家法的象征适用与“正义”的个案表达——刘文龙田产争夺案的社会学挖掘》（《中国法律评论》第6期）认为，刑科题本中的刘文龙田产争夺案曾用作革命叙事、找价例证等不同的研究方向，该案丰富的内容同样可以为审判研究提供基本材料。发生争执的双方在乡间有着不同的社会地位和家族势力，审判结果因此而不同。命案仍是一命抵一命的常规判法，其余人等各杖八十的判决是审判者的精心设计。审判者并未正面回答该案争执的佃种问题，而是利用不断修改的找赎条例断绝双方的交往，既达到平安乡里的作用，又“适用”了国家法，该案因此得以了结。此外，该案的题本还隐藏着审判者对永佃与存留养亲问题的看法，对这些看法的证实需其他材料的支撑和进一步的研究。作为研究清代刑案的重要资料，刑科题本能够发挥更大的作用，但研究方法需要更新，社会学方法应更自觉地运用于材料的解读之中。谢开键《法律、契约和习惯：清至民国的典产处置机制》（《西南大学学报》第6期）指出，梳理清至民国的法律、契约和民间习惯调查报告可知，典交易的“原价回赎”规则并不严格。加典、转典和分期回赎等处置典产的方式表明，回赎价格低于或高于原价，承典人可向出典人索要其对典产进行投资或增值所投入的资金。传统中国无法进行大规模农业经营的原因同中国的地理环境、财产传递方式和人口增长密切相关。典交易有利于土地的合理流转，促进资源优化配置，使农业的生产规模有进一步扩大的可能。这些都表明所谓典的“弊端论”并不准确，其积极作用大于弊端。谭家齐、方金平《天道廷审：明清司法视野下天主教的传播与限制》（香港：香港城市大学出版社）从“以法论教”的研究角度，完整地讨论了晚明万历到清代嘉庆道光时期，天主教在华面对的法律与政治的互动与挑战。齐蕴博《清代黔东南苗族法文化变迁研究》（知识产权出版社）探讨了苗族法文化在清代的变迁，指出清代苗族法文化变迁中呈现“曲折性与渐进性”“利益选择与力量博弈”“法文化变迁的联动性”以及“因发展不均衡导致的变迁不均衡”等规律性的特征。王超群《从刑部监狱看清代恤囚思想与狱制实践》（《历史档案》第2期）认为，刑部狱囚照护中所揭示出的恤囚思想与狱制实践间统一又背离的互动关系，对清代狱政运作产生深远影响。

二、内边关系与中外关系

清前中期内地与新疆、内地与西藏的关系研究，较受学者重视。白京兰《常与变：唐、清西域治理之比较》（《中国边疆史地研究）第2期）以国家建构为主题，从唐、清西域治理之比较切入，从唐、清二代于西域治理之族群文化背景、天下体制、羁縻制度、治边法制及近代转型等五个基本方面展开具体分析，通过比较唐、清西域治理之异同，阐明唐代于清代西域治理之规定性、清代于唐代西域治理之连续性以及唐、清二代西域治理的相异性，为当代新疆治理提供借鉴。郎玉屏、朱汉民《清代西南边疆的国家儒学教化体系考述》（《西南民族大学学报（人文社会科学版》第2期）认为，清政府用“华夷一家”“以汉化夷”的治边思想替代传统的“华夷之辨”“以夷治夷”，在西南边疆改土归流、开辟苗疆，推行崇儒重道和教化为本的基本国策和治理原则，大力施行国家教化，培养了西南边疆少数民族对以儒家思想为核心的主流政治文化认同，在深层性及根基性的文化及信仰层面建构起西南边疆与内地的精神统一体，实现了西南边疆的稳固与统一。卢树鑫《清代土弁设置与管理制度调适》（《社会科学研究》第3期）认为清代土弁制度是独立于传统土司制度之外的一套新的边疆管理体制。清廷不仅因地制宜、因俗而治地进行土弁设置，更因时制宜地确立土弁的承装章程并裁汰地方官擅设的土弁，从而在制度规范与运作实践上对边疆管理体制进行调整，以适应边疆治理形势的变化。张锦鹏、刘丽凤《国家在场：从清代滇南盐官营看国家边疆治理》（《云南社会科学》第4期）认为，清代盐井收归官营作为一种制度实践，目的在于试探土司势力对国家推进治理边疆的反应，中央从而根据其态度相机实施改土归流以维护边疆秩序稳定，加强国家对边疆民族地区的治理。与此同时，盐井官营所体现的“国家在场”，还通过盐课、专卖管理等措施将国家意识滑滴于边疆各族民众心里，以达到国家对边疆的有效治理和强化边疆各族人民的国家认同。王启明《清前期吐鲁番“土流并治”回众管理模式的形成》（《清史研究》第4期）认为，乾隆年间清廷将原属扎萨克旗的吐鲁番西部四个苏目划归新设领队大臣直辖，实属清代新疆最早之“改土归流”举措，连同东部既有扎萨克郡王体制，使得清前期吐鲁番呈现“土流并治”的回众管理模式。王启明《三通三绝：清朝使用“纳林道”研究》（《历史地理研究》第3期）通过对北京和台北两地档案机构所藏满汉文档案的研读，发现从18世纪末到19世纪30年代，清朝曾分三个阶段将北疆伊犁军队通过中亚“纳林道”换防至南疆喀什噶尔，而非以往学者认为的“两阶段说”，清朝趁机巡查布鲁特边界，达到“寓巡边与换防之中”的双重效果。该文就清朝在三个阶段分别使用这条道路的缘起、换防过程与演变及其放弃原因与最终影响等进行了详细讨论。岩田启介《清朝统治的形成与西藏》（『清朝支配の形成とチベット』，汲古書院）着眼于17世纪下半叶至18世纪中叶扩张时期清朝与西藏的关系，探讨清朝多地区、多群体的统治形成。惠男《礼仪与权威认知：乾隆帝画像与瞻礼、金瓶掣签制度的改革》（《清史研究》第1期）根据与画像有关的满文档案和藏语文献，梳理乾隆帝画像入藏的经过以及画像与瞻礼、金瓶掣签制度改革的关系，进而分析清廷试图透过画像所传达的政治话语以及藏传佛教世界的成员如何感知、回应皇帝的权威。赵令志《乾隆二十一年土尔扈特赴藏熬茶使团探析》（《民族研究》第3期）认为，乾隆十九年至二十二年（1754—1757），生活于伏尔加河流域的土尔扈特部遣往清朝的吹扎布熬茶使团在清朝大力资助和关照下圆满完成朝觐和熬茶使命。这次出使对土尔扈特部认识清朝乃黄教兴盛之地及其制定东归计划等方面有重要影响。扎洛、敖见《清代藏南日纳宗归属问题探析》（《中国边疆史地研究》第1期）梳理乾隆五十九年（1794）勘界过程中从“日纳宗非藏属”到确定边界在“日纳宗迤北”的变化过程，证明噶厦有关日纳宗、隆吐山等地为藏属的立场得到藏、汉文历史文献支持。丹增（Tenzin）、叶旺（Yewong）、东中（Dongchung）《18世纪的文字迷宫：康熙年间清代内亚藏传佛教印刷网络的性质》（“An 18th Century Textual Labyrinth: The Nature of Tibetan Buddhist Printing Network in Qing Inner Asia during the Kangxi Period,” *Journal of Tibetan and Himalayan Studies*, Vol. 1）认为：清代内亚印刷网络虽然得到了皇帝的支持和财政捐助的推动，但也只是较小的地方势力可以独立从事印刷活动。乌云毕力格《蒙古语文在清代西藏——以西藏自治区档案馆所藏清代蒙古文公牍为例》（《中央民族大学（哲学社会科学版）》第6期）认为，清朝在统一青藏高原、建立对藏统治体系以及其后的日常行政管理过程中，充分利用蒙藏民族之间的历史关系和蒙古语文在西藏社会中的地位和作用，使蒙古语文成为清朝对西藏施政过程中的重要的语言工具；清朝对藏施政中蒙古语文所扮演的语言媒介的角色，充分说明了清代各民族交往交流交融的过程对国家统一的推动作用。张闶《金川土司与西藏关系考》（《清史研究》第3期）认为：金川土司与西藏的宗教、政治等联系非常密切；乾隆帝针对金川采取的一系列措施，目的就是弱化嘉绒藏区与西藏之间的关联，从而巩固统治、稳定边陲。

内地与其他边疆的关系研究方面，彭勇《文明共生与族群秩序：清代对长城的废弃与坚守》（《中央民族大学学报（哲学社会科学版）》第3期）认为，清朝统治者在致力于构建“大一统”王朝新型的民族关系和边疆秩序时，虽然不像明朝那样大规模地修筑“九边”长城，但也并没有完全放弃传统中国的长城防御策略，它既有对明代的长城进行修缮利用（如在东北、华北和西北地区的修建或改建），也有部分的新修长城（如西北和西南地区）。究其原因，长城防御是传统中国在处理不同文明类型下族群关系的长期探索的结果和成功实践。清朝对长城的废弃和坚守，表明长城不仅是军事防御工事，也是一条族群秩序线，有助于文明共生，它也因此成为中华文明的象征和共有的文化精神。孙泽晨《由伐山到植树：雍乾时期“苗疆”林业政策的演变——以湘黔二省为例》（《北京林业大学学报（社会科学版）》第4期）认为，雍乾之际，在开辟与治理“苗疆”时，官方对待当地山林的态度也存在差异。地方官府与清廷作为不同的利益方，出于各自的施政需求，形成了不同的林业政策理念。在此过程中，地方官府作为治理“苗疆”的直接责任者，对山林的潜在威胁最为敏感，进而提出伐除山林的建议。然而，清廷则出于恢复全国经济的整体需求，要求各省落实植树造林政策。“苗疆”贫瘠的现实，也迫使地方官府不得不转而通过植树造林以广开利源。两种因素形成的合力，推动了“苗疆”林业政策的转变。谢祺《清代湘黔苗疆的粮饷供给模式及其分化原因探析》（《中国农史》第4期）认为，接受军粮的贵州和提供军粮的湖南出现了两种不同的财政处境，造成湖南比贵州承受更大的政治压力以及运输带来的社会经济消耗。直至嘉庆年间，湖南走出了与贵州不同的苗疆治理路线，以节省经费为直接目的的新式复合屯田制度应运而生。此举不仅节省了经费，更终止了前述的恶性循环，促进了湘西民族融合和社会发展。陈骏《清前期团练问题研究》（《清史研究》第5期）认为，团练并非晚清独有之现象，清廷在部分边地紧张军事形势下早已采用此项政治策略，以达成巩固地方统治目的。团练与保甲之间并非简单的源流关系，而是某种特殊的表里关系。金鑫《清代索伦、达呼尔人货币流通考》（《中国边疆史地研究》第4期）认为，早在黑龙江故地时，索伦、达呼尔人劳动产品的交换活动开始出现将貂皮等贵皮毛作为一般等价物的情况。在南迁嫩水、入编八旗的过程中，一般等价物渐渐过渡为与中原划一的银两。清中晚期，铜钱、钱帖、银圆、铜圆、卢布等货币的使用亦相继流行开来。汉商惯用的便捷记数法——“苏州码子”，亦在清末传入，充分体现当时两族货币交易活动的普遍性。赵卫宾《图理琛使团首领殷扎纳生平事迹辑考》（《中国边疆史地研究》第2期）指出，图理琛使团首领殷扎纳，一生与康熙朝相始终，经历了平定三藩之乱、平定噶尔丹之乱、征剿策妄阿拉布坦等一系列重大事件，其间先后出使喀尔喀、土尔扈特、准噶尔等蒙古部，并在内阁蒙古房掌事多年，他拥有较为丰富的外藩和外交事务经验。在殷扎纳的使者生涯中，他拥有较多与清代官修正史记载不同或其未载的经历，呈现了康熙皇帝与卫拉特蒙古部落首领之间极为微妙的互动关系。杨彦杰《荷据时期大陆商人在台湾的发展》（《台湾历史研究》第1

期）认为，荷据时期大陆商人在台湾的发展经历了两个阶段，早期是因跨海贸易有些大陆商人移往台湾；1640年大员转口贸易衰退后，长期在岛内经营的另一批商人接踵而起。这些大陆商人在台湾的活动逐步蚕食了荷兰人的殖民利益，导致在台闽南人社会迅速成长，台湾社会的内附趋势越来越明显。李文良《清初台湾的请垦制度与熟番地权（1684—1724）》（《新史学》第32卷第1期）指出，康熙五十四年到雍正二年（1715—1724），台湾突然发展起"生番归化"以及"贌垦番地"新模式，而两者均凸显荒地属于熟番地权。要讨论清初治台政策，不能简单使用"封禁"与"开发"来对应康熙或雍正等朝代。黄粲茗《明清时期中越边境"四寨六团"行政建置变动始末》（《中国历史地理论丛》第4辑）认为，万历年间，广西思明土府的官族为了争夺"四寨六团"归属权，不惜同室操戈。出于调停纷争的需要，明廷将"四寨六团"归思明土府同知所辖。在此过程中，"四寨六团"渐渐成为一个独立的辖区，有政区之实却无政区之名。又因同知久不驻该地，"四寨六团"在此后一直面临着行政治理的困难。清初，"四寨六团"的地方秩序已经失控，清廷付出惨痛的代价后才将"四寨六团"的叛乱平定，并实设宁明州知州对该地进行专治管理，然而在善后措施中又使原思明土府同知兼管上石西州事务，使得当地又出现一个畸形的辖区——明江厅，并影响了民间记忆与官方书写，以至于明江厅似无政区之实却存政区之名。

清朝与欧洲的关系依然受到人们非常大的重视。赵殿红《教会与社会：明末清初江南地区耶稣会传教网络》（宗教文化出版社）通过梳理大量中外文史料和数据，考证与叙事相结合，详细讲述了耶稣会传教事业在江南地区的历史发展、进入江南地区的传教士群体及其核心人物、江南地区的奉教士绅群体及其核心人物、华人传道员的活动、圣会组织的创建与发展等层面，重现了明末清初江南地区的传教网络，并对"何以是江南"等问题进行细致的分析与评述，从而为我们呈现了明末清初江南地区天主教传教的生动历史图景。Litian Swen《耶稣会与臣服：清朝统治与中国基督教的命运（1644—1735）》（*Jesuit Mission and Submission：Qing Rulership and the Fate of Christianity in China*，*1644 - 1735*，Brill）揭示了康熙皇帝与耶稣会士的满族式主奴关系，重构了康熙与罗马教廷之间关于中国礼仪之争的来回谈判，并表明耶稣会士虽然是一群外国神父，但是帝国圈子中值得信赖的一部分。刘清华《皇城的天主教社区：北京北堂（1688—1827）》（*Uneparoisse à la Cité impériale：Le Beitang de Pékin*，*1688 - 1827*，Maisonneuve et Larose，Hémisphères éditions）追溯了北京北堂教区的整个历史，并通过强调教区所有成员的合作，有助于了解该社区如何能够在当地社会建立和维持一座教堂、一座慈善机构和一座神学院。孔令伟《钦差喇嘛楚儿沁藏布兰木占巴、清代西藏地图测绘与世界地理知识之传播》（《中央研究院历史语言研究所集刊》第92本第3分）认为，钦差喇嘛楚儿沁藏布兰木占巴的测绘成果直接影响了1719年《皇舆全览图》的增订，促成18世纪东西方知识界对喜马拉雅地区的地理认知。该文揭示清代中国的西藏测绘与资讯网络，曾直接推动18世纪喜马拉雅地理知识的全球化以及欧亚资讯网的整合。沈艾娣（Henrietta Harrison）《口译的危险：清朝与大英帝国之间两位翻译的非凡生活》（*The Perils of Interpreting：The Extraordinary Lives of Two Translators between Qing China and the British Empire*, Princeton University Press）展示了一幅更加细致入微的画面，巧妙地将历史镜头转移到1793年乔治·马戛尔尼勋爵与乾隆皇帝的那次会议上马戛尔尼的两位口译员——李子飏和乔治·托马斯·斯汤顿身上。清廷对英国人的无知并非简单地发生，而是通过对李子飏和斯汤顿等文化中介的镇压而制造的。在压制专家声音的过程中，清廷错过了获得见解、避免冲突的机会。托尼奥·安德拉德（Tonio Andrade）《最后的使团：1795年的荷兰使团和西方与中国的被遗忘的历史》（*The Last Embassy：The Dutch Mission of 1795 and the Forgotten History of Western Encounters with China*，Princeton University Press）利用丰富的档案材料，展示了与英国特使相比，荷兰人是如何深入了解亚洲的人，他们尊重地区外交规范并致力于以自己的方式了解中国；也揭示了被英国外交官和历史学家错误地描述为傲慢和狭隘的清廷实际上是开放的、灵活的、好奇的和非常国际化的。卡罗琳·史蒂文森（Caroline Stevenson）《英国第二驻华使臣：1816年阿默斯特勋爵对嘉庆皇帝的"特别使团"》（*Britain's Second Embassy to China：Lord Amherst's 'Special Mission' to the Jiaqing Emperor in 1816*, ANU Press）认为，阿默斯特对磕头问题了如指掌，并做出了自己的决定，对此他承担了全部责任。由于方法上不可调和的差异，成功总是不太可能。1816年阿默斯特使团的失败修正了英国对中国的评估，并导致一些观察家认为，未来可能需要武力而不是外交手段来实现英国的目标。程美宝《遇见黄东——18—19世纪珠江口的小人物与大世界》通过各种文献，发掘了一个名为"黄东"的小人物在18世纪的传奇经历。珠三角作为与西方国家有着长达近300年交往的地方，在1840年之前已经有许多市井小人物在日常生活的各个方面与西方人有非常广泛和深入的交流。曼努埃尔·佩雷斯-加西亚（Manuel Perez-Garcia）《具有中国特色的全球史：1680—1796年西班牙和大清帝国衰落中的丝绸之路专制国家》（*Global History with Chinese Characteristics：Autocratic States along the Silk Road in the Decline of the Spanish and Qing Empires, 1680-1796*，Palgrave Macmillan）考察了在1680年至1796年促进中国与欧洲之间的商业、消费和社会经济网络的战略地缘政治地点，思考了澳门与华南地区和地中海欧洲马赛的双重案例研究，探讨了这些早期的中欧双边贸易关系以及它们如何促成了一种新型的全球消费主义。单琳、韩琦《中国传统脉学著作在18世纪法国的传播——以〈中华帝国全志·脉的奥秘〉的研究为例》（《中国史研究》第2期）根据中西文献，通过文本对比，不仅明确了《脉的奥秘》与《图注脉诀辨真》的对应关系，还通过对中国脉学著作的系统考察，考证出清代沈镜的《删注脉诀规正》是另外一个底本。施晔、李亦婷《嘉庆朝英军入侵澳门事件再考察——以新见斯当东档案为中心》（《史林》第3期）认为，现藏于英国皇家亚洲学会的小斯当东档案中存有多通不为学界所知的相关文书，包括英国东印度公司、英海军总管、葡澳委黎多、香山县丞致粤省督抚及海关监督的上行文，英王乔治三世致嘉庆帝、英属孟加拉总督致澳门总督的平行文等，这些尘封已久的珍贵文献可与清宫外交档案相互引证比勘，有助于补阙拾遗，更客观全面地还原当年英军侵犯澳门的史实。吴思雨《十八世纪西方毛毯的传入与清宫的借鉴》（《东华大学学报（社会科学版）》第3期）认为，传入清宫的西方毛毯体现交流路径的复杂性和交流内容的选择性，清宫借鉴制品是中西艺术和技术互动下的产物。单琳、韩琦《中国传统脉学著作在18世纪法国的传播——以〈中华帝国全志·脉的奥秘〉的研究为例》（《中国史研究》第2期）通过仔细对比赫苍璧（Julien – Placide Hervieu）的译作《脉的奥秘》（*Secret du Pouls*）与王叔和《脉经》及其后世衍生出的《脉诀》等作品的各种版本，建立起其与《图注脉诀辨真》的明确文本对应关系，并指出清代沈镜的《删注脉诀规正》也是《脉的奥秘》中文底本之一。陆骐《视镜、黑箱与新感官经验：从西洋镜再思18世纪清宫线法通景画》（《北京电影学院学报》第6期）试图在更广阔的视觉文化层面，即在18世纪西洋镜等西方现代光学仪器盛行于中国的文化语境中去重新审视线法通景画，从而考察西洋镜带来的观看方式、视觉语汇和感官体验对以线法通景画为例的同时期艺术创作所发挥的直接或间接的作用。王冕森《允禟西洋密码字档案初探》（《清史研究》第5期）指出，通过新发现的允禟案罪证档案可知，允禟西洋密码字是一套使用拉丁字母转写满文并拼写汉语的文字转写方法，其设计同时兼顾字音和字形两方面，颇具特色，亦有不少疏漏。作为目前所知最早由中国人创制的满文转写体系，允禟西洋密码字是清初中西文化交流的缩影。

清朝与朝鲜的关系、清朝与日本的关系也很受重视。李亮《政治、礼制与科学：宗藩视域下的清代中朝交食测验与救护》（《科学技术哲学研究》第6期）认为，在康雍乾时期交食的测验与救护也被清朝广泛用于国家治理和宗藩管理当中，成为重要的政治运作工具。中朝双方交食测验与救护活动的长期互动，反映出宗藩体系下清鲜关系的嬗变，以及双方在政治、礼制和科学等方面的内外角力。李忠辉《清代朝鲜使臣觐见时中朝口译的原则、策略与评价——基于布迪厄的场域、惯习与资本理论》（《外语研究》第2期）认为，朝鲜语译员的口译原则是在维系皇权及封建统治秩序的同时，做好口译。而惯习又生产策略，觐见时朝鲜语译员也会进行译前准备，口译时采用直译法、增减译法、敬语与非敬语处理法等。场域运行与行为者的位置关系维系需依从资本，而口译能力的不断降低，表明朝鲜语译员在觐见政治场域内资本的减少，地位弱化。铃木开《明清交替与朝鲜外交》（『明清交替と朝鲜外交』，刀水书房）充分利用朝鲜和清朝史料，阐明丁卯之乱（1627）和丙子之乱（1636）全貌。丁晨楠《韩国所藏清朝塘报关联文献初探——以首尔大学藏〈环报删节〉为中心》（《历史档案》第4期）认为，朝鲜人编纂《环报删节》的目的在于探察清朝局势，给时局判断提供参考。《环报删节》中的记录，不仅可以填补中国史料的缺失，可为清史研究提供新史料，也展示了朝鲜人的对清认识在18世纪中期发生的变化。杨海英《朝鲜康氏的女真血统及其变异——明清时期朝鲜康氏叙事的真伪》（《清史论丛》第1辑）认为，中朝历史中有关康世爵叙事记载的差异，传递出相当丰富的信息：不仅可以为探讨康氏家族来源与历史记忆的真伪及根源提供依据，也可以为探析万历壬辰东征、明清易代等重大历史事件如何影响、塑造朝鲜国家叙述和康氏家族的历史记忆提供一个真实、生动的窗口。刘晓东《日本九州大学图书馆藏〈梵鱼寺事迹〉考述——兼及“三藩之乱”与朝鲜肃宗时期的筑城运动》（《古籍整理研究学刊》第1期）认为，《梵鱼寺事迹》主要讲述了梵鱼寺创建、兴起的“神迹”故事，并始终贯穿“镇倭”这一主线，不仅反映了朝鲜王朝对“壬辰倭乱”的一种历史记忆，也从侧面展现了明清鼎革、“三藩之乱”、郑氏据台等中国重要历史事件对朝鲜及东亚区域社会的深刻影响。松浦章、熊雨露《清代前期上海与日本长崎间的贸易》（《国家航海》第2期）围绕清朝前期上海与长崎之间的中日贸易问题展开论述。蒋薰谊《清代中期和刻本汉籍的输入——日本新形象的一个侧面》（『清代中期における和刻本漢籍の輸入——新たな日本像の一側面』，《中国哲学研究》第31号）以《七经孟子考文补遗》《古文孝经孔传》《论语集解义疏》为中心，探讨了清朝考证学者对和刻本汉籍的评价及其反响。由于认同作者的学术立场，阮元、卢文弨、钱泳、吴英等清朝学者对和刻本汉籍给予了高度评价，但日本有“文”的认识与当时的华夷认识发生了冲突。结果，他们通过重新叙述徐福和齐然的故事，把当时没有外交关系的日本和中国重新联系在一起，结果，带来了有“文”的日本新形象。叶磊《近世日本传统暖地稻作技术研究：兼与清代中国的比较》（《中国农史》第1期）通过与同时期清代中国的比较发现，日中两国在水稻用种、插秧规格、稻田灌溉等方面的做法较为相似，即两国都主张通过“稀播疏植，精细管理”的方式来发展稻作生产。基于比较结论和种种史实，文章推测日本这一技术的形成在很大程度上应是受到清代中国的影响。

清朝与其他国家和地区的关系似乎较少受到重视。吴留营《江户写本〈使琉球赠言〉与康熙中期文坛》（《文献》第1期）指出，江户写本《使琉球赠言》所著录的康熙中期赠行册封琉球使诗文，作者多至180余人，涵盖广泛多元，既有冯溥等朝廷重臣，又不乏王弘撰等前朝遗民；既有当时诗坛宗主，又有于史无传的中下层文人。借由该书，数百年前赠行册封使的史实，得以“还原”成鲜活生动的场景。京师、江南两处诗歌高地创作与交流的盛况，斯时朝野频繁互动的文学生态与宽松和谐的政治生态亦得呈现。程秀金《从“胡人”到“洋人”——清朝对俄罗斯的认知变化与华夷天下观的解体进程》（《史林》第2期）探讨了200多年来清代中国人对于俄罗斯想象的变迁过程。清朝统治者一厢情愿地将俄罗斯纳入朝贡体制，视其为传统“胡人”。鸦片战争之后，中国传统华夷天下观逐渐解体，也是俄罗斯形象从传统天下体系中的“胡人”向近代世界体系中的“洋人”转变的过程。邹建达、吴剑锋《档案文献中的清代滇缅贸易》（《历史档案》第4期）指出，丰富的清朝官方档案文献揭示有清一代滇缅之间存在广泛的贸易，并呈现明显的阶段性特征。在政治联系中断时期、关禁时期、恢复宗藩关系时期、英属缅甸时期，滇缅之间的贸易各具特点。张科、赵珍《清代中亚回商贸易与多边关系演变》（《中国经济史研究》第5期）认为，应当客观地看待清前期以乾隆朝为主的中亚贸易策略及其延续，关注回商群体在违禁商品贩运中对整个中亚贸易的支撑力度和实际作用，唯有如此，才能更好地理解恰克图通商后，清廷释放走私重犯的做法，也才能更深层次理解清朝对安集延回商的怀柔与制裁违禁双管齐下的态度与策略。

有两种宏大主题的作品也值得关注。卡拉·纳皮（Carla Nappi）《翻译早期现代中国：难以辨认的城市》（*Translating Early Modern China: Illegible Cities*, Oxford University Press）以词汇表和明朝官方翻译局、明朝汉蒙双语入门书、第一部满语拉丁文语法、清朝满语会话手册、清代翻译的满语诗集作为案例研究，探讨了中国过去的语言和翻译问题。颜丽媛《国际礼法观：清代中国的朝贡与条约》（《南大法学》第1期）认为，朝贡与条约并不是平行无关也不是绝然对立，其背后是中华天下礼秩序与欧洲国际法秩序两种国际秩序之间在整个清代中国从接触碰撞到互动博弈，再到渗透兼容的漫长过程。清代中国最初在传统朝贡之外曾与俄国缔结的平等条约并未对中华天下礼秩序造成实质性影响；道咸年间因战败与列强加速缔结了各类不平等的条约、同光时期“有约国”逐步取代“朝贡国”，致使中国丧失“华夷”话语，中华天下礼秩序土崩瓦解。然而，中华天下礼秩序的道义精神却消融于欧洲国际法秩序的强力扩张中，在清末中国形成了义力并举的国际礼法观，进而催生了不平等条约概念，推动了国际法秩序在全球范围内的发展完善。

三、经济与社会

清前中期的商业很受人们重视。许檀《明清华北的商业城镇与市场层级》（科学出版社）对明清时期冀鲁豫三省50多个较重要的城、镇进行了系统考察梳理，在城市覆盖面上远超过以往华北研究中的举例性考察；特别是对其中30多个不同等级、不同规模的商业城镇的重点考察，更弥补了以往研究中最薄弱的部分。作者开创的以商人会馆集资的“抽厘率”折算经营规模，利用商人捐款的地域分布考察商镇腹地范围的方法，以及对传统城市研究新的指标体系的探索，有助于推进传统商业城镇研究的量化和深入。田茂旺《清代民国时期南路边茶商营贸易研究》（民族出版社）研究了清代民国时期管理南路边茶商营贸易的机构与茶政法规、南路边茶商营贸易本身的演变历程、参与经营南路边茶的商人。王胜鹏、杨琼《明清时期江南地区的戏曲消费与日常生活》（民族出版社）从明清时期的江南社会背景、江南地区的戏曲、戏曲的演出群体、戏曲的受众群体、戏曲管理、戏曲消费的历史考察等多方面，对明清时期江南戏曲消费与日常生活进行了全面系统的考察。张强《清代民国时期黔东南“林农兼作”研究》（中国社会科学出版社）通过文书解读，围绕黔东南“林农兼作”，分析其产生的原因，解决农林技术、林农地位及利益分配等诸问题。林展《高利贷的逻辑：清代民国民间借贷中的市场机制》（科学出版社）基于清代刑科题本中近5000件债务命案和民国满铁调查中5000多笔借贷交易，对解释高利贷成因的不同假说进行了检验，发现从市场供给和需求、风险和交易成本的角度，能够有效解释民间借贷中的高利率。对民国乡村借贷家庭福利状况的讨论表明，高利贷有利于农户抓住有利的投资机会、改善家庭经济状况，高利贷也发挥过类似普惠金融的作用。蒋宏达《子母传沙：明清时期杭州湾南岸的盐场社会与地权格局》（上海社会科学院出版社）以土地开发和地权演变为主线，通过考察当地盐场社会发展和田土赋役制度演变的复杂过程，深入探讨“一田两主”制的形成问题。张萌（Meng Zhang）《清代的木材与林业：维持市场》（*Timber and Forestry in Qing China：Sustaining the Market*，University of Washington Press）追溯了连接长江下游人口中心和中国西南边疆木材供应的贸易路线，深入研究了稀有档案以重建商业历史，同时思考了有助于平衡经济利润与环境管理的正式法律机制和非正式互动。陈月圆、龙登高《公共利益冲突中的产权交易与基层治理——清代狮山书院与山林封禁的考察》（《中国社会经济史研究》第1期）对以清代湖南狮山封禁案为代表的矿产封禁冲突进行考察，通过经济学产权理论，分析形成此类封禁冲突的经济逻辑和解决方案，并由此探讨民间组织在基层治理中所起的突出作用。矿产封禁冲突的产生，在于私有土地进行开采所导致的“负外部性”。狮山封禁案中，当地士绅通过封禁理事会与书院等民间组织，利用产权交易的方式，将私有产权转化为代表公共利益的官产或公产，从而有效消解“负外部性”。以书院为代表的民间组织，利用产权交易、公约民议等非强制性手段，在清代基层治理中起到了突出的作用。周琳《商旅安否：清代重庆的商业制度》（社会科学文献出版社）通过对重庆商业制度和商人群体的研究折射出，清代重庆的商业发展水平可能不像之前的估计那么高。至少在清代的重庆，“市场的视角”和“社会的视角”都存在难以覆盖的盲点，政治权力才是影响商业制度的更具决定性的因素。余开亮《清代的市场整合及其空间结构（1738—1820）》

（《中国经济史研究》第 5 期）利用清代粮价数据构建一套对区域市场整合程度进行度量的评价指标，在不同的时间和空间范围内对以上争论进行检验。该文的分析结果显示，各个大区市场表现的差异性和不同步性模式与施坚雅的研究结果相仿，该文从实证检验的角度支持施坚雅的大区理论。王明《清代地方治理模式：主体、领域及其变迁》（《中国经济史研究》第 4 期）构建了清代地方治理模式的理论框架，提出清代地方治理模式有多主体性质，基于产权制度的民间组织在传统中国普遍、持续地存在，超越了自然人的局限，成为推动地方公共品供给、维系地方秩序的重要力量。彭慕兰、周琳《在无为而治与英雄主义的失败之间——清代国家能力与经济发展概论》（《中国经济史研究》第 2 期）指出，尽管许多研究者认为帝制晚期中国的基础设施建设很大程度上受限于国家财政，但许多事例都显示清代国家建设基础设施的能力明显要高于其维护基础设施的能力，而后者对财政经费的要求显然要比前者少得多。这就提示我们，必须要深入剖析清代国家在日常监管方面存在的问题，必须要关注“国家与精英关系”，要注意“运动”在清代国家治理中的意义。只有这样，我们才能进一步理解清代国家在经济发展历程中的成就与局限。范金民、陈昱希《清代前期沙船业的沿海贸易活动——以上海商船会馆为中心的考察》（《海交史研究》第 1 期）收集和辑录了 52 例沙船北洋贸易事例，考察了其运营方式与运价、商品种类及船主船工等情形，一定程度上展示出清代前期北洋沙船贸易的盛况。朱琳《清代的省级粮食市场网络与市场中心——基于粮价和商路视角》（《古今农业》第 2 期）研究清代粮食贸易中的省级市场网络，及在市场网络中处于中心地位的地区。通过对粮价数据进行统计分析发现，对于清代半数以上省份来说，省治与其他地区的价格差相关系数更高，反映出经济中心与政治中心一定程度上的重合。此外，处于交通枢纽位置的地区或主要产粮区，也与其他府州价格变动的同步性更强。一些地区由于地理位置的接近，形成了区域市场，它们往往与省级市场具有相似的特点。丁春燕、龙登高《清代田宅交易中的官中与基层治理》（《中国经济史研究》第 4 期）认为，官中不是一种孤立的存在，它与歇家、牙行等其他提供公共服务与公共管理的民间主体一起，成为政府连接基层社会的桥梁与纽带，协助政府低成本地实现基层的有效治理。这种政府依托民间主体实现公共管理，进而维持大一统政权的模式构成了传统中国基层治理体制的一大特色。林胜强、曹树基《清代北方的地权结构与地权交易——以彭阳、土默特及太行山区土地契约为例》（《中国农史》第 3 期）指出，彭阳、土默特以及太行山区的清代土地契约显示，整个中国的地权结构是基本一致的。北方也像南方一样，存在田面和田底的地权分化，存在“典”“押租”等多种土地交易方式，农户地权的丧失存在从“典”“找价”到最后“绝卖”的渐进过程，一次性绝卖并非北方土地交易的主流。陆长玮《清代中后期江南市场整合的动态变化及其解释——基于多变量 DCC - GARCH 模型的分析》（《上海经济研究》第4期）利用多变量动态条件相关GARCH模型，基于各地月度粮价数据，测度了江南地区粮食市场一体化水平在18世纪和19世纪的历时性变化，考察了江南市场整合程度的动态变化特征。研究结果表明，江南地区以1815年为拐点，出现了19世纪市场整合危机，该地区粮食市场的整合水平在1815年后显著下降；而且市场整合的19世纪危机也呼应了清代政治经济的宏观变化，特别是“道光萧条”的影响；气候变化是影响市场整合水平动态变化的重要因素。研究还发现，地理距离对江南各地区间的市场整合存在抑制作用，市场整合的省界效应非常显著，省界效应的量化估计相当于290.3公里的地理距离。

财政、金融等方面的研究也受到人们的重视。张泰苏《对清代财政的理性主义解释：论其适用与局限》（《中国经济史研究》第1期）指出，自20世纪90年代起，学界一直偏向以“经济理性主义”的理论视角对清代财政政策进行解读。尽管这些解读相当成功地解释了非农业税收的变化轨迹，但却没能令人足够满意地解释农业税的异常停滞。因此，它们无法解释为何非农业税被清政府灵活地使用，而农业税却没有。这意味着，如果我们想要完整地了解清代财政背后的政治逻辑，恐怕需要摆脱纯理性主义的思维方式，转而去关注财政政治是否在某种程度上建构于意识形态之上。和文凯《财政制度、国家权力正当性与国家能力：清代国家能力的再考察》（《中国经济史研究》第1期）从国家权力正当性与国家能力的关系出发，重新评价清代中国1684年至1911年国家能力的发展与局限。清政府以国内治理为主的直接国家能力和依靠动员地方社会参与国内治理的间接国家能力，在太平天国运动后都得到进一步发展。但19世纪后期，督抚的“移缓救急”成为支撑户部指拨财政顺利运行的核心要素，阻碍了晚清中国向现代财政国家制度的转变。倪玉平《“大分流”视野下清朝财政治理能力再思考》（《中国经济史研究》第1期）认为：清朝前中期，财政治理模式是在继承中国历代王朝统治经验的基础上，进行了全新的融会、贯通、创新和发展，较好地解决了当时的社会问题和民生问题。晚清时期，财政体制仍然保持了顽强的自我调适能力，并直接推动了近代中国的走向，西方的影响反而在其次。始终存在公共事业支出过低的问题，加之面临西方的代际差异竞争，最终导致清王朝的覆灭。对于清代财政治理能力，我们应给予客观公允的评价。申斌《赋役全书与明清法定财政集中管理体制的形成——兼论明清国家财政治理焦点之转移》（《中国经济史研究》第1期）指出，明末，户部试图通过掌握赋役全书来了解在外官府收支信息以筹饷，但未成功。清初，户部通过监督各省纂修赋役全书重建全国财政体系，将各地法定赋役收支纳入中央集权控制之下。作为财政集中管理的工具，赋役全书的服务对象从省级官府变为中央（户部）。这消除了法定财政核算信息在官府各层级间的不对称，为清朝法定财政管理的全面中央集权奠定了预算基础，并在扩大中央掌控财政规模的同时明确了合法和非法征收的边界。这也是国家财政治理焦点从临民向治官转移的集中体现，折射出明清国家治理的内在逻辑，也提示我们对国家能力的理解要结合具体时空脉络和社会环境。彭凯翔《明清经济史中的国家：一个对话的尝试》（《中国经济史研究》第2期）认为，国家能力对经济的作用反映在国家的不同角色里，在比较视野下，国家能力概念为理解明清经济变迁提供了学术可能。明清时期国家的财政有保守的一面，但并非其提供国内公共产品的主要约束；明清中国的经济制度未必是资本主义式的，但在保护产权、促进金融增长等方面也有值得重视的机制；它在政策上的合理性需要具体而论，但很难说是为特定理念所主导；它的向下渗透与社会的组织过程是相互强化的，形成了能与斯密增长相容的社会权力结构。因此，很难说国家能力构成了明清中国未发生现代增长或熊彼特增长的内部原因，但它所依赖的方式很可能对近代中国的发展路径有深远影响。赵思渊《土地市场与赋役制度的协同演化：清初江南均田均役再讨论》（《中国经济史研究》第2期）指出，康熙初年苏松地区的均田均役改革中形成了“销圩”鱼鳞图册，并出现了“业佃并录”的现象。这应当被视作赋役制度因应土地市场的演化而出现的新动向。17世纪以降，田面权市场进一步发展，田面主承担圩甲，从而参与徭役佥派、税粮征缴。地方政府对赋役制度的调整，不能不与这种新的土地市场秩序相适应。余格格、郭永钦《从〈赋役全书〉看薪俸工食银的核算与发放》（《历史档案》第2期）结合地方官厅档案，以“工食银”中对应人员名单为线索，区分了役食银两册和衙役清册两种不同功能的文本形式。此外又根据一份新发现的留有苏州码核算手迹的《赋役全书》，结合当地的算术书，复原并转写其数据文本，从而探讨政府核算考成中“虚分数”等问题，从侧面揭示政府核算时的具体操作方法。龚浩《关于清代应征、实征以及实得田赋规模的估计——以康熙至嘉庆时期的江苏各类田赋规模变化为例》（《中国农史》第6期）认为，清代应征田赋的降低、赋税征管制度的完善和以仓补税，使田赋完纳率（实征田赋占应征田赋比）明显提高。如不考虑币值变化且从长期来看，实征田赋规模保持稳定，即政府可获得田赋收入规模稳定，这也就意味着：蠲免政策对田赋负担的减轻作用有限；国家赋税汲取能力与田赋负担长期稳定；减赋的目的是调整朝廷与地方政府间关系而非降低百姓的赋税负担，其主要受益者是地方官员而非百姓。李光伟《清代普免制度的形成及其得失》（《历史研究》第4期）认为，康熙朝普免钱粮4次、漕粮1次，得益于战时形成高度集中财政体制所积累的雄厚储备。这一将全国赋税尽解户部的财政体制，体现了康熙帝治国理念中的大局观，也为其多次筹划实施重大举措提供强有力支持，对清前期的稳定和发展一度发挥积极效用。但从长远看，过于强调国用与蠲赋养民，忽视外省财政和恤官，导致康熙后期外省钱粮亏空严重与苛官累民等问题，反映此制度未因时应势进行调整而产生缺憾。李志英《清初和硕特蒙古在康区的差税体系》（《中国藏学》第1期）指出，明末清初，青海和硕特蒙古间接控制和经营康区是建立在差税基础上的。和硕特蒙古将其属民分为减免差税者、拉德和米德三类，分别进行赋税征收和劳役征派，由此确定康区地方首领、僧众、俗人百姓与和硕特蒙古的关系网络，形成了包括赋税和徭役两大类的差税体系，并将部分差税用于格鲁派寺院的修缮、僧侣的日常开支、塑像等，以此为经济纽带，巩固其与格鲁派的关系。张爱萍《清初湘西辰沅地区的军需供应、赋役调整与里甲重构》（《中国社会经济史研究》第2期）认为，清初进取云贵与平定吴三桂之乱皆取道湘西辰沅地区，由湖广滇黔驿道与沅水及其支流进入云贵前线，军需物资的供给和转运给湘黔通道沿线州县带来了沉重的负担。摊派至州县的军需负担转化为里甲差役，官方在解决军需负担和调整里甲赋役的过程中，以固定粮额均摊于各里甲之中，照粮当差。麻阳县令黄志璋采取不拆碎粮多盛甲、允许民间自行合户的政策，民间根据粮额标准，具有了灵活重组户籍的空间，具体体现为地方大族内部的析户分甲与粮少不能自立小户、帮户的合户占甲行为。在某些情形下，宗族也采取了不同房支之间联合立户的策略。这一番里甲赋役调整，对基层乡村社会的人群组织与社会结构产生了深远影响。周建波、曾江、周子超《清代江南农村手工业生产性借贷的高利率影响探析——兼谈早期工业化走向近代工业化的金融条件》（《清史研究》第6期）指出，清代江南相对充足的社会资金供给使得利率具备下行可能，但高密度、分散化生产、近乎完全竞争的家庭手工业模式议价能力低下，使得资本市场无法靠自身机制实现利率下降。对此，由政府参与并建构金融市场，进而推动社会利率水平降低是早期工业化向工业化转变的一项核心条件，也是中西方在前工业化时代金融领域的关键差异。周建波、曾江、李婧《农村金融与清代江南的早期工业化：以农民兼营手工业为中心》（《中国农史》第2期）以清代江南地区为例，探究农村金融在农民兼营手工业活动中的具体影响。研究发现，农村金融通过提高资本配置效率，及时调节了资本供求状况，促进了该地区农村家庭兼营手工业的生产活动，推动了早期工业化的发展。同时，农村生产性借贷领域的高利率现象源自全球化背景下相关手工业的高利润，是清代江南早期工业化的一项重要金融特征。鲁靖康《清代新疆农业研究》（西北农林科技大学出版社）着眼于目前在清代新疆农业研究中相对薄弱的若干领域，在灌溉水资源管理分配、水稻与园艺作物种植、森林资源开发利用、产业间的互动以及农业开发中的人地关系等方面有新的见解和认识。赵思渊《清前期徽州乡村社会秩序中的土地登记》（《历史研究》第3期）认为，清代土地交易依据鱼鳞图册确认土地权利时，必须与赋税册籍、契约文书、家谱等相互匹配，地权才能得到保障。这意味着清代乡村土地市场中，土地权利由不同来源的多种文献所形成的证据链共同确认。支撑这样的土地市场及其运作原则的，是由赋役制度与民间惯习共同嵌合、演化的社会秩序。

有一篇特别的文章值得注意。王正位、李耕《科举制传统和家庭股票市场参与》（《经济学报》第3期）使用清代的进士密度代表科举制，发现科举制传统深厚地区的家庭当前的股市参与概率和参与深度更低；使用清代到最近的印刷中心的距离作为进士密度的工具变量，验证了科举制传统与股市参与之间关系的稳健性。同时识别了背后可能的作用机制是对金融教育消极的态度和金融知识的欠缺，而不是非认知能力和风险态度的改变。

社会研究也很受人们的重视。萧凌波《气候、灾害与清代华北平原社会生态》（科学出版社）将清代视为一个完整的生命演化周期，对这一时段内华北平原社会生态系统人地关系的变化进行完整复原，并基于对演化过程的定量描述，在时间序列上识别出不同的生命演化阶段。同时，该书将气候变化与水旱灾害作为关键参考变量引入社会生态系统演化过程，与粮食安全、人口迁徙、社会动乱等不同方面建立联系，分析其影响程度及时空差异，讨论其影响在社会系统中传递扩散的过程机制。朱浒《盛衰之理：关于清朝嘉道变局性质的不同阐释及其反思》（《史学理论研究》第2期）指出，嘉庆、道光两朝向来被视为清代由盛转衰的转折期。对于这一时期社会变迁的性质及其动力机制，以往的主要阐释模式可以概括为三种，即王朝周期的变动、社会形态的发展和传统社会的转型。但是，这三种阐释都存在着认知上的局限，并不能准确描绘嘉道变局的面相。而要超越这些局限，就需要转换研究视角、重塑问题意识。根据"从实践出发的历史社会学"这一视角，重新思考嘉道变局中认定"变"的标准、以整合性思维认识其中"变"的线索、以综合性眼光看待此种"变"的格局，必然有助于确切勘察嘉道变局的具体历史进程，而唯有如此才能在下一步的实证研究中避免落入以往的方法论窠臼。卢苇菁（Weijing Lu）《安排的伴侣：清代中国的婚姻与亲密关系》（*Arranged Companions: Marriage and Intimacy in Qing China*, University of Washington Press）记录了清前中期（17世纪中叶至19世纪中叶）的婚姻行为如何受到丰富而复杂的传统的影响，并以当时的历史条件为中介，在此期间庆祝婚姻作为理想婚姻的基本要素；在个人记录中发现了婚姻感情的公开表现和私人交流，包括诗歌、传记、信件和回忆录。在这个独特的历史时刻，婚姻陪伴和爱情的理想得以实现，而社会变革也为夫妻和大家庭带来了新的紧张关系。保罗·桑坦杰洛（Paolo Santangelo）《帝制中国晚期的个人自治与责任》（*Individual Autonomy and Responsibility in Late Imperial China*, Cambria Press）以娴熟的方式处理"性""心""己"等关键术语，分析各种文本，质疑了前现代中国缺乏个人主义的共同前提，认为个人的概念不仅在传统中国很重要，而且以不同于西方个人主义模式的有趣方式存在。刘小萌《清代八旗人口的变化及其影响》（《清史研究》第4期）认为，八旗人口的变化，反映了八旗制度的诸多变化，对清国家性质也产生深刻的影响。乾隆时期的"出旗为民"，适应了满族社会由领主制向租佃制的转型，在实现自我蜕变的同时，促进了满汉矛盾的化解。满人社会性质与汉人社会性质的趋同，是清中期统一多民族国家形成的重要前提，也是清王朝从“编外之夷”变为中原王朝继承者的重要条件。邱源媛《八旗圈地制度的辐射：清初拨补地考实》（《清史研究》第3期）认为，拨补地虽然不属于旗地，但其产生与旗地政策直接相关，拨补时间、拨补区域均随八旗圈地的进展而定。该文围绕拨补地形成、分布与八旗圈占旗地的紧密联系，思考八旗制度对直隶的非八旗人群、非八旗区域的辐射性影响。任雅萱《大户与宗族：明清山东“门”型系谱流变与实践》（《史林》第1期）通过解读明清时期山东中部“门”型族谱文本和地方志，说明明代中期赋役大户通过分“门”的方式应对差役，并且根据“门”建立宗族。随着清代前期税收单位从“里甲”到“村庄”的改变，村庄成为税收主体，“门”的等级高低不再是编审户口的依据，但却作为宗族的内部结构保存至今。明清时期“门”型系谱的形成，说明大户分“门”是山东乃至华北宗族的特征之一。杨国桢、于帅《猫老尉家族文书与清代台湾的族群互动》（《民族研究》第5期）指出，平埔族在台湾跨入农耕传统社会的大背景下，引进了闽粤汉族移民的地权观念、租佃习俗和农耕模式，继而转变旧有身份、谋求新的生存方式，这并非平埔族被边缘化，而是历史的进步，也是清朝开发边地、驭民于内，国家内在于地方的过程。贺喜、科大卫（David Faure）《秘密社会的秘密——清代的天地会与哥老会》（北京师范大学出版社）认为秘密会社不在于真正有多少秘密，而在于秘密的传播本身才是秘密会社生存的标签。仲伟民、王正华《作为区域的“华北”：概念渊源及流变——兼析明清社会经济史视野下的“华北”》（《天津社会科学》第1期）从自然地理环境、制度、经济、社会文化等维度，将明清时期“华北”范围界定为直隶、山东、山西、河南4省（包括北京），比较符合历史实际和学术认同。王跃生《清代中期老年人居住方式及影响因素分析——以502件刑科题本档案为基础》（《中国经济史研究》第4期）基于清代乾隆朝和嘉庆朝刑科题本婚姻家庭类和土地债务类档案所建立的数据库，定量分析清代中期老年人的居住方式。研究发现，多数老年人与已婚子女组成相对稳定的生活单位，与未婚子女生活、夫妇独居和单人独居也占一定比例。与以往认识不同之处在于，老年人与两个及以上已婚儿子组成的复合家庭所占比例不高。胡媚媚《清代耆老会与诗人并称群体的结社传统》（《苏州大学学报（哲学社会科学版）》第4期）认为：有赖于结社传统、结社经验和结社环境等多方面的条件，耆老会在清代得到高度发展，同时促进了社诗总集的大量编纂。龙登高、王明、陈月圆《明清时期中国的民间组织与基层秩序》（《民族研究》第6期）指出，民间组织作为明清时期中国基层秩序的制度基础与核心要素，拥有较强的合法性与资源整合能力，在相应的产权机制与治理模式下，发挥较强的组织力，并且具有拓展性，以满足基层社会的多样性需求。政府与士绅、民间组织及其他民间主体有序连接，低成本地实现对基层社会的间接治理。

四、文化

对清前中期文化史的研究大致可分为以典籍为中心的文化史研究与不以典籍为中心的文化史研究。

以清前中期集部典籍为中心的研究数量最多，一方面因为存世的清前中期集部典籍达到几万种，另一方面是因为几乎每所中国大学都有中文系，而大多数中文系都有人研究清前中期集部典籍。张万民《困境与精进——明清阅读史中的朱子“淫诗”说》（《汉学研究》第39卷第3期）试图突破传统经学与文学研究的局限，从朱熹“淫诗”说的理论层面转向阅读实践层面，重新审视传统经典的阅读效果史，为经学史和阅读史的结合提供一个视角。颜彦《明清叙事文学插图的图像学研究》（浙江古籍出版社）以明清叙事文学插图主要为小说和戏曲刊本插图为研究对象，从图像认知、图像结构、图像叙事、图像风格、图像传播5个方面展开论述，探讨明清叙事文学插图在文献、文学、文化等多方面的属性、特征、规律及社会影响。亚历山大·德·福格斯（Alexander Des Forges）《检验风雅：中国近代早期的散文与审美》（*Testing the Literary：Prose and the Aesthetic in Early Modern China*，Harvard University Asia Center）挑战了对文体的传统漠视，从文学的角度解读了八股文，展示了八股文如何重新定义散文美学并改变写作作品。对形式问题的强调标志着审美成为争夺权威的关键舞台，因为候选人、考官和评论家联合起来形成了占主导地位的文学创作者社会阶层。许建平、许在元《王世贞在明末清初文学演变过程中的价值与地位重估》（《上海交通大学学报》第5期）认为，明清文学的重心经历了由心学到实学、由义理到考据、由率性到致用、由性灵到神韵的转变，王世贞就是这个转变过程中不可或缺的催化剂、转换器，一位开启清代诗风的先导。谢模楷《清代屈骚的经学化阐释及其意义》《重庆师范大学学报（社会科学版）》指出，清代屈骚阐释的“说经话语”和“经传体例”，从形式上阐扬了屈骚“并驱六经”的地位。清人屈骚的经学化阐释，加强了屈骚的经典位置，促进了楚辞学在清代的全面发展。李若晴《青萍之末：嘉道年间岭南的文人生活与艺术世界》（人民美术出版社）通过谢兰生的《日记》的记述，从多视角观察清代中期广州社会变迁所引起的社会生活的深层变革，尝试改变传统绘画史研究中强调重要人物与作品、重视宏观把控而轻视微观描述的现象，同时修正学术界对广东绘画是江南地区画风的附庸的刻板印象。这对重新审视清代中期的广东绘画，分析广州如何成为大航海时代中一个个性鲜明的区域性都市文化中心，有着重要的学术意义。陈凯莘（Liana Chen）《为帝王上演：清廷戏曲史（1683—1923）》（*Staging for the Emperors：A History of Qing Court Theatre，1683－1923*，Cambria Press）利用最近从各种宫廷行政部门、回忆录、日记和为宫廷仪式场合编写的剧本中发现的材料，将清廷戏剧史置于清代文化和政治史的更广泛背景下。它表明，戏剧与其他形式的宫廷艺术一样，服务于个体统治者体现美德、休闲娱乐和表达抱负的愿望。胡春丽《毛奇龄年谱》（复旦大学出版社）运用文献学与历史学相结合的方法，将谱主生平主要事迹、交游、著述等系年，并作考证、辨伪、辑佚。此书为毛奇龄的研究提供了一个相对坚实的基础，对于研究中国古代文学史、经学史、思想文化史、学术史也有较重要的参考价值。赵建忠《“新红学”百年之际对〈红楼梦〉“作者”及“曹学”的反思》（《明清小说研究》第1期）对“新红学”的《红楼梦》作者研究及当代“曹学”建构中的问题进行反思，以“家族累积说”尝试解释《红楼梦》成书过程中的矛盾现象，探讨了《红楼梦》研究中“史料还原”与“思辨索原”之间的关系，并对瓶颈期的红学突破进行前瞻展望。张云《红学中的曹学地位》（《明清小说研究》第1期）从6个方面论述了红学中作为作者问题研究的曹学的地位，及曹学对《红楼梦》的绝对依靠，从学理上论证了曹学另立的失据与难为。郭英德《唐宋古文典型在清初的重构》（《中国社会科学》第5期）指出，清初士人清醒地反思明代唐宋派的古文理论与古文创作，进而深入阐释唐宋古文原于道、生于心、精于法的形态特征，在观念上重新建构了“趋于正”的唐宋古文典型。鉴于唐宋古文容易滋生空疏浅薄之弊，清初士人极力倡导根本经术、自成一家的古文习作途径，从而提纯与升华唐宋古文典型，使之达臻醇雅。杨绪容《毛奇龄〈西厢记〉评点的“词例”论——对元杂剧批评范式的奠定》（《文艺理论研究》第2期）认为，清初毛奇龄特地拈出“词例”作为评点《西厢记》的核心范畴。毛氏“词例”论多方面阐释了《西厢记》所有且兼通于一般元杂剧的语言、曲律、体制、表演的特点，论析了与之对应的批评标准与方法，初步奠定了元杂剧批评的基本范式，标志了清初戏曲批评的又一座高峰。毛氏提出“词例”论，其宗旨不仅在于为《西厢记》批评立范，还在于为元杂剧乃至中国戏曲批评立范，其中寄寓了他建设中国戏曲批评理论的自觉努力。姜荣刚《因袭与独创：〈儒林外史〉叙事艺术新论——基于文本结构与叙事时间的考察》（《文学遗产》第6期）指出，《儒林外史》创造性地融合了传统史书编年体、纪传体及纪事本末体的编撰方法，在共同的主题下将分散的人物故事串接在一起，使本来横向共时存在的小说人、事变成了纵向的历时存在。这种独特的文本结构使它必须要同时遵循多种不同理路的叙事逻辑，所以也就不可避免地导致小说出现了叙事时间上的错位与矛盾现象。这是一种独特叙事艺术的崭新尝试，乃作者为达至特定叙事目的有意为之，因此不仅不是作品的瑕疵或错误，反而是小说艺术匠心的重要体现。尧育飞《秘本与桐城派古文秘传》（《文学遗产》第6期）指出，桐城秘本的生成是桐城派精心建构其范本体系的成果，包括书籍圈点、秘本言说等，最终使经典染上桐城派气息。其中圈点与过录是桐城秘本不断再生的关键技术。这些关于“古文秘传”“家法”“秘本”“圈点”的言说，揭示了桐城派发展壮大的隐微路径。汪孔丰《沈德潜与桐城诗学》（《文学遗产》第6期）认为，沈德潜与桐城诗学之间存在着密切而复杂的关系，这在一定程度上映照出清代诗学繁复交错、多元集成的面相与实相。乐进进《规范、阐释与重构：仇兆鳌对杜诗文本的臆改》（《中国文学研究》第1期）认为，仇兆鳌以后代的诗学标准来建构杜诗的典范地位，实非杜诗自身的艺术追求。故而其臆改多已偏离杜诗原有面目。但仇兆鳌涵咏杜诗有得，对杜诗流传讹误的判定独具只眼，仍不失为杜诗校勘的重要参考。

对经部、史部、子部典籍的研究相较对集部典籍的研究来说，数量要少得多，对经部典籍的研究尤其少。[日]建部良平《老人向何处去：读段玉裁“四郊小学”说》（『老いた人間は何処へ：段玉裁〈四郊小学〉說読む』，《中国哲学研究》第31号）将段玉裁晚年对自己一生的后悔与他和顾广圻围绕《礼记·王制》展开的礼学争论结合起来。张清江《〈朱子家礼〉与明清珠江三角洲丧葬礼仪实践——以地方志为中心的考察》（《中国地方志》第1期）指出，借由地方官员和乡里士人的共同努力，《朱子家礼》改变了民间一些违礼的习俗，比如火葬和用鼓乐等，但却无力撼动“作佛事”和“信风水”等“异端”礼仪因素。民间丧葬将《朱子家礼》作为正统象征，但在实践上却融合佛道等仪式，形成一种复合的礼仪模式。这种融合的背后，是民众面对死亡的复杂心态，既有对亲人离世的哀伤，又包含着对死亡的恐惧和焦虑。儒家礼仪过度强调哀伤情感的表达，却忽略了民众安度亡魂的情感需求，这是佛道教在丧葬礼仪中始终能够发挥影响的深层原因。陈祖武《清史稿儒林传校读记》（商务印书馆）对《清史稿·儒林传》著录之近300家传记进行校读，订讹正误。王振红《章学诚“别识心裁”说再议——兼论中西史学比较的本质与目标》（《史学史研究》第2期）指出，中西史学词汇对译互释的过程也是在酝酿形成新的中西史学共通的学术语境，建构新的“异中之同”与“同中之异”；中西史学比较的本质与目标是探寻普遍性（同）、确认独特性（异），即于古今嬗变、中西互镜中把握、阐明中西史学的主脉与精神，建构更加符合普遍性而又吻合自身传统的清晰明确的“自我”。陈郑云、巴兆祥《合修到分修：清代两江、湖广省志编修中的制度博弈与省籍意识》（《史林》第5期）认为，清代两江、湖广地区省志修纂可分为康雍时的“沿袭期”、乾嘉时的“转型期”及道光以降的“成熟期”。从分藩分省到省志修纂的漫长历程中，由于地域差异性，中央修志要求与地方编纂实践、地方督抚之间存在博弈行为。不同时期志书的“疆域”书写呈现从模糊到清晰、从松散到凝聚的轨迹，此即地方官暨志书修纂群体省籍意识变化的过程。冯智《雍正年间八世司徒云南之行及其文化交流——基于〈八世司徒传〉史料研究》（《中国藏学》第3期）指出，《八世司徒传》中关于八世司徒·却吉穷乃于清雍正七年至八年（1729—1730）赴滇西北朝拜鸡足山并与当地各民族进行文化交往的记载，既是研究滇西北历史的重要史料，也是清代多民族交往交流交融的历史佐证。韩李良《乾隆朝“清六通”成书时间考》（《历史档案》第1期）对“清六通”成书时间进行考辨。刘骏勃《从九州为纲到政区为纲——清代“大一统”观念对“六通”疆域书写的影响》（《历史教学（下半月刊）》第3期）指出，清代三通馆所修“续三通”与“清三通”在疆域书写中逐渐摒弃了“三通”以九州为纲的体系，改以当朝区划为纲，显示清朝统治者有意识地利用史书编纂彰显“大一统”的盛世局面。德格吉《佛历中的学问：松巴堪布〈佛历表〉的编纂特点及史学价值》（《中国藏学》第1期）以18世纪松巴堪布《佛历表》为考察文本，从5个方面详细论述了该年表的编纂特点和史学价值，探讨了松巴堪布对《佛历表》写作范式的革新，对藏文《佛历表》在后期的发展演变提出了一些看法。王丹、孙骁《清代私修史书对云南土司暴乱的历史书写——以〈滇云历年传〉为中心》（《中国边疆史地研究》第2期）认为，相较于《清实录》《清国史》以及其他档案材料，倪氏建构了一种“官逼民反”的叙事模式，对改土归流时期的地方叛乱做出了与官修史书截然不同的历史书写。韦胤宗《浩荡游丝：何焯与清代的批校文化》（中华书局）以清代“批校文化”的先导者何焯为切入点，考察“批校文化”兴起与盛行的过程，追溯各类参与者之身份与贡献，分析其对于中国古代经典文本之塑造以及对于清代思想、学术与文化之影响。刘思亮《王念孙手批本〈山海经〉初考——兼及〈河源纪略·辨讹〉之纂修者》（《文献》第3期）认为，王念孙对《山海经》的校勘表现成熟的校勘水平，许多成果为毕沅、郝懿行等所未及。其中朱色校记大概作于王念孙供职工部都水司之后、《河源纪略》纂修之前，是为《河源纪略》纂修做的准备工作。文章由此推定《河源纪略》中《辨讹》一门确出自王念孙之手。林存阳、周轩《由“概念”以通“义理”——陈淳、惠栋和戴震对理学的建构与解构》（《中国哲学史》第5期）指出，南宋理学家陈淳的《北溪字义》专门对理学核心概念进行阐释，有力地推进了理学思想体系的建构，并对后世学者产生深远影响。惠栋和戴震同样运用由“概念”以通“义理”之法，先后撰成《易微言》《孟子字义疏证》，而其目的则变为解构理学，建构自己的新思想体系，从而展现清初以来“以经学济理学之穷”的学术特色。朱浩浩、石云里《儒学、西学与天文——清中期张永祚〈天象源委〉研究》（《自然科学史研究》第3期）在儒学、西学与天文学交叉视野下，从3个方面考察张氏的代表作——关于星占的《天象源委》。该文还结合前人研究，就张氏天文学工作所展示的中国古代科学形态、他的这项工作与儒学的关系以及中西交流问题进行了讨论。李文益《雍正第五子和亲王弘昼形象考辨》（《历史档案》第4期）认为，昭梿《啸亭杂录》中的弘昼形象为一副性格暴戾、行事乖僻的荒唐形象，有被夸大和渲染的空间。姚宇《康熙四十六年修律进呈本的发现及初步研究》（《清史研究》第3期）认为，国家图书馆所藏一部《大清律集解附例》抄本可确认是康熙四十六年（1707）修律进呈本。进呈本与雍正律一脉相承而各有特色，二者共同反映了清律从承袭明律到因时制宜的演变历程。

不以典籍为中心的文化史研究也很兴盛。强光美《清朝“内亚性”的再商榷——以多民族语文合璧书写为视点》（《清史研究》第4期）指出，美国“新清史”学者将多民族语文合璧书写视为清朝“内亚性”和区别于传统中原王朝的重要表征，这一观点存在偏颇之处，并不完全符合历史逻辑和史实。首先，清朝合璧书写在相当程度上是对中原明王朝政治文化遗产的继承和发展，并非内亚特有现象。其次，清朝统治者提倡合璧书写的主要动机，是出于维系多民族国家治理的现实需要，而非保持内亚性。最后，清朝统治者在政治文化认同上以中原正统自居，并利用多语合璧重建起以儒家思想为核心的同文秩序，实现了从满洲政权向“大一统”王朝的蜕变，成为“历史中国”的一部分。王川、严丹《清代档案史料的“虚构”问题研究——以〈巴县档案〉命案为中心》（《史学集刊》第6期）认为，《巴县档案》命案显示，司法档案文书存在“真实”与“虚构”并存的复杂面相。从《巴县档案》命案可知，人们在借助清代司法档案进行学术研究时，必须将通详与县衙堂讯叙供、结状等文书进行比较，方可避免档案虚构给学术研究带来的误导。朱昌荣《清初程朱理学独尊地位的确立是历史逻辑和时代逻辑的统一》（《殷都学刊》第4期）指出，清初统治者面临的最核心时代命题是以何种思想学说为指导完成社会重建。程朱理学独尊地位的确立，既是清入关前政权儒学化进程的结果，更是清初独特社会背景下的统治阶级的选择，揭示了历史逻辑和时代逻辑的统一。毛宣国《作为清代诗学价值观基础的“温柔敦厚”诗教观》（《中国文学研究》第2期）指出，乾嘉时期是弘扬诗教最突出的时代，对诗教原则阐释的重要特点是不将温柔敦厚诗教作为一个僵化原则看待，而是予以多样化的阐释。这一现象的产生，既反映了时代变革对于传统诗教论的巨大冲击，也说明诗教作为影响深远的理论本身就具有极大的灵活性与包容性。刘惠《中国国家博物馆藏〈永瑆行书唐姚合诗轴〉研究》（《中国国家博物馆馆刊》第12期）深入研究中国国家博物馆藏《永瑆行书唐姚合诗轴》背后的历史信息，认为清代王公贵族进行的书画艺术创作，绝不仅仅体现满族崇儒尚学的文化心理，更是特殊的政治背景下逃避政治，明哲保身的无奈之举，而考察宗室书画家艺术作品及其背后历史信息，成为理解清代宗室王公特殊政治境遇，多元交流空间和复杂精神世界的又一新路径。张冰《清初隶书观念的冲突与演进——从王澍〈积书岩帖〉切入》（《文艺研究》第5期）指出，王澍隶书观念基本涵盖清初隶书讨论中的核心论题并产生广泛的影响，成为乾嘉之后讨论隶书的重要参照与依据。清初的隶书讨论为后来篆隶书的昌兴奠定了扎实的理论基础，其思考、阐释的范式在北碑昌兴及碑学体系建构的过程中具有重要价值。王健《梁巘重碑思想及其来源初探》（《中国书法》第5期）认为，梁巘是清代帖学向碑学转换过程中一位重要的节点性人物，在梁巘的书论、创作中，都有重碑思想的存在或表现，具体体现在梁巘对汉魏隶书的关注、对唐碑的认识，在楷、行、草中对篆、隶书意的融通等多方面，其中部分理论为包世臣的碑学理论所继承，抑或不谋而合。而这些思想的来源，当与梁巘南京钟山书院求学、交友以及扬州客卢见曾幕期间有很大的关系，在当时书风丕变的大背景下，梁巘顺应时代潮流，为书风的转向起到了应有的作用。李立、史青《清代云南“夷人图说”研究》（中华书局）围绕“绘写了什么”与“为什么绘写”两大问题，关注“夷人图说”的图像表述与意义生成模式，探讨了清代云南“夷人图说”的民族分类问题，系统梳理了这些文献的谱系和源流；并试图追溯云南方志与“夷人图说”的文化语境，通过对清代云南“夷人图说”的图文对读，总结其叙述事件与绘制图像的语法，尝试揭开图像背后的历史事实；进而剖析清代云南“夷人图说”的序跋，分析绘写者的意图、心态与绘写方式之关联，探究图说的艺术性与政治性、国家性与地方感之张力。韩若兰（Roslyn Lee Hammers）《十八世纪中国耕织图的御用》（*The Imperial Patronage of Labor Genre Paintings in Eighteenth-Century China*, Routledge）以中国历代皇帝委托的《耕织图》为基础，考察了农业劳动风俗画，并解释了这些绘画如何促成了独特的国际化清朝意象，同时也借鉴了欧洲的视觉风格。该书认为这些技术信息丰富的图像不仅仅是教观众如何种植水稻或生产丝绸的图像。清朝皇帝投资劳动画，以证实王朝的永恒性，并促进满族统治下的人民的福祉。陈韵如《画院运作机制对清代宫廷绘画的形塑与作用》（《美术史研究集刊》第51期）以“画院运作机制”为研究视角，选取郎世宁《百骏图稿本》、沈源《清明上河图》、沈源与丁观鹏等合绘《十二禁御景》《平定准噶尔回部得胜图》铜版画等4个案例，说明帝王主导力仍受制于画题、图式。大卫·休格斯（David Hugus）《中国等级徽章：明清时期权力、财富和智力的象征》（*Chinese Rank Badges: Symbols of Power, Wealth, and Intellect in the Ming and Qing Dynasties*, Orientations Magazine Ltd.）认为，明清两代都开发了中国军衔徽章，其既是实用的物品，也是精美的纺织品设计的例子，以表明持有者在文职或军事官僚机构中的地位。该书将研究集中在他们的年表和肖像上，对中国军衔徽章风格和图像有很好的分析。衣若芬《〈清翁方纲题李东阳像罗聘补竹〉图考》（《中国国家博物馆馆刊》第3期）认为，《清翁方纲题李东阳像罗聘补竹》与翁方纲收藏李东阳《种竹诗卷》及沈周绘《移竹图诗卷》有关。虽然画面上没有苏轼，但是从题跋得知“种竹”的意象源于苏轼，翁方纲制作本图的用意也在纪念苏轼。宫浩钦《物的秩序：清代宫廷室内陈设设计研究》（文化艺术出版社）以清代宫廷室内陈设作为研究对象，在大量文献资料考证的基础之上，尝试以社会学拟剧理论，来分析帝王的不同角色身份与“道具”符号之间的对应关系；认为清代宫廷室内陈设承载着大量“宫廷社会生活”的信息，是清代社会的意识形态和宫廷社会生活的镜像。高树伟《中国国家图书馆藏四卷〈楝亭图〉初探》（《红楼梦学刊》第5期）认为，《楝亭图》最初曾以册页流传，后改为卷子，卷中折痕是大致区分无系年题咏写作时间的考据点。卷内部分题咏者所钤闲章如"隐居以求其志""相看唯月华""吾亦淡荡人"等，透露出避世隐居的情思。文章在清初康熙帝笼络江南士子的大背景下，于文学艺术层面，透过曹寅这一特殊纽带，组合了晚明士子怀念旧京、避世隐居等复杂情愫。许珂《乾嘉时期京师的士人延誉机制与画坛新变——以翁方纲、法式善为中心的考察》（《文艺研究》第1期）认为：乾嘉时期的京师，存在一个由在学术、诗文等领域成就卓著的士人精英群体（以翁方纲、法式善为代表）所主导的，推动绘画创作、品评、流通与收藏的延誉机制。乾嘉时期的北京画坛因此重新焕发生机，成为当时的绘画中心。丁玎（Ding Ding）、郁献军（Xian-jun Yu）、王忠林（Zhonglin Wang）《从历史绘画看明清时期苏州人居环境的演变》（The Evolution of the Living Environment in Suzhou in the Ming and Qing Dynasties Based on Historical Paintings, *Journal on Computing and Cultural Heritage*, Volume 14, Issue 2）以明代仇英的《清明上河图》和清代徐扬的《姑苏繁华图》为基础，使用建筑图像学、计算机建模和定量分析方法研究古苏州人居环境的演变。

有的研究难以归入政治与法律、内边关系与中外关系、经济与社会、文化4大方面，但也很重要。陈亮《"滇南旧无雁"：清代以降豆雁在云南迁徙路线的变化》（《中国历史地理论丛》第1期）认为，作为湿地水鸟的一种，南下越冬的豆雁改变了原有的迁徙路线，自顺治十七年（1660）冬之后，开始出现在云南各地。气候环境的变化使原本在亚洲东中部地区的河湖湿地越冬的豆雁，不得不延长自己的迁徙路线和时间，突破了原先的分布范围，到更加适宜生存的云南以及缅甸、印度等东南亚地区越冬。郝园林、魏坚、任冠《新疆伊犁九城的调查及初步研究》（《中国国家博物馆馆刊》第1期）通过区域性的系统调查和考古勘探，结合CORONA卫星影像，基本复原了伊犁九城的建制，补充文献所述及前人研究之不足。伊犁九城总体保存情况较差，但部分遗迹尚存，其中北墙保存情况相对较好。伊犁九城具有较为鲜明的统一性、层级性、联合性等特点。统一性主要体现在方形形制以及城内十字干道的结构布局，还体现在其军事驻防属性上；层级性是在城址规模、建筑上呈现；联合性表现为九城之间有隶属关系，在战略上互为犄角之势，形成防御体系。伊犁九城防御体系形成了"双核"的布局模式。周文丽、罗胜强、莫林恒、陈建立《铅渣炼铜：清代郴桂矿厂铅铜共生矿冶炼技术》（《自然科学史研究》第2期）通过对铅渣炼铜的史料记载，桐木岭炼铅遗存以及炼铅炉渣的研究，判断郴桂矿厂采用的技术是：先用铁还原法在竖炉中炼铅，将冶炼得到的冰铜和铅分离开，最后用冰铜炼铜。该技术不同于其他铜铅共生矿冶炼技术，是铁还原法炼铅、冰铜炼铜两种技术的结合，为清代郴桂矿厂特有，在冶金史上系首次发现。这种技术产生的原因，是郴桂矿厂铜矿资源少，但又要尽可能满足宝南局铸钱对铜料的需求。

值得注意的是，国外清前中期史研究的数量较国内要少得多，但却常常占据国际学术话语权。国外研究者的研究常常带有偏见，比如他们经常使用“colonization”（殖民）一词。美国学者梅利莎·麦柯丽（Melissa Macauley）《遥远的海岸：中国海上边境的殖民遭遇》（*Distant Shores: Colonial Encounters on China's Maritime Frontier*, Princeton University Press）写17—20世纪潮州人在东南亚的“殖民”活动，涵盖了潮州人在新加坡、西婆罗洲、暹罗和越南的活动，同时这些潮州人也一直保持着和家乡的联系。Yi Wang《改造内蒙古：清代边疆的商业、移民与殖民》（*Transforming Inner Mongolia: Commerce, Migration, and Colonization on the Qing Frontier*, Rowman & Littlefield Publishers）分析了清代汉人迁入内蒙古边境地区的社会、经济和政治影响。将地方历史与全球运动联系起来，该书追溯了内蒙古融入中国民族国家的过程，并从那里融入全球资本主义经济。国外学者用清朝“殖民”，而国内学者普遍不这样用。另外，拉姆苏仁·蒙赫—额尔登（Lhamsuren Munkh - Erdene）《太极政府与武国崛起：清帝国宪法的形成》（*The Taiji Government and the Rise of the Warrior State: The Formation of the Qing Imperial Constitution*, Brill）不赞同将清帝国描述为殖民内亚的中国官僚国家的传统观点，而是试图揭示清朝是一个武士国家、一个满蒙贵族联盟和一个佛教专制皇权政体。这与国内普遍认知差距很大。国外清前中期史学者占据了很大的话语权，他们的相关研究在国际上有很大的影响力。国内清前中期史学者一方面需要密切关注国外动态、给予回应，另一方面也需要进行史学理论、社科理论的吸收与创新，以提高中国学者在国际清前中期史学界的地位。

总之，2021年度清前中期史领域发展状况良好，成果丰硕，成绩可观。以领域论，中外关系史研究与文化史研究两个领域很兴盛。以方法论，政治学、公共管理学、经济学、社会学、人类学等社会科学的方法影响最大。尤其是公共管理学打通政治与社会，对清前中期史领域的影响方兴未艾。公共管理研究以问题为导向，可以在一定程度上克服政治立场或者意识形态因素（如清前中期腐败反动论）的干扰。从公共管理的角度研究清前中期史，可以凸显具有普遍性的社会问题，增强人们对长周期历史发展的把控能力。

古代思想史研究综述

张倩茹　陈冠华

2021 年，中国古代思想史学科持续发展。众多研究围绕先秦诸子思想、正统与道统观、玄学与三教思想、经学思想、宋明理学思想、地域学术与学派思想等主题展开，出现了大量专著与论文，揭示了未来的研究方向。2021 年度中国古代思想史研究的最新动态，主要体现在重要理论观点与方法的突破与推进、研究热点聚焦与代表性学者及代表作推陈出新等方面。本部分将以主题归纳的方式为主，同时兼顾时代顺序，概述 2021 年中国古代思想史研究的发展状况。

一、先秦诸子思想研究

先秦诸子是中国思想的源头活水。2021 年度学界对先秦诸子及相关文本的研究相当活跃，以儒、墨、道、法及其相互关系为主题的研究层出不穷。

对先秦儒家思想的研究集中在孟、荀的人性论与政治思想上。李世平《孟子性善的内在理路》（《哲学研究》第 3 期）讨论孟子性善论的内在逻辑，主张孟子从人禽之别的角度出发，由存心与明心工夫建立性善论。明心工夫由已发的道德行为和道德情感反观自身，发觉内在的四端之心，说明人人皆有成就道德的根基；存心的工夫由仁、礼存养四端之心，形成仁义礼智四德，说明君子成德离不开后天的存养。孟子性善论所包含的仁义礼智之端与仁义礼智之德两方面内容，尽管二者存在差异，但这些差异并不是割裂的，而是相互联系的。张晚林《孟子对道德的辩正及其性善论的出场》（《齐鲁学刊》第 4 期）从 3 方面分析孟子对道德的辩正，一为道德与不道德的区分是绝对的，二为道德与乡愿的区别，三为自身即是目的的道德不能用利来衡量。在这一基础上，孟子彰显了人的神圣性，并从逻辑上推出了性善论。黄玉顺《天吏：孟子的超越观念及其政治关切——孟子思想的系统还原》（《文史哲》第 3 期）认为孟子的超越观念并非内在超越，而是继承孔子的“外在神圣超越”。孟子对政治权力进行批判，并提出“规训权力”的宗旨。这一宗旨建立在规训者具有对于权力的价值优越性、规训者必须具有与权力者同等的天然禀赋、规训者必须是同类中的优异者等基础上。但这与孟子的君臣伦理和臣属意识相矛盾，使其“得志行道”的理想沦为幻象。东方朔《荀子的“从道不从君”析论》（《复旦学报（社会科学版）》第5期）认为“从道不从君”是历代儒者借以规约君主的理论支持，它提供了一个政治批评的向度，为儒者在道德层面上批判现实政治提供了重要的精神资源，使儒学在“美德政治”和“贤能政治”之外有“批评政治”的另一面，具有重要意义。但荀子所言“从道不从君”中的“道”本质上是“治道”即“君道”，因此在现实政治中不能充当一种客观独立的制约君权的力量。就其本质而言，“从道不从君”的主张只能表现为道德教化的形态。方达《〈性恶〉的文本结构与荀子的思想体系——从“性朴论”的内在紧张谈起》（《文史哲》第4期）认为“性朴论”的相关论证始终建立在对《性恶》文本质疑的基础上，这造成了《性恶》与《荀子》在文本整体性上的内在张力。《性恶》篇中的“性论”并非单纯讨论善恶问题，而是作为“涂人成圣”的一个重要环节出现。在“涂人成圣”的理论框架下，荀子之性并不具备孟子性论的价值根据内涵，而是兼具个人修为成圣与现实社会治理两个层面的实践指向，分别对应“材性资朴”的“知仁义法正之质”与“情之所欲”的“能仁义法正之具”。前者是从《荀子》文本中得出“性朴论”的文献依据，以及进行相应解释的理论基础；而后者则是《性恶》开篇谓“人之性恶，其善者伪也”的理由，以及此篇与《荀子》全书并不冲突的内在根由。

对儒墨关系的探讨是2021年度诸子研究中的热门主题。《文史哲》杂志2021年第4期选取“儒墨会通与国家治理国际学术研讨会”中的5篇论文组成以“儒墨关系的现代诠释”为主题的笔谈，探讨儒墨思想的现代价值及其融合。其中陈来《从“儒墨不相用”到“儒墨必相用”》对于儒墨关系进行历史性与理论性的探讨，认为：第一，“儒墨互补”主要体现为“本同一源”与“别子为宗”；第二，北宋时期，“仁爱”与“兼爱”的紧张关系已有所缓解，双方的普遍理想与核心价值别无二致，但实践原则存在差别；第三，研究中不应过度强调儒家与墨家思想之间的阶级对立；第四，儒墨两家的相互理解可能存在偏颇。李存山《仁爱与兼爱异同论》认为，仁爱与兼爱是儒墨共有的人本主义理念，但两家在“爱人”的方式、道德的起源以及人性论和天道观等方面存在明确差别：儒家主张“爱有差等”，重视道德情感、内在性善与超越天理；墨家主张“兼以易别”，重视道德功利、外在的人性习染与超越的天志。儒墨两家在伦理观念上相通而互补。陈卫平《墨子：孔孟之间的重要环节——以古今之辩为中心的考察》注意到孟子在传承孔子思想过程中对墨子思想的吸收，依次从礼法、用贤、王霸、述作等角度，以先秦时期的古今之辩为中心，论述墨子是孔孟之间的重要环节。秦彦士《儒墨会通与中西会通——人类命运共同体的再思考》认为，“儒墨互补”在哲学、政治、经济、思想、文化等层面都具备重大意义，能使“以人为本”的理论更具体化，使儒家道德理想主义与墨家理性经验主义结合得更为合理，同时能对当今中西文化进行更好的交融，减少国家之间的冲突。儒墨会通与中西会通，是未来中华文化创新的应有之义。杨武金《儒与墨的殊途与同归》从爱人、用贤、葬制等角度辨析了儒墨异同，认为儒墨两家从不同的路径和方式，思考了相同的问题。墨学对于平等法治与理性科学的重视是当今儒墨会通中特别需要注意的问题。

《孔子研究》杂志在2021年第1期也以儒墨会通与国家治理为主题组稿参与讨论。其中，薛柏成《关于“儒、墨互补”问题研究的再认识》认为，近年来学界对于“儒墨互补”问题的研究已有一定突破，儒墨互补对社会治理、文化构建与中西文化的交融有所启示。“儒墨互补”是一种体用相合的理论，在中西文化交融中应当在“以儒为本”的基础上做到“以墨化西”。高华平《儒、墨的互绌与互补——先秦儒、墨之间的学术批评》认为儒、墨之间互绌互补的关系主要体现为相互的学术批评与反批评，展示了其各自学术思想的优长与缺陷。墨家对儒家的批评显示出墨家作为先秦诸子中唯一堪称“古宗教家”的学派特征，儒家对墨家的批评显示出儒家人文理性主义的传统，应当超越学派之争的立场研究儒墨是非，分别加以批判继承、融合创新。方旭东《从后果论看儒墨会通的一个可能》提出，通过对孔子与孟子义利观的分析，就强调后果作为判断行为是否是善的依据这一点而言，儒家与墨家都可以被称为后果论。王震《从墨家“内在超越”看中华文化的反思基因》认为中华文化比西方文化更具备反思精神，儒家倡导内省精神，墨子提出天志与明鬼，这是儒墨殊途同归的内在超越，也呈现了中华文化中的反思基因。墨家的“内在超越”指向兼爱交利，由天志决定并受鬼神监督，其逻辑进路与平民意识更加契合。

对老子与韩非子思想与文本的研究也出现了令人注目的成果。丁四新、王琼燕《早期〈老子〉文本及其文义、思想变化》（《东岳论丛》第9期）以出土简帛四古本为基础，讨论《老子》文本的分章，以及文本变化所引起的《老子》文义及其思想变化的问题，认为早期《老子》文本的不断变化会引起其文义与思想的变化，而分章不同又导致后世对《老子》理解的不同。使用《老子》文本最好以汉简本为基础，并结合郭店本、帛书甲乙本和通行本来作出判断，引用《老子》文句或分析其章义应当充分注意《老子》的分章和章界。学界应当以出土简帛四古本为基础对以河上公本和王弼本为代表的通行本进行校勘，充分揭示其错误和不足之处，向着通行本的母本刘向定著本作还原性的努力。杨国荣《以道立言——〈老子〉首三章释义》（《上海师范大学学报（哲学社会科学版）》第1期）通过文本诠释的方式考察和分析《老子》前三章的内在意蕴，认为老子哲学中的“道”既指存在的法则，又指存在的方式。“道”作为存在的第一原理，其存在的法则与方式本身没有任何的规定性，这种无规定性品格主要体现为“无”。善恶之分、美丑之别以及它们之间的相互转化常常伴随着负面效应，在文明已经发展的前提下，重要的是遵循自然之道。在本体论上，老子把“道”作为世界的第一原理，在价值论上，他则突出了自然原则。“道”和自然本来具有相通性，但两者的侧重之点有所不同：“道”更多地关乎存在的法则和存在的方式，“自然原则”则从价值意义上展现了与文明的形态不同的价值关切。白彤东《韩非子人性说探微》（《哲学研究》第4期）认为韩非子的人性论远比趋利避害复杂，利害、荣辱与天生的善心是驱使人行动的3大来源。人性是普遍的，并不因环境而改变，所改变的是在不同的物质条件下所显现的人性侧面。在物质极大丰富的条件下，朴素的善心会发挥作用；在物质匮乏的情况下，绝大多数人行动的主要驱动来自趋利避害，次一级的驱动来自趋荣避辱。在趋利与避害之间，韩非子认为避害比趋利更具有驱动力，这是他推崇重罚少赏的一个原因。人的行动是基于利害计算的理性选择，但大众的理性是极为有限的，只能根据眼前的短期物质利益进行计算。除了理性能力外，人类独有的虚荣构成其行动的次要驱动力。

二、大一统、正统与道统思想研究

近年来，大一统、正统与道统思想越来越引起关注，2021年度关于这一主题的研究成果非常丰硕。杨念群《“大一统”与“中国”“天下”观比较论纲》（《史学理论研究》第2期）对“大一统”“中国”“天下”这些关键概念的形成、内涵以及它们在历史发展中的作用进行了辨析，认为“中国”强调中心，“天下”侧重统治，“大一统”是一种政教结合的正统。李振宏、苏小利《“天下为天下人之天下”说辨析》（《中国史研究》第2期）对“天下为天下人之天下”思想进行重新解读与辨析，认为这一思想在战国时期的历史语境中，有5种基本内涵：第一，上天出于管理社会的需要才立君主；第二，君主应当以民为本，这体现了民本思想；第三，君主应当具备公心，这体现了贵公思想；第四，天下不是一家一姓的世袭，而应当以有德者居之；第五，批评失道之君的不当行为。这5种内涵都与近代以来的民主思想有很大距离，不应该无视历史分析而进行逻辑演绎。赵永春《中国古代的“天下”“中国”观》（《社会科学》第4期）梳理了中国古代“中国”与“天下”的内涵及其发展演变，认为“天下”这一概念有3种含义，一是用以指代世界，二是用以指代四海九州，三是用以指代王朝国家；“中国”这一概念也有3种含义，一是用以指代四海九州，二是用以指代王朝国家，三是用以指代中原地区与华夏汉族。中国古代的“中国”与“天下”概念存在一定的重合，“天下”往往用于指代较广意义上的“中国”。这种观念在明清时期最为鼎盛，但由于近代以来“天下”等于“五大洲”等一些西方观念的影响，“天下”与“中国”相重合的观念逐渐瓦解，并在民国之后最终分离。王文光、文卫霞《中国古代大一统思想中正统观念与中华民族共同体意识研究》（《思想战线》第3期）认为中华文明的发展历程从未中断的最重要原因在于政治上的强大内生动力，即大一统思想。历代政治家都以国家大一统为理想，并不断推进政治实践。中国古代正统观念的政治实践十分丰富，它构成了中华民族共同体发展的重要凝聚力，对中华民族共同体的建设与中华民族共同体意识的孕育都起到了重要作用。

正统观念是2021年度思想史学界的热门研究主题。彭华《王朝正统论与政权合法性——以商周鼎革为例》（《四川大学学报（哲学社会科学版）》第6期）立足于传统中国的天地人“三才”之道，认为商亡周兴后周人以王朝正统论与政权合法性为主题的理论主要体现在天（天命）、地（地理）、人（血统）3个面向，即中国传统的天地人三才之道。在天命论的视域中，周人反对商人“天命不变”的理论，主张“天命转移”理论，强调“天命”已从商转移到周。周人在鼎革之初在“天下之中”营建洛邑，建立了地缘意义上的“中国”，这个概念后来逐渐演变成为文化意义的“中国”。周人最初在血统论上承袭夏商，而后放弃了血统论，为保持自己“天命”的正当性提出了“敬德”理论，并根据敬德理论发展出了“民本论”与“保民论”。周人所创造的关于三才之道的理论，对此后历代王朝与政权都产生了重要影响。杨念群《汉代“正统论”溯源——从“灾异天谴论”到“符命授受说”的历史演变》（《河北学刊》第1期）认为西汉儒者所提出的正统论包括时间（五德终始循环论）、空间（大一统）与德性养成3个方面，但西汉皇帝往往对方士编造的圣王神迹故事更感兴趣，对于儒生修身养德的进谏却置之不理。与方士“圣身仙化说”相比，儒生所主张的“天谴灾异说”不占上风。面对这一情况，西汉儒生遂效法方士制作谶纬，将孔子比作古之圣王，并称其“为汉帝制法”。这些“方士化儒生”试图制造沟通天人的政治神话，促使帝王立制、儒家立义的双轨统治局面的形成。姚季冬《作为政治正当性理论的北宋正统论》（《现代哲学》第5期）认为北宋的正统论属于一种规范性的政治正当性理论。欧阳修是北宋正统论的关键人物，在他创立的理论范式中，“居正”和“一统”是正统的两个相互独立的判断标准。“居正”立论的出发点在于取得政权的方式，“一统”则是对统治权力的认可与事后追认。他的正统论的特色在于“居正”“一统”“绝统”3个观念，具有不彻底性。为了解决这种不彻底性，章望之、苏轼、司马光等一方面强调“居正”，另一方面着重发展侧重“一统”的正统论，并强调“一统”的规范性。钱云《夷夏与阴阳：两宋思想、政治转型与夷夏观的重构》（《复旦学报（社会科学版）》第3期）结合两宋的思想转型与政治现实，从多个侧面讨论了夷夏阴阳说的思想源流、时代发展与接受历程。夷夏阴阳说将阴阳五行理论与夷夏观相结合，通过阴阳譬喻政治并诠释夷夏关系。汉唐时期，阳尊阴卑与夷夏之辨相互对应，随着宋学的兴起，夷夏阴阳说发生了重构，衍生出“重内轻外”、夷夏相对、夷夏不可相无等数种不同的诠释倾向。随着北宋时期夷夏阴阳说的顿挫与南宋时期夷夏阴阳说的复兴，夷夏阴阳说逐渐成为夷夏观体系中的普遍观念，并得以广泛传播。

对于道统观念的讨论，主要集中在宋明儒家道统的构建，以及道统与治统、政统的关系上。陈畅《理学与三代之治——论黄宗羲思想中形上学、道统与政教的开展》（《哲学动态》第6期）将王阳明与黄宗羲对于三代之治的构想进行对比，重新构建其思想的内在逻辑，并试图考察他对于晚明哲学与政教困境所提出的解决之道，以此讨论黄宗羲“守旧”与“开新”思想的一贯性。阳明哲学发扬了情与万物的关联，却并未找出克服情之流弊的机制。对此，黄宗羲力图寻找阳明学此种困境的产生原因与解决方法，从政教、经史、道统等层面入手，主张把人类社会建设为自主而高效运行的开放性的系统，强调公共性与个体性的平衡，不再将良知展现为先天预成论，而是将其融合于事，并借助事的开放性与客观性进一步向外扩展。黄宗羲“事”的哲学建立了一种新的心体理论，试图以此重建心学中所内含的理性精神，这是对心学进行重估与探讨明末清初思想转型的重要面向。孟尧、杨念群《“治道关系”研究的基本范式之反思——兼论清代政治文化探索的新方向》（《天津社会科学》第4期）认为，产生于清代的“治道合一”思想体系对传统治道关系的思想范式提出挑战，并使学者开始对传统治道关系研究的逻辑与合理性进行反思，并视“治道合一”为道统的内部产物。这样的思维方式未能突破“超世间”与“人世间”的对立，没有跳出研究者的现代眼光。应当试图对治道关系的内涵进行深刻理解，打破预设的二元立场，将思想与现实、治与道等关系放在政治文化体系中进行思考。毛丽娅《张栻的道统思想及其对儒家道统传承的贡献》（《中国哲学史》第1期）讨论了宋代理学家张栻的道统观及其思想价值，认为张栻重视周敦颐与二程在儒家道统中的关键地位，对儒家道统的传承与发展具有重大贡献。李微《两种道统谱系视域下的司马光》（《东岳论丛》第11期）讨论了北宋道学重要开创者司马光在官方与民间道统体系中的不同地位：朱子的官方道统体系未将司马光列入，《诸儒鸣道集》的民间道统体系则赋予司马光以重要地位。对两种道统体系中的司马光进行考察，可以深化对司马光在道学思想史中地位的认识，也能在一定程度上展现宋代学术思想的发展状况。刘俊《罗泽南〈姚江学辨〉的核心要旨及其思想史意义》（《东岳论丛》第9期）考察了清代理学家罗泽南《姚江学辨》的内容与价值，认为罗泽南对阳明学的批判试图复兴程朱理学，展现明确的学术立场，具有重要的学术史意义，也在一定程度上体现了程朱理学与陆王心学的异同。

三、三教与玄学思想研究

三教与玄学思想是思想史研究的一个重要主题，2021年度学界尤其重视历代思想家的三教批评、吸收与融会问题，涌现了一批具有启发意义的作品。刘笑敢《“自然”的蜕变：从〈老子〉到郭象》（《文史哲》第4期）认为，通过《老子道德经注》《老子河上公注》《老子指归》，以及郭象对《老子》的注疏，可以发现《老子》之自然的哲学内涵并未被后世领悟与继承。后世对“自然”概念进行了多角度的阐发与解释，这虽然丰富了“自然”概念的内涵，却掩盖了老子的胸襟、眼光与深刻的哲学思考，老子对于“自然”的最高义、价值义、整体义的思考几乎完全失传。因此，应该重新认识《老子》的“自然”概念，不能将后世学者所阐释、挥发的“自然”与老子的“自然”完全等同。刘国民《诠释与建构——郭象的“人性与仁义之辨”》（《社会科学战线》第6期）归纳了郭象诠释《庄子》文本时以人性与仁义之辨切入重建儒、道思想的6项内容：第一，人性是核心观念，仁义居边缘地位；第二，仁义是人性的内容之一，并非人之为人的本质；第三，仁义并非价值之理，而是自然之理、存在之理、事实之理，故行仁由义是任性自然；第四，道家的仁义有特殊性、有限性与流变性，与儒家仁义所具备的普遍性、无限性、永恒性不同；第五，仁义的实现是顺应天然本性的要求，仁义之虚伪性是因为众人追逐圣人的仁义之迹，越出性分之外而名实相违；第六，圣人之无仁无义涵融众人之有仁有义，从而助成众人之任性逍遥。郭象对儒家仁义进行有限肯定，并通过把仁义作为自然之理来否定其价值之理的基本特性，进而否定众人下学而上达的修为。罗彩《郭象玄学的礼学特质》（《吉首大学学报（社会科学版）》第2期）认为郭象的玄学思想体系以政治哲学为归依，具有明显的礼学特质。郭象将仁义之礼视为个体自性的内容，强调对真实道德情感的“礼意”的回归，用性本论为礼的合理化存在寻求形上依据，同时把个体的“各安其性”“各守其分”视为对天然秩序的遵循，并把君主的“圣王合一”“游外冥内”视为对天然秩序的践行，通过寓“无为”于“有为”来展开对礼之治国向度的阐释，从而为君主成就治天下的礼序有等局面提供了理论基础，建立了一种合乎“自然”的新礼教秩序，并建构出其独具礼学特质的玄学思想体系。

王晓毅《〈周易〉与魏晋玄学》（人民出版社）讨论了在汉魏之际、正始、竹林、元康、东晋这5个不同时期玄学思潮与《周易》的关系，在汉魏之际的思想变革和义理易学的兴起这一主题的研究中指出这一时期影响力最大的道家学派所遵奉的并非老庄哲学，而是“黄老之学”；主张在研究《周易》与正始玄学的关系时应当重视黄老道家的“因循”哲学，同时应该对何晏易学的性质进行重新定义；考察竹林玄学与《周易》的关系时，主张竹林玄学尽管以义理易学为主流，但在汉代象数易学的问题上也存在不同的倾向与态度；考察西晋元康玄学与《周易》的关系时，集中讨论源于《周易》的“言意之辩”这种方法对于元康玄学中不同学派所产生的不同影响；在讨论东晋玄学与《周易》的关系时，对东晋玄学大体做出了3阶段的划分，考证作为官学的王弼《周易注》及其相关时间节点，分析东晋时期围绕“易象妙于见形”的相关辩论及其意义，从“公谦之辩”这一切入点出发观察魏晋易学的功能，讨论韩康伯的易学研究对象数易学的会通及其意义所在。

陈佩辉《从学风之异看僧肇对本无义的批评——从“好无之谈”讲起》（《中国哲学史》第6期）从社会文化史的角度考察僧肇对本无义的批评，认为僧肇所言的“好无之谈”能够反映南北学风和思想立场的不同。僧肇所批评的本无义，其具体意义有3：非有有即无，非无无即无；无栖神冥累之方；不事修行，徒尚浮华。基于史料对比，这与后世学者所认为的本无义存在一定距离。僧肇批评的对象并非本无宗整体，而是本无末流中附会佛玄废弃礼法的好无之徒。张勇《韩柳孟子观之分歧及其思想史意义：以儒佛道三教关系为视角》（《东南大学学报（哲学社会科学版）》第1期）认为韩愈与柳宗元孟子观的尖锐对立是当时儒佛道三教互相激荡的结果，具有十分重要的文化意义。韩愈、柳宗元围绕孟子“夷夏观”“义利观”“心性论”等思想展开论辩，韩愈高度赞扬孟子，并主张将其列入“道统”；柳宗元则极力贬低孟子，认为他违背“孔子之道”的真精神，反对将其列入“道统”。这一分歧的原因与实质在于二人对当时儒佛道三教关系及儒“道”内涵的不同理解。韩愈认为儒“道”的真精神在“仁义”，把儒学危机归咎于佛道的冲击，认为要全面复兴儒学就要打击佛老；柳宗元认为儒“道”的真精神在于“经世济民”，儒学的危机源于其自身“经世济民”功能的丧失，因此要充分吸收佛道二教中有补世教的资源，实现以儒学为中心的三教融合。二人孟子观的分歧对宋代儒学发展方向的选择起了至关重要的作用。

刘玉敏《宋濂的道教交游与思想贡献》（《宗教学研究》第4期）在考察宋濂与道士互动交游的基础上论述宋濂的道教思想，并讨论宋濂对明代道教发展的贡献。宋濂道教交游广泛，与其交往的道士大多儒道兼修，他们交流的内容主要是为文、养生、丹道等。在思想上，宋濂反对一些理学家对道教的批判，积极为道家、道教辩护；对于全真道内部的修行之争，他主张性命双修，不分先后；在政治教化方面，宋濂提倡三教并用而非混用，认为他“援佛道入儒”的观点是不恰当的。邱高兴、黄成蔚《晚明浙江阳明心学的儒佛会通》（《社会科学战线》第2期）认为心学与佛学在晚明浙江的会通体现了儒家与佛教关系的复杂性和多面性，这是晚明三教合一思潮的重要构成部分。位于浙中的阳明后学左派代表人物周汝登、王畿等学者援佛入儒，突出对阳明四句教中强调无善无恶的部分，并将传统被归于佛教、道教的虚、无等概念也应用到儒家思想当中，合理化儒家对这些概念的利用，更是将它们赋予“千圣之学脉”的意义。浙江的阳明后学站在儒家的立场，以阳明的传人自居，但是并不排斥佛教，反而常利用佛教概念来阐释儒家思想。与此同时，明代后期，在信服阳明心学的同时又信仰佛教的在家居士也为数甚多，如陶望龄、陶奭龄兄弟，他们既是阳明学的支持者，同时怀有对佛教的信仰。他们会通儒释二教，在深研儒家经典的同时对佛教的义理也具备较为深入的理解，这是另一种形式的心学与佛教的会通。文碧方、鞠秋洋《憨山德清以佛解〈老〉的经世旨向探析》（《五台山研究》第4期）讨论了明末四大高僧之一的憨山德清对《老子》的佛教化解读。憨山德清以佛教解读《老子》，将儒释道三教统一于佛教之下，并分析儒释道三教的体用工夫，主张佛法不能离世间法。憨山德清通过对《老子》的佛教化诠释来探索三教的融合与会通，将儒教的“经世”、佛教的“出世”与道家的“忘世”一统于“利生”的人道中，一方面肯定了三教各自的独特价值，另一方面从三教的一致性中对佛教的超越性进行有意识的凸显。憨山德清以佛教诠释《老子》，为晚明佛教在现实中所面临的严峻考验提供了一条可能的解决之道。

四、理学思想研究

理学思想研究向来是中国思想史研究中的热门领域，2021年度学界对此有不少新探索，加深了学者对宋明理学的认识。在宏观上，陈来《关于宋明理学的几点认识》（《河北学刊》第5期）对“宋明理学”这一概念作了梳理与“正名”，指出“宋明理学”的概念是中国学术史上比较有确定性的名称，它代表了中国儒学自11世纪到18世纪的主流发展体系。20世纪以来，社会各界对理学的批评往往是出于对其核心思想的误解。为宋明理学“正名”，要从本体论、人性论、认识论3个向度对理学中“理”的内涵进行阐释，同时强调理学思想体系历史定位的重要意义。宋明理学建立了基于人文主义并具备宗教性的“精神性”，使其在经历几百年的传承发展后在中国社会占据重要地位。进一步扩大文化的视野，理学不仅是宋代以后中国社会思想的主导体系，也是前近代东亚各国占据主导地位或具备重要影响的思想体系，应当对东亚地区的理学进行综合考察。

宋代理学的研究。傅锡洪《从“无极而太极”到“天理自然”：周程授受关系新论》（《哲学研究》第5期）认为学界历来对周程授受关系多有质疑，即使承认周程授受关系的思想家也常常认为周程思想之间存在明显的断裂性。实际上，周程思想具备更强的连续性，周程之间的授受关系不仅体现在师承上，更体现在思想的传承上。这种传承主要可以归纳为2点，一是二程继承了周敦颐的“圣人可学论”，二是二程继承了周敦颐对于天道与圣人之道的看法。二程“天理自然”的主张继承了周敦颐“无极而太极”的理论，二程反复强调的“天理”概念，也是对周敦颐“无极而太极”理论的精炼与概括。朱子从“无形而有理”的角度对“无极而太极”理论进行诠释，反而遮蔽了周程之间的思想传承，使周程之间的授受关系变得模糊。刘增光《论张载的“圣人无知”说》（《哲学研究》第8期）认为后世学者并未意识到“圣人无知”的观念在张载思想中的重要性，以及这一观念与“德性所知”观念的内在联系。张载对于“圣人无知”这一观念的解读蕴含着对“知”的来源、有限性乃至真知等问题的深刻反思，也包含了他对人性、教化、政治等各方面的思考。张载“圣人无知”的“知”指闻见之知而非德性之知，与孔孟之道并不相违，他的这一观念尽管受到程朱的反对，却对心学的发展产生了积极影响。王子剑《“降衷”与“保极”：陆九渊对周敦颐“太极”说之融会》（《哲学动态》第4期）讨论了陆九渊通过朱陆之辩对周敦颐的“太极”观念进行吸收与改造的过程。象山反对濂溪的“无极而太极”理论，认为其反映了“有生于无”的道家世界观。同时，象山也不赞成朱子用“无形而有理”来诠释“无极而太极”，而是认为应该用“中”来诠释“极”，如此方可理解“太极”作为终极之理的意义。象山还将濂溪的“太极”理论与自己“心即理”的理论体系相融合，一方面主张“降衷”揭示终极之理，另一方面则认为“保心即为保极”。濂溪的哲学在象山心学体系的构建过程中作为重要的思想资源发挥了关键作用。冯兵《朱子论“孝”》（《哲学研究》第1期）认为朱子对孝的解读与诠释以四书、《礼记》、《孝经》等先秦与秦汉文献为基础，汇集了历代儒家论孝的精髓，具有集大成的意义。朱子通过理气结构来对孝的合法性、合理性进行逻辑层面的论证，又通过“理—礼”的结构来将礼确定为孝的运行机制，将“得中”作为孝的实践原则，同时将孝悌解读为“行仁之始”，从政治、心性两个层面对孝的意义进行了总结。朱子关于孝的理论具备公私会通、体用兼顾的特点，并非后世愚忠愚孝等思想的理论来源。李毅《从“自我提升”到“真知的意味”——朱子知行论诸问题新探》（《中山大学学报（社会科学版）》第2期）重新探讨了朱子对于知行关系的各种观点，认为朱子理论体系中“知”的核心内涵并非成物领域内的“认识此事物并谋定处置方案”，而是成己领域内的“自我提升”；“行”的核心内涵也并非“将之付诸实施”，而是成己领域内的“自我保持”。对于知行轻重的议题，朱子认为知与行都具备各自的重要性：在核心内涵上，“知”能提升人格并促进“行”；“行”能稳固、提升人格，并为进一步的提升提供基础；在知行次第上，朱子认为知有深浅，行有大小，故依照浅知、小行、深知、大行的顺序逐步展开。朱子的知行理论在构建后世知行理论与现代生活层面都具备重要意义。

明代理学研究。周磊《“性由心主之”与“心由性主之”：明代“气学”心性论建构的两种路径》（《中国哲学史》第2期）认为明代“气学”心性论存在两种代表性的建构方式：一为王廷相所主张的“性由心主之”，二为吴廷翰所主张的“心由性主之”。王廷相对人性论进行了动态而现实的建构，设定“人心”为养成“人性”过程中的重要关节，这种思维方式与“气学思维”的逻辑相符合。吴廷翰却并未摆脱理学的“复性”思维，认为“人心”在养成“人性”的过程中，并未起到关键作用，这是对“气学思维”逻辑的偏离。因此，王廷相提出的“性由心主之”的“气学”心性理论开出了一条新道路，它与理学、心学都有所不同，具备一定的理论创新意义。许家星《阳明〈中庸〉首章诠释及其意义》

（《复旦学报（社会科学版）》第1期）讨论了阳明的《中庸》诠释及其意义，认为阳明的《中庸》诠释极富深度与创新性，阳明不同意朱子将《中庸》的明道特质描述为“多说无形影”，而是赋予《中庸》与《大学》同样的“为学纲目”地位。阳明认为《中庸》是“为诚之者而作，修道之事也”，并创造性地将《中庸》首章与《大学》联系起来，主张《中庸》首章是子思对《大学》的概括，并将这一理念在《大学古本旁释》中进行落实。在这一基础上，阳明又以良知为依据，从本体与工夫关系的视角重新审视《中庸》的“戒慎恐惧”与“不睹不闻”，并突出它们在良知体系中的一体贯通。阳明反对朱子将戒惧与慎独二分为未发与已发，主张戒惧与慎独为一，它们都是已发工夫；主张戒惧与洒落并不对立，而是工夫与境界的关系。吴震《王阳明的良知学系统建构》（《学术月刊》第1期）分析了阳明学中良知独知、良知自知、良知自觉、良知一念、良知无知等有关良知的问题，认为在某种意义上阳明学可称为“阳明良知学”。阳明的良知学具备严密的系统，围绕着良知的相关概念环环相扣、互相印证，它们共同构成了一个有机整体。分析良知相关概念的思想内涵，可以发现阳明在构建良知学理论体系的过程中体现了“良知自知”理论在良知本体呈现过程中的重要性，而这一理论又意味着良知不能仅仅被视为道德规范或判断标准，它作为道德反省意识，其自身即具有根源性、内在性、自反性等特点，这使阳明的良知学丰富了儒家修身传统的思想内涵。杨道宇《化知识为德性：阳明心学的德性知识观》（《中州学刊》第8期）认为阳明基于心学特色构建了知行合一的德性知识观：一是“心外无物”的知识价值论，主张知识的价值应主要体现在成就事物而不是认识事物，对于成物与成己的关系与成己的知识价值，应当从以知成物转换为以知成己，从使心充实转为使心光明；二是主张理、事、心合一的认识对象论，主张认识的对象应该将关注点从辞章转向理自身，从“寂理”转向“显理”；三是“心事合一”的认识方法论，主张认识的方法应为即心求理，并遵循素养至上的原则。

另外，吴兆丰《有教无类：中晚明士人教化宦官行动研究》（社会科学文献出版社）将明代士大夫的政治行动与理学思想进行结合研究。在明代官僚体系中，宦官官僚体系与文官官僚体系，双轨运行，并驾齐驱，这导致外廷士大夫与内廷宦官始终维持着一种相互合作，又彼此对立竞争的关系。该书破除了以往学界对明代宦官的刻板印象和标签化认知，深化了对中晚明儒者士大夫政治教化思想与实践的认识，揭示了宋明理学为明代儒者士大夫改造客观世界提供的强大思想资源，不仅丰富了明代制度史、政治史研究，而且拓展了思想史和政治文化史研究的新视野。

五、经学思想研究

2021年度思想史学界对于经学思想十分关注，呈现研究视角新颖、研究面向广泛、研究成果深入等特点。在宏观上，王启发《中国礼学思想发展史研究——从中古到近世》（中国社会科学出版社）以魏晋南北朝到明代的礼学思想家，如王肃、皇侃、孔颖达、王安石、二程、朱熹、吴澄、方孝孺等为研究对象，系统地梳理、考察与研究了礼学思想的历史发展进程，在一定程度上填补了相关研究的空白。

五经思想研究。陈徽《〈尚书·洪范〉的道统观和王道思想》（《中州学刊》第1期）讨论了《尚书·洪范》篇的道统观与王道思想，认为《洪范》总结了西周以前的政治智慧与治世理念，提出了传统中国政治的核心理念。它所反映出的天人观念、道统意识与王道理想，对后世政治文化的展开产生了重要影响。首先，它开启了儒家的道统观念，展现儒家在文化、思想层面上的自我认同，辨析治统与道统之间的复杂关系，试图通过道统统摄治统，进而高扬了儒家“道”而非“王”的超越性，这促使后世的思想家致力于追求“人能弘道”的境界。其次，《尚书·洪范》对“九畴”“皇极”等理论进行构建，并在它们之间建立起密切联系，从而塑造出一个宏大、深刻而丰富的政治思想、政治哲学体系，这体现了古人的生存智慧与政治哲学。最后，《尚书·洪范》试图通过阐释并发挥君道来构建一个王道理想，认为王道能否实行、君主能否得人心，其关键因素在于君“极”能否得立。郭静云《〈缁衣〉中儒家礼学的“德”概念》（《齐鲁学刊》第1期）着重对出土《缁衣》文本第二十章，即《礼记·缁衣》版本之第二十二章进行讨论，试图通过其中“德”观念的论述来探讨孔子新意。在出土《缁衣》第二十章的孔子语录中，孔子提出“德”是国家安定、长久维持的基础。为符合“德”的原则，统治者应采取“公赐”的方法，使受赐者将自己所获赐之物敬献给祖先，再分赠给子孙与臣属。这有利于社会结构的整合与国家治理的稳定。与之相对，统治者私赐的恩惠不含德，对国家大事无法起到作用。但是，孔子虽然认为这样的方法对国家管理不起作用，却并未彻底否定私赐的恩惠。出土文献《缁衣》中公与私的关系并非如后世要求全面消除人们的私下往来，因为它与先秦儒家的“内礼”并不相符，先秦儒家实际上主张人不能放弃私家。因此，出土文献《缁衣》第二十章意在强调礼制与德政，而不致力于否定人与人之间的私下交往。王启发《吴澄对〈礼记·玉藻〉篇的改编及其意义辨析》（《湖南大学学报（社会科学版）》第3期）解读分析、对比考察了元代学者吴澄对《玉藻》篇的改编，试图理解吴澄对于《礼记》认识的合理性与通观性，并探讨《玉藻》篇本该具有的内在逻辑。元代学者吴澄所著《礼记纂言》对包括《玉藻》篇在内的19篇传世小戴《礼记》有所改编。在《玉藻》篇的改编中，吴澄将原篇文句段落归类为7个方面，又对原本的章句顺序做出了一定调整，构建出一个与传世小戴《礼记》不同的文本结构。吴澄对于《玉藻》篇所做出的调整，其逻辑一方面依据郑玄《礼记注》、孔颖达《礼记正义》疏文与宋代学者的解读，另一方面也有吴澄自身对《玉藻》篇的创造性诠释。吴澄对《玉藻》篇的改编是《礼记》学的重要文本，具备独特的礼学价值与经学史意义。郑任钊《清代公羊学始于〈春秋正辞〉辩》（载中国社会科学院中国古代史研究所等编《首届中国文化研究国际论坛文集》，厦门大学出版社）认为庄存与所著《春秋正辞》是清代公羊学的首部著作，清代公羊学整体上沿着庄存与《春秋正辞》的方向发展：在成书时间上，《春秋正辞》早于孔广森的《春秋公羊通义》；在学术渊源上，《春秋正辞》同样是清代公羊学的开山之作。

任蜜林《刘向的春秋学思想新探》（《哲学动态》第 6 期）指出，尽管历代学者大多认为刘向所治《春秋》为穀梁学，但根据一些现存史料，刘向在治《春秋》时也有兼取《公羊》与《左氏》的情况。治《春秋》兼用三传，其目的却有所不同：刘向使用《左传》仅仅是史料层面的运用，而其使用《公羊》与《穀梁》二传则是存在义理层面的考虑。进而言之，刘向在治《春秋》中对《穀梁》的提倡也并非为了取代《公羊》，而是为了补充《公羊》。张培高、张爱萍《胡瑗经学的核心思想》（《中州学刊》第 7 期）认为胡瑗经学的核心思想可以概括为重民本、重性情、重中庸、重共治 4 个方面，它们具备很强的现实针对性（如当时流行的释道思想与李翱的“灭情”理论），并在不同程度上被后世理学家所继承。胡瑗通过肯定情的正当性与对性二元论模式的构建，将性情论述为推行王道与成圣成贤的基础；在民本的议题与理论上，胡瑗主张益民损君；胡瑗非常重视中庸，不仅把这一理念在经典诠释中进行彻底贯彻，还将其视为修身治民的重要途径；胡瑗主张君与士共治天下，认为这不仅是价值判断，同样是事实判断。后世理学家中，程颐继承了胡瑗的性情理论，吸收了胡瑗用“大中”诠释“中庸”的思想，也继承了胡瑗君臣关系的理论。

四书思想研究。朱汉民《〈四书〉学的忧乐情怀与宋儒的内圣之道》（《清华大学学报（哲学社会科学版）》第 1 期）认为中国哲学在呈现忧患意识的同时包含乐感的精神，可以概括为“忧乐圆融”。宋代士大夫通过建构儒家哲学化的内圣外王之道来弘扬兼容忧乐的情怀与气象，致力于追求“孔颜乐处”的超然境界，同时也具备强烈的忧患意识。通过挖掘《四书》中的忧与乐的情怀与气象，他们穷其一生寻找中国哲学乃至儒学的深层精神。在此基础上，他们进一步对《四书》进行创造性诠释，将《周易》所蕴含的宇宙哲学与《四书》所蕴含的人生哲学相结合，从而建立了性理之学与内圣之道，它们具备超越精神，也反映了天人一体的理想境界。袁大鑫《论张九成〈四书〉诠释与道统论建构》（《地域文化研究》第 2 期）从《四书》学的角度讨论张九成对于道统论的构建，认为张九成明确了《四书》包含圣王之道与孔孟之道，并勾勒出一个道统脉络，这个脉络从先王一直到孔孟。张九成在诠释《四书》的过程中强调突出儒家“道”的核心，提供《四书》体系建构的依据，以儒道来批判佛、老等异端之学，从而确立儒家的正统地位。张九成认为，在政统、道统分离的议题上，士大夫阶层应当承担起传承道统的使命，并勇于与君主共治天下。同时，张九成对于《四书》的整体性十分重视，他强调《大学》《中庸》《论语》《孟子》之间应当进行互相沟通与相互诠释，不应孤立地研究其中某一部分。向仲敏《管志道〈大学〉改本研究》(《孔子研究》第1期）以藏于日本内阁文库的管志道著《重订古本大学章句合释文》写本为对象研究管志道的《大学》改本，并在此基础上观察明代晚期儒学的发展状况。管志道作为阳明后学，其《大学》改本是研究晚明时期理学、儒学的一部重要文献。管志道的《大学》改本，既受到了晚明时期阳明学派与朱子学派之间的争论的影响，也受到晚明求新求变的社会风气的影响。明代丰坊的伪《石经大学》对管志道的《大学》改本产生了深刻的影响，但管志道在义理层面具备独特的思考：他所解读的“造士之法”与“大学之道”和朱子不同；在他的《大学》改本中，居于核心地位的是第二章；他认为子思是《大学》的作者，与朱子所认为的曾子不同。管志道的《大学》改本，其目的在于调和朱王，这在一定程度上反映了晚明时期理学、儒学发展的特点。刘长春《宋初儒学“心性论”转向的一个重要环节：论智圆、晁迥〈中庸〉新释的意义》(《学习与探索》第4期）讨论了北宋智圆、晁迥的《中庸》诠释，并在此基础上考察智圆、晁迥对于推动儒学心性论的重要作用。智圆、晁迥有“宋学先觉者”之称，在学界却始终没有获得广泛认同。智圆将天台宗的“中道”思想等同于儒家的“中庸”思想，对传统儒家典籍的哲学性与内在价值进行了重新发掘。晁迥极其重视“诚”概念，从多重角度论述“至诚”“存诚”的工夫论，承袭了唐代以前儒家通过“诚”规范内心的思维模式。智圆、晁迥的《中庸》诠释即本体即工夫，深化了儒家原始范畴内涵，促进了儒学心性论的转向与宋初《中庸》的升格，也对北宋四子理学思想产生了重要影响。张培高、冯雪《宋儒以义理释〈论语〉之滥觞：论胡瑗的〈论语〉诠释》(《中国哲学史》第3期）以宋儒胡瑗的《论语说》为主要文本，同时参考其他文献，对胡瑗的《论语》诠释进行探讨。胡瑗从孔子对高柴、曾参、子张和子路的评价中体悟到了性命之理，详细考察了性与命的分殊及并提出“性二元论”的模式与修养工夫，这对后世理学家产生了重要影响。胡瑗的《论语》诠释带有强烈的现实关怀，他认为当世之人失言并失德，这表现为士风、学风、文风的不正。胡瑗十分重视成贤与育贤，并提出了一套新的教学法——“明体达用”，并通过这一方法培育了众多贤才。胡瑗的《论语》诠释没有完全放弃训诂，却以义理解读为主，他的解经方法对后世经学家、理学家产生了深刻的影响。

六、地域学术、学统与学派思想研究

地域学术、学统与学派研究，是近年来新兴的讨论议题，以往多集中在宋代以后，2021

年度有向前追溯、拓展的趋势。对于蜀学的讨论，吴龙灿、苗泽辉《扬雄对蜀学传统的继承与发展》（《天府新论》第4期）探讨了扬雄对汉代蜀学传统的贡献。扬雄对于蜀学的继承与发展体现在经学、子学、史学、文学、语言学等多个方面，他对先秦与西汉的诸子学融会贯通，在辞赋领域作出巨大贡献，吸收司马相如、王褒创作的优点，创作出《蜀都赋》等名作，在辞赋创作的理论与实践中都有所创见。他结合《周易》《老子》思想与天文历法著《太玄》一书，开创了一种特殊的经典诠释体例。扬雄是西汉学术的集大成者，对于蜀学乃至中国学术、思想的发展都作出了巨大贡献，也产生了深远的影响。吴锐《古史辨学派与不可知论》（《国学论衡》第9辑）指出，在古史辨学派看来，作为一门经验科学的历史学是难以被证实或证伪的，故而他们转向研究历史叙事的流传过程与方式，也因此被视为不可知论者。然而，历史哲学与历史事实之间存在一定距离，也有本质区别，古史辨学派的学者不是不可知论者，他们的研究对于理解不可知论有所帮助。

不同学派间的互动关系研究。舒大刚、胡游杭《略论浙学与蜀学的历史互动》（《浙江社会科学》第8期）讨论了浙学与蜀学自先秦至近现代的交流、联系与相互影响。大禹文化是蜀学与浙学文化交流的起点；扬雄与王充是两汉时期蜀学与浙学文化交流的集中体现；两宋时期，浙学与蜀学在理学的建构上相互影响又相互争论；近现代以来，浙学与蜀学在紧密交流中实现了转型与开新。浙学与蜀学互动的主要形式有：文化特色与文化内涵层面的呼应、学术与思想的互相传承、寓贤与乡贤对文化交流的促进。与中原学术相比，蜀学与浙学具备鲜明的地域特色，它们之间的互动是地域文化之间交流与相互促进的样本，并对主流学术产生了影响。李敬峰《两宋之际洛、新学术之争及其思想史意义》（《江汉论坛》第7期）从两宋之际荆公新学与洛学的演变入手，对这一时期的学术发展状况、学术思潮的变迁、道学不同学派的关系与道学话语体系的生成演变进行讨论。两宋之际，荆公新学与洛学相互角力，争夺话语权与政治地位。这一时期，洛学艰难延续，荆公新学却逐渐式微。这种现象一方面可归因于程门弟子发扬师说并积极卫道，而荆公新学则后继乏人；另一方面则应从皇权的喜恶进行思考，程门后人借助皇权的支持，从政治、经学与道德等多重维度对荆公新学进行了全面而系统的批判乃至清算，这使洛学取得了学术话语权与南宋学术界、思想界的主导地位，最终取代了荆公新学成为南宋中期以后的主流学术。南宋时期鼎立的朱学派、象山学派与事功学派这三大学派都在不同程度上受益于程门后学的积极传扬而得以建立。同时，洛学学者在对荆公新学的批判过程中也促进了道学学术话语体系的生成与发展。张宏敏《浙学与北学的交涉史》（《浙江社会科学》第8期）讨论了河北与浙江两地思想、学术、地域文化在不同历史时期相互交流的情况。荀子与董仲舒是“北学”的开创者，东汉王充则是“浙学”的鼻祖。自两汉至明清，浙学与北学之间交流频繁。汉代王充对荀子与董仲舒多有推崇，这是浙学与北学之间交流的开端。宋元时期，浙学与北学的互动主要体现在浙东学派对于董仲舒思想的批评与对荀子思想的接受上。明代浙学与北学的互动集中于阳明学在北方的传播。明末清初浙学与北学的典型体现分别是黄宗羲的南学与孙奇逢的北学。清代两个学派的交涉主要体现在浙学学者对《荀子》《春秋繁露》等北学经典的研究上。历代以来，北学与浙学分享着“会通”“批判”“求实”等理论精神。

地域学术与学派兴起的原因研究。朱汉民《宋学的多元思想与地域学统》（《天津社会科学》第1期）以宋学的形成与发展过程为例，认为中国古代的文化格局由宋代以前的儒释道法并存转为两宋的一体多元形态，其中的多元思想往往通过地域化形态而得以传承与衍化。儒学在宋代发生了重大的变化，出现了众多地域化学派，整体呈现“学统四起”的局面。宋代的儒学境界与精神追求集中体现在体、用、文3个层面，对此，不同学派的侧重点、价值取向、精神目标乃至着重研究的学术资源各不相同，在共同追求体、用、文普遍精神同时形成了众多精神气质、学术旨趣、思想传统各不相同的地域性学派。

2021年，中国古代思想史的研究进一步深化，更多的学派与思想家得到了广泛而深入的研究，中国古代思想史的发展脉络在不断的研究与讨论中更加清晰。

古代文化史研究综述

黄若然　安子毓

2021年中国古代文化史研究成果颇为丰硕。据不完全统计，核心期刊发表论文超过340篇，相关图书230余部，与近几年数据基本持平。有关绘画、造像等图像研究的论文显著增多，简帛、墓志、铭文、墨书、岩刻等出土文献仍受关注，宗族、婚丧、信仰等社会文化和瓷器、服饰、印章等物质文化类的专题论文也数量可观。虽然涉及医疗和灾害的论文较去年相对减少，但探讨内容更加细化。总体而言，2021年度研究成果特点主要体现在四个方面：一、相关著作的承故与出新；二、理论探讨进一步系统化；三、材料新发现与新进展；四、融合研究成为新常态。具体分析如下。

一、相关著作的承故与出新

（一）承故

2021年度著作重印、续勘颇多，使相关主题的研究进一步深化和提升。在再版重印方面，除了吕思勉、钱穆、柳诒徵、鲁迅、闻一多、郑振铎、方豪、阎宗临、常任侠、严耕望、林庚、饶宗颐等前辈学人的文化史著作再版之外，当代著述如冯天瑜等《中华文化史》、徐坚《时惟礼崇：东周之前青铜兵器的物质文化研究（修订本）》、乌云毕力格《青册金鬘——蒙古部族与文化史研究》、沈冬梅校注《茶经校注》、赵丰《锦程：中国丝绸与丝绸之路》、于琨奇等主编《中华文明简史》等亦重订再版。海外汉学著述方面，生活·读书·新知三联书店《开放的艺术史》系列，商务印书馆《海外汉学书系》系列，美国学者孙康宜、宇文所安主编《剑桥中国文学史》，日本学者足立喜六《长安史迹研究》、加地有定《唐代长安镇墓石研究》、冨谷至《木简竹简述说的古代中国——书写材料的文化史》（增补新版）、松浦章《清代内河水运史研究》等再版重印。

2021年还出版了许多汇总了学者经典论文的综合性文集。冯时《尚朴堂文存》（中国社会科学出版社）精选的论文集涉及古文字学、天文考古学、民族古文字学、先秦史、天文年代学、历史文献学和先秦思想史等不同领域，在史前和先秦的文字起源、政治制度、文化思想、历法演变、宇宙观方面皆提出了独到的见解。后晓荣《穷穷集——古代文物与历史文化研究》（中国书籍出版社）收集商周到宋元的文物，包括青铜器、金币、印章与封泥、壁画、画像石、瓷器、古书版本等类型，结合历史文献剖析文物背后的历史与文学意义。孙新民《泥火匠心：孙新民陶瓷文集》（科学出版社）涵盖了作者对唐宋元明时期的各大窑址考察、综述等的研究性文章，是对于从 1982 年到 2021 年为止作者在古陶瓷考古研究方面学术成果的集大成，其中包括了三彩窑、汝窑、景德镇御窑等从唐到明清期间的各大窑口，包含器物、窑址等多方面的研究。石云涛《汉唐丝绸之路历史文化论丛》（人民出版社）从历史地理的角度研究交通路线之变迁史，从物质文化的角度研究马、骆驼、狮子、石榴、胡麻等各种动植物以及珍珠、医药、器物等事物在丝路上的交流史，从文学史和以诗证史的角度则将丝路与唐诗结合探讨。尚永琪《敦煌文书与经像传译》（浙江大学出版社）在考订敦煌文献之外，还利用考古资料和历史图像学资料研究丝绸之路上的胡僧东来、佛经传译、佛像流布、图像演变、义疏讲经、佛舍利流变、僧人流动、佛教工匠、学问僧、职业佣书人、邑义与村落、幻术与僧团、中亚与丝路等问题。齐东方《碰撞与交融——考古发现与外来文化》（科学出版社）以丝绸之路为宏观背景，借科学考古发掘出土的零散资料为基础，对古代外来文化或与相关器物、图像进行综合研究，探索古代中外贸易、文化的交流互动。李振宏《中国思想文化史论集》（中国社会科学出版社）、巫鸿《残碑何在：巫鸿美术史文集》（上海人民出版社）等著作对思想、明器、造像、壁画等精神文化和物质文化作出探析。

在再编或续编方面，扬之水《定名与相知：博物馆参观记·二编》（广西师范大学出版社）是 2018 年出版的《定名与相知：博物馆参观记》的续编。书中的 10 篇文章对古代家居用器、文房用具、金银首饰等各类器物进行了细致研究。材料主要源自作者观展各地 70 余家博物馆所得的材料，大量的实物照片便利于读者的理解与体会。方稚松《殷墟甲骨文五种外记事刻辞研究》（上海古籍出版社）是 2009 年出版《殷墟甲骨文五种记事刻辞研究》的续编，针对甲骨文 5 种记事刻辞外的祭祀类、铭功旌纪类记事刻辞及干支表刻辞作出系统总结。赵维森《老子的精神世界：〈道德经〉思想的体系化解读》（中国社会科学出版社）是继 2014 年出版《孔子的精神世界：〈论语〉思想的体系化解读》之后对传统文化的继续研究，分析了老子由天道推论人道的总体思维特征，揭示了老子反世俗思想的哲学理据和价值意义。

（二）出新

1. 服饰器物。黄强《褒衣洒脱博带宽——六朝人的衣柜》（商务印书馆）以历史文献为基础，利用壁画、陶俑等出土实物，对六朝时期的冕服、官服、便服、军服等服饰进行考察。练春海主编《制器尚象：中国古代器物文化研究》（广西师范大学出版社）采用包括了考古学、人类学、历史学、文献学、艺术史研究方法在内的多种方法，对整个古代历史时期的礼器、庸器、兵器、乐器、食器、明器、行器、权衡器等多个器物种类进行了较为全面的研究。圣凯主编《汉传佛教与亚洲物质文明》（商务印书馆）根据各种佛教遗迹，对佛教服饰、圣物盒、壁画、僧衣、线香等各种器物进行了探讨。中国古陶瓷学会等编《唐三彩窑研究》（科学出版社）对河南、陕西、河北、山西、安徽等地的重要唐三彩窑进行了窑口、瓷器、窑具等方面的研究整理，除了国内古陶瓷专家学者对唐三彩窑的最新研究成果之外，还有大量的一手图片。

2. 饮食文化。张景明、张杰《饮食人类学视域下的辽代饮食文化研究》（科学出版社）对北方草原饮食文化区进行了界定，研究辽代饮食文化的生计方式与饮食构成、饮食器具分类与造型、制度文化与饮食阶层性、礼仪中的饮食行为与社会文化功能、艺术形式体现的饮食文化与饮食艺术、饮食文化的象征表意与交往交流交融等区域性和民族性特征鲜明的文化内涵。美国学者罗伯特·N. 斯宾格勒三世著、陈阳译《沙漠与餐桌：食物在丝绸之路上的起源》（社会科学文献出版社）综合考古学、植物学和历史学，研究了考古遗址中的植物遗存之培育和传播，探索了食物如何塑造人类历史进程并改变饮食。董惟妙《哈密盆地史前居民食谱》（复旦大学出版社）依据在哈密盆地青铜时代和早期铁器时代的 3 个重要遗址开展的同位素食谱分析结果及其反映的先民生计形态差异，结合近些年来在本地区开展的植物考古以及其他生业模式相关研究，总结了不同时期、不同环境下哈密盆地史前居民的食物利用、生计选择差异，指出当地食谱不仅限于畜牧业，而是有着多样的生计选择。

3. 丝路与海洋。美国学者欧文·拉铁摩尔、埃莉诺·拉铁摩尔编著，方笑天、袁剑译《丝绸、香料与帝国：亚洲的“发现”》（上海人民出版社）被译至中国，以汇编第一手史料的方式，摘录了从古代中国、希腊、罗马时代到近代的长时段历史中，来自西方和亚洲本土的探险家、外交家、传教士、商人、科学家等在亚洲的游记。海洋文化研究方面也取得新进展。王子今《秦汉海洋文化研究》（北京师范大学出版社）对秦汉时期海洋资源开发、海运航行、沿海交通、沿海移民、沿海行政管理、海洋知识、海上军事活动、海洋信仰等各个方面进行了多视角、多方位的全面考察，阐释了秦汉社会对于海洋的认识层次、开发程度和利用方式。美国学者罗荣邦著，李春、彭宁译《被遗忘的海上中国史》（海南出版社）翻译出版，该书综述了中国古代对提升海洋实力的探索，尤其重点叙述了宋元时期中国建立海权的过程，及当时在东亚与东南亚的军事行动。

4. 科技文化。英国科学史家查尔斯·辛格等主编的《技术史》中文版 2021 年由中国工人出版社出齐，其所提供的技术史料对了解古代物质文化和思想文化当皆有助益。熊秉真《幼医与幼蒙：近世中国社会的绵延之道》（广西师范大学出版社）梳理了古代儿科医学的发展脉络，并总结了其经验。此外，张子高《中国化学史稿》，吴文俊主编《中国数学史大系》，郭书春、李家明主编《中国科学技术史·辞典卷》，金秋鹏主编《中国科学技术史·图录卷》2021 年都有再版。新技术为文化史研究提供了新的可能。蔡大伟《古 DNA 与中国家马起源研究》（科学出版社）对陕西、甘肃、宁夏、新疆等北甘青宁地区的 11 个早期青铜时代至春秋战国时期遗址的 98 匹古代马进行了 DNA 分析，结合世界各地发表的古代马 DNA 数据，重构了中国家马遗传结构演变的时空框架，揭示了中国家马的起源。王子初《碎金风华：音乐文物的复制、复原研究》（科学出版社）总结了考古学界应用电子计算机 X 线断层扫描及 3D 打印技术、精密铸造工艺等现代科技方法复制、复原曾侯乙编钟、贾湖骨笛及西汉江都王刘非墓仿玉玻璃编磬等重要古代乐器的过程。

5. 宗教与民间信仰。刘勤《神圣与世俗之间：中国厕神信仰源流考》（生活·读书·新知三联书店）探讨了中国厕神的形态、缘起、定格、演变、流布与遗存等问题，将中国厕神置于东亚文化视域中进行比较研究。此外，还有费泳《六朝佛教造像对朝鲜半岛及日本的影响》（中华书局）、李猛《齐梁皇室的佛教信仰与撰述》（中华书局）、王章伟《村巫社觋：宋代巫觋信仰研究》（中西书局）以及日本学者冈村秀典著、徐小淑译《云冈石窟的考古学研究》（四川人民出版社）等著作。

6. 礼仪文化。刘尊志《汉代墓外设施研究：以王侯墓葬与中小型墓葬为参考》（科学出版社）分析了汉代墓外设施的内容、类型、功能、作用、等级及其发展演变等诸多内容，探讨了墓葬及相关内容所体现的两重空间和三维世界，阐述了汉代墓葬所反映丧、葬、祭的有机结合与综合发展。

7. 艺术文化。郑岩《铁袈裟：艺术史中的毁灭与重生》（生活·读书·新知三联书店）作出打通艺术和历史的尝试，关注造像、城市、建筑、器物、文学、金石和装置等领域的碎片形态，它瓦解了艺术品的完整性和视觉边界，却能作出特定题材、风格、技术、流派的有序展示。巫鸿主编《物绘同源：中国古代的屏与画》（上海书画出版社）收录了巫鸿及李清泉、郑岩、黄小峰、张志辉、林伟正 5 位学者的文章，探讨考古发现的屏风和画屏实物、墓葬壁画表现的不同类型屏风和画屏、传世绘画中的屏风图像、屏风的类别和历史沿革、屏风在中国建筑中的使用和功能等篇章，是对“物”与“绘”在中国美术史中的长期关系的专题研究，体现了屏风和画屏在中国艺术史中的关键地位。李维琨《溯洄：明清画史研究》（上海书画出版社）探讨明代宫廷的画院制度和文人绘画，分析不同的画派、近代书画鉴藏史乃至墓葬美术，注重古代书画作品的真伪、断代定位与艺术风格，从当时政治、哲学、文学等思潮中寻绎艺术风格演变的历史依据。

8. 区域文化。王炎等《蜀志类纂考释》（中华书局）对宋代以前蜀地方志进行整理、研究，上编《蜀志叙录》将历代蜀中古志列举为16类目，以概括蜀志之流变；下编《蜀志类纂》就史籍所载，搜索群籍进行辑佚、考释。郑民德《明清运河漕运仓储与区域社会研究》（人民出版社）借助社会史、民俗学等研究方法，对明清运河漕运仓储与区域社会关系进行研究与探讨。在叙述其制度变迁的基础上，作者深入探究漕运仓储中“人”的主观能动性，以及对区域社会造成的冲击与影响。该书通过漕仓这一漕运系统的构成环节去展现明清漕运以及社会的变革，评价漕仓在明清社会中的地位与作用。

9. 思想概念。冯天瑜、聂长顺《三十个关键词的文化史》（中国社会科学出版社）撷取了30个关键词，依生成机制而将其分为古典引申、语义假借、借形变义、新名创制、侨词来归、名实错位6大类，在古今东西的时空坐标上追索概念的生成、演变历程，进而探讨其背后的历史文化意义。桑兵、关晓红主编《解释一词即作一部文化史》（上海人民出版社）梳理近代以来传入中国的若干新概念之渊源与影响，指出这些名词多为日本采摘汉文经典所作之意译，因而近现代以来在应用这些名词时，往往会以之上溯至古代典籍进行解释而较其西文原始概念发生偏差。此外，使用者又往往从其汉字组合各字的意义来理解词义，不将其看作一个整体，这样也使其原意发生偏差，因而不当以名词勾勒历史，而应研究历史以把握概念。

二、理论探讨进一步系统化

自20世纪90年代以来，新、旧文化史学的互渗使国内学者在身体史、医疗史、服饰史等方面取得丰富的微观史学成果。虽然该学科在定位和方向等层面上似是蔽于泛化、碎片化的问题，但这类认知短板并未阻碍文化史在实践道路上迈出前进的步伐。近年来学界对新文化史的研究对象和书写范式等问题不乏反思，而2021年度理论探讨主要集中在问题现状的再反思和方法论的接续传统与推新。

（一）问题现状的再反思

近年来，学科研究话语囿于宏观和微观、统一和多元、本土和他者的问题，反映出认知先于实践所导致的识用分裂。2021年学者仍聚焦于“窥木”何以“见林”的问题，提出了发人深省的意见，但在整体方向上未有突破性创见。常利兵《中国文化史研究的本土化审视》（《文史月刊》第4期）提倡宏观视角，反对照搬外来概念来研究本国历史文化，尝试借用许倬云强调的亲缘意识和天命观念来强调中国大历史之脉络演进的地方感和节奏感，以防套用、切割本土化史实。但文末又称中国历史潮流已受外来力量的刺激而融入了世界性的文化体系，呼吁在世界体系中为中国文化乃至人类的共同文化探索和打造新的境界，前后不免自相矛盾。这类理念上的矛盾与困惑还见于郭震旦《后现代之后如何重启宏观史研究——从三种“大历史”谈起》（《文史哲》第4期）、张昭军《走向新的综合：中国近代文化史研究的出路》（《社会科学报》第8期）等文章，其发生原因乃学者以形式逻辑归纳学科发展，却未顾及学科研究在成长和深化过程中的辩证性，从而忽视了文化史学科的包容性、自反性和可伸缩性。事实上，任何学科的学术研究都不可能越过经验性的碎化筛拾而空架起一个宏观的体系，学界应当在避免空论的基础上加快和促进“碎”的进程和深度，使断裂的片段足以被整合为多重专题链，进而使统摄性的方法论得以自显并走向新的综合。

（二）方法论的接续传统与推新

对老一辈学人的研究方法进行系统性的梳理和研究是2021年度文化史研究的一大特色。刘中玉《从形象学到形象史学——郭沫若与古代史所的形象史研究传统》（《郭沫若研究》第16辑）回顾了郭沫若以艺术形象思维入古史研究的新路径，认为他在唯物史观和唯物辩证法的指导下和与容庚的交流中确立起形象学方法论体系。新中国成立后，历史所启动的《中国历史图谱》《中国史稿地图集》《甲骨文合集》等一系列物质文化整理和研究项目形成了物质文化史研究特色，他呼吁跳出“器物”，不只梳理表面的形象和价值，还须追迹其发生和发展的过程，用以分析与之相应时代的社会结构与文化观念，达到郭沫若所谓的“实事之中求其所以是”。总体上，“形象学”是方法而不是目的，是属于形象史研究的范畴，给材料鉴别和整体研究等方面带来启迪。傅才武、严星柔《从“梁王”到“二冯”：文化史研究中的观念传承与范式转型》（《学习与实践》第9期》）探讨自明末清初西学东渐，尤其是晚清以来的中国学术现代转型，认为“梁王—二冯—冯氏后学”这一文化史学脉络演绎着中国文化研究从在中外交流中创新、在继承中拓展、在融汇中开新到分途并进的历程。梁启超倡导“新史学”和集成创新方法论，王国维的二重证据法促进历史文化考据的创生，两人在中西对接和古今转换中成为了转折性人物；冯永轩继承了二者之衣钵而拓展边疆史和先秦文化史；冯天瑜融汇马克思主义唯物史观立场、文化生态学方法和知识考古学的传统，实现了文化史领域的观念传承与范式转型，展呈出中华文化史的框架、文化生成机制、历史文化语义学等系统性成果。冯氏后学分出注重基础理论和学理问题研究的文化史学派与注重现实和应用问题的文化管理（文化产业）“术派”两支，且其互为“体用”，实现了研究学术与服务国家和社会文化建设需要的统一。周积明《智者光芒　通博气象——冯天瑜的文化史研究之旅》（《武汉大学学报（哲学社会科学版）》第2期）、明海英《冯天瑜：潜心学术　锐意著史》（《中国社会科学报》2021年9月22日）等文章也总结了冯氏对文化史学科的贡献，在传承旧统之余发扬新知，有利于开拓文化史学派的新方向。陈伟驹《殊途同归：夏鼐和苏秉琦中国文化起源多元说形成之比较》（《考古学报》第2期）对夏鼐和苏秉琦的文化起源理论进行了比较。

新的研究方法使文化史的研究得以突破。孙晓《从“瘦娇小”到“白胖妖”》（《形象史学》第18辑）将汉画像石、唐宋仕女画、陶俑等图像资料与传世文献相结合，指出汉代“瘦娇小”与唐代的“白胖妖”之审美观念均出自宋代文人的臆造。

三、材料新发现与新进展

（一）考古材料

2021年度发现的新考古材料包括器物、铭文、建筑、彩绘、壁画、碑刻等，为研究单一时期和地域的文化面貌以及各个族群之间的文化交流提供线索，如王永磊等《杭州市余杭区良渚古城钟家港中段发掘简报》（《考古》第6期）首次明确了莫角山东坡开始堆筑于良渚文化早期；崔太金等《浙江杭州萧山东蜀山西汉墓发掘简报》（《文物》第7期）报告了当地首次发现的龟纽“吴莫如印”；侯晓刚、张海蛟《山西大同北魏贾宝墓发掘简报》（《文物》第6期）报告了北魏墓中首次发现的木制武士俑和镇墓兽；岳改荣等《河北蔚县三关辽代家族墓地M3发掘简报》（《文物》第10期）汇报了备餐图、竹石仙鹤图、花丛对鸟飞雁图、起居图等墓室壁画，壁画内容具有汉地特点，风格又有辽墓典型的“东向为大”的特点，为进一步探讨宋辽时期中原地区与北方游牧民族的文化交流提供了资料。2020年6月至2021年11月，陕西省考古研究院在陕西省咸阳市渭城区发现了两件现出土时代最早的东汉金铜佛像，把中国的佛像出土的历史提前了近200年，对于佛教文化的传入及中国化研究具有重要的价值。2021年12月14日，国家文物局在京召开“考古中国”重大项目重要进展工作会，通报陕西西安江村大墓、河南洛阳正平坊遗址、甘肃武威吐谷浑墓葬群3项重要考古成果。陕西西安江村大墓被确认为西汉早期汉文帝刘恒的霸陵，已发掘的8座外藏坑出土陶俑、铜印、铜车马器及铁器、陶器等1500余件，可供研究汉代的政治制度。河南洛阳正平坊遗址为文献记载唐代孔庙、国子监、太平公主宅（后改为安国女道士观）所在，是唐代洛阳城郭城里坊区内的重要里坊遗址之一，体现了中国古代传统的城市规划思想。甘肃武威吐谷浑墓葬群是一处唐代吐谷浑王族墓群，其中的喜王慕容智墓是目前发现唯一保存完整的吐谷浑王族墓葬，所出土的木质胡床、大型床榻、六曲屏风、列戟屋模型、以铁甲胄为主的成套武备、笔墨纸砚等用品皆是国内同时期同类文物首次或罕见的发现，墓葬兼具吐谷浑文化、吐蕃文化、北方草原文化特点，显示了中国古代丝绸之路沿线各民族交往交流交融的历史进程，是中华民族多元一体格局的实证。

对考古材料的研究是文化史研究的重要内容。李新伟《仰韶文化庙底沟类型彩陶的鱼鸟组合图像》（《考古》第8期）分析“回旋勾连纹”“花瓣纹”或“旋纹”等图像，证明庙底沟类型时期存在鱼鸟组合图像。此类图像反映了神鸟在鱼体内完成孕育生长的萨满式化生观念，形成仰韶文化范围内最具特色的信仰传统，并见于石家河、三星堆等文化中。苏俊林《真假之间——秦始皇史迹的“二重”文献考察》（《古代文明》第2期）采用出土简牍证实和补缺了史书记录，认为《史记》等传世文献所记载的秦始皇“久者不赦”“伐赭湘山”“暴虐天下”以及胡亥改诏诈立等内容不实，呼吁将传世文献与出土简牍相结合进行综合考察。任平山《克孜尔壁画“挽弓试力金地王”释读》（《西域研究》第4期）考证龟兹壁画中在佛陀座前绘制王者及持弓人物的一类方形佛传，认为图像主题可比定为《贤愚经》《撰集百缘经》中世尊变化为转轮王、降服金地国王之事，相关壁画以异时同图的形式呈现了藏臣宝取呈弓箭、金地王臣服，以及转轮王恢复真身对佛陀及众弟子进行教化说法等场景。林焕泽《吴王光编钟铭“入成不赓”新考》（《中国史研究》第3期），沈浩注、马孟龙《甘肃环县发现的东汉纪年记事瓦当铭文考释》（《文物》第4期），王善军、王迎辉《辽代〈故贵妃萧氏玄堂志铭〉考释》（《中国边疆史地研究》第1期），赵平安《试释战国玺印封泥中的“祈父”》（《文物》第8期），孙博《“南海Ⅰ号”南宋沉船出水瓷器阿拉伯文墨书题记考释》（《东南文化》第2期）等论文也对铭文、墓志、题记进行考释，为文化史研究提供了新材料。此外，郭孟秀、胡秀杰《商周时期肃慎考古学文化考论》（《中国边疆史地研究》第2期），杜战伟、赵宾福《小珠山上层文化分期与年代研究》（《考古学报》第3期），朱乃诚《三星堆文明形成的年代和机制》（《中原文化研究》第4期），也反映出考古学对文化史研究的价值。

（二）传世文献的整理

文化史研究虽不断强调文物、图像及出土文字材料的重要性，但并未忽视对传世文献的整理和研究。地方志的接续编修是中华民族一项特有的文化传统，“天下州邑莫不有志”是中国历朝历代的孜孜以求。陈野《建构文化传统：中国方志的深层功能》（《浙江学刊》第1期）认为方志除已成共识的“存史、资治、教化”功能之外，其沉潜于历史深处的“建构地方文化传统”功能也十分重要。此一功能可从形塑和维系两个范畴来认识，通过地方性、全面性、官方性和连续性特征得以实现，其内在动力则来源于方志与古代农耕文明形态的一致性、方志的基本特征，士绅学者结合的方志修纂共同体，国家意志、地方政府和宗族需求缠结博弈的利益网络。

（三）口述史方法探讨

目前“口述史”较受近代史学科的关注，但古代的神话传说皆属于口碑文献，它们为古代文化史研究所带来的问题意识和文献材料都有待于深入挖掘。刘亚秋《口述史方法对中国社会学研究的意义》（《学习与探索》第7期）表示口述史研究方法在中国社会学学科发展中经历了三个阶段，在第二阶段推进了文化史维度的研究论域，主要涉及口述主体所在社区的文化规则及其历史背景的问题。张多《中华民族多元一体格局下的神话学史书写——以哈尼族神话研究为主线》（《民族文学研究》第2期）认为哈尼族神话的学术史体现了中华民族多元一体格局形塑的历程，可用作书写文化史的素材。

四、融合研究成为新常态

广义上讲，文化史研究包括一切非自然的人类活动。但在实际研究中，为避免与其他学科重复，其一般以器物、饮食、服饰、建筑、交通等物质文化为主，兼及科技、文艺、风俗等思想文化。需要指出的是，随着近年形象史学的兴起，物质文化研究已经不仅仅是就物质谈物质，而是越来越多地将实物形象和文献钩沉相联系，将物质与风俗信仰、文学艺术乃至政治制度等思想层面的研究相结合，以此达到互通互证的古代文化历史阐释。

（一）物质文化史研究

2021年度器物文化史以瓷器和服饰为主要研究对象，兼及铜、玳瑁等材质的塑品，探讨层面包括器物的生产方式和材质类别、地方性的特征和技术沟通、物质文化的生成要素、跨族性的流行动因和跨国性的商业外销以及由此带来的文化影响。

1. 瓷器文化。顾年茂《德国迈森瓷器与中国文化》（《国际汉学》第3期）发现大航海时代以后的全球物质流动是有目的地进行跨文化和跨政治边界的交换，中国瓷器引起欧洲人的广泛喜爱、争相购买和努力仿制。德国迈森率先成为欧洲瓷器诞生地，在初期糅合欧洲元素和中国文化，这里的瓷器很快成为欧洲的流行物品。瓷器对西方社会构建中国形象、传播中国文化产生了重要影响。王云飞《宋元北方地区棕黄釉涩圈印花瓷器及相关问题》（《文物》第3期）、吴桐《宁绍平原两周时期陶瓷器生产标准化初步研究》（《东南文化》第1期）、李鑫《唐代早期白瓷的生产与流通》（《考古与文物》第3期）、丁雨《南宋至元代中国青白瓷外销情况管窥》（《古代文明》第15卷）以及吴敬、赵东海《宋元时期广东瓷器运输与贸易的考古学观察——以窑址以外出土材料为中心》（《东南文化》第4期）也分别探讨了不同瓷器的技术生产、地方特色、流通范围和窑业格局，为海上丝绸之路港口兴衰的研究提供了重要的线索。

2. 其他器物。龙啸《后石家河文化“抱鱼人偶”与祭山活动》（《江汉考古》第5期）考察以邓家湾为代表的遗址出土的后石家河文化时期的“抱鱼人偶”陶塑品，认为这些陶人偶表现了巫师手持牙璋、祭山求雨的活动场景，这与后石家河文化时期江汉平原整体干冷的环境背景相符合，而邓家湾遗址出土的所有陶塑动物、陶塑人偶均是这一祭祀活动的综合体现。刘芳芳《汉代玳瑁器初步研究》（《东南文化》第2期）遴选出汉墓“角质器”中的玳瑁质文物，发现玳瑁在汉代即成为漆器的一种装饰材料。而漆器的犀皮工艺可能在东汉已经成熟，其起源受到玳瑁器的启发。吴小平等《朱提堂狼器考》（《考古学报》第3期），曹建恩、孙金松《火焰形马络饰试析——从鄂尔多斯征集的青铜虎头节约谈起》（《文物》第9期），钟焓《1635年皇太极获取“制诰之宝”的政治意义试析——以传国玉玺与成吉思汗哈斯宝的性质比较为中心》（《清史研究》第1期），李新伟《红山文化玉器内涵的新认识》（《中原文物》第1期）等论文分别考述了铜器、玉器等制品的源头、作用和文化属性。

3. 服饰文化。曾丽荣《隋唐时期入华粟特男子世俗服饰与中华文化认同——以隋唐时期入华粟特人墓葬资料为中心》（《西域研究》第2期）指出隋唐时期入华粟特人墓葬中的男子所穿的世俗服饰为粟特传统胡服或隋唐本土服饰，体现了隋唐时期中华民族大一统的趋势。于颖、王博《新疆鄯善耶特克孜玛扎墓地出土元代光腰线袍研究》（《文物》第7期）考察2001年新疆鄯善县耶特克孜玛扎现代墓地下方出土的一件较完整的古代布袍，认为这是一件元代蒙古袍服中的光腰线袍，并从现代服装人体工学设计角度阐释了袍服的廓形、领形、袖形、腰臀线破缝、下摆款类等设计与工艺特征，分析其保温性、排湿性、心理防御性、耐疲劳性，以及在运动功能性方面相较于辽金袍服的优势和其款式对明代骑射服的影响，为服装款式的民族融合和流行动因提出了新思路。杨勇、刘岳《一套康熙御用韘的确认》（《文物》第5期）探讨勾拉弓弦时佩戴于右手拇指的韘，它是保护手指的工具。韘从商代至清代演变为成年男子的日常佩饰，具有玉石、金、银、玻璃、皮、木、牙、角等诸多材质。康熙御用韘由皮嵌骨扳指、堪达汉扳指及紫檀圆托板组成。此韘乾隆三十八年被送往热河，可能在其退位后复被送回紫禁城。杨虹帆《来华传教士的祭巾问题》（《国际汉学》第1期）发现明末清初在华天主教会为适应中国习俗，创造出司铎佩戴祭巾这一中国特有的礼仪实践。祭巾体现了在华教会对中国社会的适应，传教士和中国教徒的合作以及罗马和在华天主教会的交流。非教徒对祭巾的重新诠释表明在华天主教会的礼仪并非独立于中国社会，而是作为其中一部分受其影响。王文波《泸州宋墓石刻武士“虎头盔”形象试探》（《江汉考古》第3期），王欣亚、曹龙《秦人服饰浅析——从泾渭秦墓出土的陶俑出发》（《考古与文物》第4期）等论文也以出土文物为基础梳理出历代服饰的款型特点、地域分布特征和社会生成因素。

4. 饮食文化。纪雪娟《论宋元禅寺中的节庆饮茶——以端午、重阳为例》（《农业考古》第5期）发现僧人于端午饮菖蒲茶、重阳饮茱萸茶的风俗源于宋代寺院的以茶代酒，元代《敕修百丈清规》正式将其写入寺院仪轨，明清时僧人仍遵行。王启才《〈吕氏春秋〉中的酒文化与酒符号》（《安徽师范大学学报（人文社会科学版）》第3期）梳理了《吕氏春秋》中的仪狄作酒、“六必”造酒法、女性作酒、饮酒礼仪等酒文化史料。吴晓桐等撰《新疆吐鲁番加依墓地人类迁徙与饮食结构分析》（《西域研究》第3期）依据碳同位素分析出本地人群幼年的食物结构以麦类作物和牛羊肉、奶为主，粟黍是重要补充性食物；2例外来个体幼年类食物比例更低，这为追踪他们的来源地提供了重要线索。

5. 丝路文化与海洋文化。2021年度有关丝路文化的研究得到进一步的拓展。周志清《横断山区新石器时代文化的互动——兼论西南丝绸之路形成的史前基础与文化交流》（《中华文化论坛》第3期）认为横断山区在新石器时代晚期就成为中国西南与西北地区乃至东南亚文化交流与族群移动的重要走廊，奠定了西南地区龙山时代新石器文化图景和西南丝绸之路的史前基础，拓宽了西南丝绸之路的内涵与外延。杨宝玉《晚唐敦煌文化中的江南元素及越州文士的贡献》（《绍兴文理学院学报（人文社会科学）》第3期）及《敦煌文书〈张淮深碑〉及其卷背所存诗文作者考》（《汉唐长安与丝路文明》，甘肃文化出版社）等研究了丝路上的文书传播。

（二）科技文化

科技既是思想文化的精华，更是物质文化最核心的基础，进而又通过物质进步反过来深远地影响了人类的思想文化。对科技文化的研究无疑可以使我们对古代文化的理解更为深入。

1. 天文与相关文化。熊钿《牵牛织女：星象视角下知识、传说与仪式的互动》（《史学月刊》第10期）表示“牵牛”之名乃传说生成之际由“河鼓”星改称而来，“织女”与“婺女”相近，两组牛女星在汉唐时期多被混误，至宋才独立发展并受佛教影响。星占是古人的重要观念来源和知识手段之一，对正统思想和民间信仰以及制度生成均有影响。赵江红《从宿占到禽占：文化交流视野下的星禽术研究》（《文史》第2辑）表示星禽术是古代中西文化交流的结晶和重要案例。印度天文二十八宿本命宿占在汉末三国之际传入中国，盛唐以后便随着密教和星神信仰流行开来。西方七曜、二十八宿与中国三十六禽、二十八宿之间产生对应关系，生成了二十八星禽的概念，促成五代宋初之际二十八宿本命宿占向二十八星禽占的转变。明清时期，星禽术改称演禽术，与中国本土数术愈发交融，并始终在民众文化生活中占据着一席之地。吴晓丰《星象中的官制史：执法、上相与汉唐间的宰相制度变迁》（《文史》第3辑）对象征宰相的星象符号进行了总结，指出其指代对象在汉唐间发生了变化，此变化亦反映出了这一时期宰相制度的变迁。秦光永《步星以历：黑水城出土文献中的“符天类”星历》（《文史》第2辑）等论文也探讨了星占术的模式和演变。

2. 医疗文化。2021年度医疗文化史研究的成果在数量上少于去年，但在研究对象上见小见深，涉及医疗措施、制度、观念等问题。在医疗概念上，贾海燕《楚卜筮祭祷简的“心疾”“腹疾”“腹心疾”》（《江汉考古》第2期）梳理后世医学文献有关“心痛”的记载，考察认为楚卜筮祭祷简中的“心疾”当为“胸内疾”，主要指心、肺等胸腔内脏器和肝、胆、胃等上腹部脏器病变引起的胸痛；楚简中“腹疾”当指中下腹部疾病，主要为肠疾；“腹心疾”或“心腹疾”则为大范围的胸腹部疾病。在疾病成因上，郭晓涛《北周拓跋迪墓志所见消渴症发微》（《考古与文物》第2期）发现战国至汉已关注并产生了针对消渴症的医方，但中古时期服用寒食散的社会风气使得该病蔓延。在医疗制度上，马志超《明代的医户与医籍》（《历史档案》第2期）考察指出明代医籍分指医户与太医院籍这两种性质的户籍，说明配户当差制并不是明代一以贯之的户籍政策。太医院籍的来源主要有访保与祖父世业补役两种途径，收充标准取决于医术水准。太医院籍有服医役的义务，并享有经济和科举权利，其独特属性也引发了冒籍等弊端，从而导致明政府对其进行整顿。在医疗措施上，哈恩忠《道光朝备办诸阿哥出痘仪式钱物档案》（《历史档案》第2期）指出清宫为应对天花传染而专辟避痘之所，还规定种痘出痘前后举行择吉种痘、设祭供圣、行礼送圣等仪式。在医疗计量工具上，杨勇《汉代出土医药文献中的“分”》（《文献》第1期）探讨汉代病方中的度量衡单位之“分”，它作为单味药物计量单位，表示的是重量而不是等份之意。出土病方中“两”“钱”“分”等衡重单位并存，相互之间存在着换算关系，当与汉代通行的衡制一致。朱圣洁、王立军《论古代中医专科词汇的特点、研究价值与文化史意义——以〈医心方〉为讨论中心》（《天津师范大学学报（社会科学版）》第5期），李文鸿、吕思泓、王天翔《文化史视域下中国运动养生的大众文化》（《体育科技文献通报》第5期）都基于传世文献，分析了中医学科的本土话语、实操经验和传统意义。

3. 思想文化。宋学立《金元全真教授箓史论略》（《世界宗教研究》第1期）、宣柳《帝廷和下都：周代“死后世界”的演变》（《史学月刊》第9期）、罗亮《草妖或祥瑞：“枯树再生”与前蜀建国》（《中国史研究》第1期）等论文分别涉及授箓活动、政教思想和异象解读。安子毓《从五方五色到五德终始——五行说核心之变迁》（《南京大学学报（哲学·人文科学·社会科学）》第4期）则指出，五行说兴起的早期，五方五色是其核心，五行加入的时间较晚，并且一度处于从属地位。直到战国晚期，随着五行相胜说的引入，五行才取代五方五色成为这一体系的核心，形成了真正意义上的五行说。

（三）制度与风俗等文化

1. 礼制文化。礼法制度涉及礼仪、选官、婚姻、司法等活动，如阙海《汉代皇帝“二次即位”的另面——一个基于政治文化视角的观察》（《史林》第5期）、史志强《冤案何以产生：清代的司法档案与审转制度》（《清史研究》第1期）、余焜《明嘉靖年间君臣祷雪活动述论》（《历史档案》第1期）各自探讨了政治制度改革、司法档案性质和政治祈禳活动。《史林》杂志2021年第2期刊载了两篇论文，探讨了礼生群体。礼生群体文化研究包括礼生的类别、职能和社会影响。赵克生《何谓礼生？礼生何为？——明清礼生的分类考察与职能定位》（《史林》第2期）认为明清时期的作为统称的“礼生”既有特定差役的礼生，又有临时选用的礼生；既有官礼生，又有私礼生。礼生对于礼仪活动的意义不在于他们能够主导礼仪，而在于通过他们的赞相，营造出礼仪应有的礼容与秩序，礼义精神的完美表达正是以良好的礼秩与礼容为前提。礼生还充当了礼仪传播的中介，即礼生主要担任了官礼、士大夫家礼与村落世界之间的中介。刘永华《礼生、田野与史家技艺》（《史林》第2期）认为礼生是传统社会中承担赞相职能的仪式专家。结合传统史料的解读和田野调查，有助于深入了解礼生的社会属性和他们在乡村礼仪中扮演的角色，重建儒家礼仪步入民间并与其他仪式传统互动的具体过程，深刻理解这一过程带来的种种社会文化后果。

2. 丧葬风俗。关于丧葬风俗研究，以随葬器类、葬器组合、墓葬交易、墓外设施为主。黄娟《战国秦汉时期泥质冥币的发现与研究》（《考古》第6期）介绍了冥币这一流通货币的形制的随葬品，有铜、铅、锡、泥、纸等质地。泥质冥币主要仿照金币和铜钱制作，有泥金版、泥金饼、泥钱3大类型，其种类和分布的阶段性、区域性都与楚文化的丧葬习俗有关。冥币虽不具备经济属性，但它所代表的文化意义与当时社会的政治、经济状况密不可分。杨博《江南土墩墓与铜礼器器用的偶数用鼎》（《东南文化》第1期）考察西周中期以降宁镇、皖南、江淮以及山东沿海地区的土墩墓葬，发现墓葬整体器用组和用鼎组合内部均存在偶数用鼎礼俗，该鼎礼俗至迟在春秋初期已成为上述地区有别于中原地区列鼎“周制”的特色，揭示出春秋以后广义之“周人”族群内部的诸侯国族在青铜器用文化层面的交融互摄，并最终凝聚成华夏族群的动态历史过程。周兴《江西考古出土梅福相关的宋元时期买地券》（《东南文化》第4期）探讨江西宋元墓葬中出土的买地券，解读以张重四地券为代表的券文并考察它在元代的变化，认为吉安市是这种买地券及其背后风水流派的中心传播区域。杨广帅《试论两周时期的武舞类舞器随葬制度》（《东南文化》第3期），李梅田、赵冬《帷帐居神——墓室空间内的帷帐及其礼仪功能》（《江汉考古》第3期），胡洪琼《殷墟墓葬陶觚爵随葬制度研究》（《江汉考古》第4期），李新伟《中国史前昆虫“蜕变”和“羽化”信仰新探》（《江汉考古》第1期）等论文也探讨了随葬品的摆放制度、生成机制和功能意义。

3. 民族文化。2021年度对传统社会共同体的研究包括民族、族群、社群及各族之间的文化交流活动，如晁天义《文明“早熟”与中国古代亲属称谓的泛化》（《史学集刊》第2期）、王坤鹏《王家、周邦与王国：理解西周文明形成的一个线索》（《史学集刊》第3期）、苏航《从价值同构看北朝的文化变迁和民族凝聚》（《历史研究》第4期）等论文分别讨论了中国古代家族的血缘组织、宗族的文明体发展轨迹、民族的文化互动等问题。和亲文化是2021年的研究热点，其内容包括和亲的地域文化区、政治功能和政策转变。崔明德《论和亲文化》（《中国边疆史地研究》第2期）认为和亲文化是中华文化的重要组成部分，在中国古代历史上主要有“北方和亲文化圈”“西北和亲文化圈”和“西南和亲文化圈”。3个“和亲文化圈”在各个时期都有一定的交叉之处，中原王朝是联结3大“和亲文化圈”的主线。在每个“和亲文化圈”内，不同时期的和亲文化会有部分重叠或完全重叠之处，形成逐层积累的“和亲文化层”。袁延胜《悬泉汉简使节往来中的西域女性》（《西域研究》第2期）发现悬泉汉简记载的使节往来中有不少西域上层女性的身影，她们是维系西域各地与汉朝友好关系的重要纽带，而这与该时期西域都护的设立、汉朝强大安定的形势密不可分。刘玉堂、薛源《西汉对匈奴和亲政策的学术史考察》（《中国边疆史地研究》第3期）表示西汉王朝对匈奴的和亲政策经历了由汉初“奉”匈奴“和亲”到汉中后期“赐”匈奴“和亲”的转变过程。双方军事力量的变化是导致这一转变的主要因素之一。“和亲”策略的提出是对西汉以前政治联姻习惯及传统儒家“子婿”“甥舅”观念的继承与发展，在特定的历史时期具有一定的积极意义。

4. 灾害文化。灾害本源于自然现象，但对灾害的应对却深刻反映了当时的社会风俗与制度。在灾害文化研究的文化转向下，不同时代、区域对灾害的记录以及灾害在传统观念、记忆、习俗、社会心理等文化层面的价值得以发掘。

在研究方法上，《史学集刊》第2期开设“灾害文化研究理论与方法论笔谈”，所发表的5篇论文围绕着灾害文化的内涵、形式、特点和研究范式转换的问题展开探讨。周琼《灾害史研究的文化转向》界定了灾害文化的内涵，认为应从文化层域重新审视灾害史，考量某些民俗禁忌等文化传统起源动因中的防灾减灾避灾因素，实现跨界思考和研究。方修琦《灾害文化的历史继承性》认为灾害文化是人类在与自然灾害共生过程中总结形成并代代相传的集体智慧、传统知识及经验总结，它隶属于社会文化空间，是社会—生态弹性的重要组成部分。历史继承性是灾害文化的重要特征之一，它凸显了以时间为坐标轴的灾害史研究对灾害文化研究的重要性。余新忠《中国传统瘟疫叙事中的灾疫文化初探》认为中国传统瘟疫叙事可分为瘟疫自身的叙事和瘟疫应对的叙事，灾疫文化的关注点聚集于瘟疫的反应和应对，人类应避免恣意妄为以减少疫病冲击。马俊亚《灾荒文化视阈下的“差序格局”》认为灾害文化存在以血缘关系确定的差序格局，使整个社会缺乏动能和生机；袋状格局体现了弱肉强食式的人际交往方式，使社会更加处于无序状态，应多面向观察才能全面地认清中国古代社会。夏明方《继往开来：新时代中国灾害叙事的范式转换刍议》认为中国灾害史研究出现了内在的学术困境，应构建更具包容性的新范式即灾害的生态史叙事，人文精神是灾害叙事的本位。5篇论文的视角不同而特色鲜明，引导中国灾害文化研究展开新局面。

在个案研究上，以水灾为案例的发生背景、救灾措施、灾后重建等社会问题得以反思。李嘎《〈榆林府城图〉与清代榆林城水患》（《中国历史地理论丛》第3辑）考证了大连市图书馆藏《榆林府城图》所绘的刘公祠和大量注记文字，发现该图是一幅专门的“城市水患治理图”，实绘制于光绪八年（1882）。榆林城的水患问题在清代乾隆年间显现并加重，这与同时期开始的榆溪河上游的土地垦殖高潮直接相关，并警示着当今半干旱地区的城市水患问题。夏炎撰写的两篇论文探讨了水旱祈祷祝文的表达、功能和社会背景。《唐代石刻水旱祈祷祝文的反传统表达及其在地方治理中的功用》（《史学月刊》第5期）认为唐代石刻所载水旱祈祷祝文片段与独立成篇的祝文在表达方式上存在区别。后者延续祝文的撰述传统，一般以“敬神”面貌示人，而前者的特征是“毁庙”“责神”等反传统表达。由于自然灾害与地方官政绩之间具有联动关系，因此唐代的祝文叙述隐藏着地方官的治理焦虑，却只能让祝文的受众体会到地方官的“德政”，祝文的表达方式也借此达到地方治理之目的。《唐代地方官府水旱祈祷与水利资源控制——以泉神祠庙石刻为中心》（《史学集刊》第6期）探讨唐代地方官府在水旱祈祷获验后所立的祠庙碑，碑文在文本创作上具有赞美神祇与颂扬德政的共性，但也暗藏着某种历史特殊性。祠庙碑的建立体现唐代地方官府权力与民间信仰之间的互动，是地方官府实现区域治理的重要手段。

五、总结

文化史学科经历了近百年的去传统化、泛化、碎化的研究尝试，已渐起筑基固本、积粒成沙、以碎会通之势，有待于融变出新兴的、宏观的、综合的整体视野。这一趋势在2021年体现为三点：Ⅰ在研究对象上，将国际和国内新变局所形成的热点话题置于历史文化的薪火上钻材补料，既以旧传统阐释新事物，又将旧材料烹出新样式；Ⅱ在研究方向上，既使各个具体的研究对象得以细化和深化，又在各大专题之间形成多向度的关联，尤其以风俗、制度、饮食、信仰的关系网络最为复杂和紧密；Ⅲ在研究方法上，汇集考古学、人类学、艺术史等学科之优势来讨论物质文化，综揽文字学、文献学、简帛学等之利器来剖析精神文化，取彼之长，为史所用。对于这一将碎片黏合为专题链、以专题链通向大历史的学科趋势来说，中国社会科学院古代史研究所文化史研究室近年来构建的“形象史学方法论”是不可或缺的媒介之一。它致力于打通传统文献、出土文献、口头文献以及身体、图像和实物等资料，构筑一个完整的证据链。这一方法通过多年来的创新与尝试，对于当下文化史研究理论体系的探讨与创新具有一定的意义。

古代社会史研究综述

汪　润

现代意义上的中国社会史学科经过30余年的发展，逐渐成为中国史研究的一股重要潮流。中国社会史的逐渐兴起正好与改革开放的时代同步，社会史借此契机吸收了西方诸多社会科学的研究方法，以“自下而上”的视角，关注与现实相关的民生问题，是相对较新、有新活力的一门学科。正因为作为专门史的社会史学科仍然处于发展壮大阶段，社会史学科相比于其他断代史学科，更重视学术理论的探讨和社会史料的基础建设。从学术发展的角度说，总结各种研究方法与理论的同时，加强区域史、社会文化史的具体研究，是提高社会史整体水平的必由之路。2021年，中国古代社会史学术界出版了论文320余篇，专著100余种。其中，学术界涌现几十部区域社会史的著作，还有很多社会文化史著作，学术选题呈现多样化趋势。

一、理论与方法的回顾

在2021年，中国古代社会史研究集中从以下几方面对多年来社会史学探索的理论问题进行了总结和再认识。

一是民间社会与中国整体，乃至“全球化”的问题。郑振满在《从民间社会理解中国与“全球化”》（《历史教学》第9期）中总结道，从民间社会理解中国的“全球化”，至少在1800年以前，中国是“世界经济中心”，或者说是“世界工厂”，也这就是说，在15世纪以来的全球化进程中，中国并不是被动的，甚至在很长时间中可能是处于主导地位。海外华人的文化传统故土难离，总是要千方百计地和老家保持联系。这是一种类似于文化基因的、精神层面的联系。郑振满、森正夫、王文娥《地域社会论与乡族理论：比较视野下的社会经济史研究》（英文）（《中国社会科学（英文版）》第1期）讨论了乡族与区域史的关系。明清江南社会经济史研究兼具区域史和社会经济史这两个侧重点不同的重要研究领域。区域史研究具有宏观整体的视野，社会经济史侧重人类的经济和社会行为，两者的长期结合研究，逐渐产生了一些具有重要影响力的有关明清江南社会发展的一般性结论。日本学者森正夫对“地域社会论”作了深入的阐释，中国学者郑振满则从“乡族理论”的角度作了回应。国际学术界长期保持的对话和交流所激发的古代社会研究的理论创新是宝贵的知识共同体财富。

二是关于契约社会问题的不断深入探讨。岸本美绪《民间契约与国家干预——明清时代的“契约正义”问题》(《中国经济史研究》第2期) 指出，明清国家基本上承认“自愿非逼”的契约之效力，国家允许当事者回赎绝产，实施时，背后逻辑是赎回是否会引发社会混乱，即使政策的意图可嘉，如结果带来社会混乱的话，官员还会受到谴责。

三是乡村治理问题。鲁西奇在《中国古代乡里制度研究》(北京大学出版社) 一书中梳理了从《周礼》到明清时期的乡里制度、里甲制度，尽量兼顾王朝国家的乡里控制制度，以及乡村社会自身的“制度”，亦即乡村社会内在的秩序与组织。

四是田野调查方法的总结。蓝勇《史学田野考察方法》(科学出版社) 系统全面地介绍了历史学田野考察方法，讲解了从预案到对象、分类、实施、视野分析等一系列的田野调查步骤，并分别对史学田野考察的功用和机理、史学田野考察的预案、史学田野考察的对象及形式与分类、史学田野考察的路径与实施、史学田野考察与研究视野的调适做了研究，并附有史学田野考察报告案例、史学田野考察研究论文案例、作者田野考察纪年等，方便后学。杨善华《田野实践中的历史社会学》(《社会科学》第4期) 总结了近年历史社会学的发展，认为关注重大历史事件的历史社会学一直被认为是以过去的宏观社会结构和宏观社会变迁为自己的研究对象，田野调查与研究实践亦将个人口述史作为理解当下的重要研究资料，因此“过去”就成为历史社会学与田野实践的共同关注点。那么，对不同层面“过去”的勾连会不会让历史社会学获得贯入田野实践的可能？反过来，借助历史社会学的视野，田野实践是否可以提升它的研究水平，获得对被访人叙述和行动意义更准确、更全面的解释？韦伯－舒茨的现象学社会学有关社会行动的研究进路对此可以作出肯定的回答。历史社会学在田野实践中的贡献包括：以历史社会学的视野强调被访人生活史的宏观背景，因为这种宏观背景有必然性。在历史社会学视野下，对被访人生活史的把握有助于我们对被访者行动的理解。历史社会学可以帮助我们“见微而知著”，从观察到的个人或现象的细微之处入手，通过对内在“意义脉络”的追溯，达致对“意义的真实”的洞察，从而获得对个人的行动的意义以及内心世界和现象所浮现的意义的一个相对准确的解释。由“小中见大”入手，田野中了解到的个别“真相”(意义的真实)，也可以对宏观层面的历史事实作出挑战。正史写作的过程，会有作者的“概念先行”和“价值先行”，而这会导致作者对历史事实的过滤，这样就会影响其论断的客观与全面。

二、史料汇编

2021年，地方性档案整理工作出版了很多史料汇编，其中有大量的社会史史料披露，有利于区域社会史的发展。张先清、李婉婉《太姥档案文献》（厦门大学出版社）在细致的田野调查基础上，针对福鼎地区的档案文书进行较为系统的收集与整理，择取其中有代表性的档案文书进行校点、辑录，其主体内容包括社会、经济、文化等各个方面，从而为研究太姥文化提供必须的地方档案资料。阿坝藏族羌族自治州档案馆编，红音、阿根译《嘉绒藏族土司档案选译（第一辑）》（西南交通大学出版社）分铁券文书、书信、纠纷档案、名录与清单、差税档案进行辑录。土司时代的藏文历史档案资料流传不多，此次收录的四川省阿坝藏族羌族自治州档案馆藏163份土司藏文档案更是弥足珍贵，而档案资料的整理、翻译、出版亦历时5年，其内容涉及历史上绰斯甲宣慰司、沃日安抚司、卓克基长官司、松岗（冈）长官司，另有少量守备、土官、清末民国初国民党松潘县政府档案、中华人民共和国成立初期档案，时间上限为1756年，下限为1955年，共5册。张若筠主编《清代紫阳县档案汇编》（西北大学出版社）辑录清代陕西南部兴安府的紫阳县档案。紫阳县正堂档案现藏于陕西省档案馆，共计1661卷，时间起讫为清道光九年（1829）至宣统三年（1911），记录了清朝82年间紫阳的历史，档案文种主要有折、谕、帖、告示、呈文、扎、章程、税票等。该书选取有价值的内容，分为经济，赈灾、备灾，外事管理3类，共收录珍贵档案262件（组），旨在彰显县级档案的史料价值，对研究清代地方的基层社会及其政治、经济、文化等具有重要意义。

除了地方性档案，还有私人档案、专题档案等。香港中文大学文物馆选编《香港中文大学藏盛宣怀档案全编》（上海人民出版社）收录香港中文大学所藏盛宣怀档案全编，档案规模总计1.3万余件，3万余幅，主要是信函和电报两类，涉及历史人物600多人，原件影印，并按专题、年代撰目，对所涉人物事件进行考释，以期展现这批珍贵文物资料的全貌，并供研究之用，为中国工业、金融、交通、教育、慈善等多个方面提供了档案资料。其终成果形式为一套48册的大型文献类图书。辽宁省档案馆编《盛京内务府档·乾隆朝》（1—5册）（辽宁民族出版社）是辽宁省档案馆对乾隆朝前期近200件满汉文档案进行的一次系统梳理，按照时间顺序整理收录了200余万字的乾隆朝“盛京内务府档”，内容涉及行政管理、皇庄管理、兵丁事务、皇帝东巡、宫廷供给、宫殿藏品、普发上谕、司法诉讼等方面，全方位、多角度地反映了乾隆年间盛京地区的政治、经济、军事及社会生活面貌。“盛京内务府档”所承载的信息十分丰富，涉及以盛京为主体的整个东北地区的政治、经济、军事、教育、风俗、建筑、司法、民族、外交等内容，具有原始和独一无二的特性，是研究清代及满族历史文化不可多得的珍贵史料。励双杰、励聘操主编《思绥草堂藏稀见名人家谱汇刊（第六辑）》（广西师范大学出版社）除提供普通家谱所能提供的社会经济史料外，还兼具考索名人生平、家世的功能，尤其在涉及名人的曾用名、曾用字、具体出生日期、出生地点、埋葬地点等个人信息时，家谱往往能提供比史书更为具体且准确的信息。

三、各个专题领域的学术动态

（一）区域社会史

杜正贞、佐藤仁史主编《山林、山民与山村：中国东南山区的历史研究》（浙江大学出版社），收录了8篇中日学者围绕着浙江、福建山区历史的研究论文。研究涉及山林资源的开发和管理、山地产权的确立和纠纷、山村聚落的形态、山区民众的生计和流动，以及现代林业教育的展开等。这些研究均建立在一手史料和实地考察、口述访谈的基础上，是近年山区社会史研究的最新成果。美国学者白德瑞（Bradly W. Reed）著，尤陈俊、赖骏楠译《爪牙：清代县衙的书吏与差役》（广西师范大学出版社）认为书吏和差役为帝国之“爪牙”，是基层社会运行和帝国统治不可或缺之人。该书利用清代巴县档案中的丰富素材，向我们刻画了清代巴县衙门的差役和书吏们的生动形象。在构建以“爪牙”为中心的清代基层社会运行的大叙事中，作者表现了一种更为宏大的学术视野，将地方史、社会史、政治史，以及心理分析等研究方法相结合，展现了更为丰富的学术样貌，对我们深入理解官僚制、国家与社会之关系、话语分析等社会科学所关心的重要问题皆富有学术启发性。陈春声《地方故事与国家历史：韩江中下游地域的社会变迁》（生活·读书·新知三联书店）讲述了数百年间华南一条大江流经地域普通百姓日常生活及其社会组织变迁的若干故事，并试图以此反映作者对我们这个国家整体历史某些侧面及其相关机制的理解。对于中国区域社会史研究者来说，地方社会与国家的关系，是一直都无法回避的重要问题。该书围绕着如何理解传统中国“国家”与“地方”的关系，结合韩江中下游地域的历史，从天下、朝廷、官府和礼法四个方面展开了讨论。结合实际的生活经验，作者又考虑到一个更深刻、更根本的因素必须被关注，这就是“文教”。吴才茂《明代卫所制度与贵州地域社会研究》（中国社会科学出版社）先是以政区变动为主线，从财政、军事、国家政策以及社会变化等方面分析政区设置变动的原因。然后该书以卫所军户为主要关注对象，讨论军户如何融入当地生活，并将汉地传统带入少数民族地区。最后就是从教化的角度试图论证所谓的内地化。在这里土著只是被动地接受王朝国家的征服与同化，直至从“化外”转变为“化内”。这本质上依旧是在中原王朝国家与地方社会互动、中心与边缘的模式下展开的一种大一统国家的叙述。

区域社会史常常与历史人类学的研究方法相结合。贺喜、科大卫主编《浮生：水上人的历史人类学研究》（中西书局）就是利用田野调查的方法来弥补“水上人家”的文字资料不足。赵世瑜主编《“乡校”记忆：历史人类学训练的起步》（北京师范大学出版社）一书编辑了从2003年开始的历史人类学田野工作坊的系列论文，展示了田野调查的方法与进展方向，如何在田野中理解历史。刘志伟《从“清水江文书”到“锦屏文书”——历史过程和地域文化结构中的县域价值》（《原生态民族文化学刊》第1期）强调民间文书的收集、整理和研究，一定要走进这些文书的现场，走进生产、使用和保存这些文书的人群的生活。民间文书的收集整理出版，大多是以地域为单位进行。与20世纪学界开始利用民间契约文书时主要是专业学术工作者以外部研究者身份做研究的情况不一样，今天越来越多地方文史工作者和地方政府投入了这项事业，收集和保存整理民间文书的工作在地方上越来受到重视，他们在同专业学者的合作中，主体意识越来越明确，益加发挥主导的作用。这对于在拓展民间文书研究学术深度和历史视野的同时，保存和再造民间文书的乡土性是一个极有意义的趋势。地方政府与地方文史工作者对于民间文书的理解和兴趣，以及他们以此建立起来的关于地方历史文化的解说，可能会与专业研究者取向相异，甚至有不一样的话语系统。也正是因为民间文书对于专业研究者与地方人士有不一样的意义，有可能会从同一批文书中分别提炼出不同的识见，我们才更需要一起合作，在尽量保存文书收集时的原始信息的共识下，将文书辑录出版。这些最大限度以原貌保存下来的文书，是我们创造不同角度不同声音的历史叙述的共同平台。

2. 家族与宗族

海外研究还有宋怡明著、王果译《实践中的宗族》（北京师范大学出版社）。该书结合了乡村治理的制度研究与实际乡村运行的内在机制探讨，从制度和实践两个层面讨论乡村治理，成为社会史重要的研究方法之一。地方社会面对各种不同的议题，都要经历长期的竞争、协商与合作的过程，其实就是为了说明地方社会应对历史变迁的机制与策略。几乎每一章都有引人入胜的故事，而且通常是以田野调查资料作为楔子，引出即将讨论的话题。作者刻意营造的现场感，不断引导我们深入其境，亲身体验和感受当地人的历史实践。吴滔《国史家事：〈致身录〉与吴江黄溪史氏的命运》（北京师范大学出版社）考证的是作为联结建文出亡传说与隐遁之臣事迹的一部“奇书”——《致身录》在晚明时期的横空出世。该书托名吴江黄溪史氏族人史仲彬所作，记载了随同建文帝流亡各地的22个臣子的坎坷经历，不仅被众多史家所采信，而且成为人们借以凭吊建文帝的依据。一方面，随着《致身录》的广泛流传，史仲彬以介乎朝臣和粮长之间的模糊身份，相继供奉于嘉兴府和苏州府的乡贤祠，成为家族摆脱困境以及扩展文化声势的重要筹码；另一方面，史仲彬的既有履历始终受到部分文人的深刻质疑，《明史》更是将《致身录》定位为附会之作。从这个意义上说，《致身录》绝不只是一部静态的文本，以它为依托所制造出来的各种副文本所焕发出来的巨大能量，已远远突破“是非真伪”的限定。

罗新慧《周代宗法家族支庶祭祀再认识》（《历史研究》第2期）指出，“支子不祭”是战国礼学家抽绎的祭祀规则，主旨在于重嫡抑庶，维护宗法家族的长治久安。勘诸两周社会，可见“支子不祭”确为通常情况下的祭祀原则。但是在社会流动加大、宗法家族既衍生又分化、支庶实力超越嫡长等情况下，支子完全可以独立祭祀，且祭祀范围远超礼书所谓“庶子不祭祖”“庶子不祭祢”的限定，也非“大夫三庙”“士二庙”所能概括。赵世瑜《东山赘婿：元明时期江南的合伙制社会与明清宗族》（《北京大学学报（哲学社会科学版)》第5期）梳理了以往的水上人家的研究，认为近年来的水上人研究多与江河流域或湖区研究相联系，其超越前人之处在于对水域开发过程中的定居入籍，特别是产权获取进行了深入具体的描述和分析，这当然也是水上人如何和为何上岸问题中的题中应有之义，也是珠江三角洲沙田开发研究的自然拓展。但是，对于太湖岛屿这样的无地少地甚至荡地开发都比较有限的地方，这一过程就会与上述研究所论有所不同。族谱的编纂是宗族建构的重要表征，有关赘婿的记录也完全可能是一种“宗族语言”。在东山甚至江南许多地区见到的族谱已经高度士大夫化了，我们看到的族谱不是一两代之前还是渔民的人编写的那种。抑或可以假设，我们看到的是不同时代的同一种人。因此，东山族谱中大量关于族人经商的记载、若隐若现的关于定居和承役的信息，不仅提示我们思考经商、定居、承役与赘婿之间的联系，也提示我们东山的宗族建构与水上人上岸之间联系的可能性。水上人由于经商而致富，同时获得了在岸上定居的可能性。无论国家采取何种措施限制水上人经商或是否有效，这都说明江南的水上人具有与商人的重合关系，而由水上生计形成的这种合伙关系就会在商业经营中呈现为商业史研究中所称的“合伙经营”或“领本经营”。赘婿现象之所以大量存在，一方面是因为出外经商有较大的风险性，另一方面是因为出外经商者需要对家族有较高忠诚度，赘婿的身份恰好适合这种微妙的要求。这种合伙关系和领本经营一样，显然不是共同出资，获得利润后根据各自出资多少进行分配的模式，而是像布罗代尔说的那种早期形式一样，是货币资本与人力资本的结合，也就是雇佣关系。

3. 社会经济史

周琳《商旅安否：清代重庆的商业制度》（社会科学文献出版社）利用清代《巴县档案》翔实的诉讼案卷，提供了一个清代商业制度变迁的区域性个案研究。该书通过对重庆商业制度和商人群体的研究折射出，清代重庆的商业发展水平可能不像之前估计得那么高。至少在清代的重庆，“市场的视角”和“社会的视角”都存在难以覆盖的盲点，政治权力才是影响商业制度的更具决定性的因素。而正是地方政府的治理失当和对商人的掠夺，在很大程度上造成了晚清重庆市场的衰败。董乾坤《晚清乡绅家庭的生活实态研究——以胡廷卿账簿为中心的考察》（北京师范大学出版社）对晚清时期的徽州乡村社会及民众的日常生活图景作一总体性描绘，主要利用胡廷卿账簿前后十九年的流水记载，通过对胡廷卿一家日常生活状况的研究，结合族谱资料，分析晚清时期徽州社会民众日常生活中的空间、生计以及社会关系问题，阐释晚清时期国家、社会与个人之间的相互关系。贺晓燕《试论清代科举落第士子的出路：以儒医为例》（《清史论丛》第41辑）详细地探讨了清代科举落第士子这一特殊人群的归宿问题，指出其不仅是社会阶层流动的问题，同时，还是社会经济中的生计大事。细观近些年来学界关于儒医的研究，成果虽越来越多，但大多集中在儒医的从业标准、条件、身份、医德以及基层医政机构、太医院管理等方面，而对科举落第习医、业医的士子之关注度则明显不高。清时代，在落第士子者中，除少数人能获得朝廷的安抚和安置外，绝大多人必须回归基层社会，依靠自己的“一技之长”来养家糊口。因此，业医便是落第士子谋生的一条出路。该文从清科举这一大背景入手，以落第后转而习医、业医的士子即儒医为研究对象，对他们的时代命运、人生历程、生存状况等展开研究，以图丰富我们对中国古代科举社会的全面认识。邱源媛《八旗圈地制度的辐射：清初拨补地考实》（《清史研究》第3期）一文是通过对八旗圈地制度的考察，了解了旗人旗地的管理与运营。自顺治至康熙初期短短40年间，八旗圈地政策的施行以及大量民人的投充地亩，导致直隶乡村社会的土地性质发生结构性重大变化。这不仅仅涉及为数甚多的旗人与旗地，被牵连的庞大民人群体与拨补地地亩也同样是八旗圈地政策的重要组成部分。拨补地政策的施行，不可避免地带给圈拨两地百姓诸多问题，导致纠纷频起、讼争不断，是八旗圈地带来的不能忽略的衍生性冲击。拨补与圈地一样，对清代乃至近现代华北农村的发展模式产生了深远的影响，造就了华北与其他地区诸多不同的社会特性。赵思渊《清前期徽州乡村社会秩序中的土地登记》（《历史研究》第3期）指出明清之际曾多次清丈土地，形成了多种形制、编号方式不同的鱼鳞图册。清前期所编鱼鳞图册基本延续明万历九年（1581）土地清丈，其中积步、四至等记载，既有得自撮抄旧册，也有通过纠纷、协商议定，难以视作经实地测量得来。多次清丈导致不同时期的多种土地字号并存、共用于乡村土地市场。土地交易依据鱼鳞图册确认土地权利时，必须与赋税册籍、契约文书、家谱等相互匹配，地权才能得到保障。这意味着在清代乡村土地市场中，土地权利由不同来源的多种文献所形成的证据链共同确认。支撑这样的土地市场及其运作原则的，是由赋役制度与民间惯习共同嵌合、演化的社会秩序。

4. 知识社会史

日本学者饭山知保著、邹笛译《另一种士人：金元时代的华北社会与科举制度》（浙江大学出版社）主要考察金元时代处于北方少数民族统治之下的汉族知识界的整体氛围与环境。宋金元3朝政权的更迭以及北方少数民族接受儒学的速度都导致了华北士人群体的仕途变得格外坎坷。在多种异质文化相碰撞时，一直抱有优越感的汉族知识分子必须要在新的形势下调整心态，重整目标，融入社会。与此同时，为了稳固统治，笼络知识分子以维持政权，异族统治者也面临着一项将儒士招为己用的艰巨任务。该书具体考察了这个时段华北的科举情况，对当时北方士人的仕途作出了总结，即在南方士人层作为南方社会领导层的地方形成的同时，北方则形成了其独有的“另一种士人层”。柯文著、董鐵柱译《与历史对话：二十世纪中国对越王勾践的叙述》（香港：中华书局）指出，从晚清时期开始，越王勾践卧薪尝胆的故事广为传颂，这一文化现象的原因实与中国人一百多年来饱受国难、蒙受国耻有关。该书剖析了不同叙事方式中勾践形象与内蕴之异变，由此而呈现了中国20世纪政治文化的风云变幻，其独到的视角，使人能从多角度理解20世纪政治文化的变化。刘永华《何为抄本？谁之文化？——抄本的解读方法及其问题》（《近代史研究》第6期）介绍并分析了《晚清民国时期平民的日常生活：理解抄本文化》一书，旨在通过举证翔实的史料，提醒研究者注意抄本在印本时代普遍存在的事实，阐述了抄本对理解普通民众日常生活的学术价值，并对解读抄本的思路提出了一些建设性建议。文章提出的抄本解读的人类学视角，抓住了抄本区别于印本的基本属性。抄本解读路径，锁定以抄本为媒介形成的读书人与普通民众之间的关系，较为准确地把握到了作者所称“民间抄本”解读中至关重要的一对关系。郑振满《民间历史文献与经史传统》（《开放时代》第1期）分析了两套系统，一是民间文献的资料系统，二是经史传统。经史传统（文史哲传统）同样可以作为研究民间历史文献的方法。中国古代文人有个习惯，就是喜欢引经据典，所以经典的影响特别深远。先秦时代的礼仪系统，在后世大多是行不通的，但很少受到质疑。历朝历代的士大夫，都可以重新解释经典，却不可以否定经典。从经史传统来研究民间历史文献。民间文献通常要讲大道理，这些大道理主要来自经史传统。换句话说，经史传统为民间文献提供了话语系统，或者说是民间文献的基本“语法”。在很多情况下，人们可以同时使用多种论述方式。

5. 法律社会史

法律社会史的研究是社会史的传统项目，但几乎常常会佳作频出，引发学界的讨论。吴铮强《龙泉司法档案职权主义民事诉讼文书研究》（中华书局）研究了浙江省龙泉县立法与审判机构、传票、诉状、调查报告、庭审记录、裁断文书等方面混乱而多变的演变进程，从而首次确认在清末民初的司法实践中出现过职权主义民事审判模式，将其立法依据追溯到清末的《天津府属试办审判厅章程》等，并据此探讨近代中国社会演变过程中传统与现代性的“层叠”与“互嵌”现象。邱澎生《当经济遇上法律：明清中国的市场演化》（浙江大学出版社）针对苏州商人团体、苏州与松江棉布加工业、云南铜矿业与重庆航运业的种种经济组织，还有重庆债务与合伙诉讼、明清商业书的传播，进行了具体的个案分析，借以呈现当时中国在“经济组织、法律体系、文化观念”3者间的密切互动，进而论证这些变化如何共同构成明清中国的“市场演化”。蒋宏达《子母传沙：明清时期杭州湾南岸的盐场社会与地权格局》（上海社会科学院出版社）讲述了杭州湾南岸沙盐地带的故事。这里是一个盐场、州县、卫所交错，灶户、民户、军户人群混杂的地区。在沙涂的不断分化和买卖过程中，当地逐渐产生形态各异的“一田两主”格局。孙闻博《从乡啬夫到劝农掾：秦汉乡制的历史变迁》（《历史研究》第2期）研究了中国古代基层社会治理与地方行政制度变迁。秦汉“乡官”概念的既往界定可得到适当修订，秦汉县乡组织及行政模式的内涵与发展过程也得以厘清。这一时期制度的设计施行，在中国古代历史上具有重要地位，对于我们认知中古、近代相关制度流变也有所助益。秦汉乡制变迁研究，或能部分改变对中国古代治理模式及基层权力关系的理解，并为重新把握早期中国地方行政的历史意义，提供一些线索。秦汉时期的乡作为县的派出机构，具有一定特殊性。秦及汉初，乡有“乡部”“乡官”二称。“乡部”是县下分部的行政区域，同时又是“乡部啬夫”的职官省称。秦汉“乡官”泛指乡吏，也指乡吏所主机构。汉武帝时期乡有秩啬夫演变为乡有秩、乡啬夫二分格局，官方调整有秩秩级，取消内部秩级分等，并大幅降低秩级，啬夫群体的重要性开始下降。这一变化亦与官府掌握的物力、人力资源的减少有关。乡政弊端由此日显，官、民对乡吏都变得不甚信任。

6. 宗教与民间信仰

刘永华《祀典仪式视野下的明清省制演进》（《历史研究》第4期）指出，从明中叶开始，督抚由不参与地方政府祭祀，转变为参与祈雨、祈晴等祈禳活动，进而逐渐参与并主导地方常祀。乾隆十六年（1751）正式确立了督抚的仪式地位，此后，督抚通过编纂行省祀典、主导春秋常祀与朔望行香，在仪式上进一步确定其与布政使、按察使等地方大吏的统属关系。在祭祀层级方面，明末以降先后出现都城隍、省城隍等名号及与布政司、按察司相对应的神庙，乾隆时期某些省份甚至出现系统创制省级神祇名号的举措，不过，这些实践并未被升格为礼制。这表明，从行政维度来看，行省的创设已有数百年之久，但迟至20世纪初，行省在礼仪维度的地位仍非无可争议。李猛《齐梁皇室的佛教信仰与撰述》（中华书局）一书不拘于学科限制，以晋唐佛教文献以及传世史部、集部文献为基础，以齐梁皇室的佛教活动与相关撰述为主要线索，融合文史，深入讨论了齐梁时期的佛教、佛教影响下的士人思想变迁与诗文创作，以及内外典籍编撰等诸多领域的问题。龙圣《从祖先记忆到地方传说：湘西白帝天王叙事的形成与变迁》（社会科学文献出版社）通过文献梳理和田野调查，抽丝剥茧，探讨不同历史时期人们是如何讲述白帝天王故事的，为何会如此讲述，以及由此带来的叙事演变。该书认为，白帝天王故事源于宋代靖州杨氏的“北地天王”祖先记忆，后随部分杨氏族人向今湘西地区的迁徙传入当地，经元明清时期地方社会的进一步开发而流传开来，形成日益多元的故事版本。白帝天王叙事从“祖先记忆”到“地方传说”的演进，是宋代以来湘西社会日益整合进王朝国家的历史缩影。

7. 城市史

学界研究城市社会阶层经常与其他问题综合或混合，而缺少对城市社会阶层的整体认识。宁欣《唐五代宋初都市社会中下阶层研究》（人民出版社）一书将唐宋时期城市社会阶层中的中下阶层作为研究的重点，但并没有对各个阶层进行逐一或面面俱到的研究，而是采取了切入式的方式，对诸如流入都城的工匠、肆虐于街市的“恶少”、上下其手的“京吏”、本地化的军、日益崛起的城市商人等进行了重点研究。该书中涉及如何认识“唐宋变革论”、如何认识中国古代的市民及市民社会、如何认识城市社会建设重心下移及城市社会治理、如何认识唐后期财税改革等问题，这些都是由唐入宋时代的重要问题，并且有进一步拓展和深入研究的空间。赵世瑜《新江南史：从离散社会到整合社会——以洞庭东山为中心》（《清华大学学报（哲学社会科学版）》第 2 期）认为所谓“新江南史”，就是试图讲述曾经的江南水乡如何成陆的历史，也即船上人上岸的历史，或者江南社会的形成史。离散社会向整合社会的转化，当一个个各种各样的人群形成共同体，而一个个各种各样的较小的共同体消解，转变成较大的共同体时，我们就看到了整合社会的形成过程。市镇之所以逐渐有别于周围的乡脚，不仅在于市镇居民的自我认同，还在于周围乡脚农民对市镇的认知。当这些由渔民主持的乡脚游神活动加入市镇的“大会”中，构成八月会整体中的一部分时，才表明以某一市镇为中心的地域认同或一个整合社会的形成。在江南市镇生成史的早期阶段，应该存在一个水上人上岸成为圩田聚落居民的过程，然后是一个较大的聚落因商业或行政的因素成为市镇、若干较小聚落成为该市镇乡脚的过程。因此江南市镇的形成过程，既是水乡成陆的过程，也是一部分水上人变为商人（严谨地说，很多商人本身就是水上人）、另一部分水上人变为农民的过程。

8. 女性史、医疗与身体史

姜贞吟《女归成神：性别与宗族/亲、族群之间的多重交织》（台北：中大出版中心、远流出版社）研究了在地社会的父系继嗣文化与多重结构交互作用，从私领域到公领域影响深远，包括场域文化、社会惯习、社会互动等，形成在地“实在”的性别体制。该书从性别研究途径，探讨客家族群聚居的桃竹苗与以闽南族群为主的金门，在此一宗亲文化盛行区内，宗族（亲）作为父系继嗣体制典型的代表组织，运作机制中的性别配置与秩序所形构成的支配从属结构关系，如何规范不同性别的社会行动与如何影响在地性别结构文化。么振华、吕璐瑶《离形去智 无累乎物：遗言中的隋唐女性世界》（上海古籍出版社）一共收集了236例隋唐时期女性遗言，考据范围甚广，数量庞杂，有待字闺中的女子、官女子、比丘尼、皇帝后妃、官妓、官员之妻、平民女子，等等，透过遗言考察隋唐时期女性在临终前的所思所想、所爱所恨、所乐所痛，并关注这些遗言的实现与否，即逝者的后代或亲朋对其遗言或遗嘱的态度。从隋唐人的临终关怀，我们可以看出不同身份的女性临终前所关心的主要内容及不同类型的生死观，其中展现当时丰富多彩的思想文化，有助于我们增进对隋唐社会及女性的了解。江昱纬《救婴与济贫：乳妇与明清时代的育婴堂》（台北：秀威资讯）指出，崇祯年间，扬州商人蔡琏创立扬州育婴社，是为民营育婴堂的开端。明清时期育婴堂的乳妇，一方面是落实救婴的关键人物，另一方面则是济贫理念下的救济对象。乳妇兼具施、受救济者的角色，在明清善会善堂史中，值得深入挖掘。该书以乳妇为核心，透过社会、性别与医疗等面向，呈现明清善会、善堂更丰富的面貌。书中反思士人对乳妇千叮万嘱的态度，及其对于乳妇的议论，实是行善理念、性别与阶层等多方因素的相互交织，反映出育婴堂理想与经营实况间的落差，更凸显“救婴”与“济贫”难以两全之下，乳妇可能面临的困难与窘境。余新忠《追寻生命史》（北京师范大学出版社）立足社会生活史的视角，将生命置于历史研究的中心，立足生命并透过生命来探究历史的状貌和演变脉络，对社会生活、生命、医疗、灾荒等问题进行了论述。该书在社会文化史与社会生活史等方面具有探索性。

9. 社会生活史与社会文化史

常建华《日常生活的历史学：中国社会史研究三探》（北京师范大学出版社）旨在探讨如何从生活的视野认识社会。该书分为两大部分。前两章为第一部分，主要进行学术评述，总结了近10年中国社会史研究理论与实践上取得的进展，对于如何开展日常生活史研究，从多角度加以探索。后3章为第二大部分，论述明清时期的日常生活，其中明代主要使用族规家训，讨论宗族制度对于族人生活的影响，折射出社会发生的变化；清代则利用笔记与刑科题本呈现城市生活、乡村生活。岑大利、高永建《中国古代的乞丐》（商务印书馆）在文人墨客的笔记小说、地方志以及民间的传说中却留下了许多关于乞丐的记载。虽然这个社会群体属于社会最底层的贫民，不为统治者所重视，但是他们却始终活动在每个朝代的各个角落，成为不可回避的一种社会现象。《中国古代的乞丐》旨在用通俗生动的语言，将这一群体产生的原因，其人员构成、行乞方式、丐帮组织以及历代统治者对乞丐的政策做一系统的梳理和分析，以期为读者了解这一群体提供某些有意义的借鉴。小田《风土与时运：江南乡民的日常世界》（中国社会科学出版社）指出，这里的江南在近代，偏向于社会变迁和离乱更为显著的民国；这里的江南在乡土，立足于乡民直接照面的基层共同体；这里的江南在世界，在渐趋一体的整体格局中观照地域社会；这里的江南在日常，着眼于乡村社会生活的细部。该书以日常诸要素为逻辑依据，首先刻画江南乡民的时空坐落，确认其基本生活单元，接着从劳作与生计、日常境遇、人际关系、婚姻生活、休闲方式和民众观念诸面相进行横向的微观考察，而乡民生活的改进则偏重于纵向轨迹的勾勒，最后从研究法的角度对社会史的另类史料和思维方式问题进行专门思考。作者以当时人、当地人、当事人的立场体悟乡民生活的意义，在风土社会与文明世界的关系中展示江南乡民的日常世界，整合多学科资源以回应社会史的时代和学术关切。赵世瑜《唐传奇〈柳毅传〉的历史人类学解读》（《民俗研究》第 1 期）研究了唐传奇《柳毅传》（《洞庭灵姻传》）。这是中古时期一篇脍炙人口的文学作品，在文学界得到长期关注，而历史学者通过对文学作品的分析提出对历史的新解，也有顾颉刚和陈寅恪的研究作为典范。倘若先不从文本入手，而从生活世界出发，观察前人很少注意到的社会—文化现象，然后再来重新审视耳熟能详的文本，人们会发现一些新的方法路径和问题假设。由此，可以发现《柳毅传》的内容包含了对中古时期南方湖区水上人/商人的社会—文化情境的隐喻。以田野工作作为文本解读的基础，也正是历史人类学方法的题中应有之义。

“生活与制度史”是中国社会史研究的新领域，在原有“国家与社会”的研究视角上，为审视社会及其变迁提供了新思路，突破了西方理论框架不适用中国国情的障碍；另外也避免了中国传统上“制度与生活史”研究的瓶颈，为现有的社会史、民族史、政治史、生活史、经济史等提供了新方向，也厘清了日常政治、日常生活、社会生活等概念。常建华《生活与制度：中国社会史的新探索》［《历史教学（下半月刊）》第 1 期］认为历史学的制度与生活关系的探索，比较侧重于制度的实行对于生活的影响，关心制度的有效性与局限性问题。文章认为，从“生活与制度”出发的中国社会史研究，应该将日常生活与非日常生活的制度化领域打通，从日常生活的角度看其中的制度性因素。制度往往内在化于生活，需要从生活理解制度，从生活史的角度促进制度史的研究，同时注意生活与制度的互动关系。

四、2021 年度学科发展特点与趋势

2021 年度学科发展呈现以下特点。其一，专著井喷式出版，能够蓬勃发展的同时，关注质量和原创性。论文集出版很有必要，但应该更重视选排，不要重复出版。其二，较为集中的社会史热点，如家族宗族史、社会经济史等都又出现回升，总结社会史发展经验，社会经济史仍然是一个重点。社会史研究还需要探索新的增长点。生活史、社会文化史、物质史虽然领域比较新颖，但没有形成研究梯队建设，所以较难短期内成为增长点。其三，区域社会史、历史人类学进入了总结阶段。总结中国历史人类学、华南学派、社会经济史的文章多了起来，包括理论的归纳。其四，民间文献和地方档案仍有很多新史料值得深挖。民间信

仰、社会文化史等方面的著作越来越多，社会史与文化史联系越来越紧密。其五，2021 年度集中的热点和大事件并不多。另外，传统的社会经济史研究，也是本时段的一个热点。其六，基于社会史作为专门史的特殊性，其一直都是学科交叉和融合的典范。前面述及的区域社会史是历史人类学与社会史的交叉融合，女性史是社会学的性别认同与历史学的结合，知识社会史是知识传播学与社会史的融合。可以说，社会史的各个研究都不得不自觉或者不自觉地使用到其他学科的视野和方法。这也是社会史的一贯研究方法。

古代中外关系史研究综述

张慧芬

2021年度古代中外关系史的研究动向，仍以“丝绸之路”引领核心意识，在内陆欧亚学、中外关系史及海交史（包括地中海和中国关系史、环太平洋史）等方面蓬勃发展，结合全球史、区域史及古代中国边疆与周边国家、地区关系等视野与方法，有了推进和突破。

一、内陆欧亚学研究的新动向

内陆欧亚（Eurasia），大致包括中国的东北三省、内蒙古、新疆，以及蒙古高原、西伯利亚、哈萨克斯坦、乌兹别克斯共和国、吉尔吉斯共和国、土库曼斯坦、塔吉克斯坦、阿富汗、巴基斯坦和西北印度等。其核心地带即所谓欧亚草原（Eurasian Steppes）。内陆欧亚学研究的对像主要是历史上活动于欧亚草原及其周邻地区（特别是中国西北和中亚、西亚、南亚、东北亚乃至西欧、北非等地）诸民族本身及其与世界其他地区在经济、政治、文化各方面的交流和交涉。

1. 考古新发现与研究

2021年内陆欧亚学研究的新史料，主要是考古发掘材料的刊布和介绍。戎天佑、特尔巴依尔、奥德巴托尔《蒙古国吉尔嘎朗图苏木艾尔根敖包墓地2018—2019年发掘简报》（《考古》第11期）介绍了中蒙联合考古队清理的8座墓地及出土遗存，对研究匈奴退出漠北草原、鲜卑人群的西迁南下及民族融合等问题提供了新的材料。新疆尉犁县克亚克库都克、唐代烽燧遗址的考古发掘报告，以及相关研究在2021年陆续刊布。胡兴军《新疆尉犁县克亚克库都克唐代烽燧遗址》（《考古》第8期）介绍了克亚克库都克遗址的调查和发掘情况，重点刊布了近两年发掘出土的木简、文书、器物和纺织品的情况，为研究唐代西域军镇建置和日常管理，提供了新的参考资料。根据克亚克库都克的最新考古发现所展开的研究有，胡兴军《新疆尉犁县克亚克库都克烽燧遗址出土〈韩朋赋〉释析》（《西域研究》第2期），党琳、张安福《克亚克库都克烽燧所见唐代西域治理》（《史林》第5期），党琳《克亚克库都克烽燧与唐代焉耆交通研究》（《敦煌学辑刊》第1期），关明、康晓静等《新疆尉犁县克亚克库都克烽燧遗址出土的纺织品染料的科学分析》（《西部皮革》第13期）等。

吉林大学考古学院、俄罗斯米努辛斯克博物馆编著的《米努辛斯克博物馆青铜器集萃》（文物出版社）首次全面系统介绍了米努辛斯克博物馆藏青铜器的情况，为欧亚草原青铜时代和早期铁器时代的研究，提供了重要材料。鄂尔多斯青铜器博物馆《草原丝路史画：鄂尔多斯汉代墓室臻品图像》（科学出版社）刊布了鄂尔多斯地区新近出土的考古发现，主要介绍了伊金霍洛旗哈拉母河墓葬画像石和鄂托克旗米拉壕壁画墓。由俄罗斯科学院东方手稿研究所和日本东洋文库联合出版的《东方手稿研究所西域藏品中的古回鹘文文书和版画目录》（*Catalogue of the Old Uyghur Manuscripts and Blockprints in the Serindia Collection of the Institute of Oriental Manuscripts*, RAS. Volume 1，Tokyo：Toyo Bunko），刊布了俄国于1889—1890年在吐鲁番探险过程中带走的古回鹘文文书的修复稿。史家珍主编《丝绸之路沿线民族人士墓志辑释》（上海交通大学出版社）辑录了北朝至元朝民族人士的三百余件墓志。邓树平《东北亚古丝路民族与文物研究》（燕山大学出版社），以燕山大学东北亚古丝路文明博物馆藏文物为线索，介绍了从史前到明清时期，与东北亚古丝路相关的文物材料。

依托考古资料，对古代中外文化交流展开的研究众多。韩建业《早期东西文化交流的三个阶段》（《考古学报》第3期）认为铜石并用时代至早期铁器时代的东西文化交流，主要以人群生活空间的渐次扩展和迁徙流动为主，文化交流更多体现在技术和思想上的交流。《西域研究》杂志2021年第1期集中刊出了有关塞伊玛—图尔宾诺考古学文化的讨论，刘翔《塞伊玛—图尔宾诺遗存发现与研究》、邵会秋《关于塞伊玛—图尔宾诺遗存的几点思考——从〈塞伊玛图尔宾诺文化与史前丝绸之路〉谈起》，分别对塞伊玛—图尔宾诺的学术史，及其与新疆地区早期铜器的起源等，进行了讨论。唐云鹏、王建新《乌兹别克斯坦苏尔汉河流域考古工作的主要收获——月氏与贵霜文化的考古学观察》（《西北大学学报（哲学社会科学版）》第3期）总结了近年中乌合作考古工作的成果，进一步确认了以拉巴特墓地为代表的游牧遗存，为古代月氏的考古学文化遗存，并探讨了月氏文化与贵霜文化的关系。梁云、李伟为、韩烁《论北巴克特里亚的月氏文化》（《考古》第9期）对拉巴特墓地的考古学文化进行了比较分析，确认其属于以月氏为主体的人群所创造和使用的。此外，李艳玲《西汉祁连山考辨》（《敦煌学辑刊》第2期）从文献出发考证了月氏始居地之祁连为今河西祁连山，李广利与匈奴右贤王交战的祁连天山，以及田广明将军号中的祁连对应今东天山，东汉时期两山在中原汉人的称呼中基本已各有专名，认为这一变化与西汉西向开疆拓土、畅通丝绸之路密切相关。史砚忻、张建林《俄罗斯图瓦波尔巴任遗址考古发现与研究》（《考古与文物》第3期）介绍了波尔巴任遗址的发掘历程和考古学文化特点，探讨了唐文化对波尔巴任遗址城址规划设计的影响。A. A. 科瓦列夫著，张宝洲译《叶尼塞河流域阿巴坎的中国式宫殿新考》(《丝绸之路研究集刊》第7辑)考证认为俄罗斯联邦哈卡斯共和国发现的,使用汉式瓦当的宫殿遗址,属于中国的皇帝,其统治时间,约在公元初年至东汉初年。伊朗学者乌苏吉、卡里米安等《拉施塔城堡镇:一处从中国引进蚕养殖业的伊朗遗迹——基于文献、地理考察和考古遗存的推论》(《故宫博物院院刊》第11期)以伊朗神话和历史文献中哈弗特瓦德之虫故事为着眼点,从考古学角度论证了该故事的发生地,将伊朗从中国引进蚕养殖业的年代,提前到帕提亚王朝(前247—公元224)晚期至萨珊王朝早期。

北方草原丝绸之路和南方丝绸之路,都出现了总结性的考古研究成果。俄罗斯学者柳德米拉·克里亚科娃、安德烈·叶皮马霍夫著,陈向译《欧亚之门:乌拉尔与西西伯利亚的青铜和铁器时代》(生活·读书·新知三联书店),是国内首部详细介绍乌拉尔地区青铜时代及铁器时代考古发现的专著,提供了欧亚大陆早期人群及文化的考古新材料。M. 罗斯托夫采夫著,卓文静译《南俄罗斯的伊朗人与希腊人》(商务印书馆)根据南俄考古发现,研究了南俄地区自史前时期至古罗马时期的历史,讨论了辛梅里安人、斯基泰人和萨尔马泰人等游牧民族,在古代世界贸易体系中的角色。丹尼斯·塞诺主编,蓝琪译《剑桥早期内亚史》(商务印书馆)被翻译成了中文出版,为早期内亚史研究的重要入门参考资料。仝涛《青藏高原丝绸之路的考古学研究》(文物出版社),利用最新考古材料和大量汉藏文献资料,论证了"青藏高原丝绸之路",并将其放置在内陆欧亚大陆的大背景下进行考察。中国社会科学院考古研究所与青海省文物考古研究所主编的《热水考古四十年》(科学出版社)收录了丝绸之路青海道上热水墓群考古发现过程及重要研究成果,全面反映了热水墓群的价值及其学术影响。

2. 王朝经略、交通路线

就中原王朝对陆上丝绸之路的统治和影响的,研究多集中在西汉对丝绸之路的经营方面。孙闻博《西汉初营河西考——以"新地"接纳史为视角》(《史林》第2期)指出,汉帝国接纳河西,经历了"空地—屯田—筑塞—置郡"的过程,提供了关于早期王朝对新获领土经略的认知。王子今《汉简与河西社会交往史新识》(《中国社会科学》第1期)结合出土资料,讨论了当时中原与河西地区的民族交往、城乡交往、军民交往、区域交往,以及社会上下不同层次的交往史。张德芳《从出土汉简看汉王朝对丝绸之路的开拓与经营》(《中国社会科学》第1期),梳理了西汉对丝绸之路路线交通和经营管理,以及与中亚各国的直接交往的情况,认为丝绸之路从一开始就是中华文明同西方世界直接对接的结果。黎镜明《汉初经边战略的调整与边郡战略地位的凸显》(《中国边疆史地研究》第1期)认为,平城之战后,西汉将前沿防御确定为经边的主导战略,边郡的战略地位由此凸显。武晶、刘琴《两汉经营西域战略下丝绸之路沿线的屯田发展研究》（《西域研究》第4期），梳理了两汉经略西域的屯田建设，以及与西域地区的生产技术交流。李锦绣《杨恭仁与唐初的经略西域》（《丝路文明》第6辑）揭示了武德初年，杨恭仁在任凉州总管、安抚河西大使等职期间，通过政治、军事上的一系列谋划，在河西诸胡人的支持下，招致西域近三十国，为贞观初张弼出使，以及贞观中唐大规模进入西域，奠定了基础。曹金成《成吉思汗统一草原史的别样书写——波斯文文献〈纳昔儿史话〉蒙古史料研究之二》（《丝瓷之路》第8辑）对术兹札尼所撰《纳昔儿史话》，进行了全面研究和重点考辨，有利于深入认识成吉思汗建国历程的个别细节，以及了解蒙古汗廷之外的史家对成吉思汗统一草原史的建构。平田阳一郎《隋唐帝国形成时期的军事与外交》（『隋唐帝国形成期における軍事と外交』，东京：汲古书院）从胡汉互动和国际关系动向的角度，重新探讨了北朝和隋唐的断裂与延续，对隋唐王朝的形成时期，北方国际秩序和北朝军事力量布防设置，进行了细致的梳理。张安福《天山廊道军镇遗存与唐代西域边防》（社会科学文献出版社），对天山地区唐代军镇烽戍遗存，进行了调查整理，从当时的道路交通情况，具体讨论了唐代西域边防战略。王子今《“瀚海”名实：草原丝绸之路的地理条件》（《甘肃社会科学》）从《史记》《汉书》对“翰海”的记载入手，结合文献记载与不同学说，辨正了“瀚海”之名实。

在丝路交通研究方面，李毅铭《丝路开通之初帕提亚帝国境内的东西交通路线》（《中国历史地理论丛》第1期）对帕提亚帝国控制下的亚述—巴比伦尼亚地区、伊朗高原上的波斯腹地，以及赫卡尼亚以东的不稳定控制地域的交通贸易路线，进行了梳理。孙昊《宗藩玉册：9世纪唐与黠戛斯交通的一个侧面》（载赵俊杰主编《春山可望：第三届历史青年考古论集》，上海古籍出版社），以阿巴坎博物馆藏6640/1—5号玉册残简为线索，指出在文献封册的背后9世纪，黠戛斯与唐王朝的关系，存在明显的变化过程，这与当时欧亚东部大陆不同区块的势力制衡紧密相关。付马《〈蒙古山水地图〉中的“洗儿乞”、“脱谷思”与回鹘时代的伊西路》（《中国边疆史地研究》第1期），考证了近年刊布的《蒙古山水地图》中记录的，几座不见于汉文文献的城市，洗儿乞即今赛尔克甫，脱谷思地在今七克台镇境内，羊黑即今洋海，这些城市均兴起在连接哈密与吐鲁番两地的干道上，即唐代之伊西路。在回鹘时代，经伊西路展开的东西交通更加频繁，使沿线绿洲得到进一步开发，因此形成新的城市聚落。陈春晓《起儿漫地理与中伊丝绸之路》（《丝瓷之路》第8辑），介绍了起儿漫地区的城镇分布、地理地貌、物产贸易，考证了它与周边地区的交通路线，以及与中国的物质交流情况。昝涛《在布哈拉与“幸福门”之间——十六至十九世纪中亚穆斯林朝觐与丝绸之路西段的耦合》（《北京大学学报（哲学社会科学版）》第2期），认为16—19世纪，中亚穆斯林从中亚经伊斯坦布尔的朝觐之路，应该被视为丝绸之路西段的一部分。在朝觐的同时，伴随着一定规模的人员流动和贸易活动，说明了传统陆上丝绸之路并未全面衰落。

亚历山大·马约罗夫等编撰的《蒙古人和中东欧的劳特利奇手册》(*The Routledge Handbook of the Mongols and Central – Eastern Europe*, Edited By Alexander V. Maiorov, Roman Hautala, Published by Routledge)，全面概述了13—15世纪，蒙古人与中东欧国家，在军事、政治、社会经济和文化上的关系。洛伦佐·普布里奇《13世纪欧亚大陆上蒙古的高加索入侵、征服和边疆治理（1204—1295)》(*Mongol Caucasia Invasions*, *Conquest*, *and Government of a Frontier Region in Thirteenth-Century Eurasia* (*1204 – 1295*), Brill 2021.)，分析了13世纪蒙古人通过对高加索地区的征服和统治，使其成为横贯欧亚大陆的前沿地带的历程。英国学者弗兰克·麦克林著，周扬译《成吉思汗：征战、帝国及其遗产》（民主与建设出版社），以传记的方式，描绘了展现13世纪成吉思汗横跨欧亚草原征战和建立帝国的过程。此外，斯文·赫定著，林晓云译《穿越亚洲腹地（上下卷)》（广东旅游出版社），完整翻译成中文出版。

对内陆欧亚学的学术史进行梳理和反思讨论的有：周伟洲《中国丝路学理论与方法刍议》(《西域研究》第1期）对中国丝路学的定义、理论和方法的建构，提出了自己的看法；李鸿宾《域外内陆亚洲史学术理路的新阐释——钟焓〈重释内亚史〉伸论》(《中国边疆史地研究》第3期）对所列举的域外六位学者有关“内亚史”研究理路的学术背景展开了讨论；段渝《近年南方丝绸之路研究的发展阶段及主要成果》(《暨南学报（哲学社会科学版)》第5期)，对20世纪80年代以来，学术界对南方丝绸之路研究的三次高潮，进行了总结；范恩实《中国东北边疆史研究回顾与展望》(《中国边疆学》第14辑)，回顾了东北边疆史研究所取得的8个方面的主要成就，并就存在的问题提出了应对思路；耿彬、刘全波《西行文献的价值与意义》(《敦煌学辑刊》第1期)，对西行文献的学术价值、学术潜力、现实意义进行了梳理。

二、全球史与区域史相结合的海上丝绸之路研究

海丝文献的整理和沉船考古的相关发现，结合海洋史、海域史、全球史、区域史等多种视角的解读，拓宽了海上丝绸之路研究的视野。同时研究者基于古代国际关系的演变，对海权性质和形式进行分析，透过古代中国海疆管理与海外交通等议题，探索了在海上丝绸之路上古代中国的发展脉络。

1. 海洋考古与综合研究

近年来，海洋考古迅猛发展，考古材料的刊布和整理成果丰硕。秦大树等《越南发现

的巴地市沉船初议》(《海洋史研究》第 17 辑),介绍了塞克勒考古与艺术博物馆新入藏的两件越南巴地市沉船遗址发现的唐代瓷器,通过对比分析,考察了巴地市沉船瓷器的运输目的地、产地、年代特点等问题。贝武权《双屿港 16 世纪遗存考古调查报告》(《海洋史研究》第 17 辑),对 16 世纪葡萄牙人在浙江双屿港(今六横岛)的贸易港口,结合实地调查和中外文献记载,初步廓清了双屿港的大致轮廓为“一条干线、两条航道、三大港区”。中田敦之、池田荣史的《元代军船的发现:鹰岛海底遗迹》(『元軍船の発見:鷹島海底遺跡』,东京新泉社)一书,刊布了琉球大学的池田荣史教授在日本长崎县鹰岛,先后发现的两艘元军沉船遗迹的水下发掘过程和出土资料。国家文物局考古研究中心编著,宋建忠主编《中国沉船考古发现与研究》(科学出版社)以中国海域及周边国家海域所发现的历代沉船资料为基础,对沉船考古与造船史、航线与海丝、海外贸易等进行了系统的梳理与研究。

中世纪的游记资料为海交史的研究提供了有趣而翔实的资料。陈彬强、陈冬珑主编《泉州海上丝绸之路历史文献汇编:初编》(厦门大学出版社),为“海丝文献整理与研究丛书”之一,包括国内外文献汇编,重点收录了反映宋元史实的文献。汤开建辑录、编纂、注释《大航海时代与澳门:中日朝越四国澳门汉文文献档案汇编(1500—1644)》(广东人民出版社),辑录了 15—17 世纪,有关澳门的航海历史活动,涉及中、日、韩、越汉文文献。

有关海上丝绸之路学术史回顾与反思的讨论,相对于陆上丝绸之路较多。周永卫《秦汉六朝海上丝绸之路历史地位的重新审视》(《丝绸之路研究集刊》第 7 辑),论述了西汉是海上丝绸之路的正式形成时期,为秦汉六朝时期的中西交流、佛教传入,以及与东南亚的交往,开辟了道路。郭锋《杜佑与唐代海上丝绸之路的发展》(《丝绸之路研究》第 2 辑)指出,杜佑任岭南节度使兼广外刺史整顿治理工作,改善了广州城的居住和贸易环境,将《经行记》一书收入《通典》,增进了唐人对西域诸国的认识和了解。柳平生、葛金芳的《试析宋代海上丝绸之路勃兴的内在经济动因——兼论两宋经济结构变迁与三大文明竞争格局形成》(《文史哲》第 1 期)指出,海上丝路的贸易勃兴和社会经济结构变迁,是双向互动的历史过程。伴随着海上丝路的兴盛,工商业文明在江南及东南地区茁壮成长,改变了 10—13 世纪中国不同文明的竞争格局。李伯重先后发表了《中国海外贸易的空间与时间——全球经济史视野中的“丝绸之路”研究》(《北京大学学报(哲学社会科学版)》第 2 期)、《“丝绸之路”的“正名”——全球史与区域史视野中的“丝绸之路”》(《中华文史论丛》第 3 期)等文章,强调对“丝绸之路”的理解,不能脱离其时空范围即地理空间来理解。黄纯艳、冯辛夷《“南海Ⅰ号”研究中历史文献与考古资料的相互补证——对现有研究史料和路径的检讨》(《海交史研究》第 1 期)一文,探讨了如何更好地实现文献记载与发掘成果的相互补充，为“南海Ⅰ号”相关问题的讨论，提供了共同的基础和逻辑。赵云、燕海鸣《海上丝绸之路：一个文化遗产概念的知识生产》（《故宫博物院院刊》第11期），回顾了“海上丝绸之路”概念在文化遗产维度的知识生产过程与特点。王春纯的《2000—2019年宋代海外贸易研究综述》（《镇江高专学报》第2期），分类综述了2000—2019年国内关于宋代海外贸易的研究。综合性的研究论著有郑学檬个人论文集《敦煌吐鲁番经济文书和海上丝路研究》（浙江大学出版社），内容包括敦煌吐鲁番经济文书与汉唐丝路研究，以及海上丝绸之路与唐宋元江南、岭南经济研究两大部分。之外，宫凌海的《控扼东南：明代浙江卫所与海洋管理研究》（上海人民出版社），梳理了明代浙江卫所，在海上防卫、海洋控制、海岛开发及贸易活动中的作用。布琮任《海不扬波：清代中国与亚洲海洋》（台北：时报文化出版社），在“去陆地化”视角基础上，还原了清政府对海疆的重视和经略。菲利浦·鲍灵著，冯奕达译《风之帝国：全球贸易的关键地带，海洋亚洲的盛世繁华》（台北：联经出版公司），从海洋史视角，叙述了东南亚地区历史与经济的变迁，如何形塑全球贸易的过程，对理解亚洲海域问题提供了新视角。李伯重、董经胜主编《海上丝绸之路：全球史视野下的考察》（社会科学文献出版社），指出以全球史的视角，对海上丝绸之路及沿线国家、地区的社会、经济、文化情况进行研究的思路。

2. 海域、交通与贸易

与全球史视角相对照，2021年海丝研究中，也有多位学者以具体区域地理空间为中心发表的著作。马光的《嬗变、渐变与因袭：元明之际的山东海洋史》（*Rupture, Evolution, and Continuity: The Shandong Peninsula in East Asian Maritime History During the Yuan – ming Transition*, Harrassowitz Verlag），以元明之际的山东海洋史为中心，将山东海洋史置于全球史背景下，突破了以往以中国东南沿海为主的研究框架，为丰富对元明鼎革理论的认识，提供了新视角。这方面的研究还有尹玲玲编著《滨海历史地理——唐宋以来滨海地区的经济、环境与社会研究举例》（复旦大学出版社），蔡天新《莆田海上丝绸之路》（厦门大学出版社）、廖国一、毛明霞《南流江航运与海上丝绸之路》（广西科学技术出版社），何守强《洲尾贸易场：汉代以后北部湾海上丝绸之路变迁与延续的历史见证》（漓江出版社）等。

关于古代航海活动性质的讨论有，张晓东的《郑和下西洋的海权性质》（《史林》第4期）、张箭《开辟欧亚新航路的若干问题和历史作用》（《海交史研究》第1期）。张炜《海洋变局5000年：一部新全球史》（北京大学出版社），从海权和造船技术两条线索，梳理了近500年国际关系的变化。

在海权和海疆问题研究之外，学者们着重讨论了古代中国通过海上交通的外交往来。党宝海《八至十五世纪的中国与也门》（《北京大学学报（哲学社会科学版）》第2期），以唐代至明代古代中国与也门的交往为个案，从贸易、交通、文化等方面，梳理了古代中国对外关系的变化历程。李静蓉《蒙古帝国与亚美尼亚的关系及居留泉州的亚美尼亚人》（《海交史研究》第3期），研究了蒙元帝国与亚美尼亚的政治军事、贸易、宗教等关系，以及在此期间通过陆海丝路，进入中国的亚美尼亚人群。李庆《明万历初年中国与西属菲律宾首次交往考述》（《历史研究》第3期），结合中西文献记载，以福建海商林必秀事迹为线索，还原了中国与西属菲律宾首次交往的整体图景。

2021年海上交通网络的研究，也依然是热点问题。黄莹《大食与中国的海上交通与货物流通网络》（《丝瓷之路》第8辑）对7—11世纪大食与中国海上交通的港口，进行了类型学的分析，讨论了大食与中国的海上交通与货物流通网络的层级结构，以及大食与中国通过海丝贸易产生文化互动的底层逻辑。吕静《元代海上丝绸之路的开拓——以刘家港崛起及其性格探讨为例》（《国家航海》第26辑），分析了刘家港在元代作为军港、海道漕运港、泊船贸易港的多重功能之缘起，以及与日、韩等国在海外贸易和文化交流中的重要地位。杨斌《当自印度洋返航——泉州湾宋代海船航线新考》（《海交史研究》第1期），结合考古和国内外文献，从宋代海船发现的香料、货贝和环纹货贝、船体附着物的地理分布，宋元两代中国海舶航行印度洋的文献，以及最近在南海发现的另外两艘宋代海船等方面，论证了泉州湾宋代海船应自印度洋返航。

通过海上丝绸进行的贸易活动，是古代中外交往的重要形式。刘未《北宋海外贸易陶瓷之考察》（《故宫博物院院刊》第3期），结合考古发现，总结了北宋瓷器贸易种类的变化，以及沿海地区外销瓷器窑场的布局变化。夏时华、王春《宋代海上丝绸之路香料贸易的合伙制经营考察》（《青海社会科学》第1期），考察了宋代海商在从事海上丝绸之路香料贸易过程中，实行贸易合伙制经营的原因、方式及其作用。王冠宇《葡萄牙人东来与16世纪中国外销瓷器的转变——对中东及欧洲市场的观察》（《海洋史研究》第17辑），根据沉船考古发现，梳理了16世纪前后，中国外销瓷器品类与市场变化和互动的关系。车效梅、马思《15—16世纪霍尔木兹贸易圈与海上丝绸之路研究》（《西亚非洲》第6期），探讨了作为波斯湾地区的海上门户的港口城市霍尔木兹的贸易范围、发展背景和历史作用。杨天源《从碗礁Ⅰ号沉船出水瓷器看中欧外销瓷贸易》（《国家航海》第26辑），探讨了沉船遗址中的景德镇外销瓷的风格特点、生产规模、贸易特点等问题。范金民、陈昱希《清代前期沙船业的沿海贸易活动——以上海商船会馆为中心的考察》（《海交史研究》第1期），考察了清代康熙开海后，上海沙船会馆的运营方式与运价、商品种类及船主船工等情形，在一定程度上展示了清代前期北洋沙船贸易的盛况。意大利学者吕西安·科帕拉罗（Lucia Coppolaro）等主编，加拿大卜正民等著，刘伊锡等译的论文集《全球贸易冲突：16—20世纪》

（中国人民大学出版社）以全球视野分析了五百年来的贸易冲突史，涉及明朝中国南海发生的贸易冲突。罗三洋《茶金帝国与海上丝路（上、下册）》（台北：大旗出版社），结合全球史背景下的政治、经济形势，以及清政府的海疆贸易政策的变化，细致梳理了广东十三行的历史变迁。美国学者费正清的博士学位论文《中国沿海的贸易与外交：通商口岸的开埠（1842—1854）》（牛贯杰译，山西人民出版社），被翻译成中文出版。此外，《海洋文明研究》（第6辑），收录相关论文19篇，涉及古代中西贸易史、海洋生态史、海洋物质文化史等多个方面。

借由海上丝路的商品贸易活动，货币的流通也是构成这一经济交往活动的重要侧面。范杰、田广林《辽西新石器时代的海陆互动——以出土海贝为中心》（《海洋史研究》第17辑），认为辽西地区新石器时代文化遗址中出土的海贝，既有来自东海和南海海域，也有通过印欧草原从印度洋获得的。李庆新《海洋贸易、货币流通与经济社会变迁——东亚海域沉船发现古代货币及相关问题思考》［载蔡洁华、甯驭（Marc Nuernberger）主编《四海之间：普塔克教授荣休纪念文集》（*Zwischen den Meeren / Between the Seas*），*Harrassowitz Verlag*，2021年9月］综合研究了东亚海域沉船中发现的古代货币，从东亚贸易货币的多样化、国际化的角度，探讨了中国铜钱的外流，并且提出了“海上货币之路”的概念。贝武权《普陀山出土西班牙银币窖藏与海上“丝银之路”探究》（《中国国家博物馆馆刊》第3期），对普陀山出土西班牙银币的纹饰特征、铭文内容、所属年代与尺寸、重量进行了梳理，分析了近代西方人对普陀山的相关认识和这批银币的来源。杨斌《海贝与贝币：鲜为人知的全球史》（社会科学文献出版社），以全球化的视角，对史前时期至近现代海贝的演变，进行了长时段考察，分析了包括中国云南、泉州等地区的海贝的地方性和全球性，提出了“贝币世界”的概念，认为贝币是第一种全球性货币。

三、立足区域的观察

区域研究在推动“一带一路”建设、打破时代和国别的区隔、阐释历史的立体和复杂性等方面的重要性，日益凸显。古代中外关系史研究，重视将边疆与周边国家和地区作为整体，考察其内在的整合与交融，文明多样性的交错与流动等历史问题。

随着21世纪初，《燕行录》文献的大量影印出版，学界相关研究方兴未艾。阮辉美主编的《皇华使程图》（台北：华艺学术出版社）首次整理成中文出版，其底本是现存年代最古老的燕行使程图，详尽描绘了越南使节从越中边境到燕京新城的路线。漆永祥《燕行录千种解题》（全三册）（北京大学出版社），采用传统目录学研究方法，对“燕行录”这一域外汉学文献撰写提要，共收录了一千多种书目与篇卷。此外，陈鸿瑜校注《皇明外夷朝贡考校注》（台北：新文丰出版公司），对此前仅有抄本传世的《外夷朝贡考》进行了整理，便于学界利用。

1. 作为整体的东亚

近年以日本对外关系史、东洋史的学者为代表，立足于日本及其周边的视野，提出“新东亚世界”论、“东部欧亚”论，认为包括中国、朝鲜半岛和日本列岛在内的“东亚世界”，是自成一体的历史范畴，但对以西嶋定生、崛敏一等老学者的以中国为中心的册封—羁縻体制论持批判态度，要求超越当代民族国家的历史框架，在政治史领域，重视探讨地域内古代政权，根据自身政治利益的自主性关系，推动区域世界的发展。今年学界陆续刊发了国内学者从不同面相，对以上论点的梳理与反思。陈俊达、王征《反思“封贡体系”：10至13世纪东亚国际体系的一个侧面》（《赤峰学院学报（汉文哲学社会科学版）》第2期）在学界对“汉唐东亚”和“明清东亚”的研究基础上，回顾并反思了当前东亚国际秩序的学术史。葛兆光《亚洲史的学术史：欧洲东方学、日本东洋学与中国的亚洲史研究》（《世界历史评论》第2期），对欧洲、日本及中国的亚洲史研究，及其背后的学术、文化与政治背景，进行了梳理。安洙英、姜伊威《从“东洋史”到“东亚史”——韩国学界近三十年的历史叙事反思》（《史学理论研究》第5期），通过概括东亚史的形成脉络，以及韩国学界近三十年来的相关讨论，勾勒了韩国史学界的整体变化方向，并进一步思考东亚史和民族国家论述之间的张力变迁。刘晓峰、小峯和明等《东亚比较研究的新视野》（《中国社会科学（英文版）》第1期）从方法论角度，对东亚文化领域的研究对象、研究方法、研究手段及研究目标等进行了讨论，强调对于东亚古典文学的研究，必须从东亚整体的角度出发去解读其价值。从新“东亚世界”论出发，研究者强调古代中国周边国家关系相对于中国王朝的历史自主性。王臻《东亚区域外交：壬辰战后朝鲜与日本之间的关系态势探析》（《安徽史学》第4期）探析了万历朝鲜战争后，朝鲜与日本之间的关系态势，通过分析明、清王朝因素在其中的作用，解读了16世纪前后，东亚区域外交实况及地区政治秩序的演化。

从政治史的角度，探讨“册封—羁縻”体制框架之外的新型东亚关系的著作，主要包括古畑徹的《渤海国与东亚》（『渤海国と東アジア』，汲古书院）、木村拓《朝鲜王朝侯国立场与外交》（『朝鮮王朝の侯国的立場と外交』，东京：汲古书院）等。日本对外关系史研究学者村井章介著，康昊译，《中世日本的内与外》（社会科学文献出版社）翻译出版，其学说立足于东亚海域，提出了作为各国边缘地带的“境界”与东亚海域交流的主体“境界人”的史学概念，揭示了日本史和东亚史的内在联系。张春海《论北方族群法与东亚法文化圈的关系：以盗罪倍赃制的传播为中心》（《上海交通大学学报（哲学社会科学版）》第6期）从东亚文化圈的共同现象入手进行研究，以盗罪倍赃制在东亚诸文明中的传播与演进为切面，分析了北方族群法与东亚法文化圈的内在联系，并揭示了日本学者以东亚法文化圈，替代“中华法系”的学术话语行为背后的逻辑。朱安祥、郑悦《古代东亚地区的货币文化认同——以日本、越南形塑“开元钱制”为线索的考察》（《北方金融》第 9 期），认为在开元钱制的影响下，古代东亚国家逐渐形成一种普遍的货币认同，“东亚货币文化圈”由此出现，并持续影响了千年之久。邹振环《14 至 18 世纪东亚世界的“象记”：博物学知识比较史研究的一个视角》（《世界历史评论》第 3 期），通过明清中日韩三国有关象的文献，管窥东亚国家知识人，截然不同的心态和思维方式。陆伊骊《动物园与水族馆的历史：环境史、科学史与动物史在东亚的联系与比较》（《世界历史评论》第 3 期）从动物史的视角将东亚区域史的研究与欧美进行了比较。此外《中国与域外（第 4 辑）》（社会科学文献出版社）也刊发了有关东亚秩序与文明相关的研究。何肯著，魏美强译《东亚的诞生：从秦汉到隋唐》（民主与建设出版社），探讨了秦汉至隋唐时期东亚历史发展进程及东亚文化圈的形成。日本学者清水信行、铃木靖民《渤海的古城与国际交流》（『渤海の古城と國際交流』，东京：勉诚出版社）是日本俄国韩国联合考古成果的基础上对渤海国古城址文化遗存与文献结合的最新研究展示，体现出渤海国史的国际性特征，是东北亚各国历史理解的交错点。小二田章、高井康典行、吉野正史等编《图书中的近世国家：东亚“一统志”的时代》（『書物のなかの近世国家：東アジア“一統志”の時代』，东京：勉诚出版社），围绕古代东亚世界共同存在的“一统志”这一特殊地理文献现象进行讨论，认为“一统志”的出现，标志着东亚近世国家中央集权的确立，以及排他性的政治疆域观底定，具有重要的历史意义。

除此以外，将东亚地理区域作为一个整体展开的研究，包括葛兆光《蒙古时代之后——东部亚洲海域的一个历史关键时期（1368—1420）》（《清华大学学报（哲学社会科学版）》第 4 期），此文指出蒙古帝国瓦解后，东部亚洲海域经历了长时间的国际秩序重新调整时期，初步形成了政治上以朝鲜“事大交邻”为枢轴，以明王朝为中心的国际秩序；经济上环东海、南海诸国，以商贾往来为主的贸易圈。马云超《“己亥东征”与 15 世纪前期的东亚外交博弈——以朝鲜王朝初期的对外政策为中心》（《江海学刊》第 5 期），从东亚海域国际关系的角度，揭示了朝鲜王朝世宗时期“己亥东征”的实质，是在明王朝的册封体系下，获取外交利益最大化。娄婷婷、孙晓光《明代琉球中介贸易对东亚经贸活动的影响》（《渤海大学学报（哲学社会科学版）》第 5 期），梳理了琉球凭借明朝海禁政策，积极开展中介贸易，作为华商的替代力量，登上了东亚贸易活动的舞台，同时也使得中日贸易，中国与东南亚国家的贸易，朝鲜与中国、日本的贸易，以及日本与东南亚国家的贸易，得以继续发展的历史过程。叶少飞《17 世纪东亚海域华人海商魏之琰的身份与形象》（《海洋史研究》第

17辑)，从个体生命史的角度，结合魏之琰在明清鼎革中，经商足迹遍历日本、云南的传奇经历，以及东亚海域国家政治发展态势的变化，对史不见载的海商魏之琰的生平进行了研究。刘序枫《再论清代东亚海域的海难民遣返网络——以19世纪初的两件海难事例为中心》(《国家航海》第27辑)，以嘉庆六年(1801)和嘉庆七年(1802)的两起牵涉到清朝、琉球和朝鲜的海难民事件为中心，探讨东亚诸国对外国遭风难民的救助制度，同时比较了各国的对外关系和海外知识。杨洋《〈四书章图〉东亚流传考——以日藏文献为中心》(《域外汉籍研究集刊》第21辑)，以经眼日藏元刻本、朝鲜铜活字本为中心，对《四书章图》在日本、朝鲜的流行略作考述，并说明书籍媒介形态对理学知识在东亚世界流布的影响。韩宾娜、王艺深《东亚都城研究若干理论问题刍议》(《东北师大学报(哲学社会科学版)》第4期)，讨论了东亚都城研究的学科属性、时空范围及研究内容等，并指出目前的主流观点强调“中国制度”与“中国源流”，对东亚的整体性考察稍显不足。郑永常《瞬间千年：东亚海域周边史论》(台北：远流出版社)，收录了东亚海域周边史相关的研究成果，也体现了作者去陆地化的研究视角。亚历山大·阿金《东亚舆图印刷文化：晚明的出版热及其跨境关系》(*East Asian Cartographic Print Culture: The Late Ming Publishing Boom and its Trans-Regional Connections*, Amsterdam University Press.)，研究和比较了晚明各类地图及与朝鲜、日本地图发展的关系，揭示了将此时期东亚地区视为一个文化整体的必要性。郑维中《海上佣兵：十七世纪东亚海域的战争、贸易与海盗》(香港：卫城出版)，探讨了17世纪，在东亚朝贡体系及新的全球贸易体系影响下，郑氏家族与台湾早期历史发展的互动与影响。赵国壮《东亚糖业史研究》(科学出版社)，以“糖业”为基点，梳理了历史时期东亚糖业的生产和消费，以及近代东亚糖业格局的变迁，从新的角度解读了近代东亚新秩序、新格局的形成。刘晓峰《时间与东亚古代世界》(社会科学文献出版社)，以中国古代时间文化体系为中心，研究其对东亚习俗、信仰、民俗等方面的影响。查尔斯·霍尔科姆《东亚史：从历史的曙光到二十一世纪》(台北：五南出版社)，讨论了东亚文明共同体的形成和特点，强调全球化背景下，东亚文明内部与外部世界的跨文化互动和联系。张存武《清代中韩关系史论集·卷一》(台北：秀威资讯)是作者关于中韩关系史的研究成果集结。程永超《华夷变态的东亚：近代日本、朝鲜、中国三国关系史研究》(『華夷変態の東アジア：近世日本・朝鮮・中国三国関係史の研究』，大阪：清文堂出版)，以江户时代日韩关系史为基础，研究了近世日本、朝鲜、中国三国关系史。

2. 对南亚地区的观照

近年随着中国周边国际环境的变化和动荡，在日韩之外，对越南、缅甸等国家，在古代与中原王朝的交往，给予更多的观照，其中对明宣德之前，长期归顺中国王朝的越南，尤为关注。陈国保《安南都护府与唐代南疆经制州县的国家管控及治理》（《社会科学战线》第10期），对唐朝安南都护府建置下，正州与羁縻州的治理网络，进行了梳理，显示出唐代安南都护府，虽僻处南部边疆，却仍是唐代多民族统一国家整体中，内外一体的地方行政区域。李凤艳、蓝贤明《试论南诏东进安南与岭南道的应对》（《中国边疆史地研究》第3期），分析了在南诏势力东进的影响下，唐前期的“岭南五府”军事格局，向以邕管为核心的，岭南道防御体系转变的过程。黄阿明《再论明嘉靖朝勘处安南之政策》（《清华大学学报（哲学社会科学版）》第6期），梳理了嘉靖十五（1536）年勘处安南的导火索，以及勘处政策从“兴灭继绝”到震慑降服莫氏的转变过程。段红云《传统“天下体系”下的清雍正“安南勘界案”》（《中国边疆史地研究》第1期），分析了清朝在处理雍正“安南勘界案”的过程中，处处体现的清朝“天下体系”和“华夷秩序”传统观念对整个事件发展的影响。钱盛华《19世纪越南朝贡体系建构的另一个维度：阮朝如何书写“和亲史”?》（《世界历史评论》第4期），借助柬埔寨史料，考察阮氏玉万与柬王吉·哲塔二世的和亲，以及玉万在越南历史中的贡献，进而解析阮朝官方对于这段历史记忆的态度和立场。

有从文化比较的角度出发展开的讨论。冯小禄《南望眼：明人出使越南专集》（《北京社会科学》第11期），选取明朝与安南的文学交往为切入点，认为这种交往的本质是不平等的宗藩交流，是对有差序的宗藩关系的训诫与角色确认，充满了礼仪、政治的默契与交锋。陆小燕《17世纪朝鲜人赵完璧和金大璜的安南之旅》（《海交史研究》第4期）从朝鲜人赵完璧和金大璜的安南之旅，叙述了同处于明朝主导的朝贡秩序之中的朝鲜和安南的民间交往。郭洪义《越南古代汉文铭刻征引中国汉文典故现象探析——以李、陈朝汉文铭刻为例》（《域外汉籍研究集刊》第21辑），以越南李、陈朝汉文铭刻为例，对其汉文铭刻中征引的汉文典故，进行了全面的统计和结构分析，进而对越南古代汉文铭刻，征引中国汉文典故的整体情况，进行了概括和原因分析。成思佳《异域的想象与认知——越南学者阮文超的“四海”认识》（《中国历史地理论丛》第3期），针对越南阮朝地理学家阮文超的著述《四海考说》，分析了其“四海”观念的特点、形成原因及其背后的文化内涵。丁克顺、阮黄申《越南会安华人会馆之汉文碑铭》（《海交史研究》第3期），概述和介绍了越南古城——会安城、所保存的汉文碑铭文献的特征和形式，以及会安华人会馆的华人文献等。谢泽颖《法国东亚学院藏越南汉籍略述》（《汉学研究通讯》第4期），介绍了法国学者伊夫林娜的藏书，捐给法国东亚学院图书馆的中文古籍和越南汉籍文献提目，可补此前学者整理的《越南汉喃文献目录提要》及《补遗》。对于古代中越商贸关系的研究有黎庆松《越南阮朝对清朝商船搭载人员的检查（1802—1858）》（《海洋史研究》第17辑），分析了阮朝检查入越外国商船的检查记录“点目簿”的特点及其实施成效。此外，邹建达、吴剑锋《档案文献中的清代滇缅贸易》（《历史档案》第4期），指出清朝官方档案文献，揭示有清一代滇缅之间存在广泛的贸易，并呈现明显的阶段性特征。清代中缅之间的贸易，主要是滇缅之间的陆路贸易，缅甸成为英国的殖民地后，海路逐渐取代陆路成为中缅贸易的主要形式。交易货物种类丰富，以缅甸所产棉花、中国所产黄丝为最大宗商品。薛克翘《中国斯里兰卡文化交流史》（社会科学文献出版社），依据文献记载和考古资料，梳理了中国与斯里兰卡2000多年的友好交往和文化交流史。

四、族群互动与物质文明交流

古代社会没有严格的边界线和领土的概念，跨文化人群的身份往往具有多重性，其迁徙和流动，以及随之产生的文化交流与互动的场景，也是古代中外交往中最富活力的人文场景，多元文化的交流汇聚，也推进了边疆涉外关系的认知。历史上的民族迁徙与融合的复杂过程，同时也是民族建构、文化互动与认同的形成过程，传统朝贡体系的研究、民间的商贸往来、典籍与宗教的传播等问题，仍是研究的焦点。学界自觉利用多语种文献和考古成果，在选题和研究上更加多样化。

1. 族群互动与融合

李大伟译注的第一个中译本《本杰明行纪》（商务印书馆）得以刊行，其行纪比《马可波罗行纪》与《伊本白图泰游记》早了一二百年，详细记述到达中国的海路行程，是研究此时中国与西方交流的重要文献。在族群互动与古代国家关系方面，姚大力《匈奴帝国与汉匈关系的演化——早期北亚史札记》（《中华文史论丛》第2期），通过对匈奴人群起源及语言等的综合评述，讨论了欧亚游牧文化内部的复杂多样性。刘子凡《何以商胡不入蕃？——从〈唐开元户部格残卷〉看唐代的商胡贸易法令》（《中国边疆史地研究》第1期），认为唐代关于禁断商旅及物资入蕃的一些敕文，大多与边疆局势紧张有关，体现了唐朝对外贸易的开放态度，以及战时临时性边境管制之间的矛盾与调和。刘迎胜《探寻13世纪以前的“蒙古”概念》（《黑河学院学报》第1期），从广义和狭义的蒙古族史入手，廓清了蒙古族历史发展及北方部族变迁的有关问题。张春海《高丽文献中的蒙、丽“兄弟之盟”——事实、认同与话语》（《安徽史学》第5期），梳理了蒙古征服高丽前后，双方对蒙、丽关系描述的话语及其构建过程。乌云高娃《从〈蒙古袭来绘词〉看元朝征日本军士民族成分——兼论元朝东征回回军及回回炮》（《隋唐辽宋金元史论丛》第11辑），以日本人竹崎季长绘制的《蒙古袭来绘词》为图像史料，研究了忽必烈两次征日本军队的旗帜、军容军貌、军士的族属等问题。孙文政《金与高丽宗藩关系演变的历史学考察》（《东疆学刊》第3期），梳理了女真族崛起前后，金与高丽的宗藩关系的演变过程。温海清《臣服或毁灭：使臣见杀、遭囚视阈下的蒙元对外政策再检讨》（《文史》第3辑），讨论了不同政权与蒙元的外交往来中，普遍出现的蒙元使臣见杀、遭辱的现象，并分析了拒绝臣服于蒙元六项事大要求的政权，必然走向倾覆的故事模板，揭示了蒙元对外政策的多面性。李安山《中非古代关系史研究四十年》（《社会科学战线》第2期），梳理了改革开放以来，国内有关古代中非关系的研究，并就中外关系史研究及学科建设提出了相关建议。美国学者韩洁西《史密斯先生到中国：三个苏格兰人与不列颠全球帝国的崛起》（史可鉴译，广东人民出版社），通过追溯三个同名商人乔治·史密斯在全球的足迹，探索18世纪下半叶，全球背景下大英帝国在亚洲的扩张途径。

古代中原王朝对边疆地区的经营策略，与当时周边国家或地区的民族关系直接相关。祁美琴、王苏佳《解构“攀附”：民族起源的多源性与族源记忆中的华夏叙事根由》（《中国边疆史地研究》第4期），指出学界多将周边族群起源记忆中的华夏先祖叙事，归结于现实利益需要所进行的“攀附”，这一观点的泛化，容易导致在民族起源上，盲目推崇一源性或否定各民族在形成过程中，普遍具有的多源性特征论。张萍《唐王朝对楚河、塔拉斯谷地的经营与中亚文化遗产》（《社会科学战线》第2期），以地理可视化建设为中心，复原了7—12世纪的丝路北道，并对楚河流考古遗址和塔拉斯谷地的遗址分布，进行了地理定位，深化了中古时期各民族的环境利用、民族政权的发展的认识。陈玮《唐罗何含墓志所见安史之乱后入唐吐火罗人动向》（《中国边疆史地研究》第2期），根据延安新出入唐吐火罗人——罗何含墓志，所载罗何含家族的世系，以及罗何含本人的仕宦经历，讨论了唐廷对于朔方军的肢解、吸纳和当时复杂的西北边境局势。裴艾琳《唐宋之际南方边地的华夏进程与族群融合》（《社会科学》第11期），讨论了唐朝南方华夏化多元性的表现，唐王朝通过羁縻、征税、置县等多种举措，从观念和体制上，维系了构建华夏边缘的羁縻制度，这也是南方族群生存形态，在五代及两宋得以延续的基础。罗权、李鑫鑫《叶尼塞河碑铭所见唐代黠戛斯的社会生活》（《中华文化论坛》第1期），通过叶尼塞河流域发现的突厥鲁尼文碑铭内容，探讨了唐代黠戛斯的婚姻、信仰及生计方式等问题。李鸣飞《元代叶尼塞河上游森林部落的内迁和演变——以憨哈纳思为例》（《史林》第4期），探讨了叶尼塞河上游森林部落——憨哈纳思，在元代统一的背景下，迁入内地、东北及山东等地的历史过程。刘畅《高丽中期文人群体的国家主体意识与对华观念转变》（《文史哲》第4期），分析了高丽文人如何通过本国山水景观的再发现，以及对本土历史记忆的再建构，确立高度国家主体意识和民族自信心的过程和背景原因。方宝川、徐斌、张沁兰《“闽人三十六姓”移居琉球史料钩沉及其史实考析》（《海交史研究》第3期）分析认为明初并没有发生过一次性赐“闽人三十六姓”的史事，闽人三十六姓移居琉球，应该是一个陆陆续续的历史渐进过程。李花子《再论康熙年间穆克登立碑处并非小白山——与马孟龙先生商榷》(《中国历史地理论丛》第3期)对马孟龙提出的穆克登立碑处位于小白山的看法进行了商榷，指出在论证过程中史料辨析出现问题，一是运用史料不全面，只采用有利于自己的，而忽视了其他史料，分析产生了偏颇，二是被史料的错误记载所误导，三是搞错了长白山地区山水地理方位，他所指的小白山实际上并非小白山，而是北胞胎山，还混淆了小白山以东发源的石乙水和北胞胎山发源的西豆水，因而他主张的小白山说不成立，穆克登立碑处应在长白山东南麓。沈艾娣(Henrietta Harrison)《危言大译：英国与大清帝国两位通译的不凡人生》(*The Perils of Interpreting: The Extraordinary Lives of Two Translators between Qing China and the British Empire*, Princeton University Press, 2021)，通过分析马戛尔尼的两位通译，负责调解国际交涉的过程，从个体生命史的角度，讨论了清朝与英国建交中的文化冲突。

《自然》(Nature)杂志在线发表了题由中国、法国、德国、美国等11国研究人员共同合作的《三重证据表明泛欧亚语系的农业传播》(*Triangulation Supports Agricultural Spread of the Transeurasianlanguages*)。文章从语言学、考古学以及古DNA三方面，对泛欧亚语系人群的史前历史，进行了全面的重建，认为泛欧亚语系的发源地，可追溯到中国辽河流域新石器早期的农业人群，其扩散源于中国北方起源的粟黍农业的传播，以及粟黍农人的迁徙。有关跨文化人群的融合的专著，包括张文和、刘国祥主编《中国古代北方民族史》(十卷，科学出版社)，以匈奴、乌桓、拓跋鲜卑、柔然、突厥、回鹘、黠戛斯、契丹、库莫奚和室韦等十个北方民族为研究对象。其中的王丽娟《库莫奚卷》，是国内外第一部系统介绍库莫奚历史的学术专著。张佳《图像、观念与仪俗：元明时代的族群文化变迁》(商务印书馆)，结合纸本、绢布、画像砖上的图像资料及文字资料，讨论了13—14世纪，中国的族群政治与文化变迁对周边国家的辐射与影响。约翰内斯·雷克尔、梅尔·沙茨主编的《丝绸之路沿线民族的古文字和语言》(*Ancient Texts and Languages of Ethnic Groups along the Silk Road*, erschienen in Universitätsverlag Göttingen)一书，从语言学的角度，探索了丝绸之路沿线的文化知识交流。荣新江《从粟特到中国——丝绸之路史的研究》(『ソグドから中国——シルクロ｜ド史の研究』，东京：汲古书院)是作者著述的结集。

2. 跨文化互动与流变

以往在古代中国与域外文明的研究中，多从区域互动与跨文化的比较研究等宏观角度进行阐释，2021年度的研究中以物为中心的研究视角更为微观和具体多样。

以考古发现为切入点的文物学研究视角，包括万明《早期文明中的中西文化共生：儿童空间——从塞浦路斯出土猪形拨浪鼓谈起》(《中华文化论坛》第3期)分析了英国大英博物馆、美国大都会博物馆等收藏，塞浦路斯出土的公元前300—公元100年的古希腊文明猪形陶俑拨浪鼓，同时对比中国古代儿童玩具“拨浪鼓”，通过跨文明的比较方式，探索了古代人类文明发展的多元文化共生与交融的课题。高启安《中国大北方弧形带岩画中的尖顶帽人》（《丝绸之路研究集刊》第6辑），梳理了新疆、青海、甘肃、宁夏及内蒙古等省区，岩画中的尖顶帽人图像的类型，初步讨论了这类岩画图像的文化内涵。阎焰《波斯萨珊皇家狩猎纹石盘》（《丝绸之路研究集刊》第6辑）从器形、纹样和文化特征，对收藏于深圳望野博物馆，波斯萨珊皇家狩猎银盘纹样的石盘，进行了介绍。沙武田《唐墓出土三彩骆驼驮囊兽首形象属性考》（《文物》第2期）考证指出唐墓出土三彩骆驼，所驮之驮囊上的兽首形象，其物品的性质为动物皮包装或保护类材料，而非“刻毡为形，盛于皮袋”的祆神论断。杨瑾《丝绸之路视域下辽宁朝阳隋唐墓葬胡人胡服俑之考古学观察》（《黑河学院学报》第8期），整理和分析了辽宁朝阳隋唐墓葬所发现的，各种造型的胡人俑和胡服俑资料。吴若明《萨克森宫廷藏亚洲陶瓷及欧洲硬质瓷的烧制》（《故宫博物院院刊》第11期）分析了萨克森宫廷亚洲藏瓷的来源和文化分期，梳理了在亚洲藏瓷的影响下，奥古斯特强力王执政期间，所生产出的欧洲最早的硬质瓷——真正意义上的瓷器，随之创办的麦森瓷厂，从仿制到创新风格形成的史事。

从古代钱币的角度，来讨论文化的演变的研究，有罗帅《汉佉二体钱新论》（《考古学报》第4期）。该文认为汉佉二体钱是一种中介货币，发行年代约为公元85—132年，并对汉代丝绸之路的经济文化交流，以及于阗历史展开了论述。李潇《希印双语币的起源、演变与多族群文化互动》（《西域研究》第2期），通过探讨希印双语币的发展演变过程，考察了希腊、印度、斯基泰游牧民族，以及帕提亚等族群文化，互动与交流的情况。袁炜《从钱币等看贵霜伊朗系宗教信仰的多神偶像崇拜》（《丝绸之路研究集刊》第6辑）尝试从钱币出发，对公元前1世纪的大月氏，至公元5世纪寄多罗贵霜的贵霜伊朗系，其宗教信仰的多神偶像崇拜，进行了整体分析。马伟《固原考古所见北魏至隋唐墓葬中的萨珊钱币葬俗——兼论萨珊钱币的分布变化及动因》（《形象史学》第18辑），在全面考察固原地区出土的萨珊钱币及相关葬俗的基础上，分析了该区域萨珊钱币的形制特点、来源及其在该区域丧葬语境中的性质与功能，探讨了该区域萨珊钱币与当地入华粟特裔的关系。《从君士坦丁堡到长安：古代晚期世界的拜占庭金币》（*From Constantinople to Chang'an. Byzantine Gold Coins in the World of Late Antiquity*. Papers Read at the International Conference in Changchun, China, 23－26 June 2017, Sven Günther, Li Qiang, Lin Ying, and Claudia Sode (eds.), Supplements to the Journal of Ancient Civilizations, vol. 8, 2021），对2017年在长春东北师范大学召开的“古代晚期世界的拜占庭金币”国际学术研讨会上，所发表的部分论文集结出版，是关于丝绸之路上以货币为载体的，文化交流研究的重要成果。王春法主编《货币与王朝：

国际视野下货币的影响与改变》（北京时代华文书局）是2019年中国国家博物馆举办的“货币与王朝——国际视野下钱币的影响与改变”国际学术研讨活动论文集，收录33篇研讨论文，内容涉及东、西方两种不同货币体系形成的原因及其影响，王朝间钱币的交流与交融轨迹，沿线国家钱币及战争对货币的影响，贸易对中、西方货币体系的改变等诸多方面。孔子博物馆、阿克苏地区博物馆编《丝路遗珍：古丝绸之路上的货币》（文物出版社），图录内容以丝绸之路中段西域为交汇点，全面涵盖了历史时期古丝路沿途各王朝和城邦国发行的货币类型，包括中原王朝货币、古代西域地方货币和丝路古国货币。崔劲波、李廷青《海东青蚨：高丽铸币》（商务印书馆）通过对高丽铸币史和货币文化的研究，讨论了中国古代货币文化对周边国家及地区的影响。

从经济活动角度，对中外文化交流进行研究的包括彭善国、王安琪《东北亚地区贸易陶瓷的初兴——以渤海国遗址出土瓷器为中心》（《故宫博物院院刊》第11期），梳理了9世纪初前后至10世纪初，传入渤海国境内的瓷器的特点及其传入路径。姜波《港口、沉船与贸易品：海上丝绸之路的考古发现与研究》（《海交史研究》第4期），综述了海上丝绸之路的考古发现与研究，以泉州港遗址、“南海Ⅰ号”沉船及龙泉窑荷叶盖罐为重点，介绍了港口、沉船与海洋贸易品的考古成果，从考古学的视角解读了海上丝绸之路的历史面貌。崔思朋《明清时期丝绸之路上农作物传播及对中国的影响》（《全球史评论》第20辑），指出明清时期也是中国本土作物传向世界、尤其是传入欧美地区的关键时期，农作物的传播，也成为明清时期中国与世界往来的重要媒介。倪玉平、崔思朋《万里茶道：清代中俄茶叶贸易与北方草原丝绸之路研究》（《北京师范大学学报（社会科学版）》第4期），梳理了清代从福建至俄罗斯的商贸通道的变迁。张舒《清代万里茶道述论》（《中国经济史研究》第6期），则从万里茶道的兴起、主要路线和市场的演变、经营方式等，具体分析了其兴衰过程和历史意义。

关注文化认同问题的研究，有葛承雍《胡人发型：中古“剪头胡雏”艺术形象试解》（《故宫博物院院刊》第2期）。该文对北朝到隋唐时期，中古社会文物图像中，剪发胡人的形象，进行了探讨。指出剪头胡雏发型，是有关底层胡人的直观艺术产物，也说明当时入华胡人还没有彻底“汉化”，仍然保留着本族群的发型特征。曾丽荣《隋唐时期入华粟特男子世俗服饰与中华文化认同——以隋唐时期入华粟特人墓葬资料为中心》（《西域研究》第2期），对隋唐时期入华粟特人墓葬中，男子的着装形象，进行了辨析，其对中华文化的认同情况，表现为由粟特胡服体系转向本土服饰体系，服饰逐渐呈现出身份等级的区别，以遵循儒家服饰礼制。

此外，胡梧挺《“大鱼骨”与“如意珠”：唐代东亚的鲸认知与鲸制品利用》（《唐史论丛》第33辑），从博物学的角度，考证了唐代文献中的“鲸鲵”，在朝鲜半岛、日本、环鄂霍茨克海及日本海东北部地带的认识及鲸制品利用。李水城《耀武扬威：权杖源流考》（上海古籍出版社），以考古发现的“权杖（头）”为中心，对国内外出土的权杖（头）进行了全面收集，对权杖在中外文化交流中的作用进行了深入研究。匈牙利学者毕丽兰、德国学者孔扎克—纳格主编，刘韬译《高昌遗珍：古代丝绸之路上的木构建筑寻踪》，是首部对高昌木制建筑构件进行系统研究的著作。齐东方《碰撞与交融——考古发现与外来文化》（科学出版社），辑录了作者对古代中国外来文化相关的器物、图像等进行综合性研究的成果。美国学者罗伯特·N. 斯宾格勒三世著，陈阳译《沙漠与餐桌：食物在丝绸之路上的起源》（社会科学文献出版社），结合考古学、植物学和历史学，探讨了常见谷物的传播路线，以及食物在全球化发展中的作用。

关于艺术与文化的流动，杨巨平《从地中海到黄河——希腊化文化信息在中国的回响（至公元7世纪）》（《历史教学（下半月刊）》第10期），从文献、艺术及钱币三个方面，探析了汉唐之际，中华文明与希腊化文明的互动与融合的印记。吕博《〈梁四公记〉与梁武帝时代的文化交流图景》（《历史研究》第1期），揭示了《梁四公记》所包含的南朝梁武帝时期，欧亚大陆各地文化交流、贸易往来的历史图景。李细珍、孙志芹《北朝至隋唐时期织物翼马纹样来源及其成因》（《丝绸》第2期），以中国北朝晚期至隋唐时期，纺织翼马纹样为研究对象，对其纹样的来源、发展过程及盛行的原因，进行了分析。郭津嵩《撒马尔干的中国历法：耶律楚材的“西征庚午元历”及其“里差”法考辨》（《中华文史论丛》第1期）一文指出，耶律楚材随成吉思汗西征途中，作成的“西征庚午元历”，意在回应西征进程中的地理形势变化，以及中亚伊斯兰天文学的挑战，维护汉地天文学在蒙古政权下的地位。赵江红《从宿占到禽占：文化交流视野下的星禽术研究》（《文史》第2辑），指出汉末自印度传入中国的二十八宿本命宿占，向二十八星禽占转变，到了明清以后，又与本土数术融合。高源《儒家典籍在欧洲首次译介考辨》（《历史研究》第1期），通过分析传译背景、版本源流和译介影响，指出罗明坚为东学西渐的先驱、儒学西译的奠基人，是西方汉学的实际开拓者。鱼宏亮《晚清时期李希霍芬中国地理考察及其影响》（《历史档案》第1期），利用中外档案文献，对李希霍芬几次考察中的路线选择、实施过程等进行了探讨，并重点论述了19世纪，西方殖民主义全球性科学考察氛围下，对中国的调查及多重属性问题。张光宇《韩国奎章阁藏〈宋史撮要〉综考》（《宋史研究论丛》第29辑），对韩国奎章阁藏汉籍《宋史撮要》的编者、成书年代、背景、体例、内容特点、编修意义及史料价值等，进行了考证。肖大平、莫道才《〈大唐平百济国碑铭〉的版本与流传考》（《域外汉籍研究集刊》第21辑），对《大唐平百济国碑铭》的揭本与文本，两个系统的版本来源进行了考证，也揭示了清人与朝鲜人，在金石学资料收集与研究方面的交流与互动。王成《朝鲜成伣散文中的中国文化印记》（《中华文化论坛》第6期），分析了朝鲜文人成伣及其文学作品所见的丰富的中国文化因素。吾斯曼江·亚库甫编著《丝绸之路文献与文化》，收录了有关“丝绸之路历史文献研究”、“丝绸之路历史文化研究”、“丝绸之路考古与艺术研究”及“丝绸之路与中外文化交流研究”等方面的十二篇论文。

有关思想与宗教文化传播的研究，包括刘屹、刘菊林《悬泉汉简与伊存授经》（《敦煌研究》第1期），认为伊存授经是佛教初传中国的标志性事件。周佳《多宗教语境中的“树中人”形象源流探析——故事与图画的两条线索》（《西域研究》第3期），追溯了乌尔都语文学作品中“树中人”故事，在犹太教、基督教、伊斯兰教的宗教性文本中的流变，探讨这一形象在欧洲—中亚—南亚的文化交流过程。拜根兴《唐朝与新罗道教文化交流的再探索》（《唐史论丛》第33辑），对唐与新罗道教交往中的具体史事进行了辨析。孟宪实《中国与南亚之间的丝绸之路——以唐代取经僧人的记录为中心》（《敦煌研究》第3期），认为佛教使得南亚成为当时与中国联系最密切的地区，僧人求法的主要目的是服务于当时的社会。何方耀《东晋至两宋中国与印度尼西亚佛教文化交流互动考述》（《海交史研究》第3期），论述了东晋至宋末时期，佛教文化逐渐成为中国与印度尼西亚诸岛国间，朝贡贸易的纽带。陈明《古代欧亚“三条鱼的故事”图像的跨文化流变与图文关系》（《上海交通大学学报（哲学社会科学版）》第2期），通过梳理巴利文佛教《本生经》中的“三条鱼的故事”的文图源流及图文关系的变化，展示了古代印度文学与宗教对外传播的复杂性，并为理解古代欧亚的文化交流提供了一个有效的实证事例。王招国（定源）《域外佛教文献对于中国佛教研究的价值——以日藏佛教写本为中心》（《世界宗教研究》第1期），介绍了日藏佛教写本的来源、书写与流传，简要回顾了近百年来，日本学界对佛教写本的研究概况，并指出日藏佛教写本，可以为研究中国佛教写本大藏经、保存中国佛教古佚书，乃至在文本辑佚、校勘等方面，提供无可替代的文献价值。谭家齐、方金平《天道廷审：明清司法视野下天主教的传播与限制》（香港：香港城市大学出版社）从法制史的角度，专门考察了天主教在华传播过程中所引发的冲突与教案。

文化交流研究的学术回顾，包括王子今《秦汉时期中外关系史研究40年》（《贵州社会科学》第6期），总结了有关海陆丝绸之路的秦汉断代史研究。加法尔·卡拉尔·艾哈迈德、王光远《丝绸之路文化带：唐朝至元朝时期中阿文化交流与互鉴》（《西亚非洲》第6期），梳理了唐朝至元朝，同阿拉伯文化交流情况。森公章、苏亦伟《日本学术界唐代中日文化交流研究的回顾与展望》（《日语学习与研究》第6期），从遣唐使派遣的次数、目的、航路、时代划分、日本对唐文化的吸收、对唐观的变化以及遣唐使的停派等方面，梳理了日本学术界有关唐代中日文化交流史的研究成果与相关课题。程恭让、徐文静《从“丝绸之路”到“一带一路”：百年佛教交流研究的回顾与展望》（《西南民族大学学报（人文社会科学版）》第5期），回顾了百年佛教文化交流研究的历史和内容，并对“一带一路”佛教交流史研究的方法、思路和重点作出了分析。

2021年度古代中外关系史研究，新资料的整理、全球史和区域史视角、文化交流、多民族互动与融合研究，仍然是学者关注的重点。学者在立足区域研究的同时，开始重视和强调全球史视野。在传统历史学研究分析的方法之外，更强调利用考古学材料，展开跨地域的文物学与跨文化的人群的个案研究。总的来看，2021年，古代中外关系史研究在传统研究领域，呈现出持续发展之势，但在跨学科的综合研究比较缺乏。

历史地理研究综述

孙景超

2021年度，中国历史地理学研究在继续保持传统学科优势的同时，也不断探索新的发展方向，涌现出一大批学术成果。从研究时段上来看，上起先秦，下迄当代，对不同历史时期的地理内容展开了广泛研究，既有一批通代的整体贯穿研究，更不乏具体的个案研究；在研究内容方面，涵盖历史自然地理和历史人文地理两大领域，在注重基础研究的同时观照现实问题，涉及内容广泛，并在某些分支上展现出不同于以往的新趋势。随着学科交叉与学术交流的深入，一些新兴分支进展迅速。

一、2021年度学科热点与动态

热点问题。2021年是中国历史地理学重要奠基人谭其骧、侯仁之两位先生诞辰110周年，也是《中国历史地理论丛》和《历史地理研究》（原名《历史地理》，辑刊，2019年改为期刊并更为现名）两大刊物创刊40周年。学界的一个重要主题就是纪念与传承，各研究机构与刊物陆续举办一系列的纪念性活动，刊登了不少相关文章，展示了学科发展的传承与创新。如《历史地理研究》第2期推出“纪念谭其骧先生诞辰110周年”专栏，刊登了徐少华《学习谭其骧先生对鄂君启节地理释证的几点体会》、侯甬坚《〈中国历史地图集〉主编谭其骧先生的品质》及郭声波《追星：回忆受教谭其骧先生二三事》，均结合自身与谭其骧先生之交往经历，回顾谭先生之学术品质与学术贡献；第3期又推出“纪念谭其骧、侯仁之、史念海先生”专栏，朱士光、李孝聪、唐晓峰、辛德勇等人从不同的角度阐释了三位先生对中国历史地理学科建立与发展的重要贡献。《中国历史地理论丛》也刊登了数篇纪念谭其骧、侯仁之先生的文章。以《史念海遗稿·论著》（王双怀编，陕西师范大学出版总社）、谭其骧《中国移民史要》（复旦大学出版社）为代表的经典著作及手稿等，也被整理出版或重版。

此外，也有纪念王北辰、邹逸麟、满志敏等学人的文章。值得关注的是，历史地理学前辈及部分当代学人的学术贡献与学术思想，也逐渐成为相关学科的研究对象，其影响范围显然超出了历史地理学科的范畴，体现出中国历史地理学学科日益成熟，影响不断增大。

学术活动与学科发展。2021 年度学术活动仍受疫情的间歇影响，但相关学术机构及学者积极利用线上线下等机会举办、参与各类学术活动数十场。2021 年度最重要的学术活动有二。一是 5 月 21—23 日，北京大学举办的“历史地理学的回顾与前瞻暨纪念侯仁之先生诞辰一百一十周年学术讨论会”，与会学者就侯仁之先生与历史地理学学科建设，历史自然地理、历史地理文献与区域历史文化资源的开发利用，历史经济地理与历史人文地理等问题展开分组讨论，并就出土文献、考古新发现与历史地理研究，北方农牧交错地带的自然环境和土地利用方式对社会文明的影响，历史地理学研究中的历史人类学和社会经济史视角等方面，进行圆桌会议讨论。二是 7 月 17—18 日，复旦大学举办的“多尺度、多时空与多样性——2021 年中国历史地理学国际学术研讨会”，此次会议原定 2020 年举办，因疫情原因推迟。来自海内外近百家学术单位的 200 余位会议代表参加了学术交流。与会代表围绕历史自然地理与环境史、历史政治地理、历史军事与交通地理、历史经济地理、历史城市地理、历史文化地理、地图研究，以及文献、方法与地理学史等各研究领域展开了热烈讨论和深入交流，充分展现了新时期中国历史地理学迅速发展所取得的丰硕成绩，集中而又全面地展示了近年来中国历史地理学的发展状况。

学科专业刊物建设也有新进展。2021 年 5 月，《历史地理研究》与《中国历史地理论丛》双双入选“中文社会科学引文索引（CSSCI）”来源期刊目录（2021—2022），体现了学界对历史地理学科发展成果的认可。除了传统的两大专业刊物之外，一些相关学术阵地也得以保留与发展，如《中国边疆史地研究》《中国地方志》《云南大学学报》《苏州大学学报》《形象史学》等，均刊发有相当数量的历史地理研究成果，《中国社会科学》《历史研究》《中国史研究》等重要刊物，亦有相关成果刊登，显示学界的广泛影响。

学科整体研究与方法论。在整体研究方面，黄义军《历史地理研究的新趋向（2015—2020）》（《中国史研究动态》第 6 期），总结了近 5 年来历史地理学研究的相关成果，归纳了近年来的学科发展新特点，并指出未来学科发展上应加强明清以前各代的研究，加强中外历史地理成果的互介以及加强外国历史地理研究等。辛德勇《历史地理学在中国的创立与发展》（《历史地理研究》第 3 期）与李孝聪《历史地理学的开创与传承：谭其骧、侯仁之、史念海》（《历史地理研究》第 3 期）从学科发展的角度，归纳总结了历史地理学科创立发展的历程与三位先生的学术贡献。鲁西奇的《中国古代乡里制度研究》（北京大学出版社）是近年来少见的通代专题著作，对中国古代乡里制度进行了充分翔实的论证。研究方法上，鲁西奇《中国历史学的空间取向》（《社会科学战线》第 8 期），总结了不同历史研究模式中的三种空间取向模式，论证了其与中国历史研究的关系。马强、曾维英《出土文物与当代历史地理学的互证——中华人民共和国成立以来从出土文物研究历史地理述评》（《云南大学学报（社会科学版）》第5期），论证了出土文物对历史地理学研究的促进作用，同时指出目前存在偏重单个研究、缺乏综合研究的整体性问题。潘晟《地图的可通约性与全球史的历史地理学方法》（《深圳社会科学》第5期）则讨论了地图作为通约性史料，可能在全球史研究中发挥的重要作用。

二、历史自然地理研究进展

历史自然地理研究以人地关系为核心，关注历史时期自然地理变化及其对人类社会的影响，研究分支众多。2021年度总体性综合研究有葛全胜、朱会义《两千年来中国自然与人文地理环境变迁及启示》（《地理学报》第1期），方修琦等《过去2000年中国农耕区拓展与垦殖率变化基本特征》（《地理学报》第7期），董广辉等《探讨过去人地关系演变机制的“支点”概念模型》（《地理学报》第1期）等，展示了学界研究的整体性思考。具体研究成果以历史气候、灾害、疾疫及动物等方面为多。

1. 历史气候变迁。历史气候变迁研究自20世纪70年代竺可桢先生开始形成规模，多年来积淀深厚，成果丰富。近年来，受现实问题的影响，相关研究持续兴盛不衰。尤其是气候变化的社会影响与适应问题，渐成焦点。2021年度成果中，郑景云《气候的历史与历史气候研究》（《云南大学学报（社会科学版）》第4期）从学科发展角度对历史气候研究的学科构成发展进行论述；郑景云等《过去2000年气候变化的全球集成研究进展与展望》（《第四纪研究》第2期）梳理了过去2000年温度与干湿变化的全球集成研究进展，并简要分析了发展态势与研究难点；成赛男《中国历史气候变化影响研究的思考与前瞻》（《中国史研究动态》第6期）从气候变化影响的角度切入，对相关研究进行了总结与前瞻。方修琦《社会—生态弹性视角下的历史气候变化影响社会发展机制》（《第四纪研究》第2期）将弹性理论引入历史气候变化影响研究中，并从这一角度讨论了历史气候变化的多重变化形式，代表了这一领域的最新思考。

个案研究方面，学界注目于历史时期极端气候事件的重建、台风路径与影响、不同朝代气候冷暖与干湿变化等，如刘威和杨煜达《过去600年中国西南地区极端旱涝事件的重建与分析》（《第四纪研究》第2期）、潘威等《1650—1900年代华东、日本入境台风路径变化及社会影响》（《第四纪研究》第2期）、郝志新等《过去300年中国西南与东部地区雨季始期变化特征的比较研究》（《第四纪研究》第2期）、刘浩龙等《981—1040年开封牡丹观赏记录及其对北宋气候冷暖变化的指示》（《第四纪研究》第3期），以及刘玉青和陈业新《明清时期江淮西部地区干湿状况研究（1450—1911）》（《历史地理研究》第4期）、陶乐等《明清时期中国东部高温事件年表重建和分析》（《古地理学报》第2期）等，展示了历史气候变化研究的丰富内容。

还有一些学者将研究目光和地域扩展到中国之外，关注了世界其他地区气候变化的研究，如于听雷等《中亚地区过去2000年气候变化研究的数据挖掘》（《第四纪研究》第2期）、白孟鑫等《基于树轮宽度指数的过去千年美国分区降水变化数据集》（《中国科学数据（中英文网络版）》第3期）、刘洋等《欧亚大陆中世纪暖期与小冰期温度变化的区域差异分析》（《第四纪研究》第2期）等，显示了研究视野的扩展。

2. 历史灾害与疾疫。历史灾害地理研究过去主要关注于洪水、干旱、地震、瘟疫等自然灾害及其社会影响，持续至今的新冠肺炎疫情也催发学界对历史上相关问题的探讨。其研究内容除关注灾害与疾疫本身外，亦关注其社会影响及防灾、减灾等方面。

2021年度出版的相关著作有高凯主编《中国灾害志·断代卷·秦汉魏晋南北朝卷》（中国社会出版社）。该书为民政部组织的"中国灾害志"丛书之一种，后续尚待出齐。张崇旺、朱浒主编《江淮流域的灾害与民生》（科学出版社）为2017年中国灾害防御协会灾害史专业委员会第十四届年会暨"江淮流域灾害与民生"学术研讨会会议论文集，相关内容就灾害史理论、江淮流域等地区灾害与民生领域等问题展开广泛探讨。夏明方等主编《灾害与历史（第2辑）》（商务印书馆）以"灾后重建与生态修复"为主题，采用文理对话的形式，对灾害与历史的相关问题展开讨论。

整体研究方面，徐艳波《"历史视野下的灾害文化与灾害治理"国际学术研讨会综述》（《中国史研究动态》第4期）是中国灾害防御协会灾害史专业委员会第十七届年会暨"历史视野下的灾害文化与灾害治理"国际学术研讨会的会议综述；刘利民等《中国古代地震灾害史研究综述》（《防灾科技学院学报》第2期）是对中国古代地震灾害研究相关问题进行综述。

个案研究方面，则主题各异。胡慧文等《京津冀地区历史地震事件时空特征研究》（《古地理学报》第2期）关注历史时期京津冀地区的地震时空特征；唐元《先秦时期文献记载的瘟疫认知与管理应对举措》（《防灾科技学院学报》第2期）讨论了先秦时期的瘟疫认知与应对问题；赵宇莲等《明清时期导致人口大量死亡的疫灾时空分布及灾害链研究》（《干旱区资源与环境》第2期）从灾害链的角度探讨了明清时期重大疫灾的时空分布；李玉尚《〈五行志〉鼠类灾异文化的传承与变迁》（《历史教学（下半月刊）》第10期）论述了历代《五行志》对鼠类灾害文化记载的认知与变化问题；何茂峰、卜风贤《魏晋南北朝时期的疫灾峰值与气候变化》（《农业考古》第3期）则关注了南北朝时期疫灾与气候变化之间的关系。

历史疫灾地理领域中比较突出的是龚胜生研究团队。其团队长期从事历史疫灾地理研究，整理有《中国三千年疫灾史料汇编》等成果，2021 年度发表《中国3000 年疫灾流行的时空特征及其影响因素》（《地理学报》第 8 期）、《宋元时期中国疫灾空间格局与环境耦合研究》（《干旱区资源与环境》第 1 期）等论文，从不同时间尺度讨论了疫灾与环境问题。团队还获得了 2021 年国家社科基金冷门绝学项目“中国历史瘟疫图像整理与疫灾文化研究”的立项，后续成果值得关注。

总体来看，灾害研究近年来虽然成果不少，但研究模式趋于固化，研究思路尚难以跳出传统窠臼。相关学者对此也有反思，《史学集刊》第 2 期刊发了“灾害文化研究理论与方法论笔谈”，有周琼《灾害史研究的文化转向》、方修琦《灾害文化的历史继承性》、夏明方《继往开来：新时代中国灾害叙事的范式转换刍议》、余新忠《中国传统瘟疫叙事中的灾疫文化初探》、马俊亚《灾荒文化视阈下的“差序格局”》等文章，显示了相关领域学者的最新思考。

3. 历史动物地理。历史动物地理研究在 20 世纪一度较为兴盛，进入 21 世纪以来较为低落，近年来有明显反弹。廖健豪等《重新认识人类与动物：西方新动物地理学研究进展》（《地理科学》第 11 期）对近 25 年来西方动物地理的研究状况进行了梳理，对其认识论和方法论进行了归纳总结。《澳门理工学报》第 3 期刊发了陈怀宇主持的一组历史动物地理研究文章，理论思考与个案研究兼备，其中吴杰华、曹志红《中国历史动物研究的反思与重构》一文总结了 20 世纪的历史动物地理研究与 21 世纪以来的动物环境史研究两个范式，对学科的发展提出了新的反思；芦笛《动物伦理、本土调适与名物对应：汉地佛教涉药文化史三论》从佛教的动物伦理、中印文化交流中的本土调适与名物对应等角度，讨论了历史上汉地佛教的动物入药问题；王彤《历史与神话的交织：汉唐时期云南蛇的叙事及其形象变迁》，从文献作者现实动机与社会历史文化水平的角度，分析了汉唐时期文献对云南蛇的记载及其形象变化。此外，陈亮《“滇南旧无雁”：清代以降豆雁在云南迁徙路线的变化》（《中国历史地理论丛》第 1 辑），考察了清代气候环境变化与豆雁迁徙路线变化间的关系；王勇《对里耶秦简中捕猿进献的探讨》（《中国农史》第 4 期）探讨了秦代迁陵地区的捕猿贡献问题。历史动物地理研究与历史时期的气候变化、植被变化及人类活动等密切相关，仍有继续深入的可能。

三、历史人文地理研究进展

1. 历史政区研究。历史政区研究由中国传统的沿革地理发展而来，主要关注于政区建置的调整、治所迁徙、边界变动、边疆史地及地名等，历来是历史地理研究成果最集中、最丰富的领域。2021 年度研究成果众多，依照研究主题可作如下分类。

政区理论探讨方面，王丰龙、刘云刚《准行政区划的理论框架与研究展望》（《地理科学》第 7 期），谢宇荣《唐宋之际湖南地区州级政治演变》（《中国历史地理论丛》第 4 辑），牟发松、汪海《扬雄〈州箴〉与两汉之际的州制变革》（《社会科学战线》第 8 期），屈卡乐《五代防御、团练州考述》（《历史地理研究》第 4 期），从不同层面对不同类型的政区制度展开了考证与探讨。王朔《近 40 年秦县制研究的回顾与展望》（《中国史研究动态》第 5 期）是就秦代县制研究的综述性研究。

政区沿革考订方面，涉及政区的置废沿革、治所迁徙等问题。此方面成果最多，也较零散。2021 年度著作有马孟龙《西汉侯国地理（修订本）》（上海古籍出版社）；论文则有洪斌《东晋南朝东官郡名辨》（《历史地理研究》第 1 期），陈国飞《明清时期广东五邑地区政区变迁研究》（《历史地理研究》第 1 期），张仲胤《汉末巴郡分置考》（《中国历史地理论丛》第 2 辑），张晓非《元代河西地区行政建置的变迁》（《中国历史地理论丛》第 3 辑），黄学超《汉末新初十二州有梁州无益州考》（《中国历史地理论丛》第 2 辑），李培生、郭声波《唐定襄、云中二都督府设置时间新考》（《中国历史地理论丛》第 2 辑），李贤强《明代月港叛乱与海澄设县补论——对黄友泉先生回应之回应》（《中国地方志》第 1 期），张乐锋《清至民国时期荥泽、河阴两县的合并纷争与地域互动》（《中国地方志》第 5 期），黄粲茗《宋代钦州治所迁移考论》（《中国地方志》第 1 期），马剑、张宇博《洪水与战事中的清代绵州迁治研究》（《历史地理研究》第 2 期），王斌、陈吉《秦至西汉前期海盐县城址新探》（《历史地理研究》第 3 期），孟祥晓《区位特征与明清卫河流域区划变迁研究》（《复旦学报（社会科学版）》第 5 期），常泽宇《阜阳侯与“阜阳侯国遗址”辨议》（《中国地方志》第 5 期），陶仁义、王日根《明清苏北庙湾的海陆变迁与行政升格》（《农业考古》第 6 期）等。此方面研究多以政区沿革的个案研究形式展开。王红星等《鄂、西鄂、东鄂辨证——兼论湖北称鄂之由来》（《历史地理研究》第 3 期）与路其首《明代“西北”的不同含义》（《中国历史地理论丛》第 3 辑）则是对历史时期区域名称的考辨，亦属此类。

政区边界研究，有潘国立《西汉淮阳国（郡）辖域的变迁》（《中国历史地理论丛》第 1 辑）、薛梦缘《晚清奉天东部县级政区界线变动》（《中国历史地理论丛》第 2 辑）、胡恒《德藏晚清舆图所见吉林长白山区的开发与省界变动——以濛江地域为中心》（《地方文化研究》第 3 期）、张仲胤《“皇居南迁”与东晋永和三年梁、益、荆三州政区边界调整》（《中国历史地理论丛》第 4 辑）、宋可达《明代应天巡抚辖区考辨——兼论“飞地”承天府的归属》（《历史地理研究》第 2 期），是对不同时期不同级别政区辖域、边界的考察。

政区等第是以往关注较少的研究领域。《历史地理研究》第2期集中刊发了一组关于历史政区等第的研究，包括马孟龙《西汉初年陇西、北地、上郡治所考——以张家山汉简〈秩律〉所见各县等第为中心》、姚乐《试析萧梁官班制度下的诸县分等》、罗凯《从官品到俸秩：关于唐五代县之等第的考察》、齐子通《宋代县望等级的划分标准探析》、胡恒《清代县级政区分等制度再探》，第3期有李大海《金代诸府政区等第问题新探》一文，另有曹雨琪《唐代八等州县等第形成探微》（《唐宋历史评论》第8辑）等，分别对不同历史时期的政区等第问题开展研究，体现了此方面研究的新进展，也昭示这一领域仍有较大空间。

特殊政区研究，以历史时期的特殊政区及县下政区等为多，其类型多样。相关成果有蒋宏达《嘉靖倭乱前后的沿海卫所与海疆庇护网络——以杭州湾南岸地区为中心》（《史林》第3期），苏家寅《汉代道制政区的起源》（《史学月刊》第5期），黄粲茗《明清时期中越边境“四寨六团”行政建置变动始末》（《中国历史地理论丛》第4辑），叶鹏《国民政府时期福建特种区考论（1935—1945）》（《中国历史地理论丛》第4辑），陈俊宇《清代四川巡检司时空分布补正——以方志和档案为中心》（《中国地方志》第4期），李小朋《民国初年察哈尔特别区域的设立与区域调整》（《历史地理研究》第1期），程森《荒野向田园转化的政区适应——南泥湾垦区的变迁》（《中国历史地理论丛》第2辑），赵赟《清代两淮盐场的灶户保甲及其与州县保甲之别》（《安徽史学》第1期），来亚文《宋代江阴军的政区废复与财政盈亏——兼论军政区的不稳定性》（《苏州大学学报（哲学社会科学版）》第3期），许若冰、杜常顺《明代岷州地区的民政治理与行政制度变迁》（《中国历史地理论丛》第4辑）等，展示了历史政区研究的多重面向。

从整体上来看，相关研究以实证居多，理论探讨偏少。自《中国历史地图集》与《中国行政区划通史》完成后，传统政区地理研究的“面上”问题基本解决，新的研究开始向县下政区、特殊政区、准政区、政区分级与等第调整等方向转移。同时，相关研究更加重视政区调整背后的政治运作过程及多重因素影响，与政治史、制度史及人物史相渗透，体现出学科发展由政区地理向政治地理转化的新趋势。马孟龙《东郡之置与汉初关东控制政策》（《历史研究》第4期）一文在这方面做了有益的尝试。

2. 历史地名研究。历史地名研究历来成果丰富，但多为具体的地名考证，成果较为分散，系统性研究不多。

2021年度较为集中的领域，一为先秦地名研究，有张萍《“南巢”故地在肥西新论：“桀奔南巢”的双重证明》（《安徽史学》第5期），张金桥、燕生东《“丰丘造”戈与周初丰伯居地问题》（《中国历史地理论丛》第3辑），王晖、张巧巧《清华简〈说命〉“员

（圜）土”当今无定河流域考——兼论傅说之都“说邑”》（《中国历史地理论丛》第4辑），姚豪兵《周襄王居氾地望考辨》（《中国地方志》第3期），肖洋《楚灵王“南怀之行”地名考》（《历史地理研究》第4期）等。其研究除利用传统文献考证外，也多注意与出土文献、器物相印证。另一集中领域是对南海地区《更路簿》地名的研究，有刘盛平、夏代云《更路簿记载的广西北部湾地名及更路探析——以两种更路簿为例》（《中国地方志》第2期），阎根齐、吴昊《海南渔民〈更路簿〉地名命名考》（《社会科学战线》第6期），李文化等《〈癸亥年更流部〉暹罗湾地名的数字人文考证》（《地理研究》第5期）等。这一研究除学术意义外，对于维护中国南海诸岛的主权问题也有现实意义。

其他地名研究则较为零散，以考证地名命名、地名演化、地理方位及名人故里为多，如雷震《“慈州”“磁州”“磁州”名称的演变》（《中国历史地理论丛》第2辑），罗权《清代四川寨堡的命名及其文化内涵》（《云南大学学报（社会科学版）》第4期），魏建钢《谢灵运始宁山居地位置新考》（《中国历史地理论丛》第2辑），周宏伟《百越族群与湖南区域地名的汉化进程》（《中国历史地理论丛》第3辑），黄光辉《宋籍“江宁军”为“宁江军”之误》（《中国历史地理论丛》第4辑），郭明明、段双印《北宋石堡寨与西夏龙州地望新考》（《中国历史地理论丛》第4辑），朱海滨《宗泽义乌故里考》（《历史地理研究》第4期），李韶东《宋元明时期雅州碉门新证》（《中国历史地理论丛》第1辑）等。宋婷《新出碑志所见唐长安城周边小原及相关问题考述》（《中国历史地理论丛》第4辑）与徐小晴、李扬《从地理形态到文化符号：浙西南地名“坦”的历史演变》（《中国农史》第4期）是对不同地区典型地貌地名的探讨。蓝勇《中国近古以来的乡村地名》（《中国社会科学》第10期）是近年来少见的地名系统研究，对近古以来的乡村地名进行了分区域的系统梳理。

3. 边疆史地研究。边疆史地历来是历史地理研究的重要组成，中国社会科学院中国边疆研究所是这一领域研究的重镇。2021年度《中国边疆学》刊发了一系列综述性文章，从整体及区域等不同视角（包括东北、北部、新疆、西南边疆、海疆等），对相关研究状况进行了回顾与展望。具体研究成果中，大体可分为边疆史地考证与边疆管理研究两大类。

边疆史地考证的主要成果，有李花子《日本利用“间岛”地理概念的扩张企图——以斋藤季治郎〈间岛视察报告书〉为中心的考察》（《云南大学学报（社会科学版）》第1期），张安、李春火《18—19世纪瓦罕疆域范围考辨——与侯杨方教授商榷》（《中国历史地理论丛》第1辑），何星亮《〈中俄科塔界约〉谈判换约地点考释》（《中国边疆史地研究》第1期），杨长玉《建中会盟所定唐蕃疆界考》（《中国边疆史地研究》第2期），张多勇、庞家伟《西夏肇兴之地地斤泽考察研究》（《中国边疆史地研究》第2期），高建国、齐木德道尔吉《汉代燕然山的位置》（《中国历史地理论丛》第 2 辑），李花子《再论康熙年间穆克登立碑处并非小白山——与马孟龙先生商榷》（《中国历史地理论丛》第 3 辑），费杰等《〈筹海图编〉记载的橄榄山地望考辨》（《台湾研究集刊》第 3 期），扎洛、敖见《清代藏南日纳宗归属问题探析》（《中国边疆史地研究》第 1 期），孙俊《多重镜像：元明时期云南游历资料中的边地形象及其知识生产》（《中国历史地理论丛》第 4 辑），路其首《塞北江南：宁夏地域形象的形成与演变》（《北方民族大学学报》第 3 期）等。

边疆治理方面的成果，有陈国保《安南都护府与唐代南疆经制州县的国家管控及治理》（《社会科学战线》第 10 期）、李伟《披图则思祖宗疆土：北宋的化外州与历史中国》（《中国边疆史地研究》第 2 期）、聂红萍《从办事大臣到都统：乾隆朝新疆东路归属甘肃及其演变》（《中国边疆史地研究》第 2 期）、孙景超《边疆危机、移民实边与政区设置——以晚清吉林蜂蜜山地区为例的讨论》（《中国边疆史地研究》第 2 期）、王翩《体同内地与地方调适：清代婼羌地区开发研究》（《历史地理研究》第 4 期）、濮仲远《唐前期凉州境内羁縻府州的兴废》（《中国边疆史地研究》第 3 期）、孟凡云《羁縻与经制：宋朝在南丹州地区统治政策变迁研究》（《中国边疆史地研究》第 3 期）、方铁《论南诏的地缘政治观及其应用》（《中国边疆史地研究》第 3 期）、段红云《传统“天下体系”下的清雍正“安南勘界案”》（《中国边疆史地研究》第 1 期）、黎镜明《汉初经边战略的调整与边郡战略地位的凸显》（《中国边疆史地研究》第 1 期）、陈国飞《明清“治广以狭”思想在广东的形成与实践》（《中国边疆史地研究》第 1 期）、于昊《民国时期边疆政区的内地化——以磴口设县为例》（《历史地理研究》第 3 期）等。近年来边疆问题热度持续，相关研究仍大有可为。

4. 历史城市地理。历史城市地理研究中，长期以来集中在以“八大古都”为中心的几个重点城市及明清时期的江南市镇，这一特点无疑是由文献资料集中造成的，短期内难以改变。近年来有学者尝试利用多重文献，对一些传统时代中小城市以及近代以来的通商口岸等城市进行了特色研究，拓展了这一领域研究的广度和深度。

整体研究方面，何一民、余爱青《十年来中国城市史学科建设的考察与分析》（《城市史研究》第 43 辑）总结了十年来中国城市史学科的成就与不足；何一民等《中国城市史研究课题的进展及趋势——基于 2011—2019 年国家社科基金课题立项数据的分析》（《城市史研究》第 44 辑），则基于国家社科基金立项分析学科发展。陈筱《中国古代的理想城市：从古代都城看〈考工记〉营国制度的渊源与实践》（上海古籍出版社），从《周礼·考古记》出发，考察中国古代城市规划思想与制度特点。王聪明《双城记：明清清淮地区城市地理研究》（社会科学文献出版社，2020 年版），探讨了明清时期山阳城与清江浦两座近邻城市的内外空间形态与地域结构的具体演化过程。

具体研究中，潘明娟《地中、土中、天下之中概念的演变与认同：基于西周洛邑都城选址实践的考察》（《中国史研究》第1期）、刘壮壮《游牧行国到农耕邑居转型中的城市形态——迁都平城前拓跋政权的都城问题》（《中国农史》第1期）与肖爱玲《20世纪40年代中国建都论战现象解析》（《中国历史地理论丛》第4辑）关注于历代都城选址研究；何一民、陆雨思《清代珠江沿江城市空间分布及特征》（《史学集刊》第5期）与王哲、郑法川《中国近代城市体系的位序规模特征——基于1936年〈中华民国邮政舆图〉的分析》（《地理学报》第8期），以城市空间分布与位序特征为讨论要点；来亚文《宋朝腹地“郡县无城”与“小城大市”现象研究》（《史林》第4期），孙昌麒麟等《南宋常熟的城市形态与城内的“界”——以〈重修琴川志〉的图文分析为中心》（《中国历史地理论丛》第2辑），张怡雯《从港口到卫所——澉浦镇平面格局的变迁》（《中国历史地理论丛》第2辑），黄忠鑫《明清时期太仓州城的“里铺”》（《中国历史地理论丛》第2辑），魏欣宝《明清陕西府县城墙的包砌》（《中国历史地理论丛》第2辑），张晓虹、罗婧《开埠早期上海虹口地区城市化进程研究——兼论英美租界合并的土地经济动力》（《苏州大学学报（哲学社会科学版）》第1期），陈刚强等《20世纪30年代广东古村镇墟市空间分布与驱动因素分析》（《地理科学》第4期）等，则围绕不同历史时期城市形态及其变化进程开展研究；张萍《明清西北筑城碑记的形成、特征及历史地理学价值》（《历史地理研究》第1期）、牟振宇《地籍图册研究进展及其对城市地理研究的史料价值》（《苏州大学学报（哲学社会科学版）》第1期），分别讨论了筑城碑记与地籍图册在城市研究中的史料价值；吴朋飞关注于开封城市研究，独立或与人合作发表有《黄河北徙与北宋城市适应方式探析》（《自然资源学报》第1期）、《崇祯河决开封城的灾害环境复原》（《苏州大学学报（哲学社会科学版）》第2期）、《黄河泛滥背景下开封城市形态演变》（《河南大学学报（自然科学版）》第5期）等多篇文章，以开封为例，关注了灾害与城市发展的关系。相对于单个城市的研究，对历史时期城市的体系研究仍较为薄弱。随着中国城市化进程的推进，历史城市地理仍将是研究热点。

5. 历史经济地理。经济地理方面，研究成果虽多但较为零碎，龚胜生、肖克梅《两千年来中国经济重心变迁的量化分析——基于人口和城市数据的代用分析》（《地理科学》第9期），利用人口与城市等作为代用数据，对两千年来的经济重心变化展开量化研究，是为数不多的整体性成果。

古代经济地理方面，以传统的农业、盐业等产业为主，有任文洁、刘兴林《从卜辞“来”“麦”谈殷商小麦的推广种植》（《中国农史》第5期），萧正洪《课植农桑：唐代乡村基层组织与农业生产》（《中国农史》第1期），尹巧瑞《明末清初京掣地点的迁移与南京八县食岸的形成》（《中国历史地理论丛》第4辑），徐静《明代宁夏镇“水头”研究》（《中国农史》第5期），谢祺《清代湘黔苗疆的粮饷供给模式及其分化原因探析》（《中国农史》第4期）等。还有一些学者重点关注了中外作物交流的传播问题，如于帅、王思明《人口迁徙、环境适应与技术改良：辣椒在中国西南的传播》（《中国农史》第2期），陈春晓《中国茶在波斯、阿拉伯地区的早期传播》（《中国农史》第3期），陈明《从佐餐小食到利用厚生：近代花生的引种及其商品化探析》（《中国农史》第4期），刘爽《清代鄂西山区的美洲作物种植》（《农业考古》第6期），张雨晴、王思明《丝瓜在中国的引种和传播》（《农业考古》第6期）等。

近代经济地理方面，复旦大学吴松弟团队长期运用“港口—腹地”模式研究近代经济地理，近年来又发掘了中国旧海关档案史料，《中国历史地理论丛》第1辑刊发其团队以“近代经济地理研究再出发”为主题的一组笔谈文章，有吴松弟《近代经济地理的研究历程》，王哲《历史经济地理学的问题和机遇——以近代经济地理为例》，张永帅《近代经济地理“区域”研究的深化》，方书生《中国经济地理学研究中的“时间”：以近代为例》，在对既有研究进行全面回顾的同时，也对未来发展趋势作出了展望；在《云南大学学报》第2期又有主题为“中国近代经济地理研究再审视”的笔谈，从不同角度对近代经济地理研究进行了回顾与反思。张永帅《边疆与中国近代边疆经济地理研究》（《青海民族研究》第4期）提出要重视边疆在中国经济地理研究中的作用问题。其他研究有牟振宇《晚清上海道契土地数据的再认识（1843—1911）》（《史林》第4期）、王哲《近代中国邮政空间的“国进民退”》（《历史地理研究》第2期）等。

总体来看，受数据、资料的影响，经济地理研究不同时段产出较为失衡，但研究空间依然巨大。

6. 历史地理文献研究。历史地理文献方面，以正史地理志为中心的传统文献研究持续涌现，近年来对于新史料如文书、墓志等的挖掘利用也在不断深入。

系统研究方面，复旦大学李晓杰团队长期耕耘《水经注》研究，2021年取得多项重要成果，主要有《水经注校笺图释·洛水流域诸篇》（科学出版社）、《古本与今本：现存〈水经注〉版本汇考》（复旦大学出版社）、《〈水经〉文本研究与地理考释》（复旦大学出版社）等，对《水经注》的文本、版本及相关地理状况皆有深入探究。桂始馨《宋代方志考证与研究》（上海人民出版社），对现存宋代方志进行了系统的梳理、考证与研究。

个案研究方面，有朱继平《〈禹贡〉导江之“汇”研究》（《中国史研究》第2期），徐成、谈益群《〈宋书·州郡志〉文本的形成与户口、道里析证》（《中国历史地理论丛》第4辑），琚小飞《〈四库全书总目〉地理类提要考辨》（《中国地方志》第5期），张良《〈金史·地理志〉抉原》（《历史地理研究》第4期），石悦、范子长《〈皇朝郡县志〉再探》（《中国地方志》第1期），郁冲聪《中古物产专志的产生与流变》（《中国历史地理论丛》第3辑），陈郑云、巴兆祥《合修到分修：清代两江、湖广省志编修中的制度博弈与省籍意识》（《史林》第5期），王振忠《晚清〈绩溪地理图说〉的学术价值》（《徽学》第15辑），易艺《社会史视角下的私修方志：晚清江西莲花厅〈爱莲编〉研究》（《地方文化研究》第5期）等，分别对不同类型的历史地理文献展开研究。

此外，刘进宝《敦煌学对中古史地研究的新贡献》（《中国社会科学》第8期），郭满《真实与虚构：〈福尔摩沙的历史与地理〉中的知识来源》（《历史地理研究》第1期），马强、任柳《以诗证地：元明时期的蜀道诗及其历史地理价值》（《中华文化论坛》第3期）属于历史地理研究史料的探讨；段志强《经学、政治与堪舆：中国龙脉理论的形成》（《历史研究》第2期）对以往较少的堪舆类地理文献进行了关注；华林甫等《积跬步以至千里——十部年会论文集评议》（《历史地理研究》第4期）则是以历次历史地理年会论文集为抓手，讨论了学科的发展与学术进展状况。

文献研究是史学之本，除传统史料文献外，其研究内容也在不断地扩展，显示了学术生命力。

7. 交通与军事。交通方面的研究，以大运河、丝绸之路等研究为多。

运河研究方面，滕亚秋《20世纪以来宋代运河研究的回顾与反思》（《中国史研究动态》第5期），胡梦飞《2020年运河学研究综述》（《运河学研究》第7辑），石伟楠、胡克诚《20世纪以来通惠河史研究综述》（《运河学研究》第7辑）等综述，从不同时代、不同地域角度对以往研究进行了整体性回顾；朱士光《关于深入开展中国大运河研究的几点见解》（《运河学研究》第6辑）则对未来的运河研究提出了新的见解。朱年志《明清山东运河小城镇渡口驿的历史考察——以地方志资料为中心》（《运河学研究》第6辑），高逸凡《城前浦口即是京口：早期江南运河入江口“京口”位置考》（《运河学研究》第7辑），祝昊天、潘威《西汉“漕水道”及相关问题辨析》（《运河学研究》第7辑），陈喜波、贾濛《漂来的繁华：明清北运河水系变迁与通州张家湾码头兴衰——兼论张家湾运河文化遗产保护、传承和利用》（《首都师范大学学报（社会科学版）》第5期），则是对不同时期、不同地区运河的个案研究。

丝绸之路研究，总体研究有李伯重《“丝绸之路”的“正名”——全球史与区域史视野中的“丝绸之路”》（《中华文史论丛》第3期）从全球史与区域史角度出发，考察了李希霍芬与赫定两个“丝绸之路”概念；李并成《有关丝绸之路研究中若干学理问题的探讨》（《石河子大学学报（哲学社会科学版）》第3期），也对相关学理问题进行了梳理，提出了新的思考。其他研究多为实证研究，学者们考察了不同历史时期陆上、海上及东北等多条路线及其变化，其中王子今的成果最多，有《“瀚海”名实：草原丝绸之路的地理条件》（《兰州社会科学》第6期）、《汉代丝路交通的西北方向和东南方向》（《丝路文化研究》第6辑）、《草原生态与丝绸之路交通》（《陕西历史博物馆论丛》第28辑）等多篇文章，从不同角度考察了丝绸之路的相关问题。

还有一些成果，如段春娥《秦直道研究的新进展》（《中国史研究动态》第5期），总结了对秦直道研究的最新进展；蓝勇《中国古代空间认知虚拟性与区位重构——以金牛道川陕交界段路线体系变迁为中心》（《中国历史地理论丛》第4辑）、段彬《东魏北齐时代的并邺道》（《中国历史地理论丛》第1辑）、王玉平《天宝十三载封常清在交河郡的行程》（《中国历史地理论丛》第1辑）、祝昊天《北大藏〈水陆里程简册〉所见秦南阳郡交通线路新探》（《历史地理研究》第1期）、宋立州《明清丝绸之路哈密—吐鲁番段“沙尔湖路”研究》（《历史地理研究》第1期）、王启明《三通三绝：清朝使用“纳林道”研究》（《历史地理研究》第3期）、蓝勇《盆地东大路与四川“东大路经济带”的兴衰》（《历史地理研究》第4期）、王子今《秦汉“彭城”的交通地位》（《中国历史地理论丛》第3辑）等，讨论了历史时期的不同的交通线路、交通地位等问题。

军事地理的研究，以长城为主，有艾冲《简论长城历史地理学的研究对象及其内容》（《陕西历史博物馆论丛》第28辑）、赵现海《中国古代长城的历史角色》（《史学集刊》第1期）、史党社《战国秦长城东北端走向及相关遗存辨析》（《中国历史地理论丛》第1辑）等。其他研究围绕军事地名、军事形势等内容展开，相关成果有王玉平《唐代伊吾军的迁移与伊州屯戍布局的形成》（《中国边疆史地研究》第3期），陈明《李信所攻“鄢郢”即昌平君所徙之“郢”》（《中国历史地理论丛》第2辑），吴宏岐、阮宏《近代西文文献所记“浩官炮台”位置新考》（《中国历史地理论丛》第1辑），薛刚《山川分布、区域性集体暴力与军事动员——从地理时间理解近代中国的战争与历史格局》（《南京大学学报（哲学·人文科学·社会科学）》第3期）等。此外，人口与移民、社会与文化等方面的研究，也在持续展开，覆盖面极广，成果不少，但系统的整体性研究还不多见，限于篇幅，此处不再赘述。

四、新兴分支研究进展

1. 地图研究。地图研究历来是中国历史地理学研究的重要内容，近年来相关研究愈发兴盛，其成果大致可分为古地图与历史地图两大类。

古地图。古地图整理方面，2021年度有多部古地图整理出版，其中不少为珍本、善本，主要有张萍主编《西北城市变迁古旧地图集萃》（西安地图出版社），饶权、李孝聪主编《中国国家图书馆藏山川名胜舆图集成》（上海书画出版社），安徽省自然资源厅编著《安徽省历史地图集·古旧地图卷》（中国地图出版社），四川大学编《清初四川通省山川形胜全图》（成都地图出版社），李勇先、高志刚主编《巴蜀古旧地图集（第一卷）》（巴蜀书社）等，分别从区域和专题等不同角度披露了丰富的古地图资料整理成果。澳门大学与荷兰莱顿大学合作，将清代康熙、雍正、乾隆三大实测地图进行了数据化处理，推出了线上“QingMaps”系统（https：//qingmaps. org/），为学界研究、利用相关舆图提供了便利。

同时，古地图研究也取得丰硕成果。潘晟《地图的可通约性与全球史的历史地理学方法》（《深圳社会科学》第5期），从地图作为通约性史料的角度出发，讨论了其作为全球史的历史地理学研究方法的可能性与可行性；成一农《时代与历史书写——中国古代地图学史书写的形成以及今后的多元化》（《唐宋历史评论》第8辑）与《从古代舆图看形象史学的未来》（《中国社会科学报》9月6日第5版）二文，从史学发展角度讨论了古代舆图与历史研究的关系，提出了一些新的思考。

具体研究方面，相关成果多围绕具体的地图（集）展开考证与研究，如林宏《〈广舆记〉与卫匡国〈中国新图志〉城址经纬度推定过程研究》（《历史地理研究》第1期），陈松、成一农《中国国家图书馆藏〈陕西舆图〉绘制年代的再认识》（《形象史学》第18辑），李嘎《〈榆林府城图〉与清代榆林城水患》（《中国历史地理论丛》第3辑），成一农、杜晓伟《陈伦炯绘〈沿海全图〉及其海防认知分析》（《社会科学战线》第6期），蓝勇《山水的地图重造还是地图的山水表现——宋代〈长江万里图〉中巴蜀地名与形胜区位考》（《中国图像史学》第2辑），马剑《从胜景到圣境——〈清初四川通省山川形胜全图〉的景象与意象》（《中国图像史学》第2辑），李鹏《近代英国人测绘长江上游航道的历史考察》（《中国图像史学》第2辑）等。

对于类型地图研究的成果亦不少，如张萍《西北城市古旧地图谱系及其价值与利用》（《安徽史学》第1期），成一农、丰瑾《中国古代的江源认知以及江源图》（《云南大学学报（社会科学版）》第1期），吴寒《古典山岳舆图的图绘类型与嬗变历程》（《云南大学学报（社会科学版）》第4期）及曹馨宁、尹文涓《晚清西方人绘制近代北京城市地图概述》（《历史地理研究》第4期）。从研究内容来看，其范围也扩展到报刊地图、家谱地图、胜景图、职贡图等。这方面的研究，有潘晟《叙事、互文与可视化：文献学视角下的近现代报刊地图》（《江苏社会科学》第4期），祝虻、叶佩《图像·空间·认同：明清徽州家谱中的村图》（《形象史学》第18辑），任昳霏《试述清代西湖全景图的谱系》（《形象史学》第18辑），孙景超《图人与志地——历代〈职贡图〉地理认知初探》（《中国图像史学》第2

辑）等，显示了相关研究在广度上的拓展。

更加突出的趋势是对古地图信息化问题的关注，复旦大学历史地理研究中心发布了“中国历史地理信息平台”（http：//timespace - china. fudan. edu. cn/），基于 CHGIS 以及各类历史 GIS 数据资源，构建了统一时空框架数据信息平台，包括五大模块——CHGIS、古旧地图、时空框架、数据库以及资源中心。对于学界近年来流行的大数据、数字人文及历史地理信息系统及其在历史研究中的应用问题，邓小南《数字人文与中国历史研究》（《中国文化》第 1 期）讨论了数字人文作为重要的新路径，对中国历史研究的推动作用；赵逸才《新加坡历史地理信息系统（SHGIS）的学术实践与启示》（《数字人文研究》第 2 期）向学界介绍了新加坡历史地理信息系统。成一农《抛弃人性的历史学没有存在价值——“大数据”“数字人文”以及历史地理信息系统在历史研究中的价值》（《清华大学学报（哲学社会科学版)》第 1 期）一文，则从历史学的研究目的本身，对相关研究展开了相应的反思。

具体研究方面，孙靖国、潘威、韩昭庆等人的文章，重点讨论了古地图地理信息的提取与利用问题，展示了新的学术兴趣。韩昭庆等《康熙〈皇舆全览图〉长城以南地区绘制精度的空间分异》（《清华大学学报（哲学社会科学版)》第 3 期）及李莉婷、韩昭庆《康熙〈皇舆全览图〉和〈乾隆十三排图〉中广东地区图面内容的比较研究——兼与广西地区对比》（《历史地理研究》第 1 期），关注了清代三大实测地图的图面内容与绘制精度问题。《图书情报知识》2021 年第 3 期刊登夏翠娟等《数智时代的知识组织方法在历史地理信息化中的应用初探——兼论图情领域和人文研究的跨学科融合范式》与潘威等《历史地理信息化与图情研究融合的必要性与可行性——以“数字历史黄河”为中心的考察》，讨论了将图书情报领域研究方法引入历史地理信息化处理的建议。孙靖国等《古地图地理信息的初步量化研究》（《图书馆论坛》第 10 期）与潘威等《古旧地图的信息化》（《图书馆论坛》第 11 期），借助信息化技术手段，对古地图中地理信息的信息化处理进行了有益的法度。

历史地图。华林甫《110 年来中国历史地图集的编绘成就与未来展望》（《中国历史地理论丛》第 3 辑）一文，全面系统总结了中国学界编绘历史地图的传统，归纳总结了历史地图集编绘的发展趋势。该文被《新华文摘》全文转载，产生了较大影响。江田祥《〈广西历史地图集〉广西历史地理研究集大成之作》（《中国历史地理论丛》第 2 辑），介绍了新近编纂出版的《广西历史地图集》的学术特点。此外，还有一系列考证性文章对于经典的《中国历史地图集》内容进行补正，主要有贾建增《〈中国历史地图集〉献疑四则》（《中国历史地理论丛》第 1 辑）、何沛东《“新寺”还是“新市”？——〈中国历史地图集〉清代甘肃图正误一则》（《历史地理研究》第 2 期）、杨年生《〈中国历史地图集〉西汉雁门郡所辖地望校补》（《秦汉研究》第 16 辑）等。历史地图集的研究与编绘是历史地理学最富有特色的研究内容，也是迄今中国历史地理学界取得成就最多的领域之一。近年来持续不断有成果涌现，目前尚有多项图集（如《中华人民共和国国家历史地图集（第二、第三册）》《清史地图集》《西藏历史地图集》等）项目正在进行中，由项目带动的研究成果也不断涌现。由中国测绘学会主管的《地图研究》也在2021年正式出刊，为相关研究提供了新的学术阵地。总体来看，这一领域仍将是热门学术分支。

2. 环境史与海洋史。环境史与历史地理学具有天然的紧密关系，两者在研究内容、资料及方法上有诸多相似之处，学术活动上也多有交集。2021年度主要著作有张莉《天山北麓土地开发与环境变迁研究（1757—1949）》（中国社会科学出版社）、王晗《生存之道：毛乌素沙地南缘伙盘地研究》（中国社会科学出版社），均以土地开发为切入点，考察区域环境变化问题。黄尚明著有《先秦环境变迁史》，李文涛先后完成了《秦汉环境变迁史》《魏晋南北朝环境变迁史》《隋唐五代环境变迁史》（均为中州古籍出版社）等，均为“中国环境变迁史丛书”成果，分别以断代主题的形式对所述时期的环境变迁问题进行了论述，这也是环境史研究继《中国环境通史》（四卷本）之后又一系统成果。

论文方面，既有整体的总结式研究，也不乏区域环境史研究的总结与反思。滕海键、马业杰《环境史研究的新进展》（《中国史研究动态》第3期），以会议综述的形式，总结了近年来中国环境史研究的总体进展；滕海键《环境史：历史研究的生态取向》（《中南大学学报（社会科学版）》第1期）、赵九洲《返璞归真：中国常态环境史研究刍议》（《中南大学学报（社会科学版）》第1期）、王利华《跨越“两种文化”鸿沟——环境史的学术图谋和实现路径》（《学术研究》第2期）、冯尔康《生态环境史与医疗社会史共同的内核是生命关怀——生命史学札记二则》（《河北师范大学学报（哲学社会科学版）》第2期）等，从不同角度对环境史的研究与发展进行讨论；孙竞昊、卢俊俊《江南区域环境史研究的若干重要问题检讨和省思》（《重庆大学学报（社会科学版）》第2期），吴杰华《江西环境史研究述评》（《鄱阳湖学刊》第3期），周琼《推动中国西南环境史研究走出区域史范式》（《昆明学院学报》第4期）则从区域环境史的角度，对江南、江西、西南地区的环境史研究进行了总结与反思。

相关研究中，与水（河流、湖泊、地下水、海洋等）有关的环境问题历来备受重视，主要集中于黄河、淮河、运河以及西北干旱区河流等，以水体的环境变化对人类社会影响为主线。2021年度成果以黄河为多，主要有王建革《清口、高家堰与清王朝对黄淮水环境的控制（1755—1855）》（《浙江社会科学》第9期），胡其伟《清代“藉清敌黄”政策对苏鲁豫皖接壤地带的环境及社会影响》（《运河学研究》第6辑），胡阿祥、胡箫南《“黄侵运逼”视野中的淮河变迁》（《安徽史学》第6期），古帅《铜瓦厢决口后黄河下游河道沿岸区域地形与河湖环境（1855—1911）》（《历史地理研究》第3期），史行洋《1938年黄河南岸大堤决口新探》（《中国历史地理论丛》第2辑）等。《云南大学学报（社会科学版）》2021年第3期组织了“西北水利中的国家、人群与环境”专题，刊发了史红帅《清代渭河滩地的开垦历程及其影响》，张景平《河西走廊传统水资源开发中的人力成本下限管窥》，潘威、蓝图《西北干旱区小流域水利现代化过程的初步思考——基于甘（肃）新（疆）地区若干样本的考察》等文章，集中考察了西北干旱区的河流水利与环境问题。

关注运河、海塘及其他河流等的重要成果，有赵珍、苏绕绕《清代北运河杨村剥运与水环境》（《中国历史地理论丛》第4辑），陈涛《明代浦阳江改道与萧绍平原水利转型》（《历史地理研究》第1期），杨霄、韩昭庆《沂沭河下游湖群的演变过程与原因分析（1495—1855年）》（《复旦学报（社会科学版）》第3期），王大学《论清代海塘技术选择背后的环境与政治因素》（《社会科学》第9期）等。还有部分学者关注到环境变化对人类生活方式的影响，如张兴照《卜辞中的“丘”与商人“居丘”》（《殷都学刊》第2期）、高升荣《民国时期西安居民的饮水问题及其治理》（《中国历史地理论丛》第2辑）、程森《战争环境下的人与野生动物——华北根据地除害兽运动研究》（《中国农史》第3期）等。

近年来，海洋史研究日益热门，海洋与环境两大热点结合的“海疆环境史”的研究方向，也开始成为新的学术增长点。张小敏《中国海洋史研究的发展及趋势》（《史学月刊》第6期）对近数十年来中国海洋史的发展状况、存在问题进行了总结，并对未来发展趋势进行了讨论与展望；赵九洲、刘庆莉《中国近海污染史研究述评》（《海洋史研究》第7辑）则关注了近代以来的海洋环境污染问题。目前海洋史研究已有多种刊物，如广东省社会科学院的《海洋史研究》（2010年创刊，到2021年底已出17辑）、上海师范大学的《海洋文明研究》（2016年创办，到2021年底已出6辑）等，研究力量初步形成，此方面的研究未来前途可期。

环境史学作为新兴学科，因不同学科切入点不同，目前存在着多种研究模式，关注点各有不同，历史地理学界的研究侧重于实证与具体研究，一直是环境史研究的重要基础与中坚力量，此方面今后发展空间仍然巨大。

3. 域外历史地理。域外历史地理研究也是近年来新兴的研究方向，随着“一带一路”倡议的推进，相关研究不断涌现，主要涉及边疆史地、丝绸之路、中外交通等方面。以往成果主要集中在东亚的朝鲜、韩国、日本、琉球及东南亚的越南等地，近年来研究地域逐步扩展至中亚、西亚及地中海沿岸等地区。

2021年度相关成果中，涉及东亚地区的研究中，成思佳《异域的想象与认知——越南学者阮文超的“四海”认识》（《中国历史地理论丛》第3辑），揭示了越南学者阮文超的地理观念是中国传统认知与西方外来知识综合的结果。中亚地区方面，张萍《唐王朝对楚河、塔拉斯谷地的经营与中亚文化遗产》（《社会科学战线》第2期）指出，唐代在楚河、塔拉斯谷地的活动留下丰富的文化遗存，历史文化价值重大；王永杰《西方地理文献中"意貌山"概念的演变》（《中国历史地理论丛》第3辑），考察了西方早期地理著作、地图中对中亚地区"意貌山"认知中真实与想象杂糅的变迁过程；刘迎胜《错误地理知识构建背后的历史——以塔里木河为中心的亚洲水道地理》（《丝路文明》第6辑）梳理了黄河源头与塔里木河及中亚河流的历史关系。西亚地区方面，李毅铭《丝路开通之初帕提亚帝国境内的东西交通路线》（《中国历史地理论丛》第1辑），讨论了丝绸之路开通初期，帕提亚（今伊朗一带）的交通路线问题；陈思伟《曼德海峡与古希腊罗马地理知识的传承》（《中国历史地理论丛》第4辑），梳理了古希腊罗马时期对曼德海峡地理知识认知的变化过程；党宝海《八至十五世纪的中国与也门》（《北京大学学报（哲学社会科学版）》第2期）考察了8—15世纪中国与也门的经贸、政治与文化交往过程。还有一些学者积极向国内译介国外的历史地理学发展与研究状况，有丁雁南《转型中的英国历史地理学：专访查尔斯·威瑟斯》（《中国历史地理论丛》第1辑），陈东芳、李琪《B. B. 巴托尔德的中亚历史地理研究及其贡献》（《中国历史地理论丛》第3辑），A. H. 梅杜舍夫斯基、陈秋杰《苏联历史地理学之路——梅杜舍夫斯卡娅作品中的17—19世纪俄国西伯利亚及北美地理发现》（《西伯利亚研究》第5期）等。随着中外学术交流的推进，这方面的研究成果必将不断呈现。

五、学科发展总结与反思

历史地理学作为交叉学科，兼具历史与地理两大学科特色，具有鲜明的学科特色与优势。历史地理学界长期侧重于基础研究，研究成果在学界得到较为广泛的认可，但缺少理论思考的短板也同样明显；同时，学科内部各个分支发展不平衡的问题也始终存在。历史地理学与近年来的新兴学科如环境史、水利史、海洋史、边疆史地、地名学史等具有天然的密切关系，为历史地理学提供了较多的新兴学术增长点。与之相应的是，历史学与地理学各自的不均衡发展也对历史地理学提出了一些新的挑战。在历史学范畴内，断代史与专门史的互相渗透，尤其是近年来断代史研究的深入，导致学科差异越来越不明显，一些历史地理的传统特色研究角色在淡化；同时，历史地理学在总体上研究时段偏于晚近，对简帛、文书、墓志、档案等新出材料的关注和利用尚不充分，在一定程度上缺乏对历史学热点主流问题的回应；在地理学内部，人文地理与自然地理的分异急剧加大，地理学的主流在向数字化、信息化的方向大步迈进，偏重于历史文献的历史地理学科地位更加边缘化。以上因素交织的结果，导致历史地理成为所谓的"冷门绝学"（在2021年度中文社会科学引文索引"CSSCI"

中，《中国历史地理论丛》《历史地理研究》均被纳入“传统文化·冷门绝学”一类，2018年设立的国家社会科学基金“冷门绝学”专项，也将历史地理学纳入其中)。如何充分发挥学科优势，补足短板，仍是整个历史地理学科面临的重要任务。

史学理论与史学史研究综述

胡楚清

正如中国社会科学杂志社史学部发布的《2021年历史学学科研究发展报告》（《中国社会科学报》2022年1月10日）中所说的一样，2021年，中国史学理论与史学史研究取得了一系列进展。2021年，中国史学理论与史学史研究相较于以往的研究，对重大理论问题的讨论继续深入、对重要概念作了进一步解读与阐释，呈现出与时代结合、注重与西方对话等发展趋势。大体说来，2021年中国史学理论与史学史研究，理论研究进一步深入，热点问题讨论的深度与广度进一步拓展，主要表现在以下几方面。

一、对中国社会形态问题的关注与深入讨论

社会形态理论是解释社会发展一般规律的一种理论范式，对中国社会形态的讨论是对中国历史的重要讨论。在2021年，学界对中国古代史分期问题以及各阶段社会性质问题作了较为深入的探讨。

最令人关注的是《史学理论研究》《中国史研究动态》以“社会形态”为中心议题，共组织了三组圆桌讨论。《史学理论研究》在2021年第2期的“马克思主义社会形态理论与中国早期社会性质研究”专题共刊发文章5篇，以马克思主义社会形态理论对中国早期社会性质展开集中讨论。《中国史研究动态》在2021年第3期，以“中国古代社会性质的再研究”为中心议题组织笔谈，共刊发文章4篇。《史学理论研究》2021年第4期“唯物史观与五种社会形态理论”共刊发文章5篇，基于中国的历史发展形势，还原马克思主义五种社会形态理论本义，对“五种社会形态”理论展开了集中讨论。这些文章既有历史理论层面上对中国具体历史时期社会性质的辨析和论述，也有史学理论层面上对运用马克思社会形态理论认识中国历史的方法论研究，还有对史学史层面上历史上几种社会形态说的辨析。

2021年有关社会形态理论的关注与讨论大致可以分为以下几个方面。

第一个方面是对中国史学上有关社会形态问题讨论的回顾与反思。任会斌《殷商社会性质问题讨论的回顾与反思》（《史学理论研究》第2期）回顾了中国史学上对殷商社会性

质问题讨论，指出奴隶制与奴隶社会是两个不同的概念。在目前的材料尚无法确定殷商时期的奴隶制在社会生产中的占比时，有关殷商社会性质问题的讨论，并不用着急在当下立刻有一非此即彼的概念性结论。我们应当统合考古与文献中的信息，从多个维度客观全面审视殷商文明，从科学理性的角度来开展对殷商社会形态的研究。李学功《闻道与问道：中国古代社会形态问题研究的思考》（《史学理论研究》第 2 期）以“闻道与问道”概括史学界有关中国古代社会形态问题的认识与研究。马克思主义社会形态理论对中国史学而言，有闻道开悟之功，亦有运用马克思主义社会形态理论开展中国社会形态研究的问道与鉴道的成果。古代中国进入文明阶段之初是一种存在奴隶制奴役方式，但发展不充分的族社组织形态。这种社会形态是一种初期封建社会固有的，榨取劳动者剩余劳动的组织形式。杨艳秋《马克思主义社会形态理论与中国史学》（《史学集刊》第 4 期）梳理了马克思主义社会形态理论与中国史学之间的互动关系。自 19 世纪末 20 世纪初马克思主义传入中国，马克思主义社会形态理论就开始对中国史学发展进程产生影响。中国学者结合中国历史发展实际，提出的具有中国特色的“五种社会形态”，即从古至今中国大致经历了原始社会、奴隶社会、封建社会、半殖民地半封建社会和社会主义社会，发展了马克思主义社会形态理论。马克思主义社会形态理论在中国的认知和运用极具时代性，20 世纪初，救亡图存是时代的主题，1949 年，随着新中国的成立，学术界大规模的讨论主要是唯物史观理论与中国历史相结合的问题。改革开放以来，学术界对社会形态理论研究的已有成果进行了总结，并从多样的视角进行解析。在新时代，我们应当从历史实际出发，辩证地看待社会形态认识中存在的分歧、提倡对唯物史观的科学继承和发展创新、加强对世界历史和中国社会的分析，深刻回答当前中国所面临的重大时代命题。

第二个方面是对中国古代某一阶段社会形态的具体讨论。徐昭峰、赵心杨《夏商国家社会形态及其相关问题》（《史学理论研究》第 2 期）结合考古材料指出以下五点。第一，夏王朝是共主制下的族邦联盟，历史记载中夏的方国实际上是独立于夏王朝之外的族邦联合体。商王朝统治时期，这些族邦大部分都已经进入国家阶段。因此，商王朝的性质是共主制下的邦国联盟。第二，无论是夏还是商，实行的是册封制而非分封制。第三，夏王朝时期已经产生了内外服制政治制度的萌芽，商王朝时期进一步完善了内外服制度。这样的内服、外服是以王畿来划分的。第四，夏商时期，成为王室的贵族与其他同姓诸国共同构成了夏商时期独特的贵族“共政”政治。第五，这一阶段，并不存在普遍的奴隶制，夏王朝时期奴隶数量有限，而商王朝时期奴隶数量有了大幅增加。宁镇疆《由臣、隶等低贱阶层说周代的社会性质》（《史学理论研究》第 2 期）对周代低贱阶层社会地位进行考察。周代时，“臣”和“隶”都是服贱役者，属于低贱阶层。周代的奴隶多为家内仆役，生产劳动并不是奴隶的本组织工作，在生产劳动中，不占主要地位。“庶人”是从事生产劳动的主力，“庶人”并不是“奴隶”。考察周代社会性质时，应当关注低贱者服事的“职事共同体”及礼俗环境。谢乃和《夏商周三代社会形态为封建社会说》（《史学理论研究》第2期）从社会政治、经济形态与社会文化形态方面，从理论上对“夏商周为封建社会说”作了论述。三代时期，在社会政治方面，已经形成了有等级的君主体制和多元臣僚形态，形成了内外服制度以及封爵等具体的国家治理制度。在经济方面，三代时期已经出现了对生产资料和劳动力的再分配。这也造就了贵族分级享有土地、劳动者依附于贵族的所有制模式，以及与内外服制相符的由外向内纳贡的分配制度。在社会文化形态方面，形成了以“德”为本位的分封理论。上述形态不仅符合三代历史实际，而且与马克思有关社会形态的理论相契合。罗诗谦在《夏商奴隶社会说》（《中国史研究动态》第3期）一文中指出，在学术界有关夏商奴隶社会说中，“无奴学说”从未形成定论，而那么肯定中国古代存在奴隶社会发展阶段的论述依然对当前的史学研究具有指导价值。通过对夏商两代社会结构、组织基础、剥削形式等诸多问题进行整体性分析，夏商两代是以农村公社为社会组织形式、以“贡”“助”为主的经济剥削形式下属于亚细亚生产方式类型的奴隶制。这样的社会性质也是中国历史发展普遍性与特殊性互相统一的结果。李岩在《我国民族地区的奴隶制问题》（《中国史研究动态》第3期）中指出，中国古代的民族地区，基于成为战俘、被掳掠、犯罪、破产等原因，一些人成了奴隶，这些奴隶或被赏赐、租借或被广泛使用，设有官吏进行专门管理。学术界普遍认为，中国古代民族地区进入阶级社会较晚，并不发达，有占比少、地位高的特点。在进入阶级社会前，大多数地区已经存在了有奴隶身份的奴隶。少数民族地区进入阶级社会后，存在过渡时期以及氏族制、奴隶制和封建制并存的时期。徐义华《从奴隶社会的运行机制看中国奴隶社会问题》（《中国史研究动态》第3期）对比了中国古代和古希腊、罗马奴隶社会运行机制之间的区别，指出不同于古希腊、罗马，中国早期社会缺乏稳定的奴隶来源，也没有适合使用奴隶的产业结构，以血缘方式组织社会，缺乏容纳奴隶的空间，也没有形成与奴隶群体相应的制度、法律和思想意识。

中国社会科学院历史理论研究所“中国封建社会的主要特点”课题组《试论中国封建社会的主要特点》（《史学理论研究》第4期）从理论上分析认为中国封建社会具有以下六个主要特点：大土地所有制与农民小生产相结合、以中央集权为核心的政治体制、以官僚制度为核心的治理体系、形成了深入人心的大一统理念与儒家意识形态、创造了开放包容与璀璨无比的文化以及王朝更替重大社会持续发展。对“封建”的认识需要基于近代中国的新民主主义革命历史实践。“封建社会”这一概念的提出及广泛运用，是唯物史观与中国历史实际相结合的产物，也是历史理论与革命理论相互融会的成果。

第三个方面是对马克思主义社会形态理论的论述与分析。乔治忠《马克思主义揭示的历史发展规律》（《史学理论研究》第4期）认为，五种社会形态的演进是马克思主义揭示的历史客观规律。列宁及20世纪诸多的马克思主义者，在革命斗争中，继承、发扬并运用了这一规律。马克思揭示的社会规律除了五种社会形态说外，还有历史发展规律的“三阶段”说。“三阶段”说以物作为衡量的标准。“三阶段”说一度高涨，明确主张这种简介的群体，被称为“无奴学派”，其理念不足可信，且是理论上的倒退。史学界应当对此予以批判，从而拨乱反正。王伟光《立足中国社会形态演变 坚持五种社会形态理论》（《史学理论研究》第4期）分析论述了坚持“五种社会形态”理论的意义以及对于新时代史学研究的价值。“五种社会形态理论”是马克思、恩格斯以及马克思主义后继者们，经过不断思考与研究后得出的科学的社会形态论说。不论是“三种社会形态说”还是“五种社会形态说”，用以划分阶段的最核心的标准是生产力的发展状况。人们在认识社会分期问题时，不必要拘泥于“三种社会形态说”还是“五种社会形态说”，而是要根据需要，从不同的角度进行选择。吕薇洲、刘海霞在《社会形态更替的“五形态”论与“三形态”说》（《史学理论研究》第4期）一文中指出，马克思主义社会形态理论可以分为以生产关系为划分标准的“五形态”论，以及以人的发展为划分依据的“三形态”说。这两种论说是马克思社会形态理论的两种基本表述，内在一致，都根植于生产力发展的基础上，视角与内容存在不同。二者互为补充，不能以“三形态”说代替“五形态”论。谭星《“五形态”论与“三形态”说论争辨析》（《史学理论研究》第4期）回顾了中国史学界关于“五形态”论与“三形态”说之间存在的论争。近年来“三形态”说在中国的兴起，是改革开放后宽松的社会环境以及马克思主义经典著作翻译事业的发展共同促成的。“三形态”说对“五形态”论的质疑主要在于认为“五形态”论并不具有普遍适用性以及认为马克思并没有真正提出过“五形态”论。但事实上，“三形态”说对“五形态”论的反对是不成立的。“五形态”论是一般性的抽象理论，并不是对具体问题的具体分析。而且，马克思提出“五形态”论的发展脉络清晰可见。“三形态”说关注人，忽视了生产方式对社会性质产生的决定性影响。

除了上述文章外，张顺洪、甄小东发表《马克思主义“五形态说”是符合历史实际的——兼评王伟光主编〈中国社会形态史纲〉》（《政治经济学研究》第2期）一文指出，坚持“五形态说”就是尊重历史客观事实，有利于深入认识当今世界发展大势，是坚持中国特色社会主义道路的必然要求。

上述这些文章，是2021年学术界对中国历史发展进程作出深刻讨论与评议的论述。这些研究成果切实推进了史学界长久以来关于中国历史分期问题，也是运用马克思唯物史观开展中国史学研究，构建唯物史观指导下的历史学“三大体系”建设的重要理论研究成果。

二、对中国历史理论相关概念的关注与深入讨论

2021 年史学界对中国历史理论问题的讨论不仅仅在于对历史分期问题的讨论，还集中在对历史理论相关重要概念的关注与讨论，这样的讨论反映了学术界对历史理论概念研究的探索、尝试以及对重要概念论述的再思考与再讨论。在这些研究中，主要是“历史理论”自身概念的关注以及对“大一统”理论的深度讨论。

中国的历史理论如何走出去，与西方对话，这一问题已经困扰中国史学界很久。廉敏、黄畅《“历史理论”一词源流考——对中西历史思想交流中一个关键概念的考索》（《晋阳学刊》第 5 期）一文，通过对“历史理论”一词源流的考察，溯源了“历史理论”一词在西方历史语境下的发展，论证了中国“历史理论”之本义，或为我们中国的历史理论研究提供一些理论认识上的突破。西方在进入文艺复兴之前，尚无“历史理论”一词，“历史”与“理论”作为两种独立的表达方式分别存在。在古希腊语中，“历史”（ίστoρία）意为“经过问询得来的口碑史料”，“理论”（θεωþία）在发展中出现了“沉思或推测式的理解”之意；西方文艺复兴之后，“历史”与“理论”两个词语产生了频繁的联系，“历史理论”这一术语随之出现，“历史”与“理论”作为研究对象的不同方面，在同一著作或者同一主题中同时出现，“理论”一词也出现在西方史学对自身的反思中，且“历史理论”也得到了马克思、恩格斯的关注并获得马克思主义唯物史观的内涵；中国古代并没有独立的“历史理论”这一概念，在学习近代西方先进思想的潮流中，“历史理论”这一概念传入中国，并随着马克思主义在中国的传播而备受关注，在马克思主义唯物史观指导下，从史学理论中区分开来，与中国传统历史思想相结合，发掘和吸收中国传统史学的理论遗产，拓展了内涵。“历史理论”与中国古代历史思想之间有一定的内在联系，也存在着分歧。

国家观是形成国家认同的前提，“大一统”是国家认同这一前提下，对政权国家的描述，也是我们认识“中国”这一概念需要解决和认识的重要问题。对此，对“大一统”概念及相关问题的讨论也是学术界一直以来重视的学术问题之一。杨念群《“大一统”与“中国”“天下”观比较论纲》（《史学理论研究》第 2 期）对“大一统”“中国”“天下”三者的概念作了进一步的理解与辨析。从考古发现到近代，学术界对“中国”这一概念的认识有三种，又因为“中国”这一概念自身带有种族间互斥和对抗的含义，以及对“中国”这一概念的认识中的边界一直在不断发生变化，“中国”这一概念无法形成一个准确的范围，所以学术界出现了以“从周边看中国”、“华夏边缘说”和“东亚连带论”为典型的新的诠释方法。而“天下”的概念则不同，“天下”的基础是“九州”，在概念上大于“中国”，是广义上的空间概念。但是“天下”，并不是实际可丈量有确指的土地，仍然是士人想象出

的政治地理概念。“大一统”是在这二者基础上，把疆域治理和政教关系互相结合，形成更深刻的政治主张。“大一统”是中国古代政教关系形成的起点，突破了“华夷之辨”的限定，强调政权统治的道德合法性，是一套治理技术和统治经验的实施方式。“大一统”观的形成令中国人形成了对政治稳定性的新的认识与需求，也成为近代中国人抵抗西方的思想资源。晁天义《“大一统”含义流变的历史阐释》（《陕西师范大学学报（哲学社会科学版）》第3期）考察了“大一统”含义的流变。“大一统”的本义是认可并推崇一个有具体开始时间的统续，这一含义引申为“大范围的统一”。东周起广受推崇的是“三统说”。“三统说”是基于对三代的认识基础上形成的认为历史是黑白赤轮回循环的认识，目的在于应对春秋晚期王纲解纽、礼坏乐崩、霸权崛起的局面。“三统说”包含“通三统”与“大一统”两个层面。“通三统”侧重在指政权统治者还需要承认和参照其他两个政权统系的合法性，而“大一统”则是要尊崇新政权的合法性和权威性。“通三统”与“大一统”是互不可缺的整体。秦汉之际，“三统说”不再适应于秦汉之际的新的历史形势。“三统五运说”取代了“三统说”。“三统五运说”是“三统说”融于“五德终始说”的结果，这是汉代试图建立的历史理论与政治意识形态。到了元代以后，尤其是近代以来，由于历史形势发生巨大变化，出于民族意识与维护领土主权完整的需要，“大一统”的原义逐渐引申发展为“大统一”。由于历史认识具有的时代性，“大一统”在不同历史时期具有不同的记录与表述是合理的。同样，我们认识“大一统”也要在承认多样性的基础上，坚持客观性，将历史认识视作一个不断发展和进步的过程。

与“大一统”互相呼应的是“天下”的概念。李振宏、苏小利《“天下为天下人之天下”说辨析》（《中国史研究》第2期）一文对战国时期一度流行的“天下为天下人之天下”思想进行了辨析。“天下为天下人之天下”在战国时期并不具有主权在民或人民拥有天下这样的意义。事实上，在战国时期，“天下为天下人之天下”论说的基本内涵有五点：第一种是天任命君主的原因在于社会管理的需要；第二种是民本思想的表达，即认为君主应当以民为本，但是百姓的地位并没有高于君主；第三种是贵公思想的表达，也就是认为君主应当怀有公心，强调社会公正，讨论的是如何行使公权力问题；第四种是认为天下之主应当有德者居之，是对权力归属权的讨论，核心观点是天下并不是一家之天下；第五种是批评不道之君，反映了战国时期“非君”的思潮，核心观点是有偏私等行为的君主不宜为君。从近代早期起，学术界就出现了过度拔高战国时期“天下为天下人之天下”这一论述的情况，赋予这一论述民主、民权等近代意识，这是不符合历史语境的。造成这一问题的原因在于研究者混淆了古今思想背景、话语体系、社会观念等方面的历史差异。事实上，“天下非一人之天下”之说只是战国时期历史发展的思想成果，并没有脱离战国这一历史时代。这一论述也没有超越历史时代而存在。

除了上述数篇文章外，还有一些基于“大一统”语境下，对中国古代大一统观的研究与探讨。这些讨论有对具体史学家大一统历史观的讨论，如张大可《论司马迁的大一统历史观》（《红河学院学报》第5期）对司马迁的大一统历史观进行了论述。大一统的历史观是司马迁《史记》撰述的理论基础。《史记》的撰述，基于大一统的历史观，有三个理论指点。第一是司马迁的家国情怀。从国家统一到形成家国一体的“大一统”认识，司马迁以此引导国家观的建构，从而有利于国家政权的稳定。第二是“非兵不强，非德不昌”的认识，非兵不强，国家养兵备战是立国之柱石；非德不昌，政权执政要关爱民生。第三是四海一家，各个民族都是一家的民族认同认识，以及大一统国家只有一个君主，是司马迁大一统历史观的核心内涵。路高学《先秦道家对秦汉大一统的理论贡献——以“一”为中心》（《天津大学学报（社会科学版）》第6期）考察了先秦道家对秦汉大一统的理论贡献。大一统的思想产生于春秋战国时期，秦汉大一统思想的思想背景是先秦诸子百家争鸣，先秦道家为秦汉大一统思想的建立与巩固提供了理论根基。先秦道家理论体系中的“一”的对象既是宇宙万物，也是对个人修身的要求，同时也是执政者治国的方式，还是人们根据理想构建的天下秩序。这样的认识为秦汉大一统的建立奠定了形而上的“宇宙秩序”，这样的秩序和法家以及儒家互相融合，最终形成了中国古代秦汉以后“大一统”的理论。

关于“大一统”问题，另一个关注点在于边疆或民族认同视域下对“大一统”的认识。关于这一问题，钟乃元《论明朝初年至嘉靖年间粤西诗大一统书写的嬗变》（《广西民族大学学报（哲学社会科学版）》第5期）提出，明洪武到嘉靖年间，粤西边政调整，形成了大一统的时代氛围。粤西诗书写也从“德化”发展成“一统”，最终成为倡导“文治教化”，令粤西与内地同风的局面。刘骏勃《从九州为纲到政区为纲——清代“大一统”观念对“六通”疆域书写的影响》（《历史教学（下半月刊）》第3期）考察了清代“大一统”观念对“六通”疆域书写的影响。清朝统治者在经营边疆的同时，也有意识地利用史书来彰显“大一统”的盛世局面。也正是因此，清官修“续三通”与“清三通”在疆域撰述中逐渐开始以当朝区划为纲的体系，而不是以九州为纲。这样的撰述方式令“六通”不仅具有考察地理沿革的学术价值，更有着彰显国家认同的重要意义。闫恒、班布日《夷夏关系与“大一统”的历史形态》（《中央社会主义学院学报》第4期）对中国传统政治思想中的“大一统”体制进行了考察，认为中华文化通过较和平的方式促进周边民族的文化认同。“大一统”体制至少包含了周制、汉制、北魏和唐制四种具体形态。李治亭《“大一统”与“华夷之辨”的理论对决——〈大义觉迷录〉解读》（《历史档案》第2期）对《大义觉迷录》揭示的雍正帝与曾静的“大一统”认识与夷夏观进行了深入分析。雍正帝认为，自尧舜以来，中外一家。这样的认识也是民族思想意识的重大变化。雍正帝所述的“中”，其实是合内外疆域为一国，并非秦汉时期以长城为界限的疆域概念，而是突破华夷之别的“大一统”认识。朱舸、李广良《德润四海——董仲舒“大一统”思想与汉武帝“西南夷”经略》（《重庆大学学报（社会科学版）》第4期）考察了董仲舒“大一统”思想与汉武帝“西南夷”经略。董仲舒的“大一统”学说符合汉武帝统治的需要，因而得以实施。汉代，西南夷军事实力最弱，且地理位置特殊，所以汉朝对待西南夷以治理为主，并没有用武力进行攻伐。汉朝经略西南夷的政策有开拓道路、设置官吏以及移民。汉朝经略西南夷的成功一方面奠定了儒学在西南夷的正宗地位，另一方面也令“大一统”思想成为汉代之后各王朝治边的主导思想。这一思想一直延续到了现代，也在潜移默化地对民族团结与共同发展起着重要作用。

刘跃进《〈春秋〉“大一统”观与秦汉时期的思想及创作》（《文史哲》第3期）考察了《春秋》“大一统”观的思想渊源、历史内涵以及政治诉求。《春秋》“大一统”观在秦汉时期的再度彰显，深刻地反映出当时社会的人心向背和历史发展大势。《春秋》“大一统”观经历了百家争鸣到法家思想胜利、西汉初年黄老思想为中心以及汉武帝接受董仲舒建议这三个阶段，最后形成外儒内霸的思想体系。《春秋》“大一统”观包含了正统观、天人合一、君权神授、天下观念以及统一实践五重含义。这一观念的政治诉求是尊王、攘夷，在文化上的表现有规范文字、整理图书创作辞赋、创建乐府。李昊林《重建大一统：隋至唐初地理学风气再研究》（《唐史论丛》第33辑）对隋至唐初涉及地理学术的批评意见和撰述进行考察。唐前期的地理学，并不重视实用性，学术的风气是在官方主导下重建大一统。贾益《“多元一体”是中国历史发展主线》（《历史评论》第1期）指出，“多元一体”是中国历史发展的主线。黄振华《编户齐民与中国“大一统”国家形态的构建》（《中央社会主义学院学报》第4期）认为编户齐民对于“大一统”国家形态的建构具有空间和时间上的意义。空间上，有利于提高国家的统治能力，时间上，与“大一统”的国家形态互相之间的张力，使国家形成“分久必合，合久必分”的规律。陈郑云《地域、文本与认同：“大一统”视野下盐井历史书写——以康熙〈黑盐井志〉为例》（《盐业史研究》第2期）以康熙《黑盐井志》为中心，探讨清代“大一统”视野下盐井志的撰述特色及反映的地域文化认同。王传林《董仲舒〈春秋〉“大一统”与“通三统”考论》（《衡水学院学报》第5期）指出，“大一统”与“通三统”作为新王朝的政治策略是并行不悖的，二者之间的“一统”与“多元”是社会和谐和政治有序的关键所在。

与皇朝大一统息息相关的是时人的正统观。杨念群《汉代“正统论”溯源——从“灾异天谴论”到“符命授受说”的历史演变》（《河北学刊》第1期）一文关注汉代的“正统论”。西汉时期的儒家提出的“正统论”大致包括空间、时间和“德性”三方面，其中时间和空间分别指的是大一统和五德终始循环论。但西汉时期的君主往往无视儒家学者在灾异出现时提出的希望君主修身养德的谏言，更重视方士之言。于是一些儒家学者效法方士，通过谶纬和“巫祝”的方式，制造孔子接受上天符命的新型“政治神话”，最终形成儒家立义、帝王立制的双轨统治局面。王文光、文卫霞《中国古代大一统思想中正统观念与中华民族共同体意识研究》（《思想战线》第3期）研究探讨了中国古代大一统思想中正统观念与中华民族共同体意识。在中国古代，大一统是政治家对政权统治的理想。中国古代大一统思想中还包含着正统观，正统观还包含着时间和空间的哲学意味。大一统理论也是多民族中国发展历史没有中断的最重要的历史原因之一。

除了上述两个议题外，张宇《宋代历史评论的理论提升》（《中国社会科学报》2021年5月31日第4版）对宋代历史评论的理论进行了论述。他认为在宋代理学家参与论史活动以后，理学的一些理论内核、概念、范畴和方法论开始被广泛地运用于历史评论。这既对两宋时期历史评论的发展提供了新的理论路径，也对历史评论在本体层面的总结做出了新的理论界定和阐释，从而推动了宋代历史评论的理论发展，实现了较为明显的理论提升。曲柄睿《天命、天道与道论：先秦天人关系理论的形成与发展》（《史学理论研究》第4期）指出，天命观是指政权受命于天的学说，天道观是运用天象运行之数阐述世运兴替之理、解释王朝嬗代的学说，而道论观是用来解说政权改易、人事代写的理论。周人认为，天人关系可以直观视为拟血缘关系。春秋时期，天命观经历了从“天命唯一”到“天命多元”的转变。春秋时期重视“人”的观念形成是因为当时天、人本有拟血缘关系，神、人同体并举。天命观出现之后，大约在春秋初期，天道观产生。天象主要通过分野和国家构成联系，且春秋时期分野不是稳定的。天道观与天数运算是密切相关的，且天道观不仅仅预测国运，也会预测诸侯卿大夫家族和个人命运。道论观是在解释人与自然的关系过程中形成的，道论观更重视人的本性。天命观、天道观和道论观三者是并存的，也是秦汉时期探讨天人分际、天人关系的思想基础。天命观和道论观结合，就出现了所谓性命之论。天命观是道论观的前提，随着道论观的出现，天命观关注的对象由国运变为个体命运，特别抽象出“命”或“性”为具体载体存在。程民生《论宋朝的“从人欲”》（《河北学刊》第1期）对宋朝的民本思想作了深入考察。宋朝的“从人欲”是天命的要素，也是国家兴亡的首要条件。因此，宋朝时期有抑强惠民的传统，尤其是在社会保障、与民同乐以及听取民众意见等方面在历史上都是少有的。理学家强调的“灭人欲”与宋朝政治中出现的“从人欲”的“人欲”并非同一概念。赵世超在《陕西师范大学学报（哲学社会科学版）》2021年第3期和第6期发表《中国上古统治思想演变略述——以天人关系为中心》的（一）和（二）篇，认为中国也存在过一个“巫主民”的发展阶段。直到殷周时期，王权政治确立，“巫主民”才被君主统治代替。西周时期，统治者综合鬼神和军队的力量，令民众“畏天”来维持阶级秩序下的“畏人”，构成相对稳定且存在奴役与被奴役状态的统治。待至春秋战国时期，这样的统治结构不再具备存在的基础，无法继续通过“畏天”形成一家独大的统治。人身第一次有了一定的自由。于是，才有了对人自身价值的思考与认识。在儒家的引导下，人们逐渐走出了原本对鬼神的盲目敬畏，转为相对较为理性的信仰。到了汉代，政权相对稳定，董仲舒提出“灾异见天意”和“天人感应”论，重新接续天人关系，让鬼神灾异之说为统治者所用，成为支撑“王道三纲”的基石。刘力耘《宋代士大夫灾异论再认识——以苏轼为切入点》（《史学理论研究》第6期）认为，苏轼的灾异论极具时代代表性，与苏轼个人经历相关，揭示出两宋灾异论演变的重要面向。北宋士大夫反对事应说，是在宋仁宗《洪范政鉴》的压力下，强调灾异解读之时政维度的矫枉表现，灾异生成机制认识的局限和不知“天意”带来的现实问题，使得回归事应说具有必然性。

三、史学理论研究的蓬勃发展

中国史学界以唯物史观为指导开展史学研究以来，始终在探索、推进中国史学研究之方法论的进程。近年来，关于如何开展史学研究，史学界也多有讨论。在2021年，多元运用其他学科研究方法进行历史学研究越来越受到重视。除了近些年有关历史撰述的讨论外，对综合运用考古发掘材料以及口述史研究的理论方法的讨论也日益受到学界的关注，此外，受去年史学批评研究重大成果的影响，2021年学术界亦有一些有关史学批评的相关讨论，对史学批评作了进一步的补充与深入的讨论。

历史撰述是近年来学界蓬勃兴起的、颇受关注的议题。2021年，历史书写、历史撰述依然是史学界讨论的热点话题。张士民论述了中国史学思想和历史书写特点，在《中国史学思想和历史书写特点刍议》（《学术界》第8期）一文中指出，自《尚书》以殷鉴与德教为撰述旨趣，到《春秋》明大义、表历史认同，再到《国语》嘉言善语、明德鉴戒，最后《史记》充实且明确史家之责，这样的历史意识正是“遗传的历史意义”。张利军《历史书写与史学功能——以清华简〈厚父〉所述夏史为例》（《史学理论研究》第3期）以清华简《厚父》所述夏史为例，通过对《厚父》文本性质的讨论和对其所述史事的考证，分析了《厚父》的史学功能，指出清华简《厚父》为《书》类文献，其祖本可能是史官书写王言的实录，其内容有助于时人及后世认识夏史，对认识商代史学功能具有重要意义。孙骁、王丹在《从殊俗到慕化：汉晋时期的西南边疆族群历史书写》（《云南社会科学》第6期）以及《清代私修史书对云南土司暴乱的历史书写——以〈滇云历年传〉为中心》（《中国边疆史地研究》第2期）两篇文章中考察了汉晋时期的西南边疆族群历史书写和清代私修史书。在“大一统”话语体系之下，随着中原王朝不同时期国力兴衰与治边政策的变化，史家对于边疆族群的书写呈现出“夷夏有别”与“用夏变夷”观念的交替转换。《史记》被塑造为边疆族群书写的典范，奠定了边疆族群夷夏二元一体结构的书写基调。随着后世汉族移民的不断迁入，至魏晋时期，史家对西南边疆族群的书写逐渐由“蛮夷”向“夷夏杂居群体”转变。对《滇云历年传》的考察揭示出清代私修史书对云南土司暴乱的历史书写与官修史书是完全不同的叙事模式。张弛《唐国史对肃宗北上灵武事的历史书写》（《史林》第2期）考察了唐代国史对肃宗北上灵武一事的历史书写，指出肃宗北上灵武本是秉承玄宗的命令，史官故意掩盖这一点，其目的是削弱玄宗在平叛中的地位，将肃宗塑造成一个功德兼备的中兴帝王，以便巩固权力。郑宁《明清官修史书对“正统北狩”的历史书写》（《中央民族大学学报（哲学社会科学版）》第2期）对明清官修史书中所记“正统北狩”的历史书写进行了考察，指出明朝实录中多为有利于明英宗的记载，而清朝官修《明史》中出现了不利于明英宗帝王形象的内容。

2021年，受国家对考古学关注的影响，一些学者对如何运用考古材料进行史学研究作出了讨论。在这些讨论中，较具代表性的是杨博的《探索未知 揭示本源——历史学与考古学研究的融合发展》（《中国史研究》第3期）和徐良高的《以考古学构建中国上古史》（《中国社会科学》第9期）。杨博指出，考古学和历史学（狭义历史学，即文献史学），是历史科学的两个独立的主要组成部分。要带着具体的历史问题处理考古材料，也要尽可能地在历史背景之下理解考古材料。徐良高指出，传统历史学与考古学是广义历史学的两个重要组成部分，两者关系密切，可以互为补充。新时代的中国上古史研究应当以考古学为本位，结合可信度和准确性经过严格论证的文献史料、人类学与其他多学科成果，才能增强历史可信度，丰富历史内涵。综合来看，二人都是在近代考古百年的时间节点上，对中国古代史研究提出的有关重视考古发掘史料的论述。

口述史研究是继历史人类学后，近年来史学界逐渐兴起的一种史学研究范式。2021年有多篇有关口述史的研究成果。《史学理论研究》组织专题笔谈，讨论“多维视域下的口述历史”。在这一组专题中，周新国《21世纪中国大陆口述史规范的三种模本》（《史学理论研究》第5期）讨论了21世纪中国口述史规范的《中华口述历史研究会口述史工作实务细则（草案）》、中国国家图书馆制定的规范以及国家文化部非物质文化遗产司制定的模本，指出这三种模本为口述采访提供了工作规范和技术要求，奠定了口述史研究的前期基础，保障了口述史研究的顺利开展，具有重要的价值和意义。左玉河《固化、中介与建构：口述历史视域中的记忆问题》（《史学理论研究》第5期）考察了口述历史研究中存在的历史记忆问题，指出，口述历史是记忆外化、固化和物化的过程，回忆是由记忆中介唤醒记忆的过程，是对当下记忆的建构，而口述历史是矫正措置抵抗遗忘的过程。钱茂伟《口述史再思考》（《史学理论研究》第5期）对口述史应该是怎样一门学科，口述史应采取什么模式，口述史的类型该如何划分，它最大的服务人群是哪些作了思考。在文献史学之外，发展口述史学、影像史学，可使历史学成为全新的融媒体学科，更加适应数字时代的发展要求。谢嘉幸《“史实”与“故事”的再辨析》（《史学理论研究》第5期）则对口述的“史实”与口传的“故事”作了辨析，故事是附加了人的个体性的史实。除上述文章外，比较重要的还有钱茂伟的两篇文章，分别是《当代公众历史记录：由人的生活存在而文本存在》（《河南师范大学学报（哲学社会科学版）》第2期）以及与桂尚书合作发表的《口述史是当代公众史记录的基本路径》（《史学月刊》第9期）。这两篇文章从不同视角分析了开展口述史研究的必要性，指出口述史开创了公众参与历史研究的渠道，公众史学也是史学发展的一种趋势。此外，熊威《中国口述史研究的现状与走向》（《殷都学刊》第3期）对中国口述史研究的现状与走向进行了分析与论述。

2020年底，七卷本《中国古代史学批评史》出版，为学界带来了一股史学批评研究的风尚。《廊坊师范学院学报（社会科学版）》第2期，邀请《中国古代史学批评史》部分作者，以“深入史学研究 增强理论意识——谈中国古代史学批评史撰述”为主题，通过笔谈的形式，进一步对中国古代史学批评进行深入论述。作为第一卷的撰写者，阎静在《探索中国古代史学批评的源头》一文中就探索中国古代史学批评的源头问题进行了论述，认为最早的史诗与史学批评之间有不可忽视的关联，先秦时期有关历史教育的论述，也是对史书教育功用的论述，在先秦史学批评中也有重要地位。史官及史书的功用是史学批评中的重要内容，也令人们更深入地理解先秦史官的书法与精神。在探索史学批评的源头时，对孔子与司马迁之贡献的研究，是十分重要的。作为第三卷的著述者之一，朱露川在《史学批评的原则和方法》中对开展史学批评的方法与原则进行了探讨，认为史学批评研究的开展要以史学史为基础，史学批评中，要尊重历史学的品格和发展规律，进行史学批评时，要处理好“物有恒准”和“鉴无定识”的关系。第四卷的作者之一李凯在《宋代史学批评中的重编年》中讨论了宋代史学批评中重视编年的传统。宋代多有对编年与纪传之争的关注，而且大多都认为编年重于纪传。宋代出现这样的情况主要受到了春秋学以及部分史学的影响。对编年的重视也激发了宋代的会通意识，在会通中重视对历史兴衰的分析，从而重视对现实的借鉴。这样的发展也促进了编年体在宋代的不断发展。第五卷的作者之一吴凤霞在《传承经典与反思经典》中论述了辽夏金元时期多民族史学发展与史学批评的特点。辽夏金元时期的史学批评，除了具有鲜明的多民族特色之外，还具有研读经典与反思经典两个基本特征。这一时期，各民族都十分重视对儒家经典和前代史书的研读，重视对纪传体史书的评论和对修史体例的讨论。同时，在这一时期，人们也十分重视对《春秋》《贞观政要》《资治通鉴》等著述的意旨和风范的称颂。作为第六卷的作者之一，廉敏在《明代史学批评：个人认识与时代主题的深度统一》中论述了明代史学批评中个人认识与时代主题的深度统一的特点。明代史学批评可以分为个人见解的浅表层和展现时代内涵的根本层。明代史学批评的浅表层较前代更广博，细碎繁杂而又鲜活丰富；根本层是明代史学批评的决定性力量。明代史学批评在理学环境中发扬心学，兼具个人见解与时代共性，展现出封建社会华而趋向暮年的气质与特点。第六卷的另一位作者毛春伟在《明代学人史学批评中的理论意识》中分析了明代史学批评中零散而缤纷的理论意识。明代史家重视对史识的考察，提出了“尤贵识高”的追求；发展了对史家修养的认识，提出了“公心”和“直笔”的要求；史家撰述史书要秉持“公议”“公论”的立场。这些理论认识让明代的史学批评带有鲜明的时代特点，也焕发出鲜活的时代生命力。整体说来，这一组文章更深入也更直接地对中国古代史学批评史进行了分析和论述，可以视作是七卷本《中国古代史学批评史》的理论概括与提升。

除了上述较为集中的选题外，学界还有一些对史学理论相关概念进行论述的较为重要的论述。陈新在《史学理论的性质、对象、价值与方法》（《史学月刊》第 1 期）一文中指出，史学理论是一种反思。史学理论研究要求研究者成为一个自律的主体，史学理论的对象分为主体和客体两个方面，主体对象是进行历史学实践的人以及“史学理论家或者说自我”；而客体的对象是集体的或人类的经验和结构。历史学是人在追求自己的意义和价值。史学理论的价值在于让我们成为反思者，达成自我认识；史学理论的价值在于追求更高效的达成自我认识。而我们对史学理论的期望在于通过进行思维训练，寻找一种更快且更有效的获得“自我认识”的方法。对史学理论自身的研究而言，构建史学理论的发展史以及方法无疑是其中的一种捷径，我们要在个体研究中寻找具有普遍性的规律。而训练史学理论思维的基本方法有两个，一是通过作史学理论研究的学术史考察或是对文本进行结构分析，二是在日常生活中进行反思的思维训练。史学理论不单单是历史学研究中的一个分支，而且还与历史研究相辅相成，构成无限循环的关系。汪高鑫、汪增相在《中国古代史学求真理念的演变》（《求是学刊》第 3 期）一文中认为求真是中国史学的本质属性。在中国古代史学发展过程中，求真思想也在不断发展与变化。先秦时期，直书是当时史官史学撰述中尊奉的原则。汉代史学撰述重实录，《汉书》首次明确提出了“实录”的思想。魏晋南北朝隋唐时期，随着史学的发展，在史料收集以及史文等方面有了比较成熟的系统的理论和方法。宋元明清时期，对考证的重视令史学求真的思想进一步发展。

四、遍地开花的史学史研究

2021年，史学史研究既有对单个史家的研究论述，也有对某一历史时段史学的考察；既有对修史制度的考察，也有对史学思想的关注。按时段来分，大致可以分为以下三个阶段。

1. 对先秦秦汉时期史学的关注与再思考。先秦秦汉时期是中国古代史学的起源与发展阶段，2021年先秦秦汉史学的研究成果较为丰硕。乔治忠《中国史学的起源及早期发展考析》（《史学月刊》第1期）一文深入分析了中国古代史学的起源。中国古代史学并不是起源于史官制度，远古传说和神话也不是中国古代史学的起源。文字和历法是史学产生的必要不充分条件。史学的产生需要具备比较完备的文字和历法、社会变动以及一定的社会历史背景和文化环境。中国存在于先秦时期“殷鉴”的政治历史观，因为没有满足上述三个必备条件，最终没有发展成为史学，而是“殷鉴”意识及其引起的文献编存，在史学发展和巩固中起到特别重大的作用。中国史学产生于共和元年即公元前841年。从“国人暴动”到“宣王中兴”，西周经历了可激发出系统且连续的记载史事的社会条件，按时间顺序连续记载史事的做法应因之而出现。史学促进了史官制度的产生，史官制度巩固了中国古代史学。到春秋时期，中国史学已经得到了进一步巩固。中国传统史学，以史学产生为区别，向下的记述追求真实性、向上的追溯则多有修饰和更改。张艳萍《〈书〉与国史〈春秋〉的生成》（《文史哲》第5期）考察了《书》与国史《春秋》的生成。《尚书》与《春秋》源自《书》与《鲁春秋》，《书》与《鲁春秋》是在史官记录的基础上撰述而成的，并不是史官直接记述的成果。汪高鑫、王子初《周代的史官制度与史官精神》（《史学史研究》第3期）则对周代的史官制度与史官精神作了考察。周代是先秦史官制度日趋成熟时期。太史和内史，其主要职能是典礼，也包括文献保管以及记事等。周代的左右史之说，应该只是一种形象说法，而非正式官职。在周代史官制度的实践过程中，培育出了独具特色的史官精神，具体体现为参与建设和维护礼乐文明的经世精神、追求史实之真与道义之真的求真精神和彰显人文价值的理性精神。方美美《论〈左传〉的以易解史》（《史学理论与史学史学刊》第24卷）对《左传》的史学撰述思想作了考察。《左传》注重引用易例。《左传》载易例以讲求德性的道德教化思想，宣扬道德教化，借助易例增强说服力，培养了思维方式，丰富了思想内涵。李纪言《先秦两汉时期周成王的形象变迁及其解读》（《河北学刊》第6期）一文揭示了先秦两汉时期周成王形象的变化。这一时期，周成王的形象不断发生变化。西周时期认为，周成王即位之时并非孩童。东周至西汉初期出现周成王即位时“幼弱”说与“襁褓”说。出现这样的变化的原因是对周公摄政甚至称王合理性的不同考量。西汉中后期，周成王形象数度变化，君权愈隆，周成王形象越贤明。待至东汉时期，周成王和周公成为明确的君臣关系，周成王也成为“贤主”的形象。刘卓异《〈左传〉“经传合编”不晚于司马迁考》（《史学理论与史学史学刊》第 24 卷）指出《春秋》和《左传》或许至迟在西汉中期之前就有“经传合编”的传本，杜预只是为合并本作注解的第一家。曲柄睿《班彪班固父子的文史互动与时代图景》（《文学评论》第 2 期）结合文史，对班彪、班固父子作了全新视角的考察。班彪以兴复汉朝为追求，班固的“宣汉”带有政治的胁迫，这样的变化不仅仅是班氏父子的身世浮沉，也是两汉之际历史发展变化对时人的影响。曲柄睿《〈三国志〉以“志”为名缘由及史学意图》（《史学理论与史学史学刊》第 24 卷）指出，《三国志》以“志”为名，受到了《尚书》《汉书》的影响。陈寿意在昭示，即便撰述的对象不是大一统王朝，也要保证各区域历史叙述的完整性。《三国志》的撰述方式，为其他区域史的撰述提供了可参考的范本。

2. 对魏晋至宋辽金元时期史学的深入考察。张峰《唐代史家与历史编纂的创新》（《史学理论研究》第 5 期）是 2021 年度为数不多的对唐代史学展开研究的成果之一。唐代史学成果十分丰硕。唐代史学在中国历史上大放异彩的原因在于唐代史学在不断推陈出新，既有对以往史学的总结，又具有创新精神。综合说来，唐代史学主要具备三方面的特点。其一是通过反思、探索与开新，突破了正史编纂的难题。唐初修撰的八部正史，折射出唐初史家对前代正史编纂的反思、探索与开新。这样的反思、探索与开新主要表现在制度、观念与方法等方面。唐代史家在编修史书时，实行集体纂修、分工协作以及监修负责三位一体的修史制度。在修撰中，适时变通，不拘泥于前例，以整体观念为指导，勇于打破前史断代记事的陈法，再现南北朝历史发展的脉络，为后世的正史编纂树立了新的典范。其二是在融合、创造中超越旧有的史书体例形式，开创典制体通史的历史撰述形式。《通典》不是正史书志的简单结合。杜佑继承并发展了管子和孔子的思想，又具有鲜明的历史进化观，反对“非今是古”的论调。这样的观点的融合与创造，反映了杜佑对社会历史的深层理解与认识。其三是历史编纂的理论自觉。唐代史家重视对历史学的审视、批评与总结。刘知幾之前的史家就已经表现出对史学理论探讨的兴趣。刘知幾《史通》表现出高度的理论自觉性，具有鲜明的理论自觉和范式总结的学术意义，对阻碍史学发展的因素作了批判反思。唐代史家对唐以后史学总体走向的影响还表现在推进史学的整体发展、创新历史编纂的形式以及拓宽历史观察的维度三个方面。近年来，宋史成为学界较为热点的话题，宋代史学也成为史学史研究中一个较受关注的热点话题。瞿林东《〈新唐书〉怎样评价唐代史学》（《河北学刊》第 1 期）考察了《新唐书》怎样评价唐代史学。《新唐书》对唐代史学颇有微辞，而且有的论点带有全局性的评价。《新唐书》卷 132 中认为唐代近 300 年的史学活动以及史家的论著似无可取之处。《新唐书》作者否定刘知幾及其《史通》与韩愈《顺宗实录》，对唐代一些有成就的史学世家大多采取近于漠然的态度。这样贬低甚至否定的评价倾向，反映出著者认识上的混乱，造成这样情况的原因在于《新唐书》成于众人之手，且欧阳修作为主要刊修者，实际在史局时间不多，《新唐书》修撰中没有专职的监修官或总裁官主事。汤勤福《洪迈的史学思想——以〈容斋随笔〉魏晋南北朝史研究为中心》（《史学史研究》第4期）对洪迈的史学思想进行了深入的考察。在史学研究中，洪迈在方法论上，注重通识的治史方法；讲求学以致用的史学功利观；怀着史家的忧患意识；重视对历代治乱兴衰的考察；秉持求真和谨于阙疑的治史态度；在历史人物批评上，重功业、讲忠义；在史学批评中，崇真审美。洪迈的这些史学思想，与现实相关，反映了他忠君爱国、救世拯亡的政治主张。朱露川《〈容斋随笔〉论史书叙事札记三则》（《史学理论与史学史学刊》第24卷）对《容斋随笔》中洪迈提倡用字、修辞“旨意出于言外”，强调“词不工者不成文”，载文、采撰可辨著者“识见取舍”三条展开论述。

3. 对明清史学的理论认识与总结。王晓敏、杨永康《明代官方记录体史书初探》（《史学理论与史学史学刊》第24卷）对明代官方记录体史书作了整体性考察。明代官方记录体史书在一定程度上弥补了起居注、日历中存在的缺陷。明代记录体史书通过单篇纪事本末体的方式，一事一书，成书时间较早，史料价值较高。但是，明代官方记录体史书直接服务于政治，具有特定的政治功能，因此受到政治的干扰，史料的史学价值受到了一定的影响。牛润珍、管蕾《清代史官议叙制度考略》（《史学史研究》第1期）考察了清代史官议叙制度。在清代，史官参与编修史书获得议叙逐步常态化、规范化以及制度化。清代真正意义上的史官议叙，出现在康熙初年。在康熙年间，史官议叙由实录馆扩展到方略馆及其他修史机构，参与修书年限及绩效差别也被纳入考量范围。在雍乾嘉三代，史官议叙制度日趋完善，形式上单次议叙和多次议叙并存。这一时期，议叙规则也逐渐明晰起来，在馆修书年限、等第及科考出身等成为议叙的标准和依据。清代依缺选官，且官缺长期紧张，但是修书议叙制度使一部分士人能以此优先获缺，并由此吸引了大批士人主动投身到修史活动中，有效保障了清代大规模官方修史的顺利进行，并改变了以往正途为荣、考职为轻的认识，令士人在职业观念上产生积极变化。袁法周《乾嘉三大史家治〈汉书〉》（《史学理论与史学史学刊》第24卷）对钱大昕、王鸣盛和赵翼三人对《汉书》通释性研究作了考察。三人虽然治史取向不同，但是对《汉书》通释性研究中所贯彻的实事求是的原则和态度则是一致的，并且都取得了令人瞩目的学术成就。

汪高鑫《论中国传统史学的经世致用理念》（《福建论坛（人文社会科学版）》第4期）、《中国传统历史编纂学的发展路径——以史书编纂体裁为中心的考察》（《河北学刊》

第 5 期）对中国古代史学史作了综合性的考察。中国传统史学经世致用的理念主要包含对王权合法性作出神意解说；宣扬和维护纲常名教；以史为鉴，汲取历史教训；以史资政，重视总结历史经验；颂扬功德，确定历史地位；正统之辨，维护本朝的正统地位六个方面的表现。中国历史编纂学中史书编纂体裁具有多样性、变化性以及理论自觉性三方面的特征。

整体上说来，2021 年学界关于中国史学理论与史学史的研究有进一步的深入与拓展。这样的发展离不开近年学界重要刊物对中国历史研究中重大理论问题的关注，在宏大叙事与重理论研究风气的指导下，才有了对历史理论、史学理论问题的密切关注与讨论。值得关注的是，这些圆桌讨论，往往并不局限于对中国历史理论的论述，而是纵观古今、兼具中西的论述，是站在人类社会发展基础上，立足中国史学，面向世界，多学科融合的论述。正是这样的讨论，为学界的理论研究注入了新的激励，让中国的史学理论和历史理论研究迎来了春天，并逐渐酝酿、发展。但是在这样的发展过程中，我们仍然要看到，中西比较的研究成果仍然严重不足。虽然学界对宏大叙事多有关注，也注重对新方法的讨论，但是理论研究的深度仍显不足。在对概念、研究方法等方面的讨论中，兼具理论与实证的研究成果较少。综合说来，2021 年，中国史学理论与史学史研究呈现出理论研究更深入、史学研究更细致的趋势。史学的宏大叙事逐渐受到越来越多人的重视，也出现了中西史学比较研究的成果。

学术动态

学术会议信息

“木简中所见东亚古代的物资流通与管理”国际学术会议

2021年2月25—26日，韩国庆北大学人文学术院HK+事业团主办的“木简中所见东亚古代的物资流通与管理”国际学术会议以线上、线下相结合的方式举行。来自清华大学、东京大学、庆北大学、学习院大学、湖南省考古研究所、湖南大学的18位学者分别对中国简牍和日本、韩国木简中体现的东亚古代物资流通及其管理议题进行了深入探讨。李均明《汉简所见木楬与封检在物资管理中的作用》指出汉简中木楬的使用便于拥有者辨别物品的种类、数量，亦便于中期盘点时确认物品的存在与否及完损状况。汉简所见封检种类繁多，能保障物权的确认或转移等。佐藤信介绍了日本木简的出土及研究现状，并对目前日本木简在礼仪和日常行政业务中的运行功能等课题进行了展望。全京孝对新出土的庆州月城垓子三面木简进行了释读和研究；裴君烈、朴相昱对庆州传皇福寺出土的木简与文字资料进行了介绍和研究。张春龙对益阳兔子山遗址十五号出土简牍整理进行了介绍。戴卫红《长沙走马楼吴简中所见俸禄发放与管理》对长沙走马楼三国吴简中所见孙吴吏员的“奉（俸）”的发放流程，支付时间标准，对象，支付形式、标准进行了探讨。杨博介绍了北京大学藏秦简牍室内发掘、整理情况与研究的主要收获。此次会议发布了最新出土材料，学者们交流了最新研究成果，对于推动东亚简牍文化的研究起到了积极作用。

（戴卫红）

“唐蕃辽夏元西北历史与交通”高峰论坛

2021年3月20日，陕西师范大学西北历史环境与经济社会发展研究院主办的“唐蕃辽夏元西北历史与交通”高峰论坛在西安举行，15位学者参加。默书民以“元代西北交通路线调整与政治中心变革”为题发言，认为驿站路线是为军事政治经济服务而设立，军事进攻的路线选择往往引起以后的驿站路线和区域政治中心的变动。刘晓以“金末信安抗蒙武装与元代信安系水军”为题讨论蒙元政权中的水路交通及水师，分析了信安集团降蒙后在元水军中的地位、元灭南宋过程中发挥的作用，乃至南宋灭亡后元代江南镇成体系中“信安系”水军的组成。黄博详细考述了古格王朝与唐宋时期西北地区的交通与交流。屈文军以“元朝路制的形成”为题发言，将元朝的官制与历史上其他朝代作比较。此外，与会学者还就《蒙古袭来绘词》、合赞汗时期的桃里寺（大不里士）、《元史·太祖纪》的文献研究、僧人指空事迹、北元晃忽儿槐地面的位置等元史和元代西北相关问题进行探讨，旨在推动西北地区历史和交通问题的相关研究。

（张晓慧）

北大文研论坛“信息沟通与国家秩序”第十次工作坊

2021年3月20日，“信息沟通与国家秩序”第十次工作坊、“北大文研论坛”第132期在线举行，主题为“宋代边备与军情”。清华大学历史系副教授方诚峰主持。台湾大学历史系教授方震华报告题目为“宋代的作战准备与情报沟通”，讨论宋代作战准备中“见敌无谋”与“临机应敌”两个不同层面的安排，也对战争用图在军事行动中的信息载体作用进行探讨。四川师范大学历史文化与旅游学院副教授王化雨报告题目为“元符青唐之役中朝廷与将帅的交流”，关注青唐之役中出现的中枢和前线之间公文私书双线并行、互相影响的信息交流方式，进一步思考政治人物如何解读所获得的信息，以及如何利用信息以实现自己的目的。四川大学文化科技协同创新研发中心助理研究员陈希丰围绕李纲《梁溪先生文集》，考察了南宋初年平寇战争中的军政信息沟通与传递问题。指出真正能够实践“将从中御”的是北宋，而地理障碍让南宋朝廷在制度设计上不得不赋予边区主帅更多的军事自主权。中国人民大学历史学院副教授邱靖嘉报告题目为“谍影重重：辽宋金时期的间谍系统与情报战”，探讨公元10—13世纪南北政权之间的间谍情报问题。台湾辅仁大学历史系兼任助理教授郑铭德以薛季宣文集为中心，考察了战时南宋地方官员的情报收集。台湾“中研院”史语所研究员黄宽重以“晚宋西南边防与边情”为题带来最后一场主题报告，认为宜将西南的边防现象放入整体局势中考察，重视中枢和前线之间的信息传递与信任机制。评议人中国人民大学历史学院教授包伟民、中山大学历史学系教授曹家齐、复旦大学历史系教授余蔚表示，本次讨论会内容可以互补互释，信息传递中的心理状态与应对措施值得进一步探讨。北京大学人文社科研究院院长邓小南总结，认为信息渠道这一议题展示全新问题意识，打开新的思考面向，可能恰恰是会议最大的收获。

（任新亚）

出土“书”类文献研究高端学术论坛

2021 年 3 月 27 日，西南大学汉语言文献研究所主办的出土“书”类文献研究高端学术论坛，采用线上线下相结合的方式成功举办。文献所所长孟蓬生教授在开幕式上表示，举办此次论坛的目的是利用出土文献和古文字材料研读《尚书》。孟蓬生教授回顾了前人利用出土文献和古文字材料研究《尚书》所取得的丰硕成果，强调利用出土文献材料校读古书是中国学者的优秀传统，非一人一代便可完成之事，需要每一位治学者的共同传承。会议邀请了北京大学、清华大学、中国社会科学院语言研究所、复旦大学、吉林大学、山东大学、上海大学、北京语言大学、中国孔子研究院、台湾彰化师范大学等多家单位的 11 位出土文献及相关领域的优秀青年学者发表演讲。陈剑《简谈清华简〈四告〉与金文的“祜福”》认为在《清华简（拾）·四告》所见“宜尔祜福”之“祜福”，并非单纯的两字同义连用，而应理解作“所予之福”。侯乃峰《清华简〈四告〉篇字词笺释》对《四告》篇中部分疑难字词和文句进行了深入研究。苏建洲《说清华简〈金縢〉的“尃有四方”》深入探讨了清华简《金縢》“尃有四方”中“尃有”的音义问题。宁镇疆由清华简《摄命》的三例“闻知”论说西周君臣的权责关系及行政伦理问题。陈民镇讨论了册命之“书”的体例及《摄命》的性质问题。董珊根据金文重新讨论《小雅泆巷伯》中的相关问题。贾连翔就清华简“《尹至》书手”字迹的扩大及相关问题进行了深入探讨。刘光胜以《君奭》“召公不悦”为中心讨论《尚书》诰体的生成问题。单育辰由清华简《封许之命》《四告》等相关内容释四十二年逑鼎从沁从水之字，认为或可读为“参”，亦即参谋、咨议的意思。程浩主要针对自己在整理研读清华简过程中遇到的一些疑难字词展开讨论，提出了 15 条新的释读意见。王志平结合清华简等出土文献对“燮”字的造字本义和用法进行了重新分析，认为“燮”本象手持的熊熊燃烧的火把之形，为“燋”字初文，本指引火之火炬。每位演讲者报告完毕后，与会人员积极发言参与讨论，与报告人互动交流，碰撞思想。本次会议直接助力出土文献领域“书”类文献的解读研究，同时对《尚书》学的研究也大有裨益。

（西南大学汉语言文献研究所）

“古文字与古代文明”学术沙龙

2021 年 4 月 16 日，四川大学历史文化学院主办、四川大学古文字与先秦史研究中心承办的“古文字与古代文明”学术沙龙在望江校区四川大学中国藏学研究所会议室成功举办。来自北京大学、吉林大学、陕西省考古研究院、中国美术学院、郑州大学的五位学者分别作了主题发言。朱凤瀚教授以“由殷墟甲骨记事刻辞与周初金文看商人与周人的记史传统”

为题，利用甲骨文、金文等材料对商人与周人的记史传统作了详细梳理，认为西周初期周人应已有用较长的文字记录史事的传统。他以周初铜器“天亡簋”为例，对周初史官的记述能力、周人当时在文字表达方面可以达到之水平等作了详细分析；并以甲骨卜辞之验辞、记事刻辞（小臣墙牛骨刻辞、大司空村牛胛骨刻辞）、商代“册”字族徽铭文、商晚期之金文等为据，认为商人与克商前之周人一样，必然已有了作长篇记事文体的能力，已有了记史的传统。王辉研究员以“学而思，思而学”为题，着重从“假设与求证”（举‘帝’字、秦景公大墓墓主考证为例）、“在无疑处有疑，在有疑处无疑”（举‘秦人族源’、‘文王受命称王’、‘传世简牍真伪’为例）、“有一分材料说一分话”（举‘秦子戈矛’、‘鄂君启节’、‘战国晚期秦国官制’为例）等三个方面分享了自己四十余年研习古文字以及古代历史的经验和方法，对研究古文字的青年学者十分有益。曹锦炎教授以“由新见金文‘执驹’资料谈出土文献与传世文献的对读”为题，详细论述了出土文献与传世文献的对读带给我们的新知和纷争，首先对金文中的“执驹”之礼进行考辨，其次从新见一则“执驹”材料出发，讨论了新见铜器残片上“厝门”问题，指出“厝门”是新见金文词汇，可能就是清华简《皇门》篇之“耇门”。黄锡全教授以“谈谈古文字与古代文明”为题，深入探讨了古文字在研究古代文明中的重要作用以及社会价值，在充分梳理中西方文字起源、综合比较中华文明与西方古代文明之异同的基础上，认为“古文字为古代文明的标志之一”。他从稻作农业的起源以及甲骨文中“稻”字的释读，进一步论证了古文字与古代文明研究之间的关系。学者的发言涵盖了古文字学研究的诸多领域，观点新颖、材料丰富、论证详实，为古文字学、古代史以及古代文明的研究提供了新的思路，具有十分重要的借鉴意义。

（韩文博）

史料、视角与方法：魏晋南北朝史专题研讨会

2021年4月10—11日，中国魏晋南北朝史学会主办，山东大学历史文化学院、中国社科院古代史研究所魏晋南北朝史研究室承办的“史料、视角与方法：魏晋南北朝史专题研讨会”在山东青岛召开。来自国内20余所高校和科研机构的50余位学者参加了会议。研讨会进行了三场主题报告，设置了两个分会场进行小组讨论，共研讨43篇学术论文。《历史研究》副主编周群编审对中华人民共和国成立以来魏晋南北朝史研究进行了回顾与展望，呼吁开启魏晋南北朝史研究的新时代。浙江大学历史系孙英刚教授关注魏晋南北朝时期犍陀罗对中国文明的影响，指出认为中国文明孤立保守，甚至闭关锁国的观点，缺乏历史依据。即便放在整个人类文明发展史来看，中国文明从开始就积极拥抱外来文明元素，展现出了高度包容的特质。山东大学历史文化学院韩吉绍教授探讨中古人口迁徙与买地券信仰，认为今天所有对买地券某方面特

征的认识，皆不应忽视人口流动因素的重要作用。与会代表围绕“二十世纪以来魏晋南北朝史研究的回顾与展望”“魏晋南北朝传统史料研究的视角”“魏晋南北朝出土资料的整理与研究”“魏晋南北朝史研究理论与方法的反思”等议题展开热烈讨论。中国社会科学院古代史研究所楼劲研究员重新审视魏晋以来“儒学衰落说”，认为此说无法成立。戴卫红研究员对吐鲁番出土《论语》白话文本的习书和抄写内容、书写特点进行总结，梳理汉末至魏晋南北朝隋唐学者《论语》注、疏以及研究的脉络。杨英研究员着眼于西晋《新礼》中郊祀礼的重构及其对郑玄、王肃之说的择从。陈爽研究员以文本散佚与佚文措置为视角，关注南北朝诸家正史校勘。陈志远助理研究员以抽丝剥茧的方式追寻傅大士弥勒分身形象的思想渊源。刘凯助理研究员以刘宋北郊的五次迁徙为例，考察经典记载与现实实施间的地位落差。此次会议学者们交流了最新研究成果，对推动魏晋南北朝史研究起到了积极作用。

（刘凯）

“新出文献与中国早期文明研究”学术研讨会

2021 年 4 月 23—25 日，曲阜师范大学历史文化学院主办“新出文献与中国早期文明研究”学术研讨会在曲阜举行，五十余位专家学者参加会议。新出金文与两周史研究方面，杜勇利用曾公畎编钟、静方鼎等铭文，重新审视安州六器诸铭的年代，并再现了康王时期南巡伐虎方的史实；刘源结合昔鸡簋等材料，分析了西周时期异姓通婚促成巩固内外服政体的政治功能；黄锦前对保尊、保卣等铭文进行重新释读，进而分析了周初封建亲戚、安抚诸侯以稳定天下的形势和措施；王进锋利用禹鼎等铭文，提出了对西周世官制度的新认识；胡嘉麟利用师旂鼎铭文考察了西周军法；田成方讨论了曾侯夫人孎加的身世及相关铜器的年代、性质。甲骨金文与简帛释读方面，韩江苏通过对甲骨文“枝”“条”“萌”“耑”“倒”等字形体与实物的对比分析，考释相关字义与“止”偏旁的来源；张惟捷从甲骨金文中“萅”“万”二字的解读出发，讨论了商周时期两个族群的相关问题；吴毅强对汤阴所出吴王诸樊剑及相关铭文进行重新释读与考证；张润泽、王伟分别考释了战国兵器铭文中的秦国和赵国地名；葛亮以两件春秋时期齐鲁金文为例对“铭文重合辨伪法”作了补充论证。新出简帛与早期史学形态研究方面，刘光胜结合出土文献考察了《尚书·君奭》“召公不悦”之事及后儒误读的原因，进而讨论了诰体文献的生成；宁镇疆从《诗》《书》、金文等早期材料中“职”的训诂入手，认为《大雅·烝民》“衮职”理解为“王职”确有理据，“职”破读为“识”实不可从；刘伟讨论了几种简帛文献与《铎氏微》的关系，认为简帛古书的“身份认定”非常重要；杨博利用郭店简、上博简、武威汉简、海昏竹书中的相关篇章，揭示出《仪礼》《礼记》与《周礼》三种“礼”书文本形态的不均衡性。新出简牍与秦汉史研究方面，沈刚通过对西北汉简相关文本的分析，考察边地贳卖活动的类型、官府的管理及其原因；吴雪飞结合张家山汉简、岳麓简相关文献，考察了秦汉“奏当”的性质、案件类型与程式；姚磊梳理了肩水金关汉简中的女性史料，讨论了妻随夫姓、婚育年龄、休妾文书、女奴等问题。研讨会专注于新出甲骨、金文、简帛文献与中国早期文明诸问题，推动了相关前沿问题研究的进一步深入。

（刘伟）

第二届中国文化研究国际论坛

2021 年 5 月 15—16 日，由日本东方学会主办的“第二届中国文化研究国际论坛”在日本早稻田大学户山校区采用线上、线下结合的方式举行。“中国文化研究国际论坛”是在中国社会科学院古代史研究所与日本东方学会之前历时十年的“中日学者中国古代史论坛”基础上，为拓宽研究领域、扩大学术影响力、提升中国文化研究深度和广度，促进中国文化研究国际学术交流常态化而设立的学术交流平台。此次论坛分为全体会、分组研讨和综合讨论三个板块进行。全体会部分四篇报告：（1）王启发《元代吴澄〈礼记・王制〉篇的改编及其意义解析》，（2）小岛毅『文化中国の再検討』，（3）苏俊林《论秦汉二十等爵制的终结》，（4）渡边义浩『中国史学の展開と儒教』。分组研讨部分共有三组。第一组报告：（1）葛焕礼《范式与问题：美国的唐宋思想转型研究》，（2）沙武田《张议潮的政治联盟窟——莫高窟洞窟组合崖面“空间”的“历史物质性”》，（3）井川义次『フランス革命直前における中国の聖王と暴君情報——張居正「帝鑑図説」仏訳に関して』，（4）赵现海《道家“无为而治”的政治立场与“不战而胜”的战争观念》，（5）吴四伍《清代海洋治理的地域文化与协调机制》，（6）牧角悦子『雅言と「斟酌」』，（7）赵莹波《从日本鸿胪馆汉诗外交看中国文化在东亚的传播》，（8）沈冬梅《中国茶文化的源生性与世界传播的多样性述论》，（9）仙石知子『日本における「列女伝」の受容』，（10）杨富学《司马迁“行国”史观及其对后世的影响》。第二组报告：（1）妹尾达彦『中国文化の多様性と統一性——行政都市網の変遷を手がかりに』，（2）成一农《王朝是“国”吗？——以寰宇图和职贡图为中心》，（3）中岛隆博『王弼再考』，（4）桓占伟《何以殷人尊神——基于夏、殷两族生产方式差异性的考察》。第三组报告：（1）陈志远《中山七帝寺兴废考——解读〈隋重修七帝寺碑〉》，（2）宋学立《全真道教学法之言教与身教》，（3）河野贵美子『日本伝存資料を通してみる唐代典籍文化の統一性と多様性』，（4）邱源媛《八旗圈地制度的辐射：清初拨补地考实》，（5）刘中玉《风会图视域下的晚明文化转型》，（6）柿沼阳平『中国古代禿頭攷』，（7）张倩茹《嘉靖九年郊祀改革中的分祀合祀之争》，（8）牟坚《“洒扫应对，便是形而上之事”：朱熹以“礼”来贯通其〈小学〉、〈大学章句〉》。最后是综合讨论部分，与会中外学者围绕“中国文化的统一性与多样性”的主题，在礼制、思想、文化、文献等诸多领域展开了深入的交流。

（陈冠华）

“新文科视域下简牍学学科建设与内涵发展”高端论坛

2021年5月16日，西北师范大学主办的“新文科视域下简牍学学科建设与内涵发展”高端论坛在兰州召开。来自中国社会科学院古代史研究所、清华大学、复旦大学、南开大学、山东大学、西北师范大学和甘肃省文物局、甘肃简牍博物馆等高校、科研机构的专家学者出席论坛。会上，西北师范大学党委书记张俊宗教授和甘肃省文物局陈于柱副局长为西北师范大学简牍研究院揭牌。与会专家围绕简牍学理论与简牍学科内涵发展、西北汉简整理与研究、简牍学学科建设和简牍学专业学术辑刊建设展开热烈讨论。刘钊教授认为，西北师范大学成立简牍研究院恰逢其时、适得其所，应立志高远，通过柔性引进高端人才、组织重量级简牍学研究项目、构建汉简资料数据库、推进简牍整理国家标准制订等方式加快简牍学学科建设，提升西北师大在简牍学领域内的学术地位。杨振红教授、刘国忠教授对简牍学学术期刊的定位和发展前景进行了深入分析，为西北师范大学等主办的《简牍学研究》期刊的发展建言献策，认为学校应该支持《简牍学研究》由学术辑刊向学术期刊转变。侯旭东教授认为西北师范大学应该立足地处简牍大省甘肃的地利优势，重点开展文书简牍研究，可以通过考古学、文字学、文书学、历史学、社会科学等多维角度对西北汉简展开交叉研究，并以此带动丝绸之路文明、西北边疆史地研究。代国玺教授认为简牍学学科建设需要一流实践基地支撑，西北师范大学应该和甘肃简牍博物馆加强合作，合力推进甘肃的简牍研究和人才培养。对此，甘肃简牍博物馆馆长朱建军研究员予以积极回应，并就馆校合作提出了切实可行的建议、方案。陈于柱教授和西北师范大学李并成研究员就敦煌学和简牍学的学科关联，以及如何在“新文科”视域下构建简牍学学科体系，如何利用新兴科技手段开展简牍研究提出了中肯的建议。河西学院高荣教授、兰州城市学院孙占宇教授、甘肃省社会科学院侯宗辉研究员则就省内科研机构、高校如何合力推进简牍学建设发表了看法，表示了对西北师范大学简牍研究院的支持。与会专家一致认为，发展简牍学科，符合国家战略需要。西北师范大学简牍学学科基础较好，在学界有一定影响力。学校应进一步加大对简牍学这一“冷门绝学”的支持，加强与中国秦汉史研究会、甘肃简牍博物馆以及国内简牍强校的合作，做好人才培养、科学研究和学科建设总体规划，力争把西北师范大学简牍研究院建设成为简牍学人才培养、汉简研究和简牍文化阐释弘扬的真正高地。

（李迎春）

北大文研论坛“文书碑志与丝绸之路历史语言研究”主题研讨会

2021 年 5 月 8 日，“北大文研论坛”在线上、线下同步举行了“文书碑志与丝绸之路历史语言研究”主题研讨会。由北京大学历史学系张帆主持，兰州大学敦煌学研究所郑炳林、上海外国语大学全球文明史研究所王丁、中国人民大学国学院黄维忠和文研院邀访学者兰州大学敦煌学研究所白玉冬，做了主题报告。郑炳林的报告题目为“西汉敦煌郡的设置及其有关问题”，提出敦煌郡设置的背景为元狩二年（前 121），匈奴浑邪王杀休屠王，以四万人投降汉朝，具体设置时间可能就是元鼎六年。从票侯赵破奴是置敦煌郡的关键人物。王丁的报告题目为“人名、地名与西域历史”。在研究方法方面，共分为辑名、辨字、审音、探源、释义和证史六个环节。他认为“三奴”的语源，可能来自佛教的“三宝奴”（梵语 Triratna－dāsa），并结合《粟特语女仆买卖契》文书，讨论了其中出现的人名、地名。最后讨论了胡语人名中的“以国为姓”问题。黄维忠的报告题目是“12 世纪藏文史籍对朗达玛灭佛事件的构建”。学界目前基本认为，朗达玛灭佛事件是后世藏传佛学家构建的结果。该报告利用早期藏文史籍，从文本梳理的角度，讨论了这一事件的具体构建过程。白玉冬报告的题目是“华夏称号‘王’在古代北疆的行用”。通过分析突厥汗国碑铭、叶尼塞碑铭和回鹘汗国碑铭写本中的“王”字，讨论了“王”字在北方边地的流传。“王”在夏商西周时期，就为包括北狄在内的周边族群所熟知不必怀疑。带有韵尾“ŋ”的王之音写“ong”，在上古时期就传入了漠北等北方边地。报告环节结束后，五位与谈人分别就报告中的一些问题提出了自己的看法。

（张晓慧）

第二届清代档案与清代社会学术研讨会

2021 年 6 月 25—27 日，中国第一历史档案馆《历史档案》杂志社与南开大学中国社会史研究中心主办的“第二届清代档案与清代社会学术研讨会”在南开大学举行。30 余位专家学者出席了会议。研讨会紧紧围绕“清代档案与清代社会”会议主题展开讨论。研讨会以四篇特别演讲论文为开篇，充分解析清代满汉文档案。武汉大学中国传统文化研究中心教授陈锋的《契据与税收：清代前期的税契与契税》，通过分析税契形式的变更，研究清前期契税中体现的清中央与地方财政的关系。南开大学历史学院特聘教授王跃生的《清代中期立嗣过继中的家庭和家关系分析——以刑科题本档案为基础》，利用乾嘉两朝刑科题本，探讨清中期家庭立嗣现象及其对于家庭的影响。中央民族大学历史文化学院教授赵令志的《驰驿征程——乾隆朝初次平准之索伦官兵赴疆参战满文档案简介》从《新疆满文档案选编》中列举16件索伦官兵自黑龙江前往新疆档案，剖析乾隆十九年至二十年间索伦官兵出征新疆的过程细节。南开大学中国社会史研究中心教授常建华的《清乾嘉时期的湖南保甲职役——以刑科题本为基本资料》，论证了乾嘉时期湖南保甲制度已较为普及，其地方职役更加保甲化、统一化。

（汪润）

首届“海洋文化与中华文明传承发展”学术研讨会

2021年6月24—27日，中国社会科学院古代史研究所文化史研究室、《形象史学》编辑部、上海大学外国语学院联合主办，上海大学外国语学院承办的首届“海洋文化与中华文明传承发展”学术研讨会在上海大学举办。来自中国社会科学院古代史研究所、中国社会科学院大学、上海大学外国语学院、莆田学院等单位的师生20余人参加了研讨。上海大学赵莹波先生详细展示了茶碗、茶盒、轴画，并通过诗歌展现了中日茶之道等茶道外交，进而展现了茶道对人们生活方式的改变。莆田学院林晶先生介绍了琉球“主动”“积极”吸收妈祖文化的过程，并在诗文唱和中探寻妈祖文化的影响。中国社会科学院宋学立先生从政治基础、元代敕封、国家祭祀三个方面阐述了妈祖全国性海神形象的形成过程。王申先生分析了两宋国际形势与官民开展海洋活动的目的与形式，总结了宋代妈祖文化的形成、发展和特点。安子毓按照先秦、秦汉、三国的时间顺序梳理了各国间的海洋交流活动，介绍了早期海洋文化的发展过程。此外，本次会议还就茶、香料、方物等物质文化的海洋传播，佛教、白居易诗等精神文化的海洋传播，朝鲜通信使船的出航，海难漂流民的救助等诸多问题进行了探讨。

（安子毓）

第一届中华民族共同体历史研究论坛

2021年6月26日，第一届中华民族共同体历史研究论坛在中国社会科学院民族学与人类学研究所历史研究室召开，会议主题为“变迁·交融与发展：10—14世纪的民族历史”，七位学者就辽、金、元等不同历史时期的民族历史问题展开讨论。康鹏《契丹文中的皇帝与可汗及辽帝尊号》提出辽朝皇帝具有汉式和契丹式两套尊号系统的看法。陈晓伟《〈金史〉南监本翻刻底本及其版本价值重审》指出《金史》南监本是对洪武覆刻本的校改本，其版本价值应谨慎看待。曹流《由行国入郡县——从〈亡辽录〉与〈辽史·地理志〉所载投下州异同谈起》总结了辽代中后期投下州向郡县过渡的趋势。李鸣飞《陈萍一辇真吃剌思生平补考》，还原了元代一位皈依藏传佛教的南方汉人的生平事迹。肖超宇《以冠示亲：元代蒙古妇女的头饰与身份表达》探讨了“罟罟”冠的可能词源。张晓慧《想象祖制：蒙元时代四怯薛长承袭问题再议》对史料中怯薛轮值的记载差异作出了新的解释，分析了元人对祖制的想象。求芝蓉的《蒙元时期雪泥部研究》考察了蒙古部族雪泥部。会上专家评议精准、深刻，现场提问和讨论尖锐、热烈，推动了民族史、民族文字文献、中外关系史、边疆学等多学科交融互动。

（张晓慧）

中国古代青铜文化学术研讨会

2021 年 7 月 13—14 日，由上海博物馆与中国国家博物馆联合主办的“中国古代青铜文化学术研讨会”在上海博物馆举行。此次研讨会是为了配合“鼎盛千秋——上海博物馆受赠青铜鼎特展”专门举办的，体现了展览形式与学术研究的紧密结合。来自上海博物馆、中国国家博物馆、中国社会科学院等全国各地 40 余家博物馆、考古研究院（所）和高校的 56 位专家学者发表演讲并展开深入的交流。八场研讨会聚焦“商周考古新发现”“青铜器与金文研究”“古代文明研究”三大主题。霍宏伟、苏强、于璐、马今洪、胡嘉麟、冯峰、卢永琇等人讨论了博物馆收藏青铜器的流传情况、年代及其文化性质。张昌平、尹夏青、韩鼎、韩辉等人讨论了青铜器装饰艺术的渊源和发展。张翀、任雪莉、田成方等人讨论了青铜器命名、用途以及形制演变的特殊性。宫希成、熊建华、田伟、刘延长、杨文胜、岳连建、孔德铭、许丹阳等人分别讨论了淮河中游地区、沅澧资三水流域、黄河中下游地区、鲁中南地区、辉县琉璃阁遗址、长安丰镐遗址、安阳殷墟遗址、广汉三星堆遗址等地的考古新发现。陈丽新、郭长江、陈颖飞讨论了曾国青铜器的制度、世系和铭文相关问题。程义、俞珊瑛讨论了吴越地区青铜器研究的新进展。陈小三、杨博、张志鹏、韩雪等人分别通过青铜器形制和铭文讨论了邓国、南燕、录国和房国。刘源阐述了判断西周早期金文的几个标准。严志斌、王沛、王进锋、王帅、韦心滢、吴毅强等人通过金文讨论了西周时期的丧葬制度、法律制度、政治制度等问题。李春桃、张闻捷、李树浪、刘锴云等人讨论了青铜乐器的形制、铭文和编列制度。苏荣誉、廉海苹、丁忠明、杨谦、王文轩等人讨论了青铜器的铸造工艺，以及铸铜遗址等相关问题。此次研讨会从考古发现、器物研究、装饰艺术、铭文研究、铸造技术等方面深入挖掘中国古代青铜文明对世界文明的重大贡献，对弘扬中华民族悠久的精神文化具有现实意义。

（胡嘉麟）

唐长孺先生诞辰110周年学术座谈会

2021年7月18日，武汉大学历史学院暨中国三至九世纪研究所举办“唐长孺先生诞辰110周年学术座谈会”。近百位专家学者齐聚一堂，共同缅怀唐长孺先生，追思先生的学术精神，展望中国中古史的发展。唐长孺（1911—1994），江苏吴江人，在魏晋南北朝隋唐史、古籍整理、敦煌吐鲁番文书整理与研究等领域皆有卓越贡献，著有《魏晋南北朝史论丛》《魏晋南北朝史论丛续编》《唐书兵志笺正》《三至六世纪江南大土地所有制的发展》《魏晋南北朝史论拾遗》《山居存稿》《魏晋南北朝隋唐史三论》等学术著作。中国魏晋南北朝史学会会长、中国社会科学院古代史研究所研究员楼劲评述了唐长孺先生在魏晋南北朝史领域的研究特色与卓越成就。他指出，唐长孺先生是海内外史界公认的灼然大家。凡其关注所及，精力所注，必有重大开创性成果，产生持续不断的学术推动作用。随着岁月推移和研究的不断深入，唐先生的这些成果历久而弥新，不仅多被认为是各相关学科和领域的重要基石，也化入并不断启发了这些学科、领域的最新探索与讨论。唐先生自四十年代始由文史兼综转重经史，旋又迎接了新中国建立的历史转折，遭逢了治史范式、理论、方法和研究重点的转移大势，又何以能如此步履坚实地完成调整，并以一系列富于创见的讨论总揽魏晋南北朝史乃至于整部中古史研究大局，为学界开创新的路向呢？更为透彻、更有说服力的解释，有待于对唐先生学术生涯更为全面而深入的研究与理解，有待于唐先生文著、信件等众多资料的全面出版面世，也有待于一部兼具知人与论世之长的《唐长孺传》的撰写。这些都是海内外学人衷心冀盼的工作，而此次纪念会，当然也是其中重要的一环。

（刘凯）

中国明史学会刘基分会成立大会暨第四届刘基文化学术研讨会

2021年7月22—24日，中国明史学会刘基分会成立大会暨第四届刘基文化学术研讨会在浙江工贸职业技术学院、浙江文成县举行。中国明史学会会长陈支平在会上围绕刘基文化学术地位作了阐述，认为刘基文化代代相传并非偶然，刘基文化从概念形成到如今的发展也十分不易，是中华优秀文化中一个非常突出的典型代表。中国人民大学毛佩琦教授指出，对刘基文化的研究，可以深化对明代政治制度乃至中国传统政治制度的认识。研讨会主旨发言环节精彩纷呈。上海社科院文学所研究员夏咸淳围绕《刘基：谋略家和学问家的双重角色》展开讲述，四川大学教授詹石窗以《刘伯温诗文符号象征的大生命精神》为题解码刘伯温的诗文所蕴含的文化。南京大学教授周群、浙江大学教授林家骊、台湾暨南国际大学历史学系教授徐泓、台湾高苑科技大学教授陈立骧、日本爱媛大学法文学部教授邢东风分别就

《刘基〈天地之盗〉的生态学意义》《刘伯温的文学成就》《大明国号与刘基》《刘伯温研究的两个重要问题之省察》《刘伯温与佛教（续）》进行演讲。中国明史学会刘基分会第一届会员大会选举产生刘基分会第一届理事会理事，中国人民大学毛佩琦教授当选刘基分会会长；南京大学中国思想家研究中心教授、文学院博士生导师周群当选常务副会长。中国明史学会刘基分会成立，标志着刘伯温文化研究走向新高度，对于汇聚全国学者进一步加强和深化刘基文化研究具有十分深远而重要的意义。

（陈时龙）

“中古中国制度·礼仪与精神生活”国际学术研讨会

2021 年 8 月 21—22 日，中国社会科学院学部主席团主办、中国社会科学院古代史研究所承办的中国社会科学论坛（2021·史学）“中古中国制度·礼仪与精神生活”国际学术研讨会召开。受疫情影响，会议发表与讨论采取线上和线下相结合的方式。参加会议的海内外学者计 62 人，包括来自美国、日本、韩国、德国等国家和地区的学者，会议提交论文 51 篇，对魏晋南北朝时期的重要议题进行了探索。大会安排五位学者做主旨演讲。陈苏镇《汉儒对“王者”的角色期待和建构》说明了在汉儒心中，孔子“为汉改制”，“王者”形象由之前的“帝王 + 圣人”转变为“帝王 + 孔子”，而在现实中帝王无法承担“王者”角色的情况下，儒生又将“士大夫 + 孔子”视为“王者”的替身；韩建华《都兰热水墓群 2018 血渭一号墓考古发现与研究》报告了采用多学科合作方法发掘血渭一号墓的过程，确定了该墓墓主人是吐谷浑王，考古工作从墓室结构、随葬器物等方面进行了研究，重新认识了青海道在丝绸之路文化交流上的重要作用；仓本尚德《圣地化的理论——道宣的感应思想与四种三宝》讨论了道宣思想背景中极为重要的四种三宝理论，并在这种理论维度下，重新对与道宣感应思想有关的《释门归敬仪》《集神州三宝感通录》等著作进行解读；金锡佑《杜恕〈体论〉与杜预的春秋学》认为杜预的学问与思想的形成受其父杜恕影响最大，杜恕《体论》礼本体论的渊源可以推定为《左传》，杜预对《左传》的解释继承了《体论》的叙述方法，也制定了追求《春秋》大义的传文主义之解释方法，并对杜预为出卖父亲的不孝子这一传统观点进行了商榷；宋馨《从草原引入北朝的新葬仪——双人单棺葬》考察了北魏平城时期开始的北朝单棺双人葬俗的墓葬特点，认为其来源于北方西方草原地带，此葬俗跟随移民传播至平城，采取这种葬俗之人可能与军人武士身份有关。会议提交的论文按主题分为“编户齐民与国家治理”“考古与都城”“礼制史”“政治制度”“宗教信仰”和“物质文化·知识史”六个组。本次会议团结了海内外研究魏晋南北朝史的学者，议题涉及范围广，新旧材料运用充分，宏观与精细研究并存，老问题新研究频现。现场讨论热烈，青年学者表现出了相当水平和活力，为魏晋南北朝史研究的长足发展奠定了良好基础。

（刘凯）

第十一届“出土文献与法律史研究”国际学术研讨会

2021 年 8 月 24 日，中国法律史学会法律古籍整理专业委员会主办，华东政法大学法律古籍整理研究所、国家社科基金重大项目“甲、金、简牍法制史料汇纂通考及数据库建设”课题组共同承办的第十一届“出土文献与法律史研究”国际学术研讨会在线上召开。本次研讨以新出长沙简牍为中心，旁及殷周至魏晋的各种出土法律文献。会议就中国古代地方司法、律令研究等问题展开深入交流。来自海内外知名高校和科研机构的 60 多位学者参加了这次盛会，共发表论文 21 篇。其主要内容如下：一、长沙简牍与地方司法。李均明指出“左贼”是“左贼曹”的省称，左贼史、助史承担着文书工作及日常事务。杨振红通过分析简册所反映的诉讼程序，认为爰书是立案所需诉讼资料。陈松长利用走马楼西汉简的新材料，指出“狱”与诉讼密切相关。徐畅论证了长沙太守中部督邮书掾实则郡级行政长官及其属吏的连称。罗小华认为简牍中的“伤”“创”“断”反映了秦汉司法检验的实态。周海锋认为奴婢制度使奴婢社会地位卑贱，以致产生詈语“死婢”。马力讨论了东汉百姓以刑事诉讼解决民事纠纷的历史现象。二、律令简牍研究。金秉骏提出岳麓秦简（肆）第二组“律曰”并非完整律文，而是引用律文的一部分。凡国栋指出秦简中“卒”读为“杂”，与“共”用法一致，论述了共令、卒令以及秦令的编纂和分类。李婧嵘研究了秦汉刑法规范如何维护家庭孝亲伦理与礼秩序。周波提出张家山汉简、悬泉汉简律令中的“眄”均指人目盲。欧扬认为“佐弋之罪”条源于秦王之令，后被《亡律》所汇编，但条文删减造成理解困难。三、其他古代制度研究。黄川田修推测商晚期采用“复都制”，这些都城在后世皆被称为“殷墟”。王进锋利用《诗经》提出西周时期按行政区划划分诉讼案件类别，巡行审判在春秋便已形成。张传玺探究了汉法“苛人受钱”的法律规制。邬勖重新解释了敦煌一棵树烽燧符信，分析了符信的类型和功能。本次会议呈现了出土法律文献研究新动向：一是重视细节同时避免碎片，从细处着手继而放眼全局已成研究趋势；二是学科交叉融合，法学、历史学、考古学、文字学的跨学科研究方兴未艾；三是科研人员国际化，多国学者相互交流，共同推进相关研究。

（姚远）

“明清时期河西走廊社会变迁”学术研讨会

2021 年 9 月 11—12 日，“明清时期河西走廊社会变迁”学术研讨会在武威市举行。研讨会由中国社会科学院古代史研究所、武威市委、市政府主办，中国社会科学院古代史研究所明史研究室、清史研究室，武威市委宣传部、武威市凉州文化研究院、武威市新闻传媒集团承办。武威市委书记柳鹏出席开幕式并致辞。中国社科院古代史研究所党委书记赵笑洁出席开幕式并致辞。中国社科院古代史研究所副所长邬文玲、文化史研究室主任刘中玉，中央民族大学历史系教授李鸿宾，浙江大学历史系教授冯培红，河南大学宗教学研究所所长朱丽霞，甘肃省社科院副院长王俊莲，西北师范大学副校长田澍、教授李并成、教授刘再聪，西北民族大学教授尹伟先、教授周松，敦煌研究院研究员马德，河西学院教授贾小军、教授高启安等国内科研机构、高等院校、博物馆的专家学者参加研讨。武威在明清时期文风兴盛，是凉州文化发展的一个黄金阶段。学术研讨会设置了多项议题，与会专家围绕“明清时期河西走廊社会变迁”主题展开研讨，进一步梳理明清时期河西走廊政治、经济、军事、社会、文化及民族交流融合的历史变迁，尝试从多个视角全面审视并努力总结明清中国边疆治理的历史经验，为推进西部地区经济社会的全面建设和当前中国治理体系与治理能力的现代化提供历史借鉴。

（陈时龙）

第二届“宋元与东亚世界”高端论坛

2021 年 9 月 18—19 日，第二届“宋元与东亚世界”高端论坛暨“新文科视野下古代中国与东亚海域”学术研讨会在浙江工商大学召开。会议由中国社会科学院古代史研究所元史研究室、宋辽西夏金史研究室以及浙江工商大学东方语言与哲学学院联合主办，全国各高校和科研机构的学者 40 余人参会。会议采用线上线下相结合的方式举行。研讨会由主旨报告和研究报告两部分构成。浙江大学中西书院刘迎胜教授、中山大学国际关系学院魏志江教授、北京师范大学历史学院陈奉林教授、北京外国语大学历史学院李雪涛教授分别就古代中国西太平洋—北印度洋地理记录中的“洋”与“海”的概念及其变迁、高丽初期的西北疆土开拓与辽丽鸭绿江边界的形成、日本的海上丝绸之路研究、《六柿图》在中日和西方世界的不同接受史，发表主旨报告。在五场专题学术研究报告中，学者们围绕古代东亚海域，中国、日本、朝鲜半岛之间的长时段、多维度关系，东亚海洋史以及其他相关问题，分别从不同角度分享了自己的最新研究成果。与会学者一致认为，新文科建设应突破传统文科的思维模式，以继承与创新、交叉与融合、协同与共享为主要途径，促进多学科交叉与深度融合，推动传统文科的更新升级。

（张晓慧）

新时代背景下的清学研究暨第六届中国四库学高层论坛

2021 年 10 月 15—16 日，中国社会科学院古代史研究所、湖南大学主办的“新时代背景下的清学研究暨第六届中国四库学高层论坛”在北京举行。中国社会科学院副院长、党组副书记高翔出席论坛并讲话。高翔指出，史学工作者必须坚持以习近平总书记关于历史科学的重要论述为指导，牢牢把握清史研究话语权，高度重视包括四库学、清学在内的研究领域，在历史研究中发掘出能为中华民族文化自信提供深厚历史支撑的资源。学术讨论围绕清代学术与四库学、《四库》及清代文献典籍展开。黄爱平、吴国武、戚学民、梁仁志、孔定芳等学者就官修经解与经学、四库馆礼学文献整理、阮元《儒林传稿》、《四库全书总目》、徽商与《四库全书》、四库馆臣对明清易代人物的评骘等问题进行了深入剖析，揭示了其各自特有的多重历史意义。董恩林、司马朝军、邓洪波、李国庆、张升、杨新勋、陈连营等学者分别围绕清人“经义”文集、新时代类书研究、《湖南文征》、《宛委别藏》、《永乐大典》本《九国志》、《四库全书总目》、乾隆朝官修史籍等主题进行了深刻研讨，在对相关文献典籍纂辑、存藏等状况加以总结的同时，也指出了其所具有的宝贵史料价值。论坛主题创新，研究思路与方法多样，内容丰富，从多方面推进了新时代下的四库学与清学研究。

（徐到稳）

敦煌文书、徽州文书整理与研究百年经验总结暨清水江文书与乡土中国社会学术研讨会

2021 年 10 月 15—17 日，贵州大学、贵阳孔学堂文化传播中心与中国社会科学院古代史研究所等多家单位联合主办贵州贵阳“敦煌文书、徽州文书整理与研究百年经验总结”暨“清水江文书与乡土中国社会”学术研讨会，会议涵盖三大主题，一是清水江流域方面的问题研究，包括传统文书经济性层面的研究、清水江学的理论向度研究、文书中的文字释名、清水江流域的移民问题、宗教信仰、文化生活、农业生产、生态保护、民族文化、法律问题及个案研究等，充分展现了清水江学研究的综合性与多样性；二是徽州文书的研究内容包含徽州文书的抢救与整理、徽州社会生活、徽帮等方面；三是有关敦煌文书的研究主要包括敦煌文书整理与研究述评、经济贸易、佛教寒食节、关塞设置等诸多问题。与会学者以专业的视角、严谨的态度进行研讨，对于深入挖掘中华优秀传统文化与区域文化蕴含的思想观念、人文精神、道德规范与社会生活资源，促使中华文化展现出民族特色、精神魅力和时代

风采具有重要的理论价值与现实意义。

（黄若然）

第三届元史研究青年论坛

2021 年 10 月 16—17 日，厦门大学历史系、中国社会科学院元史研究室和中国元史研究会联合主办，厦门大学历史系承办的第三届元史研究青年论坛以视频会议的形式召开。与会学者四十余人，围绕成吉思汗时代前后的草原历史、蒙古的对外征服战事、元朝制度中的“蒙汉二元”特色、元代南方族群的变迁、元明法律的传承性与司法实践、元代重要政治人物与地方史、元代士人阶层、蒙元时期的中西文化交流和中外文献等议题，发表报告二十余篇。郑旭东（西北大学）利用黑水城文书、湖州路户籍文书等，揭示了元代户籍册注重登记根脚的特点；邓文韬（宁夏大学）梳理了无锡梁溪倪氏、淳安芝山商氏、晋江沙堤王氏的案例，他们都把周边同姓大族的先世记忆嫁接到本家族的先世叙事之中；陈佳臻（中国政法大学）通过对元明法律传统特点的分析，指出元代采取了断例作为其立法、司法的依据，开启了律例结合的先声，法律文本以例为主，决定了法典编纂无法延续唐律的篇章模式，而是开创了六部分类的办法；陈彩云（浙江师范大学）考察了元朝末年江浙地区朱元璋、张士诚、方国珍等割据势力在筑城活动上的表现，认为筑城并没有在军事攻防中起到应有的作用，却对江浙诸城市的外围形态、空间布局等产生了重要影响。此外还有任建敏《元廷历次广西平傜之役视野下元代“傜乱”性质的考察》、李鸣飞《恩格尔河元墓补考》、郑鹏《元代地方治理中的息讼机制》等。来自全国各教育科研单位的一批八零后甚至九零后的青年学者在会议上报告了最新的研究成果，一定程度上反映了元史研究新生力量的成长。

（张晓慧）

“敦煌文献整理与研究的新视野”学术研讨会

2021 年 10 月 16—17 日，由中国社会科学院古代史研究所与中国政法大学主办，中国社会科学院敦煌研究中心、简帛中心、徽学研究中心、中国政法大学古籍整理研究所承办的“敦煌文献整理与研究的新视野”学术研讨会在中国政法大学召开。近 40 位学者参加了会议，论文涉及敦煌学研究的诸方面，包括制度史、文书学、宗教史、西域史、文献整理以及敦煌学史等。吴丽娱《国图藏 BD09349A 号残卷争议与开元宗庙礼复原》、李锦绣《从〈开元水部式〉看唐代散官的番上》、黄正建《敦煌经济文书中的“格”》以及牛来颖《唐宋山泽之禁的律令与实践——兼论〈唐六典〉令文的时间性》等利用敦煌文献分别讨论了唐代礼制、府兵制以及法制等问题。在文书学方面，包晓悦《论唐代官文书钤印制度》、管俊玮《尚书省置曹印与唐前期政务体制转型》讨论了唐代文书的钤印问题，裴成国《高昌供食文书及传供帐的文书学研究》、刘子凡《唐代的军令研究》、马俊杰《新见两件西域出土告身文书考》、顾成瑞《唐前期岭南政区统隶关系新证》以及赵洋《中国国家博物馆藏三件转运坊文书考释》，通过文书的缀合、编连、复原，考证了文书在唐代具体政务运行中的作用与效力。在宗教史方面，刘屹《〈大集经〉与“末法思想”》、陈志远《〈恪法师第一抄〉再检讨》、吕博《武则天为何在长寿二年九月乙未译出〈佛说宝雨经〉?》、萨仁高娃《敦煌藏文〈金光明经〉五卷二十一品本考察》、付马《吐峪沟出土文字资料与西州回鹘佛教教团》等文章利用敦煌佛教文书或者新的出土资料，结合传世材料，讨论了中古时期佛教的思想、经典的复原、政教关系以及僧团的生活。在西域史方面，王素《汉晋丝绸之路上的草书》指出汉晋时期草书是丝路上的标志性书法。孟宪实《北庭在唐朝的地位及其变迁》考察了北庭如何逐步成为唐代经营西域的中心。在文献整理方面，郜同麟《语言文字研究与敦煌道教文献校勘》倡导并示范了语言文字学在道教经典校勘中的作用。陈爽《“秘画珍图”：敦煌绘本长卷 P. 2683〈瑞应图〉再探》认为 P. 2683 号源自顾野王《符瑞图》。武绍卫《敦煌写卷中的“兑”字符号》指出“兑”字符号即“脱”字，与佛经的抄写制度有密切关联。在敦煌学史方面，刘波《敦煌西域文献近人题跋辑录与研究》、蔡渊迪《早期敦煌学史上的一件重要文物——吴县曹氏旧藏〈晋佛堪图卷〉考述》、朱玉麒《李征旧存照片中的〈诗经〉写本》以及王博《关于日本的黄文弼研究》均围绕近代以来学者收藏敦煌文献讨论了相关问题。

（沈国光）

首届中国先秦史前沿论坛

2021 年 10 月 22—26 日，由东北师范大学举办的首届“中国先秦史前沿论坛”顺利召开。会议采取线上线下相结合的方式进行，分为线上“中国先秦史前沿论坛之系列学术报告”和线下“中国先秦史前沿论坛之系列研究生学术沙龙”两个部分，全国数十家科研院所数十名学者参加了此次会议，会议由东北师范大学谢乃和教授主持。线上会议共举办 8 场“古史研究理论前沿系列学术讲座”报告会，来自澳门大学、吉林大学、四川大学、中国社会科学院、华南师范大学、华东师范大学、上海大学、天津师范大学的 8 名学者分别作了主题报告。杨兆贵《出土文献与〈鹖冠子〉研究》，认为《鹖冠子》主旨为黄老学兼杂各家学派思想，非一人一时之作。吴良宝《谈谈战国文字地理资料的整理与研究》，介绍了战国文字地理史料的主要类别及其研究价值。彭华《燕国的历史文化与史学书写》，以燕国史为例，从“为何写”、“如何写”和“写什么”等角度对先秦古国与区域史研究范式进行了阐述。中国历史研究院徐义华《中国文字的特点及其对早期史学的影响》，对世界主要文字类型进行了比较，剖析了汉字特征及其对中国早期史学观念的影响。张淑一《周人“大姬”记忆与先秦情感史研究》，以周人“大姬”记忆为例，介绍了先秦史研究中的情感史理论。王进锋《西周时期个人命运的转变》，以西周时期个人命运研究为例，提出先秦史研究存在“相关史料解读”“单一史料引申”“多重史料互证”等三种研究路径。宁镇疆《周代“官人”文献的系联与出土文献的释读》，通过传世“官人”文献的系联重新释读了新出土文献中的若干疑难章句。杜勇《清华简与古书辨伪》，以清华简为例，对先秦古书成书过程及其辨伪需要注意的问题进行了总结性的反思。各位学者还从各自的心得经验讨论了未来先秦史研究的发展趋势，引起了与会学者热烈反响。线下会议共举办 2 场中国先秦史研究生学术沙龙，吉林大学文学院许兆昌、马卫东、王坤鹏，吉林大学古籍所朱红林、黄海烈、于洪涛，东北师范大学文学院鞠焕文，历史文化学院谢乃和、王彦辉、张礼艳、刘芮方、王晓，上海师范大学杨永生，青海师范大学付瑞珣，大连大学王文轶等学者应邀作为会议嘉宾，点评王思齐、李韶华、罗云君、张明刚、李腾、高佳敏、赵嘉琪、徐桐、张珈铭、魏雪涛等博士研究生的学术报告，与会专家就先秦史方向研究生的培养问题进行了跨院校和跨学科的交流互动。此次会议是由谢乃和教授主持的东北师范大学重点学科方向“中国早期文明史”年度系列学术活动之一，会议不仅聚焦海内外先秦古史研究的新理论、新方法和新材料等前沿问题，而且特别重视相关会议主题对青年学人特别是硕博研究生学术研究方法论的启迪意义，对推动中国先秦史研究和人才培养具有示范意义。

（罗云君）

第三届阳明文化国际论坛暨第二十一届明史国际学术研讨会

2021 年 10 月 23—25 日，第三届阳明文化国际论坛暨第二十一届明史国际学术研讨会在江西省赣州市龙南市举行。国内外一百多位明史学者和阳明学研究的专家学者出席论坛。论坛由中国明史学会、中共赣州市委宣传部、赣南师范大学主办，中共龙南市委、龙南市人民政府、赣州市社联、中国明史学会王阳明研究分会、赣南师范大学王阳明研究中心承办。论坛上，专家学者围绕阳明“致良知”论及其对社会建设之启示、阳明心学的当下传承、王阳明在江西的“三立”与江西对王阳明的纪念以及王阳明的时代、王阳明龙南的王化德政等主题作了生动的主旨发言。在分组研讨环节，与会专家学者们对王阳明研究，阳明学研究，政治、经济、民族、人物研究和经济、社会、文献研究四大板块的内容进行学术交流研讨，共同分享对王阳明、阳明学、明代历史等领域的学术研究成果。研讨会聚焦了阳明文化的当代价值，也深入讨论了龙南阳明文化的内涵特点，并集思广益对龙南开发与利用阳明文化提出了宝贵建议。

（陈时龙）

“长沙五一广场简与东汉历史文化”学术研讨会

2021 年 10 月 23—24 日，清华大学出土文献研究与保护中心主办的“长沙五一广场简与东汉历史文化”学术研讨会，在清华大学蒙民伟人文楼举行。50 余位学者参加了此次研讨会。长沙五一广场东汉简牍，2010 年出土自湖南省长沙市五一广场附近的古代井窖里，总数近 7000 枚，内容以法律案件为主，有效促进法制史、基层行政、汉语史、书法史、经济史、地域史等学科和领域的发展，对于传世资料不多、出土材料亦少见的东汉历史文化研究而言，具有极为重要的价值与意义。这批重要简牍，由清华大学出土文献研究与保护中心、长沙市文物考古研究所、中国文化遗产研究院、湖南大学岳麓书院等四家单位合作整理，基本上以每年两卷的速度向学界推出高质量的整理本。目前已经出版六卷，近期将再推出两卷。此次会议，历时一天半，与会学者围绕五一简与其他出土文献进行了分组报告和讨论。临湘县治安体系、乡部区划、司法机构、法律诉讼、经济活动等五一简涉及的中心议题，得到与会学者的高度关注和热烈讨论。册书复原、简牍性质和研究取径等文书学议题，也引起了充分讨论。部分学者就文字释读、名物考证、书法发展等问题进行了报告。其他学者还报告了五一简之外的秦汉魏晋简牍研究论文，深化了对出土文献相关领域的认识。正如出土文献中心主任黄德宽教授致辞所言，这是出土文献中心启动整理五一简工作十年来召开的第一次专题学术会议，同时也是五一简整理与研究工作的重要节点，期待五年或十年之后，召开第二次五一简专题学术会议时，学界更多同仁参与到五一简这批重要资料的研究中来。

（郭伟涛）

大一统体制下的货币制度与货币流通——清华大学第一期“货币史工作坊”研讨会

2021 年 10 月 31 日，清华大学历史学系、《清华大学学报》编辑部共同主办第一期货币史工作坊研讨会。李伯重教授发表“从铜钱到纸钞，再从纸钞到银两：中国古代货币发展的‘早熟而又不成熟’”的主题演讲。刘志伟教授认为，财政史与货币史的研究难以分开，货币流通与王朝贡赋体系的关系密切，铜钱、纸钞、白银的变动不仅仅是货币体系的变动，而且反映了政府获取财富手段的转变。何平教授提出应当从三个方向推进货币史研究：第一，货币史必须考察货币的本质和货币形态的多样性问题；第二，货币的国家主权治理与社区货币的自律问题；第三，货币与社会经济因素的关联和互动。中国社会科学院古代史研究所助理研究员王申以“理想模型：南宋货币议论中的北宋四川交子形象”为题发言。他指出，南宋学人在讨论北宋交子时将其过分理想化，忽视了交子的制度缺陷。另外，南宋交子由茶、盐等称提物以稳定币值，北宋交子的制度安排已经不再是标准模式。中国社会科学院经济研究所副研究员熊昌锟认为在晚清的币制改革之前，中国的货币体制少有法律的约束。同时，他还指出，在研究货币史的时候，还需要从国家制度予以考量，思考国家如何看待货币。最后，还需要加强货币思想史、货币理论与货币史的联动考察。圆桌讨论中，何平教授总结了与会学者的观点。他认为，各个朝代的货币形态和性质并不一样，在此背景下如何理解货币的价格变动是今后要注意的方向，货币史一定要有长期视角的解读和理解。在运用史料的过程中，既要考虑当时的历史情景，也需要用现代的理论予以解读。中国的货币发明始终走在世界前列，因而更需要对中西的货币史作全面的解读，并将货币史、货币理论和国家政策串联起来。

（张国坤　邱永志）

第七届（2021）国际妈祖文化学术研讨会

2021 年 10 月 31 日—11 月 3 日，第七届（2021）国际妈祖文化学术研讨会在福建省莆田市湄洲岛召开。本次会议是第六届世界妈祖文化论坛重要组成部分，会议主题是“妈祖文化传播与文明交流互鉴”。众多专家学者通过线下和线上两种方式参会，对如下主题进行了研讨：妈祖文化与中华民族共同体意识研究、妈祖文化传播与在地化研究、妈祖文化产业与旅游产业融合互动研究、妈祖文化交流与海外华人华侨文化认同研究、妈祖文化艺术传播研究、妈祖文献史料发掘与研究。中国社会科学院古代史研究所所长卜宪群致辞，指出从海洋文化与妈祖文化融合的角度，阐释妈祖文化在海洋文化中的重要地位和作用，有利于进一步凸显妈祖文化在“海丝”文化格局中的独特作为。莆田市委常委、宣传部部长、副市长陈惠黔在致辞中介绍了莆田地区妈祖文化的传承发展情况。莆田学院党委书记宋建晓在致辞中对莆田学院研究妈祖文化的情况进行了介绍。新加坡国立大学中文系主任丁荷生认为，妈祖文化是连接华侨华人的重要纽带，应更好地协同研究妈祖文化，促进文化交流和相互学习。厦门大学陈支平教授认为，自宋代以来，妈祖文化塑造了中国人的许多价值追求，是中华民族的基本文化基因。用马克思主义激活妈祖文化，可使妈祖文化与时俱进，更加鲜明。南京大学潘祥辉教授以妈祖形象的演变为基础，探讨了民间信仰的传播原理。他说，妈祖形象融合了儒家、佛教和道教的元素。同时，它还具有民间信仰和官方宣传的因素，具有强大的生命力和传播力。澳大利亚妈祖文化协会会长林亦瀚博士介绍了墨尔本皇后宫筹建的历史过程和主要人物，并研究了妈祖文化在澳大利亚的本土化过程。此外，来自马来西亚、美国、日本等国家和地区的学者都对妈祖文化的发展进行了介绍与展望。

（安子毓）

第三届“商周青铜器与先秦史研究”青年论坛

2021 年 11 月 5—8 日，由重庆市历史学会主办，西南大学历史文化学院、民族学院、西南大学商周青铜器与金文研究所承办，中国社会科学院古代史研究所《中国史研究动态》编辑部提供学术支持的第三届“商周青铜器与先秦史研究”青年论坛通过线上线下相结合的形式成功举办。本次青年论坛邀请了在商周青铜器与先秦史研究领域卓有建树的资深学者，围绕商周青铜器研究、古文字研究、出土文献研究、先秦史研究等多个方面展开了深入的研讨和交流。8 名学者作了大会主题报告。董珊发言题目为《余我卣试说》，认为余我卣铭文中“五”为国族名，或读为“虞”，“氏宫”即“祇宫”。刘国忠发言的题目为《据清华简释〈中庸〉“武王末受命”》，对《中庸》“武王末受命”提出新见，认为应训“末”为“终”。陈剑发言的题目为《昔鸡簋铭用为“送”之字与相关问题》，认为昔鸡簋铭中的“”字应释读为“送”。田率发言的题目为《新见免簋释义》，对新见免簋铭文重新进行了释读。宁镇疆发言的题目为《由西周“士”称内涵说叔虞方鼎器主非成王之弟》，认为叔虞鼎铭文中的“唐叔虞”非成王之弟，应为唐人之末君。陈英杰发言的题目为《西周金文中“对扬王休”与“对扬天子休”相关问题的考察》，对西周金文中“王”与“天子”称谓及相关问题进行了考察。李春桃发言的题目为《〈我方鼎〉铭文疏证》，将我方鼎铭文的考释为“瓜”读为“夫”，并梳理了铭文文意及人物关系。谢乃和发言的题目为《谈谈新见女性册命金文嫚鼎的史料价值》，对嫚鼎“退事于内宫”“唯汝聿型”进行阐释，认为该鼎的铭文书写为周代贵族女性职务性册命提供了佐证。上述学者的发言聚焦学术前沿，提出了诸多具有创新性的观点。来自 38 个高校与科研机构的 56 位专家、学者分别于“商周青铜器与古文字研究”与“出土文献与先秦史研究”两个分会场进行交流分享，就各自所擅长的学术研究领域作了精彩的学术报告，对相关问题展开热烈讨论，对商周青铜器和先秦史研究的现状和前景各抒己见。

（李佳庚）

中国哲学的核心、边界与未来：中国哲学史学会2021年年会

2021年11月13—14日，中国哲学史学会和兰州大学联合主办的“中国哲学史学会2021年年会”以线上线下相结合的形式举行。会议主题为“中国哲学的核心、边界与未来”。来自全国各高校、各科研院所的170余位专家学者与线上5000余名师生共同参与大会。清华大学陈来教授以《20世纪中国哲学史论述的多元范式——以熊十力论中国哲学与中国哲学史为例》为题，阐明了熊十力对中国哲学、中国哲学的总论、中国哲学的特点和中国哲学史的论述。北京大学张学智教授以《美德伦理与中国伦理学的特点》为题，结合中国伦理学的文化背景，从天人合一、知行合一、情景合一三个方面总结中国伦理学的特点。中国人民大学向世陵教授以《宋元明经学的兴起与治经旨趣》为题，阐释宋学对汉学的批判与否定，宋明儒者在斟酌采撷汉学成果的基础上大胆革新。北京师范大学李景林教授以《儒学的价值观念与价值系统》为题，从人性论、原始伦理学、旁通而上达的价值系统三个方面论述儒家哲学价值观念的内涵及其特点。武汉大学吴根友教授以《子学的双重视野及其对当代哲学创新的启示》为题，提出从现代哲学的角度将整个子学的内容分为作为广义技术的知识、作为理论与方法之体系的思想两部分进行思考与创新。兰州大学王晓兴教授以《从孟子开始：“民”与“人”辩》为题，说明孟子在“无心无君是禽兽”辩、“心之所同然”辩和“旦昼之所为”辩中论证不够完备。与会学者围绕儒家哲学、道家哲学、佛教哲学等中国哲学多个领域的思想内容，针对“孔子学说与经典诠释”“孔孟思想与《中庸》之道”“荀子思想与汉代哲学”等18个学术专题、分三个平行会场展开深入讨论。

（陈冠华）

第二届出土文献与古史史料学研究学术研讨会

2021年11月13—14日，由上海历史学会、上海大学古代文明研究中心主办的第二届“出土文献与古史史料学研究”学术研讨会在上海举行。来自全国各高校、社科院、杂志社的40余名学者出席了本次会议。本次会议围绕出土文献与古史史料学展开，讨论所涉及的新材料包括甲骨卜辞、商周青铜铭文、出土简帛文献、秦汉玺印等，研究视野涵盖先秦至秦汉时期的政治军事、思想文化、史事书写、社会经济等多个方面。利用甲骨卜辞对商代历史进行研究的学者主要有陈絜和徐义华。陈絜从方法论的角度指出卜辞地理的研究方法，点明了卜辞地理研究的重点问题和切入方法；徐义华主要探讨商代契刻卜辞于甲骨的主要动因。在商周青铜铭文研究方面，涉及先秦社会与政治、铭文释读与史事分析、经典新证、商周思想文化等研究内容。如杜勇依据觉公簋、晄簋、逨鼎铭文讨论相关史事及西周年代学问题；

谢乃和通过新见女性册命金文嫚鼎讨论西周贵族女性职务性册命金文的特点；耿超从金文及传世文献入手探究了商周孝观念的演变；朱继平通过对史密簋“齐师、族徒、遂人乃执鄙宽亚”的释读，据以分析西周中期周夷冲突及齐国地方行政管理和军事制度；宁镇疆通过金文材料与传世文献的梳理与举证，指出金文中屡见的“用鄉出入（逆造）事人”可读为“出入（逆造）士人”，即随王公贵族“出入”或衔命“出入”的“从者”。在出土简帛文献研究方面，所运用新材料包括清华简、马王堆帛书、里耶秦简、虎溪山汉简、长沙汉简、海昏侯简等，涉及简文释读、古史史料方法论、古书体系、古史考论与叙事书写、学术史梳理、秦汉社会经济等研究内容。如王志平对郭店简《成之闻之》“君子贵诚之”章所引古本《君奭》与今本《君奭》进行了对读分析。何家兴通过考察楚简、秦简、汉简帛书中的韵文，探讨韵文的文本形态和相关规律。刘光胜基于出土材料论析先秦易学多系传流，相互渗透、融合，理论线索纷繁复杂的图景。此次会议的讨论不仅从宏观上揭示了出土新材料对于古史研究的重要性，也从微观细节考证方面，推进了出土文献与先秦、秦汉具体历史问题的研究，充分显示出出土新材料作为古史史料的重要价值。

（赵争）

清华战国楚简国际学术研讨会

2021 年 11 月 19—20 日，清华大学出土文献研究与保护中心（以下简称“中心”）主办的“清华战国楚简国际学术研讨会”在清华大学举行。受疫情影响，本次会议以线上线下相结合的方式进行。来自不同国家、地区 20 余家单位的学者与中心师生共 50 余人参加会议，线上听众共计 800 余人次。中心主任黄德宽教授表示，清华简的公布推进了当代人文学科的发展，体现了出土文献的重要价值和作用，促进了对中国学术史的深刻反思。清华大学出土文献研究与保护中心会以虔敬的态度对待学界的不同意见，不断提高清华简的整理和研究水平，深入发掘清华简蕴涵的重大价值，并期待有更多不同学科的学者关注和参与清华简的研究。第一天的会议由中心贾连翔副教授、武致知（Rens Krijgsman）副教授主持。香港恒生大学中文系张光裕教授、北京师范大学—香港浸会大学联合国际学院陈致教授、“中研院”历史语言研究所颜世铉副研究员、吉林大学吴振武教授、复旦大学出土文献与古文字研究中心刘钊教授围绕据摹本复原楚简文字、董同龢先生所倡导的训诂学方法、人工智能技术在古文字学上的应用、清华简《五纪》疑难字词等主题开展研讨。与清华简有关新材料的公布也是本次会议的亮点。2020 年 10 月出土于荆州枣林铺造纸厂战国楚墓中的《吴王夫差起师伐越》与《清华大学藏战国竹简（七）》中的《越公其事》是同一文献的不同抄本，这一科学考古发现，为确定清华简是战国古物再添一新证据。荆州博物馆考古所赵晓斌副所长为大家介绍了这一新材料。在对比两个文本异同的同时，从补缺、编连、篇题诸方面，借《吴王夫差起师伐越》检验了清华简《越公其事》整理工作的得失。耶路撒冷希伯来大学尤锐（Yuri Pines）教授、日本东京大学东洋文化研究所小寺敦副教授对《越公其事》进行了讨论。芝加哥大学夏含夷（Edward L. Shaughnessy）教授则回应了研究盗墓文物的伦理争议，认为收购、研究、保护清华简完全符合联合国教科文组织于1970年通过的《关于禁止和防止非法进出口文化财产和非法转让其所有权的方法的公约》（*Convention on the Means of Prohibiting and Preventing the Illicit Import, Export and Transfer of Ownership of Cultural Property*）。清华简为中国本土文物，因此，中国的相关文化机构诸如清华大学有权利、责任来保护、发表该文化遗产。清华大学出土文献研究与保护中心正是采取了这样的态度进行清华简的研究与保护活动，而即将出版的《清华大学藏战国竹简英译》系列也秉承着这一理念从事简文翻译工作。中心程浩副教授作题为“新出简帛与近三十年来中国传统人文学术的转进”报告，认为九十年代简帛古书的大量发现，促使以先秦典籍为基础的传统人文学术率先进入“以中国化为纲”的转型，成为了推动中国传统人文学术转进的动力。中心马楠副教授、程浩副教授主持20日晚的会议，报告内容主要与已发表的清华简有关。武汉大学简帛研究中心陈伟教授、郑州大学季旭昇教授、耶鲁—新加坡国立大学学院顾史考（Scott B. Cook）教授、高雄中山大学中国文学系黄冠云副教授、中国孔子研究院刘光胜教授围绕此前清华简公布的《祷辞》《邦家之政》《说命》《筮法》等文献展开研讨。郑州大学黄锡全教授、中国社会科学院语言研究所王志平研究员、北京大学考古文博学院董珊教授相继发言，讨论了楚币、疑难字词如“免”“緼祓”等问题。佛罗里达大学艺术史系来国龙副教授、香港大学中文学院邓佩玲副教授就《清华大学藏战国竹简（十）》所载《四告》有关字词的释读发表了意见。中心刘国忠教授在闭幕词中表示，海外汉学的简帛研究成果非凡，值得借鉴。汉学家重视中国出土文献的研究和与中国学术界的沟通，清华简更是近十多年汉学界的“显学”。本次研讨会很大程度上影响了未来简帛研究的走向，对海内外学者间的进一步合作起到了有效的促进作用。刘国忠表示，清华简等流散文物资料的抢救和整理研究，对中国人文学科的研究产生了重大影响，应对此加强经验总结。刘国忠还介绍了中心目前实施的相关学术计划和进展。清华简第十一辑成果即将发布，而向大众推广的清华简《校释》系列、向海外学界推广的清华简《英译》系列正在有序推进中。

（程浩）

湛甘泉与明代儒学——纪念湛甘泉先生诞辰555周年学术研讨会

2021年11月20—21日，清华大学国学研究院、清华大学哲学系、中国哲学史学会联合主办的“湛甘泉与明代儒学——纪念湛甘泉先生诞辰555周年学术研讨会”在线上、线下同时举行。开幕式由清华大学哲学系丁四新教授主持，清华大学国学研究院院长陈来教授、清华大学哲学系副主任圣凯教授、香港理工大学人文学院朱鸿林教授分别致辞。主题发言部分由清华大学哲学系陈壁生教授主持，广东省社会科学院黄明同教授演讲《甘泉心学与阳明心学之关联》，表彰甘泉的部分重要思想。北京大学哲学系张学智教授的演讲《论湛若水的“随处体认天理”》，指出甘泉思想相对于阳明思想而言有某些不足之处。“中研院”中国文哲研究所钟彩钧教授的演讲《邹东廓与湛甘泉》，探讨邹东廓与甘泉的学术关系。中共中央党校（国家行政学院）乔清举教授的演讲《湛若水的生态哲学思想》，介绍了甘泉“天人合一”的生态哲学思想。浙江省社会科学院钱明教授的演讲《王阳明、李退溪的圣贤像及成圣观之比较》，说明中、韩两国历史上理想人格的塑造及其异同。研讨会共分六个场次进行。第一场“甘泉学研究一”：（1）彭国翔：《儒家传统的静坐功夫论》，（2）张昭炜：《湛甘泉之学的缄默维度》，（3）《湛甘泉论“慎独”》。第二场“甘泉学研究二”：（1）张卫红：《阳明心学之玩弄光景辨正》，（2）高海波：《一体而分殊：湛甘泉的“理一分殊”思想》，（3）刘昊：《“形而上者”的双重视野：经典诠释中的理本与气本——兼论湛若水的理气论》，（4）魏鹤立：《湛甘泉的万物一体思想——兼论万物一体的两种理论形态》。第三场“甘泉学研究三”：（1）方旭东《湛若水与阳明后学》，（2）谷继明《以我观〈书〉：论湛甘泉对〈尚书〉的解释》，（3）张倩茹《批评与辩护：湛若水及其〈杨子折衷〉》，（4）李震《甘泉之学的心学定位》。第四场“甘泉学研究四”：（1）陈畅《白沙学与明代自然之辨——基于湛甘泉视野的考察》，（2）赖区平《工夫论视野下的儒家心学自然观——以甘泉心学为线索》，（3）游腾达《行旅、追思与游息之学——湛甘泉的南岳〈纪行录〉探微》，（4）姚才刚《洪垣对甘泉学说的承袭与拓展》。第五场“甘泉学研究五”：（1）刘增光《湛若水的中论与〈洪范〉学》，（2）翟奎凤《明儒对杨简思想的肯定与批判——以王阳明、湛甘泉为中心的讨论》，（3）周丰堇《王阳明“必有事焉”致知工夫十疑十解——兼与“勿忘勿助”比较》，（4）朱雷《王阳明的格物说与湛王之辩》，（5）孙宝山《黄宗羲对心学宗旨的维护及王湛之争的论定》。第六场“甘泉学、明代儒学”：（1）张宏敏《道义之交：黄绾与湛若水》，（2）田智忠《阳明师事尹真人真伪考》，（3）秦晋楠《罗钦顺继承了张载的气本论吗？——罗钦顺哲学与张载哲学的关系再探讨》，（4）顾家宁《黄宗羲的泰州批判与晚明儒学转型》，（5）王硕《管道与镜像——明清儒者“梦工夫”的理据及分歧》。与会的三十余位专家学者围绕甘泉思想诠释、甘泉学与朱子学及阳明学异同、甘泉与整个明代儒学的关系等问题进行了广泛、深入的探讨。

（陈冠华）

“历史地图与东亚形象”研讨会

2021年11月20—21日，中山大学历史学系和博雅学院主办、中山大学历史人类学研究中心协办，召开了中山大学亚洲史工作坊第三期，主题为“历史地图与东亚形象”。本次工作坊以地图为切入点，探讨地图研究的可能性及其与历史学的关系。工作坊通过线下线上结合的方式召开，来自东京大学、首尔大学、国立大邱博物馆、中国社会科学院、清华大学、浙江大学、中山大学、云南大学、西北大学、广东省社会科学院等境内外高校、科研机构的二十余名学者与会。中山大学历史学系滨下武志教授作了题为“从海洋史视角看《混一疆理历代国都之图》的历史脉络”的主旨报告。本次会议共分成四个论文报告小组，内容不仅涉及地图学史、地图的资料与方法问题，还涉及历史与地理，时间与空间，形象与计测，海洋与地方，宗教信仰与礼仪秩序，知识、概念和思想等诸多议题。第一场报告的主题为“东亚空间的地理呈现”，第二场报告围绕“地图中的王朝、天下与帝国”展开，第三场报告的主题为“制度流变中的地图生产”，第四场报告围绕“地图交流中的知识传播”展开。圆桌会议部分，各位与会学者围绕“地图研究的可能性”从各自的研究领域出发，做了进一步的阐发。最后，中山大学历史学系滨下武志教授做了会议总结发言。通过此次工作坊，与会学者对地图研究的资料与路径、地图研究与历史学的关系、地图与亚洲史研究等问题作了充分的交流，以此为契机摸索国内外研究者和研究机构共同参与的学术研讨与交流机制。

（张慧芬）

北大文研论坛：“海上丝绸之路：历史学与考古学的对话”

2021年11月28日，“北大文研论坛”第151期在北京大学静园二院208会议室举行，主题为“海上丝绸之路：历史学与考古学的对话”。广东省社会科学院历史与孙中山研究所（海洋史研究中心）的李庆新、国家文物局考古研究中心的孙键作引言，北京大学历史学系李伯重主持。中国科学院大学人文学院的汪前进，北京大学考古文博学院的秦大树，北京大学历史学系的荣新江，华东师范大学历史学系的黄纯艳等出席并参与讨论。李庆新以“南海海上丝绸之路考古”为主题发表演讲，从海上丝绸之路时间史（包括海上丝绸之路“史前史”、具体时间和断代、具有特殊意义的海上丝绸之路时间或概念）、海上丝绸之路空间史（海洋知识空间、特殊地理空间、特殊航段或区间）、海上丝绸之路专题史（对涉海人群、制度与政策、航运与造船、经济与社会、生活与信仰，以及地理、气象、环境、技术、物种等相关问题的延伸探讨）等三个方面介绍了海上丝绸之路考古相关问题。孙键以《舟楫之利，以济不通》为题，探讨史学框架下的水下考古问题。他以航行于东北亚的绥中元代沉船、西沙沉船之珊瑚岛一号沉船与华光礁一号沉船、“南澳一号”沉船、“南海一号”宋代沉船、小白礁沉船等不同时空的多艘沉船为例，详细介绍了沉船蕴含的众多历史信息，并总结了当前中国水下考古发展的一些困难与缺陷。围绕以上主题发言，出席本论坛的其他学者也提出了自己的思考与见解。最后，李伯重为本次论坛作结，强调在“多重证据法”的指导下，尽管文字材料有时是残缺、错误的，但仍应将域内与域外文献作为整体历史背景的参考。

（张晓慧）

多元文明与中华民族研讨会

2021 年 12 月 4—5 日，复旦大学历史系、《学术月刊》编辑部举办“多元文明与中华民族研讨会”。会议从交叉学科角度关注“多元文明与中华民族”这一宏观议题。复旦大学韩昇教授《北周武帝之死与北周的文化政策》公布北周武帝死亡的尸骨鉴定结果，并根据分子生物学复原其头像。以此为据，考索武帝与道士及服食仙丹的关系。复旦大学现代人类学教育部重点实验室蒙海亮博士《蒙古高原人群互动与匈奴兴起——早期匈奴的谱系》整理国内外学者对蒙古高原匈奴兴起前后考古资料、墓葬遗骸的体质人类学、DNA 分析，揭示“匈奴人”的兴起、形成及其所体现的匈奴社会结构。杭州师范大学董刚博士《魏晋南北朝史籍所见稀引语音史资料及其音韵特征》通过检读魏晋南北朝史学文献，搜罗出为数不少且以往稀见的语音史材料，在此基础上对该时期的鱼部元音高化等问题进行了分析与讨论。福建师范大学秦琼博士《文化交融视野下的中古汉地肉身葬》关注具有汉地特色的丧葬形式肉身葬，分析其产生原因、发展过程及历史影响。内蒙古师范大学韦兰海教授以北魏拓跋力微的年表为例对北族祖源叙事文本展开历史人类学解读。复旦大学文物与博物馆学系生膨菲博士《农牧交融——北朝晚期鲜卑贵族群体的食谱研究》关注对关中地区考古出土不同等级北朝晚期鲜卑贵族遗骨进行的 C、N 稳定同位素分析，从古食谱研究角度，探究该时期不同鲜卑贵族阶层的生存状态。这些研究在吸收新材料的同时也展开理论自觉，而且积极拥抱科技考古、分子人类学等前沿交叉学科，通过问题意识的带动，试图将学科交叉研究上升为学科融合，实现研究方法和研究理论的突破。

（刘凯）

甲骨文与古代文明青年学者论坛

2021 年 12 月 5 日，河南大学黄河文明与可持续发展研究中心、黄河文明省部共建协同创新中心、甲骨学与汉字文明传承发展研究中心联合主办的第一届“甲骨文与古代文明青年学者论坛”线上会议成功举办。会议由王蕴智教授主持，国内十余所高校的14位硕士、博士研究生宣读论文，八位知名专家对论文进行评议，百余位听众线上参会。论文以甲骨文字考释居多，兼及甲骨缀合、文例、辞例辨析、词汇、殷商史等，基本涵盖了当前甲骨文研究的各个方面。史大丰《说“辛”“辇”》对“辛”、“辇”两字提出新见解；薛培武《说甲骨文中“㕟”的用法》对“㕟”字做了重新考察，对当前释为“度”或“反”的观点提出质疑；纪帅《释甲骨文中乚（墙垣）旁及相关诸字——兼说甲骨文中的“垦田”和“掘阱”》考察了从“乚”相关字，提出“乚”是墙垣之形，对旧未确释的“[illegible]”“[illegible]”“[illegible]”进行释读，并对“[illegible]”“[illegible]”“[illegible]”等字提出新看法；韩曈曈《殷墟卜辞中的“稻”字补说》从考古学与卜辞语境入手，认为旧释为黍的“[illegible]”“[illegible]”“[illegible]”一类字应改释为“稻”；武亚帅《戴异同源补说》从字形分布的组类差异和用字习惯等方面综合考量，讨论了“[illegible]”“[illegible]”是一字异体还是两个不同的字。杨熠《史语所藏甲骨缀合十则》公布了十组史语所藏甲骨缀合新成果。陈冰琳《甲骨卜辞兆序对应校读六例》通过对六版甲骨卜辞与兆序的整理校补，对兆序的归属给出新阐释。袁伦强《〈合集〉13691释读辨析》对疑难字“[illegible]”提出释读意见。张然《根据甲骨文中一例重片对几本工具书订补一则》通过一例重片校对《合》16546、《合》19690等释文。张昂《殷墟甲骨文中“瘳”、“[illegible]”二字的词义研究——兼谈出土文献中所见“疾愈”类字词的相关问题》着眼于对出土文献中表示“疾愈”一类意义的字词的考察，梳理了商至秦汉之间不同时代关于“疾愈”义词语的用字差异。孟雅真《含“又”甲骨文固定语的组类分布差异研究》考察了含“又”高频固定语的组类分布情况。李林《殷卜辞所见召方与𢀛方关系考辨》通过卜辞排谱结合事件重合与字形组类差异等论证召方、𢀛方是异组同指的同一方国。黄博《关于商周时期“鄙”的几点认识》通过梳理甲骨金文相关辞例和传世文献对商周时期“鄙”的性质、职能提出新思考。许世和《谈谈甲骨田猎地名识别中应注意的问题》，从田猎动词、田猎地名、田猎动词和地名搭配三个角度对以往学界所误判的田猎地名进行了重新审视，同时归纳了田猎地名识别中应注意的问题。本次会议充分地展现了当前甲骨文研究的全面化与细致化，给尚未走出校园的年轻学者提供了一次互相学习、成果展示的平台。

（张然）

北大文研论坛：“中国古代制度史研究范式反思”

2021年12月5日，“北大文研论坛”第153期在北京大学静园二院208会议室及线上平台同步举行，主题为“中国古代制度史研究范式反思”。上半场，文研院邀访学者、中山大学历史学系教授曹家齐介绍了中国古代史学界研究现状和“范式”这一概念的发展及不平衡现象，一定程度上导致了史学研究呈现“碎片化”。清华大学历史系副教授孙正军回顾了制度史研究范式的发展历程，认为制度史研究方法并不单一，范式在具有某些洞见的同时也难免遮蔽一些其他的现象和问题。首都师范大学历史学院副教授张祎对制度史研究中是否需要“范式”提出质疑，认为制度史研究呈现出基于具体问题和情境的后出转精的态势，而没有呈现出范式转化的形式。中国人民大学清史研究所副教授胡恒分析了制度史研究中的两个趋向：一种是偏重长时段，承认制度独立性、结构性和重视秩序；而另一种则把关系、过程、行为引入制度研究，展现了制度“混沌”的一面。中国人民大学国学院副教授孙闻博指出制度是以人为中心的，无论是制度的设计和实施，对于制度的反抗和破坏，还是对于制度的规避和适应，都体现出了人的能动思考。学者需要思考制度史相对于历史学的边界何在。华中师范大学历史文化学院副教授古丽巍认为，历史学对于制度理论的讨论路径和社会学、政治学等其他学科有很大不同，历史学通过对具体政治经济制度的实证研究而抽象出对于时代的系统性理解，因此范式并不是一种定论或定律，而是一种思考方式和过程。北京大学政府管理学院助理教授罗祎楠以“历史解释中的制度”为主题，以文彦博的“与士大夫治天下”这段经典材料为例，阐述了不同的因果理解所“照亮”的材料部分是不同的。当历史学者试图超越片段演说勾勒历史时代的特征，就不可避免地进入认识论的讨论范畴，因此研究者更需要具备反思的自觉性。

下半场，渠敬东教授作了题为“制度过程中的信息机制”的报告，从社会学的视角阐释对于制度的理解，认为中国制度的特性有三：第一，中国制度的文化性极强，即人的身份、等级、位置、情境都会在制度中产生重要影响；第二，中国的制度是一个关系机制，其中的变量极其丰富；第三，中国的制度是一个信息空间，因此研究者要关注制度规定的内容以及预留的空间。清华大学历史系教授侯旭东则暂时跳出“制度”和“范式”这两个讨论中的焦点概念，提出要关注“事务”。将“事务”从研究对象转为研究工具，可以拓展制度研究，提供新的观察角度。中国人民大学历史学院教授刘后滨以对《唐六典》的疏证为例，认为其提供了帝制时代制度构建的核心概念与制度书写的经典范式，是一个良好的解读唐朝历史的制度史视角。文研院邀访学者、上海师范大学历史系教授虞云国提出了“亚制度”这一创新概念，认为亚制度是很多具体而微的、能够灵活变通的对于大制度的补充，亚制度可以绕过原定的大制度，或者在其框架下对规定有所改动，对政治生态产生重要影响。文研院邀访学者、清华大学社会科学学院政治学系教授景跃进就史学和政治学的关系提出两点意见：第一，史学对于政治而言是丰厚的资源，研究中国政治的一个基本假定是要扎根于对中国古代政治的理解。第二，政治学对历史的关注度也很高，因此一些政治学者提出了“历史政治学”的理念。当历史学认为自己的使命不只是还原历史，还有解释历史时，政治学和历史学的对话或许会越来越密切。文研院院长、北京大学历史学系教授邓小南认为“活的制度史”源于教学实践中和学生产生的互动。历史学本身是一门重视反思的学问，既有对历史事实的反思，也有对叩问历史方式的反思，制度的现实往往取决于如何“折中”而不是“初衷”，学者需要关注制度与政治文化、基层治理、日常生活、历史实践等的交叉面，既不能以文献记载规定就认为其有效，也不能因为制度运转与我们心中所想不符合就认为是具文。邓小南教授总结认为，制度史是跨学科研究的一个焦点，历史学、社会学、政治学都早有关注和积淀，希望能够保持持续的沟通和对话。

（雷博）

第八届“边疆·民族·历史”青年学者论坛

2021 年 12 月 11—12 日，由中国民族史学会主办、西北师范大学历史文化学院承办的第八届“边疆·民族·历史”青年学者论坛在线上召开，主题为“10—18 世纪中华民族共同体的历史演进与民族交融”。与会学者就宋辽金元明清的民族史相关问题展开讨论。元代民族史相关报告包括：苗冬（兰州大学）《元代疆域观念刍议》、艾萌（安阳师范学院）《高丽时代体育史探研》、刘晖（西北师范大学）《元代碑刻所见集贤院使小考》、肖超宇（中国社会科学院）《以冠示亲：元代蒙古妇女的头饰与身份表达》。在评议环节，与会学者提出，青年学者要将民族史的考察视野放在长时段当中，即使是断代史的研究，也不能只关注一个断代的历史，要把承前启后的史料阅读工作做到位。此外，“老题新做”是一种非常必要的史学研究精神，这种怀疑精神是发现问题解决问题的重要手段。

（张晓慧）

《清华大学藏战国竹简（拾壹）》成果发布会

2021 年 12 月 16 日，《清华大学藏战国竹简（拾壹）》成果发布会在清华大学蒙民伟人文楼正式召开。为配合疫情防控工作，清华大学出土文献研究与保护中心、中西书局与清华大学研发的“学堂在线”合作，并开通清华大学微信视频号、清华大学微博入口，启动了清华简整理报告发布会全球直播。发布会反响热烈，同时在线人数超过 10 万人，诸多海内外著名学者通过“学堂在线”等平台全程观看了发布会。《清华大学藏战国竹简（拾壹）》收录长篇战国竹书《五纪》。该篇凡 130 简，全篇内容基本完整，总字数近 4500 字，是前所未见的先秦佚籍，篇幅巨大，可称出土简牍之最。《五纪》篇涉及《尔雅》所载斗建十二月名、二十八宿，也涉及黄帝战蚩尤等神话内容，可以说是古代相关知识的“百科全书”。

该篇始论历数，终归人事，规模宏大，结构严整，层次丰富，意蕴浩繁，对于古代天文历数、国家治理研究具有重要意义，是新发现的一篇关于先秦思想文化史的重要文献。《五纪》篇的刊布，将为先秦史学界提供一篇重要的思想文献，也为社会各界了解中国古代天人观念提供宝贵的典籍资料。成果发布会上，清华大学文科建设处处长杨永恒教授对清华简整理工作予以高度肯定。上海辞书出版社、中西书局社长秦志华介绍了《清华大学藏战国竹简（拾壹）》的编辑、出版情况。出土文献研究与保护中心四位青年教师马楠、贾连翔、石小力、程浩对简文内容进行了解读。中心主任黄德宽教授则介绍了《清华大学藏战国竹简（拾壹）》的研究整理情况，并回答了线上线下与会学者、记者提出的问题。“清华简”于2008年入藏清华大学，在李学勤先生、黄德宽先生的相继带领下，整理报告目前已顺利出版十一辑，整理团队也逐渐形成了老中青结合的学术梯队，整理工作的高效率、高质量得到学界广泛赞誉，也受到海外汉学界高度重视。发布会上，黄德宽教授表示，清华简整理研究已进入到最后的攻坚阶段，中心团队将克服困难，保证每年一辑的整理出版进度，不负社会与学术界的期待。

（程浩）

纪念王安石诞辰1000周年学术研讨会

2021年是北宋著名思想家、政治家、文学家、改革家王安石诞辰1000周年。2021年12月18—19日，由中国社会科学院、江西省人民政府和北京大学共同举办，以“传承优秀传统文化，弘扬伟大民族精神”为主题的纪念王安石诞辰1000周年学术研讨会，在王安石故里江西省抚州市召开。中国社会科学院副院长、中国历史研究院院长高翔在致辞中说，王安石在哲学、文学方面取得的成就，以及在国家和社会治理方面的探索与实践，给后人留下极为宝贵的精神遗产和经验教训。作为历史学工作者，有责任、有义务去感受时代脉搏，把握时代精神，积极回应时代关切，增强家国情怀，深入发掘中国古代历史文化传统和治理传统中的精华思想、宝贵经验，为中华民族的伟大复兴提供历史智慧。江西省委常委、宣传部部长庄兆林表示，王安石的改革精神穿越千年，为江西注入了“勇于改革、求新思变”的文化基因。北京大学党委书记邱水平指出，王安石留下了丰厚的文化遗产和历久弥新的思想财富，隆重纪念王安石诞辰1000周年，对在新时代传承中华优秀传统文化，弘扬改革创新精神，凝聚民族复兴的磅礴力量，具有重要意义。此次纪念王安石诞辰1000周年学术研讨会为期2天，采用“主会场＋分会场＋视频连线”形式举行，设立了抚州主会场与北京分会场。与会专家学者主要围绕“王安石生平、事迹和历史地位”“王安石文学及文献研究”“王安石与民族精神、时代精神”等议题进行研讨。

（胡晓军）

“从木质材料到纸张——书写材料的变化与古代东亚”国际学术会议

2021 年 12 月 19—22 日，韩国庆北大学人文学术院 HK + 事业团主办的、线上线下结合的“从木质材料到纸张——书写材料的变化与古代东亚”国际学术会议成功举办。来自东洋文库、故宫博物院、首尔大学、正仓院事务所、中国人民大学、南开大学、庆北大学、名古屋大学等单位的 38 位学者对东亚古代的书写材质、书写工具和书写方式的变化及其对东亚社会历史文化的影响等进行了深入探讨。王素以梁武帝的国际视野与制度文化输出为中心，探讨了汉唐之际东亚制度交流与简牍文化传播。金秉骏对东亚木简是何人书写、何时何地书写进行研究。张荣强再次对西晋黄籍的书写材料进行了探讨，认为是纸张。池田长广认为书写材料由竹到纸的变化和当时的气候变化有关。金吉植对韩国古代的造纸以及纸的遗物进行了综合分析。戴卫红从“洛阳纸贵”典故与桂阳郡木简入手，探讨了三国两晋时期的纸简并用的情况。各位学者从物质形态方面关注了古代东亚书写材料的变化及其对东亚历史文化的影响，对于推动国际简帛学的研究意义重大。

（戴卫红）

古代史所“鼎堂讲坛”

鼎堂讲坛是由中国社会科学院古代史研究所（原历史研究所）设立并组织，以中国著名历史学家、文学家，古代史研究所首任所长郭沫若（字鼎堂）而命名的文化讲坛。讲坛每期邀请不同领域杰出专家学者举办专题讲座，藉此促进历史学与其他学科间的交流融合，打破学科壁垒，促进学科互鉴，为加快构建中国特色历史学三大体系提供助力。

2021 年 7 月 26 日，古代史研究所邀请河南大学历史文化学院李振宏教授作了“周秦汉社会转型研究的若干问题”的主题演讲。演讲提出周秦汉社会转型研究中的十个问题，分别围绕皇帝制度的产生、周秦汉社会转型的真正意义、圣王思潮、法家思想、战国诸子的治国理念、先秦思想中的诚信观念、百家争鸣、恕道与政治、重民思想与民本思潮、诸子学说与社会控制模式等展开。讲述夹叙夹议，关注中国历史上发展道路中的重大问题。史料详实，广征博引，既重视实证研究，又高屋建瓴地总结了若干需要学界深入探讨的课题。

2021 年 10 月 12 日，古代史研究所邀请明清档案与明清历史研究专家、中国第一历史档案馆原副馆长李国荣研究员作了题为“明清档案的历史遗存 百年刊布与研究展望”的主题演讲。李国荣研究员主要从“明清档案与国运沧桑”“明清档案与名家大师”“明清档案的百年刊布”“明清档案的研究开发”四个方面对百年来明清档案的整理刊布、挖掘研究进行了详尽的梳理和讨论，回顾了近代明清档案与国家民族命运息息相关的历史，阐述了以鲁迅、王国维、蔡元培、傅斯年、郭沫若、戴逸、郑天挺、王钟翰、冯尔康、朱诚如、神田信夫等学者为代表的一代代学人对明清档案的关注与整理研究情况，梳理了明清档案的编纂出版情况，并对明清档案的研究开发作出了前瞻性的展望。

（齐继伟）

《形象史学》创刊十周年系列讲座

2021 年是《形象史学》创刊十周年，文化史研究室举行了一系列讲座。4 月 6 日，邀请了中国人民大学国学院王子今教授来所讲授《秦汉劳动儿童的文物形象》。王先生展示了诸多与秦汉时期儿童劳动形象有关的文物图片，梳理了秦汉时期儿童参与劳动的情况。4 月 20 日，邀请中国社会科学院古代史研究所万明研究员来所讲授《全球史视野下的明代青花瓷：崛起与传播》。万先生根据《新增格古要论》《星槎胜览》等相关文献资料记载，以及海内外考古发现，指出青花瓷流传至海外与“郑和下西洋”有着密切关系，同时，此种交流亦推动了中国瓷器的发展和变化。永乐、宣德年间烧制的青花瓷中有重要的海外原料。15 世纪之前，中国瓷器以青、白瓷为主，之后青花瓷逐渐增多，到 16 世纪占据了主要地位。葡萄牙人最早将青花瓷带回欧洲，而澳门则是 16 世纪明代瓷器的最大输出口岸。欧洲一直在试图仿制青花瓷，但在早期，他们仿制的其实只是陶器，直到 18 世纪才获得成功。5 月 10 日，邀请中国社会科学院考古研究所王亚蓉研究员来所讲授《沈从文与纺织考古》。王先生介绍了沈从文先生的生平，尤其是开创纺织考古事业的过程。沈从文先生极力倡导服饰文化研究要“古为今用”，而纺织考古发掘保护则是继承先辈的中国元素技艺并应用的重要方法。王先生举了若干实例，介绍了开创、发展纺织考古的艰难过程，展示了相关重要发现。

（安子毓）

内陆欧亚学系列讲座第 73 讲、74 讲

中国社会科学院古代史研究所古代中外关系史研究室，举办了两次内陆欧亚学系列讲座。2021 年 5 月 25 日，中国社会科学院及中国历史研究院重大项目“古代吉尔吉斯（柯尔克孜）历史文化研究”课题组，在中国历史研究院举办了“内陆欧亚学系列讲座第 73 讲”活动，中外关系史研究室孙昊、中国边疆研究所齐会君、中国人民大学历史学院博士后徐弛等三位青年学者以“宗藩玉册”为中心，从不同角度探讨 9 世纪唐朝与漠北的关系。徐弛以《漠北回鹘汗国玉册梳理与研究》为题作报告，他梳理了蒙古国哈拉巴勒嘎斯遗址历年

的考古报告，对已发表的玉册进行了考证，并考证了发现玉册的东南角台建筑的性质。齐会君《唐对南迁回鹘的政策：基于中央和地方的立场差异》，以会昌年间宰相李德裕文集《会昌一品集》为切入点，首先对唐朝发给南迁回鹘的交聘文书的发行时间进行了考察并确定了其发行顺序，进而从多个角度探讨了漠北回鹘流散之后，各方之间的博弈。孙昊《宗藩玉册：9世纪唐与黠戛斯交通的一个侧面》的报告，对俄罗斯哈卡斯共和国 Л. Р. 克孜拉索夫哈卡斯民族方志博物馆藏玉册进行了研究。2021年7月26日，古代中外关系史研究室举行了“内陆欧亚学系列讲座第74讲”活动，受疫情影响，讲座采取线上线下相结合的方式。韩国高丽大学李镇汉教授主讲，讲座题目为“高丽与宋辽金的外交、文化和经贸交流”，由他的博士生李廷青翻译。李教授主要围绕他的专著《高丽时代宋商往来研究》中文版的内容展开，指出在辽金与宋对峙的东北亚大背景下，前往高丽的商人，主要是宋商而不是高丽商人，并针对以往史料的误读，以及宋商前往高丽进行的活跃海上贸易，进行了深入浅出的讲解。在提问环节，线上线下的学者们与李教授积极互动，进一步扩展了学术讨论的内容和范围。

（张慧芬）

中国古代史重大学术工程及重大课题

一、国家社会科学基金立项

重大项目

明清朱子学通史，谢晓东，厦门大学

《江永全书》整理与研究，徐道彬，安徽大学

明清以来中国传统工商业帐簿史料整理与研究（1500—1949），袁为鹏，上海交通大学

秦汉至唐律令立法语言分类整理、谱系建构与数据库建设，刘晓林，吉林大学

中国古代各民族相互依存关系史文献整理与研究，谢咏梅，内蒙古师范大学

《中国历史海洋地图集》编绘研究，李智君，厦门大学

古蜀地区文明化华夏化进程研究，唐飞，四川省文物考古研究院

三星堆文化与中国文明研究，黎海超，四川大学

明清以来长三角地区生态环境变迁与特色农业发展研究，卢勇，南京农业大学

明清至民国南海海疆经略与治理体系研究，刘永连，暨南大学

新疆巡抚治疆史料长编，赵维玺，兰州大学

旅顺博物馆藏新疆出土汉文文献分类释录与研究，游自勇，首都师范大学

中国古代海洋珍稀文献抢救性整理、研究与数据库建设，程继红，浙江海洋大学

汉代海上丝绸之路沿线国家考古遗存研究及相关历史文献整理，熊昭明，广西民族大学

湖北随州枣树林春秋曾国墓地考古发掘资料的整理和研究，郭长江，湖北省文物考古研究所

关中地区十六国时期墓葬资料的整理与研究，刘呆运，陕西考古研究院

中条山地区夏商时期矿冶遗存考古调查与综合研究，王晓毅，山西省考古研究所

安阳洹北商城铸铜、制骨、制陶作坊考古发掘整理与研究，何毓灵，中国社会科学院考古研究所

周原遗址凤雏城址区田野考古资料整理与研究，雷兴山，首都师范大学

韩国汉文史部文献编年与专题研究，孙卫国，南开大学

外国历史教科书中的中国形象史料整理与研究，孟钟捷，华东师范大学

东南亚藏中国南海史料文献整理与研究，王子昌，暨南大学

中国西南道教文献整理与数据库建设，盖建民，四川大学

中国早期经典文本的形成、流变及其学术体系建构研究，孙少华，中国社会科学院文学研究所

中国历代书院文学活动编年史，鲁小俊，武汉大学

历代别集编纂及其文学观念研究，何诗海，中山大学

新出土墓志与隋唐家族文学文献整理与研究，王伟，陕西师范大学

辽金元笔记文献汇编及研究，查洪德，南开大学

闽台海疆文学文献整理与研究（1602—1895），肖庆伟，闽南师范大学

中国小说评点史及相关文献整理与研究，谭帆，华东师范大学

东汉至唐朝出土文献汉语用字研究，汪维辉，浙江大学

中古近代汉字字源及其数据库建设，邓福禄，武汉大学

明代至民国汉语非韵书罕见同音类聚文献的音韵研究及数据库建设，周赛华，湖北大学

《洪武正韵》系韵书与明代字书比较研究及数据挖掘分析，雷励，湘潭大学

清代《说文》学新材料普查、整理与研究，李运富，郑州大学

晚明以来吴语白话文献语法研究及数据库建设，崔山佳，浙江财经大学

阜阳汉简整理与研究，陈剑，复旦大学

以定县简为代表的极端性竹书的整理及其方法研究，贾连翔，清华大学

战国文字研究大数据云平台建设，范常喜，中山大学

滇黔桂越边区百部珍稀土俗字文献收集译注与研究，韦名应，云南民族大学

中国古农书的搜集、整理与研究，吴平、隋斌，武汉大学、中国农业博物馆

重点项目

福建南山遗址发掘资料综合研究，周振宇，中国社会科学院考古研究所

青铜时代中国北方与欧亚草原东部地区的文化交流研究，王鹏，中国社会科学院考古研究所

商代礼制形态及“周因于殷礼”的考古学研究，张国硕，郑州大学

宝鸡石鼓山商周墓地发掘报告，丁岩，陕西省考古研究院

科技视野下的巴蜀铜器与社会研究，黎海超，四川大学

清华简佚《书》类文献整理与研究，单育辰，吉林大学

秦汉身份秩序与社会结构研究，王彦辉，东北师范大学

文书行政制度视域下的秦汉公牍文研究，韦春喜，中国海洋大学

《释名》笺疏，刘青松，河北大学

魏晋南北朝地方景观与文化记忆研究，魏斌，武汉大学

考古所见魏晋南北朝隋唐时期天文材料的整理与研究，王煜，四川大学

中古书籍制度文献整理及其与文学之关系研究，吴夏平，上海师范大学

新发现六朝隋唐石刻文的生成与创作研究，孟国栋，浙江师范大学

麦积山石窟第120—127窟考古报告，孙晓峰，敦煌研究院

重庆地区石窟寺及石刻铭文史料抢救性收集与整理研究，黎方银，大足石刻研究院

法成译圆晖《楞伽经疏》残卷的整理与还原研究，才让，西北民族大学

唐别集续考，齐文榜，河南大学

宋代汉文文献吐蕃词汇整理与研究，齐德舜，河南大学

新发现辽朝后族碑铭文献解读与契丹小字拼读法研究，吴英喆，内蒙古大学

元代宿卫制度研究，刘晓，南开大学

元代理学诗文献集成与研究，王培友，北京语言大学

开封明代永宁王府遗址考古发掘报告，曹金萍，河南大学

明代佛教与儒学思想互动关系研究，赵伟，青岛大学

明清基督教在中国文化发展中的整体影响研究，纪建勋，上海师范大学

明清正一道与江南地域社会研究，张泽洪，四川大学

《四部均摊差徭档案》翻译与研究，阿鲁贵·萨如拉，浙江师范大学

从满文寄信档看清代中期回疆总理大臣对天山南路的治理与认识研究，孙文杰，新疆师范大学

中国古代史学基本概念与范畴研究，刘开军，四川师范大学

古代王朝治边制度研究，方铁，云南大学

边疆思想史视野下的中华民族共同体研究，袁剑，中央民族大学

西藏唐卡年代谱系分析及佛像形态空间结构演化研究，樊风雷，华南师范大学

敦煌古藏文《般若心经》整理与研究，闹日项旦，青海师范大学

佛经音义与佛典的综合比较研究，韩小荆，武汉大学

“小说”与子部相关文类之关系研究，王庆华，华东师范大学

新发现英国国家图书馆藏藏文历史文献整理与研究，尕本加，青海民族大学

一般项目

新疆罗布泊地区晚更新世晚期至全新世早期石器遗存的新发现与研究，王春雪，吉林大学

豫东南地区新石器时代的文化变迁研究，蔡金英，安阳师范学院

淅川下寨：仰韶至石家河文化墓葬发掘报告，曹艳朋，河南省文物考古研究院

郑州地区仰韶文化中晚期畜牧业的动物考古学研究，吕鹏，中国社会科学院考古研究所

章丘焦家大汶口文化居民古DNA研究，曾雯，山东大学

二里头与偃师商城遗址出土动物遗存的分析与比较研究，李志鹏，中国社会科学院考古研究所

湖南澧县孙家岗遗址墓地考古发掘报告，赵亚锋，湖南省文物考古研究所

江淮地区夏商时期青铜器的生产与流通研究，魏国锋，安徽大学

河北肃宁后白寺遗址夏商时期遗存资料整理与研究，魏曙光，河北省文物考古研究院

郑州商城与夏商之际社会变迁研究，侯卫东，河南大学

夏商丧葬礼俗的溯源研究，郜向平，郑州大学

偃师商城一期遗存研究，陈国梁，中国社会科学院考古研究所

晋南地区商代聚落考古研究，田伟，中国国家博物馆

边缘地域下古蜀地区文明起源与早期演进研究，刘俊男，重庆师范大学

巴蜀神话传说集成与研究，李诚，四川师范大学

殷周铜器铭文中的“神话历史”研究，柴克东，上海交通大学

商周隐逸观念与文学书写演化研究，陈咏红，广州大学

商周甲骨文、金文字词关系研究，谢明文，复旦大学

甲骨卜辞所见人与动物权力关系研究，李健胜，青海师范大学

基于数据库的殷墟甲骨文词典编纂，陈年福，浙江师范大学

出土文献与商周职官管理制度研究，张利军，东北师范大学

曲阜西陈遗址考古发现的整理与研究，韩辉，山东省文物考古研究院

山东临淄西周墓葬发掘资料整理与研究，魏峭巍，上海大学

河南伊川徐阳墓地（2013—2020）考古发掘报告，吴业恒，洛阳市文物考古研究院

礼学视域下的周代服饰研究，李岩，通化师范学院

清华简所见春秋史事研究，代生，山东师范大学

清华简《筮法》与数字卦综论，吴勇，长江大学

清华简与传世文献字词关系的对比研究，袁金平，三峡大学

《礼记注疏》诠释研究，曾军，黄冈师范学院

《乐经》衍生文献的整理与研究，付林鹏，华中师范大学

《左传》历史书写与文学生成研究，杨金波，哈尔滨师范大学

《管子》的生命理念与文章书写研究，管宗昌，汕头大学

《韩非子》互见文献整理与研究，杨玲，兰州大学

屈原史志资料的搜集、整理与研究，龚红林，湖南理工学院

先秦儒家自我学说研究，叶树勋，南开大学

先秦儒家时间哲学研究，陈晨捷，山东大学
文明论视域中的庄子政治哲学研究，张华勇，上海应用技术大学
庄子“人间世”思想综合研究，杨勇，中山大学
先秦汉晋“自然”“无为”观念的互动流变研究，杨杰，上海师范大学
先秦两汉大型建筑分类研究，郭明，上海外国语大学
内蒙古川掌战国秦汉时期墓葬出土人骨的生物考古学研究，阿娜尔，呼和浩特民族学院
河北灵寿青廉墓地考古发掘资料整理和研究，王晓琨，中国人民大学
安徽省固镇南城孜遗址考古资料整理与研究，余杰，湖北大学
先秦时期中原与北方边疆族群互动交融研究，冯盛国，宝鸡文理学院
出土文献用字差异与战国雅言语音及秦楚方音研究，叶玉英，厦门大学
古今乐转换视域下的东周文学演进研究，宋健，汕头大学
楚系出土文献职官整理研究，汤志彪，华东师范大学
新出简帛《国语》类文献整理与研究，刘伟，曲阜师范大学
里耶秦简与迁陵社会研究，王勇，湖南大学
秦汉简帛书信校释与研究，马智全，兰州城市学院
简牍所见秦汉赋税体系研究，朱圣明，厦门大学
简牍所见秦汉刑徒管理研究，孙志敏，河北农业大学
新出简牍与秦汉兵役制度研究，朱德贵，哈尔滨商业大学
秦汉文书传递制度研究，黄浩波，武汉大学
秦汉饮食审美研究，张欣，福州大学
海昏侯刘贺墓出土漆器整理与研究，彭明瀚，南昌汉代海昏侯国遗址博物馆
黄河中游地区汉代以后随葬动物的综合研究，王娟，中国科学技术大学
西北屯戍汉简地名简辑校与地名研究，张丽萍，贵州大学
汉文典籍中乌桓与汉朝依存关系研究，孟克巴雅尔，内蒙古师范大学
周秦至隋韵类演变研究，魏鸿钧，闽南师范大学
礼制及其变革与汉代文体谱系的形成，金璐璐，商丘师范学院
本事解经传统影响下的汉代文学研究，赵德波，广州大学
谶纬源流与中国叙事文学，张泽兵，江西省社会科学院
出土汉画所见汉代道教与民间信仰关系及地区文化融合研究，刘克，南阳师范学院
后汉书补表十五种汇考，曹金华，扬州大学
《汉书·艺文志》解题新撰，孙振田，西安工业大学

边疆安全视野下的汉唐西域军事地理研究，任宝磊，西北大学
知识史视域下的汉晋《左传》学研究，方韬，北京师范大学
汉晋十六国镇墓瓶整理与综合研究，刘卫鹏，西北大学
洛阳西朱村曹魏墓考古报告，王咸秋，洛阳市文物考古研究院
六朝墓葬外来因素遗存与古礼研究，吴桂兵，南京大学
长沙走马楼三国吴简未刊竹木牍文书分类整理与综合研究，徐畅，北京师范大学
走马楼吴简所见孙吴基层社会结构研究，于振波，湖南大学
吉林省鸭绿江上游区域高句丽积石墓调查发掘资料整理与研究，刘晓溪，黑龙江大学
新出隋代墓志铭蒐补与研究，周晓薇，陕西师范大学
汉晋边地印章与边疆治理研究，张芳，黑龙江省社会科学院
汉晋时期家庭伦理与社会治理研究，李现红，海南师范大学
中古史学世家研究，金仁义，安庆师范大学
三国经学史，潘忠伟，四川师范大学
敦煌石窟与佛教仪轨研究，张善庆，兰州大学
写本学视域下敦煌遗书中古代裱补研究，宋雪春，上海师范大学
中古佛教造像碑铭整理与研究，陈志远，中国社会科学院
甘肃泾河流域新发现佛教遗存的考古学研究，吴荭，甘肃省文物考古研究所
北魏太庙礼制与政治关系研究，王铭，首都师范大学
2—6 世纪疫病流行、传播与社会应对研究，刘继刚，河南中医药大学
王弼体用思想研究，田丰，天津社会科学院
汉魏六朝诗歌评点汇辑与研究，杨贵环，江苏大学
汉魏六朝仙传文体研究，陈斯怀，河北师范大学
曹植作品之经典化研究与文集新校笺，徐艳，复旦大学
魏晋南北朝子书辑佚与研究，陈志平，黄冈师范学院
南北朝经学与中国文论，张金梅，中南财经政法大学
《文心雕龙》中身体隐喻话语研究，陈士部，淮北师范大学
中古志怪故事与丝路文明研究，海力波，广西师范大学
魏晋南北朝《论语》注残篇文献整理和研究，王云飞，河北省社会科学院
中外交流视域下的本草研究——以汉魏至隋唐为中心，陈宪良，成都中医药大学
唐代前期儒释道三教与史学关系研究，吴海兰，厦门大学
须弥山石窟研究，王艳，宁夏大学

唐乾陵陵园遗址考古发现与研究，田有前，陕西省考古研究院

阐释学视域下的陈寅恪史学研究，张少鹏，中南财经政法大学

日藏珍稀《切韵》佚文汇考，贾智，中山大学

敦煌吐鲁番帐历文书所见唐五代西北地方财计研究，郁晓刚，洛阳师范学院

敦煌吐鲁番出土唐代杂畜文书的整理与研究，侯振兵，西南大学

敦煌古藏文文献中唐代汉藏文化交流研究，久仙加，西北民族大学

新出墓志与唐代治理西域研究，王庆昱，陕西师范大学

回鹘文《大唐大慈恩寺三藏法师传》异本对勘研究，郑玲，宁夏医科大学

敦煌研究院藏回鹘文文献整理与研究，阿不都日衣木．斯台，敦煌研究院

中华民族文化交流视野下的回鹘文《阿毗达磨俱舍论》研究，米热古丽·黑力力，中国社会科学院民族学与人类学研究所

渤海时期东北地区民族交融研究，刘海洋，长春师范大学

五代吴越国衣锦城址考古资料整理与研究，王征宇，杭州市文物考古研究所

隋唐江东士族文学研究，李建华，玉林师范学院

诗格视域下的初盛唐诗体流变研究，项鸿强，浙江工业大学

《河岳英灵集》笺注、资料汇编及殷璠诗歌批评研究，卢燕新，南开大学

音乐雅俗流变与唐代诗歌传播研究，柏红秀，扬州大学

敦煌写卷与唐代乐诗诗学研究，咸晓婷，浙江大学

敦煌词词谱整理与研究，张培阳，南阳师范学院

唐大圆佛学著作整理与研究，尹晓彬，云南民族大学

甘川地区唐宋佛教石窟艺术走廊研究，高海燕，西南大学

安岳石窟佛经文献整理及文字研究，廖强，西南大学

唐宋词乐研究，马里扬，上海师范大学

唐代涉蕃碑志文整理与研究，严寅春，西藏民族大学

花间词阐释方法与接受史研究，高峰，南京师范大学

唐宋监察制度变革与社会变迁研究，贾玉英，河南大学

唐宋时期西南民族族际交往与中华民族共同体发展研究，段丽波，云南大学

10—15 世纪的华北民间组织与基层社会秩序研究，谭景玉，山东大学

宋代货币经济体系与货币制度绩效研究，唐晔，河北大学

地域视野下宋代社会权威生成机制与社会治理研究，廖寅，河北大学

宋朝贫富冲突与调控机制研究，康文籍，重庆交通大学

宋代边疆民族地区食盐冲突、政府调控与国家认同研究，裴一璞，聊城大学
宋代的审监关系及审计体制研究，肖建新，南京审计大学
宋代胥吏之弊及其防治机制研究，武小平，温州医科大学
宋代国信使政治参与研究，吴晓萍，安徽师范大学
家礼修撰与宋代社会变迁研究，王美华，辽宁大学
两宋易学思想转型研究，程刚，暨南大学
“三代”理想与理学的政治维度研究，毕明良，西藏民族大学
宋学视域下的术数思想研究，王逸之，湖南师范大学
王安石义理诠释学研究，魏福明，东南大学
程朱理学王道论研究，敦鹏，河北大学
宋代理学仁礼关系诠释及其理论价值研究，郭园兰，湖南师范大学
朱子《家礼》诠释史研究，和溪，厦门大学
南宋哲学的转型与市民社会的形成研究，王绪琴，浙江工商大学
政治文化视域下的北宋士人心态与文学演进研究，袁辉，聊城大学
宋代杜诗注辑考与研究，綦维，山东大学
宋代墓志文体演变研究，李秀敏，山西师范大学
重庆江津石佛寺遗址发掘报告整理与研究，牛英彬，重庆市文化遗产研究院
南宋文话的话语体系及其批评理论建构研究，张申平，重庆科技学院
刘辰翁诗歌评点辑校与研究，王术臻，青岛大学
历代《草堂诗余》的纂刻及其词学影响研究，岳淑珍，河南大学
宋季海上行朝的文献整理及文学书写研究，闫雪莹，吉林财经大学
《宋史·乐志》乐辞及律调谱通考，张春义，嘉兴学院
日传汉文《大藏经》禅宗典籍序跋整理研究，邵颖涛，西北大学
对《地理新书》等文献的宗教学探究，范春义，江苏师范大学
契丹大字源流综合研究，张少珊，赤峰学院
宋元乐府学典籍研究，郭丽，首都师范大学
海外遗址出土宋元贸易陶瓷研究，刘未，北京大学
宋明儒学的身体观及现代意义研究，赵楠楠，广州大学
北族王朝历史书写视野下的金朝开国史研究，邱靖嘉，中国人民大学
金代完颜希尹家族墓地考古遗存的整理与研究，李丹，吉林省文物考古研究所
古文书学视域下的西夏籍帐研究，陈瑞青，河北师范大学

海外藏中国出土西夏音乐文献整理研究，刘文荣，南京艺术学院

蒙古国杭爱山东段北麓古代游牧民族遗存考古学研究，程鹏飞，内蒙古博物院

《十善福白史册》佛教哲学思想研究，钢特木尔，内蒙古师范大学

元明清时期西藏地方藏文谕书档案整理与研究，拉巴扎西，西藏自治区社会科学院

八思巴笺注《喜金刚本续》藏汉本对勘与研究，安海燕，中国人民大学

“元诗四大家”与延祐诗风研究，任红敏，台州学院

元代少数民族文学创作推进中华民族共同体意识形成研究，温斌，内蒙古科技大学包头师范学院

贡赋经济视角下明代地方财政流通机制研究，丁亮，辽宁师范大学

明代江南上供物资转运研究，胡克诚，聊城大学

晚明户部与财政政策研究，时坚，中山大学

明代时事书写与政治信息传播研究，胡丹，三峡大学

新发现古籍纸背明代囚役文书整理与研究，宋坤，河北师范大学

明代科举考试用书与思想文化互动关系研究，张献忠，天津师范大学

明清科举社会落第士人出路研究，贺晓燕，中国社会科学院

明代海防体制与国家安全研究，赵树国，山东师范大学

明代南海海防聚落地理调查与中外文献的互证研究，韩虎泰，宝鸡文理学院

明代医家碑传资料整理与研究，王尊旺，福建中医药大学

明代河西走廊驿站体系与西北边疆治理研究，马玉凤，西北师范大学

明代以来河湟民族走廊多民族交融互动与地方社会治理研究，杨军，青海省社会科学院

明代西南边疆治理体系圈层结构研究，罗勇，大理大学

明代汉文典籍所体现的东北区域各民族相互依存关系研究，辛志凤，大连民族大学

明清时期藏彝走廊中华符号的多民族共享研究，王海兵，浙江理工大学

明清徽州县域治理研究，陈瑞，安徽大学

明清徽州民间纠纷文书整理与研究，郑小春，安徽师范大学

明清江淮地区移民传说的知识社会史研究，游欢孙，江西师范大学

环境史视野下的明代生态思想研究，赵玉田，韩山师范学院

明清以降长江上游地区洪水与城市地理变迁研究，马剑，西南大学

明清鄱阳湖流域民间水利组织与地方社会治理研究，廖艳彬，南昌大学

明清卫河流域水利碑刻资料整理与研究，孟祥晓，河南师范大学

明清时期黄海东岸海洋动物史料的收集、整理与研究，陈亮，郑州轻工业大学

明清徽墨装饰美学思想及当代价值研究，方新，安徽师范大学

明清大型字书疑难字考释与研究，熊加全，湖南科技学院

明清以来地方文献中土家语语料整理及研究，向亮，湖北民族大学

明清散佚官话方言韵书4种研究，钱奠香，厦门大学

明清边疆舆地赋整理与研究，黄志立，华南师范大学

明清西方数学词语汉译用字的历史研究，张必胜，贵州师范大学

明清西南地区儒释道生态结构与文化治边研究，黄诚，贵州大学

明清曲籍刊刻史，惠玲，厦门大学

朝鲜王朝汉文文献所见中国海洋资料整理与研究（1392—1894），屈广燕，宁波大学

万历援朝战争朝鲜人汉文日记文献整理与研究，刘永连，暨南大学

渡日明僧隐元所传黄檗文化与中日交流的研究，林观潮，厦门大学

汉译《几何原本》的版本整理与翻译研究，纪志刚，上海交通大学

《新疆图考》整理与研究，唐智佳，伊犁师范大学

明代蜀王府遗址2013—2020年发掘资料整理与研究，易立，成都市文物考古工作队（成都文物考古研究院）

景德镇落马桥窑址考古发掘报告整理与相关问题研究，丁雨，北京大学

阳明学知识论问题研究，龚晓康，贵州大学

《唐顺之全集》整理与研究，张慧琼，阜阳师范大学

《明儒学案》文本生成及儒家文化自信重建研究，甄洪永，山西师范大学

贺复征《文章辨体汇选》研究，肖锋，中国传媒大学

张溥年谱长编，陆岩军，上海交通大学

方以智“均”的哲学方法论研究，周勤勤，中国社会科学院大学

明人别集序跋辑录与研究，汤志波，华东师范大学

明本唐人别集汇辑、叙录与研究，洪迎华，厦门大学

明代古文之学研究，马将伟，广州大学

明代进士戏曲活动研究，卢晶晶，湖北大学

明代公案小说海内外文献整理及其与法律文本互动关系研究，崔蕴华，中国政法大学

《宝文堂书目》著录及相关小说史问题研究，向志柱，湖南省社会科学院

山左作家与明代文学思潮的嬗变研究，周潇，青岛大学

运输成本视角下清代市场格局变迁研究，胡鹏，西北大学

民族交融视野下清代西北畜牧产品价格变动与市场整合研究，张连银，西北师范大学

清代人口统计的数字源流、文本脉络及制度演进研究，张鑫敏，上海电机学院

清代邸报文献整理与研究，冯丽丽，内蒙古自治区图书馆

清代义仓与国家治理研究，祁志浩，云南大学

清代重大自然灾害的财政应急机制研究（1644—1850），刘文远，中国人民大学

清代黄河中下游人水互动关系时空演变及其响应机制，张健，西北大学

清代官员罚赔制度研究，包诗卿，华东师范大学

清代中期法律变革与国家治理研究，姜金顺，中国政法大学

清代的流人与基层社会研究，李德新，齐齐哈尔大学

清代新疆移民落籍与西北边防建设研究，褚宏霞，军事科学院

清代民国学者商周金文拓本题跋研究，吴毅强，四川大学

清代墨学文献的整理与研究，沈传河，山东理工大学

区域地理社群文献整理与明末清初文学派别思潮图谱构建研究，张涛，河北省社会科学院

清代旗籍翰林群体文学研究，郭前孔，济南大学

清儒学术书信词语训释材料整理与研究，徐凌，江西农业大学

清代闽南地区正音书系的词汇研究，黄薇，泉州师范学院

清代东北方言词汇研究，任玉函，浙江财经大学

清代乾嘉以来宗宋思潮研究，谢海林，福建师范大学

乾嘉学者文集中训诂资料的整理与研究，丁喜霞，河南大学

清代西域纪行文学文献整理与研究，周燕玲，新疆师范大学

清代宋诗选本辑评，钱建状，厦门大学

清代六种丹道评注本《西游记》整理与研究，郭健，重庆师范大学

清代 26 家古音学未刊稿汇纂与研究，赵晓庆，中国海洋大学

李调元与清代四川刻书研究，王永波，四川省社会科学院

《五方元音》系韵书整理与研究，汪银峰，长春师范大学

《聊斋志异》在蒙古地区的传播及其译介研究，曙光，内蒙古民族大学

汤斌年谱长编与文学思想研究，赵秀红，郑州轻工业大学

桐城派边疆书写研究，方盛良，安徽大学

空间视角下的清中后期广州城市治理研究，梁敏玲，暨南大学

清至民国华北的旗地拨补与乡村社会研究，邓庆平，中国政法大学

清代民国西南地区珍稀刊本道书的搜集、整理与研究，何欣，四川大学

中国传统社会县域治理官绅民交互逻辑及其现代价值研究，王光，东北大学
中国传统政治学价值体系建构研究，唐国军，广西民族大学
中国传统哲学的性别伦理观反思和创造性转化研究，寇征，河北师范大学
体用论源流及其在当代中国哲学建构中的意义研究，李晓春，兰州大学
中国古代“理”的政治哲学内涵及其当代意义研究，荆雨，东北师范大学
中国传统社会民庙研究，杨君，中共中央统战部宗教研究中心
古代茶马制度中的边疆治理及其影响研究，王晓燕，西南大学
肃慎族系融入中华民族共同体历史进程与文化机制研究，高松，黑龙江大学
古苗疆走廊各民族交往交流交融研究，龙正荣，贵州师范大学
皮央·东嘎遗址群墓葬发掘报告（2018—2020），杨锋，四川大学
陆上丝绸之路“华夷译语”文献整理、语言研究与数据库建设，周永军，宁夏大学
南方丝绸之路（川滇段）宗教壁画与文明交流互鉴研究，沈玉菲，大理大学
文明交往视域下丝绸之路天山廊道古城址考古研究，李丰庆，西北大学
古代中国河湟洮岷民族走廊形成与国家力量延伸研究，刘铁程，兰州大学
内蒙古乌拉特中旗阴山岩画资料整理研究，德泉，内蒙古河套文化研究所
辽西地区出土墓志的整理与研究，么乃亮，辽宁省文化演艺集团（辽宁省公共文化服务中心）
中国古代职贡图像文献整理与研究，罗建新，西华师范大学
中国古代志怪小说母题与五帝文明源流关系研究，付希亮，内蒙古师范大学
中国古代小说文学景观研究，张袁月，中国石油大学（华东）
中国古代文体分类学原理研究，李凯，西南民族大学
中国古代文论的汉字批评研究，樊宝英，浙江外国语学院
中国古代道艺关系的审美历程研究，郑笠，闽江学院
中国古代家训中的阅读史料整理与研究，高田，淮北师范大学
海外中国简帛学史，李真真，重庆邮电大学
新疆出土历代官玺汇考及所见中央王朝经略西域史迹研究，李文亮，伊犁师范大学
河湟地区家谱收集整理与区域社会变迁研究，张生寅，青海省社会科学院
岭南字韵群书方言语音研究与文献谱系梳理，谢友中，梧州学院
日本所藏南海地图搜集、整理与研究，黄民文，岭南师范学院
日本古写经所见中国古逸佛教文献编目、整理与研究，王招国，上海师范大学
中国历代禅录日本训释材料数字化整理与研究，王闰吉，丽水学院

中国佛教图像与思想研究，李静杰，清华大学

《大通方广经》汉藏蒙文本比较研究，宝山，内蒙古民族大学

敦煌写本避讳字汇考，窦怀永，浙江大学

敦煌吐蕃医学文献整理与研究，志玛泽仁，四川民族学院

吐蕃简牍卜辞、敦煌藏文卜辞与《格萨尔》卜辞渊源关系研究，完玛加，阿坝师范学院

文本叙述中西藏—中原佛教文化交融依存语境研究，李军，西藏大学

“法藏部”西域写本与图像研究，王珺，中国计量大学

彝族古籍文献中各民族相互依存关系研究，杨树美，云南师范大学

藏文史籍中汉藏民族相互依存关系研究，多杰，青海民族大学

藏文古籍雕版印刷史研究，邓德多杰，青海师范大学

藏文古籍《伏藏文献》藏版目录整理与研究，李毛吉，西北民族大学

藏文祈愿文整理与研究，公保才让，青海师范大学

青藏地区“汉神”信仰的传播及其本土化研究，夏吾交巴，中共青海省委党校

西北地区的师公及其宗教信仰研究，答小群，西北民族大学

藏彝走廊视域下的历代西藏纪行文学研究，王若明，内蒙古民族大学

生命道教与中国传统文化时空观内核的重构研究，宋野草，云南民族大学

道教建筑思想研究，吴保春，东华理工大学

道教瘟疫防治思想与实践研究，刘芳，山东理工大学

闽台道教符咒文化与乡土社会研究，林静，福建师范大学

闽东浙南畲族道教仪式文献研究，黄向春，厦门大学

巴蜀道教文献研究，陈云，四川省社会科学院

韩国道教青词文献资料整理与研究，黄勇，四川大学

净明道与赣中地区民间信仰及文化融合研究，焦玉琴，中央民族大学

上清大洞经教的发展、整合与传播研究，周作明，西南民族大学

青年项目

陇东—陕北地区仰韶晚期至龙山时期的聚落演变与文明化进程研究，李小龙，西北工业大学

五莲丹土遗址考古发掘资料整理与研究，赵国靖，山东省文物考古研究院

龙山时期中原腹地人群分子考古学研究，武喜艳，河南大学

河南淅川单岗遗址考古发掘资料整理与研究，张建，郑州大学

屈家岭文化的聚落与社会研究，单思伟，武汉大学
湖南澧县鸡叫城遗址考古调查、发掘资料的整理与研究，石涛，四川大学
良渚古城姜家山遗址发掘资料的整理与研究，陈明辉，浙江省文物考古研究所
商周农业及其生产组织形式研究，王祁，中国社会科学院历史理论研究所
商代牺牲与用牲制度研究，杨弃，鲁东大学
西周土地铭文考释与土地制度研究，杨坤，北京大学
地理格局与西周王朝政治演进研究，邹家兴，四川大学
“国野制”新研，谢能宗，中国人民大学
甲金简帛中的美学思想研究，谭玉龙，重庆邮电大学
金文所见西周军事防御体系研究，周博，南昌大学
山西绛县睢村西周墓地资料整理与研究，陈海波，山西省考古研究所
山西绛县睢村西周墓地人骨的体质人类学研究，韩涛，河南大学
甘肃东部周秦时期人群生业经济研究，杨谊时，甘肃省文物考古研究所
出土文献所见楚国信仰习俗研究，廉超，常州大学
楚系墓葬出土漆木器的整理与丧葬观念研究，邓宽宇，四川大学
出土文献与《楚辞》名物研究，李凤立，浙江师范大学
春秋史官哲学的多元通和传统研究，吴宝麟，中央民族大学
先秦道家时间观研究，魏孟飞，河南中医药大学
原始儒家关于家国建构的政治哲学思想研究，邓梦军，中共厦门市委党校
早期儒学视域中的孟子心性论研究，何益鑫，复旦大学
先秦两汉儒学视域中的“制器”观念研究，吕明烜，中国政法大学
社会转型中的先秦法家治理思想研究，王晨光，西安电子科技大学
渭河流域新石器中期至秦汉时期农业活动与土壤质量演变研究，生膨菲，复旦大学
出土律令与秦代官吏管理制度研究，齐继伟，中国社会科学院古代史研究所
出土秦汉法律简牍文本传抄与整合研究，于洪涛，吉林大学
简牍所见新秦地郡县化与新黔首统合研究，熊永，北京师范大学
岳麓简所见秦令研究，王萍，山东师范大学
岳麓简《秦律令》所见秦代罪刑之制辑释与研究，齐伟玲，西北政法大学
秦汉生态环境变迁与民俗信仰关系研究，罗启龙，贵州大学
出土简帛所见秦汉边地疾病医疗与社会研究，张以静，西南大学
西北汉简所见汉与周边交往资料的搜集整理与研究，周艳涛，西南大学

美术考古视角下的汉代怪兽图像研究，李重蓉，中国国家博物馆

汉代公羊学文质论研究，王磊，浙江工商大学

《春秋繁露》文本构成与“董仲舒学派”研究，黄若舜，南京大学

东汉制礼困局下的今古文经学思想互动研究，高瑞杰，上海师范大学

“消息说”视角下东汉三大家易学研究，苏建强，济南大学

汉赋文本的“知识考古”及赋学理论问题研究，刘成敏，中南财经政法大学

汉唐毒药问题研究，吕壮，中国人民公安大学

汉唐河西边地家族与地方权力结构研究，王晶，西北大学

汉唐交阯史料整理与国家视域下交阯社会演进研究，鲁浩，江西科技师范大学

魏晋南北朝官员位阶体系研究，柴芃，山西大学

历代魏晋风度图像谱系研究，刘涛，江苏师范大学

十六国北朝西北地区民族交往交流交融研究，朱艳桐，浙江理工大学

北朝后期的高门重建与文学复兴研究，庄芸，中国人民大学

日藏《文选》古钞本整理与研究，高薇，中山大学

官阶优免与唐代赋役体系运行研究，顾成瑞，西北大学

敦煌社邑文书与唐五代基层社会研究，赵大旺，南京师范大学

隋唐五代环南海区域民族关系与治理经验研究，廖靖靖，中央民族大学

《五经正义》与唐代文士思想研究，刘雅萌，南京大学

唐代佛教内道场制度研究，郑佳佳，浙江财经大学

文明交融视野下古代粟特钱币的整理与研究，齐小艳，长治学院

隋唐瓷器外来文化因素与中外文化交流研究，郭璐莎，河南大学

7 至 15 世纪阿拉伯地理典籍和古地图中的中阿海上丝路港口研究，郭筠，浙江外国语学院

唐朝墩古城遗址考古资料的整理与研究，任冠，中国人民大学

制度史视野下的唐代诗歌教育研究，韩达，中国政法大学

唐宋之际的佛教藏经与经录研究，张旭，中国社会科学院世界宗教研究所

唐宋“新子书”与古文运动研究，王芊，中山大学

唐宋时期律令法体系向律例法体系的转型研究，李云龙，山东大学

宋代官员兼职制度研究，范帅，郑州轻工业大学

理学比较视域下的《五经正义》儒学话语体系建构研究，陈华波，浙江工业大学

象山学阐释演变史，邓国坤，贵州大学

宋代曹洞宗复兴运动研究，孔雁，上海社会科学院

宋元时期江南区域诉讼社会史研究，郑鹏，华中农业大学

山西宋元时期制瓷手工业的考古学研究，刘辉，山西大学

陕西宋元壁画墓发掘报告，苗轶飞，陕西省考古研究院

宋元书目文献文学批评史料辑录与研究，黄静，贵州师范大学

宋朝西北边疆族群的国家认同研究，王道鹏，安徽师范大学

辽金中枢政务运作体制研究，田晓雷，中山大学

《吏部条法》与南宋官制研究，束保成，浙江大学

中国古代国家治理视野下的南宋四川类省试研究，游君彦，重庆工商大学

东北地区辽金元城址综合研究，赵里萌，吉林大学

黄土丘陵地带宋夏金墓葬研究，陈雪飞，宁夏大学

内蒙古中部金元城址的考古资料整理与调查研究，周雪乔，北京师范大学

女真文碑刻整理与释读研究，綦岩，黑龙江大学

新出 13—14 世纪藏文文献中有关汉藏蒙多民族交往交流交融史料的译注与研究，谢光典，陕西师范大学

历史记忆与族群认同：蒙古开国史新诠，张晓慧，中国社会科学院

元代蒙语直译体文献汇编，花兴，内蒙古民族大学

萨迦班智达传记谱系研究，桑杰卡，青海民族大学

多语种方志文献中的元代北方少数民族传记资料整理与研究，陈新元，中山大学

明代盐税改革与社会税负研究，夏强，海南师范大学

明代军户的科举及身份性变化研究，黄谋军，赣南师范大学

明末以来果敢地区历史变迁研究，范玉金，云南省社会科学院

朝鲜王朝“三十年危机”与东亚秩序转型研究（1598—1627），黄修志，鲁东大学

明代复古派东传与朝鲜文坛复古思潮研究，韩东，南昌大学

明代中后期馆阁政治与文学研究，安家琪，黑龙江大学

天一阁藏明代方志所见宋代地方文献辑考，何适，扬州大学

中晚明西学东渐背景下的格物理论研究，王磊，大连理工大学

阳明后学心性论分化与统合的逻辑发展研究，王晓娣，南京信息工程大学

泰州学派乡村儒学研究，唐东辉，广西民族大学

明末清初君主论的转型与发展研究，魏朝利，上海社会科学院

明清华北极端旱涝灾害的发生与治理研究，韩健夫，杭州电子科技大学

明清湘黔苗区边墙遗址遗存调查与整理，陈文元，贵州民族大学
明清时期浙江地区传统灰塑制作工艺研究，方世强，宁波财经学院
明清民国北京会馆剧场及演剧活动研究，高扬励，山西师范大学
明清“汉书学”研究，范宇焜，太原理工大学
明清戏曲批评及经典意识研究，李碧，浙江理工大学
明清之际文论“真”之观念研究，邵晓林，湖北大学
《四库全书总目》明人说部提要考辨与明代小说史重写，吴文庆，内江师范学院
清代《礼记》文献研究，侯婕，南京师范大学
清帝北巡与国家治理研究，项旋，北京师范大学
清代政治与汉传佛教制度及僧团管理研究，杨奇霖，上海大学
清代造办处与皇室财政研究，王嘉乐，清华大学
国家治理视野下的清代捐输制度研究，江晓成，福建师范大学
清代江西地方司法文献与基层社会治理研究，陈海斌，赣南师范大学
清代淮南盐的交易形态及其演变研究，韩燕仪，中山大学
国家资源调配视野下的清代新疆协饷运作与边疆治理研究，廖文辉，四川大学
“中人”与清代地方社会研究，郭睿君，安徽大学
清代黄河滩区治理与区域社会研究，张乐锋，信阳师范学院
清代巩昌府属安定县契约文书的收集、整理与研究，张磊，青海师范大学
清代多民族语文合璧书写与边疆治理研究，强光美，北京科技大学
清代湘西苗区儒家文化传播与国家认同研究，张熙，信阳师范学院
清代满文舆地志文献整理与研究，张闶，中国人民大学
清代集部文献中的新疆多民族交往交流交融研究，秦帮兴，新疆大学
清代外销艺术品中的戏曲史料辑录与研究，陈雅新，深圳大学
清代东北亚丝绸之路上的山丹贸易研究，陈诗兰，江苏省社会科学院
乾嘉笔记与乾嘉文人生活研究，元伟，河北师范大学
乾嘉吴派经学与文学关系研究，王祥辰，扬州大学
乾嘉学派经史关系的诠释学研究，黄晚，福建师范大学
刘沅、刘咸炘的学术进路与近代蜀学转型发展研究，戴森宇，四川大学
桐城派古文选本评点整理与研究，周游，江南大学
昆曲文人清唱文献叙录与研究，邹青，江苏第二师范学院
基于清代译音文献的彝语历时音变研究，聂鹏，江西财经大学

17—19 世纪西藏金沙江流域藏文地方志收集整理与研究，泽仁曲措，西藏大学

军礼之本——中国古代军政思想的文化基因溯源与哲学体系构建，栗志恒，国防科技大学信息通信学院

中国化佛教寺院空间研究，刘懿凤，清华大学

中国化佛教宗法观念研究，王洁，清华大学

山东佛教碑刻收集、整理与研究，马丛丛，山东社会科学院

太仓朱子学研究，申祖胜，厦门大学

中国早期图像及族源观念研究，王志翔，北京师范大学

基于多民族神话大数据的中华民族共同体意识研究，王京，中国科学院

中国宗祠剧场文献资料搜集、整理与研究，邓弟蛟，山西师范大学

新见戏曲碑刻史料的整理与研究，段飞翔，山西师范大学

中国古代北方游牧民族先世建构与历史书写研究，温拓，云南大学

西南少数民族火草纺织技术史研究，张学渝，广西民族大学

汉字记录侗语文献书写系统研究，龙润田，首都师范大学

格萨尔史诗叙事传统关键词研究，央吉卓玛，中国社会科学院民族文学研究所

《江格尔》语图互文研究，阿婧斯，内蒙古师范大学

西藏所藏《阿波罗遮那成就法》梵文写本研究，达娃群宗，西藏自治区社会科学院

故宫博物院藏藏文古籍整理研究，李若愚，故宫博物院

域外藏中国散佚古医籍综合研究，于业礼，上海中医药大学

布达拉宫藏永乐版《甘珠尔》刊刻源流研究，刚索南草，西藏自治区布达拉宫管理处

西藏古代印章与汉藏各民族交往交流交融研究，朱德涛，四川警察学院

土观·洛桑却吉尼玛及其藏文文集综合研究，吕其俊，中国社会科学院世界宗教研究所

冰上丝绸之路视域下儒佛道哲学典籍的芬兰文译本研究，高源，上海交通大学

《钦钦新书》与中朝传统法律文明交流研究，张钧波，黔南民族师范学院

冷门绝学专项

冷门绝学专项学术团队项目

北京师范大学商周文明研究团队，两周金文所见周边族群与诸夏交流融合资料综合研究，晁福林，北京师范大学

兰州大学敦煌学研究团队，敦煌河西碑铭与河西史研究，郑炳林，兰州大学

福建师范大学闽方言文献研究团队，明清以来中外濒危中西文闽方言文献挖掘、集成与

研究，马重奇，福建师范大学

山西大同大学北朝石刻抢救整理研究团队，山西北朝石刻遗存文献抢救性整理研究，张庆捷，山西大同大学

安徽大学战国文字研究创新团队，安大藏战国竹简儒家类文献的整理与研究，徐在国，安徽大学

山东大学东亚数字人文创新团队，东北边疆古史谱系研究及数字人文平台建设，苗威，山东大学

辽宁师范大学考古学研究团队，辽海地区夏商周时期石构墓葬和青铜器视域下的多元文化互动研究，徐昭峰，辽宁师范大学

北京师范大学易学典籍研究团队，《永乐大典》易学典籍辑校与研究，张涛，北京师范大学

厦门大学东亚汉语音韵学史文献研究团队，东亚汉语音韵学史文献发掘与研究，李无未，厦门大学

华中师范大学历史医学地理学研究团队，中国历史瘟疫图像整理与疫灾文化研究，龚胜生，华中师范大学

复旦大学北方民族史研究团队，古代蒙古法律文献及法制史研究，达力扎布，复旦大学

中国人民大学西域多语种文献研究团队，明代西域多语种文本与国内民族交流史研究，乌云毕力格，中国人民大学

故宫博物院工艺学研究团队，清宫旧藏掐丝珐琅器（景泰蓝）的整理与研究，张荣，故宫博物院

景德镇陶瓷大学吉州窑研究团队，江西吉州窑出土瓷片的整理、复原与再现研究，刘晓玉，景德镇陶瓷大学

中央民族大学象雄文明研究团队，象雄文明多文种古文献搜集整理与研究，才让太，中央民族大学

邯郸学院古籍纸背文献学研究团队，新发现古籍纸背宋元明清赋役类文献整理与研究，孙继民，邯郸学院

冷门绝学专项学者个人项目

敦煌写卷与唐代经籍丛书缮写制作研究，刘志，中国社会科学院世界宗教研究所

多民族大一统视域下敦煌吐鲁番所出唐代籍帐文书整理与研究，张新国，新疆医科大学

敦煌蒙书《上大夫》及其衍生文献之整理与研究，张新朋，浙江工商大学

中国北部边疆民间商业文书的整理、释读与研究（1636—1956），刘秋根，河北大学

日本外务省外交史料馆涉藏档案整理与研究，秦永章，中国社会科学院民族学与人类学研究所

19 世纪法国航行记录中中国南海维权证据整理与研究，郑鹏，海南大学

西夏文《类林》词汇语法研究，马辉芬，北方民族大学

纳西东巴文字源考证研究，木仕华，中国社会科学院民族学与人类学研究所

新疆尉犁县克亚克库都克烽燧遗址出土木简整理与研究，胡兴军，新疆维吾尔自治区文物考古研究所

汉简西域史料的整理与研究，袁延胜，郑州大学

中国传统地图绘制方法系统研究，汪前进，中国科学院大学

考古学视野下的秦汉北部边疆研究，单月英，北京师范大学

契丹文整理与辽史研究，康鹏，中国社会科学院古代史研究所

明清以来玉米史资料集成汇考，李昕升，南京农业大学

晚清吐鲁番汉维双语司法档案释读和研究，白京兰，新疆大学

云南汉传、藏传和南传佛教壁画摹本整理研究，付云仙，云南大学

21 世纪陕西新出土古代音乐文物整理与研究，辛雪峰，中国艺术研究院

中国西南洞经音乐文献整理研究暨数据库构建，洪江，云南师范大学

清代宫廷戏曲“串头”笺注，傅谨，中国戏曲学院

中国史学典籍的早期西传研究（1500—1800），胡文婷，电子科技大学

《数书九章》校勘与研究，朱一文，中山大学

中国古代石刻海洋文献整理与研究，程继红，浙江海洋大学

丹江下游地区史前打制石器研究，宋国定，中国科学院大学

欧洲学者对中国历史纪年和古代天象记录的研究及其影响，韩琦，浙江大学

中国古代的交食推步术研究，滕艳辉，咸阳师范学院

域外瑶族《祖图》搜集、校注与研究，玉时阶，广西民族大学

《满蒙维语三体字书》研究，晓春，北京市社会科学院

徽州绝技：九层镂空雕饰技艺复活与拓展研究，陈军，安徽工程大学

侗族掌墨师口述史、手稿资料整理与研究，褚兴彪，广西大学

苯教因明学文献整理与研究，拉巴次仁，西藏大学

文明溯源视域下三焦相火扶阳理论体系考证与构建研究，李海霞，中国中医科学院广安门医院

中国传统医学“毒性本草”整理、挖掘与研究，陈仁寿，南京中医药大学

甲骨文、金文与陶文中的医学史料及语词研究，李良松，北京中医药大学

藏族民间契约文书搜集整理与研究，索端智，青海省社会科学院

丝路重镇黑水城出土11—15世纪藏文文献整理与研究，多杰才旦，青海民族大学

古音·历算·礼制：江永的著述整理与思想研究，徐道彬，安徽大学

少数民族文字古籍文档图像智能识别与文献数字化保护研究，郭海，大连民族大学

侗台语群诸民族表意古文字整理与研究，韩江华，四川大学

18世纪法国来华汉学家钱德明未刊手稿整理与研究，龙云，外交学院

国家图书馆藏样式雷信札整理与研究，翁莹芳，国家图书馆

清宫流散损毁书画调查与研究，段莹，故宫博物院

《语石》与《金石萃编》按语比较研究，王立民，东北师范大学

（甘子辉、陈时龙整理）

二、2021年度国家社科基金中华学术外译项目

重点项目

旧石器时代之艺术，梁艳君，大连民族大学，商务印书馆，裴文中，英文

中国古代乡里制度研究，李克，山东大学，北京大学出版社，鲁西奇，英文

宋代文官选任制度诸层面，邓小南，北京大学，中华书局，邓小南，英文

中国哲学十五讲，姜爱红，北京理工大学，北京大学出版社，杨立华，德文

中国文化生成史，李明，广东外语外贸大学，武汉大学出版社，冯天瑜，英文

中国小说理论史，陈千里，南开大学，天津教育出版社，陈洪，英文

中国佛教艺术史，尹海燕，南京大学，南京大学出版社，赖永海、王月清，韩文

中国汉传佛教礼仪（增订版），何蓉，中国社会科学院社会学研究所，商务印书馆，圣凯，英文

敦煌学论稿，钱翰，北京师范大学，浙江大学出版社，姜亮夫，法文

一般项目

中国史前考古学史研究（1895—1949），马亚雯，西南交通大学，社会科学文献出版社，陈星灿，德文

中国文明起源新探，陈豪，复旦大学，生活·读书·新知三联书店，苏秉琦，西班牙文

中国文明起源新探，刘宝英，西北大学，生活·读书·新知三联书店，苏秉琦，意大利文

中华文明的起源，刘泽权，河南大学，中国社会科学出版社，韩建业，英文

殷墟考古与甲骨学研究，吴佩军，华南师范大学，云南人民出版社，刘一曼，日文

中国古建筑考古，蔡尚容，广州华商学院，文物出版社，宿白，英文

黄河与中华文明，廖开洪，暨南大学，中华书局，葛剑雄，英文

图文中国史，崔香丹，延边大学，中华书局，樊树志，韩文

国学概论，王峰，长江大学，中华书局，章太炎讲演、曹聚仁整理，英文

生死秦始皇，王奕红，南京大学，中华书局，辛德勇，日文

秦汉儿童的世界，作欣欣，江南大学，中华书局，王子今，英文

秦汉交通史稿，张大英，青岛理工大学，社会科学文献出版社，王子今，英文

时空：《史记》的本纪、表与书，黄红宇，哈尔滨工业大学，中华书局，陈正宏，英文

唐宋女性与社会，林敏奋，福州大学，社会科学文献出版社，邓小南，英文

造船业视域下的宋代社会，张翁荟，江苏师范大学，上海人民出版社，黄纯艳，英文

宋代城市研究，王治田，中山大学，中华书局，包伟民，英文

陆游的乡村世界，邱寅晨，北京第二外国语学院，社会科学文献出版社，包伟民，法文

西夏社会，侯浩然，清华大学，社会科学文献出版社，史金波，英文

衣被天下：明清江南丝绸史研究，陈兆娟，南京农业大学，江苏人民出版社，范金民，英文

中国政治制度史，任志远，云南师范大学，天津人民出版社，白钢，泰文

六至九世纪中国政治史，葛洲子，陕西师范大学，中华书局，黄永年，英文

中国法的源与流，乌兰，中国政法大学，人民出版社，武树臣，意大利文

中国法理学发展史，吕卫清，华中师范大学，武汉大学出版社，李龙，日文

中国公法史讲义，肖琳，江西财经大学，商务印书馆，聂鑫，英文

中国古代监察法制史，张立新，中国政法大学，江苏人民出版社，张晋藩，英文

众声喧哗：明清法律文化的复调叙事，张杲，西南大学，商务印书馆，徐忠明，英文

地方故事与国家历史——韩江中下游地域的社会变迁，周云水，嘉应学院，生活·读书·新知三联书店，陈春声，英文

延续与断裂：徽州乡村的超稳定结构与社会变迁，王健，上海社会科学院，商务印书馆，唐力行，英文

中国乡约制度，董琼，杭州师范大学，商务印书馆，杨开道，英文

明清福建家族组织与社会变迁（增订版），郭颖，厦门大学，北京师范大学出版社，郑振满，日文

中国书院史（增订版），曾悦，南昌航空大学，社会科学文献出版社，邓洪波，德文

古代北京与西方文明，毛明超，北京大学，北京大学出版社，欧阳哲生，德文

古代北京与西方文明，李海峰，四川外国语大学，北京大学出版社，欧阳哲生，英文

中国人口发展史，王庆勇，天津理工大学，四川人民出版社，葛剑雄，英文

疾病如何改变我们的历史，毛延生，哈尔滨工程大学，中华书局，于赓哲，英文

中古医疗与外来文化，王丹，北京大学，北京大学出版社，陈明，韩文

清代卫生防疫机制及其近代演变，李尚宏，上海外国语大学，北京师范大学出版社，余新忠，英文

中华民族多元一体格局，孙磊，北京外国语大学，外语教学与研究出版社，费孝通，俄文

宅兹中国：重建有关“中国”的历史论述，曹冬雪，南京理工大学，中华书局，葛兆光，法文

瀛海方程：中国海洋发展理论和历史文化，江桂英，厦门大学，江西高校出版社，杨国桢，英文

中西文化交流史，吕蕊，同济大学，上海人民出版社，沈福伟，英文

中外交流史事考述，吴兰香，东南大学，大象出版社，蔡鸿生，英文

六朝佛教造像对朝鲜半岛及日本的影响，钟洁，山东师范大学，中华书局，费泳，韩文

七世纪中叶唐与新罗关系研究，杨红梅，宁夏大学，社会科学文献出版社，拜根兴，英文

海上丝绸之路，尹敬爱，大连民族大学，社会科学文献出版社，李伯重、董经胜，韩文

中国哲学史十讲，杨小彬，湖北大学，复旦大学出版社，郭齐勇，英文

体知儒学，詹宏伟，杭州师范大学，浙江大学出版社，杜维明，英文

儒家法思想通论（修订本），梁洪霞，西南政法大学，商务印书馆，俞荣根，英文

明末清初劝善运动思想研究（修订版），任乐，四川大学，上海人民出版社，吴震，西班牙文

古代宗教与伦理，黄萍，燕山大学，北京大学出版社，陈来，日文

佛学与儒学（修订版），孙新堂，北京语言大学，中国人民大学出版社，赖永海，西班牙文

佛学与儒学（修订版），张力成，东南大学，中国人民大学出版社，赖永海，俄文

王阳明，邓之宇，中南民族大学，复旦大学出版社，束景南，英文

中国文化史导论，章文，北京大学，商务印书馆，钱穆，法文

中国文化要略（第四版），关博，北京外国语大学，外语教学与研究出版社，程裕祯，

土耳其文

古器物中的古代文化制度，韩征瑞，暨南大学，商务印书馆，徐中舒，英文

跨文化的艺术史，欧荣，杭州师范大学，北京大学出版社，李军，英文

中国“诗史”传统（修订版），唐嘉薇，对外经济贸易大学，生活·读书·新知三联书店，张晖，英文

中国禅宗与诗歌，金小天，电子科技大学，复旦大学出版社，周裕锴，英文

中国诗学批评史，赵彦春，上海大学，江西教育出版社，陈良运，英文

中国曲艺史，路琼，中国艺术研究院，百花文艺出版社，倪锺之，英文

陶渊明经纬，胡志军，山东大学，北京大学出版社，钱志熙，英文

元散曲通论（修订本），周睿，西南大学，上海古籍出版社，赵义山，英文

文学社会学——明清诗文研究的问题与视角，彭文青，苏州大学，中华书局，罗时进，英文

中国工艺美学史，金丽华，浙江师范大学，人民美术出版社，杭间，俄文

中国刺绣文化解读，侯奕茜，四川外国语大学，知识产权出版社，李宏复，英文

中国古典园林分析，寇怀云，同济大学，中国建筑工业出版社，彭一刚，英文

颐和园，王京平，中国海洋大学，中国建筑工业出版社，清华大学建筑学院，德文

中国戏剧史，陈畅，南京大学，北京大学出版社，傅谨，英文

中国戏曲文化概论，叶红，上海外国语大学，武汉大学出版社，郑传寅，俄文

中国音乐文学史，何芊蔚，苏州大学，上海人民出版社，朱谦之，英文

中国绘画中的“女性空间”，黄春丽，湖北理工学院，生活·读书·新知三联书店，巫鸿，法文

中国绘画中的“女性空间”，牛子牧，广东外语外贸大学，生活·读书·新知三联书店，巫鸿，阿拉伯文

中国色彩史十讲，戴志强，中国传媒大学，中华书局，肖世孟，英文

中国山水画史，许传华，北京第二外国语学院，天津人民美术出版社，陈传席，俄文

魏晋南北朝壁画墓研究，马庆凯，杭州师范大学，文物出版社，郑岩，英文

碎金风华：音乐文物的复制、复原研究，冯薇，山西大学，科学出版社，王子初，英文

华夏衣冠：中国古代服饰文化，张蕾，烟台大学，上海古籍出版社，孙机，韩文

中国古代剧场史，高剑妩，首都师范大学，商务印书馆，车文明，英文

中国科学史，张晓晨，广东工业大学，广西师范大学出版社，李申，英文

中国数学史，解兵，山东大学，科学出版社，钱宝琮，英文

中国天学思想史，江建利，青岛理工大学，南京大学出版社，江晓原、汪小虎，英文

中国古代机械文明史，钱玲燕，同济大学，同济大学出版社，陆敬严，德文

中国科学技术通史·源远流长，李磊荣，浙江外国语学院，上海交通大学出版社，江晓原，俄文

中国科学技术通史·经天纬地，金镜玉，上海对外经贸大学，上海交通大学出版社，江晓原，日文

中国科学技术通史·正午时分，赵为，黑龙江大学，上海交通大学出版社，江晓原，俄文

中国科学技术通史·技进于道，苗澍，北京外国语大学，上海交通大学出版社，江晓原，俄文

中国科学技术通史·旧命维新，米丽英，上海财经大学，上海交通大学出版社，江晓原，日文

简帛古书与学术源流（修订本），范祥涛，南京航空航天大学，生活·读书·新知三联书店，李零，英文

敦煌佛教图像研究，冯玉娟，西南民族大学，浙江大学出版社，王惠民，英文

敦煌学论稿，齐快鸽，南京师范大学，浙江大学出版社，姜亮夫，德文

甘肃石窟志，白阳，西北师范大学，甘肃教育出版社，赵声良等，俄文

十字莲花：中国元代叙利亚文景教碑铭文献研究，周一星，武汉纺织大学，上海古籍出版社，牛汝极，意大利文

华戎交汇：敦煌民族与中西交通，于巧峰，青岛科技大学，甘肃教育出版社，荣新江，英文

丝绸之路上的西州回鹘王朝，周思，北京第二外国语学院，社会科学文献出版社，付马，波斯文

西藏唐卡的传承与保护，邵鹏洁，华东师范大学，社会科学文献出版社，王建民、刘冬梅、当增扎西，俄文

（甘子辉整理）

三、国家古籍整理出版资助项目

明人别集丛编（第一辑），复旦大学出版社

江南女性别集六编，黄山书社

清代诗文集珍本丛刊续编，国家图书馆出版社

离骚校诂（修订本），中州古籍出版社

《文选》文献丛编，凤凰出版社
黄侃黄焯批校昭明文选，崇文书局
唐诗三体家法汇注汇评，凤凰出版社
颜光禄诗注释，中州古籍出版社
杜诗宋元注本丛书，凤凰出版社
宋刊本《注东坡先生诗》整理与研究，人民出版社
范成大集校笺，上海古籍出版社
任瀚集校注，巴蜀书社
王阳明诗集编年校注，上海古籍出版社
七录斋集校笺，中华书局
毛奇龄全集，浙江古籍出版社
钱载诗集，人民文学出版社
徐世昌集校笺，人民文学出版社
屈大均词笺注，上海古籍出版社
宝卷文献丛刊·扬州大学图书馆藏宝卷，广陵书社
全清戏曲·第一编（第十一至十五册），南京大学出版社
《今乐府选》珍稀戏曲辑校，浙江大学出版社
《长生殿》《桃花扇》资料汇编考释，上海人民出版社
清诗总集序跋汇编，凤凰出版社
先秦玺印、陶文、货币、石玉文字汇纂，福建人民出版社
篆隶万象名义笺正，上海古籍出版社
广韵校释，中华书局
切韵，中华书局
中国书院文献丛刊（第三辑），国家图书馆出版社、上海科学技术文献出版社
敦煌遗书书法选集（第一、二辑），国家图书馆出版社
和刻《史记》文献汇编（第二辑），天津人民出版社
金史详校，中华书局
《逸周书》疏证，三秦出版社
中国史学基本典籍丛刊两种（大唐创业起居注笺证、中兴小历 皇朝中兴纪事本末），中华书局
续文献通考，人民出版社
中国古代水利法规选编，中国水利水电出版社

清代硃批、上谕档·新疆资料辑录，新疆大学出版社

谭钟麟奏稿校注，岳麓书社

宗稷辰日记，浙江古籍出版社

祥麟日记，中华书局

宋人笔记辑佚，江西人民出版社

重庆博物馆藏明清书札汇编（第一辑），西南交通大学出版社

商周金文地名综览汇释，陕西人民出版社

清华大学藏战国竹简（拾壹），中西书局

岳麓书院藏秦简（柒），上海辞书出版社

北京大学藏西汉竹书（柒），上海古籍出版社

银雀山汉墓简牍集成（第一批），文物出版社

悬泉汉简（叁），中西书局

长沙五一广场东汉简牍（柒、捌），中西书局

英藏敦煌社会历史文献释录（第十九卷），社会科学文献出版社

党项与西夏碑刻题记，三秦出版社

宋刻宋拓《历代钟鼎彝器款识法帖》辑存，中华书局

元代碑刻辑释，凤凰出版社

清代陕西金石学著作十种，陕西人民出版社

《畿辅金石略》整理点校，中国大百科全书出版社

万斯同集校注，中华书局

《天海斋藏福建家族契约文书》（第一辑），贵州人民出版社

西域同文志汇校（附索引六种），上海古籍出版社

東鹿张氏契约文书辑录，天津古籍出版社

长城古地图，江苏凤凰科学技术出版社

新编诸子集成续编五种（孔子家语校注、吴子集释、六韬集解、人物志校笺、五行大义校注），中华书局

论衡集证，浙江古籍出版社

九部经解，崇文书局

东亚《家礼》文献整理丛书，上海古籍出版社

《十三经注疏正字》校笺，凤凰出版社

经学通论笺注，上海古籍出版社

仪礼集编，浙江大学出版社

北山四先生全书，上海古籍出版社

新订朱子全书（附外编），上海古籍出版社

明清之际西方传教士汉籍丛刊（第三辑），凤凰出版社

《英藏黑水城文献》佛经残叶译注，社会科学文献出版社

道教典籍选刊三种（仙苑编珠 三洞群仙录、岘泉集、性命圭旨校注），中华书局

徐氏脉经诀整理，中国科学技术大学出版社

中医经典伤寒名著辑注，山东科学技术出版社

证类本草笺释，中华书局

中国科技典籍选刊（第七辑），山东科学技术出版社

宋应星全集，上海古籍出版社

国家图书馆藏样式雷图档·定东陵卷，国家图书馆出版社

清代笔记珍本丛刊（第一辑），国家图书馆出版社

原国立北平图书馆藏《永乐大典》（第一辑），国家图书馆出版社

山东大学图书馆藏稀见书目书志丛刊，国家图书馆出版社

四库全书总目稿钞本丛刊，上海科学技术文献出版社

北京地区中医古籍目录提要初编，国家图书馆出版社

美国芝加哥大学图书馆藏中文古籍善该书志·史部，国家图书馆出版社

松荫轩藏印谱书目提要，国家图书馆出版社

蒲编堂路氏藏书目，齐鲁书社

浙江古代文献总目，浙江大学出版社

古代闲雅小品丛书第六辑（张岱小品、袁宏道小品、张大复小品、金圣叹小品、汤显祖小品、归有光小品、陈继儒小品、王思任小品、李渔小品、袁枚小品、郑板桥小品、蒲松龄小品），中州古籍出版社

（陈时龙）

四、重大项目进展选介

“中国佛教方志研究及数据库建设（多卷本）”

2021 年 5 月 30 日，国家社科基金重大项目“中国佛教方志研究及数据库建设（多卷本）”开题报告会在北京顺利举行。项目由中国人民大学历史学院曹刚华教授担任首席专

家。开题报告会上，项目首席专家曹刚华教授就佛教方志的概念界定、研究对象与意义、总体框架设计与各子课题间的逻辑关联、前期成果和推进计划等方面做了总体汇报。子课题负责人西北大学历史学院李利安教授、南开大学历史学院何孝荣教授、中国人民大学信息资源管理学院夏天副教授就各自负责的内容进行了阐述，并征询专家组意见。来自中国社会科学院世界宗教研究所、北京大学、北京师范大学、西北大学、华东师范大学、中国美术馆、首都图书馆、黑龙江省社会科学院、宁波大学、台州学院、中国人民大学等地的专家学者和领导，以线上、线下相结合的形式，围绕课题团队报告的框架结构、研究构想、方案进展等重要问题，展开深入交流和讨论。中国社会科学院世界宗教研究所所长郑筱筠研究员为评议组组长，北京大学哲学院张志刚教授，北京师范大学历史学院、《史学史研究》编辑部主任汪高鑫教授，四川大学道教与宗教研究所詹石窗教授，华东师范大学古籍所顾宏义教授，华东师范大学社会学系李向平教授，中国社会科学院世界宗教研究所、《世界宗教研究》副主编李建欣编审，中国人民大学信息资源管理学院贾君枝教授为专家组成员，对项目进行指导和论证。与会专家充分肯定了课题的研究价值和意义，提出应该加强对佛教方志概念的辨析，给予佛教方志一个更为清晰的定义和分类，可以将文化阐释学与文献整理相结合，丰富中国佛教方志研究的理论层次，要分清中国佛教方志研究与中国佛教方志史研究的区别，认为要从史学史的角度加强对中国佛教方志的研究。专家们都认为数据库的建设是项目的亮点，但要分步走，首先应着重于稀见佛教方志数据库的建设。

（陈时龙）

“中国古文书学研究”

2021 年，国家社科基金重大项目“中国古文书学研究”（14ZDB024）顺利结项。项目在 2014 年立项，由中国社会科学院古代史研究所研究员黄正建担任首席专家。“中国古文书学研究”的一个重要任务是加强中国古文书学的学科建设，积极推进中国文书学研究的深入开展。除撰写论著外，课题组致力于通过举办学术研讨会的方式扩大“中国古文书学”的影响力。项目组成员在六年时间里，通力合作，完成了预期的各项任务，先后主办了“第四届中国古文书学研讨会——中国古代的官文书”（2015 年）、“第五届中国古文书学研讨会——中国古代的社会经济文书”（2016 年）、“第六届中国古文书学国际研讨会（中国社会科学论坛）”（2017 年）、“第七届中国古文书学国际学术研讨会——文书文本解读与古代社会”（2018 年）、“第八届中国古文书学学术研讨会——民间文书与基层社会”（2019 年）、“徽州与明代中国国际学术研讨会（中国社会科学论坛）”（2019 年）六次大规模的国际与国内学术研讨会，课题组成员也应邀参加了日本国立历史民俗博物馆、韩国古文书学会主办的古文书学术研讨会，与国内外的古文书学界建立起良好合作关系。“中国古文书学研究”课题组还通过举办“中国古文书研究班”、“中国古文书学暑期研习营”等多种形式，推进古文书学在所内外学者以及青年学生中的影响力。“中国古文书研究班”至今已经举行了百余次研究会，先后邀请国内外的古文书学者作报告，共同研讨各个时代的文书。2016年7月、2018年7月，课题组与中国政法大学法律古籍整理研究所共同举办了两次“古文书研习营”。课题组先后出版了3本研究专著、1本论文集，发表了80余篇论文。最终完成提交结项的成果报告共计6种，180余万字。其中，《中国古文书学读本》是课题组的集体成果，编纂的目的是让历史研究者和历史学习者知道什么是古文书、古文书的形态如何、怎样阅读和理解古文书。作为学界第一部跨断代的古文书读本，不但具有学术性，而且普及了古文书知识。同时，课题组还对不同时代的古文书进行了系统整理与研究，完成了先秦秦汉魏晋、隋唐、宋元、明清古文书研究的书稿。这些研究尝试打破历史学、文献学、考古学、档案学等学科间的界限和壁垒，从公私文书的角度分析各种史料，并在整体和长时段的视野下，对中国各个时代的古文书进行综合研究，研究成果既探讨了古文书的时代特征，也注意到文书格式、功能的时代变化。透过这些结项成果，可以初步了解中国古文书的发展历史，以及中国古代“文书行政”与“契约社会”的特征和实质。“中国古文书学研究”项目首次在中国系统提出“古文书学”概念，并对其历史与现状、内涵与外延、理论与实践、性质与意义等进行了详细的梳理与解说，具有学说创新、理论创新、方法创新等多种重要意义。这一课题所取得的研究成果上起西周，下至明清，涵盖了甲骨文、金文、简牍、纸质文书等各种类型的文书，将以往分散在诸多领域或学科中的文书放在古文书学的视域下加以分析，不仅提供了众多前沿成果，将诸多具体问题的研究推到新高度，也充分显示了文书研究的巨大潜力和空间，为中国古代史研究提供了新的路径和方法。

（王彬）

“中国书院文献整理与研究”

2021年3月26日，国家社科基金重大项目“中国书院文献整理与研究”（项目批准号：15ZDB036）结项。自2015年立项以来，经过5年的研究工作，课题组基本完成原定计划，影印出版《中国书院文献丛刊》两辑（200册，文献265种，约3200万字），点校专书文献155种（约1000万字），完成书稿4部（其中2部已出版），发表论文48篇。已出版的两部著作，分别是《近百年书院研究论著目录》和《中国书院文献研究》。《近百年书院研究论著目录》对1923年至2016年将近百年书院研究的成果进行了整理，正文包括书院研究著作提要、书院研究期刊论文索引、书院研究学位论文索引，对个别具有典型意义的著作进行了较为详细的评介，以期大致反映书院学术发展脉络，借此展现百年书院研究史之一端，在对书院研究学术成果进行总结的同时，抓住各时代的热点问题和思考问题的路径，为未来书院研究的发展起指示与发明之效。《中国书院文献研究》是以书院文献为专题的研究论集，分书院文献综论、书院志研究、书院课艺研究和书院文献提要四部分，通过联系纵向的历史发展过程以及横向的不同重要论题，在介绍传世书院文献基本情况的基础上，系统展示书院文献研究领域的最新进展。该书汇集了14篇自上世纪九十年代以来国内书院文献研究领域的代表性成果，展现了三十年来学界在书院文献研究方面的特色、进展以及现存书院文献的大体状况。书稿《中国书院志史》围绕书院志这种系统记录书院的创建、讲学、藏书、祭祀、田产、文化等活动的综合性文献而展开，包括绪论，宋元时期的书院志，明代的书院志，清代的书院志，志书体裁、书院知识与书院志的编纂，政治压力与书院志的编纂，学术变迁与书院志的编纂，地方意识与书院志的编纂，结语一共9个部分，并附录《中国历代书院志表》《延平书院志》辑佚、明清书院志提要60种等。全书对宋元明清书院志编纂情况进行了巨细靡遗的搜索与考证，并考察书院志在不同时期的编纂思想、编纂特点、编纂体例，形成一个中国历代书院志的完整目录和文献学考察。《中国书院文献总目提要》是在书院文献书前提要基础上，严格著录相关书院文献的书名、卷数、作者、版本、内容、藏馆及所属书院等信息，对原书信息未详之处则加以考证、解题、辨析，“辨章学术，考镜源流”。所辑录429种书院文献上讫宋元，下至民国，以明清两代为最多，并依现今行政区划按华北、东北、华东、华中、华南、西南、西北顺序排列。之外，课题组完成了《中国书院文献丛刊》第一辑、第二辑的影印出版，共计200册。又精选重要且史料价值较高的书院专书及单篇文献，点校整理为《中国书院文献荟要》，所选取的155种专书文献涉及宋、元、明、清、民国五个时段，大致分成天下四大书院、省会书院、书院与地方文化学术三辑，总字数约1000万字。单篇文献则将按专题辑成《中国书院发展史资料》、《中国书院制度史资料》分别出版。

（赵伟）

著作选介

《夏商周考古》

刘绪著《夏商周考古》，山西人民出版社2021年4月出版。该书是刘绪教授2019年5月在山西大学开设的“夏商周考古”专题六讲的汇集出版。第一讲《夏与夏文化探讨》，从文献资料和考古发掘探讨夏文化。首先梳理铜器铭文和传世文献中有关夏王朝存在的记载，接着从考古学角度分析探讨夏文化的三个阶段，最后提出夏文化探讨的新动向。作者认为，从积年计算和考古发现人骨年龄测定数据来分析，史书记载的夏代积年471年可能有误，14世17王可能是准确的。第二讲《商文化的纵横考察》，简要梳理商文化的发现与认定过程，不同学者对商文化分期的看法，重点讲解不同时期商文化的分布范围。先商文化主要见于河北南部，末期进入豫北，到达郑州。早商前半，商文化向西、向南拓展，占有了原二里头文化的全部地区，向南延伸到长江沿岸，东面与岳石文化形成对峙。早商后半，商文化向东扩展，几乎占有了岳石文化的全部地区，其他方向也有不同程度扩张，最终完成对黄河中下游的统一。晚商时期，除东方外，其他各方商文化都在收缩，西、南两面尤为明显。第三讲《周代墓地族系分析》，通过对西周非姬姓和姬姓贵族墓地、商代贵族墓地腰坑殉狗、殉人和人牲现象的分析，指出腰坑殉狗、殉人和人牲是商文化贵族墓的普遍特征，姬姓贵族墓几乎没有这种现象。将西周时期具有这些葬俗的墓葬视为“殷遗民”墓是合理的，可据此对众多缺少文字材料的西周墓葬进行族属分类。第四讲《西周疆至的考古学考察》，利用考古发现的西周封国资料对西周王朝统治疆域四至进行考察，包括周人对灭商前后统治疆域认识的变化，北至、东至、南至等新拓疆土的疆至，以及周人本土西土疆至的考察。此外，本章还从封国的布局、迁殷遗民、怀柔政策三方面讨论周王朝的统治方略。第五讲《漫谈夏商周制陶业》，略述夏商周各时期陶器的发现与研究简况，分析了黄河流域制陶术的衰落过程与可能原因，以及与之鲜明对比的南方地区印文陶与原始瓷的兴起，讨论“窑箅式升焰窑”和“半倒焰窑”两次陶窑大改进，日常生活用器与随葬品之别，陶礼器与等级，并重点介绍建筑类陶器、制盐陶器、铸铜陶范与陶模等几类特殊陶器。第六讲《中国青铜铸造业的发生与发展》，简略归纳了中国青铜器发生的时与地、青铜铸造业的发展与历程、青铜器的地域范围与差别。该书以考古资料为中心，探讨三代文化内涵与文化边界问题，将数量庞大的考古成果经纬其中，对于非考古学专业的人士了解夏商周文明的演进，具有很好的学术价值和出版价值。

（郅晓娜）

《殷墟甲骨学大辞典》

郭旭东、张源心、张坚主编，王宇信审订《殷墟甲骨学大辞典》，中国社会科学出版社2020年12月出版。该书是辞书性质的专著，编著词条以殷墟出土甲骨文及相关内容为主，共收录1899—2020年间的殷墟甲骨文研究相关词条3584个，内容丰富，文字详实，是对甲骨学120多年发展历史的全面总结。该书以全面准确、简明通俗为原则，同时侧重于甲骨文的深厚内涵，尤其注重对120多年来相关研究成果的集中展示。全书分为三编：第一编词目、术语，第二编人物，第三编著作。第一编“词目、术语”又分为两大类，一是甲骨学名词、专门用语，二是甲骨文字词解，其下细分为一般名词（包括时间词、空间方位词、天象气象词、地理邦族和方国等）、动词、形容词、数词、量词、代词、副词、关系词、语气词、习惯用语、待考地名、族名或人名及其他，全面再现了殷商时期人们的语言文化和社会生活。第二编“人物”分为古今两大类。所谓“古”专指甲骨文上记录的商代人物，诸如先公先王、商王配偶、诸父诸子、臣工百官、贞卜人物与酋邦侯伯等十一类身份地位不同的人物。所谓“今”则专指1899年甲骨文发现以来，为甲骨学发展做出过重要贡献的几代甲骨学家，如“甲骨四堂”“殷墟考古十兄弟”“甲骨学八老”“甲骨学六外国权威学者”“甲骨学五位资深学者”等。第三编“著作”是对甲骨文著录、甲骨文字考释著作、甲骨学研究专著（包括占卜卜法、文法文例、校订缀合、断代分期及各种专题研究、商代史专著）、甲骨学史研究、工具书、学者传记、甲骨文书法等诸多方面重要研究成果的全方位追踪和集中展示。《大辞典》既充分体现了前辈著名学者的见解和观点，又广泛吸纳了年轻学者的最新研究成果与创见，在一些重点甲骨文字词条中，还适当增加了较为清晰的甲骨拓本与之印证。此外，该书还有七个“附录”，附录一《殷墟出土甲骨文收藏统计表》，附录二《〈史记·殷本纪〉与殷墟甲骨卜辞商代世系对照》，附录三《商代王室世系及卜辞所见时王对受祭者称谓表》，附录四《甲骨学大事年表》，附录五《甲骨学著录书简称表》，附录六《引证参用著作目录及简称》，附录七《该书采用甲骨文字参考表》。附录部分与前三编内容紧密呼应，互为补充，把120多年来的甲骨学发展成果和创造甲骨学史的人们经纬其中，从不同角度展示了甲骨学作为国际性显学的深厚文化底蕴。最后，该书附有重点字词的《音序索引》，方便读者快速查找所需内容。

（郅晓娜）

《殷墟甲骨文辞类编》（全十册）

陈年福著《殷墟甲骨文辞类编》（全十册），四川辞书出版社2021年9月出版。这是一部汇集并释读全部已经著录的殷墟甲骨文文辞，按字头编排，以原文与释文相对照的方式编纂的全新大型文本引得类工具书。30多年来，无论是甲骨文新材料的发表及旧材料的重新整理出版，还是甲骨文释字的新成果与文辞释读的校订，抑或是甲骨片的重新缀合与新字形的不断发现等，较之以往皆有了长足进步。这些新的材料与成果，亟须一部新的引得类工具书整理汇纂成编，便于人们查检利用。陈年福教授自1998年开始进行甲骨文文本的系统整理与数字化工作，2010年出版《殷墟甲骨文摹释全编》（全十册）。此后又承担国家社科基金项目“《甲骨文引得》编纂及其数据库建设”，对原有成果进一步完善，该书即为该项目的最终出版成果。全书共分十册，正文分编为九册，附录与索引编为一册。正文囊括《甲骨文合集》出版以来的37种殷墟甲骨文著录材料与5种缀合材料，参考了近百年来甲骨文研究的字表类成果，在必要的剔重、合并整理甲骨文辞条，以及排除误摹字、残泐字、重出字的基础上，分出167个字头，建立字词总表，并依辞目分类。同时，在文辞释读上尽可能参照清晰拓图，比照相同的文例、辞式，吸纳学界的释字与校订成果，校正了以往释读上的不少错误。该书袭用了《殷墟甲骨刻辞类纂》将原文与释文相对照的方式来纂集甲骨文文辞，但在文辞排列上则有独创之处。《类纂》是将同一字头下含有相同之字与字组的甲骨文辞“以类相聚”地编纂在一起，但这种方式汇聚词语不以义相取，仅以文字形式相同而聚。该书则同时考虑以义相属，即以语言的自然分词为单位进行提取，或是专名，或是短语，或是特殊语法结构单位和固定语等，这些可用作甲骨文词汇与语法研究的材料。为反映甲骨文的语汇构成，该书将这些提取出来的文辞单位编为辞目索引，既可以用作检索，又可以供研究者参考。同时，为了兼及检索的便利，该书仍然有一些辞目只是相同文字的组合，并非实际语言运用的语词单位。该书著录全面、材料可靠、编排科学、隶释准确、使用便捷，不仅可以更好地供一般读者检索利用甲骨文材料，对专业的古文字研究者同样具有一定的参考价值。

（郅晓娜）

《殷墟甲骨文五种外记事刻辞研究》

方稚松著《殷墟甲骨文五种外记事刻辞研究》，上海古籍出版社2021年4月出版。殷墟甲骨文中有许多关于龟骨纳藏的刻辞，主要刻在甲桥、甲尾、背甲、骨臼、骨面等五个位置，统称为五种记事刻辞。五种记事刻辞之外，还有祭祀类记事刻辞、铭功旌纪类记事刻辞以及表谱刻辞。该书是对这三种记事刻辞的专门性研究。第一种祭祀类记事刻辞，该书根据动词不同将此类刻辞分为“宜于义京”类、“㞢升岁”类和“子某𢓊□”类三种。“宜于义京”类记事刻辞中的“羌三人”和“卯十牛”都是“宜”处置的对象；而“义京”的“京”是王在外地所居住的宫殿类建筑群，“左、中、右”则指祭牲摆放的位置。“㞢升岁”类中的“彳”还应释为“升”，“升岁”为动宾结构，岁是升的对象，“㞢”放在“升岁”前修饰“升”，是为助成“升岁”祭祀活动而举行的侑食祭。“子某𢓊□”类刻辞中的“𢓊”应是表示进献含义的词，可读为扬；“□”有割裂肢解之意；□字上所从的□，即《周礼》中“共其牛牲之互”的互，乃是悬挂牲肉之木格，引申有割解义；这类刻辞是贵族将经过处理的祭牲进献于商王，这与文献中的“致福”“归胙”性质相当。第二种铭功旌纪类记事刻辞，主要包括小臣墙骨版刻辞、人头骨刻辞、兽头骨刻辞及骨柶类骨器刻辞等。对于小臣墙骨版刻辞，该书重点梳理了其中的疑难字词含义，并结合商周献俘礼中记录俘获品顺序，比勘相关辞例，对骨版上的残缺文字进行了拟补。关于人头骨刻辞，文中侧重对目前所著录的16版人头骨收藏情况进行梳理，纠正了过去的一些误识。兽头骨刻辞部分，该书根据台湾“中研院”史语所历史文物陈列馆网站新近公布的兕头骨刻辞清晰照片，肯定了月份为二年祀为十的意见；至于鹿头骨刻辞中的“蒿”，学界多将其读为郊，理解为田猎地点，该书指出该字在甲骨文中主要用作动词，当理解为“焚燎”义。关于骨柶类记事刻辞，该书重点讨论了虎膊骨刻辞中“𣜜”之构形及含义，指出牛距骨刻辞中的[illegible]或当读为“贿”，表赠送之意。第三种表谱刻辞，该书对甲骨文中目前可见干支表刻辞进行了系统梳理，重点讨论了干支表刻辞的性质，指出干支表刻辞并非用于查阅，只是因干支排列具有规律容易记忆，乃是古人练习刻写的最佳文本，故干支表刻辞应看作习刻中的一种类型，与记事无关。该书占有资料全面，在研究广度和深度方面都有所突破，可与作者此前出版的《殷墟甲骨文五种记事刻辞》（线装书局2009年）对读。

（方稚松，郅晓娜）

《传承中华基因——甲骨文发现一百二十年来甲骨学论文精选及提要》

刘钊主编、陈剑副主编《传承中华基因——甲骨文发现一百二十年来甲骨学论文精选及提要》，商务印书馆2021年12月出版。该书是教育部、国家语委“甲骨文等古文字研究与应用”专项重大委托项目“传承中华基因——一百二十年来甲骨文研究论文精选及提要”（项目编号：YWZ－J012，后调整为现名）的最终成果。该书录排整理甲骨文发现一百二十年来的甲骨学论文120篇，并撰写提要。论文主要从已发表的单篇论文中精选，少数为学者论著的节选。总体来看，这个论文选目集思广益，照顾全面，基本上反映了甲骨学研究120年来的重要成果，可以说既保证了代表性，又有较广泛的覆盖面。120篇入选论文按所涉研究领域大体分为五类，各类篇数如下：（A）甲骨文材料搜集整理10篇，（B）甲骨文字词考释研究47篇，（C）甲骨卜辞分类断代研究11篇，（D）甲骨形态卜法及文例文法研究26篇，（E）甲骨文历史文化等内容研究26篇。从论文作者看，共有作者101位。其中境内学者72位，境外及国外学者29位。其中中国台湾地区作者13位：董作宾、金祥恒、李孝定、张秉权、严一萍、白玉峥、蔡哲茂、季旭升、李宗焜、魏慈德、林宏明、张惟捷、宋雅萍；中国香港地区作者2位：饶宗颐、沈培；日本作者5位：贝冢茂树、伊藤道治、岛邦男、松丸道雄、崎川隆；美国作者5位：张光直、吉德炜、倪德卫、司礼义、夏含夷；加拿大作者3位：明义士、许进雄、高嶋谦一；法国作者1位：雷焕章。作者入选论文达3篇的有8位，2.5篇（合著的各计半篇）的1位，2篇的5位，1.5篇的1位，1篇的78位，合著的8位。从论文发表的时间看，很能体现甲骨学各阶段的特点。“学如积薪，后来居上”，因为“后出转精”，所以在论文选目上也体现了“厚今薄古”，如1899年—1927年6篇，1928年—1948年19篇，1949年—1978年23篇，1979年—1998年39篇，1999年—2018年33篇。各篇依发表年份编号、排序，直观地反映了120年来甲骨学研究的发展历程。

（郅晓娜）

《蔡哲茂学术文集（全十册）》

蔡哲茂著《蔡哲茂学术文集》（全十册），台北花木兰文化事业有限公司2021年9月出版。蔡哲茂为著名甲骨学家，在甲骨文、金文、殷商史等领域皆有专精研究，尤以甲骨缀合成果丰硕闻名学界，曾以《甲骨缀合汇编》一书荣获“致敬国学—2014首届全球华人国学大典”之“国学成果奖”。本文集收录蔡哲茂先生甲骨缀合之外的学术论文与杂著，分五卷十册，分别为“甲骨文卷”“殷商史卷”“金文卷”“简帛与文献卷”“书评、序文与杂著卷”，共计收录文章144篇。“甲骨文卷”收录甲骨文字考释、辨正辞例与重新释读、同文例、缀合与辨伪等文章，包括考释“圭”“蜎”“见”“[illegible]（胄）”“[illegible]（饔）”“[illegible]（赞）”“[illegible]（梁）”“[illegible]（彗）”“瓒”“[illegible]（隐）”“[illegible]（罙）”“蚰”“徉”“速”“葬”“[illegible]（匿）”“[illegible]（辥）”“[illegible]（有忩）”等；对于“生月”内涵的厘清，“[illegible]”读成“瘳”，“徒疾”的“徒”读成“除”，“肩凡有疾”读为“肩兴有疾”等。对《乙》4810版龟甲重新释读，对《丙》65龟背甲加以缀合复原。同文例、缀合与辨伪等相关文章包括《卜辞同文例研究举例》《论甲骨缀合的方法》《甲骨缀合对殷卜辞研究的重要性》《〈甲骨文合集〉辨伪举例》《〈北京大学珍藏甲骨文字〉辨伪举例》《甲骨文辨伪举隅》等。“殷商史卷”主要利用甲骨资料进行商代史的重构，指出“伊尹”被称为“[illegible]（舅）示”可证伊尹为商汤之舅。“伯㝬”（又称“㝬父壬”）可能是羌甲之孙，南庚之子，此一支在当时影响力大。认为卜辞中的“西邑”即指夏朝，可与清华简《尹诰》《尹至》中的“西邑”互证。“金文卷”主要考释青铜器中未释字，包括收录平山三器铭文集释与其中“[illegible]（竘）”、“亡有[illegible]（宁）息”字句释义；考释子犯编钟的“[illegible]”为“蜀”，读为“属”，读“克奠王立”为“克定王位”；考释“[illegible]”为“摄嗣”，“逆[illegible]（覆）”为《周礼》中的“复逆”等。“简帛文献卷”中主要利用出土文献与传世文献作互证，如古籍中与“函”字有关的训解、论《尚书·洛诰》

"和恒四方民"之"恒"为"桓"之误、《无逸》"其在祖甲，不义惟王"的"祖甲"指的是"大甲"，以及《逸周书·祭公之顾命》中"宽壮""免没"等词语的解释、由清华简来看商王世系的名号问题等。"书评、序文、杂著卷"收录了与甲骨著录有关的书评，包括《殷契萃编》《英国所藏甲骨集》《天理大学附属天理参考馆藏甲骨文字》《甲骨续存补编》《苏德美日所藏甲骨集》《山东博物馆珍藏甲骨墨拓集》《甲骨文合集补编》《殷契拾掇三编》等。

（魏慈德）

《徐旭生文集（全十二册）》

徐旭生著《徐旭生文集》（全十二册），中华书局 2021 年 10 月出版。徐旭生（1888—1976），原名炳昶，字旭生，后以字行。河南唐河人，古史专家、考古学家、教育家。本文集共 12 册，是徐旭生先生一生著作之总汇。收录研究专著《中国古史的传说时代》（第一册）一种，已刊和未刊的单篇文章 120 余篇，包括 1925 年 3 月—1926 年 3 月在《猛进》所发时政评论文章 80 篇（第二册《猛进时评》），已刊、未刊的学术论文 49 篇（第三、四册《学术论文》）。收录翻译著作四种，包括《欧洲哲学史》（第五、六册）、《你往何处去》［合译］、《马兰公主》［合译］、《ㄛㄧㄉㄧㄆㄨㄙ王（Oedipe Roi）》（《俄狄浦斯王》）（第七册）。收录日记多种，包括 1910—1917 年日记、西游日记（1927—1929 年）、1933—1948 年日记、1954—1966 年日记（第八到十二册《日记》）。第十二册附徐桂伦先生所作《徐旭生传略》，对其学术成就进行了总结和评述。本文集与古史研究相关的主要是第一、三、四册，与历史考古学术史相关的是第八到十二册。第一册《中国古史的传说时代》从古代文献和考古发掘两方面入手，结合相关民间传说，考证有文字记载历史之前的中国社会状况。着重对学界聚讼纷纷的中国古族三集团、太古洪水、三皇五帝等问题进行独到剖析，廓清了中国古史时代的迷雾，将古史传说时代华夏民族的起源、发展、兴旺之路形诸纸上。此次出版以 1985 年增订本为底本，并将 1943 年初版《叙言》以及与中国古史传说研究密切相关的五篇文章作为附录。第三、四册收录的学术论文，以时间为序排列，如《陕西调查古迹报告》《关于西北考古的谈话及对考古意义之解释》《陕西最近发现之新石器时代遗址》《陕西渭河附近考古调查报告》《从批评科学历史材料谈到处理我国古史材料方法》《读〈山海经〉札记》《山海经的地理意义》《考古学能从哪一方面为历史服务》《禹治洪水考》《1959 年夏豫西调查"夏墟"的初步报告》《略谈研究夏文化的问题》等。日记除《西游日记》以 1930 年《西北科学考察团》刊印本为底本，其余皆据手稿整理。第八册的《西游日记》，记载了 1927 年 5 月到 1928 年 1 月徐旭生作为"西北科学考察团"中方团长到大西北考察途中的详细情况，是中国考古学兴起阶段的重要学术史材料。第九册的1933年2月到1935年6月日记，是徐旭生在陕西组建陕西考古会并主持宝鸡斗鸡台考古工作期间的日记，翔实地记录了徐先生筹建陕西考古会，在陕西各地进行文物调查以及在宝鸡斗鸡台考古的真实情况，是珍贵的陕西考古学术史资料。

（郅晓娜）

《天文、断代与历史——倪德卫早期中国自选集》

［美］倪德卫著、程羽黑译《天文、断代与历史——倪德卫早期中国自选集》，香港中华书局2021年9月出版。倪德卫（David S. Nivison，1923—2014），美国著名汉学家，斯坦福大学哲学系、宗教研究系、东亚语言与文化系三系合聘讲座教授，对中国古代思想史、西周系年都有深入研究，擅长做文献学精细分析以及哲学的细密思考，代表作有《章学诚的生平及其思想》《西周诸王年代研究》等。该书是香港浸会大学“饶宗颐国学院汉学译丛”之一种。原著题为*Selected Works of David S. Nivison on Early Chinese Chronology*，*Astronomy*，*and Historiography*（*1998*）。该书以时间为顺序，收录了倪德卫教授自1983年以来的24篇文章，分别是：《何尊铭文与周初纪年》《〈“问”问〉补》《王与鸟：一篇疑似真实的商代文献》《曾侯乙墓漆箱：一些天文考古学问题》《中国星宿系统的起源》《〈小屯殷墟文字甲编〉2416新研》《研究报告：论殷历与郑玄》《所谓“周文王八年”地震》《超辰法则的起源——释“超辰”》《〈国语〉占星文字新解》《论克商在公元前1040年清明日》《论夏后孔甲（公元前1557年到公元前1569年）》《夏含夷的错简》《〈汉代的星空：星座与社会〉书评》《评张培瑜〈《大衍历议》与今本《竹书纪年》〉》《“公元前1046年假说”》《从黄帝到智伯：一个历史认识论的问题》《战国时期中国科学领先于希腊么?》《论安大略皇家博物馆〈怀特氏等收藏甲骨〉1908》《九十岁生日讲话》《论二元四相》《论“31年”问题》《我和夏含夷关于〈竹书纪年〉的辩论：我对〈早期中国〉第11—12期夏含夷文章的评论》《我的发现和错误》。以上内容涵盖了天文、历法、甲骨卜辞、古代历史文献等方面；而所有天文的、甲骨的、历史文献的研究，都是为年代学服务的。倪德卫教授在年代学上最引人注目的成就之一，就是用考古天文学的方法重构了周朝建立的时间——同时也就意味着他重构了整个西周的纪年，而前者其实是后者的结果。倪德卫教授十分重视古代史料，并将这些史料放在同一标尺之下进行衡量，这正符合他的研究理念，即从分析哲学的方法入手，对所有论据从整体上做出最佳的解释和推理。透过这部自选集，可以看到倪德卫教授是如何从细节出发，对史料抽丝剥茧，并最终撬动历史“定论”的。夏含夷教授所写《序言》也为该书增色不少。

（郅晓娜）

《祖先的风景：商代晚期的时间、空间和社会（约公元前1200—前1045年）》

［美］吉德炜著、陈嘉礼译《祖先的风景：商代晚期的时间、空间和社会（约公元前1200—前1045年）》，上海古籍出版社2021年11月出版。吉德炜（David N. Keightley，1932－2017），1932年生于英国伦敦，1947年移居美国，1969年取得哥伦比亚大学哲学博士学位，1969年至1998年任职于加州大学伯克利分校，曾任该校中国研究中心主任（1988—1990）、历史系主任（1992—1994）和东亚图书馆代馆长（1999—2000）。该书原著题为 *The Ancestral Landscape：Time，Space，and Community in Late Shang China*（*a. 1200－1045B. C.*）（*2000*），是英语世界用甲骨卜辞研究殷商社会的经典之作。作者以甲骨文材料为基础，旁及考古学、人类学、语言学、社会学、植物学、动物学、气象学、天文学等许多有关学科的成果，对晚商历史作了紧凑而令人信服的描绘。该书除前言、凡例、附图、附表、所引、参考文献外，正文共分八章。第一章《气候》，第二章《农业》，第三章《时间：日、夜、太阳》，第四章《时间：历法结构》，第五章《空间：中心与周边》，第六章《空间：宇宙与方位》，第七章《社群：土地及其居民》，第八章《宇宙学和遗产：殷商之“风”》。前两章是导论性的，点出了晚商时期河南北部安阳地区的气候和农业，是理解晚商社会秩序起源的基础。后五章讨论了商代时间、空间和社会群体的概念。时间方面，侧重于商人理解时、日、月的分法及其推移的方法。空间方面，侧重于揭示晚商如何理解和解决他们的外部世界，在这个外部世界又如何塑造其文化。社会群体方面，通过对占卜卜辞的解读，探索商人的社会与自然的世界是如何想象和构建起来的。最后一章是在具体分析的基础上抽绎出晚商社会的宇宙观，强调了殷商文化作为中国文化之源的重要始祖地位。该书引证全面，不仅具有学术的严谨性，而且文笔通俗易懂，是商史研究的入门之作。该书是朱渊清和陈致总策划的“早期中国研究丛书”之一种，其他先秦史相关著作还有李峰《西周的灭亡：中国早期国家的地理和政治危机》，班大为《中国上古史实揭秘：天文考古学研究》，夏含夷《远方的时习：〈古代中国〉精选集》，藤田胜久《〈史记〉战国史料研究》，陈致《从礼仪化到世俗化：〈诗经〉的形成》，高田智见《先秦社会与思想：试论中国文化的核心》，赵林《殷契释亲：论商代的亲属称谓及亲属组织制度》，夏含夷《重写中国古代文献》，顾史考《郭店楚简先秦儒书宏微观》，尤锐《展望永恒帝国：战国时代的中国政治思想》（2013），汪涛《颜色与祭祀：中国古代文化中颜色涵义探幽》，陈慧、廖明春、李锐《天、人、性：读郭店楚简与上博竹简》，倪德卫《〈竹书纪年〉解谜》等。

（郅晓娜）

《中华文明的起源》

韩建业著《中华文明的起源》，中国社会科学出版社 2021 年 4 月出版。该书是国家社科基金重大项目“欧亚视野下的早期中国文明化进程研究”、郑州中华之源与嵩山文明研究会重大课题“早期中国文明起源的区域模式研究”阶段性成果。该书收集作者关于中华文明起源的考古学研究论文和普及型文章 28 篇，按照“文明起源、形成和早期发展进程”“文明起源的北方模式、中原模式和东方模式”“环境演变、战争冲突与文明演进机制”“文化交流与文明起源”“文化基因与历史记忆”五个版块分类排列，反映了作者对中华文明起源研究的主要观点。第一版块，论述中华文明的起源和发展过程。中华文明起源于距今 8000 多年以前。距今 6000 年左右，由于中原核心区的强烈扩张影响，文化上的“早期中国”正式形成。距今 5000 年左右不少地区进入“古国”时代。距今 4000 年左右黄河流域尤其是黄河中游地区实力大增，长江中下游地区全面步入低潮。距今 3800 年以后以中原为中心，形成二里头广幅王权国家，中华文明走向成熟。第二版块，对公元前 3500 年左右铜石并用时代的社会发展趋势和不同模式进行探讨，认为中华文明至少存在北方、中原和东方三种起源模式。北方地区以黄河中游为核心，贫富分化不严重，社会地位差异不显著，社会分工不明确，可称为北方模式。东方地区以黄河、长江下游为核心，延伸到长江中游和西辽河流域，贫富分化严重，社会地位差异显著，社会分工明确，可称为东方模式。晋南、河南大部、河北中南部以内的中原地区，处于中间状态，存在一定的贫富分化、社会地位分化和社会分工，可称为中原模式。中原地区最终发展出成熟的文明社会夏王朝，东方模式和北方模式之主体则分别为后来商和先周社会所继承。通过对中原与江汉、海岱、北方地区文明化进程的比较，强调了中原地区的核心地位。第三版块，分析环境演变和战争冲突在文明演进过程中的重要作用。第四版块，讨论二里头青铜文化兴起及文化社会变革的文化基础、外来影响、环境背景及其与文献记载的联系，强调了中西文化交流在文明演进过程中的重要作用。第五版块，从考古发现和古史传说两个视角讨论早期中华文明有独特的文化基因和绵长的历史记忆，传说时代的古史并非不可证明，中华文明探源研究应该把二者结合起来，并提出了传说时代古史的考古学研究方法。该书系统阐述了中华文明起源的不同发展阶段、不同发展模式以及各种影响因素，提出把考古发现和古史传说相结合的研究方法，对中华文明起源研究的推进有指导意义。

（郅晓娜）

《先秦制度考论》

王恩田著《先秦制度考论》，商务印书馆 2021 年 5 月出版。王恩田（1932—2017），原山东博物馆研究员，古文字学家、考古学家、历史学家，精于先秦秦汉史研究。该书辑录作者关于先秦时期婚姻制度、土地制度、继承制度、昭穆制度、礼制建筑、客馆与戍守制度、丧葬制度及其他方面的研究论文 42 篇。婚姻制度方面，根据兖州王因同性别合葬和二次葬、宝鸡北首领男女分片埋葬、潍坊前埠下男性墓地等大量的考古发现证明新石器时代实行伙婚制。土地制度方面，认为西周无井田制。西周时代实行按亲属等级分配土地，是家族公社初级阶段的土地制度。春秋时代实行按实际耕耘能力分配土地，属于家族公社高级阶段的土地制度。继承制度方面，认为商代实行兄终弟及制。西周实行以鲁国为代表的一继一及制。春秋时代是新旧继承制度斗争的过渡时期，战国时代嫡长继承制才趋于确立。昭穆制度方面，认为商代无昭穆制度。昭穆制度起源于西周的一继一及制，并随着继承制度的演变而演变。西周昭穆制度是兄昭弟穆，春秋昭穆制度可以是兄昭弟穆，也可以是父昭子穆，战国嫡长制确立，反映在昭穆制度上则完全是父昭子穆。建筑礼制方面，认为“亚”字字形实为宗庙的象形，白燕宗庙建筑遗址是迄今为止年代最早的宗庙。对洹北商城一号、二号基址、殷墟 F1 基址、岐山凤雏村西周建筑群基址、周原遗址、周公庙遗址、凤雏三号基址、高青陈庄西周遗址与齐都营丘等进行了专门研究。客馆与戍守制度方面，对甲骨文中的（𠂤）、（官）、（师）、等字进行考证，并揭示了其中所蕴含的商代客馆与戍守制度。丧葬制度方面，在讨论西周制度的基础上对北赵晋侯墓地进行复原，讨论殷墟的殉葬问题，以及鲁国对殉葬陋俗的变革等。全部文章既独立成篇，又相互关联。婚姻制度、继承制度、昭穆制度具有内在关系，而昭穆制度又可以与宗庙制度、宫室制度、丧葬制度相联系；客馆制度与戍守制度密切相关，而戍守制度又与先秦军制相联系。该书收录的文章大部分是已经发表过的，也有一些是在网站所发，文末注明出处。还有少量没注出处的文章属于未刊稿。一些文章后面有“校记”，是作者本人所加。文章的遴选和排序均为作者生前亲自确定。该书是王恩田学术文集之第一种。另外两种《商周史地发微》、《古文字证史录》（上下册）尚未出版。

（郅晓娜）

《先秦历史与文化的多维度思考》

晁天义著《先秦历史与文化的多维度思考》，中国社会科学出版社 2021 年 12 月出版。该书综合自然科学与人文科学方法，破除僵硬的学科划分，利用人类学、社会学、神话学、阐释学等多学科资源，从不同维度对先秦历史与文化的内涵和特质加以考察。该书认为，关于“历史事实”，可借鉴社会学，以历史上的社会事实作为研究对象，而将个体性、表象性的内容摒弃于历史事实之外；或借鉴文化学，将具有普遍意义的文化现象作为历史事实，这样才会促进历史学的科学化。史学领域应摆脱过分重视抽象概念与思辨而忽视实际事物的形而上学，而代之以实验方法。阐释学对历史认识论与方法论皆有意义。中国国家起源并非建立于地域组织基础之上，而是建立在血缘组织基础之上。父系制家庭组织的规模和结构影响着孝道的产生与发展。乱伦禁忌维护着家庭礼仪，其强度与家庭的功能、地位有关。周礼的名、实相违带来了东周时期的道德虚伪现象，礼坏乐崩则带来了相人术的兴起。弗雷泽的“巫术时代论”不能成立，过去利用此理论对中国巫术进行的研究应予改正，对“洋八股”的轻信亦应反思。战国之后往往将老子哲学释为养生之道，而将庄子哲学附会为宗教巫术，使得道家哲学流于庸俗化，进而引发了大量道教巫术的产生。其中既有其自身的原因，也有非理性主义文化的推波助澜。巫术“乘蹻”起源于古代乘龙的神话。巫术“禹步”则源自大禹故事的神话化。由于老子身份存在李耳、老莱子、太史儋三种说法，时间跨度很久。这几种说法混淆后，又因《老子》的“贵生”“摄生”思想影响，产生了老子长寿神话。“大一统”的本意是源自三统说，指的是三统循环，要尊重前两统，但更要尊崇现今这一“统”。从元代开始，“大一统”才被理解为政权、领土的统一。

（安子毓）

《先秦著述史》

高新华著《先秦著述史》，中国社会科学出版社2021年6月出版。该书系2013年度国家社会科学基金青年项目“出土文献与先秦著述史研究”结项成果，山东大学文学院科研规划项目成果“山东大学中文专刊”之一并获得出版资助。全书包括绪论和四章正文，另有结语。作者以出土文献为研究材料，以文化史的视野，对先秦时期的著述历史进行考察。以纵向的时间发展先后顺序，依据著述主体的变化，将先秦著述史分为巫觋时代、史官时代和诸子时代三个历史时期。在巫觋时代，中国文明的诞生受自然环境的影响，从史前岩画到陶器符号，中国早期文明在不断发展。文字崇拜是影响中国古代文明早期著述的重要因素。但是并非有了文字就有著述，最早的文字著述多与政治礼仪密切相关。在巫觋阶层的努力下，文字逐渐脱离符号和“文字画”的形态，逐渐走向成熟，国家、阶级以及礼乐也在这一时期诞生。这一时期，处于统治地位的也是巫觋。西周史官设置固定且逐渐官僚化，先秦时期的著述步入了史官时代。史官由巫分化出来。史官文化与官守之学令周人的著述充满人文精神。之后，史官的著述意识及“立言不朽”思想产生，私家著述萌芽。在史官时代，撰述是为了行政的需要，因此，这些著述都是官学的产物，是为统治者服务的。这一时期的撰述注重秉笔直书与春秋大义。诸子时代的著述是对史官时代著述意识的继承和发扬。同时，这样的思想也逐渐成为自觉的著述思想，在诸子著述中，出现了新的文体，如解经文体等，而诸子著述的一个重要特点是流传参与了创作。在士阶层兴起之后，士人成为知识文化的代表，他们是诸子的母体。到战国晚期，“著书布天下”

成为很多人有意识的追求。该书较全面地总结了中国古代早期著述发展流变的历史，从巫觋时代到史官时代再到诸子时代，作者揭示的不仅仅是发展的过程，更是在发展过程中，史学产生以及后续发展的问题，包含了秦统一之前中国范围内著述者及其著述行为、著述意识、著述产品等方面的内容。这一著作是文化史、文献学、史学史等多学科交叉的研究成果，或为先秦时期史学史的研究提供文化史的视角。

（胡楚清）

《有为言之：先秦“书”类文献的源与流》

程浩著《有为言之：先秦“书”类文献的源与流》，中华书局2021年9月出版。该书首先对“书”类文献的界定进行了解说，并回顾了相关学术史。上编《清华简“书”类文献与传世文献进行比勘疏证》，分为“仅存本文者”，如《金滕》《皇门》《斋公之顾命》；“仅存篇目者”，如《尹诰》《傅说之命》《程寤》《摄命》；以及“篇目无存者”，如《尹至》《厚父》《封许之命》《四告》等，对每篇的形制进行概说，并将简本与传世文献进行比对。下编《“书”类文献先秦流传通论》讨论了“书”类文献编纂与成篇情况和“书”类文献结集与流传情况。最后对古书成书和流传研究进行了理论性总结。该书所探讨的“书”是君臣在行政过程中发表的言论所形成的一类文献，它的体裁以记言为主，内容大多是“政事之纪”。“书”在先秦时期的流传处于以“类”相存的形态，篇目与文本并不固定。我们现在看到的《尚书》与《逸周书》是由先秦时期的某一种“书”类文献的选编本流传到汉代后整理编定的，因而它们并不能囊括先秦所有的“书”，其中的一些篇目也很难归入“书”的范畴。传世《尚书》《逸周书》大约是由儒家选编本流传而来，至于清华简中的“书”则很可能受到了墨家传“书”的影响。“书”的选编本不仅在篇目上有所差异，其文本也在不断演变。这其中既有文献流传过程中简册散乱造成的自然演变，也有后人出于避讳、押韵以及趋近思想而作的主观改易。随着东周时期的官学下移，单篇流行的“书”类文献逐渐被民间学者搜集、选编为传道或教学用的选编本。而由于地域、家派以及偶然因素的影响，各种选编本对篇目的拣选也不尽相同。结合清华简中的“书”类文献提供的信息以及古书中的相关记载，可以大致还原“书”由史官对记言档案不断整理、加工到流传过程中的不断增广历时成篇的过程。该书不仅在一系列有关具体问题上提出了新的见解，更重要的是对书类文献的性质、特点和有关体例做了详细的归纳，并将对这类文献形成演变的综合观察，提高到整个古代文献流传的规律性研究的高度，这对历史学、文献学的进展都很有价值。

（郅晓娜）

《西周会要》

王贵民著《西周会要》，社会科学文献

出版社2021年9月出版。“会要”作为史书的一种体例，是从正史的“志”“书”等体例中发展而来，以彰显一朝的大政及其体现于社会、民生、政治、法律、军事、文化、风教等方面相关典章、制度和一代疆域、民族、国之重器、文物乃至天历、气候、灾祥等等之客观存在。由于西周文献资料匮乏，之前历代都没有编纂过《西周会要》。如今西周青铜器及铭文资料数量巨富，各种商周考古遗址陆续发掘，为西周会要的编纂提供了充足资料。该书按照“会要”的体例，首次将西周王朝事类分为17大类，置于52卷之中，包括疆理天下、方域（包括前周方域、民族间互动融合、分封诸侯、列国沿革地望）、古城址都邑、都城建置、宫室建设、社会制度（包括宗族宗法、宗族与政治、等级人身、周室、主要诸侯国）、政治体制、食货（包括田制、农业、副业、青铜冶铸、建筑业、手工业各部、王室产业、商贸交通、贡赋税）、官制（包括职官体系、各部职司、内廷官吏、册命、金文所见职官）、刑法、军事（包括军制、军务军训）、礼（包括吉礼、嘉礼、宾礼、军礼、丧礼、葬礼）、文教（包括文字、教育学校、典籍、文学、乐舞）、民俗、科学、灾异与救治等，涉及西周王朝历史的方方面面。有鉴于西周文献资料之匮乏，该书补充了大量地下材料，特别是西周金文材料，包括相关的考古遗址、遗迹在内，从而大大地改变了文献不足征的困境，对于了解和认识西周历史全貌，把握中国古代文明的发展进程，具有重要意义。作者在广泛吸收前人成果的基础上，结合自身的学术涵养和研究心得，辨章学术，考镜源流，不仅补充印证相关史事，而且阐微发覆，提供新材料、新成果，拓宽学术领域，豁明学术视野，便于读者学习相关的历史知识，掌握学科发展的基本脉络。西周会要的编纂完成，弥补了中国“会要”这一体例著作中重要的西周时期的空白；它充分体现了其基本宗旨—“理道”和“资政”，即延续我们民族古史的优良传统，为国家政治、政策提供参考。该书与近年先期出版的《春秋会要》《战国会要》构成完整体系，有周一代八百年，会要基本齐备。

（郅晓娜）

《〈论语〉与孔子之道再认识》

黄怀信著《〈论语〉与孔子之道再认识》，上海古籍出版社2021年2月出版。该书系中国社会科学基金项目结项成果。“孔子之道”代表着中国传统文化中理想的政治与伦理模式，其实质与内涵却众说纷纭。该书从《论语》的成书、文本、训诂、观念等多个方面对《论语》及其所体现的孔子之道进行解读，并通过这些解读认识孔子之道的终极目标及其途径与方法，进而重新发掘《论语》与孔子之道的当代价值。全书正文分为上下两部分。上半部分《〈论语〉其书》侧重《论语》文本的解读。第一篇考释《论语》题名“论”、“语”二字的含义，探讨《论语》的编纂与编纂者，分章考察《论语》的内容与结构，辨析《论语》材料的真伪，进而对《论语》的成书进行整体考察。第二篇讨论今本《论语》传本来自《张侯论》，《论语》的版本及校勘，《论语》中“仁”字的讹误，朱子《论语集注》本中一百余处文本讹误与目前通行本《论语》，即中华书局版杨伯峻《论语译注》的文本面貌，进而对古今《论语》的文本形式进行探究。第三篇讨论《论语》中仁、礼、道、德等关键字词的注释及其误读与误解，从而对《论语》的字词义进行探讨。下半部分《〈论语〉所见孔子之道》侧重《论语》思想的阐发。第一篇对《论语》中礼、仁、义、道、德等关键概念进行重新解读，并探讨这些概念之间的关系与孔子提倡这些概念的真正目的。第二篇讨论了《论语》中的君子之道、孝悌之道、为学之道、为政之道等具体思想主张，探究《论语》所构建的儒家修身与处世之道。第三篇讨论了《论语》中的入世观、天人观、鬼神观、义利观等思想观念，重新考察了《论语》与孔子之道的思想价值所在。第四篇对《论语》中所体现出孔子之道的终极目标及其途径与方法进行了总结。后附孔子名字由来、出生年月日及形貌考与孔子思想在当代四篇专题讨论。该书对孔子之道的内涵做出了定义，认为孔子之道在于通过教育提高人们的文化素养，使人们了解并践行仁、义、礼、中庸、孝悌等一系列美德，从而达到文明发展、社会和谐及进步。孔子之道的终极目标是社会和谐与文明进步，实现孔子之道终极目标的途径与方法是践行道德与重视教育。

（张倩茹）

《文献考古——关于〈左传〉〈史记〉关系的研究》

徐建委著《文献考古——关于〈左传〉〈史记〉关系的研究》，商务印书馆2021年6月出版。该书是中国人民大学科学研究基金项目“比较古典学视野下的中国早期文本研究”项目成果。全书共分六章，另附余论、后记各一篇。该书认为，今本《左传》依据《春秋》作了“适应性”的修改。这种修改大概率发生在司马迁之后。这些修改至少包含新增历日符合周历、三统历推算结果，而且《左传》中有以周历解经的痕迹，因此，《左传》在西汉晚期前后被整体上改过，至少增添了一些重要的干支日历。刘歆作为今本《左传》的整理者，是最有可能的人选。《史记》作为《左传》研究最主要的对勘材料，对《左传》的研究而言，有一定的资料库的性质。《史记》列传中春秋人物传主要取材于诸子书而非《左传》。《史记》诸子书并非属于诸子，恰恰相反，诸子进入历史是因为他们成了诸子传主。为诸子书立传，恐怕是《史记》诸子列传的真实意图。《史记》文本内部自相矛盾的地方，也远远超过了我们对著作的要求。这与两汉学风存在差异有关。两汉知识与学术发生了范式转型，学风也存在着差异。西汉学术重在敷衍和阐发，以经为用。东汉学术则以经为经，以经文文本为考察的对象。这种西汉与东汉之间学术的变化与五经博士制度和讲学与辩难中学问自身的发展有关。战国的终结与中世的开端，也就是早期学术史的关键性转折，大约在两汉之际。《史记》可以被拿来用于研究《左传》的史料，主要集中于各世家和《十二诸侯年表》。根据对古本《左传》的考察，可以发现古本《左传》的史料在史料编年与历法、材料分割、纪年方式方面有自身的特点。古本《左传》与今本《左传》的对比令我们发现，这样的变化是为了使《左传》更倾向于解释《春秋经》。该书虽然是《左传》与《史记》文本关系的研究，但并不关心年代和真伪，而是试图回答这样一个问题：我们能否越过刘向父子的文献整理去触摸早期文本。作者尽力去尝试，也有一定的成果，如通过《史记》中各世家和《十二诸侯年表》的互证，考察古本《左传》的历史撰述。作者通过文献学的思考方式，在思想发展的视野下，对史学修撰思想进行考察，是一种较具突破性的尝试。

（胡楚清）

《秦史与秦文化研究丛书》

王子今主编《秦史与秦文化研究丛书》（14 册），西北大学出版社 2020 年 12 月—2021 年 4 月出版。该书系“十三五”国家重点图书出版规划项目成果，也是本年度秦汉史研究的一项重要成果。秦代在政治格局、经济活动、文化措施等方面都有着创造性贡献，对中华民族多元一体格局的形成和发展具有里程碑意义。丛书以打通中国历史传承内在逻辑和中华文化血脉的关键点为学术目标，选择秦最具历史意义和文化特征的 12 个专题，分为 14 册，系统研究和深度解析秦人五百余年崛兴历程中，在物质、精神、制度等不同层面文化发生和文明形成的肌理，探讨秦文化特质与文明特征，追溯秦崛起与统一的历史必然，以及秦帝国崩溃的历史教训。丛书倡导跨学科的研究，重视历史学、考古学、民族学与文化人类学等研究方法的交叉采用，涉及秦代的交通、政治、经济、地理、法律、祭祀、农业、语言文字等多方面内容，如《秦交通史》（王子今著）、《秦都邑宫苑研究》（徐卫民、刘幼臻著）、《秦礼仪研究》（马志亮著）、《秦法律文化新探》（闫晓君著）、《秦思想与政治研究》（臧知非著）、《初并天下——秦君主集权研究》（孙闻博著）、《秦政治文化研究》（雷依群著）、《秦战争史》（赵国华、叶秋菊著）、《秦农业史新编》（樊志民、李伊波编著）、《秦官吏法研究》（周海锋著）、《秦祭祀研究》（史党社著）、《帝国的形成与崩溃——秦疆域变迁史稿》（梁万斌著）、《秦文字研究》（周晓陆、罗志英、李巍、何薇著）等，详略去取，各有裁制，多为专门之学。这些著作的整合，全方位、多角度地展现了秦代社会画卷。丛书的最后一部是《秦史与秦文化研究论著索引》（田静编），清点了秦史与秦文化研究的家底，为学界提供了进一步研讨的线索。

（杨博）

《秦汉时期政治文化体系的整合与建构》

袁宝龙著《秦汉时期政治文化体系的整合与建构》，社会科学文献出版社2021年5月出版。该书系中国社会科学院创新工程学术出版资助项目成果。秦汉时期作为中国帝制时代的起点，其政治文化体系的整合、建构以及发展勃兴向为学人所关注，有着经久不衰的学术生命力。秦汉时期，经过改造与重构的儒家思想终于取得独尊地位，对“大一统”的向往与追求成为这一时期政治文化的重要特征。逐渐成为主流统治范式的君主专制与中央集权制度无不鲜明地彰显出这一价值取向，而学术与政治层面的风云涌动，又对中国帝制时代政治文化体系的发展演变产生了至为深刻的影响。该书基于秦汉政治文明整合与创构的宏大视野，以政治与学术的演进交鸣为主线，分六章深入考察这一时期政治文化在不同阶段的存在形态及其与学术思潮的互动与交融，努力找寻这种复杂关系背后的历史逻辑与必然因素。第一章考察先秦时期政治文化探索与学术思想流变；第二章讨论秦人历史及其夷夏身份认同，并由此涉及秦帝国的学术思潮与宗教神学之建构；第三章探究西汉初期政治结构与学术演进的内在逻辑；第四章整体描绘帝制政治的“大有为”时代，由公羊学独尊与汉代仕进理念的调整，到西汉中前期的族群整合与文化建构；第五章关注儒生政治的兴起与覆灭；第六章讨论经学极盛时代的帝国政治。该书对于先秦时期公共话语体系的探索与建构、先秦以降刑礼之争在不同时期的表现形式、帝制时代初期政治文化体系的独特架构、两汉时期政治结构的演变以及儒生政治的理论与实践等相关问题皆有涉及。

（杨博）

《秦汉海洋文化研究》

王子今著《秦汉海洋文化研究》，北京师范大学出版社2021年5月出版。书中对秦汉时期的海洋文化进行了多视角、多方位的全面考察，阐释了秦汉社会对于海洋的认识层次、开发程度和利用方式。在海洋资源开发方面，梳理了渔业、盐业与珠宝等海洋经济形态，并探讨了秦始皇陵“人鱼膏”，认为其很可能即鲸鱼膏，反映了当时的捕鲸业发展。在海运航行方面，对渤海以至朝鲜、东洋、南洋的航运进行了梳理，对越人航海之风、海港建设、楼船、海人等情况进行了介绍。在沿海区域文化方面，对秦汉时期的沿海交通、沿海移民、沿海行政管理进行了总结。在海洋知识方面，梳理了秦汉人的“四海”概念，海洋星占的理论，以及海洋灾害乃至鲸鱼死于海滩等现象的记载。在海洋信仰方面，梳理了徐市东行时的“童男女”信仰、“东海黄公”的传说、东方朔所言“海上”“仙人”、汉景帝阳陵出土海产品所反映的神秘信仰、秦汉宫苑“海池”“渐台”的象征意义等问题。在海上军事活动方面，对汉武帝时攻闽越、朝鲜之战，东汉初经略南海之战以及汉代海上民间武装活动进行了总结。在海洋情结方面，探讨了秦始皇祭祀八神、登琅琊、追求三神山、梦与海神战，汉武帝东巡海上、祠海水、万里沙、“会大海气”等事的背后意义。对史书中涉及海洋的知识与文化亦进行了探讨。

（安子毓）

《秦汉律令法系研究续编》

张忠炜著《秦汉律令法系研究续编》，中西书局2021年5月出版。该书由三部分构成：上篇以“出土法律文献的性质”为主题，下篇以“汉律体系、律学新研”为主题，附篇收录与律令相关的读书笔记。相较于传世文献的审查而言，学界对出土文献的史料批判明显薄弱。“墓葬出土律令文献的性质及其他”一章，试图对秦末汉初以律令为随葬品的这一考古现象进行解读，肯定“镇墓说”，凸显律令作为随葬品可能具有的宗教意义。“秦汉时代司法文书的虚与实”一章，指出各级官吏均可能在无意或有意中影响到文书记录的真实性，文字记录极可能会与“真相”背道而驰。“张家山汉简《奏谳书》的性质”一章，意在发掘带有某种局限性的出土文献的史料价值。该书认为，如何弥合传世与出土文献记载的差异，将两者有机结合起来，走出一条新路，有待学者努力。“汉律体系新论”一章，凸显汉律律名木牍所具有的独特价值：首次清晰地揭示出汉律体系内部存在狱律、旁律两分的结构特征；九章诸篇在汉初均已存在，且多数又是承袭秦律而来，九章律的诞生与汉代律学关系密切。“新见汉律律名疏证”一章，就首次出现或有待解说的汉律律名进行简单疏证。“汉代律学缀论”一章，由汉律令的外在特征而把握汉代律学的可能演进方向，为理解魏晋时期律令体系变革提供了一种不同于既往的认知思路。结语部分，着重提及方法论的问题。魏晋时代对古代律令沿革的相关叙述当属晚出，但并不是没有证据依托的，只不过这些记载随着岁月的流逝而逐渐亡佚。将不见等同于不存在，从方法论的层面看，是存在严重问题的。

（杨博）

《秩级与服等》

阎步克著《秩级与服等》，陕西人民出版社2021年8月出版。该书收录了作者在“秩级”与“服等”两大问题上的经典论文9篇，其中“秩级”五篇：《秦汉官吏为什么用“若干石”为等级?》《论汉代禄秩之从属于职位》《汉代禄秩之从属于职位补论》《爵级、禄秩、官品：从爵本位到官本位》《中国古代官阶研究的若干设想》；“服等”四篇：《分等分类视角中的汉唐冠服体制变迁》《隋朝冠服“四等之制”辨——兼论唐朝服等》《中古“古礼复兴运动”——以〈周礼〉六冕制度为例》《君臣通用与如王之服：〈周礼〉六冕的结构生成》，介绍了中国古代官阶制度以及服饰等级与官僚等级的关系问题，从常被忽略的细节方面，论述了中国古代的政治体制。书中既可以从宏观处看到作者对其研究问题的全局性把握，也可以从细微处看到作者对其所提出论点的缜密分析与论述。正如作者在序言中所说："两组文章都体现了我的一种努力：从结构、功能视角解析研究对象，发掘、揭示各种类型的'原理'。"

（杨博）

《汉兴：从吕后到汉文帝》

李开元著《汉兴：从吕后到汉文帝》，生活·读书·新知三联书店2021年7月出版。该书是李开元先生历史叙事三部曲的终结篇，叙述从刘邦建国到汉文帝时期的历史。全书分六章，重点讲述汉帝国建立后的政治进程，围绕皇族、外戚与汉初军功受益集团的矛盾，通过对传世文献和出土文献的重新解读，引人入胜地评述高祖（前四章）、吕后及惠帝（第五章）、文帝（第六章）三朝的朝野大事。作者延续了《秦崩》《楚亡》的叙事风格，注重将历史文献以今日之文字进行表达，注重将读者带入历史的现场，亦注重将自己的研究融入通俗写作之中。该书提出秦楚汉间为"后战国时代"的看法，总结后战国时代的历史特点，一、天下局势：汉朝一强主持天下，与多个王国、众多侯国并立共存之联合帝国出现。二、政治体制：宫廷与政府分权共治，汉朝与诸侯国划界分治，侯国自治。三、社会类型：郡县制下的编户齐民社会，与王国侯国制下的封建领主社会并存。四、统治方式：直接统治之人头原理，与间接统治之封建原理并存。五、经济形态：配套军功爵的名田制，基于核心家族的小农经济，与封建领主经济并存。六、文化思想：黄老道家主导下的诸子复兴，百家融合。七、社会风尚：养士之风又来，游侠再盛。作者认为历史的趣味在于人物。该书中不仅有历史舞台主角帝王将相的故事，也有一些普通民众的故事：名医淳于意命运坎坷，他在汉朝、齐国和阳虚侯国间的辗转经历，最能体现郡县制下的编户齐民社会，与王国侯国制下的封建领主社会并存的叠层空间；齐国女子田南的爱情悲剧，既是汉朝与王国划界而治的写照，也反映了编户齐民社会中小人物的无奈。

（杨博）

《中国思想文化史论集》

李振宏著《中国思想文化史论集》，中国社会科学出版社2021年9月出版。该书是作者多年研究先秦秦汉思想文化的重要论文结集。先秦是中国思想文化的创生期，秦汉是中国思想文化的奠基期，中国文化从先秦到秦汉的发展，奠定了后世两千年中国文化的发展道路。中国文化的基本精神，中华民族的国民性格，民族文化传统形成、发展的来龙去脉，都要从先秦秦汉文化的研究和梳理中得到说明。书中正文收录重要论文23篇，如《论"先秦学术体系"的汉代生成》《先秦圣王治国论的理论盲点》《"天下为天下人之天下"说辨析》《关于秦始皇统治思想属性的判断问题》《秦至清皇权专制社会说的思想史论证》《汉代儒学的经学化进程》《陆贾〈新语〉的思想内涵及其学术个性》《桓谭的学术立场与政治个性》《两汉社会观念研究——一种基于数据统计的考察》《谈黄河文明的变革精神》等，涉及先秦秦汉文化的若干重大问题，诸如“先秦学术体系的汉代生成”说、先秦圣王治国论的理论盲点、秦始皇统治思想属性的判断、秦至清皇权专制社会说的思想史论证、汉代儒学的经学化完成于东汉章和时期、两汉社会观念、黄河文明的革新精神等等若干重要问题，作者都有较为深入的讨论，提出了具有学术个性的看法。此外，如《关于中国思想史研究方法论的思考》《地域文化研究需要重视学理性思考》《中国古代社会思潮研究应引起重视》，以及附录《让学术执行批判的使命》等，对中国思想文化研究的取向、路径也进行了振聋发聩的思考。

（杨博）

《战国秦汉西南民族地理的格局与观念研究》

孙俊著《战国秦汉西南民族地理的格局与观念研究》，中国社会科学出版社 2021 年 8 月出版。该书系中国历史研究院学术出版资助项目成果。该书以战国秦汉西南民族地理的格局与观念为研究对象，旨在详细梳理和研究族群演进格局、“华夷之辨”思想对族群空间观念者建构影响的基础上，揭示民族地理观建构路径，阐明民族地理观与大一统多民族国家空间建构的关联。战国秦汉是西南地区族群分布格局变动激烈的时期。在这一时期，西南区域族群演进的自在阶段结束，进入了自觉演进阶段。族群分布格局的演进是民族地理观调整与嬗变的基础。战国秦汉也是西南地区族群政治地理空间建构的重要时段，是大一统王朝国家层面上民族地理观的建构时期。该书分上下篇，上篇三章，主题研究“族群分布格局的演进”；下篇四章以“民族地理观的建构”为研究对象。基于汉文史籍、汉译彝文史籍、考古、碑刻、环境考古等资料的梳理，文献分析、形象学、环境史、概念史等方法的使用，该书研究揭示：一、战国秦汉西南族群演进具有区域性与族群性双重特征，且西南族群演进的“区域性多元一体”与中华民族演进的“整体性多元一体”已形成协同演进格局。二、民族地理观与族群空间是大一统多民族国家空间建构的“一体两面”，多重格局民族地理观的建构过程同时是结构化、秩序化并表现有“差序格局”特征的族群政治地理空间的建构过程。三、民族地理观的建构是现实的族群演进格局，经典的“五方之民”族群认知模式，大一统多民族国家空间建构的需求共同作用的产物，反映着全国与区域间族群协同演进和大一统多民族国家空间建构的态势。

（杨博）

《制造“地方政府”——战国至汉初郡制新考》

游逸飞著《制造“地方政府”——战

国至汉初郡制新考》，台湾大学出版中心2021年11月出版。该书为其历史系博士论文改写，是台大“文史丛刊”第156本，改写过程中获得“中央研究院”历史语言研究所“余英时先生人文研究奖”（2018）补助。该书主张战国秦汉郡县制是了解古代中国王权如何控制社会的关键钥匙。凭借20世纪后半叶以来大量被发掘的出土文献，该书在严耕望等前辈学者的基础之上，从王权如何制造“地方政府”的脉络出发，探索中央政府与地方政府之间的榫接点——“郡”，揭示周代城邦逐渐郡县化与汉代郡守与皇帝共治天下的历史脉络。上编三章聚焦于地方政府如何形成：首先根据睡虎地秦简与秦兵器铭文，从军事权、人事权、司法权等统治权力逐步完备的角度，探索战国秦郡从军区到地方政府的发展历程；继而据张家山汉简指出“地方政府”是研究者的后设概念，战国秦汉人虽设置“郡县”，但“郡县”只是有别于“封建”的统治形式，并不能直接等同于“地方政府”，“中央外派”才是早期郡县的关键性质；最后以包山楚简揭示战国东方六国拥有与秦不同的地方政府传统。整合三章可知，秦之郡县制既反映了中央政府的地方改革蓝图，更是传统中国两千年地方政制之源，但秦郡发展成“地方政府”，只是秦中央政府的一种手段，并非目的本身。秦中央政府改革秦郡、制造“地方政府”的根本目的是为了让秦郡能够有效贯彻中央政府的意志，达成中央集权的目标。因此地方政府与中央集权的关系，是该书下编的主题。下编三章先以里耶秦简探索秦三十六郡之一“洞庭郡”，指出僻处边荒的洞庭郡迁陵县是秦中央政府设置的地方政府，藉此有效统治地域社会与基层人民的极端例子。接着该书从官僚制内部分析秦郡本身，根据里耶及岳麓秦简指出，秦统一天下之后，秦郡不再是郡守独大，而是三府分立的鼎足之局：郡守独揽财政权，郡尉独揽人事权，郡监御史独揽律令、地图等特殊信息的传播权；司法权由郡守、郡监御史共享，日常军事权由郡守、郡尉共享等。总之秦郡三府分别独占了其余二府无法染指的重要权力，守府、尉府、监府皆在郡之行政运作上扮演了不可或缺的一角。秦郡既可有效控制基层社会，又无尾大不掉、割据自雄之虑，兼顾了中央集权与地方分权。然后该书根据西汉齐楚王国的出土玺印封泥揭示地方政府并不总是中央集权的万灵丹，郡制也就不一定有存在的必要，郡县制与中央集权的关系不宜死板看待。整体而言，该书利用出土文献研究“碎片化”的特色，充分关注战国、秦、汉初诸时代与地域的特殊性，进而以地方行政的普遍性原理为框架，重构战国秦汉郡县制的历史图景。该书希望能为读者呈现出历史的复杂性：时代特殊性的背后存在一贯的普遍性原理，普遍性原理却又随着不同时代而有所改变。历史学既能容纳社会科学，又独立于社会科学之外，其例或如是。

（杨博）

《秦汉土地制度研究：以简牍材料为中心》

晋文著《秦汉土地制度研究——以简牍材料为中心》，社会科学文献出版社2021年4月出版。该书系国家社科基金重点项目“秦汉简牍史料中的土地制度研究”结项优秀成果，收入2019年度《国家哲学社会科学成果文库》。全书约50万字，除前言、后记和参考文献外，共分八章，另有一篇余论（代结语）及附录等。第一章，“睡虎地秦简与授田制研究”。主要创新是，对学界占主流地位的土地国有制论提出质疑或修正，厘清了“盗徙封”等疑难问题，并复原了已失传两千余年的秦及汉初的田租征收方式。第二章，“新出秦简中的田制等问题”。认为新出秦简揭示了更多授田制的未知细节，比如迁陵和洞庭郡授田的程序、垦田的大量休耕、跨乡授田所揭示的土地兼并。而新出秦简则完全证实了赐田为土地私有，从睡虎地秦简到里耶秦简等，从“后子”到“小爵”和“爵寡”，从男性继承人到女性继承人，已构成一条严密完整的证据链。第三章，“秦简中的公田制研究”。主要提出龙岗秦简中的“行田”并非授田，而应与短期租赁的“假田”即公田相关；“田官”和“公田”实际都属于管理公田的县级官署。第四章，“张家山汉简中的田制等问题”。主要创新是，《二年律令》的最早颁行时间应在汉王二年（前205），秦汉大多数小农每年都需要休耕，一对夫妇只能耕种垦田35亩左右，名田宅的爵位降等继承不等于田宅降等继承，名田宅的面积更不等于耕地和实有房屋的面积，汉初民田应是土地私有制。第五章，“走马楼汉简中的田制等问题”。主要辨析了《都乡七年垦田租簿》和走马楼西汉简的年代问题，“提封田”的内容与争议，以及名田或授田制的瓦解和原因。第六章，“凤凰山汉墓简牍中的田制等问题”。主要创新和发现是，《算簿》中含有口钱和算赋，亦即传世文献记载的每人20钱和120钱，以及地方基层政府有虚、实两个账本。第七章，“从户籍制度看秦汉土地制度”。主要内容是对秦代迁陵县户口的全新推算、“积户”和“见户”的阐释、“积”的考核方式、汉初《田命籍》和《田租籍》的考证。第八章，“从赋税制度看秦汉土地制度”。主要创新是，秦的所有赋税都可以统称为“户赋”，秦代确有仅向妇女征收的算赋，事算即承担口算和徭役，两汉时期也是按其制度征收算赋和口钱的。余论，“秦汉魏晋南北朝土地制度的嬗变”。主要从宏观角度研究和总结了战国至隋唐时期土地制度的嬗变，包括从土地国有为主到土地私有为主再到土地国有为主的嬗变规律、特点、作用和经验教训等。

（杨博）

《新出简牍与秦汉赋役制度研究》

朱德贵著《新出简牍与秦汉赋役制度研究》，中国人民大学出版社2021年8月出版。该书系国家社会科学基金后期资助项目的研究成果。近些年来，学界陆续刊布一批崭新的秦汉简牍材料，如《里耶秦简（壹—贰）》《岳麓书院藏秦简（壹—陆）》《肩水金关汉简（壹—伍）》《地湾汉简》《长沙东牌楼东汉简牍》《长沙五一广场东汉简牍（壹—肆）》《长沙尚德街东汉简牍》等。这些材料为我们重新认识和审视秦汉赋役制度史研究中的一些疑难问题提供了新的史料支撑。该书分为七章。第一章，主要介绍了秦汉赋役制度史研究现状、研究方法及新出简牍史料等内容。第二章，主要探讨了秦汉土地制度及田税征收问题。根据新出简牍，秦汉既存在土地国有制，也存在土地私有制。田税既非按亩征收，亦非按顷征收，而是依什一之率或十二税一划定农户税田的面积，再按产量确定税田的地块、亩产量及租税。第三章，主要探讨了秦汉商业与商业税的征收问题。新出简牍表明，秦汉地方商业异常发达，百姓日常的生产与生活资料的交易相当兴盛。同时，秦汉市租和质钱的征收也趋于制度化。第四章，主要研究了秦财产税（即訾税）的征收问题。新出简牍首次披露了秦存在征收财产税的历史真相。第五章，主要研究了秦汉户赋问题。新出简牍表明，秦户赋征收的对象不是“五大夫爵及其以下凡有立户者”，而是“泰（大）庶长以下”凡有立户权者。同时，该律文中的户刍亦非一种与户赋并列的独立税目，而是官府征收户赋的多种物质形态之一。不仅如此，秦汉时期的户赋还与军事有着紧密的联系，是军备物资和军费的主要来源。第六章，主要分析了秦汉人头税问题。我们认为算赋的内涵指的是按算征赋，它不能指代算百二十的成丁税；同时，口钱亦非口赋，它其实指的就是加藤繁所言之儿童税。第七章，主要探讨了秦汉徭戍问题。秦简显示，秦“小”的年龄段为 18 岁以下，而非 1 至 14 岁。秦律对 18 岁以上及“未盈十八岁”者在承担法律责任及义务方面各不相同。该书还详细分析了岳麓秦简刊布的 7 份《徭律》文书，指出秦法定意义上的徭不包含奴徭和吏徭。至于戍役，秦代在取庸代戍方面并无爵位高低之限制，但对庸代人者和取代者的身体强弱和籍贯作了严格的规定。秦代还存在“戍者月更”“君子守官”代役以及请假销假等制度。在此基础上，我们根据青岛土山屯汉墓木牍的记载，还详细考察了汉代“罢癃钱”“罢癃卒钱”“更卒钱”“戍卒钱”“过更卒钱”等一些以往闻所未闻的财税名目。研究表明，汉代更赋实由“罢癃钱”“罢癃卒钱”“更卒钱”“戍卒钱”和“过更卒钱”五部分组成。其中“罢癃钱”“罢癃卒钱”和“过更卒钱”属官府固定征收的税目。从土山屯西汉木牍《堂邑元寿二年要具簿》和《元寿二年十一月见钱及逋簿》上看，更卒既是本郡县“一月一更”之役的承担者，也是“岁更”戍边之役的承担者。

（杨博）

《秦简所见地方行政制度研究》

沈刚著《秦简所见地方行政制度研究》，中国社会科学出版社 2021 年 3 月出版。该书是2016年度国家社科基金重点项目结项成果，书稿入选2019年度国家哲学社会科学成果文库。近些年秦汉简牍刊布数量不断增多，成为研究秦汉历史重要的材料来源。特别是地方行政档案和法律文书简牍为推进秦汉地方行政制度的研究发挥了很大作用。该书利用里耶秦简为主的县级行政档案和岳麓书院藏秦简为主的律令文书，以及其他出土资料，并结合传世文献，从地方机构吏员、行政运作机制、制度应用等几个角度，对秦统一前后的地方行政制度，特别是县级行政制度作了较为系统的考察。内容包括三部分：第一部分分析了秦县级政权的吏员身份与作用等问题。在令、丞、尉三者之间的关系中，尉领导武职系统，尚未取得与令、丞平等的地位。守“吏”身份为临时代理真官。地方官吏选拔标准统一、程序严格，但受客观条件制约，并未取得预期效果。冗吏、吏仆与吏养等也是保障行政运转不可或缺的人员。第二部分考察了地方行政体系运作。主要从中央和地方各级机构在社会管理中所扮演的角色、信息传递途径、政务告知方式及稟食问题等几个方面进行探讨。秦代中央通过多种途径树立起自己的权威。郡通过期会、派遣属吏监督等方式行使其管辖权。县有很大的自主权，是地方行政重心。乡是执行国家意志的基层据点。秦代国家利用谒告与期会等形式保障对重要政务及时知晓，通过文书制度、官吏徭使等手段保证了政令畅通。第三部分探讨了秦地方行政制度的具体应用。秦代国家通过行政系统实现对社会资源，包括人力资源和财物的敛取。这主要利用户籍制度来掌握人口数据，以复杂的身份制度和体系掌控劳动力资源。地方政府中设置专门的财政机构和职官，通过“计”“课”等统计、考课制度保证国家财政收入。秦代国家还利用对市场进行管理、整合民间风俗到国家祭祀体系中等手段，实现对地方社会的控制。该书在一定程度上复原出秦代地方行政制度的基本面貌和特点，补充了秦汉制度史的新知识，展现了中国古代帝制形成初期的基层社会统治细节，提供了从分封体制向郡县体制转换时地方行政方面表现出的新面貌。

（杨博）

《秦简牍所见仓储制度研究》

谢坤著《秦简牍所见仓储制度研究》，上海古籍出版社2021年5月出版。该书系教育部人文社会科学青年项目“秦简牍所见仓储史料的整理与研究”的最终成果。粮仓的建设和管理，是关系国计民生的大事。作为社会经济史的重要内容，仓储制度的研究向来受到学者的重视。然而，受限于史料，秦代仓储制度的探讨长期以来较难开展，有关成果还并不多。近几十年来，睡虎地秦简、里耶秦简、岳麓书院藏秦简等多批秦简牍材料陆续整理公布，较多有关秦代仓储制度的史料重见天日，秦代仓储制度的研究因而有了更好的资料条件。谢坤的《秦简牍所见仓储制度研究》正是利用新出土的秦简牍材料，同时突破字词的解读考释，解决关键历史问题的最新成果。全书正文分作六章。第一章主要讨论了秦简中所见的仓廥设置的问题，包括仓和廥的功能区分、仓廥设置的位置、乡仓的管理等。第二章结合简牍秦律及禀食发放的具体文书指出，秦代禀食的发粮机构、禀食程序、发粮方式都遵循一定规律，并对这些管理制度进行了具体考察。第三章选取了“水火败亡”、捕鼠、防鸟三个视角，具体分析了秦简中所见的粮仓安全管理问题。第四章系统梳理了秦仓管理隶臣妾的若干细节，涉及隶臣妾衣食住行等多个方面。第五章通过对 8 - 150 + 8 - 495 号简的复原，指出里耶秦简的“仓课志”文书主要反映的是官府对秦仓官“管理徒隶”“管理禽畜”两项职能的监督，同时对所记的八项考课内容分别进行了考证。第六章通过对岳麓秦简所见涉仓诸律的解析，探讨了秦仓对墙垣高度、安全措施、器具设施等具体细节的详尽规定。在文字论证之外，该书还附有不少精美的统计表格和佐证图形，极大方便了读者的阅读。农业是古代社会的基础，粮食又是社会稳定的关键，仓储制度关系国家经济命脉，历来为统治者所重视。该书综合运用传世文献与出土文献，突破字词的解读考释，利用出土材料去解决关键历史问题。该书资料详实、内容丰富，不仅系统研究了秦代仓储制度，对于简牍学的研究亦有推动，并且能够助力与其相关的社会经济史的研究。

（杨博）

《悬泉汉简：社会与制度》

张俊民著《悬泉汉简：社会与制度》，甘肃文化出版社 2021 年 5 月出版。该书是作者多年梳理悬泉置汉简的结晶，曾在 2014 年度得到“甘肃省文物保护科学和技术研究”的支持而拾遗补缺，结项之后，被收入国家出版基金项目杨富学主编的“丝绸之路与历史文化研究书系”。悬泉置是汉代敦煌郡九个驿站之一，悬泉置汉简是悬泉置日常运作而形成的档案文书遗留而被考古发掘的部分，围绕其迎来送往、政令邮书传递而形成的文书，是我们考察汉代邮驿制度的重要资料。基于此而产生的管理制度、人员接待、物资供给与监督文书，是汉代社会生活与政治制度的重要部分。全书分上、下两篇，分述汉简所见的敦煌社会与制度文书。上篇根据简牍文书资料的多寡，用不同的叙述手法，分述敦煌社会不同层面的治理。其中前二章，梳理敦煌郡太守府的太守、长史人名编年；接下来用三章的篇幅，整理效谷县的吏员与乡、里名称；第六章是敦煌县的乡、里资料，敦煌县有都乡、南乡、北乡之外，还有武威乡，一县之中竟有五十个里；广至、渊泉二县的地理问题较多，书中重点体现渊泉县的地理位置及其在敦煌郡邮驿路线上的重要性；冥安、龙勒，资料少而合二为一。其中对敦煌郡乡、里资料的梳理，为我们认识汉代边郡社会生活提供了重要参考资料。下篇分律令、诏书与赦令三章，对悬泉置汉简出现的文书进行全面梳理，借助汉代的一个驿站文档再现“普天之下，莫非王土；率土之滨，莫非王臣”政治格局。除了宏观层面社会通用的诏书、律令制度外，书中还涉及悬泉置日常管理、运作中具体的应用文书。是对汉代制度史研究的重要补充。该书对悬泉置汉简的梳理，为我们认识汉代西北边疆敦煌郡的社会面貌、机构运作与政治制度提供了一个比较粗略的轮廓，对已有的认识进行了重要补充。如汉代的守官之制，“效谷守长”可以是“龙勒长”、也可以是“渊泉尉”或“敦煌守右尉”；通过汉简诏书与《汉书》所载诏书文字的比勘，可以发现班固《汉书》并没有直接照抄原有的诏书文字，而是删减缛节、进行了改造。《悬泉汉简：社会与制度》是特定时空下的产物，书中引用的简牍释文会与后期红外技术条件下形成的简牍释文存在一定的差异。这是作者需要补充说明的部分，也是读者需要留意的地方。

（杨博）

《肩水金关汉简释文合校》

姚磊著《肩水金关汉简释文合校》，中国社会科学出版社 2021 年 6 月出版。该书系 2019 年度河南省哲学社会科学规划项目“《肩水金关汉简》文本整理与研究”的结项成果，经河南省哲学社会科学规划办组织专家组鉴定，等级为优秀。该书是第一部对肩水金关汉简释文进行全面考订的专书，部分内容在出版之前，已通过武汉大学简帛网等学术网站以及学术期刊对外公布，学界采信多，认可度较高。该书共分为五个部分，第一部分是对《肩水金关汉简（壹)》的校订，涉及 73EJT1、73EJT2、73EJT3、73EJT4、73EJT5、73EJT6、73EJT7、73EJT8、73EJT9、73EJT10 等 10 个探方的 459 组简；第二部分是对《肩水金关汉简（贰)》的校订，涉及 73EJT11、73EJT14、73EJT15、73EJT21、73EJT22、73EJT23、73EJT24 等 7 个探方的 439 组简；第三部分是对《肩水金关汉简（叁)》的校订，涉及 73EJT24、73EJT25、73EJT26、73EJT27、73EJT28、73EJT29、73EJT30、73EJT31、73EJT32 等 9 个探方的 193 组简；第四部分是对《肩水金关汉简（肆)》的校订，涉及 73EJT33、73EJT34、73EJT35、73EJT37、73EJH1、73EJH2、73EJF1 等 7 个探方的 189 组简；第五部分是对《肩水金关汉简（伍)》的校订，涉及 73EJF2、73EJF3、73EJT4H、73EJD、72EJC、73EJC、72ECC 等 7 个探方的 160 组简。五个部分合计讨论了 1440 组简，约占整个肩水金关汉简的 15%，校简规模很大。作者疏理学术史的能力较为突出，用功很深，全书的脚注有 1200 多条，对学界已有成果进行了全方位的汇集。读者一书在手，就可通读整个肩水金关汉简已有的释文校订成果，十分方便。作者下笔谨慎，以按语的形式进行注解，对涉及的 1400 多条简文的考订、修补十分到位。如 73EJT9：34B 号简，作者指出“‘留’下一字整理者释作‘敢’字，恐非，此字当是‘止’字。‘毋苛留止敢言之’是文书习语，书手在此处遗漏了‘敢’字，疑整理者可能由辞例顺了下去，导致遗漏”；如73EJT4：38号简补充的“缑氏东宛里”；如73EJT21：205B号简补充的“正月积”；再如73EJT23：230号简补充的“年五十自言”，都十分准确。这些修订对于完善汉简文意、考订史事都起到了画龙点睛的作用。随着西北汉简研究的深入以及悬泉汉简等材料的公布，学界关于《肩水金关汉简》的研究肯定也会逐步增多，而姚磊《肩水金关汉简释文合校》一书对西北汉简整理及研究的启示会越来越大，为下一步的整理工作无疑提供了更好的版本，对以后如何考订西北汉简，如何展现成果，如何建构体例，该书都提供了很好的借鉴。

（杨博）

《马王堆帛书研究》

陈松长著《马王堆帛书研究》，商务印书馆2021年5月出版。1973年，长沙马王堆三号汉墓中发现大批西汉帛书。这批帛书不仅数量多达50余种，篇幅10多万字，且在形制上第一次向世人形象地展示了古代典籍文献类帛书的原始面貌。陈松长先生作为马王堆帛书的早期整理研究者之一，对帛书的整理与研究都取得了相当丰硕的成果，此书便是他在湖南省博物馆近20年整理研究马王堆帛书的成果集结。该书是对马王堆帛书全面系统的研究专著，对举凡形制、性质、分类、帛图、书法艺术等都进行了深入精辟的释读、考证、辨析和探讨，对中国古代文字史、书籍史、国学及古籍整理诸领域研究均有重要的贡献。该书凡七章，分别为1. 马王堆帛书形制研究；2. 马王堆帛书性质与分类；3. 马王堆帛书《易传》整理与研究；4. 马王堆帛书《刑德》研究；5. 马王堆帛书《阴阳五行》研究；6. 马王堆帛图研究；7. 马王堆帛书书法艺术研究，主要从文字和文献角度，分七章对马王堆帛书的形制、性质、分类以及《易传》《刑德》《阴阳五行》、帛图、帛书释文和篇章关系等作了详细的研究讨论，同时还对帛书的书法成就作出了分析和总结。书中收录的插图，全部采用高清彩色图版，且很多采用折页的形式，第一次以件为单位，较好地展示了帛书的整体面貌。附录《马王堆帛书研究论著目录》将研究成果的收录更新至2018年9月，这也是迄今为止收录最全的马王堆帛书研究论著目录之一。

（杨博）

《新出秦汉简帛丛考》

何有祖著《新出秦汉简帛丛考》，科学出版社2021年9月出版。该书系“古文字与中华文明传承发展工程”项目成果，得到国家社科基金重大项目“湖北出土未刊布楚简（五种）集成研究”等项目的资助，收入“武汉大学简帛丛书”。过去二三十年，大量反映中国秦汉时期社会制度、文化的珍贵简帛文献的出土与及时公布，极大充实了秦汉史、文献研究的资料库。但由于缺乏足够的文献、文例参考，已有秦汉简帛文献的整理研究仍有较多工作可做。该书收集作者在秦汉简帛文本解读方面的多篇论文，并按出土区域及收藏单位分类，全书分为七章。第一、二章对湖北地区出土秦汉简牍（如张家山 M247 汉简、荆州高台 M46 汉牍、云梦睡虎地 77 号汉简牍等）在简牍缀合、文字考释方面提出了新的意见，如指出《二年律令》83 号简可与原报告第 125 页的第 12 个残片缀合，释“老”字，使“公士、公士妻及老行年七十以上”文句意思更为清晰；将原 374 号简分拆归入 373、381 号简，复原 373 号简；释荆州高台 M46 汉牍“穿”“春”“费”等字，并疏解文意。第三章对湖南出土的兔子山 9 号井秦牍、马王堆帛书《春秋事语》、长沙尚德街东汉简牍进行考释，如释兔子山 9 号井出土秦牍“毋以”“刑杀”等字词。第四章对甘肃出土《肩水金关汉简（叁）》《肩水金关汉简（肆）》《居延汉简（壹）》部分简文进行缀合、考释，如释“民”字，并共计缀合 12 枚简牍。第五章对广州南越国宫署遗址西汉木简、安徽天长纪庄汉牍加以考释，如释“上计”“英”等字词。第六章对岳麓书院藏秦简《奏谳书》、《为吏治官及黔首》等篇部分简文加以考释，如释“郭”，指出“城塞陛郭”之“陛”“郭”，也见于睡虎地秦简《为吏之道》8 至 10 号简。第七章对北京大学藏秦简《泰原有死者》、《教女》等篇，佣作文书木牍 W－014，以及北京大学藏汉简《妄稽》部分简文加以考释，如释“若”“漬”“弩”等字。该书利用比较研究方法，在简帛文字考释、简牍缀合等方面取得新的重要进展，为学界后续更深入的研究提供了便利。

（杨博）

《魏晋政治社会史研究》

［日］福原启郎著，陆帅、刘萃峰、张紫毫译《魏晋政治社会史研究》，江苏人民出版社 2021 年 1 月出版。福原启郎，1952 年生，京都大学文学博士，京都外国语大学教授。在京都大学文学部学习期间，师从岛田虔次、川胜义雄、谷川道雄等。主要研究方向为魏晋南北朝史，尤其关注魏晋政治史、社会史，于《东洋史研究》《六朝学术学会报》《唐代史研究》等刊物发表论文 30 余篇。《魏晋政治社会史研究》为其代表作。此次中译本由陆帅等翻译，收入海外中国研究丛书。该书从政治史（第一至六章）与社会史（第七至十一章）两个维度对曹魏、西晋时期的历史展开研究。首章就曹魏、西晋、东晋时代反复出现的是否复肉刑的朝廷议论，特别以赞成派、反对派的相关论据为中心展开论述。第二章《魏明帝——奢靡皇帝的实像》讨论了意图复肉刑的魏明帝。作者试图解决的疑问是，为何在大臣不断上书谏言的情况下，魏明帝仍强行营造宫殿？第三章《关于西晋国子学创立的考察》针对西晋建立国子学，特别对就任国子祭酒与博士的相关人物、国子学的建立年代及建立背景等问题展开重点讨论。第四章对《晋辟雍碑》及其相关问题展开考论，在分析碑阳文字的同时，还就立碑背

景、碑阴题名展开分析，由此考察《晋辟雍碑》所蕴含的时代特性。第五章《八王之乱的本质》与第六章《西晋时代宗室诸王的特质》都是针对西晋灭亡的要因——八王之乱的讨论，作者试图解决的疑问有二：为何政治抗争会连锁性地反复发生？西晋宗室诸王为何会成为八王之乱的主角？由此探讨了宗室诸王僚属的人员结构、特征以及皇权的权威在八王之乱中被利用的情况等问题。第七章与第八章都是西晋贵族社会特征的相关讨论。第七章《关于贾谧“二十四友”的若干问题》讨论了元康年间“二十四友”的历史特征。第八章针对《世说新语》中《俭啬》《汰侈》所收西晋、东晋贵族社会吝啬、奢侈的逸事，注意分析吝啬与奢侈的差别，从而解释贵族社会的一个侧面。第九章的研究对象是讽刺当时拜金主义风潮的鲁褒《钱神论》。第十章的研究对象是批判当时选举状况腐败的王沈《释时论》。通过对这篇文章的分析、讨论，来切近当时选举的实态。第十一章《西晋墓志的意义》对西晋墓志分布的地域倾向、女性墓志较为多见的现象展开讨论，还对墓志铭的起源提出见解。作者试图通过考察这些具体问题，揭示曹魏、西晋时期的政治、社会特征，探寻魏晋国家体制崩溃的深层次原因，其目的依然是延续并深化老一辈日本学者的研究：进一步认识六朝贵族制社会的本质。

（刘凯）

《地域性与南朝政局：围绕政权基础与军镇的考察》

权家玉著《地域性与南朝政局：围绕政权基础与军镇的考察》，社会科学文献出版社 2021 年 9 月出版。权家玉，1980 年 9 月生，安徽寿县人，2000—2009 年先后毕业于安徽大学社会学系、武汉大学历史学院，获得法学学士、历史学硕士及博士学位。2009—2011 年于中山大学历史学系从事博士后研究工作。现为陕西师范大学历史文化学院副教授。研究方向为魏晋南北朝史。该书围绕南朝政权的建康化和南朝军镇的独立化展开，从政治、经济等领域考察作为政治中心的建康与军事区域的都督区在实力上的此消彼长，并对个中缘由进行了较深入的探讨。全书分为两部分，上编从政权角度探讨以建康为中心的南朝政权体现出的扬州内循环模式，重点从财政的角度分析建康政权对扬州的依赖和财政危机，以及与此相关的士人贫困问题。同时从君臣关系入手讨论南朝君臣关系，展现出政权的自我封闭性及皇权传递过程中有生力量的急剧消耗，从而得出政权自都督区崛起入主建康后即走向衰落的结论；下编从都督区入手，分析南朝都督区独立化的形成，与北朝的对峙使军事力量得到维持，都督兼刺史使其获得财权自主，辖区任官的相对自主、作部的军械供应使南朝的都督区演变为独立性极强的“类藩镇”形态。作者认为南朝在空间结构上展现出突出的“内”“外”对立。“内”的层面，建康与三吴的天然依赖关系，束缚了政权的生命空间，从而使政权运作形成扬州内循环模式，赋予了政权自我孤立的特点。在政权的结构上，南朝的君臣关系展现出皇位的可继承性与政权基础的不可继承性，几乎每一次皇位传递都带来有生力量的极大内耗，这不仅造成“内”“外”对立中的力量失衡，也为外镇兵指建康创造了契机。“外”的层面，都督兼刺史的模式，促使都督区形成内部完整的行政结构，为人力、武力、财力的积累创造了条件。同时，建康的自我封闭造成人才上升途径的受阻，为起兵创造情绪条件，故而都督区针对建康的军事行动，不仅体现出空间的对立，也展现出群体对立的一面。南朝历史的演进，正是在这一背景下展开的。该书史论结合，旁征博引，从宏观和微观两个层面探讨了南朝历史的发展趋势，是一部佳作。

（刘凯）

《齐梁皇室的佛教信仰与撰述》

李猛著《齐梁皇室的佛教信仰与撰述》，中华书局2021年11月出版。李猛，1987年生，复旦大学中文系讲师。2017年毕业于复旦大学中文系，获文学博士学位；同年进入中国人民大学文学院，从事博士后研究工作。2019年博士后出站，回复旦任教。参与修订本《资治通鉴》的点校，在《中央研究院历史语言研究所集刊》（中国台湾）、《文史》、《文学遗产》等刊物发表论文十余篇。主要研究领域为汉唐文献，尤其关注晋唐佛教文献、佛教史，兼及六朝文学。兰陵萧氏作为齐梁皇室，在南朝的政治史、佛教史以及文学史上都有独特的位置，历来都是南北朝文学、史学乃至哲学研究的热点话题。《齐梁皇室的佛教信仰与撰述》一书不拘于学科限制，以晋唐佛教文献以及传世史部、集部文献为基础，以齐梁皇室的佛教活动与相关撰述为主要线索，融合文史，深入讨论了齐梁时期的佛教、佛教影响下的士人思想变迁与诗文创作，以及内外典籍编撰等诸多领域的问题。该书正文分十章。第一章探讨齐武帝萧赜永明中后期对佛教的整顿，考察具体措施之后，探索齐武帝整顿佛教的背景、条件及目的。第二章以从“御膳不宰牲”到“不用牲祭”为视角，考察齐武帝“断杀”。第三章考释齐武帝不豫之际“感梦见优昙钵华”及其相关操作的政治意涵。第四章则关注文惠太子萧长懋与佛教及其诗文。第五章以萧子良与诸人来往书信为中心考察萧子良永明中后期的奉法与弘法。第六章关注并详细考察《齐太宰竟陵文宣王法集录》，揭示其价值。第七章探讨萧子良“佚文”与南朝佛教往还启书的归属与拟题。第八章以“邸园”与“邸寺”为中心，考察萧子良与西邸文士的精神生活。第九章以梁武帝萧衍《敕答臣下神灭论》为切入点，窥管梁初佛教。第十章从萧绎《法宝联璧序》的视角尝试解答南朝文学集团的产生。另有附录三篇，分别是梁武帝萧衍的早年行止——兼谈萧衍对其早年形象的塑造、南北朝隋唐兰陵萧氏谱与齐梁宗室封爵表。该书是对目前中古史研究领域细致分析史料、诗文等文本的进一步延展和开拓，动态地解读了佛教文献的文本变化，深度分析了其年代、层次、史源，并发掘佛教文献背后蕴含的丰富信息，对现有南朝文学史、佛教史、政治史乃至中古士族等领域的研究模式有所突破。

（刘凯）

《中古中国的孝子和社会秩序》

［美］南恺时著，戴卫红译《中古中国的孝子和社会秩序》，中国社会科学出版社 2021 年 10 月出版。南恺时（Keith N. Knapp），美国南卡罗纳州堡垒军事学院历史系教授，美国中国中古学会会长，东南美国古代中国圆桌会议会长，古代中国学会理事，中国宗教研究学会理事，美国宗教学会会员，北美亚洲研究学会会员。《剑桥中国魏晋南北朝史》主编。该书是南恺时博士论文与近年研究综合改写的成果，此前郑雅茹曾有评介（参见《新史学》2006 年第 2 期）。此次由中国社会科学院古代史研究所戴卫红研究员翻译。“孝”在传统中国文化中受到极度推崇，深植于心态、观念，外显于行事、制度，在政治、社会、文化等领域都产生相当影响。重视孝道，是中国文化中的集体心态，但在漫长历史洪流中，随著政治、社会、思想、宗教、经济的变动，不同时代对于孝道观的诠释、孝行的认定与评价，行孝的周边效益，以及劝孝机制的运作等，都绝非一成不变。换言之，“孝”作为一种集体的文化心态，在不同时代有何特征、如何与各种制度互动，对特定时代、地域、阶层、性别的人产生什么作用，是个牵涉极广而至今在各方面仍缺乏深入研究的课题。全书广泛利用孝子故事来讨论中古精英阶层家庭伦理，将中古前期的孝子传放入时代脉络，讨论中古时期人们热衷于书写、阅读孝子传的历史条件与目的，并分析孝子传的内容所反映的当时人们的心态与文化价值。该书结构层次清楚，除序章与结语外，共分七章，第一章揭示促成孝子故事流行于中古前期的两大历史因素：扩展家庭与儒家的胜利；第二章讨论孝子故事的起源及用途，第三章重点考察此时期的《孝子传》，第四到六章针对《孝子传》内容进行专题分析：第四章讨论孝感奇迹，第五章讨论供养，第六章讨论服丧与丧仪过礼问题，第七章则分析孝德与性别的关系。全书从孝子传文类兴起的时代背景，深入探讨中古时期开展读、写孝子传活动的历史脉络，再进入到主题内容的具体分析，将三百多篇看似情节荒诞、内容多有重复的故事，梳理出一条清晰的历时性的演变脉络，挖掘故事背后丰富的文化意义，彰显文章与时代变迁的关联。南恺时指出孝子故事是挖掘中古时期士人伦理价值、思想观念、文化心态的丰富宝藏。在论述过程中，他将墓葬考古发现的孝子图也一并纳入考察范围，在许多方面发挥补充文本的作用，更有力地呈现孝子故事传播的情况，及其蕴含的文化意义。该书

对中古孝文化的研究起了重要推动作用。

（刘凯）

《中古官修史体制的运作与演进》

聂溦萌著《中古官修史体制的运作与演进》，上海古籍出版社2021年4月出版。聂溦萌，1986年生，北京人，北京大学历史学博士。曾任北京大学中文系博士后、南京大学历史学院助理研究员，现为首都师范大学历史学院讲师。在《中国史研究》《文史》《中华文史论丛》《唐研究》等刊物发表论文二十余篇。主要研究方向为汉魏南北朝史、历史文献学。该书是在作者博士论文的基础上修改完成的，收入"中古中国知识·信仰·制度研究书系"，唐雯曾有评介（《"文献的法医学"——评聂溦萌〈中古官修史体制的运作与演进〉》）。该书有两点值得关注。第一是避免官修、私撰对立的视角。汉魏以来，史学独立，汉唐之间史书种类与数量的繁荣、私撰史学的发达广受关注。然而即便私人撰写的史书，若以王朝为记载对象，也必然包含官方因素。该书避免官修、私撰对立的视角，注意到官方常规化的修史体制改造了王朝史编纂的大环境，也使纪传史体裁发生了变化。第二是提出"官修史体制"的概念。所谓"官修史体制"，指一套由制度保障的资料收集、整理、编纂机制及相关职官设置。在汉魏南北朝时期，中央机构的官修史体制逐渐将政务运作、文书与历史编纂的关联性变得制度化、惯常化。作者主要从两个角度对"官修史体制"进行考察。一是在纪传史的横截面中探讨体裁模板与史源如何相互适应，围绕四夷列国传、孝义类传、一般臣僚传记与相关政务运作的联动进行了讨论。二是考察纵向的史料加工编纂过程的发展，讨论了东晋与刘宋、十六国与北魏的修史，观察编年、纪传共同参与的史书编纂过程。唐雯指出，在全书的起首，作者并未像一般著作一样回顾本课题的相关学术史，而是回到了问题的原点，从《史记》开始追问纪传编次的内在逻辑以及因此形成的传统，既而讨论《汉书》以降诸史对《史记》确立传统的继承、发展、革新，直到唐代定型的过程。而在这长达数百年的过程中，纪传体正史的传统也塑造着官方的修史体制，两者在长期的互动中最终走向唐代的定型。本章可以视为全书的一个引子，引出整个官方修史体系如何在既有体制内解决史源问题以及这一体系如何细化编纂流程。在这一框架下，全书第二至四章讨论政务文书进入正史成为其史源性文献的历史过程，第五章则可以视作南北朝正史生成前史，在这些章节中，可以看到各个朝代不断地完善修史体系，以期将日常政务运作固定下来，最终形成官修正史的过程。随着修订本二十四史的陆续出版，对于正史本身及相关制度的研究也日趋深入，该书对中古正史本身的考察，为此后的深入研究打开了局面，树立了标杆。

（刘凯）

《葬之以礼：魏晋南北朝丧葬礼俗与文化变迁》

李梅田著《葬之以礼：魏晋南北朝丧葬礼俗与文化变迁》，上海古籍出版社 2021 年 4 月出版。李梅田，中国人民大学历史学院考古文博系教授、博士生导师，国家社科基金重大招标项目《隋唐五代壁画墓与中古文化变迁研究》首席专家。1987—1994 年、1999—2003 年在北京大学考古文博学院学习，获历史学博士学位。主要从事汉唐考古、美术考古的教学与研究，重点关注中古社会与文化艺术的变迁。撰有《魏晋北朝墓葬的考古学研究》《中国古代物质文化史——魏晋南北朝》等专著和《六朝文明》《粟特银器》等译著。考古所见墓葬是关于死亡的遗存，它不但是人类物质社会的遗存，也是人类精神世界的反映；不但有关死，也关乎生动的人类社会。三至六世纪的魏晋南北朝是中国古代一个极其特殊的时期，政权割据、人口迁徙、民族交融以及外来宗教和文化的渗透，共同促成了汉唐之间的社会转型与文化变迁。从这个社会背景探讨魏晋南北朝时期的丧葬礼俗与生死观，是考古学的重要任务。作者在前言部分，点出该书的研究方法的创新，即以“生死交互”为题，将考察视角从礼制转向空间。主体部分共分六章。前三章通过分析魏晋北朝墓葬材料的类型和文化因素，将魏晋北朝墓葬分为 12 个区域，分别讨论了各区域墓葬文化的形成与互动。其中首章考察北朝墓葬复杂的地域文化，主要包括墓葬分布及墓葬文化区的形成。第二章系统考察墓葬时间和空间序列，分别涉及洛阳、邺城、云代、幽蓟、定冀、并州、青齐、关中、河西、辽西、辽东等区域。第三章则分四时段（曹魏西晋、十六国至北魏前期、北魏后期、东西魏—北齐周），分析墓葬文化区域互动与嬗变。后面三章在前三章的基础上，讨论汉唐之间墓葬的礼仪空间、丧葬模式和丧葬观念的转变，并对墓室图像、碑铭和器物所反映的南北朝文化交流进行了个案研究。其中第四章论述汉唐之间丧葬模式与礼仪空间，主要涉及丧葬模式的转变、丧葬观念的转变（以招魂葬为例）、墓葬形制与文化变迁（以弧壁砖室墓为例）。第五章转向关注丧葬图像，以墓室图像考察文化变迁，分别考察北朝丧葬图像的场景与意涵、襄阳南朝画像砖与地域文化、襄阳画像砖中的西曲歌与文康舞。第六章关注点变成“器以藏礼”，通过随葬之物考察礼俗变迁。其中四小节分别考察曹魏墓之刻铭牌与丧葬名物、作为祭器的漆器、乐浪王氏墓志与汉晋大族迁徙以及六朝墓葬中的反书砖铭。该书以翔实系统的考古文献为依托，辅以理论创新和视角转换，对推动魏晋南北朝丧葬礼俗与文化变迁的深入研究做出了重要贡献。

（刘凯）

《仪式理论视域下的魏晋南北朝五礼用乐研究》

李敦庆著《仪式理论视域下的魏晋南北朝五礼用乐研究》，中国社会科学出版社

2021年9月出版。李敦庆，男，1985年生，山东淄博人，文学博士，现为南阳师范学院文学院副教授，主要研究方向为先唐文学与文化、礼乐文化与文体等。已发表学术论文20余篇，出版专著1部（合著），主持国家社科基金青年项目1项、全国高校古籍整理研究项目1项、河南省教育厅人文社会科学研究项目1项。该书是在作者博士学位论文《魏晋南北朝礼仪用乐研究》基础上修订而成。主体部分共分八章。首章探究中国传统文化语境中礼仪用乐的结构及功能，分别考察仪式与礼仪概念的辨析、仪式音乐与礼仪用乐、礼仪用乐的结构形态及功能。第二章以“巫术、宗教与礼制”为视角，追溯先秦两汉仪式用乐的表现形态及功能。第三章总论魏晋南北朝五礼制度的建设及其用乐，分别考察了魏晋南北朝礼学发展与制礼作乐的互动关系、五礼制度下的魏晋南北朝礼仪用乐及制约魏晋南北朝五礼用乐建设的外部因素。第四至七章分别讨论魏晋南北朝的吉礼、宾礼、嘉礼、军乐、凶礼的禁乐与用乐。其中第四章主要以郊庙乐为主，对吉礼用乐进行考察，涉及礼经及其阐释中吉礼用乐的一般情形、郊庙祭仪用乐、郊庙乐舞创作沿革与郊庙歌辞四方面。第五章则是以元会用乐为中心，考察宾礼、嘉礼的用乐与沿革，涉及宾礼、嘉礼的仪式特点及魏晋南北朝宾礼、嘉礼的新变化，宾礼、嘉礼的用乐与沿革以及乐歌的主体内容与思想倾向。第六章论述军乐，涉及军礼及军乐、魏晋南北朝的军礼类型及其用乐，以及鼓吹乐在魏晋南北朝军礼及军事活动中的使用。第七章关注魏晋南北朝凶礼的禁乐与用乐，涉到凶礼的内容及凶礼禁乐、魏晋南北朝的凶礼禁乐，并以丧葬仪式中的鼓吹乐与挽歌为视角，讨论魏晋南北朝的丧礼用乐实践。第八章考察魏晋南北朝五礼用乐的功能指向及路径选择。作者指出，服务于皇权政治是魏晋南北朝礼仪用乐实践的第一要义，而魏晋南北朝礼仪用乐实践的路径选择体现在两方面：由礼经的文本形态至礼仪用乐的实践形态、魏晋南北朝五礼用乐实践对待传统的态度。该书运用仪式理论，对魏晋南北朝五礼用乐进行了系统考察。从礼仪用乐的功能角度探讨了这一时期各政权施行的吉礼、宾礼、嘉礼、军礼及凶礼的用乐情况，阐明了五礼用乐对维护统治的重要意义；从礼仪与音乐互动的角度探讨了音乐在国家礼仪中发挥作用的机制；从歌乐一体的角度探讨了这一时期礼仪用乐歌辞的思想内容、形式特点、艺术风格等问题。该书在一定程度上推进了魏晋南北朝礼乐文化研究，拓展了乐府歌辞的研究视域。

（刘凯）

《从文物考古透视六朝社会》

［德］安然著，周胤等译《从文物考古透视六朝社会》，南京大学出版社2021年1月出版。安然（Annette Kieser），慕尼黑大学博士毕业，德国明斯特大学“长江中游六朝（220—589）墓葬分析”研究项目负责人，明斯特大学中国艺术与考古学教授。

参与了由德国中央博物馆与山西省考古研究所主持的跨学科研究项目，并出版诸多有关中国艺术与考古学的专著、文章。该书由重庆大学人文社会科学高等研究院史学研究中心讲师周胤领衔翻译，收入“南京大学六朝研究所书系”。该书收录作者九篇文章。前六篇主要涉及东晋、南朝墓葬。其中第一篇以“魂返故土还是寄托异乡?”的问题为线索，以墓葬和墓志为视角，考察东晋的流徙士族。第二篇依然关注流徙士族群体，考察建康东晋流徙士族墓葬，对此提出新的解释。第四篇是以“长眠于他挚爱的山中?”的问题为引线，追寻王羲之墓。第五篇是从考古角度看东晋社会，所谓的考古角度，主要还是墓葬及相关随葬品，所考察的区域，主要有三处：长江下游的都城地区、长江中游的次级中心以及华南的偏远区域。第三篇与第五篇在时间与空间上有所勾连，关注墓葬与移民，时空转移至南朝的广东，以“广州皆平康”的记载为题，探讨南朝广东的墓葬与移民。第六篇颇有新意，作者试图将犯罪学与考古学这两个复杂的学科联系起来，考察犯罪与道德是如何反映在墓葬中的。为了达成此目标，作者选取的关注点是东晋三类墓主人的例子：以周氏为代表的南方当地精英阶层的成员；以琅琊王氏为代表的北方南渡衣冠；以高氏为代表的南方中下层官员及其家族成员。作者认为虽然三例中的成员都有参与叛乱的罪行，但这并不能通过其葬礼与墓葬反映出来：“只要家族仍然有能力和地位举办在他们严重适合的葬礼，则一定会为之举行，无论逝者生前做了怎样的错事。”最后三篇虽然依然关注墓葬，但其焦点与主题都已经变化：由其中的一样或多样随葬品占据表演舞台，以此来表达作者的创作主旨。第七篇以“孝子贤孙不见了?”为问题线索，以墓葬中的画像砖图像为依托，考察“孝”的主题在中古时代变迁中消失的现象与原因。第八篇关注六朝的漆器。第九篇则以香袋和猪圈为例，考察六朝墓葬中的厕所模型明器。该书中作者问题意识极为强烈，当时人们是如何面对战乱和由此而产生的逃亡迁移?他们怎样去适应陌生的环境?南方的考古发现揭示出流民与本土居民之间怎样的应对策略与互动关系?这一时期的巨变对物质文化和人民信仰的影响在考古发现上有怎样的表现?正是因为这些关键性问题，作者才能以中古早期，特别是东晋及南朝时期的墓葬和特定出土文物透视当时的社会历史背景。总之，该书堪称用物质遗产解答历史疑问的典范之作。

（刘凯）

《西域史研究文集（公元前 7—公元 6 世纪）》

余太山系列著作之一《西域史研究文集（公元前 7—公元 6 世纪）》英文版“*Studies on The History of The Western Regions*（*From The Seventh Century BCE to The Sixth Century CE*）”（共十种、十二册），商务印书馆 2021 年 7 月出版。该丛书是中国社会科学院荣誉学部委员，中国中亚史研究著名学者余太山近 30

年（1990—2017）发表英文论著的结集。全套系列丛书共计十种十二册，内容主要集中于公元前7世纪至公元6世纪古代西域史、丝绸之路史、中亚古族史研究。这些内容大致可分为两个层次。第一个层次主要是汉语等多语种文献的英译、辑注与研究。*A Concise Commentary on Monographs on the Western Regions in the Official History Books of the Western and Eastern Han, Wei, Jin, Southern and Northern Dynasties*（两汉魏晋南北朝正史西域传要注）、*Sources on the Hephthalite History*（嚈哒史料辑注）、*A Study of the Monographs on the Western Regions in the Official History Books of the Western and Eastern Han, Wei, Jin, Southern and Northern Dynasties*（两汉魏晋南北朝正史西域传研究）、*A Study of the Early Literatures on the Silk Road*（早期丝绸之路文献研究），主要围绕中国古代正史中的西域文献记载进行研究，特别是将中国古代史籍西域传等资料译成英文，并参考其它语种文献进行注释。丛书第二个研究层次，包括 *A Study of the Hephthalite History*（嚈哒史研究）、*The Earliest Tocharians in China: A Hypothesis*（中国最早吐火罗人新考）、*A Study of the Sakā History*（塞种史研究）、*A Study of the Kushān History*（贵霜史研究）、*A Study of the History of the Relationship between the Western and Eastern Han, Wei, Jin, Southern and Northern Dynasties and the Western Regions*（两汉魏晋南北朝与西域关系史研究）、*A Study of the Relations between China and the Mediterranean World in Ancient Times*（古代地中海和中国关系史研究），是在上述第一个层次的文献研究基础上，从中国古代西域史视野出发，对古代中亚历史上的嚈哒、贵霜与吐火罗史的具体问题进行考析，对公元前7世纪至公元6世纪中国古代王朝与西域关系史进行梳理与研究，进而将视野延伸到古代中国与地中海地区历史的考证。全套丛书见证了余太山从20世纪80年代至今40余年的治学历程。他自进入西域史、中亚史研究领域以来，就一直重视研究的国际化视野，坚持向国外学界积极译介自己的研究成果，是中国大陆最早实现研究成果“走出去”的学者之一。余太山立足于中国古代汉文文献的西域史视野，对古代汉文西域传的译注与研究奠定了他在国际学术界的声誉。其中，中国古代正史西域传的译注、研究成果早已成为国外中亚史、中国西域史研究的必备工具书，关于嚈哒史等中亚古族的研究成果，也成为国外古代中亚史研究者广泛引注的重要著作。不仅如此，丛书中的《贵霜史研究》等著作，也全面展示了余太山退休之后笔耕不辍，不断拓展古代中亚史研究的新成就。《公元前7世纪至公元6世纪西域史研究丛书》的文字，在作者写就之后，均经西方汉学家 Victor H. Mair（梅维恒）和 Bruce Doar（陶步思）的修改、编辑。同时，由于十种著作发表时间跨度较大（1990—2017），文字前后之间难免差异，此次结集、出版，由著者本人历时两年，做了修订与润色的工作。西方学界对余太山英文论著阅读与求购的呼声一直都很高，此次丛书的出版，为国外研究者了解、利用中国中亚史研究文献，提供了更多便利，更是中国“一带一路”史学研究“走出去”，进行国际化推广的重要成果。

（孙昊）

《汉唐论语学史》

丁红旗著《汉唐论语学史》，上海古籍出版社 2021 年 11 月出版。该书系 2018 年度国家社科基金后期资助项目成果。《论语》作为儒家重要经典，是儒家思想核心价值的集中体现，也构成了中国传统文化的重要组成部分。《论语》学，即整理、注释、解说等研究《论语》的学术传统同样源远流长。该书从汉唐《论语》注释的学术背景、汉唐《论语》注释对前代《论语》研究的继承与变更、士人对于《论语》的学习阅读情况等角度切入，讨论这一时期不同《论语》注释的特点及其影响，全面展现汉唐时期《论语》学的发展状况与发展趋势。全书正文分为五章。第一章，结合传世文献与出土文献讨论先秦与西汉时期《论语》文本的成形、流传与初步统一的过程，并分析了两汉时期社会中《论语》阅读学习的具体状况及其政治与学术背景。第二章，以郑玄、孔安国《论语》注本与曹魏石经为案例，讨论东汉时期纷呈的《论语》注释及其初步融合，并探讨古文经学的崛起对《论语》注释产生了怎样的影响。第三章，讨论魏晋时期《论语》注释的演变、创新与整合，首先以出土《论语》相关碑刻为切入点讨论魏晋社会对于孔子与儒学的尊崇；其次讨论两晋时期《论语》注释玄学化的风尚，主张《论语》注释在东晋时期进入总结时代，并开始出现多元化的趋势。第四章，首先以皇侃《论语集解义疏》为案例讨论南朝梁、陈时期《论语》注释中义疏体的出现与《论语》诠释方式的重要转向；其次讨论郑玄《论语注》在北方的流传与北朝士人对于《论语》的阅读与学习。第五章，首先讨论隋唐时期经学一统背景下《论语》被表彰、推崇的过程、表现以及这一现象对社会中《论语》阅读学习风气的影响；其次以吐鲁番出土《郑氏论语注》相关文献为案例论证郑玄《论语注》在唐代的衰落与退场，认为《论语》注释学在唐代陷入了衰落。该书围绕《论语》及其汉唐时期多个注本，在广泛掌握原始材料、对文献进行详细梳理的前提下，侧重对《论语》学史进行宏观论述，勾勒出《论语》从先秦到唐代的文本、诠释倾向，社会接受与社会影响的发展过程，在图景式的叙述中展现了汉唐时期《论语》注释学的发展脉络，也从一个侧面体现了这一时期政治、经学、社会等方面的发展与变迁。

（张倩茹）

《汉唐注疏写本研究》

［日］古胜隆一著《汉唐注疏写本研究》，社会科学文献出版社 2021 年 5 月出

版。古胜隆一（Ryuichi Kogachi），1970 年生于日本东京。东京大学博士，现任京都大学人文科学研究所准教授，研究方向为中国古典学、中国注释学史。该书的一大特色，是以日本所藏的中古注疏抄本研究中国的典籍文本与思想文化。全书分为上、下两篇，上篇是考证篇，下篇是思想篇。上篇考证篇收录文章七篇，以日藏中国典籍写本、抄本讨论五方面内容。（一）“略论旧写本《说文·口部》残简”一文，介绍和校读日本所见三种《说文·口部》残简。隋唐时期日本遣唐僧携带《说文解字》东渡，《说文·口部》写本因此得以长期在日本流传，作者推断三种《说文·口部》残简是流行于日本江户时代的“手鉴”，并根据纸质和字体判断其为仅存的日本平安时代（即中国唐代）的写本。（二）“徐邈音义中之去声问题”一文，据《集韵》去声各韵中徐邈的读音进行分析，认为徐邈入声本读、去声双读与上古音有对转关系，指出徐邈变读远承上古音的事实，从而反驳颜师古及清代学者对徐邈音读的批判。（三）三篇文章讨论《论语义疏》抄本的相关问题。国内最知名的《论语义疏》是《知不足斋丛书》本，其所据的底本是日人根本逊志校本《论语集解义疏》，而 1924 年武内义雄《论语义疏》校本则在根本逊志校本之上。“《论语义疏》文明本与武内本之差异”一文，比较武内义雄《论语义疏》与其依据的底本——龙谷大学所藏“文明本”的差异，指出其优缺点，作者认为，在根本逊志校本之前《论语义疏》没有刻本，因此，整理《论语义疏》不得不依据各种写本，而校勘写本的难度远高于刻本。“《乡党》‘立不中门’皇疏考正”“《八佾》‘告朔之饩羊’邢疏札记”二文，则是作者校勘研究《论语义疏》的实践。（四）“日本所藏《御注孝经》略说”一文，介绍日本《御注孝经》的传存系统，并以京都大学藏本《御注孝经》的注记为例，说明这些注记文字保留的唐代以来的注疏旧貌和日本古代汉学教授的实况。（五）“《日本国见在书目录》中所著录之《春秋公羊解徽》”一文，则考定《隋书·经籍志》所录《春秋公羊疏》即为《春秋公羊解徽》，其作者应为北朝学者，最早以十一卷或十二卷写本的形式流传。下篇思想篇收录论文七篇。“魏晋南北朝之释奠”一文，梳理魏晋南北朝释奠礼的实行情况，并指出魏晋时期释奠之前朝廷召集名士讲经论书的举动，促使讲经发展为义疏之学。“王弼《论语释疑》中的孔子形象”一文，则分析《论语释疑》的流传和逸文真伪，并讨论其所描述的孔子形象与王弼“圣人观”的关系。“北朝经学与《老子》”“《礼记正义》及贾大隐《老子述义》的融合主义”二文，则旨在厘清北朝经学与道家思想的关系，作者认为从北齐学者熊安生，到唐代贾公彦、贾大隐，其礼学均与《老子》有密切关系，北朝经学存在重视道家思想的传统。“刘炫《孝经·圣治章》讲义”一文，则为作者对《孝经·圣治章》经文、传文的现代讲解。“隋代儒教的地域性：以山东儒者为中心”一文，集中分析《隋书·儒林传》中由北齐入隋的山东儒者，说明北朝到隋代冀州、兖州的儒学发展。“《唐律疏议》与儒家义疏学”一文，由分析《唐律疏议》解释方法的基本特色与体例，进而讨论唐初律学家如何运用经典进行注疏。义疏是南北朝学者创制的新注释体，唐律与儒家思想接近，亦采取儒家义疏体例，以此，《唐律疏议》源于儒家经疏。该书充分利用日本流传的汉唐典籍注疏抄本，研究中国中古文献与思想，颇具新意。

（陈冠华、刘凯）

《隋代三省制及相关问题研究》

刘啸著《隋代三省制及相关问题研究》，中华书局2021年9月出版。该书由绪论、正文四章、结语以及三篇附录构成。该书在详尽地梳理学术史后，认为不应该以唐制来反观隋制，需要重新对隋代三省制进行专门研究。作者指出，在研究隋代三省制时需要充分讨论隋代三省长官与皇帝的关系问题，隋代三省制在隋代成立是实情还是后人想象？进一步而言，若隋代三省制成立，那么唐代有何调整？若三省制在隋代没有成立，那是何时成立的？基于以上问题，该书第一章在前人研究的基础上对三省长官、六部尚书、给事黄门侍郎、内史侍郎进行了考补与说明，为之后的研究打下了基础。该书第二章讨论了尚书左右仆射职权在隋唐间的变迁，九寺的兴废以及尚书与九卿存在“集议体制下的九卿负责制”，同时引入“使职”的概念从不同视角考察了汉唐间的“录尚书事”。作者在研究制度形成的过程中特别强调，皇权作为唯一的权力来源既可以制定有效的职官运行规则，也可以破坏它。该书第三章围绕门下、内史两省职权与地位的变迁展开论述。作者认为，殿内省的独立完成了门下省向政务部门的转变，并指出门下省基本没有实现限制皇权的意图。隋代的内史省继承了南北朝以来“管司王言”的职能，但并不能从中看出内史省有参与决策的权力。第四章指出隋代有三省，但并没有建立三省分权、互相制衡的三省制，一是因为尚书省权力仍超过中书、门下两省，二是因为皇权强大不知收敛。直至唐初，太宗对皇权的抑制使中书、门下通过政事堂有效发挥职能，尚书省因长官空缺而退出决策程序，三省才实际上向“三省制”发展。作者特别强调制度的发展与演变由种种因素交织而成，不是一人一时的事情，“三省制”在形成过程中不断受到来自皇权的影响。此外该书附录一以隋废太子案为线索讨论了杨勇对朋友的选择以及朋友对杨勇的影响。附录二将秘书省放置在魏晋南北朝时期的“门阀政治”框架中讨论，考证秘书省主要官职任职人员的履历，指出其选任标准由门第转变为学问。附录三考察了隋代县的等级由起初的三等九级发展至四等制，与之对应的是县令也有等级之差。隋代长安、大兴京县县令地位最高，由中央官兼任，雍州诸县县令有朝谒制度，提拔机会多，除此之外的全国诸县县令除了完成本职工作外，还要获得非常高的考课成绩才能获得超任。县令的职责中最重要的是向朝廷缴纳足额赋税。

（沈国光）

《武则天研究》

孟宪实著《武则天研究》，四川人民出版社 2021 年 8 月出版。该书由导论、正文二十一章和附录三部分组成。全书以武则天的人生经历为线索，基于详细的考证和客观的推论，对与武则天密切相关的一系列重要历史事件作出新的阐释。作者认为，武则天的故乡只有并州文水，其入宫与武士彟有关，是唐太宗统战政治行为的体现。史书中李君羡案件的形成，既有武则天的政治需要，又有古代历史学家政治天命观念的体现。永徽政治中，高宗为法理上的最高政治首脑，而实际首脑为长孙无忌，吴王恪之死便是这种“二元政治”结构的表现。李义府与武则天的关系、小公主之死及北门学士为武则天夺取权力的政治帮凶，是后武则天时代史书为妖魔化武则天而有意构想的，历史实相并非如此。高宗和武则天的“二圣”之称，属于宫中之称，可作家礼来理解，其并未在当时社会中引起反应。武则天以太后身份称制，是一个不断探索、选择和妥协的结果，并非一个自然而然的过程。武则天的尊号变化及舆论营造，既有传统儒家政治观念的作用，又吸收了佛教因素，但不能夸大其在改朝换代中的作用。武则天称帝是一件政治事件，她的政治经营是称帝成功的关键。而从性别史、阶级基础、制度史等视角进行的解释，虽部分正确，但没有抓住要害。总之，作者通过以上诸多与武则天相关的历史事件的考察，跳脱出后武则天时代历史记载的倾向性误导，尽力回到当时的历史场景中，还原出复杂的历史真相，给武则天以客观的认识与评价。

（沈国光）

《长安未远：唐代京畿的乡村社会》

徐畅著《长安未远：唐代京畿的乡村社会》，生活·读书·新知三联书店 2021 年 4 月出版。该书由导言、正文十二章组成。正文以聚落地理、户口居民、基层控制、生活世界四编，对唐代京畿的乡村社会进行全面考察。第一编从地形地貌、气候、物产与水资源，描述了京畿地区的自然地理图景，进而考察长安的基层聚落形态，认为唐都长安并无乡里，墓志中出现的城中乡记载则与北朝至隋唐长安地区历史地理变迁有关。作者通过出土墓志和传世文献补考出一些万年、长安县乡、里、村，以及京兆府畿县辖乡、里、村。第二编估算出京兆府乡坊总数、平均户口数和总户数，作者认为京畿乡村较之于外州县乡村，人口成分错杂，流动性较强，京畿乡村的居民结构主要由士与官员、农、工、商及少数族群构成。作者又以韦、杜二姓为例，观察京畿士族“中央化”的表现。韦、杜家族出于仕宦需要聚集于京城内，同时也没有放弃乡村根基。他们通过郡望书写、旧乡里的居民、城外别庄经营和归葬旧茔等方式，维持着乡里根基。

此外又通过白居易的个案，观察唐代长安的城乡生活。第三编指出唐廷高度重视京畿府县官的选任，体现了京畿地位之重要和国家对京畿实行着有效的行政控制。唐代京畿地区的行政控制层级依次为京兆府——县（京县、畿县）——乡、里、村，中央通过层层行政机构及官员设置，将政令传达至乡村社会。但当其中某个行政环节不畅通时，也会出现跨越一般行政层级的沟通。京畿乡村的权力格局中存在着“在地有力者”和“外来有力者”，他们与这一格局中的权力阶层（皇帝、中央及京畿地方行政系统及其官僚）形成复杂的权力格局。此外，政府又通过户口迁移之禁与开禁、括户等手段，控制京畿人口。第四编通过详细的计算，还原了唐中后期京畿区一户农民家庭的经济生活图景，指出这样一户家庭一年田间劳动所得，除了满足衣、食、住、农业生产、再生产这些基本需要外，还能有一定的盈余。除讨论经济生活外，该书还探讨了环长安区域的民众信仰与鬼神世界，体现了唐代京畿地区的丰富社会内涵。

（沈国光）

《唐宋乡村社会与国家经济关系研究》

耿元骊著《唐宋乡村社会与国家经济关系研究》，中国社会科学出版社 2021 年 8 月出版。该书由绪论、正文六章和余论组成。该著作通过乡村权力结构、法律诉讼、契约关系、财税汲取、生存秩序等方面，讨论唐宋乡村社会与国家的经济互动关系。作者认为，唐代乡村由“乡里制”转为“乡村制”的关键在于役事职责。国家要从乡村汲取财富，需要相应管道，而没有血缘和地缘关系的“里”，很难肩负起这样的任务，转为控制有血缘和地缘关系的自然聚落“村”，则是一条合适的途径。由于财政掠夺成为唯一目标，赋役征收成为乡村运转的主轴事务，导致乡村社会权力结构以财政胥吏为中心节点。宋代的乡村诉讼，展现了宋代法律运作方式，展现官员触角如何深入乡村，并通过诉讼在乡村和朝廷之间建立起了直接联系。在乡村诉讼中，地方官员通过“法意人情”“乡原体例”“干照分明”形成一个稳定的运行机制，对宋代乡村社会秩序、社会生活产生重大影响。唐五代契约的签署、契约中的保人和见人、政府颁发的市券和公验、违约纠纷的处理，说明国家权力落实延伸到乡村社会，延伸到每个具体的人，管控不仅是条文的形成运作，更是落实在每个人的日常生活当中。宋代的支移折变经历了从以“实物”或者实际劳作为主，向额定赋税并主要以钱折算的过渡，并最终发展成为一种“正常”的税收名目。支移折变对宋代乡村秩序的影响，既呈现出朝廷、州县、乡里矛盾纷争，也呈现出胥吏、村民彼此之间的各种矛盾。北宋中期，以苏州地区为代表的农民消费最主要还是粮食，当时农民的实际公私田租负担不高，生活水平相较于全国平均水平略高。宋代官户免役政策的总过程是，官户的权益在逐步缩小但又不致引起激烈反抗，由官户完全免役，到部分出钱，继之部分服役。宋代乡村社会最大的社会矛盾来自于役事的纠纷，既显示为村民和朝廷、村民与胥吏，更显示为村民和村民之间的矛盾。最后，作者以隋唐土地制度的变迁作为考察对象，对唐宋时代分期进行了反思。

（沈国光）

《唐三彩窑研究》

中国古陶瓷学会、河南省文物考古研究院、郑州大象陶瓷博物馆编著《唐三彩窑研究》（中国古陶瓷研究第 26 辑），科学出版社 2021 年 11 月出版。唐三彩，全称唐代三彩釉陶器，是在唐朝时期盛行的一种低温釉瓷器，主要有黄、绿、白、蓝、黑等色彩，因以黄、绿、白三色为主，故俗称为“唐三彩”。该书对唐三彩窑的窑址、窑口、瓷器等方面进行了搜集、介绍和研究，不仅包括精美的一手图片，还囊括国内二十多位古陶瓷专家学者对唐三彩窑的最新研究成果，研究内容分为“窑址篇”和“研究篇”两部分。“窑址篇”包括对河南省巩义市唐三彩窑、陕西省铜川市黄堡唐三彩窑、陕西省西安市唐醴泉坊唐三彩窑、陕西省西安市唐东市唐三彩窑、河北省内丘县唐三彩窑、河北省井陉县唐三彩窑、河北省曲阳县唐三彩窑、山西省浑源县唐三彩窑、山西省晋城市泽州唐三彩窑、四川省邛崃县唐三彩窑的资料搜集和整理；“研究篇”包括《唐三彩发现与研究述评》《唐三彩消费阶级考察报告》《西安、洛阳地区出土唐三彩述略》《浅论唐三彩与邛三彩》《邢窑唐三彩与源流》《别具一格真迹留——记井陉窑独特的晚唐、五代三彩》《河南巩义窑址概述》《试论邛窑低温釉瓷器的几个问题》《北朝晚期至唐代邢窑三彩暨低温釉陶研究——以窑址出土物及馆藏器为考察对象》《安徽省隋唐运河遗址出土唐三彩器研究》《河北出土唐三彩初步研究》《洛阳唐三彩——技术与观念的视角》《唐代多子盘及相关问题研究》《唐三彩动物俑的文化现象探索》《唐三彩器刻字、题字现象初探》《关于大象陶瓷博物馆藏三彩四孝塔式罐——唐代孝子传图》《记北京大学藏唐绿釉印花委角方盘和白釉碗及相关问题讨论》《唐青花及相关问题的初步认识》《浙江类型汉代铅釉陶器初探》《河北井陉窑唐三彩初步科学分析》《关于奈良三彩的若干问题》《中日合作研究巩义窑唐三彩 20 年纪要》，涵盖各地唐三彩的出土情况、分布源流、文化现象、刻字题字、工艺技术、花样特色、中日合作研究等问题，是 2021 年度非国有博物馆学术研究的重要成果之一。

（黄若然）

《铁袈裟——艺术史中的毁灭与重生》

郑岩著《铁袈裟——艺术史中的毁灭与重生》，生活·读书·新知三联书店 2021 年 12 月出版。所谓的“铁袈裟”，原属于山东长清灵岩寺一尊唐代金刚力士像，是晚唐的灭佛运动造成的碎片。通过拼合文献信息及李邕碑文等多种碎片，可以大致完成对金刚力士像的修复性研究。该书不尝试用艺术品碎片构织起一个完整的通史，而是意在将这块残铁拉回到时间与空间的原境、物与人的关系中，这是一次将艺术和历史打通的开放性、综合性的研究。博物馆中的艺术品展示井然有序，但艺术品的碎片形态本身瓦解了艺术品的完整性和视觉边界，并引导出一些不为人所注意的新问题。其一，当人意识到碎片原属于某个完整的有机体时，便会试图重构其所属的物质和历史语境，不再止步于碎片本身。一件完美的瓷器只可远观，而破碎却使我们看到了器物的内部空间、断裂后露出的胎体，感受到器壁的脆弱、茬口的锋利。新的视野激发出丰富的想象力和无法遏制的修复欲望，反过来使我们对完整的器物产生了更为深刻的认识；其二，在特定的历史条件下，碎片也会被看作完整的实体。我们除了关注碎片的形态本身，还有必要讨论赋予其象征性的文化传统、宗教观念、政治动机，探讨各种内部因素和外部因素之间连接的机制和渠道；其三，碎片之间的缝隙也值得关注。缝隙予人极大的想象空间，如众妙之门，玄之又玄。殷商的占卜，便是对钻、凿、灼烤之后甲骨上裂纹的解释。“卜”字本身，象声，也象形，一长一短的两画，即是龟甲的裂纹。裂纹是神圣的缝隙，是神明对商王叩问的回答。据《淮南子》等书记载的传说，万岁峰下的启母石破北方而生启，裂开的缝隙是生命神圣的通道。到了宋代，哥窑瓷器上“百圾破”的开片，金丝铁线，八方交错，技术的局限又转化为审美的趣味。一件瓷器破碎后补缀的锔钉，断断续续，勾勾连连，也构成一部文化史；其四，碎片是破碎的结果，而破碎是事件。一件瓷器被打破是事件，外力的撞击、四散的肢体、落地时尖厉的声音，皆会带来心灵的快感或阵痛；挽救、担当、辩解、隐瞒、推诿、拼对、修复、丢弃、掩埋、惊愕、窃喜、哀悼、追忆、忘记等也都是事件，这样，我们便有可能通过碎片与破碎本身，讨论一种涵盖内部、外部多种因素的物的总体史。因此，作者无意将来源不同的材料按照年代、类别、材质等标准成行成列地安置到一个预设的理论框架中，而是模拟六舟锦灰堆般地使碎片连接紧密或互相交错，让其间的缝隙使思绪获得解放。该书的取材范围也不再限于绘画或雕塑等某一种具体的艺术形式，而涉及造像、城市、建筑、器物、文学、金石和装置等更广泛的领域，试图从毁灭、想象、聚合、再造等多元的角度发掘物质性在艺术史研究中的潜力。

（黄若然）

《离形去智，无累乎物：遗言中的隋唐女性世界》

么振华、吕璐瑶著《离形去智，无累乎物：遗言中的隋唐女性世界》，上海古籍出版社 2021 年 9 月出版。该书一共搜集了 236 例隋唐时期女性遗言，考据范围甚广，数量庞杂，有待字闺中的女子、官女子、比丘尼、皇帝后妃、官妓、官员之妻、平民女子等等，透过遗言考察隋唐时期女性在临终前的所思所想、所爱所恨、所乐所痛，并关注这些遗言的实现与否，即逝者的后代或亲朋对其遗言或遗嘱的态度。从隋唐人的临终关怀，可以看出不同身份的女性临终前所关心的主要内容及不同类型的生死观，其中展现出当时丰富多彩的思想文化，有助于增进我们对隋唐社会及女性的了解。相比男性，女性的临终心态更加理性。不少唐代女性将生死视作必然之事，从而心态坦然，没有忧惧之心。这或许与开放的时代特征以及各种宗教，尤其是佛教盛行有关。相较于关心社稷、家族长远发展的男性，普通女性临终前更关注家庭及子女婚姻方面的问题，表现出对子女及其婚嫁的惦念和关心、对父母舅姑未能尽孝的遗憾等等。在中国古代社会中，隋唐时期女性地位相对最高。相比于宋朝所倡导的“饿死事小，失节事大”，唐朝对女性自身幸福的重视程度相对较高，婚姻结合自由在很大程度上得以保留。在这个背景下，从遗言出发书写隋唐女性史不失为有趣又珍贵的视角。“人之将死，其言也善”，在绝大多数情况下，遗言是对亲朋真实意思的表达与真实情感的流露，纵使有所隐晦，一般不会作假虚美，在很大程度上可以当作在世者勘破生死的一把钥匙。遗言体现了逝者的人生总结、社会认识、生命感悟、处世态度、思想智慧，因此我们可以透过遗言，对死者死亡观进行思想史的解读。隋唐女性的社会地位在中国古代社会中相对较高，从她们的遗言中可以发现不同身份女性临终前的关注内容及不同类型的生死观和临终心态，借助亲人对她们遗言的执行情况，可以对唐代社会及女性地位进行另一视角的考察。这项工作可以在一定程度上弥补隋唐史研究的缺角。

（汪润）

《中晚唐五代的河朔藩镇与社会流动》

张天虹著《中晚唐五代的河朔藩镇与社会流动》，社会科学文献出版社 2021 年 3 月出版。该书由绪论、六章正文、余论以及四篇附录构成。在绪论中，作者明确了该书中的几个重要概念。首先指明了“河朔”的四至界限以及该书所要讨论的范围，即集中于魏博、成德、幽州、易定、沧景五镇。讨论时间以安史之乱平定后的宝应二年（763）至后梁乾化四年（914）至五年这一百五十年为中心。所谓的“社会流动”指个人、家庭或群体在社会分层结构中的变化。该书第一章以等级制度的再造为中心勾勒出唐五代社会流动的发展趋势，即向简单化发展，这为各阶层的流动提供了便利，但长安、洛阳为核心的区域流动水平并不高。作者在第二章讨论了唐廷在各种内忧外患下“放弃河朔”政策的形成。河朔藩镇自身的军事和经济条件支撑起了藩镇政权，河朔士人也流露出“天宝年中河朔革命”及“礼乐征伐自天子出”的思想。这是河朔藩镇得以成为一个有自身特色的社会流动舞台的背景。在第三章中，作者以河朔藩镇节度使的选任和更替为线索，指出“河朔故事”宣称

“父死子继”以一种强调“家世”的面貌出现，但也逐渐渗透了其他因素，尤其是个人才干越来越被凸显，并形成了新的惯例。该书第四章采用定量分析与个案分析相结合的方法，考察河朔政治精英的构成和代际流动。作者发现藩镇治下设置的中低级幕职及军职为中下层政治精英和“凡庶”子弟提供了社会流动空间。这些人在这些职务上也具有较强的竞争力。经过代际传递，有些人已经进入上层政治精英行列，一些家族进而围绕藩镇最高权力展开了竞争。总体来说，从宝应二年到后梁乾化四年，河朔藩镇社会趋向灵活和开放，而这种开放是在社会升降的历史中逐渐释放出来的。第五章则以《李仲昌墓志》与《郑氏合祔墓志》为例，探索了士人“北走河朔”后在藩镇的发展与上升流动，清晰地揭示出河朔地方社会选贤举能和门第观念的此消彼长以及盘互交错的关系网络。这种网络则是对现实政治关系的维护。最后一章中，作者特别强调了在河北藩镇中，与家世背景相比，才干越来越成为进入精英集团的主要因素。河朔藩镇的政治、军事与文化环境，为培养军事人才提供了良好的条件。武艺之外，河朔政治精英及其子弟也研习军事著作，接受文化教育，拓宽了社会流动的渠道。最终，作者指出，社会流动使得河朔藩镇的政治精英集团在晚唐五代时不断吐故纳新，更富生机活力。同时，由于森严的等级制度开始松动和调整，有序的出口尚未完全建立，河朔藩镇也经常出现暴力与血腥的社会流动失序。

（沈国光）

《朝廷、藩镇、土豪：唐后期江淮地域政治与社会秩序》

蔡帆著《朝廷、藩镇、土豪：唐后期江淮地域政治与社会秩序》，浙江大学出版社 2021 年 4 月出版。该书由绪论和正文四章构成，以藩镇和土豪两条脉络为中心，以唐廷与二者的关系为重点，分析了唐后期江淮地域政治和社会秩序的变迁。作者首先探讨安史之乱后的江淮藩镇割据，认为以当时局面来看，唐廷所能依赖的财赋稳定之地只有江淮地区。因此，唐廷采取限制兵力、调整上供与军费支出、选任儒帅等策略，意图控御江淮。德宗、宪宗时期，韩滉、李锜的崛起威胁到江淮财赋区的稳定，故唐廷又出台相关军政、财政改革措施，使江淮藩镇为朝廷所控制。此外，作者从长时段观察江淮地区土豪势力的发展。江淮地区早期的土豪主要是汉魏六朝以来形成的蛮族土豪和宗族土豪。宗族土豪在陈隋之际遭到残酷打击，取而代之的是汉魏六朝以来南方大土地所有制和商品经济发展情况下出现的富民土豪，他们逐渐成为江淮地方社会秩序中的主导者。安史之乱后，土豪和唐廷之间形成一种既合作又对抗的博弈状态，作者从土豪与江淮民乱、土豪与江淮县乡吏治的豪吏化、土豪与江淮盐茶之政及宣州康泰全之乱等内容讨论了这种博弈状态，认为土豪的在地割据是主流。进而，作者以高骈和淮南镇为对象，考察唐末江淮地区之变局，详细地剖析了高骈从积极打击黄巢势力到逐渐与唐廷离心的过程，又指出淮南镇的军政格局成为高骈走向离心自立的重要资本。同时作者又从淮南镇的军政机制、地方势力的动向和吕用之党分析淮南镇败亡的原因。取淮南镇而代之的则是地方新兴武装力量，主要是江淮地区的在地土豪和以黄巢势力为主的流寇集团。随着这一政治秩序的转变，江淮地区的历史进入了一个新的阶段。最后，作者从地域的差异性与特殊性、自上而下和自下而上以及“唐宋变革”视域三个层面总结了贯穿于该书的研究理念。

（沈国光）

《突厥第二汗国史（公元682—745 年）》

陈浩著《突厥第二汗国史（公元682—745 年）》（*A History of the Second Türk Empire* (*ca. 682 – 745*)），荷兰博睿（Brill）出版社2021年6月出版。该书为“博睿内陆亚洲丛书”（*Brill's Inner Asian Library*）的第40卷。该书系作者在其2016年提交给德国柏林自由大学的博士论文的基础上修订而成。其中，正文部分是对东突厥第二汗国史实的叙述，附录部分收录了《暾欲谷碑》、《阙特勤碑》和《毗伽可汗碑》的转写、英译和注释，并附有字典。作者通过对汉文史料与突厥碑铭的对读，以经典的史学范式和新颖的问题意识，全方位展现了公元7—8世纪中央欧亚的政治进程，并在突厥碑铭纪年、镌刻背景和突厥可汗世系等方面提出了独到的见解。在突厥碑铭纪年方面，作者首次提出：同一历史事件在碑铭中记载的日期要比在汉文史料中的对应日期早2个月左右，这是使臣在信息传递过程中所消耗的时间。这一点可以从阙特勤和毗伽可汗的去世时间在突厥碑铭和汉文史料的不同记载中得到印证。这有助于我们解释突厥碑铭与汉文史料在其它历史事件的记载中时或存在1年误差的现象。在突厥碑铭镌刻背景方面，作者首次提出阙特勤碑南面铭文是独立于东面铭文的文字。阙特勤碑开元廿年（732）建成之时，仅包括阙特勤碑东面40行、北面13行和棱角处的纪年、落款，但碑南面是空白，没有刻字。开元廿八年登利可汗即位后，在唐朝李质的协助下，登利可汗在阙特勤碑南面和毗伽可汗碑北面的空白处，镌刻了两篇几乎相同的铭文。登利可汗用第二人称命令式的口吻，要求突厥官员和民众不要离开突厥。文中突厥汗国人心涣散的境况，反映的正是登利可汗即位之时汗国即将瓦解的局面。在突厥可汗世系方面，作者提出第二突厥汗国实际上有两位登利可汗，分别对应《毗伽可汗碑》东面第1行的teŋri teg teŋri yaratm türk bilge kaan和北面第1行的teŋri teg teŋride bolmış türk bilge kaan。唐代文献对第一位登利可汗的名号有两种不同的译法，一作“伊然”，系yaratm的音译，一作“登利”，系teŋri的音译。《曲江集》和《毗伽可汗碑》作登利可汗，两《唐书》作伊然可汗，并不矛盾，译法不同而已。伊然可汗是毗伽可汗的继承者，于开元廿二年继位，廿八年卒，在位七年，《新唐书》“八年”之说多算一年，《旧唐书》“无几”之说则过于笼统。伊然死后，其弟继位。继位者的可汗号与其兄相似，也含有 teŋri 一词，译成汉文也是“登利可汗”。所以，开元廿二年唐廷派李佺册封的是第一位登利可汗（即伊然可汗），开元廿八年李质册封的是第二位登利可汗。最后需要指出的是，作者在参考德、英、中、俄、土、日、法等多语种研究成果的基础上，对突厥三大碑作了新的英译和疏证，使得该书成为国际突厥学乃至中央欧亚研究领域内的一部重要参考书。

（陈浩）

《从君士坦丁堡到长安：古代晚期世界的拜占庭金币》

《从君士坦丁堡到长安：古代晚期世界的拜占庭金币》（*From Constantinople to Chang'an, Byzantine Gold Coins in the World of Late Antiquity*, Papers Read at the International Conference in Changchun, China, 23 – 26 June, 2017），Supplements to the Journal of Ancient Civilizations, vol. 8, 2021。该书作为《古代文明》英文版（*Journal of Ancient Civilizations, JAC*）专刊第 8 卷，东北师范大学世界古典文明史研究所 2021 年 12 月出版。该书是 2017 年 6 月 23—26 日在长春举办的“古代晚期世界的拜占庭金币”（Byzantine Gold Coins in the World of Late Antiquity）国际学术研讨会的论文集。此次会议由东北师范大学世界古典文明史研究所与中山大学历史系、德国科隆大学拜占庭与现代希腊研究中心共同主办。会议宗旨是在全球史视野下借助欧亚大陆发现的拜占庭金币，来探讨古代晚期拜占庭帝国对外政治、经济、外交的运转机制，以及考察欧亚大陆其他文明、地区对拜占庭帝国的认知与交流。该会议为国内举办的首届国际拜占庭学专题会议，自准备之初，便受到了国内外学界的极高关注。德国钱币学网站《钱币周报》（Coins Weekly）、《德国钱币学会简报》（Numismatisches Nachrichtenblatt）以及美国的玛丽·加哈里斯拜占庭艺术文化研究中心网站（Mary Jaharis Center for Byzantine Art and Culture）都对该会议的前期准备进行了报道。经过组委会的组织和筛选，共有 40 位来自英国、德国、美国、希腊、蒙古国及国内的专业学者参加了此次“拜占庭金币盛宴”。围绕会议预定主题，与会代表提交了二十一篇论文（论文集中收录了十一篇），以拜占庭金币建立的纽带，从西欧和地中海世界、到西亚与中亚、中国、蒙古国、南亚与东南亚等地理纬度对拜占庭金币的世界性流动和传播以及与其相关、活跃在丝绸之路上的其他货币进行了深入的探讨和交流。从学术角度看，拜占庭金币及其仿制品的存在，不仅对拜占庭帝国的经济，而且对其文化乃至外交活动都具有积极深远的意义。拜占庭金币在帝国外部的流动是全球交流史的一个极其重要的例证。拜占庭金币在欧亚大陆上，沿着古丝绸之路在不同国家和地区的流动所形成的网络，展现了罗马—拜占庭在欧亚大陆各地的文化影响，以及各个地区的不同国家与族群对其的接受与回应，构建出东西方经济文化交流的动态图景。古代丝绸之路上的东西方交流，主要是在文化和经济意义上。通过这两种方式，位于欧亚大陆上的文明区之间实现了语言、音乐、艺术等文化上的交流融合，同时也通过物产和货币的东来西去建立了长期的经济往来。今天中国“一带一路”的倡议便是在这个基础上提出来的，其初衷即是加强古代丝路上的各现代文明、国家和地区的互动和融合，重现昔日繁荣景象，共同推动世界和平发展和进步，而拜占庭金币的发现与国际合作研究正是对“一带一路”倡议的最好响应。本次会议真正实现从学术研究和现实关照两个层面的结合，相信未来的中国拜占庭钱币研究，乃至中国拜占庭学将会有更大的突破和创新，服务于中国学术的发展和中国国际形象和地位的提升。受制于金币收藏的分散性和各收藏方的联系困难，很难获取较为全面的金币信息从而进行综合研究。因此，关于拜占庭金币在欧亚大陆尤其是东方的流动研究在当下遇到了瓶颈。目前学者们关注较多的问题是，拜占庭金币仿制品的仿制方是谁，拜占庭金币与发现地的政治、经济和文化生活之间存在何种深层次的联系，在全球史的意义上，如何将拜占庭金币与其他拜占庭物质以及文化在欧亚大陆的流动有机地结合起来分析。在科学层面上，越来越多的学者开始倾向于采用金属含量分析法来判定金币的产地等情况。

（李强）

《高昌遗珍——古代丝绸之路上的木构建筑寻踪》

［匈］毕丽兰、［德］孔扎克—纳格编，刘韬、方笑天、王倩译《高昌遗珍——古代丝绸之路上的木构建筑寻踪》（“亚欧丛书”第7辑），上海古籍出版社2021年8月出版。原书于2016年在柏林刊行，由柏林亚洲艺术博物馆中亚部主任毕丽兰（Lilla Russell - Smith）与莱比锡萨克森州科学院“丝路北道龟兹石窟壁画研究”项目研究员孔扎克—纳格（Ines Konczak - Nagel）主编。全书由16位作者撰写的17篇专题论文组成，以德藏20世纪初年吐鲁番出土的木制建筑构件为中心，涉及建筑学、考古学、美术史学、语言学和文物保护科学等诸多学科研究。原书主要以英文兼德文写作，并涉及拉丁语、梵语、吐火罗语、突厥语和回鹘语，译者为中央美术学院艺术学博士刘韬。

该书是学界首次系统深入探讨高昌故城木构件的专著，呈现出多学科的多维互动，重构了西州回鹘时期丰富的文化景观，为今后高昌遗存的持续研究拉开了序幕。1902—1914年，德国吐鲁番探险队四次进入新疆考察，前三次的考察重点均涉足高昌，探险队员考察、发掘、研究并带走了成箱的文物。四次在新疆的探险活动，也使德国拥有了对新疆文物进行超过百年研究的第一手资料。今日位于柏林西郊达勒姆的柏林亚洲艺术博物馆拥有世界上“独一无二”的古代新疆木构件。由于该馆主持的《中古时期丝绸之路北道上的高昌故城建筑》研究项目的实施（2014—2015），来自世界多国的学者从各自所关注的视角对高昌木构件做出研究，使得世人对西州回鹘时期丝路绿洲高昌的中西文化交流有了崭新的认知。该书开篇导言总括全书内容。全书主体分为三编：上编收录与西州回鹘密切联系的粟特、漠北回鹘木构件研究。中编为该书的核心内容，围绕高昌故城 β、K、Q 遗址所出木件，论及西州回鹘时期的考古、建筑、语言与艺术。通过木构件证实西州回鹘时期东西文化汇聚于此，例如高昌故城西南大佛寺（β 遗址）的木制柱头可以追溯其原先所装饰建筑物的宏大尺寸，柱头上雕刻有希腊化艺术的莨菪叶片图案，呈现出强烈的西方影响。柏林亚洲艺术博物馆馆长鲁克斯（Klaas Ruitenbeek）重构的 Q 遗址所出的彩绘木构件，呈现出纵梁、枓栱、垫木等木件的组群，成为 11 世纪建筑规范《营造法式》中曾经描述的中国传统技艺的精彩例证。下编为附录，主要呈现柏林馆藏木构件的经历以及所藏木构件的图录，多为首次公布。由于新疆文物的遗失，前贤一直都在面对残破不全的遗址做出不懈的探索。梳理当时的背景，若无独具慧眼的探险队员当年的“收集”与“保护”，高昌木构件早已被当地居民用于薪柴。而探险队当时的绘图与老照片经过今天技术的整合，为继续探索百年前几近消失的城址且追溯其建筑风貌提供了路径。一百年后，德国探险队遗留的各种材料无疑对研究高昌故城仍极具价值。该书的研究方式提示我们，处于信息迅疾沟通交流的当下，相较于之前书斋式碎片化的研究，多学科视角的团队协作研究可以更广泛、实效地讨论并解决问题；而面对具体的实物，“微观研究”也可以提供来自各学科的研究成果。宏观与微观依然是全面解读“原物”必须掌握的研究维度。

德国探险队当年的考察与研究奠定了高昌的学术史基础，柏林亚洲艺术博物馆项目的实施使我们体会到研究方式的变迁。文物流失的历史已经发生，多学科领域的合作是今后高昌研究发展的必然趋势，勾连流失海外遗珍与原址的基础工作依然是推动丝路研究发展的必经之路。

（刘韬）

《宋代地方的官民信息沟通与治理秩序》

高柯立著《宋代地方的官民信息沟通与治理秩序》，国家图书馆出版社 2021 年 6 月出版。该书主要研究的问题为宋代地方官民信息沟通问题，并在信息渠道的基础上进一步研究了宋代地方治理秩序的建构，涉及官民之间、政府与社会之间的信息交流。意图是从社会层面去观察地方政治。围绕宋代地方官府与民众之间的信息沟通，考察两者关系的结成及其运作过程，进而探讨其对地方治理秩序的影响。讨论的时段虽然涵盖了整个宋代，但比较侧重于南宋时期，以东南地区为中心。上编偏重结构性问题和制度化的信息渠道，概述整个宋代的官民信息沟通和治理秩序，讨论了各层政府的职权范围及同级和上下级政府间信息沟通的方式与渠道，梳理各级政府在施政过程中的复杂关系。同时也以“粉壁”等案例讨论政令如何传布并对民间产生影响，以及诉讼中体现的官民沟通与互动的关系。下编选取朱熹按劾台州知州唐仲友事件、刘克庄在建阳县令和江东提刑任上的书判以及苏州地方官与地方士人的唱和往来、地方志修订等代表性事件，具体展现宋代地方的官民沟通与治理秩序。该书的研究视角不是静态的制度框架，而是治理的动态过程、治理习惯或制度的形成过程，如胥吏、亲随等特殊人群对地方官施政所造成的影响，或者地方豪富士人与官员的应酬往来，甚至包括越诉等制度规定之外的事件，尝试重构当时地方治理秩序的形成过程。

（雷博）

《宋帝国的危机与维系：信息、领土与人际网络》

［荷］魏希德著《宋帝国的危机与维系：信息、领土与人际网络》，江苏人民出版社 2021 年 8 月出版。该书除导论、结论外，分为四篇八章。以南宋偏安朝廷这一“非典型帝国”为对象，通过另一种观察角度，理解当时的政治交流形式与沟通模式。第一、二章分别以档案文献与邸报、小报切入，透过私家藏书目录与类书中的资料，分析官方档案文献流散和被私人收藏后，如何被重新分类、引录，在文人士大夫之间传递、分享，形成信息交流网络。第四章探讨士人如何参与边防事务，由于科举策论的需要，原本事涉国家机密、不得私议的边防军事成为士人们不得不学习关心的课题。第五章以杜佑《通典》、《武经总要》和《北征录》为例，讨论当时看待边防事务的不同意见。第六章则从笔记的社会生产脉络入手，由小众分享到刻版印刷的公开流传，显现关系网络群体的扩展和笔记作者政治社会身分的多样化。由此作者提出结论：因靖康之难引发的政治地缘危机对于南宋人心理上的影响大过实质，促使帝国内部政治沟通模式在十二、十三世纪有了结构性的变化。原本专属于朝廷和高阶文官的讯息资料如官方文书、朝报邸报、国家档案、舆图兵书、机要情报等信息，出现在士人的诗文、书信、笔记所建构的信息网络中，形成跨全国地域的群体信息资源。相关文本的生产也由官府移转到私人。地图、方志、笔记等出版物中有关领土、恢复的议题，可说是士人对靖康之难的回应。南宋士人在地方化的同时，通过读邸报、观览舆地图等，并未忽视对朝廷事务的关注，对中央的向心力没有明显削弱。书中提出“从文献到交流网络”的脉络，即关注文献的生产、整理、收藏、流传、出版、引用，及其与政治活动的交流形成的一种特定“档案心态”。如学校将有关学田的重要公文刻于碑上，士大夫创作诗歌、笔记体现的对前朝档案与故事的关怀

等。这也超脱文献生产的本身，而借助社会网络实现流传。

（雷博）

《宋代〈春秋〉学与理学研究》

侯步云著《宋代〈春秋〉学与理学研究》，中国社会科学出版社 2021 年 7 月出版。该书系国家社会科学基金项目“宋代《春秋》学与理学研究”结项成果。在中国传统学术史、思想史领域，《春秋》为五经之一，从经学、史学角度的诠释成果丰硕；理学讨论的主题是“性与天道”，是宋代学术思潮的重要组成部分。二者在宋代的学术、思想中都占据重要地位，而学界对于二者之间的关系却鲜有关注。该书对宋代学者的《春秋》诠释进行整理研究，揭示其历史与逻辑层面的发展历程，讨论宋代的《春秋》诠释与理学的关系，主张宋初学者对《春秋》的认识与阐述集中于制度与法则等实践层面；北宋中后期至南宋中期，以朱子为代表，《春秋》逐渐成为“理”的载体；南宋后期，《春秋》逐渐脱离理学的框架，转而与考据、史学关系密切。全书正文分为六章。第一章，主要讨论两宋学者《春秋》诠释与研究的政治、社会、学术背景，认为宋代学者在政治危机、儒学困境的局面下对《春秋》展开研究。第二章通过分析范仲淹、欧阳修、宋初三先生、刘敞等北宋政治家与学者的《春秋》研究，讨论北宋中期以前《春秋》研究的特点，认为这一时期学者通过重新解读《春秋》来阐发儒家规范与制度，以期解决现实问题。第三章通过考察王安石、苏辙、孙觉的《春秋》诠释，讨论北宋中期之后《春秋》学在政治重压下的转向，出现了以“道势”与“王道”解读《春秋》的两条路径。第四章通过分析程颐、胡安国等学者的《春秋》诠释，讨论《春秋》学从部分义理化到整体义理化的过程。第五章通过道南学派与朱子的《春秋》诠释，讨论理学蓬勃发展时期《春秋》学逐渐被置于理学框架中的状况。第六章讨论南宋后期《春秋》学理学化的消解及其史学特性的突显，在南宋史学繁荣等因素的影响下，这一时期的《春秋》诠释体现出史学与理学交汇的特色。该书从学术史、思想史层面对两宋时期的《春秋》学进行系统梳理与个案研究，发掘其在学术、思想方面的独特价值，突出了两宋时期《春秋》学的义理特征，探寻《春秋》学与理学的关系及其发展演变，并围绕相关的具体案例与问题展开讨论，为经学史著作的撰写提供了一种可能的方案。

（张倩茹）

《宋代义理化史学之演进及挑战》

孙颖涛著《宋代义理化史学之演进及挑战》，浙江大学出版社 2021 年 4 月出版。该书是浙江省哲学社会科学规划后期资助课题成果文库的成果。全书除绪论外，共分五章，前面四章分别对《资治通鉴》《唐鉴》《读史管见》以及《资治通鉴纲目》进行细致讨论，第五章对浙东史家吕祖谦、陈亮和叶适进行考察。通过讨论，考察宋代义理化史学发展演进历程。司马光《资治通鉴》是新史学的典范，是典型的史家之史。范祖禹《唐鉴》则是从史家之史到理学家之史的过渡之作。胡寅《读史管见》则是理学家之史的奠基之作。朱熹《资治通鉴纲目》是义理化史学的新典范，而吕祖谦、陈亮和叶适分别对朱熹理学化史观发起了挑战，在史学活动上也发生了一定的变化。自北宋至南宋，史学研究出现了明晰的义理化趋势。以往学界对理学家的史学研究和史学家的史学研究多有论述，但是像该书一样，从司马光直至南宋浙东史家作贯通性论述的尚未可见。该书主题鲜明、视野开阔、界定严格、条理清晰，虽然以史家或史著为讨论的对象，但旨在通过对代表性史著、史家的讨论，对宋代义理化史学的发展进行论述与分析。对于义理化史学的发展过程，注重从宋代文献中发现其时代脉络，勾勒出其中各环节之间的承续和发展关系，力图呈现义理化史学在宋代的发展轮廓。作者有文学、历史学和中国古代思想史的学术背景，能从理学的视角阐释史学，也有从史学的视角论述理学的部分，实是对宋代史学与理学互动研究中较重要的成果。

（胡楚清）

《宋代方志考证与研究》

桂始馨著《宋代方志考证与研究》，上海人民出版社 2021 年 12 月出版。该书利用现有宋志序跋等资料，对宋代方志目录材料进行了系统整理，显示出大量的方志信息，是宋代方志学研究的重要成绩，尤其是在碑刻资料整理、佚文考订方面，可为文献整理者提供较多参考。该书由两部分组成，上篇考证两宋时期全国性的总志和各地区的方志，以现代省份区划为界，共收录了 1072 种志书，也是该书较为新颖和具有一定特色的部分。下篇是对宋代方志学的专题研究，除绪论外共五章。第一章概述宋代以前方志的基本情况，一方面是图经体例确立，另一方面地记内容也逐渐丰富。第二章探讨北宋方志及其变革，既有宋代官方设置的编纂方志的机构及人员情况，也考察了北宋各时期方志的撰写和因革。第三章论述宋代方志转型的路径问题，梳理了由地记和图经汇聚而成方志的脉络，以及地方官署题名记和地方诗文总集与方志的合流过程。第四章论述南宋方志的定型和体例逐渐完善的过程，第五章则对宋代方志理论的产生和形成进行考论。总体而言，宋代方志的转型与繁盛，与儒学复兴、史学昌明、科举官僚崛起和地方士绅热心参与都有直接关系。方志成为广大知识精英的关注焦点之一，尤其是学术名流的参与，为包括本体论与编纂学两部分的方志理论的产生准备了充分的条件，方志编纂形成了较为完整的体例和方法论。因此作者认为：传统学界以方志学始于清代章学诚的看法并不准确，宋代的方志与方志理论均已具备，可视作方志学的开端。

该书较为全面地利用现有宋志序跋等资料，对宋代方志目录材料进行了系统整理，展示了宋代方志编纂与发展的重要信息，体现了宋代方志学研究的重要成就。中国现存方志资料丰富，新方志的编纂也正方兴未艾，其对宋代方志的整理，尤其是在碑刻资料整理、轶文考订方面，可为诸多地方文献整理提供参考，也为今天各地方志的编纂研究提供了重要参考。

（雷博、孙景超）

《孙应时的学宦生涯——道学追学者对南宋中期政局变动的因应》

黄宽重著《孙应时的学宦生涯——道学追学者对南宋中期政局变动的因应》，中国友谊出版公司2021年11月出版。孙应时是南宋权相史弥远的老师，在孝宗、光宗、宁宗三朝成为道学追随者，又因道学领袖卷入庆元党禁等政治斗争。孙应时及其师友的生涯起落，也体现出政局动荡下，道学追随者在为学与从政之间权衡取舍所承受的压力与相应的抉择，并呈现出朱、陆学术竞合与道学群体社会网络多样而复杂的面貌。孙应时家族以乡里教育起家，实现由农转儒，孙应时从县尉起步，先后出任海陵县丞、遂安县令、蜀中幕僚、常熟知县，备尝宦海艰辛。其间讲学东湖，结交师友，拓植多重人脉，践行道学理念。之后谋求京官，却受政局牵连，劾罢乡里。死后又因特殊机缘，获致褒扬。其幕府生涯中，参与和见证了吴挺之死后蜀中人事变动，后又卷入开禧北伐、吴曦之变、史弥远专权等事件，反映出南宋中央与地方复杂的权力博弈与时代的风貌特质。梳理孙应时的仕宦历程与学术发展轨迹，可以看到在道学与政治纠葛的复杂环境中，中低层士人官员所扮演的角色、开展的人际网络以及他们的遭遇与应对。其中基于利益、学术追求乃至性格禀赋，不同的学术流派之间既有学术上的对立纷争，又有政治上的合作协力，呈现出南宋道学和思想史的复合。通过大量书信材料，在写信人与收信者的往复互动中，构建出士人广泛和变动的人际网络，他们在书信中交换意见、沟通思想与交流情感，彼此传达对政局变化、职务升迁的意见和感受，透露出学术倾向、行事风格以及对时局的观察等。使读者能够一定程度上摆脱以精英思想家和政治家为中心的历史书写，这凸显了该书在视角转换中的重要意义。

（雷博）

《村巫社觋——宋代巫觋信仰研究》

王章伟著《村巫社觋——宋代巫觋信仰研究》，中西书局2021年7月出版。该书主要讨论唐宋变革之际，“巫觋”这种古老的本土信仰如何继续在“文明世界”里存在、发展与演变。除了“巫觋信仰”自身的研究价值外，还提出了探讨宋代社会与各阶层人群对待巫觋问题的切入点，别具意义。作者搜集大量有关宋代巫人和巫术的记载，参考大量现代有关民间信仰和市民社会的著作和理论，从不同的角度，如民众对医疗的需求、巫觋通神的技艺、社和祭祀的场所、巫术传承和传播的方式，以及宋代的政策和控制，作深入的观察和分析。运用人类学的观念和理论，将史料和理论有机结合起来，解读当时民间巫觋信仰之普遍的原因。全书包括绪论与结论共分为七章，第二章以场所、器具和仪式为线索，探讨宋代巫术与巫觋的内涵，将民间信仰理解为信仰山峰的底层，既有传统巫术的因素，也吸收了其它宗教的因子，形成某种仪式性的共通之处。第三章概述宋代巫风盛行的区域分布与活动的社会空间，第四章阐述了巫与医之间形成的精英和民众观念上的张力与共性，尤其是巫医并举的现象，揭示这一问题的复杂性。第五章论述巫觋信仰流行的内外原因，既有特定的信仰传承和身份认同，也有巫觋寄生的地域机制。第六章论述了宋代国家对巫觋信仰的重塑，一方面巫觋被排除在官方祭祀之外而走向民间，另一方面各种非正统的神灵也被引入民间祭祀体系，官方以“淫祠”和“邪神”的判定试图重塑民间祭祀体系，但其效力往往是有限的。作者认为，宋代巫觋信仰是介于国家与社会之间的第三领域，代表国家的权与理和代表民间的传统与信仰均杂糅其中，形成特定的权力文化网络。

（雷博）

《爱敬与仪章：东亚视域中的〈朱子家礼〉》

［日］吾妻重二著，吴震等译《爱敬与仪章：东亚视域中的〈朱子家礼〉》，上海古籍出版社 2021 年 5 月出版。该书系作者继 2012 年出版《朱熹〈家礼〉的实证研究》后，在其基础上推出的修订扩充版。初版大部分内容整合至新版第一编“文献足征”和第二编“礼文备具”，第三编“礼书承传”则主要汇集作者关于日本儒教礼仪的系列论文。新版在东亚视域之下，立足于扎实的文献考辨，将田野调查融入实证研究，描绘出“儒教礼仪影响日本”的图景。在该书第二编中，作者梳理了《家礼》的版本、宋代家庙的形制，以及木主的形制与影响、深衣的形制及其对日本、朝鲜的影响等具体问题。第三编则以《家礼》的流传和对日本礼学及礼仪风俗的影响为线索，通过《家礼》的学术脉络，发现东亚社会的多元性和内在的关联性。该书将“运用文献资料为主的思想史学、历史学与以实地调查为中心的民俗学、文化人类学”结合起来开展研究，以此指向近世东亚“儒教究为何物”的主题。特别是梳理《家礼》流传的各版本，考订其内容来源与相互关系，同时将田野考察纳入《家礼》及其影响的实证研究。如日本古学派人物伊藤仁斋，却在礼仪方面受到朱子学的深刻影响。作者广泛搜罗江户时代儒者的传记、序跋、札记、语录等，剖析《家礼》传播背后复杂的思想。一方面，关注儒者如何为变礼寻求依据，礼即理、礼从宜以义起、得理而行礼等都是论证变礼合法性的利器，另一方面，揭示不肯让步于本土风俗而坚守《家礼》，对佛事的批判本质是对孝亲观念的强烈认同，而孝亲思想为日本此前淡薄的祖先观念的强化带来重大契机，对日本影响深远。

（雷博）

《辽朝节镇体制研究》

陈俊达著《辽朝节镇体制研究》，上海生活·读书·新知三联书店 2021 年 1 月出版。该书除绪论外，正文共六章，分别考察了辽朝节镇体制的渊源、发展历程、节镇体系、类型、职能、使府僚佐及其体制运作。附录收有《〈辽史·地理志〉载节度州考》一文。该书使用“节镇体制”一词，既体现辽对唐五代制度的继承，又体现辽制与宋制的差异。辽代的节镇体制上承晚唐五代，历经太祖时期引入，太宗时期的推广与完善，作为地方一级行政区划，成为辽南面地方管理体制运作的基本模式。辽代节镇皆置于军事要地、交通要道与经济发达地区，其职能涵盖政治、经济、监察、司法和军事等各个方面，行政上直接隶属于朝廷，并向枢密院负责。节镇与北、南枢密院皆存在政务往来。辽代不乏世代担任节镇节度使的世家大族，一些家族可以同时出现多位节度使，也有父子兄弟相继担任同一节镇长官、家族成员世代任职同一节镇的现象。这种现象反映了辽朝重用世家大族、契丹贵族与汉人世族联合执政的政治体制特点。但辽朝通过严格节镇长贰官的任免与考核、频繁调动节度使、削弱节度使的用人权和司法权来限制节度使的权力，更注重通过节镇外部的行政监察（五京道）、军事监管（招讨司统军司等军事路）、财赋调配（五京计司三个钱帛司财政路）来实现对节镇的制约，维护中央集权。节镇体制对契丹传统部族统治方式产生深刻影响，新的部族管理体制就是在节镇体制的刺激下形成和完善的。

（雷博）

《辽代五京地方政务运行研究》

王旭东著《辽代五京地方政务运行研究》，知识产权出版社 2021 年 7 月出版。该书共六章，包括五京建置、五京留守司的执掌、五京留守的任选、去职及更换频率等，在前人的基础上对任职五京留守者作了进一步的考补，最后一章论述了五京留守在辽朝的地位和作用。据不完全统计，辽代共有 117 人、154 人次出任五京留守，其铨选和迁转采用皇帝任命制，出身家族和仕宦经历是最重要的考量因素。出身皇族、后族及其他契丹贵族者占据五京留守总数的绝对多数，只有少数汉、渤海和奚族上层人物出任过五京留守。其中共计有 20 人、52 人次出任五京留守，1 人多次担任五京留守，一方面说明对留守出身、资历等条件要求较高，另一方面也反映了留守职位需要行政经验丰富的人选任职，这有助于五京一体化发展和提升五京整体化治理的水平。五京各留守司的地位在不同发展时期略有不同。辽前期只有三京，上京的重要性远在南京和东京之上；辽中期，相继建置中京和西京，中京的重要性是其他四京不能企及的。辽朝建置五京，直接管辖地方州县，有效地加强了中央对地方的统治。极少数留守卷入派系斗争，甚至组织和参与叛乱。辽朝皇帝采取措施制约留守的权力，镇压叛乱的留守，确保中央对地方的有效管控。辽朝统治二百余年间，围绕皇权的统治阶级内部斗争一直不断，而中央与地方并没有发生大的矛盾冲突，说明五京地方管理制度对辽代政局稳定具有重要意义。

（雷博）

《饮食人类学视域下的辽代饮食文化研究》

张景明、张杰著《饮食人类学视域下的辽代饮食文化研究》，科学出版社 2021 年 3 月出版。该书在饮食人类学的视域下，就有关学派理论对辽代饮食文化的研究做了专门的分析，全书共分八章，在饮食人类学的学科构建及其对饮食学理论之支撑的基础上，一是探讨了北方草原在草原生态环境、农业生态环境、森林生态环境影响下形成的饮食理念及生态观念，将草原饮食文化区的历史分期分为六个阶段，认为草原饮食文化在内涵上呈现出草原区域性和民族性的双重属性，在外来文化的影响下具有多样性的特点。通过对草原饮食文化区的界定和历史分期，可看到辽代饮食文化的主要特征和在中国饮食文化发展史中的重要地位；二是研究辽代的生计方式与饮食构成，在明晰契丹的族源、辽代的人口数量、辽代的多种生计方式之后，认为牧业经济是辽代社会主要的生计方式，农业经济并重，渔猎为辅。辽代饮食的基本结构包括主食中的肉、乳、粮，副食中的果蔬，餐饮中的茶与酒。辽代的饮食风味以头鱼宴与头鹅宴、貔狸馔等为特色；三是辽代饮食器具分为炊煮器、盛食器、进食器、饮用器、茶器、贮藏器、盥洗器和其他器具，饮食器分为金属、陶瓷、玉石与玻璃、皮木等材质；四是探讨辽代保护经济发展的政策，辽代的赋税和罚没家产的法律制度，辽代饮食的阶层性；五是辽代礼仪中的饮食行为与社会文化功能，人生历程中具有降生及生日、婚礼仪式、丧葬仪式反映的饮食行为，岁时节日活动中具有传统节日、历法节气节日、生产节日表现的饮食行为，人际交往中有人与人之间交往或民族之间交往的饮食行为，原始祭祀活动中有祭祀自然物象活动或祭祀祖先活动的饮食行为，这些行为中有餐坐、进食、宴饮、赏赐与“带福还家”等习俗；六是辽代艺术形式体现的饮食文化与饮食艺术，包括绘画艺术、音乐舞蹈、文学作品反映的饮食文化以及烹饪和宴饮中的饮食艺术，这些涉及饮食资料来源、饮食常民、茶酒风俗等文化；七是通过饮食器的吉祥图案与文化含义，饮食行为的文化象征来研究辽代饮食文化的象征意义，从饮食文化的传承和文化交往活动体现辽代饮食文化中不同元素的交往交流交融。总体上，饮食文化是辽代物质文化的重要载体，从其制度文化和精神文化的内涵可以了解辽代社会生活的发展过程。

（黄若然、雷博）

《文化认同视域下的西夏藏传佛教研究》

崔红芬著《文化认同视域下的西夏藏传佛教研究》，中国社会科学出版社 2021 年 7 月出版。该书除绪论外，共计八章，论述了藏传佛教各宗派在党项部落和西夏政权中的传播及其世俗化，以及西夏藏传佛教艺术的特征。第一章论述党项与藏传佛教的渊源，追述了藏传佛教早期历史，以及党项初步接受藏传佛教的情况。第二章论述西夏建立后藏传佛教在党项人及西夏社会的进一步发展。第三章是有关西夏藏传佛教寺院和石窟的介绍，论及西夏译经场的设立与分工。第四章考述西夏藏传佛教的师号（包括帝师、国师、法师、禅师）与僧官制度。第五章考述藏传佛教各宗派在西夏的传播及影响。第六章论述西夏藏传佛教的艺术（包括佛塔建筑、绘画、塑像、擦擦等）特色。第七章论述西夏藏传佛教信仰的世俗化过程，包括观音、文殊、净土信仰及护国救世思想、赞佛斋忏的流行。第八章论述对后世的影响。最后附录《西夏密教典籍与仪轨》一文，利用黑水城西夏文佛教和世俗文献，石窟寺壁画、雕塑、建筑材料，以及考古资料和传世文献，通过探讨党项与藏族的历史渊源，藏传佛教宗派传播、经典翻译，对西夏藏传佛教发展做了系统而深入的研究，深度分析了西夏对藏、汉佛教艺术的吸收与融合，阐明辽宋西夏金时期是各民族文化大交流大融合时期，西夏以其重要的地理位置、多民族杂居生活状况和宽松包容的文化政策，使西夏藏传佛教具有多元文化特色，也使西夏文化呈现出缤纷多彩的特色，如不同文化的杂糅性，显密、藏传汉传佛教的结合等。西夏藏传佛教也突出了党项民族文化的特点，具有鲜明的民族性和地域性。西夏遗民和遗僧为元代藏传佛教的发展和兴盛发挥了很大推动作用。

（雷博）

《金代汉族家庭形态研究》

刘晓飞著《金代汉族家庭形态研究》，中国社会科学出版社 2021 年 12 月出版。该书除绪论外，共计七章，分别从家庭规模结构、家庭成员礼法关系、家庭经济管理、家庭教育、宗教信仰和民间信仰、家庭家族与乡村社会关系等方面考察金代汉族家庭的形态及其特点，指出民族融合是金代历史发展的大趋势。第一章概述金代汉族家庭的规模结构、基本形态，重点考察了汉族同居合活大家庭与同居共财大家庭两种形式，剖析同居共财大家庭难以普及的原因，归纳分析了影响汉族家庭规模结构的多种因素。第二章论述金代汉族家庭礼法关系，从家庭关系服从国家政治、道德传统、社会秩序方面厘清人际关系礼法的宗旨，探讨了汉族家庭成员的地位与关系，包括父子关系、兄弟之间的家庭地位、权利、义务，女子的家庭地位，继、养、义父母与子女拟制亲属之间的关系。第三章考察金代汉族不同阶级阶层家庭收支与经济管理呈现的不同特点。第四章论述金代汉族家庭以佛道二教为中心的宗教信仰，家庭崇教的行为特点及其对家庭规模、结构、经济状况和日常生活的影响。第五章考述金代汉族的家庭教育方式、教育内容及特点。认为其对儒释道三家思想共同学习，并且受到女真族的影响，家庭教育内容呈现多样化。第六章论述金代汉族家庭、家族与乡村社会的关系，重点探讨家庭、婚姻、身份地位与地理因素的关系，考证金代汉人的地域观念与“同乡”的范围界定。金代乡里同姓聚居、异姓杂居，呈现“大杂居、小聚居”特点。汉族“同乡”地域观念不强，“里”更能体现乡民对于地域的认同感。第七章考述金代汉族家庭的民间信仰，主要是民间神灵信奉与神祠组织管理。相较于传统家庭研究，该书提供了两个新的角度，一是将金代汉族家庭研究从单纯血缘角度扩大至地缘角度，以此展现家庭的延展性，二是补充家庭民间信仰的角度，以此完整呈现家庭信仰的丰富性。民族融合是金代历史发展的大趋势，汉族与女真族杂居通婚现象普遍存在，家庭形态、家庭教育、家庭习俗的互相影响与趋同越来越明显。

（雷博）

《贞铭金石：墓志中的金代社会》

苗霖霖著《贞铭金石：墓志中的金代社会》，中华书局2021年12月出版。该书除绪论外，共计七章，分别考述了金代墓志的形制、等级、书写程序及志文内容、特征，论述了金代墓志所见婚姻、家庭形态与家族互助，以及社会伦理。第一章论述金代墓志的流变、形制、类别（单人、夫妻合葬、多人合葬墓志）、等级（高品级官员、中低品级官员、平民、女性墓志）。第二章论述金代墓志的书写程序，包括请志者的身份（亲属、友人、弟子）、墓志撰写人的选择（翰林学士院官员、文学名儒、乡贡进士、亲属或门生）、提供行状。第三章是关于志文的特征，包括正文、志盖、志额的书写、文体、内容表达方式等。第四章论述墓主身份与墓志内容之间的关系，如宗室贵胄、世家大族（又分汉人、渤海人、女真、契丹世族）、普通官员（又分文儒学士、文官、武官）、平民（又分富商、富农、宗教人士、医者）、女性（贵族、平民）等不同身份的墓主，墓志内容也各有侧重。第五章介绍金代的家庭结构与特征，包括婚姻政策与婚姻对象、婚龄，不同民族、不同社会阶层的家庭人口特征，男女平均寿命及其影响因素。第六章研究金代的家族与宗族互助，包括子孙过继、幼孤抚育、生活生产互助、推荫入仕等内容。第七章论述金代墓志的精神倡导与宣扬，如官员墓志宣扬清正廉洁、施政爱民、忠君爱国，普通民众更多倡导勤俭、孝悌、学识及取财有道，女性墓志突出贞洁观和良善精神。总之，该书将墓志置于金朝社会变动的大背景下考察，注重各民族不同类型家族的特点，通过量化分析和对比研究，对金朝墓志的外表特征、内容及其展现的金代社会作了贯通研究。

（雷博）

《金代上京路研究》

孙文政著《金代上京路研究》，中国社会科学出版社2021年8月出版。该书共八章，除第一章绪论介绍学术史和研究思路外，第二至六章翔实论述了金上京路的建置沿革、政治、经济、军事、文化等多方面的内容，包括行政沿革及区划变迁，由部族社会向勃极烈制、猛安谋克制的演变，农业、手工业、商业的发展及税收制度，军事机构、防御工事及对外战争，文化教育科举、文学艺术、宗教、建筑、民俗，姓氏、婚姻家庭和人口变化。综合运用历史学、民族学、考古学、历史社会学的理论和方法，对有关金代上京路的历史文献和考古资料作了深入细致的整理与分析。如第一章对金上京路行政区划沿革的论述，分阶段分路府州进行考述，并兼及乌古敌烈统军司的设置沿革。第六章对上京路建筑的考述，既包括城镇建设，也包括房屋建筑；宗教部分不仅论述了萨满教、佛教、道教的传播，还介绍了宗教文化遗存；民俗部分全面介绍了衣食住行、婚姻、丧葬礼俗及岁时礼仪。第七章综合论述金上京路在金朝的历史地位，及对中华民族的历史贡献。金上京作为女真的发祥地、金源内地，是金前期的国都，中后期的陪都，上京路也是金朝面积最大的地方行政区，对金朝政治、经济、文化发展具有全局性意义。首先是为女真建国奠定了基础，其次既为女真族文化发展提供了条件，又培植了民族文化根基，培养了人才。上京路对中华民族的贡献，一是奠定了中国北部疆域，二是促进了中华民族融合。

（关树东）

《胡风西来：西域史语译文集》

白玉冬编译《胡风西来：西域史语译文集》，上海古籍出版社 2021 年 5 月出版。该书收录由白玉冬翻译的有关西域历史语言的 10 篇论文。其中，有关敦煌吐鲁番学的文章 8 篇，有关长沙吴简的 1 篇，有关清代蒙古法制的 1 篇。具体篇目为：荒川正晴 1 篇《西突厥汗国的 Tarqan 达官与粟特人》；伊藤敏雄 1 篇《长沙吴简中的〈叩头死罪白〉木牍文书》；高远拓儿 1 篇《清代秋审文书与“蒙古”——关于十八世纪后半～二十世纪初蒙古死刑案件之处理》；松井太 4 篇《英国图书馆藏“蕃汉语词对译”残片（Or. 12380/3948）再考》《敦煌莫高窟、安西榆林窟的回鹘语题记》《黑城出土蒙古语契约文书与吐鲁番出土回鹘语契约文书——黑城出土蒙古语文书 F61：W6 再读》《蒙元时代回鹘佛教徒和景教徒的网络》；森安孝夫 2 篇《漠北回鹘汗国葛啜王子墓志新研究》《黄文弼发现的〈摩尼教寺院经营令规文书〉》；张铁山、茨默 1 篇《十姓回鹘王及其王国的一篇备忘录》。译文集涵盖中国史和边疆史，原始材料除汉文出土文献外，还包括鲁尼文、回鹘文、蒙古文出土文献，语言除汉语外，还涉及古突厥语、古蒙古语等。其中，《西突厥汗国的 Tarqan 达官与粟特人》介绍粟特人充当侍奉突厥可汗、公主与强势王族的亲信官员达干（tarqan），他们从事商业活动，在游牧国家的政治、外交、经济、文化诸方面是一个重要的存在。《长沙吴简中的〈叩头死罪白〉木牍文书》从长沙出土吴简中抽取“叩头死罪白”木简 10 例，在关注其编缀痕与编缀用空格的同时，考察其特征与功能，并探讨文书反映的实际行政情况。《清代秋审文书与“蒙古”》围绕18世纪后半叶以降的蒙古秋审议案，归纳出中央对蒙古死刑案件的判决包括内地型、蒙古型与折衷型三种，阐明不论是在判决程序之中，抑或是在秋审程序之中，是否属于内地这一指标构成具备相当分量的条件。《英国图书馆藏“蕃汉语词对译”残片（Or. 12380/3948）再考》考述该文书是古突厥语、汉语词汇对译文，年代约8世纪。《敦煌莫高窟、安西榆林窟的回鹘语题记》《黑城出土蒙古语契约文书与吐鲁番出土回鹘语契约文书》分别对敦煌地区的回鹘语题记和黑城出土F61：W6蒙古语文书进行了解读研究。《蒙元时代回鹘佛教徒和景教徒的网络》重点依据敦煌石窟和呼和浩特白塔的回鹘语题记，对元代回鹘人的活动地域进行了补充。《漠北回鹘汗国葛啜王子墓志新研究》以疑难字词的解读解释为核心，对西安出土汉文回鹘文双语葛啜墓志进行了再研究，并拟构出回鹘汗国早期的王室谱系。《黄文弼发现的〈摩尼教寺院经营令规文书〉》给出了国家博物馆藏K 7709（=Y 974）号回鹘文书的最新文本、词注与译文，并对“干事”、“呼嚧唤”、“月值”，以及摩尼教寺院的规模及其经营基础进行了考察。《十姓回鹘王及其王国的一篇备忘录》是对中国文化遗产研究院藏xj 222—0661.9回鹘语文书进行的文本解读，指出该文书创作于蒙元时期，记录了高昌回鹘王国早期的历史。就古突厥语和古蒙古语出土文献的研究而言，该译文集提供了国际学术界的最新研究方法和解读成果。

（白玉冬）

《另一种士人：金元时代的华北社会与科举制度》

［日］饭山知保著、邹笛译《另一种士人：金元时代的华北社会与科举制度》，浙江大学出版社2021年2月出版。该书考察了金元时代处于北方少数民族统治之下的汉族知识界的整体氛围与环境。宋金元三朝政权的更迭以及北方少数民族接受儒学的速度都导致了华北士人群体的仕途变得格外坎坷。在多种异质文化相碰撞时，一直抱有优越感的汉族知识分子必须要在新的形势下调整心态，重整目标，融入社会。与此同时，为了稳固统治，笼络知识分子以维持政权，异族统治者也面临着一项将儒士招为己用的艰巨任务。然而，只要统治者没有放弃科举晋升之路，知识分子总归会对考取功名保有厚望并因此而依附于朝廷，社会也会因此趋于稳定。全书分为两个部分。第一部分是女真统治下的科举与社会，内容包括：金代地方精英的经历、金初华北科举与士人层、从科举与学校政策的变迁看金代士人层、从杨业到元好问、金代华北地方社会中女真人的定位与“女真儒士”、金代华北科举的应举人数、金代地方官吏的中央升迁。第二部分聚焦蒙元时代的华北社会与科举，内容包括：蒙元统治下的忻州定襄县及其地方精英群体的变化、蒙元时代华北地区官吏出仕倾

向的变化、作为新设出仕途径的科举制度、蒙元统治下的华北地区应举人数、蒙元时代华北社会中士人的地位、稷山段氏的金元时代、《运使复斋郭公言行录》的编纂与某蒙元时代官吏出身官僚的形象、北方民族的儒学研习及其诱因。通过考察华北科举与社会的情况，该书对当时北方士人的仕途做出了总结。科举制度在地方社会中起到保持社会地位的重要作用，成为王朝与社会之间纽带的南方式社会结构，在华北地区终究没有出现。而比起南宋统治下的士人层，金元时期华北地区的士人层则处于更为强有力的中央政府控制之下。换言之，女真、蒙元统治下的华北社会与南宋统治下的南方社会，在科举制度方面演绎出了完全不同的历史过程。在南方士人层作为南方社会领导层的地位形成的同时，北方则形成了其独有的“另一种士人层”。

（张晓慧）

《蒙古帝国史研究 完篇 中央欧亚游牧诸政权的国家构造》

［日］志茂硕敏、［日］志茂智子著《蒙古帝国史研究 完篇 中央欧亚游牧诸政权的国家构造》（『モンゴル帝国史研究 完篇 中央ユーラシア遊牧諸政権の国家構造』），东京大学出版会2021年3月出版。该书的内容接续志茂硕敏前两部书《蒙古帝国史研究 序说》和《蒙古帝国史研究 正篇》，是对波斯文《史集》的专门研究。志茂硕敏继续了在前两部书中的观点，认为土耳其伊斯坦布尔托普卡庇·萨莱图书馆藏1518号抄本反映了合赞汗《蒙古史》的原貌，这是《蒙古史》成书的第一阶段。伊朗国民议会图书馆藏2294号抄本则是在此基础上删减修改的结果，形成了《史集·蒙古史》，这是《蒙古史》成书的第二阶段。在此研究思路之下，《完篇》一书进一步聚焦于英国印度事务部图书馆藏3524号抄本，指出了这一抄本相对其他抄本在节、句和词上的变化，以及长篇内容的删削。总结《史集》的编纂过程，经历了由伊斯坦布尔本到议会图书馆本和印度事务部图书馆本的删削过程，并且分析了这一编纂过程反映的伊利汗的政治意图。

（张晓慧）

《多民族中国与古代世界》

刘迎胜著《多民族中国与古代世界》，中华书局2021年3月出版。该书是“清华国学研究系列”第二种，共收16篇论文，其中大部分已公开发表。涉及的主题广泛，有元代文献研究，如《〈元朝秘史〉中两则谚语与相关史料的可靠性问题》《〈元史·太宗纪〉乃马真皇后监国部分笺证》《〈元史·定宗纪〉笺证》《〈元史·纳麟传〉研究》。有元代政治事件研究，如《“拔都西征”决策讨论及相关问题》。有元代重要人物研究，如《燕京征收课税使陈时可事迹探微》《许师敬皇庆间在中书省的同僚》。有元代文化与经济史研究，如《元代主流文化南北界限的消失——以耶律楚材、陈时可与东坡铁柱杖为题》《〈老乞大〉所见元代纸钞流通场景研究》《摩合罗考》《元代回回珠宝与江南士人与新价值观》。有历史语言“小儿锦”专文研究《经堂语还是表意词——论“小儿锦”中波斯/阿拉伯文词汇使用的问题》。以及丝绸之路研究《古代东西方交流中的马匹》《丝绸之路缘起与发展的中国视角》《古代海上丝绸之路衰落的教训与启示——郑和时代：中国海洋事业的光荣顶峰与衰落起点》。这些论文运用历史语言学与历史文献学相结合的研究方法，深入蒙元史细节，作出了细密的考证。

（张晓慧）

《伊利汗国史新研》

梅天穆、巴雅尔赛罕、艾骛德主编《伊利汗国史新研》，博睿出版社 2021 年 11 月出版（Timothy May，Bayarsaikhan Dashdondog，Christopher P. Atwood，*New Approaches to Ilkhanid History*，Brill：2021）。该书是来自不同国家、多个研究领域的学者合作撰写的伊利汗国史论文集，旨在探索研究这一中东蒙古政权新的曲径。该书中的论文重新检视相关史料，特别是史料如何形成，以及史料如何揭示伊利汗国区域史的信息。第一部分“伊利汗世界的语言文学”，A. C. S. Peacock、白岩一彦、艾骛德、Stefan Kamola 分别对志费尼府邸的伊利汗国知识分子匿咱马丁·亦思法杭尼、1272 年阿蒙双语地产文书中反映的蒙古人对卧格夫制度的采用、拉施特的合赞汗史及其蒙古史源、《史集》中的萨尔古尔王朝史进行研究。第二部分“伊利汗世界中的商品及流通”，邱轶皓、松田孝一、Judith Kolbas 分别对法合鲁丁·剔必的出使、元朝和伊利汗国对蒙古宫廷的记述、伊利汗国的货币价值进行研究。第三部分“中东世界中的伊利汗”，Reuven Amitai、Na'ama O. Arom、梅天穆、Michael Hope 分别对伊利汗国的政治合法性、旭烈兀在征服中东过程中的遣使和外交、伊利汗国与阿富汗、蒙古帝国和伊利汗国的阿塔毕进行研究。第四部分“基督教世界中的伊利汗”，Pier Giorgio Borbone、Dashdondog Bayarsaikhan、Dimitri Korobeinikov 分别就《列班扫马行纪》中的伊利汗国史料、亚美尼亚圣徒传中的伊利汗、拜占庭史料中的伊利汗进行研究。该书显示了不同国家和研究领域的学者对蒙古帝国历史的多角度认识，体现了国际交流合作对蒙古帝国历史研究的重要意义。

（张晓慧）

《元代佛教史论》

陈高华著《元代佛教史论》，上海古籍出版社 2021 年 2 月出版。该书汇集从 1979 年至 2018 年发表的有关元代佛教的文章二十余篇。以元代佛教史为代表之一，书中体现了对元史诸多领域、问题的独到见解。《元代佛教与元代社会》和《略论杨琏真迦和杨暗普父子》两篇文章，是其研究元代佛教的开始，已收入《元史研究论稿》中。《元代佛教史论》所收诸文，是在二文基础之上对元代佛教史的深耕，侧重于元代诸帝的佛教政策，以及中原、江南的佛教寺院状况。全书内容涉及元代佛教史的政策与制度、佛寺状况、代表人物、佛教社会史与中外交流史，涵盖了元代佛教史的诸多方面。全书分为五个单元。第一单元围绕着元代佛教政策展开，包括元成宗至元英宗的佛教政策，元代的佛教管理机构诸路释教总统所，以及元代内迁畏兀儿人与佛教。书中指出元代佛教寺院的赋役制度，经历了多次变化，纳、免之争，中心是佛寺续置土地的待遇问题。第二单元讨论元代大都的皇家佛寺、“旧刹”与新寺。第三单元围绕元代江南佛教，讨论了元代江南禅教之争，指出1288年的禅、教廷辩，是至元八年会议的继续，只有把两者联系起来，对后者的性质才能看得清楚。此外，还辑录了佛教代表人物杨琏真迦的事迹，并考释了杭州惠因寺的元代白话碑。第四单元关注佛教社会史，包括元代女性宗教信仰、僧道多妻妾的现象以及元代出卖僧道度牒之法等研究者较少关注的问题。第五单元将元代佛教放置于中外交流史的背景之下，关注元代来华印度僧人指空和十四世纪来华的日本僧人。最后以朱元璋的佛教政策为全书结尾。全书通过大量的史料分析，提炼出元代佛教发展的线索，内容扎实而丰富，显示出深厚的学术功底。虽然所论针对的是元代，但研究角度与分析问题的方式对历史专业研究者都具有借鉴意义，使其影响不限于元史研究。

（张晓慧）

《元代地方行政运作研究——以黑水城文献为中心》

杜立晖著《元代地方行政运作研究——以黑水城文献为中心》，上海古籍出版社2021年4月出版。元代地方行政运作问题，受传世文献所限，学界涉及不多，而黑水城文献的发现为此问题的推进提供了珍贵的材料。该书立足汉文、蒙古文黑水城文献，结合新发现的国图藏《魏书》纸背文献和传世典籍文献等，探讨了元代地方行政体制和运作机制。全书分为七章。第一章分析元代朵思麻宣政院和元代河西陇北道肃政廉访司分司等元代派出机构的运作。第二章讨论元代亦集乃路以及录事司、巡检司等行政机构。第三章关注元代地方财政，围绕元代税使司和仓库纳粮流程展开。第四章着眼于站赤管理，讨论元后期站户签补问题和亦集乃路站赤的马料管理。第五章关注元代地方仓库官的选任、官员俸禄制度的运作和元代钱粮考校制度的实施。第六章和第七章分析元代公文运作机制，包括付身文书、札子、解由文书、信牌文书、勘合文书。利用黑水城文献，静态的行政制度和动态的行政运行都得到复原。首先是补充了元代地方行政体制的细节，如元代多种类型的公文，其形态特点和施用情况，又如元代差役选任的机构、时限和方式等。其次是展示了元代地方行政运作的实态，如元代勘合文书制作、下达、对比、保管、审查等一系列步骤，以及元代解由的申请、审核、转呈、照验、下达等复杂程序等，通过黑水城文书复原行政的动态过程。黑水城的元代文献主要集中在元中后期，尤以至正及至正以后的文书为多，为考察元中后期的制度变化提供了契机。比如仓官选任制度中选任机构、仓库官的身份，在元中后期发生了一系列变化。就元朝与其他朝代而言，元代制度在继承前代的基础上，又进行了调整和变革。在这些制度中，一些是在实施过程中进行的局部调整，如考校钱粮制度相对于唐代的勾检制度；有一些进行了实质性的改变，如元代信牌制度相对于宋代的传信牌而言，是制度的创新和发展。从上述诸方面，黑水城文献为认识元代行政体制的时代特色提供了线索。

（张晓慧）

《元代政治思想史》

史卫民著《元代政治思想史》，中国社会科学出版社 2021 年 11 月出版。该书从统治观念、政治理论、政治态度、重要政治观念演变的角度，阐释元代政治思想的发展，并探讨了政治实践与政治思想的关系。上卷三编，第一编讨论蒙古国时期草原帝国统治思想与中国传统的农耕王朝统治思想的碰撞，包括蒙古国诸汗的政治观念和恢复中原统治秩序的政治观念。第二编讨论元朝建立和统一中国的历史进程中如何吸纳和应用农耕王朝政治思想。包括忽必烈“附会汉法”观念的形成，蒙汉臣僚的新政观念，以及北方理学家的政治理论。第三编讨论国家大一统奠定了开明政治的思想基础，带动了南北理学政治思想的融汇。包括忽必烈的开明政治观念、侧重实政的政治主张以及侧重学理的政治主张。中卷为第四编，讨论元朝中期文治成为主流政治观念，理学政治思想的统治地位被官方确认。包括元朝中期皇帝的统治观念、朝政变化体现的政治观念、儒臣倡导的理政观念、侧重于时政的理学政治理念、侧重于理论的理学政治理念。下卷为第五编，说明元朝后期的政治思想有着四方面的变化：“更化”的施政方针、战乱局面下救亡观念的兴起、政治理论转向善政和救世、王朝更替带来守旧和更新的变化。章节内容有：从“更化”走向“救亡”、维系文治的政治观念、救亡图存的政治观念、理学政治理念的发展以及危机感悟与兴亡评价。该书认为，元代政治思想不是“异类”政治思想，尽管有草原帝国统治思想的介入，但是总体呈现的是与中国古代政治思想的“同”而不是“异”。在中国古代政治思想的发展历程中，元代起了承先启后的重要作用，不容忽视。

（张晓慧）

《元代刑部研究》

陈佳臻著《元代刑部研究》，中国社会科学出版社 2021 年 12 月出版。该书对刑部本身的渊源、建置、官吏与职能，及其在五府官中的地位，对后世的影响等问题进行详细考察，探析元代政治的运作路径。具体而言：第一部分对元代刑部成立之前的制度渊源的概述，主要介绍元代刑部之前隋、唐、宋、辽、金诸朝六部体系的变化以及刑部在其中的演变情况，同时对大蒙古国时期的司法机构情况进行介绍，并对元代前期行六部这一机构和官称展开辨析。第二、第三章为第二部分，是对元代刑部基本建置情况的考订和梳理，包括对至元十三年前元代刑部机构名称的数次变化，元代刑部的办公地点，官吏的品秩、俸禄及其他事项进行系统梳理等。元代刑部并非一开始即称刑部，而是经历了右三部、兵刑部等其他朝代皆无的特殊变化，其办公地点，官吏品秩、俸禄也多有变动，史料记载多有不一之处。第三章聚焦元代刑部官吏的基本编制、升迁和选任，特别是从大量刑部官吏的数据信息总结出元代刑部官吏选拔和任用的标准。此外，还对石刻史料《刑部第三题名之记碑》作基本介绍和整理考订。第三部分为第四、第五章，对元代刑部的职能进行集中考察。第四章主要侧重探讨刑部本身所具有的基本职能，包括通过对比唐、金刑部的职能总结元代刑部基本职能，观察三代刑部职能的共通之处和变化之处。特别是在金元六部废除二十四司体系后，刑部在剔除杂糅职能和整合其他相关职能方面变得更加灵活，如对前朝大理寺职能的吸收，对治安管理和狱政职能的加强等，都是元代刑部职能发展出现的新动态，对明、清刑部产生了一定的影响。第四章还从文书行移的角度探讨了刑部司法流程及其中存在的问题。第五章通过刑部与其他部门的互动探讨刑部职能的行使情况，主要包括刑部与直属上级中书省之间的合作与分歧，与大宗正府之间关于司法权的争夺和再分配，与其他拥有一定司法权的特殊利益部门之间司法权的统合等，从中窥见元代司法权的运作路径以及刑部在这种动态的权力分配中的地位。第五章探讨了元代特殊的五府官审囚制度，分析刑部在其中所起的作用及五府官审囚制度的优弊。第四部分为余论，讨论的问题主要有：一、元代司法对明代的影响，包括元代刑部对明代刑部的影响，以及元代法律汇编经验、判例法对《大明律》及其律例体系形成的影响。二、元代的司法腐败问题，包括分析元代司法腐败产生的原因，特别以马克斯·韦伯的理性官僚制概念检讨了元代官僚制，从中发现元代官僚制的制度设计缺陷及其与司法腐败的关系。

（张晓慧）

《元朝的历史：蒙古帝国时期的东亚》

［日］樱井智美、［日］饭山知保、［日］森田宪司、［日］渡边健哉著《元朝的历史：蒙古帝国时期的东亚》（『元朝の歴史：モンゴル帝国期の東ユーラシア』），勉诚出版社 2021 年 6 月出版。该书是由日本的元史学者合作撰写的全景式元朝历史，吸纳了最近的研究成果，内容涵盖政治制度、社会宗教、文化、国际关系等方面。第一章聚焦政治与制度，有舩田善之《元代“四等人制”说的背后：“蒙古本位主义”与色目人》、山本明志《站赤使用群体：元朝交通制度的一个侧面》、渡边健哉《元代的三都（大都、上都、中都）及其管理》、樱井智美《江南的监察官制与元初的选任

制度》、赤木崇敏《黑水城文书》、牛潇《元代宫廷女性的活跃》、山崎岳《元末顺帝朝的政局：以后至元年间伯颜执政时期为中心》。第二章聚焦元代的社会与宗教，有矢泽知行《元代的水运和海运：如何连接华北与江南》、松下道信《关于蒙古国的佛道论争：〈至元辨伪录〉所见禅宗对全真教的理解》、野泽佳美《元版大藏经的刊行与东亚》、中村淳《南宋末帝与藏传佛教》、垣内景子《夷狄便于利用的朱子学——朱子学的中华意识与治统论》、饭山知保《追溯蒙古时代：陕西省大荔县拜氏与祖先标榜》。第三章围绕传统文化的发展，包括：宫纪子《“知识”的混一与出版事业》、土屋育子《白朴的生涯与文学》、奥野新太郎《凝视“元代文学”》、德留大辅《景德镇青花瓷的产生：生产与流通》。第四章探讨元朝的国际关系，包括金文京《〈朴通事〉的历史世界》、中村翼《日元间的战争与贸易》、榎本涉《日元间的僧侣往来规模》、中村和之《蒙古帝国与北部海之世界》、向正树《元朝与南方世界》。第五章介绍正在开展的研究，包括村冈伦《重写世界史教科书：蒙古、元朝史研究进展的成果》、森田宪司《从史料的刊行看二十世纪末日本的元朝史研究》、村冈伦《成吉思汗不是源义经：同人说的史实反证》、渡边健哉《探寻蒙古时代的石碑：桑原骘藏与常盘大定的调查记录》、渡边久《〈混一疆理历代国都之图〉的再发现》。

（张晓慧）

《元明嬗代之际中朝政治关系变迁研究》

屈广燕著《元明嬗代之际中朝政治关系变迁研究》，中国人民大学出版社2021年3月出版。从元到明的王朝更替，导致中国对外政策发生变化，而同时期朝鲜半岛亦出现了丽鲜嬗代，其对华政策也有所调整，由此使得两国四王朝之间的关系变得极其复杂。在元末至明前期这一阶段中，双方在已经变化的历史条件下，针对“史无前例”的新局面，是如何不断调整外交政策从而使双方的外交关系达到一种新的均衡状态，进而形成稳定的、终明一世都未曾发生重大冲突的外交关系，是该书关注的问题。鉴于元明嬗代、丽鲜更替几乎同时发生所导致的纷乱外交局面，该书以两国关系变化为经、以重要历史事件为纬，详细论述元末至明前期中国与朝鲜半岛国家关系变迁的实际过程，从而展现出国家关系的复杂性，同时考析双方外交政策的得失。

正文共九个章节。第一章，作者概括了元明时期中朝两国的外交特征。元朝与高丽是控制与被控制的君臣主从关系，高丽王朝自恭愍王开始，就一直在“侍元弃明”和“反元亲明”间来回反复。明朝和高丽、朝鲜的关系经历了洪武、永乐朝的“威服”，洪熙至万历壬辰年前的“德绥”，以及壬辰以后“德绥”、“恩服”并列等三个阶段。第二到第五章，通过梳理元朝、明朝、高丽、朝鲜史料，元末至明前期中朝政治关系变迁的实际过程，可以细化为五个阶段。1351—1368年，是元朝“世祖旧制”动摇与高丽部分主权恢复的时期，元朝对高丽反元活动的态度经历了默认、清算到拉拢的变化。1369—1388 年，中国处于明与北元两个政权并存的时期，高丽针对这种局面主要采取两端外交，其中恭愍王时期是隐形两端外交，禑王则是明显的两端外交。1389—1397 年，没有“北元因素”的明丽关系可以概括为时断时续的朝贡与渐行渐远的关系，关系不断恶化的主要原因是双方对于土地、人口的争夺。1398—1424 年，朝鲜对明朝从分庭抗礼变为亦步亦趋，建文朝对双方关系控制力最弱，奉行大国殷勤交好小国的政策，而永乐朝又将两国关系拉入另一个极端，成为对两国关系控制力最强的阶段。1425—1450 年，明朝与朝鲜关系稳定化与制度化，外交政策、朝贡制度和宗藩礼仪一直到明末都没有发生重大变化。第六到第九章，作者总结了影响元末明初中朝宗藩关系的四个因素。一是儒家文化的主导性，元朝中期传入高丽的理学思想，使高丽在面对元明政权的更迭时，倾向明朝，又使朝鲜将慕华、“事大主义”奉为国策。二是边防安全的现实性，女真人和倭寇的侵扰，促使明、朝鲜两国形成了长期传递情报和偶尔军事协作的边防合作机制。三是国家实力的决定性，明朝在安稳强盛时主导双方关系，势微动荡时则被动地拉拢高丽、朝鲜。四是朝贡制度的纽带性，朝贡是中朝两国交往的前提，明朝通过朝贡维系宗主国的地位和辽东边疆的稳定，朝鲜则达到“事大保国”的目的。

元明之际中朝关系的变化过程中，理学逐步成为促进朝鲜慕华事大的推动力，同时，明朝与朝鲜共同面临的“北虏南倭”之患也推动着两国关系发展。双方的关系虽然稳定期很长，但是不乏轻微的变动，马匹贸易、贡赐价值、遣使内涵三方面都可以反映双方博弈的过程。通过对双方关系从纷乱复杂走向稳定和睦过程的梳理与分析，可以概括影响中朝政治关系的主要因素为四点，即儒家文化的主导性、朝贡制度的纽带性、边防安全的现实性以及国家实力的决定性。

（张晓慧、龙眼）

《图像、观念与仪俗：元明时代的族群文化变迁》

张佳著《图像、观念与仪俗：元明时代的族群文化变迁》，商务印书馆 2021 年 5 月出版。该书以专题研究的形式，结合大量留存在纸本、绢布、画像砖上的图像资料与记载在文献史料上的文字资料，探讨 13—14 世纪的国家、族群认同问题，以及相关的社会文化变迁。宋、金末年以迄明初的两百年，是中国历史上第二次族群秩序大变动时期。随着汉族与北方族群力量的彼此消长以及新文化因素的不断冲击与融入，这一时期的族群观念以及社会文化，也处于一种复杂的动态变化过程当中。在这一族群秩序大变动时期，汉族士人国家与族群观念经历了复杂变迁。两宋时期在中原国家与北族政治体长期的实力消长过程中，士人的国家与族群观念，日趋封闭与保守。在社会文化与日常生活领域，强调“夷夏之防”。随着蒙元大一统时代的到来，上述国家与族群观念，发生了颠覆性的改变。在公开的话语里，元代士人不再拘执于“华夷之分”。不过，作为宋代思想的遗响，华夷观念在元代汉人社会中是一股长期蛰伏的思想潜流；到元末时，其又重新爆发并成为元明易代的思想背景。明代的国家意识形态，又回归宋代故辙，重弹“内夏外夷”的旧调，试图以此为基础来构建元明易代的合法性。从南宋到明三百年间，这种近乎圆周运动的思想变迁过程，显示了现实政治变动在观念世界引发的波澜，也展示了宋明两个汉族王朝在思想文化上的强烈延续性。

该书第一、二章，分别从番画诗与隐藏在史料中的夷夏论说切入讨论。第三章以碑刻材料为中心，揭示了元代一个来自西域的也里可温家族的文化面貌，体现了元代多元文化的交融。第四章以幔笠为例，探讨了观念变迁对社会生活的影响，勾勒北族风俗在汉地经历的由被拒斥到被受容再到被排斥的曲折过程。蒙元以降，东亚历史展示出相当的联动性。这一时期中国族群政治与文化变迁，对周边国家历史产生了影响。第五章探讨明初朝鲜半岛政权接受明朝服饰体系的过程，以及“衣冠”在中韩关系中的角色。第六章以朝鲜通信使的礼仪交涉为例，讨论明代文化标准在东亚的影响。明初文化变革不仅强调华夷之别，也重视用礼仪规范来凸显等级身份的区隔，纠正元代所谓的“宽纵”之失。第七章以墓室壁画为切入点，讨论明初礼制干预民间生活的深度。围绕着元明时代的族群文化变迁，该书从文献、图像和考古资料几方面寻找到非常有说服力的具体资料，史料扎实、叙述清晰，由小见大。元明之际的族群文化变迁，给传统东亚和中国的文化带来深刻影响，也给今天如何重新叙说东亚与中国文化史留下很多思考。

（张晓慧）

《断裂、演进与延续：元明之际东亚海洋史中的山东半岛》

《断裂、演进与延续：元明之际东亚海洋史中的山东半岛》（*Rupture, Evolution, and Continuity: The Shandong Peninsula in East Asian Maritime History During the Yuan - Ming Transition*）由德国久负盛名的 Harrassowitz Verlag 出版社于 2021 年 12 月正式出版。该书作者马光，2016 年获比利时根特大学与奥地利萨尔茨堡大学历史学博士学位，现为山东大学历史文化学院教授。过去学界对广东、福建、浙江和江苏等南方沿海区域的海上丝绸之路的研究倾注了大量心血，但是对北方海洋史却未给予应有的重视。马光则独辟蹊径，尝试将焦点集中于元明之际的山东海洋史，试图突破旧有的“东南中心主义”海洋史研究框架。以往学者通常从政治、经济、军事、文化等陆地角度解读元明鼎革，且多将继承与革命视为对立的两面。马光的研究将山东海洋史置于超区域性、全球性的历史背景下，有力挑战了“大陆中心主义”这一传统史学观点。该书从全球史视角出发，将山东海洋置于东亚区域大背景下，采用文献文物互证验史和田野调查相结合的研究方法，对比分析元明山东沿海贸易由盛而衰的转变，揭示山东在中日韩交流史中的重要地位，厘清山东海防从宋元初创到明代逐步完善的过程，阐明元明时期山东官方海运和造船航海技术的延续，从而全面展示元明之际山东海洋史的嬗变、渐变和传承情况。

该书分为上中下三编、六个章节。上编主题为“断裂”，分为两章：第一章，对比分析元代和明代从开海贸易到厉行海禁政策的转折，揭示元明之际山东近海贸易从繁荣到萧条的嬗变。第二章，探究元明时期山东在中韩官方交往中的地位变化，以及山东与朝鲜半岛海洋贸易的变迁。元明海洋政策的转折，同样深深影响了整个东亚局势。受之影响，山东与朝鲜半岛的联系，也发生了重要转变。海禁政策、辽东局势、都城迁移、航海技术等，都是导致朝中官方交通路线多次改变的重要因素。中编主题为“演进”，分为三章：第三章，厘清元末明初倭寇由少变多的过程，并从气候与环境角度，探究倭寇爆发的原因。作者指出，在探讨倭患原因时，学界多从中、日和朝鲜半岛的政治形势、海洋政策等角度思考，却忽视了更深层次的气候与环境因素。日本频繁出现的干旱、台风、瘟疫、洪水等自然灾害是日本国内出现动荡局势的重要原因，而气候变冷则导致日本粮食减产，引发饥荒，进而导致倭寇流向朝鲜半岛和中国沿海，四处掠夺。第四章，考证明初中日“倭寇外交”的诸多问题，反思和批判东亚朝贡体系。明初中日关系不仅有封贡与朝贡，也有冲突、敌对甚至绝交，双方之间复杂曲折的外交关系是理解古代东亚国际秩序多样性和动态性的一个极佳范本，它使我们认识到在中国与邻邦交往中，朝贡礼仪只是表面虚相，而国防安全才是实质内容，是影响两国外交最深层次的核心要素。第五章，考察明代山东沿海卫所体系，如都司、卫所、巡检司、海防三营等，阐明山东海防从宋元初创到明代建立完整防御体系的渐变过程。作者认为，明代山东海防，并非凭空问世，而是明朝政府在元朝军事制度基础之上，结合实际需要加以改造而成。下编主题为“延续”，仅有第六章，对比分析元明时期山东官方海运和造船航海技术的延续情况。最后，对全书进行概括总结。

（张晓慧）

《明清帝制农商社会研究（续编）》

赵轶峰著《明清帝制农商社会研究（续编）》，科学出版社 2021 年 4 月出版，该书接续《明清帝制农商社会研究（初编）》（科学出版社，2017 年），对作者于 2007 年正式提出的明清“帝制农商社会”理论做了进一步的延展研究。作者指出，明清“帝制农商社会”研究的基本目标就是对明清中国社会的结构特质、历史趋势及其与现代社会的关联提出一种总体看法。这一研究采用比较文明和结构分析的视角重新审视明清中国，认为当时社会的根本特征体现在以商品经济繁荣为突出表征的新经济社会趋势与帝制体系构成了互洽格局。就政治领域讲，中央集权的皇帝—官僚—郡县体制持续强化；从经济、社会领域看，农、商两业并为基础且商业化程度日益增强，但并无机器生产引导的工业、科技革命迹象，社会分层体系则有向平面化演变的动向；由思想文化领域观之，亦未形成具有颠覆性的挑战帝制体系的潮流。进言之，明清中国虽然在公共权力的组织运作上依然延着先前帝制体系轨道稳定推进，但在社会经济层面却发生了诸多不可逆转的深刻结构性变化。综合以上要素，可以看到与西欧历史进程揭示的商业瓦解“封建”的经验不同，明清中国实际提供了另一种独特的商业与帝制契合共生的发展模式。这一社会体系容纳了较发达的商业资本和商品经济，既保持着继续延伸的潜能而非陷于停滞，亦未显露走上类似西方资本主义道路的明确趋向，故展现为一种应在历史理论意义上予以单独对待的社会形态。该书接续“初编”专题研讨的方式，分4篇17个专题进行拓展研究。其中，第一篇“概念与框架”，结合国内外相关研究，进一步探析“帝制农商社会”说在基础理念层面的问题；第二篇“国家与社会”，重申了该说的一个明确前提，即这一时代的总体形态不应被概括成“封建”社会；第三篇“思想与学术”，重点阐释明清社会转型时期的思想文化与科技精神的特点和变化；第四篇“中心与边缘”，主要论述中国帝制权力中心与土司、外藩、邻国的关系。这些探讨，扩大了明清“帝制农商社会”说的实证考察范围，确认并深化了“初编”提出的基本主张，同时，开展研究的方法论也得到检验和充实。作者表示，在前两编的基础上，相信接下来的“三编”乃至三编之后的研究整合会把明清“帝制农商社会”的面貌、内在逻辑及其引发的深层思考更清晰地呈现出来。明清“帝制农商社会”理论作为系统辨析、解释中国历史形态特征及演进理路的尝试，自提出后受到学界较多关注，并与近来其他一些学者主张的“农商社会”、“富民社会”、“皇权专制社会”、“贡赋体制”、“帝制地主形态”诸说展开一定程度的对话，共同搭建起对于中国历史兼具本土特色及时代新意的多维认知框架与叙述范式，彰显出中国学界自主开创史学话语体系的不懈努力。

（常文相）

《明太祖与经筵》

朱鸿林著《明太祖与经筵》，生活·读书·新知三联书店2021年4月出版。该书收录论文11篇，主要包括两个方面的内容：一是明太祖的儒学知识及其生成与表现；另一个是明代帝学训练的核心制度经筵。作者的研究，侧重于历史人物的思想在形成过程中与制度的复杂交替作用，因此能在明太祖思想与经筵实践这两个相对成熟的研究议题上有新的创获。针对明太祖重刑嗜杀的历史形象，作者仔细梳理《明实录》等常见史料中有关朱元璋读书用书的细节，从长时段中还原其热衷于经史知识的日常喜好，在把握其将学来的知识用于治国的侧面后，形成了明太祖雅好儒学且坚定地认为应该坚持以儒学经典治国的结论。从个体人物活跃的历史场合中发现解决问题的线索，由线索的共同性中发掘澄清对历史人物形象误解的整体性认识，这一见微知著的研究方法，在该书中对朱元璋阅读《书经》并与儒臣讲用的分析上尤见突出。收录的为《明太祖的治国理念及其实践》一书所撰写的导言，虽非专题论文，却更能见作者深入明太祖研究这一议题的角度与清醒认识。作者指出，以会议论文为基础修订而成的这部著作，虽然从不同角度分析了明太祖的个人喜好、时代问题与制度创设，但并未触及这些历史现象产生的原因，对试职、谏诤、读经等制度对于国家政治生命的意义也未予分析。可见作为当年学术会议的主办者，作者对史学研究选题的体量有稳当的把握，对有价值的选题可能触及的空间也有清晰的预判。只是作者在自己的研究中坚持明净疏朗的写作风格，不逾史迹半步申论，因而《嘉靖皇帝与其讲官之间的互动》这篇初次发表时以英文撰写的论文，并未任意提升“互动”在行动上的意义，去夸大晚明君臣关系的良性发展态势。君臣互动本是政治议题，但在传统社会致君泽民的经世志业观影响下，被有机会实践的士大夫落实在了任何有可能的空间内，经筵便是明代最具代表性的制度空间之一。虽为个案，但通过细读文本，揭示出经筵讲章与讲官本人解经之差异，以小见大地反映出制度实践过程中的人为操作空间。高拱是晚明重臣，虽不是经学大师，却在经筵内外处理经解上做过细微调整，以适应听讲的皇帝急需从经典中获得新鲜治国知识的渴望。从高拱、申时行经筵的例子可见，在申论经说时审时度势，尽量削弱个人喜好所带来的影响，已然是晚明高阶文官的思想自觉；这一自觉也影响了形成于明初的经筵制度在晚明政坛政治生活中扮演的角色，呈现出制度本身谨慎收敛与实践者怀抱期待的热情并存的状况。

（解扬）

《明代迁都北京研究：近世中国的首都迁移》

［日］新宫学著，贾临宇、董科译，高寿仙审校《明代迁都北京研究：近世中国的首都迁移》（『北京遷都の研究——近世中国の首都移転—』），外文出版社 2021 年 1 月出版。在中译本之前，该书曾有仁大熙的韩文译本，2017 年首尔书景文化社出版。对一般读者而言，似乎 1420 年永乐皇帝朱棣的一纸诏令，将明朝都城从南京迁往了北京，就可以交代明朝迁都的历史。但是，实际的情形是：明朝迁都是一个漫长的历史过程，历时 40 年才尘埃落定，其间经历了靖难之役后的两京体制、永乐年间的迁都北京、三大殿烧毁引发首都北京地位的动摇、洪熙帝决定还都南京、宣德帝再次迈出定都北京的步伐、明英宗正统年间正式定都北京

等不同阶段的不同政治决策。当然，每个政治决策都关涉统治者的性格特点和政局的变化。全书的章节也基本依时间顺序展开。序章为引言，讨论研究迁都问题的立场、方法与史料等问题。在第一章“关于明初政权的建都问题——以洪武二十四年派遣皇太子赴陕西问题为中心”中，针对《明史·朱标传》中所述的派朱标前往西安是为考察迁都西安可能性这一说法，作者敏锐地发现，《明史·朱标传》中的记述，是将《明太祖实录》卷106“洪武九年六月戊子”条中御史胡子祺请都关中的奏疏与《明实录》卷211“洪武二十四年八月乙丑”条太祖命太子朱标往西安“省观风俗，慰劳秦父老子弟”的意图随意拼接而成，从而营造出明太祖命朱标考察西安定都可能性的虚幻认识。第二章“关于明初燕王府的一些问题”，要回答的是长期不决的燕王府究竟在太液池东还是太液池西的问题。通过对高丽使臣权节的《奉使录》记述的分析，表明燕王府设置在元朝的萧墙之内，其宫城设置在元朝的大内宫城里。第三章“迁都北京”，用了较多的篇幅讨论北京营建的工程实施；第四章“北京巡狩与南京监国”更多地偏向于政治史的研究，讨论巡狩、留守、监国等各种仪制，其实也为接下第五章“还都南京”埋下了伏笔。第五章“还都南京”从三殿之灾写起，到永乐帝之死及继位的洪熙决意南迁，然而却又因洪熙帝的暴毙而使还都南京的计划遭遇到挫折。第六章“从洪熙到宣德——定都北京之路”讨论还都南京决策被放弃以及定都北京的缓慢进展。第七章“定都北京——正统年间的奉天殿重建与首都空间整备”是记叙北京已经事实上成为京师的情况下（虽然还称行在）各项工程的营建与衙署的布置，并且最终在三大殿重建之后于正统六年（1441）正式确认。综观全书，虽然讨论的是都城的迁移问题，但始终紧扣明初的政治变动，也论述了迁都北京在政治、经济、社会等方面引发的一系列变化。

（陈时龙）

《嘉靖帝的四季：皇帝与首辅》

美国学者窦德士（John W. Dardess）著，谢翼译《嘉靖帝的四季：皇帝与首辅》，2021年6月九州出版社出版。窦德士是著名的明史研究学者，在《嘉靖帝的四季》之前，已出版多部学术专著，即《征服者与儒士：元末中国政治变化的视角》《儒家与独裁政治：明朝建立中的职业化精英》《明代社会：十四至十七世纪的江西泰和县》《血与史：东林党及对其的镇压（1620—1627）》《明代中国：一个弹性帝国的简史（1368—1644）》《明代中国的政治生活：内阁大学士徐阶及其时代》《长城：明代的北疆与国防》。聚焦政治史，关注明代专制体制下的政治生态以及地域性儒学人物，是窦德士的研究特点之一。《嘉靖帝的四季：皇帝与首辅》（*Four Seasons：a Ming Emperor and His Grand Secretaries in Sixteenth - Century China*）一书可以说是这一研究风格的延续，而讨论的焦点从之前的明初儒学政治人物或明末东林学派移到十六世纪的嘉靖皇帝及其四位内阁首辅大学士，2016 年出版英文版，2021 推出了中文译本。该书的主人公不仅仅有嘉靖帝朱厚熜，还包括嘉靖帝在位时期最重要的四位辅政的内阁大学士——来自浙江温州府的张璁，来自江西贵溪县和分宜县的夏言与严嵩，以及来自松江府的徐阶，而且从篇幅上来说，嘉靖帝独自构成的篇幅最短——皇帝更像是把该书粘合到一起的贯穿性的人物。四位内阁首辅大学士不是配角，而是主角。这反映了明代政治体制与运作的实际。在明代中晚期的政治生活中，内阁大学士毫无疑问地占据了中枢位置。君臣关系是作者叙述的焦点。嘉靖帝对政权的控制是成功的。即便僻居西苑，痴迷道教，对权力却从未失控。嘉靖帝与张璁的关系是复杂的，一方面是君臣，另一方面“张孚敬……是嘉靖的写作指导、人生导师”。夏言是“杰出的技术专家”，但嘉靖帝“与夏言从来没有过情感上的联系”，他们之间构成了更为“纯粹”的君臣关系。严嵩善于抓住皇帝的喜好，“充当了嘉靖个人宗教仪式的一名热切而真诚的支持者和参与者”，从而使皇帝对严嵩产生了“盲目的情感”。徐阶不像严嵩那样一味阿谀奉承，会从道德原则出发提出建议和不同意见，但在皇帝反对时一般不会坚持，不会固执己见。每一位主人公都有他的性格特点。该书使用的主要史料——“嘉靖的御批和大学士们的答复”、“他们的信件、奏疏和生涯早期的政策提议”，为细致入微的观察“提供了一个深入详尽的视角，可以了解他们的生平和对许多重要（或不那么重要的）事情的反应”，了解这些主人公们的缺点、才能和个人经历。

（陈时龙）

《明代卫所制度与贵州地域社会研究》

吴才茂著《明代卫所制度与贵州地域社会研究》，中国社会科学出版社 2021 年 9 月出版。该书是在作者博士论文的基础上修改形成的。近年来卫所制度与区域社会研究相结合的趋势日益加强，历史人类学研究方法被史学界广泛运用，西南地区大量方志、民间文书的出版，以及田野调查的开展，大大拓展了西南地区史料的基础，为作者的研究提供了坚实的史料基础。该书的核心议题是：贵州在何时，通过什么机制，形成了当下的社会面貌？为了论证明代卫所制度对贵州地域社会的影响，作者用了七章内容和一章余论来进行说明。第一和第二章是关于明代卫所制度在贵州设置、演变及其与贵州政区形成过程的考察与论述，认为明朝贵州卫所是在镇压和边疆治理的基础上逐渐形成的，经历了由卫所管理到卫所与州县共管，到清代卫所逐渐被取消的过程。第三章主要讨论卫所城址与贵州城镇形成的问题，认为明代卫所城的修建对贵州社会的整合具有重大意义，卫所城也经历了由只有单一军事功能到集军事、行政、经济和文化功能于一体的过程，构成了此后贵州城市的基础。第四章探讨卫所学校教育与贵州文化区的初步形成问题，认为明朝统治者开展卫所学校教育的目的和初衷是“使军士知晓战略和忠于君主”，但客观上对贵州文化区域的形成起了巨大作用，使得贵州文化区域呈现教育繁荣和教育贫瘠两种不同面貌。第五章是分析卫所军官的籍贯及其对民族分布的影响，通过对平越、威清、安南、清浪、平溪、铜鼓六个卫的武职选簿中人员的籍贯、职级、入黔始祖、入黔时间、入黔职级的梳理和考察，得出“明代卫所制度的推行，卫所移民连续性地不断迁入，不仅改变了当地的人口结构，而且成为贵州多元文化形成的重要因素”的结论。第六章和第七章是对卫所军官后裔去向的探究，通过考察铜鼓卫刘氏指挥使和隆里所两个个案来展开论述，认为这些卫所军官后裔大致有两大去向：一是世代聚居在卫所驻地，坚守着汉人身份与文化传统，形成了点状分布的“屯堡”村落；二是以汉族身份融入少数民族群体。余论是作者从民间契约文书与土地利用两个方面对卫所制度在贵州的影响所作的补充。作者的结论是，明清贵州地域社会的形成与明代卫所制度有直接和紧密的联系，正是明初开启的卫所制度，造就了今日贵州文化多元并存的基础。该书无疑对推进卫所制度与贵州社会研究具有重大贡献，不仅挖掘了大量新史料，也修正了某些传统史学观点，大大推进了卫所制度区域化的研究。例如在如何看待贵州所布置的“一线路”问题上，该书指出“那种开篇即论元代通往云南路线，然后套贵州卫所于路上的研究结论，尚需对明初经营贵州、云南时的对策演变进行一番梳理”。

（甘子辉、陈时龙）

《明代九边形成及演变研究》

胡凡著《明代九边形成及演变研究》，高等教育出版社 2021 年 1 月出版。九边是明代北部边防中以明蒙关系为背景而形成、演变的九个军镇。针对前人对于九边的形成过程和时间研究不够深入的问题，该书正文六章，以洪武、永乐、仁宣、明中叶、世宗统治时期、穆宗统治时期等时间为序叙述洪武至隆庆年间的北部边防建设及主要因素——明蒙关系的影响。九边的雏形是洪武时期的北边七镇。为防止元朝残余势力的袭扰，明太祖在北部边疆设置了以北平、大同、太原（山西）、西安（陕西）、辽东、甘肃、大宁七个都司级军镇为主体，若干卫级军镇为支撑的军事防御体系。成祖时期，北边军镇在设置和管理上都发生了很大变动，如宁王朱权徙封南昌，大宁都司和东胜卫内迁等。边镇的内撤使明朝的北边防线出现两个大缺口，埋下了隐患，对应的策略即是为拱卫北京的蓟镇的形成，同时在继承辽东、大同、山西、陕西、甘肃五镇的基础上又增设宁夏、永平山海、宣府三镇，加强了对北京周边的防卫。仁宗在派出镇守总兵官的同时颁发将印，并派驻文职机要人员，奠定了后世军镇的基本模式。宣德年间，开平卫内撤，边防继续向长城一线收缩，正统前期延绥镇设立，九边军镇就此定型。在永乐以来北边防线内撤的同时，蒙古族也随之南下进入河套地区，在明代中叶形成了“套寇”。成化、弘治、正德三朝均有复套、筑墙、捣巢之议，成化时期由于缺乏合格的前敌统帅，“搜套”之议没有结果，王越的两次“捣巢”因为失去时机而受到报复，只有修筑的边墙日后发挥了重要作用。山西镇和陕西镇的边防也受到重视，设置了三边总制。战争的同时却又有交往与贸易，朝贡体制长期运行。成化、弘治两朝由于蒙古各部斗争激烈，朝贡往来出现动荡。世宗固守华夷之辨，面对俺答的求贡执意绝贡，未能处理好马市问题，导致俺答南下，爆发了庚戌之变和之后的北边危机，而穆宗利用汉那吉降明这一契机恢复封贡互市，双方进入长久和平，明廷北部边防压力基本解除。全书最后，作者分析了九边对明代军事、政治、经济、社会、文化各方面的影响。其中涉及军事体制、内阁倾轧、税收制度、民间宗教、地域文化等内容，可以看出九边问题是研究明史的一个重要切入点，可以管窥明代社会各个方面的影响。结语则强调明蒙关系是有明一代北部边防的主要影响因素，对九边防线的建设最终完成了延续两千多年的农业民族与游牧民族的融合。该书引用了《明实录》等大量原始文献，资料翔实，在叙述不同时期军镇调整时详细梳理了每个军镇的机构设置和人事变动，对于研究这些地区的军事史、政治史均有重要参考价值。图表的使用是该书写作的另一大特点，在叙述明朝与蒙古的交往时列出每一次交往的双方、内容及出处，对史料进行了系统的梳理。

（李菁、陈时龙）

《新发现古籍纸背明代黄册文献复原与研究》

孙继民、宋坤著《新发现古籍纸背明代黄册文献复原与研究》，中国社会科学出版社 2021 年 3 月出版。该书是 2015 年国家社科基金重大招标项目“上海图书馆藏明代古籍公文纸背文献整理与研究”的研究性成果之一，列入 2019 年《国家哲学社会科学文库》。该书所利用的资料主要是上海图书馆藏古籍纸背文书，包括《后汉书》《魏书》纸背的明洪武三年处州府小黄册，《乐府诗集》纸背的 20 余种不同时期不同地域攒造的明代赋役黄册，《梁昭明太子集》纸背文献的 3 种不同时期不同地域攒造的明代赋役黄册，《张司业诗集》纸背明永乐二十年某里赋役黄册，《增修复古订》纸背明天顺六年某县某都壹图赋役黄册，《徐仆射集》纸背 8 种不同时期不同地域攒造的明代赋役黄册，《崔豹子古今注》纸背明嘉靖十一年浙江衢州龙游县赋役黄册，《赵元哲诗集》纸背万历十年山东兖州府东平州东阿县赋役黄册。对于档案文献不多的明代来说，一次性发现数量如此之多的黄册，对于明代赋役问题研究是一个巨大的矿藏。全书正文四章，第一章为“公文纸本古籍纸背文献综论”，讨论明清时期刊刻图书往往以废弃无用的公文纸为材料而间接地保存下来的纸背文，并在此基础上提出古籍公文纸背文献学的概念。第二章“公文纸本古籍纸背所见明代黄册文献概述”介绍了上海图书馆藏洪武三年处州府小黄册及其他的赋役黄册，以及其他图书馆藏纸背文献中的明代赋役黄册。第三章、第四章分别为洪武三年处州府小黄册及新发现的纸背明代赋役黄册的复原与研究，探讨了与黄册相关的里甲编排、带管畸零户、寄庄户、军户登载格式、田土推收过割等一系列问题。附录主要为资料，除洪武三年小黄册复原、明代赋役黄册示例之外，还有哈佛藏《韵学集成》《直音》纸背明代赋役黄册缀合复原。

（陈时龙）

《太仓库与明代财政制度演变研究》

苏新红著《太仓库与明代财政制度演变研究》，中国社会科学出版社2021年1月出版。该书是在作者的博士论文基础上写成，是国家社科基金项目“太仓库与明代财政制度的演变研究”的研究成果。明代的“太仓”有两重基本含义，一是指专门存储户部漕粮的粮仓，即京仓、通仓及临清等地的水次仓，二是指专门存储户部白银的太仓库。该书的研究对象，是存储户部白银的太仓库。明代中央的仓库较为复杂，除内库（包含内府十库与内运库、司钥库、供用库）外，还有户部太仓库、兵部的常盈库、工部节慎库、礼部光禄寺银库以及南京的户部、工部、兵部银库。该书聚焦于始建于正统七年（1442）的太仓库。全书分七章。第一章“明代内库制度演变”谈洪武初年建立的内府十库问题，指出内府十库在明初归户部管辖，负责国家公共财政开支，嘉靖十一年（1532）后内府十库的实物归皇室支用，折银收入归户部，内库财政呈现出明显的由国家财政向皇室财政专属化演变的趋势。第二章“明代太仓库藏制度与管理制度演变”指出，伴随着内府十库不断从国家公共财政职能中退出，明代太仓库财政制度则不断演变。正统七年（1442）始设的太仓库最初仅存储少量马草折银，财政地位低微。弘治末、正德初，太仓库开始接纳中央财政体系中的收支盈余银，逐渐发展成中央财政体系中的收“财政储备”机构，以应对紧急军情和地方重大灾情，到万历年间进一步负责北京和北边军镇京运年例银等常规开支，财政地位达到顶峰。第三章“明代太仓库收入制度演变”对太仓库的岁入款项，包括余盐银、部分改太仓转发边镇的民运银、田赋折银、钞关商税、地方财政盈余、开纳事例银等，作了一定的分析，尤其指出田赋收入仅占全国田赋总数的3%左右，决定了其没有能力对边镇军饷提供大规模财政支持。第四章“明代太仓库支出制度演变”指出太仓库的常规性支出为四项，分别是为了维护北京的行政及军事体系的正常运转而进行的财政开支（“京支”）、应皇帝要求而发往内库或者为皇室开支垫付的支出、地方发生严重灾情时的赈济、对北边军镇的财政支援。第五章“明代太仓库岁入、岁出及财政平衡的演变”中，作者制作了自成化十六年（1480）至崇祯十七年

(1644)之间的“明代太仓库岁入、岁出及库存银额表”。第六章“明代太仓库与其他中央机构的财政关系演变”讨论了自嘉靖中期以后长期入不敷出的太仓库与工部节慎库、兵部常盈库、京通仓之间的挪借关系。第七章“皇帝、官员与明代财政制度演变之间的互动关系”更近似于一个延伸的讨论，关注私（皇室财政）与公（国家公共财政）、皇室与士大夫之间在财政问题上的博弈。

（陈时龙）

《从马政到财政：明代中后期太仆寺的财政功能和影响》

刘利平著《从马政到财政：明代中后期太仆寺的财政功能和影响》，中华书局2021年6月出版。太仆寺向来是管理马政的中央行政机构，在明代中叶以前与财政基本无涉。但自明中叶始，马政赋役开启折银化过程，两京太仆寺所辖养马区域的马户差役、牧马草场和马匹等，日益转化为太仆寺的白银收入。为此，太仆寺建立常盈库专管白银的存放和收支，遂成为重要的钱粮衙门。太仆寺常盈库的白银起初专用于购买战马，后随着皇室财政和国家财政的日益恶化，与马政无关的支出名目和金额不断增加，成为常盈库支出的主体，遂被朝廷视为缓解各类财政危机的救命稻草，太仆寺因之被日益卷入国家财政之中，成为中央财政管理体系的组成部分，发挥巨大财政功能，并对明中后期财政管理产生重要影响。该书以明代中后期赋役货币化和货币白银化为背景，以财政视角研究明代太仆寺财政功能的衍生过程及其对国家财政的影响。全书近28万字，分八章。第一章“绪论”介绍研究背景、主要史料、研究方法和主要观点。第二章“明代马政管理体系”，梳理明代马政管理体系的构成及两京太仆寺的变迁情况。第三章“两京太仆寺马政资源的空间分布及数量估算”，对两京太仆寺掌管的马户、牧马草场、马匹等各种马政资源的地理分布、数量及其不同时期的变化及变化原因等，进行论述、估算和分析。第四章“明代中后期马政资源的货币化与太仆寺的财政收入”，论述明成化以降两京太仆寺所属各类马政资源呈现的折银化过程，并逐项估算其在不同时期的折银比例及数量，进而估算出太仆寺白银岁入的规模。第五章“明代中后期太仆寺的财政支出”，运用数理统计方法详细分析太仆寺财政支出的项目、性质、金额及其在不同时期的变化情况，揭示出太仆寺的财政支出越来越偏离马政，而日益被卷入中央其他各部的财政之中，转而成为朝廷“应急财政”的现实。第六章“明代中后期太仆寺的财政管理”，从征收、库存、支出和簿籍管理四方面，论述太仆寺的财政管理，旨在说明至明代中后期太仆寺已非单纯马政机构，兼具财政管理机构之性质。第七章“明代中后期太仆寺的财政功能及影响”，论述太仆寺发挥其财政功能的条件、方式和对国家财政产生的重要影响。第八章“结语”，在总结前文基础上，提出该书主要观点：明代中后期马政资源折银化的结果，既改变了太仆寺管理马政的方式，又改变了太仆寺自身的机构性质，使其成为钱粮衙门，衍生出财政功能，渐被纳入国家财政管理体系之中，对明中后期国家财政产生了重大影响。该书利用大量一手史料，收集上万个数据，制作三十余个数据图表，运用历史考证、数理统计等方法对书中观点进行严密的分析和论证，所得观点和结论明确、可靠，是迄今第一部以财政视角系统研究明代马政的学术专著。该书对于人们重新认识明代太仆寺和马政、深入了解明代中后期赋役白银化及财政管理体制变迁等问题均有帮助。

（陈时龙）

《有教无类：中晚明士人教化宦官行动研究》

吴兆丰著《有教无类：中晚明士人教化宦官行动研究》，社会科学文献出版社2021年11月出版。明代洪武年间奠定宦官制度框架，加废丞相不设，至仁、宣年间变为内阁票拟之制，不仅开启君主不必与廷臣面议的政治局面，还使宦官二十四衙门之首——司礼监——取得照内阁条旨代皇帝“批红”的权力。就制度规模和中枢权力结构而言，宦官俨然成为明代政治生活关键一环和重要组成。中晚明士人教化宦官的思想和行动，是对这一政治结构和政治生态的正面回应。该书从政治与思想、制度与文化交互影响的角度，探析中晚明士人对待宦官政治与宦官群体的态度转变与相应行动，讨论士大夫群体在“有教无类”“一体之仁”的精神指引下教化宦官的思维理路与行动意义，揭示其在明代思想史和政治史研究中的价值意涵。全书除绪论和结论外，主要分三个部分。第一部分即第一章，考察明代成化年间政治名臣王恕的“攻宦”行动及其困境，以揭示明中后期士人转向教化宦官的“内在理路”。第二部分包括第二章、第三章，讨论明中后期士人教化宦官的思想表征。第二章以宋儒真德秀所撰著名的《大学衍义》中宦官历史书写为中心，探讨其在明代所获反应及其在同类著作中的修正情形，以论析明中后期士人思考宦官问题的新变化。第三章探析明中后期士人对宦官的新思维，即士人已然认识到宦官在政治体制中不可取代的地位，主张利用明代宦官教育机构内书堂以及撰写宦官教化用书来具体落实教化宦官行动，将改善政治和影响皇帝的希望寄托于最能接近和影响皇帝的宦官身上。第三部分即第四章至第七章，探析明中后期士人教化宦官的行动表现。第四章以内书堂为中心，论析中晚明士人利用内书堂教育机制推行教化宦官的努力。第五章、第六章探析晚明涌现的宦官教化用书及其历史意义，尤其是王阳明弟子王畿所撰《中鉴录》的实际影响。第七章以镇守中官和守备太监为中心，探析明中后期士人利用循吏文化传统，塑造镇守中官模范，展开教化宦官的相应行动。作者根据研究所得，形成了以下三点历史认识：第一，中晚明士人教化宦官行动是儒家“得君行道”理想的曲折延展和上层经世之学的内容要目。第二，中晚明士人重新思考向来被摈斥在儒家主流价值之外的宦官，强调宦官也有“人”的善端与本性，主张教化为善并付诸行动，这是明代儒学思想与文化具有强烈的实践性指向和下行性特征的逻辑使然和有力诠释。第三，明代宦官与士人在政治文化中日渐同一化，明代士人与宦官在对抗或勾结的二元认识之下实际上存在着深层的良性互动关系。

（陈时龙）

《“再造藩邦”之师：万历抗倭援朝明军将士群体研究》

孙卫国著《“再造藩邦”之师：万历抗倭援朝明军将士群体研究》，社会科学文献出版社2021年4月出版。在绪论部分，该书首先检讨了从明代到当代国内对万历抗倭援朝战争的相关研究及其不足。第一章介绍入朝明军将士群体。关于这一群体的来源、人数、编制等问题，中国史料鲜少提及，仅朝鲜史籍出于感谢“再造之恩”会有所载录。对照中朝史籍，参考文人笔记，作者考证出援朝将士的人数、编制，北兵、南兵、九边兵、家丁的异同和布局，并分析军事指挥体制的特点与文武关系。第二至五章依次叙述了石星、宋应昌、李如松、杨镐等人在援朝战争期间的态度与活动，兼而论述了这场战争中的一些重要问题。兵部尚书石星、提督李如松、经理杨镐的经历相似，初期战争顺利，进而战败，回国后备受指责甚至被弹劾，以至最后去职闲住甚至下狱被杀。但是，他们却受到朝鲜君臣的尊敬，在著作中被赞扬，其后人也受到重用。经略宋应昌则因其战略战术而在中朝两国都饱受诟病。通过将中朝史籍进行比较，作者努力梳理战争的过程和节点，指出造成这种差异的原因是明末复杂的政治斗争，力图对他们在战争中的作用进行客观评价。第六章讨论了丁应泰弹劾事件。在岛山战败后，兵部主事丁应泰不仅弹劾了杨镐，更弹劾了朝鲜国王，这反映了宗藩关系的复杂性。第七、八章分别着眼于提督董一元和水师提督陈璘，分析了两场战胜和战败的典型案例——泗川之役和露梁海战。第七章通过对比中日韩三国史料，摸清了中日力量对比、伤亡数字、与南原之役比较等问题，分析出战败原因是明军内部分歧，从而填补了泗川之役研究的空白。第八章参考了大量朝鲜史料，叙述了水师的战功和其提督陈璘的指挥。他与朝鲜水师在指挥地位和战略问题上不断磨合，最后与李舜臣一起取得了关键性的露梁大捷。第九章论述了《纪效新书》与战后朝鲜的军事改革。朝鲜对戚家军的战绩早有耳闻，明朝南兵的英勇表现和战后叙功时李如松的忽视，使得朝鲜君臣对他们好感倍增。朝鲜从明人手中购得此书，开始练兵，并成立了训练都监，聘请明朝将领为教师，在《纪效新书》的指导下从“练将”“练兵”“修械”三方面全面重建军队。丁酉再乱之时，朝鲜新军已成为明军重要的辅助力量，朝鲜人也根据《纪效新书》编写了很多兵书。由此可见，通过援朝战争，明代中国的军事思想、制度、方法等传入，对朝鲜王朝的军事影响深远。余论叙述了日韩对援朝战争的研究，还在附录中介绍了西方对这场战争的研究。日、韩对这场战争的研究都从本国立场出发，丑化明朝将士；塞缪尔·霍利的《壬辰战争》一书也存在对中国军队的忽视。因此，该书最后重申了自己的写作目的和意义，即以明东征将士群体为研究对象，对于“士”视为一个整体考辨其来源、编制、指挥等，对于“将”则对不同阶段的各个主将进行案例分析，将中韩史料进行对比和考证，厘清了一些作战过程中的细节，并且指出，中国对这些将士负面评价的原因在于军中的派系斗争和明末党争，而朝鲜对他们的追忆和怀念则是源自对明朝的追忆。

（李菁、陈时龙）

《明末清初中国与东亚近世》

［日］岸本美绪著《明末清初中国与东亚近世》（『明末清初中国と東アジア近世』），日本岩波书店 2021 年 3 月出版。岸本美绪为御茶水大学名誉教授。明清时期地域社会史的研究，自 20 世纪 80 年代开始，一直被日本历史研究者所重视。进入新世纪以后，通过与中国及世界不同国家与领域的研究者的共同努力，逐渐发展成为了站在以明清中国为中心的东亚位置，对于全球史问题进行关照的跨学科综合性研究。该书以 16 世纪至 18 世纪的国际社会大动荡中，世界各地探索新秩序的时代为研究视点，以明清史为基础考察了东亚共时性的“近世”。以“东亚、东南亚传统社会的形成”为起始，在时代区分、皇帝权力、统治理念、国家观、市场构造等诸多方面，系统地对中国史、亚洲史进行了论述。作者以她所专擅的阿米巴（Amoeba）式研究风格，触类旁通，旁征博引，以明清中国史研究课题为中心提出了全球史的研究课题。

该书按讨论内容分为了“第一部：东亚之中的中国‘近世’”与“第二部：传统社会的形成——国家、市场、社会观”等两部分。在第一部分中，分章节论述了东亚、东南亚传统社会的形成（第一章）、皇帝与官僚、绅士（第二章）、中国史中“近世”的概念（第三章）等概念性的、方法性的问题，并在附论中以《“近世化”与“东亚化”》为题对战后日本历史学界所采用的“时代划分”与“地域区分”两种研究方法进行了总结归纳。第二部分主要讨论了以“中国”与“外夷”为着眼点的从明代到清中期的国家称呼（第四章），德治的构造——以宽容的比较史为线索（第五章），清初上海地方人士的国家观——以《历年记》为中心（第六章），明末清初的市场构造——模型与实态（第七章），米与丝与欢乐街——17 至 18 世纪的苏州（第八章）等一系列在中国传统社会的内部发展时间线索产生的各种历史问题，并结合当时的史料具体展开讨论。

该书主要具备以下几个特点。第一个特

点，该书看似是以“世界体系论”为研究方法所进行的“全球史”课题研究，但从书中内容可见，作者虽然将研究视域置于东亚及全球范围，其探讨的具体问题却是以国家、文化圈的发展主线由陆地到海洋的转变作为线索。例如，作者在该书第一部分中认为，无论是东亚还是东南亚的新国家，都是从 17 世纪到 18 世纪固定下来的。如果说明代前期到 15 世纪为止的东亚社会发展，是围绕以陆地运动以为主线展开的话，从 16 世纪开始，不如说是以海洋为中心的运动来展开的。从 16 世纪到 17 世纪初的东海、南海，可以说是像沸腾的坩埚一样，成为使国家和文化圈的界限变得模糊的海域。作者试图以这一从陆到海的重心推移过程为线索，以东海、南海为“场域”，描绘出这个时期的东亚、东南亚的历史发展脉络。因此，作者的创作意图与其说是从地域社会史出发提出全球史研究课题，倒不如说是以全球史研究方法为视角，对此前研究方法进行互证与反思。第二个特点，作者延续了在《地域社会论再考》一书中对于“地域社会”方法论的思考，建设性地以传统社会形成论对东亚社会秩序的构成进行了解构。该书第二部分着重对传统社会论中的“多样化反应”进行具体的列举说明。对传统社会形成论中“多样化反应”的探讨，主要从三个具体问题入手：第一，民族、宗教与国家统合的问题。第二，市场经济与财政的问题。第三，王权与中间团体的问题。针对上述问题，作者在第四、第五章中以清朝中央政治集团，在第六章中以上海地方的庶民阶层为主体，分别进行了考察。在第七、第八章中，作者以全国性的宏观视野，与聚焦于苏州一城一地的地方性视野，对明末清初经济的特质进行了阐述，集中讨论了诸如“在近世世界经济中中国经济的位置”、“中国的市场秩序”等问题。第三个特点，该书对于作者以及日本学界长久以来在相关领域的研究成果进行了总结和发展，并站在中国史研究的角度与欧美全球史学者进行了一定的对话。书中所收录的部分章节是对作者自身以及学界已有先行研究的回应与思考。例如，对“时代划分”、“地域划分”、“共时性”、“多样化反应”等问题的论述，都是与其他学者所提出或作者自身已提出问题所进行的“对话”。上述“对话”形式所阐述的相关问题，是作者最新学术思考的集中体现。对于欧美学界提出已久的，在“全球史”视域下对中国及东亚“近世”进行考察时所产生的问题，作者以明清中国史为中心的东亚史研究为立场进行了解答。

《明末清初中国与东亚近世》一书，作为日本学界明末清初中国及东亚社会问题研究的最新力作，着重突出了作者研究视域的宽广与对史料全面具体的掌握。该书所带来的对于历史研究方法论的讨论，势必对中日两国学界以及全世界历史学研究领域产生深远的影响，对中国史及世界史的跨领域研究都会产生积极的推动作用。

（黄铮）

《逍遥与散诞：十六世纪北方贬官士大夫及其曲家场域》

［新加坡］陈靝沅著、周睿译《逍遥与散诞：十六世纪北方贬官士大夫及其曲家场域》（*Songs of Contentment and Transgression: Discharged Officials and Literati Communities in Sixteenth - Century North China*），广西师范大学出版社2021年12月出版。作为海外汉学研究成果之一，该书受益于皮埃尔·布尔迪厄的文学社会学的启迪，尤其是“文学场”“位置”“占位”“符号资本”“文化资本”等概念，借助“文学场域”的理论，将“曲家圈子”作为散曲和剧曲研究的基本主体，以此研究文人之间如何创作、传播以及使用“曲”，避免了对单个作家的孤立研究。在内容上，该书围绕16世纪王九思、康海和李开先的作品风格和互动本质，把三位文官置于联动考察的视野下。由于三人并不以茕茕孑立、迁客骚人的姿态来独力构建自己的曲创作世界，在文学史上鲜有提及的其他许多文人也参与了他们的曲作唱和活动，因此，探索这三位曲家领袖各自的曲创作“圈子”可揭示围绕这些文人所浮现出的曲创作的陕西和山东两大地域中心，进而展现16世纪中国北方的地方创作群的全景。该书具体由两部分构成：第一部分关注以王九思和康海为中心的陕西文人圈的构成，包括两人从事曲创作的源流和选择，通过解读两人的曲作来探析曲作为非主流文类是如何与这两位贬谪文人相契合的；展现两人如何将散曲、剧曲当作一种自我满足的表现，并创造出一条另类而理想化的归隐之路，从而揭示曲创作为他们提供的自我构建；提倡沿着主要曲家去了解他们的曲家圈子，兼及圈子中的散曲作为社交和场合性书写的功能，分析群体性的文本世界；以寿曲歌词为例来讨论曲家圈子的文本和社交世界交叠融合的情况，指出这个群体世界被定性为一个属于贬谪官员的应许之地。第二部分聚焦于以李开先为中心的山东散曲、剧曲创作的文学世界，包括关注李开先家乡的地方曲社；分析文本流传如何让曲作跨越地方语境而传播到更为广阔的读者和评者圈的层面；讨论李开先的剧曲创作及刊刻之业；检视李开先在山东曲家圈子中的作用和影响，阐释他成为圈内灵魂人物的经历亦即其自我形塑的过程。两大部分之间有间奏章节，关注1531年到1541年之间两大地域与世代的主要曲家的相遇。总体上，作者力求探寻文人政治生涯的无情终结与投身曲创作实践之间、远离政治中心与致力边缘文类创作之间的联系。通过讨论三人在远离官僚与政治舞台之后的退隐生涯，探求他们在悖离于当时文人士大夫正式写作文风的文艺创作中不约而同地选择了创作“曲”这一边缘文类（包括剧曲和散曲）以寻求安慰和满足的具体情况，来揭示这些文人所浮现出的曲创作的两个地域中心的过程，这一研究或可带动对16世纪北方文化语境内外的曲创作实绩的重新评估和审视。

（黄若然）

《汉传佛教复兴：云栖袾宏及明末融合》

于君方著，方怡蓉译《汉传佛教复兴：云栖袾宏及明末融合》，台北法鼓文化 2021 年 7 月出版。英文原著 *The Renewal of Buddhism in China: Chu – Hung and the Late Ming Synthesis*，1981 年由美国哥伦比亚大学出版社出版。该书研究明末佛教四大高僧之一云栖袾宏（1535—1615）的生平、著作和教理，但不局限于将云栖袾宏局限在佛教义理与佛教史范畴之内，而是将之置于明末知识与社会背景之中，拓展对晚明佛教与知识界的认识。该书共九章，第一章导论，第九章结论，第二至八章是主体。第二章介绍"袾宏生平与主要著作"，详尽描述了云栖袾宏的生活轨迹与著述情况。该章除了参考虞淳熙撰写的《云栖莲池大师传》，主要参考云栖袾宏的著作全集《云栖法汇》的相关记述。第三章"袾宏与禅净双修"，追述唐代以后禅宗的发展和禅净双修的传统，探讨云栖袾宏和前代祖师大德对念佛的意义和功能的看法，并讨论云栖袾宏对净土念佛的认识，以及云栖袾宏被归为净土祖师的原因。该章认为，云栖袾宏对念佛的诠释融合了惠远、承远、法照代表的念佛三昧和善导、少康、省常代表的普化虔诚与积极救世的两个传统。第四章"袾宏与明末居士佛教运动"，阐明云栖袾宏的居士佛教理论依据的是不杀和放生，他提倡的戒杀和放生，在居士佛教运动中扮演着重要角色。在"三教合一"的思想背景下，云栖袾宏主张在家修持，吸引了诸多来自士大夫阶层的信徒，他认为居士佛教和僧团佛教相辅相成。第五章"融合的实践：善书与《自知录》"，讨论云栖袾宏为弟子和一般信众编纂的《自知录》。通过比较《自知录》与《太上感应篇》《功过格》的异同，指出《自知录》属于道家和儒家两大"善书"系统发展脉络，但又具有晚明"三教合一"色彩，把佛教见解和价值观引入到传统善书的一般道德模式中，是《自知录》的特色所在。第六章"明末僧团的情况"，分析明末僧人声望低下，僧团衰微的外在原因：官府限制佛寺的数量，操纵戒牒的颁发，建立官府掌控的僧官制度。第七章"明代僧团衰微的内因"，分析僧团衰微的内在原因：禅修弊病、戒律废弛，以及僧众世俗化。第八章"袾宏的僧团改革：云栖寺"，基于前两章对僧团衰落的内外因分析，揭示云栖袾宏改革僧团的理想和努力。他开辟云栖寺，重整僧团规约，建立僧侣日常仪轨，规范宗教生活。该书认为，明代佛教的一项明显特色是融合。云栖袾宏和其他僧众认同禅宗传统，同时致力于净土信仰、研究经教、办法会，从事其他世俗与佛教之外的兴趣和工作。云栖袾宏主张禅净双修，撰写的《自知录》顺应和吸收了儒、道善书的传统。云栖袾宏为复兴佛教，一方面维护僧团存续，主持云栖寺改革僧团佛教，另一方面推动居士佛教运动，普及居士佛教，扩大佛教价值和观念的社会影响。凡此种种，皆展现了明末佛教的融合特点。

（陈冠华）

《明清乡村绅权建构与社会认同研究：以徽州士绅修谱为中心》

徐彬著《明清乡村绅权建构与社会认同研究：以徽州士绅修谱为中心》，中国社会科学出版社2021年3月出版。家谱、家乘为徽州典籍文献的大宗。作为最具典型性的宗法社会区域，家谱的修撰在徽州历代相承，蔚为大观。在徽州典籍文献中，家谱、家乘即达近1000种，对谱牒学的研究有极高学术价值。在该书中，作者推测徽州家谱数量在1300—1500部。该书认为，明清徽州士绅作为一个具有重要影响力的群体，对徽州社会的影响是全方位的。士绅通过参与或主持修谱而实现“绅权”的建构，是整个徽州历史社会进程的一个方面。士绅通过修谱，获得族内认可、官方认可和社会认可，而这种修谱行为对明清乡村秩序的建构也发挥积极作用。全书分三篇。上篇为“明清徽州士绅与家谱”，下分三章，分别阐述徽州士绅的状况、家谱的状况、家谱修撰活动等几个方面，认为士绅修谱的动机主要是用以明确士绅特权地位，维持社会秩序和引导地方风俗。中篇“徽州士绅阶层以修谱构建社会权力”，则主要讨论徽州士绅在修谱时通过对“正统”的宣扬、阐述宗法思想、利用家谱宣扬忠孝思想、在家谱中重点宣扬《朱子家礼》，以及对显性权力如宗族财产的控制、隐性的权力如谱系的构建等的使用，来构建士绅的社会权力。下篇“以家谱为中心构建的社会认同”包含士绅所修家谱的族内认同、官方认可、社会认同三个部分，讨论徽州士绅修撰家谱的行为及家谱本身所得到的族内、官方和社会的认同。书末所附参考文献的家谱部分，其实可以视为一个简洁的、重要的徽州家谱目录。

（陈时龙）

《从黄山白岳到东亚海域：明清江南文化与域外世界》

王振忠著《从黄山白岳到东亚海域：明清江南文化与域外世界》，上海人民出版社2021年3月出版。江南文化孕育了丰富的人文精神风范与开拓创新意识，为社会经济活动带来深远影响。此次结集的小书，取名为“从黄山白岳到东亚海域”。诚如副标题“明清江南文化与域外世界”所示，其内容大致分为两个部分：一是有关明清时代江南社会的文化现象，二是对域外世界的状摹与追寻。“黄山白岳”是指皖南的徽州，也是作者三十多年来长期关注的区域，该书首先勾勒出晚明人文地理书写的复兴轨迹，并聚焦于皖浙边缘山区的社会建构，追寻历史劫难之流传，发掘年湮代远的相关记忆，聆听黄山钟鸣的世纪回响，关注波流披靡之中的苦乐异景，剖析“徽州朝奉”在江南诸多传奇之递嬗演化。在明清经济史和人文地理研究方面，徽商及徽州风俗历来是令人瞩目的一个重要问题。从明代中叶以来，在江南的盐业、木材、典当、布业等行当的经营中，有相当多的徽商活跃其间。在当时，一些席丰履厚的徽商财富多达数百万两白银。及至清代，更高至千万以上，他们位居中国财富金字塔的最顶端。所以，江南民间传说中以“徽州朝奉”取代先前的“胡人”及回族商人，显然亦顺理成章。在明清时代，徽商自新安江东下，几经辗转进入长江三角洲，又从那里进入浩瀚的东海，驰骋于东亚世界，作者三十多年来的研究，也是以“徽学”为起点，逐渐延伸至域外文献与东亚海域史的研究。在16世纪的东南文化市场上，徽商俨然成了执牛耳的盟主。“眼光向下”的社会史、历史人类学之发展，更促进了当代史学的演进。而区域社会史的方法，亦为域外汉籍研究提供了新的视角。随着域外文献的大批刊布，在东亚视域中，国与国之间的经济、文化交流，其主体不再是笼统的“日本人” “中国人”或“朝鲜人”，而是还原为具体人群之间的交流，政治史、贸易史以及广义的文化史可望转向社会史的研究。敦煌文书和徽州文书是20世纪中国历史文化的两大重要发现。敦煌文书发现于1900年，大约半个世纪以后，徽州文书第一次被大规模发现。徽州文书是指皖南徽州地区历史上遗留下来的文书资料，年代从南宋迄至1949年前后。抗战结束后，著名学者方豪首度在南京购得少量珍稀的徽州文书。而在1956—1958年间，在收藏家郑振铎的影响下，徽州文书在皖南第一次被大规模发现。该书认为，做学问要远引旁搜，质疑求是，既有近观细思，又有遥瞻远眺，既要遥望域外世界，还应溯流寻源，较近距离地细致考察江南那一域旷野沃壤。

（汪润）

《子母传沙：明清时期杭州湾南岸的盐场社会与地权格局》

蒋宏达著《子母传沙：明清时期杭州湾南岸的盐场社会与地权格局》，上海社会科学院出版社2021年9月出版。明清时期，杭州湾南岸沙盐地带是一个盐场、州县、卫所交错，灶户、民户、军户人群混杂的地区。数百年沧海桑田中，沿海沙涂不断淤涨。这些沙涂按成陆时间先后分成“母沙”（老沙涂）和“子沙”（新沙涂），从“母沙”淤涨出来的“子沙”归属“母沙”原先的主人所有，子母相传，永永相续，由此形成“子母传沙”的地权惯例。在此基础上，当地逐渐产生形态各异的“一田两主”格局。是否被载入丁册成为能否占有沙涂的重要依据。将本族灶丁来源追溯到明代祖先勒派为丁的经历成为各宗族的普遍做法，也是其控产合法性的来源。丁户既可以自己筑塘围垦，也可选择转卖或转佃。这就出现了名义上拥有沙涂所有权的丁主与购买或租赁沙涂从事垦作的垦户。丁主不纳赋税，每年向垦户收取丁壳。垦户则负责筑塘围垦、报升土地和交纳赋税，成为官府登记的土地所有者，由此构成了当地一田两主地权格局的内核。该书以土地开发和地权演变为主线，通过考察当地盐场社会发展和田土赋役制度演变的复杂过程，深入探讨“一田两主”制的形成问题。

（徐到稳）

《明清之际的江南社会与士人生活》

冯贤亮著《明清之际江南社会与士人

生活》，上海书店出版社 2021 年 6 月出版。作为沉浸江南研究多年的学者，该书反映了作者近年阅读明清时期士人生活与社会史料的收获，也是其所执行的 2018 年上海市哲学社会科学规划“江南文化研究专题”的研究成果。明清时期的江南，无疑是中国经济和文化最发达的地区。在一个蕞尔之区，有限的生存空间和地土资源之上，经济发达，人才密集，文化繁荣，而众多文人、官吏、绅士、地主等人又留下了数量不菲的绘画、诗歌、游记、日记、书牍等。藉由这些资料，则可以深入思考江南士人的生活文化、家族文化等。导论“从经济史到文化史视域下的传统江南研究”带着作者对江南史的反思。明清江南史研究长期以来是以经济史为重点的，作者进一步提出要关注江南的文化史与政治史。全书共分八章。第一章“士人生活：明清之际的社会变动”略述了从晚明到清代虽然政治上有断裂，士人们在旧朝逝去、新朝日渐稳固的背景下，生活依然延续，但也有复杂的、难以形容的体验和感受，对明清两代士人生活差异的表达尤其令人关注。第二至第六章依次选取了明代杭州的城市社会与生活文化，晚明松江府的士人生活与社会文化，著名的功过格学者袁黄、一度官居高位的钱士升的乡居生活，明清嘉定的社会环境与竹刻业等为研究对象，展现了明清之际江南社会的士人文化与生活。末两章研究内容集中于清代，分别是“清初的科考：士人与地方政治”和“曹庭栋与永宇溪庄：盛清时代地方文人的生活”，关注的是清初江南文人对科举考试的态度和奏销案后的科考状态，以及一位地方上功名仅止于廪贡生的文人曹庭栋。作者善于发掘各类江南地方文献，故其所展现的江南士人社会与生活，细致入微，引人入胜。

（陈时龙）

《北京与南京：明清小说中抹不去的京都之恋》

张旭著《北京与南京：明清小说中抹不去的京都之恋》，上海古籍出版社 2021 年 12 月出版。该书是孙逊教授主编的“中国古代文学双城书系”丛书之一。该丛书所涉城市包括汴京和临安、长安和洛阳、扬州和苏州、广州和上海、北京和南京五对城市，其中的北京和南京从政治角度、经济角度、文化角度来看都具有复杂而微妙的关系。该书采取文献搜集和文本细读的方法，以明清小说为基础探讨了北京和南京，包括这对城市如何促进小说的发展和转型，以及小说如何反映城市的发展轨迹和生活的各个方面。通过对小说文本所呈现的城市与市民之间的关系、北京与南京的城市文化精神的异同、小说作者在城市书写背后的心态等问题进行研究，以期对明清时期北京与南京的城市形象有一个立体而较为完整的呈现。全书共分七章。第一章介绍北京和南京的历史沿革，梳理明以前小说作品中两座城市的书写概况；第二章探讨北京和南京的政治地位；第三章从商业和服务业的角度凸显两座城市作为南北商业都会的性质；第四章论述小说中的市民生活；第五章聚焦小说中两座城市风月描写的变迁与差异；第六章以《红楼梦》为个案，分析两座城市被赋予的精神和心理层面上的意义；第七章以《儒林外史》为个案，展示“金陵情结”所蕴含的仰慕情结、理想情结和怀古情结。该书辅证了这套丛书的价值意义，表明城市是一种空间的结构，但需要用更长的时间过程去感知。在小说中，作家主观之情和城市客观之景相融合，从不同侧面反映了小说家对于各个时代城市的想象和追忆。当作为地理空间时，古代小说对城市的书写重在写出一种整体的精神、意态和氛围，而虚拟的地理空间也可以是理想性世界的建构，它是人类经验和文化想象的产物；当作为政治与文化表征时，古代小说将都城隐入小说描写的背景，使它成为一种权力的象征或民俗活动的场所；当作为市民生活空间时，城市包含着发迹变泰的平民梦想、两性相悦的市井传奇以及对司法公正的内在渴望。城市的意象作为城市阅读群体共享的生活体验和文化想象，使生活于同一城市的市民获得文化认同和立场。

（黄若然）

《再见异兽——明清动物文化与中外交流》

邹振环著《再见异兽——明清动物文化与中外交流》，上海古籍出版社 2021 年 11 月出版。书中对明清时期中外动物交流及其背后的知识观念变化进行了梳理与探讨。郑和下西洋时期，将长颈鹿作为“麒麟”“进贡”有着重要的象征意义。一方面，通过“麒麟外交”的一系列邦交礼仪，在形式上将所谓“华夷秩序”推进至明廷与藩属国之间；另一方面，明廷通过“麒麟贡”在国内宣扬了其朝贡中心地位，进一步强化了其统治基础。以郑和下西洋为主题的小说《西洋记》中描绘的许多动物源自郑和团队的笔记、正史以及小说戏曲，亦有凭空虚构，体现了民间对海洋的想象。明清时耶稣会士来华也带来了许多域外动物的知识与传说。利玛窦《坤舆万国全图》融汇了新旧大陆的许多动物，并暗示了麒麟与欧洲传说中的独角兽的关系。南怀仁《坤舆全图》对美洲、大洋洲的动物多有描绘。利类思《狮子说》对狮子文化进行了较为全面的介绍。各类典籍与图谱中对动物亦有着多样的记载。《澳门纪略》中记载了许多所谓“化外之地”的珍禽异兽。元明清以及日本文献中对大象的记载颇为丰富。由“麒麟”到“长颈鹿”，域外动物的译名逐渐实现了本土化。清代的博物宫廷画所绘《兽谱》与《清宫海错图》记载了诸多陆地与海洋动物。此类博物画的产生与西方文化的影响有着重要关联。

（安子毓）

《明代内府刻书考》

马学良著《明代内府刻书考》，2021 年 7 月上海古籍出版社出版。明代内府刻书是明代官府刻书的杰出代表，也是明代刻书事业中的重要类型之一，在中国雕版印刷史和版本学史上均占有重要的地位。该书分为上下两编。上编《明代内府刻书研究》对明代内府刻书的历史背景、刻书动因与内容、刻书机制与流程、刻书数量与时间分布规律、内府刻书的主要用途等要素进行了细致入微的考察。驳斥了长期以来“内府刻书由司礼监官主其事”，进而认为明代内府刻书是太监刻书，所以质量不高、不应受到重视的错误观点，提出司礼监经厂的太监在整个刻书过程中只承担书版刊刻、管理以及图书刷印、装帧等较为简单机械的职责，这些与内府刻书质量关系不大。长期以来人们对明代内府刻书的印象似乎已经定格为：开本宏阔、纸白如玉、墨色如漆、装帧考究、多用秀美的赵体字，往往钤有“广运之宝”，但是所刻图书质量不高。该书在对海内外大量存世明代内府刻书实物考证的基础上，总结出早期、中期、晚期明代内府所刻图书呈现出的不同版本特征，同时，还对明代内府刻书的用纸、装潢、插图版画等特征以及内府刻本中所见的明代帝后宝玺进行了考证，揭示了内府刻书是由皇室出资、主持，在皇帝直接敕命下刊刻的图书，相当于明代皇家的出版社出版图书，其主要目的是传播国家统一的意识形态这一本质。书中还指出明代内府刻书不但继承了历代官颁儒家经典正本的做法与意义，而且将中央政府刻书的范围进行了大大的拓宽，大量与明代典章、礼制、法律、朝廷政治相关的御制书籍和敕纂修图书通过内府刊布发往全国，对明代统治者统治思想完整、准确地传播以及明代学术、文化的导向与构建均起到了重要作用。因此，明代内府刻书不但外形精美，具有极高的艺术代表性，而且是对明代国家意识的真实记录，是研究明代政治、社会和学术文化的重要文献集群。该书下编为《明代内府刻书目录》。主要包括两部分：一是在系统爬梳、稽考明代历朝实录、历代书目、当下海内外藏书目录及拍卖图录信息基础上，形成的《明代内府刻书目录》，该《目录》系统、全面地揭示了有明一代内府刻书的整体面貌；二是对存世的明代内府刻书逐一撰写叙录形成的《知见存世明代内府刻本叙录》，详细著录有明一代内府刊刻且存世的120余种图书，每种图书分别著录其书名、卷数、著者及生平、版式与行款、编纂刊刻缘起、内容主旨、历代著录情况、当下海内外存藏情况等客观信息，全面深刻地揭示了海内外存世明代内府刻书的整体面貌与存藏状况，为相关领域研究提供了有价值的参考。

（陈时龙）

《明日交涉与日本对华观的流变》

朱莉丽著《明日交涉与日本对华观的流变》，齐鲁书社2021年12月出版。日本自平安时代以来，就试图与中国保持对等关系，但因国力与文化水平的差距，往往只能被动接受华夷思想中“夷”的身份。在明代前期，日本处于足利幕府时代，除了短期反复外，基本保持向中国称臣的政策。到了16世纪，尤其是丰臣秀吉势力兴起以后，日本不但开始追求对等地位，甚至开始谋求侵略中国。这一方面与日本传统的神国思想的影响有关，另一方面则是日本通过朝贡贸易和倭寇这两种方式与明朝接触的过程中，感觉到明朝实力趋于衰弱，对明朝日益轻视，以致错误估计明、日实力对比的结果。日本的五山禅僧在中日交涉中发挥了重要作用，他们一方面为幕府提供外交咨询、撰写外交文书，另一方面充当沟通彼此的外交使节。他们在文化上普遍追随中国，但在外交上则有不少人都在力图与明朝保持平等地位。日本的商人和大名阶层主要在贸易领域与明朝发生关系。其形式包括朝贡贸易和涉及倭寇的走私贸易。大名阶层和商人阶层围绕着对明朝的商业活动形成了一致的利益关系并互为支持，同时他们也希望引进中国文化，促进国内文化繁荣。在丰臣秀吉策划侵攻大陆的计划中，商人与大名多有参与，而其态度之分歧又多与地理原因有关。日本东部地区相对闭塞，并未感受到太多对明贸易的好处，更对明朝不甚了解，因而更倾向将吞灭朝鲜与明朝作为目标。日本西部地区则与明朝交流紧密，既能从贸易中获得较多利益，又了解明朝还有较强的实力，因而更倾向恢复日、明间的和平贸易。

（安子毓）

《明代藩王陵墓的考古学研究》

刘毅著《明代藩王陵墓的考古学研究》，科学出版社 2021 年 10 月出版。此书是其《明代帝王陵墓制度研究》（人民出版社，2006 年）的延展。明代藩王的研究，在近些年来得到越来越多的重视，考古发掘的推动作用至为明显。据估计，明代的皇子墓和各地亲王墓共有约 320 座，二十年前被考古调查或发掘的数量只占不到五分之一。然而，近二十年来有不少明代藩王墓的考古发掘报告公布，如《梁庄王墓》《郢靖王墓》等。作者从 2006 年起陆续调查明代藩王墓 80 余个，涉及 20 个藩府。该书则是对已知藩王陵墓考古资料的全面收集与加工整理，对于中国古代墓葬制度研究和明代历史研究都有重要意义。全书除绪论与结语，正文五章。第一章“明代的藩王与藩王墓”，对明代的分封制度、王墓修筑规制以及地方志对明代藩王墓的记载作一介绍。第二章“明代藩王陵墓考古资料的初步整理与分析”分两京、陕西、山西、河南、山东、湖北、湖南、江西、四川、甘肃、宁夏、广西等十二个部分对皇子墓及各地藩王墓的考古调查和发掘情况进行介绍，并附有大量现场考查图片。第三章“明代藩王陵园制度研究”对明代藩王陵墓卜选规则、分布规律、陵园结构、制度特点进行了分析与概括，指出各地明代藩王陵墓存在明显的地域性与个性化差异。第四章“明代藩王玄宫制度研究”考察了明代各藩王府不同的玄宫形态及特点，认为玄宫的地域性特征较之陵园更为明显，概括起来可以分为五种型式。第五章“明代藩王埋葬制度与随葬品分析”表明藩王的葬制与随葬品同样并不统一，而是受到宗教、民俗和地理环境的影响。

（陈时龙）

《明清华北的商业城镇与市场层级》

许檀著《明清华北的商业城镇与市场层级》，科学出版社2021年4月出版。中国历史上的城市大体可分为两大类：一是作为各级行政中心所在地的政治性城市，二是工商业城市。明清时期王朝制度的影响较多地体现在高等级的行政中心，以往学者关注较多的“城墙视角”和“规划”因素，以及皇子就藩、八旗驻防等政治因素，对大量级别较低的州县城和非行政中心的“镇城”影响极为有限。明清时期华北的商业城镇主要有两大类：一是以消费为主的商业城市，二是以大宗商品的转运贸易为主的商业城镇。明清时期特别是清代前期，随着经济发展的需要，华北的商业城镇从数量到规模都有大幅度的增长，其中一部分是原来的各级行政中心城市的转化；另一部分是原本并非行政中心的“镇城”迅速崛起，其经济功能远超过大多数府城，成为地区性的商业中心。大量行政级别较低的商业城镇的崛起，反映的正是明清时期发展中的市场体系对原有的以行政等级为中心的城市体系的突破。以中转贸易为主的商业城镇的发展，是明清时期华北城市发展中最重要的内容和组成部分，是全国城乡市场网络体系的重要组成部分，是中国近代化、市场化进程的重要内容和组成部分。

（徐到稳）

《遇见黄东：18—19世纪珠江口的小人物与大世界》

程美宝著《遇见黄东：18—19世纪珠江口的小人物与大世界》，北京师范大学出版社2021年9月出版。在创造历史的人当中，除政治家、士大夫、学者等大人物外，还有诸多名不见经传的小人物。在中国的大门更全面地向世界打开之前，珠三角及澳门地区，作为与资本主义时代的西方国家有着长达近三百年交往的地方，生活在这里的许多市井小人物，已经在日常生活的各个方面，与西方人有非常广泛和深入的交往。他们为了谋生，以种种方式，从事着与西方人发生千丝万缕联系的职业，让他们有需要也有机会从西方人那里学习一套新的知识、技能、词汇和语言，他们的世界与世界观，也随着数百年来发生的政治与社会变迁而有所改变。在书中，作者通过各种文献，发掘了一个名为“黄东”的小人物在十八世纪的传奇经历。作者故意把一个绝大部分人都不认识的人物的名字放在书的主标题里，就是想表达小人物才是这个世界的主角。通往大世界的航道，多年来是许许多多的小人物探索出来的。造就历史叙述中的英雄的背后，是大量率先冒险，进而摸索出种种方法才得以成事的人群。

（徐到稳）

《熟番与奸民：清代台湾的治理部署与抗争政治》

柯志明著《熟番与奸民：清代台湾的

治理部署与抗争政治》，台湾大学出版中心2021年9月出版。该书以平埔族岸里社群作为主要案例，探讨清代台湾的治理部署与抗争政治。除说明三层式族群空间体制如何在国家权力策略性的治理部署与底层——“熟番”与“奸民”——的对应行动和反抗下，生成与转化之外，同时试图阐明国家权力在十九世纪时于前述常态治理体制之外兼行运用权变部署，“兼用经权”，利用漳泉客社群矛盾分化汉人社会，终至以权害经，造成民间武力的坐大与失控。藉由探究三层式族群空间体制的生成与危机，作者厘清国家权力利用生番/熟番/汉人族群歧异、分带隔离治理的策略部署，并说明其如何适得其反地造成十八世纪末台湾史上最大的动乱：由沿山汉人界外私垦势力发动的林爽文事件。藉由分析与三层制配套成形的番政变革，进入熟番社内，探究国家权力为达成与熟番族群的结盟策略而进行的收编和渗透，如何造成平埔族社会内部的阶层分歧、内斗以及裂解离散。透过体制分析，该书首度为清代台湾长程的社会变迁建构一主体性史观。研究方法结合社会科学与历史叙事，颇具开创性与启发性。对于官方史料（特别是宫廷档案）以及民间公私藏古文书（以岸里大社古文书为主）等庞大一手资料的整理与解读，深入而且详尽，使用QGIS绘制的历史地图亦极具参考价值。该书是台湾史研究的重要里程碑。

（徐到稳）

《高利贷的逻辑——清代民国民间借贷中的市场机制》

林展著《高利贷的逻辑——清代民国民间借贷中的市场机制》，科学出版社2021年5月出版。利率是使用资金的价格，也是影响金融资源配置的核心变量，但对利率的认识仍然充满分歧。该书的研究重点在于如何理解民间金融中的高利率交易。该书分为三部分，分别讨论高利贷概念在中国传播的历史背景、高利贷的形成原因和高利贷的福利效应。基于清代刑科题本中近5000件债务命案和民国满铁调查中5000多笔借贷交易，该书对解释高利贷成因的不同假说进行了检验，发现从市场供给和需求、风险和交易成本的角度，能够有效解释民间借贷中的高利率。对民国乡村借贷家庭福利状况的讨论表明，高利贷有利于农户抓住有利的投资机会、改善家庭经济状况，高利贷也发挥过类似普惠金融的作用。

（徐到稳）

《爪牙：清代县衙的书吏与差役》

［美］白德瑞（Bradly W. Reed）著，尤陈俊、赖骏楠译《爪牙：清代县衙的书吏与差役》，广西师范大学出版社2021年7月出版。由于地方上的案件无论轻重均由州县层级的地方官先予审理，传统中国的基层政府一直是法律史学者的关注所在。美国弗尼吉亚大学历史系白德瑞副教授的专著《爪牙：清代县衙的书吏与差役》，所欲挑战的正是以瞿同祖的论述为代表的经典看法。

共分七章。第一章梳理了既有的学术成果，并对研究对象所处的巴县进行了必要的介绍。第二章探讨了书吏的内部组织情况、人员类型、人数、出身状况和内部规矩，指出书吏将其工作视为一项正当的营生方式。第三章则考察了书吏之间的亲族关系、庇护关系和派系联盟，这些体现特殊主义的人际关系被用于垄断各种资源，同时也确保了县衙的顺利运转。第四章与第二章相似，聚焦于县衙内的另一群体差役，对其组织、职责、人数等展开分析，这些被描述为贪婪腐败之辈的差役，同样致力于将自身的角色正当化。第五章继续分析了人际关系对于差役内部的惯例性程序的意义，并进一步将衙役放置在与当地社区的复杂互动中予以讨论。第六章着重讨论了吏役收取规费的做法。规费为衙门吏役提供了常规的收入来源，也引发了吏役之间围绕案件管辖展开的争夺，而地方士绅则借由打着抑制贪腐之名义的行动来扩张自身的权势。第七章作为全书的总结与提升，以吏役群体为切口，重新思考在县衙这一场域中吏役、县令和士绅的三方互动，乃至国家与社会之关系。力图揭示，吏役们遵循着一套不同于法律却胜似法律的惯例性制度。用作者自己的话说，“在日常的实践领域，那些非正式的行政措施所构成的，并非对规范的一种偏离，而正是规范本身”。

（汪润）

《清代捐纳与国家治理》

吴四伍著《清代捐纳与国家治理》，社会科学文献出版社 2021 年 5 月出版。该书以政治史为统摄，以政治文化为切入点，结合制度史、事件史和社会史等多种视角，深入探讨清代捐纳制度与国家治理的动态演变，重点剖析清代捐纳与人才培养、满汉文化冲突的复杂关系。该书主要内容有：一是通过具体的案例，即晚清士人何宗逊的入仕及捐纳历程，窥见清代捐纳的广泛存在，辨析捐纳概念和治理角色。二是重点讨论清初捐纳成长跟权力体系建构的互动关系，阐述顺康雍三朝科举制度和捐纳制度的恢复和发展，兼讨论清代科举发展的特色。三是重点分析清中期，特别是乾隆朝捐纳与仕途的复杂关系。乾隆以降，捐纳制度日趋走向正规化和日常化。清代科举的发展给捐纳发展提供了巨大空间，捐纳发展也增加科举的竞争规模，增加了官场的壅积。朝廷立志疏通仕途，尝试举人大挑、汉军出旗等新制度，在保障八旗特权的同时，又不得不兼顾满汉各方公平，力争发挥制度活力，实现国家平稳治理。四是具体分析清中期捐纳与日常救灾的内在逻辑。清代乾隆以降，朝廷鼓励各地和中央户部开办捐纳，进行粮食储备建设，开展日常救灾。朝廷推行捐监，建设仓储，历经中央和地方的多重博弈。捐监救灾不仅是朝廷应对灾害的特殊治理手段，同时显示地方和中央开展日常救灾的不同逻辑以及相互矛盾，进而展示了封建专制统治中复杂的政治生态和治理逻辑。五是扼要讨论嘉道以降清代捐纳演变跟朝廷治理兴衰的紧密关系。嘉道以降，国家财力日渐贫乏，开捐理财成为朝廷维系统治的重要法宝。捐纳方式发生重大变化，从常捐为主走向现捐为主，捐纳的范围和程度日渐扩展，走向滥发的境地。六是从技术、制度和文化三个层面分析清代捐纳在国家治理中扮演的独特角色，总结清代捐纳开办技术的成熟，展示清代捐纳制度运作背后的资源置换实践逻辑，分析满汉对抗中的深层因素，展示文化较量与制度融合的复杂纠缠历程。该书不仅融通政治史、制度史等视角，将科举、捐纳和仓储等不同主题整体推进，梳理清代捐纳与国家治理的复杂变迁；而且积极汲取政治文化研究等新视角，将捐纳置于广阔的社会变迁背景中加以剖析，着重对满汉文化冲突下制度互助与满汉实力消长等关键性问题，给予了全新关注，从而对有清一代国家治理的独特逻辑，提出诸多独特性认识，令人信服地阐述了“满汉隐形对抗”“制度性溶解”等全新命题。清代国家治理经验是中华文明延续并保持活力的重要来源之一，具有极为独特的历史借鉴意义。该书深度阐述捐纳在清代国家治理中的特殊角色，即它为清前期观察满汉官僚在政治机构中力量博弈的较佳窗口，为清中期观察国家处理危机的重要路径，为清晚期国家应对内外困境的救命稻草，为近代国家财政自我调整与现代化起步的重要资金来源；这一切为今日国家治理以及资本运作等方面提供了极为宝贵的历史经验。

（徐到稳）

《安排的伴侣：清代中国的婚姻与亲密关系》

卢苇菁（Weijing Lu）著《安排的伴侣：清代中国的婚姻与亲密关系》（*Arranged Companions: Marriage and Intimacy in Qing China*, University of Washington Press, 2021.7）。尽管通常与父权压迫有关，但包办婚姻在几个世纪以来已经适应了不断变化的文化规范以及男人和女人的生活经历。作者在该书中记录了清前中期的婚姻行为如何受到丰富而复杂的传统和这一时期的历史条件的影响。作者在个人记录中发现了婚姻感情的公开表现和私人交流，包括诗歌、传记、信件和回忆录。在这个独特的历史阶段，夫妻相伴和爱情的理想得以实现，而社会变革也为夫妻和大家庭带来了新的关系。包办婚姻在这个变化时期提供了关于婚姻关系的令人惊讶的启示，提出了关于亲密关系的文化建设和“幸福婚姻”的意义的富有启发性的问题。

（徐到稳）

《清代的木材贸易与林业：可持续性的市场交易》

张萌著《清代的木材贸易与林业：可持续性的市场交易》（*Timber and Forestry in Qing China: Sustaining the Market*），华盛顿大学出版社2021年6月出版。在清朝时期（1644年至1912年），中国的人口增加了三倍，新的发展带来了前所未有的木材需求。标准的环境史经常将这描述为一个肆意砍伐森林的时代，类似于同时代摧毁欧洲森林的资源滥用。这项全面的新研究表明，现实更为复杂：随着老林被砍伐，出现了开发可再生木材资源的新经济手段。历史学家张萌追溯了连接长江三角洲人口中心和中国西南边疆木材供应地的贸易路线。她记录了创新的产权制度和经济激励措施，这些激励措施说服土地所有者投资多年生树木。她介绍了清代南中国的木材贸易市场的结构，木牙在提供经济和金融中介服务方面的作用，以及根据个体商人年度交易量所做的木材市场集中程度的分析，并讨论苗疆地区木材市场向长江系统的整合及交易习惯和制度的异同。张萌对中国商人组织（侧重于木商组织的强制机制）的分析提供了一个基于亚洲历史的不同于欧洲经济史行会研究的视角："准入障碍"和"强迫参与"似乎是欧亚大陆两端面临的完全不一样的情境，而这种对比的出现很大程度上可以归因于政府与城市内社会组织的互动模式和谈判侧重的不同。为了重建商业历史，她深入研究了罕见的档案，考虑了正式的法律机制和帮助平衡经济利益与环境管理的非正式互动。令人担忧的是可持续性问题：如何在几十年和几百年中保持可靠的木材来源？如何维持跨越千里的商业网络？这项精心构建的研究为中国经济和环境史以及关于资源管理、早期现代商业化和可持续发展的世界历史论述做出了重大贡献。

（汪润）

《中华帝国晚期的京报：国家新闻和政治权威》

墨安另（Emily Mokros）著《中华帝国晚期的京报：国家新闻和政治权威》（*The Peking Gazette in Late Imperial China: State News and Political Authority*, University of Washington Press，2021.5）该书认为，清朝朝廷与中华帝国晚期充满活力的商业出版企业之间的微弱伙伴关系使后者能够以各种印刷和手稿格式出版公报。对于国内外读者来说，这些官方公报提供了关于清政府及其活动的重要信息，将国家新闻传播到一个庞大的帝国甚至更远的地方。了解清朝政治的最重要窗口是京报，这是一种当时在全球流传的体裁。这项富有启发性的研究全面展示了京报的历史，并将其作为清朝信息政策的基石，该政策自相矛盾之处是其既重视透明又重视保密。公报让读者一睹该州的内部运作，但也作为一种精心策划的公共关系形式运行。历史学家艾米丽·莫克罗斯（Emily Mokros）从国际档案中汲取灵感，探明了公报的阅读者身份以及他们如何使用它来指导与中国政府的互动。对于有兴趣了解媒体、信息和国家权力之间关系的人来说，她对京报两个多世纪演变的研究是必不可少的读物。

（徐到稳）

《检验风雅：中国近代早期的散文与审美》

亚历山大·德·福格斯（Alexander Des Forges）著《检验风雅：中国近代早期的散文与审美》（*Testing the Literary: Prose and the Aesthetic in Early Modern China*, Harvard University Asia Center，2021.5）该书认为，

八股文是中国近代早期（1450—1850）最广泛阅读和写作的文学体裁。作为受过教育的人的主要表达方式，八股文甚至超越了考场的围墙，成为文学事业的缩影。但八股文在明朝灭亡后的文学话语转变中遭受了谴责，并在20世纪初五四运动的文化批判中被彻底弃绝。作者挑战了对这种文体的传统漠视，从一种文学的角度解读了八股应试文，展示了八股文如何重新定义散文美学并改变作品写作。一种新的主观性方法形成了："谁在说话?"这个问题通过散文的风格引起共鸣，突出了代理和控制问题。与此同时，官僚评价过程的匿名性凸显了原创性的文学价值。最后，对形式问题的强调标志着审美成为争夺权威的关键舞台，因为候选人、考官和评论家联合起来形成了占主导地位的文学创作者社会阶层。

（徐到稳）

《青萍之末：嘉道年间岭南的文人生活与艺术世界》

李若晴著《青萍之末：嘉道年间岭南的文人生活与艺术世界》，人民美术出版社2021年5月出版。在传统绘画史研究取向的影响下，我们一提到19世纪初期的广东绘画，总伴随着亚流、保守、边缘的声音。然而，到了20世纪初期，广东绘画却"摇身一变"，成为"与京、沪三足鼎立的重镇"，广东绘画似乎在此出现了一个明显的断层。其实，在所谓的"并非衰落的百年"里，广州应是一个重要角色。从乾隆二十二年（1757）至道光二十二年（1842）长达八十多年的对外贸易垄断中，广州逐渐发展成为中国南方最大的经济中心，书画创作与收藏活动亦随之兴起，谢兰生正是生活在这样的背景下。作为当时广州地区最活跃的书画家，谢兰生以绘画交游于官僚、商人之间，他的绘画活动正好为我们提供一个重新审视19世纪初期广州画坛的契机，谢兰生的日记更是为我们提供了第一手珍贵而细致的材料，使得我们可以生动地再现第一次鸦片战争前夕广州画坛的真实场景。谢兰生的《日记》对当时广州城内衣食住行、娱乐节庆等诸多方面皆有细致的记载，对之进行相应的探讨，除了有助于读者去重新检讨史料，还能开拓许多新鲜有趣的视野。换言之，谢兰生的《日记》有助于读者从多视角观察清代中期广州社会变迁所引起的社会生活的深层变革，改变传统绘画史研究中强调重要人物与作品、重视宏观把控而轻视微观描述的现象，同时也可以修正人们对广东绘画是江南地区画风的附庸的板刻印象。这对重新审视清代中期的广东绘画，分析广州如何成为大航海时代中一个个性鲜明的区域性都市文化中心，有着极为重要的学术意义。

（徐到稳）

《口译的危险：清朝与大英帝国之间两位翻译的非凡人生》

沈艾娣（Henrietta Harrison）著《口译的危险：清朝与大英帝国之间两位翻译的非凡人生》（*The Perils of Interpreting：The Ex-*

traordinary Lives of Two Translators between Qing China and the British Empire, Princeton University Press），普林斯顿大学出版社2021年8月出版。1793年英国乔治·马戛尔尼勋爵与乾隆皇帝的紧张相遇通常被视为东方对西方不感兴趣而引发的文化冲突。在该书中，作者展示了一幅更加细致入微的画面，巧妙地将历史镜头转移到那次会议上马戛尔尼的两位口译员——李子飏和乔治·托马斯·斯汤顿身上。有些中国人熟悉西方，但日益紧张的局势危及那些同时接受两种文化并最终导致鸦片战争的人。作者证明，清廷对英国人的无知并非简单地发生，而是通过对李和斯汤顿等文化中介的镇压而制造的。她追溯了李作为马戛尔尼翻译的影响力，李在中国面临的压力，以及他晚年的隐居生活。斯汤顿在广州为英国东印度公司翻译，但随着中国人对英帝国在南亚扩张的愤怒与日俱增，他被迫逃往英国。作者认为，在压制专家声音的过程中，清廷错过了获得见解的机会，这本可能阻止与英国发生失败的冲突。该书揭示了两个被忽视人物的生活，为在互联世界中的跨文化理解提供了产生同理心的论据。

（徐到稳）

《四库全书总目发微》

夏长朴著《四库全书总目发微》，中华书局2020年12月出版。该书分上、下两编。上编属文献编，收录文章五篇，除了一篇旨在厘清与检讨《四库全书总目》殿本与浙本的关系外，其余四篇均在探讨现存的各种四库提要版本与《四库全书总目》稿本的编纂时间和文献价值，由此推断、确定各种提要撰写的先后顺序，并建立其与《四库全书总目》稿本的年代系谱。下篇属经学思想编，收录文章六篇，从清代中期“汉宋对峙”的核心观念出发，根据经部不同门类的提要，分析《四库全书总目》定本的经学观问题。《四库全书总目》的结撰，标志着清中期学术史观的奠基与定型。乾隆三十八年（1773）二月清廷开馆编修《四库全书总目》，至乾隆六十年（1795）十一月完成刊刻，历时二十余年，耗费巨大人力、物力，在历代目录书籍编撰中为世所罕见。此间，主修官员经过对不同时期的提要稿本、分纂稿、书前提要、殿本、浙本的增删修改，甚至抽换新撰，最终奠定《四库全书总目》学术史观的基石。《四库全书总目发微》一书，从文献学、目录学的角度，彻底剖析与理解《四库全书总目》学术史观的形成过程。近二十多年来，《四库全书总目》的资料陆续影印出版，为学界研究《四库全书总目》的编纂过程，提供了极大便利。作者细致比较、分析现存的各种名目繁多的《四库全书总目》稿本，获得五点结论：（一）《四库全书初次进呈存目》是《四库全书》的提要汇编，汇整时间在乾隆四十年（1775）五月至四十一年（1776）正月之间，且可能并非初次汇整进呈。（二）天津图书馆藏《纪晓岚删定〈四库全书总目〉稿本》编纂抄写于乾隆四十六年（1781）二月至四十八年（1783）二月之间。（三）上海图书馆藏《四库全书总目》残稿编成于乾隆四十五年（1780）四月至乾隆四十六年（1781）五月之间，晚于《四库全书荟要》但早于《四库全书简明目录》。（四）台北“国图”藏《四库全书总目》稿本残卷编纂时间在乾隆四十三年（1778）至乾隆四十六年（1781）之间。（五）检讨《四库全书总目》“浙本出于殿本”的百年旧说，指出“浙本的底本是文澜阁抄本”。作者梳理《四库全书总目》的文本形成系谱后，进而选取《四库全书总目》对宋元明儒《易》学、宋代《春秋》学、宋元明《四书》学、《尚书》学的评论进行分析，指出（一）乾隆皇帝崇尚程颐《易传》，不以朱熹《易本义》《易学启蒙》的象数说为然，《四库》馆臣对《易》类论述表现平和；（二）对宋代不受三《传》所限、弃传解经的《春秋》学则强力抨击；（三）对代表宋学成就的《四书》学预存褒贬的定见严苛批判；（四）《尚书》类提要不涉及汉宋之争，《四库》馆臣则能基于学术观点而作出客观评价。《四库全书总目》虽标榜汉宋兼采的原则，但明显扬汉抑宋。作者认为，主导《四库全书》编修和《四库全书总目》学术观点的关键人物是乾隆皇帝，乾隆学术思想经历过由尊宋转为崇汉的变化，最终决定《四库全书总目》的学术基调与思想倾向；纪昀等编纂官员则执行乾隆的经学意志，认真撰述，通盘修订，具体彻底落实了乾隆“崇汉黜宋”的经学观点，因而，导致《四库全书总目》与原先标举的“汉宋兼采”的编纂原则不一致。

（陈冠华）

《清史稿儒林传校读记》

陈祖武著《清史稿儒林传校读记》，商务印书馆2021年3月出版。《清史稿·儒林传》凡四卷，卷一至卷三，大致以学术宗尚区分类聚，略依年辈先后为序，著录一代儒林中人近三百家生平学行，上起清初孙奇逢、黄宗羲，下迄晚清王先谦、孙诒让，或独领一篇，或诸家共席，首尾一贯，自成体系。凭以知人论世，可得一代学术演进之大要，具有重要的学术价值，自1928年刊行以来，一直以治清代学术史之基本史籍，而为学人所重视。陈祖武先生1978年10月考入中国社会科学院历史研究所，追随杨向奎先生学习清儒学术，即以《清史稿·儒林传》作为入门史籍而随时检读。四十年间，每有疑问，或录之卡片，或记于笔记，或随文附注。然经年累月，早年之所记已有难以辨识者，为免札记流散，陈祖武先生遂于2016年4月《清代学者象传校补》定稿后，旋即着手整理誊正，历时两年，整理成帙，所成校记逾千条。此书秉承乾嘉史家钱大昕“史非一家之书，实千载之书，祛其疑乃能坚其信，指其瑕益以见其美。拾遗规过，匪为齮龁前人，实以开导后学”，恪守“实事求是，护惜古人”宗旨，以中华书局1977年12月版《清史稿》点校本为依据，对该书《儒林传》著录的近三百家传记进行了整理。通过逐家比堪传主著述、碑状、年谱及《实录》《会典》《起居注》等官私史籍，从历史学与文献学相结合的角度，精心校读，订讹正误。陈祖武先生“尊重历史，实事求是，寓创新于传承之中”的为学追求，于此可见一斑。此书《校读凡例》共五条：一、订正范围，包括人名、地名、时间、史事、职官、制度、著述及学术主张等。凡有订正，一般不改动原文，概见之于各传篇末之校记。唯避讳改字一类，则径予改回，并酌出校读记。二、《清史稿·儒林传》著录之诸家传记，原文过录，依通行规范，施加新式标点。原点校本偶见之疏忽，则随文酌改，并出校记说明。三、中华书局1993年6月影印复旦大学图书馆所藏刘氏嘉业堂抄本《清国史》，源自晚清官设国史馆旧档，乃该书梳理《清史稿·儒林传》史源之主要依据。《清国史》之《儒林传》，凡存三编，一为吴格教授所称之《儒林前传》八卷本；二为作上下区分之七十三卷本；三为不分卷之《儒林传后编》。四、《〈清史稿·儒林传〉校读记》逐传附录中华书局1987年11月版《清史列传》之相关传记，一则可存《清史稿·儒林传》之史源，且见清史馆当年删削《清国史》旧文之痕迹；再则凭以补《清史稿》儒林各传所记传主籍贯，不录行省名之重大缺失；三则意欲为已故王锺翰先生早年之辛勤劳作，做些许文字句读的校对工作，既以报王先生对作者的知遇之恩，亦以备他日先生后学修订《清史列传》点校本之参考。五、《清史稿·儒林传四》，专记有清一代衍圣公之承袭，不涉二百数十年间之学术递嬗，故校读从略。诚如陈祖武先生序中所自言，“《〈清史稿·儒林传〉校读记》乃近四十余年通读《清史稿》，尤其是精读该书《儒林传》之心得积累”。总之，该书是《清史稿·儒林传》成书以来最详尽、系统的一次校读整理，是陈祖武先生四十余年研治清代学术思想史的勤奋、笃实精神的体现和重大创获。

（徐到稳、朱曦林）

《制器尚象：中国古代器物文化研究》

练春海主编《制器尚象：中国古代器物文化研究》，广西师范大学出版社2021年5月出版。《周易·系辞上》云：“易有圣人之道四焉：以言者尚其辞，以动者尚其变，以制器者尚其象，以卜筮者尚其占。”该书是一本精心设计编排的学术文集，研究对象在时间上跨越了从原始时期到清代几乎整个古代历史时期，在空间上涉及丝绸之路的几个主要站点，在类型上覆盖了礼器、庸器、兵器、乐器、食器、明器、行器、权衡器等多个器物种类，采用了包括考古学、人类学、历史学、文献学、艺术史研究方法在内的多种方法。二十多位作者以“器物研究”为关键词，力求汇集相关学科、领域最前沿的学术理念，探索跨学科、多维度思考问题的可能性，集思广益，以推动对中国古代器物的整体认识。25篇论文分为三组：一、“器物源流研究”，讨论了周代的“行器”、“改制不改道”的周秦工艺制度，雄戟的楚汉文化背景，辟邪天禄的演化，女真“深檐胡帽”的盛衰，晚明外销瓷装饰图像的应客，杆秤刻度的形成变化，（多层食盒）樏的形制演变；二、“器物名物研究”，探讨了马王堆一号墓北边厢随葬器物和空间关系、汉墓内棺盖上所置玉璧的礼仪功能、东汉解注瓶与汉墓中的北斗图像、汉简中的三辨券、哈萨克斯坦斯坦卡格里贵族墓葬金饰上的柱台与西王母宝座的关系、汉晋有翼铜人的道教属性、麈尾与六朝的审美、唐宋之时名砚的起落、古代墓葬装饰中梳妆图的意蕴、商代神人纹双鸟鼓纹饰的巫觋身份认证；三、“器物周边研究”，研讨了洛阳西朱村曹魏墓石刻铭中的镜鉴、宋墓中剪刀与熨斗图像组合传递的信息、景德镇明民窑青花的年代、明代造物透出的“崇古”与“追新”意识、中国史前陶器纹饰的造纹取象依据、作册盘铜鼋的“庸器”特征。总之，造物不仅是人类历史发展的里程碑，还是人类文明的记录者。造物既是图像表现的对象之一，也是图像依附的主要载体。回首往昔，古代中国的辉煌早已湮没于历史的尘埃之中，传世文献中的有关记载云遮雾罩，无从证实，人们唯有通过出土的遗物，透过青铜器上的斑斑锈迹，玉器中的丝丝沁纹，陪葬坑中发掘出来的吹弹可破的漆皮，才能捕捉到过往千年的蛛丝马迹。

（黄若然）

《碎金风华：音乐文物的复制、复原研究》

王子初著《碎金风华：音乐文物的复制、复原研究》，科学出版社2021年5月出版。音乐文物历经岁月沧桑，却如碎金，残而不改其珍，是谓“碎金风华”。该书入选2019年度《国家哲学社会科学成果文库》，体现了音乐考古领域的前沿水平。它以作者多年复制、复原音乐文物的实验研究及相关成果，构建起一个“中国实验音乐考古学”研究的专题系列。复制，是立足于今天所见到的文物面貌并模仿出来，不仅要求“作旧如旧”，还要“见残仿残”；复原，也是一种对出土古代文物的模仿制作，但它要求恢复出土文物被岁月侵蚀之前的面貌。该书具体讲述了应用电子计算机X线断层扫描及3D打印技术、精密铸造工艺等现代科技方法复制、复原曾侯乙编钟、贾湖骨笛及西汉江都王刘非墓仿玉玻璃编磬、骉羌钟等中华音乐考古史上奇迹的过程。曾侯乙编钟的“复原”目的是展示其当年在宫廷中使用时的原貌，故而这套编钟的原始编列和编钟铭文所体现的音列关系都被精确调试，所有铭文都以错金形式制作，总体耗资220万，用了6公斤黄金，是音乐考古陈列馆最核心的展品；贾湖骨笛目前已出土约45支，其中的7孔笛曾被想当然地认为是7声音阶，其实不然。目前已测音的6支7孔笛都不符合7声音阶。中国科学院大学的方晓阳团队专门设立了“精密复制贾湖骨笛”的科研课题，通过对骨笛做CT螺旋切片扫描，在电脑上进行三维重建，利用紫外线激光固化技术做3D打印。这一手段能使复制品做到与原件基本一致；西汉江都王刘非墓仿玉玻璃编磬材质色泽非常接近青玉和翡翠，后经化验鉴定，有人造痕迹。这种人造“玉”在西汉并不普及，在当时甚至比天然玉还贵重。这也是其技术失传的主要原因。研究人员对已残损不堪的“仿玉玻璃编磬”做复原实验，修复出土残片，残损风化部分则予以保留，结合三维扫描，将缺损部分在电脑中进行了修复，打印出工程模，进行浇铸，制成成品后又进行了调音，可见现代科技对于实验音乐考古学科的发展建设，有着重大意义；羼羌钟上清晰而生动地记录了春秋末期“三家分晋”的历史，但复原该套编钟的意义不仅在于其历史价值，更有音乐价值。其最大的音乐价值就是它的铭文。这套羼羌钟目前已不在国内，其中的两件在加拿大安大略皇家博物馆，另外12件在日本泉屋博物馆。虽然从加拿大、日本获得了羼羌钟相关的资料、数据以及拓本，但未得到音响资料。对这套编钟进行复制时，在外观和铸铜配方上严格按照原物数据，并根据同时代同地区同文化的其他编钟的音乐关系对其进行了设计。“中国实验音乐考古”并非仅仅是为了给音乐史学研究提供一些史料，而是以音乐文物的复制、复原为研究手段，探索文物所代表历史时期的社会音乐生活的面貌。该书认为，考古史料所携带的历史信息是当时历史的真实反映，因此，史学研究应在前人文献史料的基础上，加入大量考古史料以及民族民俗学资料，从而对历史进行全方位的认识和理解。

（黄若然）

《定名与相知：博物馆参观记·二编》

扬之水编撰《定名与相知：博物馆参观记·二编》，广西师范大学出版社2021年10月出版。该书是继《古诗文名物新证》《终朝采蓝：古名物寻微》《定名与相知：博物馆参观记》等著作之后，又一名物学力作。定名与相知，是发现问题和解决问题的过程。定名是针对“物”，亦即历史文化遗存的认识，是依据包括铭文等在内的各种古代文字材料和包括绘画、雕刻等在内的各种古代图像材料，来确定器物原有的名称；相知，是在定名的基础上进一步明确器物在当时的用途和功能，达到名与物的还原。通过名物研究可建构一个新的叙事系统，在“诗”与“物”之间往来游走，打通文学、历史、文物、考古学等学科。近年来博物馆的兴盛发达、博物馆人员构成的改变、博物馆的开放形式以及展陈方式的变化，提供了打通“文”与“物”的便利，这一从未有过的条件应当被充分利用。作者在强调所获新知的主要来源的基础上，亲自考察了70余家博物馆，以400余幅文物照片和极具准确性、原生性、可读性的文字来介绍器物及其背后的故事。全书共11篇文章（含附文1篇），遍览文房用具、金银首饰、花结绶带、家居用器、香品节物、书画拓片等名物，具体解读出中国国家博物馆藏“杂项”文物之实用与艺术合一的追求，包括北宋卤簿钟上“千里江山图”的两段历史叙事、张同之夫妇墓出土器物所含的南宋故事、川南宋墓石刻的世间声色、浙江省博物馆“越地宝藏：一百件文物讲述浙江故事”专题展览的物诗画之细读、两汉魏晋南北朝时期流行于中原和南方的步摇花与北方地区的步摇冠、“博鬓”造型从发式到首饰的演变轨迹、吐蕃金银器系统之形成、广元旺苍唐代银器窖藏、金银器中莲荷纹样的变化创意等，一方面从工艺上分析器物，另一方面从器物上的图案解读出当时社会的生活密码。古人将风雅意趣、情感韵味刻画在日常用品上，读懂它，便能读懂渗入柴米油盐中的审美意趣，寻到传统文化的民族性特征和精神文化内涵。该书从名与物的关系揭开古人从“殿堂之上”到“烟火人间”的生活，既有考古学、文物学、历史学、艺术史的宽度，也有从日常生活史到总体史的深度。文后索引详尽地列出了文中涉及的所有博物馆及其所藏文物，既是对博物馆的致谢，也便于读者按图索骥，展现出新名物学以物观史、格物致知的意义。总之，名物不止关乎人类的日常生活，还具体而微地述说着人类的生活方式，承载着诸多文化史、精神史与制度史的意义。

（黄若然）

《三十个关键词的文化史》

冯天瑜、聂长顺著《三十个关键词的文化史》，中国社会科学出版社 2021 年 10 月出版。书中指出，有概括力和普适性的概念是人类思维形成的前提，而这些概念又必须通过词语来表述。因而，关于词语语义的起源与变迁研究，对准确把握概念，进而表述和理解思想，有着重要意义。根据不同的生成机制，现代汉语中的新词可以分为六个不同的类别。第一类为古典引申，这类词是由其古典本义派生出新义，二者意义不同，但有一定联系。中国、文化、文明、革命、教育、伦理诸词，皆为其例。第二类为语义假借，此类词亦与本义有一定关联，然其派生义远离基本义，发生了质的变化，故称为假借。科学、自由、共和、社会、心理诸词，皆为其例。第三类为借形变义，在保持古典旧词原样的前提下，利用汉字一字多义的特点和同一组合语法关系的多样性，对其内涵进行新的组合，形成新义。民主、宗教、天主、归纳演绎、国学、幽默诸词，皆为其例。第四类为新名创制，创制新词对外来概念意译之，或兼顾音意译之。中华民族、脑筋、几何、逻辑、哲学、美学、元素诸词，皆为其例。第五类为侨词来归，一些古典名词和明末、清末中西学者创制的新名词最初在中国未获普遍流传，传入日本后却得以普及，复随中日之交流在中国普及。地球、物理、卫生、小说诸词，皆为其例。第六类为名实错位，若该词出自古典，却与古义无关，亦未利用一字多义和构词法造成新义，甚至与对译的外来语相去甚远，会造成“概念误植”。如经济与形而上学两词或即属此种情况。梳理上述三十个关键词，从各词较为原始的意义出发，在古今东西的时空坐标上追索其演变历程，能使人们对词语的概念本源与演变脉络更为了解，亦警示人们在搜检同一名词的史料出处时，更应深究其内涵演变，避免犯因名误实的错误。

（安子毓）

《神圣与世俗之间——中国厕神信仰源流考》

刘勤著《神圣与世俗之间——中国厕神信仰源流考》，生活·读书·新知三联书店2021年7月出版。全书探讨了中国厕神的形态、缘起、定格、演变、流布与遗存等问题。由于粪便的肮脏特点，厕所有疾病、死亡的意义。同时，由于粪便作为肥料可以使土地肥沃增加产量，加上传统猪圈与厕所的紧密联系，因而厕所又具有丰产、财富、猪等意义，此种意义与妇女生育相联系，而又有了繁衍、生殖、性、生命、女性等意义。由于有此两种有联系而又相反的意义存在，因而厕所同时有了污秽与圣洁的双重意义。在象征意义相对负面的郭登、刘安等男厕神之外，诸多的女厕神则多有正面意义。这类厕神本源起于以女性生殖为基点的大母神，然随着社会文化的演变，基本都演化为悲戚女儿神形象。中国传统的著名厕神有如愿、戚姑、坑三姑等，而又以紫姑信仰最为盛行，苏轼曾以紫姑为中心进行过写作。佛教中以“雪隐”为厕所的雅称，其来源当始自宋僧雪窦重显在灵隐寺打扫厕所的传说，然该传说当为元代人所附会。称厕所为“东司”之风非出自印度佛教，其说最早出自北宋真宗时期成书的《释氏要览》，其中记载当时南方僧侣已使用此词。佛教中有大量地位低下的厕鬼，但有威力的厕神当属乌刍沙摩明王，其信仰虽随佛教传入中国，但由于中国人对“厕所”的认识多持负面态度，因而这一佛教厕神并未能取代本土的厕神。通过分析厕神的故事演变、请神仪式以及在各地不同的存在形态，可以看到厕神世俗化流变，进而渗透到全国各地的情况。通过对四川汉源等地的田野调查，传统厕所民俗得以被记录。将中国厕神置于东亚文化视域中进行比较研究，可以发现韩国厕神多为恶神，基本没有其他形态，其原因当是韩国传统上秉持更为单一、浓厚的儒家思想，不似土地广袤的中国思想来源更为丰富。

（安子毓）

《日常生活的历史学：中国社会史研究三探》

常建华著《日常生活的历史学：中国社会史研究三探》，北京师范大学出版社2021年2月出版。该书旨在探讨如何从生活的视野认识社会。分为两大部分：前两章为第一部分，主要进行学术评述，总结了近十年中国社会史研究理论与实践上取得的进展，对于如何开展日常生活史研究，从多角度加以探索。后三章为第二大部分，论述明清时期的日常生活，其中，主要使用族规家训讨论明代宗族制度对于族人生活的影响，折射出社会发生的变化；清代则利用笔记与刑科题本呈现城市和乡村生活。前面序言探讨社会史研究的最新发展趋势，从宏观的角度论述近些年来海内外的社会史研究在取得进展的同时，正在寻求着突破口。第一章，新世纪的中国社会史研究，主要介绍历史人类学与区域社会史、日常生活史与文化史、民间文献与社会史史料、婚姻家庭与家族宗族、社会分类与结构、民间信仰与宗教生活、礼俗与社会习尚、人口与社会保障、生态环境与水利社会、法制社会史和区域整体的社会史等多组概念的关系。第二章，日常生活史研究的视野，分享了近年来的学术热点，包括了日常生活史与社会文化史、西方新文化史中的日常生活、中国社会史与历史人类学、西方日常生活史的历史人类学、台湾日常生活史研究和徽州文书的日常生活史价值等内容。第三章，明代宗族与日常生活变迁，通过元明时期义门郑氏、明代霍韬《家训》、山西洪洞县风俗等资料研究了明代日常生活史，从“日常生活”看明代风俗变迁与社会的规范。第四章，清代城市生活与笔记的价值，利用了《扬州画舫录》、清人龚炜笔记《巢林笔谈》等资料，研究了城市生活与士人生活。第五章，清代乡村生活与刑科题本的价值，研究了河南、山西、江西、江苏等地的乡村社会。

（汪润）

《从祖先记忆到地方传说：湘西白帝天王叙事的形成与变迁》

龙圣著《从祖先记忆到地方传说：湘西白帝天王叙事的形成与变迁》，社会科学文献出版社 2021 年 1 月出版。白帝天王故事，主要流传于中国湖南西部地区。关于白帝天王的身份，历来众说纷纭、扑朔迷离，或谓先秦巴人之廪君，或谓三苗首领欢兜，或谓汉代竹王三子，或谓伏波将军马援，或谓土酋田疆三子，或谓黔阳杨濑兄弟，等等。这些说法大多出于清代以来地方官和学者的考述，实际上民间流传最广的乃是白帝天王为杨姓三兄弟的故事。该书通过文献梳理和田野调查，抽丝剥茧，探讨不同历史时期人们如何讲述白帝天王故事，为何会如此讲述，以及由此带来的叙事演变。该书从白帝天王的历史渊源写起，追溯到了先秦时期的巴国，以及从此引出来的白帝天王与廪君巴人之关系。至宋元时期，白帝天王故事的兴起，其讲述的是一种杨氏英雄祖先的记忆。至明代，白帝天王故事发生变化，在五寨的杨氏族人对祖先故事进行了重塑，白帝天王从土酋变成了汉将。白帝天王故事在清代再次发生演变，杨氏家族重建祖先故事的同时，加强了天王神格，从人子到神子，从审判到祈雨，更多信仰的功能慢慢进入到杨氏天王故事之中。清中后期，有关天王的灵验叙事不断增多，进入官方话语，写入地方志。该书认为，白帝天王故事源于宋代靖州杨氏的“北地天王”祖先记忆，后随部分杨氏族人向今湘西地区的迁徙传入当地，经元明清时期地方社会的进一步开发而流传开来，形成日益多元的故事版本。白帝天王叙事从“祖先记忆”到“地方传说”的演进，是宋代以来湘西社会日益整合进王朝国家的历史缩影。

（汪润）

《浮生：水上人的历史人类学研究》

贺喜、科大卫主编《浮生：水上人的历史人类学研究》，中西书局2021年6月出版。在很长的历史时期内，中国的沿海、沿江、沿湖生活着大量的水上人。这些人或被称为“疍”，或被称为“九姓渔户”等等。这些称呼的背后往往交织着陆上人与水上人之间的权力关系。历史上，水上人往往不被允许上岸建屋居住，他们也很少掌握文字，因此撰写水上人历史的，几乎都是陆上人，采取的是陆上人的眼光。该书考察了这些船坞和水上人。作者采用了“历史人类学”的方法，把官方的文献记录与对船民和棚民的采访口述及私人记录相结合，概述了船民和棚民的居住特征和身份特殊性。该书还研究了为什么随着时间的推移，生活压力迫使许多人迁往陆地上的村庄，以及水上人如何逐渐被边缘化，逐渐失去了捕鱼权。明朝时期的水上人，会被政府登记为“疍户”“岛人”“渔丁”“贾竖”。直至20世纪初期，他们没有永久定居在陆地上的权利。因此，他们较之于陆上人社会等级更低。民国时期，珠三角地区设立“民船工会”，成员大部分是水上人，他们开始为自己争取一定的待遇与权利。该书指出建立宗族可能是上岸及获得身份的重要途径。通过隐瞒身份、构建身份或者转移身份等方法，水上人可以获得上岸的机会。政府会在新开垦土地上重新编户，水上人可以借此上岸，获得陆地身份。水上人建立神坛，安放祖先与神祇的雕像，通过“香社”祭祀的形式，重塑自己的家庭历史记忆。从此，不论是户籍身份，还是家庭祖先和神明信仰，水上人都完成了上岸的身份转变。该书认为身份是制度上的社会地位，同时更是文化上的自我创造。

（汪润）

《地方故事与国家历史：韩江中下游地域的社会变迁》

陈春声著《地方故事与国家历史：韩江中下游地域的社会变迁》，生活·读书·新知三联书店2021年5月出版。该书研究数百年间华南一条大江流经地域普通百姓的日常生活及其社会组织变迁，以此反映作者对这个国家整体历史某些侧面及其相关机制的理解。对于中国区域社会史研究者来说，地方社会与国家的关系，是一直都无法回避的重要问题。该书围绕如何理解传统中国“国家”与“地方”的关系，结合韩江中下游地域的历史，从天下、朝廷、官府和礼法四个方面展开讨论。“韩江中下游地区”，主要包括书中表一所列属于广东省的各县，个别章节也会引用与福建省平和县和永定县相关的资料。尽管从秦代开始，中原王朝就一直在韩江流域实行有效的行政管治，但该地区民众基本上过着“化外之民”生活，被称为“畲”和“猺”的人群以及生活于江河水道和沿海地区的疍民及其他水上居民，居住于崇山峻岭之中，仍长期普遍存在。明代中叶以后，韩江中下游地域社会进入具有关键性意义的转折时期。与包括“倭寇”“海盗”“山贼”在内的一系列地方动乱事件相联系，这一时期地方的行政区域重新划分，聚落形态发生变化并出现明显的“军事化”趋势，以宗族组织和民间神祭祀为核心的乡村社会被重新整合，户籍和赋税制度也有重大变化，当地人对地方文化传统和历史渊源的解释出现新的内容，乡村社会经历了一场影响深远的社会变动。结合实际的生活经验，作者又考虑到一个更深刻、更根本的因素，这就是“文教”。“侨乡文化”不仅表现于百姓的日常生计对华侨汇款的依赖，也不仅反映于华侨对故乡工商业的投资，更通过地方社会权力格局及其“合法性”的变化表达出来。同时，“侨乡”不仅表现为一种建筑或文化“景观”，也不仅是一种经济生活的方式，更表现为一种社会结构和社会意识形态。这些重要论断将有助于人们继续深入推进侨乡文化的研究。此外，作者还指出了外部因素的作用，认为不但要了解中国历代王朝的典章制度，而且对传统上韩江中下游地区民众活动的周边各个国家和地区的政治、文化、贸易和金融制度也要有更深刻的了解。

（汪润）

《追寻生命史》

余新忠著《追寻生命史》，北京师范大学出版社 2021 年 6 月出版。该书将对历史的认识与理解拉回日常生活的情境中来，将生命置于历史研究的中心，透过生命来探究历史的样貌与演变脉络。该书探究的是历史上有血有肉、有理有情的生命，认为不仅要关注以人为中心的物质、制度和环境等外在性的事务，同时更要关注个人与群体的生命认知、体验与表达。医疗史研究是一个核心，旁及社会史、环境史、微观史、身体史、生态史等多个领域。历史是由生命书写的，生命是丰富多彩而能动的，而健康是生命的追求和保障。医学史研究近年兴起，这个现象包含着强烈的关注生命的意味。由于疾病与医疗问题直指生命，所以将医疗史视为生命史或者以“关注生命”为名为医疗史张目，显然都是十分自然的。作者强调，提出关注生命只是问题的一个方面，而更为重要的是如何关注才能让史学大厦入住生命。现代国际学术发展趋向，已经逐渐表现出对人本身的关注以及对呈现人类经验的重视。然而，长期以来，我们的史学工作者对历史上人的生存状况、生活态度和精神信仰等与人本身直接相关的问题往往视而不见，瘟疫这一虽与人的生命息息相关但显然并不直接关乎历史发展规律且本身又不具规律性的内容，自然就更不在多数历史学家的视野之中了。以“生命史”为标题统领全书，可见作者的关怀所在，即在历史研究中引入生命意识，回到人间，聚焦健康，日常生活，小人物。认为历史由生命书写，生命多彩能动，具有偶然性必然性复杂性，健康是生命的追求和保障。

（汪润）

《实践中的宗族》

宋怡明著，王果译《实践中的宗族》，

北京师范大学出版社 2021 年 1 月出版。该书的主要特色是以小见大，从具体案例探讨具有普遍性的历史现象。该书论及的户籍与赋役制度、里甲与里社制度，乃至理学文化的传播、商品经济的发展、地方社会的动乱，都是明清时代具有普遍性的历史现象。如果历史学家想了解这些普遍性因素如何作用于地方社会，如何导致社会生活方式的转变，则需要进一步考察当地民众的应对策略。在西方学术界，早期研究中国宗族的大多是人类学家。他们把宗族视为父系继嗣群体，主要关注宗族成员之间的系谱关系、继嗣原则与祖先崇拜。然而，中国的宗族不是一成不变的，也未必都是亲属组织。在历史学者看来，宗族的发展与理学的传播密切相关，往往是士绅阶层控制地方社会的工具。因此，宗族研究被引入历史学的视野，逐渐成为“中华帝国晚期”历史研究中的显学。关于“实践”的观点，来自于布迪厄的《实践的逻辑》。在布迪厄的实践理论中，社会实践是在“惯习”与“场域”的相互作用下展开的，实践的主体必须在具体历史情境中随时调整自己的思维方式和行为策略。因此，宋著特别关注地方社会中的族群、阶级、阶层、性别差异，注重分析不同人群在特定历史时期的行为模式与应对策略，探讨在人群互动过程中形成的意义转换与地方“正统”。该书研究成果表明，福州的宗族并非纯粹的亲属组织，也不完全是理学教化的历史产物。因此，我们必须在具体的历史情境中，从地方社会的实践过程，理解和解释宗族的发展及其时代特征。就福州地区而言，早期的宗族或许是少数理学家和高官显宦标榜身份的文化象征，而到了明中叶以后，宗族日益成为普通民众应对贫富分化和地方动乱的社会整合工具。在此过程中，宗族的发展逐渐背离了理学家的礼仪规范，超越了父系继嗣群体的系谱结构。该书把宗族研究置于明清时代的政治体制之中，试图以此说明“中华帝国晚期”的历史特征。他认为，明清时期宗族组织的普遍发展，与明代的户籍与赋役制度密切相关。由于明初把民众编入各种不同的户籍，每一编户必须承担相应的赋税和劳役，继承同一户籍的民众形成了各种不同名目的赋役共同体，其基本形式是以户籍为中心的家族组织。明初建立的里甲组织和里社制度，同样为家族的发展提供了有利条件。由于里甲与里社都是以户籍为基础的，实际上也就成为超家族的社会组织形式。在地方社会中，里甲与里社是国家权力的象征，每一家族都必须通过里甲与里社，才有可能进入国家权力体系。

（汪润）

《南俄罗斯的伊朗人和希腊人》

［美］M. 罗斯托夫采夫著，卓文静译《南俄罗斯的伊朗人和希腊人》，商务印书馆 2021 年 5 月出版。米哈伊尔·伊凡诺维奇·罗斯托夫采夫（1870—1952）是历史学家和考古学家，俄国科学院院士，威斯康星大学、耶鲁大学教授。《南俄罗斯的伊朗

人和希腊人》出版于1922年，是研究游牧民族的经典开山之作，学术界从此意识到了游牧民族对人类文明的贡献。书中论述了南俄罗斯自史前时期至罗马时期的历史，通过梳理南俄同黑海沿岸、希腊罗马的政治、经济与文化互动，尝试明确南俄在世界历史舞台中扮演的角色。作者是利用考古材料撰写历史的先行者，认为“考古发现不是用来解释文字记载的实物证据，而是独立的含有历史信息的原始材料”，所以他与当时利用南俄文物为希罗多德《历史》第4卷作注释，或者进行一些文物的个案研究的学者不同，他依据南俄丰富的考古发现，阐述了南俄在史前和原始时期的历史，再现了在古典文献中模糊不清，却在南俄草原上饰演重要角色的游牧民族—辛梅里安人、斯基泰人和萨尔马泰人的政治、社会、经济和宗教生活。作者精于解读文物。如通过分析库班河流域红铜时代出土物的器形、装饰手法、纹饰的布局和风格等，提出高加索地区是金属器文化的发源地之一，这种文化非常独特且高度发达，与美索不达米亚和赫梯时期的小亚细亚可能有关联。如通过观察斯基泰墓葬中出土的壁画和随葬品表面的浮雕图像，探讨斯基泰人的武器、服饰、战斗方式乃至对王权与神的关系的看法。又如在剖析罗马时期黑海沿岸的希腊城市的文化特征时，通过比对2—3世纪的随葬品的风格变化，指出当地居民的希腊特征逐渐消失，伊朗化的趋势无法抵挡。作者在书中一再强调，南俄是最重要的文化中心之一。多种文化在此交汇融合：源于伊朗和美索不达米亚地区的东方文化，经高加索之路和草原通路抵达，源于小亚细亚和希腊的南方文化，沿着海路传入，源于北欧和中欧的北方和西方文化，则随着大多瑙河流域蔓延而至。由此形成的混合文化，又沿着俄罗斯的主要河流，依次影响着俄罗斯的中部和北部，以及欧洲北部。第八章对多彩风格和动物式风格的形成过程进行详尽分析，再次证明了这一点。此外，作者还指出，黑海沿岸的希腊城市的存在和繁荣，都应归功于近乎稳定的辛梅里安政权和斯基泰王国在南俄草原上的建立。这些政权促进和保障了俄罗斯主要河流沿岸居民，同黑海沿岸居民的自由往来，希腊世界对南俄出产的鱼和谷物的持续需求，才能得以满足，博斯普鲁斯王国的手工业和艺术才能蓬勃发展。整体而言，全书论证缜密，简明扼要，虽然成书较早，但并不过时，值得一读。

（卓文静）

《朝贡与利润：1652—1853年的中暹贸易》

［泰］吴汉泉（Sarasin Viraphol）著，王杨红、刘俊涛、吴俊昌译《朝贡与利润：1652—1853年的中暹贸易》（Tribute and Profit：Sino-Siamese Trade, 1652-1853），社会科学文献出版社2021年9月出版。该书由导论、正文十一章和结论三部分构成，以1652年到1853年的中暹贸易为主题，按时间先后顺序，分为起步（1652—1717）、发展（1717—1767）、繁荣（1767—1834）

和衰落（1834—1853）四个阶段。该书认为，不同时期的中暹贸易受到中暹两国国内经济发展及各自对于对外贸易的态度的影响。一方面，暹罗的王室贸易垄断制度，出于对清朝贡贸易所带来的巨大利润的考虑，对与中国的贸易（无论正式的朝贡贸易还是私人贸易）都持鼓励、支持的态度。而在暹华人凭借在这方面的独特优势，成为了暹罗统治阶级（国王、贵族、官僚和廷臣）可资利用的对象，在这一时期内华人对暹罗国内的经济产生了巨大影响，甚至几乎控制了暹罗的海外贸易和国内商业。另一方面，中国朝贡体系虽然存在着对涉外贸易的限制性立场，特别是在清朝初年，南洋地区存在着相当数量的反清势力，清廷于1717年下达了第二次海禁的命令。不过，出于现实需要，尤其是清中期开始，国内人口的增长使中国东南沿海地区（广东、福建、浙江为典型）对于暹罗大量且低价的大米产生了部分依赖，清朝对与暹罗贸易的政策也有所调整，以适应这一变化。除官方承认的定期朝贡使节外，由于暹罗王室的积极争取和广东官府对于地方利益的考虑，中国方面默认了暹罗对华贸易中的一些“不正当”举动，如在派遣半正式或非正式的贸易使团，违反清廷严禁国内民人从事海外贸易的禁令而大量雇佣华人船长和水手从事贸易等。此外，该书认为，受清廷不同时期制定的对外贸易政策的影响，中国境内从事对暹罗及其他东南亚地区贸易的商人的地域来源也有很大变化。如1727—1757年间，闽南商人独占对暹贸易的鳌头。而在厦门因乾隆帝于1757年被取消对外贸易的权利后，广东的潮州商人夺取了闽南商人的地位。与此同时，海南商人和宁波商人也加入了中暹贸易的行列，不过无法与闽南商人和潮州商人匹敌。该书最后还分析了19世纪后中暹贸易的衰落，认为西方向东亚殖民扩张的行动直接损害了基于中暹双方“封闭”制度的贸易体系。西方以开放贸易自由为目的的施压，更先进的西式船只的引入及中国本土受西方势力的直接入侵等因素共同导致了这一结果。不过，该书认为，尽管如此，但适应了新的经济形势的华人继续保持在暹罗的商业地位。而暹罗王室由亲自参与对外贸易转而依靠华人建立包税制度的转变，也有利于延续这一格局。综上，该书是研究清代中泰贸易的开拓性著作，为学界贡献了许多重要的史料（特别是泰国方面的第一手公文），对研究中泰乃至中国与整个东南亚的关系均具有重要意义。

（李翼恒）

《海上丝路：东印度公司与启蒙时期欧洲的中国风》

施晔著《海上丝路：东印度公司与启蒙时期欧洲的中国风》，上海古籍出版社2021年11月出版。该书以广义的“中国风”与东印度公司兴衰与共这一历史事实为基础，采用文化史研究的方法，打通史学、美学、美术学、音乐学、建筑学、陶瓷学、装饰学等学科壁垒，以17—19世纪中期东印度公司兴亡史为经，再以“中国风”在绘画雕塑、园林建筑、音乐戏剧、室内装饰等各领域的兴衰为纬，构建起纵横相交的研究网络，立足于真实可靠的史料，既对东印度公司商道上的中西文化双向流动作宏观考察，又对每一艺术领域的“中国风”案例作微观剖析，阐释了文化的移译与交融。全书共分六章，第一章探讨东印度公司与中国瓷文化的西传，包括西方对中国瓷器的仿制与创新、中国“柳意象”的跨文化和多介质传播、阿姆斯特丹邦特瓷与18世纪中国瓷文化的亚欧循环之旅；第二章研究东印度公司与中西美术交流，包括东印度公司与广东外销画的崛起、清代油画《公审“海王星”号商船水手案》本事考、南粤泥塑艺术的西传；第三章介绍东印度公司与欧洲园林、建筑艺术的“中国风”，包括东印度公司与中英合璧的英华园林在欧洲的传播，以及东印度公司与欧洲的瓷塔镜像；第四章分析东印度公司与欧洲室内装饰的“中国热”，包括东印度公司与中国通景贴落画的西传、东印度公司与中国漆器的欧洲新变、18世纪欧洲“中国风”装饰艺术中的猴戏图；第五章研究东印度公司与中西音乐、戏剧的早期相遇，包括东印度公司与中英音乐的早期相遇，以及对清代外销乐女画和冯德尔歌剧《崇祯》的研究。第六章整理了东印度公司沉船出水遗珍的文物及文化价值，分析东印度公司沉船遗珍及20世纪西方的“收藏中国”热，以及东印度公司与18世纪瑞典的“中国风”。该书从不同侧面最大程度地还原“中国风”这一艺术风格对启蒙时期欧洲物质文化及艺术领域的深刻影响，说明东印度公司在商品货物、汉学理论、艺术题材、海上交通四大方面助推了“中国风”在欧洲的兴起，在启蒙时期以茶与瓷器、漆器与壁纸、丝绸与服饰、建筑与园林的物质形态，汉学研究、文学戏剧、音乐绘画的思想和艺术形态呈现于欧洲。中国在物质上的艳丽繁复、多元混杂、不对称与曲线美，以及在精神上对18世纪欧洲的两极化审美趣味的调停、使“中国风”席卷欧洲，却也引发了争议和抵制。该书在此基础上结合中国“一带一路”倡议，对后东印度时代海上丝路的复兴及“中国风”的消长兴替作建设性思考，并提出了四大建议：一、必须保持国民经济的持续稳定发展；二、构建文化大国的话语权；三、坚守文化身份与民族特色；四、变“中国制造”为“中国创造”。总体上，启蒙时期的欧洲“中国风”在物质层面是海上丝绸之路的一个经典个案，在精神层面是西方文化接纳、吸收、融合、变异中国美学思想的一次有益尝试。今日全球化的多元文化语境应该创造包容互鉴、合作共赢，“中国风”式的异质文化交流方能长盛不衰。

（黄若然）

《阿富汗访古行记》

刘拓著《阿富汗访古行记》，北京大学出版社2021年6月出版。年轻的考古学者刘拓是国内有名的访古者，尤其专注于踏查即将消失的古迹，以记录下这些人类文明的重要遗产。《阿富汗访古行记》的重要价值在于，这是国内第一本聚焦于阿富汗古代遗存的游记，也可以说，是国内第一本较为全面地记录阿富汗古代文化遗产的著作。作者博士毕业于北京大学考古系，受过严格的考古学训练，对遗址的形制和周边环境均有详细记录。更重要的是，阿富汗的部分遗址近况不为人所知，人们不清楚这些重要文化遗产的保存状况。刘拓就像读者们的眼睛，带我们领略了神秘的阿富汗，探访了贝格拉姆、巴米扬、贾姆宣礼塔、赫拉特、加兹尼、巴尔赫、坎大哈、喀布尔……这些曾经出现在国际新闻上的名字，就这样直观地展现在读者眼前。近年来，国内学界对希腊化、贵霜时期的阿富汗多有关注，但如今的阿富汗，保存更多的是伊斯兰化之后的遗址，国内却对倭马亚王朝、阿拔斯王朝、萨曼王朝、伽色尼等王朝统治时期的阿富汗了解甚少。该书为我们了解阿富汗这段时间的历史和文化打开了一扇窗口。由于中东地区的遗址受到了更多威胁，所以刘拓已探访过的30余个国家大都位于中东地区，因此，他对伊斯兰文明和历史有着远超常人的认识。刘拓结合他的经历，在书中对阿富汗各个遗址的历史及现状，尤其是阿拉伯入侵和伊斯兰化之后的阿富汗文明遗址有详细的记述。另外，他的经历也让他能够理解当地人保守的生活方式，理解很多人在宗教和现代生活之间的挣扎。他对当地人的生活状态有深刻的描写，为我们提供了一个了解阿富汗的崭新视角。但很遗憾，《阿富汗访古行记》是刘拓撰写的第一本著作，也是他的遗作。2021年10月26日，刘拓因想要记录下即将被淹没的全国重点文物保护单位，四川省马尔康市甲扎尔甲石窟，不幸在下山途中坠崖身亡，享年31岁。他在植物学、古生物学、地质学、建筑学、考古学等领域均颇有造诣，是国内难得的“百科全书”式的学者。但他曾谦虚地表示，最适合他的工作就是做学者们的“腿”，让国内学界了解到更多此前难以得知的信息。他慷慨地向所有研究者提供他的第一手资料，毫无保留。刘拓提供的照片和信息已经用于李零、林梅村等教授的专著中，相信他留下的资料，尤其是分门别类整理好的100多万张照片，会发挥出更多的价值。在他生命的最后时刻，他曾联系了国内的学术机构，想要做常驻阿富汗的联络员，为国内学界考察、研究阿富汗当地的遗址和文明提供方便，牵线搭桥。他是沟通中国与世界的使者，人们永远怀念他。

（徐弛）

《中国古代乡里制度研究》

鲁西奇著《中国古代乡里制度研究》，北京大学出版社2021年4月出版。全书82万字，为“国家哲学社会科学成果文库”之一种。乡里制度是古代王朝国家控制乡村民众的主要方式之一，但历来研究多以分时段、分区域、分专题形态呈现，表现得较为零碎，缺乏整体贯通研究与对比研究。该书以宏大的历史视野，纵贯考察了自秦至清两千年间基层乡里制度的变迁。作者将中国古代乡里制度的变化归纳为三个循环周期：从秦汉的乡、里到魏晋南北朝的村、丘、屯、坞，从隋唐的乡—里到宋元的都—图与村社，从明代里甲制到清代“顺庄法”；从学术脉络上进行通代的理论构建，为学界勾勒出乡里制度的发展脉络与演变逻辑。在研究过程中，作者广泛搜集先秦秦汉经书、唐宋典志、元明清方志等传世文献，以及金文、陶文，楚、秦、汉、吴、晋简牍，碑刻墓志、买地券等出土文献，宗谱、鱼鳞图册、实征册、黄册等明清公私档案。在尽可能全面占有不同时段材料基础上，立足实证研究，呈现出集历史村落地理、乡村制度史、乡村社会史于一体的中国古代乡村“通史”。同时作者结合其在江汉平原、长江中游及北方的实地考察经验，指出王朝国家推行乡里制度的终极目标是控制户口、征发赋役和保障治安，而王朝疆域内各地区的乡村在社会基础、经济状况、居民结构、历史文化等层面存在着巨大的差异；要达成目标，在制度设计以及后续推行过程中，要尽可能充分考虑到诸种地方特性和人群特性，做相应调整，达到所谓“因地制宜”。该书是近年来难得的通代专门史研究著作，作者努力做到“就某一问题在某一断代情况的探讨，与从事同一断代的学者的研究，处于同一水平上”，展现了其很高的学术追求。由于命题宏大，该书一些细节虽不完美，但不影响其整体价值。

（孙景超）

《中国地名学史研究》

华林甫著《中国地名学史研究》，山东画报出版社 2021 年 3 月出版。作者长期从事历史地名学研究工作，此书是继《中国地名学源流》《中国地名学史考论》《中国地名史话》等著作之后的又一新著，较为完整地记录了作者三十多年来对中国地名学研究持续探索的学术历程，是一部兼具理论研究深度与现实决策咨询功能的著作。全书分为上下两篇，上篇“发展历程”由 12 篇论文组成，按时代顺序论证了自先秦至民国的主要地名学发展成就，对中国地名学史的发展形成了基本覆盖的通代研究。以历代具有地名学价值的著作为主线，细致梳理讨论各时期地名学著作产生的社会背景、相关地名问题的学术根基与著书宗旨；对于历史时期重要的地名学著作，如北宋乐史《太平寰宇记》、宋元之际胡三省注《资治通鉴》、元初编纂的《元一统志》、明代郭子章《郡县释名》、清初顾祖禹《读史方舆纪要》及民国吕式斌《今县释名》乃至明代李时珍的《本草纲目》等文献予以了重点关注，在挖掘文献中地名学资料的基础上，较为全面地勾稽与辨析前人对于地名命名渊源的解释，归纳总结了历史上关于命名与更名的规律性认识，并对历史上的地名命名与更名方面的成败得失进行辨析，在梳理学术源流的同时展望未来的研究目标。下篇“纵论古今”由 9 篇论文组成，聚焦于当代行政区划改革与地名管理方式等问题。前三篇以“省级政区通名改革研究”为主题，探讨了历代分省模式、直辖市通名改革、自治区宜改为自治省等三个问题，从国内外的历史与现实出发，提出了一系列颇具新意的创见与政策性建议。同时，对于当前行政区划中市辖区在专名、通名方面存在的问题，提出了解决方案；对于县级政区地名的通名改革问题，亦有不少创见。这些问题的提出与相关意见的形成，来源于作者长期的学术积累，也与其长期参与政区、地名的实际工作有莫大关系，充分体现了历史地名学研究以古鉴今的应用价值。此外，作者还关注了古代南方越语地名的汉语化、历代国号地名与政治变化的关系以及中国传统地名文化对朝鲜半岛地名的影响等问题，显示了作者广博的学术旨趣与视野。

（孙景超）

《水经注校笺图释·洛水流域诸篇》

李晓杰主编《水经注校笺图释·洛水流域诸篇》，科学出版社 2021 年 5 月出版。该书是李晓杰《水经注》研究团队继《渭水流域诸篇》（复旦大学出版社，2017 年）、《汾水涑水流域诸篇》（科学出版社，2020 年）后的又一重要成果，也是其“重写《水经注疏》与重绘《水经注图》”工作的又一尝试。以往学界对《水经注》的研究，主要集中于版本校勘与郦学史梳理两方面，对其中所涉及的地理问题没有完全解决，所绘制的《水经注图》也难称精准。该书以《水经注》洛水流域诸篇（包括卷 15 的洛水篇、伊水篇、瀍水篇、涧水篇，卷 16 的谷水篇、甘水篇）为研究对象，在充分吸收前人研究成果的基础上，充分运用传世文献与出土资料，综合历史学、地理学、文献学的方法进行研究，其内容分为以下几个部分：（1）对《水经注》洛水流域诸篇的文本重新校勘，订正诸版本异同与文字脱漏、讹误等问题，还原出较为准确的新版本；（2）探究郦道元《水经注》引用资料的出处，追溯史源，对其文本进行解读；（3）对《水经注》所载洛水流域的城邑地望及政区设置，在进行复原的同时与今地进行比定，提高研究精确度；（4）编绘了《水经注》洛水流域诸篇的地图。书后并附有地名索引、人名索引、引书索引及音序检字表等，方便读者使用。该书代表了目前对《水经注》洛水流域研究的最新进展，也将《水经注》本体研究推向了新的高度。

（孙景超）

《气候变化与江苏海岸的历史适应研究》

鲍俊林著《气候变化与江苏海岸的历史适应研究》，复旦大学出版社 2021 年 9 月出版。全书约 30 万字，插图 70 幅，附表 28 张，受复旦大学历史地理研究中心“十三五”重大攻关研究项目资助，以作者博士后研究成果为基础写成。江苏沿海是中国历史上海岸线变迁最大的区域，其海岸线的前进、后退与淤涨等与气候变化及人类活动密切相关。该书围绕江苏沿海地区，运用长时段视角与学科交叉方法，结合历史文献分析与田野调查，揭示 10 世纪以来江苏海岸百年尺度上气候变化适应实践的演变过程及其机制；主要通过梳理历史上海堤、海岸开发及潮灾的相互关系，并比较不同岸段对海岸环境变化的适应方式，揭示中世纪暖期与小冰期背景下江苏海岸历史适应格局的差异化过程及发展机制。该书有助于揭示江苏海岸历史适应的特殊性与复杂性、深化对中国沿海低地环境变迁及人地关系演变的理解，为探索沿海可持续适应的理论与方法、促进形成具有本地特色的适应格局提供了区域研究案例。书后附有《江苏沿海历史潮灾年表》《江苏沿海历史堤工年表》等资料。

（孙景超）

《地图学史》（多卷本）

卜宪群等译《地图学史》（多卷本），中国社会科学出版社 2021 年出版。本丛书系 2014 年度国家社科基金重大项目《地图学史》翻译工程（批准号 14ZDB040，首席专家卜宪群）结项成果的一部分。J. B. 哈利（J. B. Harley）和戴维·伍德沃德（David Woodward）主编的《地图学史》（*The History of Cartography*）丛书，是已经持续了 30 多年的“地图学史项目”的主要成果。该系列丛书篇幅巨大，参与撰写的多是世界各国地图学史以及相关领域的权威学者，内容上涵盖了世界上几乎所有地区的地图学史，收录了大量之前散藏在世界各藏图机构和个人手中的难得一见的古代地图，可谓是目前世界地图学史方面的权威著作以及真正意义上的“世界地图学史”，将其翻译引入的学术价值十分巨大。2019 年项目完成结项，所有分册翻译工作均已完成，2021 年出版的有第一卷和第三卷（上下卷各两分册，合计 4 册），总计 5 册，其他各卷也将陆续出版。第一卷《史前、古代与中世纪欧洲与地中海地区地图学》分为导论《地图和地图学史的发展》、第二部分欧洲和地中海的制图学（4 章）、第三部分古埃及和地中海的制图学（12 章）、第四部分中世纪欧洲和地中海的制图学（3 章）和第五部分结论（1 章），系统地讨论了欧洲和地中海地区地图学的发展历程与认知转型等。第三卷《欧洲文艺复兴时期的地图学》分为四个部分，第一部分为“前言”；第二部分即第 1 和第 2 章，对文艺复兴的概念以及地图自身与中世纪的延续性和断裂进行了细致剖析，还介绍了地图在中世纪晚期社会中的作用；第三部分为“文艺复兴时期的地图学史：解释性的论文”，包括了对地图与文艺复兴的文化、宇宙志和天体地图绘制、航海图的绘制、用于地图绘制的视觉、数学和文本模型、文学与地图、技术的生产与消费、地图以及他们在文艺复兴时期国家治理中的作用等主题的讨论，共 28 章；第四部分“文艺复兴时期地图绘制的国家背景”，介绍了意大利诸国、葡萄牙、西班牙、德意志诸国、低地国家、法国、不列颠群岛、斯堪的纳维亚和俄罗斯等地区的地图学史，共 32 章。

中国地图学史的以往研究基本上只关注中国古代地图，对于世界其他地区的地图学史关注极少，至今未曾出版过系统的著作，相关的研究论文也是凤毛麟角，仅见的一些研究大都集中于部分体现了中西交流的西方地图。本套丛书的翻译出版必然会对中国地图学史的研究理论和方法产生极大的冲击，对于国内中国地图学史研究的水平提升也将产生促进作用。

（孙靖国）

《〈水经〉文本研究与地理考释》

黄学超著《〈水经〉文本研究与地理考释》，复旦大学出版社 2021 年 10 月出版。该书系在作者博士论文的基础上修订完成，也是李晓杰《水经注》研究团队的重要成果。《水经》是中国古代记述河流情况并以水系地的重要地理著作，但在长期的流传过程中，其原文与北魏郦道元所作之注文混淆不清，所受关注甚至不及注文，相关研究也以《水经注》研究为多。该书独辟蹊径，以《水经》的文本与地理考释为研究对象，主要内容分为上下两编。上编共四章，侧重于文本研究，系统地梳理了《水经》与《水经注》文字的离析，对现存《水经》文本进行了细致的校订与辑佚，对《水经》文本的形成年代、文本渊源与地理信息等进行了研究，从记载对象、谋篇布局、行文程式三个层面归纳总结了《水经》的体例，并对《水经》在历史上的流传、隐沦及重现的过程进行了分析解释。其主要结论有：(1) 认同"《水经》文本形成是一个渐进过程"，推定《水经》文本的写定时间为三国曹魏初年。(2) 对现存《水经》所载水道全文进行逐字厘定，并对所佚 14 条水的篇目与文字进行了辑佚和讨论。(3) 总结了《水经》收录河流的标准是河流规模的大小，其河流编排大致依照从北到南、从西到东的顺序，《水经》的行文也具有较为规整的程式可循。下编三章，主要内容为地理考释，对《水经》所记 157 条水道，按照黄河以北、江河之间、长江及以南三大区域，综合利用传世文献与新出考古资料，对《水经》所载河流及城邑聚落等相关地理情况进行了较为细致的考证研究。其后还有两个附表，其一对照了《水经》与战国秦汉文献中收录河流的情况，其二对照了《水经注》各主要版本的经注区分情况。另有 10 余张地图，展示了《水经》时代的河流分布状况。这一研究成果，是对《水经注》研究的又一重要推进。

（孙景超）

《中国礼学思想发展史研究——从中古到近代》

王启发著《中国礼学思想发展史研究——从中古到近代》，中国社会科学出版社 2021 年 9 月出版。该书系中国社会科学院创新工程学术出版资助项目的成果。该书以中古到近世的中国礼学思想发展和重要人物的著述为基本线索，集中梳理和呈现魏晋南北朝到唐代及宋元明时期礼学和思想多样化发展的脉络与历史。该书除"绪论"外，共八章。第一章"魏晋南北朝到唐的礼记学”，主要研究王肃、熊安生、皇侃及他们的《礼记》学著作。内容主要包括：（1）王肃的《礼记》学文献的传承、礼学问题，及其对后世的影响；（2）讨论熊安生及其《礼记义疏》，比较其与郑玄学的异同，以及从孔颖达对熊著《礼记义疏》的评价看其学术价值；（3）探讨皇侃及其《礼记义疏》的基本内容和特点，并从孔颖达的评议及后世影响看皇著《礼记义疏》的经学史价值。第二章“李觏的礼学及相关思想”，分别探讨李觏《礼论》的思想内容、理论特点，以及《周礼致太平论》中《内治篇》和《国用篇》的思想价值。第三章“王安石《周官新义》的礼学特色及其历史影响”，讨论内容包括：（1）王安石新经学成立及《周官新义》撰写的背景；（2）《周官新义》的解经方式与特点；（3）王安石的先王意识的内涵与阐发；（4）王安石变法与《周礼》的关系；（5）评价《周官新义》的经学史地位和影响。第四章“程颢、程颐的礼学思想述论”，首先述析二程对古礼的看法，进而阐述二程礼学思想的形而上学基础与古今意识，及其礼学思想中的性情论，最后分析其礼学思想“以礼正俗”“化礼成俗”的现实目标与“回复三代”的理想诉求。第五章“朱熹的礼学及其思想”，梳理朱熹的礼学生涯、心路历程，及其对传统及宋代礼学的评议，在此基础上，分析朱熹礼学思想的理论框架与撰礼实践，评价朱熹《仪礼经传通解》和《朱子家礼》的礼学价值、传播和历史影响。第六章“吴澄的礼学和《礼记纂言》的著述特色”，首先梳理吴澄的生平与著述，进而以吴澄的《礼记纂言》和《丧服小记》为例，着重缕析吴澄对《深衣》、《曲礼》、《内则》、《王制》、《文王世子》、《丧大记》、《檀弓》、《曾子问》等篇章的段落调整及其价值和意义。第七章“方孝孺的礼学思想述论”，叙述明儒方孝孺延续修齐治平之道的思想历程和特色，分析其在《幼仪》《宗仪》《家人箴》等文献中所阐发的以个体和家族礼仪为核心的修身齐家思想。第八章“黄道周的三礼学及其相关问题考论”，首先说明黄道周对三礼的基本认识，进而分析黄道周与门下弟子及同时代的儒者讨论学礼、读礼、郊禘之礼的内容。该书既有丰富的个案，又兼顾贯通的脉络，系统地考察、梳理、研究中国传统经学重要组成部分的礼学及其思想的发展历程，展现了不同样式的礼学人物和礼学思想风貌。

（陈冠华）

《中国礼学研究概览》

杨华等著《中国礼学研究概览》，武汉大学出版社 2021 年 4 月出版。杨华，武汉大学历史学院教授，教育部人文社科重点研究基地武汉大学中国传统文化研究中心主任，国家社科基金重大项目“中国传统礼仪文化通史研究”首席专家，教育部“新世纪优秀人才”，武汉大学珞珈特聘教授，国务院政府津贴专家。主要从事先秦秦汉史、中国文化史，尤其是中国古代礼制方面的研究。出版有《先秦礼乐文化》、《新出简帛与礼制研究》、《古礼新研》、《楚国礼仪制度研究》、《中国文化史》（合著）等著作。礼制是处于直接的政治权力之外，但处处体现权力层级且覆盖全社会的制度设计，近年来与礼学、礼俗研究一道，逐渐成为研究热点。《中国礼学研究概览》是一部内容博赡的学术综述著作，共分十一章：首章概述礼学研究的通史、通论著作、资料整理和科研项目等；第二至九章依据时代，分别介绍了学界对先秦秦汉、魏晋隋唐、两宋、辽金夏、元、明、清、晚清民国八个时期的礼学研究概况，按“三礼”文献、礼制、礼俗、礼义、礼论、礼法、礼典等专题，介绍相关学者、论著和观点，还介绍了各时段的主要争论焦点。该书还专门列有章节，以介绍海外学术界的礼学研究进展，这是目前其他同类综述性论著尚未涉及的领域；第十章是对日本礼学界吉礼和凶礼研究的综述；第十一章则介绍了英文学界的相关成果。该书涵盖的礼学内容，不仅包括“三礼”文献研究，还包括礼制、礼典、礼仪、礼俗、礼论、礼法、礼乐等多个层面。《概览》搜罗完备，内容丰富，体例宏博，引注精确，尤其是日文和英文学界的相关研究综述，更是难得。它是了解前贤治礼成就的必备资料，同时也是当今礼学研究最新进展的直接反映。第三章《魏晋隋唐时期礼学研究》由范云飞执笔，分别介绍了“三礼”文献、礼制、礼俗、礼法、礼典研究，综述翔实、系统，是今年难得一见的详略得当、博赡完备的礼学研究综述。该书是国内少见的礼学研究学术综述著作，对于方兴未艾的礼学研究，既有工具书的实用价值，亦有学术借鉴、指导作用。

（刘凯）

《民族史观与中国古代民族文化认同》

李珍著《民族史观与中国古代民族文化认同》，商务印书馆2021年7月出版。该书是国家社科基金后期资助项目成果。作者从事本方面研究多年，该书是作者多年研究的一项重要成果。全书除绪论、结语外，包含大致以时代为序的正文六章。该书由瞿林东作序。中华民族是多元一体的多民族融合的民族，对中国史学的考察无法脱离对民族史观的考察。该书以中国古代史家、史著、史学思潮等史学现象中的民族观念为研究视角，在对魏晋至明清时期史学分阶段研究的基础上，探求中国古代民族史观的演变规律及其时代价值，揭示在民族史观视角下的历史、史学与时代思潮之间的辩证关系，以此对中国古代民族文化认同的形成和巩固的历史过程进行论述。作者指出，随着政治上分裂、统一局面的循环往复，民族史观的演进呈现出螺旋式上升的特点，虽然历经曲折，但其阐扬政治大一统、推动民族交融与文化认同的基本趋势，却是始终一贯、不断推进的。近代以来，在保守与进取的思想碰撞、冲突中，在历史大潮的淘洗、选择中，中国古代民族史观有了质的飞跃，为中华民族多元一体格局的最终形成，提供了重要思想基础。从史学发展看，中国古代史学经历了多途发展、重大转折、理论深入、更富于多民族特点、时代变革和逐步嬗变的特点，民族史学的撰述形式不断丰富。在国家暂未统一，民族矛盾较为突出的魏晋南北朝与辽宋夏金时期，史学中的民族观念呈现出进步与回潮的双重特征。在国家统一，政治局势稳定，民族互相融合的隋唐与元代，大一统的政治思想成为影响民族史观面貌的主要因素。该书理论色彩浓重，不仅仅是民族史观的论述，更是从历史理论的视角，对民族史观进行了另一视角的分析和论述。作者在讨论民族史观的过程中，讨论的并不是少数民族的史观，而是将中华民族视作一个整体进行讨论，其间也包含着作者对中华民族的认识。

（胡楚清）

论文观点摘编

卜宪群《推进历史学与考古学融合发展》（《人民日报》11 月 7 日）

建设中国特色、中国风格、中国气派的历史学离不开考古学的坚强支撑。文明与国家起源问题研究和新石器时代考古实践，使中国历史学有可能走出传说时代，构建起中国特色的文明与国家起源理论，对阐释中国五千多年的历史发展道路具有重大意义。即使是有文字记载后的历史，考古材料仍然是历史学家认识该时期历史的重要依据。中国气派的考古学同样离不开历史学的坚强支撑。考古学必须与历史学相结合。通过历史学的方法，将考古学所揭示的人类活动遗迹纳入历史研究与历史书写的范畴中。历史学要充分学习借鉴考古学的成果，运用丰富的考古材料，在阐释中国特色历史发展道路、回答时代提出的重大问题上发挥作用。考古学要充分学习借鉴历史学成果，运用历史学理论与实践，推进考古学在解释人类社会组织、经济发展、思想意识发展演变上发挥作用。要从话语体系上推进历史学与考古学的融合。历史学与考古学学科体系有别，在话语体系上当然也有差异。比如“聚落”“村落”这些词，在考古学上和历史学上的含义就不尽相同。如何从大量无文字的历史遗迹中归纳总结出概念，从中观察人类社会的历史演进，考古学也需要向历史学学习，将考古成果科学转化为历史学的表达话语。历史学与考古学融合发展，不是合二为一，而是一种交互模式、辩证关系，共同促进和培育新的学科生长点，为更好地认识源远流长、博大精深的中华文明做出贡献。

（杨博）

宋镇豪《“绝学”传承正当其时——关于全国甲骨文全息性整理与研究的思考》（《中国社会科学报》6 月 4 日）

该文作者近十多年来主持了旅顺博物馆、天津博物馆、山东博物馆、俄罗斯冬宫博物馆等16 批殷商甲骨文藏品的整理著录，深感有必要从国家层面启动全国甲骨文的全息性整理与研究，落实甲骨文遗产抢救性保护措施，全面推动甲骨文的科学研究、文化传播、历史教育，促进中华文明根脉的探索寻绎，确保“绝学”不绝，“冷门”不冷。此项工作需要从以下几点着手。第一，要重视文理结合、打破界际，多学科、多部门、多单位、同方向、开放式协同攻关。第二，要对全国甲骨藏品数量展开全面清查统计，掌握甲骨流传与现藏信息，以及甲骨文物级别标识等。第三，要制定统一的全国甲骨文全息性整理标准。第四，要保持甲骨文全息性整理与研究的一体性和系统性。第五，要重视甲骨文三维建模、甲骨文大数据平台构建与甲骨文人工智能识别技术研发等。此项工作的终期成果与预期目标包括四个方面：一是编纂大型甲骨文总集；二是确定甲骨著录范式；三是建立甲骨文大数据信息处理共享平台；四是加强全国甲骨学科建设，培养一批懂得文字学、甲骨学、历史学、考古学与计算机信息处理知识技术的复合型甲骨文研究人才。

（郅晓娜）

鲁西奇《中国历史学的空间取向》（《社会科学战线》第8期）

空间是历史地理学的重要概念与研究方法，但学界对于相关理论的探讨却不多见，尤其缺乏通代的贯穿式思考研究。依时间序列，可总结出中国历史学中三组不同的空间取向。在传统历史叙述中，表现为天下、封疆和郡邑三种取向，分别对应天下史、王朝史与郡邑史。这一取向始于《史记》，以王朝国家的疆域为主体，建构了以都城为中心、从核心区向边缘区逐步过渡的同心圆式空间权力结构，其本质是以权力为中心的政治导向的空间划分。在近代史中表现为以世界、历史中国和区域为取向，对应世界历史、中国历史和区域历史。世界、历史中国、区域是三种不同尺度的区域，是研究者对历史叙述与阐释的范围所做出的空间选择与界定，因此本质上，世界历史、中国历史与区域历史仍只是不同层次的区域历史。在现当代历史中，地域（及地方）、现代中国、全球的空间取向，则对应地域社会、领土国家、人类共同体，分别形成地域史、中国史及全球史的历史叙述与研究模式，这一模式，与地域史、全球史等新的研究趋势具有密切关系。三种认知模式的变化，体现了历史叙述与阐释从权力空间到认知空间再到社会空间的变化趋势。历史学研究的空间取向，取决于研究者的立场，这一立场既与时代和社会有关，也是学者主动选择界定的结果，与学者的思想能力、认知水平及研究能力关系密切。

（孙景超）

杨念群《"大一统"与"中国""天下"观比较论纲》（《史学理论研究》第2期）

对"中国"的认识有三种方式，因为"中国"这一概念自带特定的种族对抗蕴意，以及"中国"的边界一直在不断发生移动，难以确定其准确范围，所以学术界出现了以"从周边看中国"、"华夏边缘说"和"东亚连带论"为典型的新的诠释方法。而以"九州"为基础的"天下"，在概念上大于"中国"，是广义上的空间概念。但"天下"仍然是士人想象出的政治地理概念，并非实际。"正统"是帝王专享的概念，"正统"意为天地事物归于一，是本于"一统"之意。"正统"指的是一个空间疆域不断扩张延展的状态。秦汉时期，"大一统"与"正统"存在一定的交集，常以"大一统"说"正统"。"正统"的另一个要义是时间的"一统"，即时间上"正月"是"正统"之始。"大一统"则更多是把疆域治理和政教关系互相结合，形成更深刻的政治主张。"大一统"是中国古代政教关系形成的起点，突破了"华夷之辩"的限定，强调政权统治的道德合法性，是复杂的政治践行的过程，是一套治理技术和统治经验的实施方式。"大一统"还是一套文本建构和历史书写技术。"大一统"是个"动词"，而"天下"和"中国"都像是"名词"。

"大一统"观不但锻造了中国人对整体政治稳定性的需要远大于追求个人心灵自由的认知心态，而且成为近代民族主义者抵抗西方最值得信赖的思想资源。

（胡楚清）

龙啸《后石家河文化"抱鱼人偶"与祭山活动》（《江汉考古》第5期）

在以邓家湾为代表的遗址中出土了大量后石家河文化时期的陶塑品，其中"抱鱼人偶"因其独特的造型，最为引人注目。过去学界对此多有讨论，已有观点大体可分为两类：其一是认为陶人偶所抱之物是鱼或鱼的化身；其二是认为陶人偶所抱之物是鱼形礼器。通过分析，本文认为呈跪坐式的"抱鱼人偶"应当属于巫觋一类人物，其所抱之物不是鱼，而是玉璋一类祭祀法器。这些所谓"抱鱼人偶"实应称为抱璋人偶，其表现的是巫师手持牙璋的形象。相关文献记载及考古发现表明，玉璋的一个重要功能是祭祀山川，因此邓家湾遗址所出土的陶塑人偶及陶塑动物所反映的是巫师持璋祭山的一种活动场景。而高山又是神灵居住的地方，也是风雨兴起的地方，因此祈求降雨也是祭祀山川的一个重要目的。这些表现祭山求雨活动的陶塑品多集中于后石家河文化时期，也与其时江汉平原整体干冷的环境背景相符。邓家湾遗址出土的所有陶塑动物、陶塑人偶即这一祭祀活动的综合体现。

（郅晓娜）

陈絜《"伯或征卲"与晚商祉族——兼论卜辞地名地理研究在古文字考释中的辅助作用》（《故宫博物院院刊》第4期）

殷墟花园庄东地所出子卜辞，所记载的地名体系以两条交通路线为核心，第一条交通线中所涉及的商、曺、卲、觞、㓹和索诸地，基本属于商末征人方的经由地，可见花东卜辞所牵涉的地理范围是在今山东境内，其中自然包括"伯或征卲"这一重要历史事件的发生地"卲"。"伯或征卲"，伯或即历组卜辞中的祉或。商末征人方经由地中，同样有召地，且与花东卲地密合，可知卲、召为一地。"伯或征卲"也即武丁王卜辞中的"祉或征召"。经考证可知，召地在今山东莱芜一带，而祉族则盘踞在鲁中柴汶与嬴汶之间，也即今泰安、新泰与莱芜交界地带。"祉或征召"事件显然是武丁时期实施于东土的"以夷制夷"政策的一个折射。祉地范围的卡定，则为殷商早期吕、土二方之乱的重新梳理与商代民族史研究，提供了全新的地理依据。武丁王卜辞地名系统、花东子卜辞地名系统及商末王卜辞地名系统之间，存在大量的重叠现象，此于晚商政治地理的勾画和复原以及商代古史的重建具有重要学术价值。此外，卜辞地理的研究，亦有助于甲骨疑难文字的考释。

（郅晓娜）

岳占伟《从殷墟墓葬看商代的社会构成和性质》（《南方文物》第5期）

从文献和甲骨文记载以及考古材料看，

商代社会是一个等级社会，由商王、贵族、平民、奴隶等多个阶层构成，不同阶层的地位和财富存在显著差异。从殷墟都邑内孝民屯村南地和大司空村东南地两个族邑墓葬群的统计数据可以看出，高等贵族非常少，中等贵族很少，低等贵族较少，奴隶也较少，平民人数最多，平民占总人数的2/3以上。殷墟都邑是由许多族邑构成。九十年来的考古发掘证明，殷墟其他族邑的社会构成与孝民屯村南地和大司空村东南地两个族邑大致相同，也是以平民为主体的社会结构。所以，殷墟都邑内的社会构成的主体是平民，而非贵族和奴隶。殷墟作为晚商的政治中心，都邑内的贵族以及为贵族服务的奴隶当然比其他地区比例高。也就是说，殷墟都邑以外其他区域的贵族和奴隶所占比例较低，其社会构成中平民所占比例较高。由此判断，商代社会构成是以平民为主体人群，还包括所占比例低的商王、贵族和奴隶。既如此，将商代社会的性质判定为奴隶社会似乎就不太合适了，但称为“平民社会”也似不妥，应该是在商王统领下，诸侯、族尹等贵族直接管辖下，以平民为主体的社会制度。

（郅晓娜）

董珊《据金文重释〈小雅·巷伯〉——兼谈早期的流放刑与西周四至》（《出土文献综合研究集刊》第13辑）

根据新见皷卣中的“豺方”、安州六器两件方鼎中的“虎方”，以及甲骨卜辞中的“虎方”材料，重新讨论《巷伯》篇中的相关诗句。瑞典学者高本汉指出，《巷伯》篇中的“有北”“有昊”是领土之名或君主之名，指“有北氏”和“有昊氏”。甲骨金文中有“豺方”与“虎方”，而《巷伯》诗中“豺虎”与“有北”、“有昊”都位于“投畀”之后，语法地位相同，所以《巷伯》中的“豺”与“虎”也应解释为西周方国名。“投畀”是流放刑罚。早期社会的地缘关系与血缘关系往往重合而稳定，对怀土重迁、重视家族聚居的早期贵族来说，破坏地缘关系的流放实际上比死刑和肉刑有更严厉的效果。流放地点的选择，与罪行轻重以及政区疆域、国际关系都有复杂关系。《巷伯》对谮人的“投畀”，目的是流放谮人至边疆，而不像《诗经正义》所说的“欲其死亡之甚”。“豺虎”、“有北”、“有昊”这三个流放地点，分别指代西周晚期边境四至中的极南、极北与极东，可以用来讨论西周晚期的边界情况；“不食”“不受”则反映了流放刑中的地域间的政治关系。这为早期中国流放刑罚的情况增加了一条新资料。

（郅晓娜）

罗新慧《周代宗法家族支庶祭祀再认识》（《历史研究》第2期）

宗法制度是周代社会的重要制度，其根本指向是确保嫡长子的权利。宗子享有主祭权，此即文献中所谓“传重”，表示唯有宗子才是祖先传承的正体、正宗。礼家所谓

"庶子断乎不祭"，春秋战国时期有限的材料中却屡见支庶独立祭祀之例。在祭祀祖先范围方面，彝铭之载与礼书之说差异明显，金文中可见非继祖之庶子独立祭祀祖父的情形（如弭叔器、伯器），可知"庶子不祭祖"并非绝对原则。支庶在分宗之后可以独立祭祀，但祭祀祖先的范围取决于其是继祢之宗子抑或继祖之宗子。质言之，小宗宗子仍不具备完整的祭祀权。小宗尊奉大宗，支庶尊事宗子，祭祀之时，宗子居于主导地位，小宗或支庶助祭宗子，以明嫡庶、以辨尊卑，为西周社会常经。尤其是聚族而居、大宗具有强大权威时，支庶作器有助祭大宗之用。但在有些情形下，支庶可以独立祭祀，而不只是助祭宗子。此类情况多见于宗族兄弟实力雄厚、离族异居之时，反映出西周宗法家族内部的变迁，值得重视。在兄弟不聚族而居的情况下，庶子支子自然而然会独立祭祀父、祖。对祭祀权的规定是宗法制核心内容之一。在严分嫡庶的宗法原则下，祭祀权应由宗子执掌，与之相应的是"支子不祭"，二者一体两面。只有"支子不祭"，方能体现宗子主祭，彰显宗子的嫡长身份，亦即后儒所谓"一庙无二祭主"。从西周社会一般情形看，"支子不祭"确为宗法家族祭祀的通则，但并非绝对原则。宗法制度内部存在张力，既有强调血缘联系的一面，即"亲亲"，又有强调等级关系的一面，即"尊尊"。

（汪润、郅晓娜）

张利军《西周五服制的国家形态与国家治理》（《古代文明》第2期）

既往对西周服制的研究集中于服制形态的居多，而对西周服制的建构及其反映的国家结构形态与国家治理研究不足。西周王朝以建立五服制的方式建构国家结构形态，实现国家对全社会的治理。周成王可能通过以下两种方式建立起甸服：第一，册命王朝大臣，赐以管理大小不等的土地和数量不等的若干族群的权力；第二，划出特别的区域安置征服的异族与历史上遗留的姬姓族邦，设立邦君及其臣僚，管理这些族邦。周成王以赐命、封建的礼仪，建立大小不等的诸侯宗族体系，形成侯服、宾服。周成王举行会盟诸侯、方国的典礼，将征服的淮夷、荆蛮划为要服，戎狄划为荒服，使要服、荒服亦融入周王朝国家之中。由是周王朝建构起以周王为天子，西部以宗周五邑为中心及以甸服内朝臣、邦君宗族为主；东方以成周为中心的甸服朝臣，侯服、宾服诸侯；南部、东部蛮夷方国；西部、北部地区戎狄方国臣服于周的国家结构形态。周王朝通过册命礼仪赐朝臣采邑，册封诸侯封地，纳方国于要服、荒服体系的方式，实现了对宗周地区、成周地区及地方诸侯体系和边疆方国地区的治理。

（郅晓娜）

牛世山《垣曲北白鹅周代墓地的若干问题》（《南方文物》第5期）

北白鹅墓地是晋南地区新发现的一处周

代墓地，已发掘9座较大墓葬，分南北三排。已刊发的3件带重要铭文铜器分别是夺簋（M3：21）、虢季方甗（M3：10）和太保燕仲鼎（M5：20）。发掘者从墓葬的形制、出土器物组合以及铜器的制作工艺、器物形制和纹饰等方面分析，推断其墓葬时代应为春秋早期，虢季方甗时代为春秋早期，太保燕仲鼎时代为春秋早期，夺簋时代为西周晚期。本文认为，虢季方甗的年代在西周晚期，具体来说应该在宣王晚期。太保燕仲鼎形态与上村岭虢季墓M2001所出相同，时代应是西周晚期偏晚。虢季方甗等3件重要青铜器的时代为西周晚期。已发掘墓葬9座，南北三排，在时代上可能有早有晚。M3的上限在西周宣王晚期，所在一排或在西周晚期或略晚，M7—M9一排的时代当在此前，时代更早。几座墓葬中，除M5和M9外，其他都有腰坑，这是商文化墓葬常见的葬俗。结合M3出土的虢季为匽（燕）姬所作的媵器方甗，以及匽（燕）仲作器、匽（燕）太子作器等推断，有腰坑的墓主是商人的后裔，其家族居地为北白鹅一带，与姬姓的召公家族无关。

（郅晓娜）

刘国忠《清华简与西周史研究》（《中国社会科学》第1期）

经过学术界十多年的持续努力，清华简已经出版十辑整理报告。其中所收入文献，绝大多数是失传两千多年的珍本秘籍。清华简中有许多与西周史研究有关的重要文献，如《程寤》《保训》《耆夜》《金縢》《皇门》《祭公》《楚居》《系年》《周公之琴舞》《芮良夫毖》《命训》《厚父》《封许之命》《摄命》《四告》等诸多篇目，对于西周史研究具有重要推动作用。其一，加深对西周史相关文献的理解与认识。通过清华简与传世文献的对读，可以纠正传世文献中的一些错讹，确认传世文献的真伪、性质及学术价值，并能深入理解经学文献的重新编写和整理问题，为解读其他出土古文字材料提供契机。其二，揭示西周史实真相。清华简中所发现的众多与西周史相关的文献，不仅解决了西周史研究中许多争论已久的疑难问题，同时也为西周史研究的进一步开展提供了崭新机遇。其三，推动西周文学史、思想文化史和制度史研究。此方面的研究，以往囿于有限的材料，往往难以展开讨论。清华简中所出现的大量与西周史相关的文献，为这些领域研究的突破创造了极为重要的条件。总之，清华简的整理与研究工作深刻影响了西周史研究的面貌。利用清华简研究西周历史文化，已成为当前深化西周史研究的一条有效途径。

（郅晓娜）

周博《西周金文“五邑”及其相关问题》（《中国史研究》第4期）

西周中晚期金文常见“五邑”一词，均出现于册命文书中，往往加缀有职官或职事，如“五邑走马、驭人”“五邑守堰”“五邑祝”“五邑佃人事”等，对于研究西周王朝的地方行政系统、基层管理等方面，具有重要价值。以殷墟卜辞与传世文献为据，结合西周金文中数词可以作前置定语来修饰名词，“五邑”当从多数学者的看法，表示的是五个邑。殷簋铭文记载了殷在“周”之新宫接受王命，“司东鄙五邑”，据此判断“五邑”当指岐周东边鄙野上的五个邑。其职官或职事任命均直接来自周王，受周王统管，地位似不低。它们当具有特殊的政治地位。从考古学观察来看，岐周东鄙的西周聚落遗址大致沿河流分布，“五邑”处在美阳河东流域、漆水河西岸的可能性较大。岐周东鄙浅水河谷、隰地多水的地貌及牧场的存在，与“五邑”所设职官如守堰、走马、驭人基本相合。岐周东鄙既有“五邑”这样的王朝公邑，也存在伯吉父、师盉、仲枏父等贵族的私家采邑。从军事地理的角度来看，漆水河具有重要的交通、军事价值。漆水河西岸的“五邑”等王朝公邑及贵族采邑，其设置当有扼守漆水河、保卫岐周的目的。而周王朝通过加强“五邑”的管理与防务，保证了岐周的安定。

（郅晓娜）

潘明娟《地中、土中、天下之中概念的演变与认同：基于西周洛邑都城选址实践的考察》（《中国史研究》第 1 期）

先秦时期形成并不断发展的“地中”“土中”“天下之中”等观念，对于后世的天下观念与都城选择等产生了很大的影响。三者的起源和发展在最初各有侧重，地中是天文概念，与天时密切相关；土中是地理概念，与地域密切相关；天下之中是政治观念，与周代初期的天下观念相联系。西周初期围绕建都洛邑的选址与实践，地中、土中、中国、天下之中的地理位置均指向洛阳一带，几个概念从原来的各有侧重转变为逐渐混同，突出了地理区域中心、政治统治中心、经济发展中心、文化融合中心等多重含义，“中即都城”的观念也得到了广泛认可，都城选址努力“居中”成为中国传统权力表达的关键性空间方式。随着后世“天下”概念的深化与历代疆域范围的变化，对这一问题的讨论逐渐减少。秦汉时期的都城选择实践表明，“中”是随着都城选址的变化而变化，统治者也会对名山大川的秩序进行梳理和调整，以取得“中”的疆域空间概念和政治中心概念的统一。这一史实既反映了人们对政治上“中即都城”观念的认同，也说明“中”的疆域空间概念与政治中心概念开始逐渐分离。此后北魏、金、元、明、清等的都城选择也反映出文化认同与政治认同逐步超脱于空间认同的发展趋势，体现了中华多民族文化的历史走向。

（孙景超）

曲柄睿《天命、天道与道论：先秦天人关系理论的形成与发展》（《史学理论研究》第 4 期）

天命观是指政权受命于天的学说；天道观是运用天象运行之数阐述世运兴替之理、解释王朝嬗代的学说；而道论观是用来解说政权改易、人事代谢的理论。周人认为，天人关系可以被直观视为拟血缘关系。春秋时期，天命观经历了从“天命唯一”到“天命多元”的转变。春秋时期重视“人”的观念形成是因为当时天、人本有拟血缘关系，神、人同体并举。天命观出现之后，大约在春秋初期，天道观产生。天象主要通过分野与国家构成联系，且春秋时期分野不是稳定的。天道观与天数运算是密切相关的，且天道观不仅仅预测国运，也会预测诸侯和卿大夫的家族和个人命运。道论观是在解释人与自然的关系过程中形成的，道论观更重视人的本性。虽然道论观以天性为前提，但是相较于天命观和天道观而言，其中的个人意义得到彰显。天命观、天道观和道论观三者是并存的，也是秦汉时期探讨天人分际、天人关系的思想基础。对三者的重视程度依具体情况而定。三者之间的关系大体在于天命观和道论观结合，就出现了所谓性命之论。天命观是道论观的前提，随着道论观的出现，天命观关注的对象由国运变为个体命运，特别抽象出“命”或“性”并作为具体载体存在。在一定情况下，天命观和道论观同根并气，又相互融合。而道论观在对天道观进行继承与批判的同时，建立了自己的体系。

（胡楚清）

李振宏、苏小利《“天下为天下人之天下”说辨析》（《陕西师范大学学报》第5期）

“天下为天下人之天下”在战国时期并不具有“主权在民”或人民拥有天下这样的意义。事实上，在战国时期，“天下为天下人之天下”论说的基本内涵有五点，其一，天任命君主的原因在于社会管理的需要，这也是君主论思想的一种表达，与现在的民主问题无关。其二，民本思想的表达，即认为君主应当以民为本，但是百姓的地位并没有高于君主。中国古代民本、重民思想的立足点并不在民，而在于君。其三，贵公思想的表达，也就是认为君主应当怀有公心，强调社会公正，讨论的是如何行使公权力问题，重在论证君主是如何执政，而不是作为个体的人享有什么样的权利。其四，天下之主应当有德者为之，这是对权力归属权的讨论，核心观点是天下并不是一家之天下。这显然与人民主权思想无关。其五，批评不道之君，反映了战国时期“非君”的思潮，核心观点是有偏私等行为的君主不宜为君。这是思想家们批评国君的说辞，与近代民权不是同一个范畴的言论。从近代早期起，学术界就出现了过度拔高战国时期“天下为天下人之天下”这一论述的情况，赋予这一论述民主、民权等近代意识，这是不符合历史语境的。造成这一问题的原因在于研究者混淆了古今思想背景、话语体系、社会观念等方面的历史差异。事实上，“天下为天下人之天下”之说只是战国时期历史发展的思想成果，并没有脱离战国这一历史时代，这一论述也没有超越历史时代而存在。

（胡楚清）

乔治忠《中国史学的起源及早期发展考析》（《史学月刊》第1期）

中国古代史学并不起源于史官制度。远古传说和神话也不是中国古代史学的起源。文字和历法是史学产生的必要不充分条件。史学的产生需要具备比较完备的文字和历法、社会变动等社会历史背景和文化环境。中国存在于先秦时期“殷鉴”的政治历史观，因为没有满足上述三个必备条件，最终没有发展成为史学。但是“殷鉴”思想促使人们编存政治文献，推动理性逻辑思维的发展，因而推动和巩固了史学的发展。甲骨文、金文也与史学产生没有直接的关系。中国史学产生于共和元年即公元前841年。从“国人暴动”到“宣王中兴”，西周经历了可激发出系统且连续的史事记载的社会条件，按时间顺序连续记载史事的做法因之而出现。史学促进了史官制度的产生，史官制度巩固了中国古代史学。到春秋时期，各诸侯国也都连续记录史事，中国史学已经得到了进一步的巩固。因为自“共和行政”起，官方史学体制延续，中国传统史学平稳、规范地不断发展。以史学产生为区别，向下的记述追求真实性，向上的追溯则多有修饰和更改。在史学与史官的先后关系方面，是史学的产生推进了以记史、修史为职的史官的产生。对中国早期史学史的考察在学术上有三点重要启示，一是逻辑推理在评判史实中具有重要作用；二是中国早期史学史总体上支撑了顾颉刚“层累地造成的中国古史”的理念；三是所谓“历史神话化”，在上古并不存在。

（胡楚清）

陈伟《秦汉简牍所见的律典体系》（《中国社会科学》第1期）

秦汉时期高度发展的律令典章，在传世文献中，只留下部分条文的只言片语，以及零星的相关记录。由于简牍文献发现日多，尤其随着20世纪七八十年代云梦睡虎地秦简、张家山汉简相继出土，如何看待其中的律令遗篇、如何梳理它们与传统史籍记述的关联成为国际学界关注的重大课题。近期出土的云梦睡虎地汉简和荆州胡家草场汉简，律篇均呈现明晰的分类，并出现《□律》《旁律》这样包含众多律篇的分类题名。这为中国法制史研究提供了一个崭新的视角，对加深秦汉律典体系的认识具有重要意义。睡虎地和胡家草场新近出土的篇、卷方面的资料明确显示，西汉文帝时期，所有律篇均被安排在《□律》或《旁律》之中，形成清晰的两分结构。其中《□律》由所有罪律和几篇事律组成，其他事律集中于《旁律》，呈现出一种特别的格局。通过对《二年律令》实际篇次的考察和对古人堤木牍律目的释读，这种结构有可能在西汉初年即已存在，并至少部分延续到东汉后期。至于秦律，则可能是罪律与事律分别组织，呈现出另一种两分结构。先前因为资料欠缺而以为秦汉律只是彼此并列的单篇、缺乏统一结构的看法，当可就此放弃。《□律》与《旁律》的划分，难以从律篇内容、类别方面加以说明。鉴于《□律》包括全部罪律和兴、厩等“事律”，与《晋书·刑法志》所载萧何律九篇（其中网律很可能是指亡律）近似，同时考虑到这种特别结构可能汉初已然出现而未见于秦代，《□律》可能皆由萧何主持制定，即以九章律为基础，新增告、囚、迁、收等罪律和几篇事律而成，可以看作九章律的拓展。这样根据制定者，或许同时也考虑到制定时间的因素而形成的两分结构，似乎缺乏严谨的法理逻辑。不过，西汉立国之初，最先重启或者新定的律篇，应该是国家需求紧迫、政治家最为关切的部分，而这些律篇包括全部罪律和一些重要的事律，可以说符合历史逻辑和基本的法理逻辑。由于简牍时代抄本的特性，墓葬出土的律篇并不等同于秦汉律典的全貌。至少在御史、廷尉官署必定保藏有内容完整、篇次有序的律典全本。通过在各级官府中持续推行“雠律令”以及确定新律令生效的时间，可以尽量控制不断修订律令可能造成的紊乱，使律典得以在动态中保持内容的相对确定和执行尺度上的全国统一。活跃的法庭辩论和规范的奏谳制度，有助于法律的正确理解和实施，并把最终解释权控制在中央立法机构手中，从而比较有效地保障国家、社会的正常运行。

（杨博）

凌文超《秦汉王朝对乡里族姓的规划与管理》（《中国人民大学学报》第6期）

秦汉碑简文献透露出乡里编户民长期“多姓均势杂居”。这一族居形态与姓氏演变、王朝权力规划有密切的关系。秦统一六国后，将原本属于贵族的姓氏在国民中进行普遍推广和登记，“族”“氏”与庶民人身紧紧相连，成为官方管控平民的重要标记。与此同时，姓氏作为血缘组织标识的意义也逐渐重要起来。汉代虽然逐渐形成“同姓”即“同族”的意识，但是，族姓观念并未很快普及到广大平民。秦汉推行分异令，社会上逐渐形成“礼有分异之义，家有别居之道”的观念，编户民宗族的发育程度也很低。乡里编户民的姓氏观念、宗族及血统意识比较淡漠，以及普遍“多姓均势杂居”的形态，应是国家权力介入，强制离散地缘、血缘关系的结果。其中，乡里制发挥了重要作用。秦汉里伍制的推行，摧颓了聚邑共同体和睦、友爱、自治之精神。分异令则导致亲族关系逐渐乖散。秦汉“乡”“里”根据户口增减不断进行调整，在乡里制的推行和制度性调整过程中，长期以来形成的血缘、地缘等关系不断消解。抑制地方豪强是秦汉长期坚持的政策，所谓“邑里无营利之家，野泽无兼并之民，万里之统，海内赖安”反映了汉王朝塑造邑里秩序的理想形态。这就需要在地方行政中不断摧折、离散基层因血缘、地缘等结成的权益关系。从碑简文献的相关记录来看，秦汉三国正是通过乡里制分割或整合邑聚，进而剖散族姓及地缘联系，实现乡里编户民“多姓均势杂居”。不过，东汉以后，乡里制离散聚落和族姓越来越形式化，以豪强为代表的宗族势力迅速发展，成为地方社会的主导力量。如何利用宗族维系基层统治开始成为政治统治的新课题。

（杨博）

鲁西奇《秦代的县廷》（《史学月刊》第9期）

“县”是战国以降郡（州）县体制下基本的行政区划与管理单位，是王朝国家控制地方与人民、实施统治的最重要的行政建置。秦虽非最早置县之国，然秦统一后，以秦国固有县制及六国已置之县为基础，调整全国县（道）区划与官属设置，建立起整齐划一的秦代县制，确立了中国古代县级区划的总体格局与县级官属的基本架构与运行机制，故秦县制实为中国县制之根源。利用出土简牍资料，就秦人的记载与认识来考察秦代的县廷，已可能描绘出秦代县级行政机构的总体图景及其运行机制。秦代的县廷以令、丞或守为长官，通称“县啬夫”（在令、丞并置时，令得称为“大啬夫”）：令得掌兵，丞无兵权，守则是不具充足任职资格（大夫以上爵）的县啬夫（责任长官）。守丞是县守（县啬夫）的“丞”，负责县廷机构的日常运行与文书事务，有类于县府秘书长和办公室主任。县廷分设令、吏、户、金布、司空、仓等六曹，是县廷的政务机构，各以令史主持，各曹又各置有史，具体负责相关文书事务。少内、司空、田官、仓、库、畜官等诸官是县廷直属机构，具管理与经营双重职能，各官以“守”（啬夫）为长官、“佐”为副手、“史”为秘书。尉亦属县廷长吏，受郡尉与县啬夫“双重领导”；尉官有独立衙署，其长官得称为尉、尉守、尉主、尉官主；尉有“佐”为副手，以“尉史”实际负责尉官的日常行政事务；尉官中，分设爵曹、发弩（官）等机构。狱史（又称为“牢监”）具体负责县中司法案件的审理，受郡卒史与县廷长吏的“双重领导”，可以受命审查本县长吏，具有监察职能；其副手称为“狱佐”，另有“牢人”行役；狱官亦有独立衙署，分曹办案，有南曹、东曹与覆曹、讂曹等。

（杨博）

齐继伟《秦〈发征律〉蠡测——兼论秦汉“律篇二级分类说”》（《中国史研究》第1期）

秦汉律令篇目到底有多少、出土文献所见秦汉律令篇目与传世文献记载的律令篇名之间关系如何一直以来都是困扰学界的重大问题。新近公布的《里耶秦简（贰）》中首次出现《发征律》的律名，内容不仅能与岳麓秦简中提到的“发征律”相印证，且与《兴律》的关系非常密切。将不同时期简牍所见《发征律》《徭律》《戍律》《兴律》一并考察，可在动态的视野下把握秦汉律令的发展，或可为汉初九章律之《兴律》的生成提供思路。通过相关材料的解读，可知秦《发征律》的核心内容是关于人员及物资的调动管理。狭义上，《发征律》的内容包含徭、戍及物资调拨等与调发征行相关的事务；广义上，其还涉及“徙属”“宿直”过程中人员调动问题的处理。秦《发征律》与《徭律》、《戍律》的内容各有主旨、互为补充，三者为并列关系。汉初《兴律》的生成是围绕“兴”的内涵，在原有若干单行行政法和民法的基础上整合而成。秦汉时期“集类为篇，结事为章”的法律编纂手段，从技术层面构建了律令篇章的“二级分类”。“二级分类”是秦汉律令编纂者在立法过程中力求法律的完备与细密而在技术上形成的结果。《晋书·刑法志》、魏律《序》以及颜师古注引文颖说等史料中出现的“正律”“旁章”“律经”“罪名之制”“事律”等，是我们认识汉律结构的重要概念。就现有证据来看，这些材料中的陈述当是准确的。秦汉“律篇二级分类说”在当时有限材料的基础上，将传世文献与出土律令文献相结合，对战国秦汉时期律典的形成轨迹作了有益推测，现在看来，其思路与方法仍是可靠的。秦汉“律篇二级分类”是基于对当时律篇结构的深刻理解，是汉代人已有的认识，有着充分的历史依据。

（杨博）

祁萌《西北汉简家属出入符所见姓的著录——兼论汉代与户籍相关事务中姓的使用》（《出土文献》第1期）

西北汉简中存在被称为“家属出入符”的特殊通关凭证，主要为戍卒家属出入关隘所用。此类家属出入符上方居中写明戍卒的身份，其下主体部分写明用符家属的身份信息，包括亲属关系、身份、人名、年龄、外貌特征、所乘车马等。目前刊布的多数家属出入符中，用符者多属于戍卒所在的户，这类家属出入符中存在将戍卒与其妻表述为同姓的现象，且用符者中往往只有妻的称谓中同时记录姓名，其他用符者一般只记录名而不记姓。也有少量家属出入符中，用符者与戍卒不属同一个户（如73EJT37：1058），这类家属出入符中，单独立户的母/妻则不以夫姓表述，且所涉每个户的第一个用符者都需要说明姓。这种做法是一种特定的书式，即将用符的家属作为一个整体进行表述，仅在第一个人的称谓中记录姓，属于本户者不再另记姓，不属于本户的用符者需要以户为单位另外说明姓、籍贯等身份信息。此类符应以类似户籍的戍卒名籍为底账制作。结合秦汉出土户籍资料的相关情况，秦汉户籍一般仅记录户人的氏/姓。因此家属出入符所凭借的底账中亦应仅记录戍卒的姓，而无其妻或其他户内成员的姓。但是，在要求验明“县里年姓”的通关事务中，需要说明用符者的姓，因此家属出入符便采用了作为户人的戍卒的姓，用以整体表述一户。而不属于戍卒的户的用符者，则分别按照其所在户的户人的姓进行表述。结合西北汉简卒家属廪名籍、东牌楼东汉简户籍资料等，汉代与户籍相关的场合中，姓与户有着密切的关系，姓多用来标识一户，甚至作为某种“户姓”。

（杨博）

石洋《“贷”“貣”别义的形成——秦时期借贷关系史之一页》（《出土文献研究》第20辑）

先秦两汉文献中，表示“求贷”“贷出”义项的用字有两个字形：“贷”和“貣”。多数情况下两字混用；另有一些情况则分工明确：以“贷”表示施与，“貣”表示往求。经考察秦简可知，“貣”“贷”的分形别义是秦统一后官方意志主导的。战国时期，“貣”长期兼用作“施”与“求”两义，并未显出不便。秦统一后，王朝将律令中“貣”用作动词的义项进行拆分，以“貣”形单表示求借，另新造“贷”形表示借予，使授受关系判然可辨；同时保留了“貣”的名词性用法，即仍以它表示吏民向官府求借的财物。从里耶秦简看，律令的用字规范基本得到了迁陵小吏的贯彻，且“贷”字使用在秦始皇三十三年九月以后有进一步强化的趋势。“貣”“贷”的分形别义，相较统一后“黔首”“罪”“泰”等新名词，未见政治象征意义，主要应是满足律令繁密化的实际需要，该点从《为吏治官及黔首》中分梯次改字的做法也可略窥玄豹。比观统一前、后两批随机出土的律令简，秦王朝对借贷关系的关注重点在官—吏民之间，尤其是里耶简中大量官署向公务差遣者及行戍者的口粮出贷，最彰显特色。这暗示“貣”“贷”分形别义的用场，主要在官署—吏民的经济往来；“貣”“贷”使用的新规范，也主要是通过基层官吏、行戍者、受种粮农民等少数途径向普通民众传播的。就已刊秦律令看，涉及民间私人借贷活动者甚少，王朝分辨私贷授受方的意欲淡薄。“貣”“贷”分形的意识似很难像改变出粮记录那样有效地辐射到一般经济生活中。这些结论，可能有助于思考秦王朝区分字形时义项的领属规则，以及汉初以降“貣”“贷”转而合流的原因。

（杨博）

孙家洲《史籍失载的秦始皇荆楚故地的一次出巡及其诏书析证》（《中国史研究》第4期）

《史记》记载秦始皇从完成吞并六国、统一华夏的旷世大业，到途中病逝于沙丘宫为止，共有五次“出巡”之举。在五次“出巡”之外，秦始皇是否有过出巡之举？新材料问世之前，由于史料的限制，学界自然无从探讨。《岳麓书院藏秦简（伍）》公布的《秦始皇禁伐湘山树木诏》，颁布于秦始皇二十六年（前221），使完成统一的当年秦始皇出巡荆楚故地的重要政治举措得以确认，从而增补了《史记》的漏载。秦始皇的这次出巡，可以理解为此后五次大规模出巡的前奏和预演。即便这次出巡在“程式化”设计方面尚有不完善之处（如：不见有“刻石颂德”兼“纪盛”之事），刚刚完成统一大业就出巡荆楚的行为，仍是值得研究者给予高度重视的。对秦始皇而言，齐国不战而降带来的轻松和惬意、庆祝对楚作战从遭遇重大失败到如愿全胜的心理需求、灭赵之后东行邯郸只为坑杀早年“冤仇”

的反常做法，都可以作为秦始皇出巡荆楚的决策因素。这道诏书的文风，带有文士抒情的色彩，与《秦始皇本纪》所见其他的诏书明显不同，时任御史大夫冯劫或许是这道诏书的草拟者。草诏者的文风，可以为皇帝诏书提供润色之益，增加其文采美誉，却无法约束皇帝的心志，更无法改变其行为。所以，诏书文风迥异属实，却不敢轻易断言秦始皇由此而呈现出不同的历史面相。

（杨博）

孙闻博《从乡啬夫到劝农掾：秦汉乡制的历史变迁》（《历史研究》第2期）

秦汉是中国中央集权国家初建时期，相关制度设计及管理方式对后世影响深远。乡作为地方行政组织中基础的一级，出现于先秦，经长期不断发展变动，沿用至今。考察秦汉乡的建制、运作及其演变，对认识中国古代基层社会治理，颇具意义。秦汉时期的乡作为县的派出机构，具有一定特殊性。秦及汉初，乡有“乡部”“乡官”二称。“乡部”是县下分部的行政区域，同时又是“乡部啬夫”的职官省称。秦汉“乡官”泛指乡吏，也指乡吏所在机构。以往学界使用“乡官”概念，专指吏员身份之外的三老、孝悌、力田等民官群体，不尽符合历史认识。秦汉郡、县、乡的“主官—佐官”构成模式存在差异。相较于郡守“掌治其郡”，县令、长“掌治其县”，乡啬夫职掌不称“治”，事权分散，对县从属性突出。秦及汉初，乡作为诸“官”之一，与仓、司空设吏一致，同为县廷下属机构，县廷与乡之间的政务运行可称作“廷—官”模式。“廷—官”模式是当时实行基层治理的主要制度架构。县下事务处理中，乡与其他诸官互相配合，乡务在本质上属于县务。武帝时期掾史初现，固然体现着史类吏员的扩张，但其本质乃是因事差遣的逐步发展。掾史之“掾”，不是下属机构的固定负责人，因而无官印而使用私印。“掾”的这一重新界定，可以扩展至对武帝以降中央、地方各种掾史最初设置的理解把握。某种意义上，这一灵活的任官形式在中国早期王朝已有部分设计及实施。“掾”的因事差遣，反映汉代地方统治方式的重要变化。地方官府没有选择也没有力量重振啬夫组织，而是加强集权，遣掾理事，尝试更直接地管理。这在一定程度上提高了效率，使“廷—官”模式渐衰下的基层事务得到及时处理。然而，临时差遣的推行虽能体现官府权威，但难以实现全面深入的社会控制。吴简少见乡有秩、啬夫、佐，而时见不属吏员的乡书史，反映了旧有乡制衰落。此经魏晋南北朝，至隋唐一统，却始终未能真正重建与恢复。两汉不断加强集权，力图对基层实行更直接的统治。然而事与愿违，集权措施的推行反而在一定程度上削弱了其自身对乡里的控制。由宋至清，集权日趋强化，然官方尤其是地方官府对基层社会的控制在一些方面反而不及秦汉，其中原因值得深思。

（杨博）

汪桂海《考古资料所见简帛时代书籍装具》（《文献》第1期）

书籍装具是收存和保护书籍的器物。为了收存和保护书籍，中国古代发明了各式各样的装具。简帛时代经常使用箧（竹笥）作为装具，讲究一些的用漆奁。传世文献中对简帛时代的书籍装具记载不多，自20世纪以来，战国秦汉墓葬出土了很多简帛书籍，其中有不少在出土时伴随装具遗存或包裹织物的残迹。由于这些书籍装具遗存大多腐朽过甚，有的甚至属于盗掘品，原来的装具仅存残片，而且相关信息分散于诸多整理简报中，不易寻踪，除了个别发现曾引起书籍装具研究者的注意，大多数材料未能进入书籍史研究者的视野。文中利用考古发现的与简帛书籍有关的竹笥、漆奁和书帙等材料，以实物验证简帛时代书籍装具的使用情况，弥补了传世文献记载的不足。从现有资料看，先秦到汉代，简帛书籍通常放置在竹笥之中。在将书籍置入竹笥之前，出于保护简帛书籍的考虑，有时还会先以书帙包裹书籍。从目前所见考古遗存来看，书帙包裹，竹笥、漆奁装盛，能够保证简帛书籍得到相对好的保护。迄今所见到的简帛书籍装具遗存都是来自墓葬出土简帛材料。从考古发掘报告或简帛整理报告提供的信息看，并非所有的简帛书籍在出土时都存放在竹笥等装具中，例如银雀山汉墓竹简、尹湾汉墓简牍，这两次出土的简牍典籍数量较多，内容丰富，但似乎并没有竹笥伴随出土。这说明汉代虽然已经比较多地使用竹笥或漆奁等装具来存放和保护书籍，但也并非所有人都会如此珍爱和保护书籍。

（杨博）

李艳玲《西汉祁连山考辨》（《敦煌学辑刊》第2期）

依据有关西汉时期的文献，深入分析了《史记》《汉书》中涉及祁连山的几条记载，包括月支被匈奴西逐前，其故地在“敦煌、祁连间”，元狩二年（公元前121年）夏霍去病率军经居延、过小月氏“攻祁连山”，天汉二年（前99年）秋“贰师将军李广利将三万骑击匈奴右贤王于祁连天山”，本始二年（前72年）御史大夫田广明被任命为“祁连将军”讨匈奴等，可知西汉时期的祁连山具体所指存在阶段性变化，并不是始终专指一地。其中，月氏旧居地之“祁连”，霍去病攻匈奴所至祁连山，都对应今天河西走廊的祁连山。贰师将军与匈奴右贤王交战的祁连天山、田广明将军号中的祁连，是指今东天山。今祁连山与东天山都被匈奴称为祁连，而两山又都有“祁连”和“祁连天山”的汉语名称。当时东天山也有汉语名称“天山”，但今祁连山尚未见有汉语“天山”之名。这种复杂多变的称呼反映了当时中原汉人对两山称呼不定。晚至东汉时期，今祁连山和东天山在中原汉人中的称呼基本已确定下来，即各有专名。“祁连山”指称的变化反映了中原地区对西域文化的认知过程，与西汉向西开拓疆域，畅通丝绸之路具有密切关系。

（李艳玲）

马孟龙《东郡之置与汉初关东控御政策》（《历史研究》第4期）

中央与地方关系是历史政治地理研究的重要内容。秦代统一虽结束了数百年的东西纷争，但并未完全消除这一态势。战国时期，秦曾利用以陶为中心的东郡之地缘优势以压制东方六国。汉代秦之初，借鉴这一历史经验，利用对东郡的设置与管理，对东部各诸侯国进行防范与控御。吕后称制之初，通过政治手段架空了功臣集团，掌控汉廷中央大权，控制、防范关东刘姓诸侯王，仍是其重要政治任务。因此，吕后初年迅速收回东郡，以占据对关东刘姓诸侯王国的地缘优势。以此为开端，吕后又先后在东郡附近册立吕、鲁诸王，并分置恒山、淮阳诸国，形成以东郡为枢纽的一横一纵的政治格局，增强对关东诸王国的控御。文帝之初虽废去吕后的各项措施，但很快也将东郡作为制衡关东诸侯国的重要节点，逐步恢复吕后时期的地缘格局。在汉初这一格局的变化中，地缘与血缘关系配合构建出层级控御的封建体系，也表明了“血缘宗法”“封藩屏蔽”的周制，对汉初国家构建的重要影响。历史地理学以往的研究偏重于对政区沿革的详细考订，较少从政治运作过程、政治地理学的角度来考虑政区沿革背后的深层问题。该书从汉初东郡之置着手，在充分研读史料的基础上，对汉初的政治地理格局变化及具体政治措施进行了细致分析与解读，代表了历史政治地理研究的新动向，展示了这一领域的广阔空间。

（孙景超）

王尔《“汉当自制礼”：东汉前期“制汉礼”的逻辑理路及失败原因》（《中国文化研究》第3期）

东汉明帝至和帝时代出现了“汉当自制礼”的呼吁和尝试，但制礼作乐以失败告终。汉礼当制而未制的结局，使这一纲领中的“当”字凸显出应然性的思想史意义。一度兴盛的“汉当自制礼”理念基于东汉立国的特殊背景，反映了东汉人求新求变的意识和建设本朝的构想，背后有迥异于西汉及新莽的逻辑理路：认定西汉承秦礼阙，未能接续中断的先王之道。唯有制作“汉”礼，方能验证儒学意义上的王朝受命，这一使命须由“新汉”来完成。光武“受命”和封禅后之趋近“太平”，构成制礼作乐的两大前提。借助制“汉”礼，东汉谋求实现比肩三代的政制教化，继承先王之道而超越西汉。从班固《汉书·礼乐志》“汉无礼乐”的书写，可见东汉儒者对西汉礼阙的判定、惋惜及制汉礼的急切心态。“汉自制礼”反映了制作者对汉与三代、两汉关系的想象和重置，为东汉拟构了“以示百代”的理想方向。“汉礼”应该既完美又落到实处，符合天意、继承王道而又隶属于汉，这种矛盾性也构成了东汉王朝的自我定位。“古”“今”之间存在无法融合的矛盾，东汉人试图以礼乐调和这一矛盾的努力最终遭致失败。汉礼最终的流产，原因主要是操之过急的章帝和曹褒改变了光武帝注重协商的制礼路线，其创制是否为真正之汉礼遭到普遍质疑。随着章帝的离世，制礼之事也烟消云散。尽管如此，一度兴盛的“汉当自制礼”理念为我们展示了东汉伊始的人们不愿作为西汉附庸的雄心，求新求变的自我梳理、规划展望以及由之带来的困境。

（杨博）

王彦辉《从〈堂邑元寿二年要具簿〉解析秦汉徭役制度的几个概念》（《古代文明》第1期）

事、算、算事与事算是秦汉及三国吴赋役体系中的重要概念，涉及国家的课役对象和被课役者的赋役负担。其中，事、算与算事屡见于文献，“事筭”唯见于简牍。这组概念在文献记载中由于史家对概念本身没有界定，后代注说也往往模棱两可。对“算”“事”的进一步探讨，是随着简牍资料的陆续发现而展开的。事、算与事算的含义，在出土的计类文书中基本相同。事的本义是役使，从役使的客体论即事于国，服事于某种义务。算作为计征赋税的一个计算单位，可以算人，也可以算物，依算征收的人头税称赋钱、算钱，民间或称“算赋”。事算即服事于“算”的义务，在县、乡统计赋钱的年度计簿中指的是算钱。《堂邑元寿二年要具簿》出土于青岛市黄岛区土山屯村东北的M147号汉墓，墓主人名“刘赐”，生前曾任萧县令和堂邑令。该簿应是为上计准备的各种统计数据的底本或草案，其中的“定事口”指的是符合缴纳口钱和算钱的口数，也表示在事口中实际缴纳口钱的口数；“凡筭”指符合缴纳算钱的口数，包括复算和事算人口；“定事筭”即实际缴纳算钱的口数。走马楼吴简“嘉禾四年小武陵乡吏民人名妻子年纪簿”的户计简是为征收“更口筭钱”而编制的最基础账簿，其中，“凡口○事○　筭○事○”的书写格式在口径上与《堂邑元寿二年要具簿》是统一的，但在时态上属于未完成时，“口事”的“事”指的是应当缴纳口钱（大口钱和小口钱）和算钱的口数，“筭事”的“事”即“事筭”，指的是应当缴纳算钱的口数。

（杨博）

王子今《汉简与河西社会交往史新识》（《中国社会科学》第1期）

“交往”与“交往史”应当是历史文化研究的重要主题。很多历史迹象表明，两汉时期的交往达到空前的热度，产生了积极的效能。社会结构、社会生产、社会生活和社会意识都因此有所变化。近年来一系列的出土资料在很大程度上充实和补益了文献记载的不足，使我们看到了更加丰富生动的交往史面貌，东汉时期，“通宾客”“交通宾客”依然是一定等级的政治人物社会交往的习惯。而“宾客”往来四方，交结上下，在社会生活中有非常突出的表现。汉代权贵往往有“遣客出塞，交通外国，广求异物”的行为。敦煌汉简“东方来客”“久客关外”“身皆远客未晓习俗不便”等简文，体现出“远客”一方面经历着“关外”艰苦生活，另一方面体验着并不很适应的当地“习俗”，实现着文化交往。在民族交往中，

“译”的作用特别重要。所谓“译人传辞”，对于文化沟通的意义是无可替代的。居延汉简、敦煌汉简的“译”“虏译”称谓与史籍记载相结合，可以说明当时文化交往进程的复杂背景与困难条件。居延汉简“从军”“不还者”、“子孙”、“边人奴婢”及“盗贼”“亡”、“亡出”、“亡出塞”、“亡走北出”，是习见“边事”，也是边地特殊的交往史现象。河西简牍“贾贩”“逐利”“出入关”的活动，体现出“天下扰乱”的背景下“唯河西独安”，通过商贸交往，繁荣了经济生活。汉王朝同时推行的“通货羌胡”与“隔绝羌胡”策略，描绘出交往史上色彩纷杂的图景。由上可知当时的民族交往、城乡交往、军民交往、区域交往以及社会上下不同层次的交往空前活跃。发现、理解并阐释相关资料，有益于深化对这一时段历史文化的认知，充实人们对丝绸之路史的理解。

（杨博）

杨博《西汉海昏侯刘贺墓出土〈海昏侯国除诏书〉》（《文物》第12期）

刘贺墓主椁室西室最西侧的漆盒内，有记述刘贺去世后海昏侯国除史事的诏书，即《海昏侯国除诏书》。诏书现存较为完整的木牍10枚和残牍16枚。完整木牍长约23厘米、宽约3厘米，单面书写，背面有序号，根据序号推测原应不少于25枚。本文根据汉代公文流程与海昏侯史事的相关记载，对诏书的结构和内容进行了复原。由漆盒内较完整的10版木牍牍背的自书序号，可大致推拟出《海昏侯国除诏书》的文本结构。诏书由奏文、本文和行下之辞三部分组成。其中本文已缺失，奏文尚存四部分：牍背序号二、三“卫尉臣如意廷尉臣定国宗正臣德大司农臣禹……”等奏事百官署名为第一部分；牍背序号六、七、九、十一、十二“……贺常与诸妻子饮酒歌炊鼓瑟无恐惧之心……”等引述豫章太守廖的《奏绝昌邑王后》为第二部分；出土号M1：1799－1“愿下公卿博士议”等皇帝对《奏绝昌邑王后》的批示为第三部分；牍背序号十九“……贺不悔过自责乃恨于废大罪仍显暴布海内……”等公卿会议结论为第四部分；牍背序号廿四“十月甲申豫章大守廖……”、侯家“十月丙戌海昏侯国守相宜春……”等为行下之辞。诏书内容涉及刘贺及其家族的史事、昌邑王国与海昏侯国的基本状况。其中刘贺“九月乙巳死”、昌邑王国“合六县以为国”、海昏侯国“数水旱，多灾害”等均为史之未载，可补《汉书》记载缺失。该诏书的发现，对研究刘贺家族与海昏侯国的历史、汉代官文书制度与汉代诸王列侯制度等具有重要价值。

（杨博）

杨振红《从新出简牍看二十等爵制的起源、分层发展及其原理》（《史学月刊》第1期）

二十等爵制是周秦汉魏时期最重要的制度之一，在战国秦汉社会转型中扮演着重要角色。传世文献表明汉代二十等爵存在官民爵的划分，五大夫以上为官爵，公乘以下为民爵。民爵者，原则上不能升格为官爵。但新出岳麓秦简和张家山汉简中却有“受爵者毋过大夫”等规定，表明秦统一时至汉初民爵的上限为大夫。民爵上限移至公乘应发生在汉文帝六年前后。文帝在贾谊建议下进行广泛的制度改革，其中包括将中央列卿的秩级从二千石提高到中二千石以及将民爵上限提高到公乘，旨在加强中央集权、明确等级秩序。从左庶长到大庶长的爵层被称作“卿”，大夫、不更爵的权益仍带有分层界标痕迹以及官民爵的界限经历了从低到高的变化等史实，可推测二十等爵制是与公卿大夫士内爵系统挂钩建立起来的，建立之初，卿对应左庶长到大庶长级，大夫对应大夫至五大夫级，士对应公士到不更级，十八等爵按卿大夫士进行分层并命名，名实相符。所谓官民爵的分界就是大夫层爵与士层爵的分界，在第五级大夫爵与第四级不更爵之间。随着赐爵的扩大，统治者为了保证足够的服役人口，不断调整民爵上限。战国后期将大夫爵下移至士位；汉文帝六年前后，将官大夫到公乘爵全部纳入士位。官民爵分界自此稳定，直至三国。官民爵分界的上移不仅意味着公乘以下爵级地位的下降，也意味着二十等爵制本身在秦汉官僚政治社会中的重要性衰减。

（杨博）

冯渝杰《汉代长安神圣化与大众信仰》（《历史研究》第6期）

汉代长安作为君主所居的都城，再加上其名称中美好寓意的加成，其地在民间传说中越来越具有神圣性。王莽时，为了得到西汉宗庙的神圣性，先是尊奉以求继承，后是厌胜以求强行获得。更始政权放弃洛阳定都长安，亦与其重视汉家宗庙的神圣性有关。刘秀定都洛阳，则通过从长安迁西汉诸帝之神主来宣示“西汉”至“东汉”的天命转移和政统续接。但东汉初期仍颇有迁都之争论，其间颇有关于神圣性之争议。西汉哀帝时的“行西王母诏筹”群体活动与早期道教将“乐”“长安”“西王母”等概念与“以乐却灾”的长生之术相结合有关，因此才有群众西来长安“行筹”之事。这一点从早期道教经文、铜镜铭文等材料中可以证实。而长安有此地位，亦与其作为国都之神圣性及其名字的美好寓意有关。长安的神圣化分为如下三个阶段：汉高祖将各类巫官安排至长安，汉武帝建立各类郊祀之典，成帝至王莽时期的郊祀改革。两汉之际的移易兴废则带来了人们对长安繁华的怀念，班彪《北征赋》、“金铜仙人辞汉”的传说以及各类关于长安的歌谣使得长安成为承载民众记忆的象征。从各类随葬文书与早期道教经文可以看出，自东汉以来，就逐渐形成“生属长安，死属泰山”的宗教观念，并逐渐延续至十六国时期。究其原因可以看出，东汉以来长安已非中原王朝国都，但其神圣性却依旧日益发展。魏晋之际的道教神仙体系中，长安已被进一步想象为历经天下大乱乃至末世劫运之后，圣主、真君“还住中国”的神圣寓所。

（安子毓）

晁天义《“大一统”含义流变的历史阐释》（《陕西师范大学学报》第3期）

“大一统”存在本义与引申义的区别，“大一统”的本义是认可并推崇一个有具体开始时间的统续，这一含义引申为“大范围的统一”。东周起广受推崇的是“三统说”。“三统说”是基于对三代的认识形成的认为历史是黑白赤轮回循环的认识，目的在于应对春秋晚期王纲解纽、礼坏乐崩、霸权崛起的局面。“三统说”包含“通三统”与“大一统”两个层面。“通三统”侧重指政权统治者还需要承认和参照其他两个政权统系的合法性，而“大一统”则是要尊崇新政权的合法性和权威性。“通三统”与“大一统”是互不可缺的整体。秦汉之际，“三统说”不再适应于新的历史形势。“三统五运说”取代了“三统说”。“三统五运说”是“三统说”融于“五德终始说”的结果，这是汉代试图建立的历史理论与政治意识形态。元代以后，尤其是近代以来，由于历史形势发生巨大变化，出于民族意识与维护领土主权完整的需要，“大一统”的原义逐渐引申发展为“大统一”。由于历史认识具有的时代性，“大一统”在不同历史时期具有不同的记录与表述是合理的，因此，其引申义不能被简单理解为“语义层面的错误”，而是具有合理性的。同样，我们认识“大一统”也要在承认多样性的基础上，坚持客观性，将历史认识视作一个不断发展和进步的过程。

（胡楚清）

李磊《四世纪的“崇圣”竞争与东晋太学、国学之兴废》（《孔子研究》第1期）

兴立太学，是中国历代王朝作兴文教的盛事。东晋相继设立太学、国学，既与南北对峙时期的权力正统性问题有关，又与门阀政治的影响乃至门阀氏族的内部竞争相关。作者认为，司马睿称晋王当年即设立太学，既是东晋面临北方的汉、赵政权的正统性竞争，又是当时江左内部流传的“取才失所”的尖锐批评所导致的结果。在此背景下，王导等人推动的立太学、行释奠礼等文教活动，既是为了疏解内外压力，彰显正统性，也是为了培养司马氏与东晋门阀的共同阶级意识。东晋立太学，创造出了一个可资拓展的“崇圣”的礼仪空间，太元十年（385）新设的“夫子堂”“皇太子堂”，即属于对太学礼仪空间的发展，也是东晋门阀政治在文教领域的表现空间。作者进而指出，门阀之间围绕太学礼仪空间展开了相互竞争。其中，咸康元年（335）释奠，咸康三年（337）立太学、国学及庾亮释奠，是琅琊王氏与颍川庾氏竞争的体现。永和八年（352）罢遣国学则是门阀政治平衡被打破的表现。升平元年（357）晋穆帝举行释奠礼，所展现的是桓温两次北伐成功，还都洛阳呼声高涨，以桓温为核心的新政治格局逐渐形成的军事、政治背景。东晋太学、国学的兴废及释奠礼的施行等历史现象，揭示了4世纪南北正统之争与门阀政治之争。

（陈冠华）

周文俊《“将无同”的本旨与别诠——从〈晋书〉〈世说新语〉的文本差异切入》（《哲学研究》第4期）

“将无同”是魏晋玄学史上的著名典故。《晋书》和《世说新语》中对其虽有不同的文字记载，但学界长期以来形成了一种固化的认识，认为这是同一件事的两种记录，无碍于“将无同”的主旨表达，即名教与自然同。该文则从《晋书》《世说新语》的文本差异入手，分析“将无同”这一说法在历史时空脉络中的本旨与别诠。作者认为《晋书》和《世说新语》所记两则典故的思想诠释各有宗旨，代表的是不同的玄学流派。《晋书》所载体现的是典故的本旨，表达的是名教与自然相异。在王戎与阮瞻的问答中，王戎言“圣人贵名教，老庄明自然”，强调儒道“异”旨，一贵名教，一贵自然，二者判然有别，表达的是竹林名士既有的以自然与名教为异的立场；阮瞻以“将无同”作答，首先承认王戎所言“圣人贵名教，老庄明自然”其旨为“异”的基本立场，进而认为关键不在以名教否定自然，亦不在以自然否定名教，而是彼此相得、互不冲突，他阐发的是名教与自然各安其异、互不否定而庶几乎“同”的含义。这与向秀《逍遥义》的思想一脉相承，延续的是竹林名士以名教异于自然的一贯立场。《世说新语》的记载则源自《卫玠别传》，故事经过重构创作，继承了故事的背景，但另立新义，表达的是“将无同”的别诠。《世说新语》与《卫玠别传》的记载，围绕“将无同”构建起独立完整的诠释，由“三”到“一”，再到“无”，合乎《老子》“玄之又玄”之旨，同时“三语—一言—无言”的形式也合乎《老子》“损之又损”之意，说明《卫玠别传》充分吸收了王弼的哲学理论，其所反映的实为东晋玄学接续王弼哲学统绪的内在脉络。《晋书》所展示的玄学本旨属于特定语境下的特殊互动。《世说新语》和《卫玠别传》所作的玄理别诠，则反映出文本化过程中诠释功能的开放性。

（陈冠华）

臧鲁宁《〈抱朴子〉的隐逸观——以“出处同归”为中心》（《中国思想史研究》第42号）

一般认为，葛洪的隐逸观表现为“出处同归”。但是，与嵇康及皇甫谧相比，葛洪对于隐逸的主张与常见的隐逸者倾向于逃避政治的“出处同归”倾向有所不同。葛洪的“出处同归论”体现为对政治的积极参与，这是其隐逸观的一个显著特征。值得注意的是，作为隐逸者的葛洪利用《诗经·北山》“溥天之下，莫非王土；率土之滨，莫非王臣”这一传统观念中用来批评隐逸者的诗句，主张隐逸者也有政治参与的责任，并应该具备相应的政治地位，这是其君臣观的体现。葛洪认为，在隐逸的视域中，隐居山林优于朝隐。山林是最适合隐逸者的居所，隐居山林不但能展现生活的朴素，而且有利于修行神仙道，这一点明确体现在《抱朴子》中隐逸者与修行者形象的重合。同时，根据《抱朴子》的描述，山林在隐逸者与修行者的一体化过程中作为重要的空间载体而出现。因此，理想的隐逸者不仅具备积极的政治参与，其神仙道的修行也是不可或缺的。在葛洪的隐逸观中，政治与宗教具有密切联系，这种观念可以视为六朝时期道教教团产生的历史前提。

（张倩茹）

［伊朗］乌苏吉、卡里米安、艾斯麦里·杰罗达尔、奥米迪、拉黑米、穆罕默德普尔撰，陈彬彬译，《拉施塔城堡镇：一处从中国引进蚕养殖业的伊朗遗迹——基于文献、地理考察和考古遗存的推论》（《故宫博物院院刊》第11期）

关于桑蚕养殖业，学界对其在什么时代、以什么方式进入伊朗这一问题的认识依然模糊。德黑兰大学的跨学科研究团队，包括神话历史学和考古学研究者，历时三年，在伊朗南部最为古老的历史城堡小镇拉施塔进行考察，以伊朗神话和历史文献中哈弗特瓦德之虫的故事为着眼点，结合拉施塔城堡镇的考古发现，评估和探索了丝绸业从中国进入伊朗的历程。公元1—4世纪，贵霜人是中伊联系的最主要媒介。陆路的不安全性驱使伊朗商人通过海路与中国进行贸易。推测伊朗人历史记忆中，所谓哈弗特瓦德之虫的神话的形成，与蚕养殖业通过这一时期的海上贸易交往从中国输入有关。“哈弗特瓦德之虫”这个故事的本质，反映了帕提亚晚期波斯湾沿岸的养蚕业的重要性。叙述哈弗特瓦德之虫故事的书籍，有《列王纪》、《阿尔达希尔·巴巴坎纪》、《莫夫谢斯·霍列纳齐历史》（410—490）、《塔巴里历史》（839—923）以及《历史故事总集》等。可以明确的是，从萨珊王朝一直到10世纪，哈弗特瓦德之虫的故事被以各种形式保存在历史的记忆——波斯人的神话及历史文献中，故事的主要发生地是凯加让。历史学和考古学研究表明，哈弗特瓦德之虫的主要中心和寄居地——凯加让地区的位置，与现今波斯湾沿岸的霍尔木兹甘省的拉施塔城堡镇相契合。基于此，可以得出以下两种推论：一是在帕提亚人统治时期，即公元纪年初的几个世纪，蚕养殖业已通过海路从中国向伊朗扩展。二是养蚕技术最初从中国中原传到中国西北的于阗，由于贵霜人曾统治于阗及中国西北区域，这一技术也随之传播到了贵霜人的其他领地。不管怎样，位于波斯湾沿岸的拉施塔城堡镇，是蚕养殖业从中国引入伊朗的第一个纪念碑。伊朗从中国引进蚕养殖业的年代，可提前到帕提亚王朝（前247—公元224）晚期至萨珊王朝早期。

（张慧芬）

杨英《曹魏、西晋郊礼重构及其对郑玄、王肃说之择从》（《社会科学战线》第5期）

“重构”是指统治者改朝换代后，在儒家经典指引下，一次次根据自身正统性需要而重新构建自己王朝所需要的各种礼典名目、仪式乃至细节。“重构”是考察古代礼制变迁时避免流于表面，深入探索细节所必须引入的视角。总的说来，南北郊、明堂制度的重构，由三方面因素构成：（1）儒家经典的诠释依据。西汉时期，经过数代经师的发蒙，韦玄成等对儒家经典的熟谙为西汉建立宗庙合祭的亲尽迭毁制度提供了依据；太一、后土之祠的迁徙，也是建立在匡衡等儒家公卿对礼经所说的天、地之祠的熟悉基础上的。到中古时期，儒家经典的依据变成了在郑玄、王肃说之间进行择从。（2）帝王祖先谱系的重构。这是进行“先祖配天”的禘祭所必需的环节。（3）配乐的重构。这使礼典具有礼乐相和的外在形式。曹魏至西晋的郊礼重构是中古礼制一系列变革中的重要环节。曹魏郊礼由魏明帝下诏制定，西晋郊礼则是世家大族统治者为了再造理想社会所撰《新礼》的组成部分。西晋郊礼与曹魏相比出现了明显变化，最重要的变化是曹魏依从郑玄说，而《新礼》则依从王肃说。此外，曹魏为了施行“先祖配天”还进行了祖先系谱的重构。曹魏、西晋郊礼对郑玄、王肃说的择从以及对西晋雅乐的重构，说明中古早期的国家礼制在整体重构过程中，各组成部分之间在不断调适。西晋灭亡并没有使重构礼典的传统消失，后来建立的王朝仍在继续进行重构礼典的实践。西晋《新礼》的重构是世家大族政治理想的实践。西晋礼典从探索体系、调适内容走向逐渐完善，郊礼也成为五礼中的一部分。然而西晋的速亡改变了历史的进程，皇权的崩塌引发了社会的崩盘，进而导致各种礼典无从依附，但这只是暂时的，礼典的系统化和全方位制度化是皇权存在之需，皇权重建后必然再次重构，因此东晋渡江后仍然需要建立郊礼，但这样重构出的郊礼，就是另外的发展轨迹了。这将是“重构”视角下可以继续进行的研究。

（刘凯）

侯旭东《天下秩序、八王之乱与刘渊起兵：一个“边缘人”的成长史》（《史学月刊》第8期）

跳脱族属与血统问题的误导，回到历史现场，可以为刘渊起兵提供一种新的解释。匈奴单于与侍子们在晋廷营造万方来朝的天下盛世局面中是不可或缺的道具，因而长年居住在洛阳。从曹魏时起便已在部众中声望不断下降，为其他领袖人物的崛起腾出了空间。刘渊亦是侍子中的一员，尽管他多次想为晋廷效力，却屡遭阻挠，心中蓄积了不满。洛阳城中引领风气的石崇所组织的文人雅集上，歌舞《王明（昭）君辞》也不时为匈奴的异类形象推波助澜。尽管如此，若无外在机会，这些不满也无法转化为起兵，撼动晋廷的统治，晋初刘猛起兵便似以卵击石。刘渊在武帝末年方有机会回到匈奴旧部任职，这段将近十年的经历显示了他出色的才干，他积累了声望，也足以让部众及贵族们了解自己，这一经历也让他释放了积蓄多年的不满。刘渊自己回到洛阳，投身司马颖麾下，颇受重用，并无造反的动机，是在刘宣等的推举下走上起兵道路的。刘宣等唤醒匈奴推举单于的旧传统，挑选了刘渊担任大单于，利用匈奴人相信的天意鼓动他发兵反晋。此间，血统与族属并非关键，重要的是刘渊的能力与声望。今人费心探究前两者，未免与时人的考虑相去甚远。尽管刘渊在晋廷长期不得志，但推动他走上反晋道路的直接原因乃是其所目睹的八王之乱带来的晋朝丧乱的现实以及刘宣所说的这些现实所昭示的“天厌晋德”。天下秩序不仅是晋朝皇帝与多数臣下思考与行为的依托，对刘渊父子而言，亦内化于心，成为左右言行的无形力量。纵是起兵造反，也难以超越其规范，只是其中何为主、何为从，发生了颠倒。这一点，要到刘聪称帝后才能看更清楚。称刘渊为“边缘人”，只是强调了其经历与感受中的部分侧面。相对于晋廷所建立并维持的天下秩序，刘渊以配角身份参与其中；就洛阳流行的风气而言，他亦难以融入；仕途上，他亦多年屡遭挫折，被个别晋臣视为异类，这些均使其产生了边缘人的酸楚。若从匈奴角度看，无论是出身，还是起兵前在匈奴所任职务以及治绩，刘渊的感受都会有所不同。相对于石勒，更不能说其是边缘人。但他长期生活在西晋都城洛阳，边缘与异类感占据内心的时间恐怕更久。两者胶着于心，外在局势的变化与旁人的点拨会打破胶着，激发出意想不到的想法与做法。

（刘凯）

苏航《从价值同构看北朝的文化变迁和民族凝聚》（《历史研究》第4期）

北魏前期的“汉化主流”并不意味着代北鲜卑社会的“汉化同化”，而是指中原“大传统”改造、替代代北鲜卑社会权威价值结构的过程。这一过程具有结构性、方向性与复杂性三方面的特征。从结构性上来看，中原“大传统”首先引起的是鲜卑社会权威价值结构和鲜卑贵族个人价值结构之高阶价值的改变；从方向性上来看，这一改变最终促使鲜卑社会权威价值结构不断向中原“大传统”接近；从复杂性上来看，这一过程又不是一个整体均质的单向进程，而是多元文化之间的复杂博弈。尽管中原“大传统”在六镇地区的多元文化竞争中未能像在中原地区一样取得绝对优势，但已经开始改变六镇地区的价值结构，这一点在六镇集团进入中原后发展得更为迅速。六镇政权虽然实行了部分“反汉化”政策，但由于中原“大传统”与政治运行和制度建设有着不可分割的联系，这一点和北魏时期相比并无差别，故六镇政权权威价值结构终将被其改造的大趋势，也不会发生根本改变。这就导致北朝后期的“反汉化”只能是表面现象，“汉化”才是当时社会文化变迁的主流，而且在范围上还有进一步的扩大——六镇“小传统”在北朝后期也逐渐被中原“大传统”削弱，而终于消失在历史视野当中了。北朝文化与民族的互动过程显示，民族与文化并不存在一一对应关系，中古史研究中长期盛行的“民族文化决定论”并无事实与理论依据。在多元文化互动的网络中，所谓“汉化主流”，是指中原“大传统”的高价值项以制度为媒介，被植入中原的非汉人群权威价值结构中，进而通过“典范化”方式，推动社会各方面不断接近中原文化主流形态的过程。其最终结果并不总是文化和民族的同化，而往往是多样化人群和文化在高阶价值形态趋同基础上的凝聚。中华民族多元一体格局和共同体意识的形成，正是建立在价值结构多元一体的基础上。

（刘凯）

吕博《〈梁四公记〉与梁武帝时代的文化交流图景》（《历史研究》第1期）

《梁四公记》是唐代的一篇传奇小说，看似荒诞不经的内容背后，却包含南朝梁武帝时期欧亚大陆各地交通往来的众多信息和历史记忆。《梁四公记》的出现并非偶然，它与《职贡图》《梁书·诸夷传》可并称三璧，共同勾画出梁武帝时期的欧亚交流图景。《梁四公记》的作者只有在掌握丰富中外史地知识以及相关史料的前提下，才有可能创作出这篇小说。《梁四公记》广泛涉及扶南、盘盘、丹丹、高昌、于阗、高句丽、扶桑、波斯、天竺、拂林等地的情况，是珍贵的史料。结合梁《职贡图》、《梁书·诸夷传》及相关考古材料，可以勾勒出一幅宏阔的欧亚大陆文化交流、贸易往来的历史图景。这幅图景反映了唐朝人掌握的6世纪萧梁政权统治时期欧亚大陆上的地理、物产、交通、宗教文化等丰富知识。在《梁四公记》故事细节、历史记忆的背后，是6世纪以萧梁建康为中心的欧亚大陆物质与精神文化交流史。揭示《梁四公记》的历史背景，其实是在描摹梁武帝时代的世界史，《梁书》被称为世界史亦是因为梁武帝时代的建康本身就具备世界性。如果历史研究者要追溯隋唐盛世下长安、洛阳文化百态，那么就应当将梁武帝时代的建康多元文化交流图景纳入视野。

（刘凯）

刘莹《文成帝和平二年南巡史事再考——以〈南巡颂（并序）〉为中心》（《历史研究》第3期）

唐人许敬宗编纂的《文馆词林》收录了一篇北魏高允撰写的《南巡颂（并序）》，主要内容是赞颂和平二年文成帝巡幸冀州盛况。该文不仅可与灵丘碑文及相关文献记载互参，亦提示在文成帝南巡途经的冀州信都，可能立有与灵丘碑类似的一方南巡碑，而该文可能正是碑文的一部分。《南巡颂（并序）》的发现，为探索此次南巡活动的历史细节提供了珍贵线索。《南巡颂（并序）》与山西灵丘南巡碑碑阳铭文行文风格相似，内容相互呼应，可能是为纪念北魏和平二年文成帝南巡活动的另一块碑刻铭文。《南巡颂（并序）》一方面补充了南巡活动的历史细节，另一方面也修正了学界关于巡幸路线的认识。《南巡颂（并序）》关于衡水之宴的记录，是目前有关北魏巡幸宴会最详细的记载。刘宋使臣的到来，使衡水之宴成为迎接来使的外交场合。随行掌礼官依据“朝觐、宴飨之仪”，在州郡呈现了本应在京城宫城举行的交聘之宴。壮观的驰射竞技、文雅的赋诗活动，以及盛大的礼仪场面，彰显了北魏王朝文治武功和同内外之盛德。和平二年南巡及衡水之宴，反映出这种源于草原游牧传统的统治元素已被北魏统治者用于中原核心区域，其形式和内容也发生相应变化，越来越具有《周礼》色彩。由此可见，和平二年南巡与衡水之宴呈现出游牧与华夏两种政治传统元素的交叠，从一个侧面展现了中华民族多元一体格局发展的历史过程。和平二年的南巡活动，既是北魏对其自身游牧传统的传承和发展，也吸收了华夏政治传统元素，呈现出游牧文化与华夏文化汇通交融的历史内涵。

（刘凯）

赵永磊《晋宋时期的洛阳城与魏晋太极殿所在基址辨析》（《考古》第10期）

在汉魏洛阳城遗址研究中，魏晋洛阳城太极殿所在东汉旧址为关键性问题，而解决此问题的核心在于探明裴松之《三国志》注的史料来源。晋安帝义熙十三年裴松之随刘裕西征，亲身踏察魏晋洛阳城，但裴注中所言魏晋太极殿位于东汉南宫崇德殿乃据戴延之等撰述为说。戴延之等所言“南宫崇德殿、太极殿”乃就魏晋洛阳南宫而言，并非东汉南宫，而裴松之较有可能误会原作者的本意，将所见“南宫崇德殿”视为东汉南宫正殿，不免疏漏。魏晋太极殿、宫门、殿门的位置关系与东汉北宫德阳殿、崇德殿、宫门、殿门的位置关系极为相近，充分说明魏晋洛阳城宫城当在东汉北宫旧基。至于魏晋太极殿究竟在东汉北宫崇德殿，还是德阳殿旧址，若崇德殿在德阳殿西五十步的推论成立，魏晋太极殿较有可能在崇德殿旧址，也不能完全排除占压德阳殿故基的可能性。永嘉之乱以后，魏晋洛阳城并未被夷为平地，以太极殿为代表的正殿保存相对完好。在十六国统辖之下，洛阳城经过后赵石虎、后秦姚兴等营建，呈现出胡汉双重历史特征。北魏太武帝神䴥三年（430）十月安颉攻克洛阳，历经六十多年后，孝文帝太和十七年（493）十月诏令司空穆亮、尚书李冲、将作大匠董爵“经始洛京”，决意迁都洛阳。至宣武帝景明三年（502）十一月，太极殿诸殿始竣工。依据近年北魏阊阖门、太极殿、太极东堂等发掘简报所见地层叠压关系，显示出北魏并不仅仅是修缮魏晋太极殿等宫室建筑，而且是在魏晋旧址上重建洛阳城。北魏迁都魏晋故都洛阳，其重建洛阳城的过程实际上也是逐步清理后赵、后秦等胡族历史遗迹的过程，在魏晋洛阳城基础上再造洛阳城彰显出塑造华夏正统的强烈意识。

（刘凯）

范兆飞《中古早期谱系、谱牒与墓志关系辨证》（《中国史研究》第2期）

中古谱牒绝大多数已经亡佚，仅有数件

敦煌氏族谱残卷得以存世，传世文献同样也保存着中古谱牒的残篇断章。一个相对完整的中古谱牒，应该包括近世祖先的婚娶职状，主要分布于墓志的首叙、志尾或志阴等特殊位置；还包括姓氏起源、房支分化等内容，主要分布于墓志的铭序和志铭等正文部分；近世祖先的官职也经常出现在墓志正文。中古墓志在抄录并改写谱牒之时，呈现出“功能分区”的特点。近世祖先的婚宦出现在首叙还是志尾等特殊位置，与不同地域、不同等级的家族呈现一定程度的对应关系。中古谱牒内容具有“公”和“私”的属性分野。墓志所载姓氏起源、房支分化等内容，史源驳杂，包括汉代碑刻、前朝姓氏书，抑或先秦两汉的典籍等内容。当然，也有大量墓志没有首叙和志尾，但相当一部分墓志正文记载家族谱系。中古墓志记载谱系的形式与内容，与前朝相比，既有因袭，又有变化。任何一份中古谱牒，基本由“直接谱系”和“间接谱系”所构成，前者包括近世祖先的婚姻和仕宦，后者包括姓氏起源、房支分化等内容。“直接谱系”直接抄自谱牒，或据谱牒简化改写；“间接谱系”来源驳杂，继承、钞撮和整合战国秦汉各种文献的姓氏知识，无论文字还是内容都经历了比较明显的“二次加工”。当然，“直接谱系”和“间接谱系”并非泾渭分明，通常是“你中有我、我中有你”，其间或许还有“中间文本”的存在，如行状亦为墓志重要史源。墓志首叙、志尾等特殊位置所载祖先婚宦具有特别的意义，其出现、繁盛与消失正好与门阀大族的兴衰基本同步，见证了士族社会的变迁过程。

（刘凯）

魏斌《传说与历史：并肆地区的北魏皇帝遗迹》（《文史》第2辑）

山西中部汾水上游的孝文山周边、宁武天池和滹沱河上游的五台山等地，有不少关于北魏皇帝避暑、巡幸的传说和相关祭祀、信仰遗迹，主要与孝文帝有关，也涉及道武帝和太武帝。有些可以追溯到唐代，但不见于北朝文献记载，很难确证其“有无”。如果转换视角，尝试分析这些传说和遗迹背后的区域历史脉络和历史情境，会发现相关地点往往与牧场有关。孝文山东北侧至汾水两岸的牧场在北魏迁洛之后可能是承接河西牧场的中转地，后来成为唐代著名的楼烦监牧所在。宁武天池在北朝至辽宋时期一直延续为一处重要的祭祀地点，其神圣性可能源于牧民在夏季牧场的祭祀活动，最终演变为天池神祠的信仰面貌。五台山周边原本是内迁北方族群的生活之地，在佛教、族群和政权力量的共同作用下，逐渐演变为唐代最重要的佛教圣山。并肆地区密迩平城京畿，北魏前期皇帝在京畿及周边地区频繁的巡幸活动（带有明显的游牧政治习惯，亦出于控制河北、河南等农耕重心地区之需）经常经过这一地区。北魏孝文帝迁都洛阳之后，由于河西牧马转场的需要，并州马场的意义又变得非常突出。这些都成为这类遗迹和传说出现的潜在情境。这些鲜卑皇帝遗迹和传说背后，隐含着内迁部族和农牧交错地带的生计和文化习惯，成为理解中古早期族群融合与区域历史变迁的有益线索，也提醒我们可能需要重新审视这类地方记忆和“掌故”的史料意义。

（刘凯）

孙正军《近十年来中古碑志研究的新动向》（《史学月刊》第4期）

碑志研究是中国中古史研究的重要课题，迄今成果丰硕。近十年来，中古碑志研究出现了一些新动向，包括碑志所记祖先谱系的发现及建构过程的探讨，碑志中的“异刻”即非正常刻写的确认和历史书写研究，以及超越文字记载，从视觉视角考察碑志的政治景观效应等。三个动向中，如果说第一点围绕的是考察对象，则第二点、第三点更关注研究视角，三者侧重点并不一致。不过，差异背后存在共性也是显而易见的，即在这些研究中，学者不再如传统金石学家般执着于依据碑志校史、补史，而是致力于检讨碑志自身，这种检讨又非传统的审核真伪、考订年代或辨析内容之类，而是瞩目于碑志的文本属性与物质属性，探讨碑志文本及承载文本的碑石之形成过程、书写方式、视觉效应等。在此研究取径中，碑志不再犹如被安置在残破古画上的一山一树，依附于传世文献，而是立论行文的基础和核心，问题据其引发，论述赖其支撑，碑志摆脱了金石学传统下作为史传附庸的地位，显示出成为主体、走向独立的可能。在此视角下的碑志研究，借用陆扬所说，即已从比较单一的史料考证转向将碑志视为独立而非孤立的考察对象，研究者开始对碑志进行细腻周全的史学分析。中古碑志研究中的上述新动向并非突然出现，在此之前，一些碑志研究已然显现类似取向。不过，这种取向在近十年的碑志研究中变得更为突出，且彼此激荡，形成一股潮流。不过这并不意味着其可取代传统碑志研究。事实上，从新动向能够施展的场合受限且自身尚存“隐忧”来看，传统碑志研究仍将是碑志研究的主流。因此，依据碑志校史、补史的传统研究方法与通过检讨碑志自身发覆历史的新动向，二者是互为补充的，前者构成碑志研究的基础和起点，后者则开拓出新的研究方向，二者有效结合，方可将中古碑志研究推向更高层次。

（刘凯）

戴卫红《中日韩出土九九表简牍及其基层社会的数学学习》，《简帛研究二〇二一（春夏卷）》

从东亚简牍文化传播的大背景来看，中日韩三国均有九九表简牍出土，它们是汉字文化传播交流中的一部分。中日韩三国出土的九九表简牍共同点表现在：（一）三国出土九九表简牍均采用从9段依次到下段的排列顺序；（二）在等因相乘时，均使用重文符号；（三）均用廿、卅、卌分别表示20、30、40；（四）使用人群不仅有基层吏员还有手工业者；（五）九九表不仅是算学教育中使用的教材，也是基层吏员、手工业者们再学习的教材和练习素材；（六）在乘积为个位数时，乘数与积的连接词“而”“如”的使用上，均出现省略的情况，这一方面受到书写者个人的影响，另一方面也是九九表在实际运用中简略的体现。时代的不同和九九表自身的完善发展造成三国出土的九九表简牍在内容上也稍有不同。另外，不同书写者、书写目的和作用，导致其书写的内容、格式也稍有不同。先秦以后，九九表便是学习算术者必备的基础教材，仅仅会书写还不够，必须正确熟练地使用。到唐代，国子监设置算学博士，以算书十经为教材，新罗、日本的算学教育受到唐朝的影响。但并不是所有人都有机会进入学官学习，为了进入仕途及考课升迁，基层社会的吏员除了学校学习外，平时亦需培养书写、数学能力，作为数学计算基础的九九表，就成为常用素材，这也是中日韩三国都有九九表简牍出土的原因之一。在东亚基层社会广泛使用的九九表是理解汉字文化传播和交流的鲜活而宝贵的一手材料。

（刘凯）

周东平等《北朝胡汉融合视域下中古“五刑”刑罚体系形成史新论》（《学术月刊》第3期）

在中国历史上，至少自《尚书·吕刑》成立以来，以“五刑”统摄中国传统刑罚体系的观念就已经出现。学术界通常把从以墨、劓、剕、宫、大辟为主的上古五刑到以笞、杖、徒、流、死为主的中古五刑概括为中国传统刑罚制度的主要发展脉络。然而，对中国上古时期是否存在规范的“五刑”刑罚体系，中古“五刑”刑罚体系与其有着怎样的关系、是如何形成的，尤其北朝胡汉融合对中古“五刑”刑罚体系形成史的具体影响问题，目前还有不同认识。上古“五刑”刑罚体系的观点实则受儒家经典和战国时邹衍的“五行”思想等影响而产生，在迟至秦汉时期律令尚未法典化的背景下，难以确认先秦乃至秦、汉初存在规范的“五刑”刑罚体系。曹魏《新律》“更依古义制为五刑”的实践探索具有划时代的意义。此后少数民族王朝对中古法律史影响的一个亮点，是胡汉融合对中古“五刑”刑罚体系的形成具有重要作用，举凡“刑”的意涵演变、北魏绞刑入律在中国死刑立法中的划时代意义、流刑在北朝渐次进入正刑体系、鞭杖刑的转化、宫刑的一度死灰复燃等，无不与之相关。这对我们梳理中国古代刑罚史，尤其是重新认识中古“五刑”刑罚体系的形成史和隋唐“新中国”等，多有启迪。

（刘凯）

杨际平《论北朝隋唐的土地法规与土地制度》（《中国社会科学》第2期）

北朝隋唐土地制度是社会经济史研究的重要内容，20世纪初，随着敦煌户籍资料的面世，中日学者对该问题产生极大兴趣，逐渐掀起研究北朝隋唐所谓“均田制”的热潮，其中研究的重点是北朝隋唐《地令》

或《田令》实施状况，争论的焦点是规定的土地还受制度是否切实实行。北朝隋唐《地令》或《田令》只是土地法规，属于上层建筑的范畴，并不决定土地所有制的性质。北朝《地令》既有授田与土地还受条款，又有不触动各户原有土地，进行户内调整，实际上无还无受条款。这是执政者土地国有理想与土地私有现实矛盾冲突的结果，是情势所必然。实施《地令》时，北魏、北齐都是双轨制：对代北拓跋鲜卑聚居区来说确实是普遍授田制；对以汉族为主的聚居区，则只是限田制，同时也是一种户籍登记制度。隋唐时期，因为鲜卑族已经不再是统治民族，因而对鲜卑族也就不再实行特殊的土地政策。隋唐时期未见按《田令》规定给吏民实际授田与土地还受的实例，相反，可直接反映未曾实际授田与土地还受的实例却很多。唐《田令》废止于唐宋之际，而不是建中元年。汉唐间不管土地法规与土地管理制度有过多大变化，土地制度的基本态势一直无大变化，私有土地始终占绝大多数，国有土地只占很小的一部分。在中国，秦汉以降直到 1949 年，封建土地私有制的基本格局不变。到了 20 世纪 50 年代初，以封建土地私有制为主体的土地制度才发生翻天覆地的变化。量变过程中自然有部分质变，如北朝时期，除自耕农外，奴婢劳动在农业生产中占很大比重，隋唐以后，奴婢部曲在农业生产中的比重就大为降低。还有，北魏、北齐时期，在拓跋鲜卑聚居区，土地国有制一度占主导地位，从而导致土地国有制在全国垦田总数中的比重略有上升，但上升幅度不大。就全国而言，土地私有制仍占绝大部分，土地国有制只占很小的一部分。

（刘凯）

楼劲《从“以官存司”到“以司存官”——〈百官志〉体例与汉唐行政体制变迁研究》（《历史研究》第 1 期）

汉、唐正史《百官志》官制记载体例有显著不同：《汉书·百官公卿表》《续汉书·百官志》记官而不及机构，以长官、佐贰、属官代表各自府署，可称作“以官存司”；两唐书《百官志》则皆“以司存官”，即在各机构名下记其长官、佐贰及所属官吏，将之一概视为机构成员。记载体例变迁的根本原因在于规范官制的法令施行及行政体制的演化：汉代官制记载依据以官员管理为中心而不及机构状态的官簿、秩律等文档、法令，唐代官制记载主要取本规范各机构官吏设置的职员令。汉唐官制记载体例及其来源的不同，体现了魏晋以来官制和对应法令形态的变迁，这一变化的转折点在南北朝后期，由此达成的机构行政一体化，是汉唐间强化集权秩序和防止长官大权独揽的结果。关于两唐志及同样取本于《职员令》的其他唐代官制书皆采“以司存官”之式的源头，首先可以断其为直承隋及北齐《职员令》及相关记载而来的现象，然后又可将之推至太和十七年《职员令》的创立及其在正始元年的修订。而其所以要以机构为纲来规范百官职掌、员额，则受到北魏自身建制传统和南朝有关法令的双重影响，从属于当时对南北官制发展和晋以来官制诸令分篇格局的总结与改造。当然从根本上说，南北朝时期官制记载从“以官存司”向“以司存官”的过渡，是机构在行政过程中的地位已趋突出，机构在规范官制时的作用已甚明显，遂致官制法令形态演化的结果。自南北朝至隋唐，各地各部门长官及其佐、属官逐渐被规范官制的法令明确为机构一员，这就意味着其职能、员额均为实现本机构功能而核定、设置，所强调的是其所属各官既须层级节制并由长官最终负责，又须相互牵制和协调，才能完成同一政务的处理，共同对赋予其权力的朝廷负责。这样的发展过程，其牵涉面至广且深是不言而喻的。另如汉代朝廷各部门多有职能与长官不同的属官，魏晋以来这种属官若非撤销即被划属同类长官；又如长官府署中直属长官的门下属吏，从类同“内朝”的庞杂班子简化为录事司等检录一府公文和督办诸务的行政枢纽。诸如此类事态与上述两端同属汉唐间机构形态变迁及其行政一体化进程的组成部分，其结果都极大地改变了以往长官、佐官、属官、属吏的关系及机构面貌和行政状态，使之更适应集权体制下的行政规律和基本要求。其关键是朝廷权力进一步向长官之下或机构内部渗透，以兼重层级节制和上下协同来加强统一控制和防止长官大权独揽，也集中体现了汉唐间行政体制、行政秩序和集权控制格局的变迁。

（刘凯）

李梅田《“过渡礼仪”——解读墓室壁画的一个视角》（《南方文物》第4期）

过渡礼仪是法国学者范热内普（Van Gennep，1873—1957）提出的民俗学理论，用于解释礼仪的结构与意义，他将丧礼分为分离、临界、聚合三个阶段，象征着从生到死的状态转化。分离状态指人刚去世时的状态，古代思想家的泛灵论（animism）认为死亡是肉体与灵魂分离之后的状态，灵魂从肉体分离，鲜活的生命变为遗体，生命的状态发生了改变。临界状态是生与死之间的中间状态，死者还与生前世界保持着一定的联系，生者要通过丧礼表达哀悼，在饮食、服饰、承担的社会角色等方面的正常状态会被暂时打乱，这是丧礼中持续时间最长的状态，包括了大部分的丧礼环节。聚合状态是丧礼结束后的状态，生命状态的转变得以完成，死者的肉体化为尘土，灵魂加入祖先的行列，生者的生活状态恢复如常。根据过渡礼仪理论，中国古代的丧葬礼仪也可分为三种状态：人初死时，灵魂与肉体分离，纪念这种分离的仪式主要是招魂礼，用死者生前的衣物召回将要散佚的灵魂，覆盖于遗体，寄希望于魂魄复合、生命得以延续。当魂魄最终分离后，就进入生死之间的临界状态，这个阶段的仪式十分繁琐，包括小敛、大敛、成服、祭奠、陈明器、启殡、祖奠、赗赙等各项葬前仪式，以及下棺椁、陈器、墓内祭奠等下葬仪式，这一系列的临界仪式是为了生死状态的过渡而设计，丧家要为死者的死后生活建造墓葬，还要准备各类衣食住行及娱乐之物，以确保生死状态的顺利过渡，同时丧家的正常生活被迫中断，服饰、饮食、嫁娶、官员履职等都处于不正常状态。当葬礼结束、墓室封闭后，就进入聚合状态，死者的遗体永藏地下，灵魂加入祖先的行列，成为列祖列宗的一员，生者的生活恢复如常。对汉唐墓室壁画过渡性叙事的讨论，是将壁画看成墓内葬仪的结果，而不仅是墓壁的装饰，也不是对现实生活场景的照搬。当墓室被封闭后，以生死过渡为目的的仪式被“定格 ”为一个包含了画像和各类陈设物品的静止空间，空间内的各类遗存因生死过渡这一目的而彼此联系。用过渡礼仪理论来解读墓室壁画，可以发现画像隐含的特定叙事主题与逻辑，避免得出“事死如生”之类似是而非的结论。

（刘凯）

陈爽《秘画珍图：敦煌绘本长卷 P. 2683〈瑞应图〉再探》（《中国国家博物馆馆刊》第 9 期）

敦煌绘本长卷 P. 2683《瑞应图》是敦煌文书中一件极为罕见的绘本长卷，受到学界持久的关注。既往研究多注重对文字考释和文本来源的探究，如果从 P. 2683 的物质形态观察入手，可以对传统认识中 P. 2683 源自顾野王《符瑞图》的推断提出若干新的佐证。通过对 P. 2683 物质形态的观察，可以得出如下认识：其一，P. 2683 号并非随意杂写，而是一部规划严整的“精抄本”。其二，P. 2683 号是尚未完成的精抄本，且被错误拼接。按照抄录摹写的工作流程，应当是书手根据原画先打好界格，抄写文字后粘连长卷，再由画工摹写图画。但出于某种原因，书手已经完成了前半部分抄写，并进行了拼接粘连，但画工未及施画，此卷即被搁置，造成了文书前半部分所有条目均有目无图。而后此卷发生残断，剩余的部分残卷又被错误地粘贴在最前端，增加了辨识文本的复杂性。除文本内容、体例结构、著述时间基本相合之外，南朝名士顾野王的画家身份和《符瑞图》“秘画珍图”的特定属性，为确定 P. 2683 号母本提供了线索；《符瑞图》所具有的“益采图纬”的主要特征与 P. 2683 号中“旧图不载”的记述相互对应，成为两者渊源关系一个较为直接的证据。如以上推断无误，则敦煌 P. 2683 号当是源自南朝顾野王《符瑞图》的“精抄本”。当然，欲进一步证明这一推测，还需要做更为细致的文本分析，并从画风、书法等角度做出深入观察和研究，冀以探寻敦煌艺术中的南朝文化基因。

（刘凯）

吴晓丰《星象中的官制史：执法、上相与汉唐间的宰相制度变迁》（《文史》第 3 期）

关于星象与政治社会关系之研究，过去往往聚焦关涉具体历史事件的某一星象，但这些星象只是特例，那些习为常见的占例才是星占实践的常态。只有跨时段地整理研究这些占例的变化，才能发掘出这些星占背后的意义。执法星象本指“执法”一职而言，后分指御史大夫与廷尉，到西汉晚期已指代有权势者，是后经常作为宰相之指代。上相星象与与房、斗二宿亦是汉唐星占实践中常用来标识宰相身份的星象符号。《春秋元命苞》中所言星官体系是对秦汉朝政构造的模拟。在汉代的制度背景下，三公作为宰相，成为执法、上相等星变的事应对象，并延续至魏晋之际。东晋南朝以尚书取代三公，重新界定星官理论中宰相的事应对象。北魏前期，因其政权保留了许多旧有的原始制度，无法和以中原王朝官制为基础的星占术准确对应，因而其对执法、上相等的占测，常采用指涉模糊的星占占辞，其事应对象多为宗王、代人贵族。太和迁洛以后，北魏朝廷全面汉化，官制与星象的对应度提高，处于权力中枢边缘的人物被排除在事应对象范围之外。汉唐间执法、上相等的星象意义及事应对象的变化，揭示了星官理论与职官制度间的互动关系，为了解当时人实际认知中的宰相制度提供了另一角度的参照。

（安子毓）

雷闻《帝乡灵宇：唐两京开元观略考》（《首都师范大学学报》第5期）

长安与洛阳无疑是唐代道教文化的中心。长安开元观的前身隋清都观，在长安道门中发挥核心影响力。这种影响力一直延续至唐武德、贞观乃至高宗初年。初唐至盛唐时期，高道张惠元与张万福在道门体系中有着举足轻重的地位。张惠元曾参与了《三皇经》真伪的辩论以及高宗显庆年间的佛道论衡。张万福是张惠元后清都观最重要的高道，是中国道教科仪史上承前启后的重要人物，在科仪发展史上有突出的贡献，曾在清都观著书立作，撰写了《洞玄灵宝道士受三洞经戒法箓择日历》等重要经典。至开元二十六年，唐朝在全国范围内建立了以开元观为中心的官方道观体系。长安清都观改额开元观，如申元之这样的高道奉诏入京后被安置其中。至大历年间，长安开元观成为国忌行香的宫观，与唐代皇帝更紧密地联系在一起。中晚唐时期，开元观在长安地位颇高，这与代宗时期的道门威仪使冲虚先生申甫一脉的道士吴善经在此清修授徒相关。与此同时，开元观还是中晚唐长安文人雅集的公共空间与游赏胜地，元稹、白居易以及韦应物等都曾游赏、留宿开元观。洛阳开元观为女冠观，且可能在开元之前就已因金仙公主而以“开元”名观。此观原是隋秦王杨浩宅，神龙元年改为长宁公主宅，景龙元年改为景龙道士观，至开元五年因金仙公主居于此，改为女观。至开元十年，观额改为都玄观。最迟在开元二十年金仙公主去世之前改额开元观。据新见《张法云墓志》考订，张法云因其在东都道门的声望进入朝廷视野，因此玄宗特诏其为洛阳开元观首任观主。安史之乱时期，开元观一度以安禄山“圣武”年号名观。乱平之后，洛阳开元观也不可避免地走向衰落。

（沈国光）

孟宪实《中国与南亚之间的丝绸之路——以唐代取经僧人的记录为中心》（《敦煌研究》第3期）

自丝绸之路开辟以来，与中国联系最为密切的是南亚地区。当时印度和部分中亚地区都流行佛教，佛教僧人前往中国传教，代有其人。中印关系因佛教而显现出特别之处。中国有记录的第一位赴南亚取法成功人士是法显。公元399年，65岁的法显从长安出发，经过陆路到达南亚，最后在东晋义熙八年（412）七月，经海上丝绸之路回到了中国。法显所撰《佛国记》，是中国僧人第一部西域求法的行记，保存了对南亚次大陆和丝绸之路的珍贵记录。唐朝是西域求法的高峰时期，留下来的行记也更多、更知名。玄奘在唐太宗贞观元年开始西域求法的行程，贞观十八年返回，到达于阗，并写成《大唐西域记》十二卷。此后，在赴西域求法僧人中影响较大的是义净。义净于唐高宗咸亨二年（671），从广州乘坐波斯商船赴印度，在印度求学十几年。天授二年（691）派大律带回他的著述《南海寄归内法传》，重点是写印度寺院的管理制度。义净的另外一部著作《大唐西域求法高僧传》，记述了唐初以来，五六十位到过印度的僧人事迹，尤其能够反映当时丝绸之路的盛况。除了传世文献，在敦煌藏经洞中发现了P.3532号文书《慧超往五天竺国传》，慧超是新罗人。与使者所代表的国家层面不同，僧人的记录不仅关涉国家、地理、历史和风土人情，还重视当地佛教的情形，成为研究丝绸之路非常重要的原始资料。僧人行路的条件，不仅取决于道路的自然状况，也受制于各地的政治形势。从中国前往南亚，就魏晋隋唐时期历史资料所显示的情况看，陆路交通大约有三条主干线，即葱岭路、中亚路和吐蕃路。而比较佛教与“三夷教”的异同，可以发现“三夷教”纯粹是由胡人带进中国的，从不见中国人主动去求取。只有对佛教，中国人表现出前所未有的主动精神，众多僧人九死一生去求法，对佛教传播中国发挥了重要作用。中国高僧的求法，为的是满足中国的需求，解决中国佛教发展中的问题。获得梵文经典，学习梵文，了解印度佛寺制度，弄清佛学理论，凡此种种，都对中国佛教的发展有益。特别是经过求法僧人的努力，佛教传入中国的状况，一改以往的被动接受局面，变为以中国为本位主动前往、积极求索，为佛教中国化做出了重要的贡献。

（张慧芬）

孙昊《宗藩玉册：9世纪唐与黠戛斯交通的一个侧面》（收入赵俊杰主编《春山可望：第三届历史青年考古论集》，上海古籍出版社）

俄罗斯哈卡斯共和国Л. Р. 克孜拉索夫哈卡斯民族方志博物馆6640/1－5号藏品是唐咸通七年授予黠戛斯玉册的残简，仅有5片。结合唐的封册仪，以及唐后期对漠北汗国册书的一般书仪，能够考证出这套玉册残简的排列顺序及句读应是：“维大唐咸通七年（6640/3）/以恩信怀来，无思不服（6640/4）/身，所谓奉诚之美也（6640/5）/总以名实，成其辉光（6640/1）/职贡是修，保尔封疆。烟（6640/2）。”这五片残简能够印证9世纪中叶唐对黠戛斯的一次册封活动，但不能证明唐与黠戛斯关系的整体面貌，只是唐与黠戛斯关系从会昌宗盟关系向君臣关系转型特定阶段的历史证据。在会昌宗盟关系阶段，黠戛斯乘灭亡回鹘之兵锋，要求唐皇帝延续回鹘旧例，承认其取代回鹘的漠北霸主地位成为“天可汗”，唐朝一方则是要利用黠戛斯势力牵制南迁边外的回鹘残余势力，力求与黠戛斯建立“同宗”基础上的宗盟关系，进而回避承认其“天可汗”的名义。由于黠戛斯的势力在漠北并不稳固，很快进入衰落期，加之西迁回鹘势力的崛起与唐复通西域，唐王朝的漠北政策再次向回鹘倾斜，没有将黠戛斯等同视之。同时，9世纪以后，黠戛斯面临西迁回鹘的威胁，不得不于咸通年间“每年遣使请历”，依靠向唐朝称臣制衡回鹘势力的北扩，并在唐灭亡之后转而向契丹—辽寻求支持，抗衡已经成长为阿尔泰—东天山区域政治中心的高昌回鹘。在文献封册表述的背后，9世纪黠戛斯与唐王朝的关系存在明显的变化过程，这与当时亚欧大陆东部不同区块的势力制衡关系紧密相关。6640/1—5号藏品只能体现其中的一个侧面，且不能展现涉事双方的历史动机与更为复杂的背景，单就实物而言，不能证实哪一方的论断，仍需要将其置于传世文献各种叙述逻辑之中进行类比与分析，才能进一步揭示出复杂历史变化的图景。这也是在讨论当下古代中国与周边部族、国家和地区关系史时尤应注意的方法论问题。

（张慧芬）

罗亮《草妖或祥瑞：“枯树再生”与前蜀建国》（《中国史研究》第1期）

约在王建前蜀建国的公元907年，前蜀邛州大邑县鹤鸣化发生了一次“枯树再生”的异象。邛州团练使张敬周得知后，差人覆验确认，再上报前蜀高祖王建。杜光庭得知此消息后，上表称贺。王建下诏为此事修醮。张敬周则受到鼓舞，大肆宣扬此事，主动举行了金箓斋祈福，并请杜光庭主持仪式。杜光庭如此强调“枯树再生”的神异，最直接的目的是服务于现实政治。王建本人在建国过程中擅长利用各种福瑞谣谶为自己造势。中古时期对于“枯树再生”有两种解释，一是历代《五行志》将之归为“草妖”，象征不可长久、人君亡子、国有大丧、后宫专恣、权臣执政等凶兆；二是在现实政治运作中将其看作善政、孝行乃至天命所归帝国中兴的象征。到了唐朝，“枯木复生”几乎与中兴画上了等号。前一种解释的消失，一方面是因为京房学派以及纬学的衰落，另一方面源于宗教对异象的影响。中古时期佛教典籍将“枯树再生”作为佛陀降生吉兆的观念逐渐得到广泛的认可。道教文献中亦将“枯树再生”视为“大瑞”以及神圣吉祥的征兆。这与中国传统政治理念中的帝王生时的异象有高度相似性。杜光庭利用这一特性，将邛州“枯树再生”与历史上王廙、老子祠等事迹比附，为王建建国披上了神圣的外衣。

（沈国光）

刘屹《末法与灭法：房山石经的信仰背景与历史变迁》（《历史研究》第3期）

刻经强调的是石经的永恒性，原本并不是出于对世间再次发生“灭佛”运动的危机感，而是要在佛法最终面临消亡，或是发生劫期轮替、天地沦坏时，世间还能存有石刻佛经供信仰者传习。静琬刻经的动机即在此，只是多了鲜明的“末法”意识。静琬接受“正像末三时说”及“穆王壬申岁佛灭说”，认定唐初已进入“末法”阶段，静琬刻经的目的是把石经留给“末来之世”的人。至五代及辽，人们对于静琬刻经的初衷从本质上产生了误解，局限在如何应对帝王对佛法的破坏上。就刻经的社会基础而言，静琬时代可能不会听任布施者随意刻写愿文来表达各自的愿念。到了玄导时代，则开始向世俗社会做出妥协，允许赞助刻经事业的信众刻写愿文，违背了静琬的初衷。自唐至辽金，房山石经题记的发愿刻经者除了军人之外，有达官显贵、地方大员，还有合邑全村、合家同族以及普通个人、寺院僧尼。“末法”意识在静琬之后开始减弱，主要因为“末法”始年被人推迟、未来佛弥勒信仰淡化以及中国佛教对“末法”问题的关注降低。从房山石经历史发展看，“末法”思想并非笼罩刻经的全部历史。“末法”意识实际影响或许只存在于静琬之世及辽代极少的特例之中。

（沈国光）

孟宪实《唐代册礼及其改革》（《历史研究》第3期）

册书是唐代“王言”之一，适用范围最小，等级最高，在册授礼仪中交给受封者。唐初有严格的册礼之制，分为临轩册授与朝堂册授，二者存在一定差别。职事官二品、文散官一品属临轩册授，职事官三品则属于朝堂册授。但在此时，地位仅次于皇帝的皇后、太子与臣下使用同样的临轩册授礼仪。高宗显庆元年（656）的改革，把临轩册授与朝堂册授合并，取消了对三师、三公、亲王等的临轩册授，改为朝堂册授。如此，则皇后与太子的册礼便与一众大臣有了区分，尊卑之间的礼仪混淆问题获得了部分解决。光宅元年（684）之后，册礼不断调整其适用范围，最终基本确定为皇室礼仪。到了唐玄宗时期，册礼与册书的名义仍被保存下来，但范围狭小，行用机会不多，主要是用于“立后建嫡”、“封树藩屏”以及“宠命尊贤”。唐代册礼改革后，对皇室与百官作了区分，凸显了皇室地位，而获得同皇室一样册命礼仪的大臣也增强了其地位满足感。

（沈国光）

刘子凡《“天可汗”称号与唐代国家建构》（《历史研究》第6期）

“天可汗”称号是考察唐代国家建构的重要出发点。唐太宗贞观四年（630）接受“天可汗”称号具有统治东突厥诸部的意味，此后唐朝虽然逐步征服薛延陀等草原势力，“天可汗”的号令范围也随之扩大，但仍未及于全部北方游牧部落。在唐朝的统治体制内，“皇帝”与“天可汗”并非两个分立的统治系统。唐初“天可汗”称号依附于“皇帝”称号而存在，体现的是胡汉背景下统一皇权的扩展。太宗时期“天可汗”称号虽具有实际统治的政治意味，但太宗以后的“天可汗”仅具尊号性质。与此同时，唐代边疆治理所采用的是对应“中国法”的羁縻制度，而不是“可汗”对应的“胡法”。从“皇帝”及“天可汗”称号所反映的国家结构看，唐代行用的仍然是融合了北方草原因素的中原体制，这也是中古时代历史发展的大趋势。

（沈国光）

钟焓《“唐朝系拓跋国家论”命题辨析——以中古民族史上“阴山贵种”问题的检讨为切入点》（《史学月刊》第7期）

20世纪末以来，西方以及日本学界在一种与中国史全然不同的“内亚史”视角下，提出了相对新颖的唐朝属于“拓跋国家论”的观点，强调唐朝统治中的北族因素，淡化唐代的汉文化因素，建构起一幅胡汉比例完全失调的唐朝历史图景。不少学者据《唐护法沙门法琳别传》中关于李唐姓氏渊源的记载，误认为李唐姓氏出自作为“阴山贵种”的鲜卑氏族。3世纪以降，阴山成为拓跋鲜卑重要的屏障要地。平城时代广义上的阴山已经与拓跋鲜卑、归附北族这两大政治群体发生了极为密切而特殊的关联。这就导致原非出自大鲜卑山而只是在平城时代逐渐被动或主动加入鲜卑国家并被安置于相应区域的非拓跋系北族后人，借称其家族与拓跋氏同出阴山来塑造现实政治中的勋旧贵族身份，从而跻身北朝权力集团的核心位置。在六镇事变之后，阴山才成为不少六镇代北氏族和早已南迁并汉化的元氏等十姓集团在认同层面的交集，成为表示高门贵种的特殊地理符号。在北朝后期，新创出了将早先以元氏为核心的旧有鲜卑高门著姓与所谓“阴山贵种”武川新贵集团相整合的观念，并下延至隋唐之际。到了西魏、北周时期，为缓和、弥补代北人氏的故有出生地域与宇文氏为增强凝聚力而期待部下将士转向关陇为根本认同之间的矛盾，颁令促使本来相当于“阴山贵种”的代北人士将其族源与关陇郡望相对应。新塑造的“陇西李氏”成为高居“阴山贵种”之上的又一个政治符号。唐代，时人以阴山指代阿史那突厥，李唐皇室与“阴山贵种”的分道扬镳也就势在必行。通过对突厥等北族移民的接纳，并施以华化为主导的文化战略，促使其中不少上层分子也接受“阴山贵种”的认同符号，体现了经过多个世纪的民族整合和文化碰撞以后新形成的汉文化具有强大的输出能力以及对其他文化的涵化和消化能力。

（沈国光）

周鼎《乡里与两京之间：唐前期江南士人家族》（《唐研究》第26卷）

唐前期的江南史颇为黯淡。除了出土碑志，宋元以降方志、族谱等地方文献载录的唐代碑刻成为勾勒早期江南士族社会的重要材料。通过对唐代润州以及宣州部分区域的考察，可以管窥唐前期江南地区人群的生存状态。在润州等地，丹徒马氏这样的侨姓低级士族因先世官位不显，缺乏声望与人脉，未能迁居两京，或盘桓故里，或迁居邻近的新兴城市。溧阳史氏世代定居溧阳，入唐后虽然部分成员凭借文学素养进入品官序列，迁离原籍，进入长安，但依然在溧阳维系着深厚的宗族乡里根基。在三吴地区，以会稽虞氏与吴郡顾氏为代表的三吴旧姓家族虽然很快实现了“中央化”，但在日常生活中与远在江南的乡里宗族仍不乏互动。同时，以会稽康氏与义兴蒋氏为代表的新兴家族在学术文化与仕宦上均有不俗的表现。他们在逐渐“中央化”的过程中，依然在原籍有着深厚的乡里基础，乡里与两京之间频有互动。据此可见，唐前期江南的士人活动呈现出浓厚的地域与宗族特征，明显有别于同期正在经历“中央化”“个体家庭化”的旧士族。高宗与武后之际，唐朝出现了一个依托科举体制，以文学进身的社会阶层。江南地区侨姓低级士族与南朝寒人家族，大多先世不显，但凭借经济实力与文化素养，终于得以依托科举，拾级而上，成为两京政治舞台的新面孔。

（沈国光）

陈明光、靳小龙、毛蕾《唐宋国家治理盗耕种自然资源土地资产述论》（《厦门大学学报（哲学社会科学版）》第3期）

中国古代自然资源土地资产产权可分为所有权、占有权、使用权、经营权、监管权等不同层面。唐代国家对自然资源土地资产产权有专门的立法，包括水体资源公共产权、自然资源土地资产产权归属以及荒地的管辖和处理等。宋朝在自然资源资产产权的立法方面，除了水体资源外，对作为自然资源的土地资产产权进一步作出明确的法律规定，并且制定了关于江河、碱地产权转换的法令。同时，宋朝对系官田产中的自然土地资产，或予出卖给私人，或拨充职田、屯田等官用以及招佃取租。唐宋国家治理盗耕种自然资源土地资产就是以产权规定和盗耕种法令为法律依据的政府行为。唐宋国家治理盗耕种自然资源土地资产是出于财政考虑。唐朝前期，鼓励开垦荒地最直接的财政效益是增收地税。唐后期，则是提高纳税人的税负能力，并继续征收赋税。宋代治理盗耕种的目的同样是增加税收，特别是纠查逃税，同时也出于增加中央财政专项收入的特定考虑。同时，宋代治理盗耕种自然资源土地产权与地方治理的关系存在中央政权、地方政府以及地方豪强三个博弈方。就治理效果而言，在不同类型的自然资源土地资产的治理中，存在中央与地方政府间财政收益、中央与地方豪强间经济利益，以及地方政府与地方豪强间利益的博弈。

（沈国光）

刘安志《唐代解文续探——以折冲府申州解为中心》（《西域研究》第4期）

2021年新出《吐鲁番出土文献散录》收录两份文书，其一为《唐开元二十一年九月某折冲府申西州都督府解》，其二为《唐天宝间节度使随军某解》。这是新见研究唐代解文的重要资料。《唐开元二十一年九月某折冲府申西州都督府解》是迄今所知吐鲁番出土的第二件唐代折冲府申州解文，是西州某折冲府于开元二十一年（733）九月某日发出的公文。虽然此件文书前后残缺，但根据与已复原的唐代县申州解的“解式”相比较，该文书在官印钤盖、公文用语、官员签署诸方面，均与县申州解文有着诸多相同之处，属于同类性质文书。折冲府申州解的主典为兵曹参军，主典之后，折冲府录事、府、史签署。再结合县申州解文，可以基本复原折冲府申州的“解式”。

（沈国光）

赵贞《从敦煌吐鲁番文书谈唐代的“身死”》（《中国史研究》第4期）

唐代籍帐中对于死亡人口的登录，主要见于手实、户籍和差科簿中。在手实、户籍和差科簿中所见的死亡人口著录格式中，“籍后死”、“帐后死”、“□□□年死”和“身死”，都是经过官方审核、勘验过后的死亡记录。不论是普通民户、奴婢贱民，还是府兵卫士及其父母，甚至寺院人口，他们身亡后，其家属、主人或寺院都要上呈牒状，向县衙申报死者情况。县司随即组织人员进行死亡勘验，一旦勘定死亡不虚，即向死者亲属颁示“公验”或“死牒”，作为注销死者户籍的凭证。官府要进行如此严格的核实，不仅是为了防止诈称疾病以逃避赋役，更重要的是通过对死者户籍的注销、课役的剔除、已授田的退还以及替人代役的管理与安排，最大限度维护社会秩序的稳定，确保赋役差科的顺利推行。

（沈国光）

张峰《唐代史家与历史编纂的创新》（《史学理论研究》第5期）

唐代史学成果十分丰硕，唐代史学在中国历史上大放异彩的原因在于其不断推陈出新，既有对以往史学的总结，又具有创新精神。综合说来，唐代史学主要具备三方面的特点。一是通过反思、探索与创新，突破了正史编纂的难题。唐初修撰的八部正史，折射出唐初史家对前代正史编纂的反思、探索与创新。这样的反思、探索与创新主要表现在制度、观念与方法等方面。唐代史家在编修史书时，实行集体纂修、分工协作以及监修负责三位一体的修史制度。在修撰中，适时变通，不拘泥于前例，以整体观念为指导，勇于打破前史断代记事的陈法，再现南北朝历史发展的脉络，为后世的正史编纂树立了新的典范。二是在融合、创造中超越旧有的史书体例形式，开创典制体通史的历史撰述形式。《通典》不是正史书志的简单结合。杜佑继承并发展了管子和孔子的思想，又具有鲜明的历史进化观，反对“非今是古”的论调。这样的观点的融合与创造，反映了杜佑对社会历史的深层理解与认识。三是历史编纂的理论自觉。唐代史家重视对历史学的审视、批评与总结。刘知幾之前的史家就已经表现出对史学理论探讨的兴趣。其《史通》表现出高度的理论自觉性，具有鲜明的理论自觉和范式总结的学术意义，对阻碍史学发展的因素作了批判和反思。唐代史家对唐以后史学总体走向的影响还表现在推进史学的整体发展、创新历史编纂的形式以及拓宽历史观察的维度三个方面。

（胡楚清）

瞿林东《〈新唐书〉怎样评价唐代史学》（《河北学刊》第1期）

《新唐书》对唐代史学颇有微辞，而且有的论点是带有全局性的评价。《新唐书》认为唐代近300年的史学活动以及史家的论著似无可取之处；唐代史著，非“俚”即“漏”，难以卒读；质疑刘知幾《史通》，贬斥韩愈主修的《顺宗实录》。《新唐书》对刘知幾《史通》和韩愈主修《顺宗实录》的贬斥是不合理且不符合事实的。这般歪曲事实与不实评价的目的在于贬低乃至抹杀唐代史学的价值。不仅如此，《新唐书》著者对唐代一些有成就的史学世家大多采取近于漠然的态度，如《新唐书》对唐代最重要的史学成果之一杜佑的《通典》十分吝惜笔墨，而《旧唐书》中的评论则更为中肯。但是事实上，《新唐书》对唐代的史学评价中存在相互抵牾之处，反映出著者认识上的混乱。造成这样情况的原因在于《新唐书》成于众人之手。虽然欧阳修和宋祁之间本存在分工，欧阳修著纪、表、志，宋祁著列传，但是曾公亮上表中就曾说明《新唐书》成于众人之手。欧阳修和宋祁虽然是刊修官，但是二人长期兼任外职，尤其是欧阳修，作为主要刊修者，实际在史局的时间不多。事实上，在《新唐书》修撰中，始终没有专职的监修官或总裁官主事。通过《新唐书》中对唐代史学认识的混乱与抵牾可以看出史书修撰中相关人选和体制设置的必要性。

（胡楚清）

仇鹿鸣《“伪梁”与“后唐”：五代时期的正统之争》（《历史研究》第5期）

五代各朝的正统叙事以梁、唐之争为主线。后唐灭梁后，李存勖以兴复唐室自居，将梁视为僭伪，发展出了一套“尊唐贬梁”的书写规范。就墓志而言，这套规范下渗到官僚各阶层。同时，志文的隐微书写，也掩映着些许前梁官员规避直书“伪梁”的杂音。随着时间的推移，这套书写规范对具有一定私密性的官员墓志的书写控制力日益减弱。前梁旧臣群体出于官僚阶层自利取向，往往采取各种方法规避直书“伪梁”的要求，但同时又称后唐“中兴”，承认其正统。“后唐”一名在墓志中出现时间较早，且是本朝的自称，并在明宗时用例渐多，至后晋时期趋于普遍，不同地域及各阶层的墓志均有使用。“后唐”的出现与流行，大约是士大夫社会“自然”的产物，加之书写“伪梁”规范的放松，不经意间消解了“中兴”叙事的神圣感。石敬瑭称帝后，仿照后唐贬梁为“伪”的先例，规定书清泰为“伪朝伪主”。但这一强制性规范并没有落实到大多数墓志之中。与此同时，入晋后书写“伪梁”的规范亦趋松弛。墓志中的“伪梁”与“后唐”，前者是政治权利的产物，后者或来自士大夫社会约定俗成的称呼，两者的消长共同构成复调的历史。

（沈国光）

方诚峰《从唐宋宰相概念论君主支配模式》（《史学月刊》第3期）

中国古代官制中本无“宰相”称号，故对宰相概念的讨论应先于实在的宰相制度。唐代杜佑（《通典》）之“宰相”条、北宋《册府元龟》之“宰辅部”所展现的唐宋宰相概念的基本要素有二：一是“枢机”，即“近要之官”；二是“总统”，即统摄百官百司。二者之中，又以“枢机”为基础。实际上，唐与北宋君主的枢机不限于宰相，还包括学士、宦官、佞幸等，他们共同构成君主支配天下的关键设置。枢机制与委托制，可谓中国古代君主支配天下的两种基本模式。传统君主制或许都面临一个共同的挑战：如何以一人独运天下。在中国古代，除了罕见的君主亲力亲为之外，基本的模式有两种。西汉时代所见的一种典型模式是“君相委托制”，即天下政务总于丞相，为日常统治的中枢。在这种结构下，君、相之间略有某种“平等”的色彩。无论就实践还是理想而言，委托制仍可谓中国古代皇帝支配天下的基本模式之一。经过东汉及魏晋南北朝的演进，隋唐至北宋前期所见则是另一种模式，可谓之“枢机制”：君主通过其枢机支配天下，这些枢机之臣的第一重身份为君主近要之官，第二重身份为有司之首领。在君主—枢机—有司的支配中，所谓“宰相”，正是唐宋君主的多种枢机之一，此外还有宠臣、学士、宦官等。从唐到宋，不但宰相从兼职枢机变为专职，而且还有北司这一新的枢机——有司系统的创生与演化。在委托与枢机制下，不但君相关系不同，君主直接支配的范围也不同。委托制下，君主个人的支配范围有限，故表现出来的政治问题往往是内朝干政。不过，这种“内朝”“中朝”固然为一些皇帝介入朝政提供了可以依靠的力量，但实际多被丞相隔绝于内，没有运转天下庶事的权限与能力。但在枢机制下，君主通过枢机群体将整个王朝系于自身周围，其中的变化是有新的枢机系统加入，进一步完善了君主支配天下的能力。至于内朝，则不再是枢机制下的政治问题了。

（雷博）

李华瑞《近二十年对王安石及其变法的重新认识——为王安石诞辰一千周年而作》（《史学月刊》第11期）

整理总结近年来对王安石及其变法的研究，可以看到，21世纪以来，王安石及其变法的研究全面铺开。近20年所取得的成果超过了20世纪的总和，王安石的文学、经学与变法实践得以重视，这是此前未曾出现过的。王安石的经学研究后来居上，是21世纪以来王安石及其变法研究取得进展最重要的标识。尤其是对王安石经学与变法的内在理路的研究有了新的推进，而对王安石“字说”的重新认识，则是王安石经学研究的重大进展，王安石变法研究趋于理性，与党争心态、阶级斗争理论渐行渐远，鲜活的王安石形象越来越清晰地显现。大多数学人已能用平常心态对待过去的毁誉、恩怨、褒贬，这是王安石及其变法研究的进步所在。王安石文学的研究对王安石在文学史上实际地位的估计尚显不足。总体来看，虽然王安石及其变法研究已取得令人瞩目的成绩，但是现今仍缺少综合其文学、经学、变法及其时代背景的整体、全面而有深度的研究。

（雷博）

李全德《释苏轼〈王安石赠太傅制〉中的“微意”》（《北京大学学报》第5期）

苏轼《王安石赠太傅制》是讨论王安石、苏轼二人关系乃至元祐更化之初政治变化的重要文献。古今学者对于该文理解不一，甚至有完全相反的认识。有人认为其是由衷之言、赞美之词；也有人联系《辨奸论》，认为是修怨之词。其原因在于对制词本身所具有的显、隐二义认识不足。元祐元年王安石过世后，司马光提出优加厚礼，苏轼的态度也体现在赠官制书中，表面上是褒词，不失王言之体，对王安石变法事业不置可否，而对人品、道德、文章称颂备至，这一点成为学界主流认识。但如果深入制词文章，可以看出苏轼采取寓贬于褒、明褒暗贬的写作手法，他所谓“希世异人”“智足以达其道，辩足以行其言”的表述，是对王安石足智善辩的讽刺，实际上是将其贬为小人；“靡然变天下之俗”等表述则是暗讽新法对当时社会与官场风俗的破坏，可以看出其对熙丰时期风俗问题的定位。“网罗六艺之遗文，断以己意；糠秕百家之陈迹，作新斯人”，蕴藏褒贬之意，尤其是对王安石学术不纯、掩盖先儒，以一家私学为天下公器的不满，从各种角度表达了个人对王安石学术和新法的否定。这也意味着苏轼与王安石二人虽然私人关系已经缓和，但在思想、学理与政治立场上，并没有实现真正的和解。

（雷博）

杨光《六察法的推行与宋神宗时期监察制度的转变》（《中国史研究》第3期）

宋神宗时期，御史台在继续开展言论监督之外，又开始推行机制迥异的六察制度。查举在京官司文书、纠举其行政失误成为御史台一项重要工作，带来了御史台监察职能的重要转变。六察制度的推行，是宋神宗调整台谏监察制度的重要环节。为了推行自身政策，将朝政主导权控制在手中，宋神宗不仅频繁任免台谏官，还强调台谏机构在职能运作上应更注重对行政部门执法的效率与质量进行监督，并应根据更加真实可靠的信息进行弹劾。六察制度的出台及其监察机制的形成，既是对宋神宗种种期望的回应，又蕴含着御史台官员对自身利益的考虑，是双方互动博弈的结果。通过比较御史台的六察制度与言论监督两种“监察”形式，认为六察制度一方面满足了对在京官司文书的覆查需求；另一方面也使御史台不会对朝廷法令提出质疑，而仅是依法纠举行政失误。这一机制既顺应了神宗为推行自身政策想要抓牢朝政主导权的政治诉求，也包含了御史台官员维护部门利益、强化自身作用的努力。

（雷博）

张亦冰《北宋前期三司国计体系的演进》（《历史研究》第5期）

讨论分析了北宋前期三司国计体系的演进，由宋初集中全国财政计度与审核权，到真宗朝受两税计征与实物财政共同作用产生的以征调立额管理为中心的财政管理体系，转运司和发运司拥有了更多财计自主权，三司国计机制的运作也更加合理和稳定。北宋前期由三司主导的国计体系，既是对前代制度的继承，更是宋初中央集中财权、控御地方的产物。该体系的运作机制与演进过程，与唐宋之际财税结构及管理体制变化密切相关。宋初三司依托州郡申报的文帐，直接统筹郡计，进而移易两税钱物以供全国用度。但受实物财政条件及行政能力限制，三司过分集中全国财政计度与审核权，导致申省文帐大量积压，影响国计体系正常运作。真宗朝广泛实行财赋征调立额管理，三司一般不再直接掌控州郡税赋计征，而是依托各路上供额安排钱物调度变转；同时，转运司获得更多自主权，国家财政计度体系趋于合理，深刻影响了宋代国家财政收支的基本结构。北宋前期三司国计体系的演进，不仅为应对财政集权管理模式中的权能落差问题，更是两税税制特点与实物财政共同作用的产物。只要这一历史条件存在，征调分离的计度格局就会长期持续。至明前期，朝廷依托里甲重新整编田赋计征体制，确定税粮起运、存留分隶比例，试图重建征调合一的税赋体制。但直到明中叶赋役折银与定额改革，尤其是“一条鞭法”实施后，税粮、上供物料等“一切赋役都折成银子编派和会计……课税客体多样化的差役和实物的征派有了统一的计量标准和定额”，全国财政才得以统一核算，地方官府才能编制出详载赋役科则、定额与分隶信息以资征派的《赋役全书》，使得中央政府至少在技术层面有可能全面掌握地方钱粮实际收支勾销情况，进而展开预算编制和年终审核。最终在清顺治年间，建立起地方奏销册攒造、申报与户部统一奏销钱粮之制。至此，全国财赋征调分离局面方得到改变，传统国家财政的统筹计度又以新形式得以落实。

（雷博）

包伟民《近古乡村基层催税单位演变的历史逻辑》（《北京大学学报》第1期）

梳理了乡村管理组织从唐的乡里制，到宋初转型为乡管制，再到熙丰年间基于新法运动的保甲法融入乡役催税体系形成的乡都制的演进脉络。基层催税单位也据此重组，一个以都为乡村管理核心的新组织体系也从此形成。熙丰以后，宋廷面临着基层催税之责无法均摊到下户、催税乡役负担太重而引起的种种弊端，元、明朝廷均试图调整改进。催征赋税是帝制时期乡村基层管理的主要内容，从具体负责家至户到地向人户催征的基层催税单位的角度出发，考虑到它的规模与实际可操性，将各种重要制度要素前后通贯起来观察，可以发现将宋初的乡管制攻造为熙丰年间开始形成的乡都制，是帝制国家重组乡村基层社会的重大举措。在乡都制之下，宋廷一直试图将催税乡役的负担均摊到一般民户，从而形成了以二三十人户为单位的结甲制，与百余户的户长/大保长催税制，但均因有其不足而难以推行。经元代的承续，到明初再次重组乡村社会，形成结合两种制度要素的里甲制，终于对自唐末以来基层催税制度的演变做出了总结，这就是该文所说的历史逻辑。

（雷博）

韩冠群《感戴报德与循吏象征：宋代生祠的盛行与地方社会》（《史学集刊》第6期）

宋初强化中央集权的过程中，朝廷不再将颁授碑祠作为笼络地方或政绩奖励的手段，对生祠放松了管制。生祠因兼具为官员祈福祈寿与颂扬美名的功能而成为民众偏爱的报答方式。作为循吏文化的重要象征，建祠立碑对于提高官员声望、塑造循吏身份形象具有重要意义，也是官员道德实践得到认可的标志，故受到推崇。同时，地方士民借此评价官员的施政效果，把各种善政措施固定化，以维护自身利益。这些因素都推动了宋代生祠的盛行。宋代的碑祠修建活动可分成两个阶段来认识。北宋建立之初，继承中唐以来的传统，采取朝廷颁授、高官撰文的模式。而随着太祖、太宗两朝一系列集权和削藩措施的实施，中央对地方的掌控得到恢复和强化，原来握有地方实权的节度使、观察使、防御使等官职成为虚衔。与之相伴的是，由朝廷颁授碑祠以笼络地方的做法走向终结。真宗景德之后，申请德政碑的制度虽然保留，但实际上不再被批准。同时，朝廷放松了对生祠的管制。这一改变使得生祠修建的主动权转移到地方，使之成为一种地方事务，从而为生祠的盛行提供了条件。地方士民对这一形式的主动运用也推动了生祠立碑的扩展。生祠立碑作为表达民情民意的一种方式，其效果是因地、因时而异的，但可以从中看到统一国家之下地方社会的面相。

（雷博）

贾连港《南宋初年中央统军体制的调试及其运作方式研究——以御营使司的兴废为线索》（《中国史研究》第4期）

南宋建立后，既有的“枢密院—三衙”

体制已经废弛，宋廷迫切需要组建新的中央统军体制。御营使司便是在这一背景下成立的。初设的御营使司，主要职能是“总齐军中之政”。随着御营使司长官人选从李纲到黄潜善、汪伯彦转变，御营使司统军局面逐渐形成，三省、枢密院反成其陪衬。由于外有金人追袭、内有诸将难制及统军体制本身存在的问题，御营使司的职能趋于衰减。维扬之变后，御营使司丧失边防措置权，三省、枢密院的职能开始有所恢复。苗刘之变后，御营、御前军分立，“御前”统军的局面开始出现。在吕颐浩主政时期，中枢军政运行仍存在诸多弊病。范宗尹主政后，赵鼎主持改革中央军制，罢废御营使司，并向“御前—枢密院”体制转变。南宋初年中央统军体制的调整，对于勉力维持风雨飘摇的南迁朝廷立足东南有重要意义，其运作方式对新的统军体制亦有重要影响。

（雷博）

来亚文《宋朝腹地“郡县无城”与“小城大市”现象研究》（《史林》第4期）

宋代是中国古代城市形态发生重要变革的时期，学界曾有中国古代“城市革命”的说法，以往中外学界均曾有不少研究成果。作者通过对宋代筑城史料的梳理，提出了一些新的见解。认为宋朝在地方城池营建方面，并未坚持“守内虚外”原则，主要的筑城对象是沿边、次边的州县级城市和军事堡垒，以及近里地区的重要州级城市；两宋腹地的普通州县不是朝廷筑城的重点对象，因此南方州县普遍呈现“有市无城”“小市大城”的现象。但“无城”这一说法，系专指罗城（外城）而言，不包括以环绕衙署、仓库等机构为主的小型城池，即宋朝腹地州县以县城和州军子城的小型城池为主。这些子城大多仅有内城而无外郭，街区（商业区）分布于子城之外的现象较为普遍。史料记载中呈现出州县城规模总体南小北大，子城数量南多于北的特征。同时，北宋时期腹地州县城池普遍失修，其中的地理原因在于南方土质不宜建造夯土城墙，砖石城墙又耗费太大，在政治军事形势上也无必要。南宋时期因形势变化，南方砖石包砌夯土的结构开始增多，其根本原因是夯土墙体难以持久且防御力低下。在此基础上，作者还对历史上的中国古代城市概念的理解、城市的建筑规制、城墙建筑材料、城墙作为区分城市内外的分界线意义等潜在问题，提出了新的思考。

（孙景超）

张晓宇《理学与皇权——两宋之际“圣学”观念的演变》（中国台湾《中央研究院历史语言研究所集刊》第92本第4分）

中国早期典籍文献中，“圣”一般指“圣人”或“圣贤”。秦汉以降，“圣人”多指帝王，“圣贤”的含义则较为含混，或指上古圣王，或指诸子思想家。晚唐以前的“圣人”观，重在突出其圣智天生，超乎众人的特点，这一时期缺乏清晰的“圣学”概念。随着宋代君主专制的展开，“圣学”

作为一种统合概念得到新发展。该文将宋代的“圣学”概念分作三类：皇权式“圣学”、士大夫式“圣学”、理学式“圣学”。不同类型的“圣学”概念包含着不同的“圣学”对象与“圣学”方法，皇权式“圣学”与士大夫式“圣学”均以皇帝为“圣学”对象，理学式“圣学”的对象则包括皇帝与一般士人，希望通过“学”臻至“圣人”之境。北宋的“圣学”概念发源于经筵，体现的是士大夫式“圣学”理念对皇权的规范，但它也刺激了皇权式“圣学”的觉醒与发展。“圣学”的概念在哲宗与徽宗二朝得到充分的讨论与界定。总体而言，北宋皇权高涨时，皇权式“圣学”压过士大夫式“圣学”，皇帝“与士大夫治天下”时，士大夫式“圣学”的话语权才得以增强。到两宋之际，理学家把“圣学”与儒学理念挂钩，改造士大夫式“圣学”而成为理学式“圣学”。理学式“圣学”在南宋得到巨大的发展，并与皇权式“圣学”相区隔。南宋绍兴年间关于“圣学”的争议，则彰显出皇权式“圣学”与理学式“圣学”的差异与张力，前者对后者造成巨大政治压力，理学式“圣学”被归为异端而遭到持续打压。

（陈冠华）

廖咸惠《知识的分类与界定——宋代士人与小道之学》（《汉学研究》第39卷第2期）

宋代社会转型，平民通过科举跻身士人阶层。宋代的日常生活知识得到空前扩充，佛、道和民间信仰，以及农圃、风水、医卜、阴阳历算等与心灵和生计密切相关的知识不断增加，诗文、碑帖、金石考古等各类知识与活动空前活跃。这些通常被儒家归为“小道”的日常生活知识，大大超过了儒家经典知识所能涵括的范围。这迫使宋代士人采用不同的论述策略来证明各种非儒学的知识与文化的合理性和价值。该文首先分析宋人对“小道”的诠释，指出宋人把“小道”解释为各式技艺的代名词，属于圣人创作的符合“道”的意涵，明确将其与异端区分开来。进而，分析宋人借助子夏“虽小道，必有可观者焉”的论述，把“书学”“辞赋”“文辞”“小说”“书画”“道释之学”“异教之书”“百家之书”“歌诀”“药脉”“黄白”“推占”“相地”“阴阳灾异”“律历星历”“术数”，乃至“打马”“象戏”“博”等皆纳入“小道”知识的范畴，为“百家众技”辩护。作者最后根据各类传记书写观察到宋人凭借“博学”“博通”的理想追求，合理化士人的“小道”知识实践。该文认为宋代士人在知识分类与认知方面的转变，使“小道”之学获得存在的合理性，并成为士人知识追求的范畴之一。宋代士人因应社会文化发展与知识实践变化，调整经典诠释，扩大了儒学思想的涵盖面。

（陈冠华）

孔维京《辽代“七庙”与皇家宗庙祭祀考论》（《史学月刊》第6期）

“天子七庙”是中原王朝皇家宗庙制度

的核心内容之一，但《辽史》中出现的两处“七庙”均非中原太庙体系下的“天子七庙”。辽圣宗朝中京万寿殿的“七庙”御容，分别为太祖、太宗、让国皇帝（耶律倍）、恭顺皇帝（耶律李胡）、世宗、穆宗、景宗等七位。中京皇城中存在两个不同的皇家宗庙祭祀场所：一个以太祖庙（祖庙）为中心，名为观德殿；另一个则以景宗庙（景宗、承天皇后御容殿）为中心，名为万寿殿。两者都具备祭祀辽朝诸帝的功能，都安放有诸帝神主（御容），只是祭祀时间与功能有所不同。辽朝安放御容的场所亦可称为庙。所以，开泰八年圣宗于中京所建景宗庙，应即《地理志》所言之“景宗、承天皇后御容殿”，而《地理志》所称“祖庙”，也应为开泰九年中京所建之太祖庙。万寿殿“七庙”实际上发挥着“原庙”的功能。对于游牧出身的契丹君主来讲，相比于礼法森严的祭祀场所，这种简便的原庙更符合祭祀习俗。而柴册仪“奉七庙神主”环节，实则代表祭拜先帝的“行宫庙”。辽朝统治者在吸收和利用中原宗庙制度的过程中对其进行了本土化改造，建立起一套适合自身政治和社会形态的皇家宗庙祭祀体系。在此体系中，都城庙、州庙与陵庙、陵寝祭祀相互补充，斡鲁朵行宫庙作为辽代特有的祖先祭祀形式，随捺钵四时迁徙，成为皇家宗庙祭祀的核心。都城宗庙的设立则反映了对中原农耕文化的吸收，代表的是中原式的“政治中心”。此外，辽代地方上皇家宗庙的建立，则体现了二者的调适与补充。这一方面表现在立庙地点的选择与隶宫州县的结合，另一方面体现在源于汉制的陵寝制度与契丹斡鲁朵制度的联系。辽代皇家宗庙祭祀中的“汉契杂糅”特点，反映了农牧文化之间的互动与交融。

（雷博）

孙大坤《辽代斡鲁朵官制考》（《宋史研究论丛》第28辑）

斡鲁朵内部同时包括了游牧人口和农耕人口，决定了斡鲁朵官制在设计时依然会遵循辽朝南北面官分立的原则。一方面，在基层以部落组织形式管理游牧人口，借鉴中原制度管理农耕人口；另一方面，在中央设置北南面都部署等高级宫官，分别总辖斡鲁朵内的契丹人与汉人、渤海人事务，二者相互独立，共同听命于皇帝。同时，斡鲁朵官制继承了中原官制的官员结衔，并以之为基础确立了斡鲁朵官的品秩制度。斡鲁朵官分为北面宫官和南面宫官两个系统，最高长官分别是契丹行宫都部署和汉人行宫都部署，二者之下各设副贰官与僚佐官，分别管辖契丹与汉人事务。各个斡鲁朵由某宫契丹都部署和汉人渤海都部署共同执掌。斡鲁朵内游牧人口的管理体系与部族基本相同，为斡鲁朵一石烈一抹里三级。斡鲁朵对农业人口通过各级提辖司进行管理。辽代斡鲁朵官属于职，其品秩高下是由任职者所带官来确定的。大体而言，契丹行宫都部署和汉人行宫都部署带尚书左仆射衔，某宫契丹都部署与某宫汉人都部署在品级上与节度使相当，但地位略高。瓦里和著帐户虽然都由籍没人户组成，但二者并非相同机构。《营卫志》记载的各瓦里均隶属于不同的斡鲁朵，而著帐户的记载则被单独列出，并没有被附在某个斡鲁朵之下。而且著帐户最主要的来源之一就是“诸斡鲁朵析出”。出自不同斡鲁朵的人口在被重新编成著帐户后，应当作为独立于各斡鲁朵的组织而存在。从著帐户与瓦里人户的身份相同这一点来看，诸斡鲁朵析出为著帐户的人口，有可能原本隶属于瓦里。负责宫廷杂役的著帐户被称为小底，小底是官奴婢，而不是官，《百官志》北面著帐官条将承应小底局之下的小底成员记作著帐官是不合理的。著帐郎君则是身份高于著帐户的特殊罪囚，亦不是统领著帐户的官员。辽代各提辖司的布局是以上京、中京、南京、西京以及平州、奉圣州等区域重镇为中心，即使是同一斡鲁朵下的提辖司，在空间分布上也极为零散。所以为了有效地控制各提辖司，辽朝需要在四京二府设置相关的管理机构——诸宫提辖制置使司。辽代斡鲁朵官制遵循南北面官分立的原则，堪称辽朝政治体制的一个缩影，而斡鲁朵官制中弥合农耕区和游牧区的努力，也证明了斡鲁朵乃是辽朝将游牧区与农耕区维系在同一政权之内的重要纽带。

（雷博）

杨逍《辽代提辖司探讨》（《中央民族大学学报》第1期）

在私人“分地”内建立以“私城”为单位的汉人、渤海人“居民点”是契丹早期安置农业俘户的主要方式。辽初提辖司就是为管理战俘而设置的机构。“私城”在辽朝境内的分布极为零散，不便管理，而采取按照区域设置提辖司以管理辖区内“私城”的办法则较好地解决了这个问题。随着辽代行政体制的演变，“私城”被逐步纳入州县体制内进行管理，“私城”所在区域的管理机构——提辖司亦随之转化为斡鲁朵和头下军州内的机构。但是，比较特殊的是，州县为南面官系统，而提辖司则是北面官系统。辽代提辖司作为管理契丹主及贵族“分地”上未属州县的农耕俘户及公主媵臣户的机构，按所隶领主身份的不同，可分为宫分提辖司和头下军州提辖司。宫分提辖司由契丹主以战争中所俘人户组建，采用科层式管理机制。随着辽代不同时期政治环境的变迁，其管理机构历经调整，并最终形成诸宫提辖司 — 某京（州）提辖司 — 某宫某京（州）提辖司 — 某宫提辖司四级管理体制。因辽太宗时期宫分提辖司制度曾被以州县制为基准加以改革，故宫分提辖司辖区范围与辽京道区划并不完全重合。头下军州可分为传统头下军州和公主头下军州两类。传统头下军州由贵族头下主要于战争中所俘人户组建，提辖使常由贵族头下主之部曲充任，带刺史衔以管理头下州，同时带提辖使衔以管理未属州之人户。公主头下军州由公主媵臣户组建，提辖使一般由国家官吏担任。随着贵族头下主对头下军州控制力的减弱，头下军州与头下军州提辖司的管理权日渐分离，并逐步与辽政权集权制度相协调。

（雷博）

关树东《辽朝乌隗乌古部与倒塌岭统军司考述》（《中国边疆史地研究》第4期）

辽太祖建国前后，在契丹八部之外，将俘获或来附的外部族人口另立八部，并在新部名之上冠以契丹旧部名。新八部与契丹旧八部数量相同，并非巧合。经过战乱和迁移，部落离散后重组八部，是北魏以来契丹族部落联盟的传统。建国以后，随着掳掠和新附部落人口的激增，组建新八部势在必行。新八部名冠以契丹旧八部名，是契丹部落传统的延伸。新八部中，涅剌旧部名出现两次，乌隗、突举两个契丹旧部名却并未出现。这不免令人生疑，应是记录有误。经考证，《辽史》中的乌隈于厥部、隈乌古部、乌隈乌骨里部都是乌隗乌古部之异译，实为辽初组建的新八部之一。《辽史》中的“乌古涅剌部”应为“乌古涅离部”之误，简称“涅离部”，按新八部命名惯例作“乌隗乌古部”。辽代阴山以北的防务原由西南路招讨司负责，后来增置一个受招讨司节制的军事机构山北路副部署司，别称西南路副部署司，辽后期升置倒塌岭统军司。倒塌岭统军司的成立，与乌古敌烈统军司治所及镇戍地的变化大致同步，是辽朝因应北部边疆紧张局势、加强边防的整体部署的组成部分。倒塌岭衙和山金司不是同一个机构，《亡辽录》所记当无误。《辽史·国语解》说山金司后来改称统军司，可能是张冠李戴，把倒塌岭节度使司升置统军司混淆为山金司。陈得芝先生认为倒塌岭衙是管辖漠南—阴山北诸属部的机构。倒塌岭统军司治所位于今内蒙古自治区乌兰察布市四子王旗境内。

（雷博）

吴翔宇《双重语境下的辽代契丹姓氏研究》（《史学月刊》第1期）

在汉文语境中，辽代契丹人只有耶律与萧两种姓氏，但在契丹小字墓志中，无萧姓，耶律姓亦不常见，辽后族成员有时以拔里、乙室已为姓，多数情况下是通过标记所出帐房来体现出身的。用帐房标记血缘是契丹文墓志对于身份表达的主流方式，横帐成员也不例外。也正因如此，拔里、乙室已二帐名以及乌隗、蔑古乃、瓯昆等部或石烈名才逐渐起到相当于姓氏的作用。汉文语境中的耶律与萧氏，在产生时间、得姓方式上存在差异。耶律姓出现较早，源自阿保机家族住地之名，为契丹语词汇；萧姓出现较晚，通过“随名姓”的方式产生，汉姓色彩明显。这导致两种姓氏在契丹人中的被接受程度存在明显差异。对皇族成员而言，耶律姓得到了一定程度的接受，但多数情况下他们使用帐房而非姓氏来标记身份。因为“耶律+名”型名字无法对斡鲁朵皇族、横帐皇族、二院皇族以及非皇族耶律姓者做出区分。出身高贵者必然倾向于通过书写冗长的帐房信息来凸显自己的尊贵，同时也不希望出身低下者笼统地利用“耶律”来混淆和攀附身份。出于认同感以及现实政治的需要，后族成员在内部交往时要标明所出之帐，这就造成了契丹文中拔里、乙室已二姓的存在；但在面对汉人时，后族成员不必过多考虑帐分之别，而是倾向于标明自己的后族身份，以提升面对汉官时的优越感，因此在汉文语境中便容易接受萧姓。契丹姓氏在双重语境下的矛盾，一定程度上折射出契丹民族对于姓氏的接受经历了一个过程。姓氏作为中原文化的产物，以汉文为载体传入契丹；契丹人自觉地接受、制定姓氏，最初也是出于与汉人交流的需要。这就意味着在汉文语境中，姓氏才更有可能、更有必要被书写和规范，因此辽初契丹人就在汉文语境中为自己冠以耶律与萧两种姓氏，并通过种种手段来弥合两种姓氏在形式上的明显差异。汉文语境中两种姓氏的使用又推动了契丹人对于姓氏的接受，因此在始见于辽后期的契丹小字墓志中出现了耶律、拔里、乙室已等姓氏。但在更能体现契丹人自我意识的契丹文语境中，姓氏的使用次数又极为有限，不仅源自中原的萧姓全无影踪，甚至连出自本土的耶律姓也不常使用，这似乎体现了契丹人对于姓氏的疏离。契丹人对姓氏观念的不完全接受，反映了辽朝统治集团对中原文明有限度的吸纳，是辽朝“以国制治契丹，以汉制待汉人”政治思想的又一体现，也从另一个角度加深了我们对辽朝“因俗而治”“二元政治”的认识。

（雷博）

聂鸿音《再论西夏“蕃礼汉礼之争”》（《北方民族大学学报》第4期）

所谓西夏历史上存在“蕃礼汉礼之争”，是受了《西夏书事》里四条伪史料的误导，事实上这四段文字和相关事件不能在传统史籍里得到印证，“薛元礼”和“谋宁克任”两个人名也不知所出，有些表述明显与史实不符，也不符合西夏文献反映的党项习惯。这自然使人怀疑那四段文字的可靠性。必须指出，《西夏书事》里的很多内容不是前代史书的忠实摘抄，其间肆意发挥、张冠李戴的情况并不少见。作者倾向于认为，四段文字所载几份上言和奏疏完全是吴广成本人的游戏之笔，多年来学界对“蕃礼汉礼之争”的认定在极大程度上就是在这几条伪史料的误导下产生的。西夏政府机构的设置和运作规则仿中原制度，在追求新的框架下适当保持党项传统社会组织形式。西夏教育中，“蕃学”与“汉学”和谐共存，在政府的大力提倡下，“蕃学”使用的教材、宣传的思想意识和道德观念与“汉学”并没有本质的差异，区别仅在于使用的文字不同而已。西夏在立国之初曾有一个短暂的时期强调“蕃礼”，但涉及的不过是“礼”的表面形式，而非本质的典章制度。在立国之后不久，原来那些表面形式的“蕃礼”很快让位于“汉礼”，支持和发展汉文化成了政府的一贯主张，其间并没有发生争论。西夏对“汉礼”的态度始终是主动接受，其治国方针追求中原文化和党项传统文化的整合，个别礼仪的表面形式随着当时政治的需要做过调整，而调整的总体趋向都是逐渐靠近中原文化。西夏建国以后始终如一地推行“汉化”政策，王族和后族的权力斗争并非发端于不同的政治主张。

（雷博）

孙伯君《西夏职官与封号的翻译原则》（《西南民族大学学报》第3期）

黑水城出土西夏文《官阶封号表》、《天盛律令》卷首的“颁律表”与“司次行文门”，以及西夏文献款题中出现的职官与封号是了解西夏官制的重要资料，但其中职官和封号之难解也是人所共知的事实。该文利用《番汉合时掌中珠》以及存世西夏文献中有夏、汉两种文本可资对照的款题，通过对西夏职官和封号的勘同，讨论了西夏人对这些专有名称的翻译原则：西夏时期汉文文献对于封号的翻译全部用音译形式，这大概是遵循了梵汉对音中“此方无”原则，这些封号为西夏所独有，无法在汉语中找到与之对应的名称；通过夏汉对译《番汉合时掌中珠》中所载职司的夏、汉对照，可知这些名称并非汉语字面意思的简单翻译，大多是基于对其职能概括后的意译。说明西夏的职官系统的设置尽管大多参照中原，但也有自己的来源和称说体系。根据上述翻译规则，对于《天盛律令》卷首“颁律表”中出现的职官和封号等，建议职官采用意译，而封号则采用音译。西夏人名的翻译，姓氏部分用音译，名字部分用意译。在前人研究的基础上，该文对《官阶封号表》、《天盛律令》卷首的“颁律表”，以及西夏文献款题中出现的职官和封号进行了重译，对西夏文翻译、西夏文史研究具有重要参考价值。

（雷博）

郝振宇《世禄之家的兴替与西夏政治生态演变》（《宁夏大学学报》第1期）

世禄之家作为西夏王朝统治结构中的重要组成部分，与西夏的政治生态有十分密切的关系。西夏的后族、武将世家和文官世家是主要的世禄群体。对以仁多氏为例的武将世家、以斡氏和高氏为代表的文官世家进行考察，从形成途径来看，武将世家在西夏政权建立的过程中就逐渐确定社会地位和政治地位，文官世家则是西夏中后期随着尊孔崇儒的推行而发展起来的，二者基本上属于西夏相对稳定的上层政治势力。与李氏联姻的强宗大族成为西夏的后族，是仅次于皇族的世禄群体，他们的政治活动对西夏政局有十分重要的影响。后族虽属强宗豪族，但在西夏前期与皇族之间矛盾重重，以致后族集团更替频繁。随着西夏皇权的不断加强和政治发展方向的逐步确定，李氏与强宗豪族的关系也由笼络联合变为从属有序。到西夏中后期，西夏的统治思想发生变化，随着中央集权的进一步强化与科举取士制度的逐渐成熟，尊卑有序的君臣等级秩序成为西夏主要的政治伦理。一些汉人子弟通过科举进入仕途，并逐渐受到重用，在西夏后期的政治格局中发挥着越来越重要的作用，因之成为新兴的世禄之家。世禄群体为使家族成员世代为官，以保障并维持家族政治地位，通过法律形式保护他们的地位和权力，形成了贵族特权集团。他们以权力控制资源，将资源权力化，并将这种权力与资源相结合的情况通过恩荫和世袭的形式进行代际传递。后族、武将世家和文官世家在以皇权为中心的历史舞台上以自身兴替的方式演绎着由武功转向文治的发展变化。

（雷博）

张映晖《西夏社会的借贷自由与债务负担——〈天盛律令〉“催索债利门”的制度透视》（《西夏研究》第3期）

《天盛律令》“催索债利门”集中规定了民间借贷的主体资格、借贷契约的形式以及债务负担的程序与措施等内容。与同时期的宋朝相比较，西夏法律对商事主体的资格限制较为宽松，贵族、僧侣、官僚以及庶民都可以参与私人借贷活动，而且更为尊重主体的意识自由。在田宅的买卖、典当等方面，西夏律令对于中原“亲邻之法”作了一定的“变通”，偏向尊重当事人的意愿，在一定程度上体现了对交易当事人交易自由的尊重。在债务人不能如约履行债务时，《天盛律令》规定，债权人不能“强力”用债务人的屋舍、畜物和田地等财产来抵债，如果违反这项规定，可能面临着“本利债量减算”的后果。但法律规定了官方介入的程序与催索债利的顺位。偿债的顺位依次是“借债者”（债务人）、“同去借者”（类似担保人）和“持主者”（委托人）。在债务负担的措施方面，强调“个体责任”和推行“出工抵债”的办法，突出了催索债利机制的西夏特色。与执主者对债务承担连带责任相区别，执主者的家人对于债务仅仅承担有限的担保责任，以“分食”所借贷钱粮为限。其残存的半奴隶制形式的“出工抵债”明显落后于宋朝相关规定。在西夏别籍异财的风尚下，责任承担过程中的“个体识别”亦在情理之中。此外，西夏以畜牧为主的生活方式结合前述自然地理条件使得“出工抵债”成为实现社会治理的一种手段。这是由西夏特殊的自然地理、土地所有制以及生产力和人口状况决定的。达官贵族的牟利心理与广大贫困民众的谋生需求形成“照应”，推动了西夏民间借贷的“繁荣”。

（雷博）

陈晓伟《〈金史·宗室表〉再探》（《民族研究》第1期）

《金史·宗室表》一向被认为据金朝宗室谱牒修成，是研究金朝统治家族及其世系问题的最核心文献。该文对此说提出质疑，通过详细解析《宗室表》全文内容，逐条核查与本表内容相对应的同源文献，从各项典型案例中检讨元朝史官的编纂思路以及相关问题，指出该表是以皇帝诸子传序文为蓝本，再辅之列传正文补充成篇，其性质是拼织而成的二手文献。将《宗室表》与今本《金史》列传通盘比勘，最终确认前者整体范围绝不会溢出后者内容，不过两者并非构成直接的传抄关系。而是两者存在着相同的取材文本，即《国朝实录》，而非宗室谱牒。《金史·宗室表》是在既定历史认知的前提下，元朝史官通过史料的摘录、编织、整合而成的文献，却被后世奉为“经典”。从钱大昕以来，各种补苴《宗室表》的论著成果，实际不过是为元朝史官狗尾续貂，即便再全面，也不能反映金朝宗室集团的原本面貌。因为元朝史官对金朝宗室问题的理解，其实并不是金朝官修文献自身的历史叙述。如元人纂修《金史》，增损《祖宗实录对》和《太祖实录》相关内容，在今本《世纪》中将两种祖先传说内容杂糅到一起，致使各种文本叠加，造成“阿古乃”“保活里”属于金朝宗室的结论，据此编入《宗室表》。唯有破除对元修《宗室表》的迷信，回归金朝官修文献本身讨论金朝宗室问题，才是正途。

（雷博）

宋学立《金元全真教授箓史论略》（《世界宗教研究》2021 年第 1 期）

明清以降正一授箓、全真传戒这一“后入为主”的“既定格局”，导致早期全真授箓活动长期未被纳入学术研究的视野。该文在系统梳理金元全真授箓史的基础上，探讨了这一时期全真授箓的渊源、特点及作用等。全真教自创教早期就与符箓派有着千丝万缕的联系。金元时期全真教戒箓并传。与传戒活动相比，教内外文献对金元全真授箓活动的记载要丰富得多。七真及其后嗣弟子中有多位授箓大师。全真教从金末至元末一直有位阶有序的授箓传承，传授的法箓有太上正一盟威法箓、三洞秘箓、都功法箓、神霄箓、上清箓、大洞法箓、紫虚法箓、上清三洞五雷法箓、六天如意天心法箓等多种，既有晋唐传统法箓又有宋元新出法箓。从传道行法角度讲，授箓界定了授箓道士在仙凡两界的位阶和神力。从教团发展角度讲，不时而举的跨宗系、跨代际的授箓活动，增进了教团内部不同宗系、不同代际之间的联系交流。金元时期的每一次授箓活动，都是对教团力量一次新的集结和抟聚。这些活动无疑对增强教团的整体认同和凝聚力大有助益。丹道派和符箓派的融摄在全真创教早期即已开始。以往主要是从各自修道特色的角度，对两大道派做一归约式的命名，实际上两大道派之间并不存在金元文人所说的那种不可逾越的鸿沟。

（宋学立）

温海清《文天祥殉节与宋亡历史观》（《复旦学报》第 5 期）

“宋亡”的标志性年代及历史事件，通常有两种说法：丙子年（1276）临安陷落和己卯岁（1279）崖山倾覆。不过，围绕着文天祥殉节事件，元人中间出现了有关“宋亡”的另一种历史观，即南宋“不亡于厓山之崩，而亡于燕市之戮”，即文天祥死国标志“宋亡”。文天祥勤王抗元直至其被杀期间不为人所习知的遗文轶事，展示出宋亡元兴之际文天祥在反元复宋活动中扮演了特殊角色与地位，当日人们对于文天祥中兴宋朝抱有切实的期待。通过比较元代各类文献所记文天祥当年死国事件中的不同叙述重点，可以观察到诸种“文天祥传”的书写差异及其相互关系，其中邓光荐所撰《丞相传》对于文天祥死国事件的叙述最为重要，且影响最大。郑思肖所撰文天祥传记与邓光荐《丞相传》颇多重合，但具体情节却迥乎其异。郑思肖所叙情节，夸张失实处甚多，恐难径信。刘岳申《文丞相传》所记文天祥当年被杀之事的主干内容，均未超出邓光荐《丞相传》的内容。《丞相传》中描述了文天祥死国的经过和由之引发的汉人起事反元的后果，成为元代文学作品和相关史著的滥觞。文天祥“死国”标志“宋亡”的这种历史观，是宋元之际及元代士人对文天祥以及他所代表的忠宋气节的一种极度褒扬。这在元代的史著《心史》和《通鉴续编》中都有所反映。

（张晓慧）

邱轶皓《帖卜·腾格里所传神谕考》（《世界历史评论》第4期）

萨满巫师帖卜·腾格里在成吉思汗的登基仪式上预言其将统治世界，这是蒙古帝国早期历史上的一个重要事件。从多种语言文献的记录出发，可以重新考察这一事件的原始面貌，以及其在不同的历史语境中变化的过程。伊利汗旭烈兀致法王路易九世的外交信件的内容流传至今，全信中最值得注意的内容是起首部分由萨满巫师帖卜·腾格里降示成吉思汗的神谕。明确将成吉思汗所受天命与帖卜·腾格里的告谕联系在一起，1262年的旭烈兀国书是唯一一例。在波斯语文献中，可以发现关于帖卜·腾格里的记述是在一则同源资料基础上不断增补的结果。其最初也是最基本的记录均来自志费尼的《世界征服者史》。其后是《史集》，通过对《史集》编纂史和版本的简单梳理，可以认为《史集·部族志》中保留了较多未经修改的史事信息——多数可能与口述史事或家族记忆有关。其次，阿拉伯语译本中的《部族志》文本比波斯语版本更古老。因此，波斯、阿拉伯语两个本子都明确指出帖卜·腾格里向铁木真转述神谕（原文称其“经常”来告谕后者）和献号“成吉思汗”是发生在不同时期的两个独立的事件。这点也和《秘史》的记述相一致。神谕变型的背后，反映出蒙古人所意图统治的“世界”本身也存在一个不断扩张变化的过程，最为根本性的变化发生于征服花剌子模之后（13世纪20年代），而将其推广到时人所知的全部人类生活的疆域，则大约更要迟至窝阔台在位期间。作为拉施特之后伊利汗官方蒙古史的集大成者，瓦萨甫对同一史事的修订显示出帖卜·腾格里故事不同版本最终的调和，以及书写者如何通过调和史事记载的抵牾之处，将不同史源的信息糅合进一个较为完整的故事中，以互文的方式证实了成吉思汗政权的合法性。帖卜·腾格里转述上帝神谕这一个案，展示出蒙古史中这一特殊故事在不同时代、不同立场史家笔下不断变化的过程，也证实了一切有意识编纂的历史文本同时也是其生成时代具体情况的投影。

（张晓慧）

党宝海《八至十五世纪的中国与也门》（《北京大学学报》第2期）

古代中国与也门的关系在一定程度上反映了中国与印度洋地区经贸、政治、文化交往的水平。在8—15世纪，中国、也门的相互了解逐渐加深，经济领域出现直接的商贸往来。《新唐书·地理志》记载了通往也门大港亚丁的航线。宋代也门商人来到中国，甚至在中国资助建造清真寺。元朝沿袭南宋的市舶政策，积极开展海外贸易，可以得到也门考古调查的证实。双方交易商品包括丝绸、麝香、瓷器、明矾、珠宝等等，此外奴隶也是一种可以买卖或作为礼物馈赠的商品。也门拉苏勒王朝的阿拉伯文文献《珍珠串》对元代中国的记述十分丰富。《珍珠串》记载了到达也门的中国使节，根据汉文史料，可以判断是至元十六年之前由福建地区的行省长官唆都派出的，其身份应是持有玺书的“蕃舶诸人”。《珍珠串》关于中国的记载，还涉及元朝禁止穆斯林行割礼的法令，表明忽必烈禁令的影响已经远远超出了国界，直接影响到印度洋彼岸的也门，使得禁令的存废成为两国外交的一项重要议题。促使元世祖废除禁令的原因，不仅有元朝国内穆斯林的活动、朝中权臣的劝说，也包括海外穆斯林国家的外交努力。随着元朝与也门建立直接的外交关系，拉苏勒国王以宗教为纽带，加大了对中国穆斯林的影响力，在中国修建大型清真寺。也门的统治者还编写了一部包含蒙古语词汇的词典，这与蒙古帝国的长期影响密不可分。还有也门人选择在中国定居，最后终老于此。15世纪中期，郑和船队的远航把中国古代的航海活动推向顶峰，多次到达也门，这在明朝的汉文文献、也门拉苏勒王朝的阿拉伯文文献中都有记载。郑和下西洋结束之后，明朝的国家航海事业迅速衰落，两国的直接交往中断。8—15世纪中国与也门的交往，是中国与西印度洋北部地区经贸、政治、文化关系的一个缩影，也部分地反映了在内外因素的共同作用下，古代中国对外关系的变化历程。

（张晓慧）

郭津嵩《撒马尔干的中国历法：耶律楚材的“西征庚午元历”及其“里差”法考辨》（《中华文史论丛》第1期）

耶律楚材在随成吉思汗西征途中作成“西征庚午元历”，设立名为“里差”的地方时改正。“里差”并非来源于西方地理经度，而是由耶律楚材通过观测月食，估计时间、空间差异，独立构拟的一个简单模型，体现了一种在天文学测算中自觉关注地理差异的新意识。这种对地理差异的敏感并不完全是耶律楚材面对新形势主动适应的结果，而是政治情势逼迫和刺激下的产物。尽管耶律楚材模仿其父以历元附会天命，庚午历的总体立意却与赵知微重修大明历更为接近，都是在保留杨级以来大明历主体结构的前提下进行改订，而非另造新历取而代之。这并不是因为耶律楚材对赵知微的历法有更深的认同，而是因为在他所处的情势之中，有不得不如此的理由。首先，为了应对危机，需要尽快拿出补救方案。保留既有的数值结构，只调整个别常数，比起变更历法，重新构造所有常数自然费时较少。更重要的是，面对来自伊斯兰天文学的挑战，维持大明历的本来面貌就是在回护汉地历法传统的地位和体面。大明历不但在蒙元政权下延续官方历法地位直至至元十七年改历，其影响甚至远达伊利汗国，比耶律楚材扈从西征走得更远。曾因伊斯兰天文学的挑战而几乎丧失地位的大明历，其要素却最终作为中国历法的代表而进入伊斯兰知识体系。庚午元历及大明历的浮沉，展现了在蒙古扩张的特殊历史背景中知识的变动以及知识人的处境和抉择。

（张晓慧）

李春圆《元代粮食价格研究》（《中国经济史研究》第3期）

元代价格史料是零星的，缺乏系统性，数据的性质和可比性是首先必须面对的问题。因此，史料文本的检证需要从以下方面展开：史料的来源及其产生时间，史料所述粮价的时间、地点，粮食的种类与所用的量制规范，价格的产生方式是市场价、政府定价或是其他方式，以及粮价形成的政治社会背景，特别是元代特有的制度、风俗等。现存元代史料可发掘粮价数据170个，其中时间、地点明确的数据共114个，包括北方68个、南方46个；时空要素有残缺的数据共计56个，其中43个出自“第一手”的文书材料（包括浙东文书和黑水城文书），其史料价值不能忽视。数据产生方式可分为市价、官府统计价（“时估”）和官方直接定价。大都、江西、江浙是元代粮价数据较为丰富的区域，大都粮价以和籴、赈粜价居多，江西、江浙则以市价居多。一直以来，持续的、日益严重的通货膨胀成为许多学者对元代货币运行的基本认识，但实际上，做出奠基性研究的前田直典、全汉昇二人并未这样判断。数据显示，元代纸币发行之后的币值“稳定期”很短，显著通胀存在于几乎整个至元年间（1264—1294），此后至元顺帝即位之初，粮价短期波动剧烈，但长期通胀趋势不明显。价格史料的收集与验证应该作为一项专门工作，在中古中国经济史研究领域得到更多重视。在充分掌握材料的基础上，结合史源、历史地理、货币体系、度量衡乃至政治社会制度等各个方面，尽可能阐明史料的性质、深入发掘内含的信息，从而建构“可接受度”较高的数据集。其成果既能检验主要基于描述性材料的已有认识，也能为“新”分析工具的应用提供相对可靠的数据条件。

（张晓慧）

陈春晓《伊利汗国法儿思总督万家奴史事探赜》（《民族研究》第2期）

13世纪蒙古西征推动了欧亚大陆上大

规模的人口流动，中国和伊朗之间的人员往来十分频繁。蒙元时期的汉文和波斯文史料同时记载了伊利汗国的一位名叫万家奴的异密。以《儒门事亲》高鸣“序”、《史集》、《瓦撒夫史》等汉文、波斯文史料为基础，结合实物资料和诗歌文学作品，可以还原万家奴的生平事迹。万家奴是畏兀儿人，旭烈兀西征时随扈来到伊朗，作为近侍从臣在旭烈兀身边效力。1259 年常德到伊朗觐见旭烈兀期间，万家奴与他交流交往，并在宴会上向旭烈兀推荐常德的医术，间接促成了金元医书《儒门事亲》中统三年刻本的产生。1264 年旭烈兀接受忽必烈的册封，正式成为伊朗的君主，在随后举行的集体分封中万家奴被任命为法儿思省总督，旭烈兀之子阿八哈即汗位后，万家奴再一次主政法儿思，采取了一系列恢复当地经济、打击不法分子、维护法律公义的措施。他的施政得到了人民的赞颂，却损伤了地方权贵的利益。在与地方权贵的斗争中，万家奴尊奉已故汗王旭烈兀的旨意，处死了蒙古代理人阔里察，因此受到反对派的攻讦而在阿八哈汗跟前获罪。最终他被削去官职，遣回中国。万家奴是一个信仰佛教的畏兀儿人，具有开放、包容的文化气质。他的名字显示出他所受到的汉文化的影响，当他来到伊朗后也宽容地接受伊斯兰文化的熏陶。他与伊朗的汉人学者和波斯本土文化精英都保持着良好的交往关系，是东西方多元文化交流交融的代表。他还是将中华文化传播至西方伊斯兰世界的实践者。其事迹表明，中华文化的世界传播是中国各个民族共同参与的。

（张晓慧）

曹金成《元朝德运问题发微：以水德说为中心的考察》（《中国史研究》第 3 期）

五德转移学说是中国传统政治文化的一个重要组成部分，作为国家意识形态终结于辽金时期。对元朝的德运问题，学界一直缺乏全面认识。元朝的德运主要有金德说、火德说、土德说与水德说四种说法。通过重点考察元人的水德说，可以发现元人关于本朝水德的认识，最初是在古代王朝政治生活中占主流地位的五德相生说影响下的产物。全真道士姬志真“水金禅代”的说法，是关于蒙元德运最早的记载。可以看出虽然蒙古统治者并未对本朝德运有过明确定位，但为了论证蒙古灭金的合法性，当时仍有部分北方人士按照五德相生的德运观，认为蒙古应继金朝金德之后而为水德。后来又出现了以河清、玄武、五德相胜、天马色黑等附会元朝水德说的解释模式。元朝人对本朝水德的看法，可谓与蒙元一代相始终。这种说法，既有出于在朝文臣之笔者，也有来自在野庶民之口者，而且在元代南北地区皆有流传。可以说，水德是元人对本朝德运的一种比较主流的认识和定位，其中，元朝因肇基朔方、秉持水德而有玄武之征，由于在世祖朝得到了官方汉族士大夫的定位，故在有元一代朝野上下皆有着持续的影响。元人对本朝德运定位的这些生拉硬扯、牵强附会之说，表明德运说的内在逻辑在元代已经趋于消解，明代朝野流行的火德说的思想根源正在于此，五德转移说在清代的彻底消亡也与之密不可分。可以说，在中国古代五德转移说终结的脉络中，元代是承上启下的关键时期。

（张晓慧）

许正弘《元成宗继位问题探析》（新竹《清华学报》第3期）

皇位继承纷争不休，是元朝衰亡的重要原因，成为后世学者关注的重点，研究成果丰硕。元成宗是忽必烈更改国号后的首位继立新帝，也是真金后人掌控皇帝宝座的滥觞，重要性不言可喻。探究成宗继位问题，必须重新审视与辨析成宗继位前若干具有指标性的政治事件，包括：真金接班的风波、真金子嗣入承大位的确立、成宗继位优势的形成及其登基的经过，等等。从这些事件中，可见世祖朝各方政治力量的升降与重组。真金后人取得元朝皇位有其偶然性，真金虽然被立为储君，但是忽必烈嫡幼子那木罕与继守正宫的南必皇后，仍是两大有力的皇位挑战者。二人失败的原因在于，那木罕死于至元二十八年七月，其势力在生前就受到世祖权臣的削弱，身后更无子嗣可以角逐大位；而南必即便生有一子，但可能早夭，同样失去了施展拳脚的政治舞台。虽然蒙古有着幼子守产的传统，但无论是阔阔真还是其他重臣，为求加强铁穆耳即位的合法性与正统性，援引的是汉人的皇太子与传国玉玺，加上蒙古的忽里勒台旧俗，至少未见任何强调幼子守产传统的痕迹。真金遗孀阔阔真扮演的政治角色及其作用，在铁穆耳的继位问题上至关重要。阔阔真争取到伯颜等大臣的支持，以伯颜为首的顾命大臣，凭借个人威望以及背后强大的军事和官僚组织，在选汗大会上起了决定性作用。

（张晓慧）

扎旺、孙鹏浩《圣旨的回响：元代公文体作品一例》（《西藏大学学报》第3期）

公文系统是元代重要的行政手段，也是研究中央政府如何治理地方的第一手材料。单就元代西藏公文而言，圣旨（皇帝所发）、懿旨（皇后等所发）、法旨（帝师国师等所发）和令旨（皇子和王公等所发）等旨书有不少保留下来。出人意料的是，14世纪的藏地出现了一类文学性很强的仿旨书体作品。巴热瓦·坚赞贝桑布是14世纪竹巴噶举派著名的学者和修行者，写作了若干篇公文体佛学作品。文章重点讨论了他的一篇借用了元代旨书体的禅修作品，分析巴热瓦如何创造性地利用旨书体例和农事比喻，解释义理方面的抽象问题。巴热瓦利用了以圣旨为核心的公文类文本的权威特性，这一创作手法，反映了元代公文在藏地的普及性和认可度，补充了公文原档所难以提供的接受史。在西藏特有的政教观念之下，具有蒙古语特征的公文引起了与汉地不同的文学反应；但与汉地相通的是，公文体所具备的权威性在藏地也被无误地感知并被有意识地利用。除了巧妙的文学表达，这类文本中体现的社会经济关系、政治思想以及宗教义理等信息都值得挖掘和探讨，例如作者眼中的中央、百姓、基层官员三者的关系，俗户与胥吏的对立统一关系，与民休息、扩大税基的经济思想，等等。这些研究元朝中央王朝与西藏地方关系的新材料，更是可以与新近出版的大批藏文古籍中的叙事文本结合，协助我们细致地考察围绕中央政府及其公文所展开的政治、经济、文学实践。

（张晓慧）

刘晓《元代法律对后世的影响——以盗罪与奸罪为例》（《江西社会科学》第11期）

在讨论中国古代法律的发展阶段时，学界常常宋元并举，过分强调宋代法律对元代的影响，甚或以为元代法律是宋代法律影响下的产物。其实，辽宋金元大致可视为中国历史上第二个南北朝时期，最后由元完成统一。元代为中国古代法律发展的一个重要阶段，其表现之一就是出现了不少影响后世的新罪名。像传统盗罪衍生出的掏摸与白昼抢夺，传统奸罪衍生出的刁奸与欺奸，均从元代才开始出现，由此产生了不少相关判例与法律解释。这些罪名在当时的法律文献中常有单独篇目，如掏摸与白昼抢夺在《元典章》“刑部·诸盗”篇中列有专目；欺奸在“刑部·诸奸”篇中亦有专目；刁奸虽无专目，但在元后期颁行的《至正条格》中至少有六个条目。具体而言，掏摸作为元代才开始出现的一种特殊罪名，被比同窃盗处理。明朝建立后颁布的《大明律》，吸收了元代有关掏摸的罪名设定。元代对白昼抢夺的概念定义比较含混，但有一点似可基本肯定，即依持仗与不持仗的区别，当时此类犯罪行为可分别比同强盗与窃盗处理。《大明律》开始列有“白昼抢夺”的专条，介于强盗、劫囚与窃盗之间。中国古代的抢夺，从最初的比同窃盗、强盗，到罪名的单独划出，及其概念定义的确定，有一个长期的演变过程。元代诸奸罪出现的新罪名主要有刁奸与欺奸。刁奸即通常意义上的诱奸，从《至正条格》所载刁奸诸条目来看，至少从元末起，刁奸已成为一种新罪名，而这直接影响到后来明清的相关立法。欺奸在元代又被称作吓奸，系由强奸罪名衍生而成，指威逼妇女与之发生性行为的犯罪。元代有关盗罪与奸罪的司法实践，直接影响到以后明清的相关立法。将元明清三代作为中国古代法律发展的一个阶段似更为合理，至少元代是其中一个重要的承前启后阶段。

（张晓慧）

李鸣飞《元中后期纸币控制政策及影响》（《历史研究》第5期）

元前期钞法中通胀现象极为显著，是学界主要关注的问题。至大钞废除后，货币系统如何运行，目前看法不一。在金银本位制崩溃、无法依靠“银本”而以“出银收钞”方式调节流通量之后，元中后期控制纸币数量的政策是，限制钞本流向、不动支钞本、新印纸币只通过兑换昏钞的途径进入市场。

这些政策解决了元前期通货膨胀问题，却引起通货紧缩。在课税额没有下调的情况下，通货紧缩给百姓带来的负担更加沉重，引发经济萧条。政府为增加纸币流通量，强制行用库增加兑换额，这反使伪钞问题更加严重。为此，虽然出台多种防范措施，但均未能很好解决伪钞问题，其带来的倒换昏钞不便等负面效果却深刻影响了纸币信用。至正改革着眼于解决流通货币不足和伪钞问题：允许部分项目支用钞本，使新钞直接进入市场，以解决财政困难；发行新的至正造中统元宝交钞，增加防伪措施等。然而，钞法改革在未能显现成效前就迅速崩溃，当时人普遍产生钞法失败引起元朝灭亡看法的原因是他们深刻体会到货币及钞法改革对广大百姓生活的影响。“变钞”与元末动乱之间的复杂关系并非如当时人所认为的单纯与钞法有关。元末农民战争是各种矛盾长期累积的总爆发，即使不进行钞法改革，元末动乱及元朝灭亡也难以避免。元代确立了以纸币为主币的单一货币体制，发行无期限不兑换的信用货币，其钞法系统通过控制新钞进入市场的途径来调控货币总量，在中国古代纸币史上是一个重要进步。这套制度缺乏弹性，一收则紧缩，一放则通胀。尽管如此，元代钞法诸政策毕竟起到了有效调节的作用。元代纸币经济体系，在经历多次大幅通胀之后还能平稳运行几十年，说明这套控制政策仍有可取之处。

（张晓慧）

张国旺《从宣命到付身：元代官吏除授文书体系的建立》（《中国社会科学报》12月8日）

元代官文书，除保留在元代政书、《元典章》、黑水城文书之外，在元代文集附录、明代方志和族谱中也有零散收录。尽管这些文书只是官文书抄件，仍对考察元代官文书体系有着不可替代的价值。元代官吏除授和选任制度，可以通过元代官吏除授文书反映出来。元代官员的除授文书主要包括宣命和敕牒，前者颁授给一品至五品官员，后者颁授给六品至九品官员。日本宫内厅书陵部所藏明刊百卷本《临川吴文正公集》附录中收录有蒙汉文合璧的《大元累授临川吴文正公宣敕》十一通，其中封赠宣命、除授宣命各四通，除授敕牒三通，展现了元代宣命和敕牒的体式。关于宣命，阿风、张国旺在隆庆本《珰溪金氏族谱》中发现了《元授震一府君镇抚宣命》，与前述宣命的具体体式和用语完全一致，可据以复原元代除授宣命的体式。关于敕牒，明代郑烛所辑《济美录》中收录的《再授郑安尹歙县牒》，可以反映元代敕牒的体式、制定以及使用等情况，复原出元代除授敕牒的体式。元初敕牒直接继承金代敕牒而来，至元三年，更敕牒旧式，形成了元代敕牒的基本体式。除宣命、敕牒之外，还有部分除授文书以劄付和付身的形式出现。明隆庆本《珰溪金氏族谱》中有《元授震一府君治中劄付》，《济美录》中有《授郑安尹歙县劄付》《授郑琏婺源县太白渡巡检劄付》，弘治《休宁县志》中有《承制授程隆休宁县尉劄付》。黑城文书中有一些付身实物，此外，《婺源沱川余氏族谱》收录《补一公任浙江衢州路教谕付身》，可以看出付身授予对象的职级显然比劄付授予对象低，有理由推定付身文书是元代除授文书中低于劄付文书的一种类型，主要适用于一些吏员而非官员。从这些散见的史料中可以基本还原元代“宣命—敕牒—劄付—付身”的官吏除授文书体系，有助于进一步深入而细致地考察元代官吏除授和选任制度。

（张晓慧）

王启发《吴澄对〈礼记·玉藻〉篇的改编及其意义辨析》（《湖南大学学报》第3期）

吴澄是元代重要的经学家，尤精于《礼记》学。该文属于作者吴澄《礼记》学系列研究中的一个环节，集中分析吴澄《礼记纂言》中的《玉藻》篇，并将之与小戴《礼记》中的内容作比较，揭示吴澄《礼记》学的特色和价值。吴澄《礼记纂言》重新编排了小戴《礼记》中的三十六篇的篇章次序，并对其中十九篇的段落章句进行分类、调整和改编，包括《玉藻》篇。吴澄将《玉藻》篇段落章句调整归类作七个单元：（一）“记天子以下服食节适之礼”、（二）“记天子以下服饰制度之礼”、（三）“记天子以下称谓进趋之礼”、（四）“记容貌之礼”、（五）“记卿大夫以下家居之礼”、（六）“记为臣之礼”、（七）“记为子之礼”，从而，形成了一个全新的文本。这些调整，有的参照借鉴了郑玄《礼记注》、孔颖达《礼记正义》疏，以及宋代《礼记》学者的解说。有的则是吴澄潜心解读而发前人之所未发的独自创见。作者认为，吴澄所进行的具体调整和改编具有通观性、合理性及合逻辑性，吴澄的改编堪称《礼记》章句之学的重要文本，对我们认识和理解《礼记·玉藻》篇的礼学价值无疑有着独特的经学史意义。

（陈冠华）

李鸣飞《元代叶尼塞河上游森林部落的内迁和演变——以憨哈纳思为例》（《史林》第4期）

憨哈纳思是12—14世纪生活在叶尼塞河上游的森林部落之一，与兀儿速、乞儿吉思等部落在文献中经常同时出现。这一部落在《元朝秘史》《圣武亲征录》《元史》《经世大典》《通制条格》等元朝史料中均有记载，写作“合卜合纳思”“憾哈纳思”“撼合纳”“憨哈那思”等。13世纪早期，诸森林部落被蒙古征服，乞儿吉思、憨哈纳思等森林部落活动区域成为拖雷正妻唆鲁和帖尼别吉的分地，并在其死后由阿里不哥继承。元朝建立之后，在此地设置益兰州等五部断事官，建立了稳固统治。在元朝与窝阔台汗国的战争中，这一区域因地处边疆，屡次失陷。但元朝最终夺回了对这一地区的控制权，并在当地设立驿站，加强了对叶尼塞河上游森林部落的统治。直到元末，政府仍在此地征收课税。作为南人的夏侯尚玄曾在文宗时期自行前往这一地区，可知元朝后期中央对叶尼塞河上游谦谦州一带的部落仍有很强的控制力。在元朝统治期间，叶尼塞河上游的森林部落民有一个内迁的过程。憨哈纳思及其他森林部落民逐渐移入漠南、东北和内地。森林部落民内迁并非一次完成，从史料来看，很可能为长期、多次和逐步进行。在内迁过程中，憨哈纳思部民和其他森林部落民有一部分归入上都路的打捕鹰房，后又迁至东北、山东等地，其部落名称逐渐演化成“狩猎者”的职务名称。憨哈纳思部落在元代的迁徙及其部落名的含义变化，反映出元朝民族融合的侧影之一。

（李鸣飞）

葛兆光《蒙古时代之后——东部亚洲海域的一个历史关键时期（1368—1420）》（《清华大学学报》第4期）

在超越王朝、国家的区域史里，有一些历史上的“关键时期”值得讨论。其间，各个国家在区域中的地位、力量与利益经过重新“洗牌”，过去的平衡被打破，新的平衡被建立起来，奠定了后一段历史时期相对稳定、平衡的国际秩序基础。蒙元这个跨越欧亚的庞大帝国在东方解体之后，1368年到1420年的历史时期就有这样的意义。在这半个世纪里，统治欧亚大陆百余年的蒙古帝国在亚洲东部的影响开始衰退，以汉族为中心的大明王朝崛起。以帕米尔高原为界，在中亚以西与以东，各自形成政治、经济与文化秩序。也因为东西之间的这一阻隔，环东海、南海的东部亚洲（包括东北亚与东南亚），逐渐成为一个相对完整的历史世界。在环东海、南海的海域即东部亚洲地区，15世纪初，几个主要国家即明王朝、李氏朝鲜、足利日本、琉球、安南及暹罗等，经历了妥协、对峙和冲突。在1419年“应永外寇”“己亥东征”事件之后，以1420年日本僧人出使朝鲜及朝鲜通信使出使日本为转折点，环东海、南海区域的势力形成了新的平衡，使这一区域的秩序再度稳定下来。在这一关键时期之后，环东海、南海区域的国际秩序大体延续了几个世纪（15世纪上半叶—19世纪中叶）。这可以称为“后蒙古时代”或者“蒙古时代之后”，其基本格局为：在东北亚，以朝鲜“事大交邻”为枢轴，构成了明朝、朝鲜、日本的基本平衡；在东南亚则通过朝贡和贸易，尤其是海上商贾的往来，构成了互相依赖的密切联系。尽管此后几个世纪中，也有“倭寇事件”“壬辰之役”“明清易代”这些重大事件，还有大航海时代西人东来的巨大冲击，但东部亚洲海域秩序的基本格局并没有发生太大的变化，直到19世纪中期，才被西方的坚船利炮彻底颠覆。

（张慧芬）

任建敏《族类标签的产生与形塑：以宋末至明初广西的“撞”与“獞”为例》（《民族研究》第3期）

历史上壮族先民的名称众多，“随代而异”。何以“撞/獞”脱颖而出，成为壮族的族称，这就涉及“撞/獞”在广西历史上扮演角色的演变。壮族族称的前身“撞”与“獞”可以追溯到南宋末年出现的“撞丁”一词。“撞”在南宋时期，是只在很小范围内使用的民丁的一种称呼，分布在宜州所属五个流县内。其背后是否联系了特定的人群或社会组织，没有更多的文献可考。可以肯定的是，在宋代以前的文献中并无以“獞人”一词描述特定人群的情况。元代广西屯田与“防徭”政策，是“撞”从一个特定民丁的称谓演变为广泛使用的族称的关键。经过元中期长达40余年的屯田政策的开展，“撞”从庆远地区的特定丁壮之名变成屯兵的一个专称，凡是在这个屯田体系之内，承担屯田和防卫义务的屯兵，就被称为“撞兵”。随着广西屯田范围的扩展，“撞”的所指也逐渐延伸。在元朝官府、省民及“徭人”都在借用“撞”这个身份标签来叙述自身立场的过程中，“撞”的内在含义逐渐扩大。到元中叶，“撞”已由屯兵专称，扩大为与屯田、守隘与“防徭”密切相关的一个身份标签。元朝的屯田与征徭政策，剧烈地改变着桂东的社会与人群分布。徭人、撞人、款人乃至答剌罕军在元朝所构建的屯田及守隘体系之中互相制约，各方的势力此消彼长。在元末寇乱中，脱离官府控制“撞人”变成了“獞”，其称呼具有了族类标签的意义。明初广西撞兵屯田被废除后，撞兵失去了屯田这一关键的制度性支撑，“獞”的本字“撞”逐渐淡出了人们的记忆。在明清文献中，“獞”与“猺”并称“猺獞”，用以指代广西境内不受流官与土官控制的非汉族群。由“撞”到“獞”，不仅仅是一个汉字的转换，同时也体现了不同时期的国家政策和相关认知对地方复杂多变的社会与族群结构的影响与形塑。

（张晓慧）

李治安《试论元明户役当差与吏民依附奴化的回潮》（《史学集刊》第4期）

迄今关于元代户计制的探讨，尚乏见全民当差的视角，而明代户役探讨多局限于本朝范围，更未曾有元明全民当差与臣民依附奴化回潮的贯通性考察。元诸色户计当差，肇始于军前掳掠“生口”的强制役使，经乙未（1235）、壬子（1252）和至元七年（1270）的“抄籍”，以汉地为重心，终成定制。“工作征戍”专项役与“全户应当”户役混合的元诸色户计当差，据籍当差、户役世袭、各有所属、主从役使等特色鲜明。该制因征服先后、行汉法不一及原有社会经济结构差异，在草原、汉地和江南实施有别。南北役法的反差，是诸色户计当差与原南宋赋役形态相嫁接的体现。明不分南北“配户当差”，“既以粮赋天下之田，而必以丁定赋役之则”。“配户”役皆永充，役因籍异，各有役田，以户供丁，实沦为国家农奴。其里甲正役的实质就是“催办钱粮”，背后始终隐藏着催征、经收和解运等沉重徭役，此即所谓“纳粮也是当差”。元明“户役法”所缔造的全民当差服役秩序，明显是对“唐宋变革”身丁劳役消逝大势的逆转。百姓当差与官僚当差，百姓依附奴化与官僚依附奴化，被捆绑在一起。长达300余年的户役当差秩序，充任元明吏民依附奴化回潮的最深厚、最广泛的社会土壤。元明妃嫔殉葬和明廷杖，或由此种当差秩序及奴化回潮所催生。元明清皇帝独裁走向巅峰，是以吏民依附奴化为牺牲代价的，这是元诸色户计当差和明“配户当差”最主要的负面历史性影响。

（张晓慧）

赵世瑜：《东山赘婿：元明时期江南的合伙制社会与明清宗族》（《北京大学学报》第5期）

历史上的水上人如何与为何上岸，是江南研究以及所有水乡社会史研究无法回避的问题。近年来对水域开发过程中的定居入籍、产权获取及其上岸后的宗族建构的研究已有一些出色成果，这当然也是水上人如何和为何上岸问题研究中的应有之义，也是珠江三角洲沙田开发研究的自然拓展。但对这一过程如何在土地开发空间有限的明清江南地区实现，对明清时期江南商业发展和宗族建构的内在机制，还有深入探讨的空间。与广东、广西、湖南、湖北、江西、山东渔民手中的族谱不同，在东山乃至江南许多地区见到的族谱已经高度士大夫化了。“赘婿”或其可能代指的养子、义男，掩盖的不仅是用于土地开发的佃仆身份，而且可以是用于出外经商的伙计，这就是“赘婿”作为宗族语言的意义。而水上人社会中的赘婿现象以及以此为代表的合伙制关系的形成，或可成为讨论这个问题的切入点。元明时期大量存在的赘婿现象，是介于姻亲关系和拟亲属关系之间的合伙关系，因为许多赘婿及其子孙后来又归宗复姓，所以它看起来很像是一种手段，而不完全是出于延续血脉的需要。这种合伙关系本来是特定的生存环境造成的，但一方面它可以被容纳在后来的宗族体制框架内，另一方面在宗族的商业经营中造成了超越血缘关系的合伙关系。这种合伙关系和领本经营一样，显然不是共同出资，获得利润后根据各自出资多少进行分配的模式，而是像布罗代尔说的那种早期形式一样，是货币资本与人力资本的结合，也就是雇佣关系。

（汪润）

李小波《明代内阁密揭制度考析》（《历史研究》第6期）

揭帖在明代有许多类型，然明代阁臣奏事有一种专用文书，称为揭帖。因其内容只有皇帝和上奏的阁臣，至多是全体阁臣知晓，又称为“密揭”。密揭具有保密性以及不假手他人、呈进渠道特殊和不抄传等特征，成为明代中后期皇帝与辅臣间最重要的议事方式。明代辅臣权力大小可通过与皇帝书面交流的频率体现。不妨认为，密揭和票拟是明代内阁权重的两大制度基础。揭帖初指一种特殊的纸型，较题本、奏本小。因此，为方便御览，“内阁题本用小揭帖”，后“揭帖”逐渐成为公文专称。至迟在弘治时期，“揭帖”已由公文纸之称变为秘密公文之名。明代阁臣文集中，包含奏疏文字的约60家，其中以“奏对”“奏札”“内阁题札”为类名的，基本上为内阁揭帖。阁臣一般通过阁揭与皇帝商榷票拟，随事指陈和承谕答对，而“遇有论说”时所进揭帖更表现阁臣拥有主动的议政权。不同于一般的题奏本，密揭并不下科发抄，但因此阁臣也受到外廷猜疑。为取信外廷，这种惯例在万历中期被打破，出现了阁臣发抄阁揭长达数十年的变例，直到天启、崇祯之际才恢复惯例。充当皇帝与官僚机构中介角色的内阁，往往是皇帝与士大夫的争取对象：士大夫欲改变皇帝初衷，可靠的同盟者仍是阁臣；皇帝欲妥善处理与外廷的关系，首先想到且必须牢牢抓住的也还是阁臣。

（陈时龙）

曹循《明代锦衣卫官制与职权新探》（《历史研究》第1期）

明朝锦衣卫的职责在不同时期有不同定位。与洪武官制不同，宣德八年（1433）后，掌印、佥书是卫所实际上的堂官。锦衣卫堂官为掌印提督东司房、提督西司房、提督街道房各1员，佥书若干员。据目前所见史料，弘治以前已存在掌印提督东司房一官，提督西司房一官设立于成化四年，提督街道房始设于成化二年（1466）。三位提督以外的佐贰官因在公文上连署签名，故称佥书。镇抚司作为锦衣卫的下属机构，与锦衣卫同设于洪武十五年，其分置南北两司的时间为成化十四年（1478）。若以官制完备为标志，锦衣卫的职权在成化年间基本发展成熟。锦衣卫最高首脑的主要职责就是缉捕谳狱。东司房日常缉访的主要是京师地区各类危害皇权、国家和社会秩序的犯罪案件，而不只是监察臣民“谋逆”及官吏不法行为。西司房所办案件既有偷盗抢劫，也包括欺诈勒索、侵没官银、伪造印信及“妖书妖言”等。此外，西司房还“兼法场监斩”。街道房的主要职掌是修理街道和疏通沟渠。堂上佥书的职责是侍卫皇帝。南镇抚司负责管理军匠的日常工作，巡视督察重大营造，代管被授予锦衣卫世职的归附“夷人”头目，掌管由勋臣子弟担任的勋卫。堂官、镇抚司官的人选无疑对锦衣卫职权的行使有重要影响，其选任方式、人选来源及资格要求，在明代也发生了较大变化。选任方式从皇帝亲自简选发展为主要由兵部等文官推选，人选来源从以缉捕官校为主转变为文臣子孙最优，考试制度确立并长期实行。这些变化反映了宣德、正统以后文官政治对锦衣卫的深入影响。其近侍军事机构的性质在潜移默化中逐渐蜕变，呈现文职化的趋势。堂官、镇抚司官履行各自职责，依靠的是下属官兵。属员人数多寡在一定程度上决定了官员职权行使的广度、深度和力度。锦衣卫人员除武官外，主要有总小旗、校尉、力士、将军、军匠等，其总人数在正德以前缺乏具体记载，正德时约有6万人，这大抵是锦衣卫人数的最高峰。明中后期锦衣卫额定人数大约为3万人。锦衣卫人员中，军匠占多数，至少占锦衣卫总人数的2/3。军匠以外较多的是力士，应有5000人以上。大汉将军，据两部《大明会典》记载，有1500余人。执行锦衣卫各项职能的人员主要是校尉。弘治《大明会典》所载总计有800余人。东西司房、街道房长官麾下有为数很少的属官，北镇抚司属员也不多。因此，明中后期锦衣卫除受命离京办理指定案件、抓捕特定犯人外，平日主要在京师及周边一带发挥作用。缉捕人员不多、活动范围有限，决定了锦衣卫办理的案件不会太多。堂官、镇抚司官职掌、排序及其人选要求显示，明中后期锦衣卫的性质更接近于治安司法机构。锦衣卫官制与职权演化的过程是明中后期文治道路的典型个案。

（甘子辉、陈时龙）

孙继民、孟月《明代山西藩王宗禄册的发现与意义》（《河北师范大学学报》第4期）

明代山西藩王宗禄文册隐含于上海图书馆藏公文纸印本古籍《艺文类聚》纸背，是上海图书馆发现的公文纸本古籍明代系列册籍中最新的一种。该本《艺文类聚》为明嘉靖二十八年（1549）平阳府刻公文纸印本，印纸使用的是被废弃的明嘉靖至万历年间官府公文档册，全书100卷，12册，1281页，纸背带公文内容的有716页，约占全书总书页的56%。这批公文档册大体分为两类，少数一类为结状文书，多数一类为藩王宗禄文书。结状文书为山西平阳府所属各州县有关呈报清理文卷、稽考仓粮、岁报钱粮等文册的执结状，文末钤有相关州县的印章，时间多在万历四年（1576）、万历五年（1577）。藩王宗禄文书为迁封于平阳府的明王朝宗室交城王府、阳曲王府、西河王府和怀仁王府有关王府宗仪禄粮解纳、放支的册籍，形成时间约在万历五年前。宗禄文书作为反映明代嘉靖、万历时期山西地区藩王政治地位和经济关系的罕见官方原始档案，学术价值更为突出。第一，宗禄文书在迄今所知明代册籍之外提供了新见类型册籍的实物样本。第二，宗禄文书为研究明代藩王宗禄制度提供了珍贵的新史料和细节资料。第三，宗禄文书也可以为研究明代赋役史、财政史和经济史提供具有借鉴意义的参考资料。山西宗禄册的资料价值和学术意义不限于以上三点，像宗禄册书式与后来奏销册书式的发展递进关系，怀仁王府宗禄册和其他三王宗禄册保存的大量宗室仪宾人名所反映的藩王贵族构成、人口构成问题，宗禄册所反映的宗室内部有爵位的贵族、无爵位的庶人及罪宗相互之间的关系及其宗禄待遇差异问题，地方官府与王府的宗禄管理问题，王府家族与地方社会的关系问题等，都为人们将来进一步认识和解读留下了广阔的空间。

（甘子辉、陈时龙）

吴滔、谢宁静《晚明新封藩王的财源与权势——以惠王为例》（《厦门大学学报》第3期）

研究区域社会，尤其是王府封地所在的

地方社会之变动，不可低估王府的影响，且在晚明社会动乱的背景下，新建藩王有深度参与地方行政、军事之势。从嘉靖时期开始，明朝逐渐形成了在两种模式下发展的宗藩，即旧藩与新藩，而旧藩在合法财源和朝廷支持力度上都不如新藩。新封亲王的供应与旧藩确有不同，他们不属限禄之列，就藩时被赐予巨额庄田，甚至可能不在旧有的徭役供应体系下。从新封亲王格外注重庄田而非禄米的情况看，庄田是他们的关键财源。此外，商业资本渐成诸王的重要财源。在分封于荆州的惠王朱常润（万历皇帝第六子）与光泽王争夺田产的事件中，光泽王代表的辽藩适用旧制，其田产大多是私收，而惠王赡田有明旨保障，二者的冲突实质上反映了两种供应体制之下的新旧藩王在同一地区的利益矛盾。惠王及其他新封藩王，在宗法血缘上与皇帝更为亲近，因而身份在实际社会环境中贵于其他藩王，其行为将得到朝廷的更多宽容。不过，新封藩王虽有朝廷支持，但财源开辟和权势建立均非易事，与地方社会的关系因利而变，充满了合作与竞争。亲王就藩，如何自主利用宗室身份来调动社会资源以获得利益并扩张权势，考验着其因地制宜和审时度势的才能。惠王在荆赡田搜括的过程呈现出新藩、旧藩和地方官三方较量的态势。回顾惠王权势建立的过程，打压辽藩，借捐饷提升声望及建立关系网，最后利用动乱中“护国”的时代话语大做文章，奏请铸钱养兵，又与知府合作护卫沙市。在一系列权力和资源的博弈中，惠王从外来的资源争夺者变成地方的建设者、守护者。从此角度来看，藩王对地方社会经济的影响有着积极的一面。在晚明社会动乱的背景下，惠王迎合朝廷需求，改善与官民的关系，提高个人声望，经营地方防务，渐有一方之主之势。惠王的个案是王府并非简单站在社会经济对立面的有力证明，晚明新封藩王有越过藩禁，介入地方政治、经济和军事的趋势，甚或有主导一方社会秩序的可能。

（甘子辉、陈时龙）

郭红《军亦吾之民：明末判例判牍中的卫所司法地方化》（《中华文史论丛》第3期）

明初实施军民分诉，司法自上而下分为两个系统，既有管理民户、与布政司府州县相应的司法系统，从三法司到按察司、府推官，管理着普通百姓及原籍军户的有关词讼，也有适用于都司卫所的系统，由五军都督府断事官、都指挥使司断事、卫所镇抚处理在卫相关人口司法事宜。军民间的纠纷则有“约问”制度，由两地方司法系统共同审理。这种司法体制给人的印象是，明代都司卫所与布政司府州县是两条司法脉络，在军民官司时这两条脉络才有所交集。但实际上布政司所管粮储、屯田、清军等，莫不涉及军籍人口，按察司更有纠举军民利病、监督军卫屯粮之责，故两个司法系统间一开始就没有严格界限。由于卫所的户口、屯田等制度特点，其人口为军籍，但生活中与民户无异，明代中后期军民纠葛日多，加之卫所崩坏，嘉靖后期随着卫所的衰败、督抚及巡按的遍设，地方行政逐渐取代了卫所的大部分司法职能。卫所司法的地方化使得两套司法系统演变为以地方为主、以卫所为辅，卫所沦为地方司法的初审机构之一。由于疆土辽阔，司法地方化在不同区域表现有差异，这点在内地与沿海卫所表现明显，而边地实土卫所尚能维持基层司法的独立性。司法地方化是明末卫所民化的重要表现。但是这种地方化并不彻底，都司卫所原有司法系统依然存在，国家律法中对卫所司法的规定亦未改变，地方行政官员在处理军籍人口，尤其是卫所人口相关案件时总是有所顾忌，同时还要考虑“军罪”减轻处理问题，所以在审理案件时需要上一级督抚、按察司、布政司或道的指示支持。虽然嘉靖以后地方行政已经有将卫所人口及管理向民事转化的主动作为，但并未彻底实现卫所司法地方化。

（甘子辉、陈时龙）

吴才茂《明代卫所军户原籍田产处置初探：以清水江文书“成化二年转批粟文海田地合同”考述为中心》（《中国史研究》第4期）

“成化二年转批粟文海田地合同”是目前发现最早的清水江文书。由于明代清水江文书极为稀少，从已见文书来看，所涉多与卫所、土司等制度相关，因此，对明代清水江文书的精读与细研尤显重要。这份合同中的永安乡，经考为湖广会同县辖下乡村，由此可知，文书虽然发现于清水江流域，但所涉事项并非卫所军户抛荒屯田，实系卫所军户在原籍的田地。明初为了实现卫所之间的相互牵制，在屯田分配上往往犬牙交错，本省卫所屯田远在隔省之现象较为普遍。贵州境内卫所绣错于湖广境内的屯田并不少见，特别是本就属于湖广都司管辖的镇远、偏桥、清浪、平溪、五开、铜鼓6卫，很多屯田就在湖广的麻阳、沅州、武冈、邵阳、溆浦等地。卫所军户原籍田产背后涉及的是原籍军户、原籍州县、卫所军户甚至卫所军户所安插的州县之间关于军役负担的问题，反映的是卫所军户处理原籍田产与州县军户以其军户身份为自身争取权益的事实。根据明代军户制度，原籍户丁正常为卫所军户供给军装。然而，随着时间的推移，军装供给出现了问题，卫所军户便于天顺六年回原籍讨取军装，寻认产业。为了规避军装供给制度而产生的无限困扰，卫所军户、原籍军户、原籍州县、原籍里甲人等通力运作，以签署转批合同的方式，把卫所军户在原籍的田产进行了合理合法的处置。这份合同签署之目的主要是解决卫所军户与原籍军户的军役纠纷与分担问题。经原籍州县的介入，卫所军户在原籍的田地，正式转批在粟文海、粟文江名下耕种，并由其缴纳秋粮。这样，卫所军户在原籍之田产，就被合理合法地处置了。

（汪润）

胡铁球《明清百姓避役避比的主要手段及其影响》（《华中师范大学学报》第6期）

老百姓避役避比最常用的手段是减少

自己户下的地亩，使田亩数量不符合国家编派粮长、里长、柜头、解户等重役的标准，常用的方法有诡寄、花分、飞洒、影射等。这些手段概括起来有四种方式。一是将土地化零为整，即无优免户将自己土地诡寄在优免户下或包揽户下，从而达到避役避比的目的，这需要通过土地过户这一环节来完成。二是将土地化整为零，由于役起于田亩，田亩越多，役的负担越重，于是土地多的人户，将自己的田花分到田少之户，使自己名下的土地减少，从而达到避役避比的目的，这也需要通过土地过户这一环节来完成。三是将己户田地过户于册书名下，而册书包揽赋役时，常将己粮撒入他户，甚而不把这些田地放入册籍中，形成影射、虚悬等弊端。四是通过贿赂册书的方式，将己户虚悬，即变成虚户，隐藏在国家册籍之外，从而达到避役避比的目的。通过土地市场将赋役负担转移给他户等方式来避役避比，一般有两种方式，一是以田租的方式把赋役从租赋中分割出去，转移到他户身上，其最典型是“一田多主”在同一块田地上，小租主购买土地时多出银、少收租，将地租收益之中的纳税部分出让给大租主；二是大租主将包含在地租中的纳税部分无偿出让给白兑之家。白兑之家这种包揽方式主要分布在广东、福建一带，而在广西等地则叫田主歇家。为解决期限过密、误工费时、交纳成本极高的问题，基层民众将数户或数十户整合为一户，把应交赋役的数额扩大，从而减少交纳成本。户的整合方式主要有徽州地区“甲首户”，山西“股头制”，广东、福建、浙江等地区“总户”等几种。这些手段与措施严重破坏了赋役制度，影响到国家赋役的征收，故政府也不断推出新的制度来强硬地回应百姓的应对措施。政府与百姓之间的博弈过程，集中体现了以比限制度为中心构建的催征体制对土地结构、乡村结构、基层组织结构的改造力度。明清时期避役避比的手段对明清社会产生了重大影响，概括起来主要有三个方面，其一是使土地市场复杂化；其二是推动了赋役制度的变革，包括赋役征收与赋役册籍制度两个方面；其三是推动了乡村内部包揽网络的形成。

（甘子辉、陈时龙）

陈熙远《圣人之学即众人之学：〈乡约铎书〉与明清鼎革之际的群众教化》（中国台湾《中央研究院历史语言研究所集刊》第九十二本第四分）

清代顺治九年（1652），顺治帝将明太祖朱元璋六谕重颁，使六谕在清初重新获得合法性。过去因缺乏顺治时期的乡约可资佐证，研究明清圣谕宣讲的学者对顺治时期圣谕六言在朝廷的政令宣示以及在地方上具体施行的实情往往略而不论。庋藏于历史语言研究所明清内阁大库档案中的《乡约铎书》无疑弥补了在明清更替过程中乡约宣讲的关键空缺。翟凤翥《乡约铎书》为手写本，首有江西巡抚蔡士英顺治十年正月序及翟凤翥顺治九年三月自序，其向朝廷呈进的时间为顺治十二年七月二日。翟凤翥是明末清初著名的讲学者，提倡“讲乡约即讲学”，《乡约铎书》代表了当时部分士人持续试图熔讲学与讲约于一炉的努力。早在崇祯十年（1637），翟凤翥从北京国子监返乡时，取先代诸公六条训解，编纂成篇，命名为《铎书》，应是顺治年间呈进《乡约铎书》的雏形，但在此基础上因应顺治三年新颁《大清律例》进行了调整。《乡约铎书》的内容分两个部分，一是乡约组织的规范；二是宣讲圣谕的内容，对六谕进行逐条演绎和解说，首解谕意，次引律例，结咏歌曲。在解释时，《乡约铎书》不仅运用浅显通俗的词汇，更不时援引民间流传的俗语，如“但看檐前水”“打虎还得亲兄弟”“儿孙自有儿孙福”等，这些市井谣谚常收录于流通的善书如《增广贤文》，或小说的对话或戏曲的唱词里，听众耳熟能详，其所采撷的典故，也多出自《日记故事》之类的善书中。在援引律例时，《乡约铎书》并非原封不动地搬引法条，而是针对每一条圣谕的意旨，从《大清律》中萃取关键的条文，并加以精简浓缩，其歌咏则几乎承袭了江右大儒罗洪先的七言诗。后来魏象枢的《六谕集解》多处实承袭自翟凤翥的《乡约铎书》；范鋐的《六谕衍义》不仅内容与形式仿照《乡约铎书》，作者范鋐的跋文也几乎抄袭翟凤翥的序文。

（陈时龙）

陈慧宏《从耶稣会的罗马圣母圣像看中国圣母的特质及其世界史脉络》（中国台湾《中央研究院近代史研究所集刊》第111期）

学界目前关于日本和中国早期传教史的研究，更多留意耶稣或天主如何被翻译及解释等问题，相对而言，圣母如何被翻译及其在地化解读的议题则鲜少被注意。或者说，我们常从圣母图像的在地化，或与佛教观音的可能混融，作为宗教交流时的文化调适现象，却缺乏对这个现象形塑中国或日本天主教的意义，进行深刻的分析。该书结合图像与文字史料，以明末利玛窦（Matteo Ricci，1552－1610）时代与耶稣会士关系紧密的一幅圣母“圣像”（icon）为中心史料，对16、17世纪中国天主教圣母主题进行深入研究，验证这幅圣像的特色和图像意义，借此说明耶稣会圣母信仰的特质，并展开其他相关历史问题之探索。1599—1600年间，从罗马寄到澳门罗马大圣母堂（Santa Maria Maggiore）的圣母抱子像，是此像进入中国的最早记录。中国西安所发现的圣母/观音立轴画，则是近十多年来罗马圣母圣像最有名的一件仿本，其母本有可能来自宫廷或北京。在圣母像的世界史脉络中比较分析，西安像有一项中国化的做法，即女像和小儿像分别着米白色和红色外袍，衣装颜色与罗马像有明显差异。这是一种有意识的在地化做法。观音的宗教特质主要在于慈悲和救世，当16世纪天主教的天主以救世主的身分来到中国，天主与女神观音实有雷同的基础。

过去多以观音及圣母的类同——大部分也来自其图像上的互融或借用——来作为观音与天主教互动的最显著现象，但以救世的特征而言，天主教信仰可以挑战并取代观音的应是天主，而非圣母。耶稣会士与儒家士人有诸多互动关系，从宗教传播及文化史的角度来说，天主教提供给明末中国一个新的宗教观和宇宙观。若从宗教传递及交流互动的面相来看，天主教的“竞争对象”就是儒释道三教，或三教合一，或其他各式民间宗教和信仰。我们应该超越以儒家正统来观察耶稣会的视角，进一步探讨耶稣会与民间宗教信仰在明末的复杂关系。

（甘子辉、陈时龙）

李仁渊《元、明刊〈居家必用〉与家庭百科的诞生》（中国台湾《中央研究院历史语言研究所集刊》第92本第3分）

《居家必用》是一种新的出版类型，即收集家庭领域需要的所有知识，分类编纂，以供读者参考应用，直到现代仍有不同规模的家庭百科出版。换言之，从《居家必用》开始的家庭百科结合了书籍出版的三个层次，其一是内容上限定在家用的知识范围内；其二是在形式上是“分类辑纂”的类书；其三是在生产流通方式上刻版印刷、商业贩卖。一般对家庭百科的讨论集中在晚明，然而元代建阳书坊出版的《居家必用》是中国已知最早分类辑纂家用知识的商业出版品。宋代中叶以来商业书坊出版分类文本知识的潮流和家庭形态的变化以及对家用知识文本的需求是以家用知识为范围的类书出现于14世纪初的原因。元刊《居家必用》分为十集，每集分若干大标题。各大标题或者是一篇文章，或者底下又分若干小项。从整体来看，元刊《居家必用》分类并不齐整，所收录的内容展现了宋代以来对许多文本知识收集整理的结果。从收入仕宦吏学相关的知识来看，《居家必用》预设的读者或许是仕宦之家或步上仕宦之路的家庭中的家长。到了明代，内府刊印的《居家必用》被书坊大量翻印，取代元代以来多元的版本，成为后世流传的定本。明代《居家必用》的性质与元代《居家必用》略有不同，元刊本应该是随时调整以切合需要，又有不同出版者互相竞争。然而明代在内府本之后，《居家必用》却固定下来，甚至在晚明众多不同的日用类书出现之际，内容也改变较少。这时候的《居家必用》仍维持以数百年前的宋元文献为主，与日用或有差距，而接近一种较具权威性的居家知识文献。现在流传的明刊《居家必用》与目前所见的元刊在组织架构上相当不同。总体来说，与元刊本相比，明刊本不仅分类较系统，同时理学的成分也更明显。元刊本正俗交杂，而明刊本则正俗分界判然。《居家必用》所开创的书籍类型与家庭知识的架构被后来的家庭百科所承继，而这些家庭百科收集的文本知识及其蕴含的家庭理想，是元明以来家庭与宗族实践之思想基础的重要来源。

（甘子辉、陈时龙）

李庆《明万历初年中国与西属菲律宾首次交往考述》（《历史研究》第3期）

明初百年间，中国对外关系经历了从“四夷来朝”到“四夷来商”的演变，发展至明中期，统治者对“四夷”的认知，仍然沿袭“小、穷、弱”的观念。实际上，“地理大发现”时代已开启，葡萄牙、西班牙等欧洲强国开始向全球殖民扩张。此前学界对葡萄牙使团访华及早期中葡关系史的研究较为丰富和精深，对中国与西属菲律宾首次交往的探讨相对薄弱。究其原因，主要在于已公布的西班牙文原始史料较少，基本依赖传教士拉达（Martínde Rada）和门多萨（Juan Gonzalezde Mendoça）等人的已刊文献。相关研究一旦触及“谎报军功案”等重要问题，就难以达成一致看法。随之产生另一个不足，即研究主题集中于中文史料相对充足的海盗林凤突袭吕宋事件。又因缺乏可贯穿始终的线索，相关论述难以对首次交往的来龙去脉和复杂面相进行整体观照。实际上，在中国与西属菲律宾首次交往中，有一名沟通双方的关键人物——福建海商林必秀，他因在吕宋等地经商、略通西班牙语，曾深度参与其中，促成菲律宾使团首次访华，并阻碍西班牙人二次访华等，其活动贯穿每一个重要环节。然而，以往学者对林必秀知之甚少，除简要提及他在首次交往中担任通事外，鲜有其他论述。鉴于此，该书以林必秀事迹为线索，根据西班牙印地亚斯总档案馆（Archivo General de Indias，简称AGI）收藏的众多手稿，以及尚未引起足够重视的洛阿卡（Miguelde Loarca）《中国行纪》（Relación de la Tierra de China）等未刊文献，遵循中西史料互补互证原则，对以上问题进行深入探讨，更全面、准确地展现中国与西属菲律宾首次交往的整体图景。

（张慧芬）

三浦秀一《明代老学史的一个面向——论薛蕙〈老子集解〉与王道〈老子亿〉》（《东洋学集刊》第124期）

薛蕙《老子集解》成书于明嘉靖九年，此前的明代《老子》诠释多强调修身的面向，薛蕙《老子集解》则针对这一倾向进行批判。薛蕙同时反对方士以养生解老与世儒以知性知天解老，在“有无相即”的立场上完成了《老子集解》。《老子集解》存在两个版本，分别为嘉靖九年本与嘉靖十五年本，后者是前者的修订版。《老子集解》两个版本之间存在显著差异，这种差异在一定程度上来自薛蕙在嘉靖九年后受到佛教与佛教典籍的影响。与此同时，薛蕙还将其对于心学的感悟投射到对《老子》的诠释上，间以老子的语言来阐明心学。薛蕙《老子集解》出版后，在学界产生了很大影响，对王道《老子亿》的成书也起到了一定作用。王道在释道领域造诣极深，一方面体现为他对阳明思想及学术的批评，认为其学甚至未得释道门径；另一方面体现为其《老子》诠释作品，即《老子亿》。薛蕙《老子集解》与王道《老子亿》均成书于阳明学大盛的明代嘉靖时期，薛王二人都通过《老子》诠释对阳明学展开批评，但前者的批评意识与批评程度不及后者。相应地，薛王二人的《老子》诠释也影响了阳明后学的《老子》诠释。

（张倩茹）

林展《明嘉靖年间理学领袖和经典塑造——以罗钦顺〈困知记〉的撰写与传刻为例》（《台大历史学报》第66期，2020年12月）

《困知记》是明代著名程朱学者罗钦顺（1465—1574）的理学名著，在明代被广泛流传刊刻，目前留存的各式刻本、抄本、改本多达十余种。以往研究多聚焦于罗钦顺理学义理的阐发，或其所高度宣扬的“朱陆异同论”。该文则另辟蹊径从《困知记》的撰写与编刻切入，分析罗钦顺在不同时期的著书立说的内容与对象的变化，以展现明嘉靖时期的理学学术互动的历史情境。作者指出，《困知记》是罗钦顺在二十年间陆续增补而成的，其间的对话对象、讨论议题、自我认同、他人观感与期待，都随着时空变化而变换。嘉靖七年刊行的二卷本《困知记》是对以往与王阳明论学的回应；嘉靖十二年付梓的四卷本则为罗氏日常研习的读书札记，对论说对象进行了模糊化处理；六卷本的出现，反映了随着其学术自信的提升和时人学者的推许，罗氏对阳明学的批判由隐转显。由此，揭示出罗钦顺在二十年中论学对象、对世道学风的态度、自我定位所发生的重大变化。这些变化因应着阳明学的演进而变化，在此意义上说，阳明学说的出现与发展，是刺激和促使罗钦顺在程朱理学内阐发新义的直接原因，罗钦顺著述的演变即明代中期理学学说互动、多元竞争的结果与反映。作者最后提示，《困知记》这类理学读本的形成是一个“层累”的过程，其目的、意义都处在变动之中，我们在理解和运用书中的概念范畴时，应充分考虑其立论时的时、地、人的因素。

（陈冠华）

张天杰《晚明“三教合一”思潮与越中士人的静坐修习——以〈祁彪佳日记〉为中心的考察》（《浙江社会科学》第5期）

祁彪佳（1602—1645）是晚明活跃的越中士人，著作颇丰。该文以《祁彪佳日记》为中心考察祁彪佳及其越中同志的静修实践。作者认为祁彪佳等人的静坐实践深受晚明阳明学和“三教合一”思潮的影响。祁彪佳的静坐修习经历了两个阶段。其静坐的第一阶段已受佛、道影响，采用“分豆数念”的方式进行，并且对颜茂猷所倡导的“守心十二法”等道家的修养方法极有兴趣。到第二阶段，祁彪佳发起证人社，并邀请阳明后学刘宗周、陶奭龄参与讲会，但祁氏参加最频密的是以陶奭龄为核心的证人社在白马山房的分会。该会的活动以静坐为主，并组织有佛教色彩的放生社活动，乃至地方赈灾活动，这背后包含着“劝善改过”的共同主题。祁氏的修习以静坐实践为主，但也包括朋友间相互纠错的“省过会”和与阳明心学相关的修身工夫讨论。祁氏常与社友举行“七日静参之会”，课会的地点不定，或在白马山房，或在家中，或在寺庙内，时而有僧众参与其中。在晚明三教合一，特别是阳明学与儒佛会通思潮的影响之下，祁彪佳从事静坐的活动，形式上以佛家为主，目的是保持内心宁静，但他们所讨论和思考的问题却是儒家式的。作者注意到，祁彪佳无论在静坐的理论或实践，还是内容或形式上，并不刻意区别儒、佛。

（陈冠华）

刘永华《祀典仪式视野下的明清省制演进》（《历史研究》第4期）

行政与祭祀相互维系的制度设计，是中国传统政治体系有别于前近代欧洲政治体系的重要特征之一。尽管朝廷礼制中，没有设计与行省相对应的祭祀对象，但在明代官府与民间的祭祀实践中，开始出现新动向，即出现了省城隍的名号。清后期，都城隍庙、财帛司庙和纠察司庙均被列入祀典。都城隍庙历经巡抚改建重修，与巡抚衙门之间的密切关系毋庸置疑。财帛司庙由布政使增修，且为布政使衙门香火。巡抚、布政司衙门介入两庙的过程，从侧面体现了清代某些行省的省级衙门试图确立自身仪式地位的诉求。自明代以来位居外官之首的布政使，成为督抚的属官。乾隆二年允许督抚参与地方常祀，确立了督抚在地方祭祀中的地位，体现了朝廷将督抚纳入祭祀制度的努力。春秋常祀与关帝、文昌圣诞祭祀由同城的督抚与布政使、按察使等共同举行。由于每月朔望行香各1次，理论上说，每年督抚与布政使共同行香达24次。这种因祭祀产生的礼仪互动与日常行政互动颇有不同。行政与祭祀相互维系的制度设计是中国传统政治体系的重要特征之一。不过，行政与祭祀有不同的属性和时间节奏。行省与督抚之仪式地位实为二事，不可混同。督抚的设置，虽可追溯至明前期，但到明中后期方开始其职务的地方行政化，至乾隆十三年着手编纂《大清会典》时，这一过程才算基本完成，前后经历了两个多世纪。体现在祭祀制度方面，督抚经历了由不参与地方政府祭祀，到参与祈雨、祈晴等祈禳活动，再到参与常祀的过程，历经200多年，督抚的仪式地位最终于乾隆十六年得以确立。这本质上是在祭祀制度的层面确认了督抚的“外官”身份，确立了督抚与布政使、按察使等地方大员之间的统属关系。上述种种实践，体现的仅仅是士大夫的观感和来自地方官员的尝试，这些地方实践并未升格为一代之制。

（汪润）

林存阳、周轩《由“概念”以通“义理”——陈淳、惠栋和戴震对理学的建构与解构》（《中国哲学史》第5期）

由宋至清，义理阐发上所产生的变化，不仅体现了不同时代的学术特征，也反映出学术发展穷则思变的内在逻辑及走势。该文认为：陈淳《北溪字义》、惠栋《易微言》、戴震《孟子字义疏证》在阐发义理之学上所用的由“概念”以通“义理”之法，就是其间的一个典型例证。通过这一方式，陈淳有力地推动了理学的体系建构；惠栋、戴震则对理学进行了解构，并自觉建构有别于理学的新思想体系，从而展现出清初以来“以经学济理学之穷”的学术特色。至清中后期，不少学者继续运用此法，赓续并推进了惠栋、戴震对思想义理的新建构。“概念”乃宋儒、清儒借以表达“义理”的一种重要“工具”，其内涵之变化则体现出学者们所要构建义理的不同取向和诉求。直至现在，由“概念”以通“义理”仍是学术思想史研究中的一种重要方法。

（徐到稳）

赵思渊《清前期徽州乡村社会秩序中的土地登记》（《历史研究》第3期）

不论从契约使用的角度，还是从司法实践的角度，多数学者认为明清社会中存在比较完善的土地确权制度。土地市场发展与地权的演化主要建基于民间惯习或非正式制度，并在地方政府的司法实践中普遍得到保障。鱼鳞图册中的土地数字来自实测这一观点，在逻辑与实证上都存在可质疑的空间，若要对有关鱼鳞图册的论争“一锤定音”，还需要两方面的验证。其一，鱼鳞图册中的土地登记信息，在鱼鳞图册之外的文献系统中如何使用；其二，如果鱼鳞图册中的土地数字并非来自实测，那么这些数字如何得来。鱼鳞图册与其他民间文书之间的对比研究也揭示出，鱼鳞图册所记载的土地登记信息虽然能从总体上反映一个区域的地权分配情况，但绝不是业户土地占有情况的准确记载。如果使用鱼鳞图册中的土地数字估算地权分配、耕地占有等问题，应重新审视这些数据的性质与意义。最近有关明清时期东南山场的研究也显示，确定土地界址与权利的过程中，鱼鳞图册只能在有限的条件下发挥效用。政府在编纂鱼鳞图册时，并非要计算以土地数字为基准的财产税，也就没有动力去测算准确的土地数字。田赋看似是按照土地的产出来征收，实质上不是根据土地产出或收益的比例进行计算的。由土地或其他的财产差别计算的负担轻重，只是一种达到均平目标的方式。明清之际不到100年间，政府进行过3次土地清丈，至少形成了3种不同的土地登记系统。鱼鳞图册作为自上而下的国家制度，必须嵌入既存的社会秩序之内才能发挥效用。支撑土地市场有效运转的社会秩序由多种制度与惯习嵌合而成。王朝的典章制度与民间社会的惯习并非相互分离，而是各自演化从而形成互动关系。

（汪润）

余开亮《清代的市场整合及其空间结构（1738—1820）》（《中国经济史研究》第5期）

施坚雅对中国的城乡市场体系和区域城市体系进行了深入研究之后，提出了著名的大区理论。该理论从自然地理的角度将中国划分为九大区域，认为各个大区在其内部形成了一套自成一体的市场体系，并相应地在各个大区内发展出一个独立的区域性城市体系，但并未形成在全国范围内统一的城市体系。这种理论受到一些西方学者的质疑和实证研究的检验。市场是否统一、是否整合，应该是一个具有开放性答案的问题，其答案不应该是一个非此即彼的二元结论。也就是说，这个问题的答案不是“存在”或“不存在”整合的市场，而是在多大程度上市场是整合的，应该把这一问题转变成一个可测度的、具有可比性的问题。通过经验数据构建出一套评价指标来测度市场的整合程度，并对不同时期、不同区域中多种时空尺度的市场整合程度进行比较，可以对清代中国的市场整合问题有一个更为详细深入的认识。各个大区市场表现出来的差异性和不同步性模式与施坚雅的研究结果相仿，从实证检验的角度支持施坚雅的大区理论。

（徐到稳）

王跃生《清代中期老年人居住方式及影响因素分析——以502件刑科题本档案为基础》（《中国经济史研究》第4期）

现代学者受《红楼梦》《家》《春》《秋》等文学作品影响，普遍认为清代家庭充斥着封建等级制度和旧礼教。该文基于清代乾隆朝和嘉庆朝刑科题本婚姻家庭类和土地债务类档案所建立的数据库，定量分析清代中期老年人的居住方式。研究发现，多数老年人与已婚子女组成相对稳定的生活单位，与未婚子女生活、夫妇独居和单人独居也占一定比例。与以往认识不同之处在于，老年人与两个及以上已婚儿子组成的复合家庭所占比例不高。原因有二：一是拥有多个成年儿子的老年人比例较低，只有一子的老年人占比超过50%，他们失去了与子代组成复合家庭的条件；二是多子家庭亲子分爨比例较高，多子老年人并不硬性维系复合型大家庭生活方式，抑制子女的分家要求。该文还考察了老年人性别、配偶存故状态、年龄等因素对其居住方式的影响。本项研究使我们对清代中期中下层老年人的居住方式和特征有了比较具体和清晰的认识。

（徐到稳）

［日］岸本美绪《民间契约与国家干预——明清时代的“契约正义”问题》（《中国经济史研究》第2期）

明清时代的田宅买卖契约文书中一定有确认自由意志的语词，如“二意情愿，并无逼勒”“两相允洽，各无异言”之类。“自愿非逼”是有效的契约之不可缺少的条件，而立契人遵守自愿订立的契约被认为是理所当然的义务。虽然如此，明清国家未必强制买卖当事者绝对遵守契约，有时会干涉契约内容，允许立契人爽约。该文聚焦“绝卖的土地可否回赎”这一问题，通过明清国家允许当事者回赎绝产的若干事例，来探讨当时的皇帝与官员们在解决这个问题时所依据的逻辑为何。清代官员对赎田政策的消极态度乍看之下似乎表示他们对“契约自由”观念的重视，但这并不是一贯的原则。

围绕赎田政策的讨论与其说是拥护“契约自由”与否的对立，不如说是有关赎田政策可否顺利实行、该政策是否会带来社会混乱等有关现实结果的意见分歧。在州县审判中，官员们考虑多方面的情况，更为灵活地在契约自由和实质公平之间进行衡量，来谋求纠纷平允的解决。当时国家有关民间土地契约的政策，既不是一贯的自由放任，也不是积极干涉，而其特征恰恰是于干涉与放任之间进行的实质论、结果论式的判断与选择。

（徐到稳）

杨海英《朝鲜康氏的女真血统及其变异——明清时期朝鲜康氏叙事的真伪》（《清史论丛》第1辑）

明清之际，在朝鲜王朝的国家认同、朝野士大夫的“尊明攘夷”观念和朝鲜政治正确要求的共同推动下，从肃宗朝授命追赠壬辰东征明将康世爵祖先、录用其子孙开始，康氏家族也进入了在朝“皇明人”群体，而其真实的女真族血统则被彻底抹去——朝鲜康氏以“淮南”或“荆州”籍贯的新面目出现：若非康氏后裔对祖先真实的女真族来源漠然无知，就是有意抹去真实的历史成分，而选择重构符合朝鲜主流价值观、时代氛围及历史潮流的新记忆。朝鲜地方官及朝堂两班贵族，在此过程中也不是旁观者。正是在他们的积极倡导下，康氏家族的历史记忆得以重塑，不管有无康氏族人主动参与共同创作，这一重塑都是由朝鲜王朝的需要和意识形态决定的。朝鲜康氏家族在内的“皇明”人叙事的主调和基干，在历史发展过程中还不断增加的新环节和新元素，都促使历史记忆离康氏家族的真实历史越来越远，但这并非朝鲜君臣关注的重点——正是从肃宗时代开始，朝鲜士大夫注意到康世爵后裔，康氏子孙或也有意按照朝鲜“思明宗周”的历史节奏重构家族记忆，再加上历代朝鲜士大夫的加工修缮，朝鲜康氏家族的历史记忆被创作成为朝鲜历史发展主旋律下符合现实需要的一曲赞歌。

（徐到稳）

惠男《礼仪与权威认知：乾隆帝画像与瞻礼、金瓶掣签制度的改革》（《清史研究》第1期）

两幅分别供奉于布达拉宫、扎什伦布寺的乾隆帝画像，可以说明中央和边疆互动的历史复杂性以及其中可能存在的关于权威认知的冲突与协调问题。有关这两幅画像的来历和使用情况，还存在诸多未解之处：仅以布达拉宫画像的抵藏时间、过程而论，藏语文献与北京贮存的满文档案竟构成矛盾，孰真孰伪，竟不得而知，表明画像的意义或许比目前已知的还要深邃。除了达赖、班禅的金瓶掣签仪式外，画像还涉及其他蒙、藏佛教群体的政治性礼仪，这些问题亦需探讨。该文以这两幅画像的入藏始末和功用为线索，通过多语言史料对比的方式，讨论清朝传达的政治话语以及藏传佛教世界的成员怎样在日常的政治仪式中感受皇帝的权威，发现清朝皇帝在面对不同族群时可能会诉说不同的故事，进而诱发不同的权威认知与想象。内地官员无须知道皇帝如何通过礼仪的实践成为西藏僧人眼中的文殊化身，而后者亦不必在意清朝皇帝对儒家道统的坚持，不同文化之间的排异性被降级到次要的地位，所有臣民都统一在以皇帝为核心的清朝中央的名下，构成18世纪后期以来边疆内地一体化的政治基础。

（徐到稳）

彭慕兰《在无为而治与英雄主义的失败之间——清代国家能力与经济发展概论》（《中国经济史研究》第2期）

清朝的国家非常善于为一个大的统治空间提供秩序，从而在不征收重税的情况下使市场获得了长足的发展；这个国家还擅长为前工业化时代的经济社会发展（尤其是农业的发展）提供公共设施，并鼓励民间团体参与公共设施的兴建和管理；但是这个国家不善于规范人们的日常行为，尤其是在环境保护方面。而且这个国家常常在维护公共设施方面显得力不从心，而人口快速增长、环境退化、财政压力、政府人手短缺更加剧了这个问题。由此不难想象，在气候适宜、农地增加（包括那些因种植新大陆作物而被垦辟的土地）、承平无事之时，这个国家的统治是相当稳定的；但是当潜在的环境问题日益凸显，地方叛乱迭起，列强势力入侵的时候，治理力度的衰弱和社会经济的崩溃便会相伴而来。如果说18世纪的清政府已经做到了前工业化国家的极限，或许有些言过其实，但是清政府的确做过一些成功的事情。尽管清代的国家在某些治理领域显得力不从心，且在技术近乎停滞、资源陷入瓶颈的情况下，经济也陷入了报酬递减的局面，但清代的国家的确曾经在相当程度上推进了经济和社会的发展。

（徐到稳）

张泰苏《对清代财政的理性主义解释：论其适用与局限》（《中国经济史研究》第1期）

自20世纪90年代起，学界一直偏向以“经济理性主义”的理论视角对清代财政政策进行解读。理性主义解释大体可分为三类：第一类专注于政治需求的缺乏，第二类强调行政能力供给上的欠缺，而第三类侧重于集体政治意愿的结构性缺失。其实，尽管这些解读相当成功地解释了非农业税收的变化轨迹，却未能令人足够满意地解释农业税的异常停滞。清朝精英究竟是如何权衡提高农业税的实质性利益与征税的政治成本的？此外，为什么他们在权衡非农业加税的成本和收益时，得出了截然不同的结论？归根结底，这是一个关于主观政治世界观和心态的问题。关于一组利益如何“恰好合理”地压过了另一组利益的所谓客观性解释，几乎在本质上就是不能令人满意的。要想做得更好，就必须从原始资料中拼凑出清代精英的主观政治世界观。也就是说，真正解决这些问题的办法是超越理性主义视角，走向政治文化、意识形态和思想史。解题的关键在于政治精英的主观信念，而不是他们身处的“客观”物质环境。

（徐到稳）

王正位、李耕《科举制传统和家庭股票市场参与》（《经济学报》第3期）

科举制在中国历史上长期作为政府选贤举能最重要的方式，家庭股票市场参与被认为有可能解释股权溢价之谜。建立了科举制与家庭股票市场参与之间的负向关系，可以用来论证制度传统对家庭金融的长期影响。科举考试直到明清时期才最终稳定化和制度化，并完全深入制度法律的设计和人们日常的生活；清代的行政区划与当前的行政区划最接近，历史数据能与当前的经济数据更好地匹配；清代是中国古代的最后一个王朝，与现在时间上更接近，对现在的影响更直接，数据也更详尽，选取清代的府级层面为单位构建衡量科举制传统的指标体系很有必要。首先，使用清代进士密度作为科举制的代理变量，证明了清代进士密度每增加一个标准差，当前家庭直接（直接和间接）参与股市的概率降低 0.011（0.010）个百分点，深度降低 0.035（0.031）个标准差。其次，使用清代到最近的印刷中心的距离作为进士密度的工具变量，验证了科举制和股市参与之间的负向关系是稳健的。最后，探索了潜在的作用渠道：科举制导致当时对金融教育消极的态度和金融知识的欠缺，而这些因素都会造成更低的股市参与。

（徐到稳）

周建波、曾江、周子超《清代江南农村手工业生产性借贷的高利率影响探析——兼谈早期工业化走向近代工业化的金融条件》（《清史研究》第6期）

清代江南农村生产性借贷利率的高企大幅减少了农民兼营手工业的收入，致使手工业生产仅能维持家庭兼营方式，而无法形成工业化所需的大规模劳动力转移。同时，高利率还使得社会资金大量流入借贷领域，导致投入工业化生产的资本相对不足，由此使得经济倾向于停留在早期工业化阶段而非向近代工业化转型，无法满足早期工业化向近代工业化过渡所需的金融条件。清代江南相对充足的社会资金供给使得利率具备下行可能，但高密度、分散化生产、近乎完全竞争的家庭手工业模式议价能力低下，使得资本市场无法靠自身机制实现利率下降。对此，由政府参与并建构金融市场，进而推动社会利率水平降低是早期工业化向工业化转变的一项核心条件，也是中西方在前工业化时代金融领域的关键差异。

（徐到稳）

朱浒《盛衰之理：关于清朝嘉道变局性质的不同阐释及其反思》（《史学理论研究》第2期）

作者认为，迄今对于嘉道变局的主导性阐释可以归纳为三种模式，即“王朝周期变动观”、“社会形态发展观”和“传统社会转型观”。在这三种模式带有各自不同的认知局限背后，还存在一个更高层次的共性局限。那就是，它们对嘉道时期历史面相的描绘，都是从某种预设出发而拼接出来的图景。该文的分析表明，如果意识不到这三种阐释模式在方法论上的局限性，无论怎样精深的实证研究，一旦涉及关于嘉道变局的整体认知，总会自觉或不自觉地落入既有模式的窠臼。超越以往的阐释来重新认识嘉道时期的历史面相，又如何可能呢？黄宗智提出的“从实践出发的历史社会学”是一个非常值得借鉴的视角。这种实践视角必然有助于更为准确地勘察嘉道变局的具体历史进程，更为全面地理解嘉道时期在 18 世纪的“盛清”和 19 世纪后半期的乱局之间的特定地位。

（徐到稳）

李栋《超越“依法裁判”的清代司法》（《中国法学》第 4 期）

用近代以来西方所形成的“依法裁判”的框架或模式来检视中国清代司法似乎一开始就走向了“歧途”，其结果就是我们的后续研究始终围绕着裁判到底要“依据”什么而展开。从“法源”或者“大前提”多样性或本质性角度，探讨清代司法裁判并不能凸显其特殊性所在。清代司法裁判启示我们，“规范”或者可以置换“裁判”的存在，在司法裁判中应当发挥一种限定而不是决定的作用，“规范”与“裁判”之间的关系应是一种互为条件、相互制约和相互补充的关系。正是因为清代“权宜裁判”是一种超越“依法裁判”的模式，且在某些方面仍能满足当下中国人对于司法裁判的理解和需要，其模式至今仍时有出现，不曾彻底消亡，仍具生命力。

（徐到稳）

钟灵娜、谢芳《清代省区分等与国家治理的逻辑——基于清中前期督抚数据的研究》（《公共行政评论》第 6 期）

以总督和巡抚的来源、职位、品级为参照，考察了清代中前期高层政区的实际地位差异，可以发现与低层政区正式、明确的分等相比，高层政区中的分等多为隐性的潜规则，其地位落差主要与当地的经济、政治因素密切相关。其中社会稳定因素对总督的地位有较为稳定的显著影响，而赋税对巡抚的影响更为明显。总督与巡抚这种职能上的分工，有助于清代统治者平衡相互冲突的治理目标，提高治理效率。清代省区分等与督抚分工对理解当代人事制度与行政管理具有重要意义。清代省区分等与督抚分工对理解当代人事制度与行政管理具有重要意义。一方面，政区分等与循等升迁增加了现代官僚制中的晋升阶梯，有利于强化官员激励、增进组织培养；另一方面，当代党政关系也可以从督抚分工中吸取传统行政管理的智慧，在坚持以党领政的原则下，党政职能进行分工，有助于地方政府更好地实现多目标任务，应对国际国内多重挑战。该文对当代人事制度与行政管理同样具有一定的启发性意义。

（徐到稳）

龙登高、王明、陈月圆《明清时期中国的民间组织与基层秩序》（《民族研究》第6期）

对明清时期民间组织的制度特征进行了系统性论述，进而探讨士绅与民间组织在基层秩序中的不同作用，可以得到新发现与拓展性认识。第一，民间组织受到政府和社会认可和支持，具有较强的“合法性”与稳定性，能够较好地整合不同社会资源，超越士绅个体生命的局限，进而长期存续。第二，士绅通过创建、领导民间组织参与公共事业，其影响力是显性的，但不能因此忽视背后的组织与制度因素。第三，民间组织一般拥有稳定且独立的财产与管理机制，能够对包括士绅在内的参与者形成制度约束，减少可能的腐败。这一模式具有一定的制度活力和拓展性，长期而言能摆脱对个人权威的依赖，亦能为士绅之外的其他社会群体参与公共事业提供制度基础。第四，对于政府而言，政府可通过士绅联系民间组织，通过多种途径实现三方之间的互动与合作，实现对基层社会的间接治理，从而以较小的官僚体系、较低的行政成本在“广土众民”的国家实现“大一统”。第五，民间组织赋能基层社会，推动了基层社会规则与自发秩序的生成与发展。

（徐到稳）

彭勇《文明共生与族群秩序：清代对长城的废弃与坚守》（《中央民族大学学报》第3期）

长城是古代中国数千年以来的产物，明清长城的历史演进揭示出：中华民族多元一体格局影响下，从国家层面上讲，长城是矛盾的产物，也是统一的产物，并不仅仅是军事防御工具；对长城地带的居民来说，长城就是家园，它最重要的作用是充当游牧与农耕民族之间的秩序线、文明线，长城的性质决定了它在清代也发挥作用。推而广之，长城是中华民族共有的精神家园，它作为世界文化遗产，也是人类命运共同体中共有的精神文化家园，这也是长城被认为是中华文明象征的原因之一。清代对明代长城修筑国策的“放弃”和对长城的利用、坚守，恰恰说明了长城这条文明秩序线体现了“大一统”王朝背景下，传统中国统治模式中的权变与坚守。因此，说清代不修长城，有“美化”清代在处理边疆问题的巨大功绩之嫌，说长城以外非中国，则是歪曲史实，别有用心。让长城回归长城原本的面貌，是史学工作者的责任，也是史学工作者服务国家和社会的最好体现。

（徐到稳）

孔令伟《钦差喇嘛楚儿沁藏布兰木占巴、清代西藏地图测绘与世界地理知识之传播》（中国台湾《中央研究院历史语言研究所集刊》第92本第3分）

清代汉文史料对康熙、雍正年间的喇嘛楚儿沁藏布兰木占巴有些记载，但是语焉不详，且先行研究错误颇多。实际上，喇嘛楚儿沁藏布兰木占巴曾于蒙养斋学习欧洲数学知识，后以驻京喇嘛的身份参与《西洋新法历书》藏文译本的校勘工作。1716—1718 年他曾作为钦差，经西宁、拉萨至冈底斯山进行测绘调查，最终经由昌都、甘孜返抵成都。18 世纪 20 年代他曾往来于拉萨、西安与打箭炉之间，负责为清朝管理边疆情报、地方税务以及族群关系，为民族团结作出重要历史贡献。非常值得注意的是，钦差喇嘛楚儿沁藏布兰木占巴的测绘成果直接影响了 1719 年《皇舆全览图》的增订，促成 18 世纪东西方知识界对喜马拉雅地区的地理认知。因此，清代中国的西藏测绘与资讯网络，曾直接推动 18 世纪喜马拉雅地理知识的全球化以及欧亚资讯网的整合。

（徐到稳）

李花子：《再论康熙年间穆克登立碑处并非小白山——与马孟龙先生商榷》（《中国历史地理论丛》2021 年第 3 期）

有关康熙五十一年（1712）穆克登立碑处，国内学界有两种观点，一是长白山东南麓立碑说（张存武、杨昭全、李花子等）；二是小白山立碑说（徐德源、刁书仁、陈慧、马孟龙等），即移碑说。根据《皇舆全览图》的《盛京全图》有关鸭绿江、图们江水流的详略标注，指出穆克登立碑处位于小白山，却忽略了同为《皇舆全览图》分图的《朝鲜图》中长白山以南水流的详略标注，说明史料运用不全面，分析出现了偏颇。另外，中国第一历史档案馆收藏的满文朱批奏折的记载：同年五月十八日，穆克登、苏尔产（禅、昌）等自小白山起程，据此认为立碑处位于小白山，同样不可靠，因为对照朝鲜译官金指南的日记《北征录》、接伴使朴权的《北征日记》及首尔大学奎章阁收藏的《白山图》（穆克登定界图的摹本）等，五月十日穆克登在登山途中路过小白山西侧，五月十一日登顶长白山天池，五月十五日立碑于长白山天池东南麓，五月十八日自黑石沟下游出发，转往图们江发源地；同一天笔帖式苏尔产带着奏文从茂山出发，前往图们江下游的珲春。对照以上朝方日记和地图资料，满文朱批奏折中的小白山不可能指穆克登立碑处，而是指途经的同名异地的另一处山脉。对史料提供的地理信息未加以辨析，也是得出错误结论的一个原因，如《朝鲜肃宗实录》中的北评事洪致中“行五里始到立碑处”是错误的，“行五日始到立碑处”（《承政院日记》）是正确的，其结果导致地理方位的错认，所谓小白山立碑说，实际上并非指小白山，而是指北胞胎山，还混淆了自小白山西边发源的石乙水和自北胞胎山发源的西豆水，对长白山山水地理的不甚了解也造成了地理方位的错认。最后，根据朝鲜刑曹判书洪重孝有关英祖四十三年（1767）立碑处距离长白山一日程的不准确发言，得出碑尚在小白山也是不成立的，因为根据此前一年徐命膺的《游白头山记》（1766），他亲眼看到该碑位于天池东南岗下十里，说明碑址在长白山东南麓，而不是在小白山。

（张慧芬）

牛润珍、管蕾《清代史官议叙制度考略》(《史学史研究》第1期)

在清代,史官参与编修史书获得议叙逐步常态化、规范化以及制度化。根据被议叙者所处官阶的不同,议叙方式分为现任官员可以获得优先升职权,候补官员可以提前获补实缺,以及候选官员可以优先编入相应班次授官三种。清代真正意义上的史官议叙,出现在康熙初年。在康熙年间,史官议叙由实录馆扩展到方略馆及其他修史机构,参与修书年限及绩效差别也被纳入考量范围。在雍乾嘉三代,史官议叙制度日趋完善,形式上单次议叙和多次议叙并存。这一时期,议叙规则也逐渐明晰,在馆修书年限、等第及科考出身等成为议叙的标准和依据。清代依缺选官,且官缺长期紧张,但是修书议叙制度使一部分士人能以此优先获缺,并由此吸引了大批士人主动投身修史活动。史官议叙制度的建立与完善,为清代大规模官方修史的顺利进行提供了保障,吸引了大量的士人成为官方史馆中的一员,满足了官方修史的需要。这样的方式改变了以往的奖赏方式,拓展了清代行政奖励的方式。由于修书议叙实现得职或升职比正常科举考取举人授职更容易,对于初次授职的士人而言,议叙为其晋升提供了一条捷径。这样的差异到晚清愈发严重。而这样的方式也改变了以往士人以正途为荣、考职为轻的观念,令士人在职业观念上产生积极变化,进入史馆参与修史成为其炙手可热的选择。但是这样的方式在一定程度上压缩了其他方式候选者的晋升空间,也因此自清中期之后,对史官议叙制度的反对一直存在。

(胡楚清)

赵世瑜《新江南史:从离散社会到整合社会——以洞庭东山为中心》(《清华大学学报》第2期)

江南历史是国内外中国区域史研究中取得累累硕果的领域,如何进一步推进和深化这一领域的探索,是近年来学术界关注的问题。所谓“新江南史”,就是试图讲述曾经的江南水乡如何成陆的历史,也即船上人上岸的历史,或者江南社会的形成史。众多学者已从不同角度对江南水乡的农业开发以及市镇兴起有了丰富的认识,而对这一过程的另一面,即水上人上岸成为定居人群的过程,特别是对在这一过程中人们的能动行为,以及由此造成的社会结构变化及其内在逻辑,了解得还不够多。对这一问题的探讨不仅有助于认识江南社会呈现出已知面貌的“所以然”,而且可以帮助我们了解中国社会不同区域发展道路的共性。即使在包括地方志、族谱、笔记等地方民间文献中,也几乎没有关于水上人上岸过程的记载,因为在历史上,具有了文字书写能力并将所写文字传留后世的人,即使不是士大夫,也通常是地方上有身份地位的人,他们几乎无人承认自己的祖先是水上人。以赘婿的方式定居与合伙经商方式可以用于商业,也可以用于运输,还可以用于社会网络的建立,如果其背后体现的基本上是一种利益关系，那么它就是一种“合伙制社会”。其稍晚近的体现就是宗族。在清中叶至今的江南社会，刘猛将从一个与五通神并列的淫祀对象变成一个以灭蝗著称的正统化农业神，成为定居农业聚落的社神。但是，一方面，他是一个从水上人的神祇被改造过来的社神，体现了水上人上岸变为定居农民的历史过程；另一方面，他依然是至今从事捕鱼和水产养殖的水上人的神祇。在江南市镇生成史的早期阶段，应该存在一个水上人上岸成为圩田聚落居民的过程，然后是一个较大的聚落因商业或行政的因素成为市镇、若干较小聚落成为该市镇乡脚的过程。江南市镇的形成过程，既是水乡成陆的过程，也是一部分水上人变为商人（严谨地说，很多商人本身就是水上人），另一部分水上人变为农民的过程。

（汪润）

王建革《清口、高家堰与清王朝对黄淮水环境的控制（1755—1855 年）》（《浙江社会科学》第 9 期）

清口是明清时期黄河、淮河与运河的交汇点，淮河在清口承担着以清刷黄、以清济运的双重任务，高家堰是明代以来筑堤束水、蓄清刷黄的重要工程，清口与高家堰的变化，是影响这一时期黄河、淮河流域水环境的关键因素。在清代中期，清口与高家堰的变化过程极为微妙，既受黄河、淮河自然水势形态的影响，又与清政府治黄保运的水利政策密切相关。这一形势始于明代潘季驯治河，在清代，自康熙年间靳辅治河至咸丰五年黄河大改道，清口的水环境从清水旺盛转为清不抵黄，高家堰也逐步从安到危。造成这一问题的根源在于黄河河道的淤高，黄水形势高于淮水，反而侵淤洪泽湖，清口一带的水利形势发生了不可逆转的变化。为保证运河通畅，清政府不断加高高家堰，以抬高清水水位实现以清刷黄，而水位的抬高又使高家堰决口的危机不断加剧，这一形势从乾隆年间开始出现，至嘉庆、道光年间不断加重。乾隆五十年以后，清口的水利地位逐渐丧失，高家堰泄水坝成为控制该地区水利状况的关键所在。尽管部分官员试图恢复蓄清刷黄的传统模式，但在整体水环境变化的大背景下无济于事，直至咸丰年间黄河大改道后才形成新的水利环境。这一时期的水文变化引发了黄、淮、运、湖的互动，进而导致官方治水措施的变化。

（孙景超）

郑振满《民间历史文献与经史传统》（《开放时代》第 1 期）

民间历史文献是普通民众使用的文字资料，似乎与“文史哲”传统相去甚远，难以登大雅之堂。不过，我们从事民间历史文献的教学与研究，总是觉得其中有一套通用的话语系统，来自源远流长的经史传统，或者说是中国本土的文史哲传统。文史哲传统（经史传统）同样可以作为研究民间历史文献的方法。我们读民间历史文献，不管是碑刻、族谱、契约文书，还是唱本、剧本、宗教科仪书，大概都可以分为三个层次，即人、事、理。每一类文献都会涉及这三个层次，这可能是我们世代相传的文本传统。我们读每一类文献，都要尽可能把这三个层次打通，搞清楚人、事、理之间的关系。“三礼”记载礼仪秩序，这种礼仪秩序是为政治制度服务的，家、国、天下，无所不包，实际上是一套治国平天下的大理论。中国古代的政治理论、中国传统的礼仪文化，大概可以从“三礼”找到源头。中国古代文人有个习惯，就是喜欢引经据典，所以经典的影响特别深远。先秦时代的礼仪系统，在后世大多是行不通的，但很少受到质疑。历朝历代的士大夫都可以重新解释经典，却不可以否定经典。我们考察经史传统进入民间文献的过程，首先应该关注科举制度的教化功能。民间文献的作者大多受过科举教育，他们从小熟读经史，自然会把儒家经典运用到民间文献中去。在乡村社会中，即使只有少数读书人，文字传统的影响也是不可低估的。民间文献通常讲大道理，这些大道理主要来自经史传统。换句话说，经史传统为民间文献提供了话语系统，或者说是民间文献的基本“语法”。笔者把民间历史文献的这种论述方式归纳为“对口型”。从经史传统解读民间文献，主要是为了厘清民间文献的话语系统、探讨民间文献的论述方式。当然，民间文献在“对口型”的同时，已经表达了作者、编者们对经史传统的理解和解释，这对我们研究中国的文史哲传统是有意义的。

（汪润）

郝鑫《新史料、新问题与新史学——从华北区域史研究看史学与史料的关系》（《首都师范大学学报》第4期）

历史学由于其自身的学科性质，史料在研究中占据着至关重要的地位。史料对于历史学的推动作用包括史料的发现和运用方法两方面，华北区域社会经济史的兴起和发展即一个有效的例证。回溯近百年的华北区域史研究，海内外的众多学者呈现了至关重要而又纷繁复杂的研究积累，这在很大程度上是受到了研究者对史料的选择与认识，以及其研究问题和时代需求之间的关系影响而成。在当今新的时代下有了不同的学术问题和需求，华北地区新史料的发现给未来的历史叙事指出了新的可能和路径。历代的史料选择和研究无不伴随着对以往问题意识的反思和超越，那么在新的时代关怀的今天，人们对于民间契约文书的重视，是期望以区域个案的本土性史实细节、以长时段跨学科的综合性地方知识，重新审视以往宏大叙事框架中的理解和判断。中国的历史长时期被抽象的国家层面宏观框架所替代和忽视，民间契约文书则提供给人们从微观的地域、族群、时段的层累叠加和交流冲突来深化和改进对于传统社会的整体认知的可能。既然是微观的地方性个案，则意味着不同的地区在诉说着不同的故事。华北的故事复杂特殊而至关重要。如果华南研究可能是讲述海洋、宗族建构的故事，内亚研究可能是讲述游牧、帝国建立的故事，那么华北研究则是中原、国家制度的叙事。华北作为前两者之间的广大区域，“国家在场”是其最突出并且公认的特点。在新时代新问题下，华北故事的讲述需要新材料的支持，而清华馆藏的华北民间契约文书等本土性的文献资料则为讲好这个故事提供了条件和基础。

（汪润）

常建华《生活与制度：中国社会史的新探索》（《历史教学（下半月刊）》第1期）

历史学对制度与生活关系的探索，比较侧重于制度的实行对于生活的影响，关心制度的有效性与局限性问题。一些社会学家强调从现实生活出发理解制度、国家、社会变迁，研究思路发生了从国家与社会到制度与生活的转变。“日常生活”理论区分日常生活与非日常生活的制度。就历史学而言，日常生活与非日常生活的制度并非泾渭分明。“生活与制度”的概念，既要超越“制度与生活”的研究思路，更要超越“国家与社会”的研究视角，建立起小历史与大历史更加紧密的关联。从“生活与制度”出发的中国社会史研究，应该将日常生活与非日常生活的制度化领域打通，从日常生活的角度看其中的制度性因素。制度往往内在化于生活，需要从生活理解制度，从生活史的角度促进制度史的研究，同时注意生活与制度的互动关系。从“生活与制度”出发的中国社会史研究，应该注意以下几点：（1）将日常生活与非日常生活的制度化领域打通，即日常生活研究既注意自身的独特性，同时不排除与制度的联系性，将日常生活与社会生活融会贯通。从这个意义上说，某些情形下不妨使用“社会日常生活”或者“日常社会生活”的概念。（2）从生活史的角度促进制度史的研究，尽管对于社会制度有不同的定义，但一般具有三层含义：一是指同生产力发展的一定阶段相适应的经济基础和上层建筑统一的社会形态，如社会主义制度；二是指社会一个方面的机构、设施、规则的系统体系，如政治制度；三是指各种具体活动、具体事物的纪律、规章、规程及某一种具体的行为模式，如奖惩制度。人们可以从日常生活的角度看其中的制度性因素，可以说在一定程度上制度内化于生活，需要从生活理解制度，同时注意生活与制度的互动关系。日常生活与非日常生活的互动是社会历史演进的重要方面。因此，在日常生活领域挖掘非日常生活因素，有利于建立日常生活与大历史的关系。

（汪润）

李伯重《中国海外贸易的空间与时间——全球经济史视野中的“丝绸之路”研究》（《北京大学学报》第2期）

公元前2世纪到公元17世纪，世界贸易在时间上呈现出四个大时期，包括第一时期（公元1世纪前后至公元6世纪），第二时期（公元6世纪至10世纪），第三时期（公元10世纪至14世纪）和第四时期（公元15世纪至17世纪中期），引起了世界贸易的空间范围也出现了重大变化。而在空间方面，在第一至第三时期，世界贸易主要发生在欧亚非地区，主要参与者是中国、印度、西亚和欧洲，而贸易的中心地区是印度洋。到了第四时期，美洲加入了世界贸易，贸易主要参与者为中国、印度、欧洲及其美洲殖民地。中国的海外贸易的变化，发生在世界贸易变化的大背景中，因此也大体遵循世界贸易变化的节奏。但是由于中国的特殊情况，中国的海外贸易的变化也有自身的特点。第一时期，中国海外贸易规模很小，所涉及的地域也很有限，东北亚海域、中国东海海域，基本上可以忽略不计，仅在南海，有一些与扶南、占城等中南半岛国家的直接贸易往来，海上贸易地域大体上局限于南海。虽然有一些印度洋方向的海船来到中国，但似乎只是偶发，没有形成经常性的活动。第二时期，中国海外贸易的空间范围较前大为扩大，印度洋地区成为中国海外贸易的主要场所。海上贸易也扩及日本、琉球和朝鲜。陶瓷外销，从有限的奢侈品贸易，转变为系统的订制生产和出口。中国海外贸易的中心，也从徐闻、合浦，北移至岭南最富庶的珠江三角洲中心城市广州。第三时期，中国海外贸易的空间继续扩大，中国也成为东海、南海和印度洋贸易的主导者。陶瓷成了更重要的出口商品，把先前在东南亚市场上占有主要地位的印度洋方面来的伊斯兰陶器，迅速逐出了市场，但中国丝和丝织品的海外市场，就大为缩减了。到了第四时期，世界贸易的格局发生了空前的巨变。借助西方开辟的世界市场，中国海外贸易的空间空前扩大，并成为全球贸易的主要参与者，欧洲成为中国主要出口商品的最大买主。因此要将对中国的海外贸易空间变化的研究置于全球经济史的视野中，历史地理解“丝绸之路”沿线，经济、社会、政治、文化乃至民族等方面，纷繁复杂的情况，理解历史上中国与世界的关系和中国在世界中的作用和地位，才能把中国的海外贸易的研究，置于真正的学术研究之中。

（张慧芬）

李庆新《海洋贸易、货币流通与经济社会变迁——东亚海域沉船发现古代货币及相关问题思考》［蔡洁华、甯驭（Marc Nuernberger）主编：《四海之间：普塔克教授荣休纪念文集》（Zwischen den Meeren / Between the Seas），Harrassowitz Verlag］

结合1970年以来，东亚海域发现的古代沉船遗迹与传世文献，梳理了东亚海域贸易的不同发展阶段和特点。首先，8—10世纪的沉船遗址，与印度人、波斯人、阿拉伯人在东亚航海商业活动有关，他们与中国、东南亚地区的各族商人，以海洋为纽带，通过“广州通海夷道”，在唐朝最大的港口广州大做生意。广州是“阿拉伯商人的荟萃之地”“尸罗夫商人聚集之地”。11—13世纪，承接唐代海洋发展之盛势，宋元时期中国与东亚海域内部联系进一步加强。北宋与东北亚地区的交往受到限制，把对外贸易重心转移到东南海路，广东、福建在南海和“西天诸国”的海上贸易发展，尤为迅猛。

14—18 世纪，东亚海域的人群活动呈现鱼龙混杂、群起竞争的局面，这与这一时期海洋沉船考古发现情况大体吻合。其次，对东亚海域沉船考古所发现的大批各国货币的情况进行了介绍。这些货币大体可分为三类：一是金银等贵金属制作的货币，包括金银铸币、金块、金锭、金叶、银锭、碎银等。二是铜铸造的贱金属钱币，多数为中国古代铜钱，年代从秦汉至明清，以唐宋铜钱为多，越南、日本等国铜钱也不少。三是以锡、铅等合金材料铸造的钱币，形状各异。反映出东亚海域交易的各种货币五花八门，材质形态各异，贸易货币呈现国际化、多元化特点。中国历代铜钱在东北亚、东南亚乃至印度洋一些国家和地区深受欢迎，并充当了国际通用货币的角色。这一方面是因为国际贸易对中国钱币有持续的需求，而中国钱币尤其是宋钱制作精美，备受东亚地区市场追捧；另一方面，中国铜钱本身也是货真价实的金属商品，可以当作贵重金属材料，熔铸制作其他器具，或用以储藏。这种持续广泛的市场和社会需求，导致历代中国铜钱长期“外泄”，甚至引起“钱荒”，造成了中国历代长期实施“钱禁”。该文还探讨了以古代中国为代表的，东方货币文化体系的特点，以及对周边的朝鲜、日本、琉球、越南等国家产生的广泛影响。在此基础上，讨论了 16 世纪西方商人运来的“洋钱”，包括巨量的南美、日本的白银，对近世中国经济发展与社会变革，产生的巨大而深刻的影响。最后，对古代海外贸易及国际货币的流通，对区域经济社会变迁的影响进行了讨论。

（张慧芬）

姚崇新《珍珠与景教——以十字架图像为中心的考察》（《西域研究》第 1 期）

许多宗教将珍珠纳入自己的物象体系中，赋予其特殊的宗教意涵。波斯教会首先将珍珠纳入其圣物装饰系统，继而珍珠元素开始出现在波斯基督教艺术中，这一传统为后来进入波斯的聂斯托利派所继承并发扬光大，最终使“珍珠”与“马耳他式十字架”变成“固定搭配”，从而形成了景教特有的“叙—波混合型十字架”，并在东方景教传播区域广泛流行。考古发现的众多的此型十字架的图像资料即是明证，珍珠和珍珠元素与景教和景教艺术的渊源关系，也由是得以明了。景教的这一传统向西，对拜占庭产生了一定的影响，启发了西方基督教和基督教艺术对珍珠和珍珠元素的利用。珍珠元素进入景教装饰艺术是诸多“因缘”和合的结果，这些“因缘”包括：盛产珍珠的波斯湾及当地古老的采珠业、波斯人对珍珠偏爱的古老传统、波斯艺术中珍珠元素的久远且广泛的使用、诺斯替宗教特别是曼达派语境中珍珠的象征意义，对波斯传统基督教进而对波斯景教的影响，以及珍珠在波斯传统文化中的象征意义与其在基督教中的象征意义，存在一定程度的契合等。这恰好符合历史的“因果律”，可见宗教与宗教艺术现象也符合这一定律。在成为景教艺术的装饰元素的同时，其象征意义也逐渐显现。基督教对珍珠象征意义的重视，可能与诺斯替宗教特别是曼达派的影响有关，而最初的影响可能首先出现于东方的波斯。因此在考察基督教珍珠的象征意义时，必须充分考虑“波斯”和“诺斯替宗教”两个维度。宗教象征主义与宗教的物质文化密不可分，从这个意义上讲，珍珠元素进入景教艺术绝不只是起装饰作用。

（张慧芬）

Martine Robbeets，Remco Bouckaert，Matthew Conte 等：《三重证据表明泛欧亚语系的农业传播》［（Triangulation supports agricultural spread of the Transeurasian languages），《自然》（*Nature*），Vol 599，2021 年 11 月 25 日］

以泛欧亚语系人群的起源、迁徙为对象，通过语言学、考古学以及古 DNA 三方面独立证据，尝试对泛欧亚语系人群的史前历史进行全面的重建。语言学方面的证据，共收集了 98 种泛欧亚语言、254 个基本词汇概念的 3193 个同源集，发布了迄今为止泛欧亚语系最全面的农牧业相关基本词汇。通过贝叶斯系统地理学统计经典语言学方法，将泛欧亚语系可能的起源中心追溯到了中国北方辽河流域新石器早期的农业人群中。考古学方面的研究则对东北亚地区所有已发表的考古学数据进行重新整合，建立了东北亚地区新石器至青铜时期 255 个考古遗址，包含了 172 个考古学特征的定量化数据集，以及 157 个植物遗存碳十四测年的数据。分析指出辽东—山东地区的农业作物，在青铜时代早期传到朝鲜半岛，并在距今 3000 年左右传到了日本。遗传学方面的研究，首次报道了 19 例来自韩国、日本九州及琉球群岛的古 DNA 数据，并与东亚地区迄今已发表的所有古人类基因组数据进行整合。通过对朝鲜半岛古人类基因组数据进行分析，指出朝鲜半岛新石器时代早期人群在遗传上，含有绝对比例的来自中国北方农业人群的遗传成分。通过分析日本九州弥生时代农业人群的基因组，表明日本群岛绳纹文化向弥生文化的转变过程中，不仅包含文化和农业技术的变革，同时也受到来自中国北方农业人群的遗传输出。

（张慧芬）

安子毓《从五方五色到五德终始——五行说核心之变迁》（《南京大学学报》第 4 期）

在探讨“五行说”起源的问题上，旧有研究对相关概念未能清晰厘清，且由于文本混淆，对一些内容也造成了误读。过去往往将《尚书》《逸周书》提及的“五行”当作五行说的文献源头，事实上细考其内容可以发现，这是后学将经与传混同不辨的结果。其本经中所言的“五行”，皆当以“五种应行之道”释之，后来才被作传的学者曲解为“金、木、水、火、土”这一组合之代称。事实上，在五行说兴起之初，“五方”与“五色”才是这一神秘体系的核心，而“五行”——“金、木、水、火、土”加入这一体系的时间较晚，并且一度处于从属地位。“五方”与“五色”相结合远在与“五行”相结合之前。方、色的初步结合及其神秘化意向在《逸周书》《仪礼》《考工记》《墨子》等文献中均有体现，至战国中后期成书的《管子》中终于形成了一套体系完备的神秘理论。“五行”被《管子》引入了这一体系，但并非其重点。此时该学说只能叫作“五方五色说”，而非“五行说”。直到战国晚期五行相胜学说兴起，才形成了以“五行”为核心的真正意义上的“五行说”——“五德终始说”。“五德终始说”当创自邹衍，然作为稷下学者的一员，其学说不见于《管子》，在《吕氏春秋》中亦未居重点。可见“五德终始说”在形成之初并未能凌驾于五方五色体系之上，其隆尊地位的形成实在秦汉以后。

（安子毓）

孙晓《从“瘦娇小”到“白胖妖”》［《形象史学》夏之卷（总第18辑）］

古代女性体态审美形象具有南北地域差异，文献中对赵飞燕“瘦娇小”与杨贵妃“白胖妖”的追述似已成为汉唐女性形象演变的共识，但此共识与史实不洽。虽然汉代画像石、出土舞俑及宋代文人诗均刻画细腰女子，但史册中的先秦古籍所载“楚王好细腰”一事系指男子，至后世才发生由男转女的变化过程。楚文化虽描述娇小女子形象，却仅出于南北身高基因的差异。汉画像石与出土陶俑中也有体态丰腴的拥彗侍女、蛇身女娲、西王母、嫦娥等形象。因此，细腰本非楚文化女子体态之美的符号，汉代女子以瘦为美亦无确证。楚典强调美女“丰肉”，汉籍描述后宫玄女以“长、壮、妖、洁有法相者”为标准，因此汉代基本上延续先秦审美观，推崇“硕”“颀”，以“体长”为美，纵使受到楚文化的影响，也强调“丰肉微骨”，并不是以瘦为美。魏晋士人追求弱柳扶风的病态美，使体态审美的观念发生变化，在南朝尤为明显。唐代纪年墓所见的女性形象含呆板清瘦型、匀称修长型、珠圆玉润型、厚实臃肿型、纤弱病态型，由于武则天执政后妇女地位有所提高，故而出现了一些丰腴美的形象。宋代以“瘦娇小”为美的标准，既拒斥唐代的雍容与歧异，又无汉代文化的大气与唐代文化的从容，便臆造出汉代的“瘦娇小”与唐代的“白胖妖”之审美观念。总之，汉代以高为美，崇瘦之说始于宋晁公武的《郡斋读书志》载赵飞燕“腰骨纤细”。唐代则不一味崇胖，以胖为美的说法滥觞于宋苏轼的“环肥燕瘦”诗句。宋代士大夫身处山河飘摇之境而自信缺失，通过缩小异性来放大自己，通过贬低前朝以抬高本朝，这种矫情造作与晋代趋同，来自山河残破的历史光景。

（黄若然）

刘中玉《从形象学到形象史学——郭沫若与历史所的形象史研究传统》（《郭沫若研究》第16辑）

20世纪上半叶中国传统史学向现代史学的转型是在史观探讨、史料开发、问题转向、方法建构等一系列研究实践和学术论战的基础上实现的。从梁启超“新史学”，罗振玉、王国维“古史新证”，到官方倡导的“整理国故”，虽然中国历史学终于从史源材料、理论方法、学科体系、人才队伍等方面开始步入现代历史学学科建设的轨道，却仍未能与东方学和东洋学相颉颃。在“史学救国”的大义和“一湔国耻”的追求下，郭沫若秉持唯物史观和唯物辩证法的指导，融会考古类型学、社会形态分析、艺术形态分析以及古文字学、古器物学而形成的古史研究新路径，在与容庚的交流中提出以艺术形象思维入古史的“形象学”方法论，通过殷墟甲骨文字和殷、周青铜器铭文等古器物学、古文字学的探讨来揭示中国古代的文化体系和社会结构。近十年间，他利用新出土及传世的形象实物材料撰写出《中国古代社会研究》(1930年)、《甲骨文字研究》(1931年)、《殷周青铜器铭文研究》(1931年)、《两周金文辞大系》(1932年)、《金文丛考》(1932年)、《金文余释之余》(1932年)、《卜辞通纂》(1933年)、《古代铭刻汇考》(1933年)、《古代铭刻汇考续编》(1934年)、《两周金文辞大系图录》(1934年)、《两周金文辞大系考释》(1935年，废前著)、《殷契粹编》(1937年)等一系列具有开创性和开拓性的学术论著，形成了自己以古器物、古文字为基本史料的中国古代文化研究方法论体系。这一方法论具有注重材料鉴别、注重整体研究的特点。由于形象学是方法而不是目的，因此超越了古器物学、古文字学的研究范畴，也有别于美术史研究。新中国成立后，历史所围绕《中国史稿》和中华文明起源而启动《中国历史图谱》《中国史稿地图集》《甲骨文合集》等一系列物质文化整理和研究项目，形成了自己的物质文化史研究特色，这也是历史所今天构建形象史学方法论的形象史研究传统。

（黄若然）

华林甫《110年来中国历史地图集的编绘成就与未来展望》（《中国历史地理论丛》第3辑）

历史地图编绘是历史地理的学科特色和优秀传统，地图编绘与学术研究相互促进，达到了既出成果又出人才的双重效果。自1911年杨守敬《历代舆地图》付梓至今正好110年，在此期间涌现出以谭其骧先生主编的八卷本《中国历史地图集》为代表的一大批优秀历史地图编绘成果。作者在回顾中国历史上编绘历史地图传统的基础上，以《中国历史地图集》为例，从科学、全面、准确、精细、严谨等诸方面高度评价了其学术特点与历史贡献。同时，作者也全面回顾了《中国历史地图集》之后各类专题历史地图集（22部）和区域历史地图集（20部）的编绘、出版情况，将其分为全国综合、专题、区域、时序四大板块，总结了其中存在的五个共性问题：历史地图与读史地图的关系、历史地图集的学术基础、绘制政区界线的尺度、地图标准年份的选择与已刊历史地图的评议。在总结国内情况的同时，作者还放眼世界，对其所见65部外文历史地图集进行总结与评议，较为全面地展示了当前国内外历史地图编绘的进展情况。在此基础上，对今后的发展趋势进行了展望，推测发展趋势有二：省级历史地图集将全面开花；断代历史地图集前景广阔。从近年来学界发展的情况来看，仍有不少历史地图集项目相继立项、完成及出版，未来新的历史地图集研制编绘仍将是历史地理学研究的重要内容。

（孙景超）

袁广阔《考古学视野下的黄河改道与文明变迁》（《中国社会科学》第2期）

黄河向以“善淤、善决、善徙”著称，河道几经变徙。历史文献对黄河故道的走向、改道有一定记载，但多语焉不详。黄河下游河道的变迁问题，是历史地理学的重要研究对象，20世纪60—80年代，谭其骧、史念海、邹逸麟等前辈学人曾有丰富的经典研究成果，结合文献记载、实地考察与考古遗址等论证了先秦时期黄河下游存在“禹贡”河、“山海经”河、“汉志”河等三条主要河道，三条河道可能同时存在，也可能迭为主次。近年来的考古新发现表明夏商文明的变迁与黄河改道关系密切。豫北濮阳、鲁西菏泽以及河北中部等地多处新石器时代、商周以及汉代遗址的考古发掘表明，过去认为的河北平原“遗址空白区”实际上存在大量先秦时期遗址，只不过被掩埋在黄河泛滥的淤沙之下。作者以考古发现为基础，结合历史学、历史地理学、地质学的研究成果，对先秦时期黄河下游河道改道与早期文明变迁等问题进行研究，表明先秦时期黄河并没有发生大规模的改道，而是始终走“汉志”河道。文献中记载的“禹贡”河实际上就是“汉志”河，浚县、内黄一带所谓“禹贡”河则是淇河故道。黄河大规模改道从汉代开始，后经两千多年频繁的改道、迁徙，在下游地区形成6—15米厚的淤积层，彻底改变了先秦时期黄河下游地区一度存在的丘陵、河湖相间的自然景观，最终形成今天一望无际的平原地貌。改道造成该地区文明化进程中断，大部分城邑被毁。黄河下游地区数千年来生态、生存环境的变化，表面上与黄河的泛滥、改道、迁徙有关，实质上是人类对自然资源的过度利用所致。先秦时期黄河下游的河道变化问题对于中国古代文明进程的影响极为重大，值得深入思考。不过，该文既未充分考虑到黄河下游河道的善淤、善决、善徙的自然属性，其考证结论也与经典历史文献《禹贡》《山海经》《水经注》记载不尽相符，结论虽可备一说，但尚不能完全推翻前人之研究结论，学界应展开多学科对话，对这一问题继续深入探讨。

（孙景超、郅晓娜）

段志强《经学、政治与堪舆：中国龙脉理论的形成》（《历史研究》第2期）

堪舆类文献是中国古代地理学的重要内

容，其中龙脉之说尤为历代所重视，在社会范围内产生过重大影响。现代地理学传入之后，龙脉之说往往被视为迷信受到排斥，今人相关研究不多。作者从经学、政治和堪舆相结合的角度，详细探讨了宋代以来龙脉理论的形成与发展过程。指出在这一过程中，南宋朱熹等吸收前人认知，整合了纬书地理观念、唐代一行的山河两戒说，从堪舆角度重整对《禹贡》山川的认识，创造出以河东地区为中心的地理新秩序；经过元明两代的发展，演变为以论证皇权为中心的三大干龙说，对前人看法进行了新的发展与调整，并成为文人精英、堪舆术士乃至权力阶层等整个社会公认的看法，在很大程度上成为论证国都、皇陵风水的重要政治理论。透视其发展，龙脉理论有一个复杂多线的演变过程，是多个知识传统共同作用的结果。其思想来源包括：河洛纬书的神话地理学、《禹贡》注疏的经学传统、理学家的地理空间观念，以及真实地理的认识与测量。龙脉理论是真实山川地理状况与想象地理的重叠，其形成是不同阶层多种知识传统在王朝政治格局中杂糅互动的结果。龙脉理论除了为皇权的合法性提供论证，也是流传于社会一般心理之中的国土观念。明清鼎革后，来自关外的清朝统治者为论证其正统性，对龙脉理论进行了新的修订，作者在此也为后续研究留下了伏笔。

（孙景超）

蓝勇《中国近古以来的乡村地名》（《中国社会科学》第10期）

地名学研究是历史地理学研究的重要组成部分，其中地名群是备受学界关注的地名现象，但受史料数量与精准度的限制，对古代乡村聚落地名群的研究向来不多。作者选取宋代若干具有典型性的区县乡村地名样本（《乾道四明图经》《宝祐重修琴川志》《宝庆四明志》《相台志》《江阳谱》等五部宋代方志）作为突破口，来复原近古以来乡村地名群的风貌及其变迁轨迹。其中，《江阳谱》代表了宋代四川盆地南部地区的乡村地名，其通名以带村字者较多，以“姓氏+村”为典型特征，汉字注音民族地名特征也很明显；四明与琴川方志反映了东南沿海地区乡村地名风貌，其中村的比例不高，而带有区域水利特点的水利水文地名相对较多，体现了东南地区水网纵横和水利发达的环境特点；相台志反映了华北地区乡村聚落风貌，其中“姓氏+村”比例很高，而“方位+同名”类型比例更高达25%左右。通过对上述方志样本的统计，可以发现，华北地区“姓氏+村”类型的地名相对较多，表明村在当时是同一家族聚居的重要聚落，这一现象是华北传统家族聚居观念与平原地区适宜家族人口集中居住的产物；巴蜀地区“姓氏+村”的地名风貌可能与汉唐北方移民的迁入有关，代表了北方移民迁入后的地名记忆；东南地区“姓氏+家+通名”的地名风貌反映了南宋江南人口大增的背景，也与当地水利环境密切相关。不同类型的地名群是空间差异和时代变化的产物，其中也蕴含着丰富的乡土历史记忆。

（孙景超）

孙靖国等《古地图地理信息的初步量化研究》（《图书馆论坛》第10期）

古地图一直是历史地理学的重要研究对象，近年来相关研究愈发繁荣。在传统研究不断推进的同时，对古地图的数字化、信息化等新的研究方法也不断涌现，对古地图的资料来源、绘制方法与图幅内容以及古地图的科学性等问题展开更加精细的研究，显示了这一领域新的发展趋势。作者以地图相对位置关系中的“方向”为切入点，选取明代霍冀《九边图说》、杨时宁《宣大山西三镇图说》、王士琦《三云筹俎考》及清代《整饬大同左卫兵备道造完所属各城堡图说》等4种古地图中的7幅图为研究对象，对图中计算所得的“图上方位角”与“实际方位角”进行了数据分析，统计结果显示：7幅地图实际方位角与图上方位角的相关系数非常高，在排除了“偏东偏西差异”后更高达0.97以上，显示其具有显著的相关性。由此也说明，古地图所表现的各城堡之间的相对位置关系，在“方向”方面与实际相符程度非常高；同时，方向的准确程度与地物数量关系并不直接相关，即地物数量多少并不决定相对位置关系的准确度。这一情况，说明绘图者（兵部职方司系统）在绘图时对于各城堡间的方位关系最为重视，也体现出中国古代地图的实用取向。本文的研究显示了信息化技术的运用对于古地图科学问题的量化研究具有一定的辅助作用，也是古地图信息化处理与研究的一次有益尝试。

（孙景超）

潘晟《地图的可通约性与全球史的历史地理学方法》（《深圳社会科学》第5期）

当代的全球史研究作为概念和理论方法，已经成为史学界的重要潮流。但其研究存在两个突出的困境，即依赖于二手史料（特别是英文二手资料）和缺乏生产原初史实的能力。作者认为，地图作为一种具有通约性的史料，具备推动全球史研究理论和方法发展的新动力，这与地图的自身特点有关，即地图不只是单纯的自然图像语言文献，而且是一套由人工语言组织起来的图像集成，是在没有翻译的情况下就可能被大众理解的世界与世界观；地图也是语言与生活共同体的整体图像，比由单纯文字构成的文本更有助于理解。地图借助丰富的图像表达，缩小了作者与读者因文字和语言而产生的距离。尽管还存在一些释读、理解方面的问题，但地图作为一条通向理解不同历史世界及其世界观的道路，仍然是可行的。从史学研究的实践来看，将地理作为一手史料，通过地图来讨论地方、国家的历史地理进程乃至世界的历史地理进程，已经得到了一定的应用，证明将其扩展到全球史研究的方法与理论上也是可行的。这一研究方法，与历史地理学的研究存在更多的共性，其可应用的研究领域主要有：扩散与传播问题、范围与分布问题、区域结构、环境变迁、社会空间比较等。这一视角综合了历史地理与地图学的研究优势，无疑是这一领域研究方法的有益探索。

（孙景超）

方修琦《社会—生态弹性视角下的历史气候变化影响社会发展机制》（《第四纪研究》第2期）

历史气候变化影响研究是要揭示气候变化与社会发展相互作用的历史，回答“历史气候变化如何影响社会发展”的重要命题。这一研究始于20世纪初，近几十年来涌现出大量的实证研究，揭示出气候变化在农业生产、人口波动与迁徙、经济和社会波动、王朝更替乃至区域文明兴衰等方面的重要作用。但相对而言，多数研究还是基于气候变化与社会发展史实的简单比对，关于气候变化影响和响应机制的研究相对薄弱。人类社会是社会—生态耦合系统，其稳定性取决于人类社会自身与自然环境系统的双重稳定，从弹性的角度出发能够较好地阐释历史气候变化影响的过程与机制。作者引用社会—生态系统弹性概念，从人类社会弹性的视角，对历史气候变化影响社会发展的不同角度进行讨论。通过对人类社会各子系统的弹性阈值进行测算，认为单一系统弹性阈值的突破并不会引起人类社会的整体变化；并总结认为历史气候变化影响的5种表现形式在弹性阈值附近有不同表现。尽管气候变化对人类社会的发展影响极为重要，但人类社会可通过适应性学习和创新，增强乃至重构更高水平的社会—生态弹性。通过这一研究可以发现气候变化的影响不是简单的因果关系，人类对气候变化的影响也不是消极地承受，社会—生态弹性理论为解释气候对社会影响提供了更多的维度。

（孙景超）

龚胜生等《中国3000年疫灾流行的时空特征及其影响因素》（《地理学报》第8期）

突如其来的新型冠状病毒疫情，大大提升了学界对历史时期疫灾问题的关注与研究。龚胜生研究团队自20世纪90年代开始从事“中国历史疫灾地理”的系统研究，在史料收集整理、研究方法和研究内容上都有深厚积累。本文的研究时段自春秋战国至1949年中华人民共和国成立，历时2720年，空间范围为2010年的中华人民共和国版图与行政区划，数据源自作者多年整理的《中国三千年疫灾史料汇编》，引用的史料来源非常丰富（文献8931种，史料34000余条）。在研究过程中，引入了疫灾频度、广度、厚度、密度和等级等概念，透过时间断面、序列和因子相关分析等研究方法，综合测算地理单元范围内的疫灾指数。经过综合研究后发现，中国3000年疫灾流行的时间特征有：疫灾频度为32.72%，总体来看呈阶梯状上升，世纪变化有三个波峰，整体也呈波动上升趋势，季节变化以夏秋为多，这与中国气候、灾害的发生特征密切相关，近代以来，季节差异逐渐不明显。从长时段来看，疫灾流行的周期性明显，并与太阳黑子活动周期关系密切。从地域范围来看，沈阳—兰州—西双版纳弧线以东地区疫灾高于西部地区，东部地区内部则是南部高于北部。疫灾分布从中原地区向周边扩展，人类活动空间格局制约着疫灾流行的空间格局。从整体来看，影响疫灾流行与分布的主要因素有地理环境、自然灾害、气候变迁、土地开发、战争动乱等。

（孙景超）

周琼《灾害史研究的文化转向》（《史学集刊》第2期）

灾害文化是人类社会长期与自然灾害做斗争的过程中，积累并传承、遵循的一切知识、思想、观念和禁忌、习俗，以及防御、抵抗灾害的一切行为能力和习惯，包括灾害救助及灾后重建的一系列制度、措施等的集合体，是人类社会可持续发展最宝贵的财富。一种恰当、实用的灾害文化，不仅能助力于防灾减灾抗灾机制不断完善、能力不断提升，也能成为灾前预警及灾后重建的动态凝聚力。灾害史研究的文化转向是新时代学术研究及现实需求的必然结果，其路径分为七个方面：一是抽象层面的灾害文化内涵的发掘及研究；二是对灾害文学史中文化内涵的发掘及研究；三是不同时期、不同类型灾害实录中文化内涵的发掘及研究；四是历史上荒政层面的文化内涵的发掘及研究；五是灾害民俗史中文化内涵的发掘及研究；六是灾害艺术史中文化内涵的发掘及研究；七是散佚在民间的灾害文化的搜集整理。灾害史研究的文化转向还需要具有超越灾害文本及其叙述方式本身限制的思维，解决文本记录与文化、历史之间的关系问题，将灾害真正融入历史、政治、社会、意识形态、经济、教育甚至军事活动等广义的文化领域中。灾害文化研究对国家和区域防灾减灾救灾文化知识体系的构建具有重要价值：一是灾前预防价值；二是有利于灾害发生过程中的协调管理及各项赈灾措施的推进；三是在灾后重建、秩序恢复及心理疏导工作中更好地加强人文关怀，发挥纽带及桥梁作用；四是灾害文化的发掘、研究能丰富、深化传统文化的内涵，更好地诠释中国趋利避害的传统文化内涵，揭示其起源动因及社会行为习惯形成的依据；五是从文化层面对目前防灾减灾体系的构建及现代化工作的推进，提供经验及历史案例的支持。只有打破对固有路径的依赖及思维惯性，从文化层域重新审视、思考灾害史，才能发现灾害史研究的新面相，实现人文以及更广泛领域及学科的跨界思考和研究。

（黄若然）

廉敏、黄畅《“历史理论”一词源流考——对中西历史思想交流中一个关键概念的考索》（《晋阳学刊》2021年第5期）

西方在进入文艺复兴之前，尚无“历史理论”一词，“历史”与“理论”作为两种独立的表达方式分别存在。在古希腊语中，“历史”（ίστσρία）意为“经过问询得来的口碑史料”、“理论”（θεωþία）在发展中出现了“沉思或推测式的理解”之意；西方文艺复兴之后，“历史”与“理论”两个词语产生了频繁的联系，“历史理论”这一术语随之出现，“历史”与“理论”作为研究对象的不同方面，在同一著作或者同一主题中同时出现，“理论”一词也出现在西方史学对自身的反思中，且“历史理论”也得到了马克思、恩格斯的关注并获得马克思主义唯物史观的内涵；中国古代并没有独立的“历史理论”概念，在学习近代西方先进思想的潮流中，“历史理论”这一概念传入中国，并随着马克思主义在中国的传播而备受关注，在马克思主义唯物史观指导下，从史学理论中区分开来，与中国传统历史思想相结合，发掘和吸收中国传统史学的理论遗产，拓展了内涵。“历史理论”与中国古代历史思想之间有一定的内在联系，也存在分歧。该书通过对“历史理论”一词源流的考察，溯源了“历史理论”一词在西方历史语境下的发展，论证了中国“历史理论”之本义，或为中国的历史理论研究提供一些理论认识上的突破。

（胡楚清）

新出考古材料与文献整理

《河南藏甲骨集成：开封博物馆卷》

李运富（总主编）、曾广庆（本卷主编）、张新俊（本卷编纂）著《河南藏甲骨集成·开封博物馆卷》，2021 年 4 月由河南美术出版社出版。该书由开封市博物馆馆长曾广庆主编、中国海洋大学文学与新闻传播学院副教授张新俊编纂，是“河南古文字资源普查与集成”工程、2018 年度国家语委甲骨文等古文字研究与应用专项重点项目“河南藏甲骨集成”的阶段性成果。该书收录开封博物馆全部馆藏甲骨 69 版，其中有字甲骨 64 版，编号为 001—064；无字甲骨 5 版，编号为 065—069。这批甲骨是 1962 年赵光祖（1913—1990）先生从开封文物商店所购。《甲骨文合集》曾选拓过其中 6 片，其余各片从未发表过，更不为人所知。64 片有字甲骨均为王卜辞，龟骨并用，有宾组、出组、黄组三个组类，其来源相对比较单一。内容涉及祭祀、战争、田猎、卜旬、卜日、卜夕、卜问天气等，可为甲骨学与殷商史研究提供新的资料。5 版无字甲骨，骨版上钻、凿具备，对于研究非文字类甲骨，如甲骨的形制整治、占卜形态等，亦有一定参考价值。该书按照甲骨断代学的早晚排列，分为宾组、出组、黄组，个别不能确定组类的甲骨排在黄组之后。该书收录的甲骨，采用六面彩照，包括甲骨的正、反面及上、下、左、右四个侧面。正面彩版，放大 4. 5 倍。没有文字的反面、侧面均用原大彩图。除彩版外，有字甲骨同时还有放大拓片、原拓片、摹本，摹本一般放大 1. 5 倍。每一版甲骨，按照编号、材质部位、著录、类别、馆藏编号、释文的顺序加以表明，并特别注明刮削重刻等现象。该书在延续甲骨彩照、拓本、摹本、释文四位一体著录体例的同时，亦有所创新。据李运富教授《总序》讲，河南各地单位收藏的有字甲骨约 2000 片，私家收藏的有字甲骨约 10000 片（其中可能有不少伪刻）。“河南藏甲骨集成”项目就是对河南的甲骨文材料进行全面整理和著录，其基本原则是：（1）求新，尽量发现更多未著录、未公布的新材料；（2）求全，未著录的、已著录而未公布的、已公布的材料，新旧合璧，全面整合；（3）求精，所有原物高清彩照，已有旧照的重新拍照，并且每片甲骨的正、反、上、下、左、右六个角度都拍；（4）求通，配附原材料的拓片、摹本，甚至新旧不同的拓片和摹本，以便互相参照沟通。该书是该项目的最早成果，预计陆续有《河南藏甲骨集成·河南博物馆卷》《河南藏甲骨集成·安阳博物馆卷》《河南藏甲骨集成·平原博物馆卷》等多卷推出。

（郅晓娜）

《吉林大学藏甲骨集》

吴振武主编、张文立副主编《吉林大学藏甲骨集》（上、下册），2021 年 11 月由上海古籍出版社出版。该书是 2020 年度国家古籍整理出版专项经费资助项目。该书收录吉林大学所收藏的全部甲骨（包括伪刻和无字甲骨），共 496 版。全书分图版、释文、附录等部分。图版包括彩照、拓片、摹本三种，其中彩照不仅有甲骨的正反面，还有侧面和钻凿面，可为读者提供更多的相关信息。释文部分除尽量准确的释文外，还有对部分卜辞内容的进一步阐释，可加深读者对卜辞的理解。此外还附有每片甲骨的尺寸及重量数据。注明甲骨的重量，为该书首创。附录部分包括多种表格，读者可便利地检索这批甲骨的著录、缀合、钻凿形态等多种信息。该书不仅著录体例完备，所录甲骨亦不乏具有很高价值者。如第13版甲骨，为丙种子卜辞与典宾类卜辞同版，这为丙种子卜辞所属时代的判断提供了重要信息。书中还有不少有价值的甲骨，可丰富人们商代历史和语言方面的知识。该书附录一是姚孝遂先生的《吉林大学所藏甲骨选释》。附录二包括《该书甲骨新编号与其他著录号的对照表》、《合集》著录号与新编号对照表、吉大所藏甲骨缀合表、甲骨钻凿形态及与卜辞的对应关系表、引用论著简全称对照表等。

（郅晓娜）

《倗金集萃 山西绛县横水西周墓地出土青铜器》

山西省考古研究院、山西大学北方考古研究中心、运城市文物工作站、绛县文物局编著《倗金集萃 山西绛县横水西周墓地出土青铜器》（全二册），2021年4月由上海古籍出版社出版。该书得到国家社会科学基金重大项目“山西翼城大河口西周墓地考古发现与综合研究”（17ZDA218）的资助。横水墓地位于山西省绛县县城以西约11公里的横水镇横北村，2004年4月被盗，7月开始钻探，11月开始试掘，12月开始抢救性发掘，2004—2005年发掘了M1、M2、M3三座大墓及几座小墓，2005年3月开始大面积发掘，至2007年11月结束，共发掘西周墓葬1299座。该墓地出土青铜器数量较多，且有铭文者多，从铭文可知这里是“倗伯”墓地。该书是对横水西周墓葬出土青铜器进行多年系统整理后的一次全面发表、高清立体披露，共著录倗国青铜器146件。该书以墓葬为单位著录青铜器，各墓葬内青铜器以类相从。器物选择标准上，主要著录青铜容器，首选有铭文的器物，并尽量照顾各墓葬的不同器类。书中收录的每件器物既包括精美的全形照片，亦有不同角度高清局部图，更有详细的线图、铭文照片、铭文拓片、纹饰拓片、X光片、丝织品痕迹照片等。并配有简要的文字介绍，包括出土信息、器形描述、释文等。该书不包括横水墓地M1—M3的资料。此外，该书还有谢尧亭所作《绛县衡水西周墓地考古发现与研究述论》一文，从“考古发掘与发现”和“考古研究”两个方面对衡水西周墓地的研究现状进行了总结和评述。其中，“考古研究”又分为“墓地和墓葬的年代”“青铜器、铭文及相关问题”“婚姻关系”“人群的归属和墓地的性质” “科技考古研究”“其他研究”等几个方面，详细梳理了不同学者的不同意见，并附有按语评述。该文指出，绛县横水墓地发表的资料较少。此墓地发现的斜洞和柱洞是西周考古的首次发现，M1 的帷荒保存较好，甚为难得，且倗国族姓明确是狄人的媿姓，这在中原地区西周墓葬中是非常重要的发现。加之这个墓地是一处完整揭露的西周墓地，资料信息极为丰富，因此引起学界的高度重视。就目前的发现和研究来看，相关资料需要尽快整理发表；墓地和墓葬年代的认识比较一致；青铜器及其铭文发表有限，相关问题尚有很大的研究空间；倗国的婚姻关系已比较明确；人群归属和墓地性质，除了族姓明确之外，其余问题仍无定论，尚需进一步研究；科技考古研究在广度和深度上都有待拓展和深入；其他方面的研究都还较为薄弱，尚需加强。总之，横水墓地的资料对于推进西周社会和历史多方面的研究极具价值，需要学者们共同努力，不断探索。该书不仅公布了大量珍贵的西周青铜器形和铭文资料，且对目前的研究现状进行了总结评述，也提出了未来需要重点突破的研究方向，是一部重要的考古新材料专著。

（郅晓娜）

《霸金集萃 山西翼城大河口西周墓地出土青铜器》

山西省考古研究院、山西大学北方考古研究中心、临汾市文物局、翼城县文物旅游局编著《霸金集萃 山西翼城大河口西周墓地出土青铜器》（全二册），2021 年 4 月由上海古籍出版社出版。该书得到国家社会科学基金重大项目“山西翼城大河口西周墓地考古发现与综合研究”（17ZDA218）的资助。山西翼城大河口西周墓地于 2007 年 5 月被盗发现，由山西省考古研究所（现山西省考古研究院）、临汾市文物局和翼城县文物旅游局组成联合考古队，于当年 7 月开始勘探并进行抢救性发掘，2007—2008 年发掘了 8 座墓葬，2009—2011 年发掘 577 座墓葬，2014—2016 年将墓地其余墓葬全部发掘。三次共发掘西周墓葬 2250 余座。大河口墓地的几座大中型墓葬，特别是 M1、M1017 和 M2002 出土大量有铭青铜器，而且不乏长篇铭文，涉及西周礼制、盐政、誓罚、战争、霸氏与周王朝及周边国家的关系等诸多问题。该书是对大河口西周墓葬出土青铜器进行多年系统整理后的一次全面发表、高清立体披露，共著录霸国青铜器 146 件。该书以墓葬为单位著录青铜器，各墓葬内青铜器以类相从。器物选择标准上，主要著录青铜容器，首选有铭文的器物，并尽量照顾到各墓葬的不同器类。书中收录的每件器物既包括精美的全形照片，亦有不同角度高清局部图，更有详细的线图、铭文照片、铭文拓片、纹饰拓片、X 光片、丝织品痕迹照片等。并配有简要的文字介绍，包括出土信息、器形描述、释文等。此外，该书还有谢尧亭所作《翼城大河口西周墓地考古发现与研究述论》一文，从“考古发掘与发现”和“考古研究”两个方面对大河口西周墓地的研究现状进行了总结和评述。其中，“考古研究”又分为“墓葬的年代”

“青铜器铭文及相关问题”“青铜器研究”“霸氏的族姓和婚姻关系”“人群的归属和墓地的性质”“科技考古研究”等几个方面，详细梳理了不同学者的不同意见，并附有按语评述。该文指出，大河口墓地发掘资料丰富，可探讨的问题很多。目前，墓葬年代问题的认识渐趋一致，青铜器铭文的研究比较深入，但还存在一些问题；青铜器研究成果还较少；霸氏族姓的研究尚无定论，人群归属和墓地性质问题尚需进一步探讨；除体质人类学研究较深入外，科技考古研究可谓刚刚起步；其他方面的研究都还很薄弱，尚需加强。总之，大河口墓地的资料对于推进西周社会和历史多方面的研究极具价值，需要学者们共同努力，不断探索。该书公布了大量珍贵的西周青铜器形和铭文资料，有助于推进大河口西周墓地相关习俗、制度、社会和历史问题等多方面的研究，是一部重要的考古新材料专著。

（郅晓娜）

《秦与戎 秦文化与西戎文化十年考古成果展》

甘肃省文物考古研究所、北京大学考古文博学院、中国国家博物馆考古部、陕西省考古研究院、西北大学文化遗产学院、复旦大学文物与博物馆学系编著《秦与戎 秦文化与西戎文化十年考古成果展》2021 年 4 月由文物出版社出版。该书是 2004—2014 年间由上述六家单位联合开展的“早期秦文化与西戎文化考古调查、发掘与研究项目”十年考古所得成果展示。课题组先后在秦人早期活动的渭水流域的清水崖遗址、甘谷毛家坪遗址，西汉水流域的礼县大堡子山遗址、西山遗址，戎人活动的渭水流域的张家川马家原墓地、秦安王洼墓地等遗址开展考古发掘工作。该书以秦人及秦文化发展的时代为序，将十年考古发现成果分为“秦人西迁”“西陲创业”“崛起关陇”“西戎绝唱”四个篇章，简述各遗址的基本情况，重点公布一批来自不同遗址、不同时代的陶器、铜器、玉器、瓦当、金银铜绿松石等饰品、漆器、礼仪用车及各种车饰等重要文物，基本厘清了秦人和秦文化的发展脉络及其与周围西戎文化的关系。秦人、秦文化东来已获得初步证实。清水李崖早期秦文化遗存至西周中期偏晚迁徙至西汉水上游，即今礼县、西和县一带。春秋中期秦穆公霸西戎后，以寺洼文化为代表的土著西戎从此衰落，而另外一支来自北方草原的戎人占据了陇山东西两侧，战国时期形成了强大的义渠戎国，并对秦国西北方构成重大威胁，直到秦昭王时用美人计才最终打败义渠戎。以马家原战国晚期西戎贵族墓地为代表的一批西戎遗存，可能与秦人统治下的义渠戎有关。此外，该书还收录 2 篇专题论文。其中王辉、赵化成《十年来早期秦文化和西戎文化考古的主要收获及展望》对十年考古调查与发掘活动进行了总结，并对未来的研究进行了展望。提出秦人、秦文化东来说已经确定，但究竟什么时间、从什么地方、因何原因迁徙而来，还需进一步研究。西戎的族属，西戎、犬戎、猃狁的族系、居住地域以及与周、秦文化的关系等，仅仅依靠文献记载和铜器铭文远远不够，还需依据考古资料，从考古学文化层面来分析和认识问题。西戎文化面貌和生业形态还需进一步细化研究。寺洼文化和东周西戎的关系还存在资料和研究上的欠缺，等等。柳扬《马家原出土金银铜饰动物造型的欧亚草原游牧文化因素》，通过对马家原所出腰带饰中的虎（狼）噬鹿（羊）母题、腰带饰中的“对鸟”母题、剪纸、剪影风格的动物和几何纹饰等文物造型艺术的分析，认为马家原墓地出土遗物所反映的文化，掺杂融会了欧亚草原东部的北方系青铜文化，欧亚草原中部和西部的斯基泰、塞克、巴泽雷克等文化，以及秦文化和甘青地区传统文化等因素。

（郅晓娜）

《吴子集释》

陈曦注本《吴子集释》2021 年 10 月由中华书局出版。陈曦，现为国防大学军事文化学院教授，长期从事兵学文献的研究与整理，曾译注《孙子兵法》《吴子 司马法》《六韬》（均收入中华书局“中华经典名著全本全注全译丛书”），另著有《〈史记〉与周汉文化探索》（中华书局 2007 年版）、《中国古代军事文学研究》（商务印书馆 2019 年版）等。该书是《新编诸子集成续编》之一种。《吴子》是战国时期流传下来的一部兵学典籍，收录于《武经七书》，主要记载了战国时期卫国政治家、军事家吴起的军事理论和作战思想。《汉书·艺文志》著录为 48 篇，已佚。今本《吴子》共有六篇，为《图国》《料敌》《治兵》《论将》《应变》《励士》。此次推出的《吴子集释》，在校勘方面，以《续古逸丛书》所收涵芬楼影印宋刊《武经七书》本为底本，同时参考了宋元以来施子美、刘寅、朱墉等 16 个版本；在注释方面，参考了大量古今研究成果，征引的文献多达十余种，为研读此书提供了丰富材料。书末有三篇附录，分别为《史记·吴起列传》《吴子评述资料》《吴子师承问题考辨》，对了解吴子其人其书均有帮助。

（郅晓娜）

《春秋释例》

［晋］杜预著、徐渊校《春秋释例》（上下册），2021 年 11 月由中国社会科学出版社出版。杜预（222—285），字元凯，京兆杜陵人，曹魏至西晋时期著名的政治家、军事家和学者，著有《春秋释例》和《春秋左传集解》。《春秋释例》是关于《春秋》和《左传》义例的现存最早的诠释作品。约成书于西晋武帝太康二年（281）至五年之间。原书分为 40 部，15 卷，《崇文总目》所著录的北宋传本有“五十三例”，明末已佚，唯《永乐大典》录有 30 篇。清修《四库全书》，由《永乐大典》及其他典籍辑成此书，分为 15 卷，47 篇，其中有 43 篇称“例”，包括《公即位例》《会盟例》等，其体例是先罗列《春秋》中的《经》《传》

数条，以此来包举其他同例的《经》《传》，然后以《传》文所述的《凡例》系于其后，再申述杜预本人的意见。另有4篇较为特殊，为《释土地名》《世族谱》《经传长历》《盟会图疏》，按部接续在《释例》之后。杜预认为《春秋经》的“条贯”均见于《左传》，而《左传》中的条贯义例又总归于“凡”。《左传》书中以“凡”字归纳经义之处，据杜预统计共计50，称其为“五十凡”，为出自周公的“正例”。对“五十凡”的解说，即为《释例》的主要内容。本次整理以《四库》本《春秋释例》为底本，以孙星衍《岱南阁丛书本》为对校本，参考商务印书馆《丛书集成初编》本所收《校勘记》，对《春秋释例》以现代标点形式进行重新整理，篇目次序一仍《四库》本之旧。本次整理工作包括标点、文字处理、校勘、编次、标注专名号与书名号和补入其他研究者的辑录成果。根据现行标点符号用法，结合古籍整理标点的通例，对全书进行规范的标点。本次整理中《四库》馆臣所加案语，均以现代标点加以标明，并以“案”“又案”为起始标志。本次整理中对《春秋左传》的《经》《传》，对杜预《集解》、孔颖达《正义》，对刘歆、服虔、颖容、许慎旧注、程公说《春秋分记》等，均以“某人云”“某书云”起始，并用现代标点标注引文起止范围，颇便读者阅读。除正文外，还收有《唐刘蕡春秋释例序》《元吴莱春秋释例后序》《四库总目提要·卷二十六·经部二十六·春秋类一》《清孙星衍重刊春秋释例序》《清孙星华校勘记二卷识语》等内容。

（郅晓娜）

《清华大学藏战国竹简（拾壹）》

清华大学出土文献研究与保护中心编，黄德宽主编《清华大学藏战国竹简（拾壹）》，中西书局于2021年11月出版。该书收录长篇战国竹书《五纪》全部图版、释文、字形表以及竹简信息表等。该篇凡130简，全篇内容基本完整，总字数近4500字，是前所未见的先秦佚籍，篇幅巨大，可称出土简牍之最。《五纪》借托后帝之口，以五纪（日、月、星、辰、岁）、五算为中心，确立了天地万物的常规、法度。《五纪》将星辰历象与礼、义、爱、仁、忠五种德行，天神地祇所司所掌一一相配，而更大篇幅则集中于与之对应的人事行用，涉及树设邦国、礼仪祭祀、人伦德行、土工百物、兵戎战事、生育繁衍、人体疾祟等各个方面。全篇构建了宏大而复杂的天人体系，可说是先秦时期对天人关系认识的综合与总结。《五纪》篇涉及《尔雅》所载斗建十二月名、二十八宿，也涉及黄帝战蚩尤等神话内容，可以说是古代相关知识的“百科全书”。该篇始论历数，终归人事，规模宏大，结构严整，层次丰富，意蕴浩繁，对于古代天文历数、国家治理研究具有重要意义，是新发现的一篇关于先秦思想文化史的重要文献。《五纪》篇的刊布，将为先秦史学界提供一篇重要的思想文献，也为社会各界了解中国古代天人观念提供了宝贵的出土文献资料。

（杨博）

《荆州胡家草场西汉简牍选粹》

荆州博物馆、武汉大学简帛研究中心编著，李志芳、李天虹主编《荆州胡家草场西汉简牍选粹》，文物出版社 2021 年 8 月出版。2018 年 10 月至 2019 年 3 月，荆州博物馆对胡家草场墓地进行了发掘，其中 M12 出土了一批简牍。根据出土器物形制和简牍记载，M12 应为西汉早期墓葬，下葬年代不早于汉文帝后元元年（前 163）。墓中出土简牍 4600 余枚，保存基本完好，字迹清晰。通过对篇（卷）题和简牍内容的初步梳理，该批简牍可分为岁纪、律令、历日、日书、医杂方、簿籍、遣册等七类。其中岁纪简可分为两组，分别记述秦昭襄王元年至秦始皇时期和秦二世至汉文帝时期的大事，可据此厘清秦至西汉早期的某些史事，丰富我们对这段历史的认知。律令简是胡家草场西汉简牍的大宗，共 3000 余枚。其中律分为三卷，令分为两卷，皆有目录和小结。这批律令简是迄今所见同类资料中体系最为完备者，除部分内容可与睡虎地秦简、睡虎地西汉简、张家山汉简《二年律令》等对读外，还有不少新见条文，据之可推动律令分类与编辑研究和秦汉律令文本的进一步复原。历日简分为《历》和《日至》两卷，长约 46 厘米，是该批简牍中最长者。《历》记载汉文帝后元元年下推至公元前 64 年一百年间每月的朔日干支；《日至》记载汉文帝后元元年下推至公元前 64 年一百年间每年冬至、立春、春分、立夏、夏至、立秋、秋分、立冬 8 个节气的干支。该批历日简具有百年朔闰规模，具有预推性质，打破了此前历日仅为“国家颁朔”的固有印象。日书简分为五卷，内容丰富，是已知汉简日书资料中保存最为完好的一批，有望深化日书篇章结构和文本特征及日书使用操作层面的认知。医杂方分为医方和杂方，医方记录 30 个方名，是治疗各类疾病的方剂，杂方记录 45 个方名，内容较为庞杂，巫术色彩比较浓厚。部分医方初现传世经方的雏形，可望深化本草学的起源、中医经方的源流及地域特征等方面的研究。簿籍包括木简和木牍，内容为物品价值和出入钱的记录，可与居延汉简等相比较，为汉代经济史的研究提供了新材料。该批简牍的发现，对秦汉时期历史、政治、法律、数术、医药等方面的研究均具有极高的资料价值。该书综合考虑了简牍的保存状况、内容、字数等因素，选取除遣册外的六类简牍共 192 枚，收录其原大图版、放大图版和释文。简文前后联属的简，原大图版接续排列，保证释文的连贯性。书后附完整释文，分列释文目录，释文分类分组的标题下括注图版序号，以便查对。不仅及时回应了学界关切，亦为书法爱好者提供了临摹范本。

（杨博）

《银雀山汉墓简牍集成（贰）（叁）》

山东博物馆、中国文化遗产研究院编《银雀山汉墓简牍集成（贰）（叁）》，文物出版社2021年12月出版。1972年银雀山汉简出土，其中包括《孙子兵法》《孙膑兵法》《六韬》《尉缭子》等兵书，《晏子》等古籍，以及西汉武帝时的《七年视日》等。这一大批竹简的发现，特别是失传了近两千年的《孙膑兵法》古佚书的发现，引起了国内外学者的广泛注意。银雀山汉简提供了丰富的古代文献，是研究秦汉史、中国古代思想史以及秦汉书籍形态的珍贵第一手资料，而且对古文字学科的发展起了重大促进作用。银雀山汉墓简牍经过整理研究，先后出版了精装本《银雀山汉墓竹简（壹）》（1985年）和《银雀山汉墓竹简（贰）》（2010年）。整理成果的公布，在当时是轰动学术界的一件大事，而计划出版的第三辑一直没有面世。之前整理组对银雀山汉墓简牍的整理虽然完结，但并未全部出版。山东博物馆、中国文化遗产研究院组织人员使用新的技术手段，采集了简牍的高清彩色影像和红外线扫描影像。此次再整理，公布全部资料，包括简牍的彩色正、背影像，红外线正、背影像，摹本和彩色放大影像。《银雀山汉墓简牍集成（贰）》收录《孙膑兵法》，包括《擒庞涓》《见威王》《威王问》《陈忌问垒》《篡卒》《月战》《八阵》《地葆》《执备》《病情》《行篡》《杀士》《延气》《官一》《无教法》《强兵》十六篇，均为佚文。出土竹简经过再整理，其中仍有缺简，共计223个简号。全书分图版、释文注释和附录三大部分。图版收录彩色影像、红外线影像、摹本和彩色放大影像。释文注释部分以篇为单位，分解题、释文和注释。附录包括孙膑资料辑录、竹简整理信息表、复原信息示意图以及参考文献。《银雀山汉墓简牍集成（叁）》内容是《尉缭子》，包括《治谈》《守权》《将理》《原官》《兵劝》五篇内容。五篇竹书残损严重，经过再次整理，共编联缀合成竹简60支，无一完整，且仍有缺简。其中《治谈》28支，《守权》8支，《将理》7支，《原官》5支，《兵劝》12支。全书分图版、释文注释和附录三大部分。图版收录彩色影像、红外线影像、摹本和彩色放大影像。释文注释部分以篇为单位，分解题、释文和注释。附录包括竹简本传世本文本比较表、竹简整理信息表、编联示意图以及参考文献。此次是银雀山汉墓简牍出土以来，竹简保护、整理及研究成果的集中展示。

（杨博）

《悬泉汉简（贰）》

甘肃简牍博物馆、甘肃省文物考古研究所、陕西师范大学人文社会科学高等研究院、清华大学出土文献研究与保护中心等单位主编的《悬泉汉简（贰）》，中西书局2021年11月出版。悬泉置遗址发掘于1990年至1992年，曾被评为1991年和“八五”期间全国十大考古发现之一。2014年被联合国教科文组织公布为世界文化遗产。该遗址地处中西交通和丝绸之路的大道上，是迄今为止发现的规模最大、保存最为完好、出土文物最多的中国汉晋时期的邮驿机构。遗址出土各类文物7万余件，其中出土汉简3.5万余枚，有字简2.3万余枚，经过整理者1.8万余枚。悬泉汉简中最早的纪年为汉武帝元鼎六年（前111），最晚的纪年为东汉安帝永初元年（107），前后跨越218年。其内容大致涉及这218年及其前后若干年的史实，包括政治、经济、军事、文化、民族、社会以及边地风情、日常生活等，尤以邮驿交通和中西文化交流的资料为多，是两汉丝绸之路的实时档案和原始记录，这批重要的出土简牍，是西北汉简资料库的重要组成部分，是中国两汉丝绸之路繁荣的历史见证，是今人研究丝绸之路和"一带一路"历史渊源的第一手资料。《悬泉汉简》共8辑，每辑收录简牍约2300枚，彩色图版和红外线图版同时呈现，释文置于图版左侧，书后附《简牍形制尺寸表》。该辑接续2019年12月出版的《悬泉汉简（壹)》，全辑预计2027年完成出版。

（杨博）

《长沙五一广场东汉简牍（伍、陆)》

长沙市文物考古研究所、清华大学出土文献研究与保护中心、中国文化遗产研究院、湖南大学岳麓书院编《长沙五一广场东汉简牍（伍、陆)》，中西书局2021年9月出版。《长沙五一广场东汉简牍（伍、陆)》是2019年出版的（叁）（肆）之续篇。2010年8月，长沙市文物考古研究所在长沙五一广场东侧稍偏南位置的一口井窖中发掘出6862枚东汉简牍。该批简牍形制多样，内容丰富，涉及当时的政治、经济、法律、军事等诸多领域。五一广场出土东汉简牍的数量仅次于走马楼三国吴简，为出土简牍大宗之一。从史料的角度看，它的出土具有填补"空缺"之效。西北简中尚见一些东汉初叶的简牍，属中后期者则比较少见，而五一广场简牍不仅在数量上远超以往全国出土东汉简牍的总和，还填补了这个时期其他简牍乃至传世古籍所没有的内容，使我们看到过去没有机会见到的历史真相。《长沙五一广场东汉简牍（伍）（陆)》为国家古籍整理出版专项经费资助项目，共收录长沙五一广场井窖遗址出土简牍900枚，包括简牍图版、释文注释及相关附录。图版部分包括彩色及红外线的原大照片，释文部分含整理序号、释文及相关按语，附录含未见字迹简牍序号表、简牍编号及尺寸对照表和异体字表。

（杨博）

《〈华阳国志〉系年考校》

汪启明、赵静、罗业恺等《〈华阳国志〉系年考校》，中国社会科学出版社2021年1月出版。《华阳国志》是记述中国西南地区从史前传说时代到东晋时期历史的一部重要著作。原书以地理志、编年史、人物传三结合的体裁编写，三者又互相糅合渗透，在结构上比较杂乱。历代刻本，抄本众多，错、讹、衍、倒之处不少。虽然目前已有学者对此做了很好的整理，比如任乃强《华阳国志校补图注》、刘琳《华阳国志校注》等，但仍存一些不足。比如《华阳国志》中常见一人之事散见于各卷之中的情况。根据任乃强先生《华阳国志校补图注·前言》，《华阳国志》成书非一蹴而就，且常璩在著述过程中参阅了前人及同时代的其他著作。这样的成书过程导致《华阳国志》对部分事件发生的时间记录有阙误的情况。又如《华阳国志》成书后，历代传抄，其中文字多有亥豕之误，甚至篇章都有缺失，致使《华阳国志》卒不可读。再如常璩在《华阳国志》的写作过程中对某些人的记录，仅有只言片语，甚至前后相互抵牾。任乃强先生《校补图注》对《华阳国志》的考证颇见功力，但仍可完善。《〈华阳国志〉系年考校》全书采用编年体，将全书打散，分为若干版块，按时代先后排序，上起远古蚕丛、鱼凫的传说时期，下迄东晋永和三年（347）；以前四史为本证，他书为旁证，进行对勘比较；斟酌任、刘，用按语呈现文字、史实异同；结合出土文献、稗官野史、新的研究成果，对政治、经济、人物、民族、事迹、地理、风俗、边疆等进行考证，文献考据不能确定年代者，则以“疑年录”方式单列。

（杨博）

《秦封泥集释》

刘瑞《秦封泥集释》，上海古籍出版社2021年12月出版。作者曾参与西安相家巷秦封泥的发掘和整理，编著有《秦封泥集》《秦封泥集存》等。该书为自封泥发现一百多年来出土秦封泥资料及研究成果的整理和汇集。书中搜集散见于各处的秦封泥，根据学界秦职官、郡县的研究成果，结合文献记载，参照《汉书·百官公卿表》《汉书·地理志》《中国行政区划通史·秦汉卷》等体例，分部编排，收录包括部分战国秦在内的秦官印、私印封泥超过1800种（其中官印1400余种，私印吉语400余种），精选封泥图版超过2000幅，分为“中央职官”“地方职官”“私名吉语”三部分，全面搜集编排历年学者们的研究成果，并加按语略陈已见，书后附秦封泥索引以便检索，并可作为秦封泥总目使用。书中将相关资料汇为一编，免除读者翻检之劳，可为秦封泥的著录和研究，秦汉文字研究，秦郡县职官构成、变化以及秦史、秦汉史的研究提供参考。

（杨博）

《陈书》（二十四史修订工程的成果之一）

作为中华书局二十四史修订工程的成果之一，景蜀慧主持修订的《陈书》2021年8月出版。《陈书》是唐朝姚思廉撰写的纪传体断代史，记述了南朝陈王朝自开国至灭亡三十三年的历史，是唯一完整传世的陈代史籍。旧版“南朝五史”由王仲荦先生总负责，其中《陈书》由张维华点校，宋云彬负责编辑整理，1972年出版。本次修订，改以上海图书馆藏1933年上海涵芬楼影印中华学艺社辑印古书之九《陈书》为底本，通校本、参校本合计13种，其中使用了日本宫内厅所藏的平安写本两卷（卷二〇、卷三六），此写本是从唐钞本转抄而来的，可作为中日文化交流的一个印证。修订组充分运用本校、他校，审慎使用理校，广泛收集并充分参考清代以降尤其是点校本《陈书》出版以来学术界的校勘与研究成果，对原点校本作适当修订和完善，纠正错讹，如卷二七《江总传》末尾处有“江总持清标简贵”一句话。原点校本专名线标“江总”二字，将“持”作动词解，表示江总保有清标简贵之风；而修订组注意到“总持”是江总的字，《陈书》各卷末的“史臣曰”于传主通常称名不称字，但也有例外，如卷二六《徐陵传》史臣曰即称“徐孝穆”，江总在陈地位与徐陵类似，而且此卷与思廉父察同传，姚察不称名称“史臣先臣”，江总也不当直称其名，称字正得其宜。所以修订本改作“江总持”三字连标专名线。在此基础上，统一体例，弥补不足，形成了一个文本准确、校勘精良、标点合理的修订本。《陈书》点校本校勘记原有534条，修订本增加到960条。其中，修订本新增校勘记542条，删除原校勘记约110条，改写原校勘记约160条，修改补充原校勘记185条，沿用原校勘记73条。

（刘凯）

《南北朝墓志集成》

王连龙编撰《南北朝墓志集成》，2021年3月由上海人民出版社出版。该书是吉林大学古籍所王连龙教授历时近十年对南北朝墓志文献的整理研究成果。王连龙，历史学博士，吉林大学古籍研究所教授，博士生导师，文献教研室主任。已出版《〈逸周书〉研究》《新见北朝墓志集释》《新见隋唐墓志集释》等著作，在国内外公开发表学术论文50余篇，主持多个国家社科基金项目。同时兼任中国金石学会理事、副秘书长，韩国首尔大学奎章阁韩国学研究院客座研究员等。全书分上、下两册，由“凡例”“释文编”“索引编”“参考文献”四部分组成，共计150余万字。其中释文编为主体部分，对2018年前国内外刊行出版的金石志书、学术文集及著作论文中公开发表的1468种南北朝墓志进行了系统整理：在墓志实物、拓片图版基础上，对墓志文字进行隶定考释，提供完整释文。遵循保持墓志文原貌的原则，重点对疑难字、碑别字、俗体字、讹误字等进行考订。收集前辈学者已作相关文字考释，并以注释形式展现众说，为读者提供参考。索引编提供了人名、地名、官名索引，及配套的墓志名的拼音及笔画索引，为学术界提供科学规范、条目清晰、方便实用的搜索工具，最大限度地提高南北朝墓志文献的使用率和信息化。该书全面收集南北朝墓志文献，对已见上千方墓志进行整理，编撰墓志著录目录50余万字，释文100余万字，编撰墓志人名索引7000余个、地名索引6000余个，官名索引6000余个。作为第一部南北朝墓志文献集成，该书的出版填补了当前相关研究的空白。收集墓志文献全面，考订细致，形式多样，具有较高的资料性。而且编撰方法科学实用，可以有效地服务于学术研究活动，为出土文献的整理研究开辟了新的视野。

（刘凯）

《六朝石刻丛考》

梁春胜著《六朝石刻丛考》，2021 年 5 月由中华书局出版。梁春胜，男，汉族，1975 年生，安徽桐城人，文学博士。现为河北大学文学院教授、博士生导师，在《中国语文》《文史》《文献》《语言研究》等期刊发表论文 40 余篇，出版专著 1 部。主持国家社科基金重大项目、重点项目、青年项目和中国博士后科学基金二等资助和特别资助项目各一项。六朝石刻具有多方面的研究价值，目前其史学方面的研究十分活跃，而语言文字和文献方面的研究则相对薄弱。《六朝石刻丛考》一书，主要从释录校正、字词考释、石刻辨伪等方面展开工作，纠正前人释录方面的错误，考释疑难字词，鉴别伪刻和疑伪刻，从而为学界研究这一时期的石刻提供参考。全书共分七章。前三章为铺垫，为作为主体的后四章打下基础。首章从资料汇集、俗字考释、词语考试、石刻辨伪及其他等五方面对相关研究进行回顾。第二章考察六朝石刻的研究价值。作者发掘出的价值主要有文字价值、词汇学价值、文献学价值、辞书学价值和历史学价值。第三章指出六朝石刻整理应具备的基本条件，主要有广泛搜集拓本、批判继承前人成果、熟悉石刻俗字和六朝词语、了解石刻文献特征、把握石刻文献的文体特征、具备历史知识与掌握佛教语言文化的常识。第四至七章为全书的菁华所在。第四章考察六朝石刻整理中存在的问题，作者分录文、校点和注释三方面进行论述。第五章是六朝石刻校读举证，按照历史顺序，分作魏晋十六国南朝、北魏、东魏北齐、西魏北周和隋代进行考察。第六章对六朝石刻字词进行考释，包括疑难字、讹混俗字、假借字、疑难词语与用典五方面论述。第七章则关注六朝石刻的辑补与辨伪，三节中辨伪独占其二，是作者用功所在，其中第二节具有石刻辨伪方法十五种，第三节以例证方式论述石刻辨伪。最末有索引，分别是字词索引和石刻题名索引，便于读者使用。全书共考释疑难字 700 余个，疑难词语和典故词语 100 余条，校正释录方面问题 2000 余条，鉴别伪刻 70 余方。尤其在疑难字考释方面，运用科学的文字考释方法，考释出一批前人不识或误释的字，是该书一大特色。

（刘凯）

《赞皇西高北朝赵郡李氏家族墓地：2009—2010 年北区发掘报告》

北京大学考古文博学院、河北省文物考古研究院编著《赞皇西高北朝赵郡李氏家族墓地：2009—2010 年北区发掘报告》，2021 年 9 月科学出版社出版。赵郡李氏是北朝晚期鼎盛一时的大姓高门，与崔、卢、郑、王等四海大姓齐名，东魏北齐时期更因首应高欢之功，地位扶摇直上。该书便是河北省石家庄市赞皇县西高北朝墓群Ⅰ区墓葬的考古发掘报告。河北省南水北调中线工程的输水渠道计划通过赞皇县西高古墓群所在地区，受河北省文物局南水北调工程文物保护办公室的委托、国家文物局批准，中国社会科学院考古研究所河北工作队、北京大学文博学院组成联合考古队对这一古墓群进行了考古勘探清理工作。西高北朝墓地位于太行山东麓、河北省赞皇县西高村南约2000米的岗坡地上，南水北调渠线计划自东南向西北斜穿该墓地。经勘探，在渠线范围内共发现古墓葬9座，分东西两排，墓葬坐西朝东、南北并列成一排。墓葬发掘工作从2009年10月中旬开始，至2010年2月上旬结束，其中3座（M4、M6、M8）未被盗掘。墓葬形制包括砖室墓和土洞墓两种。砖室墓由斜坡墓道、甬道和墓室三部分组成，甬道上方砖砌高大的挡土墙，墓室平面弧方形、地面铺砖，墓室四壁和地面均抹有白灰，如M1、M51和M52。土洞墓由斜坡墓道、甬道和墓室三部分组成，墓室平面长方形，地面铺砖，洞室顶部塌落，形制不清，如M2、M3、M4、M6、M7和M8。本报告正文共分四章，全面系统地介绍了赞皇西高北朝墓群Ⅰ区的4座北朝墓葬。首章详述地理环境与历史沿革；第二章则铺陈发掘及发掘报告编写概况；第三章是全文主体，对M1、M2、M7、M8 4座北朝墓葬分别论述；末章结语。附录收录了6篇西高北朝墓群的研究文章，分别是《河北赞皇西高墓地的初步研究》《李鱼川推理》《家国共生：北朝赵郡李氏的葬地与权力结构》《北朝墓葬出土瓷器的编年》《塑造传统：北朝墓葬中的复古陶器》《北朝赵郡李氏墓志汇编》。西高北朝墓地是目前已发现少有的北朝大型家族墓地，具有重要的学术价值和历史意义。西高北朝墓地出土随葬品丰富、组合清晰、纪年明确，通过综合研究可以成为北朝考古研究的标尺。该书的出版对西高北朝墓地的研究有推动作用。

（刘凯）

《续高僧传校注》

［唐］释道宣撰、苏小华校注《续高僧传校注》，2021年5月由上海古籍出版社出版。道宣（596—667），俗姓钱，字法遍，原籍吴兴长城（今浙江长兴），一作丹徒人，生于京兆长安。唐代高僧，南山律宗开山之祖，著名佛教史传学家，又称南山律师、南山大师。所著律学著作有《四分律删繁补阙行事钞》《四分律拾毗尼义钞》《四分律删补随机羯磨疏》《四分律比丘含注戒本疏》《比丘尼义钞》，后世称为“律学五大部”，此外还著有《广弘明集》《续高僧传》《集古今佛道论衡》《大唐内典录》《集神州三宝感通录》《道宣律师感通录》《释迦方志》等。苏小华，北京师范大学历史学博士，现为陕西师范大学历史文化学院副教授，从事魏晋南北朝史和文献学的教学与研究工作。著作有《北镇势力与北朝政

治文化》《南北朝佞佛与废教事初探》，主编《中国中古史集刊》第三辑，发表论文多篇。《续高僧传》或称《唐高僧传》，三十卷，释道宣撰。道宣认为慧皎所作《高僧传》中记载萧梁的高僧过少，需要补辑，经过长期收集资料，撰成三十卷《续高僧传》。收录时段从萧梁初叶开始，到唐贞观十九年止，共计144年，载录僧人，正传见有331人，附见160人。在成书后20年间，陆续有所增补，又成后集《续高僧传》十卷，书名见于他自己所著的《大唐内典录》第十卷和与他同时代道世著的《法苑珠林》第一百卷中。但是此十卷书后来即按科分别羼入初稿中，所以现行本记载贞观十九年以后永徽、显庆、龙朔年号的事情很多，最迟到麟德二年为止。故《续高僧传》所录是从南北朝至唐麟德年间僧人，共700余人。按传主修持法门或所作贡献类别，全书分为译经、义解、习禅、明律、护法、感通、遗身、读诵、兴福、杂科声德共十篇。此次整理，以再雕高丽藏本为底本，以碛砂藏本、日本藏天平年间写本残卷、日本藏兴圣寺写本、初雕高丽藏本残卷、金赵城藏本残卷为对校本，以日本宫内省图书寮藏宋崇宁藏本、毗卢藏本、南宋资福藏本、洪武南藏本、永乐北藏本、乾隆大藏经为参校本，并参考与《续高僧传》有关的其他材料。在此基础上，对重要史实、关键名相、名物制度等均予以必要的考索与说明。在校注方面，该书重点突出以下几点：（1）注明史料来源。（2）补充、订正原书的疏漏。（3）对依靠一般工具书难以解释的字句予以简明疏通。（4）注出原书所涉地名的现代对应地名。（5）对佛教典故、语词和义理进行注解。

（刘凯）

《吐鲁番出土文献散录》

荣新江、史睿编著《吐鲁番出土文献散录》，2021年6月由中华书局出版。该书收录了零散收藏于世界各地公私机构的吐鲁番出土文献残卷，包括德国国家图书馆、德国东亚艺术馆、俄罗斯科学院东方文献研究所、美国普林斯顿大学葛思德图书馆、日本东京书道博物馆、东京国立博物馆、大阪四天王寺出口常顺氏、中国国家博物馆、中国国家图书馆、北京大学图书馆、中国科学院图书馆、上海博物馆、辽宁省档案馆等散藏的非佛教文献，同时收录可与该书所收文书直接缀合的大谷文书，共372件文书，分为“典籍”“文书”上下两编。每件文书的整理均参考前人成果拟题，并做解题、校录、标点等工作，为读者的进一步研究提供可靠的文本。

（沈国光）

《新中国出土墓志·陕西卷（肆）》

故宫博物院、陕西省考古研究院编著的《新中国出土墓志·陕西卷（肆）》，2021年10月由文物出版社出版。该书收录2012年前陕西省考古研究院在田野工地发掘出土与采集所得的330种、598方墓志，且均有明确的出土时间和地点。有北魏墓志3种、西魏墓志1种、北周墓志24种、隋代墓志22种、唐代墓志213种、元代墓志12种、明代墓志50种、清代墓志5种。其中184种（西魏1种、北周9种、隋10种、唐132种、元10种、明清22种）从未发表，占总数的一半以上。即便是已发表的墓志，要么只发录文没有图版，要么印刷模糊或刊物不常见，抑或录文、考释谬误较多，并不能以最佳效果起到资料作用。此次出版不仅提供了较为精确的录文，并且提供了高清扫描图版，为学界进一步研究提供了基础。

（沈国光）

《蜀志类纂考释》

王炎、王文才《蜀志类纂考释》，中华书局2021年7月出版。该书对宋代以前的蜀地方志进行了整理与研究。上编为《蜀志叙录》，以历代蜀中古志之存亡要籍为基础，按类分书，各作梳理，以能略见蜀志流变之概况。其中共分十六类目。其一，《华阳国志》所著录扬雄、谯周《蜀本纪》，以及清代学者姚振宗所著《汉书艺文志拾补》《后汉艺文志》《隋书经籍志考证》中所录司马相如、严遵（字君平）、阳成子玄、郑廑、尹贡、任熙之《蜀本纪》，共计八家。其二，赵宁《乡俗记》、来敏《本蜀论》、谯周《三巴记》《异物志》。其三，《华阳国志》所列郑廑、赵谦、陈术、祝龟、王商五家巴蜀《耆旧传》与陈寿《益部耆旧传》。其四，王崇《蜀书》，王隐《蜀记》，常宽、杜龚《蜀后志》。其五，常璩《华阳国志》。其六，任豫、李膺等诸家《益州记》。其七，黄容《梁州巴纪》，常宽《梁益篇》，袁休明《巴蜀记》《巴汉志》，刘澄之《梁州记》，任弁《梁益记》等梁益地志六种。其八，为《隋书·经籍志》所载《文翁学堂图》。其九，各家《蜀地图》。其十，各家《蜀记》。其十一，张周封《华阳风俗录》及袁朗《蜀郡风俗志》，仁显《华阳记》。其十二，卢求、杜光庭及宋代佚名的三种《成都记》。其十三，赵抃、王刚中、范成大、胡元质、孙汝听等五家《成都古今记》。其十四，宋元明《成都记》若干种。其十五，巴郡及蜀郡《图经》若干种。其十六，各类《山川祠庙志》若干种。下编为《蜀志类纂》，从各类典籍中辑佚出了《蜀王本纪》《三巴纪》《益部耆旧传》《益州记》梁益四记、华阳二记《蜀记》、《蜀志》、唐宋《成都记》《成都古今集记》《成都志》等诸书的诸多佚文，皆标明出处，便利后学。

（安子毓）

《本杰明行纪》

［西］本杰明《本杰明行纪》，李大伟译注，商务印书馆。12世纪50年代末至70年代初，西班牙图德拉（Tudela）的犹太人拉比本杰明（Rabbi Benjamin）在欧亚大陆诸地游历十余年，并据其见闻以希伯来文著书《本杰明行纪》。该行纪现有12种希伯来抄本流传，这些抄本先后被翻译为拉丁文（5种版本）、英文（5种版本）、法文（3

种版本)、荷兰文(1种版本)与意第绪语(2种版本)等,成为中外关系史及犹太史研究不可多得的珍贵史料。本杰明的欧亚世界之旅,从西班牙图德拉开始,途经今法国、意大利、希腊,到达拜占庭、叙利亚、美索不达米亚、波斯等地,再进入中亚、西藏、印度、锡兰,之后沿海路入华;再沿海路折返至阿拉伯半岛南部,经今埃塞俄比亚、埃及等地,再次到达意大利,并进入今德国、俄罗斯诸地,最终至法国巴黎。本杰明在行纪中记载了沿途主要城市和区域的地理环境、风俗习惯、著名历史事件、奇闻异事和商业贸易情况,尤其以大量篇幅记载了这些地区的犹太人流散状态(包括犹太人数量、生存状况、经济贸易、宗教活动与著名犹太人物等),其中关于西班牙、法国、意大利、拜占庭帝国等基督教世界,以及迦南、美索不达米亚、波斯、埃及、阿拉伯半岛等伊斯兰教世界的内容最为详细,这些内容保留了大量富有趣味的、准确的历史信息,为研究12世纪中后期,尤其是十字军东征时期,欧亚非诸地关系、商业贸易史与犹太人流散提供了宝贵的史料。许多学者认为本杰明向东方的行程,可能未超出波斯地区,因为行纪中关于印度、锡兰与中国等东方诸地的记载较为简略,而且部分内容是听闻而来;这些听闻反倒增添了东方世界的神秘感和趣味性,东方或因此变得更具吸引力。值得一提的是,本杰明是第一位明确提到中国的欧洲人,书中记述了到达中国的海上行程和神奇见闻,此为认识彼时中国与西方的交流提供了更多趣味。本杰明为马可·波罗与伊本·白图泰的先驱,其行纪远溯博索、行文朴实,比《马可波罗行纪》与《伊本白图泰游记》还要早100—200年,其所记大量内容已被后世游历家证实。作为一个独特的文类,中世纪行纪著作以极具特色的笔法展示了作者同时代的物质面貌和精神图景,尤其通过及时补充新的知识、矫正过时的认知,带领人们不断地重新感受这个“已知的世界”,因此其吸引力持久不衰。《马可波罗行纪》和《伊本白图泰游记》已为世人所周知、传颂,《本杰明行纪》的译介可以使中国读者再次感受这个文类的特殊魅力,领略中世纪欧亚社会的物质与精神世界,为相关研究提供参考,亦能满足普通读者的猎奇与求知欲。

(李大伟)

《宋元版佛教史籍丛刊》

周斌主编《宋元版佛教史籍丛刊》,线装书局2021年7月出版。收录了宋、辽、金、元,朝鲜半岛的高丽王朝,以及日本的镰仓、南北朝和室町前期版的佛教史籍。包括两类版本,一是来源于经折装或卷轴装的《大藏经》版本,如宋刊《崇宁藏》《毗卢藏》《思溪藏》,金刊《赵城藏》,元刊《普宁藏》《元官藏》,和宋元时期海外刊刻的《高丽藏(初雕本)》《高丽藏(再雕本)》;二是册页装佛教史籍单行本,大多数是刻本,以宋元版佛教史籍的种数而论,这些单行本接近全书的三分之一,大多数未被以上各种宋元版《大藏经》收录。全书正文分为以下七类：经录类（佛教目录书），如《出三藏记集》《众经目录》《大唐内典录》等；编年类，如《佛祖历代通载》《释氏稽古略》等；传记类，如《高僧传》《续高僧传》《比丘尼传》等；宗谱类（传灯录），如《历代法宝记》《景德传灯录》《五灯会元》等；地理类，如《法显传》《大唐西域记》等；杂记类，如《南海寄归内法传》《正法眼藏》等；护法类，如《弘明集》《广弘明集》《集古今佛道论衡实录》等。为了全书佛教史籍在史体方面的系统性，正文之末附录了若干并无宋元版本传世的纪传体佛教史籍。每种佛教史籍酌情收录一到四个版本，配补分以下四种：一是缀合多处馆藏；二是缺卷用较早的其他版本配补完整；三是缺卷用晚近版本配补完整；四是原书有较多缺卷，该书以相同或不同版本配补，使残缺的卷数得以减少。

（张晓慧）

《元代湖州路户籍文书》

王晓欣、郑旭东、魏亦乐点校整理《元代湖州路户籍文书》，中华书局2021年1月出版。元代的公文纸印书，此前日本学者曾少量利用，尚未有完整整理和研究的论著。《元代湖州路户籍文书》，是国内第一部完整扫描后整理的元代纸背公文书资料。上海图书馆藏元公文纸印本《增修互注礼部韵略》，纸背为元代湖州路户口册。整理者与上海图书馆合作，将《增修互注礼部韵略》线装全部拆开，完整扫描复制纸背并制成图版。这是目前为止发现的数量最大的、以往未见的宋元时期的户籍登记材料，其规模和完整程度皆前所未有。该书分为纸背图版篇和纸背录文篇，各两册。录文篇按照古文书学通行格式规范，对纸背扫描图版进行录文、点校，整理出共计900户元代湖州路户籍的登录文书。湖州路户籍文书显示，元代户籍登记有相当严格的记录格式。从时间上看，这批文书登录时间是元灭南宋至世祖至元后期，最晚到仁宗皇庆年间，很可能是至元二十六年江南籍户的登记册或至少是登记草册，大约在延祐开科后才被废弃。这批户籍登记的地区集中性，可以呈现元代江南具体地区内基层体制的较完整面貌。总之，这批资料展示了元代江南地区户籍登记的总体面貌，为元代和宋明户籍制度，元代的税收、人口、手工业、农业和人口结构等的研究提供了新的珍贵文献。

（张晓慧）

《明沈应时家族墓地》

洛阳市文物考古研究院、吴业恒、史家珍、马占山等编纂的《明沈应时家族墓地》，上、下两册，2021年6月由科学出版社出版。该书为2012—2016年对洛阳市老城区苗南村东南的沈应时家族墓地进行考古发掘的报告，之前在2017—2018年的《洛阳考古》曾发表过4篇发掘简报。沈应时（1521—?），字子易，河南卫人，嘉靖二十九年（1550）进士，官至南京工部尚书，

《明史》无传。据所出土《明资善大夫南京工部尚书沈公墓志铭》，沈应时中进士之后，授翼城知县，未任即丁忧，服阕补长子知县，后历任西安府同知、杭州知府、备兵海道副使，改备兵易州，升陕西参政，分守凉州，转陕西按察使、山东右布政使，升巡抚宁夏右佥都御史，转右副都御史，巡抚江西，丁母忧，万历三年（1575）起为山西巡抚，次年晋大理寺卿，升户部侍郎，总督仓场，再升南京工部尚书，其生平履历可补《明史》之阙。沈应时家族墓地共发现了4座沈氏家族墓，祖孙四代，分别是沈应时父母沈机夫妇墓、沈应时夫妇墓、沈应时子沈侨夫妇墓、沈应时长孙沈庆余夫妇墓。沈机墓中出土大量陶器，其中双人牵马俑及各式男女俑造型极精致，冠帽服饰生动，另有陶制生活用品、陶制动物，以及墓志铭两方。沈应时墓内亦有大量陶俑，尤其壁龛所置骑马或坐轿出行时的鼓吹仪仗陶俑，整齐可观。之前，明代上海卢湾区出土的潘允徵墓出土过展示明代官吏出行排场的木雕行列俑，可与此比较而观，当会对明代官员出行仪仗有更多的了解。沈侨墓随葬物品以各类陶制明器为主，以及买地券、墓志、随葬铜钱等。沈庆余墓见少量玉器随葬品，如玉鼻塞、玉珠等，又有铜镜、铜钱等及《墓志考释》。全书末附《洛阳地区明墓综述》，分藩王墓、郡王和宗室成员墓、官吏及家族墓地、小型墓葬等，介绍近年来洛阳地区的考古发现。

（陈时龙）

《日本内阁文库藏稀见明人别集汇刊》

《日本内阁文库藏稀见明人别集汇刊》（全50册），侯荣川主编，广西师范大学出版社2021年10月出版。内阁文库为日本国立公文书馆的重要部门，其书籍主要来自原幕府官库红叶山文库和昌平坂学问所旧藏，是收储和管理日本皇室及内阁机构等藏和、汉古代典籍及江户幕府公文等的专业图书馆。该书甄选日本内阁文库藏稀见明人别集文献26种，分别是《竹塘先生遗稿》八卷、《海钓遗风集》四卷、《南隽集文类》二十卷、《松皋集》二十四卷、《衢村集》四卷附录二卷、《南渠存稿》十六卷、《菊山诗稿》十五卷、《泉湖山房稿》三十卷、《涉江诗》七卷、《彩云篇》二卷、《襟日楼草》三卷、《西征集》十卷、《河干集》十卷附一卷、《步丘草》二十卷又一卷、《众妙斋集》不分卷、《广谦堂集》二十四卷、《刘婺州集》二十四卷、《丽瞩楼集》十二卷、《希声馆藏稿》十卷附一卷（附《都门草》一卷、《京兆微波录》一卷、《南淮草》一卷）、《菉漪园集》五种六卷（文集、诗集、咏归草、解郡本末、闽谳漫述）、《去来漫草》二卷、《颐园吟草》二卷、《微尘阁稿》十四卷、《南荣集诗选》十二卷、《文选》二十三卷（诗选卷一至八）、《鹤台先生熊山文选》二十一卷。其中有海内外孤本17种，仅见藏于内阁文库，其余8种亦多为稀见之本，有较高的文献价值。例如，许讃的《松皋集》二十四卷，为明代著名学者许讃的别集，而许讃在嘉靖年间历任刑部、户部、吏部尚书，入阁为文渊阁大学士，本人又出身明代著名的家族灵宝许氏，其父许进、弟许论等均为一时名臣，故其别集的史料价值不言而喻。又《泉湖山房稿》的作者曾同亨为江西泰和人，16世纪著名的讲学者之一，国家图书馆藏本仅为十二卷本，为残本，而内阁文库所藏为全帙。

（陈时龙）

《山右丛书三编》

《山右丛书三编》（全12册），山右历史文化研究院编，上海古籍出版社2021年5月出版。该书可以说是《山右丛书初编》《山右丛书二编》的衍生产品。《山右丛书初编》是1934年由山西省文献委员会编纂的一部汇集山西籍学人学术著作的大型古籍丛书，收入唐代至清代28位晋籍学者的重要著作38种、附录5种，《中国丛书综录》著录，1986年曾影印出版，2014年由山右历史文化学院整理的点校本出版。与之同时，山右历史文化学院开始进行二编、三编的整理出版工作。《山右丛书二编》收录34种山西人著作，其中宋代3人3种，明代17人31种，2017年出版。《山右丛书三编》收录明代31位山西学者的39种著作，即韩文《韩忠定公集》，王云凤《虎谷集》，乔宇《乔庄简公集》，刘良臣《刘凤川遗书》《刘凤川遗稿》，寇阳《兰坡遗墨》，裴邦奇《巢云诗集》，刘龙《紫岩文集》，亢思谦《慎修堂集》，王崇古《王鉴川文集》，王道行《王明甫先生桂子园集》《王明甫先生桂子园集近稿》，李尚思《督抚奏议》，王时济《龙坞集》，王家屏《复宿山房集》，刘虞夔《刘宫詹先生文集》，张养蒙《张毅敏公集》，邢大道《白云巢集》，傅新德《傅文恪公初集》《诚勛浅言》，孟时芳《丛篠园集》，孙居相《两台疏草》，张凤翼《张凤翼兵部奏疏》，吴玉《吴侍御奏疏》，桑拱阳《桑晖升先生遗集》，王邵《王太史遗稿》，苗胙土《苗晋侯先生文集》，朱之俊《周易纂》，朱之浚《春秋纂》。所点校者如前言中所说，点校所据底本多是孤本或稀本，有些还是自档案中辑出，如《张凤翼兵部奏疏》即从《中国明朝档案总汇》中辑录、整理点校而成。

（陈时龙）

《中国历代登科总录·明代登科总录》

龚延明、邱进春《中国历代登科总录·明代登科总录》（全25册），广西师范大学出版社2021年6月出版。《明代登科总录》为《中国历代登科总录》五大卷之一（另四大卷为《隋唐五代登科总录》《宋代登科总录》《辽金元登科总录》《清代登科总录》），是国家社科基金项目、全国高校古委会规划重点项目、国家出版基金项目。《明代登科总录》从浩瀚的现存文献中辑录出明代276年89榜24000多名进士传记资料，撰写小传，包括字号、籍贯、登科年、初授官、所历官及终任官、谥号等信息，小传之下，详细罗列相关书证，注明文献出处。全书按89榜榜次顺序编排，各榜前三名列该榜之首，第四名起按姓名笔画顺序排列。书后附《姓名笔画索引》，以便查检。全书总字数1400余万，相较于现有的《明清历科进士题名碑录》《明清进士题名碑录索引》等同类书稿有较大的修订、增补。由于现存明代的进士登科录并不完整，尤其像永乐年间、万历后期及其后的缺失情况比较严重，只能依进士题名录知道大部分进士的名字，其籍贯及生平则不易知。《中国历代登科总录·明代登科总录》为每一位进士撰写小传、罗列详细书证，是可以作为基础性资料的。因此，该书的出版有助于推动明代科举史的全面深入研究，也可以为明代文化史、政治史、教育史、人才学等领域的研究提供基础性的支撑资料，起到工具书的作用。

（陈时龙）

《明清戏曲序跋纂笺》

《明清戏曲序跋纂笺》（全12册），郭英德、李志远纂笺，人民文学出版社2021年5月出版。全书辑录附载于明清戏曲文献正文前后的序、引、题词、跋、总论、题识、凡例、读法、赠言、问答等各种文字，还酌情选录了部分撰写于明洪武元年（1368）之前或民国元年（1912）之后的戏曲序跋资料，分十四卷，卷一为宋元戏文，卷二为金元杂剧，卷三至卷九为明清杂剧传奇，卷十为明清地方戏，卷十一为戏曲选集，卷十二为曲话曲目，卷十三为曲谱曲韵，卷十四附诸宫调与散曲集。其中最主要的即戏曲剧本、戏曲选集、曲话曲目、曲谱曲韵四类，戏曲剧本指一位戏曲家创作的戏曲文献，包括单部剧本与剧本合集，分为戏文、杂剧、传奇、地方戏四种戏曲体制样式；戏曲选集指收录两位以上戏曲家创作的戏曲文献，包括全本戏选集和折子戏选集，也包括折子戏与散曲合选集；曲话曲目，包括曲论、曲话、曲律、曲品、曲目等戏曲批评文献；曲谱指记录曲牌格律体式和曲牌唱腔唱法的书谱，主要包括格律谱（俗称平仄谱）和宫谱（俗称工尺谱），而曲韵指明清收录曲韵的专著。此外，还附录了与戏曲关系密切的诸宫调与散曲集。在中国古代戏曲研究上，戏曲序跋具有重要的学术价值：一是戏曲序跋通常都生动而深刻地展现作者或序跋作者的戏曲观念，可以为中国戏曲理论体系的构建提供重要资源；二是有助于深化中国古代戏曲文学史研究，诸如通过序跋尤其是戏曲作者的亲朋好友的序跋的分析，或多或少地可以揭示那些隐藏本名或列为无名氏作品的戏曲的创作者信息、创作年代等；三是有助于研究历代戏曲生态及戏曲流布状况。20世纪80年代末90年代初，蔡毅《中国古代戏曲序跋汇编》、吴毓华《中国古代戏曲序跋集》两部序跋整理成果曾相继出版过，但所辑阙漏较多，两者剔除重复后统计，收录明清戏曲序跋2300余条。该书则是在2011年国家社会科学基金“明清戏曲序跋全编”的资助下历时七年编纂完成的，尽可能全备地纂录明清时期钞写与刊刻的戏曲文献的序跋资料，共收录明清序跋4300余条400多万字。《明清戏曲序跋纂笺》也因此具有完整全备、信实可靠、丰富详实、明晰实用等特点。作者于辑录之外，又有校，有笺，校对一些人名、地名、时间、藏印等都以笺的形式稍加说明。但稍显不足的是，作者所作的笺过于简单。

（陈时龙）

《军机处雍正朝满文议复档译编》

中国第一历史档案馆《军机处雍正朝满文议复档译编》，商务印书馆2021年12月出版。中国第一历史档案馆所藏军机处之议复档，从文字上分为汉文、满文两种，内容不相重合。满文议复档存有雍正、乾隆、嘉庆、道光、咸丰、同治、光绪、宣统八朝的档案。中国第一历史档案馆满文处择选了雍正一朝的满文议复档，组织人力翻译成汉文，并将满文原档影印，一并出版。该书收集了中国第一历史档案馆所藏军机处雍正朝的大本议复档共计17册、1678件（含附件5件），汉文译文约107万字。本次出版，辑为十三卷。军机处是清雍正时期因用兵西北而设，故雍正朝的军机处满文议复档分为“军务”和“寻常”两种簿册。军务簿册14册，寻常簿册3册。该书按其分类，分“军务”“寻常”两部分进行编排，以真实地展现其原貌。该书与其他清代史料相比，重要价值在于：第一，满文议复档是现今存留的军机处最重要的文档之一。第二，雍正朝满文议复档是对已出版的同期档案史料的补充。议复档在议奏终极意见时，须阐明所作决定的原因，其内容远远多于《实录》，可以使人们更加清楚地了解到清朝中央决策层对每一个问题作出决断的各种主观和客观原因，使人们对历史的考察更接近于真实。

（徐到稳）

《明清珍档集萃》

中国第一历史档案馆编著《明清珍档集萃》，九州出版社2021年1月出版。中国第一历史档案馆作为明清两朝中央政府和皇室生活档案的保管基地，典藏明清档案1000余万件，这些巨量的历史记录与凭证既是中华民族的文化瑰宝，也是人类文明的珍贵遗产。该书由中国第一历史档案馆编著，是纪念中国第一历史档案馆成立95周年和庆祝新馆即将启用出版的。从馆藏档案中掇菁撷华，精选档案106件，辅以精练的文字说明，分为明朝档案、清帝诏令、清帝御笔、臣工奏章、清宫生活、民族融合、科举取士、中外交往、洋务新政、清宫舆图10个类项，编纂成册。在该书里，不仅能看到有关朱棣迁都北京、郑和下西洋、后金入关前与明朝的对抗、清朝秘密立储、康熙传位雍正、和珅被抄家、清代对外政策、林则徐虎门销烟、康有为维新上书、庚款赴美留学名单（梅贻琦、胡适、竺可桢也在其内）等珍贵档案，还能通过珍档了解北京故宫的建造原因、康熙对西方科学的喜欢以及《红楼梦》里贾府兴衰的历史原型等等。

（徐到稳）

《康熙博学鸿儒著述汇刊》

王卓华主编《康熙博学鸿儒著述汇刊》，北京燕山出版社2021年4月出版。清康熙十八年的博学宏词科考试既是一个历史事件，更是一个政治事件，从此代表传统汉族文人良心的群体俯首称臣了，这是奠定大清一统江山非常重要的文化基础。从被荐者身份看，既有如顾炎武、黄宗羲、傅山、朱彝尊等遗民隐逸者，也有如李澄中、王顼龄、陆棻等入清已获功名未入仕，或为入清后现任、候选及休革的官员。无论被征辟者身份如何，他们都有一个共同的特点，那就是他们在当时民间或官场，确切说，是他们在当时以汉族士人为代表的文化领域有较大影响。汇刊博学鸿儒存世的重要著述是剖析这个群体及其政治和社会影响的基础，也是研究康熙十八年博学宏词科考试这个历史事件的起点。该编按照王卓华的《康熙博学鸿儒著述考》一书中所列康熙十八年博学鸿词科五十名中试者及特赐之人排列，排名先后也按照科试排名一等二十人、二等三十人及特赐特授十一人罗列。同一人的著述，少者直接按照出版年代先后排序；多者则按照经史子集简单排序；先排作者本人自着，后排作者辑录、选定作品，再依照年代先后排列，全集列于最末。收录不乏精刻本及稿钞本。

《清代准噶尔情报满文档案译编》

齐光《清代准噶尔情报满文档案译编》，复旦大学出版社2021年5月出版。该书围绕清朝获取准噶尔情报的活动，选编并翻译了雍正与乾隆两朝的相关满文奏折。清朝从阿尔泰、巴里坤前线，不断在收取准噶尔新情报，且其数量和内容非常密集和紧要。编译者从《清代新疆满文档案汇编》中选取了比较有价值、有意义且有利于清史研究者了解清朝准噶尔政策的篇目，具有重要的史料价值。编译者掌握了包括满文、蒙古文在内的多种少数民族文字，填补了学术界因难以使用满文、蒙古文资料而造成的研究空白，为相关学科学者提供了极其珍贵的参考资料。

（徐到稳）

《清代蒙古族别集丛刊》

米彦青主编《清代蒙古族别集丛刊》，国家图书馆出版社2021年3月出版。该书是内蒙古大学米彦青教授主持的国家社会科学基金重大项目“元明清蒙汉文学交融文献整理与研究”的阶段性成果。元明清时期，大量的蒙古族文人学习汉语写作诗文，以别集或总集、选本、散存的形式给后世留下了丰富的蒙古族汉文创作，这是蒙汉文学交融的典型文献，也是中华民族文学书写的经典性篇章。其中清代诗文集留存数量最多，文献价值最大，故先期出版《清代蒙古族别集丛刊》40册。丛书以藏于国家图书馆的87种蒙古族别集为底本，校以其他图书馆藏本。其中42种未曾面世，包括10种稿钞本、15种刻本、9种铅印本、5种石印本、1种朱印本、1种影印本、1种油印本，内含孤本22种。此套丛书的影印出版，不仅有助于稿钞本的保存，更为相关研究提供了可靠的文献支撑。此书用文献展示了清代蒙古族文学创作的独特面貌和发展历史，准确描述了蒙汉文学文化的汇聚、融通的历史过程，再现了蒙汉文学交融的亮丽风貌，为建构系统完整的清代蒙汉文学交融文献学术谱系提供了可能性，进而为构建中国古代蒙汉文学交融史奠定了文学文献基础。

（徐到稳）

《明清宫藏丝绸之路档案图典》

中国第一历史档案馆、中国历史研究院编《明清宫藏丝绸之路档案图典》，国家图书馆出版社2021年6月出版。该书利用明清时期国家档案、外交文书、中外文物、图像等资料，全面梳理了传统丝绸之路发展到明清时代的全新形态，首次提出了陆路、海路总共八条丝绸之路形成的世界政治、经济网络的学术理论，该课题创造了文献整理与历史研究相结合的档案整理新模式，通过对每件档案所作的提要释读、每条路线的导言、概括全球网络的总导言几个层次的研究，将研究成果概况与史料整理相结合，并且推出了一系列相关研究。该书将对推进明清时代中国与世界关系的研究发挥重要作用。

（徐到稳）

《清诗话全编·嘉庆期》

张寅彭编纂、姚蓉点校《清诗话全编·嘉庆期》，上海古籍出版社2021年11月出版。清代诗学文献数量庞大、体例繁富，这是其远过于历代诗学的两个基本特征。张寅彭教授在前人基础上，自2012年起承担国家社会科学基金重大项目，继续编辑《清诗话全编》。《清诗话全编》的出版，使人们可由此概览清代诗学大观，促进清诗的整理、阅读、研究，推动评定其作为继唐诗、宋诗之后第三个高峰的历史位置。《清诗话全编》编纂方于版本极其用心，务求善本，访书多年，足迹遍及国内及海外各地大小藏书机构。2018年，顺治康熙雍正期诗话出版；2020年，乾隆期诗话出版。该书收嘉庆期诗话，为第3批成果，共收书61种。所收诗话均按时序排列，每种前由张寅彭教授撰写提要，介绍成书始末、版本异同、议论长短，可俾读者知人论世，并藉以勾稽清人之诗学大观。

（徐到稳）

《东亚诗经汇函》

郭万金主编《东亚诗经汇函》，商务印书馆2021年12月出版。《诗经》是中国第一部诗歌总集，是儒家经典，也是古代东亚国家的经典。中国历代注疏《诗经》的著作数量极为庞大，且《诗经》的影响不局限于中国，东亚地区的日本、朝鲜半岛以及越南也留存了丰富的《诗经》诠释著作。据不完全统计，上千种与《诗经》相关的古籍中，只有十几种得到整理与研究。山西大学郭万金教授组织山西各高校的研究人员，以及国内多所高校的博士研究生，并联合韩国、日本高校的学者，对两千年来东亚积累的数量庞大、内容丰富的《诗经》文献进行梳理、筛选、汇总，从而编成一部具有集大成意义的《诗经》汇注本——《东亚诗经汇函》。《东亚诗经汇函》2019年获得国家出版基金项目资助，全书以《诗经》的传、讲、疏、注等研究文献为对象，广泛搜集东亚地区中国、朝鲜半岛和日本大小图书馆以及公私藏家所藏优善版本，甄选出《诗经》研究文献261种予以影印出版，其中，中国部分185种，日本部分37种，朝鲜半岛部分四十种。该书共计422册，分为国风上、国风下、小雅、大雅、颂五辑出版。《东亚诗经汇函》的出版，对《诗经》学乃至东亚思想文化史的研究，都有巨大的推动作用。

（陈冠华）

《思绥草堂藏稀见名人家谱汇刊》第六辑

励双杰主编《思绥草堂藏稀见名人家谱汇刊》第六辑，广西师范大学出版社2021年6月出版。主编者励双杰，浙江慈溪人，藏书室取名思绥草堂，多年来专注收藏各种古旧家谱，所藏甚富，藏稀见名人家谱、稀见姓氏家谱、复姓家谱等400多件、近3万册，是收藏家谱最多的私人藏书家，著名古籍专家沈津先生曾誉其为“中国民间收藏家谱魁首”。家谱记录了一个家族的居地迁徙、世系繁衍、山川形胜、族产名迹、科举仕宦、艺文传记、婚丧祀典、族规家约等内容，是记载家族历史的详细档案，也是姓氏文化的重要组成部分。它与正史、方志共同构成了中华民族历史文献大厦的三大支柱，是一种特殊的文献。家谱中大量的第一手资料及从中统计出的各种数据，具有其他史料所无法替代的价值，可证史家之论断，校史实之讹误，补正史之不足。此次出版的《思绥草堂藏稀见名人家谱汇刊》第六辑共影印收录家谱5种，成书28册，所收家谱均为1949年以前纂修的线装名人家谱，以木活字本居多。该书所收第一种家谱为山东安丘《赵氏家谱》，清光绪九年（1883）刻本，四册。家族名人有赵录绩、赵俪生。第二种家谱为湖南长沙《赤山张氏谱》，民国四年（1915）木活字本，缺卷十，存十三册。家族名人有张百熙、张西曼、张怀。第三种家谱为安徽太湖《朱氏宗谱》，民国六年（1917）白鹿堂木活字本，八册。家族名人有朱湘。第四种家谱为湖南汝城《朱氏族谱》，民国七年（1918）木活字本，十四册。第五种家谱为湖北黄冈、浠水《陈氏宗谱》，民国九年（1920）遵义堂木活字本，二十四册。家族名人有陈谭秋、陈树三。书中每种家谱前皆有作者所撰提要，对该谱的谱籍、谱名、版本、册数、修纂者、开本尺寸、迁徙经过、历修情况、家谱主要名人等内容进行准确而详细的介绍。《思绥草堂藏稀见名人家谱汇刊》自2012年推出，至今共推出六辑，第一辑全31册，2012年出版；第二辑全31册，2014年出版；第三辑全32册，2015年出版；第四辑全33册，2016年出版；第五辑全30册，2019年出版。该系列图书收录励双杰思绥草堂所搜藏众多名人家谱中之稀见者，为公藏所无，属于首次向学界公布，具有较高的史料价值，可供研治人物史、家族文化及相关传统文史的研究者使用。家谱中关于家族人口数量、迁徙、分布、婚姻状况等的资料，可供人口学、社会学研究者使用。家谱中也会涉及诸如选举、职官、人物、户籍、祠宇、碑记、艺文等内容，对于文献研究资料的丰富也极为重要。

（汪润、王孙荣）

《明清山西碑刻题名辑要》

姚春敏主编《明清山西碑刻题名辑要》（全两册），商务印书馆2021年5月出版。该书是国家社会科学基金项目“明清时期山西碑刻题名整理与研究”的结项成果。全书共精选明清山西碑刻305通，其中大部分为首次录入。简介部分简要说明碑刻刊刻时间、碑刻形制及存废情况。正文部分对每通碑刻的碑文及题名进行整理移录，并附碑刻拓片照片。明清时期的碑刻资料是了解明清时期社会生活的重要资料之一，但随着社会观念的转型和现代经济的开发与利用，碑刻赖以依托的乡间神庙一步步走向衰落和消亡，大量的碑刻文献资料亟待抢救，因此该书的出版，一方面对史学、文献学以及社会学、宗教学等的研究具有不可估量的价值；另一方面也科学地保护了这些文献资料，以实现其应有的人文社会价值。碑刻题名资料编纂的缺乏，造成对整体碑刻史料解读的讹误和断裂，使得成文的碑刻集未能发挥应有的作用。山西由于特殊的地理环境和人文环境而保留了大量的碑刻，尤以明清时期为重，占到存量总数的4/5强，但目前出版的石刻编纂成果中多数仅摘录正文内容，大量题名被略，为史料解读、利用带来了不便。该书旨在前人编纂成果的基础上，利用田野调查所获得的各项资料补全题名，使其与正文形成有机整体，为学界提供可资借鉴的完整史料。

（汪润）

《明清商业工具书丛刊》（共三十五册）

王永民、郑伟编《明清商业工具书丛刊》，北京燕山出版社2021年4月出版。随着社会生产力与生产关系的发展变化，商业活动从以物易物的交换，发展到以货币进行交易，不同时期中国古代商贸的发展有着不同的形态。无论是在行商还是坐贾中，随着商业贸易的持续进行，各种与经商有关的经验与技巧知识不断增加，这些早期商业经验通过父子以及亲友间的口耳相传进行传播，明清时期则出现了由书坊刊印传授从商经验的出版物，学界称之为商业书或者商人书。商书作为中国古代商业知识复杂演化的物质载体，是顺应商业发展需要而生的蕴含丰富内容的日用类书，也是研究社会经济的重要资料。明清时期，中国封建社会步入晚期，国家安定，水陆交通日渐发达，商品流通频繁，市场发育日渐成熟。随着商品经济的发展，农村集市贸易增多，逐渐形成了新兴的集镇，商业城市不断涌现，商人的活动更加踊跃。这种变化融入社会文化生活的各个方面，社会各阶层对从商者以及商业活动的看法发生了转变，商人的社会地位提高，从商者人数愈发增长，商人群体扩大。随着商帮的兴起，商人群体对于经商知识的需要日益增长，而书册作为传播知识的载体适应商人对商业知识的需求。明清时期，社会经济发展，商业出版空前繁荣，私家刻书日益增多，坊肆林立，出版行业渐兴，出版印刷的繁荣促使教授从商经验的商业书广为流传。在这种社会背景下，商书的大量刊行顺应商业发展与文化商品化的趋势，是明清特有的文化现象。明清商书文献种类繁多，数量庞大，所涉内容十分丰富，不仅包括水陆路程、商业条规、商品知识、经营技巧等经商必备基础知识，还包括经商行为准则、职业道德以及防盗防骗等内容。“宦轺之所，巡商泊之所趋，访屐之所涉，庶此编为之旌导也。”（《士商必要》）明清时期的代表商书主要有着重记载各地水陆交通路线的行程书，如《一统路程图记》《新刻水陆路程便览》《商程一览》《周行便览》《环游地球军商行船备要》等，满足商人对商业地理知识的需求。另有介绍相关经商知识、强调商业道德以及为商之道的商业经营书，如《士商类要》《商贾便览》《客商一览醒迷》《生意经传》《贸易须知辑要》等，这类商书是明清商书中的重要类别，成为后世商书的必辑篇章。还有一部分商书主要介绍专业行当，是专精一门的知识类商书，其中代表性的有介绍辨银知识的《辨银谱》《银谱》，介绍典当行业的《典业须知》《当行杂记》以及鉴别玉器珠宝的《银洋珠宝谱》《玉器皮货谱》等专业书。明清商业工具书作为日用类书中传授商业知识的代表，分门别类地介绍了经商的专业知识，是这一时期商人经验的总结，是研究明清时期经济史、思想史、社会史不可或缺的重要史料。该套丛书搜集整理明清商书63种汇为一编，影印出版，旨在全面呈现中国明清两代商业发展的历史进程，能为社会经济的历史研究和现代商业文化建设提供有益的参考。

（汪润）

《邯郸学院藏太行山文书系列丛刊·明清文书》

冯小红主编《邯郸学院藏太行山文书系列丛刊·明清文书》（全8册），广西师范大学出版社2021年3月出版。全书共收录文书1166件、4063页，内容包括各种买卖典租契约、商业和土地产粮账册、合同、收借条、信件、日记等，既有家族文书，也有商号、医疗所、村社等组织机构的文书，年代自明万历二十四年（1596）至1949年，时间跨度353年，涉及地域为邢台县（第一册至第四册）、南和县（第四册）、武安县（第四册）、涉县（第五册）、潞城县（第六册至第七册）、长子县（第七册）、黎城县（第七册）、和顺县（第八册）、汾阳县（第八册）。史料是史学研究的基础，现已出版的明清民国时期的文书资料集有50余种，这极大促进了历史学、经济学、法学、语言学、文献学等相关领域的研究。与徽州、清水江流域等地区相比，华北地区区域史的史料搜集和研究显得较为薄弱。虽有相关的民国时期调查资料，但远不能满足史学研究的需要，目前所知华北唯一大宗民间资料太行山文书的发现，弥补了这一缺憾。该书作为太行山文书首次向学术界正式公布的大型历史文献资料集，为学界提供了一大批新材料，其特色体现在明代契约文书独有的契尾格式，晚清至民国中期商号文书揭示了邢商、冀商丰富的商业文化资源，清代民国村落文书反映了太行山区的历史文化内涵，也为民间历史文献整理的实践提供了可资借鉴的新经验。例如，该书确立了尽量保存文书入藏原貌的整理原则，积极探索民间历史文书特殊字符尤其是俗体字处理方法。之前，《邯郸学院藏太行山文书系列丛刊》已出版资料集，分别是2017年5月文物出版社出版的《太行山文书精萃》、2018年1月广西师范大学出版社出版的《学术名村“十里店”文书·王氏家族文书》。《太行山文书精萃》篇幅过小，只有200余页，资料信息有限；《王氏家族文书》分为上下两册，作为资料整理书籍，没有凡例也没有录文。《明清文书》由2020年国家古籍整理出版专项经费资助出版，该书收录文书的数量、类型和内容都更为丰富，整理方法也更加科学，对选录文书归户、编号定名，所用文书图版比较清晰规整，图录并举，录文比较规范准确，选录文书类型多样，内容丰富，研究利用价值高。该书收录文书以民国时期的居多，录文只限写本文书，不包括印本文书。

（邵式臻）

《西北城市变迁古旧地图集萃》

张萍主编《西北城市变迁古旧地图集萃》，西安地图出版社2021年5月出版。该书为2021年度国家出版基金资助项目，主编张萍从事西北区域历史地理研究20余年，长期坚持收集西北区域以及中亚地区的古旧地图，致力于古旧地图的挖掘和研究，广泛收罗美国、日本、荷兰、法国等地收藏的中文舆图。该书汇编具有典型性和代表性的西北城市古代地图268幅，按照地域、时间、类型进行编排。地图的区域范围包括今天的陕西、甘肃、宁夏回族自治区、青海、新疆维吾尔自治区等五个省区；地图的时代范围包括明、清、民国3个阶段，其中国家图书馆与台湾“中研院”所藏50余幅古旧地图系首次出版。该书是第一部用古地图语言诠释西北城市历史变迁的图集，填补了西北城市古旧地图集出版之空白，亦彰显西北城市特殊的价值。所选各图生动直观地展示出中国历史上晚近时期该区域城市群整体发展与变化历程，有利于中国西北地区历史地理学研究，亦可为学术界展开相关地图的研究与运用提供助力；图集集中展示了西北地区城市的特殊性，有助于学界深入认知西北地区的城市特征，深化城市史与地图史的比较研究。

（孙景超）

《中国国家图书馆藏山川名胜舆图集成》

饶权、李孝聪主编《中国国家图书馆藏山川名胜舆图集成》，上海书画出版社2021年5月出版。中国国家图书馆是国内古地图收藏最多的单位之一，其馆藏1949年以前编制的中文地图无论是数量还是质量在海内外均首屈一指，但长期以来学界对这些地图难睹真容。该书编委从其所藏山川名胜舆图中精选了最珍贵、有代表性的74种100幅册汇集成帙，其时间跨度上起金代，下迄民国，内容囊括名山大川、风景名胜等，较为系统和完整地展现了中国传统山川名胜舆图的发展源流和题材类型。全书按主题分类编纂，分为川图卷、山图卷和名胜卷。川图卷包括长江、黄河、运河、湖泊及其他川图五大类别，遴选了馆藏《长江大观全图》《长江名胜图》《黄河发源归海全图》《八省运河泉源水利情形图》等长卷舆图，共计25种31幅册；山图卷以五岳、佛教名山、道教名山及其他山岳四大类别，共计27种29幅册；名胜卷收录皇家园林与私家园林以及具有重要历史意义的名胜古迹，共计22种40幅册。该书是首次大规模以山川名胜舆图为主题的集成性汇编图录，是一项具有开创意义且填补空白的工作，其中有不少珍本、孤本极具学术与文献价值，是研究中国古代舆图、历史、地理、艺术宝贵的一手材料。编者对74种山川名胜舆图所有信息都进行了完整著录，包括图名、作者、年代、类型、颜色、载体形态、尺寸、简介、馆藏号等。同时为更好地了解舆图的图像价值与文献价值，每幅册后均附有研究性文章，内容涉及图像的解读分析以及相关内容的考证。该书的出版可以为中国地图史、历史学、考古学、地理学、历史地理学以及美术史等相关领域的研究，提供图文并茂的珍贵资料。

（孙景超）

《古本与今本：现存水经注版本汇考》

李晓杰等著《古本与今本：现存水经注版本汇考》，复旦大学出版社2021年10月出版。《水经注》是北魏郦道元所著，以水道为纲记载区域地理信息的著名典籍。在其成书后，先后以写（抄）本及刊刻本等形式流传，形成了诸多版本，历来纠葛不清。该书认为，自明代开始《水经注》的版本逐渐形成古本和今本两大系统。古本即刊刻、抄写时以保留宋本原貌为准则，即使底本有明显讹误亦不做明显改动，尚不涉及校勘研究的版本，包括“残宋本”、“永乐大典本”及明代民间诸抄本等；今本是已经对底本进行研究、校改的版本，自明代黄省曾所刻《水经注》以降明清诸刻本皆属于此。据作者统计，这两大系统的版本汇在一起有40余种，选取其中29种作为探究对象。其梳理方式是搜集相关版本、比较各版本异同、判断各版本之优劣，同时指明版本间相互的关系。在研究过程中，作者除了重视古本系统的复原问题外，还在今本中发现了世人以为亡佚的陈仁卿刊本，发掘了王峻校本的价值，并对沈巽、赵一清的研究成果予以评价，发现了熊会贞对《水经注疏》的批注问题，推进了对《水经注》的学术史研究。书中除文字外，辅以300余幅版本图像，通过该书的研究，作者力图使《水经注》版本中存在的主要问题得以全方位解决，以便为相关学者提供参考借鉴。该书也是李晓杰团队近年来关于《水经注》研究的重要成果。

（孙景超）

《安徽省历史地图集·古旧地图卷》

安徽省自然资源厅组织编纂，陆发春等主编《安徽省历史地图集·古旧地图卷》，中国地图出版社2021年6月出版。该地图集分上、中、下三卷，收录北宋至1949年中华人民共和国成立前存世古旧地图339幅，按照制图时空范围和专题内容，共分为“觅迹江淮”“溯源安徽”“巡踪府县”“览胜八皖”四个篇章。其中“觅迹江淮”篇精选包含今安徽省域在内的全国或跨省域的古旧地图25幅，从宏观视角纵览江淮大地近千年的历史兴替；“溯源安徽”篇汇集明代南直隶、清代江南省和安徽省，直至新中国成立前以安徽省域为制图主体的古旧地图50幅，从政区层面梳理了安徽版图的形成历程；“巡踪府县”篇于众多图籍志乘之中，检得安徽省内以统县政区和县级政区为空间畛域的古旧地图192幅，以八府五州为纲、政区等级及时间序列为目，详细揭橥安徽府县沿革及城池演变的历史过程；“览胜八皖”篇收录专题地图72幅，涵盖水道河渠、名山胜迹、交通军事、民生经济等诸方面，立体展现安徽深厚的历史底蕴。各篇章的地图顺序依据图幅时间序列和空间分异进行编排，并对每幅图配以简明的学术考释文字，主要信息涉及绘制时间、编绘者、版本、馆藏单位、图幅尺寸和地物地理要素等。《图集》史无前例地对有关安徽的古旧地图进行大规模系统性整理研究，部分地图资料亦属首次面世，有着十分重要的科研和文化价值。中国工程院院士王家耀在给《图集》所作序中认为，“《图集》的出版是安徽文化史和科技史上的一件盛事，也是安徽测绘地理信息事业和历史地理研究领域的一项重大成果，将填补安徽历史地理和区域文化研究的空白，对安徽未来的区域发展提供历史借鉴和参考”。

（陆发春　易山明）

《清初四川通省山川形胜全图》

四川大学编《清初四川通省山川形胜全图》，成都地图出版社有限公司2021年9月出版。《清初四川通省山川形胜全图》孤本藏于四川大学图书馆，列名《国家珍贵古籍名录》，为该馆“镇馆之宝”。共有地图150幅，包括11府（含12个附郭县）、9直隶州、1直隶厅（含一县）、12散州、99县、4土司、1镇、8营、3汛、2卫（含一所）、1所及2幅小分区图，主要反映了清乾隆初年四川各府厅州县（镇、营、土司）山川、城池、官署、祠庙、塘汛、关隘、驻军、仓储等内容。全图采用传统山水画法，以青绿为主色调，由乾隆年间内阁学士董邦达领衔、多人共同参与完成，艺术价值与历史价值兼备。各图中标明四至八到，但方位表示不完全一致，也无计里画方。该图是现存四川各州县第一幅彩绘地图，也是四川多地现存最早的城市地图。各图城墙内主要标注治所、衙署、寺观、仓廒、书院等，城墙外主要标山川、桥梁、津渡、关隘、塘铺、营汛等，对清乾隆年间四川地区的城市地理、自然地理及交通与军事地理方面描绘详细。1933 年著名历史学家黎澍序文称："阅者可考国家之盛衰，山川之险要，地理之沿革，制度之变迁。"可见其具有极高的历史价值、艺术价值和社会价值。该图原藏于清宫，清末流出，辗转为四川大学图书馆收藏。2011 年，巴蜀书社曾以"四川省图书馆巴蜀善本计划"名目将此图首次出版，此次四川大学图书馆与四川大学历史地理研究所合作推出高清影印版，有助于进一步推进对该图的综合研究。

（孙景超）

《巴蜀古旧地图集（第一卷）》

李勇先、高志刚主编《巴蜀古旧地图集（第一卷）》，巴蜀书社 2021 年 8 月出版。巴蜀地区有悠久的地图编绘历史，东汉时就出现了《巴郡图经》等早期地图，唐宋时期巴蜀地区绘制地图已经蔚然成风。明清至民国时期，巴蜀地图数量更多，内容更加丰富全面。该书收录了清代《四川分县详细图说》《四川省府厅州县城厢巡警区域图》《四川各府直隶厅州图》及民国时期《四川府州县图》四种，内容以政区地图为主。其中《四川分县详细图说》1 册，存图 41 幅；《四川省府厅州县城厢巡警区域图》3 册，收图 139 幅；《四川各府直隶厅州图》收图 26 幅；《四川府州县图》收图 23 幅，共计 229 幅。该地图集所收录的 4 种地图，原件大多为孤本，收藏于中国国家图书馆，此次均为首次出版面世，具有重要的历史价值。图集内容直观反映了清代及民国时期四川的行政区划状况，《四川分县详细图说》《四川省各府直隶厅州图》《四川府州县图》中，对于成渝古驿道及沿线的山川、城镇、古迹、驿站等信息标注极为详细，较为准确地反映了当时的历史地理面貌。同时图中对于近代社会风貌也有所展示，从侧面体现了巴蜀地区近代社会转型。如《四川省府厅州县城厢巡警区域图》，反映了四川警察制度的近代化转型；《四川省各府直隶厅州图》中，有关于铁路、邮政、地矿等的专门地图，近代化特征十分明显。四川大学历史地理研究所近年来致力于对巴蜀古地图的搜集与整理，该书为其计划编纂的多卷本《巴蜀古旧地图集》之第一部，后续还将有相关成果出现。

（孙景超）

学　人

李纯一（1920—2021）

李纯一，著名音乐史学家、音乐考古学家。1920 年 2 月 12 日出生于天津。早年就读于天津市立七十四小学及河北省立第一中学，其间曾师从裴学海先生学习训诂。1938 年入天津工商学院经济系就读，后弃学投入抗日救亡运动。1942 年考入国立歌剧学校理论作曲组，后因参加革命运动被国民党追捕而逃往万县。1945 年赴沪宁一带，参与“左倾”报刊《文萃报》和《中国学生导报》（上海版）工作。1946 年遵从周恩来、齐燕铭等安排，进入中共管辖之华东解放区。不久由烟台渡海到旅顺，任旅大市关东社教团教员，负责作曲与教学，同时被选为关东文联理事。1949 年调东北鲁迅文艺学院音乐部，任研究室主任及研究员，兼文艺思想教研组组长及音乐资料室主任。1953 年任东北音专（即前鲁艺音乐系）教务副主任及副教授，兼教研室主任及图书馆主任。其间被选举为沈阳市第一届人大代表和辽宁省政协委员。1956 年调往中央音乐学院民族音乐研究所（现中国艺术研究院音乐研究所），任中国音乐史研究室主任及副研究员。1983 年晋升为研究员。1988 年离休，受聘国家重点科研项目（中国音乐文物大系）顾问，2021 年 1 月 15 日在北京逝世。

李纯一长期致力于中国古代音乐史和音乐考古学的开拓研究工作，在中国高等音乐教育中首创音乐考古专业，培养出中国第一代音乐考古硕士研究生。他将考古学、民族学、民俗学等引入中国古代音乐史学研究领域并建立新的体系。在担任音乐研究所中国古代音乐史研究室主任期间，他积极开展对音乐考古资料的搜集整理，对北京文博考古单位收藏的出土乐器进行考察测音，获得不少新的古代音乐史料。在此基础上，撰写出版《我国原始时期音乐初探》《中国古代音乐史稿》等专著。1972 年赴长沙参与马王堆一号汉墓出土乐器的考察研究及相关发掘报告的撰写工作。1978 年担任曾侯乙墓音乐文物调查组顾问，赴考古现场进行深入细致的考察研究。先后发表《曾侯乙墓编钟铭文考索》《曾侯乙墓编磬铭文初研》《曾侯乙墓编钟的编次和乐悬》等论作，提出对钟磬铭文、乐律及编列的独到看法，并首次指出曾侯乙编钟的用乐等级和性质，对学界具有重要的启迪意义。

经过数十年潜心研究，李先生在音乐考古方面形成了自身的体系和方法，完成长达 45 万字的论著《中国上古出土乐器综论》。该书以远古至汉代的出土乐器为主要研究对象，通过类型学、地层学、年代学、复原和模拟实验以及音乐声学测定等方法，分析古代乐器的形制、体系、年代和音乐性能，探究它们发生、发展的序列和规律。此书是中国古乐器学的开创性著作，为中国音乐考古学研究的一次较为全面的总结，是中国音乐考古学趋于成熟的一项重要标志。李先生将音乐考古研究成果充实于中国古代音乐史的研究，撰成《先秦音乐史》专著。此书以大量真实可靠的音乐考古资料，与出土文献和传世典籍相结合，并辅以民族学和民俗学材料，丰富和充实了先秦音乐史的内容，在研究方法上具有重要的开拓意义。此书于1995年获第九届中国图书奖。此外，李先生在《音乐研究》《中国音乐学》《音乐艺术》《乐器》《考古》《文物》《考古学报》《文史》《中华文史论丛》等刊物发表论文60余篇，部分论文被收入《困知选录》文集。另有若干未曾发表的旧作被收入《“宁慢爬，勿稍歇”——李纯一先生九五华诞学术研讨会文集》。

李先生的研究成果得到国内外学术界的广泛关注，其论文《汉瑟和楚瑟调弦的探索》被译为英文在《亚洲音乐》发表。其个人介绍和研究成果，先后收入德国《雷曼音乐辞典》、德国《历史和现代音乐百科全书》和《格罗夫音乐与音乐家辞典》等辞书。1992年起享受国务院政府特殊津贴。2002年获中国文联和中国音乐家协会主办的“中国音乐金钟奖”终身荣誉勋章。2009年获“从事新中国建国六十周年文艺工作”荣誉证书和奖章。2019年获“庆祝中华人民共和国成立70周年”纪念章。

（方建军）

何兆武（1921—2021）

何兆武，湖南岳阳人，1939—1943年就读于西南联合大学历史系，1943—1946年为清华大学（西南联大）研究生，1949—1950年于华北人民革命大学政治研究院毕业。曾在国家图书馆和陕西师范大学工作，1956—1986年在中国社会科学院历史研究所从事历史哲学和思想史研究，翻译了大量西方哲学、史学、史学理论经典著作。1986年调任清华大学中国思想文化研究所教授。1980年担任中美文化交流委员会中方交换访问美国学者，1984年兼任美国哥伦比亚大学鲁斯基金访问教授，1986—1987年兼任中国社会科学院世界史研究所特约研究员，1993—1995年兼任德国马堡大学客座教授。2015年获颁“翻译文化终身成就奖”。2021年5月28日在北京逝世。

何兆武先生著述甚丰，尤以译笔“信”“达”“雅”著称。其学术著作有：《中国思想发展史》（英文版 *An Intellectual History of China*）、《历史与历史学》、《近代西方思想史》、《历史性批判散论》、《历史理性批判论集》、《中西文化交流史论》、《西方哲学精神》、《历史理性的重建》、《可能与现实：对历史学的若干反思》等。参与编写的著作有：《中国思想通史》、《中国近代哲学史》、《中国思想史纲》、《宋明理学史》、《中国古典哲学评论史》（*A Critical History of Classical Chinese Philosophy*）等。译著有：卢梭《社会契约论》、罗素《西方哲学史（上卷）：及其与从古代到现代的政治、社会情况的联系》、罗素《哲学问题》、罗素《论历史》、柯林武德《历史的观念》（合译）、沃尔什《历史哲学导论》（合译）、《18世纪哲学家的天城》、康德《历史理性批判文集》、康德《论优美感和崇高感》、康德《永久和平论》、帕斯卡尔《思想录：

论宗教和其他主题的思想》、柏克《法国革命论》（合译）、柏克《法国大革命反思》（合译）、F. H. 布莱德雷《批判历史学的前提假设》、伊格尔斯《二十世纪的历史学：从科学的客观性到后现代的挑战》、孔多塞《人类精神进步史表纲要》、瓦・托尔尼乌斯《沙龙的兴衰：500 年欧洲社会风情追忆》（合译）、卢梭《论科学与艺术》、李约瑟《中国科学技术史：第二卷 科学思想史》（合译）、狄百瑞《东亚文明：五个阶段的对话》（合译）、弗里德里希・迈内克《德国的浩劫》、阿诺德・盖伦《技术时代的人类心灵：工业社会的社会心理问题》（合译）、费米《费米传》等。主编有：《历史理论与史学理论：近现代西方史学著作选》、《当代西方史学理论》（合编）、《西方近代社会思潮史》（合编）、《中国印象：外国名人论中国文化》（合编）等。其他著作有：《何兆武思想文化随笔》《何兆武学术文化随笔》《上学记》《上班记》《书前书后》《思想的苇草：历史与人生的叩问》《经典七日谈》《自由是一种状态》《文化漫谈：思想的近代化及其他》《从身份到契约：何兆武谈哲学》《冲击与反响 ：何兆武谈文化》《触摸时代的灵魂：何兆武谈读书》《必然与偶然：何兆武谈历史》《思想与历史 ：何兆武自选集》《从思辨到分析・历史理性的重建：历史理性的重建》《杂草集 西方思想史散论》等。

（陈冠华）

张传玺（1927—2021）

张传玺，著名历史学家。1927 年 2 月 27 日出生，山东日照人。1957 年 2 月考上北京大学历史学系秦汉史专业的副博士研究生，师从著名的马克思主义史学家翦伯赞先生，是翦老录取的第一个研究生。1961 年毕业后留在北京大学历史学系任教，并担任翦老的助手。历任北京大学历史学系讲师、副教授、教授。2021 年 2 月 27 日因病在北京逝世。

张传玺一生致力于将马克思主义历史唯物主义理论应用在史学研究与教学上。在 20 世纪及 21 世纪一些重大历史课题研究方面，取得了非常重要的成就。学术贡献以秦汉史研究为重点，纵横结合，融会贯通，主要体现在中国土地制度史研究、中国契约史研究、中国铁器牛耕史研究三个方面。此外对中国历史地理、北京史、民族史等也有很深造诣。秦汉史研究的代表著作有《秦汉问题研究》《张传玺说“秦汉”》《从“协和万邦”到“海内一统”》等；代表论文有《论秦汉时期三种盐铁政策的递变》《汉高祖刘邦新评》《论春秋至西汉中期的盐铁包商政策》《两汉国营手工业中的弊端与救弊措施》《秦汉中央集权制度的形成与大一统疆域的奠定》《古代政治文明的历史典范——秦汉时期中央集权制度的创造与推行》等。中国土地制度史研究的代表论文有《汉以前封建地主土地所有制的发生和确立》《两汉地主土地所有制的发展》《中国古代土地私有制形成的三个阶段》《论中国封建社会土地所有权的法律观念》《战国秦汉三国时期的国有土地问题》《中国封建土地制度的历史变迁》《西周春秋战国时期土地制度的演变》等。中国契约史研究的代表著作有《契约史买地券研究》《中国历代契约粹编》《中国历代契约会编考释》等；代表论文有《从土地契约形式的演变看我国封建土地所有制》《中国古代契约形式的源和流》《中国古代契约资料概述》《论中国历代契约资料的蕴藏及其史料价值》等。中国铁器牛耕史研究的代表论文有《两汉大铁犁研究》《两汉铁犁影响我国古代农业两千年》等。投入大量的时间精力研究整理翦老的学术思想、史学遗著和手稿资料。撰写了《翦伯赞传》《翦伯赞画传》《学习翦老 传承翦老》等，整理出版了《翦伯赞史学论文选集》《翦伯赞全集》《翦伯赞诗集辑注》《秦汉史十五讲》等。

张传玺在历史教学工作中精益求精，深受好评。除担任北京大学历史学系的教学工作外，也兼任中央广播电视大学主讲教师与多所大学的客座教授，受邀到国内外大学讲学和访问。编写的历史教材有《中国古代史纲》《简明中国古代史》《中国通史讲稿》《中国历史文献简明教程》《中国古代史教学参考手册》《中国古代史教学参考地图集》等。其中《简明中国古代史》在2016年获得北京大学优秀教材奖。长期担任国家（教育部）中学历史教材审查委员会委员，全国普通高校招生统一考试学科命题委员会委员，全国各类成人高等学校统一招生考试大纲审定委员会副会长兼历史学科组组长。还兼任中国地震历史资料编纂委员会北京编委会副主任兼副主编，中国秦汉史研究会副会长、顾问，中国北京史研究会理事、学术顾问，（香港）中国文化研究院办中国传统文化系列主编，北京市北京学北京文化史研究中心顾问，北京大学孙子兵法研究中心顾问等职务。享受国务院政府特殊津贴。

（岳庆平）

蔡美彪（1928—2021）

蔡美彪，著名历史学家，中国社会科学院荣誉学部委员、近代史研究所研究员。祖籍浙江杭州，1928年3月生于天津。1949年，毕业于南开大学历史系。1949—1952年，为北京大学史学研究部研究生，在导师邵循正先生指导下研究史学。1950年兼任北京大学文科研究所助教，在著名语言学家罗常培的领导下从事学术研究，以八思巴字为重点研究对象。1952年到中国科学院语言研究所工作。次年，转到近代史研究所（时为中国科学院历史研究第三所），协助范文澜先生编写《中国通史简编》。后为中国社会科学院近代史研究所研究员、学术委员会委员。1981年起，先后兼任北京大学、南开大学、中央民族学院（今中央民族大学）历史系教授。1985年，受聘为国务院学位委员会历史学科评议组成员。历任中国蒙古史学会理事长、中国元史研究会会长、中国地震史研究会顾问、《中国大百科全书·中国历史》编辑委员会委员、中国史学会第二至四届理事、国际蒙古学协会执行委员、《中国历史大辞典》编委会副主编。2014 年 11 月，被中共中央组织组授予“全国离退休干部先进个人”称号。2021 年 1 月 14 日辞世。

蔡美彪学识宏富，治学领域涉及历史学、文献学、语言学等诸多学科，在边疆民族、政治制度、碑刻史料、资料编辑、民族语文和戏曲杂考等方面，都取得了突出成就。

蔡美彪在范文澜编著《中国通史》前四册的基础上，主持续编《中国通史》第五至十二册，并完成出版。《中国通史》发行几十年，多次再版，荣获国家图书奖。此外还编写《中国史纲》《中国通史简本》，为中国通史学的发展与普及工作做出重要贡献。

蔡美彪治学是通与专结合的典范，长期耕耘辽金元史，打通断代壁垒进行融会贯通式研究。专著《辽金元史考索》收录了 40 余篇辽金元史的研究论文，涉及辽金石刻、辽金部族政治、成吉思汗史事、马可波罗来华、以关汉卿为代表的元曲家和戏曲研究诸方面，是辽金元史领域的经典之作。20 世纪 50 年代，蔡美彪在北京大学文科研究所期间，将研究所藏元代碑文拓片与金石书籍刊录的碑文汇编注释，编成《元代白话碑集录》出版。60 余年后，他在年近 90 的情况下仍笔耕不辍，编写《元代白话碑集录》的修订本，篇幅增加了 2/3。由其主编的《中国历史大辞典 · 辽夏金元史》，以及专著《辽金元史十五讲》《成吉思汗小传》，反映了蔡美彪对辽金元史的通贯思考，带来了民族史研究的新视野。他结合语言学、历史学的方法，进行“横通”式的蒙古学研究，将元代八思巴字蒙文碑刻文献和文物的研究推向高峰，出版《八思巴字与元代汉语》（与罗常培合著）、《八思巴字碑刻文物集释》。

蔡美彪学术研究领域广泛，除长期从事辽金元史研究之外，兼治明清史，主编《清朝通史》，撰有《明代蒙古与大元国号》《大清国建号前的国号、族名与纪年》等年代跨度很大的史学论文，还在《考古》《文物》等杂志发表多篇有关文物方面的论文。他主编的《中国地震历史资料汇编》，为中国历史上地震研究提供了较完备的基础资料。此外，还著有《学林旧事》以及学术论文和学术评论百余篇。

蔡美彪坚持学术自由与学术操守，不唯上，不唯书，只唯实。晚年将积蓄捐赠给南开大学，设立“南开大学胡文彦助学金”。

（张晓慧）

白化文（1930—2021）

白化文，北京大学信息管理系教授，著名文史学者，原名白迺桢，号承泽退士、颐和退士，1930 年 8 月 27 日生于天津，2021 年 7 月 6 日病逝于北京。幼时在海州（连云港）生活，中学时起定居于母籍北京市。自北京私立育英中学毕业后，曾短期就读于天津南开大学中文系，1950 年 9 月至 1955

年7月在北京大学中文系学习。大学毕业后，曾在北京市教育局、文物出版社等单位任职工作，1983年7月起执教于北京大学图书馆学系（后改称信息管理系），1990年退休，继续著述写作及参加各类学术活动。曾兼任中国佛学院教授、中国佛教文化研究所特约研究员、中国社会科学院佛学研究中心特约研究员、中国楹联学会顾问、中国敦煌吐鲁番学会顾问、中国敦煌吐鲁番学会语言文学分会副秘书长、中国俗文学学会常务理事等，并为中华书局《文史知识》杂志编委、兰州大学《敦煌学辑刊》编委、《敦煌学大辞典》编委、《中华大典·民俗典》主编、中华再造善本工程编纂出版委员会委员、中华书局点校本“二十四史”修订工程委员会委员、北京市新闻出版局专家组专家等。

白化文先生长期致力于古代汉语、古典文献、楹联文化、佛教文化、敦煌学、名物制度等方面研究，学术领域极为宽广，研究成果异常丰硕，已出版著作（含合著、编著等）40余部，发表文章（含随笔、序言、访谈等）约500篇，为相关学科研究的发展进步作出了杰出贡献。受大学所学专业与最初工作性质影响，白化文先生最先出版的学术著作为中古汉语研究成果，即发行量非常大的《短篇文言文译注》（北京出版社，1981年初版系与李如鸾合编，1983年增订再版时又增补了许德楠、李鼎霞两位合作者）。以后其学术领域虽不断拓展，但并未放弃古汉语方面的研究，又先后出版了《古代汉语常识二十讲》（白化文、孙欣编著，北京燕山出版社1992年版，后收入十卷本《白化文文集》，中国书籍出版社2017年版）、《中学古文全编》（白化文、李鼎霞编著，上海辞书出版社1997年版）等。

深厚的语言学功底和古典文献专业知识促使白化文先生进行了大量古籍整理工作，陆续出版了《阮籍·嵇康》（白化文、许德楠译注，中华书局1983年版）、《楹联丛话》（清梁章钜等撰，白化文、李如鸾点校，中华书局1987年版）、《入唐求法巡礼行记校注》（日僧圆仁著，白化文、李鼎霞、许德楠校注，花山文艺出版社1992年版、2007年版，中华书局2019年版）、《经律异相》（白化文、李鼎霞释译，佛光出版社1996年版，东方出版社2018年版）、《楹联丛话全编》（清梁章钜等编著，白化文、李鼎霞点校，北京出版社1996年版）、《稽神录 括异志》（宋徐铉撰，白化文点校，宋张师正撰，白化文、许德楠点校，中华书局1996年版）、《行历抄校注》（日僧圆珍著，白化文、李鼎霞校注，花山文艺出版社2004年版）、《参天台五台山记》（日僧成寻撰，白化文、李鼎霞校点，花山文艺出版社2008年版）等书。另外，还对民国时期唐伯弢撰《富连成三十年史》进行了修订（同心出版社2000年，中华书局2014年版）。在上述古籍整理成果中，楹联和佛教相关古籍的校注工作值得特别关注，因为它们与其主要研究领域密切相关。

白化文先生自幼饱受传统文化熏陶，对

楹联文化等悟解尤深，不仅点校古人联话著作得心应手，还完成了多部指导对联撰写的著作。《怎样写对联》（白化文、孙欣著，北京燕山出版社 1992 年版）、《学习写对联》（上海辞书出版社 1998 年版）、《闲谈写对联》（中华书局 2006 年版、2018 年版，北京出版社 2017 年版、2018 年版，又收为《白化文文集》第十卷）等书均备受推崇。

白化文先生是改革开放后较早进行佛教文化研究的重要学者，出版的众多专著填补了彼时的研究空白。《佛陀 菩萨 罗汉 天王》（白化文、邵伯人著，河北人民出版社 1987 年版）、《佛光的折射》（中华书局香港有限公司 1988 年版）、《汉化佛教与寺院生活》（天津人民出版社 1989 年版、1990 年版）、《佛教造像手印》（李鼎霞、白化文编著，北京燕山出版社 2000 年版，中华书局 2011 年版）、《汉化佛教法器服饰略说》（商务印书馆 1998 年版）、《汉化佛教与佛寺》（北京出版社 2003 年版、2009 年版、2011 年版、2017 年版，又收为《白化文文集》第七卷）、《汉化佛教参访录》（中华书局 2005 年版）、《汉化佛教三宝物》（华龄出版社 2009 年版）、《汉化佛教法器与服饰》（中华书局 2015 年版，又收为《白化文文集》第六卷）等书对佛寺建筑、佛像法器、佛教仪轨等进行了深入细致的解说。《古代小说与宗教》（白化文、孙欣著，辽宁教育出版社 1992 年版）、《三生石上旧精魂》（北京出版社 2005 年版、2012 年版，又收为《白化文文集》第八卷）主要探讨了佛教与文学的关系问题。其所编著的《佛教图书分类法》（北京图书馆出版社 2001 年版）则参考学界相关成果，对佛教图书分类法进行了改定。

敦煌学也是白化文先生治学领域中的重要组成部分，其敦煌学研究主要集中于敦煌俗文学、敦煌目录学、敦煌佛教文献、敦煌学学术史等分支领域。《敦煌变文论文录》（周绍良、白化文编，上海古籍出版社 1982 年版）收录了 20 世纪 80 年代之前学界刊发的有关敦煌讲唱文学研究的主要论述，为敦煌俗文学研究者提供了极大便利。《敦煌变文集补编》（周绍良、白化文、李鼎霞编，杨宝玉助编，北京大学出版社 1989 年第 1 版，2016 年第 2 版）辑录了前辈学者编就的影响深远的《敦煌变文集》漏收的部分敦煌文学作品。《敦煌学目录初探》（白化文、杨宝玉著，河北人民出版社 1989 年胶印出版，新文丰出版股份有限公司 1992 年排印再版时易名《敦煌文物目录导论》）全面论介了当时国内外已刊各重要敦煌文书目录，既有对以前编目工作的回顾解析，又包含对未来工作的设想与建议，是探讨敦煌目录学的第一本专著。《敦煌学与佛教杂稿》（中华书局 2013 年版，又收为《白化文文集》第四卷）收录了多篇敦煌学或佛教研究论文。

白化文先生刊发的有关名物制度与学林掌故的论文随笔及为师友学生撰作的序言书评等多视角独特、寓意深远、笔墨隽永，大部分收录于《退士闲文》（辽宁教育出版社

2000年版)、《承泽副墨》(东南大学出版社2002年版，又收为《白化文文集》第一卷)、《人海栖迟》(北京燕山出版社2005年版，又收为《白化文文集》第二卷)、《负笈北京大学》(江西教育出版社2008年版)、《北大熏习录》(北京大学出版社2010年版，又收为《白化文文集》第三卷)、《退士闲篇》(广西师范大学出版社2011年版、2020年版，又收为《白化文文集》第九卷)、《已落言诠》(中华书局2015年版)、《退士副墨》(上海科学技术文献出版社2017年版)、《八仙》(北京联合出版有限责任公司2021年版)等个人文集。白化文先生还主编过多种文集丛书，如《周绍良先生纪念文集》(北京图书馆出版社2006年版)、《中华大典·民俗典·口头民俗分典》(同心出版社2011年版)、《中国近现代历史名人轶事集成》(山东人民出版社2015年版)，等等。

(杨宝玉)

林　向(1932—2021)

林向，四川大学历史学院教授，著名考古学家。1932年9月生于上海，1949年7月参加中国人民解放军西南服务团，1950年1月至1955年8月在重庆市政府机关任股长，1956年12月加入中国共产党。1955年就读于四川大学历史系，后师从冯汉骥攻读考古学副博士研究生，1962年毕业留校任教。1965—1991年任历史系考古教研室主任，1991年任巴蜀文化研究中心主任，1992年晋升教授，1996年离休，2021年9月因病逝世。从事中国考古学的教学和研究工作，出版《四川名塔》《巴蜀文化新论》《巴蜀考古论集》《童心求真集》《清江深居集》，著有论文百余篇，曾获四川省重大科技成果奖、四川省社会科学成果奖等。应邀赴伯尔尼国立博物馆、哈佛大学人类学系、台湾历史语言研究所、台北“故宫博物院”、香港中文大学进行学术交流。

林向于1958年开始从事田野考古，早期的工作具有开拓性。历年的田野工作集中在四个区域。在峡江地区，参与长江三峡水库文物调查，发现巫山大溪和大昌双堰塘遗址，提出“大溪文化”的命名；调查崖葬并就此形成系统认识。在川西高原，调查和发掘理县和汶川的石棺葬，以及建山寨、姜维城新石器时代遗址；开展民族考古调查，整理、研究羌族的口头传说，发掘其历史价值。在成都平原及其周边，调查古城址、窑址、墓葬、碑刻、石刻造像。1986年带领学生在广汉三星堆遗址进行大规模发掘，获得从史前至宋明的地层堆积，为研究三星堆遗址及早期蜀文化提供了年代标尺。在金沙江和安宁河流域，调查史前及汉代遗址，发现并命名“大石墓”。1988年带领学生发掘西昌东坪汉代冶铸遗址。

林向的研究领域广阔，以西南考古为主，并聚焦巴蜀及周邻地区的古代文化。他首次将三星堆器物坑置于萨满文化的背景下来研究，通过文献和民族志分析酒与巫术的关系，提出器物坑或为巫术活动后的“厌胜”性埋藏。他还分门别类考察了器物坑内的主要遗物，阐释中华文明多元一体的格局。相关研究又拓展到成都羊子山土台等重要遗存，以及西南地区出土的诸多重要遗物。后者如以青铜树、龙形象等为切入点，探讨西南地区的早期信仰、天文观测、文化交流。又对西南地区古代主要葬俗的命名、年代、分布和内涵进行系统研究，提出安宁河流域的大石墓为巴蜀西南徼外的邛人墓，岷江上游的石棺葬是战国至西汉氐人而非羌人的遗存，峡江地区的崖葬为獽、蜑民族的葬俗。林向系统总结、阐释四川地区古代文化的整体面貌、内涵、发展阶段、生态环境、与中原文化的联系等，提出四川盆地因特殊的人文地理条件，在中华文化的历史长河中犹如一座水库，对中国历代的政治、经济、文化、人口等都发挥了流动、储存、调节、融合、扩散等“水库效应”。他还将从成都平原和西昌、甘孜等地获得的第一手调查材料与文献相结合开展地震考古研究，就考古学的材料与方法对于地震史料的考订与判读进行阐述，这一领域的研究具有现实意义。林向的学术研究以田野考古为基础，采纳不同的理论和方法，整合考古、文献、古文字、民族学、宗教学等方面的材料，从多途径、多角度研究西南地区的文化，内容涵盖文化的源流、内涵、相互关系，以及古代民族、宗教、礼俗、葬俗和艺术等，这在建构西南地区古代史的同时也形成了一个学术体系，凸显了西南考古的重要意义。

四川大学考古教学和研究具有自身的传统和特色。林向进入四川大学后即接受了这一学术传统，在留校后的教学和研究工作中又加以延续和丰富。1962 年四川大学考古专业开始独立进行考古学课程教学，此后林向主要讲授夏商周考古学、西南考古学、考古学概论、田野考古等，从 1964 年开始带领学生进行田野实习，全面培养学生的田野工作和研究能力。林向的教学在传授知识的同时，注重开阔视野、启迪思考、激发热情，为学生打开考古学的大门，引领他们在科学研究的路上前行。

（施劲松）

杨渭生（1932—2021）

杨渭生，1957 年毕业于浙江师范学院历史系，历任杭州大学（四校合并后为浙江大学）图书馆参考资料部主任，《杭州大学学报》文科版主编，杭州大学人文学院历史学系教授、宋史研究室副主任，韩国研究所特约研究员，杭州大学华侨委员会副主任，河北大学宋史研究中心特约研究员等。杨渭生先生致力于宋史、中韩关系史、浙江地方史等领域研究，发表学术论文 160 余篇，著述有《两宋文化史》《宋丽关系史研究》《慎思轩文存》《西湖通史·北宋篇》，整理出版《沈括全集》《宋丽关系史料汇编》等图书 30 余种。治学事迹收入《世界名人录》等十多种辞典。

（雷博）

蔡鸿生（1933—2021）

蔡鸿生，广东澄海人，1933 年 4 月出生，2021 年 2 月 15 日 16 时 31 分在广州逝世，享年 89 岁。1957 年毕业于中山大学历史学系，1957 年 9 月至 2006 年 6 月任教中山大学历史学系。历任中山大学历史学系助教、讲师、副教授、教授，博士生导师，兼任中山大学宗教文化研究所所长。2011 年获“广东省首届优秀社会科学家”称号，享受国务院政府特殊津贴。曾任广东省第五、六届政协委员，中国中外关系史学会学术委员会主任，中国海外交通史学会顾问。

蔡鸿生教授长期从事中外关系史的教学和研究，在中古中国与外来文明（突厥学、粟特学）、清代中俄经济文化关系史、岭南佛教史、岭南海事的历史进程（唐宋海舶贸易、广州口岸史）、学理与方法等诸多领域潜心耕耘，先后出版著作《罗马晚期奴隶起义》（1981）、《俄罗斯馆纪事》（1994，2006）、《尼姑谭》（1996，2020）、《清初岭南佛门事略》（1997）、《唐代九姓胡与突厥文化》（维吾尔文译本，喀什维吾尔文出版社，1998；2008）、《学境》（2001，2004，2021）、《仰望陈寅恪》（2004）、《中外交流史事考述》（2007）、《读史求识录》（2010）、《蔡鸿生史学文编》（2014）、《蔡鸿生自选集》（2015）、《广州海事录》（2018）等。主编《历史大观园》（1985 年 7 月第 1 期至 1994 年 12 月第 114 期）、《广州与海洋文明》（1997）、《戴裔煊教授九十诞辰纪念文集——澳门史与中西交通研究》（1998）、《戴裔煊文集》（2004）、《中外交流历史文丛》（2005—）、《广州匠图志》（2019）。

蔡鸿生教授学识渊博精深，为人宽厚融通，向为学界所推崇。蔡鸿生教授长期坚持在教学一线，善待学生，因材施教，培养了一批又一批的史学人才，深受学生尊敬和爱戴。蔡先生治学的一大特色是脱俗求真，注重大处着眼，小处着手，于具体细微的史实考证中觉察历史发展的大势。他强调中西会通，注重与国际接轨的同时与传统接轨。他特别关注中外文化交流过程中的中间环节，重视异质文化互相交流发生变异的理论。他强调历史研究应以人为本，避免“见物不见人”“见神不见人”等不良倾向，所论所思不断嘉惠学林。

（张小贵）

张修桂（1935—2021）

张修桂，复旦大学中国历史地理研究所教授、博士生导师，历史地理学家，曾任中国地理学会历史地理专业委员会常务副主任，中国地理学会理事，《历史地理》副主编、主编，获国务院颁发政府特殊津贴，2021 年 9 月 12 日逝世。

张修桂教授 1935 年生于福建惠安，1959 年毕业于华东师范大学地理系，同年至复旦大学新成立的历史地理室工作，从事历史地理学的教学工作。1963 年参加中科院地理所历史地理组组织的对永定河故道的考察，1964 年参与河北地理所地貌室组织的对河北平原古河道的普查工作，从此开启对历史地貌学的研究。1974 年受谭其骧教授委托，为文物出版社拼复出土的汉代马王堆地形图，由此开始古地图的研究。主要研究方向包括历史自然地理和古地图。主持和参加多项国家级和省部级科研项目，包括《中华人民共和国国家历史地图集》《中国历史地震图集》《中国历史气候资料汇编》《荆江研究项目》以及《上海成陆项目》等，发表论文数十篇，专著两部。其中《金山卫及其附近一带海岸线的变迁》和《长江宜昌至城陵矶段河床历史演变及其影响——三峡工程背景研究之一》，分别获1979—1984年和1985—1994年的上海市哲学社会科学优秀成果奖论文一等奖。《中国历史地貌与古地图研究》获第二届（1994—2013）全国优秀地理图书奖（专著类）。主编《中国历史自然地理》获教育部第七届高等学校科学研究优秀成果奖（人文社会科学）二等奖、第五届郭沫若中国历史学奖二等奖。跟随谭其骧教授编绘《中国历史地图集》，获上海市哲学社会科学优秀成果奖特等奖、国家教委首届社会科学奖一等奖。编写《中国自然地理·历史自然地理》，获中国科学院科技进步奖一等奖。与邹逸麟教授等撰写的《黄淮海平原历史地理》，获国家教委首届社会科学奖一等奖。

张修桂教授系中国历史自然地理学的奠基人之一，他明确历史地貌学的研究对象和任务是探讨中国地貌环境在历史时期的形成发育、演变过程及其规律，其最终目的是为当前的社会经济发展服务，指出“历史时期”的含义应当理解为包括整个全新世至今，尤其应该重视近两千年来的环境变迁。他以现代地貌学理论为指导，系统提出历史地貌学各种研究方法，主要利用历史文献和古地图分析法对中国东部黄淮海平原、长江中下游地貌的历史演变，以及上海成陆问题等进行了全面、系统而深入的研究，开创并极大地丰富了中国河流地貌、湖沼地貌、海岸地貌等地貌演变的相关研究理论、方法和实践；尤其是关于长江流域水系变迁研究的系列成果，成为从现代地理学原理出发，对文献史料进行深度解读，将传统水道研究提升为现代科学意义上历史地貌学研究的经典之作；对金山卫和葛洲坝等的研究，成为历史地理学直接为社会经济建设服务的经典性成果。在古地图研究方面，他参与中国现存最早的天水《放马滩地图》和长沙《马王堆地图》的拼接复原和研究工作，为这两种地图的研究奠定了基础，也为日后古地图研究提供了经典范式。张修桂教授为中国历史地理学的发展做出了许多富有开创性的贡献。

（韩昭庆）

杨锡璋（1935—2021）

杨锡璋，著名考古学家。1935年12月生。原籍江苏无锡，后移居苏州。1958年毕业于北京大学历史系考古专业，同年进入中国科学院考古研究所（1977年该所改隶中国社会科学院），参加长江三峡西陵峡段考古调查工作。1959年参加七里屯和郧县青龙泉遗址发掘。1962年加入考古研究所安阳工作队。1968 年参加河北满城汉墓发掘。随后返回安阳工作队。1975 年任安阳工作队副队长。1976 年因个人原因调回苏州并入职苏州博物馆。1978 年再度调回中国社会科学院考古研究所，仍然从事安阳殷墟的发掘与研究。1979 年第二次出任安阳考古工作队副队长。1980 年任队长。随后又任考古研究所夏商周考古研究室副主任。1992 年获国务院特殊津贴。

杨锡璋的研究以殷墟为中心，重点是商王朝考古。他参与过殷墟沿洹河流域考古调查，参加过苗圃北地铸铜作坊，以及多处商代居址与墓地的发掘。其中最有影响的是主持殷墟王陵区大墓 M260（司母戊鼎传出此墓）和附近祭祀坑的清理，以及后来获该年度十大考古发现的郭家庄 160 号商代墓发掘和花园庄东地 H3 甲骨坑清理。退休后的杨锡璋，还参与了夏商周断代工程科研活动，为寻求中国早期王朝的精细编年做出了重要贡献。

杨锡璋一生的学术成果有简报、论文、专著三类。重要简报（含合著）有《安阳洹河流域几个遗址的试掘》《1969—1977 年殷墟西区墓葬发掘报告》《安阳殷墟三家庄东的发掘》《安阳殷墟西区一七一三号墓的发掘》《1987 年夏安阳郭家庄东南殷墓的发掘》《安阳郭家庄西南的殷代车马坑》《1980 年河南安阳大司空村 M539 发掘简报》《河南安阳市梅园庄东南的殷代车马坑》《河南安阳殷墟刘家庄北地殷墓与西周墓》。重要论文有《从商代祭祀坑看商代奴隶社会的人牲》《仰韶文化后冈类型和大司空村类型的相对年代》《安阳殷墟西北冈大墓的分期及有关问题》《殷墟青铜器的分期》《商代的墓地制度》《由墓葬制度看二里头文化的性质》《安阳殷代王室墓地》《关于殷墟初期王陵问题》《庆祝苏秉琦考古五十五年论文集》《殷墟的年代及性质问题》《南方古印陶与汉语南方方言》《盘庚迁殷地点蠡测》《夏商周断代工程与安阳考古》。重要论著（含合著）有《殷墟青铜器》《殷墟的发现与研究》《安阳殷墟郭家庄商代墓葬》《中国考古学・夏商卷》。此外，杨锡璋还参与了《中国青铜器全集（二、三）》的编撰工作。

杨锡璋的学术贡献首先表现在田野发掘成果上。1963 年，杨锡璋等学者沿洹河流域展开考古调查，反映了中国考古学家对聚落考古的早期思考。1979 年，他与杨宝成合作，通过整理殷墟西区近千座商墓，以陶器编年为中心排出了殷墟墓葬的细密分期，并提出“族墓地”概念，受到学术界高度重视。1980 年，他主持发掘的三家庄东地商墓，成为发现洹北商城的重要线索。发现殷墟西区墓葬 M1713 后，他注意到该墓多件青铜器铭文记录了墓主人不同阶段的身份变化，认为该墓具有独特价值，整理之后单独发表。1990 年，他主持发掘郭家庄 160 号商墓，认为殷墟铜器的风格演变有自身规律，将其定为殷墟三期，这对于殷墟铜器断代具有标尺性意义。关于殷墟王陵大墓，他提出可能只有 8 位商王葬于西北冈，许多学者定为殷墟一期的 M1217 和 M1500 实际属殷墟三期，推测盘庚、小辛、小乙三王可能并未葬入王陵区。这一颠覆性观点至今仍然对商王朝研究有巨大影响。他还注意到商人有“尊东北方位”的现象，拓展了关于商朝人精神信仰的研究。20 世纪 90 年代初，杨锡璋发现江南印纹陶分布与汉语南方方言分布相互重合，提出仰韶文化后冈类型早于大司空村类型的见解，对豫北地区的史前考古学文化的研究作出了重要探索。杨锡璋的学术贡献还反映在诸多集体科研活动中。他作为主要作者参与的《殷墟的发现与研究》和《安阳殷墟郭家庄商代墓葬》两书均获得中国社会科学院优秀科研成果奖。作为主编之一主持完成的《中国考古学・夏商卷》一书荣获夏鼐考古奖一等奖。

杨锡璋学识渊博、思维活跃、生性豁达、不争名利。在安阳任考古队长期间，培养了安阳考古队良好的学术氛围和工作氛围，并与当地居民和政府建立了良好关系，保证了殷墟考古工作的顺利开展。1995 年，杨锡璋从中国社会科学院考古研究所退休，此后仍然在安阳考古队田野一线坚持 10 年之久。2005 年返回苏州。2021 年病逝于苏州。

（唐际根）

夏家骏（1937—2021）

夏家骏，历史学家，第八届全国人大常委会委员，第九届、第十届全国政协常委，中国政法大学教授。2021 年 10 月 11 日，因病在北京逝世。

夏家骏教授，土家族人，原籍湖南龙山，生于广西桂林。1956—1963 年就读于南开大学历史系，在研究生阶段师从历史学家郑天挺，研究明清史。1978—1986 年在黑龙江省社科院从事地方史研究，1983 年任副研究员。1986 年调入中国政法学院（现中国政法大学），次年破格晋升为教授。

早在学生时代，夏家骏教授就写过《纸老虎现形记》等文史论文。工作后在明清史研究之余，还加强了对政治、法制史的深耕挖掘。1983 年，夏家骏教授参与并负责《清代黑龙江历史档案选编》（黑龙江人民出版社 1988 年版，黑龙江人民出版社 2017 年再版名为《黑龙江将军衙门档案》）之光绪元年—十五年的选编和选译工作，选译的满文原档 32 件，计 37000 余字；选编的汉文原档 410 件，计 52 万余字。合计五十五万余字，四百四十二件。该著作由中国第一历史档案馆满文部、黑龙江省档案馆和黑龙江省社会科学院历史研究所共同编写，是清代光绪元年到光绪二十六年的黑龙江将军衙门档案经过译汉、标注而整理成汉语本的档案资料书，涉及政治、经济、历史、文化等内容，为地方政治、经济、历史、文化、外事发展以及强化地方政府的执政水平与能力提供参考。

夏家骏教授的代表著作有《清代中叶的白莲教起义》（中华书局 1974 年版）、《清朝史话》（北京出版社 1985 年版）、《中国人与酒》（中国商业出版社 1988 年版）等，发表了《乾隆惩贪述评》（《求是学刊》

1984年第1期)、《清代黑龙江地主阶级的构成与特点》(《黑龙江文物丛刊》1984年第3期)、《古代法律学校简论》(《社会科学辑刊》1988年第6期)等百余篇论文。他的治学态度严谨，学术造诣深厚，坚持运用马克思主义的立场、观点、方法研究历史，发表了大量有关中国法律史、清史和中国通史的精品力作，填补了部分史学研究空白，在史学界产生了深远影响。

(黄若然)

朱　雷(1937—2021)

朱雷，历史学家。1937年出生于上海，籍贯浙江海盐。1955年考入武汉大学历史系，1959年本科毕业后，考取唐长孺教授的研究生，攻读魏晋南北朝隋唐史，1962年研究生毕业后留校任教，1978年6月任讲师，1983年6月任副教授，1986年2月任教授，1986年被国务院学位委员会评定为博士生导师。1988—1992年担任武汉大学历史系主任，1995—2007年担任武汉大学中国三至九世纪研究所所长。

曾担任国务院学位委员会第三、四届历史学学科评议组成员，国家社会科学基金学科评审专家，国家古籍整理出版领导小组成员，全国总工会执行委员，中国史学会理事，中国唐史学会会长，中国敦煌吐鲁番学会理事，湖北省中国史学会会长，《中国大百科全书·中国历史·隋唐五代史》副主编，湖北省政协常委，湖北省政协文史工作委员会副主任，湖北省文史馆副馆长，武汉大学校学术委员会委员等职。

朱雷教授毕生致力于魏晋南北朝隋唐史、敦煌吐鲁番文书整理与研究。他学识渊博，目光敏锐，具有历史学、文献学、古文书学等方面的深厚功力，尤其对魏晋南北朝隋唐时期的典章公文制度有着纯熟的素养。在研究方法上，善于从具体问题入手，微中见大，旁征博引，融会贯通，透过具体的史料考察社会结构、典章制度的演变，形成了自己独特的史学研究风格。

朱雷教授于1974—1986年由国家文物局借调乌鲁木齐、北京等地，作为主要成员，协助唐长孺先生整理吐鲁番文书，十易寒暑，克服重重困难，最终整理完成《吐鲁番出土文书》释文本1—10册，图录本4巨册。其史料价值之珍贵，整理工作之艰辛，为海内外学术界所公认和推崇。该书出版后多次获得国家大奖，如国家社会科学基金项目优秀成果奖一等奖、国家图书奖、国家古籍整理一等奖等。

以吐鲁番文书整理为契机，朱雷教授先后发表《吐鲁番出土北凉赀簿考释》《论麹氏高昌时期的“作人”》《敦煌所出〈唐沙州某市时价簿口马行时沽〉考》《敦煌两种写本〈燕子赋〉中所见唐代浮逃户处置的变化及其他》等数十篇极富创新性的高水平学术论文，深受学术界好评。部分论文结集为《敦煌吐鲁番文书论丛》，荣获第三届中国高校人文社会科学研究优秀成果奖二等奖。学术界尝言：“朱先生的很多论文，尽管经过了十多年甚至二十多年，学术价值还是难以超越”；“唐长孺先生门下，论文风格与唐先生最为接近者，莫过于朱雷先生。读罢该书，深信此言非虚”。这些甚具影响力的学术论著极大地推动了魏晋南北朝隋唐史和敦煌吐鲁番文书研究的进展，在国内外学术界赢得了很高的声誉。

由于突出的学术贡献，朱雷教授于1988年被国家人事部评为有突出贡献的中青年专家，1991年起享受国务院特殊津贴。

朱雷教授还先后承担国家社会科学基金重点项目《海内外所藏吐鲁番文书的整理与研究》《敦煌吐鲁番出土文书补编》等重要课题。并曾先后应邀在日本、德国、美国及中国香港和台湾等地访问交流，深受国内外同行所敬重。

（沈国光）

宋德金（1937—2021）

吉林大学历史系毕业，早年任职于东北文史研究所、吉林省社会科学院，参与《社会科学战线》期刊创办工作，担任编辑。1979年调入中国社会科学院，任《历史研究》编辑。曾任中国社会科学杂志社副总编、编审，《历史研究》主编，中国辽金契丹女真史学会副会长、会长、名誉会长，中国社会史学会副会长。所著《金代的社会生活》（陕西人民出版社1988年版）是中国古代社会生活史研究较早的一部专著，具有开拓之功。《中国风俗通史·辽金西夏卷》（合著，承担辽金部分，上海文艺出版社2001年版）、《辽金风俗》（全彩插图本中国风俗通史丛书，上海文艺出版社2018年版）综合运用文献、文物考古、民俗学资料对辽金衣食住行、婚丧嫁娶、生育、生产、游艺、节日、信仰、社会组织等风俗、官方礼仪作了全面细致的钩沉论述。《中国历史·金史》（人民出版社2006年版）是一部断代史著作，全书分为金朝兴亡、社会经济、政治制度、文化科技、社会生活5编，全方位、多侧面展现金代历史。史料运用上，除官私史书外，还广泛利用碑刻、文物考古资料以及笔记、诗文，扩大了金代断代史著述的史料来源。研究方法上也借助了人类学、社会学等学科的方法。此外还著有《中国饮食史》第4卷（辽金部分，华夏出版社1999年版）、《中国考试通史》第2卷（辽金部分，首都师范大学出版社2004年版），论文集《辽金论稿》（湖北教育出版社2005年版）、《宋德金集》（中国社会科学院学者文选，中国社会科学出版社2008年版）、《读史杂识》（中华书局2013年版）等。合作主编《中华文明史·辽宋夏金卷》（河北教育出版社1994年版）、《中国社会史论》（上下卷，湖北教育出版社2005年版）、《中国辽夏金研究年鉴》（2013—2018年6册，中国社会科学出版社）等。担任《历史研究》主编期间，坚持正确的办刊方向，广泛联系全国的史学工作者，推动史学研究的守正创新，热忱扶持青年学人的成长。

（雷博）

支运亭（1943—2021）

支运亭（1943—2021），安徽省蚌埠市人，毕业于辽宁大学历史系，曾担任中国人民解放军空军政治部团职秘书，空军86963部队政委。是前沈阳故宫博物院院长、国家文博研究员，国内著名的清史和文物专家。辽宁省政协第七、八、九届政协委员，沈阳市人大第九、十、十一届人大代表。是辽宁省“一宫”“三陵”申报世界文化遗产的特殊贡献者和功臣。在国内清史界和文博界俱享有一定的影响和很高的威望。曾先后担任中国清前史研究中心主任、中国紫禁城学会副会长、顾问，中国历史学会清代宫廷史学会副会长、顾问，中国博物馆协会常务理事，中央文物保护研究会专家组专家。中国收藏家协会常务理事、中国民族大学特聘研究员，辽宁大学、沈阳师范大学、沈阳大学教授，辽宁省博物馆学会副会长，辽宁省历史学会副会长，辽宁省老教授协会社科委员会副会长，辽宁省满族经济文化学会副会长，辽宁省社会科学院特聘研究员，沈阳收藏家协会常务会长，文物专家鉴定委员会主任，沈阳市文物美术行业协会会长。他领衔研制的《古建彩画清污除尘技术》，填补了中国在古建彩画保护技术上的空白，获辽宁省科技发明一等奖，获国家科技发明奖。主编和著作：《沈阳故宫》、《金枝玉叶》、《大清开国秘史》、《清代宫廷篇联》、《中国建筑艺免费咨询集》、《清宫大政殿》、《清前历史文化》、《满族历史与文化》、《清代皇帝一家人》、《八旗制度与满族文化》、《中国北方各族人物传》（明清卷）、《文征明醉翁亭记》等十多部，其中有三部获国家和国际一等奖。晚年著作《孕育大清的女人——支运亭说孝庄》曾一度引起国内读者的广泛关注。

（徐到稳）

刘　绪（1949—2021）

刘绪，著名考古学家。1949年3月11日出生于山西省广灵县。1975年本科毕业于北京大学历史系考古专业，分配至山西省文物工作委员会考古队（今山西省考古研究院）工作，曾任考古队副队长。1980年考入北京大学历史系考古专业，师从邹衡先生攻读硕士学位，1983年毕业后留校任教，历任助教、讲师、副教授。1999年晋升教授，同年被聘为博士生导师。曾任北京大学考古学系党委副书记，考古文博学院副院长、党委书记。2010年获聘首届北京大学人文特聘教授。2012年退休，2021年9月26日因病在北京逝世。

刘绪在夏商周考古领域长期耕耘，视野宏阔、学识广博，几乎在所有重大学术问题上都有深刻的分析和真知灼见，成果丰硕，贡献卓著。著有《晋文化》《夏商周考古探研》《中国考古学六讲系列·夏商周考古》，参与编写《天马—曲村（1980—1989）》《中华文明史》《中国出土青铜器全集》，在《文物》《中国历史文物》《中原文物》《中国国家博物馆馆刊》《文物季刊》《东南文化》《史学月刊》《考古学研究》《古代文明》《中国文物报》等各类报刊上发表论文数十篇，多收入《夏商周考古探研》。整理出版苏秉琦先生遗稿《战国秦汉考古》《另一个三叠层：1951 年西安考古调查报告》。成果曾获北京大学人文社会科学研究优秀成果奖一等奖、中国出版政府奖图书奖、美国东亚艺术史最佳著作“岛田奖”。

刘绪一生扎根田野，在实践中探寻真知，在大地上务实致远，为中国考古学的发展做出了巨大贡献，是中国考古学者的杰出代表。他主持和参加了北京琉璃河遗址，山西天马—曲村遗址、东下冯遗址、下川遗址、方山永固陵遗址，陕西周原遗址、周公庙遗址，河南王城岗遗址、瓦店遗址，湖北盘龙城遗址等重要考古遗址的发掘和整理工作。1993 年主持发掘天马—曲村遗址晋侯墓地，被评为年度十大考古新发现之一。2006—2008 年承担国家科技攻关项目“中华文明探源工程（二）”课题之一“颍河中上游公元前 3000—前 1500 年聚落考古调查”。

刘绪的夏文化研究独树一帜，对于夏文化的年代、分布、类型，早期夏文化，夏商文化分界等问题都有精辟阐述。《偃师商城——不准确的界标》《再论偃师商城是不准确的界标》《夏商文化分界探讨的思考》《夏商文化分界与偃师西亳的若干问题》《夏末商初都邑分析之一——二里头遗址与偃师商城遗址比较》等系列论文，将夏商文化分界问题引向深入。刘绪对商文化有全面研究，对商族先公的迁徙与商文化的起源、商文化的分布、商文化发展的阶段性、商城的性质等问题都有独到见解。河南安阳洹北花园庄遗址发现之初，他通过对考古材料和传统文献的梳理，提出洹北商城可能为河亶甲城，发表论文《洹北花园庄遗址与河亶甲居相》，一年之后在该遗址发现了规模庞大的商城，尽管目前关于这座商城的性质还在讨论之中，有学者认为是盘庚所迁之殷，但河亶甲相都之说仍不可完全排除。由于多年在山西天马—曲村遗址，北京琉璃河遗址，陕西周原、周公庙遗址进行考古发掘，刘绪在周文化研究方面也用力甚勤，对先周文化、周文化、燕文化、晋文化等都有系统而深刻的认识，多收入《夏商周考古探研》《夏商周考古》《晋文化》之中。其《周代墓地族系分析》，对于周代墓葬发掘与研究具有重要指导意义，该文还探讨了周代族群的分布、殷遗民、周代的怀柔统治策略等社会历史问题，在研究方法和学术取向上都有示范意义。

刘绪长期从事夏商周考古和田野考古的教学工作，多次指导本科生和研究生进行田野考古发掘实习，为夏商周考古、田野考古和北京大学考古专业的学科建设作出了重要贡献。他在北京大学开设“中国考古学—夏商周考古”“考古学通论”“田野考古概论”“夏商周考古研究”“夏商周考古专题”等课程，广受好评。先后指导 30 余位博士研究生、硕士研究生和博士后。曾获国家教委普通高校优秀教学成果奖国家一等奖、北京市普通高校教学成果一等奖、北京市师德先进个人、北京大学教学优秀奖。生前曾任中国考古学会常务理事、夏商考古专业委员会主任。

（张明东）

李炳泉（1958—2021）

李炳泉，秦汉史专家。1958 年出生于河北省张家口市康保县。1979 年至 1987 年，在山东大学历史学系学习，先后获历史学学士、中国古代史专业硕士学位。2002 年，进入广州中山大学历史学系学习，获中国古代史专业博士学位。自 1987 年 9 月起，一直在鲁东大学历史文化学院（原烟台师范学院历史学系、历史与社会学系，鲁东大学历史与社会学院）任教。历任助教、讲师、副教授，教授。其间，先后在复旦大学中国历史地理研究所和武汉大学简帛研究中心作访问学者。曾任烟台师范学院历史学系中国史教研室主任、系副主任，鲁东大学历史与社会学院党总支书记，鲁东大学图书馆馆长，鲁东大学学报编辑部主任，鲁东大学历史文献研究所所长，专门史硕士学位研究生导师、历史文献学专业硕士点负责人、导师及中国历史文献研究会理事、中国秦汉史研究会理事、山东省历史学会理事、常务理事和中国农民战争史学会山东分会理事等职。

李炳泉先生的学术研究，大致以 1999 年为界分为两个阶段：前一个阶段，主要从事中国史学史和历史人物方面的研究；后一个阶段，主要进行秦汉史研究。他治学态度严谨，注重推陈出新，在学术探索中逐渐形成了出土文献与传世文献相结合进行治学的特色。近二十多年来，发表学术论文 30 余篇，出版学术专著 1 部，主编学术著作 4 部，获科研奖励 15 项。其代表性成果如下：一为中国史学史方面。李先生是史学界最早注意吕祖谦史学的学者之一，所著《吕祖谦的史学思想》（《烟台师范学院学报》1989 年第 4 期）一文提出吕祖谦不仅是一位理学家，而且是一位具有丰富史学思想的史学家。主编的《中国史学史纲》（第一主编，辽宁师范大学出版社 1997 年版），贯穿了其对中国史学的总体看法，以具有通识而受到学界的好评，不仅被大陆 40 多所院校列为教材或教学参考书，而且被台湾省列为“提升大学基础教育计划”推荐书目。二为历史人物方面。撰写的《朱温传》（台湾文津出版社 1997 年版）是史学界第一部关于朱温的传记，受到了史学界的好评。三为秦汉史方面。主要侧重于西域史、边疆史、官制以及历史地理等方面。《两汉戊己校尉建制考》（《史学月刊》2002 年第 6 期）、《关于汉代西域都护的两个问题》（《民族研究》2003 年第 6 期）、《两汉农都尉的设置数额及其隶属关系》（《中国边疆史地研究》2005 年第 2 期）、《松柏一号墓 35 号木牍与西汉南郡属县》（《中国历史地理论丛》2010 年第 4 期）、《西汉河西四郡的始置年代及疆域变迁》（《东岳论丛》2013 年第 12 期）、《甘延寿任西域使职年代考——兼及冯嫽在册封乌孙两昆弥事件中的活动》(《西域研究》2013年第3期)、《西汉中常侍新考》(《史学月刊》2013年第4期)、《“廷尉王恬开”其人小考》(《南都学坛》2017年第5期)、《两汉度辽将军新考》(《中国边疆史地研究》2018年第4期)等十余篇论文是结合汉简和传世文献，并在前人研究成果的基础上作出的，具有较高学术价值。由他担任主编并与南开大学、华南师范大学、河北师范大学、河南师范大学等院校的专家们费时8年共同修纂的《中华大典·政治典》，业已圆满完成。

自任教以来，李炳泉教授为本科生开设过“中国古代史”“中国历史文选”“中国史学史”“简帛学概论”“中国姓氏文化”等基础课和选修课。在教学过程中，他既重视传授基础知识，更重视传授治学方法，受到师生的好评。1989年被授予烟台师院“优秀教师”称号。同时，李炳泉教授善于总结教学经验，重视教学研究。1998年，参与完成的教改项目“教学与科研相结合，加强历史专业建设”，获省优秀教学成果二等奖。2004年，由他担任主讲教师的中国古代史课程（山东省教育厅教学改革项目），被评为山东省精品课程。同年，以他为首申报的“中国古代史教学改革研究”项目获得山东省教学优秀成果三等奖。1998年，他被确定为校级中青年学术骨干学科带头人培养对象。

在李炳泉教授的领导和主持下，鲁东大学申报的历史文献学硕士学位点于2003年被批准，从而结束了山东省省属高校此前没有历史文献学硕士学位点的状况。他为硕士研究生开设有“中国古代史专题”“中国学术史”“中国史基本史料研读”“简帛学概论”等课程。十余年来，他指导学术类硕士研究生共18人，其中已有7人先后考入中国政法大学、河南大学、中国人民大学、西北师范大学等院校，成为法律学、文学、历史学博士研究生。此外，还有一名研究生的学位论文被评为校级优秀论文。

（安忠义）

高　凯（1965—2021）

高凯，男，汉族，1965年生，湖南省益阳人，历史学博士、教授、博士生导师，河南省特聘教授，郑州大学出土文献研究所所长。2021年6月19日晚，高凯教授因病医治无效逝世，享年56岁。

高凯教授兼任九三学社河南省人口、资源与环境工作委员会副主任委员、郑州大学九三学社委员会委员、中国人天观学会副会长、中国秦汉史学会理事、中国魏晋南北朝史学会理事、中国民族学会汉民族分会理事、河南省高姓历史文化研究会副会长、中华高氏历史文化研究会顾问团秘书长、中国灾害史学会理事、中国中外关系史学会理事等社会职务。

高凯教授主要从事秦汉魏晋南北朝史、简牍学、中国人口史、中国历史医学地理和中国生态社会史学的研究与教学工作。发表相关论文60余篇，其中在《史学理论》《文史哲》《史学月刊》《史林》《学术研究》等核心期刊及《光明日报》《中国社会科学报》等报刊发表《论中国古代人口性比例失调问题》《从吴简蠡测孙吴时期长沙郡临湘侯国的疾病人口问题》《从居延汉简看汉代的“女户”问题》《从人口性比例和疾病状况看汉晋时期西域在佛教东渐中的作用》等重要论文；论文被《新华文摘》《中国社会科学文摘》《人大复印资料》《高校文科学报文摘》等全文复印或论点摘要十余篇。论著有《地理环境与中国古代社会变迁三论》《汉魏史探微》《〈三国志〉精言妙语》《人天观研究文集》等十余种；在超星图书馆有影像版著作《地理环境与中国古代社会变迁三论》《略论秦汉魏晋南北朝人口性比例问题》《一万年以来中原环境的变迁与未来展望》等5部约110个小时。2014年曾参与《中国通史》百集纪录片的录制；曾主持并完成2001年国家社会科学基金“十五”规划项目《秦汉魏晋南北朝人口性比例专题研究》、教育部2011年社科项目《汉魏时期女户制度专题研究》及省级项目十余项；2013年国家社科基金项目《麻风病与汉唐佛教社会专题研究》、2014年民政部委托的国家重大出版基金项目《中国灾害志·秦汉魏晋南北朝卷》及河南省自然科学基金项目3项；获国家及省市级各种科研优秀成果奖励十余项。

1999年高凯教授获评“郑州大学校级骨干教师”；2002年获评“河南省高校青年骨干教师”；2011年获评“河南省特聘教授”，享受河南省政府津贴。

（刘凯）

中国社会科学院古代史研究所动态

2021年，中国社会科学院古代史研究所（以下简称“古代史研究所”）在院党组的统一领导下，在所党委和所领导班子及全所同仁的共同努力下，坚持以习近平新时代中国特色社会主义思想为指导，全面贯彻落实新时代党的建设总要求和新时代党的组织路线，深入学习党的十九届五中、六中全会精神，坚持把政治标准放在首位，深入贯彻落实党中央重大决策部署和院党组要求，紧紧围绕“三大体系”建设这一中心任务，以哲学社会科学创新工程为重要抓手，加速推进基础理论研究与应用对策研究融合发展，取得了较好的成绩。

一、党建工作

古代史研究所党委始终坚持以党的政治建设为统领，坚决贯彻落实习近平总书记重要讲话、指示批示精神和党中央决策部署，不断增强“四个意识”、坚定“四个自信”、做到“两个维护”，推动政治机关意识教育，建设模范机关。2021年9月，顺利完成所党委与纪委换届选举。按照全面从严治党的要求，党委认真履行主体责任，纪委认真履行监督责任，党委书记认真履行第一责任人职责，党委成员认真履行“一岗双责”。

按照院党组、院直属机关党委要求，所领导率先垂范，带头讲党课，参加院2021年度所局级领导干部读书班等各项活动。2021年度理论中心组学习共5次，所党委组织开展各种形式的集体学习47次，开展支部书记、委员培训1次，并按院有关要求，组织支部书记和青年党员参加直属机关党委主办的培训班、读书班。围绕中国共产党成立100周年，所党委积极组织开展党史学习教育主题活动70余次，各级领导讲专题党课6次，向各级党员干部发放学习读本十余种。

二、科研工作

（一）科研成果产出情况

2021年，古代史研究所在职人员共出版学术专著6部、189.3万字，包括《卜宪群点评传世家训》（卜宪群著）、《郑州打造黄河流域历史文化主地标城市研究》（卜宪群、任会斌等著）、《中国礼学思想发展史研究：从中古到近世》（王启发著）、《清代捐纳与国家治理》（吴四伍著）、《十字路口的明朝》（赵现海著）、《雄心一片在西凉：历代咏凉诗词选》（赵现海参与主编）。发表学术论文221篇、261.3万字，其中核心期刊论文103篇，占比46.6%；在“四报一刊”（即《人民日报》《光明日报》《经济日报》《中国社会科学报》

《求是》）等重要报刊上发表理论或学术文章18篇。离退休专家学者出版专著8部，发表论文38篇。

（二）课题立项与结项情况

2021年，古代史研究所新立项创新工程项目25项，其中首席项目2项，执行项目18项，助理项目5项。12项首席项目完成结项，占全部研究类项目的46%，数量为历年之最；新立项国家社科基金项目共9项，其中一般项目2项，青年项目2项，后期资助项目4项，冷门绝学研究专项项目1项。

2021年，古代史研究所承担重大交办任务呈明显增多趋势，参与的《（新编）中国通史》纂修工程、《中华人民共和国国家历史地图集（二、三卷）》编撰项目、“中华思想通史”项目等国家级重大课题和各类横向课题均在有序开展中。并承担了中央和各部委交办的多项任务。

2021年，古代史研究所在交办课题的管理上创新方式方法，一是为每项课题建立了完善的课题档案，随时跟进督促；二是切实加强制度建设和人员教育，制定了《交办课题管理办法》。

（三）获奖情况

2021年古代史研究所多部成果获得国家级、省部级或院级奖项，包括5部作品获第五届中国出版政府奖，其中《殷墟文化大典》（王宇信主编）、百集《中国通史》纪录片（卜宪群总撰稿）、《长沙走马楼三国吴简·竹简（壹—玖）》（邬文玲参与主编）获正奖，《习近平新时代治国理政的历史观》（卜宪群主编）、《今注本二十四史·史记》（吴树平主持校注）获提名奖。《今注本二十四史》第一辑（7种）入选了中国社会科学院创新工程2020年度重大科研成果。李世愉研究员参与主编的《中国科举制度通史》获第八届高等学校科学研究优秀成果奖（人文社会科学）二等奖。

2021年，古代史研究所25项科研成果获第十一届所优秀科研成果奖，并与中国社会科学出版社合作启动了“古代史研究所青年优秀论文奖”评奖，共有6项成果获第六届古代史研究所青年优秀论文奖。通过评奖，调动了古代史研究所科研人员尤其是青年科研人员的科研积极性。

三、学科建设与人才培养

（一）“登峰战略”学科建设情况

古代史研究所目前设有社科院“登峰战略”优势学科1项（出土文献与先秦秦汉史）、重点学科3项（唐宋史、明清史、“一带一路”与中外关系史）和特殊学科2项（徽学、中国古代文化史）。2021 年，古代史研究所进一步优化经费和人员配比，针对个别学科研究人员少、集刊出版经费不足等问题，组织专项研究，及时作出补充调整，保持了各学科的发展活力，为院级评估考核奠定了良好基础。

（二） 期（集）刊建设

古代史研究所已初步形成了以《中国史研究》《中国史研究动态》《中国社会科学院历史研究所学刊》为首的期（集）刊群，办有各类学术刊物 13 种，基本上做到了每个研究室都有一个集刊。其中《甲骨文与殷商史》《简帛研究》《形象史学》《清史论丛》入选 CSSCI 收录集刊及院创新工程科研岗位准入考核期刊名录。《中国古文书学研究》集刊正在筹备之中。

（三） 协同创新

古代史研究所充分利用教育部“2011 协同创新”计划及各省协同创新基地，推动协作创新研究，加强同高校（研究机构）的协同合作。以学科介入方式参与相关高校的协同创新工程。与清华大学、河南大学的协同合作有序推进。2021 年，古代史研究所成功入选中宣部、教育部、国家语委等八部委联合启动实施的“古文字与中华文明传承发展工程”建设单位。

（四） 学术交流

受疫情影响，2021 年古代史研究所出访仅 1 批次、1 人次；接待来访 1 批次、3 人次。

2021 年，古代史研究所持续在国内外学术交流中发挥作用，成功举办了“第七届国际妈祖文化学术研讨会”“明清时期河西走廊社会变迁学术研讨会”“清水江文书与乡土中国社会学术研讨会”等活动，参与筹办、承办国际会议 5 项，即参与由日本东方学会主办的“第二届中国文化研究国际论坛”，由中国社会科学院与韩国研究财团共同主办的“第七届中韩人文学论坛”，由韩国庆北大学、成均馆大学共同主办的“第十届中韩学术年会”；承办中国社会科学论坛（2021・史学）——“中古中国制度・礼仪与精神生活”国际学术研讨会，与遵义师范学院共同主办“第二十届科举制度与科举文化国际学术研讨会”。各处室也积极通过线上线下等方式，组织学术会议或讲座 20 余场。

2021 年，古代史研究所设立并组织了以中国著名历史学家、文学家，古代史研究所首任所长郭沫若（字鼎堂）命名的文化讲坛“鼎堂讲坛”，邀请不同领域文化名人举办专题讲座，藉此种形式进一步促进历史学与其他学科间的交流融合，打破学科壁垒，促进学科互鉴，形成良好的互动效果，2021 年成功举办两期，分别邀请了河南大学李振宏教授和中国第一历史档案馆李国荣研究员主讲。

（五）学会、研究中心、对外合作基地工作

2021 年，古代史研究所制订了《关于代管学会、研究中心的管理规定》《对外合作研究基地管理办法》，加强对古代史研究所代管的 6 个学会、7 个中心、20 个基地的管理。2021 年，古代史研究所代管学会中有 2 个学会按规定完成换届，新增 2 个合作基地，即“民间文献研究中心”和“形象史学研究基地”，与青海师范大学、四川大学、上饶师范学院、贵州师范大学的基地建设也正在协议之中。

（六）历史系工作

2021 年，古代史研究所完成历史系硕士、博士生导师遴选工作，新增 3 名硕导和 3 名博导。共招收 29 名研究生，其中硕士生 16 名，博士生 13 名，是迄今为止招生人数最多的一年。共毕业 21 名研究生，均顺利取得学位。其中硕士研究生 16 名，有 8 名明确被北京大学、清华大学、复旦大学及中国社会科学院大学历史系、近代史系录取，攻读博士学位；另外 8 名学生从事教师、公务员、公司职员等工作。毕业的 5 名博士研究生，多进入高等院校任教。

四、服务治国理政

（一）积极完成中央、各部委、中国社会科学院交办任务

2021 年，古代史研究所承担了党中央、各部委、中国社会科学院党组、中国历史研究院等单位委托交办的多个项目，并按计划与武威市、莆田市共同举办了系列研讨会，承担“郑州市黄河流域历史文化主地标城市研究”项目并推出研究成果《郑州打造黄河流域历史文化主地标城市研究》。

2021 年，古代史研究所继续高度重视“知古鉴今”要报撰写工作，围绕中央关心的重大问题、社会关注热点问题、群众关心难点问题展开对策研究，为党和国家治国理政提供历史经验借鉴。其中多篇被采用，部分获中央领导批示并立为重大项目。

除各类交办课题外，古代史研究所还先后推荐 9 人次参加《典籍里的中国》录制，参与审查影视剧样片、剧本多部，为规范和繁荣文化市场，推动中华优秀文化普及做出积极贡献。

（二）高度重视马克思主义理论和意识形态理论的学习和研究工作

2021 年，古代史研究所在职人员发表“马克思主义文章”11 篇，“批判错误思潮文章”1 篇；《中国史研究》发表“马克思主义文章”5 篇，“批判错误思潮文章”1 篇；《中国史研究动态》发表“马克思主义文章”8 篇，“批判错误思潮文章”7 篇。比较有代表性的包括：所长卜宪群研究员在《人民日报》发表的《推进历史学与考古学融合发展》、在《光明

日报》发表的《建设中国特色的历史学离不开考古学的支撑》、在《中国社会科学报》发表的《深刻领会习近平总书记关于历史与历史科学的重要论述》《在马克思主义指导下科学发掘中华优秀传统文化》，副所长朱昌荣研究员以习近平新时代中国特色社会主义思想研究中心特约研究员名义在《光明日报》发表的《“国之大者”的历史内涵和启示》，等等。

五、编辑部工作

2021 年，两刊编辑部在卜宪群主编、彭卫主编的带领下，一如既往坚持正确的政治方向，和以习近平同志为核心的党中央保持高度一致，办刊质量保持稳中有进。

（一）《中国史研究》

本年度按期出版 4 期杂志，总篇数 63 篇，120 万字。为庆祝中国共产党成立一百周年，《中国史研究》2021 年第 2 期组织刊发了《马克思主义史家与历史考证》《唯物史观与 20 世纪上半叶中国古代土地制度史研究》2 篇专稿，阐述了唯物史观对中国历史学的推进及对当前史学研究的引导作用。第 3 期“历史学与考古学的融会”专栏刊发《从汉唐昆明池考古看历史考古学的文献自觉》《考古学与历史学的整合——从同质互补到异质互动》《探索未知 揭示本源——历史学与考古学研究的融合发展》3 篇文章，聚焦学术热点课题。

2021 年度《中国史研究》保持了在学科中的优势地位，继续入选南京大学、北京大学、武汉大学和中国社会科学院核心期刊，并被中国社会科学院评价研究院评定为权威期刊，入选中国知网统计源期刊。《中国史研究》强调论文的科学性、创新性，坚持严谨求实、问题意识引导以及高水准的学术要求，刊发文章被《人大报刊复印资料》、《社会科学文摘》、中国社会科学网、社科期刊网等多家学术期刊、网站、新媒体平台转载、推介，引起广泛关注。

（二）《中国史研究动态》

2021 年度《中国史研究动态》按照计划出版 6 期，共计 90 万字，并入选南京大学 CSSCI 来源核心期刊目录。在工作方面主要有以下亮点。

1. 选题关注宏观理论问题，策划组稿重点落在学界较为忽视的断代，以期达到引领作用。如第 3 期刊发的笔谈“中国古代社会性质的再研究”，聚焦奴隶制与社会形态问题，突显理论研究的重要性。第 4、第 5 期分别策划推出“南宋史研究的取向与前瞻”“时运兼备的战国史研究”笔谈，体现了本刊在学科层面及时捕捉议题，从长时段的视角促进学界关注断代史研究的整体视域。

2. 新开设“学刊巡礼”栏目利用封三的彩色版面，图文并茂，形式灵活，对学界有重要影响力并持续出版的学术集刊作推介，体现了对于同行工作的关注，以及刊物作为学术阵地对品牌塑造的重视。

3. 积极开拓活动空间，利用新的形式扩大刊物影响。受疫情限制，2021 年仅举办了一次线下会议，即与广西师范大学合办的马克思主义历史理论与历史经验教训总结学术研讨会。线上通过学术支持单位的形式参与重庆市历史学会主办的“第三届商周青铜器金文与先秦史研究青年论坛”以及古代史研究所与浙江工商大学主办第二届“宋元与东亚世界”高端论坛暨新文科视野下古代中国与东亚海域学术研讨会等。

六、各项行政工作

（一）人事工作情况

2021 年，人事各项工作有序开展，顺利完成编制调配、干部任免、干部人事档案专项审核、兼职备案、专业技术职务评聘、各类人才推荐、博士后组织管理、干部教育等年度工作或临时任务。

（二）行政后勤及信息化工作情况

2021 年，行政后勤工作重点抓疫情防控，并顺利完成职工住宅、资产管理、政府采购、文件流转、安全保密以及郭沫若纪念馆的日常运维等工作，有序推进了所公共空间改造提升。

2021 年，古代史研究所内信息化工作有序推进，颁布实施了《加强信息发布与新闻报道工作办法》，明确责任分工，强调新闻报道的及时性和内容质量，较好地宣传了古代史研究所各类学术和教育活动。并出台或修订了《网站管理办法》《网络信息安全应急预案》《微信公众号管理办法》《微信群管理办法》等规章制度，使信息化工作有据可循。

（三）工会青年妇女及老干部工作

2021 年，古代史研究所工会完成院第六届工会换届代表选举工作，完成所工会及经费审查委员会换届工作，组织所内职工参与中国历史研究院工会组织的羽毛球赛等活动。所青年小组先后组织举行六期“庆祝中国共产党建党 100 周年系列活动”之古代史研究所青年学术论坛，组织开展古代史研究所“支部、处室培训暨第五届青年论坛”。妇工委也在妇女节、儿童节等重要节庆举办专题活动，丰富全所女职工的业余文化生活。

2021 年，古代史研究所组织了离退休人员座谈会、支部党员大会、离退休网上春节联欢会、“两节”走访慰问等，特别是为老同志祝寿、看望病重老同志、举办老同志的告别仪式等。2021 年，古代史研究所走访慰问老同志 53 人，祝寿 17 人，为 12 位老党员颁发“光荣在党 50 年”纪念章。

为庆祝中国共产党成立 100 周年，组织老干部开展了“我的入党故事”主题征文活动、

“我看建党百年新成就”“光荣在党50年我与我所共荣耀”等6项活动，300余人次参加，并开展了“庆祝建党100周年文艺作品征集活动”，12位老同志30余件作品参加活动。

离退休党支部认真履行支部职责，组织党员学习讨论活动6次、外出参观2次、支部书记讲党课1次、召开组织生活会1次、召开支委会12次、家访慰问2人，党员提交书面发言90余份。

2021年度古代史研究所汪学群、黄正建两位研究员受中国老龄事业发展基金会邀请参加了“幸福养老大讲堂”活动并做了题为《历史上的儒学》《唐代法律体系讲座介绍》讲座报告。为配合所史编纂工作，组织离退休老同志开展“辨识老照片人物”活动和专家学者、老领导访谈工作，共有20余位老同志参加了访谈。

（张岩）

古代史研究大事记

2021 年 2 月 25—26 日，韩国庆北大学校人文学术院 HK + 事业团主办的“木简中所见东亚古代的物资流通与管理”国际学术会议以线上、线下相结合的方式举行，对中国简牍、日本/韩国木简中体现的东亚古代物资流通及其管理议题进行了深入探讨。

2021 年 3 月 20 日，陕西师范大学西北历史环境与经济社会发展研究院主办的“唐蕃辽夏元西北历史与交通”高峰论坛在西安举行。

2021 年 3 月 20—21 日，中国人民大学清史研究所、《清史研究》编辑部主办“首届清代政治史论坛”在北京举行，会议致力于开拓清代政治史研究的新课题、新领域与新方法，并在此基础上回应诸如“新清史”等新理论、新方法、新视角的挑战，探寻清代政治史新的研究路径。

2021 年 3 月 27 日，西南大学汉语言文献研究所主办的出土“书”类文献研究高端学术论坛采用线上线下相结合的方式举行。

2022 年 4 月 10—11 日，中国魏晋南北朝史学会主办，山东大学历史文化学院、中国社科院古代史所魏晋南北朝史研究室承办“史料、视角与方法：魏晋南北朝史专题研讨会”在山东青岛召开。

2021 年 4 月 16 日，四川大学历史文化学院主办、四川大学古文字与先秦史研究中心承办的“古文字与古代文明”学术沙龙在四川大学望江校区举行。

2021 年 4 月 23—25 日，曲阜师范大学历史文化学院主办的“新出文献与中国早期文明研究”学术研讨会在曲阜举行。

2021 年 5 月 15—16 日，由日本东方学会主办“第二届中国文化研究国际论坛”在日本早稻田大学户山校区采用线上、线下结合的方式举行。

2021 年 5 月 16 日，西北师范大学主办“新文科视域下简牍学学科建设与内涵发展”高端论坛在兰州召开。

2021 年 5 月 29 日，内蒙古大学文学与新闻传播学院主办的中华文学史料民族文学文献高层学术论坛暨《清代蒙古族别集丛刊》发布会在呼和浩特召开。

2021 年 6 月 12—13 日，中国比较文学学会古典学专业委员会主办“重估清代经学”为主题的第八届全国古典学年会在扬州大学召开，围绕清代经学与中国文明、中西经典与解释及中西古典学领域其他议题展开研讨。

2021 年 6 月 24—27 日，中国社会科学院古代史研究所文化史研究室、《形象史学》编辑部、上海大学外国语学院联合主办，上海大学外国语学院承办的首届“海洋文化与中华文明传承发展”学术研讨会在上海大学举办。

2021 年 6 月 25—27 日，由南开大学中国社会史研究中心、中国第一历史档案馆《历史档案》杂志社主办的第二届“清代档案与清代社会”学术研讨会在天津举行，研讨会以“清代档案与清代社会”为主题。

2021 年 6 月 26 日，第一届中华民族共同体历史研究论坛在中国社会科学院民族学与人类学研究所举行，会议主题为“变迁·交融与发展：10—14 世纪的民族历史”。

2021 年 7 月 13—14 日，上海博物馆与中国国家博物馆联合主办的“中国古代青铜文化学术研讨会”在上海博物馆举行。此次研讨会是为了配合“鼎盛千秋——上海博物馆受赠青铜鼎特展”而举行。

2021 年 7 月 18 日，武汉大学历史学院暨中国三至九世纪研究所举办“唐长孺先生诞辰 110 周年学术座谈会”。

2021 年 7 月 22—24 日，中国明史学会刘基分会成立大会暨第四届刘基文化学术研讨会在浙江工贸职业技术学院、浙江文成县举行，中国人民大学毛佩琦教授当选中国明史学会刘基分会会长。

2021 年 7 月 24—25 日，北京师范大学文学院、台湾辅仁大学中国文学系主办，四川师范大学文学院承办第十七届海峡两岸先秦两汉学术研讨会在成都举行，主题为“先秦两汉学术的新材料与新探索”，尤其关注安大简、海昏侯简等新出土文献在学术研究中的重要作用。

2021 年 7 月 29—31 日，由中国红楼梦学会、天津师范大学主办的“纪念新红学 100 周年、中国红楼梦学会成立 40 周年暨 2021 年学术年会”在北京举行。

2021 年 8 月 21—22 日，由中国社会科学院学部主席团主办、中国社会科学院古代史研究所承办的中国社会科学论坛（2021·史学）“中古中国制度·礼仪与精神生活”国际学术研讨会以线上和线下相结合的方式在北京召开。

2021 年 8 月 24 日，中国法律史学会法律古籍整理专业委员会主办，华东政法大学法律古籍整理研究所、国家社科基金重大项目“甲、金、简牍法制史料汇纂通考及数据库建设”课题组共同承办的第十一届“出土文献与法律史研究”国际学术研讨会在线上举行，本次研讨以新出长沙简牍为中心，旁及殷周至魏晋的各种出土法律文献。

2021 年 9 月 11—12 日，中国社会科学院古代史研究所，武威市委、市政府主办，中国社会科学院古代史研究所明史研究室、清史研究室，武威市委宣传部，武威市凉州文化研究院，武威市新闻传媒集团承办“明清时期河西走廊社会变迁”学术研讨会在武威市举行。研讨会围绕“明清时期河西走廊社会变迁”主题展开研讨，梳理明清时期河西走廊政治、经济、军事、社会、文化及民族交流融合的历史变迁，尝试从多个视角全面审视并努力总结明清中国边疆治理的历史经验。

2021 年 9 月 18—19 日，第二届“宋元与东亚世界”高端论坛暨“新文科视野下古代中国与东亚海域”学术研讨会在浙江工商大学召开。

2021 年 9 月 23—24 日，中国社会科学院中国边疆研究所主办的“清代国家统一历史”学术研讨会在北京举行。

2021 年 9 月 24 日，全国哲学社会科学工作办公室公布 2021 年国家社科基金年度项目和青年项目立项结果，共立项 4642 项。

2021 年 9 月 24—27 日，中国社会科学院学部主席团主办，中国社会科学院历史理论研究所承办，中国历史研究院中国历史学学科体系学术体系话语体系研究中心协办的中国社会科学论坛（2021 · 史学）：“新时代中国历史学三大体系建设”国际学术研讨会在北京召开。

2021 年 10 月 15—16 日，中国社会科学院古代史研究所、湖南大学主办“新时代背景下的清学研究暨第六届中国四库学高层论坛”在北京举行。

2021 年 10 月 16—17 日，由中国社会科学院古代史研究所与中国政法大学主办，中国社会科学院敦煌学研究中心、简帛中心、徽学研究中心、中国政法大学古籍整理研究所承办的“敦煌文献整理与研究的新视野”学术研讨会在中国政法大学召开。

2021 年 10 月 16—17 日，厦门大学历史系、中国社会科学院元史研究室和中国元史研究会联合主办，厦门大学历史系承办的第三届元史研究青年论坛以视频会议的形式召开。

2021 年 10 月 16—17 日，中国社会科学院历史理论研究所、《史学理论研究》编辑部主办，广西师范大学历史文化与旅游学院承办的第 24 届全国史学理论研讨会在桂林召开。

2021 年 10 月 22—26 日，东北师范大学举办首届“中国先秦史前沿论坛”。

2021 年 10 月 23—25 日，第三届阳明文化国际论坛暨第二十一届明史国际学术研讨会在江西省赣州市龙南市举行。

2021 年 10 月 23—24 日，清华大学出土文献研究与保护中心主办的“长沙五一广场简与东汉历史文化”学术研讨会在清华大学举行。

2021 年 10 月 27 日，全国哲学社会科学办公室公布 2021 年国家社科基金后期资助暨优秀博士论文出版项目立项名单，共立项 1124 项。

2021 年 10 月 30 日，由南开大学史学理论及史学史研究中心主办的“中国史学史高层论坛”在天津召开。

2021 年 10 月 31 日，清华大学历史学系、《清华大学学报》编辑部共同主办第一期货币史工作坊研讨会举行。

2021 年 10 月 31 日至 11 月 3 日，第七届（2021）国际妈祖文化学术研讨会在福建省莆田市湄洲岛召开，会议主题为“妈祖文化传播与文明交流互鉴”。

2021 年 11 月 2 日，全国哲学社会科学工作办公室公布 2021 年度国家社科基金冷门绝学研究专项立项名单，23 项冷门绝学专项学术团队项目、48 项学者个人项目立项。

2021 年 11 月 5—7 日，“转型中的思考：中国古代富民/农商社会的前世今生”学术研讨会暨第八届农商社会/富民社会学术研讨会在北京师范大学举行，与会学者围绕中国经济社会转型的基本特征及表现、社会阶层流动与城乡关系的演变，以及如何突破富民/农商社会研讨的瓶颈、如何探索农商社会的模型及演变、如何认识国家与市场的关系、如何理解国家与民生的关系等议题展开讨论。

2021 年 11 月 5—8 日，重庆市历史学会主办，西南大学历史文化学院民族学院、西南大学商周青铜器与金文研究所承办，中国社会科学院古代史研究所《中国史研究动态》编辑部提供学术支持的第三届“商周青铜器与先秦史研究”青年论坛通过线上、线下相结合的形式举行。

2021 年 11 月 13—14 日，中国哲学史学会和兰州大学主办中国哲学史学会 2021 年年会，会议主题为“中国哲学的核心、边界与未来”。

2021 年 11 月 13—14 日，上海历史学会、上海大学古代文明研究中心主办的第二届“出土文献与古史史料学研究”学术研讨会在上海举行，讨论所涉及的新材料包括甲骨卜辞、商周青铜铭文、出土简帛文献、秦汉玺印等，研究视野涵盖先秦至秦汉时期的政治军事、思想文化、史事书写、社会经济等多个方面。

2021 年 11 月 19—20 日，清华大学出土文献研究与保护中心主办的“清华战国楚简国际学术研讨会”在清华大学举行。

2021 年 11 月 20—21 日，清华大学国学研究院、清华大学哲学系、中国哲学史学会联合主办的“湛甘泉与明代儒学——纪念湛甘泉先生诞辰 555 周年学术研讨会”在线上、线下同时举行。

2022 年 12 月 4—5 日，复旦大学历史系、《学术月刊》编辑部举办“多元文明与中华民族研讨会”在复旦大学举行，会议重点从交叉学科角度关注“多元文明与中华民族”这一宏观议题。

2021 年 12 月 5 日，河南大学黄河文明与可持续发展研究中心、黄河文明省部共建协同创新中心、甲骨学与汉字文明传承发展研究中心联合主办的第一届“甲骨文与古代文明青年学者论坛”线上会议举行。

2021 年 12 月 6 日，全国哲学社会科学工作办公室公布《2021 年度国家社科基金重大项目立项名单》，共 348 项。

2021 年 12 月 5 日，“北大文研论坛”第 153 期在北京大学静园二院 208 会议室及线上平台同步举行，主题为“中国古代制度史研究范式反思”。

2021 年 12 月 11—12 日，由中国民族史学会主办、西北师范大学历史文化学院承办的第八届“边疆·民族·历史”青年学者论坛在线上召开，主题为“10—18 世纪中华民族共同体的历史演进与民族交融”。

2021 年 12 月 14 日，国家文物局在北京召开“考古中国”重大项目重要进展工作会，通报陕西西安江村大墓、河南洛阳正平坊遗址、甘肃武威吐谷浑墓葬群等 3 项重要考古成果。陕西西安江村大墓被确认为西汉早期汉文帝刘恒的霸陵。甘肃武威吐谷浑墓葬群是一处唐代吐谷浑王族墓群。

2021 年 12 月 18—19 日，中国社会科学院、江西省人民政府和北京大学共同举办，以“传承优秀传统文化，弘扬伟大民族精神”为主题的纪念王安石诞辰 1000 周年学术研讨会，在王安石故里江西省抚州市召开。

2021 年 12 月 18—19 日，北京师范大学史学理论与史学史研究中心、北京师范大学筑牢中华民族共同体意识培育基地主办的北京师范大学 2021 年史学理论与史学史学术研讨会在北京举办。

2022 年 12 月 19—22 日，韩国庆北大学校人文学术院 HK + 事业团主办的“从木质材料到纸张——书写材料的变化与古代东亚”国际学术会议以线上、线下相结合的方式成功举办。